U0143283

二〇二二年度國家出版基金資助項目

國家社會科學基金重大項目『五代十國歷史文獻的整理與研究』（14ZDB032）

五代十國文獻叢書

杜文玉 主編

国家出版基金项目
NATIONAL PUBLICATION FOUNDATION

五代十國史料輯存 一

杜文玉 編

鳳凰出版社

圖書在版編目（ＣＩＰ）數據

五代十國史料輯存 / 杜文玉編. -- 南京 ： 鳳凰出
版社，2023.6
（五代十國文獻叢書 / 杜文玉主編）
ISBN 978-7-5506-3859-4

Ⅰ．①五… Ⅱ．①杜… Ⅲ．①中國歷史－史料－五代
十國時期 Ⅳ．①K243.06

中國版本圖書館CIP數據核字(2022)第241136號

書　　　　名	五代十國史料輯存	
編　　　者	杜文玉	
責 任 編 輯	孫　州　張　沐　吳　瓊　王淳航	
特 約 編 輯	莫　培	
裝 幀 設 計	徐　慧	
責 任 監 製	程明嬌	
出 版 發 行	鳳凰出版社(原江蘇古籍出版社)	
	發行部電話025-83223462	
出版社地址	江蘇省南京市中央路165號,郵編:210009	
照　　　排	南京凱建文化發展有限公司	
印　　　刷	徐州緒權印刷有限公司	
	江蘇省徐州市高新技術産業開發區第三工業園經緯路16號	
開　　　本	880毫米×1230毫米　1/32	
印　　　張	131.75	
字　　　數	3546千字	
版　　　次	2023年6月第1版	
印　　　次	2023年6月第1次印刷	
標 準 書 號	ISBN 978-7-5506-3859-4	
定　　　價	2580.00圓(全六冊)	
	(本書凡印裝錯誤可向承印廠調換,電話:0516-83897699)	

目 録

第一册

第二册

二、經濟類

第三册

五、人物類

第四册

第五册

六、思想文化類

第六册

整理説明

　　本書爲國家社科基金重大項目"五代十國歷史文獻的整理與研究"子課題的階段性成果。衆所周知,有關五代十國史的研究資料除了一些專門史籍以外,其餘資料比較零散,分散於自五代以來的歷代典籍之中,有的僅是隻言片語,查找非常不易。有鑒於此,本書主要從數百種歷代文集、類書、政書、史論、地理、方志、游記、筆記、小説、法律、繪畫、書法、詩話、佛典、道書、茶譜、硯譜、錢譜、墨經等,包括一些外國人撰寫的中國十世紀上半葉情況的相關記載,一一摘録,再加以分類編輯整理。引書共 300 餘種,主要以五代、宋、元時期的文獻爲主,這些時期的文獻占引書總數的八成以上,其中宋人作品占總數的四分之三;同時兼及明、清時期的一些書籍。五代時期的著作是當時人記當時事,多爲耳聞目睹,故比較可靠。至於宋人著作,距五代十國時期不遠,故老遺聞、文物舊迹、文獻檔案,尚多有存留,故這部分資料也比較珍貴,這是本書收集資料以這一時期爲主的根本原因。明清時期的書籍雖然距五代十國時期已過數百年,然其所見典籍與今亦有不同之處,所述、所論亦有可取之處,故予以適當選用。至於外國人所著之書,多爲阿拉伯人所撰之中國游記,後由西方學者整理出版。在這部分書籍中,本書主要選取十世紀前期來中國人士的作品,或者雖不是這一時期之人,但所記涉及這一時期内容的資料,予以收録。下面就整理中的其他相關問題,説明如下:

　　一、時間斷限

　　由於五代和十國建立與滅亡的時間差别很大,收録作品必須有一個時間區間,本書以下標準作爲收録作品的時間斷限。

1. 五代從後梁開平元年（907）至後周顯德七年（960）。

2. 十國以學術界公認的起訖時間計算：

前蜀（891—925）

後蜀（925—965）

吳國（892—937）

南唐（937—975）

楚國（896—951）

南漢（905—971）

吳越（893—978）

閩國（897—945）

南平（907—963）

北漢（951—979）

二、收録原則

1. 引書收録。凡有關五代十國歷史的專書不予收録，如《舊五代史》《新五代史》《五代會要》《資治通鑒》《九國志》《三楚新録》《南唐書》等等；不屬於這一範疇的其他史籍與文獻，只要其中有這一斷代史資料的，則予以收録，如《册府元龜》《宋史》《遼史》《文獻通考》《宋會要輯稿》《續資治通鑒長編》以及其他文獻等。之所以確立這一原則，是因爲凡研究某一斷代史，均有其公認的基本史籍，研究者自會涉獵，而散見於其他各類文獻中的資料則不易收集，容易出現遺漏現象。

2. 資料取捨。本編收録了部分宋代史料，因爲這些史料中均或多或少有五代歷史的相關内容。如《續資治通鑒長編》《宋會要輯稿》等書，前者專記有宋一代歷史，但有時往往會追溯到五代十國時期的情況；後者爲專記宋代典章制度的會要體政書，因爲宋制實爲沿襲五代之制而來，因此也涉及不少五代的相關史料，有的還十分重要。其他文獻亦有類似情況，如北宋建立時，尚有一些割據政權存在，其在記載北宋滅亡這些政權的過程時，必定會涉及許多重要的相關史事。類似情況甚多，兹不一一列舉。

3. 史論類史料的取捨。自宋以來歷代學者都有不少針對五代十國歷史的考證與評論,這些實際上都是古人對這一斷代史的研究成果,對今人的研究有着一定借鑒與參考價值,本書對這方面的資料也酌情予以收錄。所謂"酌情",主要是指收錄重要的研究結論,與前人研究結論重複的不再收錄。

4. 同類史料取捨。對於内容相同的資料,則删去重複,選取成書時間早或可靠的版本收錄;對於内容大體相同,但詳略不同,或異文較多的,則全部收錄,以方便研究者比對考證,自行決定取捨。

三、其他問題

1. 版本。同一種文獻有多種版本者,一般優先選用經過整理的點校本;無點校本者,儘量選擇比較可靠的版本。底本用字及標點訛誤之處,今酌情修改。

2. 分類。本書根據資料内容分爲 8 大類、90 小類,在各小類之下再細分若干子目。

3. 資料編排。以國别進行編排,即先五代、後十國的順序。在同一子目下,亦按照這一順序編排。

4. 文字。對於明顯的訛字則直接改之,其他的以( )標出,並以[ ]補出正字;缺字亦用[ ]進行增補。原文中采用夾注形式所做的説明、注釋文字,用小一號的字體排版。

5. 出處注釋。在每條資料後簡要注明具體出處,本書前面編有引書目録,一一注明撰者時代、撰者名、書名以及版本等全部信息,以方便讀者查對。

杜文玉

引書目録

（唐）白居易、（宋）孔傳：《白孔六帖》，《文淵閣四庫全書》本，臺灣商務印書館，1983 年。

（五代）馮贄：《雲仙散録》，中華書局，2008 年點校本。

（五代）和凝撰、（明）張景補：《疑獄集》，復旦大學出版社，1988年校釋本。

（五代）譚峭：《化書》，中華書局，1996 年點校本。

（五代）王定保：《唐摭言》，中華書局，2021 年校證本。

（前蜀）杜光庭：《録異記》，巴蜀書社，2013 年輯校本。

（前蜀）毛文錫撰，陳尚君輯：《茶譜》，《農業考古》1995 年第 4 期。

（後蜀）何光遠：《鑒誡録》，巴蜀書社，2011 年校注本。

（南唐）劉崇遠：《金華子雜編》，《唐五代筆記小説大觀》本，上海古籍出版社，2000 年。

（宋）蔡絛：《鐵圍山叢談》，中華書局，1983 年點校本。

（宋）蔡襄：《荔枝譜》，《百川學海》本。

（宋）常棠：《海鹽澉水志》，《文淵閣四庫全書》本，臺灣商務印書館，1983 年。

（宋）晁季一：《墨經》，《文淵閣四庫全書》本，臺灣商務印書館，1983 年。

（宋）晁迥：《法藏碎金録》，《文淵閣四庫全書》本，臺灣商務印書館，1983 年。

（宋）晁載之：《續談助》，清《十萬卷樓叢書》本。

（宋）車若水：《脚氣集》，上海書店出版社，1990 年。

（宋）陳長方：《步里客談》，清《守山閣叢書》本。

（宋）陳傅良撰，劉昭祥、王曉衛淺説：《歷代兵制淺説》，解放軍出版社，1986 年。

（宋）陳傅良：《止齋集》，《文淵閣四庫全書》本，臺灣商務印書館，1983 年。

（宋）陳鵠：《西塘集耆舊續聞》，中華書局，2002 年點校本。

（宋）陳景沂：《全芳備祖》，浙江古籍出版社，2014 年點校本。

（宋）陳騤：《南宋館閣録》《續録》，中華書局，1998 年點校本。

（宋）陳耆卿：《赤城志》，《文淵閣四庫全書》本，臺灣商務印書館，1983 年。

（宋）陳師道：《後山談叢》，《宋元筆記小説大觀》本，上海古籍出版社，2007 年。

（宋）陳世崇：《隨隱漫録》，中華書局，2010 年。

（宋）陳思：《書小史》，《文淵閣四庫全書》本，臺灣商務印書館，1983 年。

（宋）陳思：《小字録》，安徽教育出版社，2020 年校注本。

（宋）程大昌：《考古編》，中華書局，2008 年點校本。

（宋）程大昌：《續考古編》，中華書局，2008 年點校本。

（宋）程大昌：《演繁露》，中華書局，2019 年校證本。

（宋）程大昌：《續演繁露》，《文淵閣四庫全書》本，臺灣商務印書館，1983 年。

（宋）程俱：《麟臺故事》，中華書局，2000 年點校本。

（宋）戴埴：《鼠璞》，《文淵閣四庫全書》本，臺灣商務印書館，1983 年。

（宋）鄧椿：《畫繼》，人民美術出版社，1963 年。

（宋）董逌：《廣川畫跋》，河南大學出版社，2015 年點校本。

（宋）竇儀：《宋刑統》，中華書局，1984 年點校本。

（宋）范成大：《桂海虞衡志》，中華書局，2002 年點校本。

（宋）范成大：《攬轡録》，中華書局，2002 年點校本。

（宋）范成大：《紹定吳郡志》，《擇是居叢書》本。

（宋）范成大：《吳船錄》，中華書局，2002 年點校本。

（宋）范公偁：《過庭錄》，中華書局，2002 年。

（宋）范鎮：《東齋記事》，中華書局，1980 年點校本。

（宋）方回：《續古今考》，《文淵閣四庫全書》本，臺灣商務印書館，1983 年。

（宋）方勺：《泊宅編》，中華書局，1983 年點校本。

（宋）費袞：《梁谿漫志》，上海古籍出版社，1985 年點校本。

（宋）高承：《事物紀原》，中華書局，1989 年點校本。

（宋）高似孫：《剡錄》，《文淵閣四庫全書》本，臺灣商務印書館，1983 年。

（宋）高似孫：《硯箋》，浙江人民美術出版社，2017 年。

（宋）高晦叟：《珍席放談》，《文淵閣四庫全書》本，臺灣商務印書館，1983 年。

（宋）龔鼎臣：《東原錄》，趙氏小山堂抄本，上海書店出版社，1990 年。

（宋）龔明之：《中吳紀聞》，上海古籍出版社，1986 年點校本。

（宋）桂萬榮：《棠陰比事》，鳳凰出版社，2021 年點校本。

（宋）郭若虛：《圖畫見聞錄》，人民美術出版社，1963 年。

（宋）韓淲：《澗泉日記》，上海古籍出版社，1993 年點校本。

（宋）韓彥直：《橘錄》，中國農業出版社，2010 年校注本。

（宋）何去非：《何博士備論》，解放軍出版社，1990 年注釋本。

（宋）何薳：《春渚紀聞》，中華書局，1983 年點校本。

（宋）洪皓：《松漠紀聞》，《宋元筆記小説大觀》本，上海古籍出版社，2007 年。

（宋）洪邁：《容齋隨筆》，中華書局，2005 年點校本。

（宋）洪邁：《夷堅志》，中華書局，2006 年點校本。

（宋）洪遵：《翰苑群書》，《文淵閣四庫全書》本，臺灣商務印書館，1983 年。

（宋）洪遵：《泉志》，中華書局，2013 年。

（宋）胡寅：《讀史管見》，岳麓書社，2011 年點校本。

（宋）許顗：《彦周詩話》，《文淵閣四庫全書》本，臺灣商務印書館，1983 年。

（宋）黃伯思：《東觀餘論》，河北美術出版社，2002 年點校本。

（宋）黃休復：《茅亭客話》，《宋元筆記小說大觀》本，上海古籍出版社，2007 年。

（宋）黃休復：《益州名畫錄》，四川人民出版社，1982 年。

（宋）惠洪：《冷齋夜話》，《宋元筆記小說大觀》本，上海古籍出版社，2007 年。

（宋）江少虞：《宋朝事實類苑》，上海古籍出版社，1981 年點校本。

（宋）江休復：《江鄰幾雜志》，《宋元筆記小說大觀》本，上海古籍出版社，2007 年。

（宋）金盈之：《醉翁談錄》，古典文學出版社，1958 年。

（宋）孔平仲：《孔氏談苑》，《宋元筆記小說大觀》本，上海古籍出版社，2007 年。

（宋）孔平仲：《孔氏雜說》，民國景明寶顏堂秘笈本。

（宋）孔平仲：《續世說》，東方出版中心，1996 年。

（宋）李昉：《太平廣記》，中華書局，1961 年。

（宋）李昉：《太平御覽》，中華書局，1960 年。

（宋）李上交：《近事會元》，《文淵閣四庫全書》本，臺灣商務印書館，1983 年。

（宋）李石：《續博物志》，巴蜀書社，1991 年點校本。

（宋）李燾：《續資治通鑒長編》，中華書局，2004 年點校本。

（宋）李孝美：《墨譜法式》，民國《涉園墨萃》本。

（宋）李心傳：《舊聞證誤》，中華書局，1981 年點校本。

（宋）李攸：《宋朝事實》，中華書局，1955 年。

（宋）李廌：《德隅齋畫品》，河南大學出版社，2015 年點校本。

（宋）李廌：《師友談記》，中華書局，2002 年點校本。

（宋）梁克家：《淳熙三山志》，《文淵閣四庫全書》本，臺灣商務印書館，1983 年。

（宋）劉昌詩：《蘆浦筆記》，中華書局，1986 年點校本。

（宋）劉道醇：《聖朝名畫評》，山西教育出版社，2017 年校注本。

（宋）劉道醇：《五代名畫補遺》，山西教育出版社，2017 年校注本。

（宋）劉斧：《青瑣高議》，上海古籍出版社，1983 年點校本。

（宋）陸游：《避暑漫抄》，毛氏汲古閣本。

（宋）陸游：《家世舊聞》，中華書局，1993 年點校本。

（宋）陸游：《老學庵筆記》，中華書局，1979 年點校本。

（宋）羅大經：《鶴林玉露》，《宋元筆記小說大觀》本，上海古籍出版社，2007 年。

（宋）羅濬：《寶慶四明志》，《文淵閣四庫全書》本，上海古籍出版社，1987 年。

（宋）羅燁：《醉翁談錄》，古典文學出版社，1957 年。

（宋）羅願：《新安志》，《文淵閣四庫全書》本，臺灣商務印書館，1983 年。

（宋）呂本中：《紫微雜說》，清《十萬卷樓叢書》本。

（宋）呂陶：《凈德集》，《文淵閣四庫全書》本，臺灣商務印書館，1983 年。

（宋）呂中：《宋大事記講義》，《文淵閣四庫全書》本，臺灣商務印書館，1983 年。

（宋）呂祖謙：《歷代制度詳說》，民國《續金華叢書》本。

（宋）馬永卿：《嬾真子錄》，《宋元筆記小說大觀》本，上海古籍出版社，2007 年。

（宋）馬永易：《實賓錄》，中華書局，2018 年輯校本。

（宋）梅應發、（宋）劉錫：《四明續志》，《文淵閣四庫全書》本，臺灣商務印書館，1983 年。

（宋）孟元老：《東京夢華録》,中華書局,1982 年點校本。

（宋）米芾：《畫史》,河南大學出版社,2015 年點校本。

（宋）米芾：《書史》,河北美術出版社,2002 年點校本。

（宋）歐陽修：《歸田録》,《宋元筆記小説大觀》本,上海古籍出版社,2007 年。

（宋）歐陽修：《集古録》,《文淵閣四庫全書》本,臺灣商務印書館,1983 年。

（宋）歐陽修：《洛陽牡丹記》,上海書店出版社,2017 年。

（宋）歐陽修：《文忠集》,《文淵閣四庫全書》本,臺灣商務印書館,1983 年。

（宋）潘汝士：《丁晉公談録》,中華書局,2012 年點校本。

（宋）潘自牧：《記纂淵海》,《文淵閣四庫全書》本,臺灣商務印書館,1983 年。

（宋）彭百川：《太平治迹統類》,《文淵閣四庫全書》本,臺灣商務印書館,1983 年。

（宋）彭乘：《墨客揮犀》,中華書局,2002 年點校本。

（宋）彭乘：《續墨客揮犀》,中華書局,2002 年點校本。

（宋）普濟：《五燈會元》,中華書局,1984 年點校本。

（宋）潛説友：《咸淳臨安志》,浙江古籍出版社,2012 年。

（宋）錢端禮：《諸史提要》,宋乾道紹興府學刻本。

（宋）錢若水：《太宗皇帝實録》,中華書局,2012 年校注本。

（宋）錢世昭：《錢氏私志》,《文淵閣四庫全書》本,臺灣商務印書館,1983 年。

（宋）錢易：《南部新書》,中華書局,2002 年點校本。

（宋）阮閲：《詩話總龜》,人民文學出版社,1987 年點校本。

（宋）阮閲：《詩話總龜後集》,《文淵閣四庫全書》本,臺灣商務印書館,1983 年。

（宋）單鍔：《吳中水利全書》,浙江古籍出版社,2014 年點校本。

（宋）邵伯温：《邵氏聞見録》,中華書局,1983 年點校本。

（宋）邵博：《邵氏聞見後録》，中華書局，1983 年點校本。

（宋）沈括：《長興集》，《四部叢刊三編》本。

（宋）沈括：《夢溪筆談》，中華書局，2015 年點校本。

（宋）沈括：《夢溪補筆談》，新校正《夢溪筆談》本，中華書局，1957 年。

（宋）施德操：《北窗炙輠録》，《宋元筆記小説大觀》本，上海古籍出版社，2007 年。

（宋）施諤：《淳祐臨安志》，浙江人民出版社，1983 年。

（宋）施宿：《嘉泰會稽志》，《文淵閣四庫全書》本，臺灣商務印書館，1983 年。

（宋）史能之：《咸淳重修毗陵志》，明初刻本。

（宋）釋適之：《金壺記》，河南大學出版社，2015 年。

（宋）司馬光：《涑水紀聞》，中華書局，1989 年點校本。

（宋）宋敏求：《春明退朝録》，中華書局，1980 年點校本。

（宋）宋子安：《東溪試茶録》，《文淵閣四庫全書》本，臺灣商務印書館，1983 年。

（宋）蘇軾：《仇池筆記》，華東師範大學出版社，1983 年。

（宋）蘇軾：《東坡志林》，中華書局，1981 年點校本。

（宋）蘇舜卿：《蘇學士集》，《四部叢刊》本。

（宋）蘇易簡：《文房四譜》，中華書局，2011 年。

（宋）蘇轍：《龍川別志》，中華書局，1982 年點校本。

（宋）蘇轍：《龍川略志》，中華書局，1982 年點校本。

（宋）蘇轍：《欒城集》，上海古籍出版社，1987 年。

（宋）蘇轍：《欒城應詔集》，《四部叢刊初編》本。

（宋）孫逢吉：《職官分紀》，中華書局，1988 年。

（宋）孫光憲：《北夢瑣言》，中華書局，2002 年點校本。

（宋）孫昇：《孫公談圃》，《全宋筆記》第二編，大象出版社，2013 年。

（宋）談鑰：《嘉泰吳興志》，浙江古籍出版社，2018 年。

（宋）湯允謨：《雲煙過眼録續集》，鳳凰出版社，2018 年點校本。

（宋）唐積：《歙州硯譜》，《文淵閣四庫全書》本，臺灣商務印書館，1983 年。

（宋）陶穀：《清異録》，《宋元筆記小説大觀》本，上海古籍出版社，2007 年。

（宋）田況：《儒林公議》，中華書局，2017 年點校本。

（宋）王安石：《臨川先生文集》，中華書局，1959 年。

（宋）王稱：《東都事略》，南宋紹熙間蜀刊本。

（宋）王得臣：《麈史》，上海古籍出版社，1986 年點校本。

（宋）王鞏：《隨手雜録》，《文淵閣四庫全書》本，臺灣商務印書館，1983 年。

（宋）王鞏：《聞見近録》，《文淵閣四庫全書》本，臺灣商務印書館，1983 年。

（宋）王觀國：《學林》，中華書局，1988 年。

（宋）王楙：《野客叢書》，中華書局，1987 年點校本。

（宋）王明清：《揮麈録》，《宋元筆記小説大觀》本，上海古籍出版社，2007 年。

（宋）王明清：《玉照新志》，《宋元筆記小説大觀》本，上海古籍出版社，2007 年。

（宋）王闢之：《澠水燕談録》，《宋元筆記小説大觀》本，上海古籍出版社，2007 年。

（宋）王琪：《國老談苑》，中華書局，2012 年點校本。

（宋）王欽若等編纂：《册府元龜》，鳳凰出版社，2006 年校訂本。

（宋）王應麟：《玉海》，江蘇古籍出版社，1988 年。

（宋）王栐：《燕翼詒謀録》，中華書局，1981 年點校本。

（宋）王曾：《王文正筆録》，中華書局。

（宋）王銍：《默記》，中華書局，1981 年點校本。

（宋）王灼：《碧雞漫志》，人民文學出版社，2015 年校正修訂本。

（宋）魏了翁：《古今考》，《文淵閣四庫全書》本，臺灣商務印書館，1983 年。

（宋）魏泰：《東軒筆錄》，中華書局，1983 年點校本。

（宋）文瑩：《湘山野錄》《續錄》，中華書局，1984 年點校本。

（宋）文瑩：《玉壺清話》，中華書局，1984 年點校本。

（宋）吳處厚：《青箱雜記》，中華書局，1985 年點校本。

（宋）吳炯：《五總志》，清《知不足齋叢書》本。

（宋）吳淑：《江淮異人錄》，《宋元筆記小說大觀》本，上海古籍出版社，2007 年。

（宋）吳泳：《鶴林集》，《文淵閣四庫全書》本，臺灣商務印書館，1983 年。

（宋）吳曾：《能改齋漫錄》，中華書局上海編輯所，1960 年點校本。

（宋）吳曾：《能改齋詞話》，趙氏小山堂鈔本。

（宋）謝采伯：《密齋筆記》，《文淵閣四庫全書》本，臺灣商務印書館，1983 年。

（宋）謝維新：《古今合璧事類備要》，《文淵閣四庫全書》本，臺灣商務印書館，1983 年。

（宋）熊蕃：《宣和北苑貢茶錄》，《文淵閣四庫全書》本，臺灣商務印書館，1983 年。

（宋）徐度：《却掃編》，《宋元筆記小說大觀》本，上海古籍出版社，2007 年。

（宋）徐鉉：《稽神錄》，中華書局，2006 年點校本。

（宋）楊伯嵒：《六帖補》，《文淵閣四庫全書》本，臺灣商務印書館，1983 年。

（宋）楊億：《武夷新集》，福建人民出版社，2007 年點校本。

（宋）楊億：《楊文公談苑》，《宋元筆記小說大觀》本，上海古籍出版社，2007 年。

（宋）姚寬：《西溪叢語》，中華書局，1993 年點校本。

（宋）葉隆禮：《契丹國志》,中華書局,2014 年點校本。

（宋）葉夢得：《避暑録話》,大象出版社,2019 年。

（宋）葉夢得：《石林燕語》,中華書局,1984 年點校本。

（宋）葉紹翁：《四朝聞見録》,中華書局,1989 年點校本。

（宋）葉寘：《愛日齋叢抄》,中華書局,2010 年點校本。

（宋）佚名：《道山清話》,《宋元筆記小説大觀》本,上海古籍出版社,2007 年。

（宋）佚名：《翰苑新書》,《文淵閣四庫全書》本,臺灣商務印書館,1983 年。

（宋）佚名：《錦繡萬花谷》,《文淵閣四庫全書》本,臺灣商務印書館,1983 年。

（宋）佚名：《南窗記談》,《文淵閣四庫全書》本,臺灣商務印書館,1983 年。

（宋）佚名：《分門古今類事》,清《十萬樓卷叢書》本。

（宋）佚名：《歙硯説》,《文淵閣四庫全書》本,臺灣商務印書館,1983 年。

（宋）佚名：《宣和畫譜》,湖南美術出版社,1999 年點校本。

（宋）佚名：《宣和書譜》,湖南美術出版社,1999 年點校本。

（宋）佚名：《硯譜》,《文淵閣四庫全書》本,臺灣商務印書館,1983 年。

（宋）俞德鄰：《佩韋齋輯聞》,清《學海類編》本。

（宋）俞文豹：《吹劍録全編》,古典文學出版社,1958 年整理本。

（宋）袁褧：《楓窗小牘》,《宋元筆記小説大觀》本,上海古籍出版社,2007 年。

（宋）袁文：《甕牖閒評》,中華書局,2007 年點校本。

（宋）岳珂：《桯史》,中華書局,1981 年點校本。

（宋）岳珂：《愧郯録》,中華書局,2016 年點校本。

（宋）樂史：《太平寰宇記》,中華書局,2007 年點校本。

（宋）贊寧：《大宋僧史略》,中華書局,2015 年校注本。

（宋）贊寧：《宋高僧傳》，中華書局，1987 年點校本。

（宋）曾鞏：《隆平集》，中華書局，2012 年校證本。

（宋）曾敏行：《獨醒雜志》，《宋元筆記小説大觀》本，上海古籍出版社，2007 年。

（宋）曾慥：《類説》，福建人民出版社，1986 年校注本。

（宋）章如愚：《群書考索》，《文淵閣四庫全書》本，臺灣商務印書館，1983 年。

（宋）張邦基：《墨莊漫録》，《宋元筆記小説大觀》本，上海古籍出版社，2007 年。

（宋）張端義：《貴耳集》，中華書局，1958 年整理本。

（宋）張敦頤：《六朝事迹編類》，中華書局，2011 年點校本。

（宋）張淏：《寶慶會稽續志》，《文淵閣四庫全書》本，臺灣商務印書館，1983 年。

（宋）張洎：《賈氏譚録》，《宋元筆記小説大觀》本，上海古籍出版社，2007 年。

（宋）張君房：《雲笈七籤》，中華書局，2003 年點校本。

（宋）張禮：《游城南記》，三秦出版社，2006 年點校本。

（宋）張師正：《倦游雜志》，《宋元筆記小説大觀》本，上海古籍出版社，2007 年。

（宋）張師正：《括異志》，《宋元筆記小説大觀》本，上海古籍出版社，2007 年。

（宋）張舜民：《畫墁録》，《宋元筆記小説大觀》本，上海古籍出版社，2007 年。

（宋）張知甫：《可書》，中華書局，2002 年。

（宋）趙構：《翰墨志》，河北美術出版社，2002 年點校本。

（宋）趙令畤：《侯鯖録》，中華書局，2002 年點校本。

（宋）趙昇：《朝野類要》，中華書局，2007 年點校本。

（宋）趙彦衛：《雲麓漫鈔》，中華書局，1996 年點校本。

（宋）趙與時：《賓退録》，中華書局，1983 年點校本。

（宋）鄭瑤、（宋）方仁榮：《景定嚴州續志》，《文淵閣四庫全書》本，臺灣商務印書館，1983 年。

（宋）鄭克：《折獄龜鑒》，復旦大學出版社，1988 年校釋本。

（宋）志磐：《佛祖統紀》，上海古籍出版社，2012 年校注本。

（宋）周必大：《文忠集》，《文淵閣四庫全書》本，臺灣商務印書館，1983 年。

（宋）周必大：《玉堂雜記》，陝西人民出版社，2018 年校箋本。

（宋）周淙：《乾道臨安志》，浙江人民出版社，1983 年。

（宋）周煇：《清波別志》，清《知不足齋叢書》本。

（宋）周煇：《清波雜志》，中華書局，1994 年點校本。

（宋）周密：《癸辛雜識》，中華書局，1988 年點校本。

（宋）周密：《浩然齋雅談》，中華書局，2010 年點校本。

（宋）周密：《齊東野語》，中華書局，1983 年點校本。

（宋）周密：《雲煙過眼錄》，河南大學出版社，2015 年點校本。

（宋）周去非：《嶺外代答》，中華書局，1999 年校注本。

（宋）周應合：《景定建康志》，南京出版社，2009 年。

（宋）朱弁：《曲洧舊聞》，《宋元筆記小說大觀》本，上海古籍出版社，2007 年。

（宋）朱長文：《吳郡圖經續記》，鳳凰出版社，1999 年。

（宋）朱長文：《續書斷》，河北美術出版社，2002 年點校本。

（宋）朱彧：《萍洲可談》，《宋元筆記小說大觀》本，上海古籍出版社，2007 年。

（宋）祝穆：《古今事文類聚》，《文淵閣四庫全書》本，臺灣商務印書館，1983 年。

（宋）莊綽：《雞肋編》，中華書局，1983 年點校本。

（金）王朋壽：《類林雜說》，民國《嘉業堂叢書》本。

（金）元好問：《續夷堅志》，中華書局，2006 年點校本。

（元）常念：《佛祖歷代通載》，大正新修大藏經本，一切經刊行會，1934 年。

（元）馮福京、（元）郭薦：《昌國州圖志》，《文淵閣四庫全書》本，臺灣商務印書館，1983 年。

（元）富大用：《古今事文類聚外集》《遺集》，《文淵閣四庫全書》本，臺灣商務印書館，1983 年。

（元）富大用：《古今事文類聚新集》，《文淵閣四庫全書》本，臺灣商務印書館，1983 年。

（元）覺岸：《釋氏稽古略》，大正新修大藏經本，一切經刊行會，1934 年。

（元）李治：《敬齋古今黈》，中華書局，1995 年。

（元）劉壎：《隱居通議》，九州出版社，2018 年校注本。

（元）劉一清：《錢唐遺事》，中華書局，2016 年校箋本。

（元）陸友：《墨史》，《文淵閣四庫全書》本，臺灣商務印書館，1983 年。

（元）陸友仁：《硯北雜志》，《文淵閣四庫全書》本，臺灣商務印書館，1983 年。

（元）馬端臨：《文獻通考》，中華書局，2011 年點校本。

（元）湯垕：《畫鑒》，河南大學出版社，2015 年點校本。

（元）脫脫等：《遼史》，中華書局，2017 年點校本。

（元）王惲：《玉堂嘉話》，中華書局，2006 年點校本。

（元）夏文彥：《圖繪寶鑒》，河南大學出版社，2015 年點校本。

（元）辛文房：《唐才子傳》，中華書局，2002 年校箋本。

（元）徐碩：《至元嘉禾志》，文淵閣四庫全書本，臺灣商務印書館，1983 年。

（元）楊瑀：《山居新語》，中華書局，2006 年點校本。

（元）佚名：《東南紀聞》，清《守山閣叢書》本。

（元）于欽：《齊乘》，中華書局，2018 年校釋本。

（元）袁桷：《延祐四明志》，《文淵閣四庫全書》本，臺灣商務印書館，1983 年。

（元）張鉉：《至正金陵新志》，《中華再造善本》，北京圖書館出版社，2006 年。

（明）曹學佺：《蜀中廣記》，上海古籍出版社，2020 年點校本。

（明）陳耀文：《天中記》，《文淵閣四庫全書》本，臺灣商務印書館，1983 年。

（明）顧起元：《客座贅語》，中華書局，1987 年點校本。

（明）何宇度：《益部談資》，西南交通大學出版社，2020 年校注本。

（明）胡我琨：《錢通》，《文淵閣四庫全書》本，臺灣商務印書館，1983 年。

（明）黃道周：《廣名將傳》，中華書局，2017 年。

（明）黃瑜：《雙槐歲鈔》，中華書局，1999 年點校本。

（明）黃佐：《廣州人物傳》，廣東高等教育出版社，1991 年。

（明）李濂：《汴京遺迹志》，中華書局，1999 年點校本。

（明）毛一公：《歷代内侍考》，清鈔本。

（明）彭大翼：《山堂肆考》，《文淵閣四庫全書》本，臺灣商務印書館，1983 年。

（明）陶宗儀：《南村輟耕録》，中華書局，1959 年整理本。

（明）陶宗儀：《説郛》，上海古籍出版社，1989 年。

（明）謝肇淛：《五雜組》，上海書店出版社，2015 年。

（明）徐象梅：《兩浙名賢録》，浙江古籍出版社，2012 年。

（明）徐一夔：《始豐稿》，浙江古籍出版社，2008 年校注本。

（明）張昶：《吳中人物志》，古吳軒出版社。

（明）朱謀垔：《畫史會要》，浙江人民美術出版社，2012 年。

（清）陳元龍：《格致鏡原》，《文淵閣四庫全書》本，臺灣商務印書館，1983 年。

（清）褚人穫：《堅瓠集》，上海古籍出版社，2012 年。

（清）顧炎武：《天下郡國利病書》，上海古籍出版社，2012 年。

（清）顧炎武撰，黃汝成集釋：《日知録集釋》，岳麓書社，1994年本。

（清）顧炎武：《日知録之餘》，上海古籍出版社，2012年。

（清）顧祖禹：《讀史方輿紀要》，中華書局，2005年。

（清）杭世駿：《訂訛類編》，中華書局，1997年。

（清）何焯：《義門讀書記》，中華書局，1987年。

（清）黃遵憲：《日本國志》，上海古籍出版社，2001年。

（清）陸廷燦：《南村隨筆》，清雍正十三年陸氏壽椿堂刻本。

（清）陸廷燦：《續茶經》，文淵閣四庫全書本，臺灣商務印書館，1983年。

（清）潘永因：《宋稗類鈔》，書目文獻出版社，1985年。

（清）錢大昕：《十駕齋養新録》，鳳凰出版社，2016年《嘉定錢大昕全集（增訂本）》。

（清）王夫之：《讀通鑒論》，中華書局，1975年點校本。

（清）王鳴盛：《十七史商榷》，鳳凰出版社，2008年。

（清）王士禎原編，鄭方坤刪補：《五代詩話》，人民文學出版社，1998年點校本。

（清）徐松輯：《河南志》，中華書局，1994年點校本。

（清）徐松輯：《宋會要輯稿》，上海古籍出版社，2014年點校本。

（清）袁枚：《隨園隨筆》，清嘉慶十三年刻本。

（清）趙翼：《陔餘叢考》，鳳凰出版社，2018年點校本。

（清）趙翼撰，王樹民校證：《廿二史劄記校證》，中華書局，2001年。

（阿）伊本·胡爾達茲比赫：《道里邦國志》，中華書局，1991年。

（阿）佚名：《中國印度見聞録》，中華書局，1983年。

（法）費瑯：《阿拉伯波斯突厥人東方文獻輯注》，中華書局，1989年。

（法）戈岱司：《希臘拉丁作家遠東古文獻輯録》，中華書局，1987年。

（英）格爾撰，（法）考迪埃修訂：《東域紀程録：古代中國見聞録》，中華書局，2008 年。

賈敬顏：《五代宋金元人邊疆行記十三種疏證稿》，中華書局，2004 年。

張星烺編注：《中西交通史料彙編》，中華書局，2003 年。

周勛初主編：《宋人軼事彙編》，上海古籍出版社，2014 年。

一、政治類

1. 通論

(1) 五代

歐陽修曰:"自唐失其政,天下乘時,黥髠盜販,衮冕峨巍。吳暨南唐,奸豪竊攘。蜀險而富,漢險而貧,貧能自強,富者先亡。閩陋荆蹙,楚開蠻服。剽剝弗堪,吳越其尤。牢牲視人,嶺蜑遭劉。百年之間,並起爭雄。山川亦絕,風氣不通。語曰:清風興,群陰伏,日月出,爝火息。故真人作而天下同。"

(清)顧祖禹:《讀史方輿紀要》卷六

五代土地,梁爲最小,晉、漢差大,周又大,而唐爲最大。梁只有一片中原,四邊皆屬他人,北有燕、晉,西有岐與蜀,東有吳與吳越及閩,南有荆南與楚及南漢,故爲最小。唐起雁門,鎮河東,至莊宗既滅燕劉守光,天祐十二年取魏博,據魏臨河,以爲攻取計。自後遂盡取梁河北地,然後滅梁,又併吞岐與蜀,雖後蜀復起,而地尚最大。晉、漢承之,山後十六州入於遼,故又小。周則河東雖爲北漢割據,世宗屢與漢、遼戰,河北、山前州郡恢廓者多,而南唐江北、淮南盡爲所取,故小於唐而大於晉、漢也。觀歐《職方考》自明,此考雖簡略,然提綱挈領,洗眉刷目,此則歐公筆力非薛史所能及。

(清)王鳴盛:《十七史商榷》卷九六

中國居民無論貴賤,無論冬夏,都穿絲綢:王公穿上等絲綢,以下

的人各按自己的財力而衣着不同。冬季,人們穿兩條褲子,有時三
條、四條、五條,按其財力甚至穿得更多,其目的是爲了使下身不受寒
凍,因爲他們擔心地下的潮氣襲人。夏季,他們只穿一件絲綢襯衣,
或某種類似的衣服。中國人不戴頭巾。

(阿)佚名:《中國印度見聞録》卷一

中國人不講衛生,便後不用水洗,而是用中國造的紙擦。中國人
吃死牲畜,還有其他類似拜火教的習慣。實際上,中國人的宗教和拜
火教相似。女人的頭髮露在外邊,幾個梳子同時插在頭上:有時一個
女人頭上,可多達二十幾隻象牙或别種材料做的梳子。男人頭上戴
着一種和我們的帽子相似的頭巾。對於偷盜的人,中國人遵循的法
規是一旦捉着就置之死地。

(阿)佚名:《中國印度見聞録》卷一

據説,中國有二百個府城,每個府城有其王侯和宦官,並有其
他城市隸屬於它。廣府就是其中一例,廣府是個港口,船隻在那裏
停泊,另有其他近二十個城市歸於廣府管轄。中國人只對有"號
筒"(gau-doung)的地方叫"府城"。"號筒"如像一種吹奏的號角,
很長,很厚(兩拃),"號筒"和它的托架都涂着漆,長約三四肘。
"號筒"的嘴很細,剛好可以放進口角。聲音可達一海里以外。每
座城四個大門,每個門樓上備有五個"號筒",十個大鼓,白天和夜
間,到一定時刻便吹響"號筒",擂起大鼓,用此表示對君主的忠誠,
同時也告訴人們現在是什麽時辰。另外還有别的儀器來表示不同
的時辰。

(阿)佚名:《中國印度見聞録》卷一

中國(比印度)乾净,也更美麗;中國的城郭很大,建築在某種地
形上,以城牆環抱作設防。中國人(比印度人)更爲健康,疾病更爲少
見,(氣候)更爲宜人。在中國,很難遇到一個獨眼的人,一個雙目失

明的人或一個畸形的人。(中國兵士)有軍餉,和阿拉伯人(所制定的)軍隊名册一樣。據説,印度和中國各有三十個國王,最小國王的土地也有阿拉伯人王國那麼大。

(法)費瑯:《阿拉伯波斯突厥人東方文獻輯注》第一卷

人們購買犀牛角,用帶子連在一起,照金銀裝飾的楷模製成腰帶;中國諸王和達官貴人視這種腰帶爲最華麗之飾物,至少可以説,爲買這樣一條腰帶,往往要花費兩千,乃至四千迪納爾。帶鈎用金製成,用金釘鑲嵌各種寶石,整條腰帶十分牢固,極爲漂亮。

(法)費瑯:《阿拉伯波斯突厥人東方文獻輯注》第一卷

俗言"忍事敵灾星",此司空表聖詩也。表聖《休休亭記》自言嘗爲匪人所辱,宜以耐辱自警,因號"耐辱居士",蓋指柳璨,豈白馬之禍,璨將爲不利,有不得已而忍辱以免者,故爲是言耶?《表聖傳》見《五代舊史·梁書》,蓋其卒在唐亡後也。然絶不能明其大節,至謂躁進矜伐,爲端士所鄙。昭宗反正,召爲兵部侍郎,謂己當爲宰輔,爲時要所抑,憤而謝病去。世之毁譽,相反如此。如表聖出處用心,而不見知於當世,猶至是乎?王元之爲《五代闕文》,始力爲之辨。方元之時,去五代尚未遠,蓋猶有所傳聞。今《新唐書》所載,大抵多取於元之,故知君子但强於爲善,是非之公要有不能終亂者,其久而必定也。

(宋)葉夢得:《避暑録話》卷四

豈徒於守光爲然哉?其更事數姓也,李存勖之滅梁而驕,狎倡優、吝糧賜也,而道不言;忌郭崇韜,激蜀兵以復反,而道不言;李從珂挑石敬瑭以速禍,而道不言;石重貴不量力固本以亟與虜爭,而道不言;劉承祐狎群小、殺大臣,而道不言;數十年民之憔悴於虐政,流離死亡以瀕盡,而道不言;其或言也,則摘小疵以示直,聽則居功,不聽而終免於斥逐,視人國之存亡,若浮雲之聚散,真所謂讒諤面諫之臣也。劉守光不能殺，而誰能殺之邪？克用父子經營天下數十年，僅得一士焉，則道也，其所議之帷帟而施之天下者，概可知矣。

（清）王夫之：《讀通鑑論》卷二八

　　唐之末世，王綱絕紐，學士大夫逃難解散，畏死之不暇。非有扶顛持危之計，能支大廈於將傾者，出力以佐時，則當委身山栖，往而不反，爲門戶性命慮可也。白馬之禍，豈李振、柳璨數凶子所能害哉？亦裴、崔、獨孤諸公有以自取耳。偶讀《司空表聖集·太子太師盧知猷神道碑》，見其仕於僖、昭，更歷榮級，至尚書右僕射，以一品致仕，可以歸矣。然由間關跋履，從昭宗播遷，自華幸洛，天祐二年九月乃終，享年八十有六，其得没於牖下，亦云幸也。《新唐書》有傳，附於父後，甚略，云："昭宗爲劉季述所幽，感憤而卒。案，昭宗以光化三年遭季述之禍，天復元年反正，至知猷亡時，相去五年。《傳》云："子文度，亦貴顯。"而碑載嗣子刑部侍郎膚，亦不同。表聖乃盧幕客，當時作志，必不誤矣。《昭宗實錄》："光化四年三月，華州奏太子太師盧知猷卒。以劉季述之變，感憤成疾，卒年七十五。"正與《新唐》傳同。蓋唐武、宣以後，諸錄乃宋敏求補撰，簡牘當有散脫者，皆當以司空之碑爲正。又按，是年四月，改元天復，《舊唐》紀："十一月，車駕幸鳳翔。朱全忠趨長安，文武百寮、太子太師盧知猷已下出迎。"又爲可證。《宰相世系表》："知猷生文度，而同族曰渥，渥之子膚，刑部侍郎。"二者矛盾如此。

（宋）洪邁：《容齋續筆》卷一四

　　五代梁、唐、晉、漢四世，人才無一可道者。自古亂亡之極，未有乏絕如是。蓋唐之得士不過明經、進士兩塗，自鄭畋死，大臣無復有人。而四世之君，皆起盜賊攘奪，故相與佐命者，亦皆其徒，天下賢士何從而進哉！至周世宗承太祖之業，初非自取以兵，而得王朴佐之，李穀之徒遂以類至，便鬱然有治平之象。北取三關，南定淮甸，無不

如意,而中國之兵亦少弛。其不克成業者,君臣皆早死爾。天固以是
開真主之運歟?

(宋)葉夢得:《避暑錄話》卷二

梁太祖開平三年正月,尊號睿文聖武廣孝皇帝。後唐莊宗同光
二年四月,尊號昭文睿武至德光孝皇帝。明宗長興元年四月,尊號聖
明神武文德恭孝皇帝;四年八月,聖明神武廣道法天文德恭孝皇帝。
晉高祖天福三年,契丹遣使奉尊號英武明義皇帝。周太祖聖明文武
仁德皇帝。

(宋)王明清:《揮麈後錄》卷一

國家初沿革五季,故綱紐未大備,而人患因循,至熙寧制度始張,
於是凡百以法令從事矣。

(宋)蔡絛:《鐵圍山叢談》卷二

國朝官制,沿晚唐、五代餘習,故階銜失之冗贅,予固已數書之。

(宋)洪邁:《容齋三筆》卷四

夫以國初繼唐末、五代之後,而且不盡變其法。熙寧繼嘉祐、治
平之後,乃欲盡變其法,何其思慮之不詳辨耶!蓋我藝祖之法,則修
舉其大綱,而闊略其節目者也。安石之法,則纖悉於節目,而闊略其
大綱者也。

(宋)呂中:《宋大事記講義》卷一

御史臺辟石介爲主簿,介論赦書不當求五代及諸僞國後,忤上
意。歐陽修責中丞杜衍,曰:“介一介賤士,用不用當否,未足害政,可
惜中丞舉動耳。”

(宋)呂中:《宋大事記講義》卷九

俗説唐、五代間事，每及功臣，多云"賜無畏"，其言甚鄙淺。予兒時聞之，每以爲笑。及觀韓偓《金鑾密記》云："面處分，自此賜無畏，兼賜金三十兩。"又云："已曾賜無畏，卿宜凡事皆盡言。"直是鄙俚之言亦無畏。以此觀之，無畏者，許之無所畏憚也。然君臣之間，乃許之無所畏憚，是何義理？必起於唐末耳。

（宋）陸游：《老學庵筆記》卷六

昭宣帝爲朱全忠所篡，而晉與淮南以其用唐年號，特先梁而分注，此正統之七絶也。自是歷後唐、晉、漢、周，皆不得正統，可謂密矣。然正統之兼備，自三代以後，五季以前，往往不能三四，秦亡而漢高以興，隋亡而唐高以王，正統之歸吾無間。

（宋）周密：《癸辛雜識・後集》

唐中宗仍武后神龍，梁末帝追承太祖乾化，孟昶仍父知祥明德，漢劉知遠追用晉天福，隱帝仍父乾祐，周世宗仍太祖顯德，皆非禮之正，無足議者。唐哀帝仍昭宗天祐，蓋畏朱溫而不敢云。

（宋）洪邁：《容齋續筆》卷一〇

唐昭宗天復四年，改元天祐，李克用仍稱天復五年，而哀宗亦稱天祐。梁太祖崩于乾化二年，而明年末帝復稱乾化三年。晉高祖建號天福，至重貴已改開運矣，而後漢高祖仍稱天福，至於高祖、隱帝俱稱乾祐。周祖、世宗、恭帝俱稱顯德。大抵五代之際，樂於因循。

（清）袁枚：《隨園隨筆》卷二七

議者之論五代，又以朱梁氏爲篡逆，不當合爲五代史，其説似矣。吾又不知，朱晃之篡，克用氏父子以爲仇矣。契丹氏背唐兄弟之約而稱臣於梁，非逆黨乎！春秋誅逆，重誅其黨，契丹氏之誅爲何如哉？且石敬瑭事唐，不受其命而篡唐，謂之承晉可乎？縱承晉也，謂之統可乎？又謂東漢四主，遠兼郭周，宋至興國四年，始受其降，遂以周爲

閨,以宋統不爲受周禪之正也。吁！苟以五代之統論之,則南唐李昇
嘗立大唐宗廟而自稱爲憲宗五代之孫矣。宋於開寶八年滅南唐,則
宋統繼唐不優於繼周繼漢乎！但五代皆閨也,吾無取其統。吁！天
之曆數自有歸,代之正閨不可紊。千載曆數之統,不必以承先朝續亡
主爲正,則宋興不必以膺周之禪接漢接唐之閨爲統也。宋不必膺周
接漢接唐以爲統,則遂謂歐陽子不定五代爲南史,爲宋膺周禪之張本
者,皆非矣。當唐明宗之祝天也,自以夷虜,不任社稷生靈之主,願天
早生聖人,以主生靈,自是天人交感而宋祖生矣。天厭禍亂之極,使
之君主中國,非欺孤弱寡之所致也。朱氏《綱目》於五代之年,皆細注
於歲之下,其餘意固有待於宋矣。有待於宋,則直以宋接唐統之正
矣,而又何計其受周禪與否乎？

(明)陶宗儀:《南村輟耕録》卷三

趙垂慶論金德。趙垂慶謂皇朝當越五代,上承唐統而爲金德。
以藝祖受禪於庚申,其後聖祖降於癸酉,天書降於戊申,申、酉皆金
位也。

(宋)佚名:《錦绣萬花谷》前集卷八

謝絳謂土德。絳以謂皇朝當下黜五代,紹唐爲土德,以繼聖祖,
如漢之繼堯。以藝祖之生於洛也,包絡推黃鴻圖,既建五緯,聚之於
奎躔,鎮星爲主也。

(宋)佚名:《錦绣萬花谷》前集卷八

天禧四年,謝絳言神農以火德,聖祖以土德,國家宜黜五代,紹唐
土德,以繼聖祖。臣聞太祖生而包絡黃,及受命五緯聚奎而鎮星,是
主陛下升於泰山,日抱黃珥,朝祀有星,曰含譽色黃而澤,非土德之
瑞乎？

(宋)佚名:《翰苑新書》後集上卷一

臣修頓首死罪言：伏見太宗皇帝時，嘗命薛居正等撰梁、唐、晉、漢、周事爲《五代史》，凡一百五十篇。又命李昉等編次前世年號爲一篇，藏之秘府。而昉等以梁爲僞梁，爲僞則史不宜爲帝紀，亦無曰五代者，於理不安。今又司天所用崇天曆，承後唐書天祐，至十九年，而盡黜梁所建號，援之於古，惟張軌不用東晉太興，而虛稱建興，非可以爲後世法。蓋後唐務惡梁而欲黜之，曆家不識古義，但用有司之傳，遂不復改。至於昉等，初非著書，第采次前世名號，以備有司之求，因舊之失不專，是正乃與史官戾不相合，皆非是。臣愚因以爲正統，王者所以一民，而臨天下……然而後世僭亂假竊者多，則名號紛雜，不知所從，於是正閏真僞之論作，而是非多失其中焉。然堯、舜、三代之一天下也，不待論説而明。自秦昭襄訖周顯德，千有餘年，治亂之迹，不可不辨，而前世論者，靡有定説。伏惟大宋之興，統一天下，與堯、舜、三代無異。臣故曰"不待論説而明"。謹采秦以來訖于顯德，終始興廢之迹，作《正統論》。

（宋）歐陽修：《文忠集》卷一六

五代之得國者，皆賊亂之君也，而獨僞梁而黜之者，因惡梁者之私論也。唐自僖、昭以來，不能制命於四海，而方鎮之兵作，已而小者并於大，弱者服於強。其尤強者，朱氏以梁，李氏以晉，共起而窺唐，而梁先得之，李氏因之借名討賊，以與梁爭中國，而卒得之。其勢不得不以梁爲僞也。而繼其後者遂因之，使梁獨被此名也。夫梁固不得爲正統，而唐、晉、漢、周何以得之？今皆黜之，而論者猶以漢爲疑。以爲契丹滅晉，天下無君，而漢起太原，徐驅而入汴，與梁、唐、晉、周其迹異矣。而今乃一概，可乎？曰：較其心迹，小異而大同，爾且劉知遠，晉之大臣也。方晉有契丹之亂也，竭其力以救難，力所不勝，而不能存晉，出於無可奈何，則可以少異乎四國矣。漢獨不然，自契丹與晉戰者三年矣，漢獨高拱而視之，如齊人之視越人也，卒幸其敗亡而取之。及契丹之北也，以中國委之許王從益而去，從益之勢，雖不能存晉，然使忠於晉者得而奉之，可以冀於有爲也。漢乃殺之而後入，以是而較其心迹,其異於四國者幾何! 矧皆未嘗合天下於一也,其於正統,絕之何疑?

(宋)歐陽修:《文忠集》卷一六

　　稱五代者,宋人之辭也。夫何足以稱代哉? 代者,相承而相易之謂。統相承,道相繼,創制顯庸相易,故湯、武革命,統一天下,因其禮而損益之,謂之三代。朱溫、李存勖、石敬瑭、劉知遠、郭威之瑣瑣,竊據唐之京邑,而遂謂之代乎? 郭威非夷非盜,差近正矣,而以黥卒乍起,功業無聞,乘人孤寡,奪其穴以鼎立,以視陳霸先之能平寇亂,猶奴隸耳。若夫朱溫,盜也;李存勖、石敬瑭、劉知遠,則沙陀犬羊之長也。溫可代唐,則侯景可代梁、李全可代宋也;沙陀三族可代中華之主,則劉聰、石虎可代晉也。

　　且此五人者,何嘗得有天下哉? 當朱溫之時,李克用既與敵立,李茂貞、劉仁恭、王鎔、羅紹威亦擁土而不相下,其他楊行密、徐知誥、王建、孟知祥、錢鏐、馬殷、劉隱、王潮、高季興,先後並峙,帝制自爲,分土而守,雖或用其正朔,究未嘗奉冠帶、祠春秋、一日奔走於汴、雒也。若云汴、雒爲王者宅中出治之正,則舜、禹受禪,不仍陶唐之室,湯、武革命,不履夏、商之都,而苻健、姚興、拓拔宏奄有漢、晉之故宮,將以何者爲正乎? 倘據張文蔚等所撰之玉册,而即許朱溫以代唐,則尤獎天下之逆而蔑神器矣……今石敬瑭、劉知遠苟竊一時之尊,偷延旦夕之命者,固不足論;李克用父子歸韃靼以後,朱溫帥宣武以來,覬覦天步,已非一日,而君臣抵掌促膝、密謀不輟者,曾有一念及於生民之利害、立國之規模否也? 所竭智盡力以圖度者,唯相搏相噬、毒民争地、以逞其志欲。其臣若敬翔、李振、周德威、張憲之流,亦唯是含毒奮爪以相攫。故溫一篡唐,存勖一滅溫,而淫虐猥賤,不復有生人之理,迫脅臣民,止供其無厭之求,制度設施,因唐末之稗政,而益以藩鎮之狂爲。則與劉守光、孟知祥、劉龑、王延政、馬希萼、董昌志相若也,惡相均也,紜紜者皆帝皆王,而何取於五人,私之以稱代邪? 初無君天下之志,天下亦無君之之心,燎原之火,旋起旋灰,代也云乎哉?

必不得已,於斯時也,而欲推一人以爲之主,其楊行密、徐溫、王
建、李昇、錢鏐、王潮之猶愈乎! 尚有長人之心,而人或依之以偷安
也……宋之得天下也不正,推柴氏以爲所自受,因而溯之,許朱溫以
代唐,而五代之名立焉。名不可以假人,天下裂而不可合,夷盜竊而
不可縱,奪其國號,該之以五代,聊以著宋人之濫焉云爾。

(清)王夫之:《讀通鑑論》卷二八

五代之亂,可謂極矣。五十三年之間,易五姓十三君,而亡國被
弑者八,長者不過十餘歲,甚者三四歲而亡。夫五代之主,豈皆愚者
邪? 其心豈樂禍亂而不欲爲久安之計乎? 顧其力有不能爲者,時也。
當是時也,東有汾晉,西有岐蜀,北有契丹,南有江淮、閩廣、吳越、荆
潭,天下分爲十三四,四面環之,以至狹之。中國又有叛將、强臣割而
據之,其君天下者,類皆爲國日淺,威德未洽,强君武主力而爲之,僅
以自守,不幸屬子懦孫,不過一再傳,而復亂敗。是以養兵如兒子之
啖虎狼,猶恐不爲用,尚何敢制? 以殘弊之民人,贍無資之征賦,頭會
箕斂,猶恐不足,尚何曰節財以富民? 天下之勢方若弊廬,補其奧則
隅壞,整其桷則棟傾,枝撐扶持,苟存而已,尚何暇法象,規圜矩方,而
爲制度乎! 是以兵無制,用無節,國家無法度,一切苟且而已。

(宋)歐陽修:《文忠集》卷五九

唐自肅、代以後,賞人以官爵,久而浸濫,下至州郡胥吏軍班校
伍,一命便帶銀青光禄大夫階,殆與無官者等。明宗長興二年,詔不
得薦銀青階爲州縣官,賤之至矣。晉天福中,中書舍人李詳上疏,以
爲十年以來,諸道職掌,皆許推恩,藩方薦論,動逾數百,乃至藏典書
吏,優伶奴僕,初命則至銀青階,被服皆紫袍象笏,名器僣濫,貴賤不
分。請自今節度州聽奏大將十人,它州止聽奏都押牙、都虞候、孔目
官。從之。馮拯之父俊,當周太祖時,補安遠鎮將,以銀青光禄檢校
太子賓客兼御史大夫。至本朝端拱中,拯登朝,遇郊恩始贈大理評

事。予八世從祖師暢,暢子漢卿,卿子膚圖,在南唐時皆得銀青階,至檢校尚書、祭酒。然樂平縣帖之,全稱姓名,其差徭正與里長等。

(宋)洪邁:《容齋續筆》卷五

五代梁太祖十月二十一日爲大明節。末帝九月十二日爲明聖節。唐明宗九月九日爲應聖節。清泰帝正月二十三日爲千春節。晉高祖二月二十八日爲天保節。出帝六月二十七日爲啓聖節。後漢高祖二月四日爲聖壽節。隱帝三月七日爲聖壽節。周太祖七月二十八日爲永壽節。世宗九月二十四日爲天清節。恭帝八月四日爲天壽節。

(宋)佚名:《錦綉萬花谷》前集卷四〇

誕聖節,始於唐明皇,號曰千秋節,又改爲天長節。肅宗,地平、天成;代宗,天興;文宗,慶成;武宗,慶陽;宣宗,壽昌;懿宗,延慶;僖宗,應天;昭宗,嘉會;哀帝,乾和;梁祖,大明;末帝,明聖;唐莊宗,萬壽;明宗,應聖;末帝,千秋;晉高祖,天和;少帝,啓聖;漢高祖,聖壽;隱帝,嘉慶;周太祖,永壽;世宗,天清;恭帝,天壽。遂成故事。

(宋)趙彥衛:《雲麓漫鈔》卷三

若夫五代干戈之際,其事雖不足道,然觀其帝王,起於匹夫,鞭笞海内,戰勝攻取,而自梁以來不及百年,天下五禪,遠者不過數十年,其智慮曾不足以及其後世,此亦甚可怪也。蓋嘗聞之,梁之亡,其父子兄弟自相屠滅,虐用其民而天下叛;周之亡,適遭聖人之興,而不能以自立。此二者,君子之所不疑於其間也。而後唐之莊宗、明宗與晉漢之高祖,皆以英武特異之姿,據天下大半之地,及其子孫,材力智勇亦皆有以過人者,然終以敗亂而不可解,此其勢必有以自取之也。蓋唐漢之亂始於功臣,而晉之亂始於戎狄。皆其以易取天下之過也。莊宗之亂,晉高祖以兵趨夷門,而後天下定於明宗;後唐之亡,匈奴破張達之兵,而後天下定於晉;匈奴之禍,周高祖發南征之議,而後天下定於漢。故唐滅於晉,晉亂於匈奴,而漢亡於周。蓋功臣負其創業之勛，而匈奴恃其驅除之勞，以要天子。聽之，則不可以久安；而誅之，則足以召天下之亂，動一功臣天下遂並起而軋之矣。故唐奪晉高祖之權而亡，晉絕匈奴之和親而滅，漢誅楊邠、史肇而周人不服，以及於禍。彼其初無功臣，無匈奴則不興，而功臣、匈奴卒起而滅之。

故古之聖人有可以取天下之資而不用，有可以乘天下之勢而不顧，撫循其民以待天下之自至，此非以爲苟仁而已矣，誠以爲天下之不可以易取也。欲求天下而求之於易，故凡事之可以就天下者，無所不爲也。無所不爲而就天下，天下既安而不之改，則非長久之計也。改之而不顧此必，有以忤天下之心者矣。……故夫取天下不可以僥幸於一時之利，僥幸於一時之利，則必將有百歲不已之患，此所謂不及遠也。

（宋）蘇轍：《欒城應詔集》卷三

臣常竊悲唐季五代之亂，外有執兵強忿之臣，威蓋天下，而以其力內脅天子。天子不敢輒忤其意，意有所不悦，則其上下不能自保。故當此之時，人主務爲安身之政，不敢以其剛心而守其公事，此其勢不得不然耳。

（宋）蘇轍：《欒城應詔集》卷七

昔唐季五代之亂，其亂果何在也？海內之兵各隸其將，大者數十萬人，而小者不下數萬。撫循鞠養，美衣豐食，同其甘苦，而順其好惡，甚者養以爲子，而授之以其姓。故當其時，軍旅之士，各知其將，而不識天子之惠。君有所令不從，而聽其將；而將之所爲，雖有大奸不義而無所違拒。故其亂也，奸臣擅命，擁兵而不可制。而方其不爲亂也，所攻而必降，所守而必固，良將勁兵，遍於天下，其所摧敗破滅，足以上快天子鬱鬱之心，而外抗敵國竊發之難。何者？兵安其將，而樂爲用命也。

（宋）蘇轍：《欒城應詔集》卷七

畏唐季五代之禍也,而臣竊以爲不然。天下之事,有此利也,則必有此害。天下之無全利,是聖人之所不能如之何也。而聖人所能,要在不究其利。利未究而變其方,使其害未至而事已遷,故能享天下之利而不受其害。昔唐季五代之法,豈不大利於世?惟其利已盡而不知變,是以其害隨之而生。故我太祖、太宗以爲不可以長久,而改易其政,以便一時之安。爲將者去其兵權,而爲兵者使不知將。凡此皆所以杜天下之私恩而破其私計。其意以爲足以變五代豪將之風,而非以爲後世之可長用也。

(宋)蘇轍:《欒城應詔集》卷七

自五代以來,天下喪亂,驅民爲兵。

(宋)蘇轍:《欒城應詔集》卷一

士大夫筵饌,率以餺飥,或在水飯之前。予近預河中府蒲左丞會,初坐,即食畢生餺飥。予驚問之,蒲笑曰:"世謂餺飥爲頭食,宜爲群品之先可知矣。意其唐末、五代亂離之際,失其次第,久抑下列,頗鬱,與論牽復。"坐客皆大笑。

(宋)王闢之:《澠水燕談録》卷九

汴、晉雌雄之勢,決於河北,故李克用坐視朱溫之吞唐而莫之能問,以河北未收,畏其乘己也。朱溫下兗、鄆以西臨趙、魏,勢亦便矣。乃河北者,自天寶以後,倔强自立,不可以勇力機謀猝起而收之者也。魏博爲河北强悍之最,羅紹威愚駭而內猜,欲自戕其心膂。溫於斯時,撫魏博而綏之,發紹威之狂謀,順衆志而逐之,擇軍中所悅服者授以節鉞,則帥與兵交感以樂爲用。以此北臨鎮定,乘劉仁恭父子之亂,蕩平幽、燕,則克用坐困於河東,即得不亡,爲盧芳而已矣。而溫固賊也,殘殺之心,聞屠戮而心喜,烏合之衆,忌勝己而唯恐其不亡,八千家數萬人之命,黃口不免,於是而鎮定、幽、燕,人憂駢死,而怨溫徹骨矣。石公立曰:"三尺童子,知其爲人。"王鎔雖愚,通國之人,無有不爭死命者,羅紹威且悔而離心,王處直不待謀而自合,西迎克用,下井陘以撫趙、魏,而僞梁之亡必矣。

(清)王夫之:《讀通鑒論》卷二八

沙陀夷酋耳,唐蔑天逆理而賜之姓,遂假以競於朱溫曰:吾李氏子也。存勗稱帝,仍號曰唐,以高祖、太宗、懿宗、昭宗,雜朱邪執宜、朱邪赤心之中而祖之,唐之祖宗,能不恫怨於幽乎?嗣是而徐知誥者,不知爲誰氏之子,乃自撰五世名諱,選吳王恪而祖之。嗚呼!蔑論隴西之苗裔,猶散處於人間;天之弗祐,亡則亡耳,絕則絕耳,何忍取夷狄盜賊之子而以爲子孫哉?所謂辱甚於死亡也。

(清)王夫之:《讀通鑒論》卷二八

唐之亂甚而必亡也,朱溫竭其奸謀十餘年而後篡;朱溫之虐也,存勗血戰幾死幾生而後滅之。乍然蹶興,不折一矢,不需旬月,而即帝於中土,自嗣源始。敬瑭、知遠、郭威皆旦北面而夕觖朎,如優俳之冠冕,以成昏霾之日月,嗣源首受其惡,以成敬瑭之奸。嗚呼!惟其愚也,辭大惡而不得矣。

(清)王夫之:《讀通鑒論》卷二九

自唐以來,強臣擅兵以思篡奪者相沿成習,無有寧歲久矣。朱溫、李克用先後以得中原,而李嗣源、石敬瑭、劉知遠踵之以興。蓋其間效之蹶起,或謀而不成,或幾成而敗者,鋒刃相仍,民以荼毒也,不可勝紀。當其使爲偏裨與贊逆謀也,已伏自竊之心。延及於石、劉之代,而無人不思爲天子矣。安重榮、安從進、楊光遠、杜重威、張彥澤、李守貞雖先後授首,而主臣蹀血以競雌雄,敗則族,勝則帝,皆徼幸於不可知之數。幸而伏誅,國亦因是而卒斬。流血成川,民財括盡,以僅夷一叛臣,而叛者又起。彼固曰:與我並肩而起者,資我以興,惡能執法以操我生死之柄?況其煢煢孺子,而敢儼然帝制,秉鈇鉞以臨我乎?

(清)王夫之:《讀通鑒論》卷三〇

李唐本支盡殲於朱溫，其子孫不能報，而李存勖報之，是爲唐莊宗。溫父子僅十餘年，宮瀦廟燼，而神堯文武，祀於南唐，乃與五代相終始。

（明）黃瑜：《雙槐歲鈔》卷一

唐昭宣帝天祐四年，朱梁既篡，《綱目》於紀年處雖分注云："是年唐亡。梁、晉、岐、淮南、西川凡五國。吳越、湖南、荆南、福建、嶺南凡五鎮。"然是時河朔諸鎮尚存：鎮冀則王鎔，魏博則羅紹威，易定則王處直，盧龍則劉守光，皆唐時藩鎮。唐亡而諸鎮未滅，則應與吳越等分注於紀年甲子之下，不宜竟從删削而專書吳越等五鎮也。若謂河朔諸鎮皆曾受梁封爵，梁以王鎔爲趙王、羅紹威鄴王、劉守光燕王、王處直北平王。不異梁之屬郡，故不復分注，則吳越諸鎮何嘗不受梁封爵乎？梁以錢鏐爲吳越王、馬殷楚王、高季昌渤海王、王審知閩王、劉隱南海王。隱卒又以其弟巖襲封。況高季昌又朱溫所授節度使，當溫時並未竊據，乃已列之爲鎮，而河朔各自擁兵據地者，反不書鎮乎？若謂錢鏐之吳越、王審知之閩、馬殷之楚、高季昌之南平、初封渤海。劉巖之南漢，初封南海。又封越。皆有國號，則鎔之趙、守光之燕、紹威之鄴、處直之北平，又何嘗無國號乎？説者又謂《綱目》本據歐陽公《五代史十國世家》爲斷，有世家則書，無世家則不書，故吳越等分注，而河朔諸鎮獨從略。然李茂貞之王岐，歐陽史並無岐世家，而《綱目》列之梁、晉之下，何以獨遺河朔乎？《綱目》之意，但以吳越等皆歷數傳，茂貞亦稍久，而河朔諸鎮則唐亡後不數年皆以次夷滅，是以分別如此。然既列之爲鎮，則吳越等固鎮而河朔亦鎮，不應於未滅時即不書鎮也，似宜於紀年甲子之下一例分注。如天祐四年丁卯歲下則云："是歲唐亡。梁、晉、岐、淮南、西川凡五國。鎮冀、魏博、易定、盧龍、吳越、荆南、湖南、福建、嶺南凡九鎮。"以後某鎮於某年滅，則於某年下注某鎮亡，魏博壬申年滅。盧龍癸酉年滅。鎮冀、易定俱辛巳年滅。較爲得實。又高季昌至梁末帝時始絶貢獻，自爲一鎮，則丁卯以後五六年不應即書荆南爲一鎮，應於梁末帝時始列爲鎮耳。又夏州李仁福一鎮，歷五代至宋,迄元始滅,則五代紀年下,似亦不可不列之諸鎮也。

(清)趙翼:《陔餘叢考》卷一五

五代之取國,惟後唐與漢爲此善於彼,蓋梁篡唐,而後唐代之;晉爲契丹所滅,而漢興焉。非若李嗣源之逼莊宗,石敬瑭之奪潞王,郭威之逐漢隱帝也。晉受虜擊,劉知遠不救,固爲罪矣。然是時,朝權則付之李崧、馮玉,而顧命大臣如桑維翰不得與,兵柄則付之杜威、李守貞,而勛舊重將如劉知遠不得聞。故維翰可以當國責李崧,而《五代史》不當以幸禍責知遠也。曹操挾持獻帝,剝削漢室,以建大魏。司馬氏猶謂其取之群盜,非漢之篡臣。漢有天下四百年,曹操之罪,尚蒙末減,石晉之宗社,漂搖岌業,如燕巢危幕,使知遠慷慨赴難,固不能摧契丹之勢,雖不出兵,其奮然自立,乃在石氏滅亡之後。於是責其無君臣之義,則全忠、嗣源、敬瑭、郭威其罪爲如何,此責人已甚之過也。若夫漢不自建,年號而用天福十二年,略去開運之紀,則非矣。削開運者,誠有憾於出帝也。用天福者,示不忘於高祖也。雖然,其義則無處,斥之可也。歐陽氏因是而及,人君即位稱元年者,常事耳,非古所重,謂一爲元者,特古語非有法也。謂孔子書元年,爲《春秋》大法,改元有國之重事者,出於曲學之説也,則陋哉其矣,修之易其言也!

(宋)胡寅:《讀史管見》卷二九

五代之相承,皆前主之偏裨也。所以然者,唐藩鎮篡奪之習也,始以諸侯叛,天子少也,偏裨篡,主帥陵夷,至於唐、晉、漢、周。昨日爲臣,今日易位,故家善政,漫無所傳,而惡俗亂風漸漬而日遠。

(宋)胡寅:《讀史管見》卷三〇

五代之主,多刻於民而紓於軍,世宗則嚴於軍而寬於民。既得柄制輕重之權,又簡汰羸老,簡昇驍鋭,且曰:兵務精,不務多,百農夫不能養一甲士,奈何浚民膏澤,養無用之物?且健懦不分,衆何所勸?聖人復起,不易此言矣。非其留心邦本,嘗熟計之,安知一甲士費百農夫之養也。推農之所養,而較其病與不病,可得言矣。兵也,吏也,異端之徒也,游手之人也,皆仰食於農者也,然則農之家一而食焉者幾人歟?欲農之富,以肥其父母、妻子,贍其昏娶,送死養生,及其戚姻族黨而無憾,難矣!農而窮悴,欲基之固難矣。邦基不固,欲大寶之安,難矣。以仁守位,則所損益可知也。

(宋)胡寅:《讀史管見》卷三〇

右華岳題名,自唐開元二十三年,訖後唐清泰二年,實二百一年,題名者五百十一人,再題者又三十一人,往往當時知名士也,或兄弟同游,或子侄並侍,或僚屬將佐之咸在,或山人處士之相携,或奉使奔命,有行役之勞,或窮高望遠,極登臨之適。其富貴貧賤,歡樂憂悲,非惟人事百端,而亦世變多故。……清泰二年,歲在乙未,廢帝篡立之明年也。是歲,石敬瑭以太原反,召契丹入自雁門,廢帝自焚於洛陽,而晉高祖入立,蓋五代極亂之時也。始終二百年間,或治或亂,或盛或衰,而往者來者,先者後者,雖窮達壽夭,參差不齊,而斯五百人者,卒歸於共盡也。其姓名,歲月風霜剥裂,亦或在或亡,其存者獨有五千仞之山石爾,故特録其題刻。每撫卷慨然,何異臨長川而嘆逝者也。治平元年清明後一日書。

(宋)歐陽修:《集古録》卷六

唐以陵夷愗弱,遂亡天下,而真主未興,五代之君遂相攘取,朝獲暮失,合其世祀,不數十年。自古有國成敗得喪,未有如此之亟者,然竊觀之,莫不皆有所以必至之理也。梁祖起於宛朐群盜之黨,已而挾聽命之唐,鞭箠天下,以收神器,亦可謂一時之奸雄。然及其衰暮,而河汾李氏基業已大,固當氣吞而志滅之矣。借使不遂,及於子禍,則其後嗣有足以爲莊宗之抗哉?此梁之亡不待旋踵也。後唐武皇假平虜之忠義,發迹陰山,轉戰千里,奄踐汾晉。及其子莊宗以兵威霸業,遂夷梁室而王天下,可謂壯矣!然天下略定,强臣驕卒,遂至不制,一倡而叛之,不及反顧而天下遂歸於明宗。至於末帝所以失天下者,猶莊宗也。夫以新造未安之業,而有强臣驕兵以乘其失政,其能自立於天下乎!晉人挾震主之威,乘釁而起,君父契丹,假其兵力以收天下,易若反掌。一朝嗣主屢昏肆易,而戎人驕功恃强,殫耗天下,不足以充其要取之欲,乃負反之,及其所以蒙禍辱者,不可勝言。觀其所以自托而起者,如此則晉安得而後亡哉?漢祖承戎虜擾踐之餘,生靈無所制命,起視天下,復無英雄慨然投袂,而作者乃建號而應之,而天下之人無所歸往,亦皆俛首聽役於漢。然一旦委裘而强臣巨室,已不爲幼子下矣。故不勝其忿,起而圖之,僥幸於一決,而周人抗命,卒無以御之,而至於亡。周之太祖、世宗,皆所謂一時之雄,而世宗英特之姿,有足以居天下而自立者。然降年不永,孺子不足當天之眷命,而真人德業日隆,已爲天下之所歸戴,則其重負安得而不釋哉?

由是觀之,自梁以迄於周,其興亡得喪,世祀如此,安足怪哉?皆有所以必至之理也。又嘗究之,若唐之莊宗與夫末帝,皆以雄武壯決,轉鬥無前,摧夷强敵,卒收天下而王之,非夫屢昏不肖者也。然明宗之旅,變於鄴下,晉祖之甲,倡於并門,彼二主者,乃低摧悸迫,兒女悲涕,垂頤拱手,以需死期,無復平日萬分之一者,何也?有强臣驕兵以制其命,唯至乎此,始悟其身之孤弱,無以自救之也。夫以功就天下者,常有强臣;以力致天下者,常有驕兵。臣非故强也,恃勛賞之積,而卒至於强;兵非故驕也,恃戰役之勤,而卒至於驕。故古者撥亂定傾之主,不憂天下大計之不集,而深虞大臣之或强,戰士之或驕,故常先事而董治之,使其操制常在於我。是以天下既集而國家安强,舉而遺之冲人弱息,而變故不作。彼以亂繼亂者則不然,方其圖天下之即集也,日責功於將而責戰於士,責功之亟,則凡所以酬將者未嘗恤,其或至於强。責戰之切,則凡所以撫士者未嘗病,其或至於驕。是以天下略定,强臣倚驕兵而睥睨,驕兵挾强臣而冀望,一旦相與,起而迫之。反視其身,徬徨孤立,而大事且去,則雖有平日壯決之氣,持是而安歸哉？此唐之莊宗、末帝所以失天下者，由此故也。嗟乎！圖天下於亟集，而不計其既集之利害者，終亦亟亡而已矣！

（宋）何去非：《何博士備論》卷下

(2) 後梁

朱梁建國，如秦之暴，雖宅中夏，不當正位。同光續服，再承絕緒。晉承唐後，是爲金德。漢氏承晉，實當水行。周祖即位之初，有司定爲木德。自伏羲氏以木王，終始之傳，循環五周。

（宋）王欽若等編纂：《册府元龜》卷一《帝王部》

梁太祖開平元年四月，詔在京百司及諸軍州、縣印一例鑄換，其篆文則各如舊。

（宋）王欽若等編纂：《册府元龜》卷一九一《閏位部》

（開平元年）八月，詔曰：“朝廷之儀，封册爲重。用報勛烈，以隆恩榮。固合親臨，式光典禮。彝章久缺，自我復行。今後每封册大臣，宜令有司備臨軒之禮，稱朕意焉。”

（宋）王欽若等編纂：《册府元龜》卷一九一《閏位部》

（開平）二年七月，帝曰：“車服以庸，古之制也。貴賤無別，罪莫大焉。應内外將相，許以銀飾鞍勒。其刺史、都將、内諸司使以降，祗許用銅。冀定尊卑，永爲條制，仍令執法官糾察之。”

（宋）王欽若等編纂：《册府元龜》卷一九一《閏位部》

（開平二年）八月，兩浙錢鏐奏請重鑄換諸州新印。

（宋）王欽若等編纂：《册府元龜》卷一九一《閏位部》

（開平三年）八月，敕建國之初，用兵之罷，諸道章表，皆系軍機，不欲滯留，用防緩急。其諸道所有軍事申奏，宜令至右銀臺門，委客省畫時引進。諸道公事，即依前四方館，準例收接。

（宋）王欽若等編纂：《冊府元龜》卷一九一《閏位部》

《都邑考》：朱溫起於汴州，因改汴州爲開封府，謂之東都，而以故東都爲西都，即洛陽也。開平二年，始遷洛陽，朱友貞自立於汴，仍都開封。廢故西都，以京兆府爲大安府。仍置佑國軍治焉。開平三年，又改曰永平軍。

史略：中和二年，黃巢將朱溫以同州來降，溫，碭山人，爲巢將。隨入長安。賊使陷鄧州而戍之，爲官軍所敗，還長安，復遣溫陷同州。溫見巢勢日蹙，因以州降於河中帥王重榮，都統王鐸承制以溫爲同華節度使，詔授溫河中行營招討副使，賜名全忠。篡位後更名晃。尋授宣武節度使。收復京師，即引兵之鎮，敗黃巢餘黨於鹿邑，今歸德府屬縣。進據亳州。亳州本屬宣武。光啓二年，襲滑州，取之，滑州帥安仁義軍亂，溫因襲取之。遂兼有義成軍。復敗秦宗權於汴北，取鄭州，時蔡州賊秦宗權數與全忠相持，既而鄭州復爲宗權所陷，尋復取之。又攻兗、鄆，取濮州。時又兼得曹州，既而復失。文德初兼有河陽，時河南尹張全義襲李罕之於河陽，罕之遁走，引河東之師來爭，全義請救，溫遂兼有其地。尋滅秦宗權於蔡州。溫攻宗權於蔡州，宗權殘破，復還汴，其下執之以降。景福二年，并感化軍。大順二年，溫取曹州，又取壽州。景福初取濠、泗二州，又拔濮州。是年攻取徐州，既而濠、泗、壽三州爲楊行密所有。乾寧四年，復并天平、泰寧二鎮，乾寧二年齊州降於溫。四年，陷鄆州，天平帥朱瑄走死。襲兗州，泰寧帥朱瑾奔淮南。時山東諸鎮惟淄青尚存，亦服於溫。是年又遣兵侵淮南，取黃州。於是進軍淮南，爲楊行密所敗。五年，侵河東，取邢、洺、磁三州；又攻山南東道，取唐、鄧、隨及安州。以忠義帥趙匡凝通於淮南、西川也。光化二年，取蔡州，奉國帥崔洪走淮南，使朱友裕守之。又取潞州及澤州，河東將李罕之以二州叛降溫，既而河東復攻克之。陝虢亦來附焉。陝虢帥王珙軍亂，遂來降。三年，脅成德，溫攻王鎔，鎔納質請和。服易、定，溫取祁州，易定帥王處直請服。殘幽、滄，溫先取德州，尋自鎮州而北拔瀛、景、莫三州，乃西下祁州，劉仁恭引軍救易定，溫大敗之於易水。德、瀛、景、莫皆幽滄巡屬也。易水在今北直安州北三十里，即仁恭敗處。於是河北諸鎮亦皆服於温。天復初又并河中，河中帥王珂附於河東，温斷晉、絳之道，急攻河中，河東不能救，河中遂没於温。乃大舉攻晉陽，温合諸道之兵四面並進，潞、澤、遼、汾、沁諸州望風降下。不克而還。會李茂貞劫遷車駕於鳳翔，温自河中入關，降同、華，入長安，西至鳳翔，北下邠、寧，温攻邠州，李繼徽降。南收金、商。温軍盩厔，金商帥馮行襲以州來附。盩厔，今西安府屬縣。明年自河中而西，温初屯武功，聞河東將攻河中，乃還拒之，至是始復入關。武功，見前。圍鳳翔，略秦、隴，温遣兵出散關，拔鳳州，取成、隴，至秦州而還。襲鄜坊，鄜坊帥李茂勳降。關中州鎮，盡皆懾服。茂貞請和，乃奉帝還長安，進温爵爲梁王。是年又東并淄、青。時王師範以温圍逼京城，舉兵伐温，襲取兗州，温攻敗之，遂并淄、青。天祐初，劫帝遷洛陽，尋行弒逆，改立幼君。輝王祚，昭宗第六子也。二年，兼有襄鄧及荆南地，初温攻趙匡凝，匡凝請降而還，至是盡取唐、鄧、復、郢、隨及均、房諸州，渡漢入襄陽，匡凝走淮南。又逼荆州，荆南帥趙匡明走西川。三年，復敗邠、岐之兵，邠寧帥李繼徽與李茂貞合率諸道兵攻夏州，爲温將劉知俊等所敗，取其鄜、延諸州，邠、岐自是不復振，而朔方以南，鄜、延以北，相率降附矣。又北圖幽、滄、河東，取其上黨，乃引還。温圍滄州未下，劉仁恭求救於李克用，克用引兵攻潞州，潞州降。明年，温篡位，後二年遷都洛陽。蓋西至涇、渭，南逾江、漢，北據河，東濱海，皆梁境也。

　　有州七十八。温盡得河南境内諸州，亦兼有關内、河東、河北、山南之境，然鎮冀、易定兩鎮仍各有其地，魏博既得而旋失，朔方、定難諸鎮亦僅同羈屬，所云七十八州，非盡實有其地也。又舊志：梁貞明初改李茂貞所置耀州爲崇州，鼎州爲裕州，翟州爲禧州。而關内舊有威州，朔方又有警州，今裕州以下，皆不在七十八州之限。

　　　　　　　　　　　　　（清）顧祖禹：《讀史方輿紀要》卷六

　　梁王欲以嬖吏張廷範爲太常卿，裴樞以謂太常卿常以清流爲之，廷範乃梁客將，不可。梁王大怒曰：“吾常謂裴樞純厚，不陷浮薄，今亦爲此耶！”

　　　　　　　　　　　　　（宋）錢端禮：《諸史提要》卷一五

天祐元年，渭州空同山寺所藏李茂貞牒。天祐十年，河東不稟朱梁正朔，所不得行，不爲正統。朱梁系唐，史氏之識淺矣。

（宋）張舜民：《畫墁録》

唐（梁）開平詔：“丞相尊位，而堂厨未給，無餐錢，其令日食萬錢之半。”

（宋）謝維新：《古今合璧事類備要》後集卷一三

五代梁乾化二年五月丁亥，德音降，死罪以下因，罷役徒。

（宋）謝維新：《古今合璧事類備要》外集卷一九

五代梁乾化六年詔曰：“端闈正門也，宜以時開敞，用達陽氣，委皇城使。”國朝因之，舊號武德司，太平興國詔改今名。

（宋）謝維新：《古今合璧事類備要》後集卷五二

梁乾化詔檢校閉啓，車駕出則闔扉。

（宋）謝維新：《古今合璧事類備要》後集卷五二

唐劉夢得嘗讀杜子美《義鶻行》“巨顙拆老拳”，疑老拳無據。及讀《石勒傳》，勒語李陽曰：“孤往日厭卿老拳，卿亦飽孤毒手。”乃嘆服之。予按《五代史》：“梁太祖讀李襲吉爲晉王所爲《通和書》云：‘毒手尊拳，相交於暮夜；金戈鐵甲，蹂踐於明時。’嘆曰：‘李公僻處一隅，有士如此，使吾得之，傅虎以翼也。’”以《石勒傳》考之，尊拳當作老拳，非指劉伶尊拳也。

（宋）吳曾：《能改齋漫録》卷四

昭宗播遷於鳳翔，朱梁率兵迎車駕，軍人咸以珠飾頭巾，競相誇尚，乃朱在人上之讖也。後主於宮中作珠簾，敕京師市珠，收索殆盡，計無可得。有相國寺僧有藏之者，爲鄰僧所告，逐院搜之甚嚴，寺門畫閉，有人於寺中請僧齋，閽者曰："敕家正搜珠急，孰敢入者。"至來年，莊宗入汴，盡滅朱氏，復令遠近搜之，寺僧曰："今日方是搜珠也。"

（宋）佚名：《分門古今類事》卷一三

　　弱魏博以失輔者，溫自取之也；激鎮定以離心者，溫自取之也；魏博弱而鎮定無所憚者，溫自取之也；隔劉守光於冀北，使驕悖而折入於晉者，溫自取之也。禍莫大於樂殺人，危莫甚於殺彊以自弱，而盜以此爲術，惡足以容身於天地之間哉？溫之亡，不待群雛之還相蔚滅也。惜乎無命世之英起而收之也。

（清）王夫之：《讀通鑑論》卷二八

　　（朱溫）西挫於李茂貞，東折於楊行密，王建在蜀，視之蔑如也；羅紹威、馬殷、錢鏐、高季昌，雖暫爾屈從，而一兵尺土粒米寸絲不爲之用。其地，則西不至邠、岐，東不逾許、蔡，南不過宛、鄧，北不越宋、衛，自長安達兗、鄆，橫亘一綫，界破天中，而四旁夾之者，皆擁堅城、率勁卒以相臨。其將帥，則楊師厚、劉鄩、王彥章之流，皆血勇小慧，而不知用兵之略。其輔佐，則李振、敬翔，出賊殺，入諂諛，而不知建國之方；乃至以口腹而任段凝爲心膂，授之兵柄，使抗大敵而不恤敗亡。取其君臣而統論之，貪食、漁色、樂殺、蔑倫，一盜而已矣。而既篡以後，日老以昏，亦祿山在東都、黃巢踞長安之勢也。於是時也，矯起而撲滅之，不再舉而功已就矣。所難者，猶未有內釁之可乘耳。未幾，而朱友珪梟獍之刃，已剚元惡之腹，兄弟尋兵，國內大亂，則乘而薄之，尤易於反掌。然而終無其人焉，故曰誠可嘆也。

（清）王夫之：《讀通鑑論》卷二八

　　《池北偶談》云："長洲宋既庭實穎作《黜朱梁紀年圖論》，其義嚴正。"略云："王莽不得爲新，祿山不得爲燕，全忠豈獨得爲梁乎？且其時移檄興復唐室者，有晉、岐、蜀、淮南四國，或爲唐之臣子，或爲唐之賜族，則唐實未嘗亡也。今黜朱梁紀年，而以晉、岐、淮南之稱天祐者爲主,始於天祐四年,至後唐莊宗同光元年而止。亦《春秋》書“公在乾侯”之義也。圖考不備禄。又云:“益都鍾尚書龍淵先生羽正作《正統論》。”略云:“三代、漢、唐、宋,正統也。東周君、蜀漢昭烈帝、晉元帝,正而不統者。秦始皇、晉武帝、隋文帝,統而不正者也。雖非正統,不可不以帝予之也,以天下無久虛之理也。若夫王莽、曹丕、朱温,義既不正,勢又不一,不得言正,又不得爲統,而乃從而帝之,則司馬、歐陽之誤也。”

(清)杭世駿:《訂訛類編》卷四

(3) 後唐

同光元年閏四月癸未,詔曰:“自古聖帝明王,創業垂統,九州共貫,五運相承,未有不始於憂勤,終於逸樂。故苗人不作,不能成舜伐之功;葛伯不生,無以立湯征之事。理亂有常數,文質爲大綱,秦不道而漢室興,隋無德而皇朝王,連二十葉,垂三百年。自黌起河南,灾纏海内,朕自提戎律,切爲國讎,每親統師徒,欲早寧乎寰宇。近者諸方侯伯,叠貢箋章,勸即位以皆堅,讓體元而不獲,爰新鳳曆,尋揭鷄竿,顯造丕圖,倍慚凉德。蓋自文班武列,抱義懷忠,共傾忻戴之心,遂應紹開之運,以正君臣之位,以安宗社之基,未偃武以修文,倍宵衣而旰食,不以萬乘自尊爲樂,以八紘未静爲憂。更賴上下一心,内外同力,誠嚴朕軍旅,撫恤朕黎甿,務禆贊以爲常,期清平而可待,注屬縈倚,不捨斯須。”十一月壬子,敕:“朕猥以寡德,謬荷丕基,順天行誅,因衆除亂,刷宗祧之大耻,快億兆之歡心,車書將致於混同,寰海漸從於開泰。所宜樂虔清廟,禮答圜丘,已定良辰,率遵舊典。朕取今月二十四日幸洛京,十二月二十三日朝獻太微宫,二十四日朝獻太廟,二十五日有事於南郊。經過州縣,隨事供備,不得妄有侵擾百姓。應諸處節度、防禦、刺史等不得遠赴京都,擅離治所,務從簡儉,以稱朕心。”

(宋)王欽若等編纂:《册府元龜》卷六五《帝王部》

(同光)二年二月己巳朔,南郊,禮畢,大赦。應自來立功將校兵士等,皆久經戎陣,備睹辛勤,並宜各轉官資,仍加賞給。應南郊掌儀仗隨賀官員及樓下立仗將士,及河南將校兵士等,亦各賜等第優賞。應藩鎮使臣,各賜一子出身,仍封功臣名號。諸道留後刺史,官高者加爵一級,官卑者加官一資。

(宋)王欽若等編纂:《冊府元龜》卷八一《帝王部》

(同光)二年二月,南郊,制曰:"被服錦繡,貴賤有倫;裁制衣裝,短長有制。苟無彝則,必害女工。近年以來,婦女服飾,異常寬博,倍費縑綾。有力之家,不計卑賤,悉衣錦繡。念蠶織之匪易,顧法制之不行。須示條流,冀漸遵守。委所司散下文榜曉示,御史臺及諸觀察使糾舉違赦。又喪葬之典,令式具言,使貧者足以備其儀,富者不得逾其制。自此淳風漸散,薄俗相承,不守等威,競爲僭侈,生則不能盡其養,歿則廣廢飾其終。自今後,仰所司舉明條制,勿令逾越。若故違犯,嚴加責罰。"

(宋)王欽若等編纂:《冊府元龜》卷六五《帝王部》

後唐趙都爲左拾遺,同光二年二月上疏云:"無以有威以自大,無以足兵以自安,無以奇技悦情,無以淫聲惑志。非社稷之功,乞不加於厚賞,非股肱之力,乞不近於凝旒。審內帑之豐虛,削無名之經費。左右處卑者,乞見之有節。伶倫濫吹者,乞減於盈庭。至於畋游馳騁之娱,蹴踘飛馳之樂,伏乞寶於大位,戒以奔車。"疏奏不報。

(宋)王欽若等編纂:《冊府元龜》卷五四七《諫諍部》

薛昭文爲右諫議大夫,同光二年五月上疏陳十事曰:"臣聞夏德方衰,未顯中興之運;漢儀重睹,果成反正之功。稽其上代帝王,前朝基業,未有不中罹屯否,間有凶災。是資明聖之謀,更廓靈長之祚。伏惟昭文睿武至德光孝皇帝陛下,繼漢大寶,繕禹鴻名。興牧野之師,功如破竹;拔朝歌之壘,疾若建瓴。俄平國家之讎,大刷人祇之

憤,皇威遠振,睿德遐敷。自陛下應天順人,奄有諸夏,九州欣戴,萬
國樂推。既混一於車書,方大定於區宇。藩服靡不入貢,戎夷靡不來
庭。銳旅雄師,無敵於當代。謀臣勇將,有備於中原。然則尚有凶悖
之徒,竊據於屏翰,愚迷之輩,憑恃於江山。雖聞向化歸朝,猶敢改元
僭號。在陛下武功天縱,百越不得不臣;在陛下文德日新,三苗不慮
不格。夫人,乃邦之本;兵者,國之器。要在安其人而固其本,訓其兵
而利其器。國富兵强,家給人足。臣有管窺十條,謹錄奏聞,伏乞俯
回聖覽。

　其一曰:陛下復聖唐之運祚,雪先帝之讎仇,戎狄尚解懷柔,藩服
豈敢拒命? 而今數處僭偽之地,尚未悛心? 料此凶狂,必自覆滅。臣
請陛下明宣睿算,大振天威。秣馬耀兵,亦不指名去處,且爲討逆伐
叛之計。則狡妄之輩,饕餮之徒,聞我大國萬旅雲屯,六軍雷動,如此
昏迷之黨,不俟赫斯之怒,經略之謀,彼必歛衽而朝,望風而潰,自願
納款歸國矣。斯必有征無戰之道也。

　其二曰:臣伏見隨駕兵士,久經戰伐,咸著勤勞,皆忠勇以難儔,
尚貧乏而未濟。雖陛下告成郊丘之後,大行賞給之恩,然而或未優
豐,尚多覬望。非不知國力尚闕,天府未充。臣又聞自古皇王建基
業,撫軍戎,未有不損玉帛,輕財寶,以餌於戰陣之士。是故先代撥亂
之君,以此皆留意也。今以諸道上供錢物,進納不時,遂致朝廷薄於
犒散,稍爲經度,以濟急須。近者藩臣貢奉慶賀財帛,及南郊或有經
費羨餘物色等,伏請且據帑藏,更加頒賚先隨駕兵師,宴犒代潞州將
健也。

　其三曰:臣竊見河南兵士,不少亦是先在偽廷,備經訓練,頗聞精
銳,皆堪征伐。自陛下平定汴州以來,尋曾選揀。或聞諸道分臂之
時,未堪精細。或有勇悍者放歸田里,或有懦弱者留在軍都。當差發
征行,則逃避諸處。以此散失,其數寔繁。請宣示租庸司先管兵帳所
司,子細磨勘向來所係數額多少,兼取近年諸道所申逃背名帳較量,
比舊額少剩,即知元數減耗。臣聞夫軍伍者,以豐財爲務,以重賞爲
先。其河南道先管兵士,伏慮三數處僭號不臣之地,以厚利誘之,歲

月滋深，耗蠹必甚。請陛下詔救，令在京及諸道常加點齀安撫，兼勤給其衣糧，務令得所。仍乞嚴救邊界要害津鎮，寅夜鈐轄，無令透漏。兼先有放歸農畝者，亦請指揮州縣鎮浦點檢姓名，常知所在，或緩急追呼。稍有前却者，請罪本處軍史節級等。庶耕耨不隳，征伐有備。儻陛下納臣所奏，則不臣之人，知國家訓戎講武，繕甲治兵。彼之凶徒，必懷懾懼，則旦夕相率，有臣事本朝之計。脫使賞給不充，撫養不至，非唯士卒生劫掠之心，抑以部伍有遁逃之者，必慮夫多投逆臣之境，更資悖慢之性也。

其四曰：臣竊見諸道百姓，皆陛下赤子，爰自比年以偽廷徭役頻仍，租賦繁重，饋挽不已，疲弊益深。既不聊生，率多逋竄。雖有德音軫恤，未聞時降招携。亦請宣取租庸司，應河南先在偽廷戶口文帳，磨勘從前多少數目，兼勘諸道所申近年見管及流亡戶口，即知人物增減。此則慮僭偽之處，多方招誘，伏乞特降優詔，委所在觀察使、刺史官吏已下，設法撫綏。事件無損於官，有益於人者，仰二縣條貫申奏。仍請下中書量其利便，並許施行。本分稅租，稍令假借，諸雜科徭，特與減等。以表撫俗安民，興邦固本之道也。

其五曰：本朝至德年平祿山之後，復京洛之初，兵革之餘，生聚凋瘵，屢降恩詔，撫恤生靈。仍遣使臣，訪問閭里。今陛下嗣守鴻業，光啓雄圖，故事前規，可得敬而行之。伏請每年准舊事出郎官御史忠良廉潔明幹堪充使者，令散往諸道采訪賢良，撫問疾苦，務安兆庶，以拯疲民也。

其六曰：竊以偽廷僭號，俄逾一紀，連年徵剝，繁日科徭，士不聊生，人不堪命。生聚塗炭，戶口流亡。河南之民，皆企踵側身，日望陛下復我唐之鴻基，慰兆民之疾痛。今陛下吊民伐罪，新有中原，所宜簡省斧斤，未欲增修宮室。昔漢文帝將起露臺，計百金之費，且曰：‘百金，中人十家之產，吾有先人宮室，何事臺爲？’遂罷。天下聞之，萬古稱漢文之儉德也。臣竊以陛下以慈愛爲心，以孝理爲念，聖德日新，又何讓於漢文矣！伏惟陛下慕唐堯土階之事，善夏禹卑宮之規，停土木之工，止營構之役，斯則區夏欣悅，億兆歌謠，自然平揖唐堯漢文之至化也。

其七曰：臣聞漢祖初入咸陽，令蕭何收秦之圖籍；及高祖神堯皇帝平定關中，亦先收隋室群書。仍聞歲降使天下搜訪，其後盈溢於石渠、東觀，充滿於秘閣、蘭臺，以是兩漢之時詩書之盛，與三代同風也。自貞觀開元之後，文物煥然，何止同風，可謂超冠於三代也。今陛下嗣周景祚，紹禹靈圖，睿藻日新，盛文天授，崇文允武，咸五登三，將恢偃戢之規，在廣訪搜之道。伏請降使采訪天下圖書，以示武王偃革，虞舜舞干，致太平之永遠也。

其八曰：臣聞惟王建國，辨方正位。況河洛之名都，帝王之二宅，爲萬國輻湊之地，乃四方表則之邦。若不廣闢康莊，何以壯觀輦轂？自喪亂已來，兵火之後，九衢荒廢，但長荊榛，廣陌蕭條，唯滋蔓草。今陛下富有四海，作宅神都，當六龍游豫之時，是萬方朝聘之日。洛陽大道，所宜法於前規；鼎邑長衢，豈可隳於舊制？其都城六街，請下河南府及左右金吾，仰仍舊一依古制，分擘廣狹步數，不得縱任居人侵占，俾朝會之地免有湫隘之弊也。

其九曰：臣伏見諸司行事官，或歷任分明，而選限尚遠。或出身欠少，入任無門。聞陛下應千年之運，建一統之功，謂聖日照臨，幽顯不陋，皆辭親裹足，迢遞而來，冀郊禋之時，希求恩澤。今所司磨勘駁放，十分去其九分，訪問駐京日，多客舍窮悴，其見在未出京者。伏乞降宣旨，稍賜慰安，或有粗堪任使者，即乞委銓司量才注擬；不堪拔擢者，亦聊錫資財，以濟歸路。所以閔職勞而示君德也。

其十曰：請戒牧馬務履踐京畿百姓苗稼，請於隙地置牧場。伏惟陛下察臣愚衷，納臣短見，俾令遐邇知大君撥亂之功，是使黔黎荷聖主無私之德也。"疏奏不報。

　　（宋）王欽若等編纂：《册府元龜》卷五四七《諫諍部》

　　明宗天成元年八月丁未，樞密院條流："已前州使錢穀，並係省司，昨遍降德音，特指揮除省元本利潤物色，並與撥充公使；兼月支俸料，足以豐盈。訪聞州府節度使、刺史內尚有不守詔條，公行科斂，須議止絕。且如條件,州使所納軍糧,據元納石斗,不得更要加耗。節度、刺史所置牙隊,許於軍都內抽取,便給省司衣糧,況已人數極多,如聞更有招置,轉生騷擾,速議勘窮。諸色人多因抵罪藏竄,便於州府投爲使下元隨,邀求職務,凌壓平人。兼聞有力戶人於諸處行賂,希求事務主持,此後許人陳告,州使妄稱修繕城池廨宇,科賦于人,及興私宅。自此州使凡有興修,須先奏取進止。諸縣鎮稟州文符,如事理歸公,即宜遵稟;如涉科配人戶,不得私徇文符。此後如有訪得餘聞,先罪本處官吏。州府既有利潤,兼請俸錢,凡事合遵條憲,不得賒買行人物色,兼行科率。刑獄繫囚,如關贓賄,則可追引文證;如有小小爭鬥,登時量事決遣,不得輒有禁繫。已前條件,州使如敢違犯,許人陳告,勘詰不虛,即量行獎賞者。"又敕曰:"昨帝室纏災,生民受弊,方茲纘紹,務切撫寧。尋降德音,復宣明敕,貴先求瘼,務在推恩。其或長吏因循,公方撓雜,何由致理?徒有怨咨,是宜再諭賞刑,納言利病。事或違於條制,法必振于紀綱,宜令三京、諸州府並準此處分。"

(宋)王欽若等編纂:《冊府元龜》卷六五《帝王部》

(天成元年)十一月丁巳,洛陽縣令駱明舉奏請止絕坊市息利典質;其軍家子弟都外興販,侵擾緣路旅舍。敕旨從之。又詔曰:"今年四月一日已前私債,所降德音節文,仰三京諸道分明宣布,于要害道路榜壁,不得漏落。今則尚違犯,其後來相次條理諸色事件,皆關念及生聚,布以優恩。多因州使倖門,淹留敕命,或公然隱匿,全不施行,官吏但習舊風,百姓罔知新命。宜令遍加告諭。"

(宋)王欽若等編纂:《冊府元龜》卷六五《帝王部》

後唐聶延祚爲少府監。明宗天成元年上言:"牌印舊體,不與朱記相參。伏自近年,亦歸當監鑄造,既須篆字,何異印文?伏乞下中書釐革。"

(宋)王欽若等編纂:《冊府元龜》卷六二〇《卿監部》

(天成)二年正月,詔曰:"亂離斯久,法制多隳,不有舉明,從何禁止。而衣服、轡馬之流，多逾品式，起今後，三京及州使職員名目，是押衙兵馬使、指揮使、騎馬使，得有暖坐；諸部軍將衙官使下係名籍者，只得衣紫皂；庶人、商旅只著白衣。此係不得參雜。兼有富戶，或投名於勢要，以求影庇，或希假攝貴，免丁徭，須議條流，以懲逾越。如有此色人，仰所在禁勘追索所受文書申奏，當行嚴斷，以肅奸欺。"

（宋）王欽若等編纂：《冊府元龜》卷六一《帝王部》

明宗天成二年二月，敕曰："君使臣以禮，臣事君以忠。禮不可一日不順，忠不可一夕不念，二者全則上下順，一途廢則出入差，須振紀綱，以嚴規矩。凡在策名之列，皆如辨色之朝，儻不夙興，是虧匪懈。君上思政，猶自求衣未明；爲下服勤，固合假寐待旦。宜令御史臺遍示文武兩班，自此每日早赴朝參，職司既得整齊，公事的無擁滯。如或尚茲懈怠，具錄奏聞。"

（宋）王欽若等編纂：《冊府元龜》卷一五八《帝王部》

（天成二年）十月，詔："人戶因有納稅入州，便值更變，或散失車牛，其車許本主識認。勤王之節，雖自於勛賢；入貢之勞，抑由於使介。其有諸道進奉使或已入汴州，陷失土貢，宜與收破，無勞重有；貢輸專人經劫奪者，宜與優給。不軌之徒已加顯戮，無辜之士當慰幽冤。馬彥超、宋敬殷等，宜與追贈，隨人有子及弟侄者，並量材獎錄。諸州縣或有曾受逆人文字者，仰隨處焚毀，一切不問。輦轂之下，奸逆遽興，既不忍於戈鋌，固莫分於玉石。昨王師攻下汴州之時，剪除凶逆之際，恐其士庶偶陷鋒鋩，言念傷殂，良多嗟憫。宜令石敬瑭遍加存問，兼勘在城殺傷人口奏聞，量加給恤。衛主亡軀，摧凶效命，偶徇脅從之勢，終懷忠藎之誠，首議向明，理宜行賞。昨車駕初到城下之時，有將士率先開門，及下城朝見，宜令石敬瑭奏聞，當與甄酬。"

（宋）王欽若等編纂：《冊府元龜》卷六五《帝王部》

後唐明宗天成二年十二月，延宰臣於玄德殿，馮道奏曰："先皇帝末年，不撫軍民，惑於聲樂，遂致人怨，幾墜丕構。陛下自膺人望，軍民惠愛，藩後入覲，情同魚水。時歲頻稔，亦淳化所致也，更願居安思危，保守今日。”帝然之。

（宋）王欽若等編纂：《冊府元龜》卷三七《帝王部》

（天成）三年八月，下制誡勵長吏曰：“朕自承天命，恭襲帝圖，務令黔黎永安，非止皇居獨樂。當艱虞之際，與良將共靜邊塵；及開泰之時，於諸侯不恡官爵。既酬勛而示寵，賴撫俗以經心；托在無私，期於共理。有功者，切於慶賞；有過者，非所願聞。陶玘以偶違敕條，無奈何而從謫官；陶玘爲鄧州觀察留後，稅外科，配隸嵐州司馬。廷隱以全虧公道，不獲已而就極刑。曹廷隱爲齊州防禦使，奏孔目吏伏法不實，敕自盡。乃朝典之須行，實朕心之不樂，備軫泣辜之念，更嚴加禁之規。況在藩方，皆明理本，節度使等時號山河之主，縣令亦人呼父母之君，竝切爲時，皆勤布化，不獨榮於身世，兼乃慶及子孫。當虔夕惕之懷，同廣日新之政，各處有功之地，永爲無過之人。宜體朕懷，共資王道。”

（宋）王欽若等編纂：《冊府元龜》卷一五八《帝王部》

（天成三年）閏八月，吏部郎中何澤請廢户部蠲紙。奉敕：“日月流行之處，王人億萬之家，既絕煩苛，無濫力役，唯忠孝二柄，可以旌表户門。若廣給蠲符，深爲弊事。昨日所爲地圖，方域逐閏重疊上供，州郡之中，皆須厚斂，而猶尋降誡束，竝勒廢停。今此幸端，豈合更啓？逐年蠲紙宜令削去。”

（宋）王欽若等編纂：《冊府元龜》卷一六〇《帝王部》

（天成）四年九月戊寅，上御中興殿，顧謂宰臣曰：“時事近日如何？”馮道奏曰：“臣省事以來，無歲不聞戰伐，蓋政令不一，王綱弛紊。伏自陛下，纂隆五載，服之以武威，懷之以文德，任賢不二，去邪不疑，天下歸心，人知恥格。近歲以來，可謂無事。”

（宋）王欽若等編纂：《冊府元龜》卷三七《帝王部》

曹琛,天成中爲右拾遺,上疏請百寮朔望入閣,及五日内殿起居,請許三署寺監,輪次轉對奏事。從之。

（宋）王欽若等編纂:《册府元龜》卷四七五《臺省部》

漢張昭遠,後唐天成中爲左輔闕,上言曰:“臣聞周家創業七百年,漢氏延洪四百載,非惟天命,抑亦人謀。臣雖至愚,粗聞其要,叨居諫列,備敢奏陳。古者,人君即位之後,立嫡以爲儲闈,列土而封子弟,既尊之以名器,復教之以訓詞。則驕奢淫逸,不萌於心;仁智賢明,以習其性。良由擇正人以爲師傅,聞善事益其聰明。假使中材,亦成良器。凡人善惡之性,多因染習而成。將創無窮,所宜重慎。竊以元良宗子,邦國本根,或陛下未欲封崇,先宜教導,所貴識古今之成敗,知稼穡之艱難,使驕縱不期於心,正道常聞於耳,輒條芻管,仰瀆冕旒,事具於後:

一、帝王之子,生長深宫。爰自幼沖,便居逸樂。目厭雕華之玩,耳煩絲竹之音。所謂不與驕期,而驕自至,倘非天生聰惠,神授賢明,持此驕盈,焉能無惑!苟不預爲教導,何以致之盤維?臣竊見先帝時,皇弟皇子,盡喜俳優,聞無稽玩物之言,則娱心悦耳;告致理經邦之説,則俛目頻眉。入則務飾姬姜,出則思參僕馬。親賓滿座,無非優笑之徒;食客盈門,罕有賢能之士。以此知識,以此宗師,必若托以維城,付之主鬯,無難亡之國,無不破之家,其則非遥,可謂殷鑒。臣請諸皇子各遵古議,置師傅之官。如陛下厚之以渥恩,課之以訓導,令皇子屈身師事,每日講説善道,一日之中,但記一事,一歲之内,所記漸多。每至月終,令師傅具録聞奏,或皇子上謁之時,陛下更令侍臣面問,十中得五,爲益良多,何必讀書,自然博識。既達安危之理,兼知成敗之由。主鬯維城,何往不可?臣雖短識,事係遠圖,伏乞陛下詢於公卿,以爲可否。

一、臣聞古之人君即位,而册太子,封拜諸王。究其所由,蓋有深旨。一則欲尊儲闈而作磐石,繫我宗枝;一則欲分嫡庶而辨親疏,各歸名分,使庶不亂嫡,疏不間親,禮秩有常,邪慝不作。臣竊見近代聖后賢君，或有失於此道，以此邦家構患，釁隙萌生。昔隋祖聰明，煬帝亦傾於揚勇；太宗睿聖，魏王終覆於承乾。臣每讀古書，深悲其事，願于聖代無此屬階，其于卜貳封崇，在臣不敢輕議。臣請諸皇子於恩澤賜與之間，婚姻省侍之際，依嫡庶而爲禮秩，據親疏而定節文，示以等威，絕其僥幸。保宗之道，莫大於斯。

一、臣聞上聖之才不修，崇而合道；中人之性隨染，習而無常。是故告以話言，束之名教。猶蹈覆車之轍，不師銘座之言。而況左右全闕正人，染習不聞善事。欲求賢行，其可得乎！伏見近代師傅之官，所設備員而已。未聞調護太子，訓導諸王，坐食俸錢，誠爲尸祿。臣請皇子中當爲儲位者，雖未封拜，先要切磋，應在朝宮寮、師傅之官，請每日謁見皇子，或講論時政、或熟習禮容。日增月修，有益無損。在臣愚職，以此爲憂，伏乞陛下付公卿詳議，以爲可否。伏惟皇帝陛下仁深拜善，道在勵精，行慈儉而愛生靈，正賞罰而激貞濫，內外皆無闕政，左右盡是賢臣，諫者無以措詞，多士惟期自勵。臣豈合遽陳，狂瞽輒犯宸嚴，但以恩未報於君親，事或關於國本，庶裨萬一，聊罄再三。"乾祐中爲太常卿，上言："臣聞江海不讓於細流，所以成其大；山岳不讓其撮土，所以成其高；王者不倦昌言，所以成其聖。臣歷觀前代，乃至近朝，遍閱聖君，無不好學。故楚靈王軍中決勝，不忘倚相之書；漢高帝馬上爭衡，猶聽陸生之説。遂得宸謀益治，宗社延長。伏惟皇帝陛下纘禹丕圖，受堯成法。春秋鼎盛，四聰不惑於咨詢；廊廟謀深，六藝何妨於講習。古者或立儒宮，或開文館，旁求岩穴之士，延納草澤之才，雖有前規，伏恐未暇。況國家設官分職，選賢任能，有輔弼講其國經，有師傅啓其言路，可以談天人之際，可以陳理亂之由。但能屬耳於典謨，何必服膺於卷軸。伏望陛下聽政之餘，數召近臣，討論經義，所冀熟三綱五常之要，窮九疇八政之源，縱無取於儒冠，猶冀賢於博奕。"

時帝年十九，猶有童心，疏遠正人，昵比群小，但與郭允明、段贊等廋詞醜語，宮中手放紙鳶。太后每提耳規之，即曰："經國之謀，閨閣無宜預也。"外間頗聞，故有是奏以諷之。蘇逢吉謂昭曰："先帝在藩時，今上已總丱，命兄事逢吉，令誨之以正道。今雖君臣禮隔，乘間猶獻忠言。比日親狎不常，吾友所陳，深中其病。中書欲商量，有所發明，但以疏內有輔弼講國之言，難別敷奏，曰蘇之益，深所愧懷。”

（宋）王欽若等編纂：《册府元龜》卷五三三《諫諍部》

後唐李守圭，明宗天成中，以布衣詣匭進《時務策》七道：其一，請禁諸侯，多置甲兵。其二，應池場監務，請令月納旬申，如稍逋懸，早議處分，禁其積滯，免啓倖門。其三，請令逐處長吏，親問刑獄，限其遠近大小。其四，以官場農具去人戶遥遠，不便於民，請逐縣置一場賣之。其五，請減五科，舉人選限。其六，以敕命頒下州，使不便者多爲匿之，請行覺察。其七，請令州縣，均其差役，有稱旨者，尋命施行。

（宋）王欽若等編纂：《册府元龜》卷八四九《總録部》

長興元年正月癸未，上御中興殿，謂宰臣曰：“近雖降春澤，如何？”馮道奏曰：“今歲春初，已見三白，相次又降雨澤，人情大洽。蓋陛下聖德感通之應也。臣聞天子事天，臣下事君，臣下若不供其職，則刑法及之，天子不守其道，則灾沴降之。今陛下敬天事地，憂勞百姓，則歲有豐登。”

（宋）王欽若等編纂：《册府元龜》卷三七《帝王部》

（長興二年）十月丙寅，敕：“皇王御宇，切在推恩；臣下盡忠，皆思勵節。顯祖宗於奕世，耀妻子以榮家，位有高低，事無偏黨。方當景運，務洽群心，將弘莫大之規，宜定維新之制。自此在朝臣寮及蕃侯郡守，據理例合得追贈者，新受命後，便於所司投狀，旋與施行。封妻蔭子，準格合得者亦施行。兼自中興以來，外官曾任朝班，據在朝時品秩格例，合得封贈叙封未沾恩命者，並與施行。其叙封妻室、品蔭子孫等，仍令所司一一具格式申奏。其或應得而不與之者，罪在所司官吏。其餘進馬齋遇有員闕，據資蔭合得先受官者，先與收補；後受官者,據日月依次第施行。如或徇私,公然越次,本人本司官吏當行責罰。仍令御史臺常加訪察,不得輒有違越,庶激爲臣爲子,盡孝盡忠,各守公方,共裨皇化。”

(宋)王欽若等編纂:《册府元龜》卷六一《帝王部》

(長興)二年十二月己卯,帝御中興殿,宰臣馮道奏曰:“臘日陛下方憂,雪是夜便降。立春日又降雨澤,皆得其節也。自陛下臨御,于今六載,家給人足。而又放鷹鸇之類,咸令遂性,所謂仁及鳥獸也。苟非聖德,其孰能臻此!”

(宋)王欽若等編纂:《册府元龜》卷三七《帝王部》

賜姓名李國昌,字德興,見墓碑。國昌子克用至。克用乃殺大同軍防禦使段文楚。克用是國昌小男,《唐三朝見聞録》謂之李九郎。薛居正《五代史》。克用殺段文楚事在僖宗乾符三年者得之。

(清)何焯:《義門讀書記》卷二九

癸未天贊三年。梁龍德二年,唐莊宗李存勖同光元年。夏四月己巳,晉王李存勖稱皇帝於魏州牙城之南,國號大唐。是爲莊宗。以魏州爲興唐府,建東京,又於太原府建西京,又以鎮州爲真定府,建北都。時唐國所有,凡十三節度、五十州。

(宋)葉隆禮:《契丹國志》卷一

赦過宥罪,自古不廢,然行之太頻,則惠奸長惡,引小人於大譴之域,其爲害固不勝言矣。唐莊宗同光二年大赦,前云:“罪無輕重,常赦所不原者,咸赦除之。”而又曰:“十惡五逆、屠牛、鑄錢、故殺人、合造毒藥、持仗行劫、官典犯贓,不在此限。”此制正得其中,當亂離之朝,乃能如是,亦可取也。而今時或不然。

(宋)洪邁:《容齋三筆》卷七

同光三年秋，天下大水，京師乏食尤甚。莊宗以朱書御記詔百僚上封事。李琪上書數千言。

（宋）謝維新：《古今合璧事類備要》後集卷四

唐莊宗時，皇太后、皇后交通藩鎮，太后曰誥令，皇后曰教命，教旨蓋始於此。后欲殺郭崇韜，莊宗不從，因自作教命與繼岌，竟殺之。后即笞劉曳於宮門者，劉曳蓋其父也。

（宋）謝采伯：《密齋筆記》卷二

太宗營高祖獻陵，在京兆府唐朱里。及朱梁立，乃唐朱之驗矣。里者，李也。後莊宗即位，謂之後唐，即李氏再造之讖也。

（宋）佚名：《分門古今類事》卷一三

李存勖據河東與朱溫爭天下，亦已久矣。所任者皆搏擊之雄，無有人焉贊其大計爲立國之規者也。其略用士人參帷幕者，自馮道始，沙陀之不永，四易姓而天下終裂，於此可知已。

（清）王夫之：《讀通鑒論》卷二八

李存勖不可以爲天子，然固將帥之才也，知用兵之略矣，得英主而御之，與韓信齒。

奚以明其然邪？麐之走也捷於虎，卒爲虎獲者，數反顧也。規規恃其穴以爲所據，其偶敗也，急奔而護其穴，其勝也，復慮人之乘己而內煥，於是內未潰而外失可乘之機，敵且蹙之使自斃於穴中，未有不敗者也。存勖知此矣。

自克用以來，太原其根本也，則澤潞其喉吭也；太行之險一失，則井陘之道且危。存勖殫全力以圖東方，澶、鄆懸隔千里之外，間以趙、魏，潞州叛，澤州陷，太原內蹙，而東出之師若脊斷而不能舉。於斯時也，不知兵者必且舍澶、鄆以旋師而西顧，乃一受其掣，而踉蹌以返，王彥章之流躡其迹而乘之，太原其委命之墟矣。而存勖之計此決矣，李繼韜之内叛,視若疥癬;澤州之失,唯惜裴約,而弃若贅疣;急攻楊劉,疾趨汴、雒,一戰而朱氏以亡,其神矣哉!太原自克用修繕城隍以來,非旦夕可拔者,大兵集於東方,繼韜雖狡,梁人雖鷙,必不敢遽爾合圍,不憂歸師之夾逼。敵見吾視澤、潞之亂若罔聞,則益不測吾之所爲,膽先自破,沮其乘虚之計,而河上之師終恃此以爲撓我之令圖,則慮我之情緩,而相防之計疏。此一舉而襲梁都、夷友貞、平河南,規恢之大略也。微韓信,孰足以及此?謂存勖爲將帥之才,非虚加之矣。

(清)王夫之:《讀通鑒論》卷二八

李存勖之欲爲帝久矣,日率將士以與朱氏争存亡,而内所任者故奄張承業,外則姑以馮道司筆墨而已。未嘗一日運目游心於天下士,求一可任者,與定大謀、經畫天下之治理。至於梁勢將傾、衆争勸進之日,乃就四鎮判官求一二人以爲相。大謀非所與聞,大任非所夙擬,其主雖聞名而非所矜式,其將相雖覿面而不與周旋,一旦加以枚卜之虚名,使處百僚之上。彼挾百戰之功匡扶以起者,固曰:何從有此忽起在位之人居吾上邪?彼固藉我以取富貴,而惡能不唯我是從乎?漢高相蕭何,乃至呲諸將之功爲狗而不怒者,實有大服其心者,非一朝一夕之故也。豆盧革、盧程依戎幕以起家,惡足勝其任哉?名之曰相,實均於無相,樞密得操其行止,藩鎮直視爲衙官,天子孤立,心膂無托,奪之也如吹槁,弗復有難焉者矣。

天下可無相也,則亦可無君。相輕於鴻毛,則君不能重於泰山也。故胡氏曰:"人主之職,在論相而已。"大有爲者,求之夙,任之重,得一二人而子孫黎民世食其福矣。

(清)王夫之:《讀通鑒論》卷二八

後唐莊宗承武皇之遺業,假大義、挾世讎以與梁人,百戰而夷之,乃有天下,可謂難且勞矣。然有二臣焉,其爲韓彭者李嗣源,爲寇鄧者郭崇韜也。嗣源居不賞之功,挾震主之威,得國兵之權,執之而不釋也。莊宗無以奪之而稍忌其逼，崇韜常有大功於國，忠而可倚，而嗣源之所畏者也。莊宗苟能挾所倚，而制所可忌，則嗣源雖懷不自安而有顧憚，非敢輒發也。莊宗知其所忌，而不知其所倚，故崇韜以忠見疏，讒疾日急，使其營自救之計，乃求將其征蜀之兵。莊宗掃國中之師屬之而西，崇韜雖已舉蜀，捷奏才上，而以讒死矣。莊宗知得蜀足以資其盛強，而不知崇韜之死已去嗣源之畏，故鄴下之變，嗣源以一旅之衆西趨洛陽，如蹈無人之境，其遷大器易若反掌。且內有權臣窺伺間隙，乃空國之師，勤於遠役，固已大失計矣。而又去我之所倚，與彼之所畏者，則大禍之集可勝救哉？雖得百蜀，無救其失國也。使崇韜之不死，舉全蜀之衆，因東歸之士，擁繼岌，檄方鎮，以討君父之讎，雖嗣源之強，亦何以御之。蓋嗣源有韓彭之逼，而不踐其禍者，莊宗無高祖之略故也。崇韜有寇鄧之烈，而不全其宗者，莊宗無光武之明故也。嗟乎！人臣之禍起於操權而速，禍之權莫重於制兵，崇韜謀迨禍自全，而方求執其兵，此於抱薪救火者何異也？

（宋）何去非：《何博士備論》卷下

李嗣源之不欲犯順以攘國，非僞也。朱守殷勸其歸鎮而不從，趙在禮帥諸將迎奉而泣辭之，皆死生之際也。乃置身於宵小之中而不懼，跳出以集兵雪恥而不遑，固可信其立志之無他矣。然而終不免於逼君簒國之逆者，爲諸將所迫，而石敬瑭其魁也。敬瑭曰：“安有上將與叛卒入賊城而他日能免者？”此言出而嗣源窮矣。既不能保其腰領與妻子，而抑受從逆之罪以伏法，名實交喪，取生平而盡弃之，天高地厚，嗣源無餘地以自容。敬瑭所爲持其肯綮要以必從者，機深而言屬，嗣源惡得而不從邪？惟其然，而嗣源之昧於事幾以失斷，亦愚矣！

（清）王夫之：《讀通鑒論》卷二九

敬瑭之強使舉兵也，豈果盡忠效死戴主帥以定大業哉？自唐亡以來，天下之稱帝稱王者，如春雨之蒸菌，不擇地而發，雖名天子，實亦唐之節度使焉耳。李存勖滅梁而奄有之，地差大於群雄，而視劉岩、錢鏐、王延翰也亦無以異。主無恒尊，臣無恒卑，民亦初無恒嚮，可奪也，則無不可奪也。以存勖之百戰成功如此其炎炎也，不數年而已熄，則嗣源一旦捲甲犯主以橫有其國，又豈有長存之理？其旋起而可旋滅，人皆知之，而敬瑭料之熟矣。嗣源不反，存勖雖亡，烏必止於他人之屋。敬瑭輩部曲偏裨，望淺力微，安能遽爲弋獲乎？康義誠、李紹虔、王建立、李紹英咸有此心，而敬瑭以子婿之親，握牙之重，固將曰嗣源之後，舍我其誰邪？蓋亦如史憲誠、朱希彩、朱滔之相因以奪節鉞耳。嗣源亦微測之，故祝天求生聖主以絶此凌奪之逆，自知其國不可永，而敬瑭決策犯順之邪心，必不能保之身後，顧低回顧盼無以自主，荏苒而從之，識者固憐其柔以愚也。

（清）王夫之：《讀通鑒論》卷二九

每讀《五代·忠義傳》，至明宗命何瓚入蜀制孟知祥事，未嘗不廢卷而嘆也。夫以明宗區區暗弱之唐，任一何瓚而欲御權彊僭叛之蜀，豈不難哉！瓚意不屈，繼以死，何其易也！

（宋）呂陶：《淨德集》卷二五

五代之主，或出武人，或出夷狄，如後唐明宗尤惡人言太子事，群臣莫敢正言。有何澤者，嘗上書乞立太子，明宗大怒，謂其子從榮曰："群臣欲以汝爲太子，我將歸老於河東。"由是臣下更不敢言。……後唐明宗儲嗣不早定，而秦王從榮後以舉兵窺覬，陷於大禍，後唐遂亂，此前世之事也。

（宋）歐陽修：《文忠集》卷一一〇

劍門有修關石刻，天成五年立。又有五代敕牒甚多，皆天成長興廣政間刻。

（明）曹學佺：《蜀中廣記》卷二六

內名琉璃瓶中。五代唐廢帝欲擇宰相,以盧文紀、姚顗有人望,悉書名內琉璃瓶中。焚香祝天,以箸挾之,首得文紀,欣然相之。

(宋)佚名:《錦綉萬花谷》前集卷一〇

(長興三年正月)壬子,太常禮院奏衣服制度:“準貞觀四年八月十四日詔曰:‘冠冕制度,已備令文,彝常服飾,未爲差等。於是三品已上服紫,四品五品已上服緋,六品七品以綠,八品九品以青。婦人從夫之色。仍通服黄。’至五年七月一日,敕七品已上服龜甲雙巨十花綾,其色綠;九品已上服絲布及雜小綾,其色青。又咸亨五年五月十日敕:‘如聞在外軍人百姓,有不依令式,遂於袍衫之內,著朱紫青綠等色短衫襖子,或在閭野公然露服,貴賤莫辨,有蠹彝倫。自今已後,衣服上下各依品秩,上得通下,下不得僭上,仍令所司嚴加禁斷。’又武德四年七月十六日制:‘三品已上,服大料細綾及羅,其色紫;五品已上,服小料細綾及羅,其色朱;六品已上,服絲布、雜小綾、交梭,其色黄;七品、八品、九品、流外、庶人服細綾絁布,其色黄白者。’又永徽三年八月十四日詔:‘魚袋之制,恩榮所加,本緣品命,帶魚之法,事章要重者。’臣今詳酌,本非朝命,不得輒懸魚袋。內外臣僚所衣朱紫服飾,降於近代,不越時宜,將健衣裝,各立軍號,當司從來無例檢詳。其經商百姓等,則不得著色樣綾羅及紫皁雜色衣服、金色帶,亦不載短長制度。”敕旨:“禮所奏內外臣僚所衣朱紫服飾,不越時宜。將健衣裝,各立軍號,一切仍舊。其經商百姓,不得著色樣綾羅及紫皁雜色衣服、金色帶等,宜依。”

(宋)王欽若等編纂:《冊府元龜》卷六一《帝王部》

(長興)三年三月癸巳,帝御中興殿,顧謂馮道曰:“春雨太多乎?”道對曰:“春澤稍多,是豐年之兆。契丹孔熾,自近朝以來,中國多事,未暇制服。向者王都背叛,連結邊戎,陛下命將得人,俾匹馬不回,使其畏懼而修朝貢。則知皇威所振,邁于前古也。”

(宋)王欽若等編纂:《冊府元龜》卷三七《帝王部》

康澄爲大理少卿，長興三年上疏曰：“臣聞安危得失，治亂興亡，誠不繫於天時，固匪繇於地利。童謡非禍福之本，妖祥豈隆替之源？故雌雉昇鼎而桑穀生朝，不能止殷宗之盛；神馬長嘶而玉龜告兆，不能延晉祚之長。是知國家有不足懼者五，有深可畏者六：陰陽不調不足懼，三辰失行不足懼，小人訛言不足懼，山摧川涸不足懼，蟊賊傷稼不足懼。此不足懼者五也。賢人藏匿深可畏，四民遷業深可畏，上下相徇深可畏，廉耻道消深可畏，毁譽亂真深可畏，直言蔑聞深可畏。此深可畏者六也。伏惟陛下尊臨南國，奄有八紘。蕩三季之澆風，振百王之舊典，設四科而羅俊彦，提二柄以衞御雄，所以不軌不物之徒，咸思革面；無禮無義之輩，相率悛心。然而不足懼者，願陛下存而無論；深可畏者，願陛下修而靡忒。加以崇三綱五常之教，敷六府三事之歌，則鴻基與五嶽爭高，盛德共磐石永固。”優詔獎之。澄言可畏六事，實中當時之弊，識者許之。

　　　　　　（宋）王欽若等編纂：《册府元龜》卷五四七《諫諍部》

愍帝應順元年三月，故忠武軍節度使孟鵠男遵古上言，乞立先臣神道碑。詔：“今後藩侯帶同平章事已上薨謝者，竝差官撰文宣賜；未帶相印及刺史以令式合立碑者，其文任自製撰，不在奏聞。”

　　　　　　（宋）王欽若等編纂：《册府元龜》卷六一《帝王部》

周元樞爲侍御史，清泰元年，陳十事，其行者四。詔曰：“請再示賞罰，提擧縣令，事百里象雷之地，一同制錦之人。期在養民，豈宜失職？諸州觀察使、刺史，嚴切提撕。請牢籠俊乂，搜訪賢良。況選部貢闈，每年慎擇，尚慮貞廉之士，愧趨躁競之門。諸道廉使，更宜搜訪。請斷無名率配，委三司使，省奏擧行。請止急征暴賦，況秋夏徵科，自有常限，宜令官吏，不得逾違。”

　　　　　　（宋）王欽若等編纂：《册府元龜》卷四七六《臺省部》

末帝清泰二年三月辛亥，兩街功德使雍王重美奏：“每年誕節，諸道州府奏薦僧尼道士紫衣師號漸多，今欲量立條式，僧講論、講經、表白各三科，文章應制十二科，持念一科，禪聲贊科，竝於本伎能中條貫。道士經法科試義十道，講論科試經論，文章應制科試詩，表白科試聲喉，聲贊科試步虛三啓，焚修科試齋醮儀。”詔曰：“重美學洞儒玄，官居尹正，因三教之議論，希千春之渥恩，特立條流，以防濫進。從之。”

（宋）王欽若等編纂：《册府元龜》卷六一《帝王部》

（清泰）二年，詔曰：“近日官告敕牒書寫生疏，裝褙卤莽，未欲便行罰責。今後書禮裝褙竝宜如法。中書舍人辭告亦可以其人楊歷功效，或訓或獎，並宜允當。又須體認急切，如有宣取，晝時應副，無令稽緩。”

（宋）王欽若等編纂：《册府元龜》卷一五八《帝王部》

清泰二年，御史中丞盧損上言五事，其一：“臣睹陛下，勤儉爲本，宵旰是專，日新之德繼聲，時病之憂漸息。事纔達聽，言乃必行。若有隱於聖明，必貽咎於陰責。器小而成難測海，日下而但合傾心。今欲曉諭中外臣寮，載星登車，端門待漏，寅初開鑰，日出排班中興殿。庶事未通乞光，降宣不坐。冀視朝之制合古，事君之禮得中。匪懈之誠咸專，未明之求外顯。”其二曰：“臣聞食其時，則百骸皆理；失其言，而駟馬難追。利便可行，疏闊莫返。況開闔之制，出入須常。且貴賤而不分，恃强壯而爭進，此後逐日早辰，軍人、百姓，馬群放牧，令兩掖門出，廣列尊卑。”其三云：“帝居皇宅，法象太微，取則皆自於上玄，隳度無違於古道。標正影端之語，萬世不逾。從權就便之規，一時難守。臣見九衢巷陌，已是漸微，兆庶街坊，未止侵占。陛下仁恕在念，約絕難行。且乞五鳳樓南、定鼎門北，禁止搭棚籬圈，籠樹舍檐，取土填街，引渠穢路。請指揮金吾軍巡止絕，其四橋號天津，名實帝道。人臣履歷，尚合兢趨。牛車往來，公然縱恣。請止絕天津橋中道，兩頭下關，駕出，即開兩傍之路，士庶往來，其車牛并浮橋路來往。”其五："朝廷所重，名器爲先。叙禮樂，道尊卑，明貴賤。伏見禁門之内，人馬出入極多。臣請凡官員除將被袋馬外，其餘騎從，并令於光政門外下馬。"詔曰："聽政不坐禮儀，而合使先知。牧馬趨朝道路，而宜令有異。況民家占侵於御路，固合條流；牛車來往於天津，宜須禁止。盧損益深奉職，言切爲時，詳五件之封章，俾四方之觀政。除光政門外下馬一件，續有處分，餘并從之。"

是年又上言："準天成二年二月敕，每年進士，合有聞喜宴、春關宴，并有司所出春關牒，用綾紙并官給。臣等以舉人既成名第，宴席所費屬私。況國用未充，枉有勞費。請依舊制不賜。"又："準天成元年七月及四年十二月敕，應中外官除授，不繫品秩，一例宣賜告身。請依舊制，合賜外各令自出綾紙。"又："準天成元年七月敕，加每月十五日入閣，罷五日起居。臣等以中旬排仗，有勞聖躬。請只以月首入閣，五日起居如舊。"又："天成元年八月敕，除旨授令録，皆令内殿辭謝。臣等以令録卑微，不可内廷展謝。請依舊制，正衙辭謝。"又："天成三年五月、長興二年七月敕，許節度使帶使相，歲薦五人，餘薦三人，防禦團練使二人。臣惟州縣員闕甚少，若容薦舉，則每年銓選，可以注擬。請特行釐革。"又："長興二年八月敕，州縣簿尉、判司差充軍巡判官，仍同一任。自邇已來，頗傷物論，以爲不當，請行止絶，依舊令衙前選任。"詔曰："令録之任，總六曹之糾轄，繫百里之慘舒。惠養吾民，可以親承顧問。内殿辭謝，可如舊制。藩侯、郡守薦人，或諳公事，或有裨益，不可全阻。許依天成敕帶使相、藩臣歲薦三人，餘二人直屬京州郡，防禦團練一人。諸色官告、舉人春關冬集綾紙，聞喜關宴所賜錢，并仍舊官給。餘并從之。"

（宋）王欽若等編纂：《册府元龜》卷四七六《臺省部》

後唐杜崇龜，清泰初爲翰林待詔、右贊善大夫同正，上言曰："近日星辰變度，苦雨霖霪，是生靈共感之灾，致緯象垂芒之異。惟宜修德，以答玄穹。臣竊以修德遍在君臣，非獨在於君父。自古創業守文之主,未有無灾變者,但能修德省躬,則化灾爲福。臣見今月三日夜五更初有二星變異,一出軒轅前路,一出室壁之間。凡五星之氣,下合五行。一德稍虧,五星變異。臣恐自戰爭已來,或有功臣義士枉抱幽冤,或有名山大川失於禋祀。今九月震雷,極爲異事。雷者,天之號令,八月收聲。今震伏不時,是號令失節之象。陛下繼覃赦宥,虔禮神祇,惟德動天,其灾必退,更宜師古,以合天心,惡殺好生,資於睿化。"詔曰:"杜崇龜術精玄象,職在禁廷,睹苦雨之霖霪,視星文之變異,形於章奏,足驗忠勤。修德省躬,朕誠有愧。見灾而懼,安敢忘懷? 載閱所陳,深所嘉獎。"

(宋)王欽若等編纂:《册府元龜》卷五三三《諫諍部》

後唐馬勝,清泰中爲深州司功,詣闕上封事曰:"夫道貴適時,謀須應務,不可專遵前古,不可苟徇今時。必在合宜,方能致理。臣見賊盜律,凡盜竊資財多少及放火燒場,據所燒物數爲錢數裁斷。比來法司常行此律令,若情敦去殺,道在恤刑,欲令惡鳥移聲,小人革弊,致風行草偃,須以猛濟寬。臣竊見鄉村人有殺牛、賭錢、嗜酒、不事家産者,初則恣其凶頑,後則利於財物。若以嚴刑止絶,因兹蟻結蜂屯,便成群盜耳。臣以爲但是竊盜,不計財物多少,及放火劫舍,並望且行極法。俟餘風稍殄,澆俗既移,然後用輕刑,未爲晚也。臣又見諸州置捕賊巡務,比來以備警巡,近者却被爲非人詐爲巡司,劫盜閭里,既難辨認,爲惡滋深,乞一切去除此務。凡盜賊出於百姓,其原出於屠牛、賭博、飲酒、不務營生,請下諸州府巡屬,普令沙汰此色之人,嚴刑條法,則無盜矣,何必別置巡司。臣又見州縣鄉村有力户,於衙府投名服事,如有差役,祗配貧下户。臣請州縣節級立定人數,其餘令歸田里,即不困貧民。"詔曰:"馬勝所陳,理亦公當。嚴刑去盜,正切救時。付中書門下告諭中外,於極刑之中,不得因緣枉濫,務在懲惡止奸,審詳行遣。"

(宋)王欽若等編纂:《册府元龜》卷五三三《諫諍部》

薛文遇爲樞密院直學士。末帝初，疑河東有異志，欲移石某晉高祖名於鄆州。九月，近臣房嵩等堅言不可，司天監趙延義亦言星辰失度，尤宜好靜。由是稍緩其事。會文遇獨宿禁中，帝召之，諭以太原之事。文遇奏曰："臣聞作舍於道，三年不成，國家利害，斷自宸衷。以臣料之，石某除亦叛，不除亦叛，不如先事圖之。"帝喜曰："聞卿此言，豁吾憤氣。"即令手書除曰："子夜下學士院草制。"翌日，宣制之際，西班失色。居六七日，河東上章，言甚不遜，遂稱兵。

（宋）王欽若等編纂：《冊府元龜》卷九三五《總録部》

晉程遜，初仕後唐爲中書舍人，上言以民間機織多有假僞，虛費絲縷，不堪爲衣，請下禁止，庶歸朴素。後爲翰林學士，與學士和凝、張礪等上十三事。其一：前代帝王，親觀風俗，訊民利病。其後不暇親行，亦遣使巡行風俗，唐朝於十道置采訪使一員。請如舊制，亦冀民病蘇舒。其二：天成已來，久不括田，自水旱累年，民户疾苦不均。今歲夏秋，或稔於常歲，請行檢括，庶獲均輸。其三：中原邊上，率多閑田，可令近下軍都，興起屯田。舊時銅冶鐵冶，亦令軍人興置，不費於民。其四：人君求理，欲廣視聽，須群臣上言。然則人才有短長，智略有能否，其於聽用之間，乞留睿鑒，伏恐失人。其五：朝野官吏，人數衆多。若不行黜陟之科，何以察其能否。望准考課令，凡中外官，歲終校考，以行進退。其六：古人得位相讓，所冀不掩賢能，得其髦俊。請依建中故事，群官受命後，舉人自代。其七：治道既知損益，務實去華，伏見自中興以來，或於邊境權立州縣名目，户口不多，虛張吏員，枉費禄食。其權置名目，望一切停省，以賑邊軍。臣伏見徐、宿州管内，有泗濱院、徐山院、市丘院、白土務，所管人户共數千家。請罷廢名額，其户稅請還州縣。其八：請止游惰，勸農桑，減冗食之員，停不急之務。其九：君上置諫諍之官，以期聞過。況聞官給諫紙，虛佇讜言，時政有所不便，請諫官陳論，詔書有所依違，請給事中封駁。其十：國朝承平時，諸監鑄錢不輟，尚不能給，今國家所鑄絶少，而市人銷錢，貴賣銅器，累行止絶，尚未知禁。伏乞嚴下條法，其銅、除鏡、鞍彞、腰帶外,不許市賣銅器,犯者以贓論。其十一:沿邊鎮戍,請明斥堠,習戰陣,謹烽候,令夷狄知懼,戰必有功。其十二:每年給散蠶鹽不敷斤兩,雜之以硝土,請給散之時,命清强官止絕。其十三:伏聞關西、河東,人民饑饉,殍殣者多。其城市鄉村,積粟之家,望令官司通指姓名,俾令出糶,以濟饑民。中書門下覆奏:"程遜等十三事,其置采訪使,難擇公清之吏,却生僥幸之門,問疾苦則未能,勞供須則轉費。況刺史廉使,自合訪求,不勞別置。其累年水旱,欲與檢田,以均勞逸。今年夏苗,已多灾旱,秋稼今未及時,請下三司,可否聞奏。其屯田治務,興造之初,所費不少,今國力未辦,可俟佗時。其受官舉代,劉鼎近已上聞。其餘九件並可施行。擇良善爲心腹,群官書考,併省州縣,止游惰,勸耕桑,諫官論事,給事封奏,斷用銅器,邊城習武,備差官散蠶鹽,均糶以濟飢民等事。"詔曰:"程遜等所陳時務,並關王道,兼雜霸圖。益國利民,無所不至,成仁去害,悉在其間。救時病以良多,比忠言之更切,封駁詔敕,尤可施行,餘據事條下所司。"

(宋)王欽若等編纂:《册府元龜》卷五五三《詞臣部》

時内臣有左飛龍使李承進者,逮事後唐,上問曰:"莊宗以英武定中原,享國不久,何也?"承進曰:"莊宗好田獵,務姑息將士,每出次近郊,禁兵衛卒必控馬首告曰:'兒郎輩寒冷,望與救接。'莊宗即隨其所欲給之。如此非一,失於禁戢,因而兆亂。蓋威令不行,賞賚無節也。"上撫髀嘆曰:"二十年夾河戰争,取得天下,不能用軍法約束此輩,縱其無厭之求,以兹臨御,誠爲兒戲。朕今撫養士卒,固不吝惜爵賞,若犯吾法,惟有劍耳。"

(宋)李燾:《續資治通鑒長編》卷一二,太祖開寶四年(971)

是月,教坊使衛德仁以老求外官,且援同光故事求領郡。上曰:"用伶人爲刺史,此莊宗失政,豈可效之耶!"宰相擬上州司馬,上曰:"上佐乃士人所處,資望甚優,亦不可輕授,此輩但當於樂部遷轉耳。"

乃命爲太常寺大樂署令。

　　（宋）李燾:《續資治通鑒長編》卷一六,太祖開寶八年(974)

　　自三月不雨,至於五月。戊戌,上親録京城諸司繫獄囚,多所原減。即命起居舍人須城宋惟幹等四十二人分詣諸道,按決刑獄。是夕,大雨。上因謂近臣曰:"爲君當如此勤政,即能感召和氣。如後唐莊宗不恤國事,惟務畋游,動經浹旬,大傷苗稼,及還,乃降敕蠲放租賦,此甚不君也。"樞密副使張宏奏曰:"莊宗不獨如此,尤惑於音樂,縱酒自恣,樂籍之中獲典郡者數人。"上曰:"凡人君節儉爲宗,仁恕爲念。朕在南府時,於音律粗亦經心,今非朝會,未嘗張樂。晨夕下藥,常以鹽湯代酒,常服浣濯之衣。而鷹犬之娱,素所不好,且多親飛走,《真誥》所不許,朕常以爲戒也。"

　　（宋）李燾:《續資治通鑒長編》卷三〇,太宗端拱二年(989)

　　度支副使謝泌條上郊祀賞給軍士之數,上曰:"朕愛惜金帛,止備賞賜爾。"泌因曰:"唐德宗朱泚之亂,後唐莊宗馬射之禍,皆賞軍不豐所致。今陛下躬御菲薄,賞賜優厚,真歷代王者之所難也。"

　　（宋）李燾:《續資治通鑒長編》卷三四,太宗淳化四年(993)

　　……後唐天成中,詔百官每五日内殿起居,拜舞訖退,遂廢待制次對之官。每遇起居日,令百官轉對言事。長興初,停轉對,有論奏,許非時上言。晉天福中,詔五日起居,以兩人轉對,各具實封以聞。漢乾祐初,陶穀奏停,許詣閤門拜章。至是始復舊制,每起居日,常參官兩人次對,閤門受其章。

　　（宋）王應麟:《玉海》卷六一《藝文》

　　史略:中和二年,以李克用爲雁門節度使,克用本西突厥處月别種,姓朱邪氏,號爲沙陀。元和三年,朱邪盡忠爲吐蕃所逼,詣靈州降。盡忠戰殁,詔置陰山府於鹽州,授其子執宜爲兵馬使。四年,隨靈鹽節度使范希朝鎮河東,置其部落於定襄川。卒，子赤心嗣，捍衛北邊，數有功。咸通九年，從康承訓討平徐州賊龐勛，授大同節度使，賜姓名李國昌。十年，爲振武節度使。乾符五年，國昌子克用戍蔚州，爲雲州亂軍所推，國昌復與之合犯河東諸州鎮。廣明初引還代北，既而敗奔韃靼。是年黃巢入長安，代北監軍陳景思召克用於韃靼。克用還，陷忻、代，遂據代州。中和二年，河中帥王重榮等謀召克用討黃巢，克用自嵐石路趨河中，詔授克用爲雁門帥。定襄川，即漢定襄郡城。嵐石路，謂道出嵐、石二州間也。合諸道討黃巢，收復西京。尋還鎮，詔授河東節度使，時國昌亦自韃靼還代，授代北節度使，鎮忻州。既又取潞州。四年，復合諸道兵敗黃巢於河南。光啓初，與河中帥王重榮合兵逼京城，討田令孜也。天子西幸。三年，取澤州。龍紀初又拔磁、洺二州，明年取邢州。既而潞州軍亂，降於朱全忠，尋復取之。大順初，詔張濬等會諸道兵於晉州，進討克用，不克。克用敗濬兵，取晉、絳二州，仍引兵還。二年，克雲州。時赫連鐸爲雲朔防禦使，屢與幽州帥李匡威侵河東，因攻克之。尋悉定代北地。振武諸城鎮皆置戍焉。景福初邢、洺、磁三州叛，邢洺節度李存孝以三州叛降全忠。乾寧初，復收三州，又克盧龍，盡平其地。因表劉仁恭爲留後。三年，邠、岐、華三帥犯闕，克用奉詔西討，邠帥走死，王行瑜也。進爵晉王。四年，劉仁恭以幽州叛。光化初，邢、洺、磁三州復爲朱全忠所陷。又潞州復叛，尋復潞州，又拔澤州。時又取洺州及懷州，旋復失之。天復初，全忠合諸道兵來攻，於是沁、澤、潞、遼、汾諸州望風降潰。進攻晉陽，不克而去。克用乃復取汾、沁、遼三州。繼又取慈、隰二州，旋陷於全忠。天祐三年，潞州來降。四年，全忠篡位，遣軍圍潞州。明年，克用卒，子存勗嗣。蓋東守潞州，西限豐、勝，北至雲、朔，內保汾、沁，唐室既亡，晉所恃以與梁爭者，僅十有餘州而已。

（清）顧祖禹：《讀史方輿紀要》卷六

　　《都邑考》：莊宗初即位，因以魏州爲興唐府，建東京，又於太原府建西京，以鎮州爲真定府，建北都。滅梁後遷都洛，時以洛陽爲洛京。復以京兆爲西都，太原爲北京，而汴州仍曰宣武軍，北都復曰成德軍。同光三年，詔以洛京爲東都，興唐府爲鄴都。天成四年，鄴都還爲魏州。

史略：初，存勖嗣位，破梁兵於夾寨，夾寨在潞州城下，朱溫築此攻圍潞州。解潞州之圍。會梁人謀吞鎮、定兩鎮，乃求援於晉，推晉王爲盟主。晉王因東下井陘，井陘，見李光弼出井陘。軍趙州，大敗梁人於柏鄉，柏鄉，今北直趙州屬縣。引兵南至黎陽，在北直濬縣。見前。略梁河北諸州縣。時劉守光強橫，晉諸將曰：“雲、代與燕接境，若擾我城戍，動搖人情，亦腹心患也，不如先取之，然後專意南討。”未幾，守光僭稱帝，發兵侵易定，晉王因命周德威等東伐燕，遂取瀛、莫以北諸州，尋取幽州，悉定燕地。時溫已爲其子友珪所弑，於是魏博軍亂，去梁來歸。晉王引兵入魏，梁河北諸州次第悉入於晉，惟黎陽猶爲梁守，遂渡河拔楊劉，今山東東阿縣北有楊劉鎮。又敗梁人於胡柳陂，在濮州西。進拔濮陽，今大名府開州。胡氏曰：“舊城蓋在河南。”築德勝南北兩城而守之。開州南三里有德勝渡，時爲大河津濟處。梁朱友謙復以河中諸州及同州來附，先是，溫被弑，友謙以河中附晉，既而復附梁，至是遂歸於晉。又取成德，收易定。時成德帥王鎔、易定帥王處直軍皆亂，晉王因并其地。晉王尋稱帝，仍國號曰唐。時梁軍猶盛，先是，梁人乘間襲取衛州，時潞州復叛附梁，既而澤州亦爲梁所陷。唐主以爲憂。會梁鄆州將盧順密來奔，言鄆州無備，可襲取也。唐主因曰：“梁人志在澤潞，不備東方，若得東平，鄆州，漢名東平。則潰其心腹矣。”遂遣李嗣源襲鄆州，據之。梁軍猶掠澶、相之境，與晉相持，郭崇韜曰：“梁以精兵據我南鄙，又決河自固，時梁人患晉兵南侵，於滑州決河，東注曹、濮及鄆，恃以爲險。謂我猝不能渡，汴州必無備。若留兵守魏，固保楊劉，親帥精兵與鄆州合勢，長驅入汴，僞主就擒矣。”從之，引軍自楊劉濟，至鄆州，乃逾汶水，汶水，在鄆州東南三十里。拔中都，中都，今東平州汶上縣。時梁將王彥章屯中都，故先拔之。進克曹州，梁軍皆阻河北，緩急不相聞。知汴州危急，梁主友貞自殺。軍入汴州，河北諸軍來降，梁地悉定。又西并鳳翔，南收巴蜀，及同光之變，兩川復失。

史略：同光初，滅梁，李茂貞稱臣來貢，明年改封秦王。卒，以其子繼曮爲鳳翔帥，於是汧、隴七州七州見前。悉歸於唐。三年，遣郭崇韜等伐蜀，入散關，散關，見前。山南諸州望風降潰；至興州，劍南諸州皆來降；進至利州，趨綿州，入鹿頭關，見前。據漢州，王衍迎降。以孟知祥、董璋爲兩川節度。四年，魏博軍亂，魏博軍自瓦橋戍還至貝州作亂，推趙在禮爲帥，入鄴都，遣軍討之，不克。瓦橋，今爲保定府雄縣，時契丹屢寇幽州境内，置戍於此，亦曰瓦橋關。乃遣李嗣源討之。至鄴都，軍中復作亂，嗣源尋入大梁。帝方欲撫定關東，謂虎牢關東。引軍至萬勝鎮，在今開封府中牟縣西北十里。聞嗣源已據大梁，倉卒旋師。既還洛陽，復圖東討。時内外離叛，伶人郭從謙作亂，弑帝，嗣源乃入洛陽，尋即帝位。孟知祥聞變，遂陰有據蜀之志，長興初與董璋合謀拒命，時朝廷覺知祥等謀，乃割東川之閬、果二州置保寧軍，又欲割西川之綿、龍二州爲鎮，且增武信軍戍兵，知祥等遂舉兵叛。遣石敬瑭等討之，不克，知祥等遂盡略兩川地。董璋陷閬州，遂略涪、合、巴、蓬、果等州。孟知祥亦取渝、瀘二州，既又克遂州。敬瑭軍入劍門，至劍州，尋以糧盡引還。兩川軍追之，取利州，知祥以兵戍守，又遣兵陷忠、萬、夔諸州而守之。三年，知祥復并東川，乃上表稱藩，詔封蜀王。清泰以後，山南諸州悉入於蜀。蓋東際於海，南至淮、漢，西逾秦、隴，北盡燕、代，皆唐境也。

　　有州一百二十三。唐盡有河南、河北、河東、關内、隴右境内諸州，又兼有山南之境。《五代志》：“莊宗初起并、代，取幽、滄，有州三十五，後又取梁魏、博等十有六州，合五十一州。已滅梁，岐王稱臣，得七州。同光破蜀，已而復失，惟得秦、鳳、階、成四州。而營、平二州已陷於契丹，其增置之州一，合爲一百二十三州。”今考同光已後，山南諸州尚未盡入於蜀，其僅有秦、鳳、階、成四州，蓋石晉時事也。又晉王天祐八年，置府州，治府谷縣，今陝西葭州屬縣也。天成初，又置寰州，治寰清縣，今爲朔方馬邑縣。三年，置泰州，治清苑縣，今保定府是也。志所云一州，蓋專指寰州言之。又考同光二年，瓜、沙入貢，命權知歸義留後曹義金爲刺史、節度使。長興初，涼州亦來附。四年，又置保順軍於洮州，兼領鄯州。又《宋志》云：“後唐於唐之義寧軍置義州，後周因之，宋改爲華州。今平涼府華亭縣也。”今志亦不之載，然則唐所有州，蓋不僅如志所稱而已。

（清）顧祖禹：《讀史方輿紀要》卷六

(4) 後晉

晉高祖天福二年四月己亥,詔:"今後立妃及拜免三公、宰相,及命將、封親王公主,宜令并降制命,餘從令式處分。"甲辰,中書奏:"以二月二十六日敕,內外官臣僚亡父母、祖父母,據品秩未封贈、已封贈三代者,更加恩命。按舊制,一品官亡父已上三代,約其子官品第降一等;亡母追封國號,祖母已上第降一等。敕曰:自家刑國,歷代明規,祖德宗功,前王至訓。在君上之尊則異,在臣下之孝皆同。凡有公田,立立私廟。自經多難,不舉舊章,今以應運開基,體元布化,不思奉己專務,安人高低,推念祖之誠,內外保貽孫之慶。其內外官等準敕,合與三代已下封贈者,並以見居官品數比擬,冀使人之例不輕,王父之尊,永載簡編,普示孝理。"是月,中書奏:"《翰林志》節文,凡赦書、德音、立后、建儲、行大誅討、拜免三公宰相、命將日制,並使白麻紙,不使印,雙日起草,候閤門之鑰入而後進,隻日百僚立班於宣政殿,樞密使引案自東上閤門出,若拜免宰相,即委通事舍人,餘付中書門下,並通事舍人,短步而宣出機要,速亦使雙日。甚者雖休假,追朝而出之。"敕曰:"九五之尊,億兆所賴,法天敷化,師古宣風,宜循歷代之規,以補前王之闕。今據《翰林志》,言立后不言立妃,言儲君不言親王公主,兼三師位在三公之上,亦不在其間。起今後,立妃及拜免三公宰相及命將封親王公主,宜令並降制命,餘從令式處分。"

(宋)王欽若等編纂:《册府元龜》卷六一《帝王部》

(天福二年)十月,詳定院奏:"前洺州雞澤縣主簿范恕進策五件,可行者有二。其一云:伏見諸道行遣公事皆有前後通規。定知後所由置遞符腳力,每遇緩急,常遣往來,既有嚴程,孰敢慢事?近日州使多差牽攏散從承符步探官等下縣追督,公事始發,一替專人。又致續催使者,事則一件兩件,使乃五人七人,非唯剝削蒸黎,實爲撓煩縣邑。其官吏無暇區分庶事,唯當只奉專人。如此弊訛,特望條貫。若令佐稍虧職分,或後公期,顯有憲章,請行法典。其二曰:自前兩稅徵賦,已立三限條流,官員懼殿罰之威,節級畏科懲之罪,苟非水旱,敢怠區分？未嘗有不了之州，何處是不前之縣？臣今睹諸道省限未滿，州使先追，仍勒官員部領胥徒，云與倉庫會探，務行誅剥，因作瘡痍，全無軫恤之心，但資貪求之意。外邑所由等不免牽費，非理盤纏，例總破家，皆聞逃役。自今之後，伏乞只憑倉庫納數點算，便即委知，仍取縣司申聞勘會，以明同異。若實違省司期限，請依常典；指揮會探之名，特乞停寢者。臣等參詳范恕所陳事件，要絶煩苛，當務息民，以俾求理，誠爲允當。望賜施行。"從之。

（宋）王欽若等編纂：《册府元龜》卷一六○《帝王部》

李知損爲刑部員外郎，天福二年十一月上言："臣近自作補闕，擢爲員外郎，守刑法之司，非諫諍之任。雖越職干議，典制固所不容。而爲臣事君，聞見宜其無隱。臣昨晚於相國寺内，忽睹聚衆殺病瘦馬，或説奉聖旨宣賜。臣愚昧所見，竊有感傷。大凡天下耕牛不可宰殺，有所犯者，罪在無赦，國家切於禁防，蓋以力耕爲用。今之瘦馬，抑有前勞，是皆久歷戰征，備經辛苦，以致箸齒疏尨，飲亂細微，振奮莫能，廢損由此。當於佛寺，被衆軍人以布巾蒙其頭，大鑼鎚其胸，及刳剥之際，爲觀者所傷。方今時未銷兵，軍非厭馬，木曜方臨於鄭分，鑾輿暫幸於梁園，誠宜回賜與之恩，示憫傷之旨。矧復京師之内，不同營寨之中。況軍人米糧，無所乏闕，病馬肌肉，不濟烹炮。伏望明敕所司，應有病馬，散令宣賜，要者任便喂養，顯示不殺之恩。念羸牛之力耕，猶存令式；恤老馬之苦戰，願立新規。臣謬列清朝，無裨聖運，苟有所見，合具上聞。"帝嘉而納之，錫以束帛。

（宋）王欽若等編纂：《册府元龜》卷五四七《諫諍部》

（天福三年）七月，中書奏："準敕，制皇帝受命寶，今按《唐書》貞觀十六年，太宗刻受命玄璽，白玉爲螭首，其文曰：皇天景命，有德者昌。"敕曰："受命寶宜以'受天明命，惟德允昌'爲文。"按：受命寶者，天子修封禪禮神祇則用之，其始皆破皇業錢以制之。皇業者，藩邸王事之所有。

（宋）王欽若等編纂：《册府元龜》卷六一《帝王部》

　　王易簡，仕晉爲中書舍人。天福二年，易簡進《漸治論》曰："臣聞天地之道起於漸，夫天之高畜雷霆之威，雨露之惠覆於萬物，必從漸而生。以地之厚負江海之滋，淮濟之潤載於萬物，亦從漸而長。況人者，無天之功，乏地之力，勞方寸之心，豈可急速而治天下也。惟我后膺圖履運，握鏡臨人，蘊勤儉之風，秉弘厚之德。内無耽玩，外絕奢華，信任股肱，委仗將帥，自有仰成之化，固多定亂之功。今者所以尚撓聖懷，親勞御劄者何？直以庫藏稍虛，士卒微惰，使天威之莫震，令王化之未敷。此則非臣下之無謀，豈君上之有過？蓋承僞廷之困弊，遇數歲之亂離，今國家宜靜以圖功，不可躁而取失。或欲急徵暴歛，則百姓愈逃；或以峻法嚴刑，則三軍益叛。莫若制治於未亂，求安於未危者也。凡止亂危者，應上玄，則以好生惡殺爲心；接諸侯則以含垢匿瑕爲念。夫如是，即水旱無緣而興，干戈何門而動也？考諸政教，則禮樂咸在，刑賞具存。任四輔，提其綱，遣百司，舉其目，必見梯航常貢，士馬日精。所謂强其幹而弱其枝，深其根而固其蒂。於是天地有清和之氣，星辰無謫見之災。可以薄賦恤萬民，足以虛懷馭群后。或思正名於中夏，問罪於殊方，人皆同心，兵必戮力。寰區既定，帝道自隆。躋元首爲睿聖之君，列四輔作賢明之相；主則社稷無患，臣則子孫永安。此則顯漸之功，見治之驗矣。"敕："王易簡手演王言，心資帝業。當開創之運，以遠大而論。天不能蹙變四時，地不能躁成萬物。況當革夏，盡已從周，化未可以驟行，事只宜於漸治。不疾而速，其在兹乎？所貢論宜付史館。"

　　　　　　　　（宋）王欽若等編纂：《冊府元龜》卷五五三《詞臣部》

　　（天福）四月五日甲寅，敕："訪聞朝臣於外州侯伯，求其表狀，奏薦交親。朕以應天順人，開基創業，大化方流於區宇，至公必絕於澆訛。私謁不容，朝經具舉，更兹告諭，止在依行。今後文武庶官不可更行薦托，如有狀書，便宜密具進呈觀察使。散下諸州，亦准此處分。"

　　　　　　　　（宋）王欽若等編纂：《冊府元龜》卷六六《帝王部》

（天福）六年二月辛卯，天下郡縣不得以天和節禁屠宰、滯刑獄。戊申，詔曰：“臣子之心，務申勤敬；國家之體，自有規繩。凡侯伯之來朝，或君臣之相見，豈煩貢奉，方啓宴筵？事既非宜，理當改制。臣下置宴，今後宜停。”

（宋）王欽若等編纂：《冊府元龜》卷六六《帝王部》

（天福）七年四月戊寅，敕曰：“時屬炎蒸，路當衝要，使命之往來甚衆，州府之迎送頗多，既有煩勞，所宜軫惻。自鄴都至襄州沿路州府，除專到使臣依尋常迎送外，其餘經過并不在迎送。”去年六月已曾有敕，至是以頓兵襄州，使臣旁午，恐其勞擾，再申明焉。

（宋）王欽若等編纂：《冊府元龜》卷六六《帝王部》

晉石昂，天福中爲宗正丞，上言曰：“臣伏見銅臺逆豎，漳水叛城，始見利而忽起禍心，終負釁而難歸至化，遂使雄師大舉，元惡未除。雖寵極袚興，宜奮雷霆之怒；而勢窮力屈，可哀螻蟻之生。況師老費財，民勞失本，赦過宥罪，素垂範於典經；含垢匿瑕，事頗關於仁恕。伏望陛下施雲天之澤，收霜雪之威，捨獨夫百死之愆，救一鎮萬家之命。俾范延光令移本任，別與小藩，於滄、邢兩州自選一鎮。庶令省過，俾遂自新。率彼百萬之資金，犒我千營之將士。庶明陛下不將威脅，但以得柔，施好生惡殺之仁，彰捨短從長之道。暫行虛刃，必致太和。所有隨從官員，一任將行赴任。或是本城兵士，屬府職寮，亦仰依舊主持，更無移改。普覃恩惠，不問罪愆。臣自請獨駕單車徑入逆壘，布穹昊不言之信，闡陽春不報之恩，佇見偃武修文，再睹唐堯之化，放牛歸馬，必興姬發之風。”

（宋）王欽若等編纂：《冊府元龜》卷五三三《諫諍部》

鄭受益爲右諫議大夫，天福七年夏，以涇原張彥澤殺害書記張式，恣爲不道。受益上章，請行國典。旬日不報，又上疏曰：“臣自貢封事，已及九日，未聞施行，實深激憤。且臣家在晉昌，備知蹤迹。彥澤在涇州殺式之後，至故雍復害軍將楊洪，一如式之屠割。此乃是陛下去歲送張式令彥澤屠戮，致今春楊洪又遭此苦。中外觀者，痛入骨髓。陛下聞之，情無愍傷？伏自陛下臨御已來，萬方咸歌仁聖。一何乖爽，大點皇猷。又彥澤在涇州日，擅將甲兵討伐蕃部，尋皆陷歿，靡有孑遺。乃行酷虐之令，括爲充填舊數。奪取婦女，率掠金帛。從順者包羞免禍，違阻者飲恨被誅。近遠聞王周交代，條件上聞。凡有濫訛，應在其內。今陛下略無所問，臣實不平。沮王周守法奉公，黨彥澤殺人害物。臣竊慮此後諸侯，效作好事者少，繼爲惡事者多。蓋陛下喜怒不分，賞罰有濫。既無黜陟之法，是退賢良之心。今外議沸騰，皆言陛下廣受彥澤進獻，許行非法之事。況在郡括馬，將及萬蹄，到闕獻誠，止滿百匹。臣痛恨此賊者，致陛下招此惡名故也。是敢繼犯宸嚴，再具論列，必乞速行法令，免致天下咨嗟。臣又觀陛下前月十八日時降敕命，過五日一度內殿起居，許臣僚具所見事實封文奏其間，敕語曰：‘恐一物失所，以百姓爲心。’可謂憂民疾痛者矣。今臣所論奏彥澤，蓋爲涇州一方。陛下詔墨未乾，自違其旨。如水投石，不動聖心。臣切慮奸邪，潛謀罔惑，致其明聖，有此二三。奈何陛下不與執政之臣商量，而聽庸愚之輩掩蔽？伏以宰臣馮道以下，皆忠貞直性，輔弼當仁，久居調鼎之權，上贊垂裳之理。而況晨趨玉陛，日面龍顏，每於造膝之時，必竭沃心之奏。伏乞宣示前後所貢二狀，令對御座子細詳讀。若臣所論彥澤奴事謬妄，不愜聖旨，即乞便降朝典，令天下知彥澤無罪，諫臣妄有陳論，兼明陛下無朝令夕改之謗。臣職忝諫諍，理合抗論，不避嚴誅，希回英斷。”

（宋）王欽若等編纂：《册府元龜》卷五四七《諫諍部》

開運三年正月，詔改鑄天下合同印、書詔印、御前印，竝以黃金爲之。

（宋）王欽若等編纂：《册府元龜》卷六一《帝王部》

石晉興戎，契丹助虐，燕、雲十六州遽淪異域，十六州，幽、薊、瀛、莫、涿、檀、順、新、媯、儒、武、雲、寰、應、朔、蔚也。《通釋》曰：“幽、薊、瀛、莫、涿、檀、平、順爲山前七州，新、媯、儒、武、雲、應、朔、蔚爲山後八州，平州先没，寰州後置，故十六州有寰州而無平州。”

《都邑考》：晉自洛陽徙汴，尋昇汴州爲東京開封府，以洛陽爲西京，改西都爲晉昌軍。時又改興唐府爲廣晉府。天福二年，復建鄴都；開運二年，又廢鄴都，復爲天雄軍。

史略：石敬瑭初爲河東節度使，敬瑭亦沙陀種，明宗婿也。長興三年，爲北京留守、河東節度使兼大同、振武、彰國、威塞等軍。蕃漢馬步總管從珂簒位，敬瑭來朝，復命還鎮。彰國軍，天成初置於應州，兼領寰州；威塞軍，晉王存勗天祐七年置於新州，同光二年昇威塞軍爲節度，兼領媯、儒、武三州。敬瑭蓋兼領諸州鎮軍事。清泰三年，命移鎮鄆州，敬瑭拒命，詔張敬達討之。先是，唐主疑敬瑭有異志，遣將張敬達屯代州分敬瑭之權，至是復命敬達趣敬瑭移鎮，敬瑭遂以河東叛，因命敬達討之。敬瑭求援於契丹，約事捷割盧龍一道及雁門以北諸州爲獻。劉知遠曰：“以金帛賂之足矣，許以土田，異日必爲中國患。”不聽。契丹引兵自雁門而南，敗唐兵於汾曲，汾水在今太原府城西二里，又西南至太原縣城東，皆曰汾曲。敬達退保晉安寨。在太原縣西南二十餘里。契丹遂立敬瑭爲晉皇帝，合兵攻晉安，拔之。又敗唐兵於團柏谷，在今太原府祁縣西南。進克潞州。契丹乃命敬瑭引兵而南，至河陽，河陽，見前。唐守將具舟楫迎降，敬瑭遂遣契丹千餘騎屯澠池，澠池，今河南府屬縣。防唐主西逸。唐主從珂危迫自焚死，敬瑭入洛陽，契丹乃割幽、薊十六州而去。

及契丹南牧，始終晉緒。

史略：晉主重貴初立，即失好於契丹，於是屢寇河北及河東。開運三年，契丹大舉入寇，自易、定趨恒州，晉遣杜威帥諸軍御之。威屯軍中渡，在真定府東南五里滹沱河上，有中渡橋。尋以衆降，契丹遂從邢、相而南渡白馬，白馬津，見前。入大梁，執晉主徙之黄龍府，在今遼東三萬衛東北塞外。中原州鎮，相繼臣附。契丹縱兵剽掠，千里内外，財畜殫盡，久之乃北去。

其未亡也，有州一百有九。晉有唐之故地，而十六州亡於契丹，取蜀之金州,又增置威州,治方渠縣,今慶陽府環縣是也。或曰即唐之威州,晉改置於此。

(清)顧祖禹:《讀史方輿紀要》卷六

《五代史》:初,晉高祖以太原拒命,廢帝以兵圍之,勢甚危急。命馬重績筮之,遇《同人》,曰:"天火之象乾,健而離明,夫健者,君之德也,明者南面而向之,所以治天下也。同人者,人所同也,必有同我者焉。《易》曰:'戰乎,乾乾西北也。'又曰:'相見乎,離離南方也。其同我者,自北而南乎,乾西北也。戰而勝,其九月十月之交乎。"是歲十月,契丹遂助晉,擊敗唐軍,晉遂有天下。

(明)彭大翼:《山堂肆考》卷一六五

晉天福四年,廢長春宮。敕曰:左馮故地,三輔舊名。

(宋)謝維新:《古今合璧事類備要》後集卷七一

晉天福末,戎虜亂華,中原多故,禮樂之器,浸以淪廢。

(宋)謝維新:《古今合璧事類備要》外集卷一二

北都留守安彥威入朝,帝曰:"吾重信義,契丹以義救我,我以信報之。聞其徵求不已,公能屈節奉之,深副朕意。"對曰:"陛下以蒼生之故,猶卑辭厚幣,臣何屈節之有?"

(宋)胡寅:《讀史管見》卷二九

胡文定公曰:石敬瑭之罪在不助愍帝。苟以愍帝失國,則當尊奉許王,不爲衛州之事,而歸奪國弒君之惡於從珂,兵以義舉,名實皆正,則其德美矣。乃急於近利,稱臣契丹,割弃土壤,以父事之,其利不能以再世,其害乃及於無窮。故以功利謀國而不本於禮義,未有不旋中其禍也。

(宋)葉隆禮:《契丹國志》卷二

石氏稱臣子于夷狄，安行而不恥者，習慣如自然也。前未有此，何以言其習慣，五代以來好養義子，至以廝役、盜賊爲之，廝役至賤，盜賊至惡，一旦推爲天屬之親，與己生無別，則拜夷狄爲君爲父，亦何難之有。夫莫親於父子，非可僞合，故義子必從其父之姓。石氏既父德光，而不改姓耶律，豈非以姓不可改耶？姓不可改而稱父子，以僞相有，非敬瑭患得患失，無所不至，亦豈忍以七年偷安之富貴，易千古不義之疵毀哉！孟子不云乎："居中國，去人倫，如之何其可也？"

（宋）胡寅：《讀史管見》卷二九

或謂：爲人後者，改其所生父母之名，考於《六經》與古今典禮，固無之矣。而前世有天下之君多矣，果無之乎？曰"有"，而不足法也。蓋自漢以來，由藩侯入繼大統，其爲人後，合禮而得正之君，皆無之也。惟五代晉出帝，嘗以其所生父爲皇伯矣。此何足道也，彼出帝者立不以正，非爲後繼統之君也。蓋其不當立而立，必絕其所生，則得立，不絕則不得立，故不得已而絕之也。出帝父曰敬儒，高祖之兄也。敬儒早卒，高祖憐出帝孤，而養以爲己子，而高祖自有子五人。高祖疾病，以其子重睿托於大臣，及高祖崩，晉大臣皆約，欲得長君，故捨重睿而立出帝。其義不當立，惟欺天下，以爲高祖真子，故得立，則其勢豈敢復顧其所生父也哉？其以爲皇伯者，不得已也。蓋立不以正之君，又不得已而至此，其可爲後世法哉？嗚呼！五代之際，禮樂崩壞，三綱五常之道絕，先王之制度文章於是掃地矣，蓋篡逆賊亂之始也。而晉氏尤甚，自高祖與契丹爲父子，出帝以耶律德光則爲祖，以其所生父則臣而名之，是其可以人理責乎！是其可以爲世法乎！出帝既立，不旋踵而契丹滅晉，遷其族於北荒，幽之黃龍府，舉族餓死，永爲夷狄之鬼。其滅亡禍敗，自古未有若斯之酷也。議者謂漢哀、桓亂世不足爲法可矣，若晉出帝者果可爲法乎？

（宋）歐陽修：《文忠集》卷一二三

晉氏事維翰成之，延廣壞之。二人之用心異，而受禍同。蓋夫本末不順，而與夷狄共事者，常見其禍，未見其福也。

（宋）錢端禮：《諸史提要》卷一五

論者乃以亡國之罪歸景延廣，不亦誣乎？延廣之不勝，特不幸耳；即其智小謀彊，可用爲咎，亦僅傾臬捩雞徼幸之宗社，非有損於堯封禹甸之中原也。義問已昭，雖敗猶榮，石氏之存亡，惡足論哉？正名義於中夏者，延廣也；事雖逆而名正者，安重榮也；存中國以授於宋者，劉知遠也；於當日之儔輩而有取焉，則此三人可録也。自有生民以來，覆載不容之罪，維翰當之。胡文定傳《春秋》，而亟稱其功，殆爲秦檜之嚆矢與！

（清）王夫之：《讀通鑑論》卷二九

晉朝賤者，承人乏供八甋之職，猥蒙天眷。一日大暑，方下直，還私室，裸袒揮拂。未須臾，中使促召。左右急報裹頭巾，余嘆曰："阿僧祇劫中欠此圍頭債，天使於禁林嚴緊地還之也。"

（宋）陶穀：《清異録》卷下

（5）後漢

于德辰爲兵部侍郎，乾祐二年，上封九事，其一："文武兩班有年深不遷官，不改服色者，或遭喪闋而不追者，今遇聖朝，幸均渥澤。"其二："每年貢舉，人數極多，登科者少。伏恐淹滯賢能，乞量增所放人數。"其三："潭郡茶貨，只至襄州，客旅并不北來。請三司差清强官，於襄州自立茶務，收稅買茶，足以贍國。"其四："湖南見食嶺南鹽，請置官綱於湖南，立務權賣。"其五："文武兩班，差使出入，所令部轄幹濟者，聊加酬獎。"其六："河朔緣邊，豪俠丁壯，能抵拒契丹鬭戰者，官中訪聞擢用。"其七："臣伏見官禁牛皮，條流太重。每請甲科合要皮，請量於地畝上配納。若民間牛死損，亦從許貨賣其皮，價不得過錢五百。"其八："昨山陵宜仗一行道路人户配米者，未納已納，并請放免。"其九："西道行營立功將卒,早宜賞勞。"不報。

（宋）王欽若等編纂：《册府元龜》卷四七六《臺省部》

《都邑考》:漢都開封,如晉都之制。乾祐初,又改晉昌軍爲永興軍,廣晉府爲大名府。

史略:晉天福六年,以劉知遠爲北京留守、河東節度使,知遠亦出於沙陀,爲敬瑭所親信,出帝即位相猜忌,遂繕兵積粟,保境自强。及契丹入汴,或勸知遠舉兵進取,知遠曰:"用兵有緩有急,當隨時制宜。今契丹新降晉軍十萬,虎據京邑,未有他變,豈可輕動。且觀其所利,止於貨財,貨財既足,必將北去;况冰雪已消,勢難久留,宜待其去然後取之,可以萬全。"既而中原苦契丹强暴,共思逐之。知遠稱尊號,以號令四方,遠近争殺契丹以應晉陽。契丹留其臣蕭翰守大梁,遂北去。時潞州及晉、陝皆來附。知遠集群臣議進取,或請出師井陘,井陘,見前。攻取鎮魏,先定河北,則河南自服。知遠欲自石會關趣潞州,石會關,在今遼州榆社縣南。郭威曰:"虜衆猶盛,各據堅城,我出河北,兵少路紆,旁無應援,此危道也。上黨山路險澀,粟少民殘,亦不可由。若從晉、陝而東,不出兩旬,汴、洛定矣。"從之。蕭翰聞知遠南下,遁去,河南遂定。契丹適有内變,晉之舊境,悉歸於漢。

有州一百有六。漢盡得晉之故地,惟秦、鳳、階、成四州先入於蜀。又乾祐初,增置解州,治解縣,今屬平陽府。舊志:乾祐初,以唐靜邊州爲靜州,隸定難節度。靜邊州,唐羈縻州,蓋置於銀州之境,在今陝西米脂縣北。

（清）顧祖禹：《讀史方輿紀要》卷六

劉知遠之智,過於石敬瑭也遠甚,拒段希堯、趙瑩移鎮之謀而呕勸敬瑭以反,其情可知也。當其時,所謂天子者,苟有萬人之衆、萬金之畜,一旦蹶起,而即褎然南面,一李希烈、朱泚之幸成者而已。范延光、趙延壽、張敬達之流,智力皆出知遠下,而知遠方爲敬瑭之偏裨,勢不足以特興,敬瑭反,而後知遠以開國元功居諸帥之右,睨敬瑭之篡而即睨其必亡,中州不歸己而奚歸邪?嗚呼! 人之以機相制,陰陽取與伏於促膝之中，效死宣力，皆以自居勝地，而愚者不悟，偷得一日之尊榮以亡其族，亦可憫矣哉！

知遠之於敬瑭，楊邠、郭威之於知遠，一也。楊邠貪居於內，自速其禍耳。敬瑭不知倚知遠爲腹心，愚已甚也。知遠知邠與威之將效己，而不早爲之防，事勢已然，未可急圖也。知遠早殂，不及施葅醢之謀耳，使天假以年，邠、威之誅，豈待郭允明哉？然而樹劉崇於晉陽以延其血食，則知遠之智，果遠過於敬瑭矣。稱臣納土於契丹，知遠固爭不可，亦自爲計也。故繕城治兵，屹立晉陽以觀變，而徐收之。李存勖之後，其能圖度大謀以自立者，唯知遠耳。而終不能永其祚者，雖割據叨幸之天子，亦不可以智力取也。

（清）王夫之：《讀通鑑論》卷二九

劉知遠之圖度深密也，石敬瑭其几俎間物耳，惡足以測之哉！始而決勸敬瑭以反，爲己先驅也。三鎮兵起，敬瑭問計，而曰："陛下撫將相以恩，臣戢士卒以威。"蓋子罕專宋之故智也。自唐以來，人主之速趨於亡者，皆以姑息養彊臣而倒授之生殺之柄，非其主剛核過甚而激之使叛也。今欲使敬瑭以呴沫之仁假借將相，則當時所宜推心信任、恣其凌轢而不問者，莫知遠若矣。恩遍加於將相，而可獨致猜防於知遠乎？柔而召侮，躁人先凌之，以亂其心志，故安重榮之流，急起以疲敬瑭之力，知遠乃乘其後席卷而收之已耳。威移於己，則三軍所畏服者，知有知遠而忘有敬瑭；戢兵以衛民，則百姓所仰戴者，不感敬瑭而唯感知遠。兵從令而民歸心，故可以安坐晉陽，而俟契丹之倦歸，以受人之推戴。此知遠之成算，使敬瑭入其中而不覺者也。藉令石重貴而不爲契丹之俘虜邪？亦拱手而授之知遠爾。

傲岸不受平章之命，重爲其主之疑怒，而趙瑩爲之拜請，感其恩撫大臣之言也。敬瑭忍怒而使和凝就第勸諭，假借之恩寵者已素，而威不足以張也。范延光、楊光遠、張彥澤驕橫以速石氏之亡，知遠收之也不待勞矣。契丹中起而亂之，故知遠之得之也難。當桑維翰獻割地稱臣之計，知遠已早慮之矣，慮己之難乎其奪之豎子之手也。而卒能自保，以逐夷而少息其民。故自朱溫以來，許其有志略而幾於豪傑者，唯知遠近之矣。

（清）王夫之：《讀通鑒論》卷三〇

得國而速亡，未有如沙陀劉氏者也；反者一起，兵未血刃，衆即潰，君即死，國即亡，易如吹槁，亦未有如沙陀劉氏者也。其後宋奪柴氏而尤易，亦迹此而爲之耳。

劉氏之代石晉也，以視陳霸先而尤正。二蕭、石、郭皆懷篡奪之謀，興叛主之甲。知遠雖不救重貴之亡，而不臣之迹未著。重貴已見俘於契丹，石氏無三尺之苗裔可以輔立者，中原無主，兆人樂推，而始稱大號，以收兩都，逐胡騎。然且出兵山左，思奪重貴，不克而始還。若是者，宜其可以代興而永其祚，然而不能者，其故有二：《詩》曰：“宗子維城，大宗維翰。”先王親親以篤天倫，而枝幹相扶之道即在焉。《易》曰：“開國承家，小人勿用。”先王尊賢以共天職，而心膂相依之道即在焉。漢、唐之興，其親也，不能如周、召之一心，而分土爲侯王者，固不可拔也；其賢也，不能如伊、呂之一德，而居中爲宰輔者，固不可亂也。

（清）王夫之：《讀通鑒論》卷三〇

李業、郭允明導其主以殺大臣，而劉氏速亡。人心未固，主勢不張，而輕用不測之威，翦推戴之臣，楊邠、史弘肇、王章雖死，郭威擁重兵，據雄藩，恩結將吏，權操威福，遽欲以一紙殺之，其以國戲也，愚不可詰矣。雖然，劉氏之存亡，惡足繫天下之治亂哉？楊邠等就誅，而天下始有可安之勢，則此舉也，論世者之所快也。

（清）王夫之：《讀通鑒論》卷三〇

郭威以一頭子黜王守恩，用白文珂，而盈廷不敢致詰。楊邠、史弘肇斥其主以禁聲，而曰“有臣等在”。此而不誅，劉氏其足以存乎？劉氏即存，天下之分崩狂競以日尋鋒刃也，寧可小息乎？邠、章、弘肇死，於是風氣以移，內難不生，而國有餘力，然後吳、蜀、楚、粵可次第而平。故此舉也，天下漸寧之始也。劉承祐之死生，國之存亡，不足論也。

（清）王夫之：《讀通鑒論》卷三〇

（6）後周

廣順元年正月丁卯，制曰："設官分職，具列司存；離局侵權，誠爲紊擾。今後諸司公事，並須各歸局分，不得越次施行。朝廷之務，顯有舊章，職官具存，安可廢墜？如聞自前諸司事多有壅滯，今後並可疾速舉行。"

（宋）王欽若等編纂：《冊府元龜》卷六六《帝王部》

李元懿前爲北海令，廣順二年投匭獻六事："其一：臣爲北海令時，夏秋苗上每畝麻農具等錢，省司元定錢十六。及劉銖到任，每畝上加四十五，每頃配柴五圍、炭三秤。省條之外，別立使限徵促。臣竊聞諸道亦有如劉銖配處，望令禁止。其二：臣在任時，奉劉銖文字，放絲三萬兩，配織絹五千匹。管內七縣，大抵如是。及徵收在賦稅之前，督責抑凌，借役戶民，多造店宅碾磑典庫。請朝廷指揮，許人論告，差軍人百姓五功已上，出放物至匹斤，以坐贓論，自然止絶。其三：臣在任時，見劉銖擅弄國章，便行決配。凡罪人，或刺面填都，或決配沙門島。大凡配流加役，是朝廷格律，今後更請以不道論。其四：臣見諸處商稅，有越常規。乃至草木蟲魚，無不取稅。更有歲定稅率，即令兒侄傔從主張，便行枷棒。作事非法，有紊國章。今後請三司差人主持，止絶斯弊。其五：臣伏見晉朝曾配百姓食鹽錢，每頃配鹽二十斤，每斤納錢五十五，數足然後許百姓私買煎造。自後鹽鐵使指以贍軍爲名，禁斷鹽法，苗畝所配，不放納錢。稅物重徵，生靈不易，今逢理代，宜有改更。使人口淡食者多，其主羅職員又入沙石消鹵殆半。今後如國家立法羅監，乞放却苗上率配，稍撫蒸民，以安國本。其六：臣見麴法一條，最未中理。多與州縣民歲定課利，至於酤酢賣糟，爲弊尤甚。臣請州府擢酒戶，鄉村不禁，許令私造。依明宗朝所行,稅户每畝納麴錢三,則酒酤之流,民得自便。”事雖不行,人以爲切要。

（宋）王欽若等編纂:《册府元龜》卷五四七《諫諍部》

伏曼容爲太子步兵校尉,永明初,王金輅建碧旗,象大輅建赤旗。曼容議以爲齊德尚青,五輅牛及五色幡旗,並宜以先青爲次軍容。是月(周廣順三年三月),殿中侍御史賈玭、殿中侍御史劉載狀申:“自漢朝初,每遇内殿起居,臺司定左右巡使先入起居,後於殿廷左右立定,百官始入起居。有官失儀,具彈奏者,自今後欲依入閣彈奏儀折腰奏候,宣徽使言所奏,知通事舍人喝拜,兩拜訖,便喝好去,便退。如兩巡使自有失儀,亦候班退,左巡使失儀,右巡使彈奏;右巡使失儀,左巡使彈奏。”

（宋）王欽若等編纂:《册府元龜》卷五一七《憲官部》

竇儼爲中書舍人,顯德四年上疏云:“伏以歷代至理,六綱爲首。一曰明禮,禮不明則彝倫不叙。二曰崇樂,樂不崇則二儀不和。三曰熙政,政不熙則群務不整。四曰正刑,刑不正則巨奸不懾。五曰勸農,農不勸則資澤不流。六曰經武,武不經則軍功不盛。故禮有紀,若人之衣冠;樂有章,若人之喉舌;政有統,若人之情性;刑有制,若人之呼吸;農爲本,若人之飲食;武爲用,若人之手足。斯六者,不可斯須而去身也。陛下思服帝猷,寤寐獻納,亟下方正之詔,廓開藝能之路。士有一技,必得自效;學攻百端,靡不明至。故小臣不揆愚鄙,欲有陳道於禮樂刑政之内,勸農經武之中。相今所宜,各具疏列。

其一曰:夫禮者,太一之紀,品物之崇。與天地同其節,與陰陽順其道。協於分藝,行於國家,本之以忠孝,文之以倫義。君臣、父子、夫婦之制,冠、婚、喪、祭,射御之容,朝聘、享宴之宜,軍旅、田獵之事,各有宜稱,不相侵越。所以講信修睦,所以洗心防患,上得之尊,下得之安。定親疏而别同異,明是非而彰貴賤。執之則致福,繆之則招悔。憲物成教,崇政明本,未有不繇於禮者也。自五帝之後,三王以來,有益有損,或因或革,咸有章憲,書於册書,浩浩千編,不可遽悉。
越在唐室,典章頗盛程軌,量昭采物,酌中古訓,垂法百代,則有《開元
禮》在;紀先後,明得失,次其沿變,志其楷式,則有《通典》在;録一朝
之事,包五禮之儀,義類相從,討尋不紊,則有《會要》在。此三者,聖
教經制,國之大綜也。爰自梁朝之後,仍世多故。典臺之官,皆差使
於公務;禮直之吏,悉昧昏於檢按。至今每有戎祀之事、朝會之期,多
於市廛草議定注,前後矛盾,卒多秕稗。臣竊以保殘守缺,因狹就寡,
乃暗主之事,非明君所爲。豈可以光陛下超世之宏圖,爲大朝千載之
盛美也。所宜闡崇令猷,以立國典。綴叙舊書,以爲邦紀。義在精
審,理資端要,可以範圍五帝,楷則萬古,彰陛下之聖,明禮不虛道者
也。伏請依《唐會要》所設門類,上自五帝,迄於聖朝,凡所施爲,悉令
編次。凡關禮樂,無有闕漏。《開元禮》《通典》之書,包綜於内,名之
曰《大周禮》,俾禮院掌之太常博士,如得其人,宜久其職,年深則兼
官,在任勿使旁轉。如是則助風教,以彌隆昇,典制於將替,隱覈前
軌,聲施無窮者也。

　　其二曰:夫樂者,以德爲本,以聲傳御。中出所以導志,外揚所以
審政。有天地辰宿,有軌數形色,有陰陽逆順,有離合隱見。天數五,
地數六,六五相合,故十一月至生黄鍾。黄鍾者,同律之主,五音之元
宫也。元宫之諧於仲吕,母子也。傳於林鍾,夫婦也。回於太簇,父
子也。聚於南宫,子婦也。兩陽必爭,二陰必乖。故抗衡者多異,前
五相追,而後五相隨,蓋繇是也。一章之中,凡有七閏。亥、未、巳、
丑、酉、午、寅者,七閏之正也。日有盈縮之度,月有遲速之期,故或進
於前,或退於後,陰陽之理也。六鍾、六間、十二節,凡二十有四位,聲
氣之大率也。平分爲七,直而略其餘,則子、寅、卯、巳、未、酉、戌謂之
羽,子、寅、辰、午、未、酉、亥謂之宫,子、丑、卯、巳、未、申、戌謂之角,
子、卯、辰、巳、未、酉、戌謂之商。此四者,靡靡成章。峻而清厲,鄭、
衛之音也。與夫推曆生律,以律命吕,九六之偶,旋相爲宫。三正生
天地之美,七宗固陰陽之序者,於其通人神,宣歲功,生成範。宜之德
紀,協長大之算,則精粗異矣!在乎審治亂,察盛衰,原性情,應形兆,

則殊塗而同歸也。三正者,一爲天,二爲地,三爲人。七宗者,黄鍾爲宫,太簇爲商,姑洗爲角,林鍾爲徵,南吕爲羽,應鍾爲變宫,蕤賓爲變徵。角爲木,商爲金,宫爲土,變徵爲日,變宫爲月,徵爲火,羽爲水。龍角、元龜、天豕、井侯主乎角,平元、河鼓、婁聚、輿鬼主乎商,天根、須女、庖俎、鳥啄主乎宫,辰馬、陰虚、耗頭、天都主乎變徵,大火、兵封、天高、鳥翼主乎變宫,龍尾、玄室、四兵、天倡主乎徵,天津、東壁、參伐、輚車主乎羽。角之數六十有四、商之數七十有二、宫之數八十有一、變徵之數五十有六、變宫之數四十有二、徵之數五十有四、羽之數四十有八、極商之數九十、陽之數一百二十有八、陰之數一百一十有二,五音之數畢矣! 神無形而有化,處乎聲之門,故昭之以音,合之以算。音以定主,算以來象。觸於耳而激於心,然後可言其樂也。其音五,其聲十二,其調六十,雅部之樂也。其音四,其聲八,其調二十有四胡部之樂也。隋唐已來,樂兼夷夏,天寶之世,雅部大備。寶應之後,音律漸衰。郊廟殿廷,舊事失次。洎黄巢蕩覆京兆,鐘磬皆毀。龍紀返正之歲,有司别創樂懸。乘風雖存,旋宫何在? 音範寢失,至今闕然。豈可以一時偶失之事,爲百代無窮之制? 何以訓正四方,綏和百神,軌物垂則,示人之極也? 昔唐虞歷載,頌聲方作;文武相繼,樂教大同。陛下布昭聖武,彰信天下,宗社靈祇,聿監明德。所宜憲章成式,不失舊物,原始以要終,體本以正末。使樂與天地同和,禮與天地同節。伏請命博通之士,上自五帝,迄於聖朝,凡樂章沿革,總次編録。凡三弦之通、七弦之琴、十三弦之箏、二十弦之離、二十五弦之瑟、三漏之篪、六漏之簫、七漏之笛、八漏之篪、十三管之和、十七管之笙、十九管之巢、二十三管之簫,皆列譜記,對而合之,類從聲等,雖異必通。編於歷代樂録之後,永爲定式,名之曰《大周正樂》,俾樂寺掌之,依文教習,務在齊肅。如是則可以移風俗、和上下。和順之象著,則嘉盛之德備,則六變至幽深,九奏達高明,知樂之爲大者也。

其三曰:夫政者,正也。以正率下,下思盡誠,則上無闕政。人能持政,非政持人。若失人而務政,則雖勤而何益? 故人道敏政,政在擇人。擇人之先,自相而始。登庸廊廟,則有經啓措置之權;入侍帷㨹,則有將迎承弼之任。機事攸綜,號令攸發,平章於百揆,維制於四方,不可不重也。唐末政出中要,輕於爰立,才處輔相之任,便兼公揆之官。卿大夫奔競公行,禮讓道息。未得之日,則以致身富貴爲馳騖;既得之後,則以與國休戚爲憂虞。乃三緘於統要之司,獨善於兼濟之職。但思解密勿之,務守崇重之官。逍遥林亭,保安宗族,於身之謀甚利,於國之效如何? 方今宰臣,實罄忠力,燮和元化,則歲以之豐稔;攸叙彝倫,則時以之雍靖。上無闕政,下無異議,固能明舉賢才,羅濟經略也。伏請今宰臣於南宮三品之中、兩省給舍已上,有能經營國家,寧衛社稷者,具名以舉。若陛下素諳才業,上符定制,則輔相公揆之授,誠亦得宜。陛下嚮不知名,或官品未稱,則令以本官權知政事。若尚書丞郎,權知政事,則兼散騎常侍之官。陛下歲年之間,察其爲作,如能興利除害,獻可替否,進賢才,退不肖,則遷其官,加其秩。官高者則受平章事,未高者但循資而轉,且令權知。如其非才,即便守本官,罷知政事,讓其舉主,令廷謝知過,亦猶子玉敗軍,令尹當責之義也。《書》曰:'試可乃已。' 又曰:'歷試諸艱。' 今班行之中,有員無職者,大半可令量才授任,臨事制宜,出則以公務效試,入則以舊位登叙,任事者有賞,不任事者當黜。黜陟既明,天下自正。此則爲政之道畢矣!

其四曰:刑者,五行之鞭策,五性之權衡,下民之堤防,有國之紀律。自古五刑之設,期於無刑。仲尼曰:'民有輕辜,必求其善,以赦其過;民有大罪,必原其故,以輔其化;如有死罪,期使之生,則其善也。' 刑肅俗弊,禮謂疵國;勝殘去殺,《傳》稱善人。昔漢文斷獄四百,殆致刑措。唐朝貞觀之世,歲決死罪二人。今陛下恤刑慎獄,義權情恕,非不至也,而天下冒禁麗法者甚衆,殊死大辟者頗多,蓋猶未塞其原,而理其著者也。省刑之要,厥有二端:一者謹吏,二者息盜。謹吏在乎責長,息盜在乎類取。吳姬群笑,孫武加戮於隊長,此責長之明效也。襄民不道班伯,得賊於酋豪,此息盜之良術也。夫一縣之政,總於令長。令長正,下吏自肅。一州之權,統於牧守,牧守繆,僚屬必濫。濫之與肅,上使然也。近代下民之訟,多訟令佐,敢訴牧守,十中或一。訟令佐者,皆得理察;訟牧守者,十無一問。縱或詰之,而歸罪陪隸者衆矣!斧鉞不用,刀鋸日弊,古人恥之。典刑不阿貴賤,貴猶當罰,賤者自戒。如是則官吏畏法,刑損其半矣!而又除其寇盜,使無逸越。除盜之術,大概有三:一者使賤人徒侶,自相糾告。糾告不虛,則以所告賊產之半,賞其告者。或一人能告十賊,亦以十賊半產與之。親屬之間,比許容隱,在於用權救弊,亦可暫更。今後有骨肉爲非,許令首告。然所被告者,不可令至極刑,傷宗族之情,失風教之義。只令通指同行徒侶,則除惡甚多,骨肉所首之人,特與疏放。如是則同惡自相疑阻,爭先於陳告;骨肉欲保其親,競來於原首。此息盜之上策也。二者,如鄭州新鄭一縣,團結鄉社之人,名爲義營,分立將佐。一户爲賊,則累其一村;一户被劫,則罪其一將。大舉鼓聲之所,壯丁雲集,賊徒至多不過一二十數,義營所聚,動及百人。賊人奔逃,無有免者。今鄭州封内,唯新鄭獨免敚攘。頃歲尉氏强民,潛往密縣行劫,回入新鄭疆界,殺獲苦無漏遺,豈止自部之中,不留凶慝,兼令涉境之寇,難出網羅,此息盜之中策也。三者,有賊之後,村人報鎮,鎮將詣村驗蹤,團保限外,不能獲賊,罪罰鎮戍,此息盜之下策也。如是則奸盜漸息,刑又損其半矣!何慮漢文之年,貞觀之世,不在於今時邪!

　其五曰:農者,至正之道,自然之資,爲邦大本,當今急務。欲國家之康濟,在府庫之充盈;欲府庫之充盈,在田疇之修辟。人力可以課致,地利可以計生。若地利有遺,人力不勸,欲邦寧本固,化洽時雍,不可得也。今宰牧怠職,百姓怠業,曠土不墾,履畝是憂。但隨宜以耕耘,惟天時而是賴。苟有水旱,其將奈何?危殆之機,在乎反掌。晉朝開運之歲,即其驗歟?夫欲富國强兵,愛民利物,興事任力,崇德尊道,敷至化,恢長御,革頹風,洽豐澤,無不縣家給人足,而馴致其道也。家給人足,始於務農,務農之原,實有三術。一曰廣田,二曰已債,三曰節費。廣田則所獲豐美,已債則儲積可保,節費則歲計有餘。今民不廣田,良有以也。蓋慮無盡地之稼,括爲稅簿,則并竭所收,輸不滿要,誰不懼也。晉、漢二代,累發德音,使民多種廣耕,只以舊額供賦。既種之後，旋以見苗計租，以至倉箱匱空，鄉井愁嘆。先皇享御之始，赦書節文之中，亦勸民勤勞，不殊前意。至今曠隙之地，荒萊不開，繇於誠信前失，民無固志者也。夫爲政之先，莫若著信，商君移木，豈禮也哉？蓋使人信之，則無不治也。陛下宜散下明詔，使民廣田，但輸舊租，永不簡案，上言宗廟，以表至誠。令州郡懸法之所，刻石示民。民必信之而田廣矣！田廣則多獲，多獲則民足。王者藏於天下，實一國之富完，此廣田之上策也。小畝步百，周之制也；中畝二百四十，漢之制也；大畝三百六十，齊魯之制也。今所用者，漢之中畝，若步以大畝之田，輸其中畝之稅，或額不敷舊，則虛加滿之。逮於次年，而田自多矣！此廣田之中策也。前所言已債、節費，利莫大焉。今編戶之甿，以債成俗，賦稅之外，罄不償債。收穫才畢，率無囷倉。官有科折之弊，私有酺醵之緡。倍稱速息，半價速賣，則利貸一斗，而償四斗矣！欲民不困，豈可得哉！此外鄉閭之中，常有酒食之耗。諂僧佞佛，相扇成風。且瑞雪甘雨，和氣所致，非爲一鄉一里委曲而降。小民無知，競作齋賽。一歲之內，數數有之。是則債利之劫民也，將倍於公賦；齋賽之蠹民也，又等於王租。欲民之饒，終不可致。莫若已債、節費，歸利於民。起於來年，不得通債。今歲見償之者，但令以本債償之，留其利餘，爲民不債之備，則民食資半矣！夫陽秋之候，豺獺尚祭。民祭里社，自古而然。宜於二社之辰，得以祭餘，共相飲食。其餘祈禱散賽之事，嚴禁罷之，則民食又資其半矣！民食既足，則民力普存。民力普存，則穡事敦業。穡事敦業，財用益豐，因其利而利之，則國富刑清，天下知禮節矣！

其六曰：兵者，所以成武功，遏亂略，行天計，順人心，混一區宇，昭宣文德。三五之伐，不能去兵。故軒戰阪泉，堯征丹浦。西伯戡黎之誥，成王踐奄之誓，即其前躅也。陛下卜世之數，莫知其紀。五德所正莅，萬方之率從。未占而孚契人心，不戒而謀同時利。唯淮南李景，負固不賓，陛下神略內融，大權潛運，整軍經武，倏往忽來。戎輅一巡，則八州降附；靈旗再指，則四塞蕩平。歸命者一一皆存，來戰者萬萬無免。偏師獻捷，迨有百數。仁贍交臂以請命，壽春全城而北遷。淮上咽喉,古來未有,今以衆擊寡,以尊伐卑,以正破僞,以强凌弱,鮮不克矣!然兵道貴速,速則惠民。在敵境者,免驅掠俘馘之無期;處内地者,免資糧供億之爲役。荆、湖、兩浙,并有舟師。聞其水戰之利,勝於淮寇,皆未肯叶心齊力,犄角成功者,蓋慮吞韓并衛,滅虞兼虢,唇亡齒寒,勢之懼也。陛下宜分命使臣,諭其成策,錫之以丹書鐵契,質之以左宗右社。其三方協同大舉,如秣陵淪陷,南服懷柔,則元功盛勛,當崇賞厚報。俾百世傳襲,保其江山、旌旗、服章、僚屬、官秩咸用舊制,朝廷弗詢。彼既得信誓之文,又蒙寬大之詔,必能禀大君之神算,籍清廟之靈祥,親督蒙冲,橫江長鶩。李景必分兵御拒,首尾支離。陛下乃躬御六師,方軌南進,駐蹕江北,圖惟厥成,則濠、廬等州可不攻而拔矣!"帝覽而善之。

(宋)王欽若等編纂:《册府元龜》卷四七六《臺省部》

(顯德)五年十月癸卯,鑄奉使印五十面。

(宋)王欽若等編纂:《册府元龜》卷六一《帝王部》

(顯德)六年三月癸酉,敕:"銅魚之設,雖載前編,原其始初,蓋防僞濫。今諸道牧守,每遇除移,並特降放制書,又何假於符契。如聞請納,頗是煩勞,宜易前規,罷兹虚器,其銅魚並宜停廢。"

(宋)王欽若等編纂:《册府元龜》卷六一《帝王部》

竇儼,世宗顯德末爲翰林學士,上疏曰:"臣伏睹御劄,應内外臣寮有所見所聞,並許上章議論者。臣菲才寡識,備位曠官,仰承綸綍之言,聊貢芻蕘之説。其一曰:伏以設官分職,授政任功,欲爲政之有倫,在命官之無曠。今朝廷多士,省寺華資,無事有員,十乃六七。止於計月待奉,計年待遷。其中廉幹之人,不無愧耻之意。如非歷試,何展公才?伏請改兩畿諸縣令及外州府五千户上至縣令爲縣大夫,昇爲從五品。下畿大夫見府尹,亦如令之儀;其諸州府縣大夫見本部長官,如賓從之禮。郎中、員外郎、起居、補闕、拾遺、侍御史、殿中侍御史、監察御史、光禄少卿以下四品，太常丞以下五品等，並得衣朱紫，爲之滿日。當在朝一任，約舊官遷二等，自拾遺、監察除授回日，即爲起居、侍御史、中行員外郎。若前官不是三署，即罷後一年，方得求事。如此，則士大夫足以陳力，賢不肖無以駕肩。各繫否臧，明行黜陟，利民益國，斯實良規。其二曰：爲國爲家之方，守穀守帛而已。二者不出於國，而出於民。其道在天，其利在地。得其理者，蓄阜增積；失其理者，耗嗇燋勞。民之顓蒙，宜有勸教。伏請於《齊民要術》及《四時纂要》《韋氏月録》之中，采其關於田蠶園圃之事，集爲一卷，下三司雕木版廣印，頒下諸州，流布民間。”疏奏，雖不即行，物議韙之。

（宋）王欽若等編纂：《册府元龜》卷五五三《詞臣部》

咸平新定編敕……律令兼著。自唐開元至月，顯德咸有格敕兼著簡編。……顯德中敕語甚煩碎。王旦曰詔敕，理宜簡當，近代亦傷於煩。

（宋）王應麟：《玉海》卷六六《詔令》

唐制：自前殿喚仗入便殿爲入閤。唐末五代出御前殿爲入閤。

（明）陶宗儀：《説郭》卷二《雜志》

本朝及五代以來，吏部給初出身官付身，不惟著歲數，兼説形貌。如云“長身品，紫棠色，有髭髯，大眼，面有若干痕記”，或云“短小，無髭，眼小，面瘢痕”之類，以防僞冒。至元豐改官制，始除之。靖康之亂，衣冠南渡，承襲僞冒，盗名字者多矣，不可稽考，乃知舊制不爲無意也。

（宋）王明清：《揮麈前録》卷三

唐明宗時，加秦王從榮天下兵馬大元帥。有司言：“元帥或統諸道，或專一面，自前世無天下大元帥之名，其禮無所考按。”余按，唐至德初,以廣平王爲天下兵馬元帥。天復三年三月,以輝王祚爲諸道元帥。其年十二月,敕國史所書元帥之任,竝以天下爲名,乃自近年改爲諸道,宜却復爲天下兵馬元帥。至德距長興尚遠,若天復則耳目相接,而有司皆不之知,何其陋邪?元帥之名,肇見於《左氏》,晉謀元帥是也。然是時所謂元帥者,中軍之將爾,未以名官也。至隋始有行軍元帥,唐初有左右元帥、太原道行軍元帥、西討元帥,自此寖多。然天下兵馬元帥則始於廣平,大元帥則始於從榮。唐末嘗以天下兵馬元帥授朱全忠。僞吳以天下兵馬大元帥授李昇。梁末帝以天下兵馬都元帥授錢鏐。晉高祖以天下兵馬都元帥授錢元瓘。出帝以東南面兵馬都元帥授錢弘佐。周又以天下兵馬都元帥授錢俶。國初改爲天下兵馬大元帥。古今當其任者,蓋寥寥可數,而我高宗皇帝遂自此應中天之運。初,元帥皆親王爲之,廷臣副貳而已,惟哥舒翰、郭子儀、李光弼、房琯皆嘗真除,錢氏繼之。全忠自置,昇僞命,不足道也。

（明）陶宗儀:《説郛》卷二三《賓退録》

楊風子

楊涉送傳國寶於太祖,其子凝式諫不聽。恐事泄,即佯狂,號風子。

（宋）曾慥:《類説》卷二六《五代史補》

郭威守鄴,舉兵内向,代漢稱周。

《都邑考》:周因漢舊,仍都開封。顯德初,又廢鄴都,止稱大名府。

史略:郭威初爲樞密副使,威,堯山人,爲漢主所親信,掌軍旅。堯山,今順德府唐山縣。受顧命輔幼主,屢立大功,位任隆重。乾祐三年,以威爲鄴都留守、天雄節度使。會漢主承祐誅戮大臣,并及威,威遂舉兵趨汴,漢主迎戰,軍潰爲亂兵所殺。威入汴,尋稱帝。

世宗奮其雄略,震疊并、汾,於是西克階、成,南收江北,北奠三關。

史略:顯德初,北漢大舉入犯,逼潞州,時北漢主劉崇以周主新即位,因請兵於契丹，合軍南向，敗昭義節度使李筠兵於梁侯驛，遂乘勝逼潞州。梁侯驛，在今潞安府西北九十里。周主自將御之，大敗北漢軍於高平，今澤州屬縣。時北漢過潞州不攻，引兵而南。周主自澤州而北，遂遇，戰於此。遂命符彥卿等進攻晉陽，北漢境内州縣次第降下。既以晉陽不克，契丹復來救，乃引還，所得州縣，旋爲北漢所有。薛《史》："是時，周伐北漢，盂縣降，又汾州、遼州及憲、嵐二州亦俱降；又克石州，忻州降，代州亦降。既而攻晉陽不下，引軍還，所得州鎮仍入於北漢。"盂縣，今太原府屬縣。然自是衰耗，侵犯益少。二年，遣王景等伐蜀，克秦、鳳、階、成四州。是年，又遣李穀等伐唐，攻圍壽州。明年，親征淮南，分兵攻略滁、楊諸城鎮。四年，克壽州，又進取濠、泗諸州。五年，淮南十四州盡爲周境，周主攻淮南，取其揚、泰、滁、和、海、楚、泗、濠、壽、光十州，南唐復表獻廬、舒、蘄、黄四州。先是，諸州互相攻取，往往旋得旋失，至是始悉爲周境。泰州治海陵縣，南唐所置州也。廓地南至於江矣。六年，復親征契丹，取瀛、莫二州，時別將又攻易州，拔之。於是關南始爲周境。關南，瓦橋關南也。時以瓦橋、益津、高陽爲三關。又以瓦橋關爲雄州，治歸義縣，即北直雄縣也。以益津關爲霸州，治文安縣，今縣屬霸州，而州治則故益津關也。高陽關亦曰草橋關，在今保定府安州高陽縣東。先是，周主有平一中原之志，王樸獻策曰："凡攻取之道，必先其易者。唐與我接境幾二千里，若以奇兵四出，擾其無備之處，南人懦怯，必奔走而赴之。奔走之間，可以知其虛實強弱，攻虛擊弱，江北將爲我有。得江北，江南亦易取矣，嶺南、巴、蜀，可以傳檄定也。南方既定，燕地必望風内附，若其不至，移兵攻之，席卷可平。惟河東必死之寇，宜以爲後圖。"周主之攻取，多用其策云。

有州一百十有八。周初并、汾、嵐、石、遼、沁、忻、代、麟、憲十州没於北漢，世宗得蜀四州，南唐十四州，契丹二州。又置濟州，治鉅野縣，鉅野今屬山東濟寧州。又置濱州，治勃海縣，今屬山東濟南府。又置通州，治静海縣，今屬南直揚州府。又置雄、霸二州。凡五州。顯德六年嘗取遼州，既而復入於北漢。又廢關内道武、衍二州，河北道之景州，是爲一百十有八州也。

（清）顧祖禹：《讀史方輿紀要》卷六

周主威疾篤，遺命鑒唐十八陵發掘之禍，令嗣主以紙衣瓦棺斂己,自謂達於厚葬之非而善全其遺體矣。其得國也不以正,既無以求福於天;其在位也,雖賢於亂君,而固無德於天下,以大服於人;惴惴然朽骨之是憂,而教其臣子使不能盡一日之心力以效於君親,其智也,正其愚也。尤可哂者,令刻石陵前,以紙衣瓦棺正告天下後世,吾惡知其非厚葬而故以欺天下邪? 則亂兵盜賊欲發掘者,抑必疑其欺己,愈疑而愈思發之。漢文令薄葬,而霸陵之發,寶玉充焉。言其可信,人其以言相信邪?

(清)王夫之:《讀通鑒論》卷三〇

高平之戰,決志親行,群臣皆欲止之,馮道持之尤堅,乃至面折之曰:"未審陛下能爲唐太宗否?"夫謂其君爲不能爲堯、舜者,賊其君者也。唐太宗一躬帥六師之能,而大聲疾呼,絕其君以攀躋之路,小人之無忌憚也,一至此哉! 道之心,路人知之矣,周主之責樊愛能等曰:"欲賣朕與劉崇。"道之心,亦此而已。習於朱友貞、李從珂之朒縮困潰而亡,己不難袖勸進之表以迎新君,而己愈重,賣之而得利,又何恤焉? 周主憚於其虛名而不能即斬道以徇,然不旋踵而道死矣,道不死,恐不能免於英君之竄逐也。

(清)王夫之:《讀通鑒論》卷三〇

若夫高平之戰,則治亂之樞機,豈但劉、郭之興亡乎? 郭氏奪人之國,失之而非其固有;劉氏興報讎之師,得之而非其不義;乃其繫天下治亂之樞機者,何也? 朱友貞、李存勖、李從珂、石重貴、劉承祐之亡,皆非外寇之亡之也。驕帥挾不定之心,利人之亡,而因讎其不軌之志;其戰不力,一敗而潰,反戈內嚮,殪故主以迎仇讎,因以居功,擅兵擁土,尸位將相,立不拔之基以圖度非分;樊愛能等猶是心也,馮道亦猶是心也。況周主者,尤非郭氏之苗裔,未有大功於國,王峻輩忌而思奪之夙矣。峻雖死,其懷峻之邪心者實繁有徒。使此一役也,不以身先而坐守汴都,仰諸軍以御患,小戰不勝,崩潰而南,郭從謙、朱守殷之於李存勖,康義誠之於李從厚,趙德鈞之於李從珂,杜重威、張彥澤之於石重貴，侯益、劉銖之於劉承祐，皆秉鉞而出，倒戈而反，寇未入而孤立之君殪，周主亦如是而已矣。

且不徒長逆臣之惡、以習亂於不已也，劉崇方挾契丹以入，周師潰，周國亡，草穀之毒再試，而黎民無孑遺，德光且留不去，而中國無天子，劉崇者，又豈能保其不爲劉豫？而靖康汴梁、祥興海上之禍，在此役矣。夫馮道亦逆知有此而固不以動其心，不失其爲瀛王者，而抑又何求哉？唯周主決志親征，而後已潰之右軍，不足以搖衆志；潰掠之逃將，不足以劫宮闕；身立血戰之功，而樊愛能等七十人之伏辜，無敢爲之請命。於是主乃成乎其爲主，臣乃成乎其爲臣，契丹不戰而奔，中國乃成乎其爲中國。周主之爲天子，非郭氏授之，自以死生爲生民請命而得焉者也。何遽不能爲唐太宗，而豈馮道之老奸所可測哉？

（清）王夫之：《讀通鑑論》卷三〇

周世祖顯德六年二月，詔賜諸道公用糧草有差。

（宋）李上交：《近事會元》卷三

周顯德中，許京城民居起樓閣，大將軍周景威先於宋門內臨汴水建樓十三間，世宗嘉之，以手詔獎諭。景威雖奉詔，實所以規利也。今所謂十三間樓子者是也。景威子瑩，國初爲樞密使。

（宋）王闢之：《澠水燕談錄》卷九

《五代史》：周世宗詔當直學士，仍赴晚朝。時世宗欲朝夕訪以時事，故有是詔。

（明）彭大翼：《山堂肆考》卷五六

帝親征，唐主兵屢敗，懼亡，遣其臣李德明奉表稱臣，請平。上責之曰：「爾主自謂唐室苗裔，宜知禮義。與朕止隔一水，未嘗遣一介修好，而泛海通契丹，舍華事夷，禮義安在？」德明戰栗不敢言。

（宋）胡寅：《讀史管見》卷三〇

五代十二君，愛民者三人，而世宗爲最。漕運給耗，慮陪輸也；保任令、録，防貪穢也；冬役春罷，恐妨農也；毁寺禁度僧，减蠹弊也；立兩税限，知旱徵之害也；設科求士，欲吏治有方也；均定田租，使富不掩貧也；并鄉村，置團耆，絶公皂侵漁也；罷課户、倖户，省官方私擾也；稱貸不責償，庶下沾實惠也。

（宋）胡寅：《讀史管見》卷三〇

周世宗欲平天下，王朴以爲先江南，而後河東。太祖之規模，先澤潞、淮南，次湖南、荆襄，而後及於江南、廣、蜀之地。諸國既平，而後及於河東，蓋得後先攻取之機矣。

（宋）吕中：《宋大事記講義》卷二

五代周王朴獻平戎策：攻取之道從易者始，今惟吳爲易圖，東至江，可撓之地二千里，從少備處先撓之。備東則撓西，備西則撓東，彼必奔走，以救其弊。奔走之間，可以知彼之虚實，衆之彊弱，攻虚擊弱，則所向無前矣。

（明）彭大翼：《山堂肆考》卷九〇

王朴晝平一天下之策，先下江南、收嶺南，次巴蜀，次幽、燕，而後及於河東。其後宋平諸國，次第略同，而先蜀後江南，晚收河東，而置幽、燕於不復，與朴説異。折中理勢以爲定論，互有得失，而朴之失小，宋之失大也。

以勢言之，先江南而後蜀，非策也。江南雖下，巫峽、夔門之險，水陸兩困，仰而攻之，雖克而兵之死傷也必甚。故秦滅楚、晉滅吳、隋滅陳，必先舉巴蜀，順流以擊吳之腰脊，兵不勞而迅若疾風之掃葉，得勢故也。

以道言之，江南雖云割據，而自楊氏、徐氏以來，以休兵息民保其國土，不隨群雄力競以爭中夏。李璟父子未有善政，而無殄兆民、絶彝倫、淫虐之巨慝；嚴可求、李建勛皆賢者也，先後輔相之；馮延巳輩雖佞，而惡不大播於百姓；生聚完，文教興，猶然彼都人士之餘風也。

孟知祥據土以叛君，阻兵而無保民之志；至於昶，驕淫佚肆，縱嬖幸以虐民也，殆無人理。則興問罪之師以拯民於水火，固不容旦夕緩也。嶺南劉氏積惡三世，民怨已盈，殆倍於孟昶；而縣隔嶺嶠，江南未平，姑俟諸其後，則勢之弗容迫圖者耳。

先吳後蜀，理勢之兩詘者也，此宋之用兵賢於王朴之策也。若夫河東之與幽、燕，則朴之策善矣。

劉知遠之自立也，在契丹橫行之日，中土無君而爲之主，以拒悍夷，於華夏不爲無功。劉崇父子量力自守，苟延血食，志既可矜；郭氏既奪其國，而又欲殄滅其宗祀，則天理之絕已盡；撫心自問，不可以遽加之兵，固矣。雖在宋世，猶有可憫者存也。契丹乘石敬瑭之逆，闌入塞內，據十六州以滅裂我冠裳，天下之大防，義之所不容斁者，莫此爲甚，驅之以復吾禹甸，乃可以爲天下君。以理言之，急幽、燕而緩河東，必矣。

即以勢言，契丹之據幽、燕也未久，其主固居朔漠，以廬帳爲便安，視幽、燕爲贅土，未嘗厚食其利而歆之也。而唐之遺民猶有存者，思華風，厭羶俗，如吳巒、王權之不忍陷身污薉者，固吞聲翹首以望王師，則取之也易。遲之又久，而契丹已戀爲膏腴，據爲世守，故老已亡，人習於夷，且不知身爲誰氏之餘民，畫地以爲契丹效死，是急攻則易而緩圖則難也。幽、燕舉，則河東失左臂之援，入飛狐、天井而夾攻之，師無俟於再舉，又勢之所必然者。王朴之謀，理勢均得，平一天下之大略，斯其允矣。

宋祖有志焉，而不能追惟王朴之偉論，遂紲曹翰之成謀，以力敝於河東，置幽、燕於膜外，則趙普之邪説蠱之也。普，薊人也，有鄉人爲之居間，以受契丹之餌，而偷爲其姻亞鄉鄰免兵戈之警，席犬豕以駒睡，奸謀進而貽禍無窮。惜哉！其不遇周主，使不得試樊愛能之歐刀也。

（清）王夫之：《讀通鑒論》卷三〇

周世宗天清節，百寮表曰："候屬澄河時，當降聖是甲，觀懸弧之日，乃銅律御户之時。"

（明）陳耀文：《天中記》卷一二

周世宗九月二十四日生,百寮上表曰:"壽丘降迹,爰符出震之期;里社應祥,式契乘乾之運。屬澄河時,當降聖鰈水,鶒林望堯雲,而獻祝桓圭穀璧,趨禹會以駿奔,請奉是日,爲天清節。所冀金相玉振,負寶歷以彌新,地久天長,煥天編而不朽。"從之。

(明)陳耀文:《天中記》卷一二

及郭氏之有國也,始有制法之令焉。然後爲之君者,可曰:吾以治民爲司者也;爲之民者,亦曰:上有以治我,非徒竭我之財、輕我之生,以爲之爭天下者也。

夫郭氏之法,固不可以與於治者多矣。其寬盜一錢以上之死也,罷營田賦賦民而使均於民賦也,除朱溫所給民牛之租也,皆除民之大蠹而蘇之,亦救時之善術矣。若其給省耗於運夫,則運者甦而輸者之苦未蠲也;禁民之越訴,而弗能簡良守令以牧民,則奸民乍戢,而州縣之墨吏逞,民弗能控告也;訟牒不能自書,必書所倩代書者姓名,以懲教訟,而訟魁持利害以脅人取賄,奸民益恣,而弱民無能控告也;其除賣牛皮者之稅,令田十頃稅一皮,徒寬屠賈,而移害於農、加無名之征也。凡此皆以利民而病之,圖治而亂之,法之所立,弊之所生矣。

(清)王夫之:《讀通鑒論》卷三〇

所難處者,榮既嗣立而無以處柴守禮耳。論者乃欲別爲郭氏立後,而尊守禮爲太上皇,則何其不審而易於言也! 郭氏無可立之後明矣,將誰立邪? 榮之得國,實以養子受世適之命,郭氏之恩,何遽忍忘。身非漢高自我而有天下,則不得加皇號於私親。禮之所不許者,宋英宗且不得加於濮王,而況守禮乎! 然則將如之何? 守禮之爲光祿卿,先朝之命也。迎養宮中,正名之曰所生父;其没也,葬以卿,祭以天子;其服,視同姓之爲人後者爲之期;則庶乎變而不失其常矣。外繼竆宗之法,不可執也。爲天子而旁無可立之支庶,古今僅一郭氏,道窮則變,變乃通也。

(清)王夫之:《讀通鑒論》卷三〇

盗者,天子之所不能治,而守令任治之;守令之所不能知,而胥役知之;胥役之所不盡知,而鄉里知之。鄉里有所畏而不與爲難,胥役有所利而爲之藏奸。乃鄉里者,守令之教化可行;而胥役者,守令之法紀可飭者也。盗亦其民,胥役亦其胥役,舍此勿責,而欲使使者以偶見之旌旄、馳虚聲而早使之規避,則徒爲民擾而盗不戢,其自貽之矣。周主知其然,罷巡檢使臣,專委節鎮州縣,誠治盗之要術也。

(清)王夫之:《讀通鑑論》卷三〇

(7) 十國

梁迴以繫閤門使使江南,冒干貨賄,誅求無度。凡所貢時果食物,貯以金銀雜寶器者悉留,陶漆者還之。初甚毅然,不御酒食,鮮語忮强,雖承迎曲至,無以得其歡心,後主與群臣甚憂。既而厚賚貲直數十萬緡,迴大喜過望,登舟繫宴樂,爲酒令,呼伶人奏《戀情歡》曲,戀戀數日不發,南中士人多笑之。

(清)徐松輯:《宋會要輯稿》職官五二之一九

(范)再遇本江南僞泗洲刺史,周顯德中,太祖率兵直壓其壘,再遇以城降,累遷至團練使。

(清)徐松輯:《宋會要輯稿》職官七七之二八

錢武肅王諱鏐,至今吳越間謂石榴爲金櫻,劉家、留家爲金家、田家,留住爲駐住。又楊行密據江淮,至今謂蜜爲蜂糖。

(宋)吳處厚:《青箱雜記》卷二

己卯,以天下兵馬都元帥吳越國王錢俶爲天下兵馬大元帥。

(宋)李燾:《續資治通鑑長編》卷一,太祖建隆元年(960)

吳越王錢俶遣使來賀登極。唐主景復遣使來賀長春節。

(宋)李燾:《續資治通鑑長編》卷一,太祖建隆元年(960)

庚寅，以鎮海、鎮東節度副大使錢惟濬爲建武節度使。惟濬，吳越王俶之子也。俶請授以嶺南旄鉞，上從之。

（宋）李燾：《續資治通鑑長編》卷三，太祖建隆三年（962）

丁未，吳越王俶遣其子惟濬入貢，助南郊。

（宋）李燾：《續資治通鑑長編》卷四，太祖乾德元年（963）

丙午，詔吳越王俶復會稽縣五戶奉禹冢，禁樵采，春秋祠以太牢。

（宋）李燾：《續資治通鑑長編》卷七，太祖乾德四年（966）

戊午，以兩浙衙内都指揮使、台州團練使錢惟治領寧遠節度使，依前兩浙衙内都指揮使。惟治，吳越王俶之長子也。

（宋）李燾：《續資治通鑑長編》卷七，太祖乾德四年（966）

是歲，吳越廢王倧卒。

（宋）李燾：《續資治通鑑長編》卷一二，太祖開寶四年（971）

荆南節度使、守太傅、兼中書令南平貞懿王高保融寢疾，以其子繼元幼弱，未堪承嗣，命其弟行軍司馬保勗總判内外軍馬事。甲午，此據曾顔《渤海行年紀》。保融卒。保融性迂緩，御軍治民皆無法，高氏始衰。保勗眉目疏秀，羸瘠而口吃，文獻王甚愛之，雖盛怒，見保勗，怒必解，荆南人謂之“萬事休郎君”。

（宋）李燾：《續資治通鑑長編》卷一，太祖建隆元年（960）

甲子，以荆南行軍司馬、寧江節度使高保勗爲荆南節度使。上初聞保融之喪，遣兵部尚書萬年李濤濤，初見天福二年，回之族曾孫。往吊，及還，上問保勗堪其事否，濤以爲可任，而保勗貢奉亦數至，乃授節鉞。保勗性淫恣，日召市倡集府署，擇士卒之壯健者使相嬲狎，保勗與姬妾帷簾共觀笑之。又好營造臺榭，極土木之巧，軍民咸怨。記室孫光憲諫曰：“宋有天下，四方諸侯屈服面内，凡下詔書皆合仁義，此湯、武之君也。公宜克勤克儉，勿奢勿僭，上以奉朝廷，中以嗣祖宗，下以安百姓，若縱佚樂，非福也。”保勖不從。光憲，貴平人也。光憲，初見天成元年。

（宋）李燾：《續資治通鑑長編》卷二，太祖建隆二年（961）

荊南節度使高保勖寢疾，召牙内都指揮使長安梁延嗣謂曰：“我疾遂不起，兄弟孰可付之後事者？”延嗣曰：“公不念正懿王乎？先王舍其子繼冲，以軍府付公，今繼冲長矣。”保勖曰：“子言是也。”即以繼冲權判内外軍馬事。甲戌，保勖卒。保勖卒於十一月二十日，從《行年紀》也，《國史》亦同，《九國志》乃在明年，今不取。

（宋）李燾：《續資治通鑑長編》卷三，太祖建隆三年（962）

先是，盧懷忠使荊南，上謂曰：“江陵人情去就，山川向背，我盡欲知之。”懷忠使還，報曰：“高繼冲甲兵雖整，而控弦不過三萬，年穀雖登，而民困於暴斂。南通長沙，東距建康，西迫巴蜀，北奉朝廷，觀其形勢，蓋日不暇給，取之易耳。”於是上召宰相范質等謂曰：“江陵四分五裂之國，今假道出師，因而下之，蔑不濟矣。”壬戌，李處耘辭，上遂以成算授之。

（宋）李燾：《續資治通鑑長編》卷四，太祖乾德元年（963）

庚辰，以荊南節度副使、權知軍府事高繼冲為荊南節度使。

（宋）李燾：《續資治通鑑長編》卷四，太祖乾德元年（963）

甲子，高繼冲籍伶官一百四十三人來獻，詔悉分賜諸大臣。

（宋）李燾：《續資治通鑑長編》卷四，太祖乾德元年（963）

丁卯，詔荊南軍士年老者聽自便。

（宋）李燾：《續資治通鑑長編》卷四，太祖乾德元年（963）

癸未,荆南節度使高繼冲爲武寧節度使。先是,繼冲表乞陪祀,許之,因舉族歸朝,乃命易鎮。

（宋）李燾:《續資治通鑒長編》卷四,太祖乾德元年(963)

是月,蜀以翰林學士承旨、吏部侍郎華陽歐陽炯爲門下侍郎、兼户部尚書、平章事,毋昭裔及范仁恕皆致仕。仁恕後尋卒。此據《十國紀年》。

（宋）李燾:《續資治通鑒長編》卷二,太祖建隆二年(961)

蜀主以秦王玄喆爲皇太子,令起居前導者皆呼殿下,毋得斥言皇太子。宰相成都李昊疏其不可,乃止。玄喆,見乾祐三年。昊,見同光二年。

（宋）李燾:《續資治通鑒長編》卷三,太祖建隆三年(962)

蜀主命官磨勘四鎮、十六州逋税,自廣政十五年至二十年,別行追督。龍游令成都田淳上疏諫,其略曰:“今甲子欲交,陰陽變動,天運人事,合有改更。如采厚斂之末議,必亂經國之大倫,此犯天意者一也。太一所行,將離分野,初來爲福,末去爲譴,轉災作福,是宜早圖。若更倍賦加租,則將有不測之禍,此犯天意者二也。四海財貨,盡屬至尊,散在民間,積爲貨産,或有科索,誰敢抵拒,陛下何不舍其小畜以成大有乎？此損君道者一也。夫百姓,六軍之主也,百姓足則軍莫不足,百姓不足,軍孰與足？務奪百姓,專贍六軍,此其損君道者二也。”蜀主不能用。淳每謂所親曰:“吾觀僭僞改廳堂爲宮殿,改紫綬爲黄服,改前驅爲警蹕,改僚佐爲卿相,改妻妾爲妃后,何如常稱成都尹,乃無滅族之禍乎？”聞者皆爲之恐,淳論議自若。或謂淳曰:“如君之才,固堪重寄,宜稍低抑,便至金鑾玉堂。”淳曰:“吾安能附狗鼠哉！”蓋指樞密使王昭遠輩也。王昭遠,初見乾祐元年。

（宋）李燾:《續資治通鑒長編》卷三,太祖建隆三年(962)

　　蜀宰相李昊言於蜀主曰："臣觀宋氏啓運，不類漢、周，天厭亂久矣，一統海內，其在此乎！若通職貢，亦保安三蜀之長策也。"蜀主將發使，樞密使王昭遠固止之，乃以文思使景處琁處琁，未見。等率兵屯峽路，又遣使往涪、瀘、戎等州閱棹手，增置水軍。

　　　　（宋）李燾：《續資治通鑑長編》卷四，太祖乾德元年（963）

　　先是，上遣右拾遺孫逢吉逢吉，未見。至成都收僞蜀圖書法物。乙亥，逢吉還，所上法物皆不中度，悉命焚毀，圖書付史館。孟昶服用奢僭，至於溺器亦裝以七寶，上遽命碎之，曰："自奉如此，欲無亡，得乎？"上躬履儉約，常衣浣濯之衣，乘輿服用皆尚質素，寢殿設青布緣葦簾，宮闈帟幕無文采之飾。嘗出麻屨布裳賜左右，曰："此我舊所服用也。"開封尹光義因侍宴禁中，從容言："陛下服用太草草。"上正色曰："爾不記居甲馬營中時耶？"

　　　　（宋）李燾：《續資治通鑑長編》卷七，太祖乾德四年（966）

　　上初命宰相撰前世所無年號，以改今元。既平蜀，蜀宮人有入掖廷者，上因閱其奩具，得舊鑒，鑒背有"乾德四年鑄"，上大驚，出鑒以示宰相曰："安得已有四年所鑄乎？"皆不能答。乃召學士陶穀、竇儀問之，儀曰："此必蜀物，昔僞蜀王衍有此號，當是其歲所鑄也。"上乃悟，因嘆曰："宰相須用讀書人。"由是益重儒臣矣。趙普初以吏道聞，寡學術，上每勸以讀書，普遂手不釋卷。此事不知果何時，既無所繫，因附見收僞蜀圖書法物之後。

　　　　（宋）李燾：《續資治通鑑長編》卷七，太祖乾德四年（966）

　　賜唐主李景詔，諭以受禪意。

　　　　（宋）李燾：《續資治通鑑長編》卷一，太祖建隆元年（960）

　　癸丑，放周顯德中江南降將周成等三十四人復歸於唐。成，未見。

　　　　（宋）李燾：《續資治通鑑長編》卷一，太祖建隆元年（960）

唐主景遣使誅鍾謨於饒州,詰之曰:"卿與孫晟同使北,晟死而卿還,何也?"謨頓首伏罪,繼殺之,亦誅張巒於宣州。謨流饒州,巒貶宣州副使,去年十月事。

（宋）李燾:《續資治通鑒長編》卷一,太祖建隆元年(960)

丙辰,唐主景遣使來賀登極。

（宋）李燾:《續資治通鑒長編》卷一,太祖建隆元年(960)

癸亥,命武勝節度使洛陽宋延渥延渥,初見乾祐三年。領舟師巡撫江徼,舒州團練使元城司超超,初見顯德二年。副之,仍遣書唐主諭意。

（宋）李燾:《續資治通鑒長編》卷一,太祖建隆元年(960)

乙丑,唐主景遣使賀平澤、潞。丁卯,又遣其禮部郎中龔謹儀來貢乘輿服御物。謹儀,邵武人也。

（宋）李燾:《續資治通鑒長編》卷一,太祖建隆元年(960)

庚午,宴近臣於廣德殿,江南、吳越朝貢使皆預。自是江南、吳越使來朝,即宴如例。

（宋）李燾:《續資治通鑒長編》卷一,太祖建隆元年(960)

乙未,唐主景又遣使來賀帝還京。

（宋）李燾:《續資治通鑒長編》卷一,太祖建隆元年(960)

乙卯,唐主景遣左僕射江都嚴續來犒師。續,可求子,初見開運三年。

（宋）李燾:《續資治通鑒長編》卷一,太祖建隆元年(960)

上使諸軍習戰艦於迎鑾,唐主懼甚。其小臣杜著頗有辭辯,僞作商人,由建安渡來歸;而彭澤令薛良坐事責池州文學,亦挺身來奔,且獻平南策。唐主聞之,益懼。上命斬著於下蜀市,良配隸廬州牙校,唐主乃少安,終以國境蹙弱,遂決遷都之計。

　　（宋）李燾:《續資治通鑒長編》卷一,太祖建隆元年(960)

　　丁丑,唐主景遣使來賀長春節。

　　（宋）李燾:《續資治通鑒長編》卷二,太祖建隆二年(961)

　　是月,唐主始遷於南都,立吳王從嘉爲太子,監國。留左僕射嚴續知樞密院事,湯悦佐之。悦即殷崇義,池州人也,姓犯宣祖諱,故改焉。續事據《九國志》。悦事據本傳。

　　（宋）李燾:《續資治通鑒長編》卷二,太祖建隆二年(961)

　　三月,唐主至南都。城邑迫隘,宮府營廨十不容一二,力役雖繁,無所施巧,群臣日夜思歸。唐主悔怒,欲誅始謀者,樞密副使、給事中唐鎬發病卒。《江南野録》稱鎬自縊,今從《五代史》。鎬,初見顯德六年七月,無邑里。

　　（宋）李燾:《續資治通鑒長編》卷二,太祖建隆二年(961)

　　是月,唐主景殂於南都。

　　（宋）李燾:《續資治通鑒長編》卷二,太祖建隆二年(961)

　　秋七月,唐主景喪歸金陵。景喪歸金陵,在七月。此據王舉《天下大定録》。有司議梓宮不宜復大内,太子從嘉不可,乃殯於正寢。從嘉即位,改名煜。尊母鍾氏爲太后,太后父名泰章,易其號曰聖尊后。立妃周氏爲國后,封弟鄧王從善爲韓王,莒公從鎰爲鄧王,從謙爲宜春王,從度爲昭平郡公,從信爲文陽郡公。右僕射嚴續爲司空、平章事,吏部尚書、門下侍郎、知樞密院湯悦爲右僕射、樞密使。大赦境内。文武進位有差。

罷諸道屯田務歸本州縣。先是，唐主用尚書員外郎李德明議，興復曠土，爲屯田以廣兵食，水部員外郎賈彬嗣成之。所使典掌者皆非其人，侵擾州縣，豪奪民利，大爲時患。及用兵淮南，罷其尤劇者，尚處處有之。至是，悉罷使職，委所屬縣令佐與常賦俱徵，隨所租入，十分賜一以爲禄廪，民稍休息焉。李德明，以尚書員外郎初見乾祐二年七月，無爵里，仕至工部侍郎、文理院學士，誅死在顯德三年二月。闢曠土爲屯田在廣順二年。罷屯田害民尤甚者，在顯德三年。

　　　　（宋）李燾：《續資治通鑒長編》卷二，太祖建隆二年（961）

　　冬十月癸巳，唐主以皇太后山陵，遣户部侍郎北海韓熙載、太府卿田霖來助葬。熙載，初見天成元年，叔嗣之子也。霖，未見。

　　　　（宋）李燾：《續資治通鑒長編》卷二，太祖建隆二年（961）

　　丙申，命樞密承旨方城王仁贍使江南，以唐主新立，往申慶賜也。

　　　　（宋）李燾：《續資治通鑒長編》卷二，太祖建隆二年（961）

　　唐主煜追謚其父景爲明道崇德文宣孝皇帝，廟號元宗，陵號順陵。蓋因馮謐以請於上而爲之。

　　　　（宋）李燾：《續資治通鑒長編》卷二，太祖建隆二年（961）

　　初，留從效既來稱藩，聞唐主南遷，疑將襲己，頗懼，乃遣其子紹錤重幣往謝，又潛遣使假道吳越入貢。紹錤至豫章，而元宗之喪已東歸。元宗，李景也。今依《資治通鑒》法，僭僞諸國，皆即用其本號。紹錤因抵金陵，唐主留之。上亦遣使厚賜從效，未至，而從效疽發背死。少子紹鎡掌留務，居無何，吳越遣使聘泉州，紹鎡夜召其使與之燕語，統軍使陳洪進誣紹鎡謀叛，欲以其地入吳越，執紹鎡送於唐，推統軍副使張漢思爲留後，己爲副使。陳洪進，臨淮人，初見開運元年。張漢思，亦見開運元年，不著邑里。《留從效傳》稱從效寢疾，爲牙校張漢思、陳洪進所劫，漢思自稱留後，洪進爲副。而《陳洪進傳》乃稱從效卒，紹鎡掌留務月餘，洪進乃執紹鎡，推漢思。自相矛盾。以他書參考，洪進傳得其實，而從效傳誤也。從效病當在二年冬，其死在今年春。《大定錄》於三月載從效卒。然不知的是何日？《十國記年》亦不載日。

（宋）李燾：《續資治通鑒長編》卷三，太祖建隆三年（962）

唐主雖通職貢，然亦增修戰備。己酉，命鎮國節度使宋延渥帥禁旅數千習戰於新池，上數臨觀焉。

（宋）李燾：《續資治通鑒長編》卷四，太祖乾德元年（963）

先是，上命唐主發遣揚州戶口及周顯德以來將吏隔在江南者，唐主遣使請緩期，戊子，許之。《國史》載戊子初命李煜發遣，誤也。今從《實錄》。

（宋）李燾：《續資治通鑒長編》卷四，太祖乾德元年（963）

唐主上表謝示諭陳洪進事，乙卯，詔答之。

（宋）李燾：《續資治通鑒長編》卷五，太祖乾德二年（964）

是月，唐主封長子仲寓爲清源公，次子仲宜爲宣城公。

（宋）李燾：《續資治通鑒長編》卷五，太祖乾德二年（964）

是月，唐宣城公仲宜卒，封岐王，謚懷獻。仲宜早慧，昭惠后周氏甚愛之，因傷悲得疾。

（宋）李燾：《續資治通鑒長編》卷五，太祖乾德二年（964）

十一月，唐昭惠后殂。

（宋）李燾：《續資治通鑒長編》卷五，太祖乾德二年（964）

唐主遣其弟吉王從謙來貢，辛卯，見於酢城縣。唐水部員外郎查元方掌從謙箋奏,上命知制誥盧多遜燕從謙於館。多遜弈棋次,謂元方曰:"江南竟如何?"元方斂衽對曰:"江南事大朝十餘年,極盡君臣之禮,不知其他。"多遜愧謝曰:"孰謂江南無人。"元方,文徽子也。文徽,初見天福八年。此據《十國紀年》,乃六月事。

　　(宋)李燾:《續資治通鑑長編》卷一〇,太祖開寶二年(969)

　　是日,江寧府火。初,李景在江南,大建宮室府寺,其制皆仿帝京。時營兵謀亂,事覺,伏誅。既而火,知府事、右諫議大夫、集賢殿學士李宥懼有變,闔門不救,延燒幾盡,唯存一便廳,乃舊玉燭殿也。尋責宥爲秘書監,直令致仕。宥奏火事云:"不意禍起蕭墻,變生回祿。"會新有衛士之變,朝廷惡其言,故責特重。宥責官在三月乙巳,今并書。奏表辭據司馬光《記聞》。

　　(宋)李燾:《續資治通鑑長編》卷一六二,仁宗慶曆八年(1048)

　　知瀛州、天章閣待制韓縝同提舉在京諸司庫務,仍詔縝以瀛州事付河北東路都轉運使劉瑾,亟乘驛赴闕。時契丹將遣泛使蕭禧來,召縝館伴故也。上謂王安石曰:"契丹若堅要兩屬地,奈何?"安石曰:"若如此,即不可許。"上曰:"不已奈何?"安石曰:"不已亦未須力爭,但遣使徐以道理與之辯而已。"上曰:"若遽交兵奈何?"安石曰:"必不至如此。"上曰:"然則奈何?"安石曰:"以人情計之,不宜便至如此,契丹亦人爾。"馮京以爲我理未嘗不直,上曰:"江南李氏何嘗理曲,爲太祖所滅。"安石曰:"今地非不廣,人非不衆,財穀非少,若與柴世宗、太宗同道,即何至爲李氏。若獨與李氏同憂,即必是計議國事猶有未盡爾,不然即以今日土地、人民、財力,無畏契丹之理。"陳瓘論曰:"安石所欲建立,所欲排陷,必造神考聖訓,欲以文飾前非,歸過宗廟,其言其事,不可以一二數也。至於"何嘗理曲"之言,歸於神考,則矯誣乖悖,尤爲甚矣。

　　(宋)李燾:《續資治通鑑長編》卷二五〇,神宗熙寧七年(1074)

上既平廣南，漸欲經理江南，因鄭王從善入貢，遂留之，國主大懼。是月，始損制度，下令稱教，改中書、門下爲左、右內史府，尚書省爲司會府，御史臺爲司憲府，翰林爲修文館，樞密院爲光政院；從善爲南楚國公，從鎰爲江國公，從謙爲鄂國公；宮殿悉除去鴟吻。

（宋）李燾：《續資治通鑒長編》卷一三，太祖開寶五年（972）

先是，北漢誘代北諸部侵掠河西，詔諸鎮會兵以御之。是月，定難節度使、守太尉、兼中書令李彝興言遣部將李彝玉進援麟州，北漢引衆去。彝興即彝殷也，避宣祖諱改焉。彝興，初見清泰二年，此據《會要》及彝興本傳，事當在此月。

（宋）李燾：《續資治通鑒長編》卷一，太祖建隆元年（960）

先是，上謂趙普曰：“比諸軍頗有善治生者，蓋多方約束，不使橫費所致。且怨懟生於不足，此輩貪勇，復寡思慮，若從其橫費，雖倍給衣糧，亦當不足，計無所出，則爲盜賊耳。晉、漢時軍糧皆紅腐不可食，今菽粟亦皆精好矣。”普對曰：“朝廷歲漕江、淮秔稻，概量饒足，營伍無所侵剋，陛下訓以治生之道，致其贍濟，此豈晉、漢所當擬耶？”

（宋）李燾：《續資治通鑒長編》卷二四，太宗太平興國八年（983）

癸巳，上謂宰相曰：“近代以來，政理隳紊，無如晉、漢兩朝。外則侯伯不法，恣其掊斂，內則權幸用事，貨賂公行。百姓未納王租，先遭率斂。縣中官吏，歲有年常之求，鎮將人員，時爲乞索之局。鄉胥里長，更迭往來，嗷嗷蒸民，何所告愬。欲望天道順和，其可得乎！近年以來，頗革此弊，臣僚守法，兆民舒泰，雖未能還淳返樸，亦可謂之小康矣。每念百姓寒耕熱耘，營求衣食，國家若非贍養軍旅，兩稅亦不忍催督，而況非理誅剝乎？”宋琪等對曰：“陛下恤民求理，取鑒晉、漢，實天下幸甚。”《會要》：十一月有戒官吏乞取錢物，年常節儀酒肉米麵等，詔委轉運使與長吏采訪聞奏，仍附十一月末。

（宋）李燾：《續資治通鑒長編》卷二六，太宗雍熙二年（985）

春正月辛丑朔，鎮、定二州言契丹入侵，北漢兵自土門東下，與契丹合。周帝命太祖領宿衛諸將御之。太祖自殿前都虞候再遷都點檢，掌軍政凡六年，士卒服其恩威，數從世宗征伐，洊立大功，人望固已歸之。於是，主少國疑，中外始有推戴之議。

壬寅，殿前司副都點檢、鎮寧軍節度使太原慕容延釗延釗，初以殿前都虞候見顯德五年三月，不著邑里。將前軍先發。時都下歡言，將以出軍之日策點檢爲天子，士民恐怖，爭爲逃匿之計，惟内庭晏然不知。

癸卯，大軍出愛景門，紀律嚴甚，衆心稍安。軍校河中苗訓者號知天文，見日下復有一日，黑光久相磨蕩，指謂太祖親吏宋城楚昭輔曰：“此天命也。”

是夕，次陳橋驛，將士相與聚謀曰：“主上幼弱，未能親政。今我輩出死力，爲國家破賊，誰則知之，不如先立點檢爲天子，然後北征，未晚也。”都押衙上黨李處耘，具以其事白太祖弟匡義。匡義時爲内殿祇候供奉官都知，即與處耘同過歸德節度掌書記薊人趙普，普，初見顯德三年二月。語未竟，諸將突入，稱説紛紜，普及匡義各以事理逆順曉譬之，曰：趙普《飛龍記》云：處耘亦同普曉譬諸將。按《國史》，處耘見軍中謀欲推戴，即遽白太宗，與王彦昇謀，遂召馬仁瑀、李漢超等定議。然則曉譬諸將獨普與太宗耳，處耘必不在也。今削去處耘名。“太尉忠赤，必不汝赦。”諸將相顧，亦有稍稍引去者。已而復集，露刃大言曰：“軍中偶語則族。今已定議，太尉若不從，則我輩亦安肯退而受禍。”普察其勢不可遏，與匡義同聲叱之曰：“策立，大事也，固宜審圖，爾等何得便肆狂悖！”乃各就坐聽命。普復謂曰：“外寇壓境，將莫誰何，盍先攘却，歸始議此。”諸將不可，曰：“方今政出多門，若竢寇退師還，則事變未可知也。但當亟入京城，策立太尉，徐引而北，破賊不難。太尉苟不受策，六軍決亦難使向前矣。”普顧匡義曰：“事既無可奈何，政須早爲約束。”因語諸將曰：“興王易姓，雖云天命，實繫人心。前軍昨已過河，節度使各據方面，京城若亂，不惟外寇愈深，四方必轉生變。若能嚴敕軍士，勿令剽劫，都城人心不摇，則四方自然寧謐，諸將亦可長保富貴矣。”皆許諾，乃共部分。夜，遣衙隊軍使郭延贇延贇，不詳何許人。

建隆二年七月，鐵騎左厢第二都指揮使郭延贇領信州刺史。馳告殿前都指揮使浚儀石守信、殿前都虞候洛陽王審琦。審琦，初見顯德三年。守信、審琦，皆素歸心太祖者也。將士環列待旦。

太祖醉臥，初不省。甲辰黎明，四面叫呼而起，聲震原野。普與匡義入白太祖，諸將已擐甲執兵，直扣寢門曰："諸將無主，願策太尉爲天子。"太祖驚起披衣，未及酬應，則相與扶出聽事，或以黄袍加太祖身，且羅拜庭下稱萬歲。太祖固拒之，衆不可，遂相與扶太祖上馬，擁逼南行。匡義立於馬前，請以剽劫爲戒。《舊録》禁剽劫都城，實太祖自行約束，初無納説者。今從《新録》。太祖度不得免，乃攬轡誓諸將曰："汝等自貪富貴，立我爲天子，能從我命則可，不然，我不能爲若主矣。"衆皆下馬，曰："惟命是聽。"太祖曰："少帝及太后，我皆北面事之，公卿大臣，皆我比肩之人也，汝等毋得輒加凌暴。近世帝王，初入京城，皆縱兵大掠，擅劫府庫，汝等毋得復然，事定，當厚賞汝。不然，當族誅汝。"衆皆拜。乃整軍自仁和門入，秋毫無所犯。先遣客省使大名潘美見執政諭意，又遣楚昭輔慰安家人。殿前都點檢公署在左掖門內，時方閉關，設守備。及昭輔至，石守信開關納之。

宰相早朝未退，聞變，范質質，宗城人，初見開運元年。案《宋史》質《傳》作宗城人。下殿執王溥溥，榆次人，初見乾祐二年。案《宋史·王溥傳》作并州祁人。手曰："倉卒遣將，吾輩之罪也。"爪入溥手，幾出血。溥噤不能對。

天平節度使、同平章事、侍衛馬步軍副都指揮使、在京巡檢太原韓通通，初見顯德元年。自內廷惶遽奔歸，將率衆備御。散員都指揮使蜀人王彦昇彦昇，初見顯德三年。遇通於路，躍馬逐之，至其第，第門不及掩，遂殺之，并其妻子。

諸將翊太祖登明德門，太祖令軍士解甲還營，太祖亦歸公署，釋黄袍。俄而將士擁質等俱至，太祖嗚咽流涕曰："吾受世宗厚恩，爲六軍所迫，一旦至此，慚負天地，將若之何？"質等未及對，散指揮都虞候太原羅彦瓖挺劍而前曰："我輩無主，今日必得天子。"太祖叱之，不退。質等不知所爲，溥降階先拜，質不得已從之，遂稱萬歲。

太祖詣崇元殿行禪代禮。召文武百官就列，至晡，班定，獨未有周帝禪位制書，翰林學士承旨新平陶穀穀，初見乾祐元年，邠州人。出諸袖中，進曰："制書成矣。"遂用之。宣徽使引太祖就龍墀北面拜受。國史、實錄及他傳記並無宣徽使姓名，疑即昝居潤也。宰相扶太祖升殿，易服東序，還即位。群臣拜賀。奉周帝爲鄭王，太后爲周太后，遷居西京。蘇轍《龍川別志》言：韓通以親衛戰闕下，敗死。太祖脫甲詣政事堂，范質見太祖，首陳禪代議。與《國史》及《飛龍記》、司馬光《記聞》、《朔記》等所載都不同，恐別志誤。韓通倉卒被殺，未嘗交鋒。而太祖實歸府第，將士即擁范質等至，質等見太祖必不在政事堂。其約束將士不得加無禮於太后、少帝，固先定於未入城時，非緣質請也。惟執王溥手出血及光所記質不肯先拜，當得其實。今參取刪修。

乙巳，詔因所領節度州名，定有天下之號曰"宋"。改元，大赦，常赦所不原者咸赦除之。內外馬步軍士等第優給。命官分告天地、社稷。遣中使乘傳齎詔諭天下，諸道節度使，又別以詔賜焉。遣使齎詔諭天下，《國史》在己酉，今從《實錄》。遍告群祀，《實錄》在己酉，今從《國史》。二事一體，必同施行，恐不容相先後五日也。別賜諸道節度使詔，其日乃戊午，今并書。眉山蘇軾曰：予觀漢高祖及光武及唐太宗及我太祖皇帝能一天下者，四君皆以不嗜殺人者致之。其餘殺人愈多而天下愈亂，秦、晉及隋，力能合之，而好殺不已，故或合而復分，或遂以亡國焉。《龜鑒》曰：戰國交爭而合於秦，民苦秦暴，秦不能一，而漢一之。南北分裂而合於隋，人厭隋亂，隋不能一，而唐一之。五季之餘分閏位，天下紛紛而未一也。我太祖得天下以仁，而民從之，故天下一於宋。真人勃起，開創大業，是又跨唐、虞，越漢、唐，而與帝王匹體也。亦知宋興之由乎？我太祖之生，蓋天成二年丁亥歲也。祥光瑞采，流爲精英。異芳幽馥，鬱爲神氣。帝王之興，自有珍符，信不誣也。居有雲氣，出有日暈，天心之眷顧篤矣。俚語稱"趙神言誇宋"，人心之向慕久矣。天與之，人與之，而太祖則不知也。方其北面周朝，奉命征討，赫聲濯靈，所向輒克。顯德之七年，太祖生三十有四年矣。"采薇采薇，薇亦作止"，時蓋正月之上日也。是日也，京師已有推戴之語，而內庭未之知。"我出我車，於彼牧矣"，時蓋是月之三日也。是日也，將士又有推戴之語，而太祖未之聞。越翌日甲辰，寢門未辟，擁逼者至，太祖未及語而黃袍已加之身矣。噫！南河之避，舜猶有辭；大坰之至，湯猶有待。事勢至此，聖人不得以游乎舜、湯之天矣，奈之何哉？則亦有毋虐臣主之誓而已，有毋掠民庶之誓而已。三遜三辭，黽勉而受之，能律將士以保周宗，而不能使周禪之不歸，能擇長者房州之奉，而不能遏陳橋之逼。天實爲之，吾其奈何！歐陽記《五代史》也，書梁、漢曰亡，書晉曰滅，至周則大書之曰：“遜於位，宋興。”嗚呼！我宋之受命，其應天順人之舉乎！受命之日，市不易肆，仁之至也。卧榻之側，他睡不容，義之盡也。

（宋）李燾：《續資治通鑑長編》卷一，太祖建隆元年（960）

有司言國家受周禪，周木德，木生火，當以火德王，色尚赤，臘用戌。從之。

（宋）李燾：《續資治通鑑長編》卷一，太祖建隆元年（960）

上既即位，欲陰察群情向背，頗爲微行。或諫曰：“陛下新得天下，人心未安，今數輕出，萬一有不虞之變，其可悔乎！”上笑曰：“帝王之興，自有天命，求之亦不可得，拒之亦不能止。周世宗見諸將方面大耳者皆殺之，然我亦終日侍側，不能害我。若應爲天下主，誰能圖之？不應爲天下主，雖閉户深居何益。”既而微行愈數，曰：“有天命者，任自爲之，我不汝禁也。”由是中外懾服。

（宋）李燾：《續資治通鑑長編》卷一，太祖建隆元年（960）

是歲，周鄭王出居房州。《新》《舊錄》並稱鄭王以建隆三年出居房州。王皥《唐餘錄》乃云鄭王以開寶三年自西宮出。恐誤也，今不取。

（宋）李燾：《續資治通鑑長編》卷三，太祖建隆三年（962）

戊申，周紀王希謹卒，世宗之第三子也。希謹，初見顯德末。

（宋）李燾：《續資治通鑑長編》卷五，太祖乾德二年（964）

有辛文悦者，不知何許人，上幼從文悦肄業，及即位，召見，授太子中允、判太府寺。周鄭王時在房州，上謂文悦長者，戊戌，命文悦知房州事。《新》《舊錄》並稱周鄭王以建隆三年出居房州，《唐餘錄》乃云鄭王以開寶三年自西宮出，不知何據也。恐《唐餘錄》誤。據《新》《舊錄》，辛文悅以開寶二年十二月戊戌知房州，文悅本傳又稱三年，恐本傳誤矣，今並從《實錄》。

　　（宋）李燾：《續資治通鑑長編》卷一〇，太祖開寶二年（969）

　　三月乙卯朔，房州言周鄭王殂。上素服發哀，輟視朝十日，命還葬慶陵之側，曰順陵，諡曰恭帝。

　　（宋）李燾：《續資治通鑑長編》卷一四，太祖開寶六年（973）

　　上以巴蜀遐遠，時有寇盜，丁卯，命戶部員外郎直史館曾致堯、太常博士王勖、供備庫使潘惟吉、通事舍人焦守節分往川、峽諸州提舉軍器，察官吏之能否。致堯誤留詔書於家，惟吉教致堯上言“渡吉柏江舟破，亡之”以自解。致堯曰：“爲臣而欺其君，吾不忍爲也。”乃上書自劾，釋不問。其後，惟吉入見禁中，道蜀事，具言致堯所以自劾者，上嗟嘆久之。惟吉，美弟之子也。王勖，未見。王鞏《雜記》云：潘惟吉乃周世宗子，太祖不殺，令美養之。此事甚美，當考詳附載。

　　（宋）李燾：《續資治通鑑長編》卷四九，真宗咸平四年（1001）

　　丁酉……令河中府周太祖葬冠劍之地禁樵采。

　　（宋）李燾：《續資治通鑑長編》卷七八，真宗大中祥符五年（1012）

　　乙丑，賜侍禁劉守素白金百兩。守素，繼元之子，以貧求外任。上曰：“朕知其貧，已嘗賜與。然廣南、西川、江南諸國僞主親屬，率多窘乏。此僭侈之後，不知稼穡艱難，靡費無度之所致也。”

　　（宋）李燾：《續資治通鑑長編》卷五三，真宗咸平五年（1002）

　　乙巳，詔修河南府周六廟、鄭州周太祖世宗廟，并祀恭帝。

　　（宋）李燾：《續資治通鑑長編》卷一一三，仁宗明道二年（1033）

張述疏曰：此據張唐英《政要》附見，不知即富弼所指者否，當考。

臣讀書爲儒，歷覽經史，而效官州縣，惟有忠義，常盡瘁於職業。自登朝列，伏見皇嗣未立，中外憂之。十餘年間，已五次上書，所言皆指陳宗廟社稷可安可危之事。自知卑微，天聽高邈，伏慮衡石程書之時，不足感悟宸聽，又恐言詞激切，觸犯忌諱，爲左右隱蔽。臣伏念三聖寶位傳付陛下，陛下在位既四十年，未有繼嗣，未審陛下曾仔細思之耶？若仔細思之，則憂宗廟社稷，俾繼嗣不絶矣。若未仔細深思之耶，不當因循，委順天命。一祖二宗傳付陛下寶位，欲其宗廟社稷，世世嗣續不絶，則陛下方爲孝矣。臣愚敢引杜太后之言，庶激切感悟陛下之心。杜太后臨終，以藝祖得天下，謂無長君，所以藝祖得。藝祖奉杜太后之言，所以不忍傳之子，而傳之太宗是也。向使世宗在位更十數年，少帝嗣立，藝祖豈得有應天順人之事乎！陛下當思之。

（宋）李燾：《續資治通鑑長編》卷一九三，仁宗嘉祐六年（1061）

當行密之時，朱溫、秦宗權、李罕之、高駢之流，凶風交扇於海內。乘權者既忘民之死，民亦自忘其死；乘權者既以殺人爲樂，民亦以相殺爲樂；剽奪爭劫，有不自知其所以然而若不容己者，莫能解也。行密起於卒伍，亦力戰以有江、淮，乃忽退而自念，爲固本保邦之謀，屢勝朱溫，顧且畫地自全，而不急與虎狼爭食。於是江、淮之寡妻弱子幸保其腰領，以授之徐溫。溫乃以知全民之爲利，而歆動以生其不忍昧之心。蓋自是江、淮之謀臣戰士，乘暴興之氣，河決火延，以塗人肝腦於原野者，皆廢然返矣。故撫有江、淮，至於李煜而幾爲樂土。溫之所謂樂者，人咸喻焉而保其樂，溫且幾於仁者，要皆行密息浮情、斂狂氣，於習氣熾然之中所培植而生起者也。則行密之爲功於亂世，亦大矣哉！

（清）王夫之：《讀通鑑論》卷二八

嗚呼！楊行密不死於朱溫淫昏之前，可與有爲者，其在淮南乎？乘彼自亡之機，掩孤雛於宛、洛，存勖弗能抗也。行密死，楊渥弒，隆演寄立人上，徐溫挾内奪之心，不能出睢、亳以行天討，尚誰望哉？行密者，尚知安民固本、任將録賢，非存勗之僅以斬將搴旗爲能者也。故天祐以後，天下無君，必欲與之，淮南而已。然而終弗能焉，故曰誠可嘆也。

（清）王夫之：《讀通鑒論》卷二八

徐溫大破錢鏐，知誥請乘勝東取蘇州，溫念離亂久而民困，因鏐之懼，戢兵息民，使兩地各安其業，而曰"豈不樂哉？"藹然仁者之言乎！自廣明喪亂以來，能念此者誰邪？而不謂溫以武人之能爾也。

（清）王夫之：《讀通鑒論》卷二八

三羊五馬。五代童謡曰："三羊五馬，馬子離群，羊子無舍。"後淮南、荆南國祚應之。

（宋）佚名：《錦綉萬花谷》後集卷七

龐巨昭善星緯之學，唐末爲容州刺史，惡劉隱殘虐，乃歸長沙。或問湖南與淮南國祚短長，巨昭曰："吾入境來，聞童謡曰'三羊五馬，馬自離群，羊子無舍'。自今以後，馬氏當五主，楊氏當三主。"後皆如其言。

（宋）吴處厚：《青箱雜記》卷七

五代楊溥二年正月，封江瀆廣源王。

（唐）白居易、（宋）孔傳：《白孔六帖》卷七

五代楊溥二年正月，封淮瀆爲長源王。

（明）彭大翼：《山堂肆考》卷二一

烈祖受禪，舊唐有某御厨者來金陵。於是宴設有中朝承平遺風，

長食有鷺鷥餅、天喜餅、駝蹄餤、春分餤、蜜雲餅、鐺糟炙、瓏璁餤、紅頭簽、五色餛飩、子母饅餶。馮權給使元宗於太子宮，元宗常曰："我富貴之日，爲爾置銀靴焉。"保大中賜權銀三十斤，以代銀靴。權遂命工鍛靴穿焉。

（明）顧起元：《客座贅語》卷五

　　石氏之世，君非君，將非將，内叛數起，外夷日逼，地蹙民窮，其可撓取之也，八九得也。江南李氏之臣，爭勸李昇出兵以收中原，而昇曰："兵之爲民害深矣！不忍復言，彼民安，吾民亦安。"其言，仁者之言；其心，量力度德保國之心也。蓋楊行密、徐温息兵固國之圖，昇能守之矣。

　　興衰之數，不前則却。進而不能乘人者，退且爲人所乘。圖安退處，相習於偷，則弱之所自積也。李氏惟不能因石氏之亂而收中原，江、淮之氣日弛，故宋興而國遂亡，此蓋理勢之固然者；而揆之以道，則固不然。若使天下而爲李氏所固有，則先祖所授，中葉而失之，因可收復之機，乘之以完故土，雖勞民以求得，弗能恤也，世守重也。非然，則爭天下而殄瘁其民，仁人之所惡矣。徐知誥自誣爲吳王恪之裔，雖蒙李姓，未知爲誰氏之子，因徐温而有江、淮，割據立國，義在長民而已。長民者，固以保民爲道者也。社稷輕而民爲重，域外之爭奪，尤非其所亟矣。以匹夫奄有數千里之疆，居臣民之上，揣分自全，不亦量極於此乎？苟爲善，後世子孫以大有爲於天下者，天也；如其弱不足立而浸以亡者，亦天也，非可以力爭者也。李昇於是而幾於道矣。當其時，石敬瑭雖不競，而李氏諸臣求可爲劉知遠、安重榮之敵者，亦無其人。陳慶之乘拓拔之亂以入洛陽，而髡髮以逃；吳明徹乘高齊之亡以拔淮北，而隻輪不返；皆前事之師也。即令幸勝石氏，而北受契丹之勍敵，東啓吳越之乘虛，南召馬氏之爭起，外成無已之爭，内有空虛之害，江、淮亘立於中以攖衆怒，危亡在旦夕之間，而誇功生事者誰執其咎乎？故曰量力度德，自保之令圖也。

（清）王夫之：《讀通鑒論》卷三〇

楊文公《談苑》記江南保大中，浚秦淮，得石志。案其刻，有"大宋乾德四年"，凡六字，他皆磨滅不可識。今諸儒參驗，乃輔公祐反江東時年號。後太祖受命，國號宋，改元乾德，江左始衰弱。豈非威靈先及，而符讖將著也？歐陽公《歸田録》記太祖建隆六年改元，語宰相勿用前世舊號，於是改元乾德。其後因於禁中見內人鑒，背有乾德之號。以問學士陶穀，穀曰："此僞蜀時年號耳。"因問內人，果是故蜀王侍人。太祖由是益重儒士，而嘆宰相寡聞也。夫乾德之號二：一輔公祐，一蜀王衍，未知孰是。

（宋）吳曾：《能改齋漫録》卷三

江南保大中，浚秦淮，得石志，案其刻，有"大宋乾德四年"，凡六字。他皆磨滅不可識，令諸儒參驗，乃輔公祐反江東時年號。太祖受命號宋，改元乾德，江左始衰，豈非威靈將及，而符讖先著耶？又《劉貢父詩話》云："太祖欲改元，須古來所未有者。宰相以'乾德'爲請，且言前代所無。三年正月平蜀，有宮人入掖庭者，太祖因閱其奩鏡，背有'乾德四年'，大驚曰：'安得四年所製乎！'宰相不能對。陶穀、竇儀奏曰：'蜀少主曾有此號。'太祖嘆曰：'作宰相須是讀書人。'然二公又不知輔公祐已有此號矣。"

（宋）陳鵠：《西塘集耆舊續聞》卷八

江南保大中，浚秦淮，得石志，案其刻，有"大宋乾德四年"，凡六字。他皆磨滅不可識，令諸儒參驗，乃輔公祐反江東時年號。後太祖受命，國號宋，改元乾德，江左始衰弱，豈非威靈將及，而符讖先著也？

（宋）周應合：《景定建康志》卷五〇

秦淮石志。保大中，浚秦淮，得石志。按其刻，有"大宋乾德四年"，凡六字。他字磨滅不可識。令諸儒參驗，乃輔公祐反江東時年號。太祖受命，國號宋，改元乾德。江左始衰弱，豈非威令將及，而符讖先著也？

（宋）張敦頤：《六朝事迹編類》卷下

李璟時，朝中大臣多蔬食，月為十齋，至明日，大官具晚膳，始復常珍，謂之半堂食。其後周師至淮上，取濠、泗、揚、楚、泰五州，而璟又割獻滁、和、廬、舒、蘄、黃六州，果去唐國土疆之半，則半堂食之應也。

（宋）吳處厚：《青箱雜記》卷七

徐常侍鉉自江南歸朝，歷左散騎常侍，貶靜難軍行軍司馬，而卒於邠州。鉉無子，其弟鍇有後，居金陵攝山前，開茶肆，號徐十郎。有鉉、鍇告敕，備存甚多。僕嘗至攝山，求所謂徐十郎家觀之。其間有自江南歸朝初授官誥云“歸明人偽銀青光祿大夫、知內史事、上柱國徐鉉，可依前銀青光祿大夫、守太子率更令”云云。知內史乃江南宰相也，銀青存其階官也。

（宋）王銍：《默記》卷中

徐常侍得罪竄邠，平日嘗走書托洪州永新都官胡克順曰：“僕必死於邠，君有力，他日可能致我完軀，轉海歸葬故國，侍先子於泉下，即故人厚恩也。”未幾，果遣訃來告，順感其預托，創巨舟，齎厚費，親自往邠迎之。舟出海隅，一巨邑，忘其名，邑有東海大帝祠，帳殿嚴盛，禱享填委。時索湘典邑，舟未至，鉉先謁之，稱“江南放叟徐鉉”。湘素聞其名，悚敬迎拜。冠服嚴偉，笑談高逸，曰：“僕得罪於邠，幸免囚置，放歸故里，艤舟邑下，因得拜謁，仍有少懇拜聞，迨晚再謁。”語訖，失之，湘大駭。未久，津吏申：“有徐常侍靈柩船到岸。”湘大感動，亟往舟撫其孤曰：“先公有真容否？”曰：“有。”遂張之於津亭，果適之來謁者。湘設席感動，置醪俎再拜以奠。迨暝，果至，曰：“適蒙厚饗，多謝，實己之幸。蓋少事不得已須至拜叩。僕在江南為學士日，一里舊賚一寶帶，托僕投執政，變一巨獄，僕時頗有勢焰，執政不敢違，然事不枉法，以贓名罣身，恐旅櫬過廟，帝所不容，君宰封社，廟籍鄉版，皆隸於君，君爲吾禱之，帝必無難。”湘感其誠告，爲之潔沐過己事，齋心冥禱訖，令解縛過廟，恬然無纖瀾之驚。薄暮，果再至，飾小懷刺爲謝，其刺題曰：“鉉專謝別東坡索君賢者，含喜再拜。”欻然而去。洎再開其刺，旋爲灰飛。湘頗懷東坡之疑，後果爲左諫議大夫。

（宋）文瑩：《玉壺清話》卷一〇

小説載江南大將獲李後主寵姬者，見燈輒閉目云：“烟氣！”易以蠟燭，亦閉目云：“烟氣愈甚！”曰：“然則宮中未嘗點燭耶？”云：“宮中本閣每至夜，則懸大寶珠，光照一室，如日中也。”觀此，則李氏之豪侈可知矣。

（宋）王銍：《默記》卷中

南唐保有江淮，帑藏頗盈，德昌宮其外府也，金帛貨泉多在焉。

（宋）楊億：《楊文公談苑》

江南將亡數年前，修昇元寺殿，掘得石記，視之，詩也，其辭云：“莫問江南事，江南事可憑。抱雞昇寶位，趁犬出金陵。子建居南極，安仁秉夜燈。東鄰嬌小女，騎虎踏河冰。”王師以甲戌渡江，後主寔以丁酉年生。曹彬爲大將，列柵城南，爲子建也。潘美爲副將，城陷，恐有伏兵，命卒縱火，即安仁也。錢俶以戊寅年入朝，盡獻浙右之地。

（宋）江少虞：《宋朝事實類苑》卷四七

南唐將亡數年前，修昇元寺殿，掘得古記，視之詩也，其辭曰：“莫問江南事，江南事可憑。抱雞昇寶位，趁犬出金陵。子建居南極，安仁秉夜燈。東鄰嬌小女，騎虎踏河冰。”王師以甲戌渡江，後主寔以丁酉年生。曹彬爲大將，列柵城南，爲子建也。潘美爲副將，城陷恐有伏兵，命卒縱火，即安仁也。錢俶以戊寅年入朝，盡獻浙右之地。

（宋）周應合：《景定建康志》卷五〇

宋興神現。江南李後主時，大宋將興，忽見州城上有神現，頭如車輪，額上有珠，光燦若日月，軍民皆看，數日而没。今天王樓是也。

（宋）佚名：《錦绣萬花谷》前集卷四〇

右南唐吉水縣鄉貢進士周洪誼牒訴七幅，考之史氏，五代僭偽諸國，獨江南文物爲盛，然每歲科舉取人甚少，多用上書言事拜官。惟廣順二年，始命江文蔚知貢舉，放進士廬陵王克正等三人而止。雖舉子以少爲貴，然鄉坊保甲父子難乎俱免，累政縣判如此，蓋優之也。家傳二百四十年，八世孫沿來求跋語。按周顯德五年，歲在戊午，即李璟保大之十六年，方改元交泰，而世宗盡取淮甸，畫江爲界，上下震懼，謀徙豫章。已而削去帝號，奉周正朔，故第一幅稱顯德六年。越明年庚申，太祖皇帝受禪，辛酉璟南徙而殂，煜嗣位於金陵。後十三年，歲在甲戌，王師吊伐。明年乙亥，國除。

（宋）周必大：《文忠集》卷四七

昔江南李重光，染帛多爲天水碧。天水，國姓也。當是時，藝祖方受命，言天水碧者，世謂逼迫之兆。未幾，王師果下建鄴。及政和之末，復爲天水碧，時争襲慕江南風流，然吾心獨甚惡之。未幾，金人寒盟，豈亦逼迫之兆乎！

（宋）蔡絛：《鐵圍山叢談》卷三

李後主末年，宫人競服碧衣，取靛花盛天雨水澄而染之，號天水碧。

（宋）祝穆：《古今事文類聚》別集卷六

金陵將亡前數年，宫中人挼薔薇水染生帛。一夕忘收，爲濃露所漬，色倍鮮翠，因令染坊染碧，必經宿露之，號爲天水碧。宫中競服之。識者以爲，天水，趙之望也。

（宋）江少虞：《宋朝事實類苑》卷四七

江南自晉漢以來,民間服玩侈麗者,或問之,必曰:"此物屬趙寶子。"又,李煜宮女染碧,夜偶不收,得雨色益鮮,自爾競收雨水以染,謂之天水碧。天水,趙姓郡號也。

(宋)曾鞏:《隆平集》卷一

李國主未破之前,宮中練帛,爲風所飄,凌空而去,經宿方墜,變成淺碧色,輕翠可愛,以自然之色號"天水碧"。國中皆效之。是年國亡,蓋天水乃趙之郡號,碧音近於逼也,異哉!

(宋)佚名:《分門古今類事》卷一四

南唐將亡前數年,宮中人挼薔薇水染生帛,一夕忘收爲濃露所漬,色倍鮮翠,因令染坊染碧,必經宿露之,號爲天水碧。宮中競服之。識者以爲,天水,趙之望也。開寶中新修營,得一石記,凡數百字,隸書,從頭云:"從他痛,從他痛,如此連寫至末。云不爲石子盡,更書千萬箇從他痛。"從他痛,不知其讖也。未幾,王師渡江云。

(宋)周應合:《景定建康志》卷五〇

開寶七年,南唐後主金陵苑囿中鹿,忽一旦人語牧者,叱之,鹿亦叱牧者,曰:"明年今日,汝等俱爲鬼物,苑囿荒凉焉,能拘我明年?"王師渡江,牧者俱死鬥敵,苑囿亦廢矣。

(宋)周應合:《景定建康志》卷五〇

江南爲國時,昇、揚、潤宮室邑閭,環江相望,金山能盡有三州山川之盛觀。衣冠往還,非東府西川之貴人大族,則諸侯之重客也。其舊勢餘澤,至本朝爲之借資出力者尚未衰也。

(宋)沈括:《長興集》卷二二

天復元年五月,以鎮東等軍節度浙東西道觀察、處置等使、守侍中、彭城王錢鏐爲越王。天祐元年改封吳王。梁開平元年,進封吳越王。龍德三年，加封吳越國王，寵以古列國之禮。後唐同光二年，復申前命。同光三年，始受封册建國焉。天成四年，又以兩鎮節鉞及杭州、越州大都督府長史移授其世子元瓘，以示優崇。長興三年三月，王鏐卒，謚曰武肅，子王元瓘立。晉天福六年九月，王元瓘卒，謚曰文穆，子王佐立。開運四年六月，王佐卒，謚曰忠獻，弟王倧立。未幾，胡進思廢王倧，與群臣迎立其弟俶。漢乾祐元年，王俶立，是爲忠懿王。周顯德四年四月，亦嘗追封世宗長子宗誼爲越王。皇朝開寶二年，申命俶爲吳越國王，而命俶子惟濬爲杭州、越州大都督，鎮海、鎮東等軍節度使。太平興國三年四月，俶朝京師。五月乙酉，表獻所部十三州八十七縣。

（宋）施宿：《嘉泰會稽志》卷二

吳越國考

吳越國在杭州鳳凰山下，其子城南曰通越門，北曰雙門。錢氏納土後，二門猶存。《臨安志》載吳越錢氏造，而不言在鳳凰山下。宋政和二年，孫沔守杭，蔡襄爲沔撰《雙門記》，内云：吳越王依山阜以爲治，而雙門置木石，錮金鐵，用爲敵備，沔以爲非禮制改作之。則錢氏宮室在鳳凰山下無疑。高宗南渡，駐蹕杭州，徙州治於清波門内，今州治是也。但宋南渡即其地爲行都，故後人但知有宋故都，而不知有錢氏耳。初，錢氏以强弩射潮，築堤捍國，而以鐵幢識其射處，以今驗之，去鳳凰山僅二百許步，此足爲證。錢氏當五季，據有兩浙八十餘年，亦頗有功德於民。詢之故老，已不知其建國之處，弔古者無從質焉。吳越舊有備史，今亦不存，因修新志，補其闕略云爾。

（明）徐一夔：《始豐稿》卷一〇

五代僭亂之國，十竊帝號，而不奉正朔者七，江南楊溥、李昪，蜀王建、孟知祥，南漢劉陟、閩中王延鈞、河東劉崇耳。宋元憲歐文忠皆言，得錢鏐時封落星石爲寶應山制，稱寶正六年，疑錢氏亦嘗改元稱帝，而後諱之也。歐公又云：閱吳越與諸國往來書，多皆無稱帝事。

竊意當時稱帝改元，獨施於境內，不見於四方焉，不然則安得全無旁
見之迹也。

（宋）高晦叟：《珍席放談》卷下

　　歐陽公《五代史》叙列國年譜云："聞於故老，謂吳越亦嘗稱帝改
元，而求其事迹不可得，頗疑吳越後自諱之。及旁采諸國書，與吳越
往來者多矣，皆無稱帝之事，獨得其封落星石爲寶石山制書，稱寶正
六年辛卯耳。"王順伯收碑，有《臨安府石屋崇化寺尊勝幢》云："時天
寶四年，歲次辛未，四月某日，元帥府府庫使王某。"又《明慶寺白傘蓋
陀羅尼幢》云："吳越國女弟子吳氏十五娘建。"其發願文序曰："十五
娘生忝霸朝，貴彰國懿。天寶五年，太歲壬申月日題。"順伯考其歲
年，知非唐天寶，而辛未乃梁開平五年，其五月改乾化，壬申乃二年。
梁以丁卯簒唐，武肅是歲猶用唐天祐，次年自建元也。《錢唐湖廣潤
龍王廟碑》云："錢鏐貞明二年丙子正月建。"《新功臣壇院碑》《封睦
州墻下神廟敕》，皆貞明中登聖寺磨崖，梁龍德元年，歲次辛巳，錢鏐
建。又有龍德三年上宮詩：是歲梁亡。《九里松觀音尊勝幢》："寶大
二年，歲次乙酉建。"《衢州司馬墓志》云："寶大二年八月殁。"順伯
案，乙酉乃唐莊宗同光三年，其元年當在甲申。蓋自壬申以後用梁紀
元，至後唐革命，復自立正朔也。又《水月寺幢》云："寶正元年丙戌
十月，具位錢鏐建。"是年爲明宗天成。《招賢寺幢》云："丁亥寶正二
年。"又小昭慶金牛、碼磑等九幢，皆二年至五年所刻。貢院前橋柱，
刻"寶正六年，歲在辛卯造"。然則寶大止二年，而改寶正。寶正盡六
年，次年壬辰，有《天竺日觀庵經幢》，復稱長興三年八月，用唐正朔。
其年三月，武肅薨，方寢疾，語其子元瓘曰："子孫善事中國，勿以易姓
廢事大之禮。"於是以遺命去國儀，用藩鎮法。然則有天寶、寶大、寶
正三名，歐陽公但知其一耳，《通鑑》亦然。自是歷晉、漢、周及本朝，
不復建元，今猶有清泰、天福、開運、會同、係契丹年。乾祐、廣順、顯德
石刻，存者三四十種，固未嘗稱帝也。

（宋）洪邁：《容齋四筆》卷五

王順伯家有錢忠懿一判語,其狀云:"臣贊寧。右臣伏奉宣旨撰
文疏,今進呈,乞給下,取設齋日五更前上塔,臣自宣却欲重建,乞於
仁政殿前夜間化却,不然便向塔前化,並取聖旨。判曰:便要吾人宣
讀後,於真身塔前焚化。二十七日。"而在前花押。予謂錢氏固嘗三
改元,但或言其稱帝,則否也。此狀内"進呈""聖旨"等語,蓋類西河
之人疑子夏於夫子,故自賊僭帝之議,想它所施行皆然矣。

（宋）洪邁:《容齋四筆》卷一〇

王順伯家有錢忠懿一判語,其狀云:"臣贊寧。右臣伏奉宣旨撰
文疏,今建呈,乞給下,取設齋日五更前上塔,臣自宣却欲重建,乞於
仁政殿前夜間化却,不然便向塔前化,並取聖旨。判曰:便要吾人宣
讀後,於真身塔前焚化。二十七日。"而在前花押。予謂錢氏固嘗三
改元,但或言其稱帝,則否也。此狀内"進呈""聖旨"等語,蓋類西河
之人疑子夏於夫子,故自賊僭帝之議,想他所施行皆然矣。

（宋）潛說友:(咸淳)《臨安志》卷九二

歐陽公《五代史》叙列國年譜云:聞於故老,謂吳越亦嘗稱帝改
元,而求其事迹不可得,頗疑吳越後自諱之。及旁采諸國書,與吳越
往來者多矣,皆無稱帝之事。獨得其封落星石爲寶石山制書稱寶正
六年辛卯耳。王順伯收碑有臨安府石屋崇化寺尊勝幢云:時天寶四
年歲次辛未四月某日,元帥府府庫使王某。又,明慶寺白傘蓋陀羅尼
幢云:吳越國女弟子吳氏十五娘,建其發願文字曰:十五娘生忝霸朝,
貴彰國懿,天寶五年太歲壬申月日。題順伯考。其歲年如非唐天寶,
而辛未乃梁開平五年,其五月改乾化,壬申乃二年,梁以丁卯篡唐,武
肅是歲猶用唐天祐,次年自建元也。錢唐湖廣潤龍王廟碑云:錢鏐貞
明二年丙子正月。建新功臣禪院碑、封睦州墻下神廟敕、皆貞明中;
登聖寺摩崖,梁龍德元年歲次辛巳錢鏐建。又有龍德三年上宮詩,是
歲梁亡。九里松觀音尊勝幢,寶大二年歲次乙酉建。衢州司馬墓志
云:寶大二年八月歿。順伯案:乙酉乃唐莊宗同光三年,其元年當在

甲申，蓋自壬申以後，用梁紀元年，至後唐革命，復自立正朔也。又水月寺幢云：寶正元年丙戌十月具位錢鏐建。是年爲明宗天成。招賢寺幢云：丁亥寶正二年。又小昭慶金牛碼磗等九幢，皆二年至五年所刻。貢院前橋柱刻，寶正六年歲在辛卯造。然則寶大止二年，而改寶正，寶正盡六年，次年壬辰，有天竺日觀庵經幢，復稱長興三年八月，用唐正朔。其年三月，武肅薨，方寢病與其子元瓘曰：子孫善事中國，勿以易姓廢事大之禮，於是以遺命去國儀，用藩鎮法。然則有天寶、寶大、寶正三名，歐陽公但知其一耳。《通鑑》亦然。自是歷晉、漢、周及本朝，不復建元。今猶有清泰、天福、開運、會同、係契丹年。乾祐、廣順、顯德，石刻存者三四十種，固未嘗稱帝也。

（宋）潛說友：（咸淳）《臨安志》卷九二

寶正六年，歲在辛卯，見封落星石制書。辛卯乃後唐明宗長興二年。寶太元年，羅隱記《修新城縣記》云癸未歲。癸未乃後唐莊宗同光元年，《臨安記》。以此知吳越雖云稟中原正朔，既後唐長興、同光年號與其寶正、寶太同歲而名不同。知吳越自嘗改元，審矣。

（宋）程大昌：《續演繁露》卷二

歐史十國年譜備證

五季時，十國稱帝改元者七，荆楚、吳越常行中國年號。歐陽公《五代史》著《十國世家年譜》，於吳越云：聞之故老，亦嘗稱帝改元，而求其事迹不可得，獨得其封落星石爲寶石山，制書稱寶正六年辛卯，始信其改元。歐史所據者，以此所以不他見者，疑其年號止行於國中，而不行於外國，後並諱之。至正中，余避亂海寧州之東，有姓許者，嘗辟巨室，得古墓一，內有志磗，蓋錢氏將許俊墓也。俊年十八從軍，以驍勇有戰功，累官至節度使都押牙，兼御史中丞。寶正三年卒，葬於此，所載年月甚明，此又錢氏改元之一證也。惜乎歐公未之見爾！鏐珍巢、殺宏、誅昌，以有兩浙之地，又貢獻中朝不絕，若無稱帝改元事，當唐明宗即位之初，安重誨用事，鏐致書重誨涉慢，重誨大怒。會使臣烏昭遇、韓玫使鏐還朝，玫誣昭遇稱臣舞蹈，重誨遂奏削鏐王爵，鏐蓋有激而然。而鏐卒之歲，實爲明宗改元長興之壬辰，則寶正六年之明年也。重誨被殺，當長興二年夏，而元瓘自陳，復鏐王爵，則在重誨既死之後。故元瓘襲位，不復改元，其事可見已。以余觀之，鏐自梁末帝貞明二年，加天下兵馬都元帥，開府置官屬。唐莊宗入洛，以厚獻故得賜玉册、金印，自稱吳越國王，更名所居曰宮殿，官屬皆稱臣，遣使封拜海中諸國君長。至如俊者，以分言之，一陪臣爾。亦授前項職名，儼然行帝者事矣。奚待重誨見絶而然，歐公去五代未遠，故老所云蓋可信也。當時十國皆非中國，有鏐之稱帝改元與否，亦不足較，第錄所見，以備歐史之一證云爾。

（明）徐一夔：《始豐稿》卷四

《會稽志》：吳越武肅王廟，在府南四里三百二十六步有巨碑，舊在廡下，今乃立荒園中，皮光業之詞也。具載唐長興七年，吳越王弃宮館；後二年，嗣王建廟於越。按長興，後唐明宗年號，止於四年而崩，歷閔帝、清泰帝，凡三年，而晉高祖即位，改元天福。若不數閔帝清泰則七年，乃天福元年。劉恕《吳越紀年》稱：天福元年七月乙卯，立武肅王廟於東府。今考之碑，與紀年雖不同，其實皆歲丁酉，清泰廢閔帝爲鄂王，晉祖追貶清泰爲庶人，皆削其年號，而天福改元，以其年十一月，則十一月以前皆長興七年矣。漢高祖削晉出帝開運之號，稱天福十二年，亦用此比也。然武肅王實以壬辰歲薨，文穆王襲位壬辰，蓋長興三年，不得云長興七年。吳越王弃宮館後二年，嗣王建廟於越也。按《五代史》及劉恕《紀年》、《開皇紀》、《吳越備史》，皆言武肅王以三年薨，則碑爲誤。然碑當時立，光業爲其國丞相，亦不應誤繆至此。蓋皆不可知。予讀此志，蓄疑有年，近錢唐何夢華游武康，得風山靈德王廟碑寄示，後題“寶正六年重光單閼歲”，乃始豁然有悟。蓋武肅本以寶正七年壬辰薨，實後唐長興三年，光業以吳越國相，製碑刻石，其必稱寶正，不稱長興，無可疑者。厥後忠懿入朝，諱言改元事，乃磨去寶正，易以長興，非復元刻之舊矣。長興紀號，止於四年,其所以得有七年者,則《會稽志》已詳言之。蓋石敬瑭起兵并州,尚未建元,又不可用清泰之號,當時必仍用長興,如梁元帝稱太清故事,而吳越因借以掩其改元之僭,一時塗飾耳目,不暇計其事迹之不合耳。予又記王象之《輿地碑目》,有吳越會同十年石刻,此契丹年號,本晉開運四年。晉亡而漢尚未興,其時吳越又不改元,不得不用契丹之元矣。《遼史》稱太宗入汴,改會同十年爲大同元年。今據王象之所録、兩浙、福建皆有會同十年石刻,未有稱大同者,則是契丹入汴後,頒詔天下,實用會同十年之號也。其後草草北還,旋即殂殞,雖有改元,亦無承用者。薛、歐二史,所以没而不書歟?

(清)錢大昕:《十駕齋養新録》卷一五

臨安縣西三里有海會寺,吳越之竹林寺也。寺有石幢二,其一刻《佛説守護國界主陀羅尼經》,其一刻《佛説千手千眼觀世音菩薩廣大圓滿無礙大悲心陀羅尼經》,經後皆有記,末云:時寶大元年歲次甲申五月一日,最後題“天下都元帥吳越國王鏐建”,十一字特大。蓋雖自立年號,而不改國王之稱,亦不以吳越加於年號之上,示不敢當尊也。其後文穆嗣位,承遺命用中朝年號,然年號上亦不加大唐、大晉、大漢、大周字。予所見蕭山化度寺石幢,題“長興四年三月”,無唐字。杭州天竺開路記,題“天福四年五月”,天臺高明寺石幢,題“天福二年七月”,杭州虎跑寺石幢,題“天福八年”,水樂洞净北禪院記,題“開運三年二月”,皆無晉字。虎跑寺石幢,題“乾祐二年七月”,石屋洞石觀音像贊,題“乾祐二年九月”,皆無漢字。飛來峰滕紹宗造像,題廣順元年四月,蘇州虎邱山石幢,題“顯德五載”,又皆無周字。唯文穆王神道碑,爲朝廷宣賜,宰相和凝奉敕撰文,故碑首題“大晉”云云。若尋常文字,不繫彼國,示非所屬也。南唐《龍光寺碑》題開寶紀年而不稱宋,亦此意。

(清)錢大昕:《十駕齋養新録》卷一五

杭州慈雲嶺石壁有吳越鐫字八行,文云:“梁單閼之歲,興建龍山,至浥灘之年,開慈雲嶺,便建西關城宇、臺殿、水閣。今勒貞珉,用紀年月,甲申歲六月十五日,吳越國王記。"凡四十九字,小篆極端整。按甲申爲後唐同光二年,梁末帝已於前一年自焚死矣。梁有國一十七載,兩値卯年,一爲開平丁卯,一爲貞明己卯。以下文甲申推之,則龍山興建必在貞明五年也。武肅於戊辰歲建元天寶,甲申歲改元寶大,此刻不用紀年,亦當不書中朝國號,且唐已滅梁,舍新興之唐號,而記已廢之梁年,其故殊難解。

(清)錢大昕:《十駕齋養新録》卷一五

　　唐昭宗以錢武肅鏐平董昌於越,拜鏐爲鎮海鎮東節度使、中書令,賜鐵券恕九死、子孫二死。羅隱撰謝表,略曰:"鎸金作誓,指日成文。蓋陛下憫臣處極多虞,憂臣防奸未至,所以廣開聖澤,永保私門,屈以常刑,宥其必死。雖君親屬意,在其必恕必容;而臣子盡心,亦豈敢傷慈傷愛。謹當日慎一日,戒子戒孫,不可以此而累恩,不可因玆而賈禍。"殆莊宗入洛,又遣使貢奉,懇承旨改回請玉册、金券。有司定儀,非天子不得用,後竟賜之。鏐即以節鉞授其子元瓘,自稱吳越國王,名其居曰"殿",官屬悉稱"臣"。又於衣錦軍大建玉册、金券、詔書三樓,復遣使册東夷諸國,封拜其君長。幾極其勢,與向之謝表所陳"處極、防微、累恩、賈禍"之誡,殊相戾矣。禪月,貫休嘗以詩投之,曰:"貴極身來不自由,幾年勤苦踏山丘。滿堂花醉三千客,一劍光寒十四州。萊子衣裳宮錦窄,謝公篇咏綺霞羞。他年名上凌烟閣,豈羨當時萬戶侯?"鏐愛其詩,遣客吏諭之曰:"教和尚改'十四'爲'四十'州,方與見。"休性褊介,謂吏曰:"州亦難添,詩亦不改,然閑雲孤鶴,何天而不可飛邪?"遂飄然入蜀,以詩投孟知祥。有"一瓶一鉢垂垂老,萬水千山得得來"之句。知祥厚遇之。鏐後果爲安重誨奏削王爵,以太師致仕。重誨死,明宗乃復鏐舊爵位。

(宋)文瑩:《續湘山野録》

　　余向從汴中,得見錢武肅王鐵券,其文曰:"維乾寧四年,歲次丁巳，八月甲辰朔四日丁未，皇帝若曰：咨爾鎮海、鎮東等軍節度、浙江東西等道觀察處置營田招討等使、兼兩浙鹽鐵制置發運等使，開府儀同三司、檢校太尉、兼中書令、持節潤越等州刺史、上柱國、彭城郡王、食邑五千户、實封一百户錢鏐：朕聞銘鄧騭之勛，言垂漢典；載孔悝之德，事美魯經。則知褒德策勛，古今一致。頃者，董昌僭僞，爲昏鏡水；狂謀惡迹，漸染齊人。爾能披攘凶渠，蕩定江表，忠以衛社稷，惠以福生靈。其機也氛祲清，其化也疲羸泰。拯於粤於塗炭之上，師無私焉；保餘杭於金湯之固，政有經矣。志獎王室，績冠侯藩。溢於旗常，流在丹素。雖鍾絲刊五熟之釜，竇憲勒燕然之山，未足顯功，抑有異數。是用錫其金板，申以誓詞；長河有似帶之期，泰華有如拳之日。惟我念功之旨，永將延祚子孫。使卿長襲寵榮，克保富貴。卿恕九死，子孫三死，或犯常刑，有司不得加責。承我信誓，往惟欽哉。宜付史館，頒於天下。"賫券中使，則焦楚鍠也。

（宋）袁褧：《楓窗小牘》卷下

吾鄉錢叔琛氏贇，乃武肅王之諸孫也。其家在郡城東北隅，亭臺沼沚，聯絡映帶，猶是先朝賜第。與余相友善，嘗出示所藏鐵券。形宛如瓦，高尺餘，闊二尺許。券詞黄金商嵌，一角有斧痕。蓋至元丙子天兵南下時，其家人竊負以逃而死於難，券亦莫知所在。越再丙子，漁者偶網得之，乃在黄巖州南地名澤庫深水内，漁意寶物，試斧擊之，則鐵焉，因弃諸幽。一村學究與漁鄰，頗聞賜券之説，買以鐵價。然二人皆不悟其字乃金也。有報於叔琛之兄者，用十斛穀易得，青氈復還，誠爲異事。

時余就録券詞一通，叔琛又出武肅當日謝表稿並録之。昨晚檢閲經笥，偶得於故紙中，轉首已三十餘年矣，人生能幾何哉，謾志於此。詞云："維乾寧四年，歲次丁巳，八月甲辰朔四日丁未，皇帝若曰：'諮爾鎮海鎮東等軍節度、浙江東西等道觀察處置營田招討等使、兼兩浙鹽鐵制置發運等使、開府儀同三司、檢校太尉、兼中書令、使持節潤越等州諸軍事、兼潤越等州刺史、上柱國、彭城郡王、食邑五千户、食實封一百户錢鏐:朕聞銘鄧騭之勛,言垂漢典。載孔悝之德,事美魯經。則知褒德策勛,古今一致。頃者,董昌僭偽,爲昏鏡水,狂謀惡貫,渫染齊人。而爾披攘凶渠,蕩定江表。忠以衛社稷,惠以福生靈。其機也氛祲清,其化也疲羸泰。拯甌越於塗炭之上,師無私焉。保餘杭於金湯之間,政有經矣。志獎王室,績冠侯藩。溢於旗常,流在丹素。雖鍾繇刊五熟之釜,竇憲勒燕然之山,未足顯功,抑有異數。是用錫其金版,申以誓詞。長河有似帶之期,泰山有如拳之日。唯我念功之旨,永將延祚子孫,使卿長襲寵榮,克保富貴。卿恕九死、子孫三死,或犯常刑,有司不得加責。承我信誓,往惟欽哉,宜付史館,頒示天下。'表云:'恩主賜臣金書鐵券一道,臣恕九死、子孫三死者,出於睿眷,形此綸言。録臣以絲髮之勞,賜臣以山河之誓,鐫金作字,指日成文,震動神祇,飛揚肝膽。伏念臣爰從筮仕,迨及秉麾,每自揣量,是何叨忝。所以行如履薄,動若持盈,惟憂福過禍生,敢忘慎初護末。豈期此志,上感宸聰,憂臣以處極多危,慮臣以防微不至,遂開聖澤,永保私門,屈以常刑,宥其必死。雖君親囑念,皆云必恕必容。而臣子爲心,豈敢傷慈傷愛。謹當日慎一日,戒子戒孫。不敢因此而累恩,不敢乘此而賈禍。聖主萬歲,愚臣一心。'"

按史,唐僖宗乾符五年,王仙芝餘黨曹師雄寇掠二浙,杭州募兵使石鏡都將董昌等將以討之。臨安人錢鏐,以驍勇事昌爲兵馬使。中和元年,昌爲杭州刺史。光啓二年,昌謂鏐曰:"汝能取越州,吾以杭授汝。"鏐攻克之,昌遂徙越,以鏐知杭州事。三年,昌爲浙東觀察使,鏐爲杭州刺史。昭宗景福元年,爲武勝軍防禦使。二年,爲鎮海節度使。乾寧二年,昌僭號,鏐遺書曰:"與其關門作天子,與九族百姓俱陷塗炭,豈若開門作節度使,終身富貴耶?"昌不聽。鏐以狀聞,削奪昌官爵,委鏐討之。三年,昌伏誅。鏐令兩浙吏民上表,請兼領浙東。朝廷不得已,以爲鎮海鎮東節度使,改威勝曰鎮東。天復二年,進爵越王。天祐元年,更封吳王。梁太祖開平元年,以爲吳越王。乾化二年,加尚父。末帝貞明二年,以爲諸道兵馬元帥。三年,以爲天下兵馬元帥。龍德三年,以爲吳越王。鏐始建國,儀衛名稱多如天子之制,惟不改元。置百官,有丞相、侍郎、客省等使。唐明宗天成四年,削鏐官爵。初,鏐嘗遺安重誨書,辭禮甚倨。及朝廷遣奉使烏昭遇、韓玫使鏐還,玫奏:昭遇見鏐,稱臣拜舞,重誨奏賜昭遇死。鏐以太師致仕,自餘官爵皆削之。長興三年,鏐卒。鏐寢疾,出印鑰授子元瓘,曰:"子孫善事中國,勿以易姓廢事大之禮。"卒年八十一。史稱乾寧三年秋九月,以鏐爲鎮海鎮東節度使,而券詞乃四年秋八月,何耶?史稱儀衛名稱多如天子之制,惟不改元,程大昌《演蕃露》云:寶正六年,歲在辛卯,見封落星石制書。辛卯乃唐明宗長興二年。寶太元年羅隱記《新城縣記》云:"癸未歲。"癸未乃唐莊宗同光元年。以此知吳越雖禀中原正朔,既長興、同光年號與其寶正、寶太,同歲而名不同,知吳越自嘗改元,審矣。又僧文瑩《湘山野錄》云:"唐昭宗以錢武肅平董昌,拜爲鎮海鎮東節度使、中書令,賜鐵券,羅隱爲撰謝表。殆莊宗入洛,又遣使貢奉,懇請玉册金券。有司定議,非天子不得用,後竟賜之。鏐即以節鉞授其子元瓘,自稱吳越國王,名其居'曰殿',官屬悉稱'臣'。又於衣錦軍大建玉册、金券、詔書三樓,遣使册東夷諸國,封拜其君長。"幾極其勢,與向之謝表所陳處極防微、累恩賈禍之誡,殊相庋矣。禪月貫休嘗以詩投之,有"滿堂花醉三千客,一劍霜寒十四州"之句。鏐愛其詩,遣客吏諭之曰:"教和尚改十四爲四十,方與見。"休性匾介,謂吏曰:"州亦難添,詩亦不改,然閑雲野鶴,何天而不飛耶?"遂飄然入蜀。鏐後果爲安重誨奏削王爵,以太師致仕。重誨死,明宗乃復鏐爵位。夫武肅之逾越,固莫逃乎二書所論。

(明)陶宗儀:《南村輟耕錄》卷一九

《輟耕錄》:唐昭宗賜吳越武肅王錢鏐鐵券,如瓦,高尺餘,闊二尺許。券詞用黃金商嵌,一角有斧痕。

(清)陳元龍:《格致鏡原》卷三〇

余嘉祐中客宣州寧國縣,縣人有方璵者,其高祖方虔,爲楊行密守將,總兵戍寧國,以備兩浙。虔後爲吳人所擒,其子從訓代守寧國,故子孫至今爲寧國人。璵有楊溥與方虙、方從訓手教數十紙,紙劄皆精善。教稱委曲書,押處稱“使”,或稱“吳王”。內一紙報方虙云:“錢鏐此月內已亡歿。”紙尾書“正月二十九日”。按《五代史》,錢鏐以後唐長興二年卒,楊溥天成四年已僭即僞位,豈得長興二年尚稱“吳王”?溥手教所指揮事甚詳,翰墨印記,極有次序,悉是當時親迹。今按,天成四年歲庚寅,長興三年歲壬辰,計差二年。溥手教,予得其四紙,至今家藏。

(宋)沈括:《夢溪筆談》卷三

尚父錢忠懿王,自太祖開基,貢獻不絕。帝以其恭順,待之甚厚。及討江南,命爲昇州東南面行營招撫制置使,屢獻戎捷。及拔常州,拜守太師,依前尚書令兼中書令、吳越國王。又親赴行營,帝益嘉之,詔令歸國。江南平,亟請入覲,許之。既至,會太祖幸洛陽郊禋,西駕有日矣,詔趣其還。忠懿臨別,面叙感戀,願子孫世世奉藩。太祖謂曰:“盡吾一生,盡汝一生,令汝享有二浙也。”忠懿以帝賜重約,既得歸,喜甚,以爲永保其國矣。是歲永昌鼎成,後二年來朝,遂舉版籍納王府焉。

(宋)宋敏求:《春明退朝録》下

錢俶入朝,太祖眷禮甚厚,然自宰相以下皆有章疏,乞留俶而取其地,太祖不從,賜還本國。復宴餞於便殿,屢勸以巨觥。陛辭之日,俶感泣再三,太祖命於殿內取一黃袱,封識甚密,以賜俶,且戒以塗中密觀。洎歸塗,啓之,凡數十軸,皆群臣所上章疏,俶自是益感懼,江南平,遂乞納土。

(宋)江少虞:《宋朝事實類苑》卷一

晉天福中,兩浙民間語必以趙字爲助,如飲曰“趙飲”,食曰“趙食”之類。宋興,錢俶獨先恭順,蓋悟此也。

(宋)曾鞏:《隆平集》卷一

具官某：五代藩鎮之家，惟吳越之後冠冕相屬，豈惟朝廷寵綏之厚，亦其子孫忠孝之篤。

（宋）蘇轍：《欒城集》卷二九

初錢氏以布衣起王吳越，當五代時，諸侯王僭悖，獨常順事中國，道閉無所出，則間以其方物，取海上輸之天子。

（宋）王安石：《臨川先生文集》卷四

自唐末五代以來，漸及東南，爲姑息割據之術，於是節鎮不勝其繁，然猶各有支郡。其後四方僭竊，則又擅置名號，不錄於職方。獨錢氏擅有兩浙，猶尊視中朝，凡大事皆請命，而中朝亦曲從之。故境內節鎮尤多，用以命其子弟，若杭之爲寧海，越之爲鎮東，最其大鎮也。久之自尊，但爲國王，而以寧海、鎮東兩節授其子。

（宋）施宿：《嘉泰會稽志》卷三

會稽，自漢魏晉唐衣冠人物最盛。五代之亂，錢氏有國，私置丞相以下官，惟此邦人士恥之，多自抑退無爲。其國顯仕者，至宋興始相繼而起。

（宋）施宿：《嘉泰會稽志》卷一四

國初，兩浙獻龍船，長二十餘丈，上爲宮室層樓，設御榻，以備游幸。
（宋）沈括：《補夢溪筆談》卷二

亂離以來，官爵過濫，封王作輔，狗尾續貂。天成初，桂州節度觀察使馬賨，即湖南馬殷之弟，本無功德，品秩已高，制詞云：“爾名尊四輔，位冠三師。既非品秩昇遷，難以井田增益。”此要語也。議者以名器假人至此，賈誼所以長嘆息也。

（五代）孫光憲：《北夢瑣言》卷一八

王環爲馬殷攻高季興,大敗之,薄江陵城,斂兵而退。謂荆南爲四戰之地,宜存季興以爲楚扞蔽,策之善者也。季興雖存,不能復爲殷患,而委靡以苟存於吴、蜀、汴、洛之交,以間隔長沙而不受兵,故殷得以保其疆土。雖然,借此而圖固本自彊之術,息民訓兵以待天下之變,則雖大有爲焉可矣。無以善其後,而徒幸兵之不我及,以安旦夕,則所謂"無敵國外患者國恒亡"也,殷之陋也,非環之失計也。

(清)王夫之:《讀通鑒論》卷二九

《溪州銅柱記》,馬希範據湖南時所立,其誓文首云"天福五年正月十九日",而不題大晉。其誓祠云"蒙王庭發軍收討",又云"歸明王化",又云"凡是王庭差綱,收買溪貨,并都幕采伐土産,不許輒有庇占",蓋其時知有藩鎮,不知有朝廷久矣。記後列銜名。吴氏《十國春秋》并不載,吾友武虛谷授堂題跋,始具録之,記文空處,多攙入宋人題名,字迹較劣,而知州通判、都監、鈐轄,皆宋時官名,斷非天福元刻。虛谷未及别白也。《宋史·西南溪峒諸蠻傳》,彭氏有文綰者,知中彭州即忠順州也。石刻有"知忠彭軍州事彭文綰",蓋即其人。"中""忠"字互異,當依石刻爲正。傳稱"文綰以景德二年知忠彭州,天聖三年爲彭儒猛所殺",則題名當在天聖以前也。吴志伊未見石刻,所載記文多誤,又不録誓文。予所藏本,乃畢尚書總制楚中時所貽,此柱今在永順府境,人迹罕至,椎拓頗不易。

(清)錢大昕:《十駕齋養新録》卷一五

馬伏波立銅柱,一在憑祥州思明府南界,一在欽州分茅嶺交趾東界。又于林邑北岸立三銅柱,爲海界;林邑南立五銅柱,爲山界。唐馬總爲安南都護,立銅柱二于漢故地。五代馬希範平蠻,立銅柱二于溪州。自漢以來,立銅柱者凡三,皆馬氏。

(清)陸廷燦:《南村隨筆》卷四

《五代史·南平世家》云:荆南地狹兵弱,介于吴、楚,爲小國,自吴稱帝。而南漢、閩、楚皆奉梁正朔，歲時貢奉，皆假道荆南。高季興、從誨父子常邀留其使，掠取其物，而諸道以書責誚，或發兵加討。即復還之而無愧，其後南漢與閩、蜀皆稱帝。從誨所向稱臣，蓋利其賜予。俗俚語謂"苟得無愧恥者爲賴子"，猶言無賴也，故諸國皆目從誨爲高賴子，即歐公所論。以無賴爲賴子者，當是俚俗略言之耳。

（元）李治：《敬齋古今黈》卷九

至五代南唐（漢）劉龑，初名巖，采《周易》"飛龍在天"之義爲龑音儼以名，兹又見其不知量也。

（宋）王觀國：《學林》卷一〇

南漢地狹力弱，事例卑猥，州縣時會僚屬，不設席而分饋阿堵，號"潤家錢"。

（宋）陶穀：《清異録》卷上

南漢地狹力貧，不自揣度，有欺四方、傲中國之志。每見北人，盛誇嶺海之强。世宗遣使入嶺，館接者遺茉莉，文其名曰"小南强"。及本朝，銀主面縛，僞臣到闕，見洛陽牡丹，大駭嘆。有搢紳謂曰："此名'大北勝'。"

（宋）陶穀：《清異録》卷上

太平興國初，陳洪進與漳泉歸闕，錢俶由吴越來朝。江南後主與劉鋹同列，因侍宴，鋹自言："朝廷威靈，僭竊之主皆不能保其社稷，今日盡在坐中。陛下明年平太原，劉繼元又至。臣於數人中，率先歸朝，願得持挺，爲諸國降王之長。"太祖大笑，賞賜甚厚。其談多此類。

（宋）江少虞：《宋朝事實類苑》卷六四

五代之初，天下分爲十三四。及建隆之際，或滅或微，其在者猶七國，而蜀與江南地最大。以周世宗之雄，三至淮上，不能舉李氏；而蜀亦恃險爲阻，秦隴山南皆被侵奪，而荆人縮手歸峽，不敢西窺，以爭故地。

（宋）歐陽修：《文忠集》卷四二

軍容使韓全誨以駕幸鳳翔，李茂貞比懷挾帝以令諸侯之意，懼朱全忠之盛也。西川王公建亦有此慮，乃結汴州同起軍，助其迎駕。汴軍傅城，川軍乃攻興元，其帥王萬洪以無救援，遂降成都，由是山南十四州並爲蜀有，方變謀却助鳳翔。於時命掌書記韋莊奉使至軍前，朱公大怒。自此與西川失歡，而汴帥軍罷。

（五代）孫光憲：《北夢瑣言》卷一五

史載：王衍以霞光箋五百幅賜金堂令張蠙，霞光即深紅箋也。又有百韻箋，以其幅長可寫百韻詩。其次學士箋，比百韻較短。何今日輒無一種。

（明）何宇度：《益部談資》卷中

僞蜀王衍賜金堂縣令張蠙霞光箋五百幅。霞光疑即今之彤霞箋，亦深紅色也，蓋以胭脂染色，最爲靡麗。

（明）曹學佺：《蜀中廣記》卷六七

僞蜀後主王衍以唐道襲宅建上清宮，於老君尊像殿中，列唐朝十八帝真，乃備法駕謁之。識者以其拜唐，乃歸命之兆也。先是，司天監胡秀林進曆，移閏在丙戌年正月。有隱者亦進曆，用宣明法，閏乙酉年十二月。彼此紛訴，仍於界上取唐國曆日。近臣曰：“宜用唐國閏月也。”遂改用閏十二月。街衢賣曆日者云：“只有一月也。”其年十二月二十八日乃滅。胡秀林本唐司天少監，仕蜀，別造《永昌正象曆》，推步之驗，天下一人。其移閏之事固有深意，非常人可輕知也。

（宋）佚名：《分門古今類事》卷一三

同光乙酉歲，王師平蜀，莊宗詔太原節度使孟知祥走馬入川，鎮成都。先是，蜀人打毬，一捧入湖者，謂之"猛人"，音訛爲"孟人"，孟人者得蔭一籌。其後知祥盡得西蜀之地，乃僭大號，洎子昶入降，乃知得蔭一籌者，果一子也。

（宋）佚名：《分門古今類事》卷一三

僞蜀每歲除日，諸宮門各給桃符，書"元、亨、利、貞"四字。時昶子善書札，取本宮策勳府書云："天垂餘慶，地接長春。"乾德中伐蜀，明年蜀降，二月，以兵部侍郎呂餘慶知軍府事，以策勳府爲治所。太祖聖節號長春。此天垂地接之兆也。

（宋）楊億：《楊文公談苑》

僞蜀每歲除日，諸宮門各給桃符，題字其上。僞太子善書札，取桃符親自題曰"天乘餘慶，地接長春"八字。聖朝伐蜀，明年蜀平，二月，除侍郎呂公知成都軍府事。公名餘慶，太祖誕聖節號長春。天垂地接，先兆於桃符矣。

（宋）佚名：《分門古今類事》卷一四

聖朝乾德二年，歲在甲子，興師伐蜀。明年春，蜀主出降。二月，除兵部侍郎參知政事呂公餘慶知軍府事，以僞皇太子策勳府爲理所。先是，蜀主每歲除日，諸宮門各給桃符一對，俾題"元、亨、利、正"四字。時僞太子善書札，選本宮策勳府桃符，親自題曰："天垂餘慶，地接長春"八字，以爲詞翰之美也。至是呂公名餘慶，太祖皇帝誕聖節號長春，天垂地接，先兆皎然，國之興替，固前定矣。

（宋）黃休復：《茅亭客話》卷一

五代時，僞蜀每歲除，諸宮門各給桃符，書"元、亨、利、貞"四字。時孟昶子善書，取本宮策勳府桃符書云："天垂餘慶，地接長春。"明年，王師平蜀，以呂餘慶知軍府事，即策勳府爲治所；而長春乃太祖聖壽節也。亦見黃休復《茅亭客話》，而《楊文公談苑》又以爲孟昶學士辛寅遜所題桃符。則門帖又不自宋、元始，五代時早有之矣。

（清）趙翼：《陔餘叢考》卷三○

蜀自孟昶襲位，民家質物者，必書門曰召主收贖。及昶末年，命翰林學士辛寅遜書桃板，辭不工，昶自題云：'新年納餘慶，嘉節號長春。'及王全斌平蜀，朝廷以參知政事呂餘慶知成都府，而長春節太祖生辰也。

（宋）曾鞏：《隆平集》卷一

僞蜀廣政末，成都人唐季明父，失其名，因破一木，中有紫紋隸書"太平"兩字。時欲進蜀主，以爲嘉瑞。一有識者解云："不應此時，須至破了方見太平爾。"果自聖朝吊伐之後，頻頒曠蕩之恩，寬宥傷殘之俗，後仍改太平興國之號。即知識者之言，諒有證矣。

（宋）黃休復：《茅亭客話》卷一

蜀廣政中，成都人李明父，因破木，中有紫文隸書"太平"兩字，蜀主以爲嘉祥。識者乃云："不應此時，須待破了方見太平耳。"果自聖朝吊伐後，一方泰然，又改太平興國之讖也。

（宋）佚名：《分門古今類事》卷一三

太祖皇帝乾德之初，京師屠宰多煮肉以賣，人多德其利，故先售。至是煮之差熟，即巡里巷叫云："熟煮來。"其後蜀平，少主歸國。"熟"與"蜀"同音，"主"與"煮"同音，此其讖也。

（宋）佚名：《分門古今類事》卷一四

蜀於五代爲僭國，以險爲虞，以富自足，舟車之迹不通乎中國者五十有九年。宋受天命，一海内，四方次第平，太祖改元之三年始平蜀。

（宋）歐陽修：《文忠集》卷三九

方乾德初，蜀以斗絕一隅，未歸職方。我藝祖皇帝披圖數貢，指諸將而混平之，故命忠武節度使王全斌趣鳳州，江寧節度使劉光儀出歸峽，均州刺史曹翰轉漕西南，經涉巖阻，冲犯霜霰。得州四十六、縣二百四十，糧百五十餘萬，不知費幾兵力而後能取蜀也。

（宋）吳泳：《鶴林集》一八

余讀漢文賜南粤王趙佗書，知西都之所以興也。周世宗一世英主，而昶以偏方通上國，方哆然自大，其語，多諷刺不遜，其能免乎！後而蜀亡，諸君子顧以文詞取之，何哉？

（宋）陳傅良：《止齋集》卷四二

今州縣《戒石銘》云：“爾俸爾祿，民膏民脂。下民易虐，上天難欺。”此太宗取孟昶戒百官文切於事情者，使刊之州縣庭下，庶守令朝夕常在目前，而不忘戒懼耳。

（宋）袁文：《甕牖閒評》卷八

《五代史》言北漢國小民貧，宰相月俸止百緡，節度使止三十緡。自餘薄有資給而已。故其國中少廉吏。

（清）顧炎武著，黃汝成集釋：《日知錄集釋》卷一二

劉崇即位於晉陽，仍用乾祐年號，謂諸將曰：“朕以高祖之業一朝墜地，今日位號不得已而稱之。顧我是何天子，汝曹是何節度使耶？”繇是不建宗廟，祭祀如家人禮。宰相俸錢月止百緡，節度使止二十緡，自餘薄有資給而已。聞湘陰公死，哭曰：“吾不用忠臣之言，以至於此！”爲李驤立祠，歲時祭之。

（明）胡我琨：《錢通》卷一六

閩人避王審知諱，而沈氏去“水”而爲“尤”。

（明）彭大翼：《山堂肆考》卷一四〇

《福州志》載：閩中以五月四日作（寒食）節，謂閩王審知以五月
五日死，故避之。考《五代史》年譜，審知則以十二月死，非五月也。
志乘猶不可信，而況其他乎？

（明）謝肇淛：《五雜組》卷二

《通鑒》後唐莊宗同光二年，封岐王李茂貞爲秦王。比得薛昌序
所撰《鳳翔法門寺碑》，天祐十九年建，而其文已稱秦王，則前乎同光
之二年矣，蓋必茂貞所自稱。錢氏曰：茂貞於唐昭宗時已封秦，《通鑒》謂茂
貞自稱岐王者，誤矣。又史言茂貞奉天祐年號，此碑之末亦書天祐十九
年。而篇中歷述前事，則並以天復紀年，至天復二十年止，亦與史
不合。

《五代史·李彥威傳》：“是時昭宗改元天祐，遷於東都，爲梁所
迫，而晉人、蜀人以爲天祐之號非唐所建，不復稱之，但稱天復。”《前
蜀世家》則云：“建與唐隔絕而不知，故仍稱天復。”其説不同。按此
碑則岐人亦稱天復，史失之也。

又今陽城縣有後周顯德二年徐綸撰《龍泉禪院記》，内述天祐十
九年。按此地本屬梁，此記乃追削梁號而改稱天祐者。

（清）顧炎武著，黃汝成集釋：《日知録集釋》卷二〇

銀、夏之亂，終宋之世，勤天下之力，困於一隅，而女直乘之以入，
其禍自李彝超之拒命始。彝超之地無幾，亦未能有戰勝攻取之威力
也，而負嵎以抗天下，挾何術以自固而能然乎？

（清）王夫之：《讀通鑒論》卷二九

太祖皇帝削平僭僞諸國，收其帑藏金帛之積，歸於京師，貯之別
庫，號曰封樁庫。凡歲終國用羨贏之數，皆入焉。嘗密諭近臣曰：“石
晉苟利於己，割幽燕郡縣以賂契丹，使一方之民獨限外境，朕甚憫之。
欲俟斯庫所蓄滿三五百萬，當議遣使謀於彼國，土地、民庶倘肯歸之
於我，則此之金帛悉令賷往，以爲贖直。如曰不然，朕特散滯財，募勇

士，俾圖攻取，以決勝負耳。”會太祖上仙，其事亦寢。太宗改爲右藏庫，今爲内藏庫。

（宋）王曾：《王文正筆録》

史略：光啓二年，以神策軍使王建爲利州刺史。建，舞陽人。初爲忠武監軍楊復光部將，後歸田令孜爲神策軍使，從幸興元。既而令孜監西川軍，乃出建爲利州刺史。舞陽，今河南裕州屬縣。三年取閬州，自稱防禦使。會田令孜召建詣西川，西川帥陳敬瑄拒之。建怒，入鹿頭關，在今成都府漢州德陽縣北三十里，詳四川重險。拔漢州，攻成都，不克，還屯漢州，與敬瑄相持。既而請邛州於朝，詔分邛、蜀、黎、雅爲永平軍，授建爲節度使。尋以敬瑄拒命，詔建討之。時邛州亦爲敬瑄守，建留兵攻圍，還兵向成都，於是眉、資、簡、嘉、戎、雅諸州次第歸附，邛州亦下，又取蜀州。二年，成都降，建自稱西川留後。乾寧初又克彭州，綿州來降，尋取龍州及果州。四年取渝、瀘諸州，攻梓州拔之，遂並東川地。光化初，奏分東川地別爲一鎮。以遂、合、瀘、昌、渝爲武信節度。天復二年舉兵勤王，以李茂貞劫遷車駕也。因取山南西諸州鎮。詳見前。三年，進爵蜀王，遣兵下峽取荆南夔、忠、萬、施四州。時議者以瞿唐爲蜀之險要，乃弃歸峽屯軍夔州，置鎮江節度使領夔、忠、萬三州。時又取黔州，移置武泰節度於涪州，以王宗本爲武泰留後。天祐二年，又取金州。置金州觀察使，兼領渠、巴、開三州，尋復失之。其後復得金州，置雄武節度於此。朱梁開平初稱帝，國號蜀。開平二年復入歸州，弃之。乾化二年，侵岐，取文州，既又取秦、階、成、鳳四州。貞明二年，改國號曰漢，四年復稱蜀。子衍嗣位，後唐同光三年爲唐所滅。蓋其地西界吐蕃，南鄰南詔，東據峽江，北距隴坻，有州六十四。自兩川諸州而外，兼得山南西道金、洋至夔、萬諸州，又有江南道之黔、施等州，隴右道之秦、成、階三州。舊州六十有三，而新置之州一，曰濬州，治濬山，今四川廣安州濬水縣是也。

（清）顧祖禹：《讀史方輿紀要》卷六

史略：中和三年，楊行密爲廬州刺史。行密，合肥人，本名行愍，爲廬州牙將，淮南帥高駢表授廬州刺史，更其名曰行密。光啓二年，淮南軍亂，行密因入據廣陵，稱淮南留後。既而蔡州賊秦宗權遣兵寇淮南，賊將孫儒分軍四掠，襲廣陵，行密乃還廬州，尋取池州。龍紀初，入宣州，詔授宣歙觀察使。大順初，取常、潤諸州，旋爲孫儒所陷。詔授寧國節度使。明年，進取滁、和二州。既而孫儒自揚州大掠而南，儒渡江自潤州而東至蘇州，復屯廣德，與行密爭宣州。廣德，今南直屬州。行密將張訓等乘間入揚州，復收常、潤，北取楚州，尋擊斬孫儒於廣德，乃還建軍府於揚州，詔以爲淮南節度使。景福二年，復取廬州，先是龍紀初，廬州亦爲孫儒所陷，行密將蔡儔叛據其地。既而盡收淮南地。《十國紀年》："景福二年，行密取廬州及徽州，又取舒州。乾寧元年，黄州及泗州來降，又拔濠州、壽州及漣水，既又取蘄州，拔光州，於是盡有淮南地。二年，朱全忠遣兵取黄州，尋復得之。又天祐二年，光州亦叛降汴，尋復取之。"漣水，今淮安府安東縣也。光化二年，又取海州而守之。天復二年，進爵吴王，兼有昇州。先是光啓三年，徐州亂將張雄自蘇州轉入上元，至是雄黨馮弘鐸據其地。天祐二年，又取鄂州。時杜洪據其地，遣將攻之。後又進取岳州，尋復爲馬殷所取。行密卒，子渥嗣。渥稱弘農王，朱梁貞明五年隆演復稱吴王。三年，江州來降，進取饒州及洪州。時鍾匡時有其地，遣將攻滅之。朱梁開平三年，張顥、徐温弒其主渥而立其弟隆演，尋兼有撫、信、袁、吉諸州。貞明四年，攻虔州，克之，先是光啓初，南康賊帥盧光稠據虔州，尋又逾嶺取韶州，傳二世，子延昌，梁乾化初爲其下所殺，韶州亦爲嶺南所取。明年，州人推譚全播知州事。南康，今南安府屬縣。於是盡有江西地。六年，隆演卒，弟溥立。後唐天成二年，稱帝，國號吴。石晉天福二年，爲徐知誥所篡。其地西至沔口，以鄂州爲界也。沔口，見前。南距震澤，淮南與吴越爲難，乾寧三年嘗取蘇州，明年復入於吴越，光化二年又取婺州。天祐初衢、睦二州俱屬淮南，二年悉爲吴越所有，始終以震澤爲限也。東濱海，北據淮，有州二十有七，揚、楚、海、泗、滁、和、光、黄、舒、廬、壽、濠、池、潤、常、昇、宣、歙、饒、信、江、鄂、洪、撫、袁、吉、虔諸州是也。傳四世國亡。

（清）顧祖禹：《讀史方輿紀要》卷六

自浙東、西十三州爲吳越。

史略：吳越據有兩浙，得州十三，杭、越、蘇、湖、秀、衢、睦、婺、處、明、台、溫、福也。又有軍一，曰衣錦軍，即臨安縣。自錢鏐至弘俶，傳五世，宋太平興國三年國亡。

史略：光啟三年，錢鏐爲杭州刺史，鏐，臨安人，初爲石鏡鎮都知兵馬使，事杭州刺史董昌。昌遣鏐取婺州，又敗劉漢宏取越州，昌因移鎮越州，自稱知浙東軍府，以鏐知杭州事，朝廷因而授之。臨安，今杭州府屬縣。石鏡鎮，在今臨安縣東三里。會鎮海軍亂，鏐遣兵取常、潤及蘇州。既而三州爲楊行密及孫儒所取。大順二年，賊將孫儒渡江據蘇州，尋屯廣德，與楊行密相持，鏐因遣兵復取蘇州。景福初，詔以鏐爲武勝軍防禦使，時置武勝軍於杭州，既又以鏐爲蘇州觀察使。二年，授鎮海節度使。鎮海本置於潤州，杭州其巡屬也，因以授鏐，光化初鏐遂請徙軍府於杭州。乾寧二年，威勝節度使董昌叛，稱帝。三年，鏐討平之，詔以鏐兼領鎮海、威勝兩軍。威勝尋改曰鎮東。四年鏐取湖州，復拔蘇州。先是乾寧三年，鏐攻董昌，昌求救於楊行密，行密遣兵取蘇州，至是復克之。天復二年，進爵越王。天祐初，改封吳王。三年，取睦、婺、衢三州。先是光化初，行密遣將取婺州，既而睦州亦附行密，天祐初，衢州復叛附焉。至是始悉取之。四年，朱全忠篡位，改封吳越王。鏐以杭州爲督府，亦曰西府，而以越州爲東府。尋又取溫、處二州，於是浙東之地皆屬焉。後唐長興二年，子傳瓘嗣。錢弘佐時又兼有福州地，石晉開運初閩亂，因遣兵取福州而守之。蓋東南至海，北距震澤，皆吳越境內也。

（清）顧祖禹：《讀史方輿紀要》卷六

歐史《十國世家》、《年譜》叙首云：聞故老謂吳越亦嘗稱帝改元，而求其事迹不可得，獨得其封落星石爲寶石山制書，稱寶正六年辛卯，則知其嘗改元矣。范坰等《備史》固無年號，而明錢肅潤刻《備史》，跋其後，即力辨歐史之非。薛史亦云：鏐命所居曰宮殿，府署曰朝廷，其參佐稱臣，但不改年號而已。考洪邁《容齋四筆》第五卷，駁歐史之疏漏，援王順伯所收碑有《臨安府石屋崇化寺尊勝幢》係天寶四年辛未,《明慶寺白傘蓋陀羅尼幢》係天寶五年壬申,順伯考其年,知非唐天寶辛未,乃梁開平五年,其五月改乾化,壬申乃二年。梁以丁卯篡唐,武肅是歲猶用唐天祐,次年自建元也。《錢唐湖廣潤龍王廟碑》錢鏐貞明二年丙子建,《新功臣壇院碑》《封睦州墻下神廟敕》,皆貞明中。登聖寺磨崖,梁龍德元年辛巳錢鏐建。又有龍德三年《上宮詩》,是歲梁亡。《九里松觀音尊勝幢》寶大二年乙酉建,《衢州司馬墓志》云:寶大二年八月歿。順伯案:乙酉乃唐莊宗同光三年,其元年當在甲申,蓋自壬申以後用梁紀元,至後唐革命,復自立正朔也。又,《水月寺幢》云:寶正元年丙戌十月,錢鏐建。是年爲明宗天成。《招賢寺幢》云:丁亥,寶正二年。又小昭慶金牛、碼磁等九幢,皆二年至五年所刻。貢院前橋柱刻"寶正六年辛卯造",然則寶大止二年,而改寶正。寶正盡六年,次年壬辰,有《天竺日觀庵經幢》復稱長興三年八月,用唐正朔。其年三月,武肅薨。方寢疾,語其子元瓘曰:"子孫善事中國,勿以易姓廢事大之禮。"於是以遺命去國儀,用藩鎮法。此上皆王說。洪申之云:有天寶、寶大、寶正三名,歐陽公但知其一耳。自是歷晉、漢、周及本朝,不復建元。今猶有清泰、天福、開運、會同係契丹年、乾祐、廣順、顯德石刻,存者十三四種。順伯名厚之,臨川人。當紹興、乾道間,與洪同時。又有王象之者,寧宗以後人,著《輿地碑録》,予有鈔本,所載與洪所引順伯語同。予謂洪、王是矣。但《鎮東軍墻隍廟碑》,係開平二年,歲在戊辰,下有一月字,而上下皆空,蓋是年未改元之前所立。然則溫篡唐,鏐受其封號,即稱臣奉其紀年,觀望久之,知其未能一統,乃改元自娛。順伯謂溫篡後鏐猶用天祐,誤也,而其餘考據則博而且精。秀水鍾淵映又搜得《舊武原志》載土中所得《朱府君墓志》題云:"寶大元年,歲次甲申。"此順伯所未見者。要之,天寶改於戊辰,梁開平二年;寶大改於甲申,唐同光二年;寶正,改於丙戌,唐天成元年。歷歷可考,歐公說極確,所恨寡聞。范坰、錢肅潤與薛史謂錢鏐未嘗改元,則大誤矣。外懼誅討,尊奉中朝,實則自帝一方,以愚其民,乃掩耳盜鈴之計。

　　歐公惟舉寶正,《通鑑》及《目録》亦然,而《考異》則歷引閩自若

《唐末泛聞録紀年通譜》、余公綽《閩王事迹》、林仁志《閩王啓運圖》以證之，至《玉海》則於天寶、寶大、寶正外，又載廣初一號，此號則不知吳越何王何年之所改。

洪言晉、漢、周及宋，吳越不復改元，今蘇州虎丘千人石畔有《大佛頂陀羅尼石幢》一座，四面刻之，高約二丈餘，末題："下元甲子顯德五載龍集戊午日，躔南斗高陽許氏建。"此吳越忠懿王錢俶時所立，可見其時不改元。予少與妹婿錢大昕同游，訪得此幢。及老，先後歸田，予徙家洞涇，距虎丘三里，時往摩挲，妹婿來，又同觀焉。八九百年中，著録自吾兩人始，每嘆金石之有關史學，惜同嗜者寡也。

（清）王鳴盛：《十七史商榷》卷九七

史略：馬殷初爲秦宗權將，殷，扶溝人，忠武軍士也。扶溝，今開封府屬縣。光啓三年，從孫儒掠江、淮以南。儒死，殷與劉建鋒方分掠諸縣，因收餘衆南走洪州，推建鋒爲帥，殷自爲先鋒，因以其黨張佶爲謀主。比至江西，衆十餘萬。乾寧初，建鋒等襲取潭州，自稱武安留後。三年，建鋒爲其下所殺，軍中共推張佶，佶轉推殷爲主，攻取邵州。五年，詔以馬殷爲武安留後，尋悉定湖南地。湖南七州見前欽化節度。光化三年，遣兵略桂管諸州。是年取嶺南、桂、宜、岩、柳、象五州，表其將李瓊爲静江節度。天福三年，取岳州。是年遣兵襲江陵，陷之，軍還遂取岳州。天祐三年，淮南來攻，拔岳州，明年復取之。又天祐三年，吉州亦來降，尋復入於淮南。天祐四年，朱全忠篡位，封楚王。尋改潭州爲長沙府。朱梁開平二年，取朗、澧二州；時雷彦恭據其地，謂之湖北二州。又敗嶺南兵，取昭、賀、梧、蒙、龔、富六州。四年，容州及高州皆來降，尋復爲嶺南所取。乾化二年，取辰、漵二州。後唐天成二年，進封楚國王。長興初，子希聲嗣，二年，弟希範代立。先是，殷卒，楚復爲軍鎮，應順初復授希範爲楚王。石晉天福三年，又取溪、錦、獎三州。八年，寧州蠻來附。時寧州酋長莫彦殊以所部温、那等十八州附楚。或曰寧州當作"宜州"，今慶遠府以西諸蠻地是也。胡氏曰"即唐南寧州"，則今雲南曲靖軍民府也。似誤。漢天福十二年，弟希廣代立。乾祐三年，希萼以朗州兵襲陷潭州，殺希廣自稱楚王。周廣順初，國亂，南唐西侵，其地皆降於唐，惟朗、澧二州爲楚將劉言所據，而嶺南之地悉没於南漢。蓋馬氏盛時，南逾嶺，西有黔中，辰、溆諸州是也。北距長江，東包洞庭，謂岳州。皆其境内。自馬殷至希萼，傳五世國亡。

史略：五代周廣順初，王逵、周行逢共爲朗州將，逵與行逢俱武陵人，起軍卒，爲馬希萼將。武陵即朗州治。從馬希萼入潭州。希萼政亂，叛還朗州，擅易州將，既又迎辰州刺史劉言爲武平留後。時南唐取湖南，言等據境自守。二年，王逵襲克潭州，稱武安留後，又遣兵克岳州，唐將在湖南者皆遁去，於是嶺北諸州惟郴、連入於南漢。劉言以潭州殘破，移使府治朗州，以逵爲武安節度。仍治潭州，謂朗州爲西府，潭州爲東府。逵尋以周行逢知潭州，自將襲朗州，克之，囚劉言而代其位。逵還治潭州，移行逢知朗州。顯德初逵復遷朗州，移行逢於潭州。顯德三年，王逵爲岳州刺史潘叔嗣所殺，行逢因入朗州，稱武平、武安留後。周主因授行逢武平節度使，制置武安、靜江等軍。宋建隆三年，行逢卒，子保權嗣，四年，爲宋所滅。《宋史》："平湖南得州十五，曰朗、澧、潭、岳、衡、永、辰、道、邵、全、獎、誠、錦、溪、溆；又得監一，曰桂陽。"全州治清湘縣，楚馬希範置，今州屬桂林府。誠州，唐羈縻州也，希範得其地，今爲靖州。桂陽監，今衡州府桂陽州也，唐末置。此僅云十州，蓋獎、誠以下皆不與焉。

（清）顧祖禹：《讀史方輿紀要》卷六

史略：王潮初爲群盜，光啓初轉掠入閩，尋陷泉州，詔授泉州刺史。潮本固始佐史。中和初，壽州屠者王緒作亂，據本州，復陷光州，蔡州防禦使秦宗權表授光州刺史，潮與弟審邦、審知皆從之。光啓初，緒渡江轉掠江、洪、虔諸州，陷汀、漳至南安，軍亂，推潮爲主，圍泉州陷之，福建觀察使陳岩表爲泉州刺史。固始，今河南光州屬縣。南安，泉州府屬縣也。景福二年，入福州，取汀、建二州，詔授福建觀察使，潮遂據有全閩地。乾寧三年，又以福建爲威武軍，授潮節度使。明年卒，弟審知嗣。後唐同光三年，子延翰嗣，天成初稱閩國王，未幾爲其下所殺。弟延鈞代立，延鈞初稱威武留後，唐命爲節度使、琅邪王，天成三年封爲閩王。長興四年，稱帝，更名漹。國號閩。都福州，改曰長樂府。清泰二年，其下殺之，而立其子繼鵬。更名昶。石晉天福三年，又爲其下所殺，而立延鈞之兄延熹。更名曦。明年，與建州刺史王延政相攻，先是，長興二年建州刺史王延稟襲攻福州，敗死，延鈞因使其弟延政爲建州刺史，至是閩主相攻。尋約盟罷兵，以建州爲鎮安軍，封延政爲富沙王。延政改建州曰鎮武軍，復與曦相攻。八年，延政亦僭稱帝，國號殷。延政都建州。又分建州置鐔州，治龍津縣，今延平府是也。又分置鏞州，治將樂縣。將樂，今延平府屬縣也。其後南唐以鏞州並入鐔州。九年，曦爲其臣朱文進所殺，國亂，延政因舉兵攻文進，泉、漳、汀諸州皆降。開運二年，下福州，盡有閩地。延政以福州爲南都，命從子繼恩鎮之。未幾李仁達復叛，據福州，附於南唐，亦通於吳越。既而南唐攻建州，延政降，汀、泉、漳皆歸唐，福州爲吳越所取。自潮至延政，傳六世，國亡。

（清）顧祖禹：《讀史方輿紀要》卷六

自嶺南、北四十七州爲南漢。

史略：南漢據有嶺南、北地，自劉隱至鋹傳五世，宋開寶四年國亡。《宋志》云“平廣南得州六十”，蓋唐末嶺南道有州七十，南漢時惟交、武峨、籠、環、瀼、岩、古、愛、長、歡、峰、湯十二州没於安南耳。劉岩初僭位，於境內增置英州，治湞陽縣，今韶州府英德縣也。又置雄州，治保昌縣，今爲南雄府。又置敬州，治程鄉縣，今潮州府程鄉縣也。又改唐之循州爲禎州，而於龍川縣別置循州，今惠州府龍川縣是。又置常樂州，治博雷縣，今廉州府東北有廢常樂州。劉晟又取嶺北之郴州，而劉鋹復置齊昌府，治興寧縣，今惠州府興寧縣也。時又有順州，治龍化縣，或曰唐大曆中置，南漢因之。又有思唐州，或曰即唐之山州。然則南漢所有，蓋不僅四十七州而已。

史略：乾寧初，劉隱爲封州刺史，隱，上蔡人。其父謙爲嶺南小校，累功授封州刺史。卒，嶺南帥劉崇龜復表隱爲刺史。上蔡，今汝寧府屬縣，見前。三年，以功爲清海行軍司馬。天復初，節度使徐彥若表隱代鎮軍府，天祐初，朱全忠奏以隱爲清海節度使。四年，全忠篡位。時進隱爵爲大彭王。朱梁開平二年，命隱兼領靜海節度使。靜海即安南，見前。三年，封南平王。乾化初卒，弟岩嗣，岩尋更名龑，讀若儼。尋取韶州，又取容管及高州,復並邕管諸州。貞明二年,稱帝,國號越,都廣州,改爲興王府。明年,改稱漢。後唐長興初,取交州。明年,愛州將楊延藝等相繼據其地,自是安南始爲化外。石晉天福七年,子玢嗣,八年,其弟洪熙殺而代之。改名晟。漢乾祐初,攻楚取賀、昭諸州。周廣順初,馬氏爲南唐所並,因乘間入桂州,尋盡取嶺南地,又北取郴州及連州。顯德五年,子鋹嗣。

(清)顧祖禹:《讀史方輿紀要》卷六

史略:高季興,初爲朱全忠將。季興,硤石人,本名季昌,避後唐諱改曰季興。硤石,今河南陝州東南七十里有廢縣。天祐二年,全忠取荆南,以其將賀瓌爲荆南留後,時澧朗帥雷彥威屢侵荆南,瓌不能御,因命潁州防禦使高季興代鎮荆南。朱梁乾化初,賜爵勃海王,後唐同光二年,改封南平王。其後長興二年,復改封勃海王,應順初仍爲南平王。三年,伐蜀,取施州。後復入於蜀。四年,兼有夔、忠、萬三州,尋復失之。天成三年,又失歸州,後唐明宗初嗣位,季興因求夔、忠、萬三州,與之。既而拒命,乃復取其三州。天成三年,寧江節度使西方鄴取其歸州,旋爲荆南所陷,忠州刺史王雅復取之。會季興卒,子從誨歸命,歸州復還荆南。

(清)顧祖禹:《讀史方輿紀要》卷六

自劍以南劍,劍門也。見前。及山南西道四十六州爲蜀。

史略:後唐同光三年,以孟知祥爲西川節度使,知祥,龍岡人。同光初爲太原尹,北京留守郭崇韜伐蜀,薦爲西川帥。龍岡,今爲順德府治。既以朝廷多故,遂與東川帥董璋共圖據蜀。長興初遂叛,略有前蜀諸州,北守利州,東戍夔州。尋并有東川地,復內附。四年,册爲蜀王。會唐主殂,遂僭稱帝,國號蜀。都成都。既而唐室內亂,興元、武定兩鎮來歸,其興州亦弃不守,於是散關以南,悉爲蜀境。時階州來降,又取成州,文州亦來降,又金州及施州亦俱附蜀。既而階、成二州復歸於晉。是年,子昶嗣位。石晉開運三年,契丹入汴,雄武帥何重進以秦、階、成三州來降,既又遣兵克鳳州。周顯德二年,四州復爲周所得。孟蜀之地垺於前蜀。前蜀有州六十有四者，蓋包舉西山諸州而言。此則既失秦、鳳、階、成四州，又廢前蜀之溎州，而西山諸州不在四十六州之限也。《宋史》："宋平蜀得州四十五。"自孟知祥得蜀，傳二世，宋乾德三年國亡。

（清）顧祖禹：《讀史方輿紀要》卷六

　　當是時，矯虔攘竊者凡七君，蓋自江以南二十一州爲南唐。
　　史略：後唐天成四年，徐知誥始專有吳國之政，知誥本李氏子，初楊行密攻濠州得之，賜徐溫爲養子。朱梁貞明三年，自潤州刺史入江都輔政。後唐天成二年，徐溫卒於昇州，知誥遂督中外諸軍。既而以徐知詢握兵金陵，召入朝，徵其兵還江都，於是大權盡歸於知誥。長興二年，出鎮金陵，仍總錄朝政，又使其子景通輔政江都。清泰二年，封齊王，以昇、潤、宣、池、歙、常、江、饒、信、海十州爲齊國。石晉天福二年，篡位，知誥初改名誥，後又改曰昇。國號唐，都金陵。先是，楊溥稱帝，改揚州爲江都府，昇州爲金陵府。及知誥封齊王，又以金陵府爲西都。既而知誥受禪，改金陵爲江寧府，而以江都府爲東都。後周顯德四年，又改洪州曰南昌府，建南都，宋建隆二年南唐主璟遷都焉。明年，後主煜仍都江寧。八年，子璟嗣。開運二年，攻閩，取鐔、建諸州。唐攻王延政於建州，拔鐔州，尋克建州，漳、汀、泉皆降。既而漳、泉爲留從效所據，福州爲吳越所取，唐得汀、建、鐔三州而已。鐔州即王延政所置。周廣順初，復攻楚，取湖南地，尋復失之。時馬希萼等國亂，唐遣兵攻之，入潭州，取岳州及衡、永、全諸州，而朗、澧二州爲楚將劉言所據，嶺南爲南漢所并，明年潭、永諸州俱爲劉言所據。五年，江北諸州悉入於周，周取淮南十四州六十縣。於是唐所有者，二十一州而已。二十一州，昇、宣、歙、池、洪、潤、常、鄂、筠、饒、信、虔、吉、袁、撫、江、汀、建、劍、漳、泉是也。又有江陰、雄遠、建武等軍三。筠州，今江西瑞州府，南唐所增置。江陰軍，今常州府屬縣，淮南置。雄遠軍，今太平府；建武軍，今建昌府，俱南唐置。漳、泉二州雖爲留從效所據，而羈屬於南唐也。自知誥至李煜，傳三世，宋開寶三年國亡。

（清）顧祖禹：《讀史方輿紀要》卷六

　　自太原以北十州爲北漢。
　　史略：五代漢天福十二年，漢主以其弟崇爲河東節度使，留守北京。乾祐三年,隱帝被弒,既而郭威篡位,於是崇自立於晉陽。崇初聞隱帝遇害,欲舉兵南向,會郭威等議立其子武寧節度使贇,崇乃止。太原少尹李驤說崇曰:"公宜疾引兵逾太行,據孟津,俟徐州即位,然後還鎮,不然且爲郭公所賣。"崇怒而殺之。贇旋爲郭威所害。自崇至繼元傳五世,宋太平興國四年,爲宋所滅。《舊史》:"崇初稱帝,有并、汾、忻、代、嵐、憲、絳、蔚、沁、遼、麟、石十二州之地。周廣順二年,取其岢嵐軍,尋復没於北漢。顯德四年,麟州降於周,六年復取其遼州,尋又爲北漢所有。"隆州,胡氏曰:"晉、漢間置,在嵐州西北。"今太原府祁縣東南三十里有隆州城,或曰即隆州也。蔚州時已屬契丹。岢嵐軍,今山西屬縣,軍尋廢,宋復置。《五代史》無隆、蔚二州。《宋志》"平北漢得州十、軍一",則無麟、蔚二州而有隆州。又有寶興軍,蓋劉繼元於團柏谷銀場置,谷在祁縣,即石晉敗唐兵處。又有寧化軍,在太原府靜樂縣北八十里,宋亦置軍於此。又《宋國史》:"乾德二年,府州刺史折德扆侵北漢衞州,擒其刺史楊琳。三年,北漢耀州團練使周審玉來降。"然則北漢所增置之州,其不可考者蓋多矣。

(清)顧祖禹:《讀史方輿紀要》卷六

(8) 其他

西有岐:

史略:光啓初,李茂貞爲扈蹕都將,從幸興元。茂貞,博野人,本姓名宋文通,以功賜姓名。時河中帥王重榮、河東帥李克用等犯闕,上幸鳳翔,復幸興元。博野,今北直保定府屬縣。三年,領武定節度使,武定治洋州,見前。平叛帥李昌符,因授鳳翔節度。昌符爲鳳翔帥,與靜難帥朱玫叛附王重榮等。既而順命,駕還鳳翔,昌符復作亂,敗奔隴州,茂貞擊平之。景福初,并有山南西道,時興元帥楊守亮拒命,茂貞擅舉兵攻之,克鳳州及興、洋二州,進拔興元,請鎮其地。詔授茂貞山南西道兼領武定,茂貞欲并得鳳翔,遂不奉詔。明年,合靜難兵犯闕,靜難帥王行瑜初爲叛帥朱玫將,斬玫來降,即以靜難節度授之,黨附茂貞,共攻興元,至是復合兵犯闕。詔授鳳翔兼山南西道節度,於是盡有秦、隴、梁、洋諸州地。茂貞蓋擅有秦成、鳳翔、興元、武定四鎮十五州之地。乾寧初,取閬州,時楊守亮猶據閬州也。二年,復合靜難、鎮國兩軍犯闕,鎮國帥韓建亦黨附茂貞。李克用入援,乃還鳳翔。茂貞佯爲歸順，歸罪於王行瑜，克用乃滅行瑜而還。既而驕橫如故，河西州縣多爲所據。謂涼、肅、瓜、沙諸州，時茂貞以其將胡敬璋爲河西節度。三年，復犯闕，上幸華州，光化初乃還長安。是時關中州鎮大抵皆爲茂貞所有。茂貞先有山南、京西諸州鎮，乾寧二年，養子繼塘爲同州帥，四年養子繼徽復爲靜難帥，光化二年，又以茂貞兼涇原帥，尋又以其從兄茂勛爲鄜坊帥，而韓建鎮華州，又代繼塘領同州，自關、隴以至河西，茂貞皆坐制之矣。天復初，進爵岐王。既而其黨共劫車駕幸鳳翔，中尉韓全誨等本監鳳翔軍，黨於茂貞，神策將李繼筠，茂貞養子，侍衛京師，共謀爲變，劫天子至鳳翔。於是朱全忠引兵而西，盡取其關中州鎮，全忠自河中西入關，韓建以同、華降，遂入長安，至鳳翔。又北攻邠、寧，李繼徽降。明年，全忠敗茂貞於奉天，又敗之於虢縣，復分兵出散關略鳳、成、隴三州。會李茂勛來援鳳翔，全忠因遣兵乘虛襲鄜、坊，取之，茂勛亦降，州鎮無附茂貞者矣。虢縣，今鳳翔府南三十五里廢虢城是也。餘並見前。王建引兵而北，悉取其山南地，天復二年，王建取利州，茂貞假子昭武帥李繼忠遁去，遂進克山南城寨，取興元。茂貞黨武定節度使李思敬以洋州降，建又進拔興州。茂貞危困，因求和於全忠，車駕復入長安。天祐初，駕遷洛陽，李繼徽復以靜難合於茂貞。三年，率保塞、保大、彰義、鳳翔兵攻夏州，時夏州帥李思諫附於全忠。爲汴將劉知俊等所敗，知俊時爲同州節度，與其黨康懷貞等敗繼徽兵於美原，遂乘勝取其鄜、坊、涇、原、延五州。美原，在今西安府富平縣北六十餘里，茂貞尋置鼎州於此。邠岐自是不振。天祐四年，全忠篡位，茂貞尋復取鄜、延諸州，既而諸州皆附梁。梁開平二年，茂貞所署延州節度胡敬璋攻梁河中，敗還。三年，翟州降梁，梁復取鄜、坊、丹、延諸州。又鹽州先附岐，至是朔方降梁，鹽州亦爲所并。既而同州附岐，旋又爲梁所取，兼取寧、衍、慶三州。寧州尋復來屬。乾化五年，邠、寧二州俱降梁。貞明初，鼎、耀二州亦降梁。二年，慶州復附岐，因復取寧、衍二州，未幾復爲梁所取。耀州治華原縣，今屬西安府。鼎州見上，梁開平末茂貞所置州也。朱梁乾化初，蜀又取隴右諸州，天祐初，蜀與岐通好，至是復侵岐，取文州。貞明初又取階、成、秦及鳳州。自是岐所有者，岐、隴、涇、原、渭、武、乾七州而已。後唐同光初，改封秦王。卒，子繼曬嗣，授鳳翔節度使，自是同於群藩矣。天成初，賜名從曬，長興初，徙爲宣武節度使。

（清）顧祖禹：《讀史方輿紀要》卷六

北有燕：

史略：劉仁恭初爲幽州將，奔河東。仁恭，深州人，事幽州帥李匡威，戍蔚州。景福二年，以戍久不代，帥其衆襲幽州，至居庸，敗奔河東，因勸克用代盧龍。居庸，見前。乾寧二年，克用入幽州，略定幽、涿、瀛、莫、嬀、檀、薊、順、營、平、新、武諸巡屬，又大順初，李匡威取蔚州，幽州蓋有州十三。表仁恭爲留後而還。乾寧四年，仁恭貳於克用，克用討之，至安塞軍，胡氏曰："軍在蔚州之東，嬀州之西。"今保安州之境。爲所敗。五年，遣其子守文襲滄州，取之，遂兼有滄、景、德三州地，以守文爲義昌留後。光化二年，仁恭發幽、滄十二州兵欲兼河朔，時幽、滄共十六州，蓋留蔚、新、武、順四州兵以備河東。拔貝州，攻魏州。魏帥羅紹威求救於朱全忠，戰於內黃，內黃，今大名府屬縣。大敗而還。三年，全忠拔德州，圍滄州，既又攻拔瀛、景、莫三州。天祐四年，仁恭子守光作亂，執仁恭而囚之。自稱節度使。朱梁開平三年，又敗其兄義昌節度使守文於薊州西，擒之。遣使請命於全忠，全忠以爲燕王。守光復陷滄州。時滄州爲守文守也。守光使其子繼威據之。乾化初，稱帝。二年，晉遣周德威伐之，東出飛狐，飛狐，見前。燕境諸州次第降下，時滄州亦殺其子繼威，降於全忠。三年，爲晉所滅。

（清）顧祖禹：《讀史方輿紀要》卷六

周世宗始征淮南之歲，宣祖崩，葬於安陵。安陵在京城東南隅。辛未，命司天監浚儀趙修己、修己，初見乾祐元年。內客省使王仁贍等改卜於西京鞏縣西南四十里鄧封鄉南訾村。

（宋）李燾：《續資治通鑒長編》卷四，太祖乾德元年（963）

上性嚴重寡言，獨喜觀書，雖在軍中，手不釋卷。聞人間有奇書，不吝千金購之。顯德中，從世宗平淮甸，或譖上於世宗曰："趙某下壽州，私所載凡數車，皆重貨也。"世宗遣使驗之，盡發籠篋，唯書數千卷，無他物。世宗亟召上，諭曰："卿方爲朕作將帥，辟封疆，當務堅甲利兵，何用書爲！"上頓首曰："臣無奇謀上贊聖德，濫膺寄任，常恐不逮,所以聚書,欲廣聞見、增智慮也。"世宗曰:"善。"

(宋)李燾:《續資治通鑑長編》卷七,太祖乾德四年(966)

五月丁亥,幸城南觀麥。還幸玉津園,觀魚,宴射,謂近臣曰:"朕觀五代以來帝王,始則儉勤,終乃忘其艱難,恣爲逸豫,不恤士衆,妄生猜忌,覆亡之速,皆自貽也。在人上者,當以爲戒。"

(宋)李燾:《續資治通鑑長編》卷二五,太宗雍熙元年(984)

十二月癸未,召京城耆耋百歲以上者凡百許人至長春殿,上親加撫慰。老人皆言:"自五代以來,未有如今日之盛也。"各賜束帛遣之。

(宋)李燾:《續資治通鑑長編》卷二五,太宗雍熙元年(984)

己酉,以屯田員外郎楊礪爲庫部員外郎,充襄王府記室參軍。礪,鄠人,周廣順初,游澧州,持所爲文謁世宗。嘗獨處僧舍,夢一人衣冠甚古,目礪曰:"汝能從我游乎?"礪即隨往。頃之,睹宮衛嚴邃,若非人間。見大殿上真人服王者衣冠,秉圭南向,總三千餘衆,礪昇殿禮謁。最上者前有案,置籍録人姓名,礪見己名冠首,因請示休咎。真人曰:"我非汝師。"指一人曰:"此來和天尊,異日爲汝主也,當問之。"天尊笑曰:"此去四十年,汝功成,余名亦顯矣。"礪再拜,寤而志之。礪初名厲,以夢睹籍中作"礪"字,遂改焉。至是,受命謁見藩府,歸謂諸子曰:"吾今見襄王儀貌,即來和天尊也。"

(宋)李燾:《續資治通鑑長編》卷二九,太宗端拱元年(988)

初,殿中丞清豐晁迥通判鄂州,坐失入囚死罪,削三任,有司以殿中丞、右贊善大夫并上柱國通計之。丙申,詔自今免官者,並以職事官,不得以勛、散、試官之類。舊制,勛官自上柱國至武騎尉凡十二等,五代以來,初叙勛即授柱國。於是詔京官、幕職、州縣官始武騎尉,朝官始騎都尉,歷級而升。又詔:"古之勛爵,悉有職奉,以之蔭贖,宜矣。今之所授,與散官等,不得用以蔭贖。"

（宋）李燾:《續資治通鑑長編》卷三一,太宗淳化元年（990）

十二月壬辰,上謂宰相曰:"周太祖爲人多任權詐,以胥吏之行,圖帝王之位,安能享國長久。如史肇出於行伍,專事殺害,復更稔之爲非。將赴大名,乃謂肇曰:'兄處於内,余處於外,則朝廷安如泰山矣。'朝廷密議,肇一一録報,以此窺伺漢室,可謂奸雄。"吕蒙正曰:"昔陳平佐漢之功雖高,然以多用陰謀,自亦悔之。隋文帝陰以賄遺人,尋發其罪,則知居心陰忍,不保其後。故平則嗣絶,隋亦祚促。"上然之。

（宋）李燾:《續資治通鑑長編》卷三四,太宗淳化四年（993）

上語蒙正曰:"夫否極則泰來,物之常理。晉、漢兵亂,生靈凋喪殆盡。周祖自鄴南歸,京城士庶,皆罹掠奪,下則火光,上則彗孛,觀者恐栗,當時謂無復太平日矣。朕躬覽庶政,萬事粗理,每念上天之貺,致此繁盛,乃知理亂在人。"蒙正避席曰:"乘輿所在,士庶走集,故繁盛如此。臣常見都城外不數里,飢寒而死者甚衆,未必盡然。願陛下視近以及遠,蒼生之幸也。"上變色不言。蒙正侃然復位,同列咸多其亢直。

（宋）李燾:《續資治通鑑長編》卷三五,太宗淳化五年（994）

丙申,上顧侍臣曰:"自晉、漢以來,朝廷削弱,主暗臣强,紀綱大壞,僅成邦國。朕承喪亂之後,君臨大寶。即位之始,覽前王令典,睹五代弊政,以其習俗既久,乃革故鼎新,别作朝廷法度。於是遠近騰口,咸以爲非,至於二三大臣,皆舊德耆年,亦不能無異。朕執心堅固,靡與動搖,晝夜孜孜,勤行不怠,於今二十載矣。卿等以朕今日爲治如何也?雖未能上比三皇,至於寰海宴清,法令明著,四表遵朝化,百司絶奸幸,固亦無慚於前代矣。"上又曰:"近代誠爲亂世,豈有中書布政之地,天下除授,皆出堂後官之手?賣官鬻爵,習以爲常,中外官吏,賢愚善惡,無所分別,時政如此,安得不亂也。"上又曰:"當此之時,諸侯各據方面,威福由己。世宗自淮甸回,有許州百姓於駕前訟節度使向訓,世宗遽械此人付向訓,令自鞫問。訓得之,即活沈於水。其輕蔑憲章,恣横不法如此。今日天下,即昔時天下也,今日人民,即昔時人民也。朕自君臨,未嘗一日不雞鳴而起,聽四方之政,至於百司庶務,雖微細者,朕亦常與詢訪,所以周知利害,深究安危之理,故無壅蔽陵替之事。"呂端等對曰:"臣等待罪廟堂,曾無裨益。"拜謝而退。

　　　　(宋)李燾:《續資治通鑒長編》卷三八,太宗至道元年(995)

　　陳王元僖進封許王;韓王元侃爲荊南、湖南節度使,進封襄王;冀王元份爲威武、建寧節度使,進封越王;益王元傑爲劍南東西兩川節度使。甲辰,始置建寧軍。上手詔戒元僖等曰:"朕周顯德中,年十六,時江、淮未賓,從昭武皇帝南征,屯於揚、泰等州。朕少習弓馬,屢與賊交鋒,賊應弦而踣者甚衆,太祖駐兵六合,聞其事,拊髀大喜。年十八,從周世宗、太祖,下瓦橋關、瀛、莫等州,亦在行陣。洎太祖即位,親討李筠、李重進,朕留守帝京,鎮撫都下,上下如一。其年蒙委兵權,歲餘授開封尹,歷十六七年,民間稼穡,君子小人真偽,無不更諳。即位以來,十三年矣。朕持儉素,外絕畋游之樂,内却聲色之娛,真實之言,故無虚飾。汝等生於富貴,長自深宮,民庶艱難,人之善惡,必恐未曉,略説其本,豈盡余懷。夫帝子親王,先須克己勵精,聽卑納諫。每著一衣,則憫蠶婦;每餐一食,則念耕夫。至於聽斷之間,勿先恣其喜怒。朕每親臨庶政,豈敢憚於焦勞,禮接群臣,無非求於啓沃。汝等勿鄙人短,勿恃己長,乃可永守富貴而保終吉。先賢有言曰:'逆吾者是吾師,順吾者是吾賊。'此不可以不察也。"

　　　　(宋)李燾:《續資治通鑒長編》卷二九,太宗端拱元年(988)

　　去年淮南地震,臣已畫時奏訖,又聞江南地震尤甚,望陛下宣御劄、降德音以禳灾異,訪問樞相以放税賦、減課利。若不可減,臣請以近事比。臣讀五代史，梁朝、後唐、晉、漢及周，封疆不及千里，江南、兩川、兩浙、荆湖、廣南，各有主帥。當時中國多事，尚欲制御蕃戎。自太祖平吳、取蜀、下廣南，太宗平河東，吳越王舉國歸朝廷，此國家封疆萬里，稅賦課利百倍於前。除邊上所費外，但減省不急之用，則倉廩府庫自然盈餘，何必於江、浙饑饉疾疫之後，籍其所出稅賦課利以贍軍國？今江南二十七州軍，兩浙一十六州軍，宜知若干州是饑饉疾疫之處，若干不是饑饉疾疫之處。其地無災沴、人無疾疫處，依每年上供錢帛糧草外，餘係災沴處，朝廷早行指揮，以有均無，以多濟寡，以安民生，以防盜起也。

（宋）李燾：《續資治通鑑長編》卷四六，真宗咸平三年（1000）

壬戌，上對輔臣，因言：“世宗每遣使馳傳，必限以晷刻，有先期而至者，皆盤旋於外，候時復命，不爾罪在不測。性雖嚴急，而智算雄武。當時親征，下瀛、莫，非遇疾班師，則克復幽薊矣。”

（宋）李燾：《續資治通鑑長編》卷六六，真宗景德四年（1007）

丁丑，上謂輔臣曰：“朕常聞太祖隨周世宗征淮南，戰於江亭，有龍自水奮躍向太祖，人皆驚異，太祖見而惡之，折所持矢不顧，其謹如此。”馬知節曰：“太祖在周朝，以忠勇竭節，常務矜畏。任殿前點檢，與同列習射，既中的，有以金帶鞍勒馬爲贈者，太祖却之，曰：‘人臣宴集，以此爲禮，能不避嫌乎？’遂攬轡不揖而去。”

（宋）李燾：《續資治通鑑長編》卷六八，真宗大中祥符元年（1008）

編排中書諸房文字、屯田員外郎王廣淵直集賢院。上在藩邸，廣淵因上左右時君卿獻其所爲文及書劄，上愛其才，故特命以此。知諫院司馬光言：“廣淵雖薄有文藝，其餘更無所長。於士大夫間好奔競，善進取，稱爲第一。向以初任通判排編中書文字，二年之間，堂除知舒州，薦紳已相與指目爲僥幸。今既留不行，又驟加美職，安得不取外朝怪惑？陛下方蒞政之初，欲簡拔天下賢材，置諸不次之位，以率

屬群臣,而執事之臣不能稱陛下意。前此用皮公弼權發遣三司判官,
今又用廣淵直集賢院,將何以使天下之人尚廉耻之節,崇敦厚之風
乎?若陛下龍潛之時,廣淵果曾以文章自達於左右,此尤不可。漢衛
綰不從太子飲,景帝即位,寵待綰過於他臣。周張美以錢穀私假世
宗,而世宗終薄其爲人。廣淵若當仁宗之世私以文章獻於陛下,爲臣
忠謹者肯如是乎?陛下今日當治其罪,而又賞之,將何以屬人臣之節
也?"光凡再論列,訖不報。

    (宋)李燾:《續資治通鑒長編》卷二○四,英宗治平二年(1065)

    臣所謂今日可用之謀者,在定出攻之計爾,必用先發制人之術,
乃可以取勝也。蓋列兵分地而守,敵得時出而撓於其間,使我處處爲
備,常如敵至,師老糧匱,我勞彼佚。昔周世宗以此策困李景於淮南,
昨元昊亦用此策以困我之西鄙。夫兵分備寡,兵家之大害也,其害常
在我。以逸待勞,兵家之大利也,其利常在彼。所以往年賊常得志。
今誠能反其事,而移我所害者予敵,奪敵所利者在我,則我當先爲出
攻之計,使彼疲於守禦,則我亦得志。凡出攻之兵勿爲大舉,我每一
出,彼必呼集而來拒,彼集於東則別出其西,我歸彼散,則我復出而彼
又集。我以五路之兵番休出入,使其一國之衆聚散奔走,無時暫停,
則彼無不受其困矣。此臣所謂方今可用之謀也。

    (宋)李燾:《續資治通鑒長編》卷二○四,英宗治平二年(1065)

    權判西京留司御史臺司馬光言:"比部員外郎、崇義公、分司西京
柴咏管勾周陵,祭祀不遵依式,無肅恭之心。周本郭姓,世宗以后侄
爲郭氏後,在位之日,父守禮但以元舅處之。及太祖受禪,其周朝祭
享,皆命周宗正少卿郭玘行禮。國家若欲存周後,恐宜封郭氏子孫。
若以郭氏絶後,須取於柴氏,雖不得如微子之賢,竊謂其宜擇人爲之。
而咏本出班行,不知典故,性識庸猥,加之老病,侮慢憲章,簡忽祭祀,
豈可承周後,作賓皇家?欲乞朝廷考詳典禮,別選人封崇義公,以奉
周祀。"上閱奏,問當何如。王安石曰:"宋受天下於世宗,柴氏也。"

上曰：“爲人後者爲之子。”安石曰：“爲人後於異姓，非禮也。雖受天下於郭氏，然豈可以天下之故易其姓氏所出？”上以爲然，乃詔留守司劾咏罪以聞。後遂除咏致仕，以其子西頭供奉官若訥爲衛尉寺丞，襲封崇義公，簽書河南府判官公事。

（宋）李燾：《續資治通鑒長編》卷二二八，神宗熙寧四年（1071）

乙卯，樞密院言定州諜報北界事，上曰：“朝廷作事，但取實利，不當徇虛名。如慶曆中，輔臣欲禁元昊稱兀卒，費歲賜二十萬，此乃爭虛名而失實利。富弼與契丹再議盟好，自矜國書中入‘南朝白溝所管’六字，亦增歲賜二十萬，其後白溝亦不盡屬我也。昔周世宗不矜功名，惟以實志取天下，故十餘年間並無詔誥，使天假之年，其功業可比漢高祖。如李璟欲稱帝，世宗許之，蓋已盡取其淮南地，不繫其稱帝與否也。”

（宋）李燾：《續資治通鑒長編》卷三一七，神宗元豐四年（1081）

2. 官制

(1) 中央職官

五代之制，司徒遷太保、太保遷太傅、太傅遷太尉，太尉遷太師，檢校者亦如之。國朝因之。

（清）徐松輯：《宋會要輯稿》職官一之一〇

本朝沿五代之制，政事分爲兩府，兵權盡付密院。

（清）徐松輯：《宋會要輯稿》職官一之四八

《神宗正史·職官志》：國朝建官，沿襲五代。太祖、太宗監藩鎮之弊，乃以尚書、郎、曹、卿等官出領外寄，三歲一易，坐銷外重分列之勢。故累朝因仍，無所改革。百有餘年，官（寢）［寖］失實，三省長官尚書、中書令、侍中不與政，僕射、尚書、侍郎、郎中、員外與九寺五監皆爲空官，特以寓禄秩、序位品而已。

（清）徐松輯：《宋會要輯稿》職官一之七四

黄琮曰："宋朝自太祖設官分職，多襲五代之制，雖稍有增損，而大體俱舊制也。其唐制省部寺監之官，備員而已，無所職掌，別領內外任使。而省部寺監，別設主判官員額，惟以侍中、中書令、同中書門下平章事爲宰相，此尚循唐制也。"

（宋）章如愚：《群書考索》後集卷四

宋承五代之弊，官失其守。故官、職、差遣離而爲三官，裁以定俸入耳而不親職，諫議大夫、司諫、正言皆須別降敕，許赴諫院供職者方爲諫官。亦有領他職而不預諫諍者，其由他官領者帶知諫院，以兩省官充掌供奉諫諍，凡朝廷闕失，大則廷議，小則上封，時雖除諫官而未置諫院。

（宋）章如愚：《群書考索》後集卷六

按，宋官制沿革，各家紀載互有異同，惟黄琦元禮論宋之新舊官制頗爲詳密。其略曰："國朝自太祖設官分職，多襲五代之制，雖稍有增損，大體仍舊唐制。省部寺監之官，無所職掌，別領內外任使。省部寺監別設主判官員額，惟以侍中、中書令、同中書門下平章事爲宰相。乾德二年，始置參政，爲宰相副貳。初以薛居正、吕餘慶爲之。宰相所居省，謂之'中書門下'，國政所出。兵政隸樞密院，承五代之制，有使、副使。太宗朝，命石熙載以樞密直學士簽書樞密院事，後以張士遜爲知樞密院事，寇準、温仲舒同知樞密院事。治平中，郭逵以檢校太保同簽書樞密院事。故樞密有使、副使、知院、同知院、簽書院員額，與中書號爲'二府'。"

（明）李濂：《汴京遺迹志》卷一二

黄履翁《論宋官制》：本朝官制有二，曰國初舊制，曰元豐新制。

舊制之善者,則官職分治,脉絡相統,禄秩有階,遷轉得序也。新制之善者,則省部諸司各有職掌,郎曹等官不寄虛名也。

(明)李濂:《汴京遺迹志》卷一二

五代分中書、樞密爲二府,雖狃於戰争而歉重戎事,然準漢大將軍、丞相之分職,固三代以後保國之善術也。

(清)王夫之:《讀通鑑論》卷二五

自五代以來,尚書省爲東府,樞密院爲西府,自是參樞亦云兩府也,而太尉即呼爲兩府太尉云。

(宋)趙彦衛:《雲麓漫鈔》卷四

五代有樞密院、鹽鐵院、糧料院等,品秩亦不高。

(宋)趙彦衛:《雲麓漫鈔》卷七

國朝禮大臣故事,亦與唐五季相踵。宰相遇誕日,必差官具口宣押賜禮物。其中有塗金鏤花銀盆四,此盛禮也。

(宋)蔡絛:《鐵圍山叢談》卷二

《吳越書》:天祐三年,以鏐爲尚父。

(宋)孫逢吉:《職官分紀》卷二

《五代職官志》:梁開平三年三月:"詔升尚書令爲正一品。"按《唐六典》正二品,是時將授趙王鎔此官,故升之。

(宋)孫逢吉:《職官分紀》卷八

五代後唐同光中,以錢鏐爲天下兵馬都元帥、尚父、尚書令、吳越國王,賜玉册金印。詔下有司詳議,群臣咸言玉簡金字,惟至尊一人,所以別等威也,錢鏐人臣,不可。而樞密承旨段回曲爲鏐陳請於樞密使郭崇韜,崇韜儢俛從之。詔曰:"朝廷每有將相恩命,準往例列銜於救牒後,側書使字。今兩浙節度錢鏐是元帥、尚父,與使相名殊,承前列銜,久未改正。湖南節度使馬殷,先兼中書令之時,理宜齒於相位,今守太師、尚書令,是南省官,不合列署救尾,今後每署將相救牒,宜落下錢鏐、馬殷官銜,仍永爲定式。"

(宋)孫逢吉:《職官分紀》卷四六

明宗初入洛,遽謂近臣安重誨曰:"先帝時,馮道郎中何在?"重誨曰:"近除翰林學士。"明宗曰:"此人朕素諳悉,甚好宰相。"遂大用,長興中,平章事。明宗謂侍臣曰:"馮道性純儉,頃在德勝寨所居一茅庵,與從人同器食,臥則芻藁一束,其心晏如。及以父憂,退歸鄉里,耕耘樵牧,與農夫雜處,略不以素貴介懷,真士大夫也!"道歷仕四朝,三入中書,在相位二十餘年,以持重鎮俗爲己任。性廉儉,不受四方之賂,不以片簡擾諸侯。私門之內,無累茵,無重味,不畜姬僕,不聽絲竹。有寒素之士來見者,必引於中堂,語及平生。其待遇也,心無適莫,朝代遷易,人無間言,屹若巨山,不可移也。

(宋)孫逢吉:《職官分紀》卷三

(馮)道爲相。天成中,明宗問曰:"時事如何?"道對曰:"時熟人安。"帝曰:"此外如何?"道對曰:"陛下淳德,上合天心臣聞,堯舜之君,人所慕之;桀紂之主;人所惡之。蓋爲有道無道也。今陛下恭修儉德,留心治道,民無徭役,故曰'堯舜之日,不過人安俗阜爾。'貞觀十年以後,魏元成等奏太宗,曰:'願常如貞觀之初,臣今亦願陛下常思登極之初,則天下幸甚。'"戊午,帝又謂道曰:"時政何者爲切道?"對曰:"務惜生靈爲切,臣記近代詞人爲古調詩云:'正月賣新絲,二月糶新粟。救得眼下瘡,割却心頭肉。我願君王心,化作光明燭。不照綺羅筵,偏照逃亡屋。'此詞義雖淺,規諫道深,臣諷誦之,實覺有理。"帝深納之。

(宋)孫逢吉:《職官分紀》卷三

後唐天成三年詔曰：太師，官之極。

（宋）孫逢吉：《職官分紀》卷二

天成中，祭酒闕，中書奏："祭酒之資，歷朝所貴，望令宰相兼判。"

（宋）謝維新：《古今合璧事類備要》後集卷三九

後唐天成中，祭酒闕，中書奏："祭酒之資，歷朝所貴愛，從近代不重此官，況屬聖朝，須從雅道，望令宰臣兼祭酒。"敕崔協兼判。

（宋）佚名：《翰苑新書》前集卷二五

後唐天成中，祭酒員闕，中書奏："祭酒之資，歷朝所貴，望令宰臣兼祭酒。"敕崔協兼判。

（明）彭大翼：《山堂肆考》卷五五

《五代·職官志》：後唐天成四年八月詔曰："朝廷每有將相恩命，准往例諸道節度使帶平章事、兼侍中、中書令，列銜於敕牒後，則書使字。今兩浙節度使錢鏐是元帥、尚父，與使相名殊，承前列銜久未改正。湖南節度使馬殷，先兼中書令之時，理宜齒於相位，今守太師、尚書令，是南省官資，不合列書敕尾。今後每書將相敕牒，宜落下錢鏐、馬殷官位。仍永爲常式。"

（宋）孫逢吉：《職官分紀》卷五

《五代史》：後唐馮道瀛州人也。唐長興二年敕，瀛州景州景城縣莊來蘇鄉，改爲元輔鄉；朝漢里，改爲行孝里；洛陽莊貫河南府洛陽縣三州縣，改爲上相鄉；虛臺里，改爲中臺里。及拜守太尉、兼侍中，又奉敕改上相鄉爲太尉鄉，中臺里爲侍中里。

（宋）孫逢吉：《職官分紀》卷三

長興元年二月郊祀敕：內外群臣職帶平章事兼侍中、中書令，與改里鄉名號。

（宋）錢易：《南部新書》癸

長興三年，帝謂馮道曰："春雨稍多，久未晴霽，何也?"道對曰："水旱作沴，雖是天之常道，然季春行秋令，臣之罪也，更望陛下廣敷恩宥，久雨無妨聖政矣。"

（宋）孫逢吉：《職官分紀》卷三

《五代史》：後唐長興四年，樞密使馮贇加平章事，以其家諱改同中書門下三品。周顯德中，樞密使吳廷祚亦以家諱改焉。

（宋）孫逢吉：《職官分紀》卷三

清泰初，中書闕輔相，末帝訪之於朝。左右曰："臣見班行中所譽當大拜者，姚顗、盧文紀、崔居儉爾，或品藻三人才行，其心愈惑。"末帝乃俱書當時清望達官數人姓名，投琉璃瓶中，月夜焚香，禱請於天。旭旦，以箸挾之，首得文紀之名，次顗。末帝素以奇待，歡然命之，二人同升相位。

（宋）孫逢吉：《職官分紀》卷三

《五代職官志》：後唐清泰二年制："以前同州節度使、檢校太尉、同平章事馮道爲守司空。"時議者曰："自隋唐以來，三公無職事，非親王不常置，於宰臣爲加官，無單置者。"道在相位時帶司空，及罷鎮，未命。議者不練故事，率意行之。及制出，言議紛然。或云便可總中書門下事，或云須策拜開府。及就列，無故事，乃不就朝堂叙班，臺官兩省入就列，方入，宰臣退，踵後先退。劉昫又以罷相爲僕射，出入就列，一與馮道同，議者非之。及晉天福中，以李鏻爲司徒，周廣順初，以竇正固爲司徒、蘇禹珪爲司空，遂以爲例。議者不復有云。

（宋）孫逢吉：《職官分紀》卷二

清泰二年十一月制："以前同州節度使、檢校太尉、同平章事馮道爲守司空。"時議者曰："自隋唐以來，三公無職事，自非親王不常置，於宰臣爲加官，無單置者。"道在相位時帶司空，及罷鎮，未命官，議者不練故事，率意行之。及制出，言議紛然。或云便可綜中書門下事，或云須册拜開府。及就列，無故事，乃不就朝堂叙班，臺官兩省官入就列，方入，宰臣退，踵後先退。劉昫又以罷相爲僕射，出入就列，一與馮道同，議者非之。及晉天福中，以李鏻爲司徒，周廣順初，以竇正固爲司徒、蘇禹珪爲司空，遂以爲例。議者不復有云。

（宋）孫逢吉：《職官分紀》卷五

《五代史》：馮道罷同州，入朝拜司空。唐制：三公爲加官，無單拜者。或云三公正宰相，便合參大政；又云合策授，又云祭祀時使令掃除。道聞之，乃曰："司空掃職也，吾無所憚。"既而知非，乃止。

（宋）孫逢吉：《職官分紀》卷二

末帝命馬裔孫爲相，其中書百職，裔孫素未諳練，無能專決，但書名而已，又少賓客。時人目之爲"三不開"，謂口不開、印不開、門不開。

（宋）孫逢吉：《職官分紀》卷三

虜遣使加徽號於晉，晉亦獻徽號於虜，命宰相馮道充使。及行將達西樓，虜長欲自出迎道，虜之群僚奏："天子無迎宰相。"禮乃止。其名動殊俗也如此。

（宋）孫逢吉：《職官分紀》卷三

晉天福五年，升中書門下平章事爲正二品。

（宋）宋敏求：《春明退朝録》上

唐時，始有同中書門下三品，時中書令、侍中，皆正三品。大曆中，並升爲二品。昔天福五年，升中書門下平章事爲正二品。國初，樞密使吳延祚以父諱璋，加同中書門下二品，用升品也。

（宋）江少虞：《宋朝事實類苑》卷二五

《五代會要》："長興四年九月，敕馮贇有經邦之茂業，宜進位於公台，但緣平章事犯其父名，不欲斥其家諱，可改同平章事爲同中書門下二品。"則二品之名肇見於，此國朝蓋襲而用之爲無疑矣。然宰相稱謂以一人之私而易之，後唐之典章不幾於輕？明宗長興迄於是年，繼之者一用此官名。或惟改贇官稱，皆不可考。歐陽文忠修《本紀》至十月庚申，始書贇爲樞密使，無二品事。《唐書》勳初除在四月己丑，拜儀同在六月癸巳，僕射在九月乙卯，皆與《會要》不同，特以其可與他官稱改易者，互見而參取，故詳著之。

（宋）岳珂：《愧郯録》卷一〇

《五代史》：劉昫爲僕射，性剛，群情嫉之。乃共右散騎常侍孔昭序論行香次第，言常侍之臣立行，合在僕射之前。疏奏下，御史臺定例。同光以來，李琪、盧質繼爲僕射，性質輕脱，不能守師長之體，故昭序輕言。宰相馬裔孫以群情不悦劉昫、馮道，欲微抑之，乃責臺司檢例，而臺司言舊不見例，據南北班位次，即當在前。俄屬國忌將就，列未定，裔孫即判臺狀曰："既有援據，足可遵行，各侍本官。"劉昫怒，揮袂而退。自後日臺司定例，崔居儉謂南宮同列曰："孔昭序言語是，朝廷人總不解語也。且僕射是師長，中丞、大夫就班修敬，常侍班在南宮六卿之下，況僕射呼！已前騎省年深，望南宮工部侍郎如仰霄漢，彼癡人舉止，何取笑之深也。"衆聞居儉言，紛議稍息。文士哂裔孫堂判有"援據"二字。

（宋）孫逢吉：《職官分紀》卷八

晉開運中，朝廷以宰相桑維翰長子坦爲屯田員外郎，次子塤爲秘書郎。維翰謂同列曰："漢世三公之子郎，廢久矣，近或行之。"甚爲外議,乃抗表回讓不受,尋改坦爲大理司直,塡爲秘書省,議者善之。

(宋)孫逢吉:《職官分紀》卷三

少帝以知制誥馮玉,皇后之兄也,寵任爲宰相,軍國政事一以委之。時少帝方務奢侈,後宮大恣華侈,玉希旨取容,未嘗諫止。故少帝愈寵焉。玉曾有疾,帝語諸宰相曰:"自刺史以上,伺玉愈即得除授。"其待任如此。

(宋)孫逢吉:《職官分紀》卷三

唐宰相奉朝請,即退延英,止論政事大體,其進擬差除,俱執熟狀畫可。今所存有《開元宰相奏請狀》二卷,鄭畋《鳳池藁草》內載兩爲相奏擬狀數卷,秘府有《擬狀注制》十卷,多用四六,紀其人履歷、性行、論請,皆宰相自草,五代亦然。寇萊公謂楊文公曰:"予不能爲唐時宰相。"蓋懶於命詞也。今中書日進呈差除,退即批聖旨,而同列押字。國初范魯公始爲也。

(宋)江少虞:《宋朝事實類苑》卷二七

舊制,宰相早朝,上殿命坐,有軍國大事則議之,常從容賜茶而退。自餘號令、除拜、刑賞、廢置,事無鉅細,並熟狀擬進入,於禁中親覽,批紙尾,用御寶,可其奏,謂之印畫,降出奉行而已。由唐室歷五代,不改其制。

(宋)江少虞:《宋朝事實類苑》卷二七

舊制,宰相早朝,上殿命坐,有軍國大事則議之,常從容賜茶而退。自餘號令、除拜、刑賞、廢置,事無巨細,並熟狀擬定進入,上於禁中親覽,批紙尾,用御寶,可其奏,謂之印畫,降出奉行而已。由唐室歷五代,不改其制,抑古所謂坐而論道者歟。

(宋)王曾:《王文正筆錄》

舊制，宰相早朝，上殿命坐，有軍國大事則議之，常從容賜茶而退。自餘號令、除拜、刑賞、廢置，事無鉅細，並熟狀擬定進入，上於禁中親覽，批紙尾，用御寶，可其奏，謂之印畫，降出奉行而已。由唐室歷五代，不改其制，抑古所謂坐而論道者。

　　　　　　　　　　　　　（宋）晁載之：《續談助》卷三

唐制：宰相四人，首相帶太清宮使，次三相皆帶館職，弘文館大學士、監修國史、集賢殿大學士，以此爲次序。本朝置三相，昭文、修史首相領焉，集賢次相領焉。三館職惟修史有職事，而頗以昭文爲重，自次相遷首相乃得之。

　　　　　　　　　（宋）江少虞：《宋朝事實類苑》卷二八

乾德三年，趙普監修國史。國朝因唐及五代故事，命相分領三館，首相爲昭文大學士，其次爲監修國史，其次爲集賢院大學士。

　　　　　　　　　　　（宋）佚名：《翰苑新書》前集卷三

國朝承唐五代之後，命宰相分鎮三館，首相爲昭文館大學士。

　　　　　　　　　（宋）彭百川：《太平治迹統類》卷二九

州郡承唐衰藩鎮之弊，頗或僭擬，衙皂有子城使、軍中使、教練使等號，近制始革去。先公知潤州，值衙校轉資，用黃紙寫牒，公大驚，吏白舊例，其間盡準敕條。通判州事慎宗傑以爲無害，公曰："豈有庶官而敢押黃紙耶？"自後改用白紙。故事：中書門下侍郎、宰相押黃，後省官押紙背。慎在常調，未嘗知此。

　　　　　　　　　　　　（宋）朱彧：《萍洲可談》卷二

凡以節度使兼中書令、侍中、同平章事，並謂之"使相"。唐制皆僉敕。五代以來不預政事，敕尾存其銜而不僉，但注"使"字。

　　　　　　　　　　　　　　　（宋）佚名：《南窗記談》

凡以節度使兼中書令、侍中、同平章事,並謂之"使相"。唐制皆簽敕,五代以來不預政事,敕尾存其銜而不簽,但注"使"字。

(宋)朱弁:《曲洧舊聞》卷一〇

梁開平省六曹椽屬,留户曹一員,通判六曹。

(宋)潘自牧:《記纂淵海》卷三五

《五代職官志》:梁開平二年,改左右丞爲左右司侍郎,避廟諱也。至後唐同光元年,復舊。長興元年九月詔曰:"臺轄之司,官資並設,左右貂素來相類,左右揆不至相懸,以此比方,豈宜分別,自此宜升尚書右丞官品與左丞爲正四品。"

(宋)孫逢吉:《職官分紀》卷八

《五代史》:蕭顥,梁宰相頃之子,性敦謹,承事父母未嘗不束帶而見。性嗜酒無節,職事弛慢。爲兵部郎中日,掌告身印,覃恩之次,頗息職事。父頃爲吏部尚書,代顥視印篆,其散率如此。

(宋)孫逢吉:《職官分紀》卷一〇

《五代職官志》:後唐同光元年十一月,中書門下奏:"諸寺監各只請置大卿監、祭酒、司業各一員,博士兩員。"

(宋)孫逢吉:《職官分紀》卷一八

《五代史》:後唐同光元年,諸寺只置大卿一員。

(宋)孫逢吉:《職官分紀》卷一八

《五代職官志》:後唐同光元年,太常寺除太常博士外,許更置丞一員。

(宋)孫逢吉:《職官分紀》卷一八

《五代職官志》：清泰三年，中書門下言：“長史因攝奏正，比未有官者，送名。”

（宋）孫逢吉：《職官分紀》卷四〇

《五代史》：劉鼎，清泰中爲吏部郎中、兼侍御史知雜事。鼎性若寬易而典選曹，按吏有風棱。

（宋）孫逢吉：《職官分紀》卷九

晉天福二年，檢校兵部尚書陳瓚、守衛尉卿、兼通事舍人、判館事，以其熟於宣道，故雖位三品，猶總管事。

（宋）謝維新：《古今合璧事類備要》後集卷五五

晉天福二年，檢校兵部尚書陳瓚守衛尉卿，兼通事舍人，判館事。以其熟於宣道，故雖位三品，猶總管事。

（宋）佚名：《翰苑新書》前集卷三二

五代時，尚書都省在興國坊，今梁太祖舊第。太平興國中，徙於利仁坊孟昶舊第。

（宋）孟元老：《東京夢華録》卷二

唐四方館以通事舍人判，歷中書省。五代晉始以卿監專判館。

（宋）孫逢吉：《職官分紀》卷四四

王鏊《震澤長語》：宋初承五代，三省無專職，臺省寺監無定員，類以它官主判。三省長官不預朝政，六曹不釐本務，給舍不領本職，諫議無言責，起居不注記，司諫、正言非特旨供職，亦不任諫諍。以登臺閣禁從爲顯宦，不以官之遲速爲榮滯，以差遣要劇爲貴途，不以勛階爵邑爲輕重，名之不正，未有如宋之甚者也。

（明）李濂：《汴京遺迹志》卷一二

唐尚書掌上逮下之制六，無聖旨之名。惟中書王言之制七，五曰敕旨，百官奏請施行則用之，與冊書、制書、慰勞、發敕、敕書、敕牒殊析不同，則敕旨本以便事從簡，其意灼然可見，但當時未全稱聖旨耳。如延英面對，或稱進止，則又或進或止，取於宸斷之義，今奏劄猶襲用之。五代相承，每事稱進止，亦與此同一源委。

（宋）岳珂：《愧郯錄》卷二

樞密使之名起於唐，本以宦者爲之，蓋内諸司之貴者耳。五代始以士大夫居其職，遂與宰相等。自此接於本朝，又有副使、知院事、同知院事、簽書、同簽書之別，雖品秩有高下，然均稱爲樞密。

（宋）洪邁：《容齋三筆》卷四

唐中葉以後，始有樞密院，乃宦官在内廷出納詔旨之地。昭宗末年，朱溫大誅唐宦官，始以心腹蔣玄暉爲唐樞密使，此樞密移於朝士之始。溫篡位，改爲崇政院，敬翔、李振爲使，凡承上之旨，皆宣之宰相，宰相有非見時而事當上決者，則因崇政使以聞，得旨則復宣而出之。然是時止參謀議於中，尚未專行事於外。至後唐復樞密使之名，郭崇韜、安重誨等爲使，樞密之任重於宰相，宰相自此失職。見歐史《郭崇韜傳》贊。今按唐莊宗時，崇韜爲使。明宗時，安重誨爲使。晉高祖時，桑維翰爲使。漢隱帝時，郭威爲使。當崇韜爲使時，宰相豆盧革以下皆傾附之，以崇韜父諱弘，遂奏改弘文館爲崇文館。重誨爲使時，過御史臺門，殿直馬延誤衝其前導，重誨即臺門斬延而後奏。是時四方奏事皆先白重誨，然後聞。重誨與任圜不協，則因朱守殷反，即誣圜通謀而先殺之。忌潞王從珂，則嗾其部將楊彦溫逐出之。明宗遣藥彦稠致討，命生致彦溫，欲親訊其由，而彦稠希重誨旨，即殺彦溫以滅口。宰相馮道等亦希重誨意，數言從珂失守宜坐罪，明宗不聽而止。郭威爲使時，率兵平三叛歸，西京留守、同中書門下平章事王守恩，官已使相，肩輿出迎，威怒之，即以頭子命白文珂代之，守恩方在客次待見，而吏已馳報新留守視事於府矣，守恩遂罷。可見當時樞密之權,等於人主,不待詔敕而可以易置大臣。其後出鎮魏州,史弘肇又令帶樞密使以往,蘇逢吉力爭之不得。於是權勢益重,遂至稱兵犯闕,莫不響應也。

(清)趙翼撰,王樹民校證:《廿二史劄記校證》卷二二

右《梁公儒碑》,于廣撰,王說書。公儒者,世爲成德軍將,公儒當王鎔時,爲冀州刺史以卒,其碑首題云"唐故成德軍內中門、樞密使、特進、檢校太保、使持節冀州諸軍事、冀州刺史、團練守捉等使、軍器作坊使。"其餘所領事職甚多,皆當時方鎮常事,不足書。惟樞密使,唐之末年內官之職,其後方鎮遂亦僭置,於此見之。軍器作坊,五代之際號內諸司使,皆朝廷官,然不見其始置時,而今見於此,豈方鎮之職,朝廷因而用之耶? 將方鎮之盛,亦僭置也? 公儒事迹無所取,特以此錄之。

(宋)歐陽修:《文忠集》卷一四二

《五代史》:唐朝擇宦官一人爲樞密院使,與兩軍中尉謂之"四貴"。天祐元年廢。梁開平元年,改樞密院爲崇政院,命敬翔領使,仍置判官一人,自後不置判官,而置副使一人。二年,置崇政殿直學士二員,後又改爲直崇政院。後唐同光二年,復爲樞密院亦置一人,凡東西院二員。晉天福四年,宣徽使劉處讓兼樞密使,每有奏議,多不稱旨,會處讓丁內憂,乃命以樞密院印付中書門下,廢樞密院。開運元年復置,以宰臣桑維翰兼樞密使。

(宋)孫逢吉:《職官分紀》卷一二

唐以中官爲樞密使,與中尉謂之"內貴"。梁爲崇政院使,後唐舊有帶相印者,分東、西二院。晉廢,國初復置,與中書爲二府,亦名二院,但行東院印耳。其後除授不常。

(宋)王闢之:《澠水燕談錄》卷五

樞密使，唐特以宦者處之。朱梁改曰崇政院，始命敬翔爲使。後唐同光，復其舊稱，命宰相兼其任。石晉天福中，廢樞密而置宣徽南北院，至開運初，復置樞密院，而宣徽之名因以不廢。

（宋）曾鞏：《隆平集》卷二

《五代史》：唐天祐元年，廢樞密院，其公事令王商權知。後唐若樞密皆罷，即命官權掌焉。

（宋）孫逢吉：《職官分紀》卷一二

唐始置樞密使以司戎事，而以宦官爲之，遂覆天下。夫以軍政任刑人，誠足以喪邦；而樞密之官有專司，固法之不可廢者也。王建割據西川，卑卑不足與於王霸之列。而因唐之制，置樞密使以授士人，則兵權有所統，軍機有所裁，人主大臣折衝於尊俎，酌唐之得失以歸於正，王者復起，不能易也。於是一時僭偽之主多效之，而宋因之，建其允爲王者師矣。

（清）王夫之：《讀通鑑論》卷二八

樞密本唐傅導之官，五代始置崇政院，分宰相之權。

（宋）周必大：《文忠集》附錄卷二

梁改樞密院爲崇政院，因置直崇政院。廷琄案：《舊五代史・職官志》，梁開平元年，命敬翔爲崇政院使，自後改置副史一人。二年，置崇政院直學士二員，其後又改爲直崇政。所叙官制，較此爲詳。徐自明《宰輔編年錄》一引此條無因置直崇政院句。《通考》五十八引此亦無。唐莊宗復舊名，遂改爲樞密院直學士。至明宗時，安重誨爲樞密使。明宗既不知書，而重誨又武人，故孔循始議置端明殿學士二人，專備顧問，以馮道、趙鳳爲之，班翰林學士上，蓋樞密院職事官也。本朝樞密院官既備，學士之職浸廢，然猶會食樞密使廳。每文德殿視朝，則升殿侍立，亦不多除人。官制行，乃與學士皆爲職名，爲直學士之冠，不隸樞密院。升殿侍立,爲樞密都承旨之任。每吏部尚書補外,除龍圖閣學士,户部以下五曹,則除樞密直學士,相呼謂之"密學"。

(宋)葉夢得:《石林燕語》卷二

《新五代史·郭崇韜、安重誨傳》:嗚呼! 官失其職久矣,予讀梁宣底,見敬翔、李振爲崇政院使,凡承上之旨,宣文宰相而奉行之。宰相有非其見時,而事當上決者,與其被旨而有所復請者,則具記事而入,記事若今學士院諮報,今士大夫間以文字往來,謂之簡帖,俚語猶謂之記事也。因崇政使以聞,得旨則復宣而出之。梁之崇政使乃唐樞密之職,蓋出納之任也,唐常以宦者爲之,至梁戒其禍,始更用士人。其備顧問,參謀議於中則有之,未始專行事於外也。至崇韜、重誨爲之,始復唐樞密之名,然權侔於宰相矣。後世因之,遂分爲二,文事任宰相,武事任樞密,樞密之任既重,而宰相自此失其職也。

(宋)孫逢吉:《職官分紀》卷一二

《續翰林志》:梁開平元年,改樞密院爲崇政院,命敬翔爲院使。二年,置崇政院直學士兩員,選有正術文學者爲之,始以尚書吏部郎中吳藹、兵部郎中李珽充選,又改爲直崇政院。後唐同光中,依舊爲樞密院,亦置樞密直學士一人,班次在翰林學士之下。

(宋)孫逢吉:《職官分紀》卷一五

後梁革唐世宦官之弊,開平元年,改樞密院爲崇政院。

(宋)潘自牧:《記纂淵海》卷二六

《職林》曰:五代朱梁太祖開平二年,改樞密院爲崇政院,始置直學士。後唐復爲樞密院,亦曰樞密院學士。《宋朝會要》曰:後唐同光中,置樞密直學士。同光,蓋莊宗時年號也。蓋朱梁崇政院判官之職也。

(宋)高承:《事物紀原》卷四

改樞密院爲崇政院,太府卿敬翔爲使。樞密使,唐本宦者爲之,溫懲其禍,故改爲崇政院,而首以敬翔爲使。由此相沿至宋,遂與宰相埒,號爲"兩府"。

(清)何焯:《義門讀書記》卷二九

樞密直學士,自後唐莊宗同光始。初梁置崇政判官,又改直崇政殿,後唐同光中,置樞密直學士一人。

(宋)孫逢吉:《職官分紀》卷一五

五代以武官爲樞密使,武臣或不識字,故置樞密直學士,令文臣爲以輔之。

(宋)章如愚:《群書考索》別集卷一八

朱梁建國,深革唐世宦官之弊,乃改爲崇政院,而更用士人敬翔、李振爲使。二人官雖崇,然止於承進文書、宣傳命令,如唐宦者之職。今士大夫家猶有《梁宣底》四卷,其間所載,大抵中書奏請,則具記事,與崇政使令於內中進呈;所得進止,却宣付中書施行。其任止於如此。至後唐莊宗入汴,復改爲樞密院,以郭崇韜爲使,始分掌朝政,與中書抗衡。宰相豆盧革爲弘文館學士,以崇韜父名弘正,請改弘文爲昭文,其畏之如此。明宗即位,以安重誨、范延先爲樞密使,二人尤爲跋扈。晉高祖即位,思有以懲戒,遂廢之。至開運元年,復置。末帝以其后之兄馮玉爲之,自是相承不改。國朝因之,首命趙韓王普焉。號稱二府,禮遇無間。

(宋)王明清:《揮塵後錄》卷一

《五代會要》曰:梁開平元年五月,改樞密院爲崇政院,始命敬翔爲院使,仍置判官一人,自後不置判官,置副使一人。後唐同光元年十月,依舊爲樞密,亦爲樞密副使。《宋朝會要》曰:建隆元年八月,以趙普爲樞密副使,周末闕副使,至是始置。

(宋)高承:《事物紀原》卷四

梁之崇政使，乃唐樞密之職。唐以宦者爲之，梁戒其禍，更用士
人，雖備顧問，參謀議於中，不專行事，權實重於宰相。至郭崇韜、安
重誨復樞密之名，而歐陽氏乃謂權始侔於宰相，恐考之未詳也。其
曰：後世因之，遂分爲二，文事任宰相，武事任樞密。樞密之任既隆，
而宰相失其職，此言是也。石晉廢院，當矣，猶存其印，而委宰相分判
其事，是名廢而實存必也，宰相無所不統，削去院事之稱，而銷毀其
印，罷其司，存文書府史，然後可以責成宰相，如古王者之制矣。

（宋）胡寅：《讀史管見》卷二九

《五代史》：梁崇政院置副使一人，周末闕。

（宋）孫逢吉：《職官分紀》卷一二

西晉泰始中，王景文爲中書令，兼管内樞密，此其名之始也。《君
臣政要》曰：唐代宗永泰中，敕中官董廷秀管樞密，因置内樞密使。後
唐莊宗始用郭崇韜，分中書兵房置樞密院，與宰相分秉朝政，自此始
用士人。凡文事出中書，武事出樞密，謂之二府。

（宋）高承：《事物紀原》卷四

國朝之制，大宴，樞密使副不坐，侍立殿上，既而退，就御厨賜食，
與閤門引進四方館使列坐廡下，親王一人伴食。每春秋賜衣門謝，則
與内諸司使副班於垂拱殿外廷中，而中書則别班謝於門上，故朝中爲
之語曰：“厨中賜食，階下謝衣。”蓋樞密使，唐制以内臣爲之，故常與
内諸司使副爲伍。自後唐莊宗用郭崇韜，與宰相分秉政，文事出中
書，武事出樞密。自此之後，其權漸盛，至今朝遂號爲兩府。事權進
用，禄賜禮遇，與宰相均，惟日趨内朝，侍宴賜衣等事，尚循唐舊。其
任隆輔弼之崇，而雜用内諸司故事，使朝廷制度，輕重失序，蓋沿革異
時，因循不能釐正也。

（宋）江少虞：《宋朝事實類苑》卷二六

《宋朝會要》曰：唐以中官爲樞密使，後唐始有帶相印者，則樞相之始自後唐也。

（宋）高承：《事物紀原》卷四

樞密使帶相，即爲樞相，自後唐始。

（宋）佚名：《翰苑新書》前集卷五

樞密使帶相印爲樞相，自後唐始。

（元）富大用：《古今事文類聚遺集》卷一

莊宗入汴，拜郭崇韜爲侍中、監修國史、兼樞密使。及郊祀畢，以崇韜兼領鎮冀節度使，進封郡公，賜鐵券，恕十死。

（宋）孫逢吉：《職官分紀》卷一二

（郭）崇韜既位極人臣，權兼内外，謀猷獻納，必盡忠規，士族朝論，頗亦收獎人物，内外翕然稱之。初收汴洛，稍通賂遺親友，或規之，崇韜曰：“余備位將相，禄賜巨萬，但僞梁之日，遺賂成風，今西方藩侯多梁之舊將，皆吾射鈎斬袪之人也。一旦革面化爲吾人，堅拒其賄，得無懼乎？藏余私室，無異公帑。”及禋郊，崇韜悉獻家財，以助賞給。

（宋）孫逢吉：《職官分紀》卷一二

（郭）崇韜初事武皇爲典謁，莊宗嗣位，尤器重之。莊宗即位於魏州，以崇韜爲樞密院使。是時，魏州陷於梁，澶相之間，寇盜日至，民流地削，軍儲不給，群情汹汹，以爲霸業終不能濟。崇韜寢不安席，莊宗計無所出。崇韜身先督衆，四面拒戰，有急即應，莊宗憂之，問進取之策。李紹宏請弃鄆州，與汴人盟，以河爲界。莊宗不悦。獨卧帳中召崇韜問計，崇韜曰：“汴之精兵，盡在段凝麾下，寇鄆境，據河壖，謂我不能南渡，志在收復汶陽，此汴人之計也。陛下親御大軍，長驅倍道，直指大梁，汴城兵望風自潰，既若僞王授首，賊將自然倒戈，半月之間，天下必定。”莊宗蹶然而興，曰:“正合吾意。”莊宗入汴，皆崇韜之謀也。

（宋）孫逢吉:《職官分紀》卷一二

（郭）崇韜爲樞密使，從魏王平蜀。大軍入西川城，戒諸軍剽掠，令法嚴峻，掠一錢必論之以法，市不改肆。

（宋）孫逢吉:《職官分紀》卷一二

《五代史》:後唐同光元年，中門使郭崇韜、昭義監軍張居翰爲樞密使。唐以宦者爲之，其職甚微，至此始參用士人，與宰相權任均矣。晉天福四年，廢樞密使。開運元年復置用。顯德末，魏仁浦、吳廷祚爲樞密使。

（宋）孫逢吉:《職官分紀》卷一二

唐張居翰，掖庭令張從政之養子，同光中，爲樞密。

（宋）潘自牧:《記纂淵海》卷二六

張居翰，掖庭令張從政之養子，同光中，爲樞密使。僞蜀王衍既降，詔遷其族於洛陽，行及秦川，時關東已亂，莊宗慮衍爲變，遣中官馳騎賫詔殺之，詔云:“王衍一行，並宜殺戮。”其詔已經印書，時居翰在密地，覆視其詔，乃揩去“行”字，改爲“家”字。及衍就戮於秦川驛，止族其近屬而已，其僞官及從行者尚千餘人，皆免其枉濫，居翰之力也。

（宋）孫逢吉:《職官分紀》卷一二

五代有（樞密）承旨、副承旨，以諸衛將軍充。

（宋）孫逢吉:《職官分紀》卷一二

《宋朝會要》曰：五代樞密有承旨，以諸衛將軍充。

（宋）高承：《事物紀原》卷六

《筆談》曰：宣頭所起，按唐故事，中書舍人職掌誥詔，皆寫四本，一爲底，一爲宣，此宣謂出行耳，未以名書也。晚唐，樞密使自禁中受旨，出付中書，即謂之宣；中書承受，錄之於籍，謂之宣底。梁置崇政院，專行密命。後唐復樞密使，以郭崇韜、安重誨爲之，始分領政事，不關中書直行下者，謂之宣，如中書之敕也。是則宣頭之始，出於晚唐，而定於後唐也。

（宋）高承：《事物紀原》卷二

予爲史館檢討時，樞密院劄子問宣頭所起。予按唐故事，中書舍人職掌誥詔，皆寫四本，一本爲底，一本爲宣，此宣謂行出耳，未以名書也。晚唐，樞密使自禁中受旨，出付中書，即謂之宣。中書承受，錄之於籍，謂之宣底。今史館中尚有《梁宣底》二卷，如今之聖語簿也。梁朝初置崇政院，專行密命。至後唐莊宗，復樞密使，使郭崇韜、安重誨爲之，始分領政事，不關由中書直行下者謂之宣，如中書之敕，小事則發頭子，擬堂帖也。至今樞密院用宣及頭子，本朝樞密院亦用劄子。但中書劄子，宰相押字在上，次相及參政以次向下。樞密院劄子，樞長押字在下，副式以次向上，以此爲別。頭子惟給驛馬之類用之。

（宋）江少虞：《宋朝事實類苑》卷二六

樞密院問降宣故事，具典故申院。按今有《梁朝宣底》二卷，朱梁正明三年四年事，每事下有月日，云臣李振宣，或除官、差官，或宣事於方鎮等處，其間有云“宣德宣命旨”者。梁朝以樞密爲崇政院，始置使，以大臣領，任以政事。正明年是李振爲使，當是以宣傳上旨，故名之曰宣，而樞密院所出文字之名也，似欲與中書敕並行，雖無所明見，疑降宣始自朱梁之時。晉天福五年，改樞密院承旨爲承宣，亦似相合。其底乃底本也,繫日月姓名者,乃所以爲底,聞今仍舊名。

（宋）江少虞：《宋朝事實類苑》卷二六

郭崇韜、安重誨爲樞密使,始分領政事。不由中書直行下者,謂之宣,如中書之敕,小事則發頭子,擬堂帖也。至本（朝）樞密院,用宣及頭子。

（元）富大用：《古今事文類聚新集》卷一七

安重誨爲樞密使,兼侍中、户部尚書。李鏻曰：“安重誨欲爲宰相,人望非允。”鏻乃引楊溥諜者見重誨,曰：“楊溥欲歸國久矣,若朝廷遣諭之,可以召也。”重誨信之,因出玉帶與覘者,令歸,王估其值數千緡。經歲無所聞,竟成虛語。

（宋）孫逢吉：《職官分紀》卷一二

安重誨爲樞密使,在位六年,以佐命功臣,處機密之地,事無大小,皆所參決。

（宋）佚名：《翰苑新書》前集卷五

舊制,館券出於户部。唐明宗天成二年,任圜以宰相判三司,安重誨爲樞密使,請館券從内出,圜與爭於上前。宮人問上,知爲宰相,曰：“妾在長安中,未嘗見宰相、樞密奏事,敢如此者,蓋輕大家耳。”上不悦,卒從重誨言。圜罷。按國初每給驛券,皆樞密院出頭子。

（宋）程大昌：《續演繁露》卷二

五代唐舊制,館券出於户部,安重誨請從内出,與任圜爭於上前。卒從重誨議。按：券,契券也,館穀所用飲食文書。

（明）彭大翼：《山堂肆考》卷二三三

五代唐安重誨爲樞密使,夏州李仁福進白鷹,重誨却之。明宗陰遣人取入，他日按鷹，曰"無使重誨知"。

（明）彭大翼：《山堂肆考》卷二一二

長興三年，邢州、汝州戍兵還，見訖於殿庭，遺下匿名文字書論，本指揮元霸率斂人錢物。帝令侍衛指揮使張從賓按問。樞密使范延光奏曰："匿名文字，準格不治，禁訟端也，不宜按問。"乃止。

（宋）孫逢吉：《職官分紀》卷一二

長興四年，賜冥福禪院地土牒，於紀月日之外，鈐以中書門下印，後二行又大於首行，稱樞密使、檢校太傅、平章事、駙馬都尉趙，樞密使、檢校太傅、平章事范，而不書名，以史考之，蓋趙延壽、范延光也。其時馮道、李愚官同中書平章事，乃真宰相也。延壽、延光特以樞密使，加平章事耳。此牒出於中書門下，而押行者惟趙、范二人，道等皆不與，可以想見當時宰相之皆爲備員矣。郭威爲樞密使，從河內來變，置宰相如更驛卒有以哉。

（清）袁枚：《隨園隨筆》卷五

後唐樞密使，凡東西院二員。宋朝亦東西院，但行東院印。

（元）富大用：《古今事文類聚新集》卷一七

晉復置樞密院，以桑維翰爲使，事無巨細，一以委之，數月之間，百度寖理。

（宋）佚名：《翰苑新書》前集卷五

《五代史》：晉天福元年，掌書記桑維翰、翰林學士、尚書禮部侍郎、知樞密院事。周顯德六年，命司徒、平章事范質，禮部尚書、平章事王溥並參知樞密院事。

（宋）孫逢吉：《職官分紀》卷一二

晉天福初，桑維翰以翰林學士、尚書禮部侍郎、知樞密院，知院之名始此。

（宋）潘自牧：《記纂淵海》卷二六

晉天福初，桑維翰以翰林學士、尚書兼禮部侍郎，知樞密院事。知院之名，始自此分。

（宋）佚名：《翰苑新書》前集卷五

晉天福初，桑維翰以翰林學士、尚書禮部侍郎、知樞密院事，知院之名始此。

（元）富大用：《古今事文類聚遺集》卷一

五代有參知樞密院事。

（宋）佚名：《翰苑新書》前集卷五

晉高祖天福四年四月，先是，桑維翰免樞機之務，以劉處讓代之，奏議多不稱旨，俄而處讓丁母憂，因以其印付中書，樞密院由是遂廢。

（宋）李上交：《近事會元》卷一

晉天福五年，改樞密院承旨爲承宣，亦似相合。

（宋）宋敏求：《春明退朝錄》下

晉高祖天福七年六月崩，少帝登位。至其年七月，宰臣馮道等表請復置樞密院。初，高祖之事後唐也，睹安重誨秉政，賞罰由己，常惡之，及即位銳意廢罷，一委中書。至是，道等倦繁劇，乞置不允。

（宋）李上交：《近事會元》卷一

晉少帝時，馮玉爲樞密使，殷鵬爲本院學士。每有庶僚秉韓謁玉,故事,宰相以屢見之。

(宋)孫逢吉:《職官分紀》卷一五

漢乾祐中,除樞密使始降麻,如將相之制。本朝循之,石元懿罷爲僕射,亦降麻,高文莊、田宣簡、吕寶臣罷,止舍人院出告。

(宋)宋敏求:《春明退朝録》中

《五代史》:楊邠,魏州冠氏人。少以吏給事使府,後唐租庸使孔謙領度支,補兵勾押官。漢高祖鎮鄴,以爲都押衙。高祖鎮太原,益加親信,漢國建,遂以邠權樞密使。隱帝即位,加邠中書侍郎、兼吏部尚書、同平章事,仍兼樞密使。凡南衙奏事,中書除命,如不出邠意,至於一簿一掾亦不聽從。時侍衛親軍都指揮史弘肇,恣行慘酷,邠稱弘肇之善。邠嘗與三司使王章於御前論事,隱帝曰:“事行之後,勿俾有詞。”邠曰:“陛下但禁聲,有臣等在。”左右聞者縮頭,其負氣寡識如此。乾祐三年,邠與史弘肇、王章入朝,同坐廣政殿東廡下,俄有甲士數十人自内而出,害弘肇與邠及王章於門内,並夷其族。

(宋)孫逢吉:《職官分紀》卷一二

周太祖之將鎮鄴也,蘇逢吉請落樞密使,曰:“樞密之任,方鎮帶之,非便。”史洪肇曰:“兼帶樞密,所冀諸軍凜畏。”逢吉曰:“此國家之事也,且以内制外則順,以外制内豈但便耶?”事雖不從,物議多之。

(宋)佚名:《翰苑新書》前集卷五

正衙宣樞密使制,自周祖始,漢隱帝嗣位之初故也。

(宋)錢易:《南部新書》癸

舊體,樞密使未帶使相者,不宣麻。至周太祖初潛歷是,始乃宣制於公朝。今之宣麻,自周太祖始也。

(宋)洪遵:《翰苑群書》卷八

舊例,樞密使未帶使相,省不宣麻。至周太祖初潛歷試是任,乃宣制於公朝。今之宣麻,自周太祖始。

(元)富大用:《古今事文類聚新集》卷一七

魏仁浦爲樞密副承旨,周祖問屯兵之數及將校名氏,令取簿參視之。仁浦曰:"臣悉能記之。"遂口占而疏,舉籍以校,一無差誤。

(宋)佚名:《翰苑新書》前集卷六

《宋朝會要》曰:周顯德六年,宰相范質、王溥並參知樞密院事。

(宋)高承:《事物紀原》卷四

周顯德六年,命司徒、平章范質,禮部尚書王溥,並參知樞密院。

(宋)潘自牧:《記纂淵海》卷二六

王朴仕周爲樞密使。五代自朱梁以用武得天下,政事皆歸樞密院,至今謂之二府。當時宰相但行文書而已,況朴之得君哉!所以世宗纔四年間,取淮南,下三關,所向成功。時緣用兵,朴多宿禁中。一日,謁見世宗,屏人嚬蹙,且倉皇嘆嗟曰:"禍起不久矣!"世宗因問之,曰:"臣觀玄象大異,所以不敢不言。"世宗云:"如何?"曰:"事在宗社,陛下不能免,而臣亦先當之。今夕請陛下觀之,可以自見。"是夜,與世宗微行,自厚載門而出,至野次,止於五丈河旁。中夜後,指謂世宗曰:"陛下見隔河如漁燈者否?"世宗隨亦見之,一燈熒熒然,迤邐甚近則漸大,至隔岸大如車輪矣。其間一小兒如三四歲,引手相指。既近岸,朴曰:"陛下速拜之。"既拜,漸遠而沒。朴泣曰:"陛下既見,無可復言。"後數日,朴於李穀坐上得疾而死。世宗既伐幽燕,道被病,歸而崩。明年而天授我宋矣。火輪小兒,蓋聖朝火德之盛兆,豈偶然哉!陸子履爲先子言。

(宋)王銍:《默記》卷上

唐末,乃除北司并南北軍於樞密使,遂總天下之兵。五代以來,多以武人領使,而宰相知院事。

(元)王惲:《玉堂嘉話》卷二

自五代以樞密院,文武參用。

(宋)佚名:《翰苑新書》前集卷五

五代置樞密使,國初因之。

(宋)佚名:《翰苑新書》前集卷五

(慶曆)五年十月,宰臣賈昌朝、陳執中言:"軍民之任,自古則同。有唐別命樞臣專主兵務,五代始令相輔亦帶使名。至於國初,尚緣舊制。乾德以後,其職遂分,是謂兩司,對持大柄。"

(清)徐松輯:《宋會要輯稿》職官一之七五、七六

(淳化)五年七月,以殿中丞丁顧言守本官,復充堂後官。堂吏自唐至五代率從京百司抽補,縱授以官,但賦禄而已,年深或授同正將軍。

(清)徐松輯:《宋會要輯稿》職官三之二三

宋承五代之弊,官失其守,故官、職、差遣離而爲三。

(清)徐松輯:《宋會要輯稿》職官三之五二

五代(樞密院)有承旨、副承旨,以諸衛將軍充。每崇政殿臨決庶務,則侍立殿前。侍衛司奏事,則受而讀之。

(清)徐松輯:《宋會要輯稿》職官六之一

國朝沿五代、後唐之制,置三司使,以總國計,應四方貢賦之入,皆歸三司,號爲計省。

(清)徐松輯:《宋會要輯稿》職官六之二四

《五代百官志》：御史大夫從三品，會昌六年升爲正三品。

（宋）孫逢吉：《職官分紀》卷一四

《五代史·百官志》：晉天福三年三月，御史臺奏：按《六典》，御史掌糾舉百僚，推鞫訟獄，居上者判臺，知公廨雜事；次知西推、贓贖，三司受事；次知東推，理匭敕。宜依舊制，遂以駕部員外郎、兼侍御史知雜事劉皥爲河南尹。自是無省郎知雜者。開運二年八月敕：御史臺准前朝故事，以郎中員外郎一人兼侍御史、知雜事，近年停罷，獨委年深御史知雜，振舉之紀剛未峻，宜遵舊事，廣葉通規，宜復於郎署中選清慎强幹者兼侍御史、知雜事。

（宋）孫逢吉：《職官分紀》卷一四

《五代史·百官志》：會昌二年，御史中丞正五品，亦與大夫同，特升爲正品。晉天福五年二月，以御史中丞爲清選正四品。按唐典，御史中丞五品上，今始升之。

（宋）孫逢吉：《職官分紀》卷一四

梁開平中，以前進士鄭致雍爲學士。晉開運中，賜本院書詔金印一面。周顯德中，以向來學士與常參官，五日一度起居，世宗欲令朝夕接見，訪以時事，乃下詔曰：“翰林學士，職係禁庭，地居親近，與班行而既異，在朝請以宜殊。起今後當直下直學士，並宜令逐日起居。其當直學士，仍赴晚朝。”舊制，每命將出師勞還，曲宴於便殿，則當直學士一人與文明密直，得預坐。

（宋）洪遵：《翰苑群書》卷八

莊宗即位鄴宮，除馮道爲賓郎，充翰林學士，自綠衣賜紫。

（宋）孫逢吉：《職官分紀》卷一五

後唐莊宗即位，除馮道爲省郎，充翰林學士，自綠衣賜紫。

（宋）佚名：《翰苑新書》前集卷一〇

五代後唐同光中，賜承旨學士盧質"論思翊佐功臣"，旋授節制河中。馮德玉送之詩云："視草北來唐學士，擁旄西去漢將軍。"時人榮之。

（宋）孫逢吉：《職官分紀》卷一五

後唐同光中，賜承旨學士盧質"論思翊佐功臣"。旋授節制河中。馮瀛王送之，詩云："視草北來唐學士，擁麾西去漢將軍。"時人榮之。

（宋）洪遵：《翰苑群書》卷八

後唐明宗敕：令後學士入院，並以先後爲定，惟承旨一員，不計官資先後，在學士上。同光中，賜承旨盧質"論思翊佐功臣"，旋授節制河中。鴻（馮）瀛王詩送之曰："視草北來唐學士，擁旄西去漢將軍。"

（宋）潘自牧：《記纂淵海》卷三一

《五代職官志》：後唐明帝天成三年八月敕："掌綸之任，擢才以居，或自初命而升，或自顯秩而授，蓋重厥職，靡係其官。雖事分皆同，而行綴或異，誠由往日未有定規，議官位則上下不常，論職次則後先爲當。宜行顯命，以正近班。今後翰林學士入院，並以先後爲定，唯承旨一員出自朕意，不計官資先後，在學士之上，仍編入《翰林志》。"其年十一月敕："新除翰林學士張昭遠，早踐綸閣，久司史筆，曾居憲府，累陟貳卿。今既擢在禁林，所宜別宣班序，其立位宜次崔悅。"晉天福五年詔曰："《六典》云：中書舍人掌侍奉進奏，參議表章，凡詔旨制敕璽書策命，皆案故事起草進畫，既下則署而行之。其禁有四：一曰漏泄，二曰稽緩，三曰違失，四曰忘誤，所以重王命也。古昔以來，典實斯在，爰從近代，別創新名。今運屬興王事，從師古俾，仍舊貫以耀前規。其翰林學士院公事，宜並歸中書舍人，從宰相馮道之奏也。自是舍人晝直者，當中書制，夜直者當内制。"至開運元年復詔曰："翰林學士與中書舍人分爲兩制，各制六員，偶自近年擢停内署，況司詔命必在深嚴，將使從宜，却仍舊貫，宜復置學士院。"蓋宰臣桑維翰秉政，將戾於道，故乃復焉。自是班秩再有倫矣。

（宋）孫逢吉：《職官分紀》卷一五

後唐天成三年八月敕："掌綸之任，擇才以居，或自初命而升，或自顯秩而授。蓋重厥職，靡繫其官，雖事分皆同，而行綴或異，誠由往日未有定規，議官位則上下不常，論職次則後先爲叙。宜行顯命，當正近班。今後翰林學士入，並以先後爲定，惟承旨一員，出自朕意，不計官資先後，並在學士之上，仍編入翰林志。旋召張昭遠入院，以其早踐綸閣，久司史筆，曾居憲府，累陟貳卿。今既擢在禁林，所宜別宣班序，其立位宜次崔梲。夫禁庭之職，儒者之至榮，外望之所忌，豈居是職者，專列人之短於君父之前邪！則爲恭顯靳費之流耳，奚爲服儒服而食天禄乎！唐陸贄抗疏，論吳通玄弟兄，云學士是天子私人，侵敗綱紀，宰臣有備位之號，不知贄於是時所爲何如哉？貞元中，時人謂學士爲内相，亦忌其親密也。"

（宋）洪遵：《翰苑群書》卷八

後唐明宗敕：今後學士入院，並以先後爲定，惟承旨出自朕意，不計官資先後，在學士上。其年十一月敕：新除翰林學士張昭遠，早踐綸閣，久司史筆，曾居憲府，累陟貳卿，今既擢在禁林，所宜別宣班序，其立位宜次崔梲。

（明）陳耀文：《天中記》卷三〇

後唐明宗天成三年八月詔："翰林學士依入院先後爲班次，唯承旨必居班首。"

（宋）李上交：《近事會元》卷二

李懌於天成中入直禁署。時宰執以司會貢士，呈試多不合格式，起請令翰林學士各爲格詩、格賦一首，以爲繩準。時同職各已撰成，送中書，中書吏累督懌，令撰之，懌曰："李某識字有數，因人成事，苟令復應進士，落第必矣。今備位禁署，後生可畏焉，能以格詩、格賦垂於世哉。"終不下筆，時論喧然，以爲知大體。

（宋）洪遵：《翰苑群書》卷八

後唐長興元年二月，翰林學士劉昫奏："臣伏見本院舊例，學士入院，除中書舍人即不試，其餘官資，皆須先試麻制、答蕃書、批答各一道，詩、賦各一首，號曰五題。所試並是當日内了，便具進呈。從前雖有召試之名，而無考校之實，每值召試新學士日，或有援者，皆預出五題，暗令宿構，至時但寫净本，便取職名。若無援者，即臨時特出五題，旋令起草，縱饒負藝，罕能成功。去留皆繫於梯媒，得失盡由於偏黨。此乃抑挫孤寒之道，開張巧僞之門，積弊相沿，澆風未改。將裨聖政，須立新規，況今伏值皇帝陛下，德合乾坤，明懸日月，大興淳化，盡革澆風，矧惟翰墨之司，專掌絲綸之命，宜從正直，務絶阿私。自今後，凡有本院召試新學士，欲請權停詩賦，只試麻制、答蕃書並批答共三道。仍請内賜題目，兼定字數，付本院召試。然後考其臧否，定其取舍，貴從務實，以示均平。庶令孤進者得展勤勞，朋比者不能欺罔，事關穩便，合貢芻蕘。"從之。

（宋）洪遵：《翰苑群書》卷八

長興元年，翰林學士劉昫奏："本院舊例，學士入院，除中書舍人不試，餘皆試麻制、答蕃書、批答各一道，詩賦各一首，號曰試五題。"

（宋）謝維新：《古今合璧事類備要》後集卷二二

《續通典》：後唐長興元年，翰林學士劉昫奏："本院舊例，學士入院，除中書舍人不試，餘皆試麻制、答蕃書、批答各一道，詩賦各一首，號試五題。"

(明)彭大翼:《山堂肆考》卷五六

唐制,翰林學士本職在官下。五代趙鳳爲之,始諷宰相任圜移在官上,後遂爲定制。本朝凡兼學士,結銜皆以職名爲冠,蓋沿習此例。

考異:趙鳳乃端明殿學士,此云翰林學士,非。

(宋)葉夢得:《石林燕語》卷三

(馬)裔孫初爲河中從事,因事赴闕,宿邏店。其地上有邏神祠,夜夢神見召,待以殊禮,手授二筆,一大一小,爲翰林學士,裔孫以爲契鴻筆之兆。洎入中書治事,堂吏奉二筆,大小如昔時夢中所授者。

(宋)孫逢吉:《職官分紀》卷三

夢神授大小二筆。五代馬裔孫,初爲河中從事。因赴闕,宿邏店,其池上有邏神祠。夜夢神人授二筆,一小一大,爲翰林學士,洎爲相入中書治事,吏奉二筆,大小如夢者。

(宋)佚名:《錦綉萬花谷》前集卷二三

《太平廣記》:五代唐末帝時,馬裔孫赴闕,宿邏府。其地有神祠,夜夢神手授二筆。及爲翰林學士,裔孫以爲契夢筆之兆。洎入中書上事,堂吏奉二筆,如夢中所授者。

(明)彭大翼:《山堂肆考》卷四三

晉天福二年,中書奏:"准《翰林志》,凡赦書、德音、立後、建儲、行大誅討、拜免三公、宰相、命將內制,並使白麻紙,不使印。雙日起草,候閤門鑰,而後進呈。至隻日,百僚立班於宣政殿,今於文德殿。樞密使引案,今以閤門使引。自東上閤出。若拜免宰相,即付通事舍人,餘付中書門下,並通事舍人宣示。若機務急速,亦使雙日,甚速者雖休假亦追班。據《翰林志》言:'立后不言,立妃言,儲君不言,親王、公主、兼三師，位在三公之上，文並不載。'今後立妃及拜免三師、三公、宰相、命將、封親王、公主，並降制命，餘從令式。"

（宋）洪遵：《翰苑群書》卷八

五代本曰殿前承旨，晉天福五年詔，除翰林承旨外，殿前承旨改曰殿直。後唐清泰元年七月，殿直承旨都知以趙處願等爲之。

（宋）孫逢吉：《職官分紀》卷四四

晉高祖天福五年四月，詔以毖旨名職嚴重，除翰林承旨外，殿前承旨改爲殿直，密院承旨改爲承宣。

（宋）李上交：《近事會元》卷二

石晉天福五年，除翰林承旨，改殿前承旨爲殿直。或云淳化二年始改殿前承旨爲三班奉職。

（宋）劉昌詩：《蘆浦筆記》卷八

初，李瀚爲翰林學士，好飲而多酒過，高祖以爲浮薄。天福五年九月詔，廢翰林學士。

（唐）白居易、（宋）孔傳：《白孔六帖》卷一五

《五代史》：晉天福五年詔："文典……古昔以來，典實斯在，爰從近代，別創新名。今運屬興王，事從師古，俾仍舊貫，以耀前規。其翰林院公事，並歸中書舍人。"

（宋）孫逢吉：《職官分紀》卷七

五代晉高祖天福五年詔："翰林學士院於事並歸中書舍人。"至少帝開運元年敕："翰林學士與中書舍人分爲兩制，各置六員，偶自近年權停內署，況司詔命必在深嚴，將使從宜，却仍舊貫，宜復翰林學士院。"

（宋）孫逢吉：《職官分紀》卷一五

晉天福五年詔:"翰林學士院公事,宜並歸中書舍人。"自是舍人晝直者,當中書制,夜直者,當內制。開運元年,復詔翰林學士與中書舍人分爲兩制。

(宋)潘自牧:《記纂淵海》卷三一

晉天福五年詔,翰林學士院公事宜並歸中書。自是舍人晝直者,當中書制,夜直者,當內制。至開運元年,復詔翰林學士與中書舍人分爲兩制,各置六員。

(宋)佚名:《翰苑新書》前集卷一〇

蘇易簡《續翰林志》:"晉天福中,從宰臣馮道奏:'詔翰林學士院公事,宜並歸中書舍人。自是舍人晝直者,當中書,夜直者,當內制。'至開運元年六月詔曰:'翰林學士與中書舍人分爲兩制。偶自近年權停內字,況司詔命,必在深嚴,宜復置學士院。'桑維翰所建也。"凡今合言兩制者,皆始此也。此時未有權侍郎,故外云爲從官之初也。

(宋)程大昌:《續演繁露》卷一

晉高祖天福五年八月,廢翰林學士院,並歸中書舍人。

(宋)李上交:《近事會元》卷二

趙上交,晉初會廢翰林學士,以上交爲中書舍人,同任學士。

(宋)孫逢吉:《職官分紀》卷一五

晉天福六年五月詔曰:"《六典》云,中書舍人掌侍奉、進奏、參議表章,凡詔旨、制敕、璽書、策命皆案故事起草。進畫既下,則署而行之。其禁有四:一曰漏泄,二曰稽緩,三曰違失,四曰忘誤,所以重王命也。古昔以來,典實斯在,爰從近代,別創新名。今運屬興王,事從師古,俾仍舊貫,以耀前規。其翰林學士院公事,宜並歸中書舍人。"

從宰臣馮道之奏也。自是舍人晝直者,當中書制,夜直者,當内制。至開運元年六月,復有詔曰:"翰林學士與中書舍人分爲兩制,各置六員。偶自近年,權停内署,况司詔命,必在深嚴,將使從宜,却令仍舊。宜復置學士院。"蓋宰臣桑維翰秉政,將戾於道,故乃復焉。自此班秩,再有倫矣。

(宋)洪遵:《翰苑群書》卷八

殷鵬姿顔若婦人,而性巧媚。晉天福中,拜中書舍人,同職馮玉,本非代言之才,所得詞旨多托鵬爲之。玉嘗以"姑息"字問於人,人則以"辜負"字示玉,玉乃信之,當時以爲笑端。鵬之才比玉雖優,纖佞過之。

(宋)孫逢吉:《職官分紀》卷七

蘇耆次《續翰林志》:有唐學士院深嚴,非本院人不可遽入,雖中使宣事及有文書,必先動鈴索,立於門外,俟本院小判官出授,授訖,授院使,院使授學士。自五代以來,其制久廢,公因召對言之,上可其奏,自是院内復置鈴索。

(宋)孫逢吉:《職官分紀》卷一五

蘇易簡《續翰林志》:晉開運中,賜本院書詔金印一面。

(宋)孫逢吉:《職官分紀》卷一五

賜金印。晉開運中,賜學士院書詔金印一。

(宋)佚名:《錦绣萬花谷》續集卷一〇

晉開運中,賜學士院書詔金印一面。

(元)富大用:《古今事文類聚新集》卷二〇

李肇《翰林志》曰:凡將相告身,並用金花五色綾紙。唐乾寧二年,李鋌自黔南節相授京兆尹，兩次誥報，中書用白綾紙。今親王將相告身，並用金花五色色背綾紙；皇后貴主用金花五色色背羅紙；不帶使相者，用金花五色白背綾紙；觀察使及參知政事、樞密副使、簽署樞密院公事，並五色綾紙，無金花；諸蕃酋長、蠻王、鬼主官告，中書省草詞，送學士院寫，皆五色綾白背紙，皆新例也。舊體樞密使未帶使相者，不宣麻，至周太祖初潛歷是任，乃宣制於公朝。今之宣麻，自周太祖始也。

（宋）孫逢吉：《職官分紀》卷一五

周顯德中，宣諭翰林院，今後凡與諸王詔書，除本名外，其文辭內有字與本名同者，宜改避之。

（宋）洪遵：《翰苑群書》卷八

周顯德五年詔：“翰林學士職係禁廷，地居親近，與班行而既異，在朝請以宜殊。起今後當直下直學士，並宜令逐日起居，其當直學士仍赴晚朝。”舊制，翰林院學士與常參官，五日一度起居。時世宗欲令朝夕謁見，訪以時事，故有是詔。

（宋）孫逢吉：《職官分紀》卷一五

周顯德五年詔：“翰林學士職居禁廷，地居親近，與班行而既異，在朝請以宜殊。今後當直下學士，並宜令逐日起居，其當直學士仍赴晚朝。”時世宗欲朝夕訪以時事，故有是詔。

（宋）佚名：《翰苑新書》前集卷一〇

學士起復之制，周朝以前未聞其例。周世宗時，故內翰王著，今揆相李公昉，俱遭內艱，屬世宗北伐，並起復隨駕書詔，繁委之際，即不遑叙，合僝直與不僝直。迄皇朝端拱元年閏五月，蘇易簡遭家艱，奉詔抑奪，遂與翰長以下商議，依鳳閣壁記禮例，同舊官再入約計前直減半，是時僝復直二十五直矣。

（宋）孫逢吉：《職官分紀》卷一五

學士起復之制,周朝已前未聞其例。周世宗時,故内翰王公著,今撲相李公昉,俱遭内艱,屬世宗北伐,並起復,隨駕書詔,繁委之際,即不遑叙,合僗直與不僗直。

（宋）洪遵:《翰苑羣書》卷八

先公周顯德末,翰林學士起復,裹素紗、軟脚幞頭、慘紫公服,每入朝,猶佩魚袋,或曰:"魚袋以金爲飾,亦身之華也。居喪奪情,不當有金寶之飾。"公遽謝不敏。

（宋）潘自牧:《記纂淵海》卷三六

李宗諤云:"先公周顯德末,翰林學士起復,裹素紗、軟脚幞頭、黲紫公服,每入朝,猶佩魚袋。或曰:'魚袋者,取事君,夙夜匪懈之義,然以金爲飾,亦身之華也。居喪奪情,不當有金寶之飾。'"公遽謝不佩。

（宋）祝穆:《古今事文類聚》前集卷五三

周陶穀自以官居八座,位至承旨,且欲軋同列之官卑者。乃起請令今後學士合班儀,在諸行侍郎之下,如官至丞郎者,即在常侍之上,官至尚書者,依今班。迄今以爲準。

（宋）孫逢吉:《職官分紀》卷一五

周世宗初踐祚,北征劉崇,旋召魚公復掌文翰。時以母老侍養於陝府,久而不至。乃召陶公,陶則不俟駕行,謁見行在,且稱崇諒懼劉崇兵勝,有顧望之意。上益不樂,自此升沈不侔矣。陶厥後自以官居八座,位至承旨,且欲軋同列之官卑者,乃起請令今後學士合班儀,在諸行侍郎之下,如官至丞郎者,即在常侍之上,官至尚書者,依本班。迄今以爲準焉。與夫先人後己之道庚矣,士大夫嘉其文而鄙其行焉。舊體,知制誥在尚書之上,學士在左、右僕射之上。

（宋）洪遵:《翰苑羣書》卷八

蘇耆次《續翰林志》：唐制，學士每有除拜他職，必納光院錢，以爲公用，自丞相而下，各有等差。五代以還，其儀久闕，公振舉而復之。

（宋）孫逢吉：《職官分紀》卷一五

國朝李昉以右拾遺、集賢殿修撰。周顯德中，宰相李穀帥師征淮南，表昉爲記室。世宗每覽軍中奏記，愛其詞理明白，多稱善，問誰爲之，左右以昉對。明年還，擢爲主客員外郎、知制誥、充集賢殿直學士。

（宋）孫逢吉：《職官分紀》卷一五

後周范質，漢初加中書舍人、户部侍郎。周祖征三叛，每朝廷遣使賫詔，處分軍事，皆合機宜，周祖問誰爲此辭，使者以質對。周祖嘆曰：“宰相器也。”

（元）富大用：《古今事文類聚遺集》卷七

以梁苑爲東都，今二京學士院之制，並在樞密、宣徽院之北，蓋表其深嚴宥密焉。

（宋）洪遵：《翰苑群書》卷八

按故事，唐開元中置侍讀，其後有翰林侍講學士。五代以來，四方多事，時君右武，不暇向學，故此職久廢。

（宋）程俱：《麟臺故事》卷三

唐開元有侍讀，其後有翰林侍讀學士，至五代廢。

（宋）曾鞏：《隆平集》卷一

唐初詔敕猶是舍人專掌。自永淳以來，此職爲文士之極選。《裴坦傳》云：故事，中書舍人初詣省視事，四丞相送之，施一榻堂上，壓角而坐。其儀制之尊可知。宋次道云：舍人上事日，設紫褥于廷，面北拜廳閣長，立褥之東北隅，謂之壓角。此恐傳聞之誤。自開元後，以翰林學士專掌內命，而其任稍輕。故陸贄疏以爲詔命所出，本中書舍人之職，軍興時促迫應務，權以學士代之。今天下無事，合歸職分，其命將相制詔，請付中書行遣。事雖不行，亦可見唐初中書舍人之本職也。又按唐時，有由中書舍人而爲翰林學士者，如陸贄爲中書舍人權兵部侍郎，復爲翰林學士是也。又有由翰林學士遷爲中書舍人者，沈傳師、吳融、常衮是也。蓋其時翰林本無定品，故中書舍人之職常在其上。五代及宋初猶然。《宋史》，寶貞固由翰林學士就拜中書舍人。蓋猶沿唐制。

（清）趙翼：《陔餘叢考》卷二六

唐五代有翰林學士院而無權直。

（宋）章如愚：《群書考索》後集卷七

端明殿學士，五代後唐時置。國朝尤以爲貴，多以翰林學士兼之，其不以翰院兼職及換職者，百年間纔兩人特拜，程戡、王素是也。

（宋）歐陽修：《歸田録》卷二

後唐明宗不知書，每四方章奏，止令樞密使安重誨讀之，而重誨亦不曉文義。宰相孔循請置端明殿學士二員，班在翰林學士上，以馮道、趙鳳爲之，則端明學士自馮道、趙鳳始也。國初亦嘗置此職，而班在翰林學士之下，尋改爲文明殿學士，以侍郎程羽爲之，序立乃在樞密副使下。逮明道初，復改承明殿爲端明，再置端明殿學士，而班在資政殿學士下，以宋綬爲之，則本朝端明殿學士自宋綬始也。

（宋）吳處厚：《青箱雜記》卷三

天成元年，端明殿學士馮道、趙鳳制擢，自玉堂升於紫殿，常親顧問，每預論思，位既溢於深嚴，禮合加於優異，宜令班在翰林學士上。

（宋）謝維新：《古今合璧事類備要》後集卷五六

唐制：惟弘文館、集賢院置學士，宰相得兼外，他官未有兼者，亦別無學士之名，如翰林學士、侍讀學士、侍講學士、侍書學士，乃是職事之名爾。自後唐安重誨爲樞密使，明宗以其不通文義，始置端明殿學士，以馮道、趙鳳爲之，班樞密使下，食於其院。端明即正衙殿也。

（宋）葉夢得：《石林燕語》卷五

後唐明宗置端明殿學士。太平興國中，改端明爲文明，以程羽爲文明殿學士，位在樞密副使之下。明道元年，改承明爲端明，二年，除宋宣獻公爲學士，與文明之職並存，而降其班序。是歲，又改殿曰延和。慶曆七年，以真宗謚號，改文明爲紫宸，而丁文簡公度爲紫宸殿學士。既而言者以爲紫宸非臣下所稱，乃以延恩爲觀文殿，而以丁爲觀文殿學士相繼，以賈文元公昌朝爲大學士，仍詔自今非嘗爲宰相者勿除。

（宋）范鎮：《東齋記事》卷一

初，後唐明宗置端明殿學士二員，位翰林學士之上，專備顧問。太平興國五年，緣殿名而改，此職益重也。端明置大學士，自賈魏公始也。

（宋）孫逢吉：《職官分紀》卷一五

後唐天成元年，明宗即位之初，四方書奏命樞密使安重誨進讀，懵於文義。孔循獻議，始置端明殿學士，命馮道、趙鳳俱以翰林學士充，班在翰林學士上。後有轉改，止於翰林學士内選任。初如三館例，職在官下，趙鳳轉侍郎，諷任圜特移職在官上，後遂爲故事。晉天福五年廢，開運元年復。

（宋）章如愚：《群書考索》後集卷一〇

端明殿學士,景祐初復,後唐長興之制,以殿爲名,置此職。

(宋)曾鞏:《隆平集》卷一

《五代史》:後唐天成元年,因唐室侍讀之號,置端明殿學士,命翰林學士、尚書户部侍郎、知制誥馮道,翰林學士、中書舍人趙鳳,俱以本官充。時明宗初即位,四方書奏,命樞密使安重誨進讀,懵於文義。孔循獻議,始置端明殿學士,首命道等充職。二年,敕班在翰林學士之上,今後如有改轉,止於翰林學士内選任。初如三館例,職在官下,趙鳳轉侍郎,諷任圜特移職在官上,後遂爲故事。晉天福五年,廢端明殿學士。開運元年,桑維翰爲樞密使,復奏置學士。

(宋)孫逢吉:《職官分紀》卷一五

唐天成元年,命馮道、趙鳳充端殿學士,非舊號也。馮道《笏記》云:“天下儒生,僅餘萬數,殿前學士只有兩人。”時輩榮之。見《續翰林志》。

(宋)孫逢吉:《職官分紀》卷一五

後唐天成元年,命馮道、趙鳳充端明殿學士,非舊號也。馮道笏記云:“天下儒生僅餘萬數,殿前學士只有兩人。”時輩榮之。

(明)陳耀文:《天中記》卷三〇

天成二年,端明殿學士馮道、趙鳳,制:“擢自玉堂,升於紫殿,常新顧問,每預論思,位既益於深嚴,禮合加於優異,宜令班在翰林學士上。”

(宋)佚名:《翰苑新書》前集卷三五

歐公《歸田録》曰:唐至五代相承有文明殿大學士,爲宰相兼職;又有學士,爲諸學士之首。

(宋)高承:《事物紀原》卷四

《職林》曰：五代唐明宗初置端明殿學士，如三館之例。初入洛謂安重誨曰：先帝時，馮道何在？曰：近除翰林學士。帝曰：此人朕素諳委。俄拜端明。《宋朝會要》曰：後唐明宗不知書，每四方章奏令安重誨讀之，多不曉文義。宰相孔循獻議，置端明殿學士二員，在翰林之上，以馮道爲之。

（宋）高承：《事物紀原》卷四

劉昫爲兵部侍郎、端明殿學士。明宗重其風儀，愛其溫厚，拜爲中書侍郎、兼刑部尚書、平章事。昫入謝，遇大祠，明宗不御中興殿。閣門曰：舊禮，宰相謝恩，須於正殿通喚，請俟來日。樞密使趙延對曰：命相之制，下已數日，中謝無宜後時，因即奏之，遂謝於端明殿。昫自端明學士拜相，謝於本殿。士子榮之。

（宋）孫逢吉：《職官分紀》卷一五

明宗朝命端明殿及樞密直學士，皆輪修日曆，旋送史館。

（宋）孫逢吉：《職官分紀》卷一五

端明殿學士，五代後唐時置，國朝尤以爲貴，多以翰林學士兼之。其不以翰苑兼職及換職者，百年間纔兩人特拜，程戡、王素是也。

（宋）江少虞：《宋朝事實類苑》卷二五

唐制，翰林學士本職在官下，五代趙鳳爲之，始諷宰相任圜移在官上。出葉夢得《石林燕語》。按，唐劉琢撰《王巨鏞碑》，稱“翰林學士、中散大夫、守中書舍人劉琢”；柳公權撰《何進滔［碑］》，稱“翰林學士承旨兼侍書、朝議大夫、守工部侍郎、知制誥柳公權”；《白居易集》載《初除拾遺書》，稱“翰林學士、將仕郎、守左拾遺白居易”。據此類皆職在官上。又按，元稹祭李尚書文，稱“中散大夫、守中書舍人、翰林學士元稹”；崔群謝官狀稱“朝議郎、守尚書庫部員外郎、翰林學士崔群”；王源中撰李藏用碑，稱“中散大夫、守尚書戶部侍郎、知制誥、翰林學士王源中"。據此類皆職在官下。五代趙鳳所移,乃端明殿學士。葉誤記也。唐翰林學士結銜或在官上,或在官下,無定制。予家藏《李藏用碑》,撰者言"中散大夫、守尚書户部侍郎、知制誥翰林學士王源中",《王巨鏞碑》撰者言"翰林學士、中散大夫、守中書舍人劉瑑",瑑仍不稱知制誥,不可曉。出葉夢得《石林燕語》。按學士官至紫微舍人,則銜内不繫知制誥三字,所從來遠矣。

(宋)李心傳:《舊聞證誤》卷四

唐三館者,昭文館、史館、集賢院是也。五代卑陋,僅於右長慶門築屋數十間爲三館。

(宋)費袞:《梁谿漫志》卷二

梁祖都汴,庶事草創,正明中,始於今右長慶門東北創小屋數十間,爲三館,湫隘尤甚。又周廬徼道,咸出其間,衛士驅卒,朝夕喧雜,每受詔撰述,皆移他所。至太平興國中,車駕臨幸,顧左右曰:"若此卑陋,何以待天下賢俊!"即日詔有司規度左昇龍門東北東府地爲三館,命内臣督役,晨夜兼作,不日而成。尋下詔,賜名崇文院,以東廊爲昭文館書庫,南廊爲集賢院書庫,西廊以經、史、子、集四部爲史館庫,凡六庫書籍正副本八萬卷,斯亦盛矣。

(宋)吳處厚:《青箱雜記》卷三

梁祖都汴,庶事草創。正明中,始於今右長慶門東北創小屋數十間爲三館,湫隘尤甚。又周廬徼道,咸出其旁,衛士驅卒,朝夕喧雜,每授詔撰述,皆移他所。

(宋)江少虞:《宋朝事實類苑》卷二九

國朝承五代搶攘之後,三館有書僅萬二千卷。乾德以後,平諸國,所得浸廣。

(宋)王明清:《揮麈前録》卷一

國初承舊制，翰林待詔六人，寫書詔。舊制月俸九千，春冬給衣。又有隸書待詔六人，寫籤題封角。月俸止六千，謂之東頭待詔。

　　　　　　　　　　　(清)徐松輯：《宋會要輯稿》職官六之四六

又五代舊制(學士院)有主事一人，周顯德中廢。

　　　　　　　　　　　(清)徐松輯：《宋會要輯稿》職官六之四六

古者妻隨其夫之爵服。國家(乘)[承]襲五代，事不師古，因陋循舊，或未有革，(令)[今]命婦猶封縣君、郡君。

　　　　　　　　　　　(清)徐松輯：《宋會要輯稿》職官九之七

五代以來，初敘勛即授柱國。

　　　　　　　　　　　(清)徐松輯：《宋會要輯稿》職官一〇之一八

(大中祥符二年正月)二十七日，改軍頭司伴飯指揮使爲散指揮使。五代以來，軍校立功無闕可補者，第令與諸校同其食膳，因以爲名。是後目爲冗秩，惟被遣者處之，且以名品非正，故改焉。

　　　　　　　　　　　(清)徐松輯：《宋會要輯稿》職官三六之七九

後唐明宗置端明殿學士二員，立翰林學士之上，專(被)[備]顧問。

　　　　　　　　　　　(清)徐松輯：《宋會要輯稿》職官七之六

先是，後唐明宗不知書，四方章奏令樞密副使安重誨讀之。重誨多不曉文義，宰相孔循獻議置端明殿學士二員，序立在翰林學士之上，專備顧問，以翰林學士馮道、趙鳳爲之，累朝因而不改。至是因殿名改爲文明殿學士，即端明殿之任也。國初立位在翰林學士之下，至是始改焉。

　　　　　　　　　　　(清)徐松輯：《宋會要輯稿》職官七之六

後唐同光中，置樞密直學士一人。

（清）徐松輯：《宋會要輯稿》職官七之一九

《神宗正史·職官志》：三司，沿後唐置，國朝以兩制、學士充使，亦有前執政充者，於天下財計無所不統。

（清）徐松輯：《宋會要輯稿》食貨五六之一〇

太祖乾德二年九月十二日，詔曰：……'晉天福、周顯德中，以庭臣內職、賓從將校比其品數，著爲綱條，載於刑統，未爲詳悉。宜令尚書省集臺省官、翰林學士、秘書監、國子司業、太常博士等詳定內外群官、諸司使副、供奉官、殿直及州縣官等見宰相、樞密使及所總攝正一品、二品官，東宮三師、三少、內外所屬長官及品位相隔者，以前後編敕故事，參定儀制以聞。'

（清）徐松輯：《宋會要輯稿》儀制五之一

太祖開寶八年四月二十九日，教坊使衛得仁年老乞外官，引後唐故事，希領郡。

（清）徐松輯：《宋會要輯稿》職官二二之二八

唐初止爲天策上將軍，後唐命馬商（殷）爲天策上將軍，並開府。

（清）徐松輯：《宋會要輯稿》職官三七之一

四方館以通事舍人判，隸中書省，石晉始有爲卿、監專判者。

（清）徐松輯：《宋會要輯稿》職官五二之二〇

且百官廩賜莫盛於唐，月俸之餘既有食料雜給，祿粟之外又有息利本錢，加以白直、執力、防閤、掌固之類，悉許私用役使，潛有所輸。五代所支，裁得其半。太祖始定添支，太宗增給實俸。職田之制廢於五代，興於本朝。

（清）徐松輯：《宋會要輯稿》職官五八之二

自唐貞元四年定百官月俸，至僖、昭亂離，國用窘闕，天祐中止給其半。梁開平三年，始令全給。後唐同光初，租庸使孔謙以軍儲不充，百官俸錢雖多，而折支非實，請減半數而支實錢。是後所支半實俸，復從虛折。周顯德三年，復給實錢。本朝之制，皆約後唐所定數，其非兼職者皆一分實錢，二分折支。

（清）徐松輯：《宋會要輯稿》職官五七之二八

晉天福六年敕：“准《長定格》，特敕停任及削官人，及曾經徒流、不以官當者，經恩後本官選數赴集。”

（清）徐松輯：《宋會要輯稿》職官七六之一

梁太祖開平元年五月，以唐朝宰臣張文蔚、楊涉并爲門下侍郎、平章事，以御史大夫薛貽矩爲中書侍郎、平章事。

（宋）王欽若等編纂：《冊府元龜》卷一九九《閏位部》

梁韓建，開平元年爲司徒、平章事，累加侍中、太保。四年三月，除陳許節度使，仍令中書，不議除替。

（宋）王欽若等編纂：《冊府元龜》卷三二二《宰輔部》

（開平）二年四月，以吏部侍郎于兢爲中書侍郎、平章事，以翰林奉旨學士張策爲刑部侍郎、平章事。時帝在澤州，拜二相於行在。

（宋）王欽若等編纂：《冊府元龜》卷一九九《閏位部》

（開平）三年九月，太常卿趙光逢爲中書侍郎、平章事，翰林學士奉旨、工部侍郎、知制誥杜曉爲尚書户部侍郎、平章事。

（宋）王欽若等編纂：《冊府元龜》卷一九九《閏位部》

梁薛貽矩，太祖開運（平）三年九月，爲門下侍郎、平章事、判建昌宮。

（宋）王欽若等編纂：《册府元龜》卷三二九《宰輔部》

（開平三年）十一月戊午，御文明殿，册太傅張宗奭爲太保。

（宋）王欽若等編纂：《册府元龜》卷一九九《閏位部》

梁杜曉，開平初爲中書舍人，翰林學士，居兩制之重，祖述前載，甚得王言之體。

（宋）王欽若等編纂：《册府元龜》卷五五一《詞臣部》

《五代史·梁書》：開平三年，詔昇尚書令爲正一品。按《唐典》，尚書令正二品，至是以將授趙王鎔此官，故昇之。

（宋）李昉：《太平御覽》卷二一〇《職官部八·尚書令》

（開平）四年正月，敕公事難於稽遲，居處悉皆遙遠，其逐日當直中書舍人及吏部司封知印郎官、少府監及篆印文兼書寫告身人吏等，并宜輪次於中書側近宿止。

（宋）王欽若等編纂：《册府元龜》卷一九一《閏位部》

（開平）五年二月，詔左右金吾大將軍、待制官各奏事。

（宋）王欽若等編纂：《册府元龜》卷一九一《閏位部》

于兢，乾化二年五月以門下侍郎、平章、判建昌宮事。

（宋）王欽若等編纂：《册府元龜》卷三二九《宰輔部》

梁末帝乾化初，于兢爲司空平章事。四月，罷爲工部侍郎，尋貶萊州司馬，以其挾私與軍校還往故也。

（宋）王欽若等編纂：《册府元龜》卷三三七《宰輔部》

梁盧格爲侍御史，太祖乾化二年，御史臺奏格先請患假滿一百日，準例合停，從之。

（宋）王欽若等編纂：《册府元龜》卷九〇六《總録部》

末帝即位初，以御史大夫姚洎爲中書侍郎、平章事。

（宋）王欽若等編纂：《册府元龜》卷一九九《閏位部》

貞明二年八月，以太子太保致仕趙光逢爲司空，兼門下侍郎、平章事、弘文館大學士，延資庫使，充諸道鹽鐵轉運使。

（宋）王欽若等編纂：《册府元龜》卷一九九《閏位部》

（貞明二年）十月，以中書侍郎兼吏部尚書、同平章事敬翔爲右僕射，兼門下侍郎、平章事，監修國史，判度支；以中書侍郎、同平章事鄭珏爲刑部尚書、平章事、集賢殿大學士，判户部。臣欽若等曰：敬翔，庶人友珪時僞署爲相。鄭珏初相時，史失其年月。

（宋）王欽若等編纂：《册府元龜》卷一九九《閏位部》

（貞明）四年四月，以吏部侍郎蕭頃爲中書侍郎、同平章事。

（宋）王欽若等編纂：《册府元龜》卷一九九《閏位部》

（貞明）六年四月，以尚書左丞相李琪爲中書侍郎、平章事。

（宋）王欽若等編纂：《册府元龜》卷一九九《閏位部》

尚書令在唐爲正二品，朱梁置爲正一品。

（元）馬端臨：《文獻通考》卷五一《職官考五》

《五代史·後唐書》曰：梁開平二年，改左右丞爲左右司侍郎，避廟諱也。至同元年十月復舊爲左右丞，長興元年九月詔曰：“臺轄之司，官資並設左右貂，素來相類，左右揆不至相懸。以此比方，豈宜分別。自此宜昇尚書右丞官品，與左丞並爲正四品。"

（宋）李昉：《太平御覽》卷二一三《職官部十一·右丞》

後唐莊宗同光元年，十一月丁未日長至，帝不受朝賀，百官詣東上閤門拜表稱慶議者以爲長至元會，歲中之大朝，斯爲盛禮，著於令式。是日合陳樂懸、排細仗，一人當陽昭國容也。兵興以來而斯禮或闕，帝初一函夏，不復唐典，無故輟禮，議者惜之。十二月，中書門下奏："每日常朝，百官皆拜，獨兩省官不拜。準本朝故事，朝退，於廊下賜食，謂之廊餐，百僚遂有謝食拜。唯兩省官，本省有厨，不赴廊餐，故不拜伏。自僖宗幸蜀回，以多事之後，遂廢廊餐。百官拜儀至今未改將五十載，禮恐難停。唯兩省官獨尚不拜，豈可終日趨朝會不一拜？獨於班例有所異同。若言官是近臣，於禮尤宜肅敬。起今後，逐日常朝宣不坐，除職事官押班不拜外，其兩省官與東西兩班並齊拜。"從之。

（宋）王欽若等編纂：《册府元龜》卷一〇八《帝王部》

（同光元年）十一月，以尚書左丞趙光裔爲中書侍郎，以尚書禮部侍郎韋説守本官並平章事。時盧程以狂妄兔，郭崇韜自助臣拜，議者以爲國朝典禮故實，須訪前代名家成法。光裔有宰相器。初，薛廷珪、李琪當武皇爲晉王時，常因爲册使至太原，故皆有人望，咸謂宜處臺司。崇韜采言事者陸廷珪朽老浮華無相業，琪雖文學高，傾險無士風，皆不可相。乃用光裔與韋説同制。

（宋）王欽若等編纂：《册府元龜》卷七四《帝王部》

（同光二年）三月，敕："朕自雀臺創業，兔苑平凶，救生聚之倒懸，俾衆區之反正，凡云機密，深繫憂勤，每事多委密司，權令决遣，貴無停滯，要速施行。今則四海一家，萬邦同德，中土之寰居顯定，圓丘之祀禮方終，既整皇綱，合依舊制，使百官各舉其職，庶事不失其宜，貴合通規，以成永例。此後應有公事，何色件合歸樞密院，何色件合付京百司，至於軍幕之中，並在精詳分擘，內外免侵。其職分高低，貴叶其規程。其或百姓軍人,事關争訟,先經州縣都將,須依次第披論。或致淹停,可詣臺省。至若懷冤抑,要達禁庭,即許投狀甌函,別議申雪此情。或非的確,理涉僭逾,推詰有聞,必行朝典。兼有衣冠士族,參選官僚,或獻所業文章,或述從前行止,因依駕幸,抵冒乘輿,希望恩榮,隨張物體。更有軍人百姓,亦敢將狀衝突,須各示條章,絶其容易,宜令御史各下諸司、河南府及諸道分明曉示訖,奏。其本朝百官有司所行公事,仍令御史臺各取狀申中書門下。"

(宋)王欽若等編纂:《册府元龜》卷六五《帝王部》

(同光二年)五月己酉,御史臺奏:"准本朝故事,當司六察,合行職事條例如後:吏察,應吏部行内南北兩曹磨勘選人,合具駁放判成人具銜,報分察使,及三銓應鑼注官後,具前銜後,擬報分察使典檢,如有逾濫,即察使舉追本行令史推勘;兵察,應兵部司公事,一一合報察使;户察,應户部司諸州户帳、貢物,出給蠲符,具事件合報察使;刑察,應刑部司法津,赦書德音,流貶量移,斷罪重輕,合報察使;禮察,應禮部補轉鑄印,諸祠祭料法物,合報察使;工察,應工部司工役等,合報察使。伏以御史臺六員監察,謂之分察使,察訪綱舉,動静必行,但緣曠廢,久不施行,今欲重行條貫。"從之。

(宋)王欽若等編纂:《册府元龜》卷五一七《憲官部》

《五代史·後唐史》曰:天成元年夏六月,以李琪爲御史大夫,自後不復除。

(宋)李昉:《太平御覽》卷二二五《職官部二十三·御史大夫》

明宗天成元年七月,侍御史臺奏:"每月文明殿入閣及百官五日一赴中興殿等事,伏准故事,每月百官入閣,所司排儀仗,金吾勘契入後,有待制次對官,各舉論本司公事,左右起居分記言動,以付史館編修帝録,此本朝經久之制也。昨陛下初膺大寶,思致治平,遂降綸言,特申聖旨:百官除常朝外,依宰臣每五日一度入内。起居所貴,得預敷陳，俾凝庶績。此蓋陛下切於百司，各言時政，特令五日一面於天顏。雖眷睐以丁寧，限朝儀之拘束；序班而入，拜手而回；縱有公事要言，亦且卷行須出；百司何由舉職，兩史無以記言；外則因此廢待制次對之官，內則無以分延英衆人之別。以臣愚見，竊有所陳，欲乞陛下每月一日、十五日，兩度出御文明殿，排入閤之儀，諸司依前轉對奏論本司公事，其百官就食，謂之‘廊餐’，則中外既有區分，禁庭亦更嚴密。如陛下切於群臣有所敷陳，即乞因宰臣五日一度延英之際，班行內有要奏事者，臨門狀到，便許引入此。又於旅進旅退，事理不同，言路既開，別彰聖德。如或以山陵日近，朔望不坐，即取次日，亦合舊規，候過陵園，還如法制。臣叨司邦憲，獲典朝儀，儻遇事而不言，即奉公而何取。乞宣付中書門下，商量曾獲經久者。”中書奏議曰：“比令五日內殿起居，慮百司有事論奏，中外或爲擁隔。至於朔望入閤，亦是朝廷舊儀。李琪自領憲綱，每循故事，備觀條奏，頗叶國章，望依所奏。”敕旨曰：“五日起居之意，所貴數見群臣，俾陳時事。憲司所奏朔望入閤等事，既合往例，得以允俞。其五日一度起居之際，班行內有要奏事者，便出行奏對，仍付所司。”自後言事者又奏請五日內殿起居之日，請令百官次第轉對奏事，又從之。自是，百官五日內殿起居，以所言事形於箋，奏録在笏記，明敷於殿庭。而素無文學，及不閑理體者，其文句鄙陋，詞繁理寡，敷奏之時，人皆竊笑。然以次第當言，無所辭避。而冗散之徒，或行賂假手，僶俛供職，愁苦無憀。時議者以爲不便，後竟罷之。始知李琪所奏，深達理體矣。

（宋）王欽若等編纂：《冊府元龜》卷五一七《憲官部》

（天成元年）八月，御史臺奏：“凡新除官及差使者，合於正衙謝辭。每遇內殿起居日，百官不於正衙叙班其差使及新除官員，其曰：‘辭謝不得，或恐差使者已定發日。’除官者准宣催發，以一日無班，便妨辭謝。臣愚參詳，每內殿起居日，百寮先叙班於文明殿庭，候辭謝官退，則班入內殿，冀便於官吏辭謝者。”從之。

（宋）王欽若等編纂：《冊府元龜》卷五一七《憲官部》

（天成元年）十月庚戌，以吏部侍郎盧文紀爲御史中丞。文紀初領事於御史府，諸道進奏官來賀，文紀曰：“事例如何？”臺吏喬德威等言：“朝廷在長安日，進奏官見大夫、中丞，如胥吏見長官之禮。及僞梁將革命，本朝微弱，諸藩强據，人主大臣，皆姑息邸吏。時中丞上事，邸吏雖至，皆於客次傳語，竟不相見。自經兵亂，便以爲常。”文紀令臺吏諭以舊儀相見，據案端簡，通名贊拜。邸吏輩既出，怒不自勝。十一月丙子，進奏官等相率於閤門求見，騰口喧訴，狀奏曰：“臣等今月四日，中丞上事，禮合至臺，比期不越前規，依舊傳語。忽蒙處分通出，尋則再取指揮，要明審的。又蒙問大夫相公上事日如何，臣等云大夫曾爲宰相，進奏官伏事中書，事體之間，寔爲舊吏。若以別官除授，合云傳語，又堅傳指揮，便令通出。臣等出身藩府，不會朝儀，拒命則恐有奏聞，遵稟則全隳則例，伏恐此後到臺參賀，儀則不定者。”上謂宰臣趙鳳曰：“進奏官此外何官？”鳳曰：“府縣發遞知後之流也。”帝曰：“乃吏卒耳，安得慢吾法官？”乃詔曰：“御史臺是本朝執憲之司，乃四海繩違之地。凡居中外，皆待整齊。藩侯尚展於公參，邸吏豈宜於抗禮？遽觀論列，可驗侮輕。但以喪亂滋多，紀綱隳紊，霜威掃地，風憲銷聲。今則景運惟新，皇圖重正，宜加提舉，漸止澆訛。宜令衘史臺，凡闕舊例，並須舉行，稍不稟承，當行朝典。”

（宋）王欽若等編纂：《册府元龜》卷五一七《憲官部》

（天成元年）十一月甲戌，吏部侍郎劉岳奏：“凡在立朝，悉是爲臣之責；每蒙進秩，咸加報上之忠。奉敕命以遷昇，固當感抃；降綸言而褒飾，或未捧觀。將使知罷陟之繇，認訓誥之旨，必在各頒官告，令睹制詞，處班列以增光，傳子孫而永耀。伏請自今，凡有除轉登朝官已上，在京閤門宣賜，在外則付本州使賜之。敕旨朝官，素有品秩，不可一例頒宣。文班三品已上丞郎給舍諫議，武班大將軍已上宣賜官告。”舊例，吏部出告身，納出朱膠紙軸錢分給朝臣或親舊者，隨即給付，而官貧不辦者但領敕牒而已。喪亂之後，因以爲常。朝臣多不出告身，制下之後，中書但收其制辭，編爲敕甲本，官不見獎飭之詞。故有是奏。敕旨不編班，得事體也。其後執政者相與謀罷朱膠紙軸之例，以爲天下吏員無多，除拜以簡給膠軸之費，歲不過數萬，國家既錫以禄位，而邀其膠紙之直，是巨細不相稱也。因奏覆，凡中外官除拜，並宣賜告告。然執政之議雖善，蓋圖其始，不料其終。何者？同光世至天成初，官爵之命，在於除授。中外正員官，其餘侍御帖號，則寵僥軍中將校而已。自長興已來，除授日多，上至軍中卒伍，下迨州使鎮戍、簿籍胥吏之流，皆有銀青宫憲之號，每歲給賜告身，動盈數萬，非止膠紙之虚費財力，而又賞激之道難以勸功，以臣料終，則知執政圖始之非善也。勸作事謀始，凡執政者慎圖之。

（宋）王欽若等編纂：《册府元龜》卷六一《帝王部》

（天成元年）十二月丙戌，御史臺奏："常朝辭謝官，常朝則南班橫行，與百官齊拜。入閣日，敷政門外序班，亦仗南横行。百官雖不拜候，唤仗時，辭謝官便展拜儀。今伏見每內殿起居日，先於文明殿庭序班，百官固不設拜，祗候宰相至，便入起居，固不傳宣命，若有南班辭謝，稍似非儀。請自今後，其日不許辭，皆令次日候有常朝，即得辭謝。若遇急切公事，即准舊例，令隔門辭謝，或於閣門祗候宣放。其文武兩班，不更於文明殿前序立，只於中興殿門外立班祗候，宰臣到，便依次第入起居。又准故事，嘗參官每日趨朝，不合無故請假。如寔疾病不朝參，間不得私行人事。新官未謝，不合私人事到宰相宅。每月請假，不得過三日。吏部南曹郎中，請以鎖院前五日免朝，若遇起居，入閣參假，追朝御樓謝賀。行香城外，班并合到，不到，書罰三司。河南府職事帶正員官，如南曹例。"敕旨："盧文紀自領憲綱，頗思振舉，備觀條奏，皆叶通規。李琪以內殿起居，不廢辭謝，蓋慮留滯，乃是權儀。盧文紀以正衙序班，恐隳故事，請候次日亦可，允依所請。三詮免朝，事繫繁省，選人既少，公務非多，宜且依所奏鎖銓，前五日免朝。將來人數漸多，須容點檢。即許開曹後免朝，永以爲例，付所司。"庚戌，御史臺奏："京城坊市士庶工商之家，有婢僕自經、投井，非理物故者，近年以來，凡是死亡，皆是臺司左右巡舉勘驗，施行已久，仍恐所差人吏及街市胥卒同於民家，因事邀頡取索。臣詢訪故事,當司今有舊京往例,凡京城民庶之家,死喪委府縣檢舉,軍家委軍巡,商旅委户部,然諸司檢舉後,具事由申臺。其間或枉濫情故,臺司訪聞,即行舉勘。如是文武兩班官吏之家,即是臺司檢舉。臣自今已後,欲准故事施行者兼左右巡使録到喪葬車輿格例,比緣官品等差,無官秩之家,過爲僭侈,供應者固當刑責。今則凡是葬儀,動逾敕格,但官中只行檢察,在人情各盡孝思,徇彼稱家之心,許便送終之禮。又難將孝子盡決嚴刑,遂以供人例行書罰,以助本司支費,兼緣設此防禁。此爲權豪之家違禮厚葬,若貧民薄斂不充,無憂僭禮書罰。兩京即是臺司,州府元無條例者。"敕旨:"今後文武兩班及諸司官吏、諸道商旅,凡喪亡,即准臺司所奏施行。其坊市民庶、軍士之家,凡死喪,及婢僕非理物故,依臺司奏,委府縣、軍巡同檢舉,仍不得縱其吏卒於物故之家妄有邀頡,或恐暑月,尸柩難停,若待申聞檢舉,縱無邀頡,亦須經時日。今後仰其家唤四鄰檢察,無他故遂便葬埋,具結罪文狀報官。或後別聞枉濫,妄有保證,官中訪知,勘詰不虛,本户鄰保量事科罪。如聞諸道州府坊市死喪,取分巡院檢舉,頗致淹停,人多流怨,亦仰約京城事例處分,所奏喪葬車輿格例,今後據品秩之外,如庶人喪葬,宜令御史臺差御史一員點檢,供任行人,如有違越,據所犯科罪,臺司不得書罰,徵擾行人。文非憲綱,事體付所司。"

（宋）王欽若等編纂:《册府元龜》卷五一七《憲官部》

（天成元年十二月）是月十一日,御史臺奏:"謹具本朝舊例,合行公事如右:應諸道進奏院,准本朝例,各合置臺巡驅使官一人,凡有公事,并合申報。臺巡逐日在臺祗候應奉公事。應諸道進奏官,每四孟月初,及五月冬至,新除大夫中丞,并合臺參。伏自僞朝以來,全隳舊例。今准敕命條疏,請准本朝舊例施行,應諸道節度、觀察、防禦、經略、團練使及諸州刺史,新除赴任,及郎幕上佐官等得替,及准宣進奉到闕,及歸本道并合廊參,正衙謝見辭。如遇大夫中丞入臺,并合臺參。兼凡有公事及到發日,并合申報。如違,追勘進奏官典,勘責科罰。右伏以僞朝已來,全隳往制,既未條理,轉失規繩。伏乞特降明敕指揮,免令隳紊。"奉敕宜依。

(宋)王欽若等編纂:《册府元龜》卷五一七《憲官部》

後唐天成元年,明宗即位之初,四方書奏命樞密使安重誨進讀,懵於文義。孔循獻議,始置端明殿學士,命馮道、趙鳳俱以翰林學士充,班在翰林學士上。後有轉改,止於翰林學士內選任。初如三館例,職在官下。趙鳳轉侍郎,諷任圜特移職在官上,後遂爲故事。晉天福五年廢,開運元年復。

(元)馬端臨:《文獻通考》卷五四《職官考八》

(天成)二年正月,敕曰:"設官分職,有國宏圖;授才任能,前王重事。凡繫惟行之命,須遵不易之規。朕以猥紹丕基,務弘至理,臨萬國則每勤聽政,任庶官則切在得人,貴內外之叶和,俾華夷之帖泰。頃自本朝多難,雅道中微,皆尚浮華,罕持廉讓。其有除官蘭省,命秩柏臺,或以人事相疏,或以私讎見訝,稍乖敬奉,遂致弃捐。蓋司長之振威,處君恩於何地!緬思積弊,深所疚懷。方當大定之期,特示維新之制。今後應新授官員朝謝後,可准列隨處上事,司長不得輒以私事阻滯。其所授官仍不得因遭抑挫,托故請假,庶使孤弱遂昇遷之路,朝廷無滯壅之端。凡爾群官,體予深旨。"

(宋)王欽若等編纂:《册府元龜》卷六五《帝王部》

(天成)二年四月,御史臺奏:"今月三日廊下設食,百官坐定,兩省方來,自五品已下輒起,敕每赴廊餐,如對御宴,若行私禮,是失朝儀,宜各罰半月俸。"

(宋)王欽若等編纂:《册府元龜》卷五一七《憲官部》

後唐盧導爲右司郎中,知雜事。明宗天成二年八月,假滿百日,奉敕停官。

(宋)王欽若等編纂:《册府元龜》卷九〇六《總錄部》

（天成二年）九月，御史臺奏：“每遇入閣日，只一員侍御史在龍墀邊祗候，彈奏公事。或有南班參雜失儀，點檢不及，難於舉奏者。伏以入閣之儀，務在整肅，或少虧於恪敬，則有慢於典經。今欲依常朝例，差殿中御史二員押鍾鼓樓位，仍各綴供奉班出入，所冀共爲糾察，免失規誠，敢將舉職之誠，粗益朝天之敬。”從之。

（宋）王欽若等編纂：《册府元龜》卷五一七《憲官部》

杜紹光爲少府少監，天成二年上言：“當司掌朝服、儀仗、祭器。服兵戈已來，散失向盡，苟非得人，難爲掌轄。臣準往例，除監一員，少監二員外，比有丞、主簿、五署令共一十六員。近自僞梁廢省，只委曹史主張，遂至因循，或多隱漏。乞下中書於先廢官員内量置丞、簿、署令，分主當局公事。”

（宋）王欽若等編纂：《册府元龜》卷六二〇《卿監部》

後唐天成三年正月，中書門下奏：“伏以祭酒之資，歷朝所貴，爰從近代，不重此官。況屬聖朝，方勤庶政，須弘雅道，以振儒風。望令宰臣一員兼判國子祭酒。”敕：“宜令宰臣崔協兼判。”其年八月十一日，宰臣兼判國子祭酒崔協奏：“請國子監每年祗置監生二百員，候解送至十月三十日滿數爲定。又請頒下諸道州府，各置學官。如有鄉黨備諳、文行可舉者，録其事實申監司，方與解送。但一身就業，不得影庇門户。兼太學書生，亦依此例，不得因此便取公牒，輒免本户差役。又每年於二百人數内，不繋時節，有投名者，先令學官考試，校其學業深淺，方議收補姓名。”敕：“宜依。”

（元）馬端臨：《文獻通考》卷四一《學校考二》

（天成）三年四月，敕：“設官分職，比委仗于公才；詢事考言，務恢弘於理道。朕自祗膺大寶，俯育群生，四門無塞其聰明，百辟咸專于諫静。凡閲事務，各有職司；儻逾越於規繩，必申明於典憲。其有凶頑之輩，游惰之夫，藝不度於荒唐，心每懷於僥幸。或妄陳條策，覽尋而多是訛言；或但務訟論，按驗而却招情罪。不遵格令，輒冒乘輿。若無止絕之文，何戒因循之弊？今後凡有詞狀，并須各於所司部據理陳論；如未盡情，或有阿曲，即許經御史臺；臺司不理，則詣匭投狀。然若有進獻策條，則須審明利害，有益公私，然可投匭，朕當選擇施行，不得容易接駕。如敢故違，當行嚴典。”

（宋）王欽若等編纂：《冊府元龜》卷六五《帝王部》

崔居儉爲尚書左丞，天成三年五月，請於西京置分司官。

（宋）王欽若等編纂：《冊府元龜》卷四七五《臺省部》

《五代史》：後唐天成三年五月詔曰：“開府儀同三司，階之極；太師，官之極；封王，爵之極；上柱國，勛之極。近代已來，文臣官階稍高便授柱國，歲月未深便轉上柱國，武資不計何人，初官便授上柱國。官爵非無次第，階勛備有等差，宜自此時重修舊制。今後凡是加勛，先自武騎尉經十二轉，乃授上柱國。永作成規，不令逾越。”雖有是命，竟不革前例。

（宋）李昉：《太平御覽》卷二四三《職官部四十一·柱國》

孔昭序爲給事中，天成三年九月丁酉上言曰：“伏見本朝儀制：北省官爲近侍之班。遂異嘗參之禮，所以百僚則曰拜。蓋云謝食，北省官不赴廊飧，食於本署。故常朝不拜，況今者舊，皆目睹躬行。伏望陛下，順考古道，率由舊章，正立朝之常規，遵先王之定制。”

（宋）王欽若等編纂：《冊府元龜》卷四七五《臺省部》

（天成三年）十一月，閤門使馮知兆奏內外臣僚多有僭呼官號，下令禁之。

（宋）王欽若等編纂：《冊府元龜》卷六五《帝王部》

（天成）四年正月，中書奏：“凡外朝官，此後並令中謝。”從之。

（宋）王欽若等編纂：《冊府元龜》卷六一《帝王部》

（天成）四年三月二十日，御史臺奏：“臺中舊有格杖，近年不行，每有決遣公事，皆於河南、洛陽兩縣追取人杖。今緣臺中常有囚徒勘責，若一一於兩縣追取，又緣地里遙遠，及候差人往來，交妨指揮公事者。今臺司請置常行人杖，免有妨滯公事。”奉敕宜依。

（宋）王欽若等編纂：《冊府元龜》卷五一七《憲官部》

于嶠，爲比部郎中，知制誥。天成四年四月丙午，上章以兩班有老病者，咸絕其俸。慮玷聖明，請各授致仕官，仍加錫賚，以符尚齒之化。

（宋）王欽若等編纂：《冊府元龜》卷四七五《臺省部》

周張昭遠，初仕後唐，爲都官員外郎，知制誥。明宗長興元年，昭遠奏：“古者聖帝明王，愛民恤物，先要察其利病，愍其凶災。既黈纊以垂旒，難家至而户曉，其間疾苦，安測細微？臣每見諸處奏報，今春已來穀價絕賤，如聞梁益抱聊生之嘆，登萊有餓殍之人，方當盛明，深不宜稱。臣必恐下民疾苦，理道未周，長吏既不上聞，百姓無繇自訴。藏奸積弊，威福臨人。僻郡遠藩，慘舒自我。苟無廉問，何表雍熙。竊觀本朝，二十聖之規模，三百年之基構，事皆師古，政在安民。一歲不登，則命軺軒之使；三農或匱，則覃蠲賑之恩。所以國祚延長，生靈推戴，上布穆清之化，下無愁嘆之聲。詢於舊章，其道猶在，唯聖主行之。臣請依本朝舊事，選擇郎官御史清強幹事者，每歲分行天下。宣問風俗，求瘼懲違，凡人間疾苦，巨細盡許上聞。朝廷詳其利害，則皇風遠洽，貪吏革心，庶幾明時，盡除弊政。”疏奏不報。

（宋）王欽若等編纂：《冊府元龜》卷五五三《詞臣部》

長興三年三月敕："近日累據御史臺奏，陳狀訴屈人，據狀內皆是勘責多時，却曉示陳狀人送本道，依次第論對，及州府追到支證，本人又不到彼處，恐紊規繩，須行條理。宜令御史臺，今後諸色人論訟，稱已經州府斷遣後抑屈，更不在牒本道勘逐，便可據狀施行。若未經州府論訴，驀越陳狀，即須留本人據事理詰勘。如實未經本處訴論，便可具事由，勒本道進奏官，差人賫牒監送本處，就關連人勘斷後申奏，仍不得虛有禁繫。"

（宋）王欽若等編纂：《冊府元龜》卷五一七《憲官部》

（長興）四年五月二十五日，御史中丞龍敏等奏陳事如後："一伏以臺司除御史中丞隨行印，及左右巡使、監察使並出使印等外，其御史臺印一面，先准令式，即是主簿監臨。近年已來，緣無主簿，遂至內彈御史權時主持，常隨本官出入不定。伏緣臺中公事，不同諸司，動繫重難，常憂遲滯，當奏申堂之際，及牒州牒府之時，事無輕重，並使此印。今准令式，逐日有御史一員臺直，承受制敕公文。其御史臺印，今後欲勒留臺中，不令在外。選差令史一人，帖司一人，同知此印。凡有諸色文案印發之時，准指揮諸司，各置印曆一道，具其事節件數，書在曆中，即於直官面前，點檢印發，其印至夜封閉，候交直轉付下次直官，共議執行，保無差謬者。一伏以御史臺事總朝綱，職司天憲，所管人吏色役最多。上至朝堂，次及班列；或在京勾檢公事，或外地催勘稽違；監守狴牢，行遣案牘；或隨從出使，或祠祭監臨。凡有係於臺司，皆須籍其人吏。俾無闕事，以贊國容。近年以來，人數極少，及月限者授官出外，爲官滿者追呼未來，人力既到不免，公事便至停滯。切以往歲臺中亦闕人吏，曾於諸州抽取。今欲於諸州使院內，量事差取十人，據臺中諸司闕人臨時量才填補者，一其臺中令史。今欲條流凡出官考滿却來歸司者，便具到日，申堂請以到日係其選限，如有經年不到，追領不來，即具申堂，便乞除落名姓。"奉敕："宜依。凡京百司人吏，考滿歸司，繫其權限，亦宜令准此。"

（宋）王欽若等編纂：《冊府元龜》卷五一七《憲官部》

末帝清泰元年,御史中丞張鵬奏:"文武常參官入閤日,廊下設食,每宣放仗拜後就食,相承以爲謝食拜。臣以每日常朝宣不坐後拜退,豈謝食之謂乎?如臣所見,自今宣放仗拜後,且就次候將設食,別降使於敷政門外宣賜酒食,群臣謝恩後食。"從之。是年,鵬又自舉內殿起居門外序班,與御史晚到失儀,詔各罰一月俸料。故事,御史府不治,尚書左右丞舉奏,今鵬自彈,則尚書左右可知矣。

(宋)王欽若等編纂:《冊府元龜》卷五一七《憲官部》

(清泰)二年十一月,知彈御史奏:"今月二日,班入遇雨,移班廊下。知班臺吏董瑾引僕射在中丞、三院御史之下,僕射詰問董瑾,稱准常例。臺司刺都省,請檢討舊儀。都省稱國朝以端揆之重,師長百僚,雖在別司,皆爲統屬,且左右僕射常朝,不在中丞之下,赴宴廊餐,並在中丞之上,況中丞有公參之禮,避路之儀,詳其道理,自有等降。臺司又堅稱李琪、盧質任僕射之日,亦如此。又引通事舍人在一品班上。尋申中書門下奉宰臣判令廊下使重定班位,廊下使言:'今後遇雨,移班廊下。欲請依殿前磚位次第,二品在三品前,一品後。如中丞大夫俱置,即大夫在中丞前,其西班准此。'謹聞。"敕:"宜令置一品、二品、三品磚位。"

(宋)王欽若等編纂:《冊府元龜》卷五一七《憲官部》

許遜,爲右拾遺。清泰二年,上疏曰:"臣見上封事者,多不關時政得失。或以事不合己,或以位未及人,但欲虛鼓聲名,妄邀抽擢,全非切當,空事游詞,數件之中,一無可取。不惟熒惑聖聽,兼屬侮慢朝綱。今後請除兩省官合上封事者,其別班,除論本司公事外,請準太和二年敕,輪轉待制給事,合司封奏。大凡食禄之道,本在致君,不可獨善一身,歸惡萬乘。惜暫時之逆耳,貽他日之痛心。事切三思,理實不可。其切要言者,或君上情耽酒色,志好畋游,言動稍乖,理須論靜,職司其事,合在諫官。況陛下嗣位已來,憂勤庶政,鮮有過誤,無可陳論。朝廷班外之宜,職在御史臺,如有愆違,御史彈糾。其餘鞫獄，自有法司。事若有違，他自論奏。此外越局言事，并望寢停。"詔曰："上書言事，諫署舊規。各有所司，豈宜越局。若思出於位，理或侵官。言匪盡忠，徒欲沽於謇直；詞多率意，實有望於指陳。許遜所上封章，請依近敕，各司其事，允叶舊章。"

（宋）王欽若等編纂：《冊府元龜》卷四七六《臺省部》

（清泰）三年三月，以翰林學士、禮部侍郎馬胤孫爲中書侍郎、平章事。初，帝爲潞王鎮河中時，胤孫爲記室，留守西京，節度鳳翔，累轉觀察判官。及即位，用爲翰林學士、户部郎中、知制誥，賜紫金魚。未滿歲，改中書舍人、禮部侍郎，皆帶禁職。時藩邸舊臣韓昭胤、房暠爲樞密使，劉延節、李專美爲宣徽使。河南尹雍王重美不平之，密奏曰："馬胤孫者，只令視草，恐未得宜。"帝然之。尋拜中書侍郎、平章事。

（宋）王欽若等編纂：《冊府元龜》卷七四《帝王部》

（清泰三年）十二月，司天冬官正朱戀訟本監胡杲通，言前監徐鴻亡在殯，鴻男皓方行服，杲通署爲監丞。下御史臺鞫問，杲通言自授官後，有監丞高戀言曆算事，徐皓工於推步，其祖保謙藝優，所以權署攝，不知徐鴻死方在殯，其署徐皓，緣曆算事大，詔曰："徐皓伎術勘造，且宜落下，別後處分。高戀備知徐皓居喪，不合薦舉，宜停見任。杲通已下，並釋放。"

（宋）王欽若等編纂：《冊府元龜》卷一五四《帝王部》

末帝清泰三年，將作監丞、襲封介國公宇文頡奏："蒙恩襲封除官，無襲爵俸給。"詔特給本官俸。

（宋）王欽若等編纂：《冊府元龜》卷一七三《帝王部》

王鬱，爲右庶子。天成四年十二月辛酉，奏："伏自廣明辛丑之後，天祐甲子以來，官壞政荒，因循未補。此蓋諸司滅喪人吏，曹局亡失簿書，至令官僚中有不知所掌之事者。伏準文明元年四月十四日敕：律令格式，爲政之本。内外官員，退食之暇，各宜披覽。仍以當司令式,書於廳事之壁,俯仰觀瞻,使免遺忘。虔尋茲制,實繫化源。請下內外文武百司,如本司闕令式者,許就三館抄《六典》內本司所掌名目,各粉壁書寫。"從之。

（宋）王欽若等編纂:《冊府元龜》卷四六七《臺省部》

安重誨爲樞密使。天成四年,奏堂兄應州副使晟卒,請準式假。有司給假一十五日,敕旨重誨位重禁庭,日親機務,與群官之有異,在常式以難拘,宜自初聞日共給七日。

（宋）王欽若等編纂:《冊府元龜》卷九〇六《總錄部》

（長興元年）是月乙丑,中書舍人封翹奏:"切見五日轉對,於事太繁。所見或有短長不當,空煩聖覽。請此後秖於入閣者,依刑法待制官例次對。"同日,比部員外郎、知制誥崔稅奏:"臣歷觀往代,下及近朝,既立盤維,必擇師友。或取其德行彰著,或取其學術精通,待以優崇,俾之規益,斯亦前王之急務也。伏見陛下,須宣典冊封,立親賢,盛禮既陳,普天咸慶,諒鴻基之永固,豈麟趾以能歌? 伏願陛下特詔有司,遵行舊制,慎求端士,博訪碩儒,命以王官,使同猶豫。雖聰明天縱,固不俟於切磋;而孝敬日躋,亦良由於輔導。臣謬塵近侍,無補盛時。輒以芻蕘,上塵旒扆。"疏奏不納。

（宋）王欽若等編纂:《冊府元龜》卷四七五《臺省部》

李崇遇,爲尚舍奉御,長興元年十一月辛未奏:"竊見文武百官,一品已上薨謝者,皆有賵贈。自四品以下,無例施行。請特定事例,以表無偏。"

（宋）王欽若等編纂:《冊府元龜》卷四七五《臺省部》

李遘爲司天少監,長興二年二月戊戌,御史臺奏遘請假,滿十旬,準前例,合停官。從之。

（宋）王欽若等編纂:《冊府元龜》卷九〇六《總錄部》

（長興二年）閏五月，起居郎曹琛奏：“兩班或請假歸寧，或染病未損，纔注班簿，便住料錢。”敕旨：“有禮於君，克勤於國，爲臣所重，自古皆然。其或合朝不朝，即虧匪懈；無病稱病，亦屬自欺。儻異下冰，須資勿藥。卧疾非人情所欲，歸寧光孝治之朝。曹琛所奏文武官員請歸寧，準式假及實卧病者，並許支給本官料錢，宜依。或有托病，不赴朝參，故涉曠怠者，慢於事君，何以食禄？如聞糾奏，當責尤違。”

    （宋）王欽若等編纂：《册府元龜》卷四七五《臺省部》

王昭誨爲司農少卿。長興二年七月乙巳，御史臺奏昭誨自寒食請假，歸鎮州灑掃，已滿百日，準例停官。敕旨：“王昭誨方念繼絶，特授殊恩，久别丘園，許歸祭奠，雖違假限，宜示優弘，不停見任。”

    （宋）王欽若等編纂：《册府元龜》卷九〇六《總録部》

《五代史·後唐書》曰：長興二年八月，敕今後大理寺官員宜同臺省官例昇進，其法直官比禮直官任使。

    （宋）李昉：《太平御覽》卷二三一《職官部二十九·大理卿》

（長興）三年正月戊申，中書門下奏：“見任宰相四員外，其餘諸使兼侍中、中書令、平章事，並是使相，向來班序皆在見任宰臣之下。今緣秦王從榮，是親王新加兼中書令，與諸使相不同，每遇排班及到中書位次，今特商議。伏以政事之權，雖崇四輔，周行之列，亦長諸王。宜顯奉於本枝，固不同於異姓。今後望請親王官至兼侍中、中書令，則與見任宰臣分班定位，宰臣居左，諸王兼侍中、中書令居右。如親王及諸使守侍中、中書令，亦並是使相，既不知印，不署敕，亦分行居右。其餘使相請依舊規。”從之。

    （宋）王欽若等編纂：《册府元龜》卷六一《帝王部》

張昭遠，爲都官員外郎、知制誥。長興三年正月，上疏曰：“臣聞諫官進言，御史持法，實人君之耳目，正邦國之紀綱。自本朝以來，尤重其任。今之選授，莫匪端良。然則彈奏之間，尚未申於才用，使諫諍之道，或未罄於箴規。俾七人徒歷於清華，三院但循於資級，考其志業，孰測短長？臣請依本朝故實，許御史以法冠彈事，諫官逐月給諫紙，政事有所不便，并許陳聞。所冀履班行者，不負於君親；有才業者，自分於涇渭。庶幾舉職，免有曠官。"從之。

（宋）王欽若等編纂：《冊府元龜》卷四七五《臺省部》

盧華，爲刑部員外郎。長興四年奏："臣竊以欽恤者，聖人之大德；畏慎者，臣下之小心。倘不怠於交修，庶自叶於理道。伏遇陛下，靜符玄化，動修至仁，八紘無幽枉之人，四海有昇平之望。但以人非誘勸，事罕專精，將欲仰副憂勤，實願再明條制。伏見本朝故事：凡內外官司，有能辨雪冤獄，活得人命者，特書殊考，非時命官。多難已來，此道漸廢。既隳賞典，難得公心。伏乞明降敕文，顯示中外。自此不繫正攝官吏，能辨雪冤獄，全活人命，斷割纔訖，旋具奏聞。考校不虛，特與超轉。如或滯留，不具申奏及虛妄，冀希恩澤，其所任司長、本判官并請重加殿罰。"

（宋）王欽若等編纂：《冊府元龜》卷四七五《臺省部》

李盈休，清泰元年，爲司勛郎中。奏："奉詔，各令於律令格式內，抄出本司合行公事。本司職典勛官，近日凡初叙勛，便至柱國。臣見本朝承平時，至於位至宰輔、藩臣，其勛亦從初叙，蓋示人敘歷功用之重也。勛格自武騎尉七品，至上柱國正二品，凡十二轉。今後群官得叙勛首，并請自武騎尉依次叙進，無容隔越。"從之。

（宋）王欽若等編纂：《冊府元龜》卷四六七《臺省部》

《五代史·唐書》曰：清泰二年，制以前同州節度使馮道爲守司空。時議以自隋唐已來，三公無職事，自非親王不恒置，於宰臣爲加官，無單置者。道在相位時帶司空，及罷鎮，未命官，議者不練故事，率意行之。及制出，言議紛然。或云便可綜中書門下事，或云須冊開府。及就列，無故事，乃不就。朝堂叙班，臺官兩省官入就列，方入宰臣，退躇後先退。及晉天福中，以李鱗爲司徒；周廣順初，以竇貞固爲司徒，蘇禹珪爲司空，遂以爲例。議者不復有云。

（宋）李昉：《太平御覽》卷二〇八《職官部六·司空》

《五代史·後唐書》：莊宗御文明殿，册齊王張全義爲守，太尉如常。儀禮畢，全義於尚書都省領事，宰臣群官在列，左諫議竇專不降階，爲御史所劾。專援引舊典以對。時宰臣不記故事，無能詰責，寢而不行。

（宋）李昉：《太平御覽》卷二〇七《職官部五·太尉》

《五代史·後唐書》曰：倉部郎中何澤上疏請置太子侍讀，敕旨："何澤早處班行，深明典制，固根本而别彰憂國，上封章而足表匡君，其所敷陳，實爲允當，特議施行。"

（宋）李昉：《太平御覽》卷二四七《職官部四五·太子侍讀》

《五代史·後唐書》曰：明宗時，劉贊爲中書舍人，與學士竇夢徵同年登第，鄰居友善。夢徵早卒，贊與同年楊疑式總麻爲位而哭。其家無嫡長，與視喪，恤嫚稚，士人稱之。

（宋）李昉：《太平御覽》卷二二二《職官部二十·中書舍人》

《五代史·周書》曰：盧文紀，嗣業之子，爲工部尚書。時新除工部郎中于鄴參文紀，文紀以父名同音，不見。或謂鄴曰："南宫故事：郎中入省，如本行尚書、侍郎，不容參，何以省上？"鄴憂畏太過，一夕醉歸，遂經於室。其甥鄭鐐以事聞，謫文紀爲石州司馬。

（宋）李昉：《太平御覽》卷二一八《職官部十六·工部尚書工部侍郎》

《五代史·周書》曰：王延爲中書舍人，權知貢舉。有崔頎者，協之子也。授偃師簿，薄其卑屑，弃去，數年應進士。延將入貢院見舊相,吏部尚書盧文紀素與協不睦,謂延曰:"舍人以謹重聞於時,所以老夫去冬與諸相首以長者聞奏,然此一途取事者頗多面目,説者云:越人善泅,生子方晬,乳母浮之水上;或驀然止之。乳母曰:其父善泅,子必無溺。今若以名下取士,徵泅之類也。舍人當求實才以副公望。"延退而嗤曰:"盧公之言爲崔頎也。縱與其父不悦致意,何至此耶!"來春以頎登甲科,其仁而徇公皆此類也。

(宋)李昉:《太平御覽》卷二二二《職官部二十‧中書舍人》

《五代史‧後唐書》曰:膳部郎中鄭毓先奏:"諸司諸使職掌人吏,乘暖坐帶銀魚席帽,輕衣肥馬參雜,庭臣尊卑無別,污染時風,請下禁止。"上嘉其事,促行之。中書覆爲"不可"。趙鳳亟言於執政曰:"此禮誡人,不可不切。"爲權吏所庇,竟寢其事。

(宋)李昉:《太平御覽》卷二一八《職官部十六‧膳部郎中膳部員外郎》

《五代史‧後唐書》曰:蕭頃遷吏部員外郎。先是,張浚由中書出爲右僕射,曲爲朱温判官高劭使祖蔭求一子出身,官省寺,皆稱無例。浚指揮甚急,吏徒惶懼,頃乃判狀云:"僕射未集,郎官未赴省,上指揮吏曹公事,且非南宮舊儀。"浚聞之,慚悚致謝,頃由是名振。

(宋)李昉:《太平御覽》卷二一六《職官部十四‧吏部員外郎》

晉高祖天福二年三月,御史臺奏:"唐朝令式,南衙常參官、文武百僚,每日朝退,於廊下賜食,謂之'常食'。自唐末亂離,常食漸廢,仍於入閣起居日賜食。每入閣禮畢,閤門宣放仗,群官俱拜,謂之'謝食'。至清泰年中,入閣禮畢,更差中使至正衙門口,宣賜食,百官立班重謝,交失本根。今後入閣賜食,望不差中使口宣。"從之。

(宋)王欽若等編纂:《册府元龜》卷五一七《憲官部》

(天福二年)四月,御史臺奏:"文武百官每月朔望入閣禮畢,賜廊下食,在京時祇於朝堂幕次兩廊下。今在行朝,於正衙門外權爲幕次,房廊隘狹,伏恐五月一日朝會禮畢,准例賜食,於幕次難爲排比。
伏見唐明宗時,兩省官於文明殿前廊下賜食,今未審入閣日,權於正
衙門內兩廊下排比賜食,爲復別有處分。"敕:"宜依明宗朝舊規,廊下
賜食。"

(宋)王欽若等編纂:《冊府元龜》卷五一七《憲官部》

(天福)三年五月,敕:"舊制,內外臣僚據官品私門合立戟事。
將相之崇,朝廷所重,並輸忠節,仰奉宗祧,宜旌佐國之功,顯示榮家
之慶。應中外臣僚帶平章事、侍中、中書令及諸道節度使,並許私門
立戟,仍並官給,并各賜詔書,仍據官品依令式處分。"

(宋)王欽若等編纂:《冊府元龜》卷六一《帝王部》

(天福)四年三月,御史臺奏:"按《六典》,侍御史掌糾舉百僚,推
鞠獄訟,居上者判臺知公廨雜事,次知西推贓贖,三司受事,次知東推
理匭,伏乞今後准故事施行。"敕:"宜依舊制。"尋以尚書駕部員外郎
兼侍御史知雜事劉皞爲河南少尹,自是無尚書郎知雜者。

(宋)王欽若等編纂:《冊府元龜》卷五一七《憲官部》

(天福四年)五月,御史臺奏:"尚書郎知雜之時,赴臺禮上,軍巡
邸吏咸集公參,府司并兩縣皆呈印,伏令年深御史判雜上事,欲准前
例。"從之。

(宋)王欽若等編纂:《冊府元龜》卷五一七《憲官部》

(天福)五年二月乙巳,御史中丞竇貞固奏:"國忌日,宰臣跪爐
焚香,僧人表贊孝思,述祖先違世之事,而文武百辟儼然列坐。竊惟
禮非天降,酌在人情。今古通規,君親至敬,對像佛行香之日,實帝王
不樂之辰,豈有聽烈祖之舊勛?加冠光祿,贊冠諸王,則郎中加冠,中
尉贊冠,今同於儲皇則重,依於諸王則輕。又《春秋》之義,不以父命
辭王父命。《禮》:父在斯爲子,君在斯爲臣。皇太子居臣子之節,無

專用之道。南郡雖處蕃國，非支庶之例，宜稟天朝之命，微申冠阼之禮。晉武帝詔稱漢魏遣使冠諸王，非古正典，此蓋謂庶子封王，合依公冠自主之義。至於國之長孫遣使，惟允宜使太常持節加冠，太鴻臚爲贊醮酒之儀，亦歸二卿，祝醮之辭，附准經記，別更撰立，不依蕃國常體。國官陪位拜賀，自依舊章，其日，內外二品清官以上詣，止車門集賀，並詣東宮南門通箋。別日上禮，宮臣亦詣門稱慶，如上臺之儀。既冠之後，克日謁廟，以弘尊祖之義。此既大典，宜通關八座承郎，并下二學詳議。僕射王奐等十四人議并同，并撰立贊冠醮酒二辭。"詔可。

（宋）王欽若等編纂：《冊府元龜》卷五一七《憲官部》

《五代史·晉書》曰：陳乂，長興中自舍人銜命冊公主於太原，公主即帝后也。帝深待之，但訝其高岸。人或有獻可於乂，宜陳一謳頌，以稱帝之美，可邀其異待耳。乂曰："人生貧富咸有定分，未有持天子命違禮以求利，既損國綱，且虧士行，乂今生所不爲也。"聞者無不嘉之。

又曰：天福五年九月詔曰：《六典》云："中書舍人掌侍奉進奏，參議表章。凡詔旨、制敕、璽書、策命，皆按故事起草進畫；既下，則署而行之。其禁有四：一曰漏泄，二曰稽緩，三曰違失，四曰忘誤，所以重王命也。"古昔已來，典實斯在，爰從近代，別創新名。今運屬興，王事從師古，俾仍舊貫，以輝前規。其翰林學士院公事宜，並歸中書舍人。

（宋）李昉：《太平御覽》卷二二二《職官部二十·中書舍人》

學士院 …… 晉天福五年九月，廢學士院歸中書舍人。

（宋）王應麟：《玉海》卷一六七《宮室》

晉天福五年九月，詔廢翰林學士，按《唐六典》，歸其職於中書舍人。桑雜翰復奏置學士，學士領外司。

（宋）王應麟：《玉海》卷一六七《宮室》

晉天福五年，詔翰林學士院公事宜並歸中書舍人。自是舍人畫直者當中書制，夜直者當内制。至開運元年，復詔翰林學士與中書舍人分爲兩制，各置五員。

（元）馬端臨：《文獻通考》卷五四《職官考八》

（天福）七年閏三月敕：“起今後，百官每五日一度起居，日輪差定兩員官，具所見實封以聞。”

（宋）王欽若等編纂：《册府元龜》卷一〇三《帝王部》

《五代史·晉書》曰：天福七年，詔門下侍郎班在常侍之下，俸禄同常侍。

（宋）李昉：《太平御覽》卷二二一《職官部十九·黄門侍郎》

《五代史·晉書》曰：王權轉兵部尚書，高祖德契丹，屈節以事之，馳馹乘輼，道路交織。一日，敕權爲使，權以前世累爲將相，未嘗有稱臣於戎虜者。謂人曰：“我雖不才，年今耄矣，豈能稽顙於穹廬之長乎？違詔得罪，亦所甘心。”由是停任。

（宋）李昉：《太平御覽》卷二一七《職官部十五·兵部尚書》

《五代史·晉書》曰：裴皞知貢舉，擢桑維翰進士第。後維翰居相位，征拜皞工部尚書，舍於相國寺，維翰謁之，不迎不送。或問之，答曰：“皞見維翰於中書則庶僚也，維翰見皞於館則門生也，何送迎之有？”人重其耿介。

（宋）李昉：《太平御覽》卷二一八《職官部十六·工部尚書工部侍郎》

漢隱帝乾祐元年，以宰臣楊邠子、右贊善大夫廷侃爲比部員外郎，宰臣蘇逢吉從兄、前洛州團練推官晏爲司門員外郎。

（宋）王欽若等編纂：《册府元龜》卷一三一《帝王部》

王易，乾祐二年爲尚書左丞，上言：“尚書省名曰中臺，素稱會府，列曹令式，廢墜多年；兩轄紀綱，隳紊積歲。或因貢一時之淺見，破千載之通規。遂俾廨宇，顇乎衡門，官位等乎虛器。若以從權改易，應變弛張，又未見國富時康，家給民足。《禮記》曰：‘以舊防爲無所用而壞之者，必有水敗；以舊禮爲無所用而去之者，必有亂患。’伏惟陛下，守文繼統，宰輔戮力致君，立太平之基，創無窮之業。其尚書省二十四司公事，望準令式，積漸施行。所有唐末艱難已來權立名目，請皆停罷。即守官有視事之方，爲吏無虛名之役。”

（宋）王欽若等編纂：《冊府元龜》卷四七六《臺省部》

《五代史·漢書》曰：唐李昭以尚書郎出爲蘇州刺史，期歲，以中書舍人召還，不拜。謂宰輔曰：“省郎拜舍人，以知制誥爲次序；便由刺史玷綸闈，非敢聞命。”乃以兵部郎中知制誥，翌歲拜舍人，受之。

（宋）李昉：《太平御覽》卷二二二《職官部二十·中書舍人》

李詳，廣順中爲吏部侍郎。時兵部侍郎盧賈，先改吏部侍郎，奉使未還。詳繼授先謝，及賈復命入班，臺吏叙賈在上。詳曰：“朝廷故事，授官同者，先謝在上，況詳舊任也。”乃勃然出班，臺吏竟以詳居上，非故事也。

（宋）王欽若等編纂：《冊府元龜》卷四八一《臺省部》

世宗顯德五年閏七月一日，御史臺奏：“文武百官每日赴朝參不到，如是常朝不到，於本官料錢上，每貫罰二十二文。如是內殿起居，入閣行香，出城衆集，及非時慶賀御樓，御殿橫行，參假不到，並是倍罰。臺司先榜幕次曉告本官，限三日外即牒三司克折，如有故曾陳牒，即將領由呈驗。又十六愆條準元和二年十二月內御史臺奏，文武常參官，准乾元元年三月敕，如有朝堂相吊慰，相跪拜，待漏行立失序，談笑喧嘩，入衙門執笏不端，行立遲慢，至班列行立不正，起拜失儀，拜跪不俯伏，舒脚穿班仗，出閣門不即就班，無故離位，廊下食行坐失儀,拜起振衣,退朝不從正衙門出,非公事入中書,每犯者奪一月俸。今商量比舊條各減一半,如所由指揮,尚或抵拒,即准舊例,録奏貶降。"從之。

(宋)王欽若等編纂:《册府元龜》卷五一七《憲官部》

(顯德五年閏七月一日)同日,御史臺申:"臺司見管四推:臺一推、臺二推、殿一推、殿二推。或准敕命,宣頭堂帖指揮送到公事,並諸道州府論訴。准例,三人已上三院御史從上輪次配推,兼具差定推官名銜申奏,申中書門下,如是三人已上,即本彈推勘,若四推皆有公事外,更有刑獄,即差次官推勘,兼便逐日輪差官吏臺直,點檢刑獄。"同日,御史臺申:"臺司或準敕命宣頭,委臺司差官出外,推勘刑獄。臺司舊例,於監察御史內,從下差定,如是時敕定名,不拘此例。"

(宋)王欽若等編纂:《册府元龜》卷五一七《憲官部》

《五代史·周書》曰:顯德五年,敕諫議大夫宜依舊正五品上,仍班位在給事中之下。按《唐六典》,諫議大夫四員,正五品上,皆隸門下省,班在給事中之下。會昌二年十一月,中書門下奏昇爲正四品下,仍分爲左右,以備兩省四品之缺,故其班亦昇在給事中之上。近朝自諫議大夫拜給事中者,官雖序遷,位則降等,至是以其遷次不倫,故改正焉。

(宋)李昉:《太平御覽》卷二二三《職官部二十一·諫議大夫》

容齋洪氏《隨筆》曰:……邁考之典故,侍中、中書令爲兩省長官,自唐以來居真宰相之位,而中令在侍中上。肅宗以後,始以處大將,故郭子儀、僕固懷恩、朱泚、李晟、韓弘皆爲之。其在京,則入政事堂,然不預國事。懿、僖、昭之時,員寖多,率由平章事遷兼侍中,繼兼中書令,又遷守中書令,三者均稱使相,皆大敕繫銜而下書使字,五代尤多。

(元)馬端臨:《文獻通考》卷五一《職官考五》

唐置宣徽南、北院使，有副使。宦者嚴季實、楊復恭皆嘗爲之。梁因之，後唐省副使。院在樞密院北，二使共院而各設廳事。使各一人，以檢校官爲之，或領節度及兩使留後，闕則樞密副使一人兼領。二使亦有兼樞密副使、簽書樞密院者。南院使資望比北院使稍優，然事皆通掌，只用南院印。掌總領內諸司及三班內侍之籍，郊祀、朝會、宴饗供帳之事，應內外進奉，悉檢視其名物。分掌四案，曰兵案、曰騎案、曰倉案、曰冑案。其史史則有都句押官、前行、後行。其給使則有知客、押衙、道引、行首之屬。故事，與參知政事、樞密副使、同知樞密事以先後入叙位。

（元）馬端臨：《文獻通考》卷五八《職官考十二》

按：三省爲宰相之司存，以三省長官爲宰相之職任，其説肇於魏、晉以來，而其制定於唐。……自唐開元以來，郭子儀、李光弼相繼以平章事爲節度使，謂之使相。而宰相之職僑於他官，自此始。然郭、李以勳臣名將爲之，宜也。自此例一開，於是田承嗣、李希烈之徒俱以節鎮帶同平章事者非一人；極而至於王建、馬殷、錢鏐之輩，蜂起盜地者，皆欲效之。蓋鄙他官而不爲，而必欲僑於宰相，以自附於郭、李。則唐中葉以後，所謂平章者如此。

（元）馬端臨：《文獻通考》卷四九《職官考三》

按：唐之所謂翰林學士，只取文學之人，隨其官之崇卑，入院者皆爲學士，延覲之際則各隨其元官立班，而所謂學士未嘗有一定之品秩也。故其尊貴親遇者號稱內相，可以朝夕召對，參議政事，或一遷而爲宰相。而其孤遠新進者，或起自初階，或元無出身至試令草麻制，甚者或試以詩、賦，如試進士之法，其人皆呼學士。自唐至五代皆然。

（元）馬端臨：《文獻通考》卷五四《職官考八》

後梁革唐世宦官之弊，開平元年，改樞密院爲崇政院，命敬翔爲使，始更用士人。其備顧問、參謀議於中則有之，未始專行事於外也。

唐莊宗同光元年,復以崇政院爲樞密院,命宰臣郭崇韜兼使,又置院使一人,然權侔宰相矣。晉天福中,以桑維翰知樞密院事;四年,廢樞密院。以劉處讓兼樞密,奏議多不稱旨,及處讓丁内憂,遂廢其院。開運元年復置,以宰臣桑維翰兼使。周顯德六年,范質、王溥並參知樞密院事。

石林葉氏曰:"梁改樞密院爲崇政院,唐莊宗復舊名,遂改爲樞密院直學士。至明宗時,安重誨爲樞密使。明宗既不知書,而重誨又武人,故孔循始議置端明殿學士二人,專備顧問,以馮道、趙鳳爲之,班翰林學士上,蓋樞密院職事官也。"

容齋洪氏《隨筆》曰:"唐世樞密使專以内侍爲之,與他使均稱内諸司,五代以來始參用士大夫,遂同執政。"

按:朱梁懲唐弊,不用宦者;然徒知宦者之不可用,而不知樞密院之不必存也,乃復改爲崇政院,以敬翔爲使。至後唐而復樞密院,郭崇韜、安重誨相繼領其事,皆腹心大臣,則是宰相之外復有宰相,三省之外復有一省矣。

(元)馬端臨:《文獻通考》卷五八《職官考十二》

三公總序:……五代時,多以畀藩鎮及贈官:羅紹威太師、韓建司徒、馬希範、張全義、安元信並太師、馮行襲太傅。

(元)馬端臨:《文獻通考》卷四八《職官考二》

尚書省:……五代時,尚書都省在興國坊,今梁太祖舊第。

(元)馬端臨:《文獻通考》卷五一《職官考五》

五代有承旨、副承旨,以諸衛將軍充。魏仁浦爲樞密副承旨,周祖問屯兵之數及將校名氏,令取簿參視之。仁浦曰:"臣悉能記之。"遂口占以對,無一差誤。

(元)馬端臨:《文獻通考》卷五八《職官考十二》

自唐末五代，因循苟且，雜置他局，事無本末，不相維持，使天子之大有司廢爲閑所。凡細瑣之務，動干朝廷，遂至君相焦勞，日不暇給，如百川浩蕩而不治其本源，萬目開張而不得其綱領，雖欲盡力，其勢莫可以正也。

（元）馬端臨：《文獻通考》卷五二《職官考六》

又五代梁開平二年，改左、右丞爲左、右司侍郎。三年，升尚書令爲正一品。後唐李琪以故相爲御史大夫，自後不置。長興元年，升右丞與左丞同，並爲四品。晉天福五年，升御史中丞爲清望正四品，門下、中書侍郎爲清望正三品，左右諫議大夫爲清望正四品。七年，又詔門下侍郎位在左散騎常侍之下。先是，開元已後，兩省侍郎皆帶平章事，罕有單爲之者。至是，竇貞固自刑部侍郎遷門下侍郎，而不帶平章事，故有是詔。周顯德五年，又詔諫議大夫改爲正五品，班在給事中之下。夫出入宮闈，陪侍左右，或典治憲度，或協佐樞機，或贊相禮容，或出納詔命，或切問近對，或獻可替否。蓋朝廷之劇任，公臺之歷試也，非夫器識通茂，材行交修，以慎密而基心，以明達而致用，孰可膺眷簡而處清要乎？故稱任者，有公忠清任之節，博洽謨猷之能。充羽儀於臺閣，爲圭璋於簪冕焉。至於非其才者，有窺伺競躁之心，朋附貪黷之迹，故多士之所惡，明廷之攸玷焉。

（宋）王欽若等編纂：《冊府元龜》卷四五七《臺省部》

宋朝樞密院……梁改爲崇政院，置使判官，後置副使直學士，始用士人。後唐復爲樞密使，宰臣郭崇韜兼使，始有帶相印者，凡東、西院二員。晉天福四年四月，廢院，以印付中書，委宰相分判。……晉天福中，桑維翰知院事，始有知院之名。

（宋）王應麟：《玉海》卷一六七《宮室》

建隆轉對……晉天福中，詔五日起居，以兩人轉對，各具實封以聞。漢乾祐初，陶穀奏停，許詣閣門拜問，至是始復舊制。每起居日常參官兩人，次對閤門受其章。

（宋）王應麟：《玉海》卷六一《藝文》

唐紫宸殿入閣儀……《五代史·李琪傳》：唐末喪亂，朝廷禮壞，天子未嘗視朝而入閤之制亦廢。常參官日至正衙者，聞傳不坐即退。獨大臣奏事，日一見便殿而侍從內諸司日再朝而已。明宗即位，後唐乃詔：群臣五日一隨宰相入見，內殿謂之起居。李琪謂：非唐故事，請罷五日起居而復朔望入閤。明宗曰："五日起居，吾思數見群臣不可罷，而朔望入閤可復。《會要》：天成元年十一月乙酉，詔：朔望□百官廊下餐。然有司不能講正。凡群臣五日一見，入中興殿便殿也，此入閤遺制，而謂之起居；朔望一出御文明殿前殿也，文明殿兩夾曰東西上閤門。反謂之入閤。"琪不能正也，琪又建言："入閤有待制、次對官論事，而內殿起居一見而退。《五代會要》：後唐天成元年七月，御史臺奏：故事，每日百官入朝，百官排儀仗，金吾勘契入。後有待制、次對官，各舉論本司事。左右起居分記言動，付史館編錄。歆有言者，無由自陳。明宗乃詔起居日事。天成元年八月己亥，御文明殿，百官入閤，如月明之儀。有言事者許出行自陳，又詔百官以次轉對文明殿。即唐貞觀殿，梁開平二年改在洛陽。天祐三年六月，敕文武百僚每月一入閤於貞觀殿。貞觀殿，朝廷正衙，正至受朝賀，比來視朔，未正規儀，宜於崇勛殿入閤，二殿皆在洛陽崇勛殿，後唐曰中興。《五代會要》：有入閤儀。開延英儀。

（宋）王應麟：《玉海》卷七〇《禮儀》

太平興國進奏院……及五代以後，支郡不隸藩鎮者，聽自置邸；隸藩鎮者則兼掌焉。國初沿舊制，皆本州鎮補人爲進奏官，其軍監、場務、轉運司則差知後官。就京師新城門裏，各置進奏院。總天下之郵遞。每日早，集內前待漏院東廊下，承受宣校諸司文字，各就本州院發遞。

（宋）王應麟：《玉海》卷一六八《宮室》

乙未，令中書門下、樞密院、三司使及臺、省、寺、監、開封興元尹，皆別鑄新印，比舊制悉增大焉，革五代之敝陋也。

（宋）李燾：《續資治通鑒長編》卷六，太祖乾德三年（965）

六月戊辰，詔自今乘驛者皆給銀牌。先是，五代以來，庶事草創，凡乘驛奉使於外，但樞密院給牒。至是，以飛雄故，始復舊制焉。

（宋）李燾：《續資治通鑒長編》卷一九，太宗太平興國三年（978）

太祖初，以扈蒙之言，詔盧多遜録時政，月送史館，多遜訖不能成書。於是右補闕、直史館胡旦復言：“五代自唐以來，中書、樞密院皆置時政記，中書即委末廳宰相，樞密院即委樞密直學士，每月編修送史館。周顯德中，宰相李穀又奏樞密院置内庭日曆。自後因循闕廢，史臣無憑撰集。望令樞密院仍舊置内庭日曆，委文臣任副使者與學士輪次記録送史館。”上采其言。是日，詔自今軍國政要，並委參知政事李昉撰録，樞密院令副使一人纂集，每季送史館。昉因請以所修《時政記》每月先奏御後付所司，從之。《時政記》奏御，自昉始也。《會要》云：時雖有《時政記》之名，但題云送史館事件，至景德元年始題云《時政記》。

（宋）李燾：《續資治通鑒長編》卷二四，太宗太平興國八年（983）

祠部員外郎、主判都省郎官事王炳上言曰：“尚書省，國家藏載籍、興治教之府，所以周知天下地里廣袤、風土所宜、民俗利害之事。當成周之世，治定制禮，首建六官，即其源也。漢、唐因之，軌範斯著，簡策所載，煥然可觀。蓋自唐末以來，亂離相繼，急於經營，不遑治教。故金穀之政，主於三司，尚書六曹，名雖存而其實亡矣。謹按六曹，凡二十四司，所掌事物，各有圖書，具載名數，藏於本曹，謂之載籍。所以周知天下之事，由中制外，教道官吏，興利除害，如指諸掌。臣故曰藏載籍、興治教之府也。今職司久廢，載籍散亡，惟吏部四司官曹小具，祠部有諸州僧道文帳，職方有諸司閏年圖，刑部有詳覆諸州已決大辟案牘及旬禁奏狀，此外無舊式。欲望令諸州每年造戶口租稅實行薄帳，寫以長卷者，別寫一本送尚書省，藏於戶部。以此推之，其餘天下官吏、民口、廢置、祠廟、甲兵、徒隸、百工、疆畔、封洫之類，亦可籍其名數，送尚書省分配諸司，俾之緘掌。俟期歲之後，可以振舉官守，興崇治教。望選大僚數人博通治體者，參取古今典禮令式，與三司所受金穀、器械、簿帳之類，仍詳定諸州供送二十四司載籍之式。如此，則尚書省備藏天下事物名數之籍，如秘閣藏圖書，國學藏經典，三館藏史傳，皆其職也。”上覽奏嘉之，詔令尚書丞郎及兩省五品以上集議其事。

吏部尚書宋琪等上奏曰：“王者六官，法天地四時之柄，文昌列署，體象緯環拱之文，是爲布政之宮，王化之本，典教所出，何莫由斯。然而古今異宜，沿革殊制，或從權而改作，亦因時而立法。唐之中葉，兵革弗寧，始建使名，專掌邦事，權去省闈，政歸三司。五代相循，未能復舊。今聖文垂拱，書軌無外，將循名而責實，庶稽古以建官，悉舉舊章，以蹈前軌，而歲祀寖久，曹局僅存，有司失傳，遺編多闕。臣等欲望委崇文院檢討六曹所掌圖籍，自何年不係都省，詳其廢置之始，究其損益之源，別俟討論，以期恢復。”上以其迂闊，竟寢之。王炳奏議，不得其日。宋琪自吏部尚書遷右僕射在二月，今琪猶以吏書見，故附此事於二月末，《實錄》別本亦載此事於二月乙未。

（宋）李燾：《續資治通鑑長編》卷三九，太宗至道二年（996）

夏四月壬午朔，翰林學士錢惟演言：“伏以春秋朝陵，載於舊式，公卿親往，蓋表至恭。歷代以來，國章斯在。唐顯慶中，始詔三公行事，天寶以後，亦遣公卿巡謁，蓋取朝廷大臣，不必須同國姓。後唐參用太常、宗正卿，晉開運中，亦命吏部侍郎李祥，其例甚多。近年以來，止遣宗正寺官，人輕位卑，實虧舊制。望自今於丞郎、諸司三品內遣官，或闕官，即差兩省諫舍以上。所冀仰副追孝之心，以成稽古之美。”詔付有司詳定。且言：“按唐顯慶五年詔，三公備鹵簿分行二陵，太常卿爲副。長慶元年，通取尚書省四品以上清望官，及諸司五品以上清望官充。《開寶通禮》，差太常、宗正卿。今請依禮，三陵用太常、宗正卿，如闕官，即差尚書省四品以下兩省五品以上，諸司三品或卿監。其分拜官二員，用尚書省五品以上。"詔可，如闕卿監以上官，即以次差攝。

（宋）李燾：《續資治通鑑長編》卷九五，真宗天禧四年（1020）

中書以仲秋朝陵官少宗姓者，欲用知雜御史趙稹。上曰："御史出入，動有典制，府縣事體甚盛。楊礪常言，五代以來，御史出使，氣陵藩屏，周世宗在澶州目睹其事，故稍減損。稹若外使，亦非便也。"

（宋）李燾：《續資治通鑑長編》卷八七，真宗大中祥符九年（1016）

乙丑，宣徽南院使、判延州吳育言："國家總摰萬機，惟在綱要，小大之務，各有攸司。若朝廷職舉而事簡，則坐制天下，不勞而治矣。今尚書省是其本也。自唐末五代，因循苟且，雜置他局，事無本末，不相維持，使天下之大有司廢爲閑居。凡細瑣之事，動干朝廷，遂致君相焦勞，日不暇給，如百川浩蕩而不治其本源，萬目開張而不得其條領，雖欲盡力，其勢莫可以正也。臣前判尚書都省，見其官司局次，燦然具存。且如有大論議，當下衆官雜定，以質所長，久廢不舉，今惟定謚時一會都堂，是行其小而廢其大，論者深惜之。竊謂久廢之職，豈能一日盡其美，當隨宜講舊漸復之。請且於諸學士中分命知六曹尚書事，其舍人、待制及大兩省官即知左右丞、諸行侍郎事，其餘館職有名望朝士即知郎中、員外事，仍於舊相及前任兩府重臣中除一二人判都省，然後各使檢詳典故，度其可行者奏復之。其次諸司、寺、監，從而舉之。至於金穀之計，見屬三司者亦無相妨，並須仍舊。事不驚俗，體皆有宜，歲年之間，此制一定，有所責成，則高拱無爲之治，可以馴致矣。"事下兩制定，而言者謂尚書省職局今並入三司及諸司分領，事難遽更。乃罷之。

（宋）李燾：《續資治通鑑長編》卷一八一，仁宗至和二年（1055）

置館閣編定書籍官,以秘閣校理蔡抗、陳襄,集賢校理蘇頌,館閣校勘陳繹,分昭文、史館、集賢院、秘閣書而編定之。抗,挺兄;頌,紳子;繹,開封人也。初,右正言、秘閣校理吳及言:"祖宗更五代之弊,設文館以待四方之士,而卿相率由此進,故號令風采,不減漢、唐。近年用內臣監館閣書庫,借出書籍,亡失已多。又簡編脱略,書吏補寫不精,非國家崇尚儒學之意。請選館職三兩人,分館閣人吏編寫書籍。其私借出與借之者,並以法坐之。仍請求訪所遺之書。"乃命抗等仍不兼他局,二年一代,別用黄紙印寫正本,以防蠹敗。熙寧八年二月四日,編校四館書畢。

（宋)李燾:《續資治通鑒長編》卷一八九,仁宗嘉祐四年(1059)

《五代史•百官志》曰:"北齊侍中,因後魏置六人,掌獻納諫正及進御之職,參與諸公論國政也。"

（宋)李昉:《太平御覽》卷二一九《職官部十七•侍中》

御樓侍立

唐制,玉樓賜敕,學士得升丹陽樓侍立。五代以後,因循廢之。蘇易簡奏,自今上御樓覃恩,與樞密使侍立御榻之側。

（宋)曾慥:《類説》卷二二《金坡遺事》

《五代史•百官志》:唐同光元年,給事中置一半。

（宋)孫逢吉:《職官分紀》卷六

《五代史•百官志》:後唐同光元年,起居郎、起居舍人,各置一半。

（宋)孫逢吉:《職官分紀》卷六

《五代史•百官志》:後唐同光元年,補闕、拾遺各置一半。

（宋)孫逢吉:《職官分紀》卷六

《五代職官志》:後唐同光二年置一員(國子司業)。

（宋）孫逢吉:《職官分紀》卷二一

《五代史》:後唐應順元年詔:特置陵臺令、丞各一人。

（宋）孫逢吉:《職官分紀》卷一八

後唐同光元年,置護鑾書制學士,以倉部員外郎趙鳳爲之。梁開平三年正月,改思政殿爲金鑾殿,置大學士一員,以景翔爲之,與館殿大學士同。

（宋）洪遵:《翰苑群書》卷八

《五代史·百官志》:後唐同光元年,左、右散騎常侍置一半。

（宋）孫逢吉:《職官分紀》卷六

《五代職官志》:後唐同光元年置一員(國子祭酒)。

（宋）孫逢吉:《職官分紀》卷二一

《五代職官志》:後唐同光元年,博士只置兩員。

（宋）孫逢吉:《職官分紀》卷二一

左右殿直,梁開平三年七月敕有殿直之文。又,元年宣下宣徽院收管殿前受旨官、左右内直等。後唐清泰元年七月,有殿直都知趙處願。晉天福六年七月敕亦有殿直文。則殿直之官,梁已有之也。

（宋）高承:《事物紀原》卷六

《宋朝會要》曰:堂吏,自唐至五代,率從京百司抽補。

（宋）高承:《事物紀原》卷一〇

《五代史》:初入者有儤直。晉開運中,楊昭儉約舊制,刻石院中。

凡員外郎入五十直,郎中入四十直,它官入八十直,自員外知制誥轉郎中,依舊直者三十直,拜舍人者三十直,自常侍、諫議、給事中、郎中拜舍人者三十直,舊官再入約前任減半。

(宋)孫逢吉:《職官分紀》卷七

晉開運中,楊昭儉直綸閣,酌其從來儤直之數,等第除減,條爲定式,申中書門下,仍刻石在壁。員外郎入,舊八十直,改爲五十直;郎中入,舊六十直,今改爲四十直;他官入,舊一百直,改爲八十直;自員外郎、知制誥轉正郎,仍舊六十直,改爲三十直;正拜舍人,舊四十直,今爲二十直;自常侍、諫議、給事拜舍人,舊四十直,改爲二十直;應舊官再入,約前任減半。今附乎此,貴存舊章。

(宋)洪遵:《翰苑群書》卷八

《五代史·百官志》:周顯德五年六月敕:"諫議大夫置,依舊正五品上,仍班在給事中之下。"按《唐六典》,諫議大夫四員,正五品上,皆門下省班,在給事中之下。至會昌二年,中書門下奏升爲正四品下,仍分爲左右,以備兩省四品之闕,故班亦升在給事中之上。近朝自諫議大夫拜給事中者,官雖叙遷,位則降等,至是以其遷次不備,故改正焉。

(宋)孫逢吉:《職官分紀》卷六

周顯德中,詔待制候對官,於文班內輪充。

(宋)謝維新:《古今合璧事類備要》後集卷五七

唐朝職掌因五季之亂,遂至錯亂,或廢不舉。

(明)陶宗儀:《說郛》卷九六《燕翼詒謀録》

唐百官入閣有待制、次對官。德宗興元中,日令常參官三兩人奏事。後唐天成中,廢待制、次對官,五日一次,內殿百官轉對。長興二年停。晉天福七年復。後漢乾祐二年,陶穀奏罷之。

(明)陶宗儀:《說郛》卷九六《燕翼詒謀録》

江南初下,李後主朝京師,其群臣隨才任使。公卿將相,多爲小官,惟任州縣官者仍舊。至於服色,例令服綠,不問官品高下,以示別於中國也。太宗淳化元年正月戊寅,赦文,應諸路僞授官先賜緋,人止令服綠,今並許仍舊,其先衣紫人任常參官,亦許仍舊,遂得與王朝官齒矣。

(明)陶宗儀:《說郛》卷九六《燕翼詒謀録》

北苑水心西有清輝殿,署學士事。太子太傅徐邈、太子太保文安郡公徐游别置一院於後,謂之澄心堂。以皇侄元楀、元機、元榆、元樞爲員外郎及秘書郎,皆在内庭密畫,中旨多出其間。中書、密院皆同散地。用兵之際,降御札移易兵士,密院不知。皇甫繼勛伏誅之後,夜出萬人斫寨招討,分兵署字不知何往,皆出澄心堂。直承宣命者,謂之澄心堂承旨,政出多門皆仿此也。

(明)陶宗儀:《說郛》卷五八《江表志》

樞密使之名,始於唐以宦者爲之。至朱梁、後唐則以朝臣充之,自是遂奪宰相之權,而宰相反擁虛名矣。說見《容齋三筆》第四卷。歐史唐臣《郭崇韜傳》:莊宗即位,拜兵部尚書、樞密使。滅梁,拜侍中、成德軍節度使,依前樞密使。薛史則云:莊宗即位,加檢校太保,守兵部尚書,充樞密使。誅梁氏,至汴州,宰相豆盧革在魏州,令崇韜權行中書事,俄拜侍中,兼樞密使。郊禮畢,以崇韜兼領鎮冀州節度使、檢校太保,係加銜。歐史删之差可,不曰守,曰充,而以拜統之,未妥。至拜侍中,雖已爲真宰相,然唐宰相制度,已詳第七十四、第七十六、第八十一、第九十二等卷矣,而至此時,則其制又變。蓋唐時侍中、中書令不輕授,而同三品同平章事即爲宰相。若五代則又必以兼樞密者,方爲有相權,如豆盧革輩但有相名耳。自當如薛史先言以侍中兼樞密，次及兼鎮爲是。成德即鎮冀，宰相兼節鎮，始於唐，如李林甫、楊國忠皆然，但居京師遙領，不赴鎮。此莊宗以寵崇韜也。又，歐史《安重誨傳》：明宗即位，以爲左領軍衛大將軍、樞密使、兼領山南東道節度使，固辭不拜，改兵部尚書，使如故。在位六年，累加侍中，兼中書令。案固辭者，辭大將軍也，改尚書者，由大將軍改也，使如故者，樞密使如故也。郭崇韜、安重誨，皆忠於謀國，而誣枉見殺，作合傳配搭頗精，若論贊中言兩人皆爲樞密，因專論樞密奪宰相權，餘皆不及，此論贊之變體。惟是薛史《重誨傳》已殘缺，據王溥《五代會要》所載唐莊宗宰相五人、使相三十一人，兩處內皆有崇韜，此可見遙領者，亦爲使相矣，何也？崇韜未嘗出鎮也。乃明宗使相三十八人中有重誨，以重誨實曾爲河中節度也，而宰相十人中反無重誨，則大不可解，豈歐史云加侍中、中書令皆失實乎？樞密雖有權，究非相乎？此當闕疑。篇首云：其父福遷爲晉將，晉救朱宣，福遷戰死。而薛史則云重誨其先本北部豪長，父福遷於河東將兵救兖鄆而没。重誨之父單名福，而遷字則連下文讀，新史訛舛，令人噴飯滿案，其所書恐多不可信。

三省長官皆宰相，而唐偏以同平章事充之，後又移其權於翰林學士，五代又移其權於樞密使。唐宦官之所以擅國者，樞密出納王命，神策掌握禁軍也。五代則鑒其弊，樞密以大臣爲之，改左右神策爲侍衛親軍，其都指揮使亦以大臣充之。官制隨時，不同如此。

（清）王鳴盛：《十七史商榷》卷九五

乾德三年，重鑄中書門下、樞密院、三司使印。先是，舊印緣五代舊文，非工，至是得蜀鑄印官祝溫集，自言其祖思唐禮部鑄印官，世習繆篆，即《漢志》所謂"屈曲纏繞以摹章"者也。臺省寺監及開封、興元尹印，悉令溫集改鑄。

（宋）楊億：《楊文公談苑》

《五代史·宦者傳》：嗚呼！自古宦、女之禍深矣！明者未形而知

懼，暗者患及而猶安焉，至於亂亡而不可悔也，雖然，不可以不戒。作
《宦者傳》。

（宋）孫逢吉：《職官分紀》卷二六

錢氏在兩浙，置知機務如知樞密院，通儒院學士如翰林學士。

（宋）司馬光：《涑水記聞》卷二

《九國志》：漢劉繼顒進位太師，兼中書令、鎮州節度。繼顒以沙
門位兼將相，時論薄之。

（宋）孫逢吉：《職官分紀》卷五

《九國志》：吳王潛，吳國建，遷左司郎中，典選事。時喪亂之後，
官失其守，譜牒靡散，甲簿湮没，真偽相蒙。潛雍容款接，坐客常滿，
隨才而接，人人自以爲得。徐知誥相吳，掄選有序，潛之力也。或亡
失官牒，才無可用者，多稟給之。

（宋）孫逢吉：《職官分紀》卷八

《九國志·吳世家》：武觀元年，改文散官爲大卿。

（宋）孫逢吉：《職官分紀》卷四八

《九國志·唐李昇世家》：楊渭建國，以昇爲左僕射、參政事。乘
削亂之後，漸復紀綱，修典禮，抑强暴，中外謂之“政事僕射”。

（宋）孫逢吉：《職官分紀》卷八

李昇開國，徐鉉以秘書郎直門下省，試知制誥。昇卒，璟襲位，拜
祠部員外郎、知制誥，與常夢錫對掌誥命。與宋齊丘不協，誣以書檄
漏泄軍中事，貶泰州司户。李煜嗣位，牽復舊職，書命精當，頗得典
禮。韓熙載亦同掌誥命，與鉉齊名，江東謂之“韓徐”。

（宋）孫逢吉：《職官分紀》卷七

《南唐遺事》:張泊計偕之歲,爲潤帥燕王冀所薦,首謁韓熙載,見待之如故舊。謂泊曰:"子好一中書舍人也。"頃之,韓主文柄。泊拔擢不十年間,果主綸閣之任。

(宋)孫逢吉:《職官分紀》卷七

《九國志》:南唐韓熙載爲和州司馬,久之,召爲中書舍人。乃始親職,制誥典雅,有元和之風。

(宋)孫逢吉:《職官分紀》卷七

《九國志》:唐(李)璟即位,馮延巳喜形於色,璟未聽政,延巳屢入白事,璟不悦曰:"書記自有常職,何爲煩也。"俄拜諫議大夫,充翰林學士,復結魏岑侵損時政,與其弟延魯及陳覺、查文徽等,更相推唱,時人謂之"五鬼"。

(宋)孫逢吉:《職官分紀》卷一五

《徐鍇傳》:湯悦爲翰林學士,作軍書徵引謬誤,鍇詳以議之。悦怒,奏鍇漏泄機密,坐貶烏江尉。歲餘召還。

(宋)孫逢吉:《職官分紀》卷一五

《九國志》:南唐徐鍇爲虞部員外郎,專掌集賢院。由此銳意群籍,不復問家事,嘗言"集賢院即是吾家",指所居曰:"此寄宿之所耳。"

(宋)孫逢吉:《職官分紀》卷一五

《筆談》:江南陳彭年,學書史,於禮文尤所詳練。歸朝列於侍從,朝廷郊廟禮儀,多委彭年裁定,援引故事,頗爲該洽。常攝太常卿,導駕誤行黄道上,有司止之,彭年正色回顧曰:"自有典故。"禮曹素畏其該洽,不復敢詰問。

(宋)孫逢吉:《職官分紀》卷一八

江南陳彭年,博學書史,於禮文尤所詳練。歸朝日列於侍從,朝廷郊廟禮儀,多委彭年裁定,援引故事,頗爲詳洽。嘗攝太常卿,導駕誤行黃道上。有司止之,彭年正色回顧曰:"自有典故。"禮曹素畏其該洽,不復敢詰問。

（宋）彭乘:《墨客揮犀》卷五

《九國志》:南唐高越遷太常博士,淮上兵起,軍書填委,召賜金紫,俾掌戎府書檄。

（宋）孫逢吉:《職官分紀》卷一八

《九國志·吳世家》:武善元年,改御史大夫爲御史大憲。

（宋）孫逢吉:《職官分紀》卷一四

《九國志》:南唐江文蔚,保大初遷御史中丞,持憲平直,無所阿枉。宰相馮延巳、弟延魯與魏岑、陳覺,竊弄威權,文蔚上疏彈之云云。

（宋）孫逢吉:《職官分紀》卷一四

《九國志》:吳楊廷式爲侍御史知雜事。廷式强立忠直,名望素高,及爲憲職,人皆屬望,雖功臣武將亦嚴憚之。徐知誥輔政,漸革貪弊。張崇爲廬州刺史,好聚斂,會廬江民訟其縣令掊刻者,時議以崇難制,使廷式往按之,廷式謂知誥曰:"雜端推事,其威至重,職業不可不行也。"知誥曰:"君將若何?"廷式曰:"將械係張崇使,使往金陵簿責都統。"知誥曰:"所劾者縣令爾,何至於是?"廷式曰:"縣令卑官也,今取於民,皆張崇使爲之,轉以獻都統爾,豈可舍其大而詰其細乎?"知誥俛首謝之曰:"吾知小事不足仰煩。"乃止,遷大理司直。

（宋）孫逢吉:《職官分紀》卷一四

南唐高越從子遠知雜事,馮延巳、陳覺專國,遠立朝清介,權貴爲之斂手。

（宋）孫逢吉：《職官分紀》卷一四

王翃，乾亨初拜中書舍人，賜紫金魚。四年，文德殿成，著作郎陳光又獻賦，陳賜珠數升，翃見之色動。後南詔獻朱鬣馬，南宮白龍見，昭陽殿成，翃皆獻賦頌，每賜予稍緩，必於同列中揚言曰：“吾賦字字作金聲，何受賜之晚也。”陳聞之大笑。

（宋）孫逢吉：《職官分紀》卷七

南漢趙光裔見知制誥。

（宋）孫逢吉：《職官分紀》卷七

《九國志》：南漢趙光裔以膳部郎中知制誥，時兄光逢爲翰林學士，兄弟對掌內外制誥，時論榮之。

（宋）孫逢吉：《職官分紀》卷七

馬希廣初襲位，有其弟萼叛於朗州。鍾允章聘湖南還，晟問曰：“馬公復能經略南土乎？”允章曰：“馬公兄弟爲梗，天倫絕矣，以臣觀之，敗亡可待，況能害我？”晟於是發兵復詔賀之地，楚人果不能救。因授允章中書舍人。性吝嗇，歲獲賜賚甚厚，然未嘗分遺故人。其妻牢氏有賢行，常語允章曰：“妾昔事君子，家無釜鬵，烹茶作糜，止用一銚，尚且接待朋友。今寶貨盈室，而義路榛塞，雖富貴，何足尚也！”乃出銚以示允章，允章大慚，自是稍揮散矣。

（宋）孫逢吉：《職官分紀》卷七

前蜀庾楼進中書舍人，時署百司誥命填委，皆有典則，人服其敏。

（宋）孫逢吉：《職官分紀》卷七

僞蜀章夤遜夢掌中抽草，占者曰："必爲翰林學士。"未幾果然。

（宋）佚名：《翰苑新書》前集卷一〇

後蜀范仁恕拜御史中丞。時封建諸王，以仁恕爲夔王册使，仁恕以中丞居風憲之地，不宜持節藩邸，因請免，時議韙之。

（宋）孫逢吉：《職官分紀》卷一四

《春明退朝録》載：前世學士名，江南有清輝殿學士，張公洎爲之。蜀有麗文殿學士，韓昭爲之。先子爲崔君授墓志，其先仁冀，仕錢俶，爲通儒殿學士。俶入朝論薦之，任衛尉卿。今表見之，以補宋公之遺。

（宋）吳炯：《五總志》

（2）地方職官

太宗太平興國二年八月，……（李）瀚因言：'節鎮領支郡，多俾親吏掌其關市，頗不便於商賈，滯天下之貨。望不令有所統攝，以分方面之權，尊獎王室，亦强幹弱枝之術也。'始，唐及五代節鎮皆有支郡。太祖平湖南，始令潭、朗等州直屬京師，長吏得自奏事。其後大縣屯兵亦有直屬京師者，興元之三泉是也。戊辰，上納瀚言，詔幽、寧、涇、原、鄜、坊、延、丹、陝、虢、襄、均、房、復、鄧、唐、澶、濮、宋、［亳］、鄆、濟、滄、德、曹、單、青、淄、兗、沂、（具）［貝］、冀、滑、衛、鎮、深、趙、定、祁等州並直屬京，天下節鎮無復領支郡者矣。興國三年復鎮，蓋遙領也。

（清）徐松輯：《宋會要輯稿》職官三八之二

（政和三年）十二月十六日，詔："藝祖削平僭僞，混一區宇，監觀五代藩鎮之弊，專恣跋扈，封靡自擅，罔或率由於法度之內，失馭臣之柄，有末大之患。乃罷蕃鎮，俾處環衛，遴簡儒臣，出補方面，百五十餘年，海內蒙澤。"

（清）徐松輯：《宋會要輯稿》職官四五之九

（嘉定）十四年七月十日，權兵部侍郎陳廣壽言：“國初懲五代藩鎮之弊，始置諸州通判，詔公事並須通判簽議連書，方許行下。”

（清）徐松輯：《宋會要輯稿》職官四六之七二

五代以來，領節旄爲郡守者多武臣，皆不知書，所至必自置吏，稱代判，以委州事，因緣不法。初革其弊。

（清）徐松輯：《宋會要輯稿》職官四八之五

（鎮將）掌巡警盜竊。唐有品秩，五代已來皆節帥自補親隨，與縣令抗禮，公事專達於州。自建隆二年置縣尉主鄉盜賊，鎮將所主止郭內而已，仍統於縣，副將兼領都虞候。又有鎮典，主文案、所由，供役使，無定數。

（清）徐松輯：《宋會要輯稿》職官四八之九二

徽宗政和三年二月八日，中書省言：“契勘今天下諸州軍因仍五代藩鎮之弊，胥徒府史有子城使、教練使、都教練使、左右押衙、左右都押衙、中軍使、兵馬使、都知兵馬使，名稱鄙俗。今董正治官，革去因襲，擬釐改作都史、副史、介史、公皂、衙皂、散皂、上隸、中隸、下隸。”從之。其請給、遷補、出職之類，並依逐州軍見行條法施行。

（清）徐松輯：《宋會要輯稿》職官四八之九九

唐制，百職皆九寺三監分典。開元中，始置諸使，其後漸增，由是寺監之務多歸諸使。朝廷每有制詔，則云“諸司”“諸使”以該之，多以內侍省官或將軍兼充。天祐後，五代用外朝臣，以卿、監、將軍及刺史以上領使。

（清）徐松輯：《宋會要輯稿》職官五二之二〇

五代又有翰林茶酒使。

唐置營幕使，後置同和院使，梁開平初改儀鸞院使。宋朝置儀鸞使。

唐有氈坊、毬坊使,五代合爲一使,皇朝因之。

唐神策軍有御鞍轡[庫],五代置使,皇朝因之。

周太祖平河中,得酒工王恩,善造法麴,因置法酒庫使。

唐有飛龍及小馬坊使,梁有天驥,後唐復爲飛龍、小馬坊使。長興元年,改飛龍院爲左飛龍院,小馬坊爲右飛龍院。太平興國三年,改左、右天厩坊。雍熙二年,改左、右騏驥院,使名從之。

唐以太府少卿知左藏出納,五代有使,皇朝因之。

唐有作坊,五代置使,舊爲南、北,熙寧三年改今名(東作坊使、副使,西作坊使、副使),皇朝因之。

(清)徐松輯:《宋會要輯稿》職官五二之二一

周朝州鎮有闕,或遣朝官權知。太祖始削外權,牧伯之闕止令文官權知莅,其後文武官參爲知州軍事。

(清)徐松輯:《宋會要輯稿》職官四七之一

本朝監唐末五季藩鎮擅命之弊,乃廷授通判,外察守臣,以萬世法也。

(清)徐松輯:《宋會要輯稿》職官五七之四五

周廣順三年五月詔書:"應前後出選門州縣官,內有歷六考,叙朝散大夫階,次赤令,並歷任中曾升朝,及兩使判官、諸府少尹,罷任後及一周年及與除官;曾任兩番營田判官、書記、支使、防禦團練判官,罷任後及二周年及與除官。並許經中書陳狀,點檢不欠年限,當與施行。選限既近,不得依常選人例,更理減,仍須批書歷子,請給解由。如是逃走戶口,降書考第,及顯有過犯,必行殿降。應諸色選人過三選以上色,及未成資考丁憂,課績官無選可減者,各令自於吏部南曹投狀,准格敕磨勘無違礙,申送中書門下,並與除官。其州縣官自恐虧損年限資序,願歸選門者,亦聽自便。如或曾任推、巡、軍事判官諸色出選門官,並據見任官選數叙理,取解赴集,依格敕磨勘,送名申中書門下,於銓司注擬。"

(清)徐松輯:《宋會要輯稿》職官五九之一、二

(開平四年)四月,帝過朝邑,見鎮將位在縣令上,問左右,或對曰宿官秩高。帝曰:"令長字人也,鎮使捕盜耳,且鎮將多是邑民,奈何得居民父母上? 是無禮也。"至是,敕天下鎮使官秩無高卑,位在邑令下。

(宋)王欽若等編纂:《冊府元龜》卷一九一《閏位部》

(開平四年)九月,敕魏博管内刺史比來州務並委督郵,遂使曹官擅其威權,州牧同於閒冗。俾循通制,宜塞異端,並宜依河南諸州例,刺史得以專達。議者曰:唐朝憲宗時,烏重裔爲滄州節度使,嘗稱:河朔六十年能抗拒朝命者,以奪刺史格與縣令職,而自作威福。且若二千石,各得其柄,又有鎮兵。雖安史挾奸,豈能據一塲而叛哉? 遂奏以所管德、棣、景三州各還刺史職分,州兵卒隸收管。是後,雖幽、鎮、魏三州以河北舊風,自相更襲,在滄州一道,獨稟命受代,自重裔制置使然也,則梁氏之更張,正合其事矣。

(宋)王欽若等編纂:《冊府元龜》卷一九一《閏位部》

《五代史·梁書》:開平四年九月詔曰:"魏博管内刺史比來州務並委督郵,遂使曹官擅其威權,州牧同於閒冗,俾循通制,宜塞異端,並河南諸州例,刺史得以專達。"時議者曰:"唐朝憲宗烏重裔爲滄州節度史,嘗稱河朔六十年,能抗拒朝命者,以奪刺史權與縣令職而自作威福耳! 若二千石各得其柄,又有鎮兵,雖安史挾奸,豈能據一塲而叛哉! 遂奏以所管德、棣、景三州各還刺史職,分州兵並隸收管。是後雖幽、鎮、魏三道以河北舊風自相傳襲,惟滄州一道獨稟命受代,自重裔制置使然也,則梁氏之更張正合其者矣。"

(宋)李昉:《太平御覽》卷二五五《職官部五十三·刺史下》

司户。梁開平省六曹掾屬，留户曹一員，通判六曹。

（元）馬端臨：《文獻通考》卷六三《職官考十七》

《五代史·梁書》曰：韓建爲潼關防禦使，兼華州刺史。河潼經大寇之後，户口流散。建披荆棘辟污萊，勸課農事，樹植蔬果，出入閭里，親問疾苦，不數年流亡畢復，軍民充實。

又曰：王檀，字衆美，爲密州刺史。郡接淮戎，舊無壁壘，乃率丁夫修築羅城，六旬而畢，居民賴之。

又曰：趙克裕，河陽人也。繼領亳、鄭二州刺史。時關東藩鎮方爲蔡寇所毒，黎元流散，不能相保。克裕妙有農戰之備，復善於綏懷，民賴而獲安。

（宋）李昉：《太平御覽》卷二五八《職官部五十八·良刺史下》

梁梁矜孫、鄧元起爲益州刺史，任庾黔婁、蔣光濟以州事。並勸爲善政，矜孫性輕脱，與黔婁志行不同，乃言於元起曰："城中稱有三刺史，節下何以堪之?"元起繇此疏黔婁、光濟，而治迹稍損。

（宋）王欽若等編纂：《册府元龜》卷九二七《總録部》

梁開平三年十月，置左右軍巡使，各置巡院。《宋朝會要》曰：唐末始置，後唐分左右也。舊開封府以牙校爲之。

（宋）高承：《事物紀原》卷六

後唐莊宗同光二年二月，南郊畢，制曰："共理者，太守之官；親人者，縣宰之任。戈鋌稍彌，政術爲先。刺史、縣令有勸課農桑、招復户口、增加税額，檢勘不虚，委本道觀察使條件奏聞，當加進陟；如貪墮不理，害及於人者，速便停替，務於葺養，稱朕意焉。況親人之官，無先於令録；致治之道，必擇於才能。苟選任不自於朝廷，則恩澤全歸於侯伯。近日諸道奏請授官人數轉多，闕員全占，交騃體例，須正條綱。委中書門下舉舊例，條理奏聞。刺史總一州之政，縣令專百里之

權,至於糾督之司,並爲親人之任。僞朝取士,多不擇才,蓋自藩方奏
論。因及權勢囑托,公行賄賂,蔑顧典章,到官惟務於誅求,在任莫司
於葺理,或聚蓄更希後任,或掊斂以報前恩,上下相蒙,遠邇爲害,生
靈困弊,職此之由。自此牧守、令錄之官,委中書門下精加選擇,至於
三銓注擬,亦在審詳吏能,如貪猥有聞,不得更受令錄。及到官後,委
本道觀察使切加銓轄,仍勒本州判官專爲察訪,如掩贓罪,不具聞奏,
豈爲獨罪本官,兼亦累及長史。”

(宋)王欽若等編纂:《册府元龜》卷六九《帝王部》

　　明宗天成元年七月辛未,敕:“三京、諸道節度、團練、防禦使,刺
史、文武將吏、州縣職員,皆進月旦起居表,起今已後,除節度使、留
後、團練、防禦使,唯正至進賀表,其四孟月並可止絶,式叶舊儀。”八
月,敕:“藩鎮幕職,皆有舊規;奏薦官僚,須循前例。苟或隳紊,難止
弊訛。承前使府奏請判官,率皆隨府除移,府罷亦罷。近年流例,有
異前規,使府雖已除移,判官原安舊職。起今已後,若是朝廷除授者,
即不許使府除移;如是使府奏請,即皆隨府移罷。舊例,藩侯帶平章
事者所奏請判官,殿中丞已上許奏緋,中丞已上許奏紫。今不帶平章
事處亦同帶平章事例處分,如防禦、團練使奏請判官,自員外郎以下,
不在奏緋之限。其所奏判官,州縣官並須將歷任告身隨奏至京,如未
曾有官,假稱試攝,亦奏狀內分明署出。如藩鎮留後及權知軍州事,
並不在奏請判官之限。如刺史要奏州縣官,須申本道請發表章,不得
自奏。近日判官,奏請從事,本無官緒,妄結虛銜,不計職位高卑,多是
請兼朱紫,不唯紊亂,實啓幸求。宜令通下諸道州府,切準敕命處分。”

(宋)王欽若等編纂:《册府元龜》卷六一《帝王部》

　　(天成四年)六月,敕諸道節度、行軍司馬名位雖高,或帥臣不在,
其軍州事委節度副史權知。又敕州牧侯伯所請賓從及主事元隨,並
令奏其姓名;或參佐道虧,並當加罪。

(宋)王欽若等編纂:《册府元龜》卷六五《帝王部》

（天成四年）七月，敕諸道州府不得奏薦將校職員，乞行恩命，如顯有功勞，即據功效列奏。又敕諸司寺監，凡有文簿，施行奏覆，司長須與逐司官員同簽署申發，不得司長獨有指揮；其主印官或請假差使，印須依輪次主掌，不得逾越。

（宋）王欽若等編纂：《冊府元龜》卷六五《帝王部》

（長興元年）四月，前邢州節度使李從溫得替，朝見。帝謂安重誨曰：“從溫不待交替，何得先來？甚虧事體。今後可指揮諸道更有除移，須替人到，交割公事了，即得離任。”

（宋）王欽若等編纂：《冊府元龜》卷六六《帝王部》

魏迢爲大理卿。長興元年七月，奏諸道刑獄恐有淹滯。望令本道判官一人，每月兩度慮囚疏理。

（宋）王欽若等編纂：《冊府元龜》卷六二〇《卿監部》

（長興元年）五月，敕旨：“自今後，凡有除移，準宣詔追抽外，其餘須候替人到，彼點檢交割軍州公事了日，即可發離本處，不得輒離州府。仍令逐道觀察使散下管内諸州，準此指揮。”

（宋）王欽若等編纂：《冊府元龜》卷六六《帝王部》

（長興元年）六月辛亥，敕：“宜令諸道應有防禦、團練、刺史、行軍司馬、節度副使等，或月限將滿，或遇闕員，須俟朝廷除授不得更奏薦。”

（宋）王欽若等編纂：《冊府元龜》卷六六《帝王部》

長興元年七月，敕諸道得替防禦、團練等使及刺史到京朝見後，並宜班行比擬。如未有員闕，可令隨常參官逐日至。

（宋）王欽若等編纂：《冊府元龜》卷六一《帝王部》

孔崇弼爲庫部郎中。長興元年九月，奏天下州縣長吏每到任，造得公廨什物，罷任之時，多事已有，不係案牘。此後請公廨什物，明立文案，不許乾没，免致擾人。

（宋）王欽若等編纂：《册府元龜》卷四七五《臺省部》

（長興元年）十月，給事中崔衍奏：“當省給納諸州銅魚，勘問本行令史狀稱内庫，每州有銅魚八隻，一隻大，七隻小。兩隻右，五隻左。其右銅魚一隻長留在内，留一隻在本州庫，逐季申報平安；左魚五隻皆鎸次第字號，每新除刺史到郡後，即差人到當省請領左魚，當司覆奏，内庫次第出給左魚一隻，當省責領分付到州，集官吏取州庫右魚契合，却差人送左魚納省。如别除刺史，州司又請次第左右，周而復始。臣以州司差人請魚，往來須有煩費。請此後所除刺史，在京受命；或經過都城者，可令自牒當省請左魚，賫歸本郡契合，然後差人納省。所冀稍免煩勞。”從之。

（宋）王欽若等編纂：《册府元龜》卷六一《帝王部》

崔衍爲給事中。長興元年十一月壬戌，奏當省給納諸州銅魚，勘問本行令史，狀稱：“内庫每州有銅魚八隻，一隻大，七隻小；兩隻右，五隻左。其右銅魚一隻，長留在内，留一隻在本州庫，逐季申報平安。左魚五隻，皆鎸次第字號。每新除刺史到郡後，即差人到當省，請領左魚。當司覆奏内庫，次第出給左魚一隻。當省責領，分付到州，集官吏取州庫右魚契合却，差人送左魚納省。如别除刺史，州司又請次第左魚，周而復始。臣以州司差人，請魚往來，須有煩費。請此後所除刺史，在京受命，或經過都城者，可令自牒，當省請左魚，賫歸本郡契合，然後差人納省，所冀稍免煩勞。”從之。

（宋）王欽若等編纂：《册府元龜》卷四七五《臺省部》

王延爲左補闕，長興元年十二月奏：“一縣之内所管鄉村，而有割屬鎮務者，轉爲煩擾，益困生民。請直屬縣司鎮，務唯司賊盜。”

從之。

（宋）王欽若等編纂：《册府元龜》卷四七五《臺省部》

（長興）二年四月己巳，敕：“朝臣居喪終制，委御史臺具姓名申奏。諸道賓從除喪後，各宜行恩命。州縣官纔受新命及到任一考前丁憂者，服闋日除官。”

（宋）王欽若等編纂：《册府元龜》卷六一《帝王部》

（長興三年）四月甲寅，敕：“諸道節度、都護、防禦、團練等使及刺史，到朝廷未有班位定規，起今後，不帶使相節度使班位，可取使相班爲例據，檢校官高者爲上；如檢校同，即以先授者爲上。其諸州防禦、團練使、刺史，亦准此，仍前資居見任之下。”

（宋）王欽若等編纂：《册府元龜》卷六一《帝王部》

曹允昇，爲太常丞。長興三年七月，奏：“使府郡牧，例以隨身僕使，爲中門代判通呈等，名目極多，皆恃勢誅求，不勝其弊。伏請特行止絶，如藩侯郡守不解書劄，請委本判官代押，其職務監臨，請差本處衙院官吏，庶得漸除逾濫。兼使州奏薦判官，多非才行，或以賄賂求進。今後奏薦，請令本人隨表至京，令所司比驗。”

（宋）王欽若等編纂：《册府元龜》卷四七五《臺省部》

（長興四年）十月壬戌，制：“權知夏州事、起復雲麾將軍、檢校司空兼御史大夫、上柱國李彝超可依前起復檢校司空、使持節都督夏州諸軍事、夏州刺史兼御史大夫，充定南軍節度、夏、銀、綏、宥等州押蕃落等使。”彝超，仁福之次子。仁福卒，三軍立爲帥，矯仁福奏，乞降真命。帝聞之，以彝超爲延州留後，以延州安從進爲夏州留後。朝廷慮不從命，詔邠州藥彥稠等送從進赴鎮，仍降詔諭之。彝超奉緣三軍擁隔，未放離任。從進出軍攻之，王師加討無功。彝超遣使求雪，因以授之。

（宋）王欽若等編纂：《册府元龜》卷一七八《帝王部》

（清泰）三年六月，以右千牛衛將軍、權知魏府事張令昭爲齊州防禦使，捧聖右第二指揮使開立爲德州刺史，捧聖第五指揮使康福進爲莫州刺史。先是，令昭爲鄴都屯駐捧聖都虞候，逐節度使劉延皓，據城叛。翼日，右副使邊仁嗣已下，逼令奏請節旄，改授將軍權知，而立及福進始與令昭同謀，應太原逐延皓。朝廷故並授郡印，累遣使宣諭，托以諸軍，虐留未能輕解，其意蓋俟太原成敗爾。至是除郡，又促令赴任，以觀其心。

　　　　　　　（宋）王欽若等編纂：《册府元龜》卷一七九《帝王部》

《五代職官志》：梁開平元年詔，開封府司録參軍宜置一員。

　　　　　　　　　　　　　　（宋）孫逢吉：《職官分紀》卷三八

《五代職官志》：梁開平元年詔，開封府六曹掾屬宜各置一員，二年省。諸道州府六曹掾屬止留户曹一員，通判六曹。

　　　　　　　　　　　　　　（宋）孫逢吉：《職官分紀》卷三八

（鎮將）五代皆補親隨，與縣令抗禮，公事專達於州。梁開平四年，諸州鎮使，不以官秩高卑，並在縣令之下。

　　　　　　　　　　　　　　（宋）孫逢吉：《職官分紀》卷四三

後唐莊宗同光二年，以劉審交爲馬紹宏下轉運判官，始此。

　　　　　　　　　　　　　　　（宋）李上交：《近事會元》卷三

《五代會要》曰：後唐天成二年九月十九日，敕刺史州不合有防禦判官，今後改爲軍判官。此蓋置官之本也。

　　　　　　　　　　　　　　　（宋）高承：《事物紀原》卷六

後唐長興元年，給事中崔衍奏："當省給納諸州二銅魚，一隻長留内庫，一在本州庫。新除刺史請領左魚，到州集官吏取州庫右魚契合,即遣差人送左魚納省。"

(宋)潘自牧:《記纂淵海》卷三四

後唐長興二年詔:有兩使判官、防團推官、軍事判官等。是時,判官多本州自辟舉,清泰中,始擇朝士爲之。國朝沿五代之制,兩使置判官、推官各一人,餘州置推、判官各一人。

(宋)謝維新:《古今合璧事類備要》後集卷七七

後唐長興二年詔,設兩使判官、防團推官,宋因五代之制。

(明)彭大翼:《山堂肆考》卷七五

後唐長興中有書記支使。

(宋)謝維新:《古今合璧事類備要》後集卷七七

五代後唐長興四年,以前襄州觀察使魚崇遠,爲秦王府記室參軍事。

(宋)孫逢吉:《職官分紀》卷三二

唐藩鎮於進奏有知後官,《五代會要》載曾任節度至刺史等,則責本道進奏知後院狀。唐明宗問趙鳳:"進奏官比外何官?"鳳曰:"府院發遞知後之流。"上曰:"乃吏卒耳。"

(宋)周必大:《文忠集》卷一八二

後唐應順間,州置錄事參軍。國朝沿唐制,州有錄事參軍,然不盡置也。諸府爲司錄,諸州爲錄事。

(宋)佚名:《翰苑新書》前集卷五七

晉高祖天福六年十二月,兩浙錢元瓘卒。史云元瓘起家先爲鹽鐵發運判官也。

(宋)李上交:《近事會元》卷三

晉天福中,敕留守之任,委寄非輕,凡降絲綸,宜同將相。今後除留守宜降麻制。

(宋)潘自牧:《記纂淵海》卷三三

晉天福中敕:留守之任,委寄非輕,凡降絲綸,宜同將相。今後除留守宜並降麻,留守降麻自安彥威始。

(宋)謝維新:《古今合璧事類備要》後集卷七一

五代晉天福中,敕曰:"留守之任,委寄非輕,凡降絲綸,宜同將相。今後除留守,宜降麻制。"留守降麻,自安彥威始。

(明)彭大翼:《山堂肆考》卷六四

《五代史》:許仲宣,乾祐初,舉進士,解褐爲曹州濟陰主簿。先是,縣印令與簿掌,時令有嬖妾,與其室爭寵,令不能制,妾欲陷其主於罪,竊取印藏之,封緘如故。仲宣受之翌日,吏開將用印,但空匣,因逮捕縣吏數十人,及令主簿僕厮家人,繫獄驗問,果得於令舍竈炭烟煤中。初亡失印,縣吏皆恐,而仲宣晏然不爲動,既而果獲印,皆伏其量。

(宋)孫逢吉:《職官分紀》卷四二

周太祖廣順元年三月,詔廢諸州散從親事官,公私便之。

(宋)李上交:《近事會元》卷五

後周太祖廣順二年八月甲午,敕諸州縣吏民,緇黃繼來詣闕,留舉刺史、縣令。"牧宰之任,委寄非輕,繫烝庶之慘舒,布朝廷之條法,若廉勤奉職,撫字及民,自有政聲達於朝聽,何勞民庶遠致舉留,既妨農作之時,又耗路塗之費。所宜釐革,免致勞煩。今後刺史、縣令顯有政能,觀察使審解事狀,朝廷當議獎昇,百姓僧道更不舉請,一切止絕。"

(清)顧炎武:《日知録之餘》卷二

《五代史》：周顯德二年，防禦、團練、刺史州各置軍事推官一人。

（宋）孫逢吉：《職官分紀》卷三九

《五代職官志》：顯德二年詔：“防禦、團練、刺史州各置推官一員。”梁開平四年詔：“魏博管內刺史，比來州務委督郵，遂使曹官擅其威權，州牧同於閒冗，俾循通判，宜塞異端，並宜依河南諸州例，刺史得以專達。”時議者曰：“唐朝憲宗時，烏重胤爲節度使，常稱河朔六十年能抗拒朝命者，以奪刺史權與縣令職，而自作威福爾。若二千石各執其柄，又有鎭兵，雖安史挾奸，豈能據一州而叛哉！遂奏以所管德、棣、景三州，各還刺史職分，州兵並隸收管。是後雖幽鎭魏三道，以河北舊風自相傳襲，唯滄州一道，獨稟命受代，自重胤制置使然也。”則梁氏之更張，正合其事矣。

（宋）孫逢吉：《職官分紀》卷四○

五代以前官制，及士大夫碑碣，並不見有場務監官。太祖親見所在場務，多是藩鎭差牙校，不立程課法式。公肆誅剝，全無誰何，百姓不勝其弊。故建隆以來，置官監臨，制度一新，利歸公上，官不擾而民無害，至今便之。

（宋）朱弁：《曲洧舊聞》卷一

國初，進奏官循五季舊例，假官至御史大夫。

（宋）王栐：《燕翼詒謀錄》卷四

唐藩鎭皆置邸京師，謂之上都留侯院。大曆十二年改上都知進奏院。五代支郡聽自置邸，國初緣舊制，各置進奏院。

（宋）孟元老：《東京夢華錄》卷二

而自五代以來，藩侯補署親隨爲諸藩鎭副鎭都虞候，同掌驚邏盜竊之事，與縣令抗禮。凡公事專達於州縣，多缺簿、尉。建隆三年，復置縣尉主簿,掌鄉村盜賊,其鎮將所主,郭內而已。自是稍統於縣。

(宋)李攸:《宋朝事實》卷九

復置縣尉。五代之季,武臣擅州縣之權,遂罷縣尉,遣小將卒長受之,頗爲鄉社之患。太祖欲復舊制,御講武殿,召三銓選人有樂尉者,面東南立,選人多不欲往,往西立。帝曰:"迂儒如此,令杖驅出。"是後樂爲者眾,乃復舊制。

(宋)佚名:《錦繡萬花谷》前集卷一四

唐末始有知縣之稱。《練湖碑》,南唐時立,云:"知丹陽縣鎮縣公事",蓋"鎮"則有兵,如知州云"知某州軍州事"。本朝以知縣爲高,令爲次,或兼兵馬都監,亦知縣鎮之義。

(宋)趙彥衛:《雲麓漫鈔》卷三

五代之季,武臣擅州縣之權。遂罷縣尉,遣小將卒授之,頗爲鄉社之患。宋建隆三年,始每縣復置尉一員,在主簿之下。其州縣鎮將,只許勾當鎮下烟火爭競公事。

(明)彭大翼:《山堂肆考》卷七九

五代之季,武臣擅州縣之權,遂罷縣尉,頗爲鄉社之患。宋太祖欲復舊制,御講武殿,召三銓選人,有樂爲尉者,面東南立。選人多不欲往,往面西立。帝曰:"迂儒如此。"令杖驅出。是後樂爲者眾,乃復舊制。

(明)彭大翼:《山堂肆考》卷七九

閩縣知縣事一員……自晉迄唐皆稱令,五代吳越時,或稱判縣事,國朝用京朝官知。

(宋)梁克家:《淳熙三山志》卷二四

《九國志》:閩蔡儼,字仁嶠,爲永春主簿。秩滿就選,試合各格,未擬官而卒。仁嶠,諸子中最少而俊爽,人多惜之。初,仁嶠之求試也,有門僧善揣骨,仁嶠問之,僧曰:"短薄。"仁嶠大笑曰:"無選試及格,不當復爲縣佐,短簿之呼,何謬耶!"後數日果卒。

(宋)孫逢吉:《職官分紀》卷四二

蜀王宗鉎責授雍州司户參軍,問吏曰:"參軍何官,衣何服?"吏曰:"下州判司,綠衫槐笏而已。"宗鉎大笑絶倒,曰:"若頭便斬去,吾何能作措大官耶!"

(元)富大用:《古今事文類聚遺集》卷一五

《五代史·晉史》曰:郭延魯,清泰中遷復州守。延魯臨任,忽驚嘆曰:"先人曾爲沁牧,九年不移,我得不遵其家法而使政有紕繆者乎!"由是正俸之外,未嘗斂貸,庶事致理,一郡賴焉。及秩滿,百姓上章舉留,將離境,攀卧遮圍者不能去,朝廷聞而嘉之。

(宋)李昉:《太平御覽》卷二六二《職官部六十·良太守下》

李詳爲中書舍人,上疏曰:"臣聞除舊布新,故順天而設教,惟名與器,不假人以樹恩。所以示寓縣之至公,所以仰朝廷之大柄。今則既逢英主,未革前蹤,是敢聊舉一端,輕塵四達,酌其損益,幸補涓埃。伏睹南衙兩班,内庭諸局,或有不文不武,非舊非勛。論伎術則罔有所長,語才行則罕聞其異。但思月限以冒官,常俾五細以在庭。使四方而何則?有虛華級,仍蔭私門,忝營更及於子孫,禄利徒銷於府庫。況今方興戎事,久困生民,顧無用之官僚,具員無闕,計有限之財力,帑藏正虛,若不去留,定成耗蠹。伏望略加澄汰,稍辨幽明,則支分或減於殷憂,内外庶成於通濟。又睹十年已來,肆赦頻降,諸道職掌,一例獎酬。藩方不守於規程,奏薦罔論其高下,僕隸則動逾數百,絲綸則皆示特恩。所以倉場管鑰之微人,曹局簡札之小吏,至於伶倫賤類,灑掃庸奴,初命便假於貴階,銀章青綬,拜賜遽披於法服。牙笏紫袍，乃致貴賤不分，寵榮濫被。雖雷雨作解，渥澤恐遺於萬物，而衣裳在笥，貞規何法於百王？此後或有溥恩，應諸道職員，除主兵將校外，其銜前職列，伏乞明示條章，俾循事體。節度州只許奏都押衙、都虞候、教練、使客將、孔目官及有朱記大將十人，仍取上名；支郡則只許薦都押衙、都虞候、孔目官。其諸色人，並委本道量轉職次。則得之者感恩有異，受之者與衆稍殊，寰區仰天子之尊，藩後知王澤之貴。名器之重，治亂是資。伏惟皇帝陛下俯回宸覽，略照愚衷，勿爲小善不行，勿謂舊弊難改。失之在漸，謀之在初。儻或因此留神，自可觸類而長。"宰臣奏："李詳才光鳳閣，志奉龍圖，聰明有作誥之方，名器無假人之理。以兹留意，爰具上章，乃是大綱，且非小善。既叶聖人之教，可嘉君子之言。所奏節度、刺史、州銜前職員等事，望賜施行。"從之。

（宋）王欽若等編纂：《冊府元龜》卷五五三《詞臣部》

書記、支使，後唐長興中有書記、支使。

（元）馬端臨：《文獻通考》卷六二《職官考十六》

推、判官。唐天寶後有判官之名。未見品秩。後唐長興二年詔有兩使判官、防團推官、軍事判官等，是時判官多本州自辟舉，清泰中始擇朝士爲之。宋朝沿五代之制，兩使置判官、推官各一人，餘州置推、判官各一人。

（元）馬端臨：《文獻通考》卷六二《職官考十六》

録事參軍……後唐應順間，州置録事參軍。三考者注劇縣，以長定格滯壅故也。

（元）馬端臨：《文獻通考》卷六三《職官考十七》

《五代史·後唐書》曰：李嗣肱，克修之子也，少有膽略。時朱溫將賀德倫急攻蓚縣。朱溫率師五萬，合勢營於蓚之西；嗣肱自下博率騎三百，薄晚與賊之樵芻者相雜。日既晡，入朱溫營門，諸騎相合，大噪，弓矢星發，虩闞馳突，汴人不知所爲，營中大擾。既暝，斂騎而退。是夜，朱溫燒營而遁，解蓨縣之圍，以功特授蔚州刺史。

又曰：莊宗以教坊使陳俊爲景州刺史，内園栽接使儲德源爲憲州刺史。伶人剖符，非制也。上初平汴州，陳俊、德源皆爲樂官，周匝所薦，上許之。典郡郭崇韜以爲不可，遂寢。伶官言之者衆，上密召崇韜謂之曰：“予已許陳俊一郡，今經年未行，卿雖以正言匡諫，我每慚見二人，卿當屈意行之。”故有斯命。

又曰：前洋州節度副使程乂徽、陳利見請於瀛、莫兩州界起置營田以備邊，因授乂徽莫州刺史，充兩州營田使。

（宋）李昉：《太平御覽》卷二五五《職官部五十三·刺史下》

（天福二年）十一月戊午，中書奏：“準雜令，車駕巡幸所，州縣官人見在駕所祗承賜會，並同京官。”可之。

（宋）王欽若等編纂：《册府元龜》卷六一《帝王部》

李祥爲中書舍人。天福三年三月，上疏曰：“臣聞除舊布新，故順天而設教；惟名與器，不假人以樹恩。所以示宇縣之至公，所以仰朝廷之大柄。今則既逢英主，未革前蹤，是敢聊舉一端，輕塵四達，酌其損益，幸補涓埃。伏睹南北兩班，内庭諸局，或有不文不武，非舊非勛。論伎術則罔有所長，語才行則罕聞其異。但思月限，以冒官常。俾五細以在庭，使四方而何則？有虛華級，仍蔭私門，忝榮更及於子孫，禄利徒銷於府庫。況今乃興戎事，久困生民，因無用之官僚，具員無闕；計有限之財力，帑藏正虛。若不去留，空成耗蠹。伏望略加澄汰，稍辨幽明。則支分或減於殷憂，内外庶成於通濟。又睹十年已來，肆赦頻降，諸道職掌，一例獎酬。藩方不守於規程，奏薦罔論其高下。僕隸則動逾數百，絲綸則皆示特恩。所以倉場管鑰之微人，曹局簡劄之小吏，至於伶倫賤類，灑掃庸奴，初命便假於貴階，銀章青綬，拜賜遽披於法服，牙笏紫袍。乃致貴賤不分，寵榮濫被，雖雷雨作解，渥澤恐遺於萬物；而衣裳在笥，貞規何法於百王？此後或有溥恩，應諸道職員，除主兵將校外，其衙前職列，伏乞明示條章，俾循事體。節度州只許奏都押衙、都虞候、教練使、客將、孔目官及有朱記大將十人，仍取上名；支郡則只許薦都押衙、都虞候、孔目官，其諸色人並委本道量轉職次。則得之者感恩有異，受之者與衆稍殊。寰區仰天子之尊藩，後知王澤之貴。名器之重，治亂是資。伏惟皇帝陛下，俯回宸覽，略照愚衷，勿爲小善不行，勿謂舊弊難改。失之在漸，謀之在初。儻或因此留神，自可觸類而長。"宰臣奏："李祥才光鳳閣，志奉龍圖，聰明有作誥之方，名器無假人之理。以兹留意，爰具上章，乃是大綱，且非小善。既叶聖人之教，可嘉君子之言。所奏節度刺史州衙前職員等事，望賜施行。"從之。

（宋）王欽若等編纂：《册府元龜》卷四七六《臺省部》

（天福）七年二月甲辰，敕："應内外諸司諸使及諸道州府，凡有諸色公事，須具奏聞，今後不得將白狀及劄子記事申覆。如事關機密，即準先降宣命寶封斜角，不題事目通下，其合申中書及中書勘會公事所申狀，亦須是本司及逐處官員印署，不得將白狀及記事劄子兼令司局抄劄供申，宜令御史臺及宣徽院三司衛司諸道州府，切準此指揮。"

（宋）王欽若等編纂：《册府元龜》卷六一《帝王部》

（天福八年）是年，以單州刺史楊承祚爲登州刺史，其官告遣前華州節度副使周光遜送之。

（宋）王欽若等編纂：《册府元龜》卷一七九《帝王部》

《五代史》曰：晉少帝開運中，沈斌爲祁州刺史。契丹自恒州驅牛羊過城下，斌乃出州兵擊之，爲契丹精騎鑷門邀擊之，州兵陷賊。趙延壽知其無兵，遂與藩賊急攻之，仍呼謂斌曰："沈使君，我故人也，擇禍莫若輕！早以城降，無自辱也。"斌登城呼而報曰："侍中父子誤計陷於腥膻，忍以犬羊殘害父母之邦，不自羞慚，反有德色。沈斌弓折箭盡，寧爲國家死耳，不效公所爲也。"翌日城陷，斌自殺。

（宋）李昉：《太平御覽》卷二五五《職官部五十三·刺史下》

《五代史·晉史》曰：相里今（金）自羽林都虞候爲忻州刺史。凡部曲私屬，將吏不遣莅州邑之職，皆優其給贍，使分掌家事而已。其後累典大都，皆有聲績。

又曰：澤州奏前刺史史延韜離州，爲軍民遮圍，不放出城，兼截下馬鐙，共留延韜，經三日後，夜開城門赴闕。

又曰：安元信歷數任皆名郡也，親族謂曰："公身俸二千石，鬢有白髮，家無肥美田園，何以爲子孫計？"元信曰："吾本無文經武略，遭遇先帝風雲之會，繼提郡印，位在親人，平生之望過矣，每以衣食豐足爲愧，安有積貨治産，欲爲豚犬輩後圖，不亦愚乎？"聞者美之。

（宋）李昉：《太平御覽》卷二五八《職官部五十八·良刺史下》

熊皦，閩人，多知數，邠州節度使劉景岩闢爲判官。景岩比以盜據延州，朝廷常姑息之，皦前入朝，言已説景岩肯移近地，遂降命改鎮。執政以爲皦有緩煩之力，乃賜以金紫。

（宋）王欽若等編纂：《册府元龜》卷七二二《幕府部》

漢隱帝乾祐三年五月，詔諸道州府差置散從官，大府五百人，上州三百人，下州二百人，敕本處團集官係立節級檢校教習，以警備州城。

（宋）王欽若等編纂：《册府元龜》卷六一《帝王部》

周太祖廣順元年正月，制：天下諸侯皆有親校，自可慎擇委任，當必裨奉朝廷。若更別差，理或未當，宜矯前失，庶協通規。其先於在京諸司差軍將充諸州郡元從都押衙、孔目官、内知客等，並可停廢。

（宋）王欽若等編纂：《册府元龜》卷一六〇《帝王部》

（廣順元年）三月壬申，敕前朝於諸州府差散從親事官等："前朝創置，蓋出權宜，苟便一時，本非舊貫。近者遍詢群議，兼采封章，具言前件抽差，於理不甚允當。一則礙州縣之色役，一則妨春夏之耕耘，貧乏者困於供須，豪富者幸於影庇，既爲煩擾，須至改更。況當東作之時，宜罷不急之務，其諸州所在差散從親事官並宜放散，自逐田農。自去年四月已前州縣元管係人數，一切如舊，其遞鋪如已前招到者且仰仍舊，今後更不得招召。其諸處場院並不得影庇兩稅人户，所有河北諸州及澤、潞、晉、絳、慈、隰、解等州於先差散從親事官内選到弓箭手，只且留在本州管係，其餘放散。"先是，漢隱帝於諸州府百姓内差親事散從官，又差力及户充遞鋪。又下三司諸場務召百姓替占役兵士。帝心知其不便，乃下詔革焉，公私便之。

（宋）王欽若等編纂：《册府元龜》卷一六〇《帝王部》

周太祖廣順元年三月辛卯，敕："職當參佐，位列賓僚，苟無職馭之人，頗異築臺之禮，雖事因改易，而理未酌中。宜降明文，庶永爲制。副留守、節度副使、行軍兩京少尹、留守判官兩使判命，並許差定當直人力，不得過十五人；節度推官、防禦團練軍事判官，不得過十人；諸府少尹、書記友使、防禦團練副使，不得過七人，並取本廳。舊當職人力，數少不及新定數目，只仰依舊人數差定，仍令逐處係帳收管。此外如敢不遵條制，多有占差額外影占人户，其本官當行朝典。"

（宋）王欽若等編纂：《册府元龜》卷六一《帝王部》

（廣順）三年七月丁酉，敕："賦稅婚田，比來州縣之職。盜賊烟火，元係巡鎮之司。各有區分，不相逾越。或侵職分，是紊規繩。切慮所在職員，尚循舊弊，須行條貫以正紀綱。京兆、鳳翔府，同、華、邠、鄜、耀等州所管州縣軍鎮，頃因唐末藩鎮殊風，久歷歲時，未能釐革，政途不一，何以教民？其婚田聽訟賦稅丁徭，合是令佐之職。其擒奸捕盜、庇護部民，合是軍鎮警察之職。今後各守職分，專切提撕，如所職疏，遣各行按責。其州府不得差監徵軍將下縣，庶期靜辨，無使煩勞。

（宋）王欽若等編纂：《册府元龜》卷六一《帝王部》

周世宗顯德元年十二月，帝謂侍臣曰："朕昔居邸第，嘗聞州郡林落之間，有不務營生、以狡蠹自負、虛構辭訟、恐動人民者，鄉閭相畏，不與之爭，官吏避事，不懲其咎，得志斯久，爲害亦深，朕切不喜之。宜委諸處録事參軍、縣令等密具申奏，即與除去。令佐之官，最親吾民也，事之損益，争不細知？此後直許條奏，有允當者必獎用之。"

（宋）王欽若等編纂：《册府元龜》卷五七《帝王部》

周顯德五年，詔諸道州府，令團併鄉村。大率以百户爲一團，每團選三大户爲耆長。凡民家之有奸盗者，三大户察之；民田之有耗登者，三大户均之。仍每及三載即一如是。

（元）馬端臨：《文獻通考》卷一二《職役考一》

武臣不主錢穀

太祖平江南，後主入朝，上曰："卿在故國，以何術理金穀。"後主曰："州郡置官，通掌郡事，武臣不親錢穀文案。"

（宋）曾慥：《類説》卷一九《見聞録》

戊戌，罷嶺南諸州司倉、司户參軍、縣丞、捕賊等官。

（宋）李燾：《續資治通鑑長編》卷一二，太祖開寶四年（971）

廢江南諸縣僞署制置使。

（宋）李燾：《續資治通鑑長編》卷一七，太祖開寶九年（976）

按：行臺省之名，雖始於魏、晉之間，然兩漢初興，高祖所以委蕭何；世祖所以命鄧禹，其權任蓋亦類此。唐天寶以後，以盗賊陷兩京，夷狄侵畿甸，則或以大元帥、副元帥命親王、勳臣爲之，然但可任專征之責，而他事則禀朝旨，則亦未嘗備行臺省之事也。至其末年，方鎮擅地請節，於是或以侍中、中書令、同平章事、王爵命之，如錢鏐、馬殷、王審知之徒，蓋名爲奉正朔，而實自爲一朝廷矣。然則行臺省之名，苟非創造之初，土宇未一，以此任帷幄腹心之臣，則必衰微之後，法制已隳，以此處分裂割據之輩。至若承平之時，則不宜有此名也。

（元）馬端臨：《文獻通考》卷五二《職官考六》

河南尹。……五代都汴，爲開封尹。

（元）馬端臨：《文獻通考》卷六三《職官考十七》

郡太守。五代時，仍刺史之號。後唐時，以二十五月爲限。

（元）馬端臨：《文獻通考》卷六三《職官考十七》

縣尉。五代久廢，而盜賊鬥競則屬鎮將。

（元）馬端臨：《文獻通考》卷六三《職官考十七》

唐末及五代始有特加邑户，而罷實封之給，又去縣公之名，封侯以郡。

（元）馬端臨：《文獻通考》卷二七七《封建考十八》

國初循舊制，衙前以主官物，里正、户長、鄉書手以課督賦稅，耆長、弓手、壯丁以逐捕盜賊，承符、人力、手力、散從官以奔走驅使；在縣曹司至押、録，在州曹司至孔目官，下至雜職、虞候、揀、掏等人，各以鄉户等第差充。

（元）馬端臨：《文獻通考》卷一二《職役考一》

都大坑冶。……宋朝自開寶平吳之後，因其舊，置錢監於鄱陽，既而江、淮、荆、浙、閩、廣之地皆有監，係發運使兼提點。

（元）馬端臨：《文獻通考》卷六二《職官考十六》

置縣尉

五代之季,武臣擅州縣之權,遂罷逐縣尉,遣小將卒長主之,頗爲鄉社之患。太祖欲復舊制,御講武殿,唱名銓選。有樂尉者東立,不則西立。選人多不欲,往往西立。太祖曰:"如此迂儒。"令杖驅出,自後爲者衆,乃復舊制。

(宋)曾慥:《類説》卷一九《見聞録》

五季,武夫、悍卒以軍功進秩爲節度使者,不可數計,而班在卿、監之下。太祖皇帝以節度使受禪,遂重其選,升其班於六曹侍郎之上。

(明)陶宗儀:《説郛》卷九六《燕翼詒謀録》

五代以前官制及士大夫碑碣並不見有場務監官,太祖親見所在場務多是藩鎮差牙校,不立程課法式,公肆誅剥,全無誰何,百姓不勝其弊。故建隆以來,置官監臨,制度一新,利歸公上,官不擾而民無害,至今便之。

(明)陶宗儀:《説郛》卷四一《曲洧舊聞》

潤家錢

南漢地狹力弱,事例卑猥,州縣時會僚屬,不設席而分饋阿堵,號"潤家錢"。

(明)陶宗儀:《説郛》卷六一《清異録》

(3) 使職官

五代喪亂,凡奉使調發,但樞密院給牒。國朝太平興國中,以李飛雄之爲詐,有詔復用銀牌焉。自後又復廢罷。

(宋)蘇舜卿:《蘇學士集》卷一一

金國每遣使出外,貴者佩金牌,次佩銀牌,俗呼爲金牌、銀牌郎君。北人以爲契丹時如此。牌上若篆字六七,或云阿骨打花押也,殊不知此本中國之制。五代以來,庶事草創,凡乘置奉使於外,但給樞密院牒。國朝太平興國三年,因李飛雄矯乘厩馬,詐稱使者,欲作亂,既捕誅之。乃詔自今乘驛者,皆給銀牌,國史云"始復舊制",然則非起於虜也。端拱二年,復詔:"先是,馳驛使臣,給篆書銀牌。自今宜罷之,復給樞密院牒。"

(宋)洪邁:《容齋三筆》卷四

唐制,乘驛者給銀牌。五代庶事草創,但樞密院給牒。

(宋)王栐:《燕翼詒謀録》卷四

五代以來,庶事草創,凡置奉使於外,但給樞密院牒。

(清)陳元龍:《格致鏡原》卷三〇

錢文僖公惟演《金坡遺事》云:舊規,學士六人遇聖節,共率百二十緡,寺中設齋。今送五十千與樞密使,同開道場,前一日赴宴。當時所記如此。近歲樞密院滿散聖節及貢院賜宴,則學士待制皆與,而無送錢故事。又,六參隨樞密班先入,止是再拜,不舞蹈,並遇宣麻,不往。皆内朝故事也。

(宋)周必大:《玉堂雜記》卷上

《金坡遺事》又云:聖節,唐時惟六學士及二使謂中官樞密使赴待詔,雖發書屈,亦不與坐。

(宋)周必大:《玉堂雜記》卷上

五代、唐置宣徽使,始以宦者爲之,故楊復恭自河陽監軍入爲宣徽使。天祐元年,留宣徽使南北院等九使,餘並停。二年,廢樞密院及宣徽南北院,其樞密院公事令王殷權知,兩院人吏並勒歸中書,其諸司諸道人,並不得到宣徽院,凡有公事,並於中書論請。梁復以王殷爲宣徽使，省南北院使，而有副使。後唐復南北院使，省副使。晉、漢、周皆因之。

（宋）孫逢吉：《職官分紀》卷一二

宣徽使舊亞樞使，位在樞密副使、同知樞密院事之上。

（宋）王曾：《王文正筆錄》

《唐書・裴度傳》有宣徽五坊小使，則宣徽官名已見於元和之時矣。唐末洎五代，又有南、北兩院使。晉天福四年，以樞密副使張從恩爲宣徽使，權罷樞密故也，蓋唐官云。《宋朝會要》曰：唐置宣徽南、北院使，有副使，後唐省副使。開寶九年，以潘美依前山南東道節度充宣徽北院使，節度之領宣徽自茲始也。按《北史・后妃傳》叙北齊文宣河清中，下嬪有宣徽，爲婦官之名也。

（宋）高承：《事物紀原》卷四

唐置宣徽使，始以宦者爲之。天祐元年，留宣徽南北院等九使，餘並停。二年，廢宣徽南北院，凡有公事並於中書論諮。梁後以王殷爲宣徽使，省南北院使而有副使。後唐復南北院使，省副使。晉漢周皆因之。宋舊制二使通掌院事，共院異廳，止用南院印。元置宣徽院，有左宣徽使，又有右宣徽使。又有同知宣徽院事、同簽書宣徽院事、宣徽判官，掌朝會、燕享，凡殿庭禮數、管轄閤門、橫班諸司。

（元）富大用：《古今事文類聚新集》卷一九

國初承舊制，有東頭供奉官、左右班殿直、殿前承旨，凡三班，隸宣徽院，第其任使。

（宋）江少虞：《宋朝事實類苑》卷二五

唐末始分度支、鹽鐵、户部，專領財賦。唐明宗始號三司，總以一使。本朝或曰判三司,或曰權判,或曰點檢三司。

(宋)王闢之:《澠水燕談録》卷六

《職官志》:後唐同光元年,以左監門衛將軍、判内侍省李紹宏兼
内勾,天下錢穀。

(宋)孫逢吉:《職官分紀》卷二六

後唐同光元年,以左監門衛將軍、判内侍省李紹宏兼内侍,據紹
宏始。莊宗潛龍日爲中門使,及即位,命潞州監軍張居翰與郭崇韜爲
樞密使,以紹宏爲宣徽使,心常不足。崇韜知之,乃置内勾之名,凡天
下錢糧穀簿書,悉委裁決。州縣供帳煩費,議者非之,天成元年廢内
勾司。

(宋)孫逢吉:《職官分紀》卷二六

《五代職官志》:後唐莊宗同光中,敕鹽鐵、度支、户部三司,凡闕
錢物,並委租庸使管轄。踵梁之舊制也。

(宋)孫逢吉:《職官分紀》卷一三

後唐明宗長興元年八月,始以許州節度使張延朗爲兵部尚書,充
三司使也。

(宋)李上交:《近事會元》卷三

長興元年,罷租庸使額,分鹽鐵、度支、户部爲三司。

(宋)孫逢吉:《職官分紀》卷一三

唐末,始分鹽鐵、度支、户部,專領財賦。後唐明宗始號三司,總
以一使。國朝或曰判三司,或曰權判,或曰點檢三司。

(宋)江少虞:《宋朝事實類苑》卷二五

　　《五代史》：後唐明宗長興元年，以前許州節度使張延朗行兵部尚書、充三司使，班在宣徽使之下，三司有使額自延朗始也。唐制，户部、度支以本司郎中、侍郎判其事，而有鹽鐵轉運使。天寶中，楊慎矜、王鉷、楊國忠繼以聚貨之術，媚上受寵，雖然皆守户部、度支本官，帶使額亦無所改作。下及劉晏、第五琦亦如舊制。自後亦以宰臣分判一司，不置使額。乾符後，天下兵興，隨處置租庸使，以主調發，兵罷則停。梁時乃置租庸使，專領天下泉貨。莊宗中興，秉政者不閑典故，踵梁故事，復置租庸使，以魏博故吏孔謙專使務斂，怨於下斸，喪王室者實租庸之弊也。明宗嗣位，思革其弊，未及下車，乃詔削除使名，但命重臣一人判其事，曰"判三司"。至是張延朗自許州入，再掌國計，白於樞密使，請置三司使名。宣下中書議其事，宰臣以舊制覆奏，授延朗特進、行工部尚書、充諸道鹽鐵轉運等使、兼判户部、度支事，從舊制也。明宗不從，竟以三司使爲名焉。

　　　　　　　　　　　　（宋）孫逢吉：《職官分紀》卷一三

　　三司使，咸平六年復，後唐長興之制。長興中，張延朗領其使，其後遂廢，至是以寇準嘗執政，故以爲使，兼總三部。

　　　　　　　　　　　　　　（宋）曾鞏：《隆平集》卷一

　　予嘗購得後唐閔帝應順元年案檢一通，乃除宰相劉昫兼判三司堂檢。前有擬狀云："具官劉昫。右，伏以劉昫經國才高，正君志切，方屬體元之運，實資謀始之規。宜注宸衷，委司判計，漸期富庶，永贊聖明。臣等商量，望授依前中書侍郎、兼吏部尚書、同中書門下平章事，充集賢殿大學士、兼判三司，散官勳封如故。未審可否？如蒙允許，望付翰林降制處分。謹録奏聞。"其後有制書曰："宰臣劉昫，右，可兼判三司公事，宜令中書門下依此施行。付中書門下，准此。四月十日。"用御前新鑄之印。與今政府行遣稍異。

　　　　　　　　　　　　　（宋）沈括：《夢溪筆談》卷一

予嘗求得後唐閔帝應順元年案檢一道，乃除宰相劉昫兼判三司堂檢，前有擬狀云："具官劉昫右，伏以劉昫經國才高，正君志功。方屬體元之運，實資謀始之規，宜注宸衷，委司判計，漸期富庶，永贊聖明。臣等商量，望授依前中書侍郎兼吏部尚書、同中書門下平章事，充集賢殿大學士，兼判三司，散官勛封如故，未審可否？如蒙允許，望付翰林降制處分，謹錄奏聞。"其後有制畫曰："宰臣劉昫右，可兼判三司公事，令中書門下准此。四月十日，用御前新鑄之印。"與今政府行遣稍異。本朝要事對稟，常事擬進入，畫可，然後施行，謂之熟狀。事速不及待報，則先行下，具制草奏知，謂之進草。熟狀白紙書，宰相押字，他執政具姓名。進草即黃紙書，宰臣執政皆於狀背押字，堂檢宰執皆不押，惟宰屬於檢背書押，堂吏書名用印。此擬狀有詞，宰相押檢不印，此其為異也。大率唐人風俗，自朝廷下至郡縣決事，皆有詞，謂之判，則書判科是也。押檢二人，乃馮道、李愚也。狀檢瀛王親筆，甚有改竄勾抹處。按《舊五代史》，應順元年四月九日己卯，鄂王薨，庚辰以宰相劉昫判三司，正是十日，與此檢無差。宋次道記開元宰相奏請，鄭畋鳳池藁草擬狀注制集，悉多用四六，皆宰相自草，今此擬狀，馮道親筆，蓋故事也。

（宋）江少虞：《宋朝事實類苑》卷二七

宋沿五代後唐之制，置三司使，以摠國計。五代專以鹽鐵為理財之要，在三司之首。

（宋）章如愚：《群書考索》後集卷二一

宋法後唐之制，三司使實總國計貢賦之入，朝廷未嘗與焉。總鹽鐵、度支、戶部，號計皆使，位亞執政，目為計相。又有副使，而逐司各置判官二員，其三司則判官六員分主之。

（宋）章如愚：《群書考索》後集卷五四

五代罷巡院始置轉運使。

（宋）章如愚：《群書考索》後集卷一三

諸道分置巡院，皆統於使（轉運使）。五代罷巡院，始置轉運使。

（宋）孫逢吉：《職官分紀》卷四七

（開平）三年七月，敕大内皇墻使，諸門素來未得嚴謹，將令整肅，須示條章。宜令控鶴指揮，應於諸門各添差控鶴官兩人，守帖把門。其諸司使并諸司諸色人，并勒於左右銀臺門外下馬，不得將領行官一人輒入門裏。其逐日諸道奉進，客省使於千秋門外排當訖，勒控鶴官昇擡至内門前，準例令黄門殿直以下昇進，輒不得令諸色一人到千秋門内。其章善門仍令長官關鎖，不用逐日開閉。是日，又敕皇墻大内，本尚深嚴；宮禁諸門，豈宜輕易。未當條制，交下因循，苟出入之無常且公私之不便。須加鈐轄，用戒門間。宜令宣徽院使等切准此處分。

（宋）王欽若等編纂：《册府元龜》卷一九一《閽位部》

梁張漢傑，爲控鶴指揮使。薊門人陳乂，少好學，善屬文，因避亂客於浮陽，轉徙於大梁，漢傑延於私邸，表授太子舍人。

（宋）王欽若等編纂：《册府元龜》卷四一三《將帥部》

梁張漢傑，末帝德妃之兄歸霸之子也。末帝嗣位，漢昇、漢傑並爲近職，漢昇早亡，漢傑貞明中爲控鶴指揮使，領兵討慧王於陳州，擒之。當貞明、龍德之際，漢傑昆仲分掌權要，藩鎮除拜多出其門。段凝因之，遂竊兵柄。及莊宗入汴，漢傑與兄漢倫、弟漢融同日族誅於汴橋下。

（宋）王欽若等編纂：《册府元龜》卷三〇六《外戚部》

秦韜玉爲鹽鐵使，有高途字昭遠者，唐初申國公士廉八代孫，初爲鄜州從事,爲韜玉所知,薦於太祖,乃署宣武軍掌記。

(宋)王欽若等編纂:《册府元龜》卷八二八《總録部》

梁曹守當爲廣州宣慰使。回,進馬三匹,銀二千兩,及香藥等,合價凡四百餘萬。夫王者之命,降於侯國,彼以賄受,此以賄上,君子惜之。

(宋)王欽若等編纂:《册府元龜》卷六六四《奉使部》

《五代會要》曰:唐置營幕使,後置同和院。梁開平初,改儀鸞院使。宋朝置儀鸞使。

(宋)高承:《事物紀原》卷六

唐置營幕使,後置同知院使。五代梁開平初,改儀鸞使。

(宋)孫逢吉:《職官分紀》卷四四

《五代會要》:梁諸使有弓箭庫使。

(宋)高承:《事物紀原》卷六

《五代會要》:梁諸司使有尚食使也。

(宋)高承:《事物紀原》卷六

五代梁有尚食使、副使。國朝因之。

(宋)孫逢吉:《職官分紀》卷四四

五代梁以御食使爲司膳使。

(宋)孫逢吉:《職官分紀》卷四四

《五代會要》:梁諸使有内園栽接使也。

(宋)高承:《事物紀原》卷六

梁諸司使亦有洛苑使也。

（宋）高承:《事物紀原》卷六

五代梁有宮苑使。國朝因之。

（宋）孫逢吉:《職官分紀》卷四四

五代梁諸使始有如京使,當是梁改太倉使曰如京也。

（宋）高承:《事物紀原》卷六

《五代會要》曰:梁諸司使有武備庫使。按:其職非供備之掌也。

（宋）高承:《事物紀原》卷六

五代梁有武備庫。

（宋）孫逢吉:《職官分紀》卷四四

五代梁有客省使,國朝因之。掌四方進奏及四夷朝貢、牧伯朝覲、賜酒饌饗餼,宰相、近臣、禁將軍校、節儀,諸州進奉使,賜物回詔之事。

（宋）孫逢吉:《職官分紀》卷四四

五代梁有引進使、副使,國朝因之。慶曆四年詔引進使。

（宋）孫逢吉:《職官分紀》卷四四

《唐會要》:昭宗天祐元年四月敕有閤門使。《五代會要》:梁諸使亦有東西二上閤門使。疑亦唐官也。

（宋）孟元老:《東京夢華錄》卷一〇

五代梁改小馬坊使爲天驥,後唐復爲飛龍、小馬坊使。長興元年,改飛龍院爲左飛龍院,小馬坊爲右飛龍院。

（宋）孫逢吉:《職官分紀》卷四四

宮觀使，五代梁開平元年罷，後唐同光元年復置，天福四年停使額。

（宋）孫逢吉：《職官分紀》卷四五

《五代會要》曰：梁諸使有文思使，又云開平元年五月改爲乾文院使，三年十月，以乾文院爲文思院。後乾文却置院，文思自爲一使。《宋朝會要》曰：太平興國三年，置文思院，亦有文思使。

（宋）高承：《事物紀原》卷六

五代梁開平元年，以潼關險阻，乃置潼軍使，命虎州刺史兼領之。其月，改虎牢關爲軍，仍置使。

（宋）孫逢吉：《職官分紀》卷四三

皇城使副使，五代梁乾化六年五月詔曰：“端闈正門也，宜以時開敞，用達陽氣，委皇城使，準例檢校啓門，車駕出，則闔扉。”國朝因其名。

（宋）孫逢吉：《職官分紀》卷四四

《五代職官志》：後唐天成元年十一月詔：“雄武軍節度衙内宜兼押蕃落使。”二年詔：“頃因本朝親王遥領，其在鎮者，遂云副大使、知節度事，但年代已深，相沿未改。今天下侯伯并正節旄，惟東西兩川未落副大使字，宜令今後只言節度使。”

（宋）孫逢吉：《職官分紀》卷三九

《宋朝會要》曰：唐有飛龍使及小馬坊使。後唐長興元年，改飛龍院爲左飛龍院，小馬坊爲右飛龍院。

（宋）高承：《事物紀原》卷六

《五代會要》曰：晉天福三年，韓延嗣配華州發運務，此始見發運之名。

（宋）高承：《事物紀原》卷六

《宋朝會要》曰：周太祖平河中，得酒工王思，善造法麴，因法酒庫置使，蓋亦梁酒庫丞比也。

（宋）高承：《事物紀原》卷六

周太祖平河中得酒工王恩，善造法麴酒，因置法酒庫使。

（宋）孫逢吉：《職官分紀》卷四四

五季，武夫悍卒，以軍功進秩爲節度使者不可數計，而班在卿、監之下。太祖皇帝以節度使受禪，遂重其選，升其班於六曹侍郎之上，此建隆三年三月壬午詔書也。

（宋）王栐：《燕翼詒謀録》卷一

五代有翰林茶酒使。

（宋）孫逢吉：《職官分紀》卷四四

唐有氈坊、毯坊使，五代合爲一使。宋朝因之。

（宋）高承：《事物紀原》卷六

唐有氈坊、毯坊使，五代合爲一。國朝因之。

（宋）孫逢吉：《職官分紀》卷四四

唐神策軍有御鞍轡庫，五代置使。國朝因之。

（宋）孫逢吉：《職官分紀》卷四四

唐以太府少卿知左藏出納，五代有使。國朝因之。

（宋）孫逢吉：《職官分紀》卷四四

唐有作坊，五代置使。國朝因之。舊有南北，熙寧三年改南北作坊爲東西作坊，其使副名額亦然。

（宋）孫逢吉：《職官分紀》卷四四

五代有莊宅使副使。國朝因之。

（宋）孫逢吉：《職官分紀》卷四四

五代有文思使。國朝因之。

（宋）孫逢吉：《職官分紀》卷四四

五代有內園栽接。國朝止名內園。

（宋）孫逢吉：《職官分紀》卷四四

五代有洛苑使。國朝因之。

（宋）孫逢吉：《職官分紀》卷四四

五代有如京使。國朝因之。雍熙四年，以侍御史鄭宣、司門員外郎劉墀、户部員外郎趙載，並充如京使。以殿中侍御史柳開爲崇儀使，左拾遺劉慶爲西京作坊使。先是，太宗以五代戰爭以來，自節鎮、刺史皆用武臣，多不曉政事，人受其弊。帝欲兼用文士，漸復舊制，故先擢宣等爲内職。

（宋）孫逢吉：《職官分紀》卷四四

唐五代皆有閑廐使，國朝太平興國五年改今名。

（宋）孫逢吉：《職官分紀》卷四四

五代及國初，節度皆自檢校太傅遷太尉，太尉遷太師，然無升秩明文。

（宋）江少虞：《宋朝事實類苑》卷二八

溫韜少爲群盜,背李茂貞,歸於梁,歷耀許州節度使。在耀七年,唐帝諸陵發掘殆遍,取其金寶,惟乾陵以風雨屢作,終不能發。莊宗時,韜自許州入魏覲後,賫金帛賂遺權重,及納賄中宮,獲免得歸藩。頃之,授代歸闕,久留京師,親黨或憂其闕乏。其子揚言,日使一裸體黃漢,足了一年之費,蓋謂劫陵得金偶人。

(宋)孫逢吉:《職官分紀》卷三九

張筠初仕後唐,爲永興軍節度使。性好施,每出,值貧民於路,則給以口食衣物。境内除省賦之外,未嘗聚斂,遂致百姓不撓,十年小康,秦民懷惠,呼爲佛子。後權領河南尹,俄鎮興元,所治之地,咸用前政,上下安之。

(宋)孫逢吉:《職官分紀》卷三九

五代趙瑩爲晉昌軍節度使。時天下大蝗,境内捕蝗者,獲一斗給禄粟一斗,使饑者獲濟,遠近嘉之。

(宋)孫逢吉:《職官分紀》卷三九

安重誨爲成德軍節度使,嘗與北來蕃使並轡而行,指飛鳥射之,應弦而落,觀者萬衆,無不快抃。蕃使因輟所乘馬以慶之。由是名振北狄,自謂天下可以一箭而定。

(宋)孫逢吉:《職官分紀》卷三九

周宋彦筠初仕晉爲同州節度使,溺於釋氏。後爲邠州節度使,嘗謂人曰:"吾前後供僧一千餘萬,造佛室九十餘所,又嘗召僧讀《畢生經》,日課若干卷,至瞑目乃已。令不負所課,如嬰疾不能開讀,隨即填補,立券設呪。每僧給二十縑,僧至者甚衆,乃減縑一半,未幾,止給三歲縑。其無行貪狠之僧,利其縑投券者填咽,彦筠患之,乃止。"初,彦筠一旦與其主母有微忿,遂擊殺之。自後常有所睹,彦筠心不安,乃修浮圖法以禳之,因而溺志於釋氏。其後每歲至佛入涅槃之日，常衣斬哀號，慟於像前，其佞佛如此。家有婢妾數十人，皆令削髮披緇，以侍左右，爲當時所誚。

（宋）孫逢吉：《職官分紀》卷三九

　　王峻，相州人。其父爲本郡樂營使，峻善歌，歷事張筠、趙岩、張延朗，皆以善歌親愛。及延朗誅，資産盡入漢祖，峻在籍中。漢祖踐阼，授客省使。隱帝時，周太祖鎮鄴，峻爲監軍。太祖赴闕，綢繆幃幄，贊成大事。既而踐樞相之位，貪權恃寵，無禮於君。太祖以佐軍之故，每優容之，無何邀求兼鎮青州，太祖不得已而授之。既而貶商州司馬，死於貶所。初，峻降制除青州，有司造旌節，以備迎授，前一夕，其旌節有聲甚異，聞者駭之，主者曰：“昔安重誨授河中節，亦有此異聲。”

（宋）孫逢吉：《職官分紀》卷三九

　　《九國志》：吳柴再用，累歷藩鎮，敦尚素儉，車馬導從，不過十人，亦一時之良將也。

（宋）孫逢吉：《職官分紀》卷三九

　　南唐姚景鍾，爲壽春節度使。壽春大郡，每節使上，供億甚厚，廳事階間，置大櫃數具納金，曰滿其中，輒易之。及景鍾至，命去櫃，取與皆有節，郡人便之。

（宋）孫逢吉：《職官分紀》卷三九

　　前蜀王宗裕，爲武德軍節度使。貪冒財貨，以白金百兩作鋌，鐫記年月，每五鋌爲一束，以生牛革裹之。其子諫曰：“牛革著物堅，確後難可開。”宗裕叱之曰：“何更開也！”

（宋）孫逢吉：《職官分紀》卷三九

　　後蜀李奉虔，遷右金吾衛大將軍，爲昭武軍都監屬。夏秋多雨，嘉陵江溢出浸城，奉虔置堰，開湍瀨二十餘處，泄其畜水，築堤以護之，城池克完，人被其利。授昭武軍節度，自監擁護節旄，自奉虔始，人皆榮之。

（宋）孫逢吉：《職官分紀》卷三九

《九國志·吳越錢俶傳》：太平興國初，儼表薦俶及其弟儼於朝，詔以俶爲慎端師，儼爲新、嫵、儒三州觀察使。蓋俶、儼皆嘗爲僧，俶復好睡，執政者以戲之也。

（宋）孫逢吉：《職官分紀》卷三九

《九國志》：吳楊濛，字志龍，行密第三子。天祐中，領廬州團練使。渭襲位，封廬江郡公，持節冊徐溫大丞相。溫見之，謂左右曰："此兒瞻顧特異，恐難其下。"因請爲楚州團練使。渭親餞之，文武官拜送於路，觀者美之。

（宋）孫逢吉：《職官分紀》卷三九

徐知諫，溫第五子。武義初，授潤州刺史，充本州團練使。庖人請酒二斗淹蟹，知諫笑謂曰："螃蟹小户，給五升醉矣。"自是州人以爲知物態，皆憚之。

（宋）孫逢吉：《職官分紀》卷三九

後唐莊宗同光二年五月，以教坊使陳俊爲景州刺史，内園使儲德源爲憲州刺史，皆梁之伶人也。初，帝平梁，俊與德源皆爲寵伶周匝所薦，帝因許除郡。樞密院郭崇韜以爲不可，伶官言之者衆，帝密召崇韜謂之曰："予已許除郡，經年未行，我慚見二人，卿當屈意從之。"故有是命。

（宋）王欽若等編纂：《冊府元龜》卷一八〇《帝王部》

後唐莊宗同光三年六月，巡檢諸陵使。工部郎中李途奏："昨計

三十三陵，及合重修下宫、殿宇、法物等。"敕："關內諸陵，頃因喪亂，
例遭穿穴，多未掩修。其下宫、殿宇、法物等，各令奉陵州府據所管陵
園修製，仍四時各依例薦饗，及逐陵仰差近陵百姓二十户，放雜差遣，
充陵户備灑掃。其壽陵等十二陵，亦一例修掩，可量置陵户。"

（宋）王欽若等編纂：《册府元龜》卷一七四《帝王部》

（同光三年六月）是月，敕刑部尚書李琪，可充昭宗、少帝改卜園
陵禮儀使。又敕工部郎中李途，授京兆府少尹，充修奉諸陵使。

（宋）王欽若等編纂：《册府元龜》卷一七四《帝王部》

後唐李嚴爲客省使。同光初，僞蜀王衍使人致書，其詞甚抗。莊
宗遣嚴報聘，且市中宫中珍玩，蜀人皆禁而不予。衍冲弱無識，軍國
之事，外則仗王宗弼，内委宋光嗣、景潤澄。及嚴至，光嗣等曲宴府
第，因問近事，嚴曰："吾皇即位鄴宫之歲，夏取汶陽，冬誅汴孽。朱氏
兵號三十萬，謀臣猛將，解甲倒戈。西盡甘、凉，東漸渤海，南逾閩、
渐，北極幽陵，牧伯侯王，稱藩不暇，家財入貢，府實上供。吴主有唐
舊臣，岐下先朝元老，皆遣子入侍，述職稱臣。湖、湘、荊、楚、杭、越、
甌、閩，異貨奇珍，府無虛月。諒由以德懷來，以威款伏。順則涵之以
恩澤，迷則問之以干戈。四海車書，大同非晚。"宋光嗣曰："荊楚則僕
所未知，唯岐下宋公，我之姻好，洞見其心，反覆多端，專欲踞人於爐
炭，大國不足信也。似聞契丹之族，近日强盛，大國得無備乎？"嚴曰：
"公以爲虜之勝負，孰若僞梁？"曰："比梁爲劣。"嚴曰："吾皇之視北
虜如蚤虱耳，以其爲患，不足把搔。況良將勁兵，布列天下，彼不勞
一郡之兵，一校之力，則懸首槁街，盡爲如虜。但以天生四夷，終非
大患，不欲窮兵黷武故也。"光嗣聞嚴辯對，畏而奇之。嚴奉使於蜀，
及與王衍相見，陳使者之禮，因於笏記中具述莊宗興復之功，其警句云："纔過
汶水，縛王彦章於馬前；旋及夷門，斬朱友貞於樓上。"嚴復聲韻清亮，蜀人聽之
愕然。

（宋）王欽若等編纂：《册府元龜》卷六五二《奉使部》

後唐李嚴,同光中爲客省使,使於蜀。時王衍專據,坤維部曲離心,知其必可取。使還,具奏蜀主之狀。興師之日,必有成功。故平蜀之謀始於嚴。郭崇韜起軍之日,乃以嚴爲三川招撫使。嚴與先鋒使康延孝將兵五千,先驅閣道,或馳詞説,或威以兵鋒,大軍未及,所在降下。延孝在漢州,王衍與書曰:"可請李司空先來,予即舉城納款。"衆咸以爲討蜀之謀始於嚴,衍甘言將誘而殺之,欲不令遽往。嚴聞之喜,曰:"俟魏王至,吾兩人大功立矣。"即馳騎入益州。衍見嚴於母前,以妻、母爲托。即令引蜀使歐陽彬迎謁繼岌魏王名也,三川平。

（宋）王欽若等編纂:《册府元龜》卷六五六《奉使部》

後唐李嚴,幽州人,本名讓坤,仕燕爲刺史。涉獵書傳,便弓馬,多曲藝,以功名自許,後爲客省使。

（宋）王欽若等編纂:《册府元龜》卷七八六《總録部》

後唐李嚴爲客省使,奉使於蜀。時王衍失政,嚴知其可取,使還具奏,故平蜀之謀始於嚴。

（宋）王欽若等編纂:《册府元龜》卷六五五《奉使部》

後唐李嚴爲客省使,奉使於蜀。時僞樞密使宋光嗣召嚴曲宴,因以近事訊於嚴,嚴對曰:"吾皇前年四月即位於鄴宮,當月下鄆州。十月四日,親統萬騎破賊中都,乘勝鼓行,遂誅汴孽。僞梁尚有兵三十萬,謀臣猛將,解甲倒戈。西盡甘、涼,東漸海外,南逾閩、浙,北極幽陵,牧伯侯王,稱藩不暇,家財入貢,府實上供。吳國本朝舊臣,岐下先皇元老,遣子入侍,述職稱藩。淮南之君,卑辭厚貢;湖、湘、荆、楚、杭、越、甌、閩,異貨奇珍,府無虛月。吾皇以德懷來,以威款附。順則涵之以恩澤,逆則問之以干戈。四海車書,大同非晚。"光嗣曰:"荆吳即余所未知,唯岐下宋公,我之姻好,洞見其心,反覆多端,專謀跋扈,大國不足信也。似聞契丹部族,近日稍强,大國可無慮乎?"嚴曰:"子言虜之强盛,孰若僞梁?"曰:"比梁差劣也。"嚴曰:"吾國視北虜如蚤

虱,耳以其無害,不足把搔。吾朝良將勁兵,布列天下,彼不勞一郡之
兵,一校之衆,則懸首稾街,盡爲奴虜。但以天生四夷,終難絕類。不
在九州之本,未欲窮兵黷武故也。"光嗣聞嚴辯對,畏而奇之。

(宋)王欽若等編纂:《冊府元龜》卷六六〇《奉使部》

後唐史彥瓊,本伶人也。莊宗同光末,以彥瓊爲武德使,在魏州。
時有自貝州來者,言亂兵將犯都城。巡檢使孫鐸等急趨彥瓊之第,告
曰:"賊將至矣! 請給鎧仗,登城拒守。"彥瓊曰:"今日賊至臨潼,計
程六日。晚至,爲備未晚。"孫鐸曰:"賊來寇我,必倍道兼行,一朝失
機,悔將何及? 請僕射率衆登陣。鐸請以勁兵千人,伏於王莽河逆擊
之。賊既挫勢,須至離潰,然後可以剪除。如俟其凶徒傳於城下,必
慮奸人內應,則事未可測也。"彥瓊曰:"但訓士守城,何須即戰?"時
彥瓊疑孫鐸等有他志,故拒之。是夜三更,賊果攻北門。彥瓊時以部
衆在北門樓,聞賊呼譟,即時驚潰,彥瓊單騎奔京師。

(宋)王欽若等編纂:《冊府元龜》卷四五二《將帥部》

搜訪圖書使
後唐明宗天成元年,命戶部郎中庾傳美充三川搜訪圖書使。

(明)陶宗儀:《説郛》卷一〇《續事始》

朱弘昭爲文思使,與安重誨情不協,故罕得居內任。天成二年
秋,以李嚴爲西蜀監軍,乃用弘昭爲東川副使。嚴至成都,爲孟知祥
所害。弘昭懼,求還京師。董璋待之雖厚,而常猜防伺察,弘昭坦懷
從命,而璋不疑,尤重之。會有軍事,雖論列,乃令弘昭入覲,僞辭之,
不獲,由是免禍。後爲襄州節度使,襄州留軍有朽腐甲冑數百,弘昭
奏不堪完補,詔投之於漢水。詔至,弘昭集賓佐弃之,登南城,依却敵
以視。無何,懸鐘格木朽墮,弘昭至城堵,絆之於木,左右梯而下之。
幸無損,但喪魄奪氣而已。

(宋)王欽若等編纂:《冊府元龜》卷九四〇《總録部》

李繼忠初爲北京皇城使，明宗天成三年十月，繼忠弟侄三人進馬二百五匹、金器八百兩、銀萬兩、家機錦百匹、白羅三百匹、綾三千匹、絹三千匹。繼忠者，故昭義帥嗣昭之子，少有心疾。其母楊夫人自潞州積聚巨萬，輦於并州私第。繼韜之叛，没之於官。莊宗南郊，助大半賞給。兄繼韜伏法，其母又輦及晉者，餘百兩。楊氏卒，其弟相州刺史繼能、潞府司馬繼襲聞哀俱至。繼忠等詣官告變，繼能、繼襲伏法，弟侄遂得分其所聚，故有獻。

（宋）王欽若等編纂：《册府元龜》卷九四三《總録部》

李仁矩爲客省使，左衛大將軍。天成中，奉使東川，張宴以召之。仁矩貪於館舍，與娼妓酣飲，日既中而不至，大爲璋所詬焉。自是深銜之。

（宋）王欽若等編纂：《册府元龜》卷六六四《奉使部》

末帝初，天成中出鎮河中府房嵩者，京兆長安人也。少爲唐宰相崔魏公家臣，後因亂，客於蒲州，於路左迎謁帝，求事軍門。帝受之，使治賓客。及登極，歷南北院宣徽使。

（宋）王欽若等編纂：《册府元龜》卷一七二《帝王部》

後唐明宗皇帝時，董璋授東川，將有跋扈之心。於時遣客省使李仁矩出使潼梓。仁矩北節使下小校，驟居内職，性好狎邪。元戎張筵，以疾辭不至，乃與營妓曲宴。璋聞甚怒，索馬詣館，遽欲害之。仁矩鞠足端簡迎門，璋怒稍解。他日作叛，兩川舉兵，並由仁矩獻謀於安重晦之所致也。

（宋）李昉：《太平廣記》卷二六四《李仁矩》

（長興）三年正月，武德使奏内宿殿直張繼榮等三人俱失銀帶，帝曰："内庭豈有盜耶？莫是失物人妄訴否？"宣徽使朱弘昭承旨鞫問，果如帝言。遂以其罪罪之。

（宋）王欽若等編纂：《册府元龜》卷五七《帝王部》

蘇繼顏爲閤門副使。長興四年六月，繼顏自夏州使回，朝見。初，令繼顏入夏州宣諭，與夏州押衙賈師溫同行。繼顏請由盧關路入，樞密使謂之曰：“尚平關路平，北無蕃部結集，盧關路險，蕃部阻兵爲患，況與夏州牙將同行，不如由尚平關爲便。”繼顏堅請由盧關，及至盧關，果爲蕃部阻路，繼顏遂以敕書手詔授賈師溫，令入夏州，自於延州候師溫而還。既朝見，明宗怒其不親至夏州，謂左右曰：“頃年楊彥溫據河中，令供奉官往宣諭，不入河中，顧望而還，尋答背長流。蘇繼顏如何處斷？”延光等皆不對。

（宋）王欽若等編纂：《册府元龜》卷六六四《奉使部》

張遵誨爲客省使。明宗將有事於南郊，爲修儀仗法物使。初，遵誨以歷位尹正，與安重誨素亦相款，心有望於節鉞。重誨嘗視法物於修行寺，因過遵誨之第，遵誨於中堂出女妓珍幣以爲壽。有彈箏妓尤善，欲以奉重誨。時樞密學士史圭、闐至等在席，素惡遵誨之阿諛，有不平之色。重誨曰：“吾自有妓媵，不煩掠美於人。”自是左右益言其短。及郊禋畢，以爲絳州刺史，鬱鬱不樂。離京之日，白衣乘馬於隼旗之下。至郡，無幾而卒。

（宋）王欽若等編纂：《册府元龜》卷九三八《總録部》

後唐郭崇韜，自莊宗爲晉王時爲中門使，專典機務。及李存審牧鎮州，帝命崇韜慰撫鎮之三軍，閲府庫。或有以珍貨遺賂者，韜都無所受，但以書籍數千卷歸。

（宋）王欽若等編纂：《册府元龜》卷六五四《奉使部》

後唐贈太保從璨，明帝之諸子也。性剛直，好客疏財，意豁如也。天成中爲右衛大將軍，時安重誨方秉事權，從璨亦不之屈，重誨常以此忌之。明帝幸汴，留從璨爲大内皇城使。一日，召賓友於會節園，酒酣之後，戲登於御榻。安重誨奏請誅之，詔曰：“皇城使李從璨，朕巡幸汴州，使警大内，乃全乖委任，但恣追游，於予行從之園，頻恣歌歡之會；仍施峻法，顯辱平人，致彼誼譁達於聞聽。方當立法，固不黨親，宜貶授房州司戶參參軍，仍令盡命。"長興中，重誨之得罪也，詔復舊官，仍贈太保。

（宋）王欽若等編纂：《冊府元龜》卷二九五《宗室部》

李彥從，爲左飛龍使。鎮州逐虜之際，請兵於朝廷，高祖令彥從率軍赴之。

（宋）王欽若等編纂：《冊府元龜》卷四一四《將帥部》

焦彥賓爲西川監軍使，在同光世有軍功。守道忠正，爲巷伯之英秀。

（宋）王欽若等編纂：《冊府元龜》卷六六六《內臣部》

沙守榮爲弓箭庫使，應順元年三月，愍帝以潞王兵至，出奔衛州，遇鎮州節度使石諱（即晉高祖也），諭以："潞王危社稷，康義誠已下叛。我無以自庇，長公主見教，逆爾於路，謀社稷之計。"石曰："衛州王弘贄宿舊諳事，且往弘贄圖之。"石馳騎而前，見弘贄曰："播遷至此，危迫吾戚藩也，何以圖全？"弘贄曰："天子避狄，古亦有之。然於奔迫之中，亦有將相、國家法物，所以軍民瞻奉，不覺其亡也。今宰執近臣從乎？寶玉法物從乎？"詢之無有。弘贄曰："大樹將顛，非一繩所維。今以五十騎奔竄，無一人將相擁從，安能興復大計？所謂蛟龍失雲雨也。今六軍將士，摠在潞邸矣。公縱以戚藩念舊，無奈之何。"遂與弘贄同謁於驛亭宣坐謀之，石以弘贄所陳以聞。守榮前謂石曰："主上即明宗愛子，公明宗愛婿，富貴既同受，休慼合共之。今謀休戚藩欲期安復，今翻索從臣國寶，欲以此爲辭，爲賊算天子乎？"乃抽佩刀刺石，親將陳暉扞之。守榮與暉軍戰而死。

（宋）王欽若等編纂：《冊府元龜》卷七六三《總錄部》

後唐郭崇韜爲樞密使。初，莊宗爲晉王，以孟知祥爲中門使，甚有輔佐功。後數年，舉崇韜自代，崇韜常德之。及莊宗有天下，崇韜爲樞密使，知祥爲京兆副留守知留守事。同光三年，莊宗命崇韜從魏王繼岌伐蜀，崇韜將行，因奏云："陛下委臣以戎事，仗將士之忠孝，憑陛下之神武，鼓行而西，庶幾集事。如蜀川平定，陛下擇帥，以臣料之，信厚善謀，事君以禮，則北京副留守孟知祥有焉，願陛下志之。"及蜀平，莊宗遽命知祥爲劍南節度使，自太原馳騎入蜀。

（宋）王欽若等編纂：《冊府元龜》卷八六五《總錄部》

孟漢瓊，明宗朝爲宣徽北院使，性通黠，善交構。初見秦王權重，乃挾王淑妃勢，傾心事之。及朱弘昭、馮贇用任，又與之締構。秦王既誅，翼日，令漢瓊馳騎召閔帝於鄴，及帝嗣位，尤恃恩寵。期月之內，累加開府儀同三司、驃騎大將軍。及潞王赴闕，閔帝急召漢瓊，欲令先入於鄴。漢瓊藏匿不至，知潞王行及陝州，乃單騎至澠池謁見，因自慟哭，欲有所陳。潞王曰："諸事不言可知。"漢瓊即自預從臣之列，尋戮於路左。

（宋）王欽若等編纂：《冊府元龜》卷九二三《總錄部》

（天福二年）四月甲午，敕："鹽鐵、度支、戶部應監臨主持場院倉庫官吏等，制置場務，總確課程，將期共濟於軍流，免使偏竭於民力。向者所差官吏，鮮有專勤，省思錄任之時，盡言永蘖，及郡府主持之後，例縱輕肥，莫濟公家，但營私室，所以處處多聞其逋欠，年年空係其徵催，固執遷延，坐期蠲放。每惟此輩，并合嚴誅。又以開創之初，含弘是切，既往者已關恩制，今後者別立嚴規，或蹈前非，必難輕恕，豈是願行峻法，欲致豐財。蓋帑藏猶虛，師徒甚眾，俟期克濟，難縱隱欺。宜懸畫一之文，兼舉必行之令。"

（宋）王欽若等編纂：《冊府元龜》卷六六《帝王部》

晉郭重義爲內園使，留守洛京。高祖天福二年七月敕："重義先因張從賓作亂之時，收田承肇妻女入宅，宜收身定罪以聞者。詔決杖,勒停所職。"

（宋）王欽若等編纂:《册府元龜》卷六九九《牧守部》

晉孟承誨爲閤門副使,累遷宣徽使,官至檢校司空、太府卿、右武衛大將軍。少帝嗣位,以植性纖巧,善於希旨,復與權臣宦官密相表裏,凡朝廷恩澤美使,必承誨爲之。

（宋）王欽若等編纂:《册府元龜》卷九五二《總録部》

晉范延光初仕後唐,爲宣徽使。明宗幸夷門,至滎陽,聞朱守殷拒命。延光曰:"若不急攻,則賊城堅矣,請騎兵五百,臣先赴之,則人心必駭。"明宗從其請。延光自酉時至夜,星馳二百餘里,奄至城下,與賊交鬥。翌日,守陴者望見乘輿,乃相率開門。延光乃入,與賊巷戰,至厚載門,盡殲其黨。明宗嘉之。

（宋）王欽若等編纂:《册府元龜》卷三六七《將帥部》

劉繼勛,衛州人。高祖鎮鄴都時,繼勛爲客將。高祖愛其端謹,籍其名於帳下,從歷數鎮。及即位,擢爲閤門使。

（宋）王欽若等編纂:《册府元龜》卷七六六《總録部》

漢高勛,仕晉爲閤門使。初,勛與張彥澤不協,彥澤害其家屬。及虜入汴,勛訴耶律氏,尋誅彥澤,雪其家恥。

（宋）王欽若等編纂:《册府元龜》卷八九六《總録部》

漢郭允明爲翰林祭酒使。隱帝乾祐元年,命允明宣賜荆南高保融旌節官誥。允明出自群小,舉動驕縱,奉命之行,令本司官健荷御酒數十罍至渚宮,每保融宴席之際,惟屬聲索御酒自飲。嘗出郭遣人步量壕壍之深淺,城壘之高下,以動保融,多希贈遺。

（宋）王欽若等編纂:《册府元龜》卷六六四《奉使部》

薛可言,隱帝乾祐元年,自宣徽北院使爲右金吾上將軍。可言爲内史,與掌機事大臣言議,多越職喋喋,人惡之,故有是拜。

(宋)王欽若等編纂:《冊府元龜》卷九三六《總録部》

漢李業,太后季弟。隱帝嗣位,尤深倚愛,兼掌内帑。四方進貢、二宫費用,委之出納。業喜趨權利,無所顧避,執政大臣不敢禁語。會宣徽使闕,業意欲之,太后亦令人微露風旨執政,時楊邠、史弘肇等難之,業由是積怨,蕭墻之變,自此而作。

(宋)王欽若等編纂:《冊府元龜》卷三〇六《外戚部》

漢後贊爲飛龍使,贊母本倡家也,與父同郡,往來其家,生贊。從職四方,父未嘗離郡。贊既長,疑其所生。及爲内職,不欲父之來。寓書以致其意,父自郡至京師,直抵其第,贊不得已而奉之。

(宋)王欽若等編纂:《冊府元龜》卷九二三《總録部》

後贊爲飛龍使。乾祐末,宰相楊邠、侍衛親軍使史弘肇執權,贊以久次未遷,頗懷怨望,乃與樞密承旨聶文進等構變。及難作,贊與同黨更侍帝側,剖判戎事,且防間言。北郊兵敗,贊竄歸兗州,慕容彦超執之以獻。有司鞫贊伏罪,周太祖命誅之。

(宋)王欽若等編纂:《冊府元龜》卷九五二《總録部》

漢趙延壽少時,有相者云:"此官人豈止於是邪?後必有兵甲大權,位極列土。"人或詰云:"此人妍柔如女子,安有大兵權乎?"俄遷盟津,許田汴水,宋城連帥,宣徽使樞密使兼領河陽。清泰中,復爲樞密使。

(宋)王欽若等編纂:《冊府元龜》卷八六〇《總録部》

漢史肇之誅,弟福此時在滎陽别墅,聞禍,匿於民間。周太祖即位,累遷閑厩使。

(宋)王欽若等編纂:《冊府元龜》卷九四九《總録部》

周高防,以世宗顯德五年,自户部侍郎爲西南面水陸轉運制置使。時帝將用師於西南,故有是命。

（宋）王欽若等編纂:《册府元龜》卷四八三《邦計部》

王峻爲内客省使。永興趙思綰亂,峻爲郭從義兵馬都監,從義與峻不協,甚如水火。

（宋）王欽若等編纂:《册府元龜》卷四五六《將帥部》

轉運使,五代罷巡院,始置轉運使。

（元）馬端臨:《文獻通考》卷六一《職官考十五》

五代以來,宰相爲大禮使,太常卿爲禮儀使,御史中丞爲儀仗使,兵部尚書爲鹵簿使,京府尹爲橋道頓遞使。

（元）馬端臨:《文獻通考》卷七一《郊社考四》

唐末諸司使皆内臣領之,樞密使參預朝政,始與宰相分權矣。降及五代,改用士人。樞密使皆天子腹心之臣,日與議軍國大事,其權重於宰相。

（元）馬端臨:《文獻通考》卷五〇《職官考四》

五代置樞密使。
自五代以來,凡樞密院官皆文武參用。
樞密使帶相印爲樞相,自後唐始。
五代有參知樞密院事。
晉天福初,桑維翰以翰林學士、尚書禮部侍郎知樞密院事,知院之名始此。

（元）馬端臨:《文獻通考》卷五八《職官考十二》

太醫署。……五代時有翰林醫官使。

> （元）馬端臨：《文獻通考》卷五五《職官考九》

唐有理匭使，五代以來無聞。

> （明）陶宗儀：《説郛》卷九六《燕翼詒謀録》

五月乙丑，以侍御史鄭宣、司門員外郎劉墀、户部員外郎趙載並爲如京使，殿中侍御史柳開爲崇儀使，左拾遺劉慶爲西京作坊使。初，開以殿中侍御史知貝州，坐與監軍忿争，貶上蔡令。及自涿州還，詣闕上書，願效死北邊。上憐之，復授以故官。開又上書言："臣受非常之恩，未有微報，年才四十，膽力方壯。今匈奴未滅，願陛下賜臣步騎數千，任以河朔用兵之地，必能出生入死，爲陛下復取幽薊，雖身没戰場無恨。"於是，上亦欲並用文武，勘定寇亂，乃詔文臣中有武略知兵者許换秩，故開與宣等俱被此命。《實録》及開本傳皆云：先是五代戰争，方鎮、刺史皆用武臣，率不曉政事，人受其禍，上欲兼用文士，漸復舊制，故先擢鄭宣等爲内職。此事恐非當時本意，蓋以文臣治州郡自太祖始矣，及今而復圖之，不亦晚乎！按張景所爲開行狀云：詔舉文臣中有武略知兵者，開奉詔，改崇儀使。然則開等换秩，自以時方治兵講武，急於將帥耳，非爲武臣不曉政事，人受其禍也。《實録》既收此詔，而開及劉慶姓名又不與鄭宣等俱見，疑脱誤。今輒用張景行狀及《會要》删修。《會要》亦稱慶等或負勇敢之氣，能幹戎事，故换秩，決知《實録》所稱，非當時本意明矣。

> （宋）李燾：《續資治通鑒長編》卷二八，太宗雍熙四年（987）

（4）封爵（叙封）

梁太祖八子：末帝、柳王友裕、博王友文、郢王友珪、福王友璋、賀王友雍、建王友徽、康王友孜，史不言其母氏。

後唐莊宗五子：劉后生魏王繼岌。繼潼、繼嵩、繼蟾、繼嶢、史不言其母氏。

明宗六子：昭懿皇后夏氏生秦王從榮、愍帝。宣憲皇后魏氏生潞王從珂。淑妃王氏生許王從益。從璟、從璨，史不言其母氏。

廢帝二子：重吉、重美，史不言其母氏。

晉高祖七子：李皇后生楚王重信、虢王重英、壽王重乂、郯王重胤、夔王重進、陳王重杲、重睿，史不言其母氏。

少帝二子：延煦、延寶，史不言其母氏。

漢高祖三子：魏王承訓、隱帝、陳王承勛，史皆不言其母氏。

周太祖三子：養子世宗、郯王侗、杞王信，史皆不言其母氏。

世宗五子：越王宗誼、恭帝、曹王熙讓、紀王熙謹、蘄王熙誨，史不言其母氏。

（元）馬端臨：《文獻通考》卷二五七《帝系考八》

五代諸王

梁親王

廣王全昱，太祖兄也。太祖受禪封。貞明二年卒。

友諒，全昱子。初封衡王，後嗣廣王，坐弟友能反，廢囚京師。唐師入汴，見殺。

友能，昱子，封惠王，後爲宋、滑二州留後。舉兵反，敗死。

友誨，昱子，封邵王。坐友能反，廢，後爲唐兵所殺。

安王友寧，太祖兄存子。受禪後封。

密王友倫，太祖兄存子。受禪後封。

郴王友裕，太祖子。爲忠武節度使，卒。受禪後追封。

博王友文，本姓康名勒，太祖養以爲子。受禪後封。郢王友珪弑逆，并殺友文。

郢王友珪，太祖子。受禪後封。乾化二年，弑太祖篡位，均王以兵討之，自殺，追廢爲庶人。

福王友璋，太祖子。受禪後封。

賀王友雍，太祖子。受禪後封。

建王友徽，太祖子。受禪後封。

康王友孜，太祖子。末帝即位後封。後以反誅。

唐親王

邕王存美，太祖子。同光三年封。莊宗敗，不知所終。

永王存霸，太祖子。同光三年封。莊宗敗，爲軍卒所殺。

薛王存禮，太祖子。同光三年封。莊宗敗，不知所終。

申王存渥，太祖子。同光三年封。莊宗敗，與劉皇后同奔太原，爲部下所殺。

睦王存乂，太祖子。同光三年封。後以郭崇韜婿，爲莊宗所殺。

通王存確，太祖子。同光三年封。莊宗敗，爲霍彥威所殺。

雅王存紀，太祖子。同光三年封。莊宗敗，爲霍彥威所殺。

魏王繼岌，莊宗長子，同光三年封。將兵伐蜀，取之，師回至渭南，聞莊宗敗，師徒潰散，自縊死。

繼潼、繼嵩、繼蟾、繼嶢，並莊宗子，同光三年拜光禄大夫、檢校司徒，未封，莊宗敗，並不知所終。

秦王從榮，明宗子。長興元年封。後舉兵反，敗死，廢爲庶人。

許王從益，明宗子。長興四年封。晉天福四年，封郇國公，爲二王後，奉唐帝祀。開運三年，契丹犯京師，復封許王，尋爲番將蕭翰立爲帝，知南朝軍國事。漢高祖入洛，遇害。

雍王重美，末帝子。清泰三年封。晉兵入，與末帝俱自焚死。

洋王從璋，明宗從子。長興四年封。晉時，降封隴西郡公。

兗王從溫，明宗從子。晉時，爲忠武軍節度使。

涇王從敏，明宗從子。晉時，降封秦國公。

晉親王

韓王敬暉，高祖弟。爲曹州防禦使，卒，天福八年追封。子曦嗣。

楚王重信，高祖子。天福初，爲河陽三城節度使。范延光反，遇害，追封。

陳王重杲，高祖子。蚤卒，追封。

壽王重義，高祖子。張從賓反，遇害，追封。

漢親王

魏王承訓，高祖子。蚤卒，追封。

陳王承勛,高祖子。隱帝即位,爲開封尹。周廣順元年追封。

周親王

郊王侗,太祖子。漢末遇害,顯德時追封。

杞王信,太祖子。漢末遇害,顯德時追封。

越王宗誼,世宗長子。漢末遇害,顯德時追封。

曹王熙讓,世宗子。顯德六年封。

紀王熙謹,世宗子。顯德六年封。宋乾德二年卒。

蘄王熙誨,世宗子。顯德六年封。

(元)馬端臨:《文獻通考》卷二七七《封建考十八》

梁永王義方,太祖伯父;韶王義談,太祖叔父。開平四年追封。

(宋)王欽若等編纂:《册府元龜》卷二九六《宗室部》

梁廣王全昱,太祖長兄也。開平元年,封子衡王友諒,惠王友能,邵王友誨,並與父同受封。

(宋)王欽若等編纂:《册府元龜》卷二六五《宗室部》

廣王全昱,太祖長兄也,庶人篡位,授宋州節度使。

(宋)王欽若等編纂:《册府元龜》卷二八一《宗室部》

惠王友能,全昱第二子也,末帝時鎮陳州。

(宋)王欽若等編纂:《册府元龜》卷二八一《宗室部》

邵王友誨,全昱第三子也,末帝時鎮陝州。

(宋)王欽若等編纂:《册府元龜》卷二八一《宗室部》

朗王存,太祖仲兄。唐乾符中,與太祖俱逐黃巢,中流矢而卒。開平四年四月追封。

(宋)王欽若等編纂:《册府元龜》卷二九六《宗室部》

梁郴王友裕,太祖長子也。唐昭宗景福中,太祖令權知許州。乾寧二年,加檢校司空,尋爲武寧軍節度留後。四年,太祖下東平,改天平留後,加檢校司徒。光啓元年,再領許州。天復初爲奉國軍節度留後。太祖兼鎮河中,以友裕爲護國軍節度留後,尋遷華州節度使、加檢校太保、興德尹。

(宋)王欽若等編纂:《册府元龜》卷二八一《宗室部》

郴王友裕,太祖長子。唐末爲華州節度使,守興德尹。天祐元年卒,開平五年追封。

(宋)王欽若等編纂:《册府元龜》卷二九六《宗室部》

郢王友珪,太祖子,開平元年封。

(宋)王欽若等編纂:《册府元龜》卷二六五《宗室部》

福王友璋,太祖子,開平元年封。

(宋)王欽若等編纂:《册府元龜》卷二六五《宗室部》

賀王友雍,太祖子,開平元年封。

(宋)王欽若等編纂:《册府元龜》卷二六五《宗室部》

建王友徽,太祖子,開平元年封。

(宋)王欽若等編纂:《册府元龜》卷二六五《宗室部》

康王友孜,太祖子,乾化三年封。

(宋)王欽若等編纂:《册府元龜》卷二六五《宗室部》

梁博王友文,爲庶人友珪所害。末帝即位,詔曰:"我國家賞功罰罪,必叶朝章;報德伸冤,敢欺天道?苟顯違於法制,雖暫滯於歲時,終振大綱,須歸至理。重念太祖皇帝嘗開霸府,有事四方,迨建皇朝,載遷都邑，每以主留重務，居守難才，慎擇親賢，方膺寄任。故博王友文，才兼文武，識達古今，俾分憂於在浚之郊，亦共理於興王之地。一心無易，二紀於茲，常施惠於士民，實有勞於家國。去歲郢王友珪常懷逆節，已露凶鋒，將不利於君親，欲竊窺於神器，此際值先皇寢疾，大漸日臻。博王乃密上封章，請嚴宮禁，因以萊州刺史授於郢王友珪，纔睹宣頭，俄行大逆，豈有自縱兵於內殿，却翻事於東都。又矯詔書，枉加刑戮，仍奪博王封爵，又改姓名。冤耻兩深，欺誑何極！伏賴上玄垂祐，宗社降靈，俾中外以叶謀，致遐邇之共怒。尋平內難，獲剿元凶，既雪耻於同天，且免譏於共國。朕方期遁世，敢竊臨人，遽迫推崇，爰膺纘嗣，冤憤既伸於幽顯，霈澤宜及於下泉。博王宜却復官爵，仍令有司擇日歸葬。"

（宋）王欽若等編纂：《册府元龜》卷二九五《宗室部》

密王友倫，太祖兄子。唐末爲宿衛都指揮使，遙領容州節度使。因會客擊鞠，馬逸，墜車而薨，開平三年追封。

（宋）王欽若等編纂：《册府元龜》卷二九六《宗室部》

安王友寧，太祖兄子，唐末遙領邕州節度使。昭宗自奉鳳翔還，降詔書，以青寇未殄，委之攻討。友寧進師逼青州，青人悉出，大戰於石樓。王師少却，友寧自峻阜騎馳殿軍，馬蹶僕，爲敵人所及而薨。開平三年追封。

（宋）王欽若等編纂：《册府元龜》卷二九六《宗室部》

趙德諲，唐僖宗光啓中，太祖爲蔡州四面行營都統，表德諲爲副，仍領襄州節度使。蔡州平，以功累加官爵，封淮安王。

（宋）王欽若等編纂：《册府元龜》卷三八六《將帥部》

後唐永王存霸，莊宗第二弟，同光三年封。

（宋）王欽若等編纂：《册府元龜》卷二六五《宗室部》

邕王存美,莊宗第三弟,同光三年封。

　　　　（宋）王欽若等編纂:《册府元龜》卷二六五《宗室部》

申王存渥,莊宗第四弟,同光三年封。

　　　　（宋）王欽若等編纂:《册府元龜》卷二六五《宗室部》

睦王存乂,莊宗第五弟,同光三年封。

　　　　（宋）王欽若等編纂:《册府元龜》卷二六五《宗室部》

後唐睦王存乂,莊宗異母弟也,同光中歷鄜州節度使。

　　　　（宋）王欽若等編纂:《册府元龜》卷二八一《宗室部》

通王存確,莊宗第六弟,同光三年封。

　　　　（宋）王欽若等編纂:《册府元龜》卷二六五《宗室部》

雅王存紀,莊宗第七弟,同光三年封。

　　　　（宋）王欽若等編纂:《册府元龜》卷二六五《宗室部》

魏王繼岌,莊宗子,同光三年封。

　　　　（宋）王欽若等編纂:《册府元龜》卷二六五《宗室部》

魏王繼岌,莊宗子也,莊宗即位於魏州,以繼岌充北都留守。及
以鎮州爲北都,又命爲留守。

　　　　（宋）王欽若等編纂:《册府元龜》卷二八一《宗室部》

後唐開府儀同三司、檢校太尉充北都留守、興聖宮使、判六軍諸
軍事兼御使大夫、上柱國、隴西縣開國伯、食邑七百户繼岌,同光元年
授檢校太尉、同中書門下平章事,仍進封開國侯,加食邑三百户,充東
京留守,餘如故。繼岌,皇子也。魏州興建時,宰相豆廬革奏曰:“皇

子之職,故事合帶宮使。"革因進擬以興聖爲名。秦王從榮,明宗長子也。天成二年,自鄴中至,泊於至德宮,帝幸其第,宣禁中女伎及教坊樂,歡宴至晚,後爲天下兵馬元帥。四年九月,敕從榮位隆將相,望重盤維,委任既崇,等威合異,班位宜在宰臣之上。

　　(宋)王欽若等編纂:《册府元龜》卷二七七《宗室部》

　　秦王從榮,明宗第二子,長興元年封。

　　(宋)王欽若等編纂:《册府元龜》卷二六五《宗室部》

　　秦王從榮,明宗第二子也,明宗踐阼,天成初授鄴都留守、天雄軍節度使。三年移北京留守、充河東節度使。四年入爲河南尹。

　　(宋)王欽若等編纂:《册府元龜》卷二八一《宗室部》

　　許王從益,明宗幼子,長興四年封。

　　(宋)王欽若等編纂:《册府元龜》卷二六五《宗室部》

　　兗王從温,明宗猶子,長興四年封。

　　(宋)王欽若等編纂:《册府元龜》卷二六五《宗室部》

　　洋王從璋,明宗猶子,長興四年封。

　　(宋)王欽若等編纂:《册府元龜》卷二六五《宗室部》

　　末帝長子重吉,閔帝嗣位,出爲亳州團練使。

　　(宋)王欽若等編纂:《册府元龜》卷二八一《宗室部》

　　雍王從美,末帝次子,清泰元年封。臣欽若等曰:自晉至周三代,宗室皆授節將而無王爵,其追封領鎮,各具逐門。

　　(宋)王欽若等編纂:《册府元龜》卷二六五《宗室部》

後唐莊宗同光元年十一月，制忠義太保等軍節度延鄜管內觀察處置等使、檢校太師兼中書令、北平王高萬興復封北平王萬興在梁朝已封北平，至是，復以舊爵授之。是年，湖南節度馬殷首修職貢，復封楚王梁貞明中已封楚王，此故云復封。

（宋）王欽若等編纂：《冊府元龜》卷一二九《帝王部》

後唐莊宗同光二年正月辛亥，中書奏："準本朝故事，如封建諸王、內命婦及宰相、翰林學士、中書舍人、諸道節度、觀察、團練、防禦、留後、郎中，書帖官告索綾紙票軸，下所司書寫印署畢，進入宣賜。其文武兩班並諸道官員及奏薦將校，敕下後並合是本道進奏院或本官，自於所司選納朱膠綾紙，價錢各請出給。伏自僞廷，皆隳本朝事例，每降文字下中書，不分別重輕，便令官給告示，遂致所司公事，全失規程。自今後，如非前件事，例並請官中不給告示，其內司大官並侍衛及賞軍功將校轉官，即不在此限。所冀受宣賜者，倍榮恩渥；非事例者，不敢希求。一則致顯辨尊卑，一則免無名費耗。"從之。

（宋）王欽若等編纂：《冊府元龜》卷六一《帝王部》

（同光）二年二月辛巳，以檢校太師守尚書令兼河南尹、判六軍諸衛事魏王張全義為守太尉兼中書令、孟州刺史、充河陽三城節度、孟懷等州觀察處置等使、河南尹、封齊王。是年，封荊南節度高季興為南平王。

（宋）王欽若等編纂：《冊府元龜》卷一二九《帝王部》

（同光）三年八月，正衙命史冊兩浙吳越王錢鏐為吳越國王。癸亥，太常禮院奏吳越王錢鏐行冊禮，宜取八月二十七日丁亥吉奉敕其印，宜以"吳越國王之印"為文。仍令所司以金鑄造。

（宋）王欽若等編纂：《冊府元龜》卷一二九《帝王部》

朱簡，唐末為陝州節度使，陳情於梁太祖曰："僕位崇將相，比無功勞，實知逾分，皆元帥令公生成之造，翼卵之仁，願以微軀，永期效使，乞以名姓，肩隨諸子。"太祖深賞其心，乃賜名友謙，待之過於諸子。同光初，莊宗賜姓，改名繼麟。

（宋）王欽若等編纂：《册府元龜》卷八二五《總録部》

朱友謙自梁歸順，破梁軍，加守太尉、西平王。同光初，莊宗滅梁，友謙覲於洛陽。莊宗置宴饗勞，寵錫無算，親酌觴，屬友謙曰："成吾大業者，公之力也。"

（宋）王欽若等編纂：《册府元龜》卷一三三《帝王部》

明宗天成二年四月癸丑，制曰："朕聞襲弓裘之美，惟孝承家，秉旄鉞之權，惟忠報國。其有顯居世禄，傑出時材，疾風端勁草之心，積雪驗貞松之節。恐毁我室，非闋於墙，宜遵紹續之文，俾授統臨之寄。爰於剛日，特舉彝章，威武軍節度觀察留後、起復雲麾將軍、檢校太傅、使持節舒州諸軍事、守舒州刺史兼御史大夫、柱國、琅琊縣開國伯、食邑七百户王延鈞，拱北華星，圖南巨翼，垂金精於玄象，刷玉宇於雄風，而自皂蓋分憂，清源共理，五馬之聲光首出，八龍之價譽相高，既縐珪符，俄從金革，在原無惠，咸推晉后之賢，當璧有徵，大叶楚人之望，而又上欽天眷，傍沮物情，守祖考之貽謀，却藩宣之承制，心傾皎日，義惡浮雲，建溪之誓帶如河，閩嶺之礪山齊岳，父風宛在，臣節彌堅，是命高建牙璋，洞開玉帳，錫以油幢瑞節，廣其渌水紅蓮，寵冠阿衡，貴同緹騎，尊以師而表敬，實其户而增封，並示貞榮，仍加懿號。於戲！象賢務德，克揚嗣子之名，進律推恩，當顯使臣之禮，勉膺殊渥，永保令圖。可依前授起復雲麾將軍、右金吾衛大將軍、外置同正員檢校太師、守中書令、福州大都督府長史、充武威軍節度、福建管内觀察處置兼三司發運節度，封琅琊王。"三年，命左散騎常侍陸崇持節，册爲閩王。六月，以天策上將軍、湖南節度使、楚王馬殷封楚國王。七月，中書奏馬殷封楚國王，禮文不載國王之制，請約三公之儀，使行册奉制。宜依。

（宋）王欽若等編纂：《册府元龜》卷一二九《帝王部》

　　（天成二年）五月丁巳，敕：“自家刑國，內平外成。夫子立言，備有《關雎》之樂；《春秋》垂訓，非無石窌之封。況夫尊於朝，妻貴於室，所宜從爵，各顯家肥。朝臣及諸道節度使妻室未有稱號者，宜各加恩。”

　　　　　　（宋）王欽若等編纂：《冊府元龜》卷一三一《帝王部》

　　明宗天成二年丙戌，制曰：“朕恭膺大寶，虔荷丕基，選衆與能，克保君臨之道；寶賢念舊，庶符帝賚之資。由是推以腹心，授之衡柄，冀扶持於寡昧，申啓沃於始終。其樂在宴安，勇於冲退，宜暫均於勞逸，思顯示於優隆。光禄大夫、門下侍郎、兼工部尚書平章事、監修國史、上柱國、樂安郡開國侯、食邑一千户任圜，天授宏材，波澄偉度，早負公侯之器，深懷將相之資。智擅圓方，謀惟通變。先皇帝中興景運，再造鴻圖，夙參佐命之功，迥著安時之業，剗平邛蜀，大掃妖氛，鬱有殊庸，雅爲良弼。朕惟薄德，尋所注懷，爰自六卿，擢居四輔，秉國鈞之重任，掌邦計之劇權，內罄沃心，外彰陳力，方期委任，遽閱封章，曲徇汝懷，固違朕旨。既披陳而莫抑，在進退之有常，宜更鳳沼之尊，俾踐龍樓之秩。勉從頤養，勿替謀猷。可落平章事、太子少保。”

　　　　　　（宋）王欽若等編纂：《冊府元龜》卷三三三《宰輔部》

　　（天成）四年二月辛亥，下制曰：“朕嘗披國史，備閱軍功，裴度之破淮西，無遺廟算；石雄之攻山北，益展皇威。莫不仰遺烈於祖宗，委全才於將相。而自中山逆命，外域朋奸，奪戎旅以鷹揚，屠賊城而魚爛。夕聞告捷，明賞殊勛，竭忠建策，興復功臣。北面行營招討、歸德軍節度、宋亳單潁等州觀察處置亳州、太清宮等使、權知定州軍州事、特進、檢校太傅、同中書門下平章事、使持節宋州諸軍事、宋州刺史、上柱國、琅琊郡開國侯、食邑一千户王晏球，長劍倚天，洪河帶地，居萬夫之長，擅三傑之名。黃石兵書，運子房之籌略；清淮公族，興仲爽之源流。自統雄師，往收逆壘，摧曲陽之堅陣，厭滱水以驚波。爰築室以反耕，攻圍雉堞；果析骸而易子，傾覆鳥巢。招降之士庶數千，撲之凶狂非一,王都授首,禿餒生擒,火焚而惡蔓皆除,雷掃而妖氛併息,諒茲丕績,宜降優恩,廼眷汶陽,實惟巨鎮。據犬牙之内地,當馬頰之要津,是命疇以勛庸,福其黎庶,進公國之品秩,崇藩後之等威。俾濟鳳池,仍加蟬冕,帷幄共推於重席,井田兼別於真封。於戲!解甲休兵,實歸於上將,安民和衆,議伏於賢臣。永保令猷,無替朕命。可依前檢校太傅兼侍中、使持節鄆州諸軍事、守鄆州刺史、充天平軍節度齊棣等州觀察處置使、仍進封開國公,加食邑一千五百户,食實封一百户。行營副招討橫海軍節度觀察等使、守滄州刺史李從敏,可光禄大夫、檢校太保、使持節定州諸軍事、守定州刺史、充義武軍節度觀察北平軍等使,進封開國伯加食邑一千二百户。北面行營兵馬都監鄭州防禦使張虔釗,可光禄大夫、檢校司徒、使持節滄州諸軍事、守滄州刺史、充橫海軍節度觀察等使,仍封清河縣開國子,食邑五百户。"又制:朕聞魏絳和戎,始克諧於金石;祭遵征虜,終並息於烟塵。此乃先務懷柔,後申禁暴,明國家之耀德,表藩翰之圖功,既立丕勛,宜加懋賞,興邦守正,翊贊功臣。盧龍軍節度管内觀察處置押奚、契丹兩藩經略盧龍軍等大使、特進檢校太尉、同中書門下平章事、幽州大都督府長史、上柱國、天水縣開國侯、食邑一千户趙德鈞,崆峒禀氣,渤澥融精,傳相略於黄公,受兵符於玄女,而自羈縻戎馬,控制盧龍,洞曉蕃情,飽諳邊事,獲其五利,嘗姑息於鮮卑;運以六韜,果生擒於惕隱。可謂坐籌帷幄,能執干戈,終殄寇於中山,永摧凶於外域。犬羊南牧,賴掃蕩於尋時;貔虎北征,遂凱旋於此日。加以民軍胥悦,畏愛並行,薊門之人物如初,燕谷之粢盛畢備,得不籌其庶績,褒以徽章,就加進律之文,式叶陟明之典,是命寵頒,鳳綍榮列,貂冠正爵,位於三公,加井田於千户,貴申殊渥,仍賜真封。於戲!事君之節已彰,燕山紀頌;教子之方大著,踐土臨戎。有國有家,惟忠惟孝,享茲具美,永保令猷。可依前檢校太尉兼侍中、幽州大都督府長史、充盧龍軍節度觀察等使,進封開國公,加食邑五百户,食實封一百户。"乙卯,以前洺州團練使張進爲鄭州防禦使,泰州刺史安叔千爲涿州刺史,前棣州刺史潘環爲易州刺史,淄州刺史張從本爲隰州刺史,簡州刺史李思讓爲磁州刺史。賞中山之功也。時定州帥王處直養子王都，劫殺處直，嬰城以叛。

（宋）王欽若等編纂：《冊府元龜》卷一二八《帝王部》

樂勛，天成中爲果州團練使，奏南充等五縣除舊管户帳外，招得四千二百五十八户，税錢七千五百九十八貫。敕旨宜加光禄大夫，封南陽縣開國男，食邑三百户，獎能政也。

（宋）王欽若等編纂：《冊府元龜》卷六七三《牧守部》

（長興元年）十二月戊午，制：“荆南節度使高從誨亡父扶天輔國翊佐功臣、荆南節度、歸峽等州觀察處置等使、開府儀同三司、檢校太尉、尚書令、江陵尹、上柱國、南平王、食邑八千户、食實封五百户高季興，可贈太尉。從誨母趙國夫人朱氏，可贈吳國夫人。”

（宋）王欽若等編纂：《冊府元龜》卷一七八《帝王部》

（長興）二年正月，敕：“故保邦崇德忠略康濟功臣、天策上將軍、開府儀同三司、守太師、尚書令、上柱國、楚王、食邑一萬八千户、食實封一千六百户馬殷，品位俱高，封崇已極，無官可贈，宜賜謚兼神道碑文，仍以王禮葬。”是月，靜江軍節度馬賨卒，廢朝，贈尚書令。賨，楚王殷之弟也。

（宋）王欽若等編纂：《冊府元龜》卷一七八《帝王部》

（長興）二年三月丙寅，制末帝授光禄大夫、檢校太傅、左衛大將軍兼御史大夫、上柱國，仍封隴西郡開國公，食邑一千户，賜推忠佐運功臣。時安重誨出鎮河中，帝遣中使召見末帝，泣而諭曰：“如重誨意爾，安得更見子！賴我心自正。”繇是宣制，行此宮衛之命。

（宋）王欽若等編纂：《冊府元龜》卷五七《帝王部》

（長興）四年正月，制曰：“端明殿學士、正議大夫、尚書兵部侍郎、柱國、彭城縣開國男、食邑三百户、賜紫金魚袋劉昫，可中書侍郎、平章事。"

（宋）王欽若等編纂:《册府元龜》卷七四《帝王部》

（長興）四年二月戊午，帝對西川進奉使朱滉於中興殿，因問知祥比日何如。對訖，百僚稱賀。癸亥，制:"推忠再造致理功臣、劍南西川節度管内觀察處置、統押近界諸蠻兼西山八國、雲南安撫制置等使、開府儀同三司、檢校太尉兼中書令、行成都尹、上柱國、清河郡開國公、食邑一千五百户、食實封一百户孟知祥，可依前檢校太尉兼中書令、行成都尹、劍南東川西川節度管内觀察處置、統押近界諸蠻兼西山八國、雲南安撫制置等使，仍封蜀王，加食邑一千五百户，賜忠貞佐國保大功臣。"四月庚午，正衙命使册西川節度使孟知祥爲蜀王。

（宋）王欽若等編纂:《册府元龜》卷一七八《帝王部》

閔帝應順元年正月壬辰，制以荆南節度使、檢校太尉兼中書令、江陵尹、渤海郡侯高從誨可封南平王。武安、武平等軍節度觀察等使，檢校太尉兼中書令，行潭州大都督府長史，扶風郡侯馬希範可封楚王。

（宋）王欽若等編纂:《册府元龜》卷一二九《帝王部》

廢帝清泰元年五月，以天平軍節度使、檢校太師、中書令、岐國公、食邑七千户、食實封五百户李從曮，可鳳翔尹、充鳳翔節度使、加邑千食實百户。初，帝起鳳翔，帑藏匱乏，從曮家獻錦袍、銀帶、用仗諸物，以助軍實。及帝將赴京師，岐人叩馬頭願以從曮臨藩，許之。王建立，乃代從曮。七月，條奏從曮在任所用過省錢，詔蠲除之。

（宋）王欽若等編纂:《册府元龜》卷一七九《帝王部》

（清泰元年）六月，詔平盧軍節度使房知温封東平王。知温始與帝嘗失意於杯盤間，以白刃相恐。及帝即位，知温憂甚，帝乃封王爵以寧之。知温徑赴洛陽，申其宿過，且感新恩。帝開懷以厚禮慰而遺之。

（宋）王欽若等編纂:《冊府元龜》卷一七九《帝王部》

（清泰元年）十二月,詔以故武安軍節度使、檢校司空、彭城郡侯、邑千户劉建峰,累贈太傅,可贈太尉,其妻庫狄氏贈韓國夫人。建峰,唐光啓中蔡賊秦宗權之黨,淮南之亂,與孫儒寇陷揚州,儒令建峰將兵寇衡、潭諸州,建峰乃自爲湖南,歲餘卒。別將馬殷代帥其眾,馬氏深德之,前後屢表建峰贈官,至是有此封贈。

（宋）王欽若等編纂:《冊府元龜》卷一七九《帝王部》

末帝清泰元年,制以幽州盧龍軍節度,押奚契丹經略,盧龍軍等使兼北面行營招討使,檢校太師,中書令,行幽州大都督府長史,天水郡公趙德鈞封北平王。平盧軍節度,押新羅、渤海兩蕃等使,檢校太師,中書令,樂安郡公房知溫封東平王。

（宋）王欽若等編纂:《冊府元龜》卷一二九《帝王部》

安元信爲山北諸州團練使,清泰元年,領上黨,加檢校太尉,累加食邑三千户,實封二百户,進封至武威郡公。三年二月,以疾終於位,時年七十四,贈太師,葬於太原交城。元信有子六人,長曰友權,官至武衛大將軍。帝以元信宿望,命禮部定謚,表迹業也,仍賜建神道碑,使禮部郎中吕咸休爲其文。

（宋）王欽若等編纂:《冊府元龜》卷八二〇《總録部》

福王德,高祖弟。後唐末爲沂州馬步軍都指揮使,天福初贈太傅,七年正月贈太尉,追封。

（宋）王欽若等編纂:《冊府元龜》卷二九六《宗室部》

通王殷,高祖弟。天福初贈太傅,七年正月贈太尉,追封。

（宋）王欽若等編纂:《冊府元龜》卷二九六《宗室部》

廣王威,高祖弟。後唐末爲彰聖后第三軍都指揮使、長州刺史。天福初贈太傅,七年正月贈太尉,追封。

（宋）王欽若等編纂:《冊府元龜》卷二九六《宗室部》

韓王暉,高祖從弟也。天福二年,遙授濠州刺史,遷曹州防禦使。

（宋）王欽若等編纂:《冊府元龜》卷二八一《宗室部》

韓王暉,高祖弟。爲曹州防禦使,以疾終於官,歸葬太原。天福八年,追封。

（宋）王欽若等編纂:《冊府元龜》卷二九六《宗室部》

虢王重英,高祖子。天福二年正月贈太保,七年正月贈太傅,追封。

（宋）王欽若等編纂:《冊府元龜》卷二九六《宗室部》

壽王重乂,高祖子。天福二年權東都留守,遇害,贈太傅。七年正月,贈太尉,追封。

（宋）王欽若等編纂:《冊府元龜》卷二九六《宗室部》

鄴王重裔,高祖子。天福二年正月贈太保,七年正月贈太傅,追封。

（宋）王欽若等編纂:《冊府元龜》卷二九六《宗室部》

沂王重信,高祖子。天福二年爲河陽節度使,遇害,贈太尉。七年正月,贈太師,追封。

（宋）王欽若等編纂:《冊府元龜》卷二九六《宗室部》

夔王重進,高祖子。天福二年正月贈太保,七年正月贈太傅,追封。

（宋）王欽若等編纂:《冊府元龜》卷二九六《宗室部》

晉陳王重杲,高祖子,幼亡。天福六年五月追封。

　　(宋)王欽若等編纂:《冊府元龜》卷二九六《宗室部》

晉高祖幼子重睿,開運二年領秦州,三年春移領許州。

　　(宋)王欽若等編纂:《冊府元龜》卷二八一《宗室部》

廣王敬威之弟斌,高祖從父弟也。帝即位遥領忠州刺史,天福中歷曹州防禦使、河陽節度使。開運二年九月,出鎮鄧州。

　　(宋)王欽若等編纂:《冊府元龜》卷二八一《宗室部》

晉高祖天福元年,封天雄軍節度使范延光臨清王。帝建義太原,唐末帝遣延光以本部兵二萬屯遼州,與趙延壽犄角合勢。及延壽兵敗,延光促還,心不自安。帝入洛,尋封列土,以寬反側。

　　(宋)王欽若等編纂:《冊府元龜》卷一七九《帝王部》

晉高祖天福二年五月,制天雄軍節度,秦國公范延光可封臨清王。又制鳳翔節度使,西平王李從曮封岐王。是月,封平盧節度王建爲臨淄王。三年,封東平王。五年,入覲,進封韓王。

　　(宋)王欽若等編纂:《冊府元龜》卷一二九《帝王部》

(天福二年)七月,詔曰:"東都奏:留守判官監左藏庫李遇,當張從賓作亂之際,遣李彥珣強取錢帛,李遇稱:不奉詔旨,安敢從命! 尋遇害。朕以李遇讀古人書,持君子行。攻苦食淡,承家不墜於素風;激濁揚清,歷宦咸推於貞操。一昨叛臣猖獗,凶黨憑陵,而能守正不回,臨難無懼,忘身徇節,雖死猶生。若無優異渥恩,何以光揚忠烈? 仍聞母老子幼,鄉遠家貧,宜超贈於華資,兼賞延於嫡嗣,是覃漏澤,慰彼沈冤,可贈右諫議大夫。其母田氏,封京兆郡太君。所有子孫,候服闋日,量才叙録。朝廷雖已特支救接錢帛粟麥,其本官賻贈物色,宜依常例指揮,仍長給遇在生官俸禄,終母一世。噫! 朕以薄德,屬兹多難,致害忠良,實多軫惻,以子之俸,終母之年,用表盡傷,俾慰存歿,布告中外,當體朕懷。"

（宋）王欽若等編纂:《冊府元龜》卷一四〇《帝王部》

殷鵬,爲起居郎。天福二年十二月,上言:"切聞司封格式,内外文武臣僚,纔昇朝籍者,無父母便與追封、追贈。父母在即未叙、未封。以臣所見,誠爲不可。此則輕生者而重死者,弃今人而録古人。其榮何有? 其理安在? 又云父母在品秩及格者,即與封其母,不言其父,便加邑號,兼曰太君。遂令妻則旁若無夫,子則上若無父。豈有父則賤而母則貴,夫則卑而妻則尊? 若謂其父未合加恩,安得其母受賜? 若謂以子便合從貴,曷得其父不先? 伏以父尊母卑,天地之道。尊無二上,國家同體。今母受封父無爵,名教不順,莫大於兹。臣伏乞自今後文武臣僚,父母在,其父已有官爵者,即叙進資品,以及格式。或不任禄仕,即可授以致仕。或同正官所貴,得以叙封妻室。即父母俱榮,孝子無不待之感;閨門交映,聖君覃慶賞之恩。噫! 荷陛下孝治之風,受陛下榮親之禄者,静而屈指,不過數人。陛下得以特議舉行,編爲令式。勸天下之爲善,令域中之望風。自然見前代之闕文,成我朝之盛典。況唐明宗朝長興元年德音内一節,應在朝中外臣僚,父母在,并與加恩。司封不行明制,堅執前文。儻布新恩,兼合舊敕。庶使事君事父,常遵一體之規;爲子爲臣,不失兩全之義。臣又聞司封令式,内外臣僚官階及五品已上者,即封妻蔭子。固不分於清濁,但只言其品秩。且諫議大夫、給事中、中書舍人並是五品,贊善大夫、洗馬、中允奉御等,亦是五品。若論朝廷之委任,宰相之擬掄,出入之階資,中外之瞻望,則天壤相懸矣! 及其叙封,乃爲一貫,相沿至此,其理甚非。而況北省爲陛下侍從之臣,南宫掌陛下彌綸之務,憲臺執陛下紀綱之司,首冠群僚,總爲三署,當職尤重,責望非輕。此則清列十年,不遂顯榮之願;彼則雜班兩任,便承封蔭之恩。事不均平,理宜改革。伏乞自今後,應諸司官及五品已上者,即依舊制施行。應三署清望官及六品已上,便與封蔭。清濁既異,秩品宜昇。仍下所司,議爲常式。"敕:"人子之道,祿貴在於及親;王者之恩,事必從於尊本。應内外文武臣僚,父母在,如子品秩及格與加恩,在朝行者,父與致仕官,母與敘封郡邑號。其外四品已上節度、團練、防禦使、刺史父,與致仕官。其餘與同正官,母與敘封郡邑號。如内外官父已有致仕及同正官,母已曾敘封,子品高者,更與加進半俸,續議指揮。如父有職官,不在此限,餘並準格文處分。仍編令式,永著常規。"

(宋)王欽若等編纂:《册府元龜》卷四七六《臺省部》

王建立爲青州節度使。高祖天福二年,封臨淄王。明年,封東平王。五年,入覲,高祖賜不拜,呼老兄,使肩輿入朝,上殿則使人扶導,論者榮之。尋表乞休致,帝不許,乃除潞州節度使,割遼、沁爲上黨屬郡,加檢校太師,進封韓王,以光其故里。高祖御明德樓餞送赴鎮,賜玉斧、蜀馬。及卒,册贈尚書令。

(宋)王欽若等編纂:《册府元龜》卷三八七《將帥部》

劉皞,爲駕部員外郎,知雜事。天福三年三月,上言曰:"藩侯郡牧,仗鉞分符,繫千里之慘舒,行一方之威福。自古選任,須擇賢明。近代統臨,爲酬勛績,將邦域之生聚,展將領之人情。識分者附正營私,黷貨者嚴刑廣取。諸頭剝削,多贍爪牙。自黃巢已來,僞梁之後,公署例皆隳壞,編户悉是凋殘。或不近邊陲,不屯師旅,無城郭郡邑,非控扼藩垣,試任廉能,且權常理,逐年屬州錢物,每季申省區分。支解有餘,罄竭供進,府庫漸足,黎庶稍蘇。縱有過愆,亦施懲責。言雖鄙近,望賜施行。"疏留中不出。

(宋)王欽若等編纂:《册府元龜》卷四七六《臺省部》

(天福三年)十一月,制曰:"王者居域中之大,以天下爲家,兩曜照臨,必覃聲教;二儀覆載,咸布寵綏。矧夫地鎮南臺,心傾北闕,遥識興隆之運,顯輸翊戴之誠,得不並舉徽章,式旌亮節。爰當吉日,遂降明恩。威武軍節度、福建管内觀察處置等使、光禄大夫、檢校太保兼御史大夫、上柱國、瑯邪縣開國伯、食邑七百户王繼恭,淮水源長,縱山系遠,代襲弓裘之業,家承帶礪之勛。劍有龜文,乃是干星之器;玉稱龍府,居爲照廡之珍。當年已得於佩刀,繼世連持於瑞節。紅蓮綠水,幕中多倚馬之賓;貝胄犀渠,帳下悉曳牛之將。號令而秋霜肅物,撫綏而時雨隨車,岳鎮一方,風行萬里。而況誠專會禹,道著尊周,挂帆檣而遠涉滄波,貢章表而備陳丹懇。青茅畢至,無虧任土之儀;玉帛咸來,悉是充庭之寶。爾能若此,朕實嘉焉!是用益以井田,榮之黻冕,階昇峻級,爵極真王,冀旌奉上之心,仍錫推忠之號。於戲!航深梯險,爾無怠於恭虔;崇德報功,朕敢稽於渥澤。勉承休命,永保令圖!可特進檢校太傅、福州大都督府長史、威武軍節度、福建管内觀察處置兼三司發運等使,封臨海郡王,加食邑二千户,食實封三百户,賜推忠奉節功臣。"繼恭圖閩王昶而自立,故有是命。

　　(宋)王欽若等編纂:《册府元龜》卷一七九《帝王部》

　　李鼎爲侍御史。天福八年敕曰:"李鼎方居憲府,合稟朝章,豈可八月中喪妻,十月後供狀,欺公冒寵,以死爲生,既彰罔上之愆,難處觸邪之地。止停見任,尚示寬恩,宜敕停見任。"初,侍御史鄭摶彈奏云:"伏見李鼎今月十一日銜謝妻陳叙封事,察認群言,似逾常例。臣遂檢詳按内,具李鼎去年八月中請妻亡準式假,十月中供狀請叙封,有此過尤,致招群論,竊循職分,理合舉明者。"敕下臺司勘狀,不虛。鼎稱:"準去年七月十七日德音,特許叙封。鼎妻八月中病亡,十月内中書大例,遍取朝臣父母妻官諱邵氏,遂供文狀,自後不解開落申報者。"所司奏聞,遂有是命。

　　(宋)王欽若等編纂:《册府元龜》卷五二二《憲官部》

　　晉華温琪爲棣州刺史,以州城每年爲河水所壞,居人不堪其苦,表請移於便地,朝廷許焉。作畢,賜立紀功碑,仍加檢校尚書左僕射,開國男,食邑三百户。

　　(宋)王欽若等編纂:《册府元龜》卷六七三《牧守部》

漢盧擢，爲右拾遺。天福十二年，轉對奏，曰："臣聞《詩》云：'哀哀父母，生我劬勞。'又仲尼云：'樹欲静而風不止，子欲孝而親不待。'皆以昊天所覆，永報爲難。今陛下信及昆蟲，孝理天下。漏泉之澤，儻尚拘於常制；過隙之恨，誠何慰於孝思？今請應在朝内外文武臣僚亡父亡母，並請特與追贈追封。既存没以知榮，則寰區而荷德。"敕曰："盧擢忠勤奉職，讜直立言，貢以封章，舉其墜典，詳觀弘益，尤切嘆嘉。宜下所司，並令舉奏。"

（宋）王欽若等編纂：《册府元龜》卷四七六《臺省部》

乾祐元年，詔尚書省集議：内外臣僚，父在母承子蔭，叙封追封，合加太字否以聞。尚書省奏議曰："今詳前後敕條，凡母皆太字，存殁并同此。即是父殁母存，即叙封追，封内加太字。母殁追封，亦加太字。故云存殁並同。若是父在，據敕格無載爲母加太字。處若以妻，近敕因子貴與父命官。父自有官，則妻從夫品，可以封妻。父在，不合以其子加母太字。若雖有因子之官，其品尚卑，未得蔭，妻亦不合用子蔭之限。"從之。

（宋）王欽若等編纂：《册府元龜》卷四七六《臺省部》

周郯王侗、杞王信皆太祖子，乾祐末遇害。廣順元年二月詔以故第二子青哥贈太保，賜名侗；第三子意哥贈司空，賜名信。顯德四年四月，制曰："禮以緣情，恩以悼往。矧在友於之列，尤鐘惻愴之思。故皇弟贈太保侗、贈司空信等，玉葉聯芳，金莖比瑞，屬景運之初啓，何大年之不登，未剪桐珪，連雕棣蕚，俾予終鮮，實動永懷，既登叙以無階，在疏封而起悁。贈其王爵，慰我天倫。侗追封郯，信追封杞王。"

（宋）王欽若等編纂：《册府元龜》卷二九六《宗室部》

越王誼、吳王誠、韓王諴皆世宗子，乾祐末遇害。廣順元年二月，太祖詔："故皇孫三人宜贈左驍衛大將軍，賜名誼；二哥贈左武衛大將軍,賜名誠;三哥贈左屯衛大將軍,賜名諴。"顯德四年四月,制曰:"父子之道,聖賢不忘。再思夭閼之端,愈動悲良之抱。故皇子賜左驍衛大將軍誼、贈左武衛大將軍誠、贈左屯衛大將軍諴等,鳳雛龍翰,常聳其殊姿,玉折蘭摧,早罹於非禍,載惟往事,有足傷懷。宜贈一字之封,仍贈三臺之秩。表吾追念,慰乃英靈。誼追封越王,誠追封吳王,諴追封韓王。"

(宋)王欽若等編纂:《册府元龜》卷二九六《宗室部》

(廣順)二年二月丁亥朔,以晉州巡檢使前密州防禦使王萬敢爲復州防禦使,晉州節度副使、領忠州刺史馬延翰自檢校刑部尚書、加檢校右僕射,餘如故。皆獎拒並寇城守之功也。戊子,龍捷右第五軍都指揮使、檢校司徒、領連州刺史史彥超加太保,進爵伯,加食邑三百户。虎捷第五軍指揮使、檢校司空、領秀州刺史何徽加司徒,封太原縣男,食邑三百户,亦以固守晉州之功也。

(宋)王欽若等編纂:《册府元龜》卷一二八《帝王部》

周太祖顯德元年正月,以山南東道節度襄鈞房復觀察等使,檢校太師,守太傅,中書令,南陽王安審琦封陳王。以天平軍節度鄆齊埭觀察等使,檢校太師,守太保,中書令,淮陽王符彥卿充大名府天雄軍節度使,進封魏王。以荆南節度荆歸峽觀察等使,檢校太師,兼中書令,江陵尹,渤海郡王高保融封南平王。以定難軍節度夏綏銀宥觀察等使,檢校太師,中書令,隴西郡王李彝興封西平王。

(宋)王欽若等編纂:《册府元龜》卷一二九《帝王部》

(顯德元年)六月,車駕征河東回。乙亥,制以天雄軍節度使、檢校太師、守太保兼中書令、大名尹、衛王符彥卿爲守太傅,仍封魏王。以天平軍節度使、檢校太師兼侍中郭從義爲中書令。以河陽三城節度使、檢校太尉、同中書門下平章事劉詞爲兼侍中,行京兆尹,充永興軍節度管內觀察處置等使。以昭義軍節度使、檢校太尉、同中書門下平章事李筠爲兼侍中，以河中護國軍節度使、檢校太尉、同中書門下平章事行河中尹王彥超爲兼侍中，充忠武軍節度使，許蔡等州觀察處置等使。以忠武軍節度使兼侍衛馬步軍都虞候、檢校太保李重進爲同中書門下平章事，充歸德軍節度宋亳等州觀察處置等使，兼侍衛親軍馬步軍都指揮使。以武信軍節度使兼殿前都指揮使、檢校太保、駙馬都尉張永德爲檢校太傅，充義成軍節度使，滑衛等州觀察處置等使兼殿前都指揮使。以定國節度使、檢校太傅藥元福爲檢校太尉，充保義軍節度陝虢等州觀察處置等使。以保大軍節度使、檢校太傅白重贊爲檢校太尉，充河陽三城節度孟懷等州觀察處置等使。以保義軍節度使、檢校太保韓通爲檢校太傅，充彰信軍節度曹單等州觀察處置等使。時帝以即位之初，覃慶於諸侯，亦賞從征河東之勞也。

（宋）王欽若等編纂：《冊府元龜》卷一二八《帝王部》

　　安審琦，仕晉少帝爲襄州節度使兼中書令。屬荆人叛命，潛遣舟師數千將屠襄、郢，審琦御之而遁，朝廷賞功，就加守太保，進封齊國公。歲餘，又加守太傅。國初，封南陽王。顯德初，進封陳王。世宗嗣位，加守太尉。三年，拜章請觀，優詔許之，加守太師增食邑至一萬五百戶，食實封二千三百戶。

（宋）王欽若等編纂：《冊府元龜》卷三八七《將帥部》

　　錢鏐，杭州臨安人。始爲石鏡鎮將董昌偏裨，擊黃巢有功，爲都將。擊劉漢宏，破越州，昌徙居越，而鏐爲杭州刺史。擊取蘇、常、潤等州，進鎮海節度使，同平章事。昌僭逆，鏐討平之，盡有兩浙之地，拜中書令，越王。梁時，封吳越王、尚父。卒，子元瓘立。卒，子佐立，破李景兵福州。卒，弟俶立。太平興國三年，俶入覲，盡獻其地。

　　右，兩浙四世，八十四年。鏐以唐乾寧二年爲鎮海、鎮東軍節度使有兩浙，至俶以宋太平興國三年納土。

（元）馬端臨：《文獻通考》卷二七六《封建考十七》

3. 選舉

(1) 常舉

昭宗皇帝頗爲寒畯開路，崔合州榜放，但是子弟，無問文章厚薄，鄰之金瓦，其間屈人不少。孤寒中唯程晏、黃滔擅場之外，其餘以呈試考之，濫得亦不少矣。然如王貞白、張蠙詩，趙觀文，古風之作，皆臻前輩之閫閾者也。

（五代）王定保：《唐摭言》卷七

五代後唐同光初，裴皞拜禮部侍郎，前後三知貢舉。晉高祖時，宰相桑維翰亦成名於皞榜下，嘗謁皞於私第，皞不迎不送。或問之，答曰："皞見維翰於中書，則庶僚也；維翰見皞於私館，則門生也。何送之！"有人亦重其耿介。

（宋）孫逢吉：《職官分紀》卷一〇

後唐裴尚書年老致政。清泰初，其門生馬裔孫知舉，放榜後引新進士謁謝於裴，裴歡宴永日，書一絕云："宦途最重是文衡，天與愚夫作盛名。三主禮闈今八十，門生門下見門生。"時人榮之。事見蘇耆《開譚録》。予以《五代登科記》考之，裴在同光中三知舉，四年放進士八人，裔孫預焉。後十年，裔孫爲翰林學士，以清泰三年放進士十三人，兹所書是已。裔孫尋拜相，《新史》亦載此一句云。白樂天詩有《與諸同年賀座主高侍郎新拜太常同宴蕭尚書亭子》一篇，注云："座主於蕭尚書下及第。"予考《登科記》，樂天以貞元十六年庚辰中書舍人高郢下第四人登科，郢以寶應二年癸卯禮部侍郎蕭昕下第九人登科，迨郢拜太常時，幾四十年矣。昕自癸卯放進士之後，二十四年丁卯，又以禮部尚書再知貢舉，可謂壽俊。觀白公所賦，益可見唐世舉子之尊尚主司也。

（宋）洪邁：《容齋五筆》卷七

　　裴皞官至禮部尚書,放三榜,四人拜相,桑維翰、竇正固、張礪、馬裔孫。清泰二年,馬裔孫知貢舉,才放榜謝恩,引諸生詣座主宅拜謁。裴公以詩示之曰:"官途最重是文衡,天與愚夫著盛名。三主禮闈年八十,門生門下見門生。"世以爲榮。

　　　　　　　　　(宋)祝穆:《古今事文類聚》前集卷二八

　　裴皞官至禮部尚書,放三榜,四人拜相,桑維翰、竇正固、張礪、馬裔孫。清泰二年,馬裔孫知貢舉,才放榜謝恩,引諸生詣座主宅謁拜。裴公以詩示之曰:"宦途最重是文衡,天與愚夫著盛名。三主禮闈年八十,門生門下見門生。"世以爲榮。

　　　　　　　　　(宋)謝維新:《古今合璧事類備要》前集卷三九

　　五代裴皞官至禮部尚書,放三榜,四人拜相,桑維翰、竇正固、張礪、馬裔孫是也。清泰二年,裔孫知貢舉,才放榜謝恩,即引諸生詣座主裴公宅謁拜。裴公以詩示之曰:"宦途最重是文衡,天與愚夫著盛名。三主禮闈年八十,門生門下見門生。"

　　　　　　　　　　　　(明)彭大翼:《山堂肆考》卷八五

　　門生謁座師、房師,將出,師送至二門外,不出大門。及門生爲主考、同考官,例須親率所取士謁己座師,房師,此亦有故事。《五代史》,裴皞以文學在朝久,宰相馬嗣孫、桑維翰皆皞禮部所放進士也。後馬知貢舉,引新進士詣皞,皞喜,作詩曰:"門生門下見門生。"世傳以爲榮。維翰爲相,嘗過皞,皞不迎不送,或問之,皞曰:"我見桑公于中書,庶僚也;公見我于私第,門生也。何迎送之有?"此門生見座主故事也。

　　　　　　　　　　　(清)趙翼:《陔餘叢考》卷二九

　　後唐明宗時,幽州節度使趙德鈞奏:"臣孫贊,年五歲,默念《論語》《孝經》,舉童子於汴州,取解就試。"詔曰:"都尉之子,太尉之孫,能念儒書，備彰家訓，不勞就試，特與成名。"宜賜別敕及第，附今年春榜。

（宋）孔平仲：《續世説》卷四

進士第五。和凝，天成中知貢舉。是時，進士多浮薄，喜爲誼譁，以動主司。主司每放榜，則圍之以棘，閉省門，絶人出入，以爲常。凝徹棘開門，士皆肅然無譁，所取皆一時之秀，稱爲得人。唐進士知貢舉者，所校進士以己及第時名次爲重，凝舉進士及第時第五，後知貢舉，選范質爲第五。後質爲宰相，封魯國公，官至太子太傅，皆與凝同，當時以爲榮。

（宋）佚名：《錦绣萬花谷》續集卷二三

傳衣鉢。皇朝范質，字文素。母張氏夢人授五色筆而質生，九歲善屬文。唐長興中，舉進士，爲忠武軍推官。晉天福中，擢監察御史。周太祖征李守貞，每朝廷遣使，賚詔處分軍中，皆中機會，太祖問誰爲此辭，使者以質對，太祖曰："宰相器也。"廣順初，拜中書侍郎、同平章事、集賢殿大學士。世宗時，累加司徒、洪文館大學士。太祖既即位，加兼侍中，仍以爲相。乾德初，封魯國公。初，和凝知貢舉，愛質所試文，自以中第在第十三，故亦以處質。其後質官及封國皆與凝同，當時謂之"傳衣鉢"。

（宋）佚名：《錦绣萬花谷》續集卷三三

唐世極重座主門生之禮，雖當五代衰亂，典章隳壞之餘，然故事相仍，此禮猶不敢廢。在唐，知舉所放進士，以己及第時名次爲重。和凝舉進士及第時第五，其後知舉，選范質爲第五。質後拜相，封魯國公，官至宮傅，皆與凝同，當時以爲榮。裴皞久在朝廷，宰相馬裔孫、桑維翰皆皞禮部所放進士也。後裔孫知舉，放榜，引新進士詣皞，皞喜作詩曰："門生門下見門生。"世亦榮之。維翰已作相，嘗過皞，皞不迎不送，人問其故，皞曰："我見桑公於中書，庶僚也；桑公見我於私第,門生也。何送迎之有?"人亦以爲當。

(宋)費袞:《梁谿漫志》卷二

　　晉相和凝,以唐長興四年知貢舉,取范質爲第十三人。唐故事,知貢舉者所放進士,以己及第時名次爲重,謂之傳衣鉢。蓋凝在梁貞明中居此級,故以處質,且云:"它日當如我。"後皆至宰相,封魯國公,官至太子太傅,當時以爲榮。凝壽止五十八,質止五十四,《三朝史》質本傳亦書之,而《新五代史·和凝傳》誤爲第五,以《登科記》考之而非也。

(宋)洪邁:《容齋四筆》卷四

　　和凝嘗以宰輔自期,登第之日,名在第十三。後覽范質文,大加賞嘆,即以第十三處之。場屋間謂之傳衣鉢,若禪宗之相傳授。其後,質果繼凝登相位,亦爲太子太傅、魯國公,搢紳以爲美談。後,馮當世知貢舉,擢彭器資爲首,後贈彭詩云:"當時已自傳衣鉢,羞愧猶爲食肉僧。"謂此也。

(宋)姚寬:《西溪叢語》卷下

　　李翰於和凝榜及第,後與座主同任學士。凝作相,翰爲承旨,適當批詔。次日於玉堂輒開和相舊閣,悉取圖書器玩,留詩云:"座主登庸歸鳳閣,門生批詔主鰲頭。玉堂舊閣多珍玩,可作西齋潤筆不。"人笑其疏縱。

(宋)祝穆:《古今事文類聚》前集卷二八

　　李瀚及第於和凝相榜下,後與座主同任學士。會凝作相,瀚爲承旨,適當批詔。次日於玉堂輒開和相舊閣,悉取圖書器玩,留一詩於榻,携之盡去,云:"座主登庸歸鳳閣,門生批詔立鰲頭。玉堂舊閣多珍玩,可作西齋潤筆不?"

(宋)文瑩:《玉壺清話》卷二

後唐明宗敕，舉人試前五日，納試紙，用中書省印，印訖付貢院。

（明）彭大翼：《山堂肆考》卷八三

《五代會要》曰：清泰二年九月，貢院奏："奉天成四年敕，舉人試前五日納試紙，用中書省印，印訖付貢院院司，緣所試場數極多，旋旋印紙，鑲宿內中書，往來不便，請只用當司印。"從之。則試卷之用印，自唐明宗始也。

（宋）高承：《事物紀原》卷三

按，《舊五代史·選舉志》云："長興二年，禮部貢院奏：'當司奉堂帖夜試進士，有何條格者？'敕旨曰：'秋來赴舉，備有常程。夜後爲文，曾無舊制。王道以明規是設，公事須白晝顯行。其進士並令排門齊入就試，至閉門時試畢，內有先了者，上曆畫時，旋令先出，其入策亦須畫試，應諸科對策，並依此例。'"則晝試進士非前例也。清泰二年，貢院又請進士試雜文，並點門入省，經宿就試。至晉開運元年，又因禮部尚書知貢舉竇貞固奏，自前考試進士，皆以三條燭爲限，並諸色舉人有懷藏書册不令就試。未知於何時復有更革。

（宋）洪邁：《容齋三筆》卷一〇

唐制，禮部試舉人，夜試以三鼓爲定。無名子嘲之曰："三條燭盡，燒殘學士之心；八韻賦成，笑破侍郎之口。"後唐長興，改令晝試，侍郎竇貞固以短晷難成文字，不盡意，非取士之道，奏復夜試。本朝引校多士，率用白晝，不復繼燭。

（宋）王闢之：《澠水燕談錄》卷六

清泰二年，禮部奏奉長興二年敕："進士引試早入晚出，今請依舊例，試雜文並點門入省，經宿就試。"唐試連夜，以燭三條爲限。《白樂天集》曰："試許燒木燭三條，燭盡不許更續。"至此，因禮部奏，乃始達旦也。

（宋）程大昌：《演繁露》卷七

天福初，竇貞固知貢舉。舊制，夜試以三燭爲限。長興二年，改令晝試，貞固以短景難成，文不盡意，失取士之道，奏復夜試。

（宋）姚寬：《西溪叢語》卷下

往時科場例寬，試官有在簾下看舉子作文者，故傳"三條燭盡，燒殘舉子之心；八韻賦成，驚破試官之膽"之語。但場中不許見燭，豈有試官自謂三條燭盡之理！此蓋五代夜試時事也。五代時，竇貞固謂："晝短，舉子文字難了，因請夜試，許用三條燭。"故韋貽永詩云："三條燭盡鐘初動，九轉丹成鼎未開。"此亦夜試之詩，於此可見矣。

（宋）袁文：《甕牖閒評》卷八

袁文《甕牖閑評》謂唐時科場不許見燭。五代竇貞固以晝短，舉子不能盡所長，乃請夜試。許用三條燭。故韋貽永詩："三條燭盡鐘初動，九轉丹成鼎未開。"此五代故事也。然晚唐時有"更報第三條燭盡，文昌風景晝難成"之句，則唐時已有給燭之例。

（清）趙翼：《陔餘叢考》卷二九

考試糊名，《續通考》以爲始於鸞臺侍郎魏元同。宋淳化三年，蘇易簡知貢舉，仍糊名考校，後遂爲例。卷上加印，《五代會要》以爲始於晉清泰三年，命諸生試卷加監試官印，以防真僞。排坐號，《宋會要》以爲始於大中祥符四年，令諸位列坐號，號曰混榜。

（清）袁枚：《隨園隨筆》卷一〇

後晉崔梲知貢舉，有進士孔英者，行醜而才薄，宰相桑維翰深惡之。及梲將鏁院來辭，維翰曰："孔英來也。"蓋扼之也。梲性純直，因默記之，遂放及第。榜出，人皆喧嘩。維翰舉手自抑其首者數四，蓋悔言也。

（宋）孔平仲：《續世説》卷七

石晉盧質，爲翰林學士承旨，賜論思主佐功臣。會覆試進士，質以"后從諫則聖"爲題，"堯、舜、禹、湯，傾心求過"爲韻，舊例賦韻四平四仄，質乃五平三仄，大爲識者所誚。

（宋）孔平仲：《續世説》卷一一

禮部侍郎劉公温叟實掌文衡，擢於殊等同時登第者，凡十有六人。周世宗申命近臣，再加考覆，唯公及李覃、何曮、趙鄰幾得預其選。

（宋）楊億：《武夷新集》卷一一

唐時禮部放榜之後，醵飲今曲江，號聞喜宴。五代於名園佛舍中，周顯德中官主之。

（宋）彭百川：《太平治迹統類》卷二七

進士聞喜宴，著令賜錢一千七百貫。或便以爲事始，非也。周世宗顯德六年，已令宣徽院排比，不令世人醵錢矣。恐是熙寧間始定數爲一千七百緡，使之自辦。

（宋）程大昌：《續考古編》卷五

唐末、五代武選，有東西頭供奉、左右班侍禁殿直；本朝又增內殿承制崇班，皆禁廷奉至尊之名。然宰執及戚里，當時得奏乞給使恩澤，皆例受此官，沿習既久，不以爲過。

（宋）葉夢得：《石林燕語》卷五

《吴越備史》：唐立武選，以擊毬較其能否，置鐵鈎於毬仗以相擊。周寶嘗與此選，爲鐵鈎所摘一目睛失，寶取睛吞之，復擊毬，獲頭籌，遂授涇原，敕賜木睛以代之。一日，晨起漱，木睛墜水，弃之。注：木睛不知何木，置目中無所礙視之，如真睛矣。

(清)陳元龍：《格致鏡原》卷一一

貢院四圍重墻皆插棘，所以杜傳遞出入之弊。古制則非爲此也。《五代史·和凝傳》：是時進士多浮薄，喜爲喧譁以動主司。主司每放榜，則圍之以棘，閉省門。凝知貢舉，撤棘開門，而士皆肅然無譁，所取稱爲得人。然則設棘乃放榜時以防士子喧噪耳。

(清)趙翼：《陔餘叢考》卷二八

按古時程文本係官爲頒定。《五代史·李愚傳》：張文寶知貢舉，所放進士有覆落者，乃請下學士院作詩賦爲貢舉格。學士竇夢徵、張礪等所作不工，乃命愚爲之。愚曰："吾少舉進士，蓋偶然耳。後生可畏，來者正未可量。假令予再試禮部，未必不落第。安能與英俊爲准格耶？"此學士院所作程文也。

(清)趙翼：《陔餘叢考》卷二九

南唐給事中喬舜知舉，進士及第者五人，即丘旭、樂史、王則、程渥、陳皋也，皆以舉數昇降等甲。無名子以爲喬之榜類陳橘皮，以年多者居上。

(宋)趙令畤：《侯鯖錄》卷八

《南唐近事》：給事中喬舜知貢舉，進士及第者五人，皆以舉數昇降等甲。無名子謂喬之榜類陳橘皮，年多者居上。

(明)彭大翼：《山堂肆考》卷八四

五代僭僞諸國，獨江南文物爲盛，然每歲科舉取人甚少，多用上書言事拜官。唯廣順二年，始命江文蔚知貢舉，放進士廬陵王克正等三人而止。王克正，字守節。

(元)陸友仁：《硯北雜志》卷上

程員,舉進士,將逼試,夢烏衣告曰:"君與王倫、廖衢、陳立、張沅同及第。"員喜,馳馬省門,見楊遂、張觀、曾顗立門內,而己乃逐鷄行,遂悵然而覺。是年,考功張佖權知貢舉,果放楊遂等三人,而員輩不應。既夏,内降御札,尚慮遺賢,命張泊就中書重定詩賦,務在精選。泊果取員等五人,附來春別榜及第。明年歲在癸酉,鷄行之應也,異哉! 異哉!

(宋)佚名:《分門古今類事》卷六

泉州文宣王廟庭植皂莢樹,每州人將登第則生一莢。梁貞明中,忽生一莢有半,人莫喻其祥,是年州人陳逖進士及第,黃仁穎學究及第,仁穎恥之,復應進士舉,至同光中,半莢之中忽生全莢,其年仁穎果登第。

(宋)楊伯喦:《六帖補》卷一〇

國初襲唐末士風,舉子見先達,先通箋刺,謂之請見。既與之見,他日再投啓事,謂之謝見。又數日,再投啓事,謂之溫卷。或先達以書謝,或有稱譽,即別裁啓事,委曲叙謝,更求一見。當時舉子之於先達者,其禮如此之恭。近歲舉子不復行此禮,而亦鮮有上官延譽後進者。

(宋)王闢之:《澠水燕談録》卷九

後唐明宗,公卿大僚皆唐室舊儒。其時進士贄見前輩,各以所業,止投一卷至兩卷,但於詩賦歌篇古調之中取其最精者投之,行兩卷,號曰雙行,謂之多矣。故桑魏公維翰只行五首賦,李相愚只行五首詩,便取大名,以至大位,豈必以多爲貴哉! 裴説補闕只行五言十九首,至來秋復行舊卷。人有譏之者,乃云:"只此十九首,苦吟尚未有見知,何暇別卷哉?"余謂國初尚有唐人之風。

(宋)陳鵠:《西塘集耆舊續聞》卷八

先公嘗言,近日舉子,多衣紫皂衫,乘馬以虎豹皮裝飾鞍轡,謁見士大夫,並不以箋啓爲先容,往往仍不具襴靮,甚無謂也。吾不敢以遠事言之,只記後唐明宗朝,公卿大僚,皆唐室舊儒,務以禮法相尚。其時進士、明經皆衣紵布襴衫,藍鐵帶,著靴乘驢。轡角木,不施鞿靮。重帶書筒照袋,書筒乘啓狀,照袋貯筆硯紙墨,照袋制已具先説。每見公卿門,並數步外下驢整衣冠,斂僕馭,然後躬趨門下,求執事者通箋啓刺字請見。既得見,它日復投啓事,謂之謝見。又數日,始袖文卷,以授執事閽者,不更求見。又數日後,投啓事,謂之溫卷。大都見不可數,數則黷,黷則見待之禮懈矣。或大僚有書題謝卷,他處聞有稱譽之言,則別裁啓事,委曲敘感,方可更求一見。當時進士,各以所業,止投一卷至兩卷,但於詩賦歌篇古調之中取其最精者投擲,行兩卷,號曰雙行,謂之多矣。故桑魏公維翰只行五首賦,白少李相愚只行五首,但取大名,以至大位,豈必以多爲貴哉!裴説補闕只行五言十九首,至來秋復行舊卷,人有譏之者,裴曰:“只此十九首苦吟,尚未有人見知,何假別行卷哉?”識者以爲知言。故兵部侍郎祐狀元徹之子,其父與桑魏公同年。祐既幼孤,文章有天才,才弱冠,以啓投桑公,其文約數千字,桑公一見大驚賞,繇是聲價溢於輦下。以此言之,益知愜心者貴當,又愈以見不在多行之驗也。明宗晚年,重榮爲群小所誤,稱兵向闕,洛下甚驚擾,旬餘日,方寧静,猶市肆未開,居人閉門不敢出。時有舉子數人,乘驢着開大褲白衫,戴皂紗帽,往來於通衢間,居人見無不笑之。是知敦尚儒雅,乃昇平之美事耳,間關之際,猶以此卜治亂,况他事哉?

(宋)江少虞:《宋朝事實類苑》卷六一

唐末五代,權臣執政,公然交賂,科第差除各有等差,故當時語云:“及第不必讀書,作官何須事業。”

(宋)趙令畤:《侯鯖錄》卷四

太祖皇帝天啓神贊,舉無遺算,開端創制,事未成就,遂厭區夏。

太宗皇帝以親邸勛望，紹有大統，深懲五代之亂，以刷滌污俗，勸人忠義
爲本。連辟禮闈，收采時俊，每臨軒試士，中第者不下數百人。雖俊特
者相踵而起，然冗濫亦不可勝言，當時議者多以爲非古選士之法。

（宋）田况：《儒林公議》卷上

　　五代蜀王先主起自利、閬，親騎軍皆拳勇之士，四百人分爲十團，
皆執紫旗，此徒各有曹號，顧復者將之。亦嘗典郡，多雜談謔，造《武
舉榜》曰：“大順二年，兵部侍郎李咤。咤下進士及第三十三人，狀元
張大劍，馬癩子第二，魏憨第三，姜癩子第四，張打胸第五，張少劍第
六，青蒿羹第七”云。

（宋）馬永易：《實賓錄》卷六

　　孟蜀後主，凡命宰相，必徵《感皇恩》二章爲謝。有張格者拜相，
其所獻之曲，有“最好是，長街裏，聽喝相公來”之句，人傳爲笑。

（宋）江少虞：《宋朝事實類苑》卷六六

　　太祖建隆三年九月一日，詔曰：“國家懸科取士，爲官擇人，既擢
第於公朝，寧謝恩於私室。將懲薄俗，宜舉明文。今後及第舉人，不
得輒拜知舉官子孫弟姪，如違，御史臺彈奏。應名姓次第放榜時，並
須據才藝高低，從上安排，不得以隻科爲貴。兼不得呼春官爲恩門、
師門，亦不得自稱門生。除賜宴外，不得輒有率斂。並依後唐長興元
年六月敕處分。”

（清）徐松輯：《宋會要輯稿》選舉三之一、二

　　太祖乾德二年九月十日，權知貢舉盧多遜言：“伏以禮部設科，貢
闈校藝，杜其濫進，是曰宏規。所以發解之時，必積程試，取其合格，
方可送名。豈有經試本州，列其貫籍，考其藝能，動非及格，殊乖激勸
之道，漸成虛薄之風。請準周顯德二年敕，諸州解發進士，差本判官
考試，如（未）[本]判官不曉文章，即於諸從事內選差。所試並得合

格，方可解送。諸科差録事參軍考試，如録事參軍不通經義，即於州縣官内揀選。本判官監試，如有遥口相授，傳與人者，即時遣出，不在試限。紙先令長印，書至時給付。凡貼經對義，並須監官對面，同定通否，逐場去留，合格者即得解送。仍解狀内開説當州府元若干人請解，若干人不及格落下訖，若干人合格見解。其合申送所試文字，並須逐件朱書通否，下試官、監官仍親書名。若合解不解，不合解而解者，監試官爲首罪，並停見任，舉送長官，聞奏取裁。諸科舉人，第一場十否者，殿五舉；第二場、第三場十否者，殿三舉；其三場内有九否者，殿一舉。其所殿舉數，於試卷上朱書，封送中書門下，請行指揮及罪發解試官等令，重舉舊章，庶絶僥濫。"從之。

（清）徐松輯：《宋會要輯稿》選舉一四之一三

審官西院，熙寧三年五月二十八日置。……乃以天章閣待制齊恢爲知院，兵部郎中韓縝同知，以舊太常禮院爲治所。始上論大使臣磨勘及常格注授，欲歸有司，樞密使文彦博等不欲，曰："因注差遣，累與使臣相見，尚猶患不知其人。若付之審官，則愈不可知，緩急難爲選擢矣。"上曰："欲知之，不在數見使臣，常程差遣何足與？"王安石曰："省細務，乃可論大體。"韓縝曰："此事於樞密吏人不便。"彦博曰："果合如此，亦不論吏便與否。"安石曰："密院亦止是五代始置。"曾公亮曰："欲分宰相權爾。"上曰："前代亂，豈緣不分樞密院乎？"安石曰："綱紀修，視聽不蔽，則人主權自然歸一。不然，則樞密亦能專權，如史洪肇之徒是也。五代用武，故政出樞密，宰相備位而已，非治法也。"於是降詔卒置之，仍省樞密院六十有二事歸之。官制行，歸吏部尚書右選。

（清）徐松輯：《宋會要輯稿》選舉二四之二

（天聖三年）九月十六日，學士院試屯田員外郎鄭向，策稍堪、論稍優，詔直集賢院。以獻《五代開皇紀》命試。

（清）徐松輯：《宋會要輯稿》選舉三一之二七

梁太祖開平元年六月，詔："近年諸道貢舉人，當籓方秋薦之時，不親試者，號爲拔解，非所以責實也。"帝因知之，乃下令止絕。

（宋）王欽若等編纂：《册府元龜》卷六四一《貢舉部》

梁太祖開平元年，敕："近年舉人，當秋薦之時，不親試者號爲'拔解'，今後宜止絕。"又敕："禮部貢院每年所放明經及第，不得過二十人。"

（元）馬端臨：《文獻通考》卷三〇《選舉考三》

梁太祖開平三年五月，敕："禮部所放進士薛鈞，是左司侍郎薛延珪男。方持省轄，固合避嫌。其薛鈞宜令所司落下。"

（宋）王欽若等編纂：《册府元龜》卷六五一《貢舉部》

（開平）三年，敕："條流禮部貢院，每年放明經及第，不得過二十人。"

（宋）王欽若等編纂：《册府元龜》卷六四一《貢舉部》

（開平）四年十二月，兵部尚書知貢舉姚洎奏曰："近代設詞科，選胄子，蓋所以綱維名教，崇樹邦本者也。曩時進士不下千人，嶺徼海隅，偃風嚮化。近歲觀光之士，人數不多，加以在位臣僚，罕有子弟，就其寡少，復避嫌疑。實恐因循，漸爲廢墜。今在朝公卿親屬，將相子孫，有文行可取者，請許所在州府薦送，以廣毓才之義。"從之。

（宋）王欽若等編纂：《册府元龜》卷六四一《貢舉部》

乾化元年十二月，以尚書左僕射楊涉知禮部貢舉，非常例也。前代自唐武德、貞觀之後，但委考功員外郎掌之。至開元二十五年，員外郎李昂爲貢士李權所訐，由是中書奏請以禮部侍郎專焉。其間或以他官領者，多用中書舍人及諸司四品清資官，唯會昌中命太常卿王起主貢舉時，乃檢校僕射耳。

（宋）王欽若等編纂：《册府元龜》卷六四一《貢舉部》

　　乾化中,翰林學士鄭珏連知貢舉。鄴中人聶嶼與鄉人趙都,俱隨鄉薦。都納賄於珏,人報翌日登第,嶼聞不捷,詬來人以嚇之。珏懼,亦俾成名。

　　　　　　　　　　(宋)王欽若等編纂:《册府元龜》卷六五一《貢舉部》

　　封舜卿梁時知貢舉。後門生鄭致雍同受命,入翰林爲學士。致雍有俊才。舜卿才思拙澀,及試五題,不勝困弊,因托致雍秉筆。當時識者,以爲座主辱門生。同光初致仕。

　　　　　　　　　　　　　　(宋)李昉:《太平廣記》卷一八四《封舜卿》

　　後唐莊宗同光二年三月,敕:"選舉二門,仕進根本。當掄擇於多士,全委仗於有司。苟請托是從,則逾濫斯極。況方行公事,已集群材。須行戒勵之文,俾絕幸求之路。宜令吏部、禮部翰林掄材考藝,必盡於精詳;滅私徇公,無從於請托。仍委三銓貢院,榜示省門,曉告中外。"

　　　　　　　　　　(宋)王欽若等編纂:《册府元龜》卷六四一《貢舉部》

　　(同光二年)十月,中書門下奏:"獻可效忠,前經之令典;因時建議,有國之明規。道既務於化成,事亦敷於競勸。敢俾宸聽,輒罄芻蕘言。伏惟陛下業茂經綸,功成理定,五材七德,威冠於伐謀;百氏三墳,義彰於知教。爰自中興啓運,下武膺期,照臨而日月光華,鼓舞而乾坤交泰。英明取士,睿哲崇儒。誠宜便廣於搜羅,豈可尚令於淹抑?但以今春貢士就試不多,即目選人磨勘未畢,宗伯莫臻於俊乂,天官難辨於妍媸。況已過秋期,將行公事,例聞道路,悉是家貧,比及到京,多逾程限,文闈選部,皆礙條流。伏請權停貢選一年,俟遷鶯者更勵進修,希干祿者益加循省。然後精求良幹,博采異能,免有遺賢,庶同樂聖。"敕:"舉選二門,國朝重事。俱要精確,難議權停。宜準常例處分。"

　　　　　　　　　　(宋)王欽若等編纂:《册府元龜》卷六四一《貢舉部》

後唐莊宗同光二年,初,胡柳之役,伶人周匝爲梁所得,帝每思之。入汴之日,匝謁見於馬前,帝甚喜。匝涕泣言曰:"臣所以得生全者,皆梁教坊使陳俊、内園栽接使儲德源之力也。願就陛下乞二州以報之。"帝許之。郭崇韜諫曰:"陛下所與共取天下者,皆英豪忠勇之士。今大功始就,封賞未及一人,而先以伶人爲刺史,恐失天下心。"既而伶人屢以爲言,帝謂崇韜曰:"吾已許匝矣,使吾慚見此三人。公言雖正,當爲我屈意行之。"乃以俊爲景州刺史,德源爲憲州刺史。時親軍有從帝百戰未得刺史者,莫不憤嘆。

(元)馬端臨:《文獻通考》卷三五《選舉考八》

後唐莊宗同光二年,自唐末喪亂,搢紳之家,或以告敕鬻於族姻,遂亂昭穆,至有舅叔拜甥侄者。選人僞濫者衆,郭崇韜欲革其弊,請令銓司精加考核。時南郊行事官千二百人,注官者纔數十人,塗毁告身者十之九。選人或號泣道路,或餒死逆旅。

(元)馬端臨:《文獻通考》卷三八《選舉考十一》

後唐莊宗同光三年三月,敕:"今年新及第進士符蒙正等,宜令翰林學士承旨盧質就本院覆試,仍令學士使楊彦玽監試。"其月,敕:"禮部所放進士符蒙正等四人,既慊群情,實干浮議,近令覆試,俾塞輿言。及再覽符蒙正、庇成僚等程試詩賦,果有疵瑕,若便去留,慮乖激勸,倘無升降,即昧甄明。況王徹體物可嘉,屬辭甚妙;桑維翰苦無疵繆,稍有功夫。其王徹升爲第一,桑維翰第二,符蒙正第三,成僚第四。禮部侍郎裴皥放。"

(宋)王欽若等編纂:《册府元龜》卷六五一《貢舉部》

後唐莊宗同光三年,敕:"今年新及第進士符蒙正等,令翰林院覆試。昇王澈、桑維翰居魁、亞,降符蒙正第三。今後禮部所試,委中書門下子細詳覆奏聞。"

(元)馬端臨:《文獻通考》卷三〇《選舉考三》

後唐莊宗同光三年，禮部貢院奏：“今後童子委本州府依諸色舉人例考試給解送省，任稱鄉貢童子，長吏不能表薦。若無本處解送，本司不在考試之限。”

（元）馬端臨：《文獻通考》卷三五《選舉考八》

（同光）三年三月，敕：“禮部貢院今年新及第進士符蒙正、成僚、王徹、桑維翰四人。國家歲命春官，首司貢籍，高懸科級，明列等差，廣進善之門，爲取士之本。所重者藝行兼著，鄉里有稱。定才實之淺深，振聲名於夷夏。必當得雋，允副旁求。爰自近年，寖成澆俗，多聞濫進，全爽舊章。朕自興復丕圖，削平僞紀。方作事以謀始，盡革故以鼎新。蓋欲窒弊正訛，去華務實，誠爲要道，無切於斯。今據禮部奏，所放進士符蒙正等四人，既慊輿情，頗干浮論，須令覆試，俾塞群言，又遣考詳，貴從精核。及再覽符蒙正、成僚等，呈試詩賦，果有瑕疵。今若便有去留，慮乖激勸，倘無昇降，即眇甄明。況王徹體物可嘉，屬辭甚妙，細披製作，最異儕流。但應試以效成，或求對而不切。桑維翰若無紕繆，稍有功夫，止當屬對之間，累失求妍之美。須推事藝，各定否臧。貴叶允平，庶諧公共。其王徹改爲第一，桑維翰第二，符蒙正第三，成僚第四。禮部侍郎裴皞在掄才之際，雖匪阿私，當定名之時，頗虧優劣。但緣符蒙正等既無絀落，裴皞特議寬容，勿負憂疑，已從釋放。自今後，應禮部常年所試舉人雜文策等，候過堂日，委中書門下準本朝故事細加詳覆，方可奏聞，不得輒徇人情，有隳事實。”時命盧質覆試於翰林院，試《君從諫則聖賦》，以“堯舜禹湯，傾心求過”爲韻，《臣事君以忠詩》。是歲，試進士科者數十人，裴皞精選其文，唯得王澈輩。或譖毀於宣徽使李紹宏曰：“今年新進士，不由才進，各有阿私，物議以爲不可。”紹宏訴於郭崇韜，因奏，令盧質覆試。質爲賦韻五平聲三仄聲，且逾常式，覆試之日，中外騰口，議者非之。

（宋）王欽若等編纂：《冊府元龜》卷六四一《貢舉部》

後唐莊宗同光三年四月癸酉，敕："爰設高科，顯求良士。貴揚才俊，以叶乂明。今歲放人不多，固宜精當，近聆輿論，頗鬱時情。其新及第進士符蒙正等，宜令翰林學士承旨盧質就本院覆試，兼令學士使楊彥珣監試。"丁亥，敕："禮部貢院今年新及第進士符蒙正、成僚、王澈、桑維翰四人，國家歲命春官，首司貢籍，高懸科級，明列等差，廣進善之門，爲取士之本。所重者，藝行兼著，鄉里有稱。定才實之淺深，振聲明於夷夏。必當得儁，允副旁求。爰自近年，寖成澆俗，多聞濫進，全爽舊章。朕自興復丕圖，削平僞紀，方作事以謀始，盡革故以鼎新。蓋欲窒弊止訛，去華務實。誠爲要道，無切於斯。今據禮部奏所放進士符蒙正等四人，既慊輿情，頗干浮論，須令覆核，俾塞群言。又遣考詳，貴從精覆，及再覽符蒙正、成僚等呈試詩賦，果有疵瑕。今若便有去留，慮乖激勸，儻無昇降，即昧甄明。況王澈體物可嘉，屬辭甚妙，細披製作，最異儕流。但應試以救成，或求對而不切。桑維翰苦無紕繆，稍有功夫，止當屬對之間，累失求妍之美。須推事藝，各定否臧，貴叶允平，庶諧公共。其王澈改爲第一，桑維翰第二，符蒙正第三，成僚第四。禮部侍郎裴皞在掄才之際，雖匪阿私，當定名之時，頗虧優劣。但遠符蒙正等既無紬落，裴皞持議寬容，勿負憂疑，已從釋放。自今後，應禮部常年所試舉人雜文策等，候過堂日，委中書門下準本朝故事細加詳覆，方可奏聞。不得輒徇人情，有隳事實。"時命盧質覆試於翰林院，試《君從諫則聖賦》，以"堯舜禹湯，傾心求過"爲韻，《臣事君以忠詩》。是歲，試進士科者數十人，裴皞精選其文，唯得王澈輩。或譖毀於宣徽使李紹宏曰："今年新進士，不由才進，各有阿私，物議以爲不可。"紹宏訴於郭崇韜，因奏令盧質覆試。質爲賦韻，五平聲三仄聲，且逾常式。覆試之日，中外騰口，議者非之。

（宋）王欽若等編纂：《冊府元龜》卷六四四《貢舉部》

（同光三年）五月，禮部貢院奏："當司準流內銓牒，應請定冬集舉人，內有前鄉貢童子者，三銓已前團奏冬集，皆竪前鄉貢童子。伏準格文，只有童子科，此無鄉貢字。銓司先爲請定冬集舉人九經張仲宣等,内有前鄉貢明經童子成光誨,遂檢尋《六典》及蘇冕《會要》,又無本朝書子細檢討,惟有閏十三年十二月,敕諸道應薦萬言及童子,起今後不得更有聞薦。據此童子兩字,皆由諸道表薦,固無鄉貢之名。又無口議帖經,亦不合有明經之字。近則止於暗誦,便號神童。此外格文,別無童子。其成光誨,銓司準格只收豎前童子團奏。去二月十五日具狀,申留司宰臣取裁奏例準申者。伏緣三銓見團奏冬集右内有鄉貢及明經字,已依成光誨例,準格只豎童子團奏次者。左伏以院司常年考試,皆憑諸道表薦,降敕下到當司,準格考試,及格者便放及第。其同光二年童子郭忠恕等九人,皆是表薦童子,敕内並納到家狀,並有鄉貢兩字。院司檢勘,同便榜示,引試及第後,先具白關牒,報吏部南曹,續便團奏春關。奏狀下到中書省,追當司元下納家狀,檢點同覆奏放。敕經過諸處,敕下後方始到當司,備錄黃關牒,報御史臺、尚書省並吏部南曹,令準流内銓牒。伏緣院司承前皆憑敕命施行,童子敕内並有鄉貢兩字,若使下落,恐涉專擅者。"奉敕:"起今後宜準開成三年敕文,凡有官者,並詣吏曹;未仕者,皆歸禮部。其童子則委本州府依諸色舉人例考試給解送省,任稱鄉貢童子,長吏不得表薦。若無本處解送,本司不在考試之限。"

(宋)王欽若等編纂:《冊府元龜》卷六四一《貢舉部》

(同光三年)八月,敕條例諸道州府,不得表薦童子。

(宋)王欽若等編纂:《冊府元龜》卷六四一《貢舉部》

(同光)四年正月,五科舉人許維岳等一百人進狀言:"伏見新定格文,三《禮》、三傳,每科只放兩人。方今三傳,一科五十餘人;三《禮》三十餘人;三史、學究一十人。若每年止放兩人及一人,逐年又添初舉,縱謀修進,皆恐滯留。臣伏見長慶、咸通年放舉人,元無定式,又同光元年春榜,亦是一十三人。請依此例,以勸進修。"敕:"依同光元年例,永爲常式。"

(宋)王欽若等編纂:《冊府元龜》卷六四一《貢舉部》

明宗天成元年八月，敕："應三京諸道今年貢舉人，可依常年例取解。仍令隨處津送赴闕。"

（宋）王欽若等編纂：《册府元龜》卷六四一《貢舉部》

（天成）二年正月，尚書禮部貢院奏："五經考試官先在吏部日長定，合請兩員，數年係屬貢院。準新定格文，祇令奏請一員兼充考試。伏緣今年科目人數轉多，却欲依舊請考試官各壹員。如蒙允許，續具所請官名，進御申奏。"奉敕宜依。

（宋）王欽若等編纂：《册府元龜》卷六四一《貢舉部》

（天成二年）是年四月，中書奏："禮部貢院申當司奉今月六日敕吏部流内銓狀，申據白院狀，申當司先準禮部貢院牒，稱具成德軍解送到前進士王蟾狀，請罷攝深州司功參軍應宏詞舉。前件人準格例應重科，合在吏部，其王蟾并解送吏部，請準例指縱者。當司遂具狀申堂，奉判送吏部分析近年事例如何者。伏緣近年別無事例，今檢《登科録》内，於僞梁開平三年應宏詞登科二人，前進士余渥、承旨舍人李愚，考官二人，司勛郎中崔景、兵部員外郎張貽憲者，再具狀申堂，奉判送吏部準例指揮者。其前進士王蟾應宏詞考官試官，合在流内銓申請者，前進士王蟾請應宏詞。伏自近年以來，無人請應，今詳格例，合差考官二人。又緣只有王蟾一人獨應，銓司未敢懸便奏請差官者，奉中書門下牒。奏敕：'宜令禮部貢院就五科舉人考試者。'伏以舉選公事，皆有格條，準新定格敕文，宏詞拔萃，準長慶二年格，吏部差考試官二人，與知銓尚書侍郎同考試聞奏。又，準格節文内，準太和元年十月二十三日敕，應禮部諸色貢舉人及吏部諸色科目選人，凡無出身及未有官，只合於禮部應舉；有出身有官，方合於吏部赴科目選。其請應宏詞舉前進士王蟾，當司當年放及第後，尋已開過，吏部訖若應宏詞例，待南曹判成即是。科選選人，事理合歸吏部，況緣五科考試官只考學業，難於同考宏詞者。"奉敕："王蟾宜令吏部準往例差官考試。"

（宋）王欽若等編纂：《册府元龜》卷六四一《貢舉部》

（天成二年）十二月，敕：“新及第進士有聞喜宴、關宴，逐年賜錢四十萬。”

（宋）王欽若等編纂：《冊府元龜》卷六四一《貢舉部》

明宗天成二年，制：“選人或因遠地干戈、私門事故，遂至過格。今後如過格十年外，不在赴集之限。又據《長定格》，選人中有隱憂者殿五選。伏以人倫之貴，孝道爲先，既有負於尊親，定不公於州縣，有傷風化，須峻條章。今後諸色官員内，有隱憂冒榮者，勘責不虛，終身不齒，其入仕告敕，並付所司焚毀。”

（元）馬端臨：《文獻通考》卷三八《選舉考十一》

（天成）三年春，趙鳳知貢舉，場中利病，備達天聽。因敕：“進士帖經通三即可。五科試本業後，對策全精即可。諸經學帖經及格後，於大經泛問五義，面書於試紙，令直解其理，通三即可。對策並須理有指歸，言關體要。”

（宋）王欽若等編纂：《冊府元龜》卷六四一《貢舉部》

（天成三年）七月，工部侍郎任贊上言，曰：“伏以聖代設科，貢闈取士，必自鄉薦，來觀國光，將叶公平，惟求藝行。蓋廣搜羅之理，且非喧競之場。伏見常年舉人等，省門開後，春榜懸時，所習既未精妍，有司寧免黜落。或嫉其先達，或恣以厚誣，多集怨於通衢，皆取駭於群聽。頗虧教本，却成亂階，宜立新規，以革前弊。自今後，諸舉人不是家在遠方，水陸隔越者，望委令各於本貫選藝學精通賓僚一人考試，如非通贍，不許妄薦。儻考核必當，即試官請厚於甄酬；若薦送稍私，并舉子盡歸於竄逐。冀彰睿化，免紊儒風。庶絶濫進之人，共守推公之道。”

（宋）王欽若等編纂：《冊府元龜》卷六四一《貢舉部》

（天成三年七月）是日，敕：“宜令今後諸色舉人，委逐道觀察使慎擇有詞藝及通經官員，各據所業考試，及格者即與給解，仍具所試

詩賦，經帖通粗數，一一申省。未及格者，不得徇私發解。兼承前諸
道舉人，多於京兆府寄應。例以洪固鄉冑貴里爲戶，一時不實，久遠
難明。自此各於本道請解，具言本州縣某鄉某里某爲戶，如或寄應，
須具本貫屬入狀，不得效洪固冑貴之例。文解到省後，據所稱貫屬州
府戶籍內，如是無名，本人并給解處官吏，必加罪責。京百司發解就
試，準前指揮，兼下貢院，具本朝舊格，諸色舉人，每年各放幾人及第，
到日續更詳酌處分。”

（宋）王欽若等編纂：《册府元龜》卷六四一《貢舉部》

（天成三年七月）是月，敕：“應將來三傳、三《禮》、三史、《開元
禮》、學究等考試，本業畢後，引試對策時，宜令主司須於時務中采取
要當策題，精詳考校，不必拘於對屬，須有文華，但能周通，文字典切，
即放及第。如不及此格，雖本業精通，亦須黜落。應九經、五經、明經
帖書及格後，引試對義時，宜令主司於大經泛出問義五通，於簾下書
於試紙，令隔簾逐段解說。但要不失疏注，義理通二、通三，然後便令
念疏，如是熟卷，並須全通，仍無失錯，始得入策。亦須於時務中選策
題精當，考校如精於筆硯留意者，得則以四六對，仍須理有指歸，言關
體要。如不曾於筆硯致功，則許直書其事，不得錯使文字，只在明於
利害。其問義、念疏、對策，逐件須有去留。”

（宋）王欽若等編纂：《册府元龜》卷六四一《貢舉部》

（天成三年七月）是月，敕：“近年諸道解送童子，皆越常規，或年
齒漸高，或精神非俊，或道字頗多訛舛，或念書不合格文。主司若不
去留，貢部積成乖弊。自此後應諸道州府，如公然濫發文解，略不考
選藝能，其逐處本判官及試官，並加責罰。仍下貢院，將來諸道應解
送到童子，委主司精專考校，須是年顏不高，念書合格，道字分明，兼
無慮失，即放及第。仍依天成三年例，主司未出院間，便引就試。與
諸科舉人同日放榜，不得前却。”

（宋）王欽若等編纂：《册府元龜》卷六四一《貢舉部》

　　(天成三年)十二月戊午，禮部貢院以諸色及第人失墜出身，請同年一人充保。次年及第，二人充保，即重給春關。己未，以近令進士帖經，通三即放，慮非所知致。今年令不及通三亦放。來年秋賦，詞人並令對義。

　　　　　　　　(宋)王欽若等編纂：《冊府元龜》卷六四一《貢舉部》

　　明宗天成三年，工部侍郎任贊奏請："諸色舉人不是家在遠方、水陸隔越者，逐處選賓從官僚中藝學精博一人，各於本貫一例分明比試。如非通贍，不許妄給文解。"

　　　　　　　　(元)馬端臨：《文獻通考》卷三〇《選舉考三》

　　自後唐天成三年，和凝奏齋郎歲以三十人爲限；同光二年，奏千牛左右仗各六員，歲以十二員爲限。至是減之，歲凡補二十五員。恭惟藝祖初定任子之法，臺省六品、諸司五品必嘗登朝歷兩任，然後得請，不請者則不補矣。

　　　　　　　　(元)馬端臨：《文獻通考》卷三四《選舉考七》

　　天成三年，敕："近年諸道解童子，皆越常規，或年齒漸高，或神情非俊，或道字頗多訛舛，或念書不合格文，積成乖敝。此後應州府不考藝能，濫發文解，其逐處判官責罰。仍下貢院將解到童子精加考校，須是年顏不高，念書合格，道字分明，即放及第。"

　　　　　　　　(元)馬端臨：《文獻通考》卷三五《選舉考八》

　　三年(天成三年)，敕："北京及河北諸道攝官內，有莊宗御署及朕署，便與據正官資叙；其僞朝授官，勘驗不虛，亦同告身例處分。興元以西，曾授僞蜀爵命敕，到後一周年爲限，各於本罷任處投狀分析，申奏點勘，出限不叙理。"
　　中書奏："吏部流外銓諸色選人試判兩節，並不優劣等第與官資。其業文者，任徵引古今；不業文者，但據事理判斷可否，不當罪在有司。吏部南曹關：'今年及第進士內，三《禮》劉瑩等五人，所試判語皆同。'勘狀稱：'晚逼試期，偶拾得判草寫凈，實不知判語不合一般者。'"敕："貢院擢科，考詳所業；南曹試判，激勸效官。劉瑩等既不攻文，只合直書其事，豈得相傳藁草，侮瀆公場？及至定期覆試，果聞自懼私歸，宜令所司落下放罪，許再赴舉。"其年十月，敕："訪聞每年及第舉人牒試、吏部關試，判題雖有，判語全無，只見各書'未詳'，仍或正身不至。如斯乖謬，須議去除。此後關送舉人，委南曹官吏準格考試。如是進士並經學及第人，曾親筆硯，其判語即須緝構文章，辨明治道；如是委無文章，許直書其事，不得只書'未詳'。如關試時，正身不到，又無請假文書，却牒貢院，申奏停落。"

按：唐以試判入仕，五季因之，然以此三條觀之，其爲文具可知也。有如流外銓，必胥吏之徒，非以文學進身者，則所對不責其引徵古今，但據事理判斷，誠是也。至於及第進士，而乃一詞莫措，傳寫定本，雷同欺誑，至煩國家立法，明開曾親筆硯、委無文章兩途以處之，則烏取其爲進士乎？況正身多不至，則所謂試者，不過上下相與爲欺耳，可無試也。

（元）馬端臨：《文獻通考》卷三八《選舉考十一》

（天成）四年二月，貢院雖鎖，未試舉人。敕先往洛京，赴本省就試。

（宋）王欽若等編纂：《冊府元龜》卷六四一《貢舉部》

（天成四年）七月，貢院奏："今年諸色及第人中，有曾攝州縣官及有御署攝牒，兼或有正授官及曾在賓幕赴舉者，諸條格中書奏及第人先曾授職官者，宜令所司於守攝文書內，豎重應舉及第年月日，或改名不改名，分明印押。懼其轉賜於人，假資冒進也。其中，曾授正官御署並佐幕者，仍約前任資序，與除一任官。如自中興以來，諸科及第人曾授職官者，並令所司追給文書，到日準今年及第人例處分。已授官者，不在此限。兼勒貢院將來舉人納家狀，內各分析，曾爲官及不曾爲官，改名不改名。其曾爲職官者，先納歷任文書，及第後準例指揮。"從之。

（宋）王欽若等編纂：《冊府元龜》卷六四一《貢舉部》

（天成四年七月）是月，敕："應今年新及第人給春關，並於敷政門外宣賜。"慮所司邀頡故也。

（宋）王欽若等編纂：《冊府元龜》卷六四一《貢舉部》

（天成四年）十月，中書門下條流貢舉人事件："應諸道州府解送諸色舉人，須準元敕，差有才藝公正官考試及格，然可給解。仍具所試詩賦義目帖由送省。如逐州府解內，不竪出前件指揮事節，所司不在引試之限。禮部貢院考試諸色帖經舉人，今後據所業經書，對義之時，逐經須將生卷與熟卷中半考試，不得依往例，只將熟卷試問。今後，主司不得受內外官寮書題薦托。舉人及安排考試官，如或實講知有才學精博者，任具奏聞。若受書題囑托，致有屈人，其主司與發書人，並加黜責；其所舉人別行朝典。三銓南曹，亦不得受諸色官員書題薦托。選人如違，並準前指揮。應諸色落第人，此後所司具所落事由，別張懸文榜，分明曉示。除諸州府解送舉人外，餘有於河南府寄應及宗正寺、國子監生等，亦須準上指揮。其中，有依托朝臣者，於解內具言在某官某姓名門館考試，及第後並據姓名覆試。諸色舉人至入試之時前五日內，據所納到試紙，本司印署訖，却送中書門下，取中書省印印過，却付司給散，逐人就試貢。院合請考官、試官，今後選舉業精通，廉慎有官者充。人在朝臣門館人，不得奏請。"奉敕宜依。

（宋）王欽若等編纂：《冊府元龜》卷六四一《貢舉部》

（天成四年十月）是月，兵部尚書盧質奏請逐年諸色貢舉人，州府取解之時，選強明官考試，具詩賦義自送省。從之。

（宋）王欽若等編纂：《冊府元龜》卷六四一《貢舉部》

明宗天成四年，中書舍人、知貢舉盧詹進納春關狀內，漏失五經四人姓名，罰一月俸。

（宋）王欽若等編纂：《冊府元龜》卷六五一《貢舉部》

趙美，幽州節度使德鈞之孫。天成四年正月，德鈞奏美年五歲，默念何論《孝經》，令於汴州取解就試。敕：“都尉之孫，能念儒書，備彰家訓，不勞就試，特與成名。宜賜別敕及第，仍附今年春榜。”

（宋）王欽若等編纂：《冊府元龜》卷七七五《總錄部》

（天成）五年正月，禮部貢院奏：“當司準天成三年十二月十八日敕文內，準近敕，自此進士試雜文後，據所習本經，一一考試，須帖得通三已上，即放及第者。”奉敕：“進士帖經，本朝舊制。蓋欲明先王之旨趣，潤才子之文章。近代以來，此道稍墜。今且上從元輔，下及庶僚，雖負藝者極多，能帖經者甚少。恐此一節，或滯群材。既求備以斯難，庶觀光而是廣。今年凡應進士舉所試文策及格，帖經或不及通三，與放及第。來年秋賦，詞人所習一大經，許令對義，義目多少次第，仍委所司件奏者。其今年逐處所解送到進士，當司引試雜文，帖經後，欲令別於所習一大經內對義目五道，考試通二通三，準帖經例，放其入策。其將來秋賦，諸寺監及諸道州府所解送進士等，亦準去年十月一日敕條流考試，其詩賦義目帖由等，並解送赴省。如或不依此解送，當司準近敕，並不引試。”奉敕宜依。

（宋）王欽若等編纂：《冊府元龜》卷六四一《貢舉部》

後唐明宗長興元年二月，敕：“傳科不精，《公》《穀》虛有其名；禮科未達，《周》《儀》如何登第？兼知前後，空聞定制。去留皆在終場，博通者混雜以進身，膚淺者僥求而望事。須頒明敕，俾叶公途。自此後貢院應試三傳、三《禮》，宜令準進士、九經、五經、明經例，逐場皆須去留，不得候終場方定。仍具所通否，粗一一旋於榜內告示。其學究，不在念書，可特試墨義三十道，亦準上指揮。如此則人知激勸，事有區分，主司免致於繁忙，舉子不興於僭濫。仍付所司。"學究不念書，新例也。國朝所設五科，唯學究文書最少，乃令念其經而通其義。故曰"學究今秖許對義"，即學者皆專於此科，時論非之。

（宋）王欽若等編纂：《册府元龜》卷六四二《貢舉部》

（長興元年）六月，中書門下奏："敕新及第進士所試新文，委中書門下細覽詳覆，方具奏聞，不得輒徇人情，有隳事體。中書於今年四月二十九日帖貢院準元敕指揮，中書量重具詳覆者，李飛賦內三處犯韻，李穀一處犯韻，兼詩內錯書'青'字爲'清'字，並以詞翰可嘉，望特恕此誤。今後舉人詞賦屬對，並須要切，或有犯韻及諸雜違格，不得放及第。仍望付翰林別撰律詩、賦各一首，具體式一一曉示。將來舉人合作者，即與及第。其李飛、樊吉、夏侯珙、吳泇、王德柔、李穀等六人，盧價賦內'薄伐'字合使平聲字，今使仄聲字，犯格。孫澄賦內'御'字韻，使'宇'字，已落韻。又使'膌'字，是上聲'有'字韻，中押'售'字是去聲。又有'朾'字犯韻，詩內'田'字犯韻。李象賦內一句'六石慶兮'，并合使此'奚'字；'道之以禮'，合使此'道'字。及錯下事，'常'字韻內使'方'字。詩中言'十千'，'十'字處，合使平聲字，偏字犯韻。楊文龜賦內，'均'字韻內使'民'字。以君上爲騶騑之士，失奉上之體。'兼善'字是上聲，合押，遍字是去聲。'如'字內使'興'字，詩中遍字犯韻。師均賦內'仁'字犯韻，'晏如'書'宴如'。又'河清海晏'，'晏'字不合韻，又無理，'晏'字即落韻。楊仁遠賦內，'賞罰'字書'伐'字，'衒勤'字書'鍼'字；詩內'蓮蒲'字，合着平聲字，兼'黍粱'不律。王谷賦內'御'字韻押'處'字，上聲，則落韻；去聲，則失理。'善'字韻內使'顯'字，犯韻；'如'字韻押'殊'字，落韻。其盧價等七人，望許令將來就試，仍放再取文解。高策賦內，'於'字韻內使'依'字，疑其海外音訛，文意稍可，望特恕此。其鄭朴賦內言'肱股'，詩中'十千'字犯韻，又言'玉珠'。其鄭朴許令將來就試，亦放取解。仍自此賓貢，每年只放一人，仍須事藝精。其張文寶試士不得精當，望罰一季俸。今後知舉官如敢因循，當行嚴典。伏以國設高科，人貪上第，所望不小，其業須精。實以喪亂年多，苦辛人少，半失宣尼之道，倍勞宗伯之心。不望超群，且須合格。今逢聖運，大闡皇猷，設官共革於時誚，選士實期於歲勝。又朝廷校藝爲擇賢，或臣下收恩，豈成公道？時論以貢舉官爲丘門、恩門，及以登第爲門生。門生者，門弟子也。顏、閔、游、夏等，並受仲尼之訓，即是師門。大朝所命春官，不曾教誨舉子，舉子是國家貢士，非宗伯門徒，況又斥先聖之名，失爲儒之體。今後及第人放榜時，並須據才藝高低，從上依次第安排，不得以只科取鼎島岳斗之名爲貴，冀從敦實，以息浮澆。兼不得呼春官爲恩門、師門，不得自稱門生。除賜宴外，不得輒有率斂，別謀歡會。曾赴舉落第人，無故不得改名。將來舉人，並依據地理遠近，於十月三旬下納文解，如違，不在收受之限。"敕旨從之。

（宋）王欽若等編纂：《册府元龜》卷六四二《貢舉部》

（長興元年）七月，比部員外郎知制誥崔梲奏："臣伏見開元五年敕，每年貢舉人見訖，宜令引就國子監謁先師，學官爲之開講質疑，所司設食，永爲常式。自經多故，其禮寖停，請舉舊典。"從之。

（宋）王欽若等編纂：《册府元龜》卷六四二《貢舉部》

（長興元年）八月，敕："其童子準往例委諸道表薦，不得解送。兼所司每年所放，不得過十人。仍所念書並須是部帙正經，不得以諸雜零碎文書，虛成卷數。兼及第後十一選集，第一任未得授親人官。"

（宋）王欽若等編纂：《册府元龜》卷六四二《貢舉部》

（長興元年）十二月，每年貢舉人所試詩賦，多不依體式，中書奏請下翰林院，命學士撰詩賦各一首，下貢院以爲舉人模式。學士院奏："伏以體物緣情，文士各推其工拙；掄材校藝，詞場素有其規程。凡務策名，合遵常式。況聖君御宇，奧學盈朝。儻令明示其規模，或慮衆貽其臧否。歷代作者，垂範相傳。將期絕彼微瑕，未若舉其舊制。伏乞下所司依詩格賦樞考試進士，庶令職分，互展恪勤。”從之。

（宋）王欽若等編纂：《冊府元龜》卷六四二《貢舉部》

長興元年，敕：“童子準往例委諸道表薦，不得解送，每年所放不得過十人，仍所念書並須是正經，不得以諸子書虛成卷數。及第後，十一選集，初任未得授親民官。”

（元）馬端臨：《文獻通考》卷三五《選舉考八》

（長興）二年二月，禮部貢院奏：“當司奉堂帖夜試進士，有何條格者？”敕旨：“秋來赴舉，備有常程，夜後爲文，曾無舊制。王道以明規是設，公事須白晝顯行。冀盛觀光，猶敦勸善。每取翰林學士，往例皆試五題。共觀筆下摘詞，不俟燭前構思。其進士並令排門齊入就試，至門開時試畢，內有先了者，上歷書時旋令先出。其入策亦須晝試，應諸科對策，並依此例，餘準前後敕格處分。”夜試進士，非前例也。

（宋）王欽若等編纂：《冊府元龜》卷六四二《貢舉部》

長興二年二月，詔進士引試早入試晚出者，今請依舊例。進士試雜文，並點門入省，經宿就試。往例，童子表薦不解送，每年所放不過十人。長興四年三月，詔許放二十人。應順元年正月，詔許放十五人。今請如最後敕人數。長興元年，詔進士、九經、五經、明經、五科、童子外，諸色科目並停。緣舊有明算、道舉，令欲施行。長興二年正月，詔每年落第舉人免取文解，今欲依元格，諸科並再取解，以十月二十五日到省畢，違限不收。以天成四年詔，諸色舉人入試前五日納試紙，用中書省印訖，付貢院院司。緣五科所試場數極多，旋印紙鑭宿內中書，往來不便，請只用當司印。從之。

（宋）王欽若等編纂：《冊府元龜》卷六四二《貢舉部》

（長興二年二月）其月，舉人張洞而下以去年落第人，各於鄉里取解,以試期近,來往不及,乞今年且循舊例。從之。來年即勒本州取解。

（宋）王欽若等編纂:《册府元龜》卷六四二《貢舉部》

（長興二年五月）是月,鴻臚卿柳膺將齋郎文書兩件賣與同姓人柳居則,其婢母論訴,伏罪,大理寺斷罪當大辟,緣遇恩赦,合與減死,奪見任官員,罰銅,終身不齒。敕旨:"訪聞諸色官員之中,多有此色之事,須行釐革,以塞弊源。應諸色常調選人,如有此色文書,便須焚毀。如是元補正身,曾受中興已來官誥,便許以近受文書叙理。及諸色蔭補子孫,如無虛假,不論庶嫡,並宜叙録;如實無子孫,別立人繼嗣,已出補身得者,只許續蔭一人。凡關資蔭,皆繫恩榮,將革弊訛,須行憲法。自本朝喪亂,多士因循,貪冒者叙補無常,彰敗者未聞嚴斷,遂成隳紊,莫識規程。且一人身名,具三代名諱,傳於同姓,利以私財,上則欺罔人君,下則貨鬻先祖,行之不已,罪莫大焉。柳膺顯致訟論,合當誅殛,偶逢恩赦,特減死刑,尚念承此弊來年深,同此罪者頗衆。特矜已往,各許自新;別設嚴條,免令後犯。今日已前,並依前項條理,其不合叙使文書,仍限一百日焚毀須絶。如此後更敢公然將合焚毀文書參選求事,有人糾告及所司點勘彰露,所犯之人,傳者受者,並當極法。其告事人,如有官序,別與超擢任使;如是百姓,與免户下差徭。兼自此應合得資蔭出身人,並須依格令及天成三年十一月二十日禮部起進條件施行;如敢故違,本司官員並本行人吏別加嚴斷,不許去任離司,罪無寬恕。事從發覺,理任澄清,不惟正邦國典刑,抑亦保縉紳家法,有犯無赦,斷在的行。"

（宋）王欽若等編纂:《册府元龜》卷六六《帝王部》

（長興二年）六月,刑部員外郎和凝奏:"臣竊見明法一科,久無人應,今應令請減其選限,必當漸有舉人。謹按考課令,諸明法試律令十條,以識達義理、問無疑滯者爲通。所貴懸科待士,自勤講學之功;爲官擇人,終免曠遺之咎。況當明代,宜舉此科。"敕旨:"宜昇明法一科,同《開元禮》選數。兼赴舉之時,委貢院別奏請。會刑法試官,依格例考試。"先是,天成三年十一月,權判大理寺蕭希甫上言曰:"臣聞禁暴亂者,莫先於刑律;勤禮義者,無切於詩書。刑律明則人不敢爲非,禮義行則時自然無事。今詩書之教,則業必有官;刑律之科,則世皆莫曉。近者,大理正宋昇請置律學生徒,雖獲上聞,未蒙申舉。伏乞特頒詔旨,下付國庠,令再設此科,許其歲貢。仍委諸州各薦送一兩人,就京習學,候至業成,便放出身,兼許以卑官,却還本處。則率土之內,盡會刑書,免誤觸於金科,冀咸遵於皇化。"至是,凝復奏請。

（宋）王欽若等編纂:《册府元龜》卷六四二《貢舉部》

長興二年,敕:"舉選之衆,例是艱辛,曾因兵火之餘,多無救甲,不有詳延之路,永爲遐弃之人。其失墜告身者,先取本人狀,當授官之日,何人判銓? 與何人同官? 上任罷任與何人交代? 仍勘歷任處州縣,如實,則別取命官三人保明施行。"

（元）馬端臨:《文獻通考》卷三八《選舉考十一》

（長興）三年正月,詔曰:"貢舉之人,辛勤頗甚。每年隨計,終日食貧。須寬獎勸之門,俾釋羈栖之嘆。今後落第舉人,所司已納家狀者,次年便付所司就試,並免再取文解。兼下納文解之時,不在拘以三旬,但十月內到者,並與收受。"

（宋）王欽若等編纂:《册府元龜》卷六四二《貢舉部》

（長興）三年五月,明經崔覬等經中書訴宋州節度掌書記上封事,貢舉人須依舊格,取本州里文解者。見附國子監諸生赴舉,皆不取文解,條例異同。詔曰:"凡布化條,惟務均一。苟公平之無爽,即中外以適從。國子監每歲舉人,皆自四方來集,不詢解送,何辨是非? 其附監舉人,並依去年八月一日敕,須取本處文解。如不及第者,次年便許監司解送;若初投名未嘗令本處取解者,初舉落第後,監司勿更收補。其淮南、江南、黔、蜀遠人,即不拘此例。監生,禮部補令式在焉。”

（宋）王欽若等編纂：《冊府元龜》卷六四二《貢舉部》

（長興三年）十二月，禮部貢院奏：“準《會要》，長壽二年七月十日左拾遺劉承慶上疏曰：‘伏見比年已來，天下諸州所貢方物，至元日皆陳在御前，惟貢人獨於朝堂列拜。伏請貢人至元日列在方物之前，以備充庭之禮。’制曰可。近年直至臨鑣院前，赴應天門外朝見。今後請令舉人復赴正仗，仍緣今歲已晚，貢士未齊，欲且據見到人點引牒送四方館，至元日請令通事舍人一員，引押朝賀，列在貢物之前。或以人數不少，即請只取諸科解頭一人就列，其餘續到者，候齊日別令朝見。如蒙允許，當司即於都省點別習儀。”奉敕：“宜準元敕處分，餘宜依。”

（宋）王欽若等編纂：《冊府元龜》卷六四二《貢舉部》

長興三年，敕：“今後落第舉人，所司已納家狀者，次年便赴貢院就試，並免再取文解。”

（元）馬端臨：《文獻通考》卷三〇《選舉考三》

（長興）四年二月，知貢舉和凝奏：“舉人就試日，請皇城司差人於院門前聽察。舉人挾帶文書入院，請殿將來舉數，自一舉至三舉。放榜後，及第人看榜訖，便綴行於五鳳樓前。謝恩後，赴國學謝先師。舊例，侵星張榜訖，貢舉考試官便出院，蓋恐人榜下誼訴。今年請放榜後，貢舉官已下至晚出。”敕旨：“五鳳樓前，非舉子謝恩之所，令於朝堂謝訖，即赴國學。試日，宜令御史臺差人，院司聽察。放榜日，至晚出院。此後永爲定制，餘並依奏。”

（宋）王欽若等編纂：《冊府元龜》卷六四二《貢舉部》

（長興四年二月）是月，禮部貢院奏：“新立條件：一、九經、五經、明經呈帖經之時，試官書通不後，有不及格者，唱落後請置筆硯，將所納由分明，却令自看。或是試官錯書通不，當與改正。如懷疑者，使許請本經書面前檢對，如實是錯誤，即更於帖上書名而退。一、五科常年駁榜出，多稱屈塞。今年並明書，所對經書墨義，云第幾道不，第幾道粗，第幾道通。任將本經書疏照證。如考試官錯書不粗，請別將狀陳訴，當再加考校。如實錯誤，妄陳文狀，當行嚴斷。一、今年舉人有抱屈落第者，許將狀披訴，貢院當與重試。如貢院不理，即詣御史臺論訴。請自試舉人日，令御史臺差人受舉人訴屈文狀，並引本身勘問所論事件。或知貢舉官及考試官已下取受貨賂，昇擢親情，屈塞藝能，應副囑托及不依格去留，一事有違，請行朝典。一、懷挾書策，舊例禁止。請自今年後，入省門搜得文書者，不計多少，準例扶出，殿將來一舉。上鋪後搜得文書者，準例扶出，殿將來兩舉。一、遙口授人回授試處，及抄義題帖書時，諸般相救，準例扶出，請殿將來三舉。一、自是藝業未精，準格落下出外及見駁榜後，羞見同人，妄扇屈聲，擬爲將來基址，及別人帖對過場數多者，便生誣玷墜陷，或羅織毆罵者，並當收禁榜送御史臺，請賜勘窮。如知貢舉官及考試官事涉徇私，屈塞藝士，請行朝典。若虛妄者，請痛行科斷，牒送本道重處色役，仍永不得入舉場。同保人亦請連坐，各殿三舉。”奉敕宜依。

（宋）王欽若等編纂：《册府元龜》卷六四二《貢舉部》

（長興四年）三月，童子閤惟一等三十九人進狀：“伏見貢院榜，童子祇放十人。乞念苦辛，更加人數。”敕旨：“都收二十人，須是實苦辛者，仍此後不得援。”

（宋）王欽若等編纂：《册府元龜》卷六四二《貢舉部》

長興四年，禮部貢院奏新立條件如後：

一、九經、五經、明經呈帖由之時，試官書“通”“不”後，有不及格者，唱落後，請置筆硯，將所納帖由分明，却令自閱，或者試官錯書“通”“不”，當與改正。如懷疑者，便許請本經當面檢對，如實是錯，即於帖由上書名而退。

一、五科常年駁榜出，多稱屈塞。今年並明書所對經書墨義，云第幾道"不"，第幾道"粗"，第幾道"通"，任將本經書疏照證。如考試官去留不當，許將狀陳訴，當再加考較。如合黜落，妄有披述，當行嚴斷。

一、今年舉人有抱屈落第者，許將狀披訴於貢院，當與重試。如貢院不理，即詣御史臺論訴。請自試舉人日，令御史臺差人受舉人訴屈文狀，並引本身勘問所論事件。或知貢舉官及考試官已下敢受貨賂，昇擢親朋，屈抑藝能，陰從請托，及不依格去留，一事有違，請行朝典。

一、懷挾書策，舊例禁止。請自今後入省門搜得文書，不計多少，準例扶出，殿將來兩舉。

一、遙口受人、回換試處及抄義題帖書時諸般相救，準例扶出，請殿將來三舉。

一、藝業未精，准格落下，恥見同人，妄扇屈聲，擬爲將來基址；及他人帖對過場數多者，便生誣玷，或羅織謳罵者，併當收禁，牒送御史臺，請賜勘鞫。如知貢舉官及考試官事涉私徇，屈塞藝士，請行朝典。若虛妄者，請嚴行科斷，牒送本道重處色役，仍永不得入舉場，同保人亦請連坐，各殿三舉。

奉敕"宜依"。

（元）馬端臨：《文獻通考》卷三〇《選舉考三》

又奏（長興四年）："准《會要》：貢人至元日列在方物之前，以備充庭之禮。近來直至臨鎖院前，赴應天門外朝見。今後請令舉人復赴正仗如舊法。或以人數不少，請祇取諸科解頭一人就列，其餘續到者俟齊日別令朝見。奉敕依。"

石林葉氏曰："唐末，禮部知貢舉，有得程文優者，即以己登第時名次處之，不以甲乙爲高下也，謂之'傳衣缽'。和凝登第，名在十三，後得范魯公質，遂處以十三。其後范登相位，官至太子太傅，封國於魯，與凝皆同，世以爲異也。"

（元）馬端臨：《文獻通考》卷三〇《選舉考三》

末帝清泰元年九月，中書門下帖：“太常以長興三年敕，諸科舉人常年薦送，先令行鄉飲酒之禮。凡預舉人，列從鄉賦，遂奏《鹿鳴》之什，俾騰龍化之津。雅音既動於笙簧，厚禮復陳於筐筥。行兹盛事，克振儒風。宜令復行鄉飲酒之禮，太常草定儀注頒下諸州，預前肄習，解送舉人之時，便行此禮，其儀速具聞奏。”時李懌爲太常文士，淺於禮學。唯博士段顒據《禮記》賓主次第申。初，長興中宰臣李愚好古，奏行此禮，累年不暇。至是，愚復舉奏。及觀禮官所定無緒，禮直官孫知訓以爲古禮無次序，不可施行。博士或言於愚曰：“梁朝時，青州曾行一度。”遂令青州訪舊簿書以聞。

(宋)王欽若等編纂：《册府元龜》卷六四二《貢舉部》

(清泰)二年七月，御史中丞盧損言：“天成二年二月，敕每年進士合有聞喜宴、春關宴，并有司所出春關牒用綾紙，并官給。臣等以舉人既成名，第宴席所費屬私，況國用未充，枉有勞費，請依舊制不賜。”詔曰：“春關冬集綾紙，聞喜、關宴所賜錢，並仍舊官給，餘從之。”

(宋)王欽若等編纂：《册府元龜》卷六四二《貢舉部》

(清泰二年)九月，禮部貢院言：“選制敕内該合行二十五道，理有未盡條例。長興四年，詔明經對墨義，已前無此條例。清泰二年二月，詔明經念疏，每問三道後，許請熟卷都問十道，通六即放入策。天成五年二月，詔學究不念書，試墨義三十道。清泰二年三月，詔學究依舊念書，並注十道後，别試墨義十道，及格即放入策。”

(宋)王欽若等編纂：《册府元龜》卷六四二《貢舉部》

王延，後唐清泰末爲中書舍人，權知貢舉。有崔頎者，協之子也，授偃師主簿，薄其卑屑，弃去。數年，應進士。延將入貢院，見舊相吏部尚書盧文紀，文紀素與協不睦，謂延曰：“舍人以謹重聞於時，所以老夫去冬與諸相首以長者聞奏。然此一途取事者，頗多面目。説者云:越人善泅,生子方晬,乳母浮之水上,或驟然止之。乳母曰:'其父善泅,子必無溺。'今若以名下取徵,泅之類也。舍人當求實才,以副公望。"延退而嗤曰:"八米之言,爲崔頎也。縱與其父不悦,致意何至此耶!"來春,以頎登甲科。其仁而徇公,皆此類也。

(宋)王欽若等編纂:《册府元龜》卷六五一《貢舉部》

晉高祖天福二年六月,敕:"進策官、前攝鄭州防禦巡官、前鄉貢明經張休以廉科擢第,義府游心,既堅拾芥之勤,果契然薪之志,而能救斯時病,來貢封章,覽其所陳,甚爲濟要,旌諸憂國,示以寵章,王畿式解於褐衣,縣簿仍超於常品。可將仕郎守河南府伊陽縣主簿。"

(宋)王欽若等編纂:《册府元龜》卷九七《帝王部》

晉高祖天福三年三月,翰林學士承旨、兵部侍郎權知貢舉崔梲奏:"臣謬蒙眷渥,叨掌文衡,實憂庸懦之材,不副搜羅之旨。敢不揣摩頑鈍,絕杜阿私。上則顯陛下求賢,次則使平人得路。但以今年就舉,比常歲倍多。科目之中,凶豪甚衆。每駁榜出後,則時有喧張,不自省循,但言屈塞,互相朋扇,各出言詞。或云主司不公,或云試官受賂。實慮上達聖聽,微臣無以自明。晝省夜思,臨深履薄。今臣欲請令舉人落第之後,或不甘心,任自投狀披陳,却請所試與疏義對證,兼令其日一甲同共校量。若獨委試官,恐未息詞理,儻是實負抑屈,則所司固難逭憲章。如其妄有陳論,則舉人乞痛加懲斷。冀此際免虛遭謗議,亦將來可遠久施行。倘蒙聖造允俞,伏乞降敕處分。"從之。

(宋)王欽若等編纂:《册府元龜》卷六四二《貢舉部》

晉高祖天福三年,崔梲權知貢舉。時有進士孔英者,行醜而才薄,宰相桑維翰素知其爲人,深惡之。及梲將鎖院,禮辭於維翰,維翰性語簡,止謂梲曰:"孔英來也。"蓋慮梲誤放英,故言其姓名,以扼之也。梲性純直,不復稟覆,因默記之。時英又自稱是宣尼之後,每凌

輮於方場,梲不得已,遂放英登第。榜出,人皆誼笑。維翰聞之,舉手
自抑其口者數四,蓋悔言也。

　　(宋)王欽若等編纂:《冊府元龜》卷六五一《貢舉部》

　　(天福)四年六月,敕:"尚書禮部,歷代懸科,爲時取士,任使貴
期於稱職,搜羅每慮於遺才。其如銓司注官,員闕有限;貢闈考第,人
數不常。雖大朝務廣於選求,而常調頗聞於淹滯。每候一闕,或經累
年。遂令羈旅之人,多起怨咨之論。將令通濟,須識從權。庶幾進取
之流,更勵專勤之業。其貢舉公事,宜權停一年。"

　　(宋)王欽若等編纂:《冊府元龜》卷六四二《貢舉部》

　　(天福)五年三月,詔:"及第舉人與主司選勝筵宴,及中書舍人
靸鞋接見舉人,兼兵部、禮部引人過堂之日,幕次酒食會客,悉宜
廢之。"

　　(宋)王欽若等編纂:《冊府元龜》卷六四二《貢舉部》

　　(天福五年)四月,禮部侍郎張允奏曰:"明君側席,雖切旁求。
貢士觀光,豈宜濫進?竊窺前代,未設諸科。始以明經,俾昇高第。
自有九經、五經之後,及三《禮》、三傳已來,孝廉之科遂因循而不廢,
縉紳之士,亦緘默而無言。以至相承,未能改作。每歲明經一科,少
至五百已上,多及一千有餘。舉人如是繁多,試官豈能精當?況此等
多不究義,唯攻帖書,文理既不甚通,名第豈可妄與?且當年登科者
不少,相次起選者甚多。州縣之間,必無貢闕。輦轂之下,須有稽留。
怨嗟自此而興,謗讟因兹而起。但令廣場大啓,諸科並有。明經者悉
包於九經、五經之中,無出於三《禮》、三傳之內,若無釐革,恐未便宜。
其明經一科,伏請停廢。"又奏:"國家懸科待士,貴務搜揚。責實求
才,須除訛濫。童子每當就試,止在念書背經,則雖似精詳,對卷則不
能讀誦。及名成貢院,身返故鄉,但刻日以取官,更無心而習業。濫
躅徭役,虛占官名。其童子一科,亦請停廢。"敕:"明經、童子、宏詞拔

萃、明算、道舉、百篇等科並停。"

（宋）王欽若等編纂：《册府元龜》卷六四二《貢舉部》

（天福）六年五月，敕："明法一科，今後宜令五選集，合格注官日，仍優與處分。"

（宋）王欽若等編纂：《册府元龜》卷六四二《貢舉部》

晉高祖天福七年五月，敕："應諸色進策人等，皆抱材能，方來投獻，宜加明試，俾盡臧謀。起今後應進策條中書奏覆。"敕下，其進策人委門下省試策三道，仍定上、中、下三等。如是元進策内有施行者，其所試策或上或中者，委門下省給與減選。或出身優牒合格，參選日其試策上者，委銓司超壹資注擬；其試策中者，委銓司依資注擬。如是所試策或上或中，元進策條並不施行，所試策下，元進策條内有施行者，其本官並仰量與恩賜發遣。若或所試策下，所進策條並不施行，便仰曉示發遣，不得再有投進。餘並準前後敕文處分。

（宋）王欽若等編纂：《册府元龜》卷六四四《貢舉部》

少帝開運元年八月，詔曰："明經、童子之科，前代所設，蓋期取士，良謂通規。爰自近年，暫從停廢。損益之機未見，牢籠之義全虧。將闡斯文，宜依舊貫。庶臻至理，用廣旁求。其明經、童子二科，今後復置。"

（宋）王欽若等編纂：《册府元龜》卷六四二《貢舉部》

（開運元年）十一月，工部尚書、權知貢舉竇貞固奏："進士考試雜文及與諸科舉人入策，歷代已來，皆以三條燭盡爲限。長興二年，改令晝試。伏以懸科取士，有國常規，沿革之道雖殊，公共之情難失。若使就試兩廊之下，揮毫短景之中。視晷刻而惟畏稽遲，演詞藻而難求妍麗。未見觀光之美，但同款答之由。既非師古之規，恐失取人之道。今於考試之時，準舊例以三條燭爲限。其進士並諸色舉貢人等，有懷藏書册入院者，舊例扶出，不令就試。近年以來，雖見懷藏，多是容縱。今欲振舉弛紊，明辨臧否，冀在必行，庶爲定式。"

（宋）王欽若等編纂：《册府元龜》卷六四二《貢舉部》

（開運元年）十二月，敕禮部貢院：自前考試，進士皆以三條燭爲限，并諸色舉人等，有懷藏書册，不令就試，宜並準舊施行。從竇貞固奏也。

（宋）王欽若等編纂：《册府元龜》卷六四二《貢舉部》

孔英舉進士，行醜而才薄。宰相桑維翰素知其爲人，深惡之。及崔梲知貢舉，將鎖院，禮辭於維翰。維翰性語簡止，謂梲曰："孔英來也。"蓋慮梲誤放英及第，故言其姓名以厄之也。梲性純直，不復禀覆，因默記之。時英又自稱是宣尼之後，每凌鑠於文場，梲不得已，遂放英登第。榜出，人皆誼誚，維翰聞之，舉手自抑其口者數四，蓋悔言也。

（宋）王欽若等編纂：《册府元龜》卷八九五《總録部》

漢隱帝乾祐二年，刑部侍郎邊歸讜上言："臣竊見每年貢舉人數甚衆，動應五舉、六舉，多至二千、三千。既事業不精，即人文何取？請敕三京鄴都、諸道州府長官，合發諸色貢舉人文解者，並須精加考校。事業精研，即得解送，不得濫有舉送。冀塞濫進之門，開興能之路。"敕從之，"其間條奏未盡處，下貢院録天福五年四月二十七日敕文，告諭天下，依元敕條件施行。如有故違，其隨處考試官員，當準敕條處分。"

（宋）王欽若等編纂：《册府元龜》卷六四二《貢舉部》

周太祖廣順元年六月，差翰林學士魚崇諒就樞密院引試進策人，考定昇降聞奏。

（宋）王欽若等編纂：《册府元龜》卷六四四《貢舉部》

周太祖廣順三年二月,禮部侍郎趙上交奏:"貢院諸科,今欲不試泛義、口義共十五道,改試墨義共十一道。"從之。

(宋)王欽若等編纂:《册府元龜》卷六四二《貢舉部》

(廣順)三年正月,户部侍郎、權知貢院趙上交奏:"九經舉人,元帖經一百二十帖,墨義三十道。臣今欲罷帖經,於諸經對墨義一百五十道。五經元帖八十帖,墨義二十道,今欲罷帖經,令對墨義一百道。明經元帖書五十帖,今欲罷帖書,令對義五十道。明法元帖律令各十帖,義二十道,今欲罷帖律,令對義二十道。學究元念書二十道,對義二十道,今欲罷念書,對義五十道。三《禮》元對墨義九十道,三傳元對義一百一十道。欲三《禮》於《周禮》《儀禮》各添義二十道,三傳於《公羊》《穀梁傳》各添義二十道。《開元禮》、三史,元義三百道,欲各添義五十道。進士元添試詩賦各一首,帖書二十帖,對義五道,欲罷帖書,别試雜文二首,試策並仍舊。童子元念書二十四道,欲添念通前五十道,念及三十道者,放及第。"從之。

(宋)王欽若等編纂:《册府元龜》卷六四二《貢舉部》

(廣順)三年五月,敕:"進策獻書人,宜令翰林學士申文炳如樞密院引試定優劣聞奏。"

(宋)王欽若等編纂:《册府元龜》卷六四四《貢舉部》

(廣順三年)九月,翰林學士承旨、刑部侍郎知制誥權知貢舉徐合符奏:"貢舉之司,條貫之道。有沿有革,或否或臧。蓋趣向之不同,致施行之有異。今欲酌其近例,按彼舊規,參而用之,從其可者,謹條如右。九經元格帖經一百二十帖,對墨義、泛義、口義共六十道,策五道。去年知舉趙上交起請罷帖書,泛義、口義,都對墨義一百五十道。臣今請去泛義、口義,都對墨義六十道。其帖書對策,依元格。五經元格帖書八十帖,對墨義五十道,臣今請對墨義十五道,其帖書對策依元格。明法元格帖律令一十帖,對律令墨義二十道,策試十條。去年罷帖,對墨義六十道,策試如舊。臣今請並依元格。學究元格念書、對墨義各二十道,策五道。去年罷念書,都對墨義五十道。今請依去年起請。三《禮》元格對墨義九十道,去年添四十道。臣今請並依元格,三傳元格對墨義一百一十道,去年加對四十道。臣今請並依元格。《開元禮》、三史,元格各對墨義三百道,策五道,去年加對五十道。臣今請並依元格。進士試雜文、詩、賦、帖經二十帖,對墨義五道。去年代帖經、對義,別試雜文二首。臣今請依起請,別試雜文,其帖書、對義,請依元格。童子元格念書二十四道,起請添念書都五十道,及三十通者放。臣請依起請。”敕:“國家開仕進之路,設儒學之科,校業掄才,登賢舉俊。其或藝能素淺,履行無聞,來造科場,妄求僥幸,及當試落,便起怨嗟,謗議沸騰,是非蜂起,至有偽造制敕之語,扇惑儕流;巧爲誣毀之言,隱藏名姓,以茲取事,得非薄徒。宜立憲章,以示澄汰。其禮部貢院條奏宜依,仍於引試之時,精詳考校,逐場去留。無藝者雖應年深,不得饒僭場數;若有藝者,雖當黜落,並許訴陳,祇不得於街市省門,故爲喧競,及投無名文字,訕毀主司。如有故違,必行嚴斷。本司鏁宿後,御史臺、開封府所差守當人專切覺察,其有不自苦辛,只憑勢援,潛求薦托,俯拾科名,致使孤寒滯於進取。起今後主司不得受薦托書題,如有書題,密具姓名聞奏,其舉人不得就試。今後舉人須取本鄉貫文解,若鄉貫阻隔,祇許兩京給解。”

(宋)王欽若等編纂:《册府元龜》卷六四二《貢舉部》

　　後周太祖廣順三年,敕:“禮部貢院於引試之前,精加考校,逐場去留。無藝者,雖應舉年深,不得饒借場數。有藝者,雖遭黜落,並許陳訴,祇不得街市省門故爲喧競,及投無名文字訕毀主司,如有故違,必行嚴斷,配流邊遠,同保人永不得赴舉。主司不得受薦托書題,如有書題,密具姓名聞奏,其舉人不得就試。”又令:“今後舉人須取本鄉貫文解,若鄉貫阻隔,祇許兩京給解。”

(元)馬端臨:《文獻通考》卷三〇《選舉考三》

唐《開元禮》舉……後周廣順三年八月《開元禮》、三史各對義三百道。

（宋）王應麟：《玉海》卷一一五《選舉》

周太祖廣順三年，戶部侍郎、權知貢舉趙上交奏："童子元念書二十四道，今欲添念書通前五十道，念及三十道者放及第。"從之。

（元）馬端臨：《文獻通考》卷三五《選舉考八》

（廣順五年）十一月乙卯，命翰林學士竇儼試進策官曹巨源、鄧昊、李嶤等於禁中。策曰："王者，以禮御人倫，以樂和天地，以兵柔萬國，以刑齊兆民。四者何先，殊途同治，或因或革，各適所宜。故五帝殊時，不相襲禮。三王異世，不相沿樂。兵有務戰不戰之異，刑有輕次重次之差。歷朝張施，繁不具引。自唐祖混一區夏，太宗嗣成聖功，言其禮則三正有常，言其樂則七宗有秩，兵息而臣道咸順，刑措而民心不渝。五帝三王，不足尚也。越自天寶之後，國經混然，禮樂湮墜，而眾不知；兵刑煩擾，而下不畏。朱梁晉漢，皆用因仍。洎我朝開創以來，力務興振，然薰歇燼滅，歷年滋多，焦思勞神，觀效未著，予欲父慈子孝，兄友弟恭，君仁臣忠，夫義婦聽，聲明文物無其缺，祝嘏辭說必有序。萬儀咸秩，百神受職，家肥國肥，知禮之尊也。當用何理，副兹虛懷？予欲六律、六吕、七政、九變、金石絲竹之器，羽旄干戚之容，歌其政，舞其德，與夫文音武坐比崇。昔時天和地平，知樂之崇也子。當深辨其理，爲時陳之。予欲混同天下，親征未服，手振金鼓，跋履山川，如商高宗之伐鬼方，若魏武帝之登柳塞。則六師所至，供億無窮。眾興民勞，自古皆慎。若但任偏將，屯於邊鄙，縱兵時入，茹食居人，交尸塞路，暴骨盈野，終歲如是，得無憫然？何以令佳兵不興，彼魁革面，王途無所玘隔，方貢自來駿奔，更思爾謀，以逮明略。予欲斧鉞不用，刀鋸不興，桎梏朽蠧，無所設施，無城春鬼薪之役，無三居五宅之流，畫衣冠而人不犯，虛囹圄而人不入。無刑之理，何以致諸？子大夫博識洽聞，窮微睹奧，提筆既干於奇遇，撞鐘必應於嘉音。抱屈將伸，直言勿隱。"既而以所對之詞上進，乃授巨源及杲簿掾，賜嶢進士出身。

（宋）王欽若等編纂：《冊府元龜》卷六四四《貢舉部》

世宗顯德元年十一月，敕："國子監所解送廣順三年已前監生人數，宜令禮部貢院收納文解。其今年內新收補監生，祗仰落下。今後須是監中受業，方得準令式收補解送。"先是，國學收補監生，顯有條例。邇來學官因循，多有近甸州府不得解者，即投監請補送省，率以為常。是歲，主文者知其弊，因取監司所送學生七十四人狀事詳之，例不合於令式，悉不收試。由是移刺紛紜，更相援引。監司舉奏束修之條，以塞其議。貢院告於執政，因達於上聽，故降是命。議者非成均而是禮闈。

（宋）王欽若等編纂：《冊府元龜》卷六四二《貢舉部》

周世宗顯德元年，初令翰林學士、兩省官舉令、錄。除官之日，署舉者姓名，若貪穢敗官，連坐。

（元）馬端臨：《文獻通考》卷三八《選舉考十一》

（顯德）二年三月，敕："尚書禮部貢院奏今年新及第進士李覃、嚴說、何曠、武允成、王汾閬、丘舜卿、楊徽之、任惟吉、趙鄰幾、周度、張慎微、王燾、馬文、劉選、程浩然、李震等一十六人所試詩、賦、文、論、策文等。國家設貢舉之司，求英俊之士，務詢文行，方中科名。比聞近年以來，多有濫進。或以年勞而得第，或因媒勢以出身。今歲所放舉人試令看驗，果然紕繆，須至去留。其李覃、何曠、楊徽之、趙鄰幾等四人，宜放及第。其嚴說、武允成、王汾閬、丘舜卿、任惟吉、周度、張慎微、王燾、馬文、劉選、程浩然、李震等一十二人，藝學未精，並宜勾落。且令苦學，以俟再來。禮部侍郎劉溫叟，失於選士，頗屬因循。據其過尤，合行譴謫，尚示寬恕，別具條理聞奏。"

（宋）王欽若等編纂：《冊府元龜》卷六四二《貢舉部》

世宗顯德二年三月,敕:"尚書禮部貢院奏今年新及第進士李覃、嚴說、何曠、武允成、王汾閭、丘舜卿、楊徽之、任惟吉、趙鄰幾、周度、張慎微、王專、馬文、劉選、程浩然、李震等一十六人所試詩賦文詢策等,國家設貢院之司,求英俊之士,務詢文行,方中科名。比聞近年以來,名由濫進,或以年勞而得第,或因媒勢以出身。今歲所放舉人,試令看驗,果見紕繆,須至去留。其李覃、何曠、楊徽之、趙鄰幾等四人,宜放及第。其嚴說、武允成、王汾閭、丘舜卿、任惟吉、周度、張慎微、王專、馬文、劉選、程浩然、李震等一十三人,藝學未精,並宜勾落,且令苦學,以俟再來。"

(宋)王欽若等編纂:《冊府元龜》卷六四四《貢舉部》

(顯德二年)五月,翰林學士、尚書禮部侍郎知貢舉竇儀上言:"伏以朝廷設科,比來取藝,州府貢士,祇合薦能。爰因近年,頗隳舊制。其舉子之弊也,多是纏謀習業,便切干名;《周》《儀》未詳,赴三《禮》之舉;《公》《穀》不究,應三傳之科。經學則偏試帖由,進士則鮮通經義。取解之處,謅張妄說。於辛勤到京之時,奔競惟求於薦托。其舉送之弊也,多是明知荒淺,具委凶龐。所差考試之官,利其情禮之物,雖所取無幾,實啓幸非輕。凡對問題,任從同議,謾鑿通而鑿否,了無去以無留,惟徇人情,僅同兒戲。致令至時就試,不下三千,每歲登科,罕逾一百。假使無添而漸放約,須畢世而方周乃知。難其舉則至公而有益於人,易其來則小惠而無實於事。有益者知濫進不得,必致精勤;無實者欲多放無能,虛令來往。且明經所業,包在諸科。近聞應者漸多,其研精者益少。又,今之童子,比號神童。既幼稚之年,稟神異之性。語言辯慧,精采英奇。出於自然,有則可舉。竊聞近日實異於斯,抑嬉戲之心,教念誦之語,斷其日月,委以師資,限隔而游思不容,僕跌而痛楚多及。孩童之意,本未有知。父母之情,恐或不忍。而復省試之際,歲數難知,或念誦分明,則年貌稍過;或年貌適中,則念誦未精。及有司之去留,多家人之訴訟。伏況晉朝之日,罷此二科。年代非遙,敕文見在。今宜釐革,別俾進修。臣謬以非才，獲承此任。本重難而爲最，復遺闕以相仍。虔奉敕文，重令條奏。或從長而仍舊，亦因弊以改爲。上副聖情，廣遵公道。除依舊格敕施行外，其明經、童子，請却依晉天福五年敕停罷，任改就別科赴舉。其進士，請今後省卷限納五卷已上，於中須有詩、賦、論各一卷，餘外雜文、歌篇，並許同納，祇不得有神道、碑志文之類。其帖經對義，並須實考，通三已上爲合格。將來却復書試，候考試終場。其不及第人，以文藝優劣定爲五等。取文字乖舛，詞理紕繆最甚者，爲第五等，殿五舉；其次者爲第四等，殿三舉；以次稍優者爲第三、第二、第一等，並許次年赴舉。三《禮》請今後解試省試第一場《禮記》，第二場《周禮》，第三場《儀禮》。三傳第一場《左氏》，第二場《公羊》，第三場《穀梁》，並終而復始。學究請今後《周易》《尚書》並爲一科，每經對墨義三十道，仍問經考試。《毛詩》依舊爲一科，對墨義六十道。及第後，請並減爲上選集。諸科舉人所對策問，或不應問曰，詞理乖錯者，併當駁落。其諸科舉人，請第一場十否者，殿五舉；第二場、三場十否者，殿三舉；其三場內有九否者，並殿一舉。其進士及諸科所殿舉數，並於所試卷子上朱書，封送中書門下，請行指揮。及罪發解試官、監官等，其監官、試官如受取解人情禮、財物，請今後並準枉法贓論。又，進士以德行爲基，文章爲業，苟容欺詐，何稱科名？近年場中，多有詐僞，托他人之述作，竊自己之聲光。用此面欺，將爲身計。宜加條約，以誡輕浮。今後如有倩人述作文字應舉者，許人告言，送本處色役，永不得仕進。又，切覽《唐書》，見穆宗朝，禮部侍郎王起奏所試貢舉人試訖，申送中書候覆訖，下當司，然後大字放榜。是時從之。臣欲請將來考試及第進士，先具姓名、雜文，申送中書奏覆訖，下當司，與諸科一齊放榜。"詔並從之。唯進士並諸科舉人放榜，一依舊施行。

（宋）王欽若等編纂：《册府元龜》卷六四二《貢舉部》

周世宗顯德二年，禮部侍郎劉温叟知貢舉。三月壬辰，敕："尚書禮部貢院奏今年新及第進士李覃、嚴説、何曧、武允成、王汾、閭丘舜卿、楊徽之、任惟吉、趙鄰幾、周度、張慎微、王鼐、馬文、劉選、程浩然、李震等一十六人，所試詩賦文論策文等。國家設貢舉之司，求英俊之士，務詢文行，方中科名。比聞近年已來，多有濫進，或以年勞而得第，或因媒勢以出身。今歲所放舉人，試令看驗，果見紕繆，須至去留。其李覃、何曠、楊徽之、趙鄰幾等四人，宜放令及第。其嚴説、武允成、王汾、閭丘舜卿、任惟吉、周度、張慎微、王鼐、馬文、劉選、程浩然、李震等一十二人，藝學未精，並宜勾落。且令苦學，以俟再來。溫叟失於選士，頗屬因循，據其過尤，合行譴謫，尚可見恕，特與矜容。溫叟放罪，其將來貢舉公事，仍令所司別具條種聞奏。”

（宋）王欽若等編纂：《册府元龜》卷六五一《貢舉部》

（顯德）二年，尚書吏部貢院進新及第進士李覃等一十六人所賦詩賦文論策文，詔曰：“國家設貢舉之司，求英俊之士，務詢文行，方中科名。比聞近年以來，多有濫進，或以年老而得第，或因媒勢以出身。今歲所放舉人，試令看驗，果見紕繆，須至去留，其李覃、何曠、楊徽之、趙鄰幾等四人，宜放及第。李震等一十二人，藝學未精，並宜勾落，且令苦學，以俟再來。禮部侍郎劉溫叟，失於選士，頗屬因循，據其過尤，合行譴謫，尚示寬恕，特與矜容。劉溫叟放罪。”

（宋）王欽若等編纂：《册府元龜》卷四一《帝王部》

世宗顯德二年，敕：“國家設貢舉之司，求俊茂之士，務詢文行，以中科名。比聞近年以來，多有濫進，或以年勞而得第，或因媒勢以出身。今歲所放舉人，試令看詳，果見紕繆，須至去留。其李覃、何曠、楊徽之、趙鄰幾等四人宜放及第，其嚴説、武允成、王汾、閭邱舜卿、任惟吉、周度、張慎微、王鼐、馬文、劉選、程浩然、李震等一十二人藝學未精，並宜黜落，且令苦學，以俟再來。禮部侍郎劉溫叟失於選士，頗屬因循，據其過尤，合行譴謫，尚示寬恕，特與矜容，劉溫叟放罪。將來貢舉公事，仍令所司具條理奏聞。”

（元）馬端臨：《文獻通考》卷三〇《選舉考三》

其年五月，尚書禮部侍郎、知貢舉竇儀奏："其進士請今後省卷限納五卷以上，於中雖有詩、賦、論各一卷，餘外雜文、歌篇，並許同納，只不得有神道碑、志文之類。其帖經對義，並須實考通三已上爲合格，將來却覆晝試，候考試終場，其不及第人以文藝優劣定爲五等：取文字乖舛、詞理紕繆最甚者爲第五等，殿五舉；其次者爲第四等，殿三舉；以次稍優者爲第三等、第二等、第一等，並許次年赴舉。其所殿舉數，並於所試卷子上朱書，封送中書門下，請行指揮及罪發解試官、監官等。其諸科舉人，若合解不解、不合解而解者，監官、試官爲首罪，勒停見任；舉送長官，聞奏取裁。監官、試官如受賂，請今後並準枉法贓論，及今後進士如有倩人述作文字應舉者，許人告言，送本處色役，永不得仕進，同保人知者殿四舉，不知者殿兩舉。受倩者如見任官停任，選人殿三選，舉人殿五舉，諸色人量事科罪。"從之。

又奏："諸科舉人所試墨義，第一場十'否'者殿五舉，第二場、第三場十'否'者殿三舉，其三場內凡有九'否'殿一舉。"

按：貢舉而以墨義之"通""否"爲昇黜，淺陋殊甚，有同兒戲。然"否"之多者，殿舉亦如之，猶略有古人簡不率者示罰之遺意云。

竇儀又奏："乞依唐穆宗時考試及第進士，先具姓名、雜文申送中書請奏覆訖，下當司與諸科一齊放榜。"五年，右諫議大夫、知貢舉劉濤於東京試士，放榜後，率新及第進士劉坦已下一十五人來赴行在，以其所試詩賦進呈。上以其詞多紕繆，命翰林學士李昉覆試，退落郭峻、趙保雍等七人，濤坐責官。

後周世宗顯德四年十月，詔曰："制策懸科，前朝盛事，莫不訪賢良於側陋，求讜正於箴規，殿廷之間，帝王親試。其或大裨於國政，有益於時機，則必待以優恩，縻之好爵，拔奇取異，無尚於茲，得士者昌，於是乎在。爰從近代，久廢此科，懷才抱器者鬱而不伸，隱耀韜光者晦而莫出，遂使翹翹之楚多致於弃捐，皎皎之駒莫就於縶縶，遺才滯用，闕孰甚焉！應天下諸色人中，有賢良方正能直言極諫，經學優深可爲師法，詳閑吏理達於教化者，不限前資、見任職官、黃衣、草澤，並許應詔。其逐處州府，依每年貢舉人式例，差官考試，解送尚書吏部，仍量試策論三道，共三千字以上，當日內取文理俱優、人物爽秀，方得解送，取來年十月集上都。其登朝官亦許上表自舉。"

（元）馬端臨：《文獻通考》卷三三《選舉考六》

（顯德）四年冬十月，詔曰："制策懸科，前朝盛事，莫不訪賢良於側陋，求讜正於箴規。殿廷之間，帝王親試。其或大裨於國政，有益於時機，則必待以優恩，縻之好爵，拔奇取異，無尚於茲，得人者昌，於是乎在。爰從近代，久廢此科。懷才抱器者，鬱而不伸；隱耀韜光者，晦而莫出。遂使翹翹之楚，多致於弃捐；皎皎之駒，莫就於縻縶。遺才滯用，闕斁甚焉。應天下諸色人，有賢良方正，能直言極諫，經學優深可爲師法，詳閑吏理達於教化等者，不限前資，見任職官，黃衣草澤，並許應詔。其逐處州府，依每年貢舉人式例，差官別考試，解送尚書吏部。仍量試策論三道，共三千字已上，當日內成。取文理俱優，人物爽秀者，方得解送，取來年十月集上都。其登朝官，亦許上表自舉。"時兵部尚書張昭條奏，請興制舉，故有是詔。

（宋）王欽若等編纂：《冊府元龜》卷六四二《貢舉部》

（顯德）四年，屯田員外郎、知制誥扈蒙試進策入鄉貢進士段宏等，內段宏賜同三傳出身。先是，詣匭言事者甚衆，命蒙以時務策試之。蒙選中者四人，帝覽之，命樞密副使王朴覆試，唯留宏一人而已。蒙由是坐奪俸一月。

（宋）王欽若等編纂：《冊府元龜》卷六五一《貢舉部》

（顯德）五年三月，詔曰："比者以近年貢舉，頗是因循。頻詔有司，精加試練。所冀去留無濫，優劣昭然。昨據貢院奏，今年新及第進士等，所試文字，或有否臧。爰命詞臣，再令考覆，庶涇渭之不雜，免玉石之相參。其劉垣、戴貽慶、李頌、徐緯、張覲等，詩賦稍優，宜放及第。王汾據其文字，亦未精當，念以須曾剝落，特與成名。熊若谷、陳保衡，皆是遠人，深可嗟念，亦放及第。郭峻、趙保雍、楊丹、安元度、張昉、董咸則、杜思道等，未甚苦辛，並從退落，更宜修進，以俟將來。知貢院右諫議大夫劉濤選士不當，有失用心，可責授右贊善大夫，俾令省過，以誡當官。"先是，濤於東京放榜後，率新及第進士劉坦已下一十五人，來赴行在，以其所試詩賦進呈。上以其詞紕繆，命翰林學士李昉覆試，故有是命。

（宋）王欽若等編纂：《冊府元龜》卷六四二《貢舉部》

　　（顯德）五年三月，詔曰："比者，以近年貢舉，頗是因循。頻詔有司，精加試練。所冀去留無濫，優劣昭然。昨據貢院奏，今年新及第進士所試文字，或有否臧，爰命詞臣，再令考覆。庶涇渭之不雜，免玉石之相參。其劉坦、戰貽慶、李頌、張覲等，詩賦稍優，宜放及第。王汾，據其文詞，亦未精當，念以比曾剝落，特與成名。熊若谷、陳保衡皆是遠人，深可嗟年，亦放及第。郭峻、趙保雍、楊丹、安玄度、張昉、董咸則、杜思道等，未甚苦辛，並從退落，更宜修進，以俟將來。"

（宋）王欽若等編纂：《冊府元龜》卷六四四《貢舉部》

　　（顯德）五年，右諫議大夫劉濤知貢舉。三月，詔曰："比者以近年貢舉頗是因循，頻詔有司，精加試練，所冀去留無濫，優劣昭然。昨據貢院奏，今年新及第進士等，所試文字，或有否臧。爰命詞臣，再令考核，庶涇渭之不雜，免玉石之相參。其劉垣、戰貽慶、李頌、徐緯、張覲等，詩賦稍優，宜放及第。王汾，據其文詞，亦未精當，念以須曾剝落，特與成名。熊若谷、陳保衡皆是遠人，深可嗟念，亦放及第。郭峻、趙保雍、楊丹、安玄度、張昉、董咸則、杜思道等未甚苦辛，並從退落，更修進以俟將來。濤選士不當，有失用心，可責授右贊善大夫，俾省過以戒當官。"先是，濤於東京放榜後，率其新令及第進士劉坦已下一十五人，來赴行在，具以其所試詩賦進呈。帝覽之，以其詞多紕繆，命翰林學士李昉覆試，故有是命。

（宋）王欽若等編纂：《冊府元龜》卷六五一《貢舉部》

（顯德）六年正月壬子,對諸道貢舉人石熙載等三百餘人於萬春殿。舊例,每歲舉人皆見於閣門外,上以優待儒者,故允其入見。

（宋）王欽若等編纂:《冊府元龜》卷六四二《貢舉部》

（顯德六年正月）甲戌,詔曰:"起今後每年新及第進士及諸科舉人聞喜宴,宜令宣徽院指揮排比。"先是,禮部每年及第人聞喜宴,皆自相釀歛以備焉。帝以優待賢雋,故有是命。

（宋）王欽若等編纂:《冊府元龜》卷六四二《貢舉部》

（顯德六年正月）乙亥,詔曰:"禮部貢院起今後應合及第舉人,委知舉官依逐科等,第定人數姓名,並所試文字聞奏,候敕下後放榜。"

（宋）王欽若等編纂:《冊府元龜》卷六四二《貢舉部》

太平興國進士賜宴 ……周顯德中官爲主之上,命中使興領,俱帳甚盛。三年九月甲申朔,試進士加論一首。自是以三題爲準賜,胡旦以下,及第又賜綠袍、鞾笏,自此爲定制。

（宋）王應麟:《玉海》卷七三《禮儀》

禮部貢院,凡有榜出,書以淡墨。或曰,名第者,陰注陽受。淡墨書者,若鬼神之迹耳,此名鬼書也。范質云:"未見故實,塗說之言,未敢爲是。"嘗記未應舉日,有登第者相告,舉子將策名,必有異夢。今聊記憶三數夢,載之於此。高輦應舉,夢雷電晦冥,有一小龍子在前,吐出一石子,輦得之。占者曰:"雷電晦冥,變化之象,一石十科也。將來科第,其十數矣。"及將放榜,有一吏持主文帖子至。問小吏姓名,則曰姓龍。詢其名第高卑,則曰第十人。又郭俊應舉時,夢見一老僧屐於卧榻上,蹒跚而行。既寤,甚惡之。占者曰:"老僧上座也。著屐於卧榻上行,屐高也。君其巍峨矣。"及見榜,乃狀元也。王汀應舉時,至滑州旅店,夢射王慎徵,一箭而中。及將放榜,或告曰:"君名第甚卑。"汀答曰："苟成名,當爲第六人。"及見榜,果如所言。或者問之,則告以夢,王慎徵則前年第六人及第,今射而中之,故知亦此科第也。贊於癸巳年應舉,考試畢場。自以孤平初舉,不敢決望成名,然憂悶如醉。晝寢於逆旅,忽有所夢。寐未吡間,有九經蔣之才相訪。即驚起而坐,且告以夢。夢被人以碌筆於頭上亂點,己牽一胡孫如驢許大。蔣即以夢占之曰："君將來必捷,兼是第三人矣。"因問其説,即曰:"亂點頭者,再三得也;朱者,事分明也;胡孫大者爲猿,演算法圓三徑一,故知三數也。"及放榜,即第十三人也。

(宋)李昉:《太平廣記》卷一八四《高輦》

《五代登科記》總目:

梁太祖開平二年,進士十八人,諸科五人。

三年,進士十九人,諸科四人。

四年,進士十五人,諸科一人。

五年,進士二十人,諸科十人。

乾化二年,進士十一人,諸科一人。

三年,進士十五人。

四年,停舉。

五年,進士十三人,諸科二人。

貞明二年,進士十二人,諸科一人。

三年,進士十五人,諸科二人。

四年,進士十二人,諸科二人。

五年,進士十三人,諸科一人。

六年,進士十二人,諸科三人。

七年,停舉。

龍德二年,進士十四人,諸科二人。

三年,停舉。

唐莊宗同光二年,進士十四人,諸科二人。

三年,進士四人。

四年,進士八人,諸科二人。

明宗天成二年,進士二十三人,諸科九人。

三年,進士十五人,諸科四人。

四年,進士十三人,諸科二人。

長興元年,進士十五人,重試落下八人,諸科一人。

二年,進士四人。

三年,進士八人,諸科八十一人。

四年,進士二十四人,諸科一人。

愍帝長興五年,進士十七人,諸科一人。

廢帝清泰二年,進士十四人,諸科一人。

三年,進士十三人。

晉高祖天福二年,進士十九人。

三年,進士二十人。

四年、五年,停貢舉。

六年,進士十一人,諸科四十五人。

七年,進士七人。

八年,進士七人。

九年,進士十三人,諸科五十六人。

開運二年,進士十五人,諸科八十八人。

三年,進士二十人,諸科九十二人。

漢高祖天福十二年,進士二十五人,諸科一百五十五人。

隱帝乾祐元年,進士二十三人,諸科一百七十九人。

二年,進士十九人,諸科八十人。

三年,進士十七人,諸科八十四人。

周太祖廣順元年,進士十三人,諸科八十七人。

二年,進士十三人,諸科六十六人。

三年,進士十人內落下二人,諸科八十三人。

世宗顯德元年,進士二十人,諸科一百二十一人。

二年,進士十六人,諸科一百十六人。

三年,進士六人,諸科二十九人。

四年,進士十人,諸科三十五人。

五年,進士十五人,内落下七人,諸科七十二人。

按:五代五十二年,其間惟梁與晉各停貢舉者二年,則降敕以舉子學業未精之故,至於朝代更易,干戈攘搶之歲,貢舉固未嘗廢也。然每歲所取進士,其多者僅及唐盛時之半,土宇分割,人士流離,固無怪其然。但三禮、三傳、學究、明經諸科,唐雖有之,然每科所取甚少,而五代自晉、漢以來,明經諸科中選者,動以百人計。蓋帖書、墨義,承平之時,士鄙其學而不習,國家亦賤其科而不取,故惟以攻詩賦中進士舉者爲貴。喪亂以來,文學廢墜,爲士者往往從事乎帖誦之末習,而舉筆能文者固罕見之,國家亦姑以是爲士子進取之塗,故其所取反數倍於盛唐之時也。國初,諸科取人亦多於進士,蓋亦承五季之弊云。

　　　　　　　　　(元)馬端臨:《文獻通考》卷三〇《選舉考三》

晁歸來子序張穆之《觸鱗集》曰:"五季文物蕩盡,而魯儒猶往往抱經伏農野,守死善道,蓋五十年不改也。太祖皇帝既定天下,魯之學者始稍稍自奮,白袍舉子,大裾長紳,雜出戎馬介士之間,父老見而指以喜曰'此曹出,天下太平矣。'方是時,厭亂,人思復常,故士貴,蓋不待其名實加於上下,見其物色士類,而意已悅安之,此儒之效也。"愚嘗讀此二篇,而後知五代之時,雖科舉未嘗廢,而士厄於離亂之際,不得卒業,或有所長,而不能以自見,老死閭閻,不爲少矣!

　　　　　　　　　(元)馬端臨:《文獻通考》卷三〇《選舉考三》

按:五代以來,所謂詳覆者,間有昇黜人。

　　　　　　　　　(元)馬端臨:《文獻通考》卷三〇《選舉考三》

五代時,或以兵部尚書,或以户部侍郎、刑部侍郎爲之,不專主於禮侍矣。

　　　　　　　　　(元)馬端臨:《文獻通考》卷三〇《選舉考三》

舊幕職皆使府辟召，國朝但吏曹擬授。京諸司六品以下官皆無選，中書特授。周朝每藩郡有闕，或遣朝官權知。

（元）馬端臨：《文獻通考》卷三八《選舉考十一》

四年（建隆四年），詔：“自前藩鎮多奏初官人爲掌書記，頗越資序。自今歷兩任有文學者，方得奏舉。”又詔：陶穀等於見任前任幕職、州縣官中舉堪爲藩郡通判者一人，如謬舉，量事連坐。

（元）馬端臨：《文獻通考》卷三八《選舉考十一》

宋太祖皇帝建隆二年，舊制，文武常參官各以曹務閑劇爲月限，考滿即遷，上謂宰相非循名責實之道。會監門衛將軍魏仁滌等以治市征有羨，詔並增秩，因罷歲月叙遷之制，非有勞者未嘗進秩矣。

（元）馬端臨：《文獻通考》卷三九《選舉考十二》

南唐設科舉，既而罷之。

先公曰：“按《五代通錄》，自梁開平至周顯德未嘗無科舉，而偏方小國兵亂之際，往往廢墜。如江南號爲文雅最盛，然江文蔚、韓熙載皆後唐時中進士第，宋齊邱、馮延巳仕於南唐，皆白衣起家爲秘書郎，然則南唐前此未嘗設科舉，科舉昉於此時耳，顧以江文蔚一言罷之。如以文蔚之言‘前朝進士公私相半’爲譏，則文蔚固亦前朝進士也。然明年以徐鉉建言，復置科舉。曁我朝開寶中，唐之爲國不一二年將亡，而猶命張佖典貢舉，放進士，可悲也已！”

（元）馬端臨：《文獻通考》卷三〇《選舉考三》

是月，江南知貢舉、戶部員外郎伍喬放進士張確等三十人。自保大十年開貢舉，訖於是歲，凡十七榜，放進士及第者九十三人，九經一人。此據《十國紀年》。王師已至城下，而貢舉猶不廢，李煜誠不知務者，故特書之。

（宋）李燾：《續資治通鑒長編》卷一六，太祖開寶八年（974）

唐時禮部放榜之後，醵飲於曲江，號曰"聞喜宴"，五代多於佛舍名園。周顯德中，官爲主之。上命中使典領，供帳甚盛。第一、第二等進士並九經授將作監丞、大理評事，通判諸州，同出身進士及諸科並送吏部免選，優等注擬初資職事判司簿尉。寵章殊異，歷代所未有也。薛居正等言取人太多，用人太驟。上意方欲興文教，抑武事，弗聽。及蒙正等辭，特召令升殿，諭之曰："到治所，事有不便於民者，疾置以聞。"仍賜裝錢，人二十萬。興文教，抑武事，此據《稽古錄》。賜進士宴，在己巳。先解褐在壬申。得十五舉進士在辛巳。注官在三月戊子。今並言之，都不書日。《實錄》所載人數，與《國史》《志》不同，今從本志。

（宋）李燾：《續資治通鑑長編》卷一八，太宗太平興國二年（977）

點頭崔家：崔雍兄弟八人皆登進士乙科，號"點頭崔家"。

（明）陶宗儀：《説郛》卷三《實賓錄》

陳橘皮榜

給事中喬舜知舉，進士及第者五人，皆以舉數升降等甲。無名子謂喬之榜類陳橘皮，半白多居上。

（宋）曾慥：《類説》卷二一《南唐近事》

國中至冤者，多立於御橋之下，謂之拜橋。甚者操長釘，攜巨斧而釘脚者。又有闌立於殿庭之下者，爲之拜殿。進士曹覿南省下第，乃釘足。謝泌不第，立殿稱冤。舉人之風掃地矣。

（明）陶宗儀：《説郛》卷五八《江表志》

(2) 制舉

梁太祖開平三年，制："其有卓犖不羈，沉潛用晦，負王霸之業，蘊經濟之謀，究古今刑政之源，達禮樂質文之奧，機籌可以制度，經術可以辯疑，旋具奏聞，然後試其所長，待以不次。"

（宋）王欽若等編纂：《册府元龜》卷六四五《貢舉部》

（開平）四年九月，詔：“如有卓犖不羈，沉潛自負，通王霸之上略，達文武之大經，究古今刑政之源，達禮樂質文之變，朕則待以不次，委以非常。”

　　　　　　　　（宋）王欽若等編纂：《册府元龜》卷六四五《貢舉部》

後唐莊宗天祐五年四月，下令曰：“山谷隱淪之士，鄉閭造秀之人，仰所在長吏薦聞，州府即當旌舉。”

　　　　　　　　（宋）王欽若等編纂：《册府元龜》卷六八《帝王部》

（天祐）二十年四月，即位。制曰：“或所在有藝行頗高，爲鄉閭所推者，並仰準例舉選，所司量才任使。”

　　　　　　　　（宋）王欽若等編纂：《册府元龜》卷六八《帝王部》

後唐莊宗同光元年四月即位，制曰：“外内文武官及諸色人，任上封事。兼有賢良方正，抱器懷能，或利害可陳，無所隱諱，直言極諫，朕將一一行之。亦委諸道長吏，具姓名申奏。”

　　　　　　　　（宋）王欽若等編纂：《册府元龜》卷一〇三《帝王部》

同光元年十月，詔曰：“側席求賢，將臻至理；懸旌進善，式贊鴻猷。應名德有稱，才藝可取，或隱朝市，遁迹林泉，並委逐處長吏遍加搜揚，津致赴闕，朕當量才任使。兼僞庭僭逆已來，凡有冤抑沉滯之人，並宜特與申雪，仍加遷陟。”

　　　　　　　　（宋）王欽若等編纂：《册府元龜》卷六八《帝王部》

情敢忘於睦親。應本朝皇親近屬，因緣僞梁之遁，遐遠並仰。所在搜訪，如非謬妄，即與奏聞到京。委宗正寺大勘，不虛並與量材叙録。

　　　　　　　　（宋）王欽若等編纂：《册府元龜》卷三九《帝王部》

（同光）二年二月，南郊畢。制曰："事主之道，以立節爲先；致理之方，以賞善爲本。應懷才抱器，不事僞朝，衆所聞知，顯有節行，仰所在長官，將所著事狀，具姓名聞奏。當加甄獎，兼授官秩。"

（宋）王欽若等編纂：《冊府元龜》卷六八《帝王部》

後唐明宗天成二年四月，中書奏："尚書禮部貢院申當司奉今月六日敕吏部流內銓狀，據白院狀，當司先準禮部貢院牒，據成德軍解送到前進士王蟾狀，請罷攝梁州司功參軍，應宏詞舉前件人，準格例應重科，合在吏部。其王蟾並牒解送吏部，請準例指揮者，當司具狀申堂奉判，送吏部分拆近年事例如何者。伏緣近年別無事例，今檢《登科録》內，爲僞梁開平三年，應宏詞科二人，前進士余渥、承旨舍人李愚。考官二人，司勛郎中崔景、兵部員外郎張賠憲者。再具狀申堂奉判，送吏部準例指揮者。其前進士王蟾，應宏詞考官、試官，合在流內銓申請者。前進士王蟾請應宏詞，伏自近年以來，無人請應，今詳格例，合差考官二人。又緣只有王蟾一人獨應，銓司未敢懸便奏請差官者。奉敕，宜令禮部貢院，就五科舉人考試者。伏以舉選公事，皆有格條，準新定格節文，宏詞拔萃，準長慶二年格，吏部差考試官二人，與知銓尚書侍郎同考試聞奏。又準格節文內，準太和元年十月二十三日敕，應禮部諸色貢舉人及吏部諸色科目選人，凡無出身及未有官，只合於禮部應舉；有出身有官，方合於吏部赴科目選。其請應宏詞舉前進士王蟾，當年放及第，後尋已關送吏部訖。若應宏拔，例得南曹判成，即是科選選人事理，合歸吏部，況緣五科考試官，只考學業，難於同考宏詞者。"奉敕："王蟾宜令吏部準往例差官考試。"

（宋）王欽若等編纂：《冊府元龜》卷六四五《貢舉部》

（長興元年）五月，敕："宏詞、拔萃、明算、道舉、百篇等科，並宜停廢。"

（宋）王欽若等編纂：《冊府元龜》卷六四二《貢舉部》

長興元年八月三日,尚書吏部奏:"據禮部貢院牒送到府試請應書判拔萃,前虢州盧氏縣主簿張岫親書紙內對六節判肆通二,粗準例及第五上等。其所試判今錄奏聞。"奉敕:"宜令所司今後吏部所應宏詞拔萃,宜並權停。"

(宋)王欽若等編纂:《冊府元龜》卷六四五《貢舉部》

(長興元年八月)是月,敕:"今後吏部所應宏詞拔萃,宜並權停。其貢院據見應進士、九經、五經、明經并五科、童子名外,其餘諸色科名,亦宜並停。"

(宋)王欽若等編纂:《冊府元龜》卷六四二《貢舉部》

明宗長興二年七月,敕:"朝臣相次敷陳,請搜沉滯。簪纓之內,甚有美賢;山澤之中,非無俊彥。若令終老,乃是遺才。鄭雲叟頃自亂離,久從隱逸,近頒特敕,除授拾遺,不來赴京,自緣抱病,非朝廷之不錄,在遐邇以皆知。宜令諸道藩侯專切搜訪,如有隱逸之士藝行可稱者,當具奏聞,必宜量才任使。"

(宋)王欽若等編纂:《冊府元龜》卷六八《帝王部》

(長興)四年八月戊申,上尊號畢,下制曰:"山林草澤之中,雖頻命搜羅,而尚慮沉滯。委所在良吏切加采訪,的有才器藝行者,具以名聞,必議量才任使。"

(宋)王欽若等編纂:《冊府元龜》卷六八《帝王部》

晉高祖初即位,敕制曰:"弓旌聘士,岩穴徵賢,式光振鷺之班,將起維駒之咏。應山林草萊賢良方正隱逸之士,委逐處長吏切加搜訪,咸以名聞,當議量才敘用。"

(宋)王欽若等編纂:《冊府元龜》卷六八《帝王部》

天福元年閏十一月壬午,敕:"應有懷才抱器,隱遁山林,方切務於旁求,宜遍行於搜訪。委所在長吏備達朝旨,具以名聞。又明宗朝親屬之內,宿舊之中,或功名曾著於輿情,或才器可裨於公政,宜委中書門下量才叙録。士流之內,有懷才抱器、碩學殊能者,委中書門下搜訪任,使勿拘門地資歷。應致仕官或筯力未衰、才能可任者,將表乞言之敬,難從歸老之心,委中書門下商量奏聞,當議升擢。"

（宋）王欽若等編纂:《册府元龜》卷六八《帝王部》

（天福）三年八月丙申,翰林學士、中書舍人寶貞固奏:"臣伏睹先降御札,令文武百僚各進封事。臣聞舉善爲公,知人則哲。聖君在位,藪澤莫有於隱淪;昭代用才,政理自無於紊亂。求賢若渴,從諫如流,鄭所以舉子皮,魯所以譏文仲。爲國之要,進賢是先,庶遵理治之風,宜舉仁人之器。臣欲請降敕命,指揮文武百僚,每一司之內,共集議商擢。其一士奏薦,述其人有某能,改爲某官某職,便請朝廷據奏薦任用。若能符薦,果謂當才,即請量加獎賞;或有乖其舉,兼涉循私,亦請量加殿罰。所貴官由德序,位以才升。三人同行,尚聞擇善;十目所視,必不濫知。臣職在論思,位參近侍,每謝匪躬之節,常慚濡翼之譏,將贖貪叨,聊陳狂狷。"敕曰:"進賢受賞,備有前文。得士則昌,斯爲急務。寶貞固名參國籍,職在禁庭,貢章疏以傾心,請班行而薦士,於可否之際,分賞罰之科,無愧當仁,無或曠職。今後宜許文武百僚,於縉紳之內、草澤之中,知灼然有才器者,列名以奏。納其章疏,記彼姓名,否臧盡達於予懷,用舍免私於公議。仍付所司。"

（宋）王欽若等編纂:《册府元龜》卷六八《帝王部》

（天福）六年八月壬寅,詔曰:"擢文武之才,今之急務。旌孝義之行,古有明文。贊治道以克隆,致人倫之式序。山林草澤內文才武藝爲衆所推者,委長吏切加搜訪,具以名聞,當議量才叙用。"

（宋）王欽若等編纂:《册府元龜》卷六八《帝王部》

少帝天福七年六月即位,七月庚子,制:"山林逸士,草澤逸閑,將

裨教化之風,且廣搜羅之道。應有懷才抱器、隱遁丘園者,委隨處長
吏切加搜訪,具以名聞。"

(宋)王欽若等編纂:《册府元龜》卷六八《帝王部》

漢高祖乾祐元年正月,詔:"朕昔在藩邸,頗熟臣僚。文武之才,
嘗備觀其梗概;方圓之用,宜更察於精微。俾取質於衆多,庶無遺於
俊造。應文武常參官仰準唐建中年故事,上任後三日表舉一人自代。
徵聘丘園,免遺材彥,恢張名教,俾厚人倫。應有蘊蓄器能,精通理
道,文理該博,武略縱橫,而退遁於家、高尚其事者,委所在訪尋,當俟
徵用。"

(宋)王欽若等編纂:《册府元龜》卷六八《帝王部》

周太祖即位,制曰:"山林草澤之間,懷才抱器之士,切加搜訪,免
致遺賢。"

(宋)王欽若等編纂:《册府元龜》卷六八《帝王部》

顯德元年正月丙子,祀圓丘。禮畢,赦,制:"應山林隱逸、草澤才
能,所屬長吏搜訪,具以名聞。"

(宋)王欽若等編纂:《册府元龜》卷六八《帝王部》

世宗是月丙申即位。三月,赦,制:"應有懷才抱器,出衆超群,或
養素於衡門,或屈迹於末位,孤寒難進,志業何伸? 咸用搜羅,待以爵
秩。諸隱遁不仕及卑官下位中,有文武幹略灼然可稱者,所在具以
名聞。"

(宋)王欽若等編纂:《册府元龜》卷六八《帝王部》

(顯德)二年正月辛卯,詔曰:"令録之官,政理之本,親民總務,
在幹與廉。雖銓衡舊規,每常慎擇;而縉紳多士,難以具知。爰開舉
善之門,以廣用才之道。應在朝文武官、翰林學士、兩省官内,有曾歷

藩郡賓職、州縣官者,宜令各舉堪爲令録者一人,務在强明清慎、公平勤恪。其中有以曾任令録,亦許稱舉,並當擢任,不拘選限資叙。雖姻族近親,亦無妨嫌,只須舉狀内具言。除官之日,仍署舉主姓名。若在官貪濁不公、懦弱不理,或職務廢闕,或處斷乖違,並量事狀重輕,連坐舉主。仍令御史臺催促本官旋具奏聞,限兩月内舉狀齊足;如出使在外者,候回日准此指揮。務在稱揚循吏,激勸官途,庶符用乂之方,共布惟和之政。"

(宋)王欽若等編纂:《册府元龜》卷六八《帝王部》

(顯德)四年正月,詔曰:"應有文學之吏,武勇之人,或幕府州縣官等臨事强明,在任有所振舉,爲衆稱舉者,宜令所在長吏具名奏聞。在朝文武官僚於知識人中有如此者,亦可公舉,並當擢用,待之厚禄。"

(宋)王欽若等編纂:《册府元龜》卷六八《帝王部》

(顯德四年)六月,敕:"應在朝文武官各令稱舉一人堪充令録及兩使、防禦、團練、軍事判官者。自前或有公過、微有殿犯者,亦許稱舉,餘准此顯德二年正月二十一日御札處分。"

(宋)王欽若等編纂:《册府元龜》卷六八《帝王部》

(顯德四年)八月辛未,詔曰:"文武之道迭用,軍旅之事非輕。朝廷方整車徒,欲清區宇,咸資戎事,甚渴雄才。勇鷙之人,每延頸而在念。照臨之内,非博訪以難知。應在朝上將軍、統軍大將、軍將、軍率、府率、副率等,宜令各舉有武勇膽力、騎射趫捷、堪爲軍職者三兩人,仍具年籍及歷職去處奏聞。如已在禁軍者,不在稱舉,俟舉到日,併當此職騎射。看驗人材,雖是姻親,亦許公舉,但於狀内具言。如任用之後,不副所舉,即量事輕重,連坐舉主。"

(宋)王欽若等編纂:《册府元龜》卷六八《帝王部》

周世宗顯德四年十月,制曰:"制策懸科,前朝盛事。莫不訪賢良於仄陋,求讜正於箴規。殿庭之間,帝王親試。其或大裨於國政,有益於時機,則必待以優恩,縻之好爵。拔奇取異,無尚於茲。得人者昌,於是乎在。爰從近代,久廢此科。懷才抱器,鬱而不伸;隱耀韜光者,晦而莫出。遂使翹翹之楚,多致於弃捐;皎皎之駒,莫就於縻縶。遺才滯用,闕孰甚焉。應天下諸色人中,有賢良方正,能直言極諫,經學優深可爲師法,詳閑吏理達於教化者,不限前資見任職官,黃衣草澤,並許應詔。其逐處州府,依每歲貢舉人試例,差官別考試,解送尚書吏部。仍量試策論三道,共三千字以上,當日内成。取文理俱優,人物爽秀者,方得解送,取來年十月集上都。其登朝官,亦許上表自舉。"時兵部尚書張昭上言,請興制舉,故有是命。

（宋）王欽若等編纂:《册府元龜》卷六四五《貢舉部》

馬縞,少嗜學,以明經及第,登拔萃科。

（宋）王欽若等編纂:《册府元龜》卷六五〇《貢舉部》

李琪,天復初,應博學宏詞,居第四等,授武功縣尉,辟轉運巡官。

（宋）王欽若等編纂:《册府元龜》卷六五〇《貢舉部》

國初承五季之亂,吏銓、書判、拔萃科久廢。

（明）陶宗儀:《説郛》卷九六《燕翼詒謀録》

(3) 銓選
後唐明宗天成四年十月,並吏部三銓爲一銓也。

（宋）李上交:《近事會元》卷三

後唐明宗長興三年詔,選人文解不合式,罪發解官員。

（宋）李上交:《近事會元》卷三

國初承五季之亂，吏銓書判拔萃科久廢。建隆三年八月，因左拾遺高錫上言請問法書十條以代試判，詔今後應求仕及選人，並試判三道，仍復書判拔萃科。先是諸道州府參選者，每年冬集於吏銓，乾德二年正月甲申，詔選人四時參選。

（宋）王栐：《燕翼詒謀錄》卷一

吏部銓文書不完，吏至有私鬻告敕，亂易昭穆，而季父母舅反拜侄甥者。

（唐）白居易、（宋）孔傳：《白孔六帖》卷一九

本朝及五代以來，吏部給初出身官付身，不惟著歲數，兼説形貌，如云“長身品，紫棠色，有髭髯，大眼，面有若干痕記”；或云“短小，無髭，眼小，面瘢痕”之類，以防偽冒。至元豐改官制，始除之。

（宋）王明清：《揮麈前錄》卷三

堂後官，五代以來擇用諸司人吏，倚法徇私，莫可檢察。開寶末，始詔流內銓擇選人令錄與升朝官，判司簿尉與上縣令，俾充是選。其後，止以諸科出身人充。

（宋）曾鞏：《隆平集》卷二

梁太祖開平元年四月，敕開封府司錄參軍及六曹掾屬，宜各置一員；兩畿赤縣，置令、簿、尉各一員。

（宋）王欽若等編纂：《册府元龜》卷六三二《銓選部》

梁太祖開平元年九月，魏博羅紹威二男廷望、廷矩年在幼稚，皆有材器。帝以其藩屏勛臣之胄，宜受非次之用，皆擢爲郎。恩命既行之後，二子亦就班列，紹威乃上章以齒幼未任公事，乞免主印，宿直。從之。

（宋）王欽若等編纂：《册府元龜》卷二一〇《閏位部》

梁太祖開平元年初受禪,求理尤切,委宰臣搜訪賢良。或有在下位,抱負器業,久不得伸者,特加擢用。有明政理得失之道,規救時病者,可陳章疏,當親鑒擇利害施行,然後賞以爵秩;有晦迹丘園,不求聞達者,令彼長吏,備禮邀致,冀無遺逸之恨。

（宋）王欽若等編纂:《册府元龜》卷二一三《閏位部》

（開平）二年七月癸巳,以禪代已來,思求賢哲,乃下令搜訪牢籠之,期以好爵,待以優榮,各隨其材,咸使登用。宜令所在長吏,切加搜訪,每得其人,則疏姓名以聞。如在下位不能自振者,有司薦道之;如任使後顯立功勞,別加遷陟。

（宋）王欽若等編纂:《册府元龜》卷二一三《閏位部》

五代後唐同光二年,諸道除節度副使、兩使判官除授外,其餘職員並諸州軍事判官等,並本道本州各當辟舉,判官仍不在奏官之限。長興二年二月,中書門下奏:"準天成二年六月敕,行軍、副使、兩使職官、防禦判官等,元未定月限。"敕行軍、副使、兩使判官以下賓僚,及防禦團練使判官、推官、軍事判官,並宜以三十月爲限,如是隨府,不在此限。

（宋）孫逢吉:《職官分紀》卷三九

《五代史》:後唐天成四年敕:"諸道行軍司馬,名位雖高,或帥臣不在,其軍州事節度副使權知。"

（宋）孫逢吉:《職官分紀》卷三九

後唐天成四年敕:"諸道賓從,即隨府罷。臺主簿既爲正秩,況入選門,顯自敕恩,須終考限,朱穎宜仍舊。"

（宋）謝維新:《古今合璧事類備要》後集卷二五

五代後唐長興二年詔:"兩使判官罷任一年,書記、支使、防禦團練判官二年，推官、巡官、防禦團練推官、軍事判官等，並三年。後與比擬，仍改轉官資職次。其有績效尤異，若文學超邁，或爲衆所推，或知已察舉，並加擢任，不復限年。"清泰三年五月詔："兩使判官、畿赤令，取郎中、員外郎、補闕、拾遺、三丞、五博、少列官僚，選擇任使。俾藩方侯伯參佐，得才朝列，具僚中外迭處。"

（宋）孫逢吉：《職官分紀》卷三九

長興四年，李遇奏尹拙自著作佐郎除左拾遺、直史館，諫官直館，自拙始也。爾後畿赤尉稍不登矣。

（宋）錢易：《南部新書》癸

後唐明宗長興四年七月，李愚奏以著作郎尹拙爲左拾遺、直史館。諫官兼館職自拙始也。

（宋）李上交：《近事會元》卷二

後唐長興詔，推、判官各限年任，惟績效拔異，文學超邁，擢任不限年。

（宋）潘自牧：《記纂淵海》卷三五

屯難之世，君子遭遇不幸，往往有之。唐進士章魯封，與羅隱齊名，皆浙中人，頻舉不第，聲采甚著。錢尚父土豪倔起，號錢塘八都。洎破董昌，奄有杭、越，於是章、羅二士，罹其籠罩。然其出於草萊，未諳事體，重縣宰而輕郎官，嘗曰："某人非才，只可作郎官，不堪作縣令。"即可知也。以章魯封爲表奏孔目官，章拒而見笞。差羅隱宰錢塘，皆畏死稟命也。章、羅以之爲恥，錢公用之爲榮，玉石俱焚，吁！可惜也。或云章魯封後典蘇州，著《章子》三卷行於世。羅隱爲中朝所重，錢公尋倍加敬，官至給事中，享壽考溫飽而卒。

（五代）孫光憲：《北夢瑣言》卷五

官銜之名，蓋興近代。當是選曹補授，須存資歷。聞奏之時，先具舊官名品於前，次書擬官於後，使新舊相銜不斷，故曰"官銜"，亦曰"頭銜"。所以名銜者，言如人口銜物，取其連續之意。又如馬之有銜，以制其首，前馬已進，後馬續來。相似不絶者。古人謂之"銜尾相屬"，即其義也。

（宋）錢易：《南部新書》庚

五代時，初敘勛即授柱國。

（宋）彭百川：《太平治迹統類》卷二九

五代，初敘勛即授柱國。

（宋）孫逢吉：《職官分紀》卷四九

宋朝因仍五代舊制，檢校開府以上便得文官。文臣爲樞密使、樞密直學士者蔭子，反得武官，如富鄭公家子弟，有爲武官者是也。五代以武官爲樞密使，武臣或不識字，故置樞密直學士，令文臣爲以輔之，故奏子皆得武臣。宋朝因而不廢。

（宋）章如愚：《群書考索》別集卷一八

自唐末用兵，文臣給、舍以上，武臣刺史以上，喪父母者，急於國事，以義斷哀，往往以墨縗從事。既輟哀，則莅事如故，號曰起復。國朝襲唐制不改，論者以時無金革，士大夫解官終制可也。

（宋）王闢之：《澠水燕談録》卷四

《五代史》：鄭餘慶嘗采唐士庶吉凶禮爲《書儀》兩卷，明宗見其有起復之制，嘆曰："儒者所以隆孝悌，無金革之事，而起復可乎？"

（清）趙翼：《陔餘叢考》卷二七

五代任官，不權輕重，凡曹、掾、簿、尉，有齷齪無能以至昏耄不任驅策者,始注爲縣令,故天下之邑率皆不治。甚者誅求刻剥,猥迹萬狀,至今優譚之言,多以長官爲笑。

(宋)魏泰:《東軒筆録》卷三

五代任官,齷齪無能者,始注爲縣令。

(宋)潘自牧:《記纂淵海》卷三五

五代任官,凡曹、掾、簿、尉,有齷齪無能以至昏老不任驅策者,始注爲縣令,故天下之邑率皆不治。甚者誅求刻剥,穢迹萬狀,故天下優譚之言,多以長官爲笑。

(宋)李攸:《宋朝事實》卷九

五代任官,不權輕重,凡曹、掾、簿、尉,有齷齪無能以至昏老不任驅策者,始注爲縣令,故天下之邑率皆不治。甚者誅求刻剥,猥迹萬狀,至今優譚之言,多以長官爲笑。

(宋)江少虞:《宋朝事實類苑》卷六六

《本朝實事》云:"五代任官,凡曹、掾、簿、尉之齷齪無能,以至昏老不任驅策者,始注縣令。故天下之邑率皆不治。誅求刻剥,猥迹萬狀,至優譚之言,多以令長爲笑。"建隆三年,始以朝官爲知縣。其間復參用京官,或幕職爲之。

(清)顧炎武著,黄汝成集釋:《日知録集釋》卷九

後唐莊宗募民獻書,及三百卷授以試銜,其選調之官,每百卷減一選。

(明)彭大翼:《山堂肆考》卷一二四

五代之除文武諸臣,考滿則遷。叙遷之法,一代之弊政也。

(宋)章如愚:《群書考索》續集卷三八

江南初下，李後主朝京師，其群臣隨才任使，公卿將相多爲小官，惟任州縣官者仍舊。至於服色，例令服綠，不問官品高下，以示別於中國也。

（宋）王栐：《燕翼詒謀録》卷四

余爲兒童時，嘗聞祖母集慶郡太守陳夫人言：江南有國日，有縣令鍾離君，與鄰縣令許君結姻。鍾離女將出適，買一婢以從嫁。一日，其婢執箕帚治地，至堂前，熟視地之窊處，惻然泣下。鍾離君適見，怪問之，婢泣曰："幼時我父於此穴地爲球窩，道我戲劇，歲久矣，而窊處未改也。"鍾離君驚曰："而父何人？"婢曰："我父乃兩考前縣令也，身死家破，我遂流落民間，而更賣爲婢。"鍾離君遽呼牙儈問之，復質於老吏，得其實。是時，許令子納采有日，鍾離君遽以書抵許令而止其子，且曰："吾買婢得前令之女，吾特憐而悲之。義不可久辱，當輟吾女之奩筐，先求婿以嫁前令之女也。更俟一年，別爲女營辦嫁資，以歸君子，可乎？"許君答書曰："蘧伯玉恥獨爲君子，君何自專仁義？願以前令之女配吾子，然後君別求良婿，以嫁君女。"於是前令之女卒歸許氏。祖母語畢，嘆曰："此等事，前輩之所常行，今則不復見矣。"余時尚幼，恨不記二令之名，姑書其事，亦足以激天下之義也。鍾離名瑾，合肥人也。

（宋）魏泰：《東軒筆録》卷一二

《宋朝會要》曰：唐貞元四年，定百官月俸。僖、昭之亂，國用窄闕，天祐中止給其半。後唐同光初，孔謙以軍儲不充，百官俸錢數多而折之非實，請減半數而支實錢。是後所支半實俸，復從虛折。宋朝約後唐所定，其非兼職者，皆一分實錢，二分折支。景德罷兵之後，始詔俸當給他物者，京師每一千給實錢六百，在外四百。則今折俸之始也。祥符五年十一月詔，又定加文武官月俸。

（宋）高承：《事物紀原》卷四

梁開平中，始令全給。唐同光初，租庸使孔謙以軍儲不充，百官俸錢雖多而折支非實，請減半數而支實錢。是後所支半實，復從虛折。周顯德中，復支實錢。宋朝皆約後唐之制，或一分支實，二分折支。景德罷兵，始詔京師官，每千實給六百，在外四百。

（宋）章如愚：《群書考索》後集卷一六

《周世宗實錄》七曰：“晉天福初，楊凝式以禮書致仕。宰相桑維翰知其絶俸，艱於家食，奏拜太子少傅，尋分司。”按此即致仕官無俸也。

（宋）程大昌：《續考古編》卷四

漢隱帝乾祐三年中，宰臣王章與楊邠不善儒士，郡官月俸皆以不甚資用者給之，名曰雜閑物。仍命高價估定，旋又加之，曰擡估。尚未滿其意，時更增之。

（宋）李上交：《近事會元》卷三

林紹圖，少好學，初事審知。延鈞開國，擢授戶部郎中。王氏之世，郎官無俸，月給祿米數斛，而紹圖貧殆不能濟，乃求宰長溪，因營父兄之產。時銓注已定，一夕夢數吏擎大箱，中有印二鈕，紹圖取其一視之，乃長溪縣印也。有一吏前白曰：“公當置此。”取彼一鈕，乃安昌縣印也。紹圖執之而覺，及領命米宰安昌，秩滿而歸，復求宰舊邑。時宰選官，皆紹圖親舊，自以爲必得。一夕復夢吏如前，以印二鈕示之。紹圖方執一鈕，吏正之曰：“此乃公昔年所置者，不可復取。”但旁一鈕，視之，乃連江縣印，既而數吏前白曰：“數年爲君掌印，今始獲免，當別公去。”紹圖覺而異之。翌日，果受宰連江。江南兵攻陷建州，延政降，又攻福州，李仁建閉壁自守。紹圖自連江歸於江南，至建安，授幕職官而卒。

（宋）孫逢吉：《職官分紀》卷四二

梁太祖開平二年十月，以行營左厢步軍指揮使賀瓌爲左龍虎統軍，以左天武軍夾馬指揮使尹皓爲輝州刺史，以右天武都頭韓塘爲神捷指揮使，左天武第三都頭胡賞爲右神捷指揮使，仍賜帛有差，以解晉州圍之功也。

（宋）王欽若等編纂：《冊府元龜》卷二一〇《閏位部》

（開平）二年十月，敕省、諸道州府六曹掾屬，只留户曹參軍一員通判六曹。

（宋）王欽若等編纂：《冊府元龜》卷六三二《銓選部》

（開平）三年，制：“自開創已來，凡有赦書德音，節文内皆委諸道搜訪賢良，尚慮所在長吏未切薦揚，其有卓犖不羈，沉潛用晦，負王霸之業，蘊經濟之謀，究古今刑政之源，達禮樂質文之奥，機籌可以制變，經術可以辨疑，一事軼群，一才拔俗，並令招聘，旋具奏聞，然後試其所長，待其不次。所貴牢籠俊傑，采摭英翹。”

（宋）王欽若等編纂：《冊府元龜》卷二一三《閏位部》

（開平）四年九月，下詔曰：“朕聞歷代帝王，首推堯舜，爲人父母，孰比禹湯？睿謀高出於古先，聖德普聞於天下。尚或卑躬待士，屈己求賢。俯仰星雲，慮一民之遺逸，網羅巖穴，恐片善之韜藏。延爵禄以徵求，設丹青而訪召。使其爲政，樂在進賢。蓋緜國有萬機，朝稱百揆，非才不治，得士則昌。自朕光宅中區，迄今三載，宵分輟寐，日旰忘飱，思共力於廟謀，庶永清於王道。而乃朝廷之内，或未盡於昌言，軍旅之間，亦罕聞於奇策。眷言方岳，下及山林，豈無英奇，副我延佇？諸道都督、觀察防禦使等，或勛高翊世，或才號知人，必於塗巷之賢，備察芻蕘之士。詔到，可精搜郡邑，博訪賢良，喻之以千載一時，約之以高官美秩。諒無求備，唯在得人。如有卓犖不羈，沉潛自負，通霸王之上略，達文武之大綱，究古今刑政之源，識禮樂質文之變，朕則待之不次，委以非常，用佐經綸，豈勞階級。如或一言拔俗，一事出群,亦當舍短從長,隨才授任。大小方圓之器,寧限九流?温良恭儉之人,難誣十室!勉思薦舉,勿至因循。俟爾發揚,慰予翹渴。仍從別敕處分。"

(宋)王欽若等編纂:《册府元龜》卷二一三《閏位部》

(開平)五年五月甲申朔,制曰:"諸道節度使錢鏐、張宗奭、馬殷、王審知、劉隱,各賜一子六品正員官,高季昌賜一子八品正員官,賀德倫賜一子九品正員官。"

(宋)王欽若等編纂:《册府元龜》卷二一〇《閏位部》

乾化二年三月丙申,詔曰:"夫興隆邦國,必本於人民;惠養疲羸,允資於令長。苟選求之逾濫,固撫理之乖違。如聞吏部擬官,中書除授,或緣親舊處約,或爲勢要力干,姑徇私情,靡求才實。念兹蠹弊,宜舉條章。自今已後,應中書用人及吏部注擬,並宜省藩身之才業,驗爲政之否臧,必有可觀,方可任用。如或尚行請托,猶假貨財,其所司人吏等,必當推窮,重加懲斷。有司官長,別有處分。"

(宋)王欽若等編纂:《册府元龜》卷六三二《銓選部》

後唐莊宗同光元年十月平汴州,詔歿王事者,如有子孫成立,堪任使者,並量材甄録。

(宋)王欽若等編纂:《册府元龜》卷一三一《帝王部》

(同光)二年二月,詔曰:"堯鼓明懸,貴聞進諫;舜旌旁建,比爲求賢。是宜廣納話言,庶箴闕政。洎僞梁人滋澆薄,朝掩忠良,蔑聞投水之規,莫識從繩之論。此後應兩省文武常參官並前資草澤之士,有謀分利害,事計弼違,並許上表敷陳,朕當選長旌録。如有性多毁譽,私貯愛憎,承寬偶恃於得言,縱志惟專於罔善,朕亦潛令伺察,觀要審詳。狡蠹有彰,罪刑無赦。"

(宋)王欽若等編纂:《册府元龜》卷一〇三《帝王部》

後唐莊宗同光二年三月，敕："選舉二門，仕進根本，當擬掄於多士，全委仗於有司。苟請托是從，則逾濫斯極。況方行公事，已集群材，須行戒勵之文，俾絕僥求之路。宜令吏部、禮部掄材考藝必盡於精詳，滅私循公無從於請托。仍委三銓貢院榜示省門，曉告中外。"

（宋）王欽若等編纂：《冊府元龜》卷一五八《帝王部》

後唐莊宗同光二年三月，中書門下奏："糾轄之任，時謂外臺。宰執之官，古稱列爵。如非朝命，是廢國章。近日諸道，多是各列官銜，便指州縣，請朝廷之正授，樹藩鎮之私恩，頗亂規程，宜加條制。自今後，大鎮節度使管三州已上者，每年許奏管內官三人；如管三州已下者，許奏管內官二人，仍須有課績尤異，方得上聞。若止於檢慎，無瑕徵科及限是守常道，只得書考旌善，不得特有薦奏。其防禦使每年只許奏一人，並无尤異，不得奏薦。刺史無奏薦之例，不得輒亂規程。更有將前資官員，請他處除授，請之橫薦，最亂格文。其已前事件，如故違所司，不得輒與通進；若奏下中書，亦不在施行之限。"

（宋）王欽若等編纂：《冊府元龜》卷六三二《銓選部》

（同光二年三月）是月，敕應南郊大禮六品已下行事官："朕禋祀天地，朝享祖宗，百司各具其威儀，群吏遂蒙其置攝。希因需澤，以錄微勞。然而躁妄之徒，經求競進，參雜之道，真濫莫分。勘職名則半是冗員，語人數則又盈千計。若無檢舉，便是寵榮。不惟開僥幸之門，兼恐撓銓衡之務。須明條例，方別等差。應諸司行事官，並付三銓，各遣取告赤考牒，解由入仕歷子等磨勘。如文書盡備，只欠一選者，便與依資注官；欠兩選者，與注同類官；欠三選四選者，與減一選；欠五選至七選者，與減兩選；欠八選至十一選者，與減三選。一奏一除，未合入選門者，許自同光二年，數本官選數滿日赴集。其太常寺，先以白身差攝本寺官，應奏祠祭勞考稍深者，追取元額補牒，檢勘不虛，即與正授。如因大禮差補行事有前任官及出身者，即須準諸司例,追告赤磨勘。其諸色黃衣欠兩選者,與減一選。應官資已高,不合銓司注擬者,亦委子細檢勘,送名中書門下。如全無文書,稱失墜,官告,敕簡敕甲,又無證據,只有格式公驗,並諸司諸州府公憑及試授官文牒,兼文書過格、年月深遠者,並宜落下。所冀官無濫受,恩不虛行。"

(宋)王欽若等編纂:《冊府元龜》卷六三二《銓選部》

(同光二年)四月,敕:"朕祗膺大寶,虔奉鴻名,勉承夷夏之心,以副天人之望。雖德音尋降,赦宥近行,猶恐恩有所未孚,德有所未洽。則自朱溫劫遷昭宗至洛京已來,內外臣僚有無名妄遭刑戮者。更宜廣令搜訪,各與次第贈官,如有子孫,並委叙錄。"

(宋)王欽若等編纂:《冊府元龜》卷六五《帝王部》

(同光二年)四月,三銓奏:"準本朝故事,州府官員,府置司錄參軍外,有功、倉、戶、法、兵、事六曹。州有錄事參軍,亦置六曹。縣置令、丞、主簿各一員,尉三員,分判公事。自後除兩京外,都督府及州置戶、法二員,餘四員並省。縣置令、主簿各一員,丞、尉並省者,伏以今年除本分合格選人外,有郊禋行事,人數絕多。伏見州官事簡,掾曹請依舊兩員,縣局務繁,佐官請添一員。其間有尉無簿者,請添置主簿一員。其赤畿、次畿,並請准此。除兩京外,其判司只置司戶、司法兩員。"從之。

(宋)王欽若等編纂:《冊府元龜》卷六三二《銓選部》

(同光二年)五月,中書奏:"凡有進狀乞官及諸州府初奏請判官、薦舉前資、自詣中書求官等,竊聞所稱頭銜多有逾越。中書既無舊案,除授何以爲憑?起今後,凡有諸色前資若命官者,除近曾任朝官及有科第外,清資官爲衆所知,並須追到前任告敕,中書點檢後方可進擬。貴絕虛授,以杜僥求。"從之。

(宋)王欽若等編纂:《冊府元龜》卷六五《帝王部》

（同光二年）八月，中書奏："偽廷之時，諸藩參佐皆從除授，自今後，諸道除節度副使、兩使判官除授外，其餘職員並諸州軍事判官，各任本處奏辟。其軍事判官，仍不在奏官之限。所冀招延之禮，皆合於前規；簡辟之間，無聞於濫舉。"從之。

（宋）王欽若等編纂：《冊府元龜》卷六一《帝王部》

（同光二年）八月，中書奏："吏部三銓、門下省南曹、廢置、甲庫、格式、流外、部銓等司公事，並繁長定格，循資格、十道圖等，前件格文，本朝並立，檢制奸濫，倫敘官資，頗謂精詳，久同遵守。自亂離之後，巧偽滋多，兼同光元年八月，車駕在東京，權判南曹，工部員外郎盧重本司起請一卷。蓋以興復之始，務切懷來，凡有條流，多失根本，以至冬集，起選人並南郊行事官及陪位宗子，共一千三百餘人。銓曹檢勘之時，互相援引；去留之際，不絕爭論。若有依違，必長訛濫，望差權判尚書省銓，左丞崔沂、吏部侍郎崔貽孫、給事中鄭韜光、李光序、吏部員外郎盧損等，同詳定舊長定格，循資格，十道圖，務令簡要，可久施行。"從之。

（宋）王欽若等編纂：《冊府元龜》卷六三二《銓選部》

（同光二年）九月，侍中郭崇韜奏："臣伏見今年三銓選人並行事官等，內有冒名入仕，假蔭發身，或卜祝之徒、工商之類。既淄澠之一亂，諒玉石之寧分。蓋以偽朝已來，蠹政斯久，猾吏承寬而得計，非才行貨以自媒，上下相蒙，薰蕕同器，遂使寒素者多遭排斥，廉介者翻至湮沉。不唯顯紊於官箴，抑亦頗傷於治本。近以注擬之後，送省之間，引驗而已有異同，僭濫而果招論訟，將斁至化，須塞幸門。臣欲請別降條流，特行釐革，許其潛相覺察，互有告陳，若真偽之能分，即賞刑之必舉。應見注授官員等，內有自無出身入仕，買覓鬼名告赤，及將骨肉文書楷改名姓，或歷任不足，妄稱失墜，押彼公憑，或假人蔭，緒托形勢，論囑安排，參選所司，隨例注官者。如有人陳論，勘鞫不虛者，元論事人，特議超獎。如未合格人，或無名駁放者，便承偽濫人所授官資，其所犯人，下所司檢格處分。如同保人，知保內有冒名濫進之謀，亦許陳首。若遞相蓋藏，被別人論告，并當駁放。其銓司闕頭人吏，如被形勢迫脅，主張逾濫選人及自己不公，亦許陳首，並與放罪。若被人論告，當行朝典，兼恐見任官及諸道選人身死，多有不肖子孫，將出身歷任告赤，貨賣與人。自今後，仰所在身死之處，並須申報本州，令錄事參軍於告敕上分明書身死月日，却分付子孫。兼每年南曹及三銓，停滯多及周歲，致選人廣作京債，經費倍多，致其到官必不廉慎。此後至春末，並須公事了絶，若更逗留，當加責罰。所有懼罪逃移者，仰所司具錄名姓申奏，請終身勿齒，兼牒本貫州縣，各令知悉。或有條流未盡處，仰所司檢長定格，別具條奏。"從之。銓綜之司，僞濫斯久，識者皆知不可，承前未能卒除，及崇韜條奏之後，澄汰甚嚴，或放弃田間，毀抹告赤者。十七八矣。議者以爲惟新之始，品物咸亨，條奏諸蠹，衆怨大作，怒其苛察之甚。

（宋）王欽若等編纂：《册府元龜》卷六三二《銓選部》

（同光）四年二月，左拾遺李慎儀、吏部員外王松上表云："諸道州縣，皆是攝官。誅剥生靈，漸不存濟。此蓋郭崇韜在中書日，未詳本朝故事，妄被閑人獻疑，點檢選曹，曲生異議，行矯枉過直之道，成欲益反損之文。其選人凡關一事闕違，並是有涉逾濫：或告赤欠少，或文字參差；保內一人不來，五保皆須並廢；文書一紙有誤，數任皆不勘詳。且自天下亂離將五十載，無人不遇兵革，無處不遭焚燒，性命脱免者尚或甚稀，文書保全者固應極少。其年選人及行事官一千三百餘員，得官者才及數十，皆以逾濫爲名，盡被焚毀弃逐，遂令選人或斃踣於旅店，或號哭於行途，萬口一詞，同爲怨酷。臣等頃曾商議，堅確不回，以至二年已來，選人不敢赴集，銓曹無人可注，中書無人可除。去年闕近二年，授官不及六十，乃致諸道皆是攝官，朝廷之恩澤不行，縉紳之禄秩皆廢，銜冤負屈，不敢申陳，列局分曹，莫非僥幸。且攝官只自州府，多因賄賂而行，朝廷不知姓名，所司不考課績。皆無拘束，得恣貪殘。及有罪名，又不申奏，互相掩蔽，無迹追尋，遂使人户流移,州縣貧困,日甚一日,爲弊轉多。若不直具奏聞,別爲條例,不惟難息時病,兼且益亂國章。臣等商量,伏請特降敕文,宣佈遠邇,明言往年制置,不自於宸衷,此日焦勞,特頒於睿澤。兼以選曹公事,情僞極多;中書條流,亦恐未盡。望以中書所條件及王松等所論事節,並與新定選格,有輕重未盡處,並委銓曹子細點檢酌量。但可以去其逾濫,革彼弊訛,不失本朝舊規,能成選曹永例者,務在酌中,以爲定制,別具起請諸條奏。"從之。

（宋）王欽若等編纂:《册府元龜》卷六三二《銓選部》

（同光四年）二月,敕三川、涇、鳳、秦、隴等州縣官員,數目極多,其上佐官自少尹已下,依本朝舊制,各具見任員闕申奏。其州判司,準近制置録事參軍、司户、司法參軍各一員,縣置縣令、主簿各一員,餘並停。其除替選任,一準三銓常式。

（宋）王欽若等編纂:《册府元龜》卷六三二《銓選部》

明宗天成元年四月,制曰:"力學登第,承蔭出身,或欠文書,浸成逾濫,先遭抹毀,幾至調選無人,州縣多是攝官,爲弊滋甚。宜令三銓別爲啓請,止除僞濫,餘復舊規。"

（宋）王欽若等編纂:《册府元龜》卷六三二《銓選部》

（天成元年）七月,樞密使宣旨:使府判官、州縣官告敕,此後宜據道數進納,仍令祗候宣賜者。中書奏:往例,朝廷命官,除將相外,並不賜官告,因僞朝條流,凡準宣授官,即特恩賜。今使府判官,皆許本道奏請,或聞多在京師,至於令録,悉是放敕後,本官自於吏部出給告赤,中書不更管係。今若爲點檢所授官吏器能,欲令親承聖澤,臣等商量,自兩使判官、州縣令録,在京除授者,即望令於內殿謝官,便辭赴任,不便進納官告。其判司、主簿已下,極是卑秩,不合更許朝對,敕下後,望準舊例處分。從之。

（宋）王欽若等編纂:《册府元龜》卷六三二《銓選部》

（天成元年）八月，敕中書先條奏州縣令錄正衙後，合赴內殿謝辭者，如令錄是除授者，宜令給事中引對；如是旨授，準舊例委三銓尚書侍郎，各自引對，仍須前一日閤門進狀。敕：朕以方平區宇，念切蒸黎，頃當災歉之餘，未絕瘡痍之苦，緬惟邦本，實繫官常，苟未致於雍熙，則莫寧於宵旰，必在委於良吏，付以親人，儻縱因循，轉成勞擾。先朝以選門興訟，剝放極多，近年以來，銓注無幾，遂致諸道州縣，悉是攝官，既無考課之規，豈守廉勤之節。而況多因薦托，苟徇顏情，替罷不常，送迎爲弊，殘民害物，以日繫時，言念所深，焦勞何已。宜令三京及諸道州府，據見任攝官，如未有正官到間，且差攝月日錄名申奏。如已後或爲公事及月限已滿，要行替換，即須具因由，並選差攝官自來歷任姓名聞奏，責免無故，頻有替換。如有內外臣僚輒行薦托，並不得應副，儻聞違越，當舉憲章。

（宋）王欽若等編纂：《冊府元龜》卷六三二《銓選部》

（天成）二年正月，吏部郎中孔邈奏：“近見選人，或以志在循陔，難違色養；或以家同懸磬，不辦衣裳，致違調選之期，遂遇廢沉之例。臣愚伏請自天成元年已前，有出身分明者，悉許注擬。況三蜀之內，員闕極多，俾出自於朝恩，免使希於假攝。”

（宋）王欽若等編纂：《冊府元龜》卷六三二《銓選部》

（天成二年）三月，銓司奏：“據南曹駁放選人，累經銓及經中書門下論接，準堂判具新舊過格年限分析申上者。伏以選人或有出身，或因除授，各拘常例，方赴調集，多因遠地兵戈，兼以私門事故，遂致過格，固非願爲。新條標在七年，舊格容於千載，臣等參詳其選人過格年限，伏請且依舊格，不問破憂停集。除本選數過格十年外，不在赴集之限。”奏敕宜依。

（宋）王欽若等編纂：《冊府元龜》卷六三二《銓選部》

（天成二年）十月，制曰：“掄選之道，雖在精研。調集之勞，頗聞艱苦。應選人内有過格年深，無門參選，縱有材器，難遂進趨。宜令三銓磨勘行止，實曾兵戈阻隔，即與今年冬集判成選人例，量材注官，如或詐稱，不在此限。”

（宋）王欽若等編纂：《册府元龜》卷六三二《銓選部》

王騫，爲刑部郎中。天成二年十月，上言：“請準建中舊敕，文武參官及刺史，上後三日，舉人自代。”

（宋）王欽若等編纂：《册府元龜》卷四七五《臺省部》

李鏻爲户部尚書，天成二年六月乙未，上言：“請朝班自四品以上官，各許薦令録兩人；五品、六品官，許薦簿尉兩人。使廉慎能名者，同受爵賞；貪婪害物者，并坐刑書。各舉所知，不蔽賢路。”奉敕：“興國之方，養民爲本。衣不可一歲不制，食不可一日不充。其或桑柘少而望衣充，未耜閑而求食足，雖千堯萬舜，聖知神功，不能致也。然則樹疏禽少，山廣獸多，百川淺則海不深，萬姓貧而國不富。富庶之要，根源可知。故王者深居九重，奄有四海，不可家至而日見，只在德盛而教尊，千載一時，古猶今也。李鏻情專奉上，務在任人，借官吏當才，爲國朝布化，實以知人，則哲惟帝。其難肯舉者可嘉，堪舉者可重，必須愛而知其惡，憎而知其善，内舉不避親，外舉不避讎。凡事無私，何憂不理？李鏻所奏，宜即施行。其所舉人，仍於官告内顯，隷所舉姓名，赴任之後，臨事可觀，或有不公當累，舉主兼三品已上，有舊諳行止堪充節度、觀察兩使、判官者，亦各據才業上聞，即當委任。庶朝廷立制，長施勸善之恩；臣下推公，永絶蔽賢之路。”

（宋）王欽若等編纂：《册府元龜》卷四七五《臺省部》

（天成二年）十一月，吏部侍郎劉岳上言曰：“伏以有國命官立朝，釐務必資詳諫，以集事功。竊見諸色詞科，多昇通籍。向者先爲列藩從事，參佐可稱；次經三館職名，編修是著。方居華秩，始在彤逵。近或雖有兩任前銜，未歷一司公事，莫申勞績，虚謂滯淹，未若委以親人，俾之及物，粗聞善最，然議陟遷。免自難於漂流，復有名於選任。伏乞特加搜采，廣察單平白身者，授以佐僚歷官者，處之縣令，歲月俟當，於制限班資，擢在於朝行。理契毓材，事唯責實。"

（宋）王欽若等編纂：《冊府元龜》卷四七五《臺省部》

（天成二年）十二月，中書門下條流應諸道選人等，其中有過格年深，無門參選者，準天成二年十月二十三日德音，並委吏部南曹磨勘。如實曾阻兵戈者，許令注擬；如或詐稱，不在此限者。凡是選人專思合格，不肯固逾選限，自滯身名，縱阻干戈，須在州縣應有過格人，仰吏部南曹子細磨勘。曾阻兵戈州府去處，或曾假攝，即有隨處文牒，一一指實，即便送銓司，亦須詳先授告身、攝牒及審驗年貌，方可注擬。三銓注擬，自有常規，從前或有宰臣占著好州縣員闕，不令銓曹注授，今年應是員闕，並送銓曹，候移省之時，若有好闕尚在，必議勘尋。其請托及受囑人等，當行黜責。選人之內，族類甚多，經任之中，資考備在，應南曹判成人等，仰三銓各據逐人出身入仕文書，一一比驗，年貌灼然不謬，方與注官。據長定格選人中有隱憂者，殿五選。伏以人倫之貴，孝道為先，既有負於尊親，定不公於州縣，有傷風教，須峻條章。自今後，諸色官員內有隱冒憂勞者，勘責不虛，終身不齒，所有入仕已來告敕，并封付所司焚毀。奏敕宜依。

（宋）王欽若等編纂：《冊府元龜》卷六三二《銓選部》

（天成）三年正月，吏部格式司狀申當司，先準敕及堂帖指揮，應焚毀告身勘同人及失墜文書等，臣伏請重給告身，令先與檢敕甲，如無敕甲可檢，即仰取同敕甲人告身勘驗，同即與出給。若是本朝授官及同光元年後授，勘檢同，即重與告身；如是偽朝授官，勘檢不虛，即與出給公驗，便同告身例處分者。伏以再給文書，實為難重，有司點檢，務在周防。當司近曾申堂請，以合準指揮，出給告身公驗，旋具選人出身歷任行止，牒甲庫永為應驗證明。奉判準申者，其所追取到選人授官敕甲，或同甲敕告身，勘驗既同，須準前指揮。出給見有敕甲者,便須注出重給事由年月日,若不注破,慮恐選人却將失墜告身參選刺驗。敕甲既同,文書浩大,所司難爲一一點檢。如是引驗同敕甲之人告身,出給他後,却將失墜文書,選時甲庫又無憑應驗。其同敕甲人告身,欲於後面連粘,紙亦須使印批注,仍牒報南曹。要憑將來檢勘者,奉敕宜依所申,仍具已出給告身,公驗人數姓名聞奏。將來更有合給者,旋具申奏。

(宋)王欽若等編纂:《册府元龜》卷六三二《銓選部》

(天成三年)五月二十一日敕:"先準同光三年十二月二十五日敕,北京及河北諸道,攝官内有御署一任,簡牒分明,前銜先有正官告敕者,便與據正官資叙,依資授一任官。其無正官告敕,與授黃衣初任官。其兩任三任已上,檢牒分明,兼有正官告敕者,與超資授一任官。其無正官告敕,只有兩任三任簡牒者,與授從黃衣第二任官,各令取近罷攝,任處州府文解,便許非時赴選者。前件攝官等,當任使之際,共副憂勤,及開泰之期,豈宜昇降。凡有先皇帝御署兼朕署攝簡牒,每一任,同一任正官赴選日,依資注擬。宜令北京及河北諸道州府知悉,餘準元敕處分。"

(宋)王欽若等編纂:《册府元龜》卷六三二《銓選部》

(天成三年五月)是月,中書條奏:在朝庶官有托故停官者,時日稍多,即却與前官。百司人吏合格者,並從選;未合格者,逐司以年勞奏薦,只與勒留官。凡百司長官月限將滿及已有人替,不得奏薦人吏改補職次。諸道薦人,總與不可,全阻又難。今後諸道節度使,每年許薦二人,帶使相者,許薦三人,團練、防禦使各一人,節度觀察判官並留旨授書記已下,即隨府。議者以爲百司人吏,只以年勞,方得赴選,今許非時薦勞,以勒留官爲特恩,即合格之日,又何爲勞考哉?雖誡其司長將滿,其奈教猱昇木,何此欲止之而反啓之?藩候舉知,俾資共理,苟得其人,多亦何害;如非其人患及黎庶,又何以名器?徇諸侯之請托,兩使賓佐,即慮難守,苟能守之,即有知人之忠矣。

(宋)王欽若等編纂：《册府元龜》卷六三二《銓選部》

(天成三年)七月，中書舍人盧詹上言曰："一同分土，五等命官。所以字彼黎民，司其興賦。至於田租桑税，夏歛秋徵。或旨限不愆，或檢量增羨。殊非異政，乃是常程。竊見諸州頻奏縣令，多以税輸辦集，便作功勞，諸道纔有表章，朝廷已行恩命。且徵科是縣令之職分，不合過望於甄酬。若一年兩度轉遷，則三載六昇階級。並加寵渥，慮失規程。伏乞止絕薦論，但稽課最，即銓司黜陟，自有等差，貴塞幸門，以循舊制。"奉敕："盧詹職居近侍，懇述大綱，案州縣之規程，重國家之恩命，既爲允當，須示聽從。"

(宋)王欽若等編纂：《册府元龜》卷六三二《銓選部》

(天成三年)八月癸未，中書舍人劉贊請令選人準舊制試判。從之。

(宋)王欽若等編纂：《册府元龜》卷六三二《銓選部》

(天成三年)九月，右諫議大夫張延雍請令南曹引驗選人正身，較其年貌。從之。

(宋)王欽若等編纂：《册府元龜》卷六三二《銓選部》

(天成三年)十一月，敕：禮部員外和凝奏應補齋郎，並須引驗正身，以戒冒名。凡使蔭者，云一任官得補一人。今後改官須轉品者，即可；如無嫡子，即許以親侄繼蔭，並念書十卷，試可則補。

(宋)王欽若等編纂：《册府元龜》卷六三二《銓選部》

(天成三年十一月)是月，吏部郎中何澤以流外官只考勞，乞不試書判。從之。

(宋)王欽若等編纂：《册府元龜》卷六三二《銓選部》

（天成三年）十二月，敕：選門官吏詿濫者多，自今後並令各録三代家狀，鄉里骨肉，在朝親情，先於曹印署，納吏部中書門下三庫各一本，候得判印狀，即許所司給付新簽告，兼本任官處及鄉里，亦具一本，納逐處州縣。

（宋）王欽若等編纂：《册府元龜》卷六三二《銓選部》

（天成）四年正月，大理寺奏：近爲陵令虛稱試銜，檢法以詐假論。又據長定格選人無出身，未曾任正員官，使虛銜散試官，奏授正員官。及權知權判等官，未得資日，以諸事故解官，並立選集限。敕旨：名官之榮，其求甚重。試攝之任，所得非輕。徐究根源，亦關治道。自亂離已來，天下州府，例是攝官，皆給試銜。或因勘窮，便關詐假。法書中雖則不可，選條内其奈不無。爰當大定之期，宜示惟新之道。已前或有稱試銜者，一切不問，此後並宜禁止。

（宋）王欽若等編纂：《册府元龜》卷六三二《銓選部》

（天成四年）五月，詔曰："凡於禄仕，固有規程。發身必借於器能，在任須彰於勞考。否臧斯異，黜陟並行。朕自統寰區，務均渥澤，淹滯者皆期振舉，勤恪者亦議旌酬。既開進取之門，遂有躁求之衆。或不守選限，捷路希恩；或才罷官資，奔波取事。侵有數之員闕，屈無媒之選人。以此比方，宜各條理。自今後，應前資官有出身及兩除官，並可依常調赴選，兼有莊宗並朕御署，亦可準近敕赴選。其一任除官，未入選緒，若無定制，難以進身，宜約所守官資序高低，許令同有出身人合格年限求官。赴京日，仍須本道申送，則與除第二任官，兩除後，便準常調選人例。如此則事有區分，人無奔競。如借才器，非時昇擢，不在此限。"

（宋）王欽若等編纂：《册府元龜》卷六三二《銓選部》

（天成）四年六月己丑，敕："自天成纘紹之初，曾降敕應隨駕並内外將校職員，許奏名銜，當議遷陟，俾行賞舊之恩，以報惟新之命。

自後累據奏薦，人數及多，已經數載，尚有奏陳。既是論乞新恩，豈宜積年申奏？兼恐有後來補署，纔改職名，更望官員，罔爭爵命。若無止絕，慮啓幸門。此後諸州諸使不得更有論請新恩。如是顯立功勞，要行酬獎，即委本處長吏特具奏聞，酌其績效，當議施行。夫爵賞之權，國家利器，頃因多事，散以賞功，苟利社稷，夫何愛焉！近緣肆赦，萬方陪臣例許昇轉；且聞亂離已前，諸節度州職掌自兵馬使已上，或因立效，或遇覃恩，許奏乞憲銜，每使不過十數人矣。軍府有額，守之不逾。”自僞梁已還，侯伯無考秩，每將去任，遷補不常。至於守門掌庫、簡札小胥、卜祝優倡例稱轅門劇職，奏請天命，少則二三百通，多則五六百通，三公八座之秩往往有焉，金章紫綬不間於小胥賤吏，於此之中，猶多謬濫。帝知其事，故令止之。

（宋）王欽若等編纂：《冊府元龜》卷一六〇《帝王部》

　　（天成四年）九月，中書門下奏：“來年二月，南郊大禮，應諸司寺監合行事官。伏以明德惟馨，冀神靈之昭鑒；作事謀始，庶王道之和平。前件將來行事官等，既預嚴禋，希沾聖澤，先宜條貫，免恣擬掄。應合差行事官，但是前資並及第黃衣及三司徵科勒留官充，仍逐司寺監先引驗歷任告身分明，則得差補。若失墜文書，則須得本處當時公驗，不得憑諸處所給憑由。如是州縣官須見四道五道已上歷攝文牒，皆是節察及直屬京防禦、團練使差署，乃點勘逐任年月遠近，曾親公事及得替因由，不是虛牒，則得收補。其逐司合差職員官吏，須是已經附奏者充，不得臨時旋出虛牒。將來所司磨勘，如不依元指揮，公然顏情，互容謬妄，其逐司官吏並本人，並當勘責，各行嚴斷。”從之。初，同光二年郊天，諸寺監行事官千餘人，不先引驗，或以貨賂收補，及行事畢，銓注覆奏，率皆僞濫無憑。時樞密使郭崇韜在中書，宰臣豆盧革、韋說等，共議懲革，奏請焚毀塗抹其告敕。僞濫者五百人，一時逃竄。其文書不足者，久駐京師，終無所得，皆相率慟哭而去。士人側目，以崇韜爲詞，然所行雖正，失於不先定格式引驗，俾仕進者真僞自判也。今宰臣所奏既行，議者以爲宜之。

（宋）王欽若等編纂：《冊府元龜》卷六三二《銓選部》

（天成四年）十月，詔曰："本朝一統之時，除嶺南、黔中去京地遠，三年一降選補使，號爲南選外，其餘諸道及京有司諸色選人，每年動及數千，分在三銓，尚書繁重。近代選人，每年不過數百，何必以一司公事，作三處官方。況有格條，各作資考，兼又明行救命，務絕阿私。宜新公共之規，俾慎官常之要，其諸道選人，宜令三銓官員，都在省署子細磨勘，無違礙後，即據格同，商量注擬，連署申奏，仍不得踵前於私第注官。如此，則人吏易可整齊，公事亦無遲滯者。"

（宋）王欽若等編纂：《册府元龜》卷六三二《銓選部》

（天成四年）十一月，救應諸道見任州縣官，自在任之時，若時違反本道非時衡替，宜却勒赴任，考滿即罷，其本判官，當行責罰時，藩鎮帥臣，不識國體。妄罷邑宰，預署其假官，朝廷知之，故有是命也。

（宋）王欽若等編纂：《册府元龜》卷六三二《銓選部》

（天成四年）十二月戊戌，救其自陳狀乞除官者所賜告身，並係特恩，雖舊例令本官自出價錢，慮不迨者稍難送納，兼知本司人吏以此爲名，接便更致，邀頡於官，估綾羅紙價外，廣索價數，力及者隨時應副，闕乏者須至淹延。今後應是官告，除準宣官破外，其過狀乞除官，並追封、追贈、叙封、進封官告，及舉人冬集綾羅紙標軸錦袋等，宜令並與官破，仍勒各隨色樣尺寸如法裝修，疾速書寫，印署進納。

（宋）王欽若等編纂：《册府元龜》卷六三二《銓選部》

（天成四年十二月）是月己酉，救應諸道州府令録等官告救牒，元是中書進納入内，令閤門宣賜。其判司主簿官告，舊是所司發遣，受恩命後赴本任，地里遠近，各有程限，比候進納，恐有停滯沉緩。紙標軸價錢，近已官破，今後所除州縣官告身救牒，宜令中書門下指揮，不要進納，並委宰臣當面給付，貴無留滯，兼免住京破費。

（宋）王欽若等編纂：《册府元龜》卷六三二《銓選部》

（天成四年十二月）是月，敕應三銓公事宜準近敕指揮，仍只使吏部尚書銓印。其東銓印，并封宜付中書門下，封送禮部權收管訖申奏。

（宋）王欽若等編纂：《冊府元龜》卷六三二《銓選部》

雜《姚顗傳》：唐制，吏部分爲三銓，尚書一人曰尚書銓，侍郎二人曰中銓、東銓。每歲集以孟冬，三旬而選，盡季春之月。天成中，馮道爲相，建言："天下未一，選人歲才數百，而吏部三銓分注，雖曰故事，其實徒繁而無益。"始詔三銓合爲一，而尚書、侍郎共行選事。考《新唐事·崔瑨傳》，以尚書左丞判兵部西銓、吏部東銓，六部同在一省，但分曹耳，吏與兵既分東西，故吏部侍郎但分東、中，不言西，恐與兵部混也。

（清）王鳴盛：《十七史商榷》卷九五

王溥《五代會要》第十四卷尚書省司封門內，俱說母妻叙封事例，一條云："乾祐元年七月，中書帖吏部廢置司，令具新舊敕例，父在母叙封、進封，合加'太'字事例，申上吏部廢置司。以前後格敕內，凡母皆加'太'字，在歿並同，即不說父在，不加'太'字。"此下又引近例，有晉天福五年中書舍人艾穎，八年尚書司門郎中尹偁，皆父在母封縣君，不加"太"字。此下即"奉敕，父在母封，合加'太'字與不，雖有艾穎等例，宜令尚書省集議奏聞"云云。所引晉時近例，恐即是唐末以來相沿成例。觀溫高曾祖母無"太"字，母獨有"太"字，則可知。予未見《唐會要》，但五代襲唐制居多。

（清）王鳴盛：《十七史商榷》卷九四

後唐明宗天成四年，中書奏："吏部流外銓諸色選人，試判兩節，並以優劣等第申奏。文優者，宜超一資注擬，次者依資，又其次者與同類官中比擬。仍準元敕，業文者任徵引今古，不業文者但據公理判斷。可否不當，罪在有司。"

（元）馬端臨：《文獻通考》卷三五《選舉考八》

後唐長興元年三月敕：凡是選人，皆有資考。每至赴調，必驗文書。或不具全，多稱失墜。將明本末，須示規程。其判成諸色選人，黃甲下後，將歷任文書告敕連粘，宜令南曹逐縫使印，都於後面粘紙，具前後歷任文書，都計多少紙數，具年月日判成授某官，懼其分假於人故也。又，中書奏吏部流內銓諸色選人所試判兩節，欲悉定其等第。久優者，超一資；其次者，依資；又次者，以同類道理；全疏者，於同類中人戶少處注擬。從之。

（宋）王欽若等編纂：《冊府元龜》卷六三三《銓選部》

（長興元年）五月，制曰：“獲遇拜郊，遠來行事。既施微效，宜被優恩。欠一選者，宜令待闕；欠兩選者，減一選；欠三選、四選者，減兩選；欠五選、六選者，減三選；欠七選、八選者，減四選；欠九選已上者，減五選。三司勒停官，顯有過愆，遂當停替，不逢大禮，終是弃人，仍令所司以罷官理選赴常調。如是今年合格者，許令待闕注擬，仍委吏部南曹依元檢勘事節，合減選數，給付牒知。”

（宋）王欽若等編纂：《冊府元龜》卷六三三《銓選部》

（長興元年五月）是月，又敕：“凡命職官，只憑告敕。條流雖切，謬濫不無。況來自群方，固非遍識，除因章露，始見罪尤。先皇帝臨御之初，郭崇韜制置甚切，雖加峻法，尚有訛風。誠由本朝多事已來，僞室偷安之際，皆隨往制，莫識嚴規。秩高者以蔭緒假人，廣求財貨；吏狡者以貪惏得志，不顧憲章。遂致傳授身名，分張告敕。勘初任則多稱失墜，論資考則只有公憑。前後相蒙，真僞莫辨。若不特行釐革，無由永絕根源。宜令自此應除授選授州縣官引驗磨勘，須召有官三人保，非謬妄，則奏擬。仍於告身內竪出保官姓名，據本官所通三代名銜，有出身無出身，歷任告敕文書並逐任考數。若是本朝及僞朝所受者，並只於將來新告身內，一一收竪，其文書納留，不再給付。如自中興已來歷任待受新命後，都粘連繳尾具道數，委吏部使印背縫，郎官於狀尾押署給付。或有失墜，即須於所失處州縣投狀，具三代名諱及出身歷任，請公憑赴京勘會甲庫，同即重與出給。如公然拆破印縫，不計與人不與人將來求事，並令焚毀，其人當行極典。自茲凡受新命，並依此例施行。其見任內外文武朝臣及諸司職守、諸道州府判官並軍州職員，有曾爲州縣官，及曾改名所受本朝及僞署官告敕牒、歷任文書，亦並須送納入官，只以中興已來文書叙理。其見任州縣官及諸色前資官、守選官等所歷任文書，亦仰速便送納，委所司點勘，無違礙則準前收竪，給與公憑，任赴將來求事參選。其秦王茂貞墨制官員，並須得本道識認，具歷任申奏，所司檢勘不虛；亦給與公憑，將來隆資受官所貴。凡是身名免有混雜，仍限一周年內改正了絕。其興元已西，應曾受僞蜀官員，緣地里遙遠，許敕到後一周年爲限。仍各於本罷任處州府投狀，具三代名諱、出身、歷任，一一分析申奏，到日點勘，準前指揮。如出限外，縱有申送到文書，並不叙理，兼諸道亦不得以此身名奏薦。如違，罪在本判官，其本人別行嚴斷。庶得新恩迴異，舊弊永除，表爲君一統之基，塞入仕多端之幸，仍付所司。」

（宋）王欽若等編纂：《册府元龜》卷六三三《銓選部》

（長興元年）六月甲戌，以魏徵八代孫韶爲安定縣主簿。八月，千牛副使、檢校刑部尚書夏光銳起復雲麾將軍、檢校右僕射，爲澤州刺史。光銳即故遂州節度使魯奇之子也，朝廷念勛，故有是命。

（宋）王欽若等編纂：《册府元龜》卷一三一《帝王部》

（長興元年）七月，吏部南曹奏磨勘南郊行事官。前守濮州范縣主簿李範，是同光三年不納告身人數，準敕終身不齒。今又冒名於四方館行事。前河南府長水縣主簿趙知遠，使兄爲父蔭行事者。敕指：李範已該恩赦，特放罪收納文書。趙知遠以兄爲父，未之前聞，既遇郊禋，特從恩宥。出身、歷任文書付所司焚毀，放罪勒歸鄉貫，本道長吏與改昭穆奏聞。其餘南郊行事合減選人數，候將來選限滿日，宜並不取逐處文解，不更經南曹點檢，赴銓注擬。時，中書選部磨勘甚精進者，真僞明白，人皆便之。

（宋）王欽若等編纂：《册府元龜》卷六三三《銓選部》

後唐明宗長興元年七月，吏部南曹奏："磨勘南郊行事官，前守濮州范縣主簿李範，是同光元年不納告身人數，準敕終身不齒。今又冒名於四方館行事。前河南府長水縣主簿趙知遠，使兄爲父蔭行事者。"敕旨："李範已該恩赦，特放罪收納文書。趙知遠以兄爲父，未之前聞。既遇郊禋，特從恩宥，出身歷任文書，付所司焚毀，放罪勒歸鄉貫，本道長吏與改昭穆奏聞。"

（宋）王欽若等編纂：《册府元龜》卷六三八《銓選部》

（長興元年九月）是月，前興唐府冠氏縣尉楊知萬，經中書陳狀，稱光化三年明經及第，其後選授官兩任。莊宗郊天年，於將作監內行事，禮畢擬授太子通事舍人，旋直錯竪父母年幾駁落。其年丁父憂，至天成二年又丁母憂，去年九月方服闋。今春欲赴郊天行事，又緣貧困，無財可辦。今乞引驗已前文書，量賜陶鑄者。中書檢到同光二年行事，案楊知萬謬通父母年幾停落。敕旨：楊知萬實曾行事，尋已注官，只爲父母轉年，恩命遂寢，外別無違礙。自後相次丁憂，久住京城，誠宜傷愍。宜令銓司點檢歷任文書，準非時選人例處分，或前資官中有與楊知萬事狀相類者，並准此指揮。

（宋）王欽若等編纂：《册府元龜》卷六三三《銓選部》

（長興元年）十月，吏部南曹關試今年及第舉人進士李飛等六十九人，內三《禮》劉瑩、李斐、李銑、李道全，明算宋延美等五人所試判語，皆同。尋勘狀，皆稱晚逼試，偶拾得判草寫净，實不知判語不合一般者。敕旨：貢院擢科，考詳所業。南曹試判，激勸爲官。劉瑩等既不攻文，合直書其事。豈得相傳稿草，侮瀆公場。載究情繇，實爲忝冒。及至定期覆試，果聞自懼私歸。宜令所司落下，其所給春關，仍各追納，兼放罪，許再赴舉。兼自此南曹，凡有及第人試判之時，切在精專點檢，如更有效此者，準例處分。

（宋）王欽若等編纂：《冊府元龜》卷六三三《銓選部》

（長興元年十月）是月，中書奏："吏部流内銓諸色選人，先條流試判兩節，並委本官優劣等第申奏。文優者，宜超二資注擬；其次者，以同類官注擬。所以勵援毫之作，亦不掩歷任之勞。其或於理道全疏者，以人户少處州縣同類官中比擬，仍準元敕。業文者，任徵引古今；不業文者，但據公理判斷可否，不當罪在有司。兼諸色選人或有元通家狀，不實鄉里名號，將來赴選者，並令改正，一一竪本貫屬鄉縣，兼無出身一奏一除官等，宜並不加選限。"從之。

（宋）王欽若等編纂：《冊府元龜》卷六三三《銓選部》

（長興元年十月）是月，敕："先條流見任州縣官及前資守選官所有歷任文書，委所司點勘，無違礙，則準前收竪，給與公憑，任將來參選者。訪聞諸色選人，有今年合格者，因請公憑，久淹京闕，若候本道請解，即須來歲授官。多是甚貧，誠爲可憫。況已及選限，固取本任文解不及前件選人，今年合格已請得公憑者，宜令吏部南曹準今冬選人例檢勘施行。如是欠選者，候選數足日，準格取本任文解赴集。"

（宋）王欽若等編纂：《冊府元龜》卷六三三《銓選部》

（長興元年）十二月，太常丞孔知邠奏："諸道行軍司馬、副使、兩使判官已下及團練、軍事判官，並請依考限欲滿一月前，本處聞奏，朝廷選替補。授敕旨從之，兼上佐官令録、判司、主簿等，亦准此指揮。或有丁憂及不赴任，因事停官、抛官兼身死，並具月日申奏。如不依指揮，罪在本判官。"

（宋）王欽若等編纂：《冊府元龜》卷六三三《銓選部》

（長興）二年正月，吏部南曹奏："前齊州臨邑縣令趙諲等十人，納到歷任文書,合給公憑。"敕旨:"其換給公憑,仍令所司以綾紙收豎取本行,尚書侍郎列署出給。其先已出給者,宜候將來赴選之時,依此重給。"

(宋)王欽若等編纂:《册府元龜》卷六三三《銓選部》

(長興二年正月)是月,敕:"少尹上佐,以二十五月爲限。其府縣官,宜準長定格,以三十月爲限。其行軍司馬、節度副使、判官等,並元未定月限。敕旨諸道行軍節度副使、兩使判官已下賓僚,及防禦副使、判官、推官、軍事判官等,若詢前代,固有通規,從知咸自於弓旌,錄奏方頒於綸綍,初筵備稱,婉畫斯陳。朝廷近以旌賞勛勞,均分員闕,稍或便於任使,不免須議敕除,既當委以神贊,所宜定其考限。前件職員等,宜令並以三十月爲限,如是隨府,不在此限。"

(宋)王欽若等編纂:《册府元龜》卷六三三《銓選部》

(長興二年)四月,敕:"舉選人衆,例是艱辛。曾因兵火之餘,多無敕甲,不有特開之路,皆爲永弃之人。其失墜春闈冬集者,宜令所司取本人狀。當及第之時,何人知舉同年及第人數幾何,如實即更勘本貫得同舉否。授官者,亦先取狀。當授官之時,何人判銓,與何人同官,上任罷任,何人交代,仍勘歷任處州縣,如實則別取有官三人保明施行。"

(宋)王欽若等編纂:《册府元龜》卷六三三《銓選部》

(長興二年)五月,中書奏:吏部南曹狀申準敕換給諸色官員告身公憑,伏緣點檢選人歷任文書,其間多有格後違礙事節,若旋具姓名申覆,伏恐漸積人多,互起陳論,交慮壅滯,當曹不敢施行者。中書據南曹所申事節,逐件條流,如後一件據申選人納到今任文書,多於解由及歷子內批書考第,準天成四年四月二十一日敕新格已前,即許施行。自新格已後,亦多有解由歷子內批豎考數,本處元本給到考牒,格前特許施行,甚爲優假;格後更聞違越,須重條流。今日已前,有此色選人，宜且與收竪。此後選人，如有解繇及批得歷子分明無考牒者，殿一選。有得歷子，無解由考牒，殿兩選。如只有解由考牒，不批得歷子，殿三選。如無三件文書，便同有過停官一件據申。應諸色選人，新格下後，批歷子後，時者五年，後批者不在磨勘之限。今有格前罷任及新格下後罷任者，格下經六年七年，方批入仕歷子，或有全不批歷子，只給到公憑。今日已前，有如此者，特與磨勘施行。此後纔罷任一月內，須批給得解由歷子，違過一月，殿一選；過三個月不批給得者，亦同有過停官一件據申。應諸色承蔭出身及童子及第，例是擡年及陷歲數，兼幼補身名，引驗之時，多有差異者。今日已前有此色選人，並須引驗辨認，兼召保官。委是正身，別無謬妄，則與改正，詣實年幾施行。此後更有此色身名，並同謬濫處分，一件據申。河北諸色官員納到告敕文書，例稱本處元不較考，只有解由。河東、河北及鳳翔已西，不知選格，須明告諭。仍令吏部南曹各一本解由、考牒、解狀式樣，遍下逐處，此後並須文書備足，免誤選人。如今日後公然更有違越，並準前殿選，今日已前，不在此例，一件據申。諸色前資官告身，今任入仕歷子或批到上任月日，或是有名假故批歷子處，多無觀察使及刺史具銜押署，只有錄事參軍批署者，逐處長吏自此後並須依格文押署，如故違者，本人殿兩選。其今日已前違程式者，且宜特與磨勘收竪，一件據申。諸色官員歷官兩任至五任，今任文書備足，內有一任至兩任失墜，前任解由或考牒歷子又無公憑及稱元不給得，即別有公據，自此但知認中興已來所授告身爲定。其已前或有歷任稱失墜，如是傳授他人，有此糾告及所司點勘彰露，並準累行敕命科罪。今日已前，人墜考牒解由歷子，如有公憑者，亦與收竪；如無公憑，將來選時降資注官。自此後，選人更有失墜，則須却於本處具所失因由，重具批給，如違，準前殿選，一件據申。選人有今任文書備足，只歷子內批到上任月日，即別有解由或公憑文書，證據分明，自今已前，宜亦準前項指揮收竪。此後，更有此色選人，並同有過停官例處分。右，奉敕宜依，吏部南曹具此分明曉告，及遍下諸道州府，應是選人，各令知委。如守官滿日，未給得解由、歷子等文書隨處，不得便令辭謝，如逐州府輒有邀難，不便出給，罪在本判官並録事參軍。

（宋）王欽若等編纂：《册府元龜》卷六三三《銓選部》

（長興二年）五月，敕：“國賴賢良，雖務搜揚之道；官由請托，實開僥幸之門。蓋任不當材，則民將受弊；稍乖掄擇，大紊紀綱。近聞百執事等，或親居内職，或貴列廷臣，或因宣達君恩，因勾當公事，經由列鎮，干擾諸侯，指射職員，安排親昵，或潛申意旨，或顯發書題，苟徇私情，罔循公道，爭能峻阻，須至强行，遂使受命者負勢以臨人，得替者銜冤而去職，既虧慎舉，漸益躁求。務要肅清，當行蠹革。自今已後，應内外臣僚不計在朝出使，並不得輒發書題，及行所屬於諸處亂安排人，宜令三司兼諸道節度、防禦、團練、刺史等，或更有人不畏新敕，猶躡舊蹤者，並仰密具姓名聞奏，發薦人貶所，在官求薦人配流邊遠州縣，常知所在。如逐處長吏自徇人情，顯違敕命，只仰被替本人詣闕上訴，勘問不虛，長吏罰兩月俸，罰薦人比前條更加一等。被替人不準是何職掌，却令依舊勾當，仍從再勾當後三年内，除别顯有罪名外，不得妄有替移。其餘長興二年五月一日已前所犯，不在上訴之限。兼敕到後，但是州府並於管驛處粉壁具録敕命曉示，每令修護，永使聞知。況國家懸爵待人，惟賢是舉，稍聞俊乂，必令獎昇。其有端士正人，雄文大學，言可以經綸王道，行可以規矩人倫者，但當顯陳表章，明具論薦，名如得正，工不弃材，所務絶彼倖人，豈可滯諸賢者？”

（宋）王欽若等編纂：《册府元龜》卷六六《帝王部》

（長興二年）五月，詔曰：“近聞百執事等或親居内職，或貴列廷臣，或宣達君恩，或勾當公事，經由列鎮，幹撓諸侯，指射職員，安排親昵，或潛申意旨，或顯發書題。自今之後，一切止絶。有所犯者，發薦人貶官，求薦人流配。如逐處長吏自徇人情，只仰被替人詣闕上訴，長吏罰兩月俸，發薦人加一等，被替人却令依舊。”

（宋）王欽若等編纂：《册府元龜》卷一六〇《帝王部》

（長興二年）七月，前安州應城縣主簿王鼎、前隨州唐縣主簿陳廷毓，同獻時務七件。敕旨："投匭上章，條流不阻；合表進策，理例無聞。而況七件之中，有長有短；兩人之內，孰否孰臧？方當選以公才，未可混其言路。王鼎、陳廷毓宜各試以策問兩道，定其優劣。兼自此應諸色人進策，每五道別試策問兩道，十道已下試三道，十道已上約此。指揮比較元進策條詞理可否，當與等第處分。仍令匭院分明榜示，此後止絶，不得有同表進策。所貴人知區別，事無泛行，庶堅激勸之誠，免誤擬倫之道。"

（宋）王欽若等編纂：《冊府元龜》卷六六《帝王部》

（長興二年）七月，敕："諸道奏薦州縣官，各定員數，今宜增益，以廣搜揚。使相先許一年薦三人，今許薦五人。不帶使相，先許薦二人，今許薦三人。直屬京防禦、團練使，先許薦一人，今許薦二人。念應舉之流，甚艱難於取事，當及第之後，尚迢遞於授官，小而得簿尉者全稀，老不爲令録者極衆。即不得薦新罷任及諸格之人，如未曾有官，即許奏初官；已有官者，當別比擬。吏部南曹奏前守鄆州盧縣令李玭歷任內，兩任秘書丞，一任國子《毛詩》博士，雖前任有昇朝官，伏緣今任官合準格五選集，候選足日取解赴常調。敕旨：州縣官帶侍御史、殿中侍御史、內供奉、監察里行及省銜者，皆非正秩，尚出銓曹，況曾三度昇朝，豈可一例守選。所宜振發，以勵操修。應州縣官內，有曾在朝行及佐幕，罷任後準前資朝官賓從例處分。其帶省銜已上並內供奉、里行及諸已出選門者，或降授令録者，罷任日並依出選門例處分，不在更赴常調，便與除官兼州縣官。其間書得十六考者，準格叙加朝散階，準出選門例處分。如不書得十六考，雖已過朝散階，不在此例。"

（宋）王欽若等編纂：《冊府元龜》卷六三三《銓選部》

（長興二年）八月，敕："諸道奏薦州縣官，前銜內有賜紫金魚袋，先於長興元年有敕，州縣官若循常轍，十六考方得叙緋，儻或已佩金章，固難却爲令録，必若借其才器，則可別任職資。文資官結銜內已有金紫,尚不許薦爲州縣官,其武職銀青階,亦宜條理。諸道詳文資賜紫例,不得奏爲州縣官。"

(宋)王欽若等編纂:《册府元龜》卷六三三《銓選部》

(長興二年八月)是月,詔百司職吏應選授外官者,考滿日並委本州申奏,追還本司,依舊執行公事。

(宋)王欽若等編纂:《册府元龜》卷六三三《銓選部》

(長興二年九月)是月庚戌,獻時務人前澤州録事參軍韓滔,所司面試策問一件,無詞以對。敕旨:"以納言路廣,進策人多,別出試題,蓋防假手。韓滔獨躋衆例,輒出己懷,敢以閑詞,有違明敕。而又情惟自衒,事匪合宜,朝堂干禄之時,尚猶偃强,州縣親人之處,可認作爲,便合舉違敕之科,加以不恭之罪。緣當誕月,刑法務寬,宜殿一選。"

(宋)王欽若等編纂:《册府元龜》卷四一《帝王部》

(長興二年)九月,前温縣令杜同文獻時務:"長吏年七十已上者,請不除令録。其合格應選者,請授散官。"敕旨:"耄年爲政,莅事或有昏蒙,老成之人,安知不可師範。宜令銓司,此後有全不任持者,即別以優散官資注擬。"

(宋)王欽若等編纂:《册府元龜》卷六三三《銓選部》

(長興二年)十一月,敕:"闕員有限,人數常多,須以高低定其等級。起今後,兩使判官罷任後,宜一年外,與比擬。書記、支使、防禦團練判官,二年外與比擬。兩使推巡、防禦團練推官、軍事判官等,三年後與比擬。仍每遇除授,量與改轉官資。或職次其有殊常勤績者,與議優昇。若有文學智術超邁群倫,或爲衆所稱,或良知迴舉察驗的實者,不拘年月之限。其才器卑低階緣得事者,宜量事於州縣中比擬。若州縣官中有文學雄奧、識略優深,亦量才於班行及諸道判官比擬任使。況諸選人之內,多是勤苦立身,每於調集之時,皆有等差。

選限準茲,幕吏難使雷同,所貴皆免堙沉,遞承驅策。"

(宋)王欽若等編纂:《册府元龜》卷六三三《銓選部》

(長興)三年正月,敕:"守選之輩,例是艱貧。合格之時,漸多衰老。更添雜犯,轉見憂嗟。方當開泰之期,宜軫單平之衆。自今後,合格選人歷任無違礙者,並仰吏部南曹判成。如文解差錯,不合式樣,罪在發解官吏。兼貢舉之人辛勤頗甚,每年隨計,終日食貧,須寬獎勸之門,俾釋羈棲之嘆。今年落第舉人,所司已納家狀者,次年便赴所司就試,並免再取文解。兼下納文解之時,不在拘以三旬。但十月内到者,並與收受。"

(宋)王欽若等編纂:《册府元龜》卷六三三《銓選部》

(長興三年)二月,敕:"前資朝官及諸道節度觀察判官,近敕罷任一周年後方許求官。其出選門官,雖準格例送名。未定除官年限,自此應出選門官,亦宜罷任後周年方許擬議。仍本官自於所司授狀磨勘,申送中書門下。"

(宋)王欽若等編纂:《册府元龜》卷六三三《銓選部》

(長興三年)四月,御史臺奏:"禮部貢院散從官呼延昭送到應學究科人李咸雍,稱於省門前高聲稱屈。"敕曰:"李咸雍既是書生,合知禮範,凡關事理,祗可披論。尚書省前,豈是喧呼之所? 主司在内,何興詬罵之言! 雖妄指陳,實爲凶惡,苟無懲誡,難例輩流。宜令御史臺監送本貫,重處色役。"

(宋)王欽若等編纂:《册府元龜》卷一五四《帝王部》

(長興三年)九月,敕:"朕大啓四門,無遺片善,繼有智能之士,來陳利害之言。是命擢量,貴行酬獎,須論條件,以定等差。應進策人等,若是選人,所進策内一件可行,與減兩選,兩件減四選,三件已上,便依資與官。如無選可減及所欠選數則少,可行事件則多,據等級更優與處分。如是諸色舉人，貢院自考試本業格式，不在進策之限。如有智謀宏遠、文藝優長，或一言可以興邦，一事可以濟國，是爲奇傑，難預品量，待有獻投，旋令擬議。"議者以爲上封事言減選非也。夫言策略者，必須智見非常，所陳殊異，大臣之所不及，衆智之所不通，有益政途，謂之策略。今據鄙夫所陳，率皆持政常行之事，何煩投匭而言？人君賞其蒭蕘，賜束帛飲膳可也。而遽撓銓綜之權，啓奸吏賄賂之門，深不便也。

（宋）王欽若等編纂：《册府元龜》卷六三三《銓選部》

（長興）四年二月，中書奏：諸道州縣官，甚有闕員，前資官皆拘選限，其間有朝廷選擇，侯伯薦揚，得者無多，餘難驟進。或病跰於陋巷，或老謝於窮途，宜開振滯之門，雅合推恩之道。今等第減選者，一選者，無選可減。親公事得資考者，宜優與處分。不得資考者，準格施行。兩選三選者，減一選。四選五選者，減兩選。六選七選者，減三選。八選九選者，減四選。十選十一選者，減五選。十二選者，減六選。千牛、進馬、童子、齋郎、挽郎，宜準元和處分敕旨。常調之中，無媒者衆；省員之外，有闕常多。方隆遠大之規，更顯激揚之理，兼先赴南郊行事，未授新命，及一考前丁憂州縣官等，起今後到闕者，宜付所司旋旋磨勘施行，不得輒有停滯。大朝恩命，庶事規程，該定制者，各委所司；頒特敕者，不拘常例，資維新之風教，示無黨之寰區。初，馮道等商議，以爲常調選人，限於格制銓注，以至滯留。而州縣吏員，多以顏情差攝，乃議減選補吏，杜彼幸門。殊不思九州既未混同，十道半違聲教，吏員多益，州縣無添。是時減選之敕既行，議者大以爲不可，物論沸騰。明年之後，有諸色勸進人及山陵行事官，兼每年黃衣選人，相計數千，皆援減選，并除官。所司既無闕員，群吏只援新敕，或論淹滯，或訴阿私，宰相將至內門，則數百爲群環馬宣訴，或言語不遜，詰難往來，驪吏不能止。後竟追罷此敕。

（宋）王欽若等編纂：《册府元龜》卷六三三《銓選部》

（長興四年）五月，敕："諸道馬步判官，不得差攝官。如交闕人，須於前資正官判司簿尉中，選性行平允者補授。又詔應見任前資守選官等,所有本朝及梁朝出身歷任告身,並仰送納委所在磨勘,換給公憑,只以中興已來官告及近授文書叙理。其諸色蔭補子孫,如非虛假,不計庶嫡,並宜銓録。如實無子孫,別立人繼嗣已補得身名者,只許序蔭一人。其不合叙使文書,限百日內焚毀,須絶此後。更敢持合焚毀文書參選求仕,其所犯之人並傳者,併當極法。應合得資蔭出身人,並須依格令施行。"先是,鴻臚卿柳英將齋郎文書賣與同姓人柳居則伏罪,大理寺斷當大辟,緣赦減死奪官,終身不齒。故有是詔。

（宋）王欽若等編纂:《册府元龜》卷六三三《銓選部》

（長興四年五月）是月,中書奏:準長興元年二月二十一日南郊赦書節文,州縣官在任日,雪得冤獄,許非時參選,超資注官,仍賜章服。今詳敕命,凡云冤獄者,所司推鞫,定罪不平,回曲作直,已成案牘。或經長吏慮問,或是家人訴冤,重結推訊,始見情實,回死爲生,始名雪冤。仍須元推官典招伏情罪,本處檢案牘事節,給與公憑,更於考牒內竪出,候本官滿日,便準近敕非時參選。若活得一人,超一資注官;二人已上,加章服。已有章服,加檢校官。如在任除雪冤獄外,限內徵科口絶,減得一選已上。或招添户口至一分已上,並許酬獎。如加官至五品以上,許奏聽敕旨。如雖雪得冤獄,徵科違限不了,合殿選者,亦待殿選滿日,與叙雪冤之賞;或逃却户口,亦據降等叙官。如本司小小刑獄,未經別司,縱能處斷,不得援例。從之。

（宋）王欽若等編纂:《册府元龜》卷六三三《銓選部》

（應順元年閏正月）是月,詔吏部三銓南北曹、禮部、貢院注擬考試,依格疾速發遣,勿令虛有滯留。

（宋）王欽若等編纂:《册府元龜》卷六三三《銓選部》

閔帝應順元年閏正月,詔吏部三銓南北曹、禮部、貢院注擬考試,依格疾速發遣,勿令虛有滯留。

（宋）王欽若等編纂:《册府元龜》卷一五五《帝王部》

末帝清泰元年五月，詔曰："應勸進諸選人，前京兆府武功縣令龐濤以下四百九十有四人，方在京都，遘茲際會，既自勸進，宜示獎酬。其前資州縣官及黃衣選人，近日緣少闕員，難於減選，候合格日，各超一資注擬。行事官亦於注官時，優與處分。長流人已歸本貫，即以敕書節文處分。攝試官、推巡、令錄，宜許比三傳出身；判司、衙推、主簿，比明經出身，各守選限，自今年始，合格日與初官。宗子未有出身者，與出身；有出身者，同選人例處分，給與憑據。"

（宋）王欽若等編纂：《冊府元龜》卷六三三《銓選部》

（清泰元年）七月，詔："應徽陵行事官，各無遺闕，已議獎酬。比少闕員，難於減選，遂許合赴集日，各與超資。今又懇有披論，宜特與減一選。其今年合格者，便委南曹磨勘送銓注擬。來年合選者，勒赴冬集，所司磨勘無遺闕，旋旋送銓，免取文解。其去冬判成未得官者，宜先注擬。應前任正授賓從，亦宜減一年，無年可減，便與擬授。先有長興四年三月二十二日敕，普與減選，今爲員闕數少，並住施行。其攝官職並御署人等，並以元敕處分。"

（宋）王欽若等編纂：《冊府元龜》卷六三三《銓選部》

（清泰元年）八月，詔："應自鳳翔及沿路迎接隨從到京州縣等官，或昔經患難，罄竭忠勞；或遠奉乘輿，奔馳扈從，既各憑其衘署，遂溥降於優恩。爰示等差，特行釐革。所有自振武、西京、河中、鳳翔已前衘署員僚，或因無員闕，權且補差；或托彼薦論，偶經任使，不可悉謀援例，便望授官，將埋僥幸之源，須立區分之限。自八月三日後，應所稱衘署官員，除內有處分特行恩澤外，其餘稱衘署，並許逐攝同一任正官，依期限赴選，不得更令進狀及與施行。"

（宋）王欽若等編纂：《冊府元龜》卷六三三《銓選部》

（清泰元年）九月，吏部三銓言：所用循資格，先經詳定，然自次府司錄參軍已下，無品第入官處，尋帖格式，參詳添入。又以地卑，不敢添注,請差官詳議。詔委元詳定格式官,刑部員外郎孔莊,大理少卿李延範,殿中侍御史韋稅等議詳。

(宋)王欽若等編纂:《冊府元龜》卷六三三《銓選部》

　　(清泰元年)十月,中書侍郎平章事姚顗上言:近宰臣盧文紀上章,請條理選部。臣聞"事不師古,匪説攸聞"。又曰:"仍舊貫,何必改作。"此先正之格言也。臣案《六典》,吏部三銓尚書侍郎分典選部,其格擇人,有三實四才;孟冬三旬集人,有地里之差。若循彼綱條,依其格限,人無濫進,官得實才。只自天成四年十月,詔罷侍郎分銓,只以尚書並領。正官又闕,多是他曹權差,才力或有短長,遂致發遣凝滯,團集遲留,移省既失常規,選人隔年披訴。臣請却依《六典》分銓,朝廷列職分司,比期釐務,置之閑地,何表分優。望各委典銓,於事爲宜。詔曰:"姚顗所奏銓管,實合規程,不惟六典昭彰,抑亦三銓整肅。而長定格是聖朝重定,條件甚精,若令千載以無隳,必使萬方而有則,俾其復舊,深洽群情。如聞循資格,行用年深,事條差舛,必須詳正,方免弊訛。其分銓事,宜依循資格,宜令吏部三銓尚書郎、南北曹給事中參詳,其間條件,如其舛誤,即釐革以聞。"

(宋)王欽若等編纂:《冊府元龜》卷六三三《銓選部》

　　(清泰)二年二月,中書門下奏:近日除官,制未下,多漏泄於外。此後除改,候畫下,所司以正敕寫告進納;如畫黃未下,請不催索。詔曰:"節度、防御、團練使,刺史,行軍副使等,事關急切,除授官告,若待畫下給,即留滯。勒樞密院,凡經由處,不得漏泄。其尋常除命,即從之。"

(宋)王欽若等編纂:《冊府元龜》卷六三三《銓選部》

　　(清泰二年)三月,工部尚書,判吏部尚書銓崔居儉奏:"今年選人內,八十三人無闕注擬,詞訴紛紜。蓋因近敕減選入仕者多門,雖可區分,難抑詞理。請下格式,取四月後合用員闕發遣。"中書門下奏:"先以銓曹論員闕,遂却置户掾一員,諸州一百五十員,格式元送闕簿六百四十餘處。後又許超折資序,又堂帖令畿赤已上,雖擬議許開銓後除授,不合預請用四月後員闕。望於移省限内,並須了絶,不得更令選人有詞。"詔曰:"宜令從四月一日後至六月終員闕施行,餘依中書所奏。"崔居儉多藝有士望,是時,帝起義時,諸攀附入官者衆,皆付銓。三銓難其事,故盧文紀奏用居儉,冀察其綜核之失,而近侍者素知其意而奏之,故不從所奏。

(宋)王欽若等編纂:《册府元龜》卷六三三《銓選部》

(清泰元年)二年三月,太常丞史在德上疏言事,其略曰:"朝廷任人,率多濫進。稱武士者,不閑計策,雖披堅執鋭,戰則弃甲,窮則背軍。稱文士者,鮮有藝能,多無士行,問策謀則杜口,作文字則倩人。所請虚設具員,枉耗國力。逢陛下維新之運,是文明革弊之秋。臣請應内外所管軍人,凡勝衣甲者,請宣下本都本將一一考試武藝短長,權謀深淺。居下位有將才者,便拔爲大將;居上位無將略者,移之下軍。其東班臣僚,請内出策題,下中書令宰臣面試,如下位有大才者,便拔居大位;處大位無大才者,即移之下僚。"其疏大約如此。盧文紀等見其奏不悦,班行亦多憤悱。故諫官劉濤、楊昭儉等上疏,請出在德疏,辨可否宣行,中書覆奏亦駁其錯誤。帝召學士馬裔孫謂曰:"史在德語太凶,其實難容。朕初臨天下,須開言路,若朝士以言獲罪,誰敢言者! 爾代朕作詔,勿加在德之罪。"詔曰:"左補闕劉濤等奏,太常丞史在德所上章疏,中書門下駁奏,未奉宣諭,乞將施行,分明黜陟。朕常覽貞觀故事,見太宗之理,以貞觀升平之運,太宗明聖之君,野無遺才,朝無闕政,盡善盡美,無得而名。而陝縣丞皇甫德參輒上封章,恣行訕謗,人臣無禮,罪不容誅,賴文貞彌縫,恕德參之狂瞽。徵奏太宗曰:'陛下思聞得失,只可恣其所陳,若所言不中,亦何損於國家。'朕每思之,誠要言也。遂得下情上達,德盛業隆,太宗之道彌光,文貞之節斯著。朕惟寡昧,獲奉宗祧,業業兢兢,懼不克荷,思欲率循古道,采拔時材。懷忠抱直之人,虚心渴;見便佞詭隨之説,杜耳惡聞。史在德近所貢陳，誠無避忌，中書以文字紕繆，比類僭差，改易人名，觸犯廟諱，請歸憲法，以示戒懲。蓋以中書既委參詳，合盡事理，朕纘承前緒，誘勸將來。多言數窮，惟聖祖之所戒；千慮一得，冀愚者之可從。因覽文貞之言，遂寬在德之罪，爰令停寢，不遣宣行。劉濤等官列諫垣，宜陳讜議，請定短長之理，以行黜陟之文。昔魏徵則請賞德參，今濤等請黜在德，事同言異，何相遠哉！將議允俞，恐虧開納。方今朝廷粗，理俊乂畢，臻留一在德不足爲多，去一在德不足爲少，苟可懲勸，朕何愛焉！但緣情在傾輸，理難黜責，濤等敷奏，朕亦優容，宜體含洪，勉思竭盡，凡百在位，悉聽朕言。”

（宋）王欽若等編纂：《冊府元龜》卷四一《帝王部》

（清泰二年）四月，宰臣張廷節奏：“州縣官徵科賞罰，列縣令、錄事參軍正官，一年依限徵科了絕，加階。二年依限，與試銜。三年總及限，與服色。如攝令錄，一年內了絕，仍攝。二年三年內總及限，與真命內主簿。一年二年，如縣令條。三年總了，別任使。本判官一年加階，二年改試銜，三年轉官。本曹官省限內了絕，與試銜轉官。諸節級三年內總了絕者，與賞錢三十千。其責罰，依天成四年五月五日敕。”從之。

（宋）王欽若等編纂：《冊府元龜》卷六三三《銓選部》

（清泰二年四月）是月，中書門下以吏部三銓注擬大違條格，帖門下省詰錄事強知謙云：“天成三年已前，許超折一資至兩資或三資者，不過三兩人。天成三年後，不許超折。今銓注擬選人，有自超一資至五資，亦有三兩人超六資、七資、八資者。”中書奏：“自有選門，只憑定格，儻或逾越，便舉條章。亦有事繫從權，理難固執，先開容許，後守條流，所貴時暫施行，免令隳紊。今三銓所注選人，超折太多，從來固不容許，若重議改移，便成淹滯。今年且據所注押定，將來別正條格。”從之。

（宋）王欽若等編纂：《冊府元龜》卷六三三《銓選部》

（清泰二年）七月，中書門下言：自今年二月後，諸州奏軍事判官九人，行之礙新詳定敕文。慮在外未知詔軍事判官，宜令本州刺史自選擇舉奏。初，且除本職，未得與官，或與刺史連任相隨，顯有勞能，許本刺史以聞，量事獎賞，仍不許橫有奏薦。其三月後，九人且與施行。

（宋）王欽若等編纂：《冊府元龜》卷六三三《銓選部》

（清泰二年七月）是月，御史中丞盧損言："臣等先編聯制敕，外有比非，故實不便。於時條件準天成元年七月及四年十一月敕，應中外官除授，不計品秩，一例宣賜告身。請依舊制合賜外，各令自出綾紙。又天成元年八月敕，除授旨授令録，皆令内殿辭謝。臣等以令録卑微，不可内庭展謝，請依舊制正衙辭謝。又天成三年五月，長興二年七月敕，許節度使帶使相，歲薦五人，餘薦三人，防禦、團練使二人。臣惟州縣員闕甚少，若容薦舉，則每年銓選何以注擬？請特行釐革。又長興二年八月敕，州縣簿尉判司，差充軍判官，仍同一任。自爾已來，頗傷物論，以爲不當，請行止絶，依舊令衙前選任。"詔曰："令録之任，總六曹之紀轄，繫百里之慘舒，惠養吾民，可以親承顧問，内殿辭謝，可如舊制。藩侯郡守薦人，或諳公事，或有裨益，不可全阻。許依天成敕，帶使相藩臣，歲薦三人，餘二人。直屬京州郡防禦、團練一人。諸色官誥，舉人春關冬集綾紙，聞喜關宴所賜錢，並仍舊官給，餘從之。"

（宋）王欽若等編纂：《冊府元龜》卷六三三《銓選部》

（清泰二年）八月，中書條理前資朝官，大卿監，五品升朝官，西班將軍，皆在任，許滿二十五月；如衝替，已經二十月，即別任用。少卿監，舊制三任四任方入太卿監，今後祇三任，皆有限滿無殿責者，如是特恩，不在此限。五品升朝官，舊例三任四任方入少卿監，今後祇三任，須逐任月限滿無殿責，若特恩，不拘此例。西班將軍，罷任後一年許求官，舊例三任四任方入大將軍，今祇以三任爲限，並須逐任滿月限無殿責，或曾任金吾將軍、刺史與上位比擬非此類；或少年並居下位，仍不得曾有殿責者，特恩不拘此例。三任大將軍方入上將軍，並須每任滿月限無殿責者，若曾領藩鎮、任御史，特敕不拘此例。今後朝廷只除兩使判官，其書記以下，任藩府自辟請。應朝官除外職任無年限者，罷任後須守舊敕一年月限，方許陳乞。如未曾升朝，便居諸道賓從府罷，或舊使未有所授，特有表薦。若檢校官是臺省三院之御，即與中下縣令。檢校是大夫中丞、秘書少監、郎中、員外，即與請資初任昇朝官。如檢校官是尚書、常侍、秘書監、左右庶子，昇朝便與少卿監。諸道賓從，依州縣官例，在任三十月限，或罷官猶有一年之限，或是衝替丁憂而罷已及二十月者，並須更守前官滿月限，方許陳乞。諸州防禦、團練、刺史、判官、推官，並請本州自辟請，中書不得除授。合出選門官，帶三院御史供奉里行及省銜者，罷任後一周年許陳乞。諸州別駕，資品高，不除令錄，仍守本官月限，亦得替後一年，方許乞官。其長史、司馬，或因攝奏正，比來未有官者，並送名。從之。

（宋）王欽若等編纂：《冊府元龜》卷六三三《銓選部》

末帝清泰二年九月，詔曰："安崇贊父有力於皇家，著之青史，雖然得罪於先朝，此日特行於延賞，況頻逢赦宥，可繼烝嘗，亦欲忠義之士知朕念勳之旨，擢爲上佐，爾惟勉旃，特授孟州司馬。"崇贊，故明宗朝樞密使重誨之子也，故有是命。

（宋）王欽若等編纂：《冊府元龜》卷一三一《帝王部》

（清泰二年）十月，中書門下奏：長興二年四月五日，詔朝臣居喪終制，委御史臺具名申奏。諸道賓從喪後，宜行恩命。州縣官才授官及到任一考前丁憂服闋，並與除授，依長定格，自有節文。應州縣官新授及到任一考後丁憂服闋，準格取文解，南曹納磨勘，申中書門下當與除擬，不得經堂陳乞。從之。

（宋）王欽若等編纂：《冊府元龜》卷六三三《銓選部》

（清泰）三年二月，以太子正字夏光隱爲國子太學博士。故遂州節度使魯奇之子，以父歿於本州，以死扞董璋而毀族，故有是命。

（宋）王欽若等編纂：《册府元龜》卷一三一《帝王部》

（清泰）三年四月，詔曰：“近以内外臣僚出入迭處，稍均勞逸，免滯轉遷，應兩使判官，畿赤令長，取郎中、員外，補闕、拾遺，三丞、五博，少列、宫寮，選擇擢任。一則俾藩方侯伯，别耀賓階；次則致朝列人臣，備諳時政。今後内有已滿闕月限外，或偶是缺員，宜便依此施行。”

（宋）王欽若等編纂：《册府元龜》卷六三三《銓選部》

（清泰）三年，中書門下言：“自今年三月後，諸州奏軍事判官九人，行之有礙，新詳定敕文慮在外未知。”詔：“軍事判官宜令本州刺史自選擇奏舉，初且除本職，未得與官；或與刺史連任相隨，顯有勞能，許本州刺史以聞，量事獎賞，仍不許横有奏薦。其三月後九人，俱與施行。”

（宋）王欽若等編纂：《册府元龜》卷六六《帝王部》

趙礪爲兩京留臺侍御史，礪上言：“臺司奉去年四月敕，西京留司官員雖有留臺點檢如聞，多不整齊，宜令太子太師盧文紀都更提轄。今有自去年五月後至今，每稱疾請假最多太子太保王延、太子洗馬張季凝。舊例，朝臣百日假滿，落班簿。延與季凝每遇百日將滿，即一度赴拜表行香，俱是拜跪不任。昨高祖神主祔廟之時，留司班列至彭婆鎮奉迎，其主延只到五鳳樓前，季凝稱病不出。陳力就列，往聖之明規；拜表行香，留司之常務。既疾疢不任出入，箸骰難强於扶持，所宜上禀憲章，内思貪冒，處瀍退休之懇，用循止足之文。雖優弘繫自於朝廷，而彈舉敢隳於職業。”敕：“王延等宜以本官致仕。”時，西京留司朝臣或有弛慢者，朝廷欲徵其失，乃令盧文紀檢轄。文紀乖於大體，至令朝士不得出城，制置甚煩。趙礪嫉之，故有是奏，欲移過於文紀也。

（宋）王欽若等編纂：《册府元龜》卷五二〇下《憲官部》

劉鼎爲吏部員外郎判吏部南曹，與司封郎中曹探同注擬三銓選人，崔銳、卜延嗣而下違格，楊光嗣年貌不同，文書逾濫，令史趙廣、李仁遇、王瓛等伏罪。中書門下帖本司官員各取狀，崔居儉等注擬依格超折，準敕及堂判不違理例。盧文紀執奏本司，各以伏過，官員有失，各望罰兩月俸。狀入，樞密直學士吕琦讀奏，帝問居儉等過失，琦對曰："敕命許超折，此不言資數當判，又更促之，銓司何罪？大抵盧文紀與居儉情不相協，掎摭瑕纇，欲其有玷。"帝曰："公理何在？"是日詔曰："居儉等既準敕文，微失不足爲累，並放。"

（宋）王欽若等編纂：《册府元龜》卷五七《帝王部》

晉高祖天福二年正月，敕應京畿及諸州縣舊有唐朝諸帝陵，並直源縣，並不爲次赤，却以畿甸緊望爲定。其逐縣令，不以陵臺結銜，考滿日，仍以出選門官例指揮。隔任後，據資品準格例施行。

（宋）王欽若等編纂：《册府元龜》卷六三三《銓選部》

（天福）二年正月庚申，詔曰："有晉開國，新命臨人，宜弘不二之規，以廣無私之化。應在朝中外臣寮及節度、團練、防禦使、刺史、留守司及州府縣官等，宜並與加恩，擢材委任，不問常例。"

（宋）王欽若等編纂：《册府元龜》卷八一《帝王部》

（天福二年二月）又敕："州縣之官，俾其戢理；錢穀之職，委以秉持。須選廉勤，豈容薦托？一時苟從於私徇，久遠必紊於公方。頃在唐朝，曾有敕命，貴杜僥幸之漸，明懸誡約之條。時異理同，再宜申舉。自今後中外臣僚或因差使出入，並不得薦囑人於藩鎮，希求事任。如有犯者，並準唐朝長興二年敕條處分。仍付所司。"

（宋）王欽若等編纂：《册府元龜》卷六六《帝王部》

（天福二年）二月，敕："應諸道前任行軍副使等，例從替罷，久住京師，每念滯淹，常懷惻憫，極欲疾速發遣，穩便安排。但以擬除一人，須俟一缺，授命者才去，得替者便來到，闕既專望渥恩，在任又須終月限，循環不已，積滯轉多。而况在京所費亦倍，必想在外，一年事力，才充在京數月支持，比候闕員，多稱委困。當別行於條貫，期各守於規程。起今前件官員等，如得替後，且就家私穩便安居，限一年後方得赴闕，朝廷當據職資便與比擬。或非時有闕，與就便安排，自然公私得濟，出處合宜。有員闕以安排，無歲時之停滯，事關悠久，情在優矜，各委遵承，勿得逾越。其先得替在京者，宜令中書據見有員闕處，量材安排。仍降敕諸道，各令知委。"

（宋）王欽若等編纂：《册府元龜》卷六三三《銓選部》

晉高祖天福二年二月，敕曰："朕以愛膺寶曆，方啓金行。既風教之誕敷，諒寰區之漸泰，而由股肱元輔，藩郡重臣，咸著大功，同爲至治。雖列地顯爵，盡布新恩，而追遠奉先，猶虧舊典。宜示褒功之寵，俾祛風樹之悲。自在朝文武百僚至見任刺史，先代未封贈者，據品秩與封贈，已封贈三代者，與加封贈。又在朝宰臣已下臣僚、外任刺史已上，母、妻未叙封已叙等：朕以削平禍亂，開創基局，漸成銷偃之期，永協興隆之運，亦由左右元輔、中外勛臣，弼予一人，宅是四海。茂績雖彰於王室，覃恩未及於私門。德盛母儀，貴而因子，禮優婦道，榮必從夫，宜加渙汗之恩，顯示封崇之典。其未叙封者，據品秩與叙封，已叙封國號者，與進封。"

（宋）王欽若等編纂：《册府元龜》卷一三一《帝王部》

（天福二年）四月，敕："應諸道前資州縣令官等，明庭選士，歷代通規，各係職司，共將掄擬，顯有去留之式，明分真濫之源。今者，州縣前資官員，悉於中書陳狀，來事却慮，虛陳銓管，永無常調之人，並在鼎司難遏躁求之者。去歲以國朝創業，州縣缺官，思廣渥恩，是從優異。今則彝倫攸叙，庶政咸修，宜舉規程，俾無侵越。其今日已前在中書陳狀諸色人等，見點檢引驗，如不欠少出身立任文書及無逾濫者，旋具奏擬。宜令今日後諸道前資州縣官等，若是資考已出選門，及一任除官未入選門，並一考前丁憂及活得冤獄者，準元敕年限滿日，許經中書陳狀，當與檢勘事理施行。此外，須令並依前後敕格程限，赴吏部參選。或有公材出眾，政績異常者，臨時超擢，不在此限。"

（宋）王欽若等編纂：《册府元龜》卷六三三《銓選部》

（天福二年）五月，前守汴州浚儀縣主簿何光又進策二。其一曰："竊見諸處邊郡小縣，多是山鄉，雖舊有敕，正官滿時，不許差攝官充替，無那遠地，多越明規，攝官既已到來，見任豈敢違拒？況聞所差攝者，大半是本州府使長臨時與旋署虛銜，強替見任正授官員。其最不可者，頗有當年之內，或兩度三度替移，來者須逆，去者須送，配從門內，率自鄉中，悉是權行，誠非本分。如斯得幸，豈肯力官？非惟紊公，當且害物。自今後伏乞特行明敕，顯自新朝。其邊郡縣官，仰節度、刺史，或有見任因事停罷，即許差曾入仕者，權令撫綏。仍又須候正官到官，不可以攝替攝官，或經半載，或過一年，感如能志遠脂膏，道著清白，招添得戶口，徵督得賦租，百里傳聲，群黎感惠，眾狀舉請，即仰奏聞，特乞大朝，便行真命。如此則皇王恩遠，赤子幸深，免被煩苛，漸期蘇息。"敕曰："今後正官滿日，宜令逐處長吏，準元敕預前奏聞，必在審擇能官，不得朝差暮替。如顯有過犯，不在此限。仍令曉示諸道。"其二曰："切見諸道選人，合格下解，不出十月，立定三旬。此則常程向來舊制，却是或有因解樣所誤，式例稍虧，字內點畫參差，印處高下訛舛，便乃駁放，致有艱難。其如有七年八年選期，千里萬里途路，羈窮取士，辛苦到京，若粟錯不容，乃滯塞無計。自今後伏乞特行明敕，顯布新規。其黃衣選人，只驗出身文書。已有前任者，據考牒及解由歷子，轉年得盡，合格不虛，便與判行。小小不賜駁放，則天下感明時事易，聖主恩寬，不使吏徒得行奸計者。"敕曰："參選之日，考驗之間，稍容易，則必長奸欺；若艱難，則或成淹滯。今後宜令所司點檢文書，如有粟錯，詳酌事理，非藏奸隱幸者，不要駁放。”

（宋）王欽若等編纂：《册府元龜》卷六三三《銓選部》

（天福二年）七月丁卯，敕曰：“朕聞王者，懷於有仁，所以享靈長之運；賞延於世，所以勸忠烈之臣。唐開府儀同三司、守太尉兼中書令、西平王、上柱國、岐國公、食邑三千户、食實封一千五百户、贈太師、謚曰‘忠武’李晟五代孫職，以爾上祖西平王昔在德宗皇帝幸梁洋之歲，而有保定大功、中興返正、扶持社稷之力，載諸史氏，予嘉乃德，日篤不忘。宜昇五代之孫，裨陟六聯之位，光乃前烈，焕乎後昆，可將仕郎、耀州司户參軍。”

（宋）王欽若等編纂：《册府元龜》卷一三一《帝王部》

（天福二年）八月，制曰：“或無辜被害，或徇節忘生，既抱沉冤，宜伸贈典。應自張從賓作亂已來，諸色員僚内有死於王事者，並與追贈；有子孫者，量材叙録。”

（宋）王欽若等編纂：《册府元龜》卷一三一《帝王部》

（天福二年）九月，吏部銓奏：長興四年五月五日敕，應諸道州府都虞候，司、判官先指揮。今於州縣前資之中，簿尉判司之内，選差勾當。二年行有廉謹，理無黨偏，即委本道奏聞，請行酬獎者。近日馬步判司，多是差攝官充，馬步判官奏薦，須於前資正官判司簿尉中，精選明練公法，性行端正者，方可任使。滿二周年後無遺闕者，與减三選，仍委本道州府一例給與公憑，如只欠三選已下者，仍便給與文解赴選。今日已前，有前資正官充馬步判官，並准此。所有諸道州府，應今日已前，已差攝試官充馬步判官勾當，已及三年無遺闕者，亦宜令本州府給與公憑，仍便申奏。更四年後給與文解赴選，比擬初官。其今日已前，攝試官見充職有過一周年者，宜令待滿二年日，準上處分。如未及一周年者，宜令諸道州府，敕到後便别差前資正官停替，不在給與公憑者。偽清泰二年三月二十四日敕,停廢前資攝正官充馬步判官,前件敕已經封鏁不行者。敕偽清泰二年三月已前諸道州府所差馬步判官有勤績者,宜令並準元敕赴吏部參選,不得更經中書陳狀。十月,敕選人試判兩道。

(宋)王欽若等編纂:《册府元龜》卷六三三《銓選部》

(天福二年)十月,敕:"應追尊四廟行事官等,追尊四廟,式展盛儀,行事庶官,合頒溥澤,貴承光寵,共贊孝思。宜令銓司準元敕磨勘,如守選年深過格及已合格指受赴任不得并次一選兩選者,先與注官加欠;三選四選月限不滿衝替下許非時注擬者,即相次注官仍頒,各依資序。如不依元敕指揮欠選數多者,即仰都具奏聞。"

(宋)王欽若等編纂:《册府元龜》卷八一《帝王部》

(天福二年)十月戊戌,詔曰:"恩隆加等,故有明文,道在恤孤,宜弘異渥。自去年出師已來,諸軍將校有歿於王事者,其子孫並與量材叙録。"

(宋)王欽若等編纂:《册府元龜》卷一三一《帝王部》

(天福)二年,安州屯將王暉殺節度使周瓌,詔遣滄州節度使李金全以騎兵千人鎮撫其地,未及境,暉爲部下所殺。金全至,亂軍數百人不自安,金全説遣赴闕,密伏兵於野,以祖之座上擒其軍校武彦和等數十人斬之。彦和臨刑,宣言曰:"周瓌儉嗇多疑,嚴刑峻令;暉粗率悖慢,怨其約束,以至飛語相間,各爲防虞。暉乃無疾針砭,數月不出,銛竹爲矛,圖爲竊發。預其事者,暉腹心數人而已。行間之卒,皆受其制,心雖有異,敢不從之? 連雞不栖,物之常理。夫亂者必戮,軍令有之,然則王暉元惡,天子猶賜之信誓,許爲郡守,我等見殺,非有罪也! 若朝廷之命,是食前言;苟將軍之令,得無冤乎!"既戮彦和等,其徒皆以兵送赴闕下。初,金全之將行也,帝謂之曰:"王暉之亂,罪莫大焉! 但慮乎封守不寧,則民受其弊,故折矢飛詔,約之以不戮一人,拔暉爲淮安守,序昇次校,以主其兵。卿之此行,無失吾信。"至是,以彥和等當爲亂之日,劫掠郡城三日,所獲財貨在焉,遂殺而奪之。帝聞之,以姑息金全,不究其事,授以旄節。

(宋)王欽若等編纂:《册府元龜》卷一七九《帝王部》

(天福)三年正月,敕:舉選之流,辛苦備歷。或則耽書歲久,或則守事年深。小有違礙格條,例是不知式樣。今則方求公器,宜被皇恩,所有選人等,宜各令所司,除元駁放及落下事由外,無違礙,並與施行。仍令所司遍下諸道,起今後文解差錯,過在發解州府官吏。

(宋)王欽若等編纂:《册府元龜》卷六三三《銓選部》

(天福三年)八月,敕:"御署官員等,自前並於中書陳狀,引驗文牒擬官。承乏之官,從權所任,例逢興運,咸被異恩,其間慮有曾立事功,或未親官業,宜稍分於殿最,將審驗於行藏,免興濫進之譏,用副當仁之選。其御署官員,今後宜令於銓司投狀,銓司追引點檢歷任文書分明者,申送中書門下,以憑旋據逐人御署因由奏擬。"

(宋)王欽若等編纂:《册府元龜》卷六三三《銓選部》

(天福三年)十二月,敕:"以唐長興四年四月五日節文,應州縣官才授新命及到任一考前丁憂服闕日,亦並與除官者,此後應一考前丁憂州縣官等,服闕後準格便合赴選。自因唐朝敕命,送至中書除官,自今後宜令吏部準格指揮,仍付所司。"

(宋)王欽若等編纂:《册府元龜》卷六三三《銓選部》

竇貞固,仕晉爲翰林學士、中書舍人。天福三年,貞固奏曰:"臣伏睹先降御劄,令文武百僚各進封事。臣聞舉善爲明,知人則哲。聖君在位,藪澤莫有於隱淪;昭代用才,政理自無於紊亂。求賢若渴,從諫如流。鄭所以譽子皮,魯所以譏文仲。爲國之要,進賢是先,庶遵理治之風,宜舉仁人之器。臣今欲請降敕命,指揮文武百僚,每一司之內,共集議商榷一士奏薦:述其人有某能某解,堪爲某官某職,便請朝廷據奏薦任用。若能符薦,果爲當才,即請量加獎賞;或有乖共舉,兼涉徇私,亦請量加殿罰。所貴官由德序,位以才昇。三人同行,尚聞擇善。十目所視,必不濫知。臣職在論思,位參近侍,每謝匪躬之節,常慚濡翼之譏,將贖貪功,聊陳狂狷。"敕曰:"進賢受賞,備有前文。得士則昌,斯爲急務。寶貞固名參閨籍,職在禁庭,貢章疏以傾心,請班行而薦士。於可否之際,分賞罰之科,所貴當人,無或曠職。今後宜許文武百僚,於搢紳之內、草澤之中,知灼然有才器者,列名以奏,納其章疏,記彼姓名,否臧盡達於予懷,用舍免私於公議,仍付所司。"

(宋)王欽若等編纂:《册府元龜》卷五五三《詞臣部》

(天福)五年三月,詔吏部三銓聽四時選擬官,旋奏不在團甲之限。

(宋)王欽若等編纂:《册府元龜》卷六三三《銓選部》

(天福五年)十月,詔曰:"過格選人等,早列宦途,合依選限,或值戈鋌之隔越,或緣貧病以淹延,既礙舊條,永爲廢物。適當闡創,宜憫湮沈,可赴吏部南曹準格,召保是正身者,與降資注官。"

(宋)王欽若等編纂:《册府元龜》卷六三三《銓選部》

(天福)六年八月壬寅,制:"應河東起義之初佐命,及收復鄴都、汜水立功臣僚將校等,其亡歿者,更與追贈;子孫已有職官者,與遷改;未有身名者,與敘用。"

(宋)王欽若等編纂:《册府元龜》卷一三一《帝王部》

晉少帝天福八年正月,詔顯陵行事及祫廟等行事官,並宜加兩階,減兩選,理減外,合格日免取文解,便與注官。過格者,降一資爲事。勒停者,許從勒停日理本官選數,仍減與兩選,合格日免取文解,仍注邊遠同類官。

（宋）王欽若等編纂：《册府元龜》卷六三四《銓選部》

（天福八年）三月，敕諸道州府令佐在任招携户口。比初到任交領數目外，如出得百户已上，量添得租税者，縣令加一階，減一選；主簿減一選。出二百户已上者及添得租税者，縣令加兩階，減兩選；主簿減兩選。出三百户以上及添得租税者，縣令加兩階，減兩選，別與轉官；主簿加兩階，減兩選。出四百户至五百户已上及添得租税者，縣令與加朝散大夫階，超轉官資，罷任後許非時參選，仍録名送中書，如已授朝散大夫及已出選門者，即別議獎酬；主簿加三階。其出剩不及一百户者，據户口及添租税數，縣令加一階，參選日超一資注官，主簿加一階。

（宋）王欽若等編纂：《册府元龜》卷六三四《銓選部》

（天福八年）五月，敕曰："吏部已判成選人等，訪聞人數絶多，闕員甚少，頗爲淹駐，例是饑貧，宜推振滯之恩，用廣進身之路。諸州府判掾見有員闕不少，其見在黄衣選人等，宜令注授，前件官除三京鄴都掾曹外，其餘並許注擬。候秩滿無遺闕者，五選六選減一選，七選八選減兩選，九選十選減三選，内有超資者，再入官日，即依本資叙理。河東管内及鄜、延、涇、邠、秦、隴、鳳等州，管内闕員不少，選人以家私不便，多不伏官，宜令所司不拘超折注擬。仍俟秩滿無遺闕者，五選六選減三，選七選八選減四選，再入官日，却依本資叙理。所注前項州縣官等，宜令銓司依判成次第注擬，切在公當，不得阿私，仍不許選人通關。仍付所司。"

（宋）王欽若等編纂：《册府元龜》卷六三四《銓選部》

（天福八年）六月，尚書兵部侍郎吕琦奏："臣竊見四時選人三銓待闕，停滯已及於數百。栖遲列困於累年，南曹繫日申銓。常有三十二十格式，每月送闕，不過五員七員。竊慮闕員漸稀，人數轉衆，抛耕稼於鄉里，忍窮餓於街坊。名利之途，人所難舍；朝夕之困，事亦可矜。若不改張，恐未通濟。欲請勒定月日，南曹注納文解，只據見在判成待闕選人，取殘闕及逐月新闕，量人材優劣，據員闕好弱，許超折注擬，如此即歲暮至新春已來，相次發遣應盡。其將來選人，即依舊至來年十月下解，南曹應期判成，銓司準格注擬，至次年選畢。有正格，敕用正規程。"從之。仍敕取今年八月一日後注納文解，其已判成許超折人，將來參選，却依本資注擬。

（宋）王欽若等編纂：《冊府元龜》卷六三四《銓選部》

開運二年正月，吏部侍郎王易簡奏："吏部流內銓諸司令史，各主一司，不相統攝，苟有逾濫，無所責成。起今後，望令本銓闕頭一人都簽署諸司案牘者。"敕旨："銓總之司，提舉是務。時臨注擬，尤在精詳。宜令三銓仔細看驗闕牒，或稍涉差謬，即據理科條，將澄刈楚之風，用誡侮文之吏。"

（宋）王欽若等編纂：《冊府元龜》卷六三四《銓選部》

（開運二年正月）是月，刑部侍郎趙遠奏："臣伏睹長興四年五月二十三日敕，州縣官在任日，有覆推刑獄公事，雪得冤獄活人命者，準長興元年二月二十一日南郊赦書節文，便許非時參選，特與超資注官，仍賜章服者。宜令諸道州府，凡有雪活冤獄州縣官等，依元敕點檢，給付公憑。本官自齎赴刑部投狀，委刑部據狀近取本道雪活公案參驗，如事理合得元敕，便仰給付優牒。此蓋道弘激勸，務絕罔欺，在酬獎以甚優，期刑殺而無濫。臣詳元敕，只言州縣官員所許加恩，未該內外職掌。臣又詳前後請給優牒人等文案，若係雪冤屈，本道尋合奏聞，例過五年十年，本人方來論請，具却尋追文案，勞擾公方，於事難明，於理未當。伏惟皇帝陛下，體堯仁而御宇，敷舜德以臨民，大闡化條，克修刑政，旁詢闕典，用整宏綱，功必賞而罪必誅，善者進而能者激。起今後，但能雪活冤獄，不限在朝職司，亦乞量加旌賞。應關諸道州縣官員，雪活冤獄不虛，委逐處長吏抄略指實，按節先具奏聞。

所付本人憑由,官滿到京,便於刑部投狀,不得隔越年歲,方可論訴功勞。庶內外以皆同,使期程而有守,廣亭毒好生之德,盡高低察獄之明者。"敕旨:"理冤申屈,勞績可嘉。內職外官,課最無異。苟能雪活,何吝甄酬。宜先録公文直具聞奏,或實官滿,到闕投狀,無致隔年,庶絶濫訛,用分真偽。"宜依。

(宋)王欽若等編纂:《册府元龜》卷六三四《銓選部》

(開運)三年四月,吏部侍郎王易簡奏:"伏以選門格敕條件具存,藩府官僚該詳蓋寡,所以凡給文解,莫曉規程,以致選人自詣京都,親求解樣,往來既苦,已堪憫傷;傳寫偶差,更當駁放。伏見禮部貢院逐年先書版榜,高立省門,用示舉人,俾知狀樣。臣欲請選人文解,委南曹詳定解樣,兼備録長定格取解條例,各下諸州,如禮部貢院板樣書寫,立在州縣門,每遇選人取解之時,各準條件遵行,仍依板樣給解。"從之。

(宋)王欽若等編纂:《册府元龜》卷六三四《銓選部》

(開運)三年六月乙丑,敕:"諸道不許橫薦官僚。爰自近年,頗逾舊制。起今後,諸道藩鎮防禦、團練、刺史,如本處幕席中有闕,準元敕合奏薦,當與除授,不得橫薦前資賓從。州縣官及諸色職員,希於在朝及外官安排,不得有違。"

(宋)王欽若等編纂:《册府元龜》卷六六《帝王部》

(開運三年)十月,敕:"今年四月二十五日,釐革應前資州縣官一考前丁憂,一任除官。雪活冤獄及在任日招添得户口税錢,曾授御署官,進策官,諸州馬步判官,諸色選人等,今後並須準敕格參選,不得直經中書陳狀。近日有諸色人,依前紊亂紀綱,披陳文狀,欲以嚴行於懲戒,先明示於指揮。國家大啓銓曹,高懸選格,諸色選人宜歸常調,合赴所司,稍立政能,足可進退,豈得罔循常制,唯務僭求?敕釐革而不遵,帖告示而不退,向路隅而陳接,隨馬後以諠譁,或稱罷秩家貧，或訴住京日久。朝廷須存公道，難徇私懷，若事可施行，雖朝陳狀而夕得官，未足言速；既理有違礙，雖歷祁寒而經暑雨，不必言遲，戚本自貽，咎將誰執？殊不知官不可乞，敕不可違，若無誠懲，何以齊整？應諸色選人等，並須準近敕取解赴選。其有招添得戶口，增益得稅錢及雪活冤獄，合該敕條酬獎者，仰於所司投狀，如有司不與公當區分，顯有抑滯，在經中書陳狀，當與指揮。此度分明告諭後，諸色選人等，如更不稟指揮，依前妄陳文狀，當送御史臺勘問，必無輕恕。仍付所司。"

（宋）王欽若等編纂：《冊府元龜》卷六三四《銓選部》

少帝開運中以宰臣桑維翰長子坦爲屯田員外郎次子墳爲秘書郎。維翰謂同列曰："漢代三公之子爲郎廢已久矣，近或行之，甚詒外議。"乃抗表固讓不受，尋改坦爲大理司直，墳爲秘書省正字，議者美之。

（宋）王欽若等編纂：《冊府元龜》卷一三一《帝王部》

晉孔崇弼者，唐僖昭兩朝宰相、魯國公緯之子也。緯有重名於時，無子，崇弼以猶子入繼，承蔭授畿尉。

（宋）王欽若等編纂：《冊府元龜》卷八六三《總錄部》

漢高祖乾祐元年正月，中書奏：以諸道奏薦官吏，多逾舊式，今檢取後唐及晉朝事例，開條曉示，以爲定制者。一、準長興二年七月十二日節文，諸道奏薦州縣官，使相每年許薦三員，今許薦五人；不帶使相藩侯，每年舊許薦二人，今許薦三人；防禦、團練使，每年舊許薦一人，今許薦二人，即不得受人請托，只得奏巡屬員闕，不得薦於別處州府，仍不得薦新罷任及過格人。其所薦人歷任文書，仍隨表送中書門下。未曾有官者，當別比擬。應諸道見任州縣官申奏，考滿後未有替人，本道或藉其幹能，且令勾當。一、準長興三年五月十一日節文。諸道應奏薦州縣官員，如未有正官者，只許奏授初官，不得奏爲令錄。一、準長興四年八月節文，應諸道藩鎮防禦、團練使舊奏薦並前資州縣官等,準敕許奏薦見在幕中攝職及見攝管内州縣官。據合奏人數,皆正所攝,不許橫薦,及不得薦外管前資州縣官。一、準天福四年七月七日節文,應諸州防禦、團練、刺史奏薦攝試官充判官及推官、巡官者,自今後,所奏薦攝試官充判官及推官、巡官,宜令精加選擇,或未曾任官職及無出身稱攝試銜者,不在奏舉之限。一、準天福十一年六月五日節文,今後諸道藩鎮防禦、團練、刺史,如本處幕中有闕,準元敕合奏薦者,即得奏薦,當與除授,不得橫薦。前資責從州縣官及諸色職員,布於在朝及外管安排,不得有違。奉敕設官分職,朝廷自有規程;薦士延才,州郡合存體式。應諸道節度、防禦、團練、刺史奏薦判官、書記、支使、推官、令、錄、簿、尉等親人之官,不易入幕之客,尤難必取當仁,庶聞幹事,守臣奏薦,朝廷選除,素有明文,咸拘定制。近年以來,除人或虧,允當薦士,多昧選求,體制既逾,紊亂滋始,遐邇將期於致理,奏除宜在乎擇才,況有舊章,足爲常式。其諸道行軍副使、兩使判官,並不得奏薦,委中書門下選除。帶使相節度使,許奏節度掌書記、觀察支使、節度推官。不帶使相節度使,只許奏節度掌書記、節度推官。其防禦、團練判官,刺史判官等聽奏,仍須精選才能。其唐朝、晉朝前項條貫,並可舉行,永爲規制。所奏薦州縣官,自有銓行,不可侵越。以敕内舊人數許奏,使相三人,不帶使相二人,防禦、團練、刺史一人爲定,仍付所司。

(宋)王欽若等編纂:《册府元龜》卷六三四《銓選部》

隱帝乾祐元年七月,吏部員外郎常準上言:"臣以國家選擇令佐,或從銓注,或是敕除,立考課以校政能,驗貪廉而行黜陟,如斯條貫,尚有闕遺。近者諸道州府多署攝官,以代正授,既不拘於考績,唯掊歛於資財,致使户民轉爲蠹耗。臣請示諸道州府長吏,如令佐正官月限已滿,除替未到,不限時月,切不得以攝官衝替,須待正授替官,即令對面交割縣務,然後本州使出給解由批書歷子,如此,則承真命者守文畏法,求攝任者退迹悛心。"

(宋)王欽若等編纂:《册府元龜》卷六三四《銓選部》

（乾祐）二年正月，敕：“睿陵及祔廟諸司職掌行事人等，並減二年勞。如欠一選及已合格者，南曹磨勘，送名中書。其州縣前資官判成人及幕職京官等，並減兩選，仍令南曹點檢。若別無違礙，欠三選已上者，給與減選公憑。若欠兩選一選及已合令格限者，所司具名申送中書門下。其判成選人，銓司越一資注擬。”

（宋）王欽若等編纂：《冊府元龜》卷六三四《銓選部》

（乾祐二年）四月，中書門下奏：“準吏部南曹鑱宿內選人中，有契丹會同年號歷子解由考牒，未審各令改就天福年號，為復別有指揮。奉敕應是偽命文書，不在施行之限者。今緣有晉州受官，契丹年給解由歷子，若執格敕文，慮有廢身名，欲議酌中，不至沉弃者。凡州縣官、幕府官曾受契丹偽命者，追文書毀廢者，只取唐朝、晉朝出身文書參選，本選外仍殿五選，降三資注擬。凡唐朝、晉朝諸科及第人，於契丹年號內出給冬集，許追毀換給，仍據新給年月日數理選。”從之。

（宋）王欽若等編纂：《冊府元龜》卷六三四《銓選部》

（乾祐二年）八月，右拾遺高守瓊上言：“有國通規，無先擇士。論選既當，綱紀必陳。而縣令字人，最親理道，若宰大邑，難用小才，一同皆係於慘舒，百姓咸關於利病，實賴勤恪，以恤孤煢，吏若不臧，人當受弊。近年銓司注擬，藩府薦論，只循資歷而行，不以年顏為念，且少年宰邑，鮮有廉勤，不執公方，惟貪娛樂。以臣愚見凡朝廷選親人之官，年未三十，請不授縣令。少年授任，必慮因循，敕令錄之任，責辦非輕；用舍之間，尤宜適中。少小者未曾履歷，則為政必疏；衰晚者已及耄昏，則臨民多廢，須期慎選，以擢吏能。起今後諸色選人年及七十者，並宜注優散官；年少未歷資考者，不得任縣令。”

（宋）王欽若等編纂：《冊府元龜》卷六三四《銓選部》

（乾祐二年）十二月，敕：“中書奏：前資朝官近日並於中書陳狀，稱準宣命指揮，自外地發遣，相次到京，正當冬寒，未有員闕，既難淹泊，須議指揮。其前資文武兩班朝官等，只宜於西京及闕下任便安居，候闕除授，宜令御史臺曉示。又，中書條奏：準天福八年四月一日敕條，舉前後敕文內，一件準天福五年十月二十七日敕，應州縣官書得十六考，敘階至朝散大夫者，並歷任內曾昇朝及兩使判官者，準元敕一選集，選期既近，理減尤難，不得援常選人例，妄乞減選。每一任無遺闕者，候再除官，別與加恩。其曾任節度、觀察、推官、巡官、防禦、團練軍事判官，並諸出選門官等。如却授令錄者，並依見任官選數赴集；若在任有考課，準格合減選者，並與理減。除此外，今任合七選集者，特與減一選，八選已上，與減兩選。仍并合格日取解，赴所司磨勘；無違礙者，即錄名送中書。”敕：“審官之要，必擇才能，與理同歸，迭處中外，約以選限，固有條格。邇來或自朝行，或從賓職，願爲州縣，自就便宜。當求事之時，冀得而不論卑位，及既替之後，敘資而却理前官。須立規程，以絕僥幸。”是冬，近臣奏：前資朝官、判官在外藩居止，其間輕薄求利者，能以詞說搖動藩臣。乃下宣命。但是前資朝官從事，並來京中居止，其求事者，利其宣命，遂雲集都下，相與朋結，三五爲群，於宰臣、樞密使馬前遮訴。初，楊邠甚怒，出此釐革，然而遮訴不已。

（宋）王欽若等編纂：《册府元龜》卷六三四《銓選部》

隱帝乾元三年，兵部侍郎盧賈上言：“臣讀唐史，見薛登上疏云：‘古之取士，實異於今，先觀名行之原，考其鄉曲之譽，崇禮讓以厲己，取名節以標言，以敦樸爲先最，以雕文爲後科。故人從禮讓之風，士去輕浮之行，希進者必修貞確不拔之操，行難進易退之規。’臣因覽前書，睹兹舊事，望於聖代，復用此言。則有才者皆務造修，無行者不宜推擇。”從之。

（宋）王欽若等編纂：《册府元龜》卷六八《帝王部》

顯德元年正月丙子朔，赦文：自開創已來，諸軍將校死王事者，軍使都頭已上,並與追贈。已追贈者,更追贈;有親嫡子孫,量才録用。

（宋）王欽若等編纂:《册府元龜》卷一四〇《帝王部》

世宗以顯德元年正月丙申即位,三月,詔諸軍將較:"自開創已來,有殁於戰陣及身死疆場者,並與追贈。如有親嫡子孫未曾録用者,並與録用。"

（宋）王欽若等編纂:《册府元龜》卷一四〇《帝王部》

周太祖廣順元年二月敕:"朕祇膺景命,淹有中區。每思順物之情,從衆之欲,將使照臨之下,咸遂寬舒;仕宦之流,自安進退。往者時有拘忌,人或滯留,所在前資,並遣赴闕,輦轂之下,多寄食僦舍之人;歲月之間,動懷土念家之志。宜循大體,用革前規。應諸道州府,有前資朝官居住,如未赴京,不得發遣。其行軍副使已下幕職,州縣等官,得替求官,自有月限,年月未滿,一聽外居。如非時詔徵,不在此限。但闕員有數,入官者多,苟無定規,必生躁競。凡爾進取,知朕意焉。"漢隱帝時,楊邠以前資官在外地,慮有游説藩方,易萌奸妄,故宣諭外州:凡前資朝臣使府幕職,不得外地居止,須來京師。尋宣諭,只令兩京居止。太祖知其不便,故下此敕。

（宋）王欽若等編纂:《册府元龜》卷六三四《銓選部》

（廣順元年二月）是月,敕:"自前朝廷除官,銓司選授,當其用闕,皆弃舊規。近聞所得官人,或佗事所留,或染疾淹駐,始赴任者,既過月限,後之官者,遂失期程,以至相沿漸成非次,是致新官參謝欲上,舊官考秩未終,待滿替移,動逾時月,凋殘一處,新舊二官,在迎送以爲勞,必公私之失緒。今後應諸道州府録事參軍、判司、縣令、主簿等,宜令本州府以到任月日旋具申奏及報吏部。此後,中書及銓司以到任月日用闕,永爲定制。其見任州縣官限,敕到,仰便具先到任月日,一齊分析申奏及報吏部。其有諸色事故及丁憂,並請假十旬滿日,亦仰旋具申奏,兼報吏部。其新受官,準令式給程限外,如不到本任參上，致本處無憑申奏到任月日，便仰吏部同違程不上收闕使用。其諸見闕，亦不得差官攝權，輒便隱留，如違敕條，罪在本判官。錄事參軍、孔目官已下。"

（宋）王欽若等編纂：《册府元龜》卷六三四《銓選部》

（廣順元年二月）是月，吏部三銓奏：去年冬南曹判成選人三百八十一人，經十一月二十二日兵火散失，磨勘了歷任文書，或有送納文書未鈔，及取到南曹失墜公憑，銓司若依格磨勘，恐選人訴論，今欲只據南曹給到失墜公憑，便與施行。從之。

（宋）王欽若等編纂：《册府元龜》卷六三四《銓選部》

（廣順元年）五月，敕："朕祇荷上玄，恭臨大寶，慮一夫之不獲，期四海之攸歸。近知銓選人多，州縣闕少，或經年而空掩桂玉，未授一官。或欲歸而暗想鄉閭，又遥千里，以斯去任，虛歷歲時。其間或妄乞官者，多是逾違，自稱淹滯；或未合格者，不遵條制，顯紊公方。宜行釐革之文，以絶幸求之路。宜令自今月十一日已前，州縣前資官及諸色選人等，曾經中書陳狀者，並送吏部南曹磨勘。如今年冬合格無殿犯違礙者，即送中書除官。未合格並諸色違礙格敕，及曾殿黜得洗雪者，並仰各守格敕叙理赴集。其漢朝州縣爲徵科不了，及擅用破逃户停官人數，並令赴吏部南曹投狀磨勘，實是無過停替者，本朝解由公憑及牒三司灼然，過準格成一考前停官者，可送名中書除官；一考後兩考前停官者，減一選；兩考已上者，上理本官選數，並取解赴集。起今後，應有前資州縣官並諸色選人等，及曾經黜該恩得雪者，並仰各守敕格赴選，不得妄有乞官。如敢故違，宜殿兩選，將來降一資注擬。如或本司不依格敕，妄有滯留，罪在所司，當行典憲。一則俾守規程之道，一則稍除躁競之門，免恣逾濫，貴尊條制。如是特恩。不拘是例。"

（宋）王欽若等編纂：《册府元龜》卷六三四《銓選部》

（廣順元年五月）是月，敕："朝廷設爵命官，求賢取士，或以資叙進，或以科級昇，至有白首窮經，方諧一第；半生守選，始遂一官。是以國無幸民，士無濫進。近年州郡奏薦，多無出身前官，或因權勢書題，或是衷私請托，既難阻意，便授真恩，遂使躁求僥幸之徒，爭游捷徑；辛苦孤寒之士，盡泣窮途。將期激濁揚清，所宜循名責實，凡百有位，當體朕懷。今後州府不得奏薦無前官，及無出身人。如有奇才異行，越衆超群，亦許具名以聞，便可隨表赴闕，當令有司考試，朕亦自更披詳斷。其否臧俾之是黜，庶使人不謬舉，野無遺才，冀廣得人，以資從政。"

（宋）王欽若等編纂：《册府元龜》卷六三四《銓選部》

（廣順元年）六月，中書門下奏："得司勛郎中許遜申權主判吏部格式選人，皆稱值去年十一月内失墜告牒，雖尋舊式，有例檢行。竊緣官員上任之日，只憑告敕簽符，罷秩之後，即藉解由歷子，既失官牒，得以檢其敕甲，若無解由，難知真偽。欲請今後若無解由歷子考牒者，候牒本道州縣，勘尋有何殿最，候回文與陳狀，官員事理同，即依牒申銓，取保再給憑由。貴無逾濫之人，免有僥求之幸。"從之。

（宋）王欽若等編纂：《册府元龜》卷六三四《銓選部》

（廣順元年六月）是月，敕追尊四廟，諸司、寺監合差行事官，宜令差補。漢末七州停替，州縣官充候行事了，各與除官。如行事官人數未足，以前資州縣官已合格並過選者充，仍歷勘官牒，委無違礙，方得差補。又敕今年正月五日恩赦前，應諸色官員有過犯，合追毀出身歷任官牒，至今尚未追毀，其本官叙理，仍各依格敕處分。

（宋）王欽若等編纂：《册府元龜》卷六三四《銓選部》

（廣順元年）八月，吏部南曹磨勘勸進官，點檢内有室長相次呈納到出身已來補牒、優牒，多奏補不依年限。當曹先爲去年冬集選人年滿室長李溥、張宗又爲奏補不依年限，駁放後，便值兵火，失墜補牒、優牒，申中書門下取裁，欲依判成選人失墜文書例，出給公憑。奉敕宜令所司各出給失墜文書公憑，候參選日磨勘，理本官選限外，仍各殿兩選。應乾祐六年已來及自今後，如有齋郎奏補後年限滿，令定冬集及推補室長。時有違格敕不依年限者，違一年殿兩選，二年殿三選，違二年已上者，不在施行之限。仍敕下後殿選，餘並準前後敕施行。

（宋）王欽若等編纂：《册府元龜》卷六三四《銓選部》

（廣順元年）九月，敕：“朝廷命官分治州縣，至於招安户口，增益税租，明立賞科，以勸勤吏。近朝釐革，雖有敕文，俱未適中，難仍舊貫。晉代則傷於容易，啓僥幸之門；漢朝則過於艱難，妨進趨之路。既非允當，須議改更。宜令應州縣官所招添到户口課績，自今日已前罷任者，並準天福八年三月十一日敕施行，其漢乾祐三年七月二十五日敕不行。起今後，應罷縣令、主簿招添到户口，其一千户已下縣，每增添滿二百户者，減一選；三千户已下縣，每三百户減一選；五千户已下縣，每四百户減一選；萬户已下縣，每五百户減一選，並所有增添户及租税，並須分明於歷子解由内録都數。若是減及三選已上，更有增添及户數者，縣令與改服色；已賜緋者，與轉官；其主簿，與加階轉官。”

（宋）王欽若等編纂：《册府元龜》卷六三四《銓選部》

（廣順元年）十月，敕：“選部公事，比置三銓。所有員闕選人，分在三處。每至注擬之際，資叙難得相當。況又今年選人不多，宜令三銓公事，併爲一處，委本司長官、通判，同商量可否施行，所冀掄選得中，銓綜有序。其吏部尚書銓見闕，宜差禮部尚書王易權判。”

（宋）王欽若等編纂：《册府元龜》卷六三四《銓選部》

（廣順）二年三月，敕：“應京諸司職掌赴西京册廟行事，八十有六人,宜令吏部南曹別驗出身、歷任行事,無遺闕歷子,委無違礙,與各減一選。如有今年冬初合格又已過選者,銓司注官日,與加一階。其不該選數已經補奏者,減一年勞。"

（宋）王欽若等編纂:《册府元龜》卷六三四《銓選部》

周太祖廣順二年三月,補故控鶴指揮使郭超長男重均充左番殿直,次男重友充右番殿直,以父歿王事故也。

（宋）王欽若等編纂:《册府元龜》卷一三一《帝王部》

（廣順二年）八月甲午,敕:諸州縣吏民緇黃繼來詣闕,留舉刺史、縣令。牧宰之任,委寄非輕,係烝庶之慘舒,布朝廷之條法。若廉勤奉職,撫字及民,自有政聲達於朝聽,何勞民庶遠致舉留?既妨農養之時,又耗路途之費,所宜釐革,免致勞煩。今刺史、縣令顯有政能,觀察使審詳事狀,朝廷當議獎昇。百姓僧道更不得舉請,一切止絕。

（宋）王欽若等編纂:《册府元龜》卷一六〇《帝王部》

（廣順二年）十一月丙午,敕曰:"古者立封樹之制,定喪葬之期,著在典經,是爲名教。洎乎世俗衰薄,風化陵遲,親歿而多闕送終,身後而便爲無主。或羈束於仕宦,或拘忌於陰陽,旅櫬不歸,遺骸何托?但以先王垂訓,孝子因心,非以厚葬爲賢,只以稱家爲禮。掃地而祭,尚可以告虔;負土成墳,所貴乎盡力!宜頒條令,用警因循,庶使九原絕抱恨之魂,千古無不歸之骨。縉紳人士,當體茲懷。應内外文武臣寮幕職、州縣官選人等,今後有父母、祖父母亡歿,未經遷葬,其主家之長不得輒求仕進,所由司亦不得申舉解送。如是卑幼在下者,不在此役。其合赴舉選者,或是葬事禮畢,或是卑幼在下,勒於納家狀内具言,不得罔冒。宜令御史臺及逐處長吏、本司長官、所由司覺察糾舉,違犯者,當行典憲。如是不切覺察,縱任罔冒,罪在糾舉之司。其中有兵戈阻隔,或是朝廷特恩除拜、起復、追徵及内外官職員,皆以金

革從事，並不拘此例。所有敕前見任職員官及今年舉選人等，不在糾
舉之限。”

（宋）王欽若等編纂：《册府元龜》卷一六〇《帝王部》

（廣順二年）十一月，詔曰：“古者立封樹之制，定喪葬之期，著在
典經，是爲名教。洎乎世俗衰薄，風化陵遲，親歿而多闕送終，身後而
便爲無主，或羈束於仕宦，或拘忌於陰陽，旅櫬不歸，遺骸何托？但以
先王垂訓，孝子因心，非以厚葬爲賢，只以稱家爲禮，掃地而祭，尚可
以告虔；負土成墳，所貴乎盡力。宜頒條令，用警因循，庶使九原絶
抱恨之魂，千古無不歸之骨。應内外職官及選人等，今後有父母、
祖父母亡没，未經遷葬，其主家之長，不得輒求仕進，所由司亦不得
申舉解送。如是卑幼在下者，不在此限。其合赴舉選者，或是葬事
禮畢，或是卑幼在下，勒於所納家狀内具言，不得罔冒。宜令御史
臺及逐處長吏、本司長官，所由司覺察申舉。其中有兵戈阻滯，或
是朝廷特恩除拜，起復追徵及内外管軍職員，皆以金革從事，並不
拘此例。”

（宋）王欽若等編纂：《册府元龜》卷六三四《銓選部》

（廣順二年）十二月戊申，以左千牛衛將軍歐弘練爲嘉州刺史，京
兆少尹張仲荀爲渝州刺史，並放歸本道。弘練、仲荀皆故湖南馬希範
之牙將也。弘練以進奉入朝，值本鎮亂，歸計阻絶；仲荀本邸官，馬氏
既亡，朝廷以環、衛二尹授之。至是，劉言與弘練等書，言已爲故府攘
除寇盜，權主山河，都無舊人，同議藩任，已具聞奏，請速旋歸。故有
是命。

（宋）王欽若等編纂：《册府元龜》卷一七九《帝王部》

（廣順）三年五月，敕：“近日多有諸色出選門州縣官，累經中書
陳狀，援引從前敕文乞除官事。中書先以乾祐二年二月十日敕文，以
此難議施行，今將已前敕文，詳酌可否，特與條貫，庶無淹滯。應前後

出選門州縣官內，有十六考，叙朝散大夫階次。赤令並歷任中，曾昇朝及兩使判官、五府少尹，罷任後一周年除官。曾任兩藩營田判官、書記、支使、防禦團練判官，罷任後二周年與除官。並許經中書陳狀點檢，不欠年限，當與施行。選期既定，不得依常選人例，更理減選，仍須分明批書曆子，請給解由。若是逃失戶口，降書考第。其顯有過犯，必行殿降。應諸色選人過犯三選已上，及未成資考丁憂課績官，無選可減者，宜令自於吏部南曹投狀，準格敕磨勘，無違礙，申送中書門下，並與除官。其州縣官自恐虧損年限資序歸選門者，亦聽自便。如或曾任推、巡、軍事判官等，並諸色出選門官，並據見任官選數叙理，取解赴集，依格敕磨勘，送名中書門下，於銓司注擬前，先次除官。所有諸色常選人，皆自有選限，合赴常調，今後不得妄有陳乞，及不依格敕論理功課，如違當行舉勘。若是特恩除授及擢才委任，不拘此例。”

（宋）王欽若等編纂：《冊府元龜》卷六三四《銓選部》

（廣順三年）十一月，敕：“郊禮行事官，並差在京求仕官充。各據出身歷任，仔細磨勘，委無違礙，方得差補。如曾有殿犯除名免官勒停等人，未經恩洗雪者，不在收補之限。若已取解及免取解赴選在外未來者，不得著人承替。如收補行事後，將來赴選，南曹磨勘，別有違礙，所補官司與本人並當勘斷。”

（宋）王欽若等編纂：《冊府元龜》卷六三四《銓選部》

（廣順三年十一月）是月，敕：“天下縣邑，素有等差。歷年月以既深，或增損之不一。其中有戶口雖衆，地望則卑；地里雖高，而戶口至少。每至調集，不便銓衡。及有久歷官途，却授隘狹之縣；纔昇仕進，便臨繁庶之民。宜立成規，庶叶公共。應天下縣，除赤縣、畿縣、次赤、次畿外，其餘三千戶已上爲望縣，二千戶已上爲緊縣，一千戶已上爲上縣，五百戶已上爲中縣，不滿五百戶爲中下縣。選人資叙合入下縣者，今許入中下縣。宜令所司據今年天下縣戶口數，定望、緊、上、中、下次第聞奏。"吏部格式,據户部今年諸州府所管縣,分列户口數目,定合爲望縣者六十四,緊縣七十二,上縣一百二十四,中縣六十五,中下縣九十七,欲依所移銓曹。從之。

（宋）王欽若等編纂:《册府元龜》卷六三四《銓選部》

（廣順四年）十月,敕:"御史臺勘成除官不謝不赴任人,孟翰、裴韶、賈蟾、程範、崔中庸五人放罪,勒赴任。龐延祚、李玫准元敕殿選。起今後更有受官不謝,宜令門下省、御史臺嚴切檢舉,追勘聞奏。授官後違程不赴任,準元敕殿選。如選未滿使使來乞官者,除本選外,別行殿黜。"

（宋）王欽若等編纂:《册府元龜》卷六六《帝王部》

顯德元年正月赦文:"應只奉郊廟職掌人,直並與恩澤。其行事官已勘無違礙者,候銓司移省後,各與除官。合來一年集者,候將來授任,仍並加一階。欠三選至五選者,減一選;欠六選已上,減兩選。幕職並與減一年,如欠月限不及一年者,便與除官,仍轉官資。其諸色選人駁放,皆依格敕,其間小小違礙若可以情恕者,並條奏以聞。"

（宋）王欽若等編纂:《册府元龜》卷六三四《銓選部》

世宗顯德二年正月,詔在朝文資官,曾歷藩郡賓職州縣官者,宜令各舉堪爲令録者一人,除官之日,仍署舉主姓名。若在官貪濁不公,懦弱不理,或職務廢闕,或處斷乖違,並量事重輕,連坐舉主。

（宋）王欽若等編纂:《册府元龜》卷六三四《銓選部》

（顯德二年）七月丙戌,帝謂侍臣曰:"藩郡賓職,下至令録,皆親吾民,事任非輕也。所宜歷試求人,委之共理。"宰臣奏曰:"人有雖負文學不能幹事者,有藝不及人能幹事者,有貌鄙言訥通理道者,有奇資辨言昧時務者,求人之道,自古爲難。"帝曰:"豈朕不及前代明王?

何奇材名士未盡出邪?"

（宋）王欽若等編纂:《册府元龜》卷六九《帝王部》

（顯德）三年十月,詔曰:"諸司職員,皆係奏補。當執役之際,悉借公勤。及任事之時,尤資幹敏。苟非慎擇,漸至因循。應諸司寺監今後收補職役人等,並須人材俊利,身言可采,書札堪中。自前行止,委無訛濫,勒本司關送吏部,引驗人材,較考筆札。其中者,更具引驗可否,連所試書迹並本州府不係色役回文及正身,引送中書後,吏部具夾名聞奏,候敕下,勒本司補收。餘從前後格敕處分,每年只得一度奏補。其諸司寺監舊額定人數,仍令所司量公事繁省,於未奏補人數内,酌詳添減,別爲定額。"先是,百司奏補官吏,於事言筆札之間,多不選擇,以至有不能舉其條目者。敕出之後,物議以爲允當。

（宋）王欽若等編纂:《册府元龜》卷六三四《銓選部》

世宗顯德三年十二月辛巳,贈故開封府襄邑縣令劉居方右補闕,仍賜其男士衡比學究出身。居方累宰大邑,甚得撫字之要,帝知之,故特加贈典而復賞其子焉。

（宋）王欽若等編纂:《册府元龜》卷一三一《帝王部》

（顯德）四年五月甲寅,以江南僞命、前壽州衙内都指揮使劉崇贊爲檢校太保、懷州刺史,崇贊,故鄆州節度使仁瞻子也,以其父舉壽陽來降,故有是命。

（宋）王欽若等編纂:《册府元龜》卷一三一《帝王部》

（顯德）五年正月乙巳,詔在朝文武官,宜令各在舉堪任幕職令録者一人。

（宋）王欽若等編纂:《册府元龜》卷六八《帝王部》

（顯德）五年正月,詔曰:"職官攸設,數易則弊生;政理所施,久行則民信。前典有三載考績之義，昔賢垂三年報政之規。將欲化民，莫如師古。諸道幕職州縣官，依舊制以三十箇月爲滿，起今年正月一日後，所授官並以三周年爲月限，閏月不在其內。每年常調選人及諸色求仕人，取十月一日已前到京下納文解及陳乞文狀，委所司依舊例磨勘注授，至十二月上旬終，並須了畢，便令赴官，限二月終以前到任。若違程，仰本處不得放上，且令舊官在任。如是無故違程，依格殿選；其有故違程者，須分明出給得所在憑由，許至前冬赴集。今年赴任者，不在此例。其特敕除授及隨幕判官赴任，不拘時月之限。應授官人，至滿日替人未到間，宜令且守本官，主當公事，依舊請俸，州府亦不得差署攝官替下。如是遭喪停任，身故假滿，非時闕官之時，只可差前資正官及有出身人承攝。如逐處無正官及有出身人，即選清強人承攝，仍依正官例支與俸錢。具名奏聞。"

（宋）王欽若等編纂：《冊府元龜》卷六三四《銓選部》

（顯德五年）閏七月，吏部流內銓狀申見行條件公事。銓司先準格例，南曹十一月末開宿判成選人後，先具都數申銓，銓司據狀便榜示選人，引納京諸司職官，使家狀及示判紙、三度榜引得齊足，方至十二月上旬內定日鑞銓者。銓司若候南曹十月內開宿，引納家狀，慮恐遲滯。今後纔南曹鑞宿後，先榜示選人，預納家狀。其合保文狀，使職官司使印，限開曹後兩日內赴銓送納，須得齊足。如限內不納到家狀、保狀、試紙人，便具姓名落下，不在續納之限。據納到文狀，至十月二十二日已前，鑞銓先準格例，鑞銓後便榜示引驗正身、告敕文書，三引都九日，如三度引不到者，便落下。銓司自今後鑞銓日便榜示選人，至次日引驗正身及告敕文書，限三日內三引畢，如不到者便落下。每年南曹判成選人中，多有托故不赴，選司準格例伺候，須及三引計九日不到者，方始落下。銓司今後有此色人逐引不到，便據姓名落下。先準格諸色選人三引畢後，賫使印保狀赴銓，并合保後，縣令、錄事參軍重引驗合保，審其才術，銓司欲三引後次日內重引驗令錄，審其才術及合保，如限內不到者，便據姓名落下。銓司引驗後，本行準格敕及將銓狀歷任告敕文書，限三日內點檢，無違礙，具名銜關報試判注擬。所有選人歷任省草，於未注官已前，相次修寫帖送過院。選人所合注使員闕，鑠銓後便具狀申中書門下，乞降指揮。應選人試判，今欲鑠銓內預準敕，於中書省請印到逐人試紙，候點檢畢，關報名銜齊足，次日便定日試判三場，逐場次日申奏後，限兩日內供納，宣黃後，次日乞降可否。敕命銓司，自前注擬諸色選人，準格三注，每一注內有不伏官者，限三日內具狀通退，三注都九日者。銓司自今後第一第二注榜出後，各限次日內具通官，伏官文狀，便具姓名落下。第三注畢日開銓，不在通官之限。三注都五日，準格銓司送省，逐年二月二十五日送門下省畢，三月十五日過官畢，三月三十日進黃移省畢。銓司三擬畢後，省甲案便於格式司逐注，旋覆闕入官過院，條寫省歷，至十一月十四日已前，牒送門下省畢。銓司門下省但押定牒到，取兩日祗候，取判過堂，次日乞降可否堂帖。其黃甲限四日內修寫，勾勘印署，至十二月六日牒送門下省，至十二月十九日進黃畢。所有銜謝對敕，元在格限外，應行內諸司公事，或有忭繫，申銓取裁，銓司便準敕格指揮。如銓司難議裁酌，即申堂取裁。

（宋）王欽若等編纂：《冊府元龜》卷六三四《銓選部》

（顯德）六年二月辛卯，以新及第進士高冕爲右補闕，仍賜衣一襲，烏金帶一，銀器一百兩，衣著二百匹，銀鞍勒馬一匹。是時，帝銳意於平燕，及冕登第，因其謝恩入對，命宰臣以《平燕論》試之。既而冕著論，盛言燕可擊，甚愜帝旨，故有是超拜，復厚加賜賚焉。

（宋）王欽若等編纂：《冊府元龜》卷九七《帝王部》

趙崇凝重清介，門無雜賓，慕王蒙、劉真長之風也。標格清峻，不爲文章，號曰無字碑。每遇轉官，舊例各舉一人自代，而崇未嘗舉人。云："朝中無可代己者。"世以此少之。

（宋）李昉：《太平廣記》卷五〇〇《趙崇》

4. 考課與俸禄

(1) 考課

（同光二年三月）是月，中書門下奏："賞善罰惡，致理之源；選材任能，爲政之本。所在刺史、縣令，有政績尤異爲衆所知，或召復户口，能增加賦税者；或辨雪冤獄，能活人生命者。及去害物之積弊，立利人之新規，有益於州縣，爲衆所推者，即仰大處，逐件分明聞奏，不得輒加緣飾，以爲浮詞。據事狀不虚，則加獎激，以勸能吏。如在任貪狠，誅剥生靈，公事不治，爲政怠惰，具事節聞奏，勘核不虚，當加譴罰，以戒慢官。其州縣官任三考滿，即具闕申送吏部，格式候敕。除銓注，本道不得擅差攝官，輒替正授者。"從之。

（宋）王欽若等編纂：《册府元龜》卷六三二《銓選部》

（同光）三年八月，敕諸司人吏授官，從來只係勞考，年滿赴選，方許離司。近日已來，頗隳條制，到司曾無考課，公事尚未諳詳，便求薦論，深爲僥幸，遂使故事都失。蓋由舊人不存，豈唯勞逸之罔均，兼致司局之曠敗。自今年，除勞考滿，三銓注官，即許赴任，非時不得奏薦。如有注掌難重，勞績可稱，許本司奏聞，當與減選。或是顯然事迹，在司年深，齒髮祇役不任，即許解職赴任。餘切依格條處分。

（宋）王欽若等編纂：《册府元龜》卷六三二《銓選部》

後唐莊宗同光四年二月，吏部侍郎盧文紀上疏："請責内外百司各舉其職，明行考課，以激其能。"從之。

（宋）王欽若等編纂：《册府元龜》卷一五五《帝王部》

後唐盧文紀，爲吏部侍郎。同光四年，上疏請内外百司各舉其職，明行考課，以激其能，從之。明宗天成元年十月，尚書考功又舉奏令式，内所定中外百職，校考節文，及中興以來格條，請自所司施行。

敕旨從之。

（宋）王欽若等編纂：《册府元龜》卷四六七《臺省部》

後唐盧文紀，爲吏部侍郎。天成元年十月丙戌，奏："一人御宇，百職交修，則四時無水旱之災，萬國有樂康之咏。頃屬中原多事，三紀不寧，廉平因此而蔑聞，賞罰由兹而失序。所以梟鸞並起，駑驥難分，有援助者至濫必容，守孤貞者雖賢莫進，遂使居官儡俛，奉職因循，唯思避事以偷安，罔效輔時而濟物。伏惟皇帝陛下，削平九有，收復八紘，承乾興萬代之基，出震應千年之運。櫛沐風雨，手足胼胝，勤勞大集於聖功，華夏畢歸於睿略。雖遠柔邇伏，咸知臨照之鴻恩，而旰食宵衣，尚念生靈之久困累；頒絲綍典，訪芻蕘恐天災之流行。因皇風之擁隔，臣不揆庸短，輒冒宸聰。臣請告諭內外文武臣僚，凡守一官，責其舉職，公請奉上，勤恪爲心。每歲秋冬，明定考校。將相則希回御筆，班行則悉委司存。外則州牧、縣僚，具以真虛比較。儻聞共推異績，便宜特示甄酬，如其衆謂。曠官固可明行黜責，所冀免懷竊位，俱效竭誠。上則輔佐於大君，下則專精於庶務。高卑不濫，功過無私。官既清廉，則民無愁嘆。勸課之方得所，則生靈之賦樂輸。故可以進賢良，退不肖，安生聚，實倉箱。使和氣遠敷，德澤廣被。顧惟穹昊，必降休祥，永致太平，佇期混一。臣叨逢明聖，謬列班行，既奉德音，合申所見。"疏下中書，宰臣奏曰："盧文紀踐履清華，昭彰問望，行己每聞於端愨，操心動絶於阿私。以爲將聳效官，莫先校考；欲明書於殿最，冀顯示於勸懲。況將相兩途，尤爲重委。慮無報國，最要聞天。欲迁宸毫，親書常課。誠有塵於聖德，亦是責以佐君。直道不欺，忠規可尚。至於所陳黜陟，並叶規繩，以此責成，庶求良吏，事無疑礙，理可施行。"從之。

（宋）王欽若等編纂：《册府元龜》卷四七五《臺省部》

後唐明宗天成元年十月，吏部侍郎盧文紀上言："請內外文武臣僚，每歲有司明定考校，將相乞回御筆，以行黜陟。疏下中書門下商量,宰臣奏請施行。"從之。

（宋）王欽若等編纂:《冊府元龜》卷六三六《銓選部》

　　（天成元年十月）是月,尚書考功條奏格例如後:"一準考課令,諸內外文武官九品以上,每年當司長官考其屬官。應考者皆具錄一年功過行能,議其優劣,定九等考第。京官九月三十日已前校定,外官去京一千五百里內,八月三十日已前校定;三千里內,七月三十日已前校定;五千里內,五月三十日已前校定;七千里內,三月三十日已前校定;萬里內,正月三十日已前校定。本州定訖,京官十月一日送簿,外官朝集使送,限十月二十五日已前到京。考後功過並入來年。無長官,次官考。縣令已下及關鎮戍官、嶽瀆令,并州考。津非隸監者,亦州考。一準考課令,諸每年考簿集日,考司校勘色別爲簿,具言功過。京官三品已上及同中書門下三品,並平章事奏裁親王及五大都督府亦同。四品已下及餘外官,並使人量定聞奏。上考下考奏單數,仍略狀進,中考並單名錄奏。一準考課令,諸每年尚書省諸司得州牧、刺史、縣令政有殊功異行,及祥瑞灾蝗,戶口賦役增減,當界豐儉,盜賊多少,並錄送考司。一準考課令,諸官人景迹功過應附考者,皆須實錄。其前任有犯私罪斷在今任者,同見任法即改任。應計前任日爲考者,功過並附其狀,不得過兩紙。州縣長官須言戶口田地者,不得過三紙。注考正之最,一最已上有四善爲上上,一最已上有三善,或無最而有四善爲上中,一最已上有二善,或無最而有三善爲上下,一最已上有一善,或無最而有二善爲中上,一最已上或無最而有一善爲中中,職事粗理,善最不聞爲中下,愛憎任情,處斷乖理爲下上,背公向私,職務廢闕爲下中,居官謟詐及貪濁有狀之類爲下下。若於善最之外別有可嘉,及罪雖成殿而情狀可矜,或雖不成殿而情狀可責者,省校之日,皆聽考官臨時量定。一準考課令,諸官人因加戶口及勸課農桑並緣餘功進考者,於後事若不實,縱經恩降,皆從追改。一準式校京官考,限來年正月,內外官考,限二月內者,所司至三月內申奏了畢。伏以書校內外官考課,逐年申送考簿,各有程期。近年已來,諸道州府及在京諸司所送考解,多是稽違。自今後所申送考簿,如違格限二十日不到,其本判官並録事參軍,伏請各罰一百直,本典勾官,請委本道科責。如違一月日已上不申到者,本判官伏請罰二百直,録事參軍量殿一選,本典勾官請委本道重加懲斷。在京諸司如違格限不關牒到者,其本行人吏牒報御史臺,請行追勘決責。一準格應所使闕,縣令計日成四考,餘官計日成三考闕。今後州縣官等,並許終三十個月成三考。自上官後至年終,但滿一百八十日便與成頭考,次二年即須兩考滿足。如頭考、第二考全足,即許計日成尾考,方與三十箇月事理合同。如過月限無替人到,準上條處分者,伏以每年書校官員考課格限,則顯有舊條授上,則難爲定制。但以每月之内皆有除移,今準格且以六月内上爲準。一應申校内外六品已下赴選官員考課,準格自上任後但滿一百八十日,便與成頭考。年終非書考時,須至來年準格書校時,並申兩考。如六月已前直至正月到任者,自上任日至校考時,頭考日足,即考後功過,並入來年。如至書校時,頭考欠日,未成資考,亦至來年準格書校時,並申兩考。如六月已後至年終上者,並至準格日收計。一考有剩日,不在重使之限。一應經考後,合收次年以一周歲爲限。如未滿一年停替者,但及二百四十日與成,如欠一日,不在收計限。一應收尾考,但經考後至去任時,得及二百日與成。如欠日,不在收計限。如過月限,無替人到,並準上條處分。一應申校内外赴選官員考課,頭考須具到任年月日自上以來功過。第二考須具經考已後課績,不得重叠計功。其末考須具得替年月日比類申降。一應申校内外六品以下官員考第,以去京地里遠近逐,年書校申送考解,各有程期。今後應内外赴選官員考第,既準格依限逐年比校,即不合更將州府及本司考牒爲據。其有已前罷任官員,不計年限考第,未經省校者,如有州府及本司考詞、考牒全備者,欲據在任年月日檢勘,省司給與牒知。如在任之時,州府及本司向來元不曾校給牒,只於牒由曆子内批出考數者,欲與檢勘解由曆子内不竪過犯,稱在任日並無公事遺闕,證驗分明,亦據在官年月日給與牒知。如檢勘無憑者,不在給牒之限。其今年各準格赴集選人,便合請給省校考牒，直至南曹受納告亦給已，並許經所司投狀檢勘，出給其考牒。又，準格須奏下當年內出給，如隔年者，不在行使之限。如或實有事故，年內請給故難，請自今後當年奏下，敕考許至來年內請給。如更違格限，請一年與殿一選。如至三年外不請給者，所司不在出給之限。其已前校奏下內外赴選官員考課，其間有未曾請給考牒者，并合投狀請給，以備選曹磨勘。如將來選人今任考第依前故違格條，不經省司勘校給牒，及已曾奏校下，敕考不曾給考牒者，南曹不在檢勘判成之限。一應申校內外官員考課文解，須依格限到省。如申發後，其間或有非時事故停任，省司無以得知，請委本判官並錄事參軍專切提舉，具事由申省，以憑點檢錄奏。一準故事校考舊條，內外官員並校之。時諸道差朝集使應考，內即差中書舍人、給事中監考。伏自校勘不行，往例全廢，自今後省校之時，伏請中書門下選差清望官兩員，監校內外官員考課，便同點檢申奏。其合經過中書門下兩省準例，各供宣黃，請守舊規，以爲永制。一應由校內外官僚考課，如有過犯，便降書下考。如在任之日，於常課之外別有異績可稱，比之上下考，如諸道州府及在京諸司固違格條，不具錄在任事績功過，依限比較，申牒到省。其本判官並錄事參軍及在京諸司本行，並請準前殿罰。一應諸司諸色流外職掌人等，準令本司量其行能功過，立四等考第而勉進之。今狀請準新定格內條件，逐年依限投狀，各具在職功過書校考第，檢勘錄奏。應諸司令史及勒留官丁憂，不計有官無官，並一百日後舉追。如願終喪，不在追限。除丁憂年，一考不附奏，次年便許選數赴集。其丁憂人仍牒考功及南曹，終喪者計三年憂。諸色選人使上考減選，其下考并合殿選，並注令錄。銓曹勘驗，只憑考功報檢，多有差錯。今請每年考功申校上考及下考，敕下後請具單名牒門下省，及申三銓關報南曹，以憑勘會，並須九月已前報畢。"敕旨從之。

（宋）王欽若等編纂：《册府元龜》卷六三六《銓選部》

裴皞，爲禮部侍郎。天成元年十一月戊辰，奏："方伯郡守之任，與天朝分理疆土，共養黎民，委寄非輕，古今所重，親人之職，莫過於斯。伏請啓今後諸州刺史，經三考方可替移，使能理者盡展所能，弊政者自彰其濫。優劣既判，黜陟可行，則州縣免迎新送故之勞，朝廷得惠養除煩之理。太平之道，無易於斯。”敕旨：“有政聲者，就加恩澤；弊政者，不限考課替移。”

（宋）王欽若等編纂：《册府元龜》卷四七五《臺省部》

（天成）三年四月，祠部郎中王承弁請明書兩班考課，顯示懲勸。時兩班考績，虛有其名，皆以恪勤匪懈，清慎明著爲詞，久無其實。承弁雖奏，終不改定。

（宋）王欽若等編纂：《册府元龜》卷六三六《銓選部》

（天成三年五月）是月，詔州縣官以三十月爲考限，刺史以二十五月爲限，以到任日爲始。

（宋）王欽若等編纂：《册府元龜》卷六三二《銓選部》

（長興元年）九月，敕諸道奏薦州縣官：“前銜内有賜紫金魚袋者，若循常例，州縣官十六考，方得叙緋，若已佩金章，固難爲令録。此後，天下州府不得奏薦著紫官員爲州縣官。”

（宋）王欽若等編纂：《册府元龜》卷六三三《銓選部》

長興四年五月，中書奏：“準天成元年五月二十七日敕，諸使府兩稅徵科，詳斷刑獄，校官吏考課，合是觀察判官專判。其一州諸縣徵科糾轄提舉，合是録事參軍本職。今後觀察判官、録事參軍校量所屬州縣官吏，據每年徵科程限，刑獄斷遣，户口增減，據州縣申報，子細磨勘詣實，然後於本官牒内據事件收竪。如官吏考課一一事實，其判官、録事參軍候考滿日並與酬獎，別加職任。如考課不實，亦行殿罰。如有水旱災傷處，許奏聽。”敕旨從之。

（宋）王欽若等編纂：《册府元龜》卷六三六《銓選部》

閔帝應順元年閏正月,中書門下言,以天成二年十二月詔曰:"長定格應經學出身人,一任三考,許入下縣令,下州縣録事參軍,亦入中下州録事參軍。兩任四考,許入中下縣令,中州録事參軍。兩任五考,許入中縣令,上州録事參軍。兩任六考,許入上縣令及緊州録事參軍。凡爲進取,皆有因依,或少年便授好官,或暮齒不離卑任。況孤平舉士,才年四十,始得經學及第,八年合選,方受一官,於初任之中,多不成三考第二選,漸而蹉跎,有一生終不至令録者。若無改革,何以發揚?自此經學出身,請一任兩考許入中下縣令,下州録事參軍。"詔曰:"參選之徒,艱辛不一。發身遲滯,到老卑低。宜優未達之倫,顯示惟新之澤。其經學出身,一任兩考,元敕入中下縣令,下州録事參軍。起今後,更許入下縣令,中州下州録事參軍。一任三考者,於人户多處州縣注擬。如於近敕條内資叙無當者,即準格循資考入官。其兩任四考者,準三任五考例入官。餘準格條處分,不得起折。"

(宋)王欽若等編纂:《册府元龜》卷六三三《銓選部》

末帝清泰二年四月,宰臣張延朗奏:"州縣官徵科賞罰,例縣令、録事參軍正官,一年依限徵科了絶加階,二年依限與試銜,三年揔及限與服色。如攝令一年内了絶,仍攝二年,三年内總及限,與真命。主簿一年、二年,如縣令條,三年總了,別任使。本判官一年加階,二年改試銜,三年轉官。本曹官省限内了絶,與試銜轉官。諸節級三年内總了絶,與賞錢三十千。其賞罰,依天成四年五月五日敕。"從之。

(宋)王欽若等編纂:《册府元龜》卷六三六《銓選部》

(清泰二年)九月,尚書考功上言:"今年五月中,翰林學士程遜所上封事内,請自宰相百執事,外鎮節度使、刺史應係公事官,逐年書考,校其優劣。以前件考課究尋,臺閣深遠歲年,若議興行,宜憑往制,具由中書門下宰臣判設官分職,各有所司,本司自合將條格故實詳參,更檢尋遠敕條奏定。爲悠久緣,本司公事遂檢尋唐書《六典》、

《會要》、《考課令》，書考第。”從之。

（宋）王欽若等編纂：《册府元龜》卷六三六《銓選部》

（清泰）三年五月，右街使兼判尚書考功郝瓊上言：“去年五月，詔中外官員自宰臣、節度使已下，並逐年書考課。計官員千餘，當司人吏四人，二人赴官，又公用不足。乞依三銓例，當司歸司官逐月交賜紙筆糧錢。”詔：“考功人吏兩人，依三銓例給及春冬衣兩分，諸司不得爲例。”

（宋）王欽若等編纂：《册府元龜》卷六三六《銓選部》

王韜玉前爲湖陽令，愍帝時於端門接宰臣陳考績，事不實，配流坊州。

（宋）王欽若等編纂：《册府元龜》卷七〇七《令長部》

王遵美爲密州諸城令，考限欲滿，部人以善政舉留，時已除替人，特減一選。

（宋）王欽若等編纂：《册府元龜》卷七〇二《令長部》

晉高祖天福二年正月，敕：“外官内官，陳力實關於共理；或出或處，借才難執於常規。近睹朝臣偶除外任，三年替罷之後，再來擬官之時，不計新職之勤勞，唯循舊官之資歷，比借幹濟，翻成滯淹。宜別立於規繩，貴各期於激勵。宜令後應朝臣中，有借材特除外任者，秩滿無遺闕，將來擬官之時，在外一任，同在朝一任昇進。其就便自求外職及不是特達選任者，不在此限。”

（宋）王欽若等編纂：《册府元龜》卷六三六《銓選部》

（天福）六年五月，詔曰：“王者行考績之文，重爲政之本，若存功課，自有旌酬。或仗鉞守方，著安民之術；或剖符刺部，彰恤物之仁。凡著政聲，悉聞朝聽。邇者數州百姓舉留本部長官，遂涉道途，徑趨京闕，皆陳善治，並述公清。或指使而方來，或感激而自至，勞煩行役，妨廢耕耘。言念苦辛，倍深軫憫。今後岳牧善政，委倅二官條件奏陳，必當旌別勤勞，審詳課最。如不愆於名實，固無恡於渥恩。”

（宋）王欽若等編纂：《册府元龜》卷六三六《銓選部》

少帝開運元年八月，詔曰：“向者朝廷無事，經費尚多。今則師旅方興，支贍尤廣。必資國力，以濟軍須。近以四海災傷，頻年饑饉，賦租減少，筦榷虧懸，帑藏不充，公私重困。今歲三時不害百穀，用成所在流民，漸聞歸業商旅之人稍衆，山澤之利咸通。郡邑徵科，自然容易，務場課額，必有增盈。較量之間，斷可知矣。牧宰之任，選擇非輕。至於阜俗康民，豐財益國，乃爲本職，固合用心。苟能一一躬親，孜孜臨蒞，必絶滯凝之事，兼除僥幸之門。副我憂勤，顯爾政績。將求課最，須設科條。況藩侯郡守等，皆是良臣，各膺重委，盡傾誠愨，以奉國朝。式當倚注之時，宜示勸懲之道。應天下諸州各以係省錢穀、秋夏徵科爲帳籍，一季一奏。一年賦稅及限，更委在任一年，次年又不稽違，聽三周年爲滿，三年皆得辦事，即與別議陟遷。如或纔到任所，課績不前，亦當即時罷替。其間災沴之地，須明具敷陳，審其虛真，別有處分。於戲！朕纘承大業，於兹三年，虔奉基局，不敢失墜，競競業業，若履春冰。小信未孚，咎徵斯降，旱蝗相繼，連歲爲災，兵革未寧，四方多事，下慚黔首，仰愧蒼穹。所賴將相公卿，元戎郡守，或先朝宿舊，或當代英賢，送往事居，始終如一。分憂共治，誠節彌堅。倚賴既深，傾輸亦至，必能爲國盡忠，臨事公勤，不更假於指縱，固自知其陳力。凡百有位，宜體朕懷。”

（宋）王欽若等編纂：《册府元龜》卷六三六《銓選部》

《晉史》曰：壽張令趙賡考滿之外，量留二年，以飛蝗避境故也。

（宋）李昉：《太平御覽》卷二六八《職官部六六·良令長》

晉趙賡爲壽張令，高祖天福四年七月詔：“考滿之外，量留三年。”

飛蝗避境故也。

（宋）王欽若等編纂：《册府元龜》卷七〇一《令長部》

李殷爲太谷令，北京上言："殷蒞務公廉，以德化下，獄無囚繫，刑無鞭樸，薪水之事，不擾於民力，賦輿之數，不失於公程。三時勸農，躬行田井。乾糇曝饍，裹行而食。一邑熙熙，長幼有序。流者歸復，如戀父母。今考秩垂滿，衆情願留，敢希明恩，重令治任。"詔下褒美，量留一年。

（宋）王欽若等編纂：《册府元龜》卷七〇二《令長部》

麻麟，乾祐元年爲水部郎中，上言："臣聞漢朝除吏，苟稱其職，不數遷移。自先朝開國已來，牧守多酬勛舊，以寵勞臣。竊見晉朝除刺史，或數月驟替，或一歲即移。不惟送故迎新，轉成煩擾，其次廉能者，未暇施政；貪濁者，轉急誅求。以臣愚管，望朝廷立定年限，觀其考課，以議轉遷。"

（宋）王欽若等編纂：《册府元龜》卷四七六《臺省部》

漢隱帝乾祐二年，太子中允侯仁寶上言："諸州府長吏勸課農桑，隨户人力，勝栽蒔桑棗。小户歲十本至二十本，中户三十至四十，大户五十至一百，如能廣栽，不限本數種訖。本縣令佐親省之計數，得替時交與受代者，仍於曆子内批書，省司以爲考課。"

（宋）王欽若等編纂：《册府元龜》卷六三六《銓選部》

（乾祐）三年七月，敕："親人之任，務在安民；經國之規，必資征賦。至於招添户口，增長稅租，減選加階，優有處分，勸能行賞，顯降敕文。邇來論課績者甚多，較虛實則未當。外州批上歷子，南曹磨勘解由，空收招到編民，莫見新添稅額。蓋有拆居耕種，各立户名；或是避稅逃移，並未歸業。所以虛添農户，無益官租。考課阽名，未盡其善。宜令吏部南曹自今後及已前應有令佐招添點檢出户口，據數須本處户合征稅賦物數目,於解由曆子內一一開坐批書,方得準天福八年三月十日敕條施行。如不合前後敕例,不在施行之限。"

(宋)王欽若等編纂:《册府元龜》卷六三六《銓選部》

周太祖廣順二年十二月二十八日敕,節文:其有省校考牒,如是奏下後滿三年不請給者,宜令考功準先降敕文不在出給之限。

(宋)王欽若等編纂:《册府元龜》卷六三六《銓選部》

(廣順)三年三月十四日,敕:"起今後諸州府更有供申考簿違格限申到者,本判官並録事參軍各罰五十直,其録事參軍仍殿一選,本勾押官典委本州並行科斷。如違程限一月已上不申到者,仍令尚書考功催促,候供申到考帳,依例施行,所有科罰,準前處分。若是校考過時,即與次年依格奏較。"

(宋)王欽若等編纂:《册府元龜》卷六三六《銓選部》

(廣順三年三月)是月,尚書考功上言:"當司所納諸道考課文帳,準格每年十月二十五日已前考帳到京,如違格限,本處官吏各行殿罰。其鳳翔府自廣順元年十月節度移文爲考帳,全不詳認格條,遂申中書門下請勘。今鳳翔府稱,違格限二十餘日,已決罰。官典申到考帳,當司準格違限不收。"敕:"鳳翔考帳違限,本府各以科徵,其考帳省司特與考校。起今後諸州府更有違限者,本判官、録事參軍各罰五十直,録事參軍殿一選,典押本處科斷,仍令省司依時催促。若校考過時,即與次年校奏,餘依前後格敕指揮。"又敕:"州縣官或特敕除授,或非時有故停任員闕除官到任者,緣赴任不拘期限,申發考帳之時,但滿一周年,便與依例書校一考申省。如書校時少欠月日,即與次年附帳申校,不得漏落考第姓名。如或有違,罪本道書考官吏。"

(宋)王欽若等編纂:《册府元龜》卷六三六《銓選部》

顯德五年閏七月,尚書考功奏:"奉新敕起今年正月一日後授官,並以三周年爲月限，閏月不在其內者。當司所書校內外六品下赴選官員考第，今後以一周年校成一考，如欠日，不在計限。滿三周年，校成三考。如考滿後未有替人，在任更一周年，與成第四考。如欠日，不在計限，兼逐年須具到任年月日自上已來課績功過。第二考須具經考後課績，不得重疊計功。其未考須具得替年月日比類昇降。自今年正月一日已前授官到任者，欲準格例三十個月書校三考。今年正月一日後來授官到任者，準新敕三周年爲月限，每一周年書校一考，閏月不在其內。所有諸道州府校考申發考帳及當司校奏，各依前後格敕施行。應諸司諸色流內出身人等，準格並須待附申考。近年，不經奏考，便至參選，頗啓幸門。應在司見役人等，自今後逐年起六月初一日後，正身於所司投狀請申較勞考，省司據狀却牒本司勘會補奏年月日，敕甲頭姓名，見主掌案分公事牒報省司，將元狀檢勘，同即與準例申校。仍自此後須逐年九月已前校奏了畢，不在更與隔年並書之限。其考牒本無綾紙書寫敕，例今後每年奏下，逐人給省牒一紙，使大張紙書，不在使綾紙及並年都給限。據省校敕之日，有公事在外差出不虛，即本司雜事須具在職功過及出外事由牒報考功，不得有妨逐年書校。如不與申牒，其雜事令史量情科決，仍殿一選。如無故自不經省投狀請奏較，不在論訴之限者。當司緣新敕促期限，慮恐校考遲違，今後應合校考人，請起自五月一日正身投狀，限十日畢，至七月三十日已前校奏了畢。餘依元格施行。"從之。

（宋）王欽若等編纂：《冊府元龜》卷六三六《銓選部》

周世宗顯德五年，尚書考功奏："奉新敕：'起今年正月一日後授官，並以三周年爲限，閏月不在其內者。'當司所書校內外六品以下赴選官員考第，今後以一周年校成一考，如欠日不計，限滿三周年校成三考；如考滿後未有替人，在任更一周年與成第四考，欠日不在計限。兼逐年月日，自上以來，課績功過，第二考須具經考後課績，不得重疊計功，其末考須是具得替年月日，比類昇降。自今年正月一日以前授官到任者，準格例三十個月書校三考；今年正月一日後來授官到任者,準新敕三周年爲月限,每一周年書校一考,閏月不在其內。所有諸道州府校考申發考帳,及當司校奏,各依前後格敕施行。"

按:周以前皆以三十月爲三考,至是,始令三周年云。

（元）馬端臨:《文獻通考》卷三九《選舉考十二》

丁卯,詔曰:"周廣順中,敕:'應出選門州縣官,內有歷六考,叙朝散大夫階,次赤令,並歷任曾昇朝,及兩使判官、諸府少尹,罷任後及一周年;曾任兩蕃營田判官、書記、支使、防禦團練判官,罷任後及二周年:並與除官。諸色選人過三選以上,及未成資考丁憂,課績官無選可減者,令於南曹投狀,準格敕考較無違礙,並與除官。自恐虧損年限資序,願歸選門者亦聽。如曾任推、巡、軍事判官並諸色出選門官,並據見任官選數叙理,先次叙官。其昭雪官依例刑部檢勘送銓。'準元敕資叙注擬。"

（宋）李燾:《續資治通鑑長編》卷五,太祖乾德二年(964)

(2) 俸祿

梁太祖開平三年正月,詔曰:"秩俸所以養賢而勵奉公也。兵車未戢,貢賦莫充,朝謁甚勤,祿廩蓋寡。朕今肇建都市,已畢郊禋,職采至多,費用差少。其百官逐月俸料,委左藏庫依前例全給。"

（宋）王欽若等編纂:《冊府元龜》卷五〇八《邦計部》

後唐莊宗同光元年十月,敕:"如聞京百官俸錢至薄,骨肉數多,支贍不充,朝夕難遣。僞庭時,刻削嚴急,不敢披陳。今既混同,是行優恤。下御史臺在班行,有欲求外職,或要分司,各許於中書門下投狀奏聞。"

（宋）王欽若等編纂:《冊府元龜》卷五〇八《邦計部》

（同光）三年二月,租庸院奏:"諸道州縣官並防禦團練副使判官等俸料,各據逐處供到事例文帳內,點檢舊來支遣則例,錢數不等。

所折給物色，又加攙錢數不定，難爲勘會。合除東京管內州縣官見支手力課錢，且依舊外。其三京並諸州約舊日支遣料錢等，重定則例，兼切循本朝事體。防禦團練除副使判官外，其餘推巡已下職員，皆是本使自要辟請，圓融月俸贍給，亦乞依舊規繩，省司更不給支錢物。其防禦團練副使判官副使，逐月料錢三十貫文實。判官，逐月二十貫文實。刺史、州元無副使，若有請廢其軍事判官，所有月俸亦是刺史俸內支贍。三京少尹料錢，逐月三十貫文實。赤縣令，每月正授料錢二十五貫文實。主簿，每月料錢一十二貫文實。畿縣令，每月料錢二十貫文實。主簿，每月料錢一十貫文實。司錄參軍，每月料錢二十貫文實。諸曹判司，每月料錢一十二貫文實。文學參軍，每月料錢五貫文實。諸州府錄事參軍，各依逐州上縣令支。州司判司，各依逐州上縣主簿支。一萬戶已上縣，縣令每月料錢二十三貫文實，主簿每月料錢一十二貫五百文實。九千戶已上縣，縣令每月料錢二十二貫文實，主簿每月料錢一十二貫文實。八千戶已上縣，縣令每月料錢二十一貫文實，主簿每月支一十貫五百文實。七千戶已上縣，縣令每月支二十貫文實，主簿每月支一十一貫文實。六千戶已上縣，縣令每月支一十九貫文實，主簿每月支一十貫五百文實。五千戶已上縣，縣令每月支一十八貫文實，主簿每月支一十貫文實。四千戶已上縣，縣令每月支一十七貫文實，主簿每月支九貫五百文實。三千戶已上縣，縣令每月支一十九貫文實，主簿每月支九貫文實。二千五百戶已上縣，縣令每月支一十三貫文實，主簿每月支八貫五百文實。二千戶已上縣，縣令每月支一十四貫文實，主簿每月支八貫文實。一千五百戶已上縣，縣令每月支一十三貫文實，主簿每月支七貫五百文實。一千戶已上縣，縣令每月支一十二貫文實，主簿每月支七貫文實。五百戶已上縣，縣令每月支一十一貫文實，主簿每月支六貫五百文實。五百戶已下縣，縣令每月支一十貫文實，主簿每月支六貫文實。自赤縣令已下，考滿並差攝比正官，並支一半。如諸道舊有田處，今後不得占留開破，並依百例輸稅。"奉敕宜依。

（宋）王欽若等編纂：《冊府元龜》卷五〇八《邦計部》

（同光三年二月）是月，租庸院奏："新定四京及諸道副使判官已下俸料，請降敕，各下逐處支遣，兼除所置副使、判官、掌書記、推官外，如本處更安排檢署官員，即勒本道節使自備請給，不得正破係省錢物。其諸道藩鎮，請祇置節度副使。節度副使每月料錢四十貫文，依除實錢，厨料米一石，麵二石，肉價錢三貫文，蒿六十束，柴三十束，春服絹一十五匹，冬服絹一十五匹，綿三十兩，私馬二匹草料。節度觀察判官料錢，每月三十貫文，依除實錢，厨料米六斗，面一石五斗，肉價錢二貫，蒿四十束，柴二十束，春服絹一十二匹，冬服絹一十二匹，綿二十五兩，私馬一匹草料。節度掌書記，料錢每月二十五貫文，依除實錢，厨米六斗，麵一石二斗，肉價錢一貫五百文，蒿三十束，柴一十五束，春服絹一十匹，冬服絹一十匹，綿二十兩，私馬一匹草料。留守兼判六軍，請置副使、判官、推官三員，副使依節度副使例，判官依節度觀察判官例，推官依諸道推官例。留守不判六軍，請置判官、推官二員。判官依節度觀察判例，推官依諸道推官例。四京府，請祇置推官一員。如已有判官，即不置推官，其請受準留守推官例。其料錢，準百官例折支。所有厨料時服等，即給本色。"敕："宜令諸道節鎮，依舊更置觀察支使一員，其俸料春冬衣賜，仍準掌書記例支遣，餘依租庸院所奏。"

（宋）王欽若等編纂：《冊府元龜》卷五〇八《邦計部》

明宗天成元年十月，水部員外郎劉知新奏："尚書省、京師會府、轂轂繁司奏議，雖委於官寮行遣，亦資於胥史。六典之制，官吏有俸有糧。其尚書省諸司令史，伏請給賜月糧，俾其奉職。"

（宋）王欽若等編纂：《冊府元龜》卷五〇八《邦計部》

（天成）二年十月，詔曰："策名筮仕，誠切於進身；制祿命官，儀從於責實。既懲黷貨，宜有代耕。應天下州縣官員，逐月俸料，如聞支給，多不及時。縱或支遣，皆是爛弱。斛斗既闕供須，難責廉慎。自此，隨處官員所破料錢，宜令逐縣人户，於合送納稅物內，計折充支。一則免勞人户輸送，一則便於官寮。仍下三司，速與計度。"

（宋）王欽若等編纂：《册府元龜》卷五〇八《邦計部》

（天成）四年七月，給事中許光義奏："請支令録實料錢，責於守法。"

（宋）王欽若等編纂：《册府元龜》卷五〇八《邦計部》

（天成四年）八月，北京奏："留守巡官料錢，未有省司，則例取敕旨承前。使府置判官，皆本使臨時辟請，無朝廷除拜之例。"同光初，租庸使孔謙以軍儲諸給，白於郭崇韜，云諸道奏請，判官員外數過多，徒費軍食，請爲定額。乃奏使幕祗置節度、觀察、判官、書記、支使、推官十一員留守，置判官各一員，三京府置判官，餘並罷俸錢。自節度判官三十千已降，有差。謙又奏：百官俸錢數目雖多，折支非實，請減半數，皆支實錢。並從之。洎同光末，謙得罪，廢租庸使額。謙之弊政，皆削除。惟有定官員減俸錢之事，因循未革，所及一半實俸，廢從虛折。議者非之。

（宋）王欽若等編纂：《册府元龜》卷五〇八《邦計部》

後唐盧箕，爲兵部尚書。明宗長興元年五月，敕除本官料錢外，逐月别支錢三十貫，並羊、麵、油、米，以寵舊臣也。

（宋）王欽若等編纂：《册府元龜》卷四六一《臺省部》

長興二年閏五月，起居郎曹琛奏："兩班或請假歸寧，或染病未損，才注班簿，便住料錢。"敕旨："有禮於君，克勤於國，爲臣所重，自古皆然。其或合朝不朝，即虧匪懈。無病稱病，亦屬自欺。儻異下冰，須資勿藥。臥疾非人情所欲，歸寧光孝治之朝。曹琛所奏文武官員請歸寧準式假及實臥病者，並許支給本官料錢，宜依。或有托病不赴朝參，故涉曠怠者，慢於事君，何以食禄？如聞糾奏，當責尤違。"

（宋）王欽若等編纂：《册府元龜》卷五〇八《邦計部》

（長興二年閏五月）是月，敕諸道行軍司馬、副使、判官已下賓僚，等考滿未有使替人，宜令並全支俸料。元不在省司給俸者，不在此例。

（宋）王欽若等編纂：《册府元龜》卷五〇八《邦計部》

（長興二年）八月，敕："刑法之司，朝廷重委。是以前王應運，必由獄訟所歸。庶物無冤，然後陰陽式序。豈獨繫於彼相，實亦賴於有司。冀致和平，共期仁壽。宜示優崇之道，以明獎激之方。此後大理寺官員，宜同臺省官吏昇進。其法直比禮，直官任使，庶皆知勸，咸切奉公。如有能雪冤疑，則別議超擢。苟舞弄文法，必舉憲章，明懸黜陟之科，貴益公忠之懇。御史臺每月支錢三百貫，充曹司人力紙筆糧課。其大理寺，先支錢二十貫文與臺中。比類全少刑部一司，則未曾支給。宜於兩班罰錢及三京諸道贓罰錢內，每月支錢一百貫文賜兩司。其刑部官吏，人力不多，兼使紙筆較少，宜於所賜一百貫內，三分支與一分。"

（宋）王欽若等編纂：《册府元龜》卷五〇八《邦計部》

（長興二年）十月，將作丞、襲封介國公宇文頡奏："蒙恩襲封除官，無襲爵俸給。"詔時給本官俸。

（宋）王欽若等編纂：《册府元龜》卷五〇八《邦計部》

（長興）三年五月，樞密使范延光等奏："諸道指揮使月俸未有定制。請大藩鎮都指揮使，月賜料錢三十貫，糧二十石，春衣十五匹，冬衣二十五匹。其餘藩府，約此爲等第。"從之。

（宋）王欽若等編纂：《册府元龜》卷五〇八《邦計部》

（長興三年）七月，范延光奏："侍衛親軍都指揮與小指揮，每月料錢，春冬衣賜，元一例支給，無等差。昨並省軍都自捧聖嚴衛相、羽林已下，逐厢都指揮使，新定名管禁兵五千人，欲爲等第，每月添支料錢各三十千,糧十五石,衙官糧十分。"從之。

(宋)王欽若等編纂:《册府元龜》卷五○八《邦計部》

(長興)四年七月辛丑,以親直指揮使王敬遷領高州刺史、奉化左廂都指揮使、烏敬千領、漳州刺史、神武右廂都指揮使。安彥珣領融州刺史、神武右廂都指揮使。李彥超領邠州刺史、内直都指揮使。薛懷德領巒州刺史。將校賞功,遙領郡牧,而以郡之高下,給刺史俸料故也。

(宋)王欽若等編纂:《册府元龜》卷五○八《邦計部》

(長興四年)九月,范延光奏:"隔在兩川兵士家口,自來支給衣糧。今緣國計不充,欲權停支給。"帝曰:"彼非願留,因事睽阻。父子似離,非人情也,不可頓絕支給。其間願歸鄉貫者,從之。如有子弟,許繼其父兄本軍名糧。如無鄉里可歸,無子弟承繼,且糧支一半,以是曉喻其家。"

(宋)王欽若等編纂:《册府元龜》卷五○八《邦計部》

愍帝以長興四年即位,十一月,前祁州軍事判官張東周獻:"封事判官及長史司馬無料錢處,請權停掾曹一員,以本官料錢充給。"從之。

(宋)王欽若等編纂:《册府元龜》卷五○八《邦計部》

王玫,愍帝即位初,自光禄卿、三司副使判院事充三司使。秦府之亂,三司使孫岳死之,故命玫權判。帝自鄴登極,復用玫焉。

(宋)王欽若等編纂:《册府元龜》卷四八三《邦計部》

末帝清泰元年七月,詔:"洋王從璋,涇王從敏,月各給俸錢一十萬,米麥各五十石,傔三十人衣糧,馬十五匹芻粟。"二王自方鎮入朝,自是留守洛陽。

(宋)王欽若等編纂:《册府元龜》卷五○八《邦計部》

晉高祖天福二年十月,詳定院奏:"前隰州蒲縣令竇溫顏進策一十一件,可行者有二,其一曰:伏見所在縣令有差配百姓紙筆及課錢戶者,朝廷付以宰字貴要,撫綏支給,料錢合專,慎守逐日,紙筆之用,所費不多。隨處等力之名,皆有定數,多是擅放,甚爲貪污。時望降以嚴條,除其宿弊。伏慮州縣官逐月所給正俸,皆無見錢。使府給配之時,皆是虛額計算。伏請州縣官所給料錢雜物,準折一依逐處時估者。臣等參詳,凡關課戶,皆是强名,縣宰將治,凋疲不合,別生差配。據兹條件,請賜改更。所給料錢,難議條理。"敕旨宜並施行。

（宋）王欽若等編纂:《册府元龜》卷五〇八《邦計部》

（天福）六年二月甲午,詔諸衛上將軍,月增俸錢二萬。

（宋）王欽若等編纂:《册府元龜》卷五〇八《邦計部》

少帝天福八年二月,權知開封府事邊蔚,逐月支錢七十貫,米五石,面十石,傔人十人日食,十匹馬草料。別支公用米二十石,面五十石,羊二十口,每年麵三千斤,錢四百貫。

（宋）王欽若等編纂:《册府元龜》卷五〇八《邦計部》

漢少帝乾祐三年七月,敕,節文:"諸道州、府、令、錄、判司、主簿,宜並等第,支與俸戶。每月納錢五百文,與除二稅外,免放雜差遣,不得更種職田。所定俸戶,於中等無色役人戶內差置,不得令當直。及赴衙參,如有闕額及不達,明申州府差填,不得裏私替換。若是令錄判司主簿除本分人數外,剩占一人俸戶,及令當直手力,更納課錢,並許百姓陳告。事若不虛,其陳告人與免戶下諸雜差徭;所犯人追毁告身,配遞力役。如令佐錄事參軍,內有員闕,州府差攝,亦依例支與俸錢。其差攝曹官,不得援例供破。內三千以上縣令,逐月一十貫文,主簿六貫文。一千戶已上至三千戶縣令八貫文,主簿五貫文。一千戶以下縣令六貫文,主簿四貫文。錄事參軍、判司依本部內戶口,取最多縣分例支破。其録事參軍，依縣令例。判司，即依主簿例。”

（宋）王欽若等編纂：《冊府元龜》卷五〇八《邦計部》

周太祖廣順元年四月，敕：“牧守之任，委遇非輕。分憂之務既同，制禄之數宜等。自前有富庶之郡，請給則優。或邊遠之州，俸料素薄，以至遷除之際，擬議亦難。既論資叙之高低，又患禄秩之昇降。所宜分多益寡，均利同恩。冀無黨偏，以勸勛效。今重定則例，諸州防禦使料錢二百貫，禄粟百石，食鹽五石，馬十匹草粟，元隨三十人衣糧。團練使料錢一百五十貫，禄粟七十石，食鹽五石，馬十匹草粟，元隨三十人衣糧。刺史料錢一百貫，禄粟五十石，食鹽五石，馬五匹草粟，元隨二十人衣糧。仍取今年五月一日後到任者，依新定例支。其已前在任者，所請如故。”

（宋）王欽若等編纂：《冊府元龜》卷五〇八《邦計部》

世宗顯德三年十二月，謂侍臣曰：“文武百寮所請俸給，支遣之時，非唯後於諸軍，抑亦又多折估。豈均養之理邪？如其有過，朕不敢私，責重俸薄，甚無謂也。此後並宜支與實錢。”

（宋）王欽若等編纂：《冊府元龜》卷五〇八《邦計部》

（顯德）五年十二月，中書奏：“諸道州府縣官及軍事判官，一例逐月各據逐處主户等第，依下項例別定料錢及米麥等。取顯德六年三月一日後起支，其俸户並停廢。一萬户已上縣，縣令逐月料錢二十貫，米麥共五石；主簿料錢一十二貫，米麥共三石。七千户已上縣，縣令每月料錢一十八貫，米麥共五石；主簿料錢一十貫，米麥共三石。五千户已上縣，縣令逐月料錢一十五貫，米麥共四石；主簿料錢八貫，米麥共三石。三千户已上縣，縣令逐月料錢一十二貫，米麥共四石；主簿料錢七貫文，米麥共二石。不滿三千户縣，縣令逐月料錢一十貫，米麥共三石；主簿料錢六貫，米麥共二石。五萬户已上州司録、録事參軍及兩京司録每月料錢二十貫米麥共五石司户、司法每月料錢一十貫米麥共三石。三萬户已上州司録、録事參軍每月料錢一十八貫,米麥共五石;司户、司法料錢八貫,米麥共三石。一萬户已上州司録、録事參軍每月料錢一十五貫,米麥共四石;司户、司法每月料錢七貫,米麥共三石。五千户已上州司録、録事參軍每月料錢十二貫,米麥共四石;司户、司法每月料錢六貫,米麥共二石。不滿五千户州録事參軍每月料錢一十貫,米麥共三石;司户、司法每月料錢五貫,米麥共二石。諸州軍事判官一例,每月料錢一十貫,米麥共二石。其諸州府京百司内、諸司州縣官,課户莊户俸户柴炭紙筆户等,望令本州及檢田使臣,依前項指揮,勒歸州縣,候施行畢,具户數聞奏。仍差本判官精細點檢。如他後差使臣點檢,及有人論訴,稱其漏落,只罪在本判官及行係官典。如今後更有人户願充此等户者,便仰本州勒充軍户,配本州牢城執役。"從之。

(宋)王欽若等編纂:《册府元龜》卷五〇八《邦計部》

(顯德)六年十二月,詔:"諸道州府攝官,起今後支給本官所請俸錢之半。"

(宋)王欽若等編纂:《册府元龜》卷五〇八《邦計部》

周楊凝式,晉末以禮部尚書致仕。開運中,宰相桑維翰知其絶俸,艱於家食,奏拜太子少保,尋分司於洛。

(宋)王欽若等編纂:《册府元龜》卷九〇二《總録部》

5. 儀制

宋沿唐制,以月朔御紫宸殿,群臣行入閤之儀。唐敬宗寶曆初,始以月朔御紫宸殿入閤。後唐明宗天成初,又以月望。國朝但以月行之。馬端臨曰:入閤,唐制起於天寶。明皇以無爲守成,詔晏朝喚仗,百官從容至閤門入。蓋唐前含元殿非正,至大朝會不御,次宣政殿,謂之正衙。每坐朝,必立仗於正衙,或御紫宸殿,即喚正衙仗自宣政殿兩門入,是謂東、西上閤門,故謂之入閤。

其後遂爲常朝之儀。五代以來，既廢正衙立仗，而入閤亦希闕不講。至是復行之，然御前殿，非唐舊矣。崇元殿即大慶殿前殿也，待制候對者，亦唐制也。每正衙，待制官兩員；正衙退後，又令六品以下於延英候對，皆所以備顧問。其後每入閤，即有待制次對官。後唐天成中廢，至是復行之。廊下食起唐貞觀，其後常參官每日朝退賜食，謂之廊餐。唐末浸廢，但於入閤起居日賜食。今循其制。

（清）徐松輯：《宋會要輯稿》儀制一之一九

唐制，天子坐朝，必立仗於正衙；若止御紫宸，即喚正[衙]仗自宣政殿東西閤門入，故爲入閤。五代以來，遂廢正衙立仗之制。

（清）徐松輯：《宋會要輯稿》儀制一之二九

（曾公亮曰）：今檢詳有唐及五代會要，每月凡九開延英，對宰臣日，未御內殿前，便令閤門使傳宣不坐，令放班，朝退則可見，宰臣更不赴[正]衙押班。

（清）徐松輯：《宋會要輯稿》儀制四之五

宮中導從，唐以前無聞焉。五代漢乾祐中，始置主輦十六人，捧足一人，掌扇四人，持踏床一人，並服文綾袍、銀葉弓脚襆頭；尚宮一人，寶省一人，高鬟，紫衣；書省二人，紫衣，弓脚襆頭；新婦二人，高鬟，青袍；大將二人，紫衣，弓脚襆頭；童子執紅絲拂二人，高鬟髻，青衣；執犀盤二人，帶頭髯，黃衣；執翟尾二人，帶髯頭，黃衫。雞冠二人，紫衣，執金灌器、唾壺；女冠二人，紫衣，執香爐、香盤。分左右，以次奉引。

（清）徐松輯：《宋會要輯稿》儀制四之一二

《五代史·職官志》：天成初，今後翰林學士[入]院並以先後爲定。唯承旨一員出自朕意，不計官資先後，在學士之上。

（清）徐松輯：《宋會要輯稿》儀制八之六

按唐乾元中敕文："如有朝堂私禮淳化中降令文。及跪拜、待漏行立失序、語笑喧譁、入衙入閤執笏不端、行立遲慢、立班不正、趨拜失儀、言語微喧、穿班穿仗出入閤門、無故離位、廊下食行坐失儀誼鬧、入朝及退朝不從正衙出入、非公事入中書等有罰。"五代題爲十六愆，而修補無取。

　　　　　　　　(清)徐松輯：《宋會要輯稿》儀制八之三〇

　　且大駕之出，自漢光武時始有三引，先河南尹，次執金吾，次洛陽令，先尊後卑也。後魏亦三引，先平城令，次司隸校尉，次丞相，先卑後尊也。唐兼用六引，五代減爲三，後周復增爲六。皇朝因開封令居前，終以兵部尚書。

　　　　　　　　(清)徐松輯：《宋會要輯稿》輿服二之三四

　　初，太祖受命，承五代之後，損省浮長，而鼓吹局工多闕，每舉大禮，一切取於軍隸以足之，至一品以下葬應給者亦取於營隸。後遂爲常。

　　　　　　　　(清)徐松輯：《宋會要輯稿》輿服三之一七

　　王應麟《玉海》："初，周世宗顯德六年正月，樞密使王朴依周法，以秬黍校定尺度。長九寸，虛徑三分，爲黃鍾之管。"黃鍾之律長九寸。物以三生，三三九。

　　　　　　　　(清)徐松輯：《宋會要輯稿》樂一之一

　　景祐二年二月四日，燕肅等以考定樂工樂器畢，詔於延福宮進呈按試，作御制天地宗廟樂曲、樂章，凡五十一曲。帝問李照："此樂如何？"照對"高古樂五律"，遂命照詳陳其事。照上言："臣始到太常寺時，已磨琢鍾磬成就。竊聽八音之作，雖與王朴所造律準品格符合，其於聲調則乃太高，比之古樂約高五律，比之胡部亦高二律。若擊黃鍾，則必齊於仲呂；若擊夾鍾，則必齊於夷則。乃是冬行夏令，春召秋氣。比皆王朴所造律準，經五代亂離之後，雅樂廢壞，鑿空創意，不合古法。臣又觀編鍾鑄鍾，大小輕重、厚薄長短，並無差降倫序之法。加以銅錫不精，聲韻失美，大者則陵，小者則抑，非中度之器也。"

（清）徐松輯：《宋會要輯稿》樂一之一

　　學士竇儼編古今樂事爲《正樂》。皇朝受命，儼仍兼太常。建隆元年，詔儼專其事。儼乃改周樂文舞《崇德之舞》爲《文德之舞》，武舞《象德之舞》爲《武功之舞》，改樂章十二《順》爲十二《安》，蓋取"治世之音安以樂"之義。竇儼上疏："'三正生天地之美，七宗固陰陽之序。'請命博通之士，上自五帝，迄於聖朝，凡樂章沿革，總次編録。凡三弦之通，七弦之琴，十三弦之筝，二十弦之離，二十五弦之瑟，三漏之籥，六漏之喬，七漏之笛，八漏之篪，十三管之和，十七管之笙，十九管之巢，二十管之簫，皆列譜記，編於《歷代樂録》之後，永爲定式，名曰《正樂》。"儼判太常，乃校鍾磬筦簫之數，辨清濁上下之節，復舉律吕旋相之法，迄今遵用。

（清）徐松輯：《宋會要輯稿》樂一之一

　　（景祐）元年秋九月，太常燕肅建言："金石不調，願以周世王朴律準更加考按。"有詔許之。又命李照、宋祁及中人李隨共領其事。明年正月，金石一部成，帝御延福宫臨閲焉。因問李照："樂果和否？"照對："金石之音，與王朴律準已協，然朴準比古樂差高五律，比禁坊樂差高二律。臣願制管以度調。"帝曰："試爲之。"乃取京縣秬黍累尺成律，鑄鍾。

（清）徐松輯：《宋會要輯稿》樂二之一

　　五代兵亂，不聞改制，測景之事，計即是唐尺。

（清）徐松輯：《宋會要輯稿》樂二之一八

　　王堯臣言：《開寶通禮》用周制，祭天以夾鍾，降神則奏黄鍾、歌大吕；宗廟以黄鍾饗神，則奏無射、歌夾鍾；祈穀、明堂盡用祀天之樂。

先帝東封西祀以前皆遵用，後有司稍失傳。

（清）徐松輯：《宋會要輯稿》樂二之二三

五代之亂，大樂淪散，王朴始用尺定律，而聲與器皆失之，故太祖患其聲高，特減一律。至是（皇祐五年）又減半律。然太常樂比唐之聲猶高五律，比今燕樂高三律。

（清）徐松輯：《宋會要輯稿》樂二之二八—二之二九

周顯德五年，樞密使王朴表曰："唐末及乎晉漢，未及暇於禮樂，雖有樂器，殊無相應之和。以至十二鑄鍾，不問聲律宮商，但循環而擊。"

（清）徐松輯：《宋會要輯稿》樂三之一〇

擒劉鋹至闕下，欲獻俘太廟，莫知其儀。時張昭以戶部尚書致仕於家，深識典故，國初規制，皆張昭與竇儀所定。太祖遣學士李瀚就問俘廟之儀，庶同參酌。張昭臥病，口占其式以授瀚，不遺一字。瀚遂心伏昭之該明。

（明）陶宗儀：《説郛》卷二《玉壺野史》

（嘉祐）六年十二月二十一日，太常寺言："準詔，翰林學士范鎮與本寺官同定奪馮致祥奏議。伏見元會日登歌宮架之樂，其鍾磬絲聲隨逐歌管，有擊至五七聲者，煩手奪倫，無甚於此。蓋緣五代亂離之後，工人亡散，國初只以坊市細民爲樂工，因循未能釐正。尋令依譜，每字止擊一聲，隨逐歌管，實甚和諧。欲乞御殿日臨試。"

（清）徐松輯：《宋會要輯稿》樂三之一五

徽宗大觀二年十一月十六日，議禮局言：……有唐推原周制，崇尚私廟。侍中王珪通貴已久，而乑嘗猶設於寢，太宗爲立廟，以愧其心。及開元制禮，自品官薦享，乃至拜掃，皆有常儀。五代擾攘，文物

隕缺,臣庶薦享,家自爲俗。革而化之,實在聖時。所有臣庶祭禮,欲
乞詳酌古今,討論條上,斷自聖學施行。

(清)徐松輯:《宋會要輯稿》禮一二之二

(元豐元年)九月十四日,詳定郊廟禮文所言:……又言:"親祀
南郊,皇帝自大次至位版,内臣二人執翟羽前道,號曰拂翟。歷考前
代禮典並無此制,惟《國朝會要》御殿儀稱:五代漢乾祐中,宮中道從
童子執絲拂二人,高髻青衣;執(執)犀盤二人,帶髯頭,黄衫;執翟羽
二人,帶髯頭,黄衫。"

(清)徐松輯:《宋會要輯稿》禮一三之四二

昔祖宗接五代禮廢之後,每遇大禮,至或以紙書神號,而以飯帖
於版者。逮乎治具日修,禮文日煥,而版位始以朱漆金字,稍稍嚴潔。
臣等猶以爲未盡也。

(清)徐松輯:《宋會要輯稿》禮一三之六三

咸平元年三月二十五日,判太常禮院李宗訥等上言:"伏見僖祖
稱曾高祖,順祖稱高祖,翼祖稱曾祖,宣祖稱祖,太祖稱伯,文懿、惠
明、簡穆、昭憲皇后並稱祖妣,孝明、孝惠、孝章皇后並稱伯妣。參考
近儀,爰自唐朝,降及五代,咸有稱祖妣及伯之文,聖朝因之,遂爲
定式。"

(清)徐松輯:《宋會要輯稿》禮一五之二四

户部尚書張齊賢等上言曰:"……又《禮》云:'天子絶期喪。'安
有宗廟中有伯氏之稱乎?其唐朝及五代有稱者,蓋禮官之失,非正典
也。請自今有事於太廟,則太祖並諸祖宗稱孝孫、孝曾孫嗣皇帝,太
宗室稱孝子嗣皇帝。如此,則昭穆之位,允合大倫。"

(清)徐松輯:《宋會要輯稿》禮一五之二四

皇祐二年二月七日，天章閣侍講趙師民上言：……“人君后妃，善惡自異，受名之義，安可同也？五代之際，時運屢改，后妃終位，厥數無幾。若後唐之正簡，有周之宣懿，近於唐制，此頗爲得。聖朝之初，亦因五代之故，及昭憲皇后上謚，有司乃議改名爲昭，此與梁世禮官，其意同也。廟號之冠於後謚，故又始於此。朱梁之世，禮官失謬。梁祖之世，其名有五，獨取其一，以係後謚，曰元正皇后。原其本意，謂帝與后當同謚也，違誤之由，良始於此。”

（清）徐松輯：《宋會要輯稿》禮一五之三三、三四

乾[德]六年十月，判太常寺和峴言：“按《禮閣新儀》，唐天寶五年享太廟，禮宜祭料外，每室加常食一牙盤。五代以來，遂廢其禮。今請如唐故事。”乃詔別設牙盤食，禘祫、時享皆用之，亦准此制。

（清）徐松輯：《宋會要輯稿》禮一七之三〇

梁開平二年南郊，執儀仗兵士二千九百七十人。

（宋）宋敏求：《春明退朝録》下

梁開平二年郊天，以皇考配恭，惟宣祖肇基王業，切考歷代之禮，咸以親廟昇配，伏請奉宣祖配享。從之。

（宋）章如愚：《群書考索》卷二七

本朝郊祀五使，沿唐及五代之制。大禮使用宰相，儀仗使用御史中丞；頓遞使又增橋道之名，用京尹；禮儀使唐本以太常卿爲之。及鹵簿使，則以學士及他尚書爲之。

（宋）費袞：《梁谿漫志》卷一

唐制，郊祀行慶，止進勛階。五代肆赦，例遷官秩。本朝因之，未暇革也。

（宋）王明清：《揮麈後録》卷二

唐制，郊祀行慶止進勛階，五代肆赦，例遷官秩。宋初因之，未暇革去。

（宋）曾鞏：《隆平集》卷二

宋朝太祖乾德參定儀物。乾德元年十一月二日詔曰：“中原多故，百有餘載，禮樂儀制，不絕於綫。方今天下無事，時和歲豐，禮神報本，資乎備物，執事者所宜講求，遺逸遵行典故，無或廢墜，以副我寅恭之意。”於是范質等討尋故事，得後唐天成中南郊鹵簿字圖，頗多疏略。質等參定，遂以新本上之。六日，太常禮院言：“皇帝親郊，諸司應奉預申嚴辨鹵簿儀仗、鼓吹樂架登歌、車輅、六軍儀仗、左右金吾仗、芳考亭鳳輦、香蹬車輿、傘扇、立金雞擊鼓、登器朝服、諸司法物、皇帝通天冠、絳紗袍、衮冕、鎮圭等云云。南郊壇衆星位版並刻漏時辰，修撰儀注，詳定儀仗法物云云。”從之。

（宋）章如愚：《群書考索》卷二五

乾德元年，始有事於南郊。自五代以來，喪亂相繼，典章制度多所散逸，宰相范質等相與討尋故事。時官籍散落，舊史物故惟得南郊鹵簿在後唐天成中者，考之今文，頗爲疏略，其相違戾者多。質等遂詳定新本，爲南郊圖。又司天監定南郊從祀星辰圖，上之，至十一月十六日，南郊。開寶四年四月，合祭天地於圜丘。

（宋）章如愚：《群書考索》卷二五

國家肇造之初，承五季草創之後，法駕之制，警蹕之衛，大率尚仍簡略。雖得長興南郊鹵簿圖字，僅可考正，而闕略滋多。自陶穀爲禮儀使，奏言金吾諸衛將軍暨押仗道駕等官，服皆以紫，於禮未稱，請按《開元禮》，咸用綉袍。至若執仗之士，舊服五色畫衣，先後靡倫，無所準式，請以黑爲先，而青赤黃白以次分列，始定鹵簿之制。

（宋）章如愚：《群書考索》卷三八

太常寺和峴言："按唐天寶中，享太廟禮科外，每室加常食一牙盤。五代以來，遂廢其禮，今請如唐故事。"詔：自今親享太廟，別設牙盤食，禘祫時饗皆同之。

（宋）彭百川：《太平治迹統類》卷二

幞頭……五代，梁太祖始布漆於紗，施鐵爲脚，作今樣也。《筆談》曰："唐惟人主用硬脚，晚唐方鎮擅命，始僭用之。宋朝有直脚等五等，惟直脚貴賤通服也。"

（宋）高承：《事物紀原》卷三

唐制（幞頭），皆垂脚其後，帝服則脚上曲。五代漢後，漸變平直。其說與上所載略同，而皆不記所出，豈皆以意揣度乎？

（宋）程大昌：《演繁露》卷一二

五代帝王多裹朝天幞頭，二脚上翹。四方僭位之主，各創新樣，或翹上而反折於下，或如團扇蕉葉之狀，合抱於前。僞孟蜀始以漆紗爲之，湖南馬希範二角左右長丈餘，謂之龍角，人或誤觸之，則終日頭痛。至劉漢高祖始仕晉爲并州衙校，裹幞頭，左右長丈餘，橫直之，不復上翹，迄今不改。國初，脚不甚長，巾子勢頗向前。今兩脚加長，而巾勢反仰向後矣。

（宋）趙彥衛：《雲麓漫鈔》卷三

廣順初，簿閱太廟雜物，其間有珠絡平金朝天幞頭一事。

（宋）陶穀：《清異録》卷下

五代以來，衣服旗幟止以彩繢，開寶四年郊禋，初易以繡衣鹵簿。

（宋）曾鞏：《隆平集》卷二

五代唐明宗天成元年八月丁酉，以象笏三十二賜百官之無笏者。

（唐）白居易、（宋）孔傳：《白孔六帖》卷一二

《五代史》：唐明宗天成元年八月，以象笏三十二賜百官之無笏者。

（清）陳元龍：《格致鏡原》卷三〇

《輿服雜事》：古者貴賤皆執笏，書君上政令，有事則搢之於腰帶中。五代以來，惟八座尚書執笏，以筆綴手板頭以紫囊裹之，餘王公卿士但執手板，主於敬不執筆，示非記事官也。

（清）陳元龍：《格致鏡原》卷三〇

景德四年三月二十三日，詔曰：“五代漢高祖宜令河南府差官以時致祭，仍編入《正祠錄》。”

（清）徐松輯：《宋會要輯稿》禮二〇之二一

周顯德元年，郊祀、太廟、四至共用犢一，郊壇用犢、羊、豕之數如故，頗異舊制。

（清）徐松輯：《宋會要輯稿》禮二六之七

國朝親祭祀，舉大禮，沿唐制置五使，以宰臣爲大禮使，太常卿爲禮儀使，御史中丞爲儀仗使，兵部尚書爲鹵簿使，知開封府爲橋道頓遞使。是後太常卿、中丞、兵部尚書或闕，乃以學士及他尚書、丞郎爲之，其職掌用禮部、御史臺、兵部吏如故。儀衛、名物，鹵簿使掌之；儀仗使無專掌，但以中憲督察諸司。如叙使司，則橋道頓遞使最下。國初京尹有親王爲之者，即昇次大禮使，或以大禮、頓遞並爲一使。真宗東封西祀，皆以輔臣爲五使。仁宗籍田、恭謝、大享明堂、祫饗大饗明堂，並循用故事。大中祥符七年，上玉皇聖號，時宰臣向敏中次當禮儀贊導，以年耆不任罄折，改命參知政事丁謂，以敏中領儀仗。後

互差儀仗、鹵簿使。至和初，用賈黯議，始改正焉。唐自元和以前，史籍不載。長慶後有禮儀使，太常卿爲之；大禮使，御史中丞爲之。哀帝時，中丞爲儀仗使而不載大禮使。梁以河南尹爲大禮使，餘二使如舊。又有儀仗、法物二使，以武將爲之。後唐以宰相爲大禮使，兵部尚書爲（大）禮儀使，御史中丞爲儀仗使，兵部侍郎爲鹵簿使，開封尹爲頓遞使。周唯以禮儀使歸太常，餘如之。唐有禮儀判官，五代有大禮副使、判官、修裝法物使，國朝皆不置，頓遞使增橋道之名，而命內臣與諸司同修飭法物云。

（清）徐松輯：《宋會要輯稿》禮二七之七六、七七

太常禮院言：“唐德宗昭德皇后王氏，順宗之母，始葬崇陵；睿宗肅明皇后始葬惠陵，後祔葬橋陵。周顯德末，都省集議，引故事，帝后同陵謂之合葬，同葬兆謂之祔葬。漢呂后陵在長陵西百餘步，以同塋兆而無名號。又唐穆宗二后，王氏生恭宗，蕭氏生文宗，並祔葬光陵之側。今園陵鵲臺在永熙陵封地之內，恐不須別建陵號。”從之。

（清）徐松輯：《宋會要輯稿》禮三一之二二

宴餞之儀，太祖、太宗朝，藩鎮牧伯沿五代舊制，入覲及被召、使回，客省齎簽賜酒食，節度使十日，留後七日，觀察使五日。代還，節度使五日，留後三日，觀察使一日，防禦使、團練使、刺史並賜生料。節度使以私故到闕下，及步軍都虞候以上出使回者，亦賜酒食、熟羊。群臣出使回朝，見日，面賜酒食。中書、樞密、宣徽使、使相，並樞密使伴；三司使、學士、東宮三師、僕射、御史大夫、節度使，並宣徽使伴；兩省五品已上、侍御史、中丞、三司副使、東宮三少、尚書丞郎、卿監、上將軍、留後、觀察、防禦、團練使、刺史、宣慶、宣政、昭宣使，並客省使伴；少卿監、大將軍、諸司使以下任發運、轉運、提點刑獄、知軍州、通判、都監、巡檢回者即賜，並通事舍人伴；客省、引進、四方館、閤門使，並本廳就食。群臣賀，賜衣；奉慰，並特賜茶酒或賜食，外任遣人進奉，亦賜酒食，或生料。自十月一日後盡正月，每五日起居，百官皆賜

茶酒,諸軍分校三日一賜。冬至、二社、重陽、寒食,樞密近臣、禁軍大校或賜宴其第及府署中,率以爲常。

(清)徐松輯:《宋會要輯稿》禮四五之四〇

又周顯德二年,樞密使郭仁誨薨,其日周世宗車駕幸其私第。贊禮者引喪主哭於大門內,望見乘輿,止哭再拜,引喪主於庭。皇帝至幕殿,改素服就臨,昇殿門,喪主內外再拜。皇帝哭,十五舉音,喪主內外皆哭。皇帝詣祭所三奠酒,喪主以下再拜。皇帝退,止哭,從官進名奉慰。皇帝改常服還內。及五年王朴薨,世宗臨喪,更不具儀。今乞用朴例。

(清)徐松輯:《宋會要輯稿》禮四一之二二

(乾德元年八月二日)詔曰:“中原多故,百有餘載,禮樂儀制,不絕如綫。方今天下無事,時和年豐,禮神報本禮,資乎備物。執事者所宜講求遺逸,遵行典故,無或廢墜,以副我寅恭之意。”於是宰臣范質等相與討尋故事。時官籍散落,舊吏皆物故吏,惟得後唐天成中《南郊鹵簿字圖》,考以今文,頗爲疏略,其相違戾者亦多。質等參定新本,曰《南郊行禮圖》,質自爲序,乙未上之。凡壇壝、牲器、玉帛、醴饌、齋戒之制,與祠官定儀以聞。

(清)徐松輯:《宋會要輯稿》禮二八之一

開平元年四月即位,追尊四代廟號,高祖媯州府君上謚曰宣元皇帝,廟號蕭祖,太廟第一室,陵號興極;祖妣高平縣君范氏,追謚宣僖皇后。皇曾祖宣惠王,上謚曰光獻皇帝,廟號敬祖,第二室,陵號永安;祖妣秦國夫人楊氏,追謚光孝皇后。皇祖武元王,上謚曰昭武皇帝,廟號憲祖,第三室,陵號光天;祖妣吳國夫人劉氏,追謚昭懿皇后。皇考文明王,上謚曰文穆皇帝,廟號烈祖,第四室,陵號咸寧;皇妣晉國太夫人王氏,追謚文惠皇后。

(宋)王欽若等編纂:《册府元龜》卷一八九《閏位部》

（開平元年）五月甲午，詔天下管屬及州縣官名犯廟諱者，各宜改換。城門郎改爲門局郎避烈考諱，茂州改爲汶州避曾祖諱，桂州慕化縣改爲歸化縣，潘州茂名縣改爲越裳縣。癸卯，司天監奏曰辰内有戊字，請改爲武，從之。

（宋）王欽若等編纂：《册府元龜》卷一八九《閏位部》

《新唐書》，朱滔將叛，劉怦諫之曰，“司徒兄弟，恩遇極矣，今昌平有太尉鄉司徒里，不朽業也”云云，是唐時寵待功臣，本有賜鄉里名號之例，按《劉子玄傳》，好著述，封居巢子。兄弟六人，俱有才名，人號其鄉曰高陽，里曰居巢。然則改鄉里名號，本民間所榮獎之舉，而朝廷因之。及唐末而益濫。唐昭宗以朱温有功，封沛郡王，詔改其鄉錦衣里爲沛王里。梁開平中，錢鏐奏改其所居臨安縣之廣義鄉爲衣錦鄉。俱見《梁紀》。此皆出於特恩也。唐長興元年，詔群臣職位帶平章事、侍中、中書令者，並與改鄉里名號，則並著爲成例矣。《後唐紀》。晉天福三年，詔帶使相、節度使者，自楊光遠以下七人，並改鄉里名號。又詔宰臣趙瑩、桑維翰、李崧，亦改鄉里名號。荊南節度使高從誨，本貫汴州浚儀縣王畿鄉表節坊，詔改爲擁旌鄉浴鳳里。《晉紀》。馮道《長樂老傳》自叙，因官貴，敕以其所生來蘇鄉改爲元輔鄉，朝漢里改爲孝行里。後於河南置宅，又敕其所居三川鄉改爲上相鄉，靈臺里改爲中臺里。及官益進，又改上相鄉爲太尉鄉，中臺里爲侍中里。此隨官而屢改也。天福四年，中書奏以太原潛龍莊改爲慶長宮，使相鄉改爲龍飛鄉，都尉里改爲神光里。使相、都尉名號蓋皆未即位前所賜，至是又改焉。觀馮道之隨官改鄉名，則帝王潛邸自亦宜改稱矣。

（清）趙翼撰，王樹民校證：《廿二史劄記校證》卷二二

孔經父《雜説》，記天子八寶：其一曰受命寶，所以修封禪、禮神祇也。徐令《玉璽記》：“玉璽者，傳國寶也。秦始皇取藍田玉，刻而爲之。面文曰：‘受命於天，既受永昌。’璽上隱起蟠龍文曰：‘受天之命，皇帝壽昌。’方四寸，紐五龍盤。秦滅，傳漢，歷王莽，爲元后投之

於地,遂一角闕。後傳至石季龍,季龍磨其隱然之文,又刻其傍爲文
曰:'天命石氏。'開皇二年,改爲受命璽。至唐末帝從珂,携以自焚。
石晉再作受命寶曰:'受天明命,惟德允昌。'契丹入,盗而取之。至周
郭威,更以玉作二璽,其一曰:'皇帝承天命之寶。'二曰:'皇帝神
寶。'其文馮道書。今所用乃郭威所作寶也。"以上皆雜説所載,余以
爲失,竊嘗究其本末。

(宋)吳曾:《能改齋漫録》卷四

五代之亂,清泰之亡,累朝寶玉,秉畀炎火。故邪律德光入汴求
璽,少帝云:"先帝受命,旋令玉工製造。"則知後來所造僞璽亦皆亡
矣。崔《譜》又云:"秦璽兩面皆有文。"不知何據,文如前。周廣順中
始造二寶,曰"皇帝承天受命之寶""皇帝神寶"。太祖受命,傳其
二寶。

(宋)趙彥衛:《雲麓漫鈔》卷一五

五代後唐同光中,制寶一座,文曰"皇帝受命之寶"。晉天福三
年,制皇帝受命寶,以"受天明命,惟德允昌"爲文刻。四年,制皇帝神
寶。周廣順三年,内同制國寶二,用白玉方六寸,螭虎紐,詔馮道書寶
文,其一以"皇帝承天命"爲文,其一以"皇帝神寶"爲文。

(宋)孫逢吉:《職官分紀》卷六

自秦得和氏之璧,以爲傳國玉璽。其文曰:"受天明命,既壽永
昌。"後子嬰捧以降高祖於軹道者是也。在漢則符璽令掌之,增爲六
璽。至晉惠帝北征,亡失六璽。石季龍得之,遂改其文曰:"天命石
氏。"迨唐亦有符寶,而五代唐末帝遭亂,携以自焚。故郭周重造八
寶,而以天下傳本朝,謂"受命之寶""鎮國神寶""天子之寶""皇帝之
寶""天子行寶""皇帝御寶""天子信寶""皇帝信寶",且各有所用。
如"受命之寶",惟封禪用之。其他各朝增置殿寶,不在此數。

(宋)趙昇:《朝野類要》卷一

　　五代晉石敬塘反，唐主從珂與曹太后、劉皇后、雍王重美及宋審虔等，携傳國寶登玄武樓自焚死。後，契丹大舉入虞，遂滅晉，出帝與太后遣宗室延煦、延寶賫降表及玉璽歸契丹。契丹得璽，以爲製作不工，與前史所傳者異，命延煦等還報，求真璽。出帝以狀答曰："頃潞王從珂自焚於洛陽，玉璽不知所在，此寶先帝所爲，在位群臣備知。"乃已。

（明）彭大翼：《山堂肆考》卷一七五

　　（會同二年）秋七月，晉作受命寶，以"受天明命，惟德允昌"爲文。

（宋）葉隆禮：《契丹國志》卷二

　　《孔氏雜説》：石晉作受命寶曰"受天明命，惟德永昌"，契丹盜而取之。至周郭威更以玉作二寶，其一以"皇帝承天受命之寶"爲文，其一以"皇帝神寶"爲文，馮道書之。今所用乃威所作寶也。

（清）陳元龍：《格致鏡原》卷三〇

　　《五代史·蜀世家》：田令孜爲監軍，盜傳國璽入蜀，而埋之於庭。永平二年，尚食使歐陽柔治令孜故第，穿地得之，以獻。

（明）彭大翼：《山堂肆考》卷一七五

　　不知《五代史》田令孜爲蜀監軍，盜唐傳國璽入於蜀而埋之。後王建將稱尊號，有歐陽柔得之以獻。此一璽也。黃巢破長安，魏州僧傳真之師得傳國寶藏之，後唐莊宗將稱帝，適傳真以之來獻，遂即位。此又一璽也。莊宗將入汴，梁主惶懼，置傳國寶於卧内，忽失之，已爲左右所竊迎唐軍矣。此又一璽也。則是時蜀、魏、汴一時已有三璽矣。無論秦璽已不存，即存亦不知孰爲秦璽也。又《通考》後唐末帝自燔時，以傳國寶隨身共焚，是以晉高祖別製一璽。開運末耶律德光入中國，少帝遣其子延煦送璽，德光訝其非真，少帝上表具述始末，德光歸,携以出塞。則後唐之傳國璽已隨從珂自焚,而晉璽又已出塞矣。

(清)趙翼:《陔餘叢考》卷二〇

舊制,乘輿六璽。唐改爲寶,唐末喪亂或亡失。周廣順中,始造二寶,曰"皇帝承天受命之寶""皇帝神寶"。

(宋)章如愚:《群書考索》卷四六

右後唐宰臣劉昫兼判三司,堂檢其內批用御前新鑄之印。予從洪景盧待制借本臨之,真贗幾不可辨。按應順元年三月戊辰,愍帝遜於衞,必以印寶自隨。四月壬申,從珂入洛,乙亥即位,殆倉卒鑄此印耶。乙酉大赦改元。清泰時,愍帝已殂,璽應來歸。後十餘年,晉出帝奉玉璽金印歸契丹,契丹謂璽非工,與前史所傳異,命求真璽,出帝曰:"從珂自焚,玉璽不知所在。"疑焚之事,載晉家人傳,所謂金印,亦新鑄之類耳。本朝紹聖三年十二月,長安村民段義掘地得玉璽,正綠色,以獻於朝。蹇序辰安惇等皆言此秦璽,漢以爲傳國寶,自五代亡之,今爲時而出,尋詔禮部、御史臺、學士院、秘書省、太常寺講求定驗。於是蔡京等奏考之,璽文"皇帝壽昌",晉璽也;"受命於天",魏璽也;"有德者昌",唐璽也;"惟德允昌",石晉璽也。

(宋)周必大:《文忠集》卷一五

朱泚僞迎天子,段秀實倒用司農印,以追其兵。劉皇后遣人殺郭崇韜,李崧倒用都統印,以定人心。事所以貴乎權也。

(宋)吳曾:《能改齋漫錄》卷一四

五代李崧,唐莊宗以魏王繼岌伐蜀,崧掌書記。已破蜀,而劉皇后聽讒者言,遣人教繼岌殺郭崇韜,人情不安。崧見繼岌曰:"君何作此危事?今遠軍五千里,不見咫尺之詔,殺大臣是召亂也。"乃召書史三四人,登樓去梯,夜以黃紙作詔書,倒用都統印,及旦告諭諸軍,人心乃定。

(宋)祝穆:《古今事文類聚》續集卷二五

《五代史·豆盧革傳》:莊宗時大水,以責孔謙,謙不知所爲。小吏段徊曰:“臣嘗見前朝故事,國有大故,天子以朱書御札問宰相。”莊宗乃命學士草詔,手自書之。按今世上自人主,下至臣庶,用道科儀奏事於天帝者,皆青藤朱字,名爲青詞。恐初立此體時,是仿道儀也。

(宋)程大昌:《演繁露》卷九

《宋會要》:鳴鞭,本《周官》條狼氏執鞭趨避之遺法。唐及五代有之,朝會用於殿廷,行幸前驅。

(清)陳元龍:《格致鏡原》卷三一

唐正衙日見群臣,百官皆在,謂之“常參”;唤仗入閣,百官亦隨以入,則唐制天子未嘗不日見百官也。其後不御正衙,紫宸所見惟大臣及内諸司。百官俟朝於正衙者,傳聞不坐即退,則百官無復見天子矣。敬宗再舉入閣禮之後,百官復存朔望兩朝,至五代又廢。故後唐明宗始詔群臣,每五日一隨宰相入見,謂之“起居”。時李淇爲中丞,以爲非禮,請復朔望入閣之禮。明宗曰:“五日起居,吾思見群臣,不可罷,朔望入閣可復。”遂以五日群臣一人見中興便殿,爲起居;朔望天子一出御文明前殿,爲入閣,訖本朝不改。元豐官制行,始詔侍從官而上,日朝垂拱,謂之“常參官”;百司朝官以上,每五日一朝紫宸,爲“六參官”;在京朝官以上,朔望一朝紫宸,爲“朔參官”。遂爲定制。

(宋)葉夢得:《石林燕語》卷二

後唐同光二年,四方館奏:“今後除隨駕將校及外方進奉專使,文武兩班三品以上官,可於内殿對見,其餘並詣正衙。”從之。天成元年,御劄賜文武百僚,每日正衙常朝外,五日一赴内殿起居,每月朔望日賜廊下食。唐室承平時，常參官每日朝退，賜食謂之廊餐。自乾符離亂罷之，唯月旦入閣日賜。明宗即位，諫官請文武百僚，五日一起居，見帝於便殿。李琪以爲非故事，以五日爲繁，請每月朔望日入閣，賜廊下食，罷五日起居之儀。至是宣旨，朔望入閣外，五日一起居，遂以爲常。

天成元年敕：“今後若遇不坐正殿日，未御內殿前，便令閤門使宣不坐，放班朝退。”是年，御史臺奏：“凡新除官及差使者，合於正衙謝辭。每遇殿起居日，百官不於正衙叙班，其差使及新除官辭謝，不得令參謝。每殿內起居日，百僚先叙班於文明殿庭，候謝辭官退，則班入內殿。”從之。晉天福二年，中書門下奏：“在內庭諸司使等，每除正官，請令赴正衙謝後，不赴常朝。其京官、未升朝官，秪赴朔望朝參。”從之。

（宋）孫逢吉：《職官分紀》卷四九

後唐同光三年，四方館奏：“今後除隨駕將校及外方進奉專使，文武兩班三品以上官，可於內殿對見，其餘並詣正衙。”從之。天成元年，御札文武百僚，每日正衙常朝外，五日一赴內殿起居，每月朔望日，賜廊下食。唐室承平時，常參官每日朝食，謂之廊餐。自乾符離亂罷之，唯月旦入閣日賜食。明宗即位，請文武百僚五日一起居，見帝於便殿。李琪以爲非故事，以五日爲繁，請每月朔望日入閣，賜廊下食，罷五日起居之儀。至是，宣旨，朔望入閣外，五日一起居遂以爲常。天成元年敕：今後若遇不坐正殿，未御內殿前，便令閤門使傳宣不坐朝，班退。是年，御史臺奏：“凡新除官及差使者，合於正衙謝辭。若遇內殿起居日，百官不於正衙叙班，其差使及新除官辭謝，不得令參謝。每內殿起居日，百僚先叙於文明殿庭，候辭謝官退，則班入內殿。”從之。晉天福二年，中書門下奏：“在庭諸司使等，每除正官，請令赴正衙，謝後，不赴常朝。其京官未昇朝官，只赴朔望朝參。”從之。國朝諸在京昇朝官，每日朝，其制免常朝者，五日一參起居。國朝令文。按唐制，文武職事官，並赴常參，武班五日一參，又有三日一參。五日參並朔望，爲六參，三日參，乃九參。所謂常參官，未有無職者，由後唐同光中，乃分常朝、内殿，凡隨駕官將校及外方進奉使，文武三品以上官，即於内殿對見，其餘並詣正衙。至天成初，詔文武百官每日常朝外，五日一赴内殿起居。其趨朝官，遇宣不坐，放朝，各退歸司。

（宋）江少虞：《宋朝事實類苑》卷二六

（唐）明宗即位，諫官請文武百僚五日一起居，見帝於便殿。李琪以爲非故事，以五日爲繁，請每月朔望日入閣，賜廊下食，罷五日起居之儀。至是宣旨朔望入合外，五日一起居，以爲常。天成元年，敕今後若遇不坐正殿日，未御内殿前，便令閤門使宣不坐放朝，班退。是年，御史臺奏：“凡新除官及差使者，合於正衙謝辭。每遇内殿起居日，百官不於正衙叙班，其差使及新除官辭謝，不令參謝。每内殿起居日，百僚先叙班於文明殿庭，候辭謝官退，則班入内殿。”從之。晉天福二年，中書門下奏：“在内廷諸司使等，每除正官，請令赴正衙謝後，不赴常朝。其京官未昇朝官，只赴朔望朝參。”從之。

（宋）宋敏求：《春明退朝録》中

國初，因唐與五代之制，文武官每日赴文明殿。正衙常參，宰相一人押班。五日起居即崇德、長春二殿，中書門下爲班首。

（宋）李攸：《宋朝事實》卷一二

後唐明宗天成初，以亂離之前常參官每日朝退，賜食廊下，謂之廊食。自乾符後，經費不足，無每日之賜，至是遇入閣即賜。

（宋）李上交：《近事會元》卷三

國家承五代大亂之餘，每朔望起居及常朝，並無仗衛，或數年始一立，名全仗。當時人士或不識朝廷容衛，迄今尚然。太宗朝嘗詔史館修撰楊徽之等校定入閣舊圖。時江南張洎獻狀，述朝會之制，得失明著。其要云：“今之乾元殿，即唐之含元殿也。在周爲外朝，在唐爲大朝、冬至、元日，立全仗，朝百國，在此殿也。今之文德殿，即唐之宣政殿，在周爲中朝，在漢爲前殿，在唐爲正衙，凡朔望起居，册拜后妃、皇太子、王公、大臣，對四夷君長，試制策科舉人，在此殿也。昔東晉太極殿有東西閣，唐置紫宸上閣，法此制也。且人君恭己南面，向明而理，紫微黄屋，至尊至重。故巡幸則有大駕法從之盛，御殿則有勾陳羽衛之嚴。故雖隻日常朝，亦猶立仗，前代謂之入閣儀者。蓋隻日御紫宸上閣之時，先於宣政殿前立黄麾金吾仗，候勘契畢，唤仗即自東西閣門入，故謂之入閣。今朝廷且以文德正衙權宜爲上閣，甚非憲度。況國家繼百王之後，天下隆平，凡曰憲章，咸從損益，惟視朝之禮，尚自因循。竊見長春殿正與文德殿南北相對，殿前地位連横，街亦甚廣博。伏請改創此殿作上閣，爲隻日立仗視朝之所；其崇德殿、崇政殿，即唐之延英殿是也，爲雙日常時聽斷之所。庶乎臨御之式，允協前經。今輿論以入閣儀注，爲朝廷非常之禮，甚無謂也。臣竊按舊史，中書、門下、御史臺，謂之三署，爲侍從供奉之官。今常朝之日，侍從官先次入殿庭，東西立定，俟正班入，一時起居，其侍從官則東西對拜，甚失北面朝謁之禮。今請準舊儀，侍從官先次入，起居畢，在左右分行侍立於丹墀之下，故謂之蛾眉班。然後宰相率正班入起居，庶免侍從官有東西對拜之文，得遵正禮。"至慶曆三年，予知制誥時，始詔臺省侍從官隨宰相正班北面起居，其他則無所更焉。

（宋）田況：《儒林公議》卷下

唐制，坐宣政殿，宰臣立侍。紫宸殿奏事畢，坐延英奏事，自前殿唤仗入便殿爲入閣。唐末五代初，御前殿爲閣。

（唐）白居易、（宋）孔傳：《白孔六帖》卷三八

唐制，自前殿唤仗入便殿爲入閣，唐末五代出御前殿爲入閣。

（宋）潘自牧：《記纂淵海》卷七七

唐百官入閣有待制次對官。德宗興元中，日令常參官三兩人奏事。後唐天成中，廢待制次對官，五日一次內殿百官轉對，長興二年

停。晉天福七年復。漢乾祐二年,陶穀奏罷之。淳化二年十一月丙申,太宗皇帝再復。舊制詔百官次對,每日兩次。

(宋)王栐:《燕翼詒謀録》卷二

後唐天成中,御史臺奏:"每遇入閣,舊例祇一員侍御史在龍墀邊,祇候彈奏公事,或南班失儀,點校不及。今欲依常例,差殿中侍御史二員,押鐘鼓位,乃各綴供奉班出入。"

(宋)孫逢吉:《職官分紀》卷一四

唐天成二年,御史臺奏:"每遇入閣日,欲依常朝例,差殿中侍御史二員,押鐘鼓樓位,各供奉班官綴出入,所冀共爲糾察。從之。

(宋)謝維新:《古今合璧事類備要》後集卷二五

唐天成二年,御史臺奏:"每遇入閣日,欲依常朝例,差殿中侍御史二員押鍾鼓樓位,各綴供奉官班出入,所冀共爲糾察。"從之。

(元)富大用:《古今事文類聚新集》卷一八

後唐長興二年敕:朔望入閣待制候對,一依舊規。

(宋)謝維新:《古今合璧事類備要》後集卷五七

本朝建隆三年八月丙戌朔,御崇元殿,文武百官入閣。自後屢踵而行之。太平興國二年詔:以八月一日入閣。會雨而止。又以《入閣舊圖》承五代草創,禮容不備。於是命史館修撰楊徽之等討論故事,別爲新圖。

(宋)費袞:《梁谿漫志》卷三

而叔世離亂,五代草創,大昕之制,更從簡易。正衙立仗,因而遂廢。其後或有行者,常人之所罕見,乃或謂之盛禮,甚不然也。今之相傳《入閣圖》者,是官司記常朝之制也。如閣門有《儀制敕雜坐圖》

耳,是何足爲希闊之事哉!

(宋)費袞:《梁谿漫志》卷三

(李淑)議入閣曰:"唐寶曆之後,常以月朔御紫宸,行入閣之禮。後雖五代,猶或講求。施及聖朝,太祖五行其禮,多御崇元殿。備殿中金吾諸仗,設待制,復轉對官。崇元即今天安殿也。乾德之後改御大明殿,即今集英殿也。太宗三行其禮,別定新制,就文德殿廷,增設黃麾仗。真宗亦三行之。"

(宋)曾鞏:《隆平集》卷七

宋劉敞,字原父,在詞掖有立馬揮九制之才。歐陽文忠公嘗折簡問入閣之禮起於何年,閣是何殿,開延英起於何年,五日一起居,遂廢正衙不坐,起於何年。三者孤陋所不詳,乞示本末。公方與客對食,曰:"明日當爲答。"已而,復追回令,立俟報,就坐中疏入閣事,詳盡無遺。歐大驚曰:"原父博學,不可及也。"後歐公修《五代史》,載入閣一段事,即答簡所云。劉公嘗私謂所親曰:"好個歐九,極有文章,可惜不甚讀書耳!"蘇東坡後聞此言,曰:"軾輩將若何。"按唐故事,天子日御殿見群臣,曰"常參";朔望薦享諸陵寢,有思慕之心,不能臨前殿,則於便殿見群臣,曰"入閣"。宣政殿前殿也,謂之衙,衙有仗,紫宸殿,便殿也,謂之閣。天子不御前殿,而御便殿,乃喚正衙黃麾,自東西閣門而入。凡百官俟朝於正衙者,皆隨之而入,故謂之閣。此禮前古所未聞,實自唐人始。但衙,正朝也,其禮尊;閣,燕見也,其禮殺。或者不察,而以入閣儀注爲朝廷非常之禮,則失唐人之本意矣。

(明)彭大翼:《山堂肆考》卷一二五

(開平元年)六月己亥,帝御崇元殿,內出追尊四廟上謚號玉冊寶,共八副。宰臣文武百官儀仗鼓吹道引至太廟行事。

(宋)王欽若等編纂:《冊府元龜》卷一八九《閏位部》

梁太祖開平元年初受禪,立四廟於京師。

(元)馬端臨:《文獻通考》卷九三《宗廟考三》

梁太祖開平元年,既受唐禪,始建宗廟,凡四室。每室有登歌、酌獻之舞,肅祖宣元皇帝室曰《大合》之舞,敬祖光憲皇帝室曰《象功》之舞,憲祖昭武皇帝室曰《來儀》之舞,烈祖文穆皇帝室曰《昭德》之舞。

(宋)王欽若等編纂:《册府元龜》卷五七〇《掌禮部》

(開平)二年正月,宰臣上表請郊天,謁太廟。命有司擇日備儀,因先布告嶽牧、方伯。於是太常禮院選用四月二十四日有事於南郊。壬寅,應郊祀大禮,儀仗車輅,鹵簿法物,祭器樂懸,各令所司修飾。以河南尹張宗奭充都點集諸司法物使。三月,帝以魏博、鎮定助修西都宮内,工役方興,禮容未備,其郊天謁廟宜於秋冬別選良日。

(宋)王欽若等編纂:《册府元龜》卷一九三《閏位部》

(開平)二年正月,太祖將議郊禋,有司撰進樂名、舞名。樂曰《慶和》之樂,舞曰《崇德》之舞。皇帝行,奏《慶順》之曲。奠玉幣、登歌,奏《慶平》之曲。迎俎,奏《慶肅》之曲。酌獻,奏《慶熙》之曲。飲福酒,奏《慶隆》之曲。送文舞,迎武舞,奏《慶融》之曲。亞獻、終獻,奏《慶休》之曲。太廟迎神,舞《開平》之舞。

(宋)王欽若等編纂:《册府元龜》卷五七〇《掌禮部》

梁太祖開平二年三月,以鴻臚卿李嵸、唐室宗屬,封萊國公,爲二王後。有司奏:“萊國公李嵸,合留三廟於西都,選地位建立廟宇,以備四仲祀祭。命度支供給,以遵彝典。”

(宋)王欽若等編纂:《册府元龜》卷二一一《閏位部》

(開平二年)七月,詔曰:“祀典之禮,有國之大事也。如聞官吏慢於展敬,禮容牲饌有異精虔,宜令御史疏其條件,以聞定詳。"禮儀使奏,得太常禮院狀,選用今年十一月己丑冬至有事於南郊。奏敕西都宮內修造,尚未畢功,過此一冬方當絶手,宜令於來年正月內選日申奏。十一月,太常禮院奏,選用來年正月二十四日辛卯親祭南郊,可之。詔以左千牛衛上將軍胡規充南郊儀仗使,金吾衛將軍趙麓充車路法物使。時以執儀仗、將軍輅皆武士,故分二將以董之。是月冬至,命宰臣祀昊天上帝於圓丘。

(宋)王欽若等編纂:《册府元龜》卷一九三《閏位部》

(開平二年)十二月,立二王三恪南郊,禮儀使狀:"伏以《詩》稱有客,《書》載虞賓,實因禪代之初,必行興繼之命。俾之助祭,式表推恩,兼垂恪敬之文,别示優崇之典。徵於歷代,襲用舊章。謹案唐朝以後魏元氏子孫韓國公爲三恪,以周宇文氏子孫爲介國公,隋朝楊氏子孫爲酅國公,爲二王後。今伏以國家受禪,封唐朝子孫李嵸爲萊國公。今參詳,合以介國公爲三恪,酅國公、萊國公爲二王後。

(宋)王欽若等編纂:《册府元龜》卷二一一《閏位部》

梁太祖開平二年十一月,自東京赴洛都行郊天禮,自石橋備儀仗至郊壇。

三年(開平三年)正月,以河南尹張宗奭爲南郊大禮使故事,皆以宰相爲之,今用河南尹充,非常例也。

梁太祖南郊二。開平三年正月二十四日,其年十一月二日。

按:梁太祖始建都於汴,然郊壇則在洛都。開平二年十一月南郊,帝自東京至洛都行禮,自石橋備儀仗至郊壇。三年正月,以河南尹張宗奭爲南郊大禮使。後唐莊宗同光二年,帝祀南郊。初,梁均王將郊祀於洛陽,聞楊劉陷而止,其儀物具在。至是,張全義請上亟幸洛陽,謁廟畢,即祀南郊。從之。然則梁、唐行郊祀皆在洛陽。

(元)馬端臨:《文獻通考》卷七一《郊社考四》

後梁太祖開平二年,太常奏:“皇帝南郊,奏《慶和》之樂,舞《崇德》之舞;皇帝行,奏《慶順》之曲;奠玉幣,登歌,奏《慶平》之曲;太廟迎神,舞《開平》之舞;迎俎,奏《慶肅》之曲;酌獻,奏《慶熙》之曲;飲福酒,奏《慶隆》之曲;送文舞、迎武舞,奏《慶融》之曲;亞獻,終獻,奏《慶休》之曲。追尊四祖廟,各有樂舞、登歌、樂章。

(元)馬端臨:《文獻通考》卷一二九《樂考二》

(開平)三年正月己巳,奉遷太廟四室神主赴西京。太常儀仗鼓吹道引齊車,文武百官奉辭於開明門外。甲戌,帝發東都。己卯,至西都。庚寅,親享太廟。

(宋)王欽若等編纂:《冊府元龜》卷一八九《閏位部》

梁太祖親饗廟二。開平三年正月二十二日,其年十月三十日。

(元)馬端臨:《文獻通考》卷九七《宗廟考七》

(開平)三年正月乙酉,詔曰:“初宅洛都,將行郊祀。應嶽瀆名山大川及諸州有靈迹封崇神祠,各宜差官吏精虔祭告。”是月,禮儀使奏,請皇帝宿齋三日。庚寅,親饗太祖。辛卯,親祀昊天上帝於圓丘。是月,降雪盈尺,及升壇而止。

(宋)王欽若等編纂:《冊府元龜》卷一九三《閏位部》

(開平三年)二月丙午,宗正寺請修興極、永安、光天、咸寧陵,并合添修上下宮殿,栽植松柏,制可。癸亥,敕豐、沛之基,寢園所在,凄愴動關於情理,充奉自繫於國章,宜設陵臺,兼昇縣望。其輝州碭山縣,宜升爲赤縣,仍以本縣令兼四陵臺令。

(宋)王欽若等編纂:《冊府元龜》卷一八九《閏位部》

(開平三年)三月,遣宰臣薛貽矩以孟夏雩祀昊天上帝,宰臣於競薦享太廟,並赴西都。甲戌,車駕發西都。庚辰,至河中府,分命群臣告祭山川靈迹。

（宋）王欽若等編纂：《册府元龜》卷一九三《閏位部》

（開平三年）七月丙寅，命宰臣楊涉赴西都，以孟秋享太廟。

（宋）王欽若等編纂：《册府元龜》卷一八九《閏位部》

（開平三年）七月甲戌，詔曰："朕自膺眷佑，勉副樂推，三載於茲。多難未弭，但蒙靈貺，每竊休徵。致稼穡之有年，乃陰陽之克叙。昨者以灾興右地，叛結左馮，連邠、鳳之凶狂，據關河之險固。王師才進，逆黨生擒，寸刃未施，重門盡啓。以致元凶自遁，道壘皆降。賊除不出於浹旬，兵罷匪逾於一月。而况時當炎暑，路涉惡山，風迎馬以納涼，雲隨車而不雨。功因捷速，而免滯留。非眇質之敢當，賴上玄之垂祐。合申告謝，用表精虔。宜令所司擇日，親拜郊祀。"

（宋）王欽若等編纂：《册府元龜》卷一九三《閏位部》

（開平三年）八月，詔曰："封岳告功，前王重事；祭天肆覲，有國常規。朕自以眇身，恭臨大寶，既功德未敷於天下，而灾祥互降於域中。慮於告謝之儀，有闕齋虔之禮，宜修昭報，用契幽通。宜令中書侍郎同平章事於兢往東嶽祭拜，祝訖聞奏。"

（宋）王欽若等編纂：《册府元龜》卷一九三《閏位部》

（開平三年）九月，詔曰："秋冬之際，陰雨相仍，所司擇日拜郊，或慮臨時妨事。宜令别更擇日聞奏。"是月，禮儀使奏：今據所司申奏書日内十一月二日冬至，祀昊天上帝於圓丘。今參詳十月十七日已後，入十一月節。十一月二日冬至，一陽生之辰，宜行親告之禮。從之。

（宋）王欽若等編纂：《册府元龜》卷一九三《閏位部》

（開平三年）十一月癸巳朔，帝齋於内殿，不視朝。甲午，日長至。

五更一點，自大内出，於文明殿受宰臣已下起居。自五鳳樓出南郊，左右金吾、太常、兵部等司儀仗、法駕、鹵簿及左右内直、控鶴等引從赴壇，文武百官太保韓建已下班以候至，帝昇壇告謝。是歲降制："國之大事，唯祀與戎。祭法所標，禮經猶重。其齊心必至，備物精臻，方感召於神祇，乃降通於福祐。近者所司祠祭，或聞官吏因循，虚破支供，動多虧闕。致陰陽之失序，仍水旱以爲灾。每一念思，實多凛若。宜加提舉，用復敬恭；須委元臣，以專重事。自今後，應在京四時大小祀及諸色祭祀，並委宰臣貼矩專判，躬親點檢，無令怠墮，有失典常。"又詔以所率官僚俸錢修文宣王廟，分一半修武明王廟。

（宋）王欽若等編纂：《册府元龜》卷一九三《閏位部》

五代唐天祐二年敕：東上、西上閤門，制置各别，至於常事，則以東上居先，或大忌進名，遂用西閤爲便。宋横班有東上閤門使、西上閤門使，凡取稟旨命供奉、乘輿、朝會、游宴及贊道三公群臣、蕃國朝見、辭謝、糾彈、失儀之事，使副專之。政和官制，横班副使之名，改爲大夫，而其職任則命内外官知焉。其後所除總名知閤門事，仍兼客省、四方館之職。

（元）富大用：《古今事文類聚新集》卷一九

唐天祐二年敕：東上、西上閤門，制置各别，至於常事，則以東上居先，或大忌進名，遂用西閤爲便。頃緣閹竪擅權，而陰陽叙立，不思南面但啓西門，詳其稱禮，似爽規儀，自今定依舊制。

（元）富大用：《古今事文類聚新集》卷一九

國朝承五代之弊，名式未正，文德殿東西有上閤門，而無上閤。按唐宣政殿門之中朝也，是爲正衙。紫宸直其北，是謂上閤。蓋自晉太極有東西閤，天子間以聽政，閤之名起於此。方唐盛時，立仗於宣政，天子坐紫宸，而金吾、殿中細仗，自東西閤門入，謂之唤仗。今文德殿，唐宣政正衙也，而垂拱直其北，紫宸乃在東偏。文德殿東西但

有上閤二門，未審以何處爲上閤，宜參詳典故，正上閤之名，復有唐盛
事焉。

（宋）佚名：《翰苑新書》前集卷三二

宋承五代之弊，文德殿東西有上閤門而無上閤。按唐宣政殿門
之中朝也，是爲正衙，紫宸直其北，是謂上閤。蓋自晉太極有東西閤，
天子間以聽政，閤之名起於此。方唐盛時，立仗於宣政，天子坐紫宸，
而金吾、殿中、細仗，自東西閤門入，謂之喚仗。今文德殿，唐宣政正
衙也，而垂拱直其北，紫宸乃在東偏，文德殿東西，但有上閤二門，未
審以何處爲上閤，直參考典故，正上閤之名，復有唐盛事。

（元）富大用：《古今事文類聚新集》卷一九

後唐天成三年，和凝奏齋郎歲以三十人爲限。同光二年，奏千牛
左右仗各六員，歲以十二員爲限。

（宋）章如愚：《群書考索》後集卷一七

唐官有定員，闕則補之。後唐長興二年詔：諸州得替節度、防禦、
團練使、刺史，並令隨常朝官逐日立班。二年，敕免常朝，令五日赴起
居。國初，尚多前資官，今《閤門儀制》尚有見任、前任節度、防禦、團
練使。

（宋）張師正：《倦游雜録》

後唐長興四年，劉昫入相，中謝。是日大祠，明宗不御中興殿而
坐於端明殿。昫至中興殿門，閤門使曰：“舊禮，宰臣謝恩須於正殿通
喚，請俟來日。”趙延壽曰：“命相之制下已三日，中謝豈宜後時。”即
奏聞，昫遂中謝於端明殿廷。昫自端明殿學士拜相，復謝於本殿，人
士榮之。

（宋）謝維新：《古今合璧事類備要》後集卷五六

五代劉岳,唐明宗時爲吏部侍郎。故事:吏部文武官告身皆輸朱膠紙軸錢,然後給。其品高者,則賜之,貧者不能輸錢,往往但得其敕牒,而無告身。五代之亂,因以爲常,官卑者無復得告身,中書但録其制辭,或任其材能,或褒其功行,或申以訓誡,而受官者既不給告身,皆不知受命之所以然,非王言所以告詔也。請一切賜之,由是百官皆給告身,自岳始也。

(唐)白居易、(宋)孔傳:《白孔六帖》卷三八

五代劉岳,唐明宗時爲吏部侍郎。故事:吏部文武官告身,皆輸朱膠紙軸錢然後給,其品高有錢者則賜之,其官卑而貧不能輸錢者,往往但得其敕牒,而無告身。由是受官者,皆不知受命之所以然,非王言所以告詔之意也,請一切給之。故百官皆給告身,自岳始也。

(明)彭大翼:《山堂肆考》卷四七

《五代史》,鄭餘慶作書儀,以冥配爲定制,唐明宗深識其非,有詔删正。

(清)趙翼:《陔餘叢考》卷三一

典章故事有一時廢革遂不可復者。牧守銅魚之制,新除刺史給左魚,到州取州庫右魚合契。周顯德六年,詔以特降制書,何假符契!遂廢之。唐兩省官上事宰臣,送上,四相共坐一榻,各據一隅,謂之押角。晉天福五年,敕廢之。

(宋)洪邁:《容齋隨筆》卷三

唐制,太守交事皆合銅魚爲信。周世宗顯德六年,以除州自有制書,罷銅魚不用。

(宋)程大昌:《演繁露》卷八

五代安重榮既僭侈，以爲金魚袋不足貴，刻玉爲魚佩之。

（唐）白居易、（宋）孔傳：《白孔六帖》卷一二

《五代史》述黄幡綽賜緋毛魚袋，謂無魚袋也。則古人文字中亦用之矣。

（清）趙翼：《陔餘叢考》卷四三

晉少帝天福六年七月，賜宰臣馮道生辰器幣。道辭以幼失父母，不記生日，堅讓不受。生辰賜物始此也。

（宋）李上交：《近事會元》卷一

賜生辰器幣，起於唐，以寵藩鎮。五代至遣使命。周世宗眷遇魏宣懿，始以賜之，自是執政爲例。

（宋）王明清：《揮麈前録》卷三

國家朝祭，百官冠服多用周制，每大朝會，侍祠則服之。襪有帶，履用皂革，褲，衣中單，勒帛；裙，蔽膝；袍，大帶，革帶，方心曲領；佩則用石以代珠玉；冠有三梁、五梁之别，言官、刑法官則加獬豸；所執各用其笏。如道駕，除御史大夫、開封牧、開封令出各乘車外，他官具冠服而騎。

（宋）王得臣：《麈史》卷上

周世宗時，李景奉正朔，上表自稱唐國主，而周稱之曰江南國主。國書之制曰："皇帝致書恭問江南國主。"又以"君"字易"卿"字。至藝祖，於李煜則遂賜詔如藩方矣。仁宗時，册命趙元昊爲夏國主，蓋用江南故事。然亦賜詔，凡言及"卿"字處，即闕之，亦或以"國主"代"卿"字。當時必有定制，然不盡見於國史也。

（宋）陸游：《老學庵筆記》卷六

舊制，文武群臣由一命而上，自外至京，必先詣正衙見訖，乃得入見，辭謝亦如之。太祖皇帝御極之初，親總庶務，常驛召一邊臣入對，將授以方略，訝其到闕已數日而未見。左右或奏以未過正衙。太祖意不平之，乃令自今皆先入見辭謝畢，方得詣正衙，遂爲定制。

(宋)王曾：《王文正筆録》

今官制：光禄大夫轉銀青，銀青轉金紫，金紫轉特進。五代以前，乃自銀青轉金紫，金紫轉光禄，光禄轉特進。據馮道《長樂老》序所載甚詳。

(宋)陸游：《老學庵筆記》卷五

五季承唐之後，雖兵革相尋，然去唐未遠，制度典章人猶得以持循。如蕭希甫論内宴，樞密使不當坐；李琪爲僕射，太常禮院言無送上之文；馬縞、趙咸議嫂叔之服；崔棁以宰相改其所草制，而引經固爭。使當時人人能守唐制如此，豈不能久立國乎？

(宋)費袞：《梁谿漫志》卷五

唐末及五代始有特加邑户，而罷實封之給。

(宋)潘自牧：《記纂淵海》卷三六

唐末及五代始有特加邑户，而罷實封之給，又去縣公，封侯以郡。

(宋)章如愚：《群書考索》後集卷一八

蓋以五代俯及皇朝，凡預近司，少逢具慶，遂致叙封之典，別無畫一之規。

(宋)楊億：《武夷新集》卷一六

宋朝舊制：外命婦有國夫人、郡夫人、郡君、縣君之號。初以爲此特沿五代之制,且非婦道也,乃別造新名以命之。

（宋）章如愚:《群書考索》後集卷二〇

《五代會要》:天福五年,中書舍人艾穎父在請封其母,部議以其父在堂,只稱夫人,不稱太夫人。

（清）袁枚:《隨園隨筆》卷一六

王溥《五代會要》母妻叙封事例,乾祐元年,中書帖吏部廢置司父在母進封合加太字事例申上,廢置司以前後格敕内凡母皆加太字,在殁並同,即不説父在不加太字。惟晉天福五年,中書舍人艾穎,八年,尚書司門郎中尹偓,皆父在,母封縣君,不加太字云云。蓋由子封母固宜加太,而父在母不稱太,亦情理之當然也。

（清）趙翼:《陔餘叢考》卷二七

王出入閭里,乘軺軿車。

（唐）白居易、（宋）孔傳:《白孔六帖》卷一一

《五代史》:後唐莊宗將稱帝,張承業自太原肩輿至魏極諫。又莊宗以盧程爲相,拜命之日,乘肩輿,導從喧呼。莊宗聞之,以問左右,對曰:"此宰相擔子入門。"《宋史》,李穀爲周太祖相,以病乞致仕,周祖不許,賜白藤肩輿,召至便殿勉諭。然則宰相及大臣乘肩輿,蓋自唐初有特恩賜者,其後自相沿仿,漸以成習,沿及五代,遂爲常制也。

（清）趙翼:《陔餘叢考》卷二七

太祖皇帝朝,嘗詔重修先代帝王祠廟,每廟須及一百五十間以上,委逐州長吏躬親點檢,索圖赴闕,遣使覆檢。令太常禮院重定配享功臣,檢討儀相,畫樣給付。……朱梁太祖以劉鄩、敬翔、葛從周、袁象先配,後唐莊宗以郭崇韜、李嗣昭、符存審配,明宗以霍彦威、安

重進、任圜配，石晉高祖以桑維翰、趙瑩配，以上並在河南府。皆著之儀制。是時吳、蜀未平，六朝帝廟闕而不載。

（宋）王明清：《揮麈前錄》卷一

後梁太祖祠，劉鄩、郭敬翔、葛從周、袁象先配；
後唐莊宗祠，郭崇韜、李嗣昭、符存審配；
後唐明宗祠，霍彥威、安重進配；
後晉高祖祠，桑維翰、趙瑩配。

（明）彭大翼：《山堂肆考》卷一五八

五服制度附書律上，始於後唐天成二年。授孔子後爲曲阜令，始於後周廣順二年。封孔子後爲衍聖公，本劉貢父所奏。

（清）袁枚：《隨園隨筆》卷二〇

如周世宗之後柴氏世封崇義公，蓋二王後之故事也。

（宋）趙昇：《朝野類要》卷三

至隋、唐，凡立碑者皆奏請，及五代而弛，今且彌布天下矣。

（清）趙翼：《陔餘叢考》卷三二

五代承唐季亂離之後，國用窘蹙，故冬服止及將相、翰林學士、諸軍大校。建隆三年，初賜文武常參官。太平興國二年十月朔，詔賜百官、諸軍校百夫長以上及遣使賫賜藩鎮、州郡冬服，自是以爲常。

（宋）曾鞏：《隆平集》卷二

祖宗朝重先代陵寢，每下詔申樵采之禁，至於再三。置守冢戶，委逐處長吏及本縣令佐常切檢校，罷任具有無廢闕，書於歷子。……梁末帝葬伊闕縣。後唐□□□□□□□□□□□□□□□□□末帝□□□□□□葬明宗陵內。以上三十八帝，常禁樵采。此乾德四年十月詔也,著於甲令。

（宋）王明清:《揮塵前録》卷二

則《六典》之書,五代猶遵用之,不知韋述何以言不用也。元祐諸公議更元豐故事,則痛詆《六典》,以爲未嘗頒用,殆有激而云耳。

（宋）程大昌:《考古編》卷九

（開平）四年八月,車駕西征,次於陝,命宰臣杜曉祭華岳並禱。

（宋）王欽若等編纂:《册府元龜》卷一九三《閏位部》

（開平四年）九月丁亥朔,車駕幸陝府,命宰臣于兢赴西都祀昊天上帝於圓丘。

（宋）王欽若等編纂:《册府元龜》卷一九三《閏位部》

梁太祖崩,葬宣陵,在洛京伊闕縣。六月五日崩,十月十日葬。

（元）馬端臨:《文獻通考》卷一二五《王禮考二十》

乾化元年十月,有司以立冬太廟薦享上言,詔丞相杜曉赴西都攝祭行事。

（宋）王欽若等編纂:《册府元龜》卷一八九《閏位部》

乾化元年,北巡,回次孟州,命散騎常侍孫騭、右諫議大夫張衍、光禄卿李翼各賷香合祝板,告祭於孟津之望祠。

（宋）王欽若等編纂:《册府元龜》卷一九三《閏位部》

（乾化）二年正月丙戌,有司以孟春太廟薦享上言,命丞相杜曉攝祭行事。

（宋）王欽若等編纂:《册府元龜》卷一八九《閏位部》

（乾化）二年正月庚辰，有司以南郊上辛祈穀，命丞相趙光逢攝太尉行事。

（宋）王欽若等編纂：《册府元龜》卷一九三《閏位部》

末帝即位，追尊母賢妃張氏爲元貞皇太后，祔葬宣陵。

（宋）王欽若等編纂：《册府元龜》卷一八九《閏位部》

貞明三年十二月，幸洛陽，遂幸伊闕，拜宣陵。

（宋）王欽若等編纂：《册府元龜》卷一八九《閏位部》

梁末帝貞明中，諸王納妃，公主下降，皆宫殿門廷行揖讓之禮，物議非之。太常少卿馬縞上疏曰："臣聞《詩》美《何穰》，《傳》稱築館。將就肅雍之德，必分内外之規。故曰主王姬者自公門出。舊禮以几筵告於宗廟，以候迎者，故於廟之外朝門築館，得禮之正也。昔漢賈誼上書云：'古者見君之乘車必下，見君之几杖必起，入正門必趨。'又孟子云：'朝廷不越位而與人言，不逾階而相揖。'孔丘過位色勃，蘧瑗望闕風趨。近亦有僕射與員外郎共列謝官班次，蓋以公器不私，尊無二上，亦得禮之正也。臣竊以入正門必趨，不逾階相揖，著於前史，實有舊文。則豈可臣下而於宫殿門庭行賓主揖讓之儀，使華夏觀禮之人惑於非據。言動必書之史，疑爽彝倫。臣雖處典司，寧分禮道，以其所見，恐未合宜。伏乞宣付中書門下，參酌可否施行。"

（宋）王欽若等編纂：《册府元龜》卷五九三《掌禮部》

後唐莊宗初爲晉王，天祐八年，與梁軍戰於柏鄉，因禡牙，祀之曰："南望柏人，當漢祖擒奸之地；北臨鄗邑，有蕭王告類之亭。一則成創業之功，一則纂中興之緒。予遠提師旅，將蕩妖氛，假二帝之威靈，救萬邦之塗炭，俯詳形勝，用視郊原，陣雲不散於長空，殺氣正冲於殘孽。逆温背惠，奸我同盟，非厚載之所容，在典刑而無赦，將期剿戮，以慰蒸人，諒我忠勤，幸資神助。"同光元年四月即位，制曰："山林川澤祀典神祇,各隨處差官,崇修祭饗。"

(宋)王欽若等編纂:《冊府元龜》卷三四《帝王部》

後唐莊宗同光元年四月即位。閏月,追尊曾祖蔚州太保爲昭烈皇帝,廟號懿祖;夫人崔氏曰昭烈皇后,陵曰永興。追尊皇祖代州太保爲文景皇帝;夫人秦氏曰文景皇后,陵曰長寧。追尊皇考河東軍節度使、守太師、中書令、晉王爲武皇帝。詔於晉陽創中興宗廟,以高祖神堯皇帝、太宗文皇帝、懿宗昭聖皇帝、昭宗聖穆皇帝,洎懿祖已下三室爲七廟。

(宋)王欽若等編纂:《冊府元龜》卷三一《帝王部》

(同光元年)十月,德音:應有百神祠宇,不得有虧時祭。

(宋)王欽若等編纂:《冊府元龜》卷三四《帝王部》

(同光元年)十一月辛丑,敕天下州縣所有神祠本處,差官告祭。

(宋)王欽若等編纂:《冊府元龜》卷三四《帝王部》

(同光元年)十一月甲辰,敕:"洛京太廟,先爲朱溫毀廢,將幸洛陽宮告廟,下尚書省會議,重修本朝宗廟。"

(宋)王欽若等編纂:《冊府元龜》卷三一《帝王部》

後唐同光元年十二月,中書門下奏:"每日常朝,百官皆拜,獨兩省官不拜,準本朝故事,朝退於廊下賜食,謂之'廊餐'。百官遂有謝食拜,唯兩省官本省有廚,不赴廊餐,故不拜。伏自僖宗幸蜀回,以多事之後,遂廢廊餐。百官拜儀,至今未改,將四十載,禮恐難停。唯兩省官獨尚不拜,豈可終日趨朝,曾不一拜,獨於班列有所異同。若言官是近臣,於禮尤宜肅謹。起今後逐日常朝,宣'不坐'。除職事官押班不拜外,其兩省官與東西班並齊拜。"從之。

(元)馬端臨:《文獻通考》卷一〇七《王禮考二》

(同光)二年正月丁巳,所司奏:"懿祖昭烈皇帝八月十四日忌,昭烈皇后十一月八日忌,獻祖文皇帝十月十三日忌,文景皇后九月六日忌,太祖武皇帝正月二十日忌。"敕:"敬依典禮。"甲子,西都留守張筠奏重修高祖、太宗十聖宮殿。戊辰,饗太廟,以皇子繼岌爲亞獻,皇弟存紀爲終獻。

(宋)王欽若等編纂:《册府元龜》卷三一《帝王部》

後唐莊宗同光二年正月,將有事於南郊。光禄大夫、檢校尚書左僕射、行太常卿、充南郊禮儀使李燕進太廟登歌樂章洎舞名。其懿祖昭烈皇帝室登歌、酌獻曰《昭德》之舞;獻祖文皇帝室登歌、酌獻曰《文明》之舞;太祖武皇帝室登歌、酌獻曰《應天》之舞;昭宗皇帝室登歌,酌獻曰《永平》之舞。從之。

(宋)王欽若等編纂:《册府元龜》卷五七○《掌禮部》

(同光二年)二月丁亥,遣宗正李紓朝拜和陵。丁酉,吏部奏十道圖内州縣名,共三十七處犯獻祖廟諱。敕改易之。

(宋)王欽若等編纂:《册府元龜》卷三一《帝王部》

宮中道從,唐以前無聞焉。五代漢乾祐中,始置主輦十六人,捧足一人,掌扇四人,持踏一人,並服文綾袍、銀葉弓脚襆頭。

(清)徐松輯:《宋會要輯稿》輿服五之一七

宮中道從,五代漢乾祐中始置新婦二人,高鬟青袍。

(清)徐松輯:《宋會要輯稿》輿服五之一七

太祖建隆四年八月六日,南郊儀仗使劉温叟言:"兵部取到唐明宗《朝儀仗字圖》,道駕用三引,諸司法物人數極多。周太祖用六引,其數差少。今請用六引,其鹵簿準近例不給。"

(清)徐松輯:《宋會要輯稿》輿服一之一六

開寶元年二月十九日,皇弟晉王及吳越國王錢俶、其子惟濬射苑中,俶進御衣、金器、壽星通犀帶以謝。

（清）徐松輯：《宋會要輯稿》輿服五之三一

大中祥符元年四月二十三日,詳定所言："按唐明皇封禪備法駕,請準故事,告饗太廟及乘輿出京、封泰山、禪社首、御朝覲壇,並用法駕。其所過州縣,即不排儀仗。"從之。

（清）徐松輯：《宋會要輯稿》輿服一之一七

鳴鞭。唐、五代有之,《周官》條狼氏執鞭趨辟之遺法也。内侍二人執之。鞭稍用紅絲,而漬以蠟。行幸則前騎而鳴之,祀禮畢還宮亦用焉。視朝燕會,則用於殿庭。

（清）徐松輯：《宋會要輯稿》輿服六之二四

太宗太平興國九年四月,布衣趙垂慶言："皇家當越五代,上承唐統,爲金德。若以梁上繼唐,傳後唐至國朝亦合爲金德。矧自禪代以來,符瑞狃至,羽毛之類多色白者,皆金德之應。望改正朔,易服色,以承天統。"下尚書省集百官定議。右散騎常侍徐鉉等奏議曰："五運相承,國家大事,著於前載,具有明文。頃以唐季喪亂,朱梁篡代,莊宗早編屬籍,繼立親雪國讎,天下稱慶。即以梁比羿、浞、王莽之徒,不可以爲正統也。莊宗中興唐祚,重新土運。自後數姓相傳,晉以金,漢以水,周以木。天造皇宇,運膺火德。況國初便祀火帝,爲感生,於（金）[今]二十五年,圓邱展禮,已經六祭,年穀豐登,干戈偃戢。必若聖統未合天心,焉有太平得如今日?豈可輒因獻議,便從改易?又云梁至周不合迭居五運,欲上繼唐統爲金德。且後唐以下奄宅中區,合該正統,今便廢絶,禮實無謂。且五代運遷,皆親承受,質文相次,間不容髮。豈可越數姓之上,繼百年之運?按《唐書》天寶九載崔昌獻議曰:'魏晉至周隋,皆不得爲正統。欲唐遠繼漢統,立周、漢子孫爲王者後,備三恪之禮。'是時朝議是非相半。集賢學士衛包扶同李林甫,遂行其事。林甫卒後,復以魏、周、隋後爲三恪,崔昌、衛包並皆遠貶。此又前載甚明。況今封禪有日,宜從定制,上答殊休。"從之。

(清)徐松輯:《宋會要輯稿》運曆一之一

　　真宗大中祥符三年九月,開封府功曹參軍張君房言:"國家當繼唐土德統,用金德。朱梁篡代,不可以承正統。其晉氏稱金德,而江南李昇實稱唐。其後漢承晉爲水,止四年而滅。周承漢爲木,止九年而四方分據。太祖以庚申年受周禪,開寶乙亥歲平江南,及太宗定並汾,自是一統。是國家承金德以受命,其驗明矣。"並獻所著論四卷。真宗曰:"若此言者多矣。且國初徇群議爲火德,今豈敢驟改邪?"

(清)徐松輯:《宋會要輯稿》運曆一之一

　　天禧四年五月,光禄寺丞謝絳上書曰:"夫帝王之興,必推五行盛德,所以配天地而符陰陽也。推五行者必采諸國瑞,稽諸象曆,視所興之基、所承之後,於是服色制度、郊祀正朔因而準之。是故神農氏以火德,有星火之瑞;聖祖以土德,黃龍池蟺見;夏以木德,青龍止於郊;商以金德,山澤自溢;周以火德,有赤鳥之符。自漢之興,王火德者,以謂承堯之後者,蓋取赤帝子之驗。文帝世,賈誼以漢宜色尚黃,數用五,班固貶其疏闊。張蒼好律曆,謂漢迺水德,之時河決金堤,其符也。又公孫臣曰:始秦德水而漢受之,推終始傳,則漢當土德之應。孝文亦命有司申明其□。迨至孝武,乃謂承堯之後,非可改易。迨世祖中興,有《赤伏》之讖,於是火德之論確然得正。然則數子之議,皆失之矣。且漢,堯之裔。五帝之大,莫大於堯,而漢能因之,是不墜其緒而善繼盛德者也。切以國家應開先之慶,執敦厚之德,宜以土瑞王天下。夫三王莫大於聖祖,承其後者猶漢之繼堯也。然則推終始傳,秉周之木德,而火德其次。且朱梁不預正統者,謂莊宗復興於後。自石晉、漢氏以及於周,則李昇建國左右而唐祚未絕,是三代者亦不得正其統矣。昔者秦祚促而德暴,不入正統,考諸五代之際,亦是類矣。

今國家誠能下黜五代，紹唐土德，以繼聖祖，亦猶漢之黜秦，興周火德，以繼堯者也。夫土於五行，位居其中，國家兆運於宋，作京於汴，誠萬國之中區矣。傳曰：土爲群主，故曰后土。《洪範》曰："土爰稼穡，稼穡作甘。"今四海洽足，嘉生蕃衍，頃之泰山醴泉涌，邇年京師（甘）律曆三》補。作甘之兆，斯亦見矣。矧靈木異卉，資生於土者不可勝道，非土德之驗乎？又聞在昔，靈命肇發，太祖生於洛邑，而包絡惟黃；鴻圖既建，五緯聚於奎婁，而鎮星是主。及陛下昇中之日，日抱黃珥，朝祀太清，含譽黃潤，斯皆天意人事響效之大者也。其餘神龜珍獸，自遠至者，或毛或介，僉有厥應，然非耳目之所具也。苟驗其一，則土德之符在此矣。陛下勿以變故爲疑，循舊自守。且漢興，自武帝越十九年，始寖尋於火德；至光武蓋二百載，方習定乎正運。國家受祚，猶在五紀，乃能興是正統，□於漢德，甚矣！是故天心在茲，陛下拒而罔受；民意若是，陛下謙而弗答，氣壅未宣，河決遂潰，豈不神哉！然則天淵之渟流，水德之浸患，考驗五行相勝之說，亦宜興土運，御時灾。乞順考符驗，詳習法度，不可以揖讓至德，因循舊典，廢天之休也。其度量律曆之則，車服衣冠之法，圜邱方澤之事，明堂辟雍之制，宗廟薦饗之序，方國朝會之典，政教禮樂文質增殺，願下搢紳講之。"

（清）徐松輯：《宋會要輯稿》運曆一之一、二

時大理寺丞董行父又言曰："在昔黃帝，兼三材而統天下，天統得而天下治。故伏羲爲人統，神農爲地統，黃帝爲天統。三統常合而迭爲首，黃帝合之而不死，此之謂也。少昊，黃帝子也，守其德而守其統。高陽德統俱變，爲人統。高辛易之爲地統。唐堯，高辛子也，德統俱變，爲天統。虞舜受禪，更其德，遵其統。故《易》曰：黃帝、堯、舜氏作，通其變，使民不倦；神而化之，使民宜之。又曰：黃帝、堯、舜垂衣裳而天下治，蓋取諸乾、坤。言黃帝、堯、舜神變化而法乾坤，統天而治者也。其後夏爲人統，商爲地統，周爲天統。是故文、武應天順人，周公制禮作樂，故黃帝、堯、舜、姬周三統皆有天降之瑞，神錫之

符。蓋能以明德通天,而用□天以統治天下也。漢繼周爲人統,唐續漢爲地統,斯三統相傳之道也。又泰昊以萬物生於東,至仁體乎木,故德始乎木;木以生火,神農受之,爲火德,故曰炎帝。火以生土,黃帝受之,爲土德。黃者中之色,土之象,中土既正,天命以定。故曰黃帝。土以生金。少昊受之,爲金德。金以生水,高陽受之,爲水德。水以生木,高辛受之,爲木德。木以生火,堯受之,爲火德。火以生土,舜傳之,爲土德。土以生金,夏爲金德。金以生水,商爲水德。水以生木,周爲木德。木以生火,漢爲火德。火以生土,唐爲土德。是以五行因三微成著,五運與三統兼行。陛下紹天統,受天命,心與天通,道與天廣,固當應天明統,紹唐正德,顯黃帝之嫡緒,彰聖益之丕烈,改正朔,易服色,建大中,殊徽號,制禮樂,定律曆,謹權量,審法度,敦庠序,考文章,正風俗,振黃道,作此大略,以答天休,與民更始,爲萬代法。又按聖祖降於癸酉,天書降於戊申,太祖受禪於庚申,陛下即位於丁酉,申、酉皆金也。陛下紹唐、漢之運,繼黃帝之後,三世變通,應天之統,正金之德,斯又順也。臣請用天爲統,以金爲德,然後尊黃帝於清廟,冊聖益以帝稱。郊祀黃帝以配天,太祖作主以侑神;宗祀聖益於明堂,以配上帝,太宗作主侑神。配享有位,冠於祧廟之祖,然後封造父以王爵,建原廟於趙城,祀白帝於西時,表福地於雍京。此陛下統運之大猷,祖宗之象事,惟詳擇而行之。”

詔兩制詳議。議曰:“自庖犧繼天而王,爲百王先,首德始於木。共工氏伯九域,雖有水德,而非其序,炎帝神農氏以火承之。黃帝軒轅氏繼王天下,火生土,故爲土德。少昊金天氏承之,土生金,故爲金德。高陽氏承之,金生水,故爲水德。帝嚳、高辛氏承之,水生木,故爲木德。木生火,故帝堯陶唐氏爲火德。火生土,故帝舜有虞氏爲土德。土生金,故夏禹爲金德。金生水,故商湯爲水德。水生木,故周爲木德。秦以水德,在周漢水火之間,亦猶共工不當五德之序,遂以不載。漢祖代秦,上繼周統,以木生火而爲火德。文帝時公孫臣、賈誼稱漢當土德,丞相張蒼又以當水德。其後劉向父子以庖犧木德爲始,而漢得火焉,雖建此議,至後漢光武遂用火德。魏受漢禪,以火生土而爲土德。土生金,晉爲金德。南朝自宋至陳咸當閏位,金生水,後魏承晉爲水德。水生木,後周承魏爲木德。木生火,隋承後周爲火德。火生土,唐承隋爲土德。至開元中,言者以今爲金德,百僚詳議,裴光庭請依舊爲定,從之。朱梁篡代,同夫羿、浞、王莽,非可當於運序。莊宗早編屬籍,親雪國讎,中興唐祚,遂承其運。土生金,晉承唐爲金德。金生水,漢承晉爲水德。水生木,周承漢爲木德。木生火,皇朝承周,遂爲火德。雍熙初,趙垂慶上言,宜越五代,上承唐統,爲金德。事下尚書省議,徐鉉等議以爲皇宋運膺火德,祀赤帝爲感生,於今積年,不可輕議改易。詔從鉉議。今謝絳所述,以聖祖得土瑞,宜承土德,且引漢承堯緒爲火德之比。雖班彪叙漢祖之興有五,其一曰堯之苗裔,及序承正統,乃越秦繼周,非用堯之德。今國家或用土德,即當越唐承隋,愈失五德傳襲之序。又董行父請越五代紹唐爲金德。其度越累世,上承百代之統,則晉、漢洎周咸帝中夏。太祖實受終於周,而陟元後,豈可弗遵傳繼之序,續於遐邈之統? 三聖臨御六十餘載,登封告成,昭姓紀號,率循火德之運,燀炎靈之曜,兹事體大,非容輕議。二臣所請,難以施行。"詔可。

(清)徐松輯:《宋會要輯稿》運曆一之二、三

晉天福中,司天少監趙仁錡等造《調元曆》。

(清)徐松輯:《宋會要輯稿》運歷一之五

周顯德中,端明殿學士、左散騎常侍王朴造《欽天曆》。

(清)徐松輯:《宋會要輯稿》運曆一之五

太宗淳化二年十一月一日,詔復百官次對。唐制,百官入閣,有待制次對官,各舉論本司公事。德宗興元中,詔延英座日,常令朝官三兩人面奏時政得失。至後唐天成中,詔百官每五日內殿起居,拜舞訖便退,因此遂廢[待]制次對之官。每遇起居日,令百官轉對言事。

至長興初,詔今後五日内殿起居,宜停轉百官如有輪奏,許非時上言。晉天福中,詔依舊五日内殿起以兩人轉對,各具實封以聞。漢乾祐初,陶穀奏停詣閣門拜章。至是始復舊制,每起居日,常參官兩人次對,閣門受其章焉。

(清)徐松輯:《宋會要輯稿》職官六〇之一

後唐莊宗同光二年二月,詔曰:"皇帝御宇,禮三恪而爲賓;烈士敦風,賴五帝而濟世。當宜封崇後裔,欽奉前修,應前代二王三恪及文宣王之後,並可各令繼襲,仍加恩命。所有祖宗廟宇,亦宜各與增修,其隨處合得俸户,並子孫户下差税徭役,仍委中書門下檢本朝格律施行。"

(宋)王欽若等編纂:《册府元龜》卷一七三《帝王部》

(同光)二年二月己巳朔,有事於南郊。

(宋)王欽若等編纂:《册府元龜》卷三四《帝王部》

(同光二年)三月,中書門下奏:"北京三陵,所宜尊奉。竊尋故事,宜建嘉名。昭烈皇帝陵請以永興爲名,文皇帝陵請以長寧爲名,武皇帝陵請以建極爲名。"從之。

(宋)王欽若等編纂:《册府元龜》卷三一《帝王部》

後唐莊宗同光二年三月,太常禮院奏:"准制,尚書令秦王李茂貞備禮册命,檢詳舊儀,無不帶節度使封册之命,宜准故襄州節度使趙凝封楚王例施行。秦王受册,自備革輅一乘,載册犢車一乘,並本品鹵簿鼓吹如儀。"從之。

(宋)王欽若等編纂:《册府元龜》卷五九三《掌禮部》

(同光二年三月)是月,祠部奏:"本朝舊儀,太微宮每年五薦獻,其南郊壇每年四祠祭。吏部申奏,請差中書門下攝太尉行事。其太廟及諸郊壇,並吏部差三品已上攝太尉行事。"從之。

(宋)王欽若等編纂:《冊府元龜》卷五九三《掌禮部》

(同光二年)四月,太常禮院奏:"準制,以此月十三日行皇后冊禮,令檢詳臨軒命使冊皇后舊儀。皇后廟見,如納后之儀。受冊後,合別定廟見日。其日,皇后乘重翟車,鹵簿鼓吹,儀仗道從。"從之。又奏議:"按《開元禮》,臨軒冊皇后,表謝,朝皇太后,並如納后之儀。不載朝謝皇帝之禮。準納后儀,則皇帝服袞冕,降迎於門,恐禮太重。今詳酌,請其日常服御內殿,皇后首飾褘衣,尚儀引入,至殿廷階間,再拜,又再拜,訖,退如常儀。"從之。

(宋)王欽若等編纂:《冊府元龜》卷五九三《掌禮部》

(同光二年)六月,太常禮院奏:"國家在鄴都興建之時,於北京已置宗廟,自六龍都洛,却復本朝宗祧。詳求典禮,無二廟之文,其北京廟據禮徹去。"遂下尚書省議其可否。禮部尚書王正言等奏議曰:"伏以宮室之制,宗廟爲先。陛下卜洛居尊,開基御宇。龍樓鳳輦,式當表正之初;玉葉金枝,悉在股肱之列。事當師古,神必依人。北京先制之宗廟,不宜並設。竊以每年朝享,固有常儀,時日既同,神何所據? 嘗聞近例,禮有從權。如神主已修,迎之藏於夾室;若廟宇已崇,虛之乃爲常制。昔桓公之廟二主,靡有所從。由是古者師行,亦無遷於廟主。昔天後之崇鞏洛,悉謂非宜;漢皇之變豐滕,終無所設。而況本朝故事,禮院具明。且洛邑舊都,嵩丘正位,當定鼎測圭之地,乃居冲處要之方。今則皇命承天,握圖纂祀,九州是務,四海爲家。豈宜遠宮闕之居,建祖宗之廟? 事虧可久,理屈從長。北京宗廟請停。"從之。

(宋)王欽若等編纂:《冊府元龜》卷五九三《掌禮部》

(同光二年)七月,中書門下奏:"據太常禮院狀,每年太微宮五薦獻,南郊壇四祠祭,並宰臣攝太尉行事。唯太廟時祭,獨遣寮庶。雖爲舊規,慮成闕禮。臣等商量,自此後太廟祀祭,亦望迭差宰臣行事。"從之。

（宋）王欽若等編纂：《冊府元龜》卷五九三《掌禮部》

（同光二年七月）是月，太常禮院奏："按本朝舊儀，自一品至三品婚禮，得服袞冕劍佩衣九章。今皇子興聖宮使繼岌，雖未封建，官是檢校太尉，合準一品婚禮施行。其妃準禮婦人從夫之爵，亦準一品命婦。至行親迎之日，太常鹵簿鼓吹前道，乘輅車。其妃花釵九枝博鬢，褕翟衣九等。其日平明，皇帝差官告親廟一室，宗正卿攝婚主行禮。其夕親迎，興聖宮使乘輅車，鹵簿鼓吹前道，至女氏之門，以結綵車御輪交車。"從之。

（宋）王欽若等編纂：《冊府元龜》卷五九三《掌禮部》

（同光二年）七月己酉，幸龍門下雷山，賽二人神。北俗：禡牙，宜社之禮也。

（宋）王欽若等編纂：《冊府元龜》卷三四《帝王部》

（同光二年）八月，以宗正少卿李瓊往曹州檢行哀帝陵寢。三年正月丙申，敕曰："朕顧惟寡德，獲嗣丕圖，奉先之道常勤，送往之誠靡怠。爰自重興廟社，載展郊禋，旋蕩滌於瑕疵，復涵濡於慶澤。蓋憂勞靜國，曠墜承祧，御朽若驚，涉川爲懼。由是推移歲月，鬱滯情懷。恭念昭宗晏駕之辰，少帝登遐之日，咸罹蛊毒，遽殞龍髯，委冠劍於仇讎，托山陵於梟獍。靜惟規制，豈叶度程。存愴結以彌深，固寢興而增惕，虔思改卜，式慰允懷。宜令所司別選園陵，備禮遷葬。貴雪幽明之故，以申追慕之心。凡百臣僚，體朕哀感。"雖有是命，以年饑財不足而止。己亥，太常禮院奏："三月合差官朝拜諸陵，宜以十八日辛巳。"從之。癸亥，湖南馬殷奏管內州縣名有犯獻祖廟諱處，道州延昌縣復舊名延唐縣，彬州義昌縣改爲義彰縣，岳州昌江縣改爲平江縣，所司鑄換新印，賜之。

（宋）王欽若等編纂：《冊府元龜》卷三一《帝王部》

（同光二年）十一月，禮儀使奏："伏準禮經，喪，三年不祭，惟祭天地社稷，爲越紼行事。此古制也。爰自漢文，益尊神器，徇至公絕私之義，行以日易月之制。事久相沿，禮從順變。今園陵已畢，祥練既除，宗廟不可以乏饗，神祇不可以廢祀。宜遵禮意，式展孝思。伏請自貞簡太后昇祔禮畢，應宗廟使樂及群祀，並準舊施行。"從之。

（宋）王欽若等編纂：《冊府元龜》卷五九三《掌禮部》

（同光三年）三月丙申寒食節，車駕在鄴都，帝與皇后出近郊，遙享代州親廟。

（宋）王欽若等編纂：《冊府元龜》卷三一《帝王部》

後唐莊宗同光三年七月，貞簡皇太后遺令曰："皇帝以萬機至重，八表所尊，勿衣粗縗，勿居諒暗。三年之制，以日易月，過三日便親朝政。皇后、諸妃及諸王、公主，並制齊縗本服，以日易月，十三日除。中書門下、翰林學士、在朝文武百官、内諸使司及諸道節度觀察防禦使、刺史、監軍，及前資官並僚佐官吏、士庶、僧道、百姓，並準本朝故事，降服施行，勿使過制。皇帝釋服後，未御八音，勿廢群祀，勿斷屠宰，勿禁晏游，園陵喪制，皆從簡省。故申遺令，奉而行之。"

其月，太常禮院奏："按故事，中書門下、翰林學士、在朝文武官、内諸司使供奉官以下，從成服三日，每日赴長壽宮朝臨，自後不臨。其服，以日易月，十三日除。至小祥，合釋服。每至月朔月望、小祥大祥，釋服日，未除服者縗服臨，已除服者則素服不臨，並赴長壽宮，先拜靈訖，移班近東，進名奉慰。"又准奏："故事，文武前資官及六品以下未昇朝官並士庶等，各於本家素服一臨。禁衛諸軍使已下，各於本軍廳事素服一臨。僧尼道士，各於本寺觀一臨。外命婦，各於本家素服朝臨三日。諸道節度、觀察、防禦、團練、刺史及僚佐等，聞哀後當日成服，三日改慘，十三日除。"從之。

（元）馬端臨：《文獻通考》卷一二二《王禮考十七》

（同光三年）十月，上皇太后謚曰貞簡皇太后，名陵曰坤陵。

　　　　（宋）王欽若等編纂：《册府元龜》卷三一《帝王部》

（同光三年）十一月庚寅朔，幸壽安，號慟於坤陵。

　　　　（宋）王欽若等編纂：《册府元龜》卷三一《帝王部》

《後唐書》曰：同光三年，太常奏吳越王錢鏐册禮。案禮文用竹册，上優其禮，敕以玉爲之。議者以玉册帝王受命之重數，不可假之，非禮之宜也。

　　　　（宋）李昉：《太平御覽》卷五九三《文部九·册》

後唐李承勛爲太原少尹。劉守光之僭號也，莊宗遣承勛往使，伺其釁端。承勛至幽州，見守光如藩方交聘之禮。謁者曰：“燕王爲帝矣，可行朝禮。”承勛曰：“吾大國使人，太原亞尹，自唐帝除授。燕王自可臣其部人，安可臣我哉？”守光聞之不悦，拘留於獄。數日，出而訊之曰：“臣我乎？”承勛曰：“燕君能臣我王，則我臣之。吾有死而已，安敢辱命？”會王師討守光，承勛竟歿於燕。

　　　　（宋）王欽若等編纂：《册府元龜》卷六六一《奉使部》

李光序爲散騎常侍，莊宗初平中原，與右拾遺曹琛往湖南馬殷册命。先是，爲梁中使往，如鄰國禮，或稱臣，呼殷爲殿下，賓幕皆有丞、郎、給舍之目。光序等至，客司先會謁殷之禮，須遵梁朝舊事。琛謂之曰：“豈有湖南令公稱藩事唐室，復欲天使稱臣哉？如不受唐册命改圖，即任所爲；既見殷，但呼公而已。其餘學士、舍人，但呼爲判官、書記。”

　　　　（宋）王欽若等編纂：《册府元龜》卷六六一《奉使部》

明宗天成元年四月即位。七月，上莊宗尊謚曰“光聖神閔孝皇帝”。

　　　　（宋）王欽若等編纂：《册府元龜》卷三一《帝王部》

天成元年五月十九日敕："本朝舊日趨朝官置待漏院,候子城門開,便入立班。如遇不坐,前一日晚便宣'來日兩衙不坐'。其日才明,閤門立班,便宣'不坐'。百官各退歸司。近年以來,雖遇不坐正殿,或是延英對宰臣,或是內殿親決機務,所司不循舊制,往往及辰巳之時,尚未放班。既日色已高,人心咸倦,今後若遇不坐日,未御內殿前,便令閤門使宣'不坐',放朝班退。"

五月詔："每月朔望日,賜百官廊下餐。"

唐室昇平日,常參官每日朝退賜食,謂之"廊餐"。自乾符亂離之後,只遇月旦入閤日賜食。上初即位,命百官五日一起居。李琪以爲非故事,請罷之。唯每月朔望日入閤賜食。至是宣旨,朔望入閤外,依舊五日一起居。遂爲定式。

(元)馬端臨:《文獻通考》卷一〇七《王禮考二》

明宗初入洛,所司議即位儀注,霍彥威、孔循等言:"唐之運歷已衰,不如自創新號。"因請改國號,不從土德。帝問藩邸侍臣,左右奏曰:"先帝以錫姓宗屬,爲唐雪冤,以繼唐祚。今梁朝舊人不願殿下稱唐,請更名號。"曰:"予年十三事獻祖,以予宗屬愛幸,不異所生。事武皇三十年,排難解紛,櫛風沐雨,冒血刃戰,體無完膚,何艱險之不歷!武皇功業,即予功業也;先帝天下,即予之天下也。兄亡弟紹,於義何嫌。且同宗異號,出何典禮? 歷之衰隆,吾自當之。衆之莠言,吾無取也。"時群臣集議,依違不定,唯吏部尚書李琪議曰:"殿下宗室勗賢,立大功於三世,一朝雨泣赴難,安定宗社,撫事因心,不失舊物。若別新統制,則先朝便是路人,熒熒梓宮,何所歸往? 不惟殿下感舊君之義,群臣何安? 請以本朝言之,則睿宗、文宗、武宗皆以兄弟出繼,即位樞前,如儲後之儀可也。"於是群議始定。

(宋)王欽若等編纂:《冊府元龜》卷五七《帝王部》

(天成元年)八月甲午,廢朝,以莊宗神主祔太廟禮也。

(宋)王欽若等編纂:《冊府元龜》卷三一《帝王部》

明宗天成元年八月,太常定莊宗廟室酌獻奏舞《武成》之舞。

（宋）王欽若等編纂:《册府元龜》卷五七〇《掌禮部》

明宗天成元年八月,莊宗皇帝神主以此月十日祔太廟,七室之內,合有祧遷。中書門下奏議,請祧懿祖皇帝室,復下百僚集議於尚書省。禮部尚書蕭頃等奏議曰:"歷代故事,沿革不同,蓋就所宜,期於合禮。事雖稽古,理亦從長。七廟之致享斯存,萬世之承基靡絶。禮分遠近,事究否臧。懿祖既遠於昭宗,創業又非於己力,傳諸列聖,可議祧遷。皇帝陛下道繼百王,德符三代,撥禍亂於艱難之際,救蒼生於交喪之秋,方啓洪圖,是崇宗祐,爲四方之準的,稱萬國之照臨。中書所定祧遷,於議爲允。請下所司施行。"從之。

（宋）王欽若等編纂:《册府元龜》卷五九三《掌禮部》

明宗天成元年八月,司天奏:"前月二十八日夜四鼓,西北雷雲暴作。秋事方興,宜命祠禱。"從之。

（宋）王欽若等編纂:《册府元龜》卷三四《帝王部》

（天成元年）十月,左散騎常侍姚顗奏曰:"明王御宇,哲后垂衣,必崇郊薦之儀,以表君臨之道。伏自陛下興隆寶祚,展禮群神,每祈福,以爲人必差官而行事,先七日受誓戒於南省,後三日各致齋於本司,必在精誠,以感靈貺。臣伏見南郊壇埒之側,及諸祠壇,並無宿齋之所,請下所司量事修建屋宇,俾嚴祗事,允屬聖朝。"

（宋）王欽若等編纂:《册府元龜》卷五九三《掌禮部》

後唐明宗天成元年十月,宗正卿李紓奏:"三京畿縣有陵園處,每縣請都置陵臺令一員,冀專局分,免有曠遺。"

（宋）王欽若等編纂:《册府元龜》卷六二一《卿監部》

（天成元年）是年,中書舍人馬縞上言曰:"伏以宗廟立制,今古通規，損益所宜，徵求可見。伏惟陛下俯徇群願，入纘丕基，率土推誠，遐方向化。臣是以竊窺舊典，敢有上聞。伏見漢晉以來，以諸侯王宗室承襲帝統，除七廟之外，皆別追尊親廟。漢光武皇帝立先四代於南陽，其後自安帝已下，亦皆遐考前修，追崇先代。四時禋祀，陳豐潔於豆登；多士駿奔，認等差於藻梲。伏以陛下奄有四海，爲天下君，雖繼統承祧，無忘日慎，而敦本崇往，尚鬱時思。伏乞以兩漢舊事，別立親廟於便地。履霜露以陳，誠薦馨香而盡敬。禮於是在，誰曰不然！”詔下南宮集百僚定議。禮部尚書蕭頃等議曰：“伏見方册所載，聖概斯存，將達蘋藻之誠，宜新窠梲之制。伏惟陛下以孝敬日躋之德，上合穹旻；秉恭儉罔怠之規，再康寰宇。爰臻至化，難抑時思。馬縞儒學優深，禮法明練，所奏果符於睿旨，載詳固叶於典經。臣等集議，其追尊位號，及建廟都邑，則乞發自宸衷，特降制命。”

（宋）王欽若等編纂：《册府元龜》卷五九三《掌禮部》

王彥鎔爲太僕少卿，天成元年上言：“國家四時祠祀郊廟群神，當時供應羊犢，皆是前一月於度支請錢付行人市買，雖得供事，終匪度程。伏惟舊例，祀羊犢晉、絳、慈三州每年供進，純白羯羊一百一十口，赤黃特犢子四十頭，内一十五頭繭栗，二十五頭角握。乞下三州，每年依例供進，本處以省錢收市。”

（宋）王欽若等編纂：《册府元龜》卷六二〇《卿監部》

明宗天成二年三月丙寅，宗正丞李鬱奏：“兩京畿甸園陵之制，其地四十里，曰封山，爰自唐室已來，收在公田之籍。今方紹襲，宜正規儀。”

（宋）王欽若等編纂：《册府元龜》卷一七四《帝王部》

（天成二年）四月，敕三京諸縣有園陵處，每縣宜置一園陵令，都勒檢校勾當。

（宋）王欽若等編纂：《册府元龜》卷一七四《帝王部》

（天成二年）四月，左散騎常侍李光憲上言曰：“臣聞國之重事，惟祀與戎。四時薦享之儀，合以敬恭備禮。每祭，三公具列，御史監臨，行事群官，皆宿壇廟。或屋宇不庇風雨，或止泊投寄村園，無户牖以防虞，無薦席以借地。苟傷棲旅，難責精虔。禮或不周，福將安望？乞令量事添置，庶保肅恭。”疏下所司，竟不行。

（宋）王欽若等編纂：《册府元龜》卷五九三《掌禮部》

（天成）二年春，宰臣鄭珏等上言曰：“恭以皇帝陛下特降睿慈，俯詢輿議，尊歷朝之正典，允多士之虔祈，廣溥天孝治之風，慰萬國仁親之道。臣聞自古英主入紹洪基，莫不慎固遠圖，凝思往事，敬宗尊祖，追養存誠，廣殊號於園陵，展異儀於璽綬，春秋殷薦，霜露永懷。又聞兩漢以諸侯王入繼帝統，則必易名上謚，廣孝稱皇，載於諸王故事。孝德皇、孝仁皇、孝元皇是也。伏冀聖慈猥從人願，許取皇而薦號，兼上謚以尊名，改置園陵，仍增兵衛。”御劄報曰：“朕猥承基構，實賴祖宗，將申報本之義，常切奉先之志。爰崇祀典，思固遠圖，冀上答於劬勞，度永資於孝理。卿等咸堅輔弼，共副諮詢。徵兩漢之舊規，弘三皇之故事。乃飛章而定議，請薦號以尊名。兼廣園陵，仍增兵衛。載覽矢謨之意，備觀順美之誠。感嘆良深，嘉愧無已。宜依上表施行。”詔禮院定其儀制。太常博士王丕等引漢桓帝入嗣尊其祖河間孝王曰孝穆皇帝、蠡吾侯曰孝崇皇帝爲例，請付太常定謚議。刑部侍郎、權判太常卿馬縞復議曰：“伏準兩漢舊事，以諸侯王宗室入承帝統，亦必追尊父祖，修樹園陵。西漢宣帝、東漢光武孝享之德，故事具存。自安帝入嗣，遂有皇太后令別崇謚法，追曰某皇，所謂孝德、孝穆之類是也。前代惟孫皓自烏程侯繼嗣，追父和爲文皇帝，事出非常，不堪垂訓。據禮院狀，漢安帝已下，若據本紀，又不見有‘帝’字。伏以謚法：‘德象天地曰帝。’伏緣禮院已曾奏聞，難將兩漢故事便述尊名。”詔右僕射李琪集百僚議，曰：“伏以別制四廟，徵漢室以定儀；崇上尊名，詳謚法以取證。伏睹歷代以來宗廟成制，繼襲無異，沿革或殊。伏惟陛下應運開祥，體乾覆物。纘紹之德，咸頌聖於鴻圖；孝思之心，乃垂光於帝範。馬縞所奏，禮有按據。乞下制命，令馬縞虔依典册，以述尊名。”帝手詔報曰：“朕聞開國承家，得以制禮作樂，故三皇不相襲，五帝不相沿，隨代創規，於理無爽。矧或情關祖禰，事繫蒸嘗，將崇追遠之文，以示化民之道。馬縞秉持古學，歷覽群書。援兩漢之舊儀，雖明按據；考百王之立制，未盡變通。且議諡追尊，稱皇與帝，既有增減之字，合陳褒貶之辭。大約二名俱爲尊稱。若三皇之代，則不可加帝；五帝之代，亦不可言皇。爰自秦朝，便兼其號。爾後纂業承基之主，握乾應運之君，洎至我唐，不易斯義。至若玄元皇帝，事隔千祀，宗追一源，猶顯册於鴻名，豈須遵於漢典。況朕居九五之位，爲億兆之尊，不可總二名於渺躬，惜一字於先代。苟隨執議，何表孝誠？又如堯《咸》舜《韶》，夏松殷柏，隨時變禮，厥理斯存。縞則以徵事上言，深觀動靜；朕則以奉先爲切，慮致因循。須定一塗，以安四廟。可特委宰臣與百官詳定，集兩班於中書，逐班各陳所見。”唯李琪等請於祖禰二室先加“帝”字。宰臣合衆議而奏曰：“臣聞德教重於日新，禮經不自天降。故歷代之有損有益，隨時之可止可行。且華蟲象袞之規，三皇未備；雲鳥紀官之制，五帝皆殊。考其言而既出舊章，窮其理而便爲故實。恭惟朝廷之重，宗廟爲先，事繫承祧，義符致美。將以觀盛德於七代，展明祀於十倫。一時而儻墜斯文，千載而永爲闕典。且聖朝追尊之日，即引漢氏舊儀。在漢氏封崇之時，復依何代故事？是以理關凝滯，未曰聖謨；道合變通，方爲民則。且王者功成治定，制禮作樂，正朔服色，尚有改更，尊祖奉先，何妨沿革？若應州必立别廟，即地遠上都，定虧孝享之儀，徒有尊崇之稱。伏據開元中追尊皋陶爲德明皇帝，凉武昭王爲興聖皇帝，皆立廟於京都，制度斯在。況陛下入清内難，光闡帝圖，德澤廣浹於華夷，廟享猶虧於祖禰。若宮廟須成於遠塞，則蒸嘗慮闕於孝思。今臣等商量，所議追尊四廟，望依御劄，並加帝號，兼請於洛京選地立廟。”中旨，令就應州舊宅立廟，餘依。

　　（宋）王欽若等編纂：《册府元龜》卷五九三《掌禮部》

（天成）二年七月，宗正少卿李薿請修恭陵、和陵。

（宋）王欽若等編纂：《册府元龜》卷六二一《卿監部》

（天成）二年十月甲申，敕少府監聶廷祚等以大駕巡幸，告祭神祠。

（宋）王欽若等編纂：《册府元龜》卷三四《帝王部》

（天成二年）十二月丙午，追尊四代祖麟州僕射諱聿謚曰孝恭皇帝，廟號惠祖；衛國夫人博陵崔氏謚曰孝恭昭皇后。三代祖朔州司空諱敖謚曰孝質皇帝，廟號毅祖；趙國夫人張氏謚曰孝質順皇后。皇祖蔚州司徒琰謚曰孝靖皇帝，廟號烈祖；皇姒秦國夫人何氏謚曰孝靖穆皇后。皇考汾州太師諱霓謚曰孝成皇帝，廟號德祖；皇姒宋國夫人劉氏謚曰孝成懿皇后。以應州舊宅爲廟。先是，中書門下又奏：“伏以兩漢，以諸侯王入繼帝統，則必易名上謚，廣孝稱皇。載於諸王故事，孝德皇、孝仁皇、孝元皇是也。伏乞聖慈，俯從人願，許取皇而薦號，兼上謚以尊名。改置園陵，仍增兵衛。”遂詔太常禮院定其儀制，太常博士王丕等引漢桓帝入嗣，尊其祖河間孝王曰：“孝穆皇帝、蠡吾侯曰孝崇皇帝爲例，請付太常卿定謚。”刑部侍郎權判太常卿馬縞復議曰：“伏準兩漢故事，以諸侯王宗室入承帝統，亦必追尊父祖，修樹園陵。西漢宣帝、東漢光武孝享之道，故事具在。自安帝入嗣，遂有皇太后令別崇謚法，追曰某皇，所謂孝德、孝穆之類是也。前代惟孫皓自烏程侯繼嗣，追父和爲文皇帝，事出非常，不堪垂訓。今據禮院狀，漢安帝已下若據本紀，又不見有帝字。伏以謚法，德象天地曰帝，伏緣禮院以曾奏聞准將兩漢故事，便述尊名，請詔百官集議。”時右僕射李琪議曰：“伏睹歷代已來，宗廟成制，繼襲無異，沿革或殊。馬縞所奏，禮有案據。乞下制命，令馬縞虔依典册，以述尊名。”時明宗意欲兼加帝字，乃下詔曰：“朕聞開國承家，得以制禮作樂，故三皇不相襲，五帝不相沿，隨代創規，於理無爽。矧或情關祖禰，事係烝嘗，且追謚追尊稱皇與帝，既有減增之字，合陳褒貶之辭。大約二名，俱爲尊稱，若三皇之代，故不可加帝，五帝之代，亦不可言皇。爰自秦朝，使兼其號，至若玄元皇帝，事隔千祀，宗追一原，猶顯册於鴻名，豈須尊於漢典？況朕居九五之位，爲億兆之尊，不可總二名於眇躬，惜一字於先代。苟隨執議，何表孝誠？可委宰臣與百官詳定，集兩班於中書,逐班各陳所見,準李琪等請於祖禰二室先加帝。"宰臣合衆議奏曰:"恭以朝廷之重,宗廟爲先,事係承祧,義符致美。且聖朝追尊之日,即引漢氏舊儀,在漢氏封崇之時,復依何代故事?理關凝滯,未曰聖謨,道合變通,方爲民則。且王者功成治定,制禮作樂,正朔服色,尚有改更,尊祖奉先,何妨沿革?若應州必立別廟,即地遠上都,今據開元中追尊皋陶爲德明皇帝,涼武昭皇爲興聖皇帝,皆立廟於京都。臣等商量所議,追尊四聖,望依御劄,並加皇帝之號。兼請於各京立廟。"敕宣:依應州舊宅立廟,餘依所奏。

(宋)王欽若等編纂:《冊府元龜》卷三一《帝王部》

後唐天成二年,册贈靖爲太保,晉加號靈顯王。

(元)馬端臨:《文獻通考》卷九〇《郊社考二十三》

(天成)三年八月,敕諸處凡有列聖真容處,並令修飾。

(宋)王欽若等編纂:《冊府元龜》卷一七四《帝王部》

(天成)三年八月,祠部舉新廟諱,有與人姓同者請改之。敕:凡有姓犯廟諱者,以本望爲姓。

(宋)王欽若等編纂:《冊府元龜》卷三一《帝王部》

(天成三年)閏八月辛亥,敕準兵部郎中蕭願奏,大忌,齋僧道各一百人,列聖忌辰,齋僧道五十人。

(宋)王欽若等編纂:《冊府元龜》卷三一《帝王部》

(天成三年)十月戊申,帝服袞冕,御崇元殿,臨軒命禮部尚書韓彥惲、工部侍郎住贊往應州奉冊四廟陵,樂奏、仗衛如式。

(宋)王欽若等編纂:《冊府元龜》卷三一《帝王部》

(天成)三年十一月,中書奏:"舊制,凡降冊命,至尊臨軒。伏自陛下纂襲,繼有封崇,但申持節之儀,尚闕臨軒之禮。今後有封册,請御正衙。雖勞萬乘之尊，冀重九天之命。如此則行之者禮備，受之者感深，寧惟轉耀於皇猷，實亦永標於青史。"從之。

（宋）王欽若等編纂：《冊府元龜》卷五九三《掌禮部》

（天成三年十一月）是月，太常定唐少帝爲昭宣光烈孝皇帝，廟號景宗。博士呂朋龜奏曰："謹按《禮》經：'臣不誄君，稱天以謚之。'是以本朝故事，太尉率百僚奉謚冊，告天於圓丘，回讀於靈座前，並在七月之內，謚冊入陵。若追尊定謚，冊於太廟，藏冊於本廟。伏以景宗皇帝，頃負沉冤，歲月深遠，園陵已修，不祔於廟，則景宗皇帝親在七廟之外。今聖朝申冤，追尊定謚，重新帝號，須撰禮儀。又《禮》云：'君不逾年，不入宗廟。'且漢之殤、冲、質，君臣已成，晉之惠、懷、愍，俱負艱難，皆不列廟食，止祀於園寢。臣等切詳故實，欲請立景宗皇帝廟於園所，命使奉冊書寶綬，上謚於廟，便奉太牢祀之。其四時委守令奉薦。請下尚書省集三省官詳議施行。"右散騎常侍蕭希甫等議，請依禮院所奏。奉敕："宜令曹州城內選地起廟。"

（宋）王欽若等編纂：《冊府元龜》卷五九三《掌禮部》

三年（天成三年），中書門下奏："逐日常朝，宣'奉敕不坐'，兩省官與東西兩班並拜，押班宰臣不拜。或聞班行所論，承前日有廊餐，百官謝食。兩省即各有常厨，從來不拜。或云：'有侍臣不拜。'檢尋故實，不見明規。百官拜爲有廊餐，即承旨合宣、'有敕賜食'，供奉官不拜，亦恐非儀。且左右前後之臣，日面天顏，豈可不拜。臣等商量，今後常朝，押班宰臣亦拜，通事舍人亦拜，閤門外放仗亦拜。"從之。

（元）馬端臨：《文獻通考》卷一〇七《王禮考二》

（天成）四年正月，太常奏應州四廟陵號，惠祖曰遂陵，毅祖曰衍陵，烈祖曰奕陵，德祖曰慶陵。忌日行香，如太廟諸室。

（宋）王欽若等編纂：《冊府元龜》卷三一《帝王部》

　　(天成)四年二月,詔:"樂章有《霓裳曲》,名與德祖孝成皇帝廟諱同,改爲《雲裳曲》。"

　　　　　　　　　　(宋)王欽若等編纂:《册府元龜》卷五七〇《掌禮部》

　　(天成)四年五月,中書門下奏:"先據太常寺定少帝諡昭宣光烈孝皇帝,廟號景宗。伏以本朝基構,垂三百年,昭宗以中否東遷,少帝以沉冤晏駕。始封侯於僞室,新立廟於聖朝,追奕世之尊,雪當年之恥。先皇帝初定中原之後,昭宗、少帝尋合一時入廟,所司不舉,遂成闕禮。既睽昭穆,難會蒸嘗。太廟有合食之儀,外邑無登歌之奏。生曾爲帝,享乃承祧。既號景宗,合入太廟,如不入廟,難以言宗。須叶徽章,免貽群議。於理而論,祧一遠廟,安少帝神主於太廟,即昭穆序而宗祀正。今或且居別廟,即欲不言景宗,只云昭宣光烈孝皇帝。兼册文内有'基'字,是玄宗廟諱,尋常從行詔敕,皆不回避,少帝是繼世之孫,册文内不欲斥列聖之諱,今改爲'宗'字。"敕皆可之。議者以毁廟之主,恩遠屬絶,名不可諱,且昭宣上去元宗十四世,奏改册文,非典故也。

　　　　　　　　　　(宋)王欽若等編纂:《册府元龜》卷五九三《掌禮部》

　　後唐明宗天成四年五月,中書奏:"先據太常寺定少帝諡昭宣光烈孝皇帝,廟號景宗。伏以本朝基構垂三百年,昭宗以中否東遷,少帝以沉冤晏駕。始封侯於僞室,新立廟於聖朝,追奕世之尊,雪當時之恥。先皇帝初定中原之後,昭宗、少帝尋合一時入廟,所司不舉,遂成闕禮。既睽昭穆,難會蒸嘗。太廟有合食之儀,外邑無登歌之奏。生曾爲帝,享乃承祧,既號景宗,合入太廟,如不入廟,難以言宗。須叶徽章,免貽群議。於理而論,祧以遠廟。安少帝神主於太廟,即昭穆序而宗祀正。今或且居別廟,即欲不言景宗,只云昭宣光烈孝皇帝。兼册文内有'基'字,是玄宗廟諱,尋常泛行詔,敕皆不回避,少帝是繼世之孫,册文内不欲斥列聖之諱。今改'基'爲'宗'字。"敕皆可之。論者以爲追尊之廟,諡不稱宗,於禮得矣。至如云"生曾爲帝,享乃承祧",即子孫纘嗣,以宗祧爲本,明矣。下文復云"祧一遠廟,安少帝於太廟",則祧之一字,義有兩説乎?時人多謂祧字爲挑去之挑,禮則不然。按《祭法》云:"遠廟爲祧,有二祧。"鄭玄解:"祧者,超也,謂超然上去之意。"孔穎達《正義》云:"遠廟爲祧,五世而遷之。"主藏於祧廟,去祧爲壇,去壇爲墠。所謂遠廟者,即始祖之廟也,五世之後合遷之例,以其有德,百世不遷,故謂之二祧,文王、武王是也、高祖、太宗是也。祧與遷異義在此矣。又云"册文中有基字,是玄宗廟諱",夫先王制禮,貴在折中,君子有終身之憂,三年之喪豈盡其情哉!賢者俯而及之,欲重其制也。五世不諱,所謂報之極也。按《風俗通》,陳孔璋議諱云:"尊尊有衰,親親有殺,喪祭哀敬,各有攸終,欲令言著而可遵,事施而不犯。《禮》云:卒哭之後,宰執木鐸徇於宫曰:'舍故而諱新。'故者,即毁廟之主也。恩遠屬絶,名不可諱。"今昭宣皇帝上去玄宗十五世矣,奏改册文,以避遠諱,將以垂法,信不典也。如或上無所斷,下無所齊,即百代之主,皆可避也。舍故諱新,寧虛語乎?名不正,則至於人爲無所措手足,制禮作法,可不慎歟!

(宋)王欽若等編纂:《册府元龜》卷五九六《掌禮部》

(天成四年)六月,國子博士田敏上言曰:"禮有五經,祭在其首。國之大事,祀亦居先。則知祭祀者,有國是遵,百王所重。是以肅雍清廟,禋祀玄天,立四時則大駕親臨,將置齋則仲尼所慎。莫不嚴崇宫室,潔滌樽罍,陳其肅肅之儀,報以穰穰之福。臣竊見四郊祠祭,並無齋室,行事官吏,旅寓鄉村,有瀆至誠,恐非清潔。伏乞特下有司,俾於四郊量起屋宇。"詔下有司,竟不行。

(宋)王欽若等編纂:《册府元龜》卷五九三《掌禮部》

(天成)四年七月壬辰,制:"朕自嗣守丕圖,勤修庶政,於兹四稔,罔怠萬機。上實賴於祖宗,下必資於卿士。卑躬克儉,景行前王。側席求賢,追蹤往哲。日懼一日,雖休勿休。倖致風雨不愆,干戈載戢,九穗之禾應瑞,足表豐年,兩階之舞咸賓,無虧曠代。敢萌矜伐,漸喜隆平。然而圓丘之禮未陳,清廟之詩未著,夙宵增懼,寤寐興懷,何以助天之高而報地之厚也?且天覆予,爲子民戴予爲君,苟帝道未臻,則人倫焉正?必須燔柴瘞玉,嚴六宗虞典之禋,非敢刻石泥金,竊萬歲嵩高之美,凡在遐邇,當體至懷,朕取來年二月十一日有事於南郊。”

(宋)王欽若等編纂:《册府元龜》卷三四《帝王部》

(天成四年)八月戊申,帝服衮,御文明殿,追册昭宣光烈孝皇帝。禮畢,使兵部尚書盧質押册,出應天門登車,鹵簿、鼓吹前道八都亭驛。翌日,登赴曹州。甲子,曹州祔饗昭宣光烈孝皇帝,禮畢,文武百官詣西上閣門進名奉慰。

(宋)王欽若等編纂:《册府元龜》卷三一《帝王部》

(天成四年)八月丁酉,大理正路毓奏:“竊見《春秋》,釋奠於文宣王廟,而武成廟久曠時祭。國之二柄,文武之宗,請復常祀。”從之。

(宋)王欽若等編纂:《册府元龜》卷三四《帝王部》

(天成四年)八月,大理正路航奏:“見春秋釋奠於文宣王廟,而武成王廟久曠時祭。國之二柄,文武之宗。請復常祀。”從之。

(宋)王欽若等編纂:《册府元龜》卷五九三《掌禮部》

明宗天成四年八月,以二王後、前河清縣令、襲封鄖國公、食邑三千户楊仁規爲秘書丞。

(宋)王欽若等編纂:《册府元龜》卷一七三《帝王部》

(天成四年)九月戊辰,祠部員外郎吕朋龜奏:“五龍祠、九宮壇、天地三官置醮之禮久廢,請依典故修之。”

(宋)王欽若等編纂:《册府元龜》卷三四《帝王部》

（天成四年）九月，太常博士段顒奏：“臣聞國之大事，惟有祀典。竊見時祭，遇大祠，則差宰臣行事；中祠，則諸寺卿監行事；小祠，則委太祝奉禮而已，並不差官。以臣芻愚，竊謂不可。今小祠請差五品官行事。”從之。

（宋）王欽若等編纂：《冊府元龜》卷五九三《掌禮部》

（天成四年）十月，中書門下奏：“太微宮、太廟、南郊壇，宰臣行事宿齋，百官皆入事。伏以奉命行事，精虔宿齋，儻偏見於朝官，涉不虔於祠祀。今後宰臣行事，文武兩班望令並不得到宿齋處者。”奉敕：“宜依。”

（宋）王欽若等編纂：《冊府元龜》卷五九三《掌禮部》

（天成四年）十二月，奏：“今後宰臣致齋内，請不押班知印，不赴内殿起居。或遇國忌，應行事官受誓戒，並宜不赴行香。”並奏：“覆刑殺公事，及大祀致齋内，請不開宴。”從之。又奏：“今後大忌前一日，請不坐朝。”從之。

（宋）王欽若等編纂：《冊府元龜》卷五九三《掌禮部》

（天成四年）十二月，中書奏：“今後宰臣致齋内不押班，不知印，不赴内殿起居。或遇國忌，行事已受誓戒，宜不赴行香，並不奏刑殺公事。”

（宋）王欽若等編纂：《冊府元龜》卷三四《帝王部》

長興元年二月乙卯，親祀昊天上帝於圓丘。

（宋）王欽若等編纂：《冊府元龜》卷三四《帝王部》

長興元年五月丁丑，明宗臨軒，命使冊淑妃曹氏爲皇后。時禮院上言：“百官上疏於皇后曰皇后殿下，六宮及率土婦人慶賀，祗呼殿下，不言皇后。”中書覆奏：“若祗呼殿下，恐與皇太子無所分別。凡上中宮表章,呼皇后殿下。若不行文字,尋常秖呼皇后。"從之。

(宋)王欽若等編纂:《册府元龜》卷五九三《掌禮部》

(長興元年)九月,太常禮院草定册秦王儀注,太常博士段顒奏議:"據《開元禮》,臨軒册命諸大臣,其日受册者服朝服,從第備鹵簿,與群臣俱集朝堂就次,受册訖,通事舍人引出,不載謁廟還第之儀。自開元已後,册拜諸王,皆正衙命使詣延英閣進册,皇帝御內殿,高品引王入詣殿庭,立於高位,宣制讀册。王受册訖,歸王院,亦無乘輅及謁廟之禮。臣按《五禮精義》云:'古者皆因禘嘗而發爵禄,所以示無所專,禀祖宗也。'今雖册命不在禘嘗,然拜大官封大邑,必至廟庭者,敬順之道也。今册命秦王,當司欲准《開元禮》册命儀注,其日秦王服朝服,自理所乘輅車,備鹵簿,與群臣俱集朝堂就次,受册訖,出應天門外,奉册載於册車,王升輅,謁太廟訖,還理所,如來儀。"從之。

(宋)王欽若等編纂:《册府元龜》卷五九三《掌禮部》

(長興元年九月)是月,太常禮院奏:"來年四月孟夏,禘饗於太廟。謹按禮經,三年一祫以孟冬,五年一禘以孟夏,已毀之主,未毀之主,并合食於太祖廟,功臣配饗於太廟之庭。本朝寶應元年定禮,奉景皇帝爲始封之祖,居東向之尊,自代祖元皇帝、高祖、太宗已下,列聖子孫,各序昭穆,南北相向,合祀於前。聖朝中興,重修宗廟。今太廟見饗高祖、太宗、懿宗、明宗、獻祖、太祖、莊宗七廟,太祖景皇帝在祧廟之數,不列廟饗。將來禘禮,若奉高祖居東向之尊,而又禘饗不及於太祖。代祖亦已祧廟,太祖居東向之位,則有違於禮意,而沿革未聞。今所司奉修祧廟神主,及諸色法物已備,合預請參詳事,須具狀申奏。"敕下尚書省集百僚商議,户部尚書韓彦惲署百僚議狀,奏曰:"伏以三年祫而五年禘,邃古通規;祖有德而宗有功,前王令範。始封爲百代之主,親盡從群廟之祧。由是昭穆罔差,尊卑式叙。標諸前典,是謂格言。我國家土德中興,瑶圖再造,既展郊禋之禮,爰崇禘袷之儀。典册畢陳,孝思無極。恭以本朝尊受命之祖,景皇帝爲始封之君,百代不遷,累朝頻議。自貞觀至於天祐,無所改移,聖祖神孫,左昭右穆。洎經兵革,久廢蒸嘗,蕪没宫庭,陸沉園寝。迨夫中興國祚,重立宗祊,議出一時,制行七廟,遂致太祖景皇帝在祧廟之數,不列祖宗。伏惟聖明神武文德恭孝皇帝陛下紹復鴻圖,不失舊物,欲尊太祖之位,將行東向之儀,爰命群臣,畢同集議。伏詳本朝列聖之舊典,明皇虔禮之新規。開元十年,特立九廟,子孫遵守,歷代無虧。今既行七廟之規,又以祧太祖之室。昔德宗朝,將行禘袷之禮,顔真卿立議,請奉獻祖神主居東向之位,景皇帝暫居昭穆之列。考之於貞元,則以爲誤引之説;行之於今日,雅得其變禮之宜。今欲請每遇禘袷之歲,暫奉景皇帝居東向之尊,自元皇帝已下,叙列昭穆。群僚聚議,貴在酌中。臣等謬列周行,咸非博識,約其故事,庶叶典章。"敕旨從之。

(宋)王欽若等編纂:《册府元龜》卷五九三《掌禮部》

長興元年十月辛丑,宗正丞李疇奏:"京畿内列聖園陵,自兵亂後來,人户多於陵封内開掘,燒磚窑竈,掘斷岡阜,驚動神靈。此後請嚴切禁止。奉陵州縣,凡有封内窑竈,並宜修塞。"從之。

(宋)王欽若等編纂:《册府元龜》卷一七四《帝王部》

(長興元年)十月,國子博士田敏奏請依《春秋》藏冰頒冰之儀,以消陰陽愆伏之沴。敕旨:"藏冰之制,載在前經,獻廟之儀,廢於近代。既朝臣之特舉,按典禮以宜行。田敏所奏祭司寒獻羔事,宜依。其桃弧棘矢以下,事久不行,理難備創。其諸侯亦宜準往制,任藏冰。"

(宋)王欽若等編纂:《册府元龜》卷五九三《掌禮部》

(長興元年)十二月己酉,命有司祭司寒神於水井。

(宋)王欽若等編纂:《册府元龜》卷三四《帝王部》

長興二年四月,祫饗於太廟。

    （宋）王欽若等編纂：《册府元龜》卷三一《帝王部》

後唐長興二年四月,祫享於太廟。

    （元）馬端臨：《文獻通考》卷一〇二《宗廟考十二》

  （長興）二年五月,中書門下覆奏："尚書都官員外郎、知制誥張昭遠丁母憂。伏以大臣枕凶,有弔祭之恩；群寮寢苫,無慰問之例。高下之位不等,君親之義無偏。況卿士甚多,有父母者極少。固於孝道,上軫聖懷。張昭遠望量與恩賜,兼自此朝臣或有丁憂,亦乞頒賚。"其狀尋已印出,令具官員等第所定支給數目如後。自是文班三品至七品,武班二品至四品,凡丁憂者皆有等第頒給。

    （宋）王欽若等編纂：《册府元龜》卷五九三《掌禮部》

  （長興二年五月）是月,尚書左丞崔居儉奏："以中祠大祠,皇帝合與祭,近雖差官行事,是日亦不視朝。竊睹乘輿有時或出,於禮不便,請不行焉。"從之。

    （宋）王欽若等編纂：《册府元龜》卷五九三《掌禮部》

  （長興）二年七月,福建王延均上言,當道神廟七所,乞封王號。敕："無諸史傳有名,宜封爲閩越富義王。其餘任自於境內祭享。"是月,敕天下州府應有神祠破損者,仰取公使錢添修。

    （宋）王欽若等編纂：《册府元龜》卷三四《帝王部》

  後唐明宗長興二年,詔故昭義節度使李嗣昭,故幽州節度使周德威,故汴州節度使符存審,配享莊宗廟庭。

    （元）馬端臨：《文獻通考》卷一〇三《宗廟考十三》

長興三年五月,以二王後、前詹事府司直楊延紹爲贊善大夫,仍襲封鄶國公,食邑三千。”

（宋）王欽若等編纂:《册府元龜》卷一七三《帝王部》

（長興）三年五月,國子博士蔡同文奏:“伏見每年春秋二仲月上丁釋奠於文宣王,以兗公、顔子配坐,以閔子騫等爲十哲,排祭之時,祇在宣聖、兗公、十哲坐前祭奠。其有七十二賢,圖形於四壁,面前皆無酒脯。又見每歲春秋二仲月上戊釋奠於武成王廟,以漢留侯張良配坐,武安君白起等爲十哲,當排祭之時,祇於武成王、張良、十哲面前。其范蠡等六十四人,圖形於四壁,面前並無酒醢。自今乞準本朝舊例,文宣王、武成王廟四壁諸賢畫像面前,請各設一豆一爵祀饗。”中書帖太常禮院檢討禮例申上:“禮院檢《郊祀録》釋奠文宣王、武成王中祠例,祭以少牢。其配座十哲,見今行釋奠之禮。伏自喪亂已來,廢四壁英賢之祭。今準帖爲國子博士蔡同文奏,文宣王、武成王四壁英賢,請各設一豆一祠饗者。當司今詳《郊祀録》,文宣王、武成王從祀諸座,各籩二,實以栗黄牛脯;豆二,實以葵菹鹿醢;簠簋各一,實以黍稷飯酒;爵一。禮文所設祭器,無一豆一爵之儀。”奉敕:“文宣王、武成王四壁英賢,自此每至釋奠,宜准《郊祀録》,各陳脯醢等諸物以祭。”

（宋）王欽若等編纂:《册府元龜》卷五九三《掌禮部》

長興三年七月,宗正寺奏:“今年經大雨,太廟正殿疏漏,門樓墊陷,宮墻及神門仗舍,並皆缺漏,請下所司修補。”司天以墓年不宜興造,請隨缺壞處,量事增修。從之。

（宋）王欽若等編纂:《册府元龜》卷六二一《卿監部》

（長興）三年十二月庚戌,敕:“祠祀祭器牲帛,務從精潔,齊宮壇墠,所司宜檢舉崇飾之。”

（宋）王欽若等編纂:《册府元龜》卷三四《帝王部》

後唐長興三年,國子博士蔡同文奏:"伏見每年春、秋二仲月上丁釋奠於文宣王,以充公顔子配坐,以閔子騫等爲十哲排祭奠,其有七十二賢圖形於四壁,面前皆無酒脯。自今後,乞準本朝舊規,文宣王四壁諸英賢畫像前面,請各設一豆、一爵祠饗。"中書帖太常禮院檢討禮例,分析申者。今禮院檢《郊祀録》,釋奠文宣王並中祠,例祭以少牢,其配座十哲,見今行釋奠之禮。伏自喪亂以來,廢祭四壁英賢。今準帖,爲國子博士蔡同文所奏文宣王四壁諸英賢,各設一豆、一爵祠享。當司詳《郊祀録》,文宣王從祀諸座,各籩二,實以栗、黄牛脯;豆二,實以葵菹、鹿醢;簠、簋各一,實以黍、稷飯;酒爵一。禮文所設,祭器無一豆、一爵之儀者。奉敕:其文宣王廟四壁英賢其文宣王廟四壁英賢,自此每釋奠,宜准《郊祀録》,各陳酺、醢等諸物以祭。

(元)馬端臨:《文獻通考》卷四三《學校考四》

炳靈公廟在泰山下。後唐長興三年,詔以泰山三郎爲威雄將軍。

(元)馬端臨:《文獻通考》卷九〇《郊社考二十三》

(長興)四年二月,太常博士路航奏:"比來小祠已上,公卿皆著祭服行事。近日唯郊廟、太微宮具祭服,五郊迎氣日月諸祠,並只常服行事。兼本司執事人等,皆著隨事衣裝,狼籍鞋履,便隨公卿升降於壇墠。按祠部令,中祠已上,應齋郎等升壇行事者,並給潔服,事畢收納。今後中祠已上,公卿請具祭服,執事升壇人並著履,具緋衣幘子。又臣檢《禮閣新儀》,太微宮使卯時行事,近年依郊廟例,五更初便行事。今後請依舊以卯時。"從之。

(宋)王欽若等編纂:《册府元龜》卷五九三《掌禮部》

後唐李從璋爲河中節度使,明宗長興四年七月,從璋奏:"臣母亡,請準式假,仍請定服制。"從璋,帝從子,今屬籍如皇子,而請爲母服,失禮也。禮寺知其不可,無所上聞而止。

(宋)王欽若等編纂:《册府元龜》卷九四六《總録部》

後唐閔帝應順元年正月，中書門下奏：“太廟見饗七室：高祖、太宗、懿宗、昭宗、獻祖、太祖、莊宗。今明宗昇祔，禮合祧遷獻祖，請下尚書省集議。”太子少傅盧質等議曰：“臣等以親盡從祧，垂於舊典，疑事無質，素有明文。頃莊宗皇帝再造寰區，復隆宗廟，追三宗於先遠，復四室於本朝。式遇祧遷，旋成沿革。及莊宗昇祔，以懿祖從祧，蓋非嗣立之君，所以先遷其室。光武滅新之後，始有追尊之儀。只此在於南陽，元不歸於太廟。引事且疏於故實，此時須稟於新規。將來升祔先廟，次合祧遷獻祖，既叶隨時之義，又符變禮之文。”從之。時議者以懿祖賜姓於懿宗，以支庶繫太宗例，宜以懿祖爲始祖，次昭宗可也，不必祖神堯而宗太宗。若依漢光武，則宜於代州立獻祖而下親廟，其唐廟依舊禮行之可也。而議謚者忘咸通之懿宗又稱懿祖，父子俱“懿”，於禮可乎？將來朱耶三世與唐室四廟，連叙昭穆，非禮也。議祧者不知受氏於唐懿宗而祧之，今又及獻祖。以禮論之，始祧昭宗，次祧獻祖可也，而懿祖如景皇帝，豈可祧乎？

（宋）王欽若等編纂：《冊府元龜》卷五九四《掌禮部》

憨帝應順元年閏正月，詔曰：“朕猥以冲人，獲膺大寶，賴神祇之贊助，顯天地之休禎，夷夏駿奔，式符於睠命，聲教綿遠，虔荷於炳靈。德薄承祧，憂深馭朽，克奉治平之道，諒由冥助之功，集是殊祥，敢不寅畏。賴陰陽之行運，致時雨以應期，稼穡順成，得歲功而叶望，咸臻上瑞，普泰兆民。宜令三京諸道州府界内名山大川祠廟有益於民者，以時精虔祭祀，稱朕意焉。”

（宋）王欽若等編纂：《冊府元龜》卷三四《帝王部》

閔帝應順元年二月，山陵使上言：“太行山陵四月二十七日掩玄宮，以御札，皇帝親奉靈駕至園陵，有司量事供備。臣等伏見累朝故事，人君無親送葬之儀。蓋承繼事大，非薄於送終。”累奏不從。

（宋）王欽若等編纂：《冊府元龜》卷三一《帝王部》

末帝清泰元年四月即位,上明宗尊謚曰聖德和武欽孝皇帝。

（宋）王欽若等編纂：《冊府元龜》卷三一《帝王部》

末帝清泰元年四月,中書門下上言:"太常以五月朔御明堂,受朝三日,夏至祀皇地祇前二日奏告獻祖室,不坐。比至是日有祀事,則次日受朝。今祀在五鼓前,質明行禮畢,御殿在始旦後,請比例行之。"詔曰:"日出御殿,與祀事無妨,宜依常年例。"

（宋）王欽若等編纂：《冊府元龜》卷五九四《掌禮部》

末帝清泰元年五月壬申,詔曰:"吳嶽成德公,昨遇享期,克申幽贊,宜加王號,以表神功,可進封靈應王,其祠享官屬仍舊同五嶽,擇日冊命。"初,帝在鳳翔,將有沈闕之釁,遣房暠祠之,有應。至是,欲加封爵,下有司檢討。奏曰:"天寶十載正月,封吳山爲成德公,與沂山、會稽醫無閭同制封公。至德二年十二月,改吳山爲嶽,祠享官屬視五嶽。今國家以靈應告祥,宜示殊等。"故有是命。至二年四月庚午,授冊於少府監烏昭達,往吳山祠封靈應王。

（宋）王欽若等編纂：《冊府元龜》卷三四《帝王部》

（清泰元年五月）是月丙子,詔諸州神祠有破壞者,委所在給省錢補緝。

（宋）王欽若等編纂：《冊府元龜》卷三四《帝王部》

（清泰元年）五月戊申,中書門下奏:"太常以明宗二十日祔廟,太尉合宰臣攝,緣馮道在假,李愚十八日私忌,在致齋內,今劉昫又奏'臣判三司事繁,免祀事'。"詔禮官參酌,有司上言曰:"愚私忌,在致齋內。諸私忌日,遇大朝會入閣宣召,皆赴朝參,今祔饗事大,忌日屬私,致齋日請比大朝會宣召例。"從之。

（宋）王欽若等編纂：《冊府元龜》卷五九四《掌禮部》

（清泰元年）六月，中書門下奏："據太常禮院申：册拜王公，如在京城，所司備鹵簿車輅法物，皇帝臨軒行册。如在外鎮，正衙命使，押册赴本道行禮。其車輅法物，故事不出都城，禮無明文。今奉制命，幽州趙德均封北平王，青州房知温封東平王，皆備禮册命。其合用車輅法物，在兵部、太常、太僕寺，請載往本州行禮後，送納本司。"從之。

（宋）王欽若等編纂：《册府元龜》卷五九四《掌禮部》

（清泰元年）十一月戊戌，中書門下奏太常撰定冬至朝會儀。詔曰："初成園陵，彌軫孝思，遽履節辰，尤增顧復。所奏各仗宜停。"是月，中書門下奏："二十六日明宗忌，群臣奉慰行香，固有常禮。恭以陛下初遇忌辰，合存降殺，仰惟追感，難抑孝思，固於兹時，不同常歲。臣等商量，請於忌辰前後各一日不坐。"從之。

（宋）王欽若等編纂：《册府元龜》卷三一《帝王部》

末帝清泰元年十一月己未，宗正寺言御史臺轉報，百司各抄六典，令式内本司事，舉行職典，宗廟陵園，列聖陵寢，多在關西，梁季爲賊臣盜發，同光初曾差供奉官李説、工部郎中李途往關西巡陵，祭告屬朝廷，有故不行。明宗天成初，差丞李鬱檢較。又長興四年，詔掩閉無主墳墓，況列聖陵寢，伏遇中興，雖有修奉之言，而無掩閉之實。乞差官檢討修奉，置陵令一員，應屬陵之四封，各乞寺司管係。詔曰："所請修奉列聖陵寢及差官，宜依其陵令，候事畢日以聞。"

（宋）王欽若等編纂：《册府元龜》卷一七四《帝王部》

（清泰元年）十一月，中書門下奏："二十六日，明宗聖德和武欽孝皇帝忌辰，群臣奉慰行香，固有常禮。伏以皇帝陛下初遇忌辰，不用常歲。臣等商議，請於忌辰前後各一日不坐朝。"從之。

（宋）王欽若等編纂：《册府元龜》卷五九四《掌禮部》

　　（清泰）十一月，詔杭州護國廟改封崇德王，城隍神改封順義保寧王，銅官廟改封福善通靈王，湖州城隍神封阜俗安成王，越州城隍神封興德保閩王。從兩浙節度使錢元瓘奏也。

　　（宋）王欽若等編纂：《冊府元龜》卷三四《帝王部》

　　（清泰元年）十二月丁卯，詔曰：“列聖陵寢，多在關西，中興已來，未暇修奉。宜令京兆、河南、鳳翔等府，耀州、乾州奉陵諸縣，其陵園有所闕漏，本處量差人工修奉，仍人給日食。其祭告下太常、宗正寺參詳奏聞。”

　　（宋）王欽若等編纂：《冊府元龜》卷一七四《帝王部》

　　（清泰）二年正月戊申，宗正寺言：“北京永興、長寧、建極三陵，應州遂、衍，奕三陵，准曹州溫陵，例下本州府長官朝拜；雍、坤、和、徽四陵，差太常宗正卿朝拜。”從之。乙丑，遣太常少卿蕭願、宗正卿李鬱朝拜徽陵，右庶子韋華雍陵，宗正少卿李知新、殿中丞李延昭和陵，太子中允劉賀、太子中舍李均坤陵。

　　（宋）王欽若等編纂：《冊府元龜》卷三一《帝王部》

　　末帝清泰二年正月，宗正寺奏：“北京、應州、曹州諸陵望，差本州府長官朝拜。雍、坤、和、徽四帝，差太常宗正卿朝拜。”從之。

　　（宋）王欽若等編纂：《冊府元龜》卷六二一《卿監部》

　　（清泰二年）二月己丑，宰臣盧文紀等上章曰：“臣聞聖列九皇，必稟嚴慈之訓；貴為萬乘，彌懷顧復之思。所謂生我劬勞，昊天罔極，故漢昭帝承祧御歷，奉尊謚於雲陽；魏文帝繼體守文，思外家於甄館。則知追崇母後，祔享廟庭，愛親之道克隆，敬本之文斯洽。臣等常覽國史，見玄宗大聖孝明皇帝母昭成皇太后竇氏，作嬪初奉於相王，歷位才終於藩孺，及至上皇傳國，聖子臨朝，則追尊配享於閟宮，儷極攸先於冢後。臣又見代宗睿文孝武皇帝母章敬太后吳氏，入宮才侍於忠王，短世難登於命婦。及寶祚爰歸於聖嗣，追尊將祔於陵園。則群臣歷懇於封函，嚴配請崇於徽號，舊章斯在，闕禮未伸。臣等叨備鼎司，合伸茂典，伏惟聖母魯國太夫人，夢梓興周，望雲佐漢，亶河洲之懿範，契沙蘢之休祥，三母俱賢，周武最承於天統；四妃有子，唐侯光啓於帝圖。仰惟當寧之懷，彌軫寒泉之思，伏望配陵祔廟，法地則天，君親實殺於義方，恩禮宜歸於聖善。母以子貴，乃《春秋》之格言；孝以尊親，固《禮》經之明義。久虛時薦，慮損皇猷。俾秦官載顯於玉符，魏寢永光於金冊，則華夷大願，臣子違寧。臣等謹案諡法，聖善周聞曰宣，施而不私曰宣，博聞多能曰憲，聖善周達曰憲，謹上尊諡曰宣憲皇太后。請依昭成、章敬二太后故事，擇日備禮冊命。故事，禮合配陵祔廟。臣等再詳儀注，備有典彝，伏恐朝廷且務於便安，司局貴期于辦集，酌于故事，更司檢詳。臣等伏聞先太后舊陵未祔於先朝，則都下難崇於別廟。既追尊諡，合創閟宮。臣等謹案漢故事，園寢不在王畿者，或在陵所，便立寢祠。禮文雖異於國朝，事理可循於權道。臣等商量，太后上尊諡後，權立祠廟以伸告獻，配祔之禮，請俟他年。"詔曰："朕猥以眇質，獲嗣丕圖，暑往寒來，知昊天之罔極，憂深思遠，唯觸地以無容。卿等學究源流，文苞體要，以致財成之美，復陳孝理之規，援引古今，鋪陳茂實，道朕以愛親之禮，勉朕以追遠之文，取則昭成，明徵章敬，仍加美諡，益見忠誠。至於權立閟宮，頗亦叶於時變。劬勞莫報，長懸陟屺之心；聖善斯崇，且慰循陔之念。謹依典禮，哀慕增深。"

（宋）王欽若等編纂：《冊府元龜》卷三一《帝王部》

（清泰）二年三月庚申，詔曰："祠祭國家重事，功在精虔，若不提撕，漸成疏慢。今後監祭使，每祭親視，酒饌幣玉，不得令饌料失於蠲潔。如有所聞，罪在監祭使。其壇廟牆屋，勿令疏漏，本司常檢舉修葺以聞。"

（宋）王欽若等編纂：《冊府元龜》卷三四《帝王部》

（清泰二年）四月戊辰，考功員外郎李慎義上言：“今春以來，稍愆雨澤，陛下念稼穡之重，深宵旰之憂，倍軫聖心，遍走群望，盈尺則告瑞於元朔，如膏則潤洽於暮春，可卜豐穰，動皆響應，請天下凡祠宇有益於人者，下本處常令修飾，冀集洪休。”從之。

（宋）王欽若等編纂：《冊府元龜》卷三四《帝王部》

（清泰二年）六月乙丑，太常卿李懌定宣憲太后陵號，請以順爲名。

（宋）王欽若等編纂：《冊府元龜》卷三一《帝王部》

（清泰）三年二月，太常禮院奏：“據兵部侍郎馬縞上疏言：‘古禮，嫂叔無服，蓋推而遠之。按《五禮精義》，貞觀十四年魏徵等議，親兄弟之妻，請服小功五月。今所司給假，差錯爲大功九月。’太常博士段顒稱：‘自來給假，元依令式。若云違古，不獨嫂叔一條。舊爲親姨服小功，今令式服大功。爲親舅服小功，今服大功。爲妻父母緦麻，今服小功。爲女婿爲外甥緦麻，今並服小功。此五條在令式，與《精義》不同。’未審依馬縞所奏，爲復且依令式？”右贊善大夫趙咸又議曰：“臣聞三代制禮，無降減之名；五服容喪，有寧戚之義。此蓋聖人隨時設教，稱情立文，沿革不同，吉凶相變。或服由恩制，喪以禮加。太宗文皇帝引彼至仁，推其大義，因覽同虔有緦之義，遂制嫂叔小功之服。列聖遵行，已爲故事。傳於令式，加至大功。今馬縞奏論，以爲錯謬。況縞昔事本朝，暨至梁室，曾爲博士，累歷歲年，今始奏陳，未爲允當。謹按《儀禮》，凡制五服，或以名加，或以尊制，或推恩而有服，或引義而當喪。故嫂叔大功，良有以也。其如叔以嫂之子爲猶子，爲猶子之妻，叔服大功。今嫂是猶子之母，安可却服小功？若以名加，嫂豈疏於猶子之婦；若以尊制，嫂豈卑於猶子之妻？論恩則有生同骨肉之情，引義則有死同宅兆之理。若以推而遠之爲是，即令式兼無小功。既有稱情制宜之文，何止大功九月。請依令式，永作彝倫。”敕下尚書省，集百官議。尚書左僕射劉昫等議曰：“伏以嫂叔服小功五月,《開元禮》《會要》皆同,其令式正文内,元無喪服制度,只有一本内編在假寧令後,不言奉敕編附年月。除此一條,又檢七條令式與《開元禮》相違者。所司行已多年,固難輕改。既當議事,須按舊章。今若鄙宣父之前經,紊周公之往制,隳太宗之故事,廢開元之禮文,而欲取差誤近規,行編附新意,稱制度且違大典,言令式又非正文。若便改更,恐難經久。臣等集議,嫂叔服並諸服紀,並請依《開元禮》爲定。如要給假,却請下太常依《開元禮》内五服制度,錄出一本,編附令文。"從之。

(宋)王欽若等編纂:《册府元龜》卷五九四《掌禮部》

(清泰)三年二月,監察使奏薦饗太廟。其月十九日,尚書省受誓戒故事,諸行事官質明至省候太尉。其日,行事官與攝太尉宰臣並先到,其攝司空吏部侍郎龍敏後至,雖及受誓戒,其候太尉違禮,詔罰一季俸料。

(宋)王欽若等編纂:《册府元龜》卷一五四《帝王部》

(清泰)三年五月丁酉,詔京兆、河南府、鳳翔、耀州、乾州等奉陵州縣,緣本廟陵寢中爲盜發,修奉未備,宜令本管州府量事差人修奉,其人工給食、祭料並從官給。

(宋)王欽若等編纂:《册府元龜》卷一七四《帝王部》

(清泰三年)九月戊申,帝親行太原,太常博士段顒白宰臣曰:"帝未嘗謁陵,今河陽路當徽陵前,安得經由不行禮乎?"是日午時,至陵園,於仗舍前陳謁陵禮。

(宋)王欽若等編纂:《册府元龜》卷三一《帝王部》

後唐莊宗親饗廟一。同光二年正月二十九日。
明宗親饗廟一。長興元年二月十九日。

(元)馬端臨:《文獻通考》卷九七《宗廟考七》

後唐莊宗南郊一。同光二年二月一日。

明宗南郊一。長興元年二月二十一日。

（元）馬端臨：《文獻通考》卷七一《郊社考四》

後唐莊宗同光二年，太常禮院奏："國家興建之初，已於北都置廟，今克復天下，遷都洛陽，却復本朝宗廟。按禮無二廟之文，其北都宗廟請廢。"從之。

閔帝應順元年，中書門下奏："太常以太行山陵畢祔廟。今太廟見享七室；高祖、太宗、懿宗、昭宗、獻祖、太祖、莊宗，太行昇祔，禮合祧遷獻祖，請下尚書省集議。"從之。

（元）馬端臨：《文獻通考》卷九三《宗廟考三》

時議者以懿祖賜姓於懿宗，以支庶係太宗例，宜以懿祖為始祖，次昭宗可也，不必祖神堯而宗太宗。若依漢光武，則宜於代州立獻祖而下親廟，其唐廟依舊禮行之可也。而議謚者忘咸通之懿宗，又稱懿祖，父子俱'懿'，於理可乎？將朱耶三世與唐室四廟連叙昭穆，非禮也。議祧者不知受氏於唐懿宗而祧之，今又及獻祖。以禮論之，始祧昭宗，次祧獻祖可也，而懿祖如唐景皇帝，豈可祧乎？

（元）馬端臨：《文獻通考》卷九三《宗廟考三》

後唐明宗天成二年，中書門下奏：兩漢以諸侯王入繼帝統，則必易名，上謚廣孝，稱皇，改置園陵，仍增兵衛等事。遂詔下太常禮院集議："請追尊四廟，並加皇帝之號，兼請於洛京立廟。"敕宜於應州舊宅立廟，餘依所奏。

按：莊宗以沙陀為唐之嗣，明宗又以代北狄裔為莊宗之嗣，故後唐之所謂七廟者，以沙陀之獻祖國昌、太祖克用、莊宗存勗而上繼唐之高祖、太宗、懿宗、昭宗；而此所謂四廟者，又明宗，代北之高、曾祖父也。

（元）馬端臨：《文獻通考》卷九五《宗廟考五》

《五代史·李琪傳》曰："唐末喪亂,朝廷之禮壞,天子未嘗視朝,而入閣之制亦廢。常參之官日至正衙者,傳聞不坐即退。獨大臣奏事,日一見便殿,而侍從內諸司,日再朝而已。明宗初即位,乃詔群臣,五日一隨宰相入見內殿,謂之起居。琪以謂非唐故事,請罷五日起居,而復朔望入閣。明宗曰:'五日起居,吾思所以數見群臣,不可罷。而朔望入閣可復。'然唐故事,天子日御殿見群臣,曰常參;朔望薦食諸陵寢,有思慕之心,不能臨前殿,則御便殿見群臣,曰入閣。宣政,前殿也,謂之衙,衙有仗。紫宸,便殿也,謂之閣。其不御前殿而御紫宸也,乃自正衙喚仗,由閣門而入,百官俟朝於衙者,因隨以入見,故謂之入閣。然衙,朝也,其禮尊;閣,宴見也,其事殺。自乾符已後,因亂禮闕。天子不能日見群臣而見朔望,故正衙常日廢仗,而朔望入閣有仗,其後習見,遂以入閣爲重。至出御前殿,猶謂之入閣,其後亦廢,至是而復。然有司不能講正其事。凡群臣五日一入見中興殿,便殿也,此入閣之遺制,而謂之起居。朔望一出御文明殿,前殿也,反謂之入閣,琪皆不能正也。琪又建言:'入閣有待制、次對官論事,而內殿起居,一見而退,欲有言者,無由自陳,非所以數見群臣之意也。'明宗乃詔起居日有言事者,許出行自陳。又詔百官以次轉對。"

（元）馬端臨:《文獻通考》卷一〇七《王禮考二》

後唐莊宗崩,葬雍陵,在洛京新安縣。四月崩,次年七月葬。
明宗崩,葬徽陵,在洛京洛陽縣。十一月崩,次年四月葬。
末帝泰清三年,車駕北幸,路當徽陵,乃至陵所朝謁。

（元）馬端臨:《文獻通考》卷一二五《王禮考二十》

石林葉氏又曰:"唐正衙日見群臣,百官皆在,謂之'常參';喚仗入閣,百官亦隨以入,則唐制天子未嘗不日見百官也。……敬宗再舉入閣禮之後,百官復存朔望兩朝,至五代又廢。故後唐明宗始詔群臣,每五日一隨宰相入見,謂之'起居'。時李琪爲中丞,以爲非禮,請復朔望入閣之禮。明宗曰:'五日起居,吾思見群臣,不可罷,朔望入閤可復。'遂以五日群臣一人見中興便殿，爲起居；朔望天子一出御文明前殿，爲入閤，訖於宋朝不改。

（元）馬端臨：《文獻通考》卷一〇七《王禮考二》

秘書監判大理寺汝陰尹拙等言："後唐劉岳《書儀》，稱婦爲舅姑服三年，與禮律不同。然亦準敕行用，請別裁定之。"詔百官集議。尚書省左僕射魏仁浦等二十一人奏議曰："謹按《禮·內則》云：'婦事舅姑，如事父母。'即舅姑與父母一也。古禮有期年之說，雖於義可稽，書儀著三年之文，實在理爲當。蓋五服制度，前代增益已多。只如嫂叔無服，唐太宗令服小功；曾祖父母舊服三月，增爲五月；嫡子婦大功，增爲期；衆子婦小功，增爲大功。父在爲母服周，高宗增爲三年。婦人爲夫之姨舅無服，明皇令從夫而服，又增姨舅同服緦麻及堂姨舅服袒免。迄今遵行，遂爲典制。何況三年之內，几筵尚存，豈可夫衣衰粗，婦襲紈綺？夫婦齊體，哀樂不同，求之人情，實傷至治。況婦人爲夫有三年之服，於舅姑而止服周，是尊夫而卑舅姑也。且昭憲皇太后喪，孝明皇后親行三年之服，可以爲萬代法矣。"十二月丁酉，始令婦爲舅姑三年齊斬，一從其夫。

（宋）李燾：《續資治通鑑長編》卷六，太祖乾德三年（965）

後唐李鏻爲宗正卿。初，趙州昭慶縣有神堯之祖獻祖宣皇帝建初陵，懿祖光皇帝啓運陵，莊宗踐祚之後，宗正司條奏：陵園故事，請置建初、啓運陵臺令。許之。時有僞稱宗子，言世爲丹陽竟陵臺令，投詣宗寺，請爲聞喜令。宗正少卿李瓊莫測其由，憑百姓僞書，即而補之。其人既至本處，招庇百姓以爲部曲，出入建絳旌，豪視長吏，復侵奪近墓民田百餘頃，言是陵園墻地。百姓詣府陳訴，州府不能辨疑，乃具狀奏天子。下公卿，訪丹陽竟陵故事，是何帝陵寢。遂檢列聖陵園及追封錄太子、諸王尊號者，皆無丹陽竟陵之號。其僞百姓、宗正司吏皆伏法。瓊、鏻以不閑故實，謬補奸人，鏻責授朝散大夫、司農少卿；瓊責授朝議郎、守太子中舍。丹陽之地，比在南方，竟陵之名,六朝故事,鏻等不知書故也。

(宋)王欽若等編纂:《册府元龜》卷九五四《總録部》

晉高祖天福元年即位臣欽若等按《五代史》,天福二年三月,追尊四親廟,而不載樂章。

(宋)王欽若等編纂:《册府元龜》卷五七〇《掌禮部》

晉高祖天福二年正月壬戌,中書奏:"皇帝到京,未立宗廟者。夫以受命握圖,既啓無疆之祚,宗文祖武,宜遵有國之規。伏惟皇帝陛下曆數在躬,艱難創業,拯黔黎之塗炭,廓宇宙之氛霾。寰區既定於一戎,基構方開於萬祀,恭惟宇廟,須切追崇,將示肅恭,豈宜稽緩?臣等商量,望令所司,速具制度、典禮以聞。尊始敬先,既光於太,後徽章茂典,永顯於洪猷。"從之。

(宋)王欽若等編纂:《册府元龜》卷三一《帝王部》

晉高祖天福二年正月,敕:"周以杞、宋封夏、殷之後爲二王後,兼封舜之後爲三恪。唐以周、隋之後封公,又封魏之後爲三恪。夫應天開國,恭己臨人,宜覃繼絶之恩,以廣延洪之道。宜於唐朝宗屬中取一人,封公世襲,兼隋之酅公,爲二王後,以後周介公備三恪,其主祀及赴大朝會,委所司具典籍申奏。其唐朝宗屬中舊在朝及諸爲官者,各據資歷,考限滿日,循品秩序遷。已有出身,者任令參選。"

(宋)王欽若等編纂:《册府元龜》卷一七三《帝王部》

晉高祖天福二年三月,詔巡幸汴州,中書奏:"車駕經過河南府河陽、鄭州、汴州管界,所有名山大川、帝王陵廟、名臣祠墓等,去路十里内者,伏請下本州府,各排比只,候車駕過日,以酒脯醮祭告。"從之。

(宋)王欽若等編纂:《册府元龜》卷三四《帝王部》

　　晉高祖天福二年三月，左僕射劉昫等奏參議冊四廟狀曰：臣等據太常博士段顒議云：“夫宗廟之制，歷代爲難，須廣按《禮》經，旁求故實。通古今之理爲規式，合天道人情爲楷模。伏緣禮有隨時，損益各異，遂至議論多別，禮出衆途。今總歷代之宏規，議新朝之定制。謹按《尚書·舜典》曰：‘正月上日，受終於文祖。’此是堯之廟也，猶未載其數。又按《郊祀録》云：‘夏立五廟，殷立六廟，周立七廟。漢初立祖宗廟，郡國共計一百六十七所。後漢光武中興後，別立六廟。魏明帝初立親廟四，後重議上依周法立七廟。晉武帝受禪，初立六廟，後却立七廟。宋武帝初立六廟。齊朝亦立六廟。隋文帝受命，初立親廟四，至大業元年，煬帝欲尊周法，議立七廟。次便禪命於唐。武德元年六月四日，始立四廟於長安。貞觀九年，命有司詳議廟制，遂立七廟。後至開元十一年後，創立九廟。’又按《禮記·喪服小記》曰：‘王者禘其祖之所自出，以其祖配之，而立四廟。’鄭玄注云：高祖以下，至禰四世，即親盡也，更立始祖爲不遷之廟，共爲五廟也。又按《禮記·祭法》及《王制》、《孔子家語》、《春秋穀梁傳》並云天子七廟、諸侯五廟、大夫三廟、士二廟，此是降殺以兩之義也。又按《尚書·咸有一德》曰：‘七世之廟，可以觀德。’又按《疑義》云：天子立七廟或四廟，蓋有其義也。如四廟者，從禰至高祖已上親盡，故有四廟之禮。又立七廟者，緣自古聖王，祖有功，宗有德，更立始祖，即於四親廟之外，或祖功宗德，不拘定數，所以有五廟、六廟，或七廟、九廟，要後代子孫觀其功德。故《尚書》云：‘七世之廟，可以觀德矣。’又按周舍論云：‘自江左以來，晉、宋、齊、梁相承，多立七廟矣。’今顒等參詳，唯立七廟、四廟，即並通其理。伏緣宗廟事大，不敢執以一理定之，故檢録七廟、四廟二件之文，俱得其宜，他所論者，並皆勿取。請下三省集百官詳議。敕旨宜依者。臣等今月八日於尚書省集百官詳議。伏以將敷至化，以達萬方，克致和平，必先宗廟。是以孝爲教本，所以弘愛敬而厚人倫；禮乃民防，蓋欲辨尊卑而明法制。故《禮記·王制》云：‘天子七廟，諸侯五廟，大夫三廟。’疏云：‘周制之七廟者，太祖及文王、武王之祧，與親廟四。太祖，后稷也。殷六廟，契及湯，與二昭二穆。夏則五廟，無太祖，禹與二昭二穆而已。自夏及周，少不減五，多不過七。’又云：‘天子七廟，皆據周也。有其人則七，無其人則五。若諸侯廟制，雖有其人，則不過五。此則天子、諸侯七五之異名矣。’至於三代已後，魏、晉、宋、齊、隋及唐初，多立六廟或四廟，蓋以定國之始，不盈七廟之數也。伏惟皇帝陛下大定寰區，方興教理，既先自家刑國，固當率土咸賓。今欲請立自高祖已下四親廟，其始祖一廟，未敢輕議，伏惟聖裁。恐於講德論功，有失靈源茂緒，稟自中旨，共謂得宜。臣等幸列明庭，獲逢景運，顯奉如綸之命，共詳立廟之儀。雖竭討尋，慚非該博，有愧上塵聖鑒，實慮未協宸衷，不免迂疏，仍虞漏略。又據御史中丞張昭遠奏：‘臣前月中預都省集議宗廟事，伏見議狀，於親廟外請別立始祖一廟，近奉中書門下牒，再令百官於都省議定聞奏者。臣讀十四代史書，見二千年故事，觀諸家家宗廟，都無始祖之稱，惟殷、周二代，以稷、契爲太祖。《禮記》曰：天子七廟，三昭三穆，與太祖之廟而七。鄭玄注云：此周制也。七者，太祖后稷及文王、武王，與四親廟也。又曰：殷人六廟，契及湯，與二昭二穆也。夏后氏立五廟，不立太廟，唯禹與二昭二穆而已。據《王制》鄭玄所釋，即殷、周以稷、契爲太祖，夏后氏無太祖，亦無追謚之廟。自殷、周以來，時更十代，皆於親廟之中以有功者爲太祖，無追崇始祖之例。具引今古，即恐詞繁，事要證明，須陳梗概。漢以高祖父太上皇執嘉無社稷功，不立廟號，高帝自爲高祖。魏以曹公相漢，垂三十年，始封於魏，故爲太祖。晉以宣王輔魏室有功，立爲高祖，以景帝始封於晉，故爲太祖。宋氏先世，官閥卑微，雖追崇帝號，劉裕自爲高祖。南齊高帝之父，位至右將軍，生無封爵，不得爲太祖，高帝自爲太祖。梁武帝父順之，佐祐齊室，封侯，位至領軍、丹陽尹，雖不受封於梁，亦爲太祖。陳武帝父文贊，生無名位，以武帝功，梁室贈侍中，封義興公，及武帝即位，亦追爲太祖。周閔帝以父泰相西魏，經營王業，始封於周，故爲太祖。隋文帝父忠，輔周室有大功，始封於隋，故有太祖。唐祖神堯祖父虎，爲周上柱國，隋代追封唐公，故爲太祖。唐末，梁室朱氏有帝位，變四廟。朱公先世無名位，雖追冊四廟，不立太祖，朱公自爲太祖。此則前代追册太祖不出親廟之成例也。王者祖有功而宗有德。漢、魏之制，非有功德不得立爲祖宗。殷、周受命，以稷、契有大功於唐、虞之際，故追尊爲太祖。自秦、漢之後，其禮不然，雖祖有功，乃須親廟。今亦粗言往例，以取證明：秦稱造父之後，不以造父爲始祖。漢稱唐堯、劉累之後，不以堯、累爲始祖。魏稱曹參之後，不以參爲始祖。晉稱趙將司馬卬之後，不以卬爲始祖。宋稱漢楚元王之後，不以元王爲始祖。齊、梁皆稱蕭何之後，不以何爲始祖。陳稱太丘長陳寔之後，不以寔爲始祖。元魏稱李陵之後，不以陵爲始祖。後周稱神農之後，不以神農爲始祖。隋稱楊震之後，不以震爲始祖。唐稱皋陶、老子之後，不以皋陶、老子爲始祖。唯唐高宗皇帝，則天武后臨朝，革唐稱周，更立七廟，仍追册周文王姬昌爲始祖，此當時附麗之徒不諳故實。武立姬廟，乖越以來，曲臺之人，到今嗤誚。臣遠觀秦、漢下，洎周、隋，禮樂衣冠，聲名文物，未有如唐室之盛也。武德議廟之初，英才間出，溫、魏、顏、虞通今古，封、蕭、薛、杜達禮儀，制度憲章，必有師法。夫追先祖之儀，起於周代。據《史記》及《禮經》云：武王纘太王、王季、文王之緒，一戎衣而有天下，尊爲天子，宗廟享之。周公成文、武之德，追王太王、王季，祀先公以天子之禮。又曰：郊祀后稷以配天。據此言之，周武雖祀七世，追爲王號者，但四世而已。故自東漢已來，有國之初，多從四廟，從周制也。況殷因夏禮，漢習秦儀，無勞博訪之文，宜約已成之制。請依隋、唐有國之初，創立四廟，推四世之中名位高者爲太祖。謹議以聞。'敕：'宜令尚書省集百官，將前議狀與張昭遠所陳，速再與奪聞奏者。'又奏曰：臣等今月十三日再於尚書省集百官詳議。夫王者祖武宗文，郊天祀地，故有追崇之典，以申配饗之儀。切詳太常禮院議狀，準立七廟、四廟，即並通其理，其他所論，並皆勿取。七廟者，按《禮記·王制》云：'天子七廟，三昭三穆，與太祖之廟而七。'鄭玄注云：'此周制也。'詳其禮經，即是周家七廟之定數。四廟者，謂高、曾、祖、禰四世也。按《周本紀》及《禮記大傳》皆云：武王即位，追王太王、王季、文王，以后稷爲堯稷官，故追尊爲太祖。此即周武王初有天下追尊四廟之明文也。故自漢、魏已降，迄於周、隋，創業之君，追謚不過四世，約周制也。此禮行之已久，事在不疑。今參詳都省前議狀，請立四廟外，別引始祖，取裁未爲定議。續準敕，據御史中丞張昭遠奏，請創立四廟之外，無別封始祖之文。備引古今，細詳沿革，合前王之茂典，是歷代之通規。況國家禮樂刑名，皆約唐典，宗廟之制，須據舊章。請依唐朝追尊獻祖宣皇帝、懿祖先皇帝、太祖景皇帝、代祖元皇帝故事，追尊四廟爲定。臣等考詳典禮，上奉聖明，雖共竭於懇誠，實倍慚於淺近。"從之。

（宋）王欽若等編纂：《册府元龜》卷五九四《掌禮部》

（天福二年）五月，太常卿梁文矩奏："奉敕旨，定四廟謚號、廟號、陵號者。伏以四代祖朔州使君府君，自天所祐，應時而生，肇啓靈源，始基鴻業。謹案謚法，寬容平和曰安。臨事屢斷，撫俗多方，有明達之能，無屈撓之事，豈不謂之寬容平和乎？又靖者，柔德教衆之義也；又義者，行義不失者也。請備神主，追尊謚曰孝安皇帝，廟號靖祖，陵號義陵。三代祖右省常侍府君，動靜有常，夙夜匪懈，憂人若己，視民如傷。謹案謚法，一德不懈曰簡。富且不驕，貴而好禮，有典有則，無怠無荒，豈不謂一德不懈乎？又肅者，剛德克就之義；惠者，寬裕不苛者也。請備神主，追尊謚曰孝簡皇帝，廟號肅祖，陵號惠陵。皇祖振武僕射府君，淳德不雜，素風自高，得安邊靜塞之機，有阜俗濟民之術。謹案謚法，執事有制曰平。積善積德，允武允文，動不爲身，行唯濟物，豈不謂執事有制乎？又翼者，思慮深遠之義；又康者，安樂撫民者也。請備神主，追尊謚曰孝平皇帝，廟號翼祖，陵號康陵。皇考洺州太傅府君，天資睿德，神贊沈機，臨戎則有敵必摧，撫恤則無民不悦。謹案謚法，主善行德曰元。盡善盡美，乃神乃聖，功焕龍圖，慶流鳳扆，豈不謂主善行德乎？又憲者，博聞多能之義；昭者，明德有功者也。請備神主，追尊謚曰孝元皇帝，廟號憲祖，陵號昭陵。"敕："所定翼祖，宜改爲睿祖，昭陵改爲昌陵，餘並敬依。"又太常少卿裴坦奏："奉敕定四廟皇后，追尊謚議者。伏惟四代祖妣秦氏，積行芝蘭，含貞閨壼。徽猷令問，厥彰内則之賢；懿静柔明，綽有禮閑之節。諒非餘慶，何啓昌期。謹案謚法，宣慈惠和曰元。請追尊謚曰孝安元皇后。
伏惟三代祖妣安定太君安氏，門稱盛族，代謂良家，修德行而義冠稽
天，蘊柔明而風昭齊體，若非淑惠，寧協休徵。謹案謚法曰，貴賢尚義
曰恭。請追尊謚曰孝簡恭皇后。伏惟皇祖妣高平縣太君米氏，令惠
生知，賢才天稟，四德早聞於親戚，一齊仍著於閨庭。淑問常彰，貞柔
自固。謹案謚法，向惠德義曰獻，請追尊謚曰孝平獻皇后。皇妣南陽
郡太夫人何氏，族惟華貴，德乃寬冲，禮諧義聽之文，詩協和鳴之咏，
履大迹而鍾慶，祔神龍而克祥。固有靈符，來弘景祚。謹案謚法，温
柔聖善曰懿，請追尊謚曰孝元懿皇后。"敕："敬典禮。"

（宋）王欽若等編纂：《册府元龜》卷三一《帝王部》

（天福二年）五月，湖南馬希範奏："青草等四廟各乞進封。"敕：
青草廟安流侯，宜進封廣利公；洞庭廟利涉侯，進封靈濟公；磊石廟昭
靈侯，進封威顯公；黃陵二妃廟舊封懿節廟，改封昭烈廟。

（宋）王欽若等編纂：《册府元龜》卷三四《帝王部》

晉高祖天福二年六月壬午朔，宗正卿石光贊奏："昔周武王奄有
天下，過商容之閭，必式見比干之墓，即封蓋褒賞賢良，尊崇忠義。伏
惟皇帝陛下顯膺天命，開創洪圖，解網行仁，救時順勖，樂業不知於帝
力，悦隨但聽於山呼，盛德難名，太平可待。臣伏見滎陽道左石君廟，
本前大中大夫石奮之廟。奮有子四人，各二千石禄。漢高祖曰：'人
臣尊寵。畢集其門。'故號萬石君。德行懿純，備列前書。唐大中十
三年，鄭州司馬石貫稱裔孫刊石廟庭，備紀其事。伏遇皇帝行幸浚
郊，經過滎水，展義已聞於岐路，覃恩宜布於幽明。其萬石君廟，伏乞
俯弘霈澤，特賜崇封，俾光遠祖之徽猷，益茂我朝之盛典。"有旨待續
施行。石光贊爲太子賓客，光贊少爲儒，飽於游宦，後唐時歷諸藩從事。晉高祖
即位，自滑州節度判官擢爲宗正卿。少時，嘗有占者云："子晚歲當因姓氏爲美
官。"果如其言。晉氏本出回鶻，來自金山府明矣。如後魏、後周，奄有天下，非
以生於中土則爲貴焉。始見太常禮官定石慶爲始祖。又光贊嘗以史傳苗裔，纂

成玉牒,編次以獻高祖。其間有晉、魏已前官至拾遺、補闕者,聞者知其寡學。

(宋)王欽若等編纂:《册府元龜》卷六二一《卿監部》

(天福二年)七月壬申,帝御崇元殿,備禮命使,册四廟於洛京,以四代祖朔州府君爲孝安皇帝,廟號靖祖;以高祖妣秦氏爲孝安元皇后。以曾祖右省常侍府君爲孝簡皇帝,廟號肅祖;以曾祖妣安定郡太君安氏爲孝簡恭皇后。以太王父振武僕射府君爲孝平皇帝,廟號睿祖;以皇祖妣高平縣太君米氏爲孝平獻皇后。以皇考洛州太傅府君爲孝元皇帝,廟號憲祖;皇妣南陽郡太夫人何氏爲孝元懿皇后。

(宋)王欽若等編纂:《册府元龜》卷三一《帝王部》

(天福二年)八月,詔曰:"負固者天地不容,爲逆者人神共怒,永惟躬饗,實有感通。昨出師之時,將帥虔禱,頗聞陰祐,成此戰功。唐衛國公宜封靈顯王,其餘鄭州並汜水管内神祠,宜令長吏差官點簡,如有隳損處,便委量事修葺,貴申嚴飾,以合陰功。五嶽承天,四瀆紀地,自正當陽之位,未伸望秩之儀,宜令差官遍往告祭,兼下逐州府量事修崇。所有近廟山林,仍宜禁斷樵牧。"

(宋)王欽若等編纂:《册府元龜》卷三四《帝王部》

(天福二年)十月丙戌,命使祠五嶽四瀆。

(宋)王欽若等編纂:《册府元龜》卷三四《帝王部》

(天福二年)十一月,二王後、太子右贊善大夫、襲酅國楊延壽父大理評事鄴,贈太子中舍。

(宋)王欽若等編纂:《册府元龜》卷一七三《帝王部》

晉高祖天福二年,中書門下奏:"皇帝到京,未立宗廟,所司請立高祖以下四親廟。其始祖一廟,未敢輕議,令都省百官集議。"御史中丞張昭議曰:"臣讀十四代史書,見二千年故事,觀諸家宗廟都無始祖之稱，唯殷、周二代以稷、契爲太祖。《禮記》曰：'天子七廟，三昭、三穆，與太祖之廟而七。'鄭玄注云：'此周制也。七者，太祖后稷及文王、武王與四親廟。'又曰：'殷人六廟，契及成湯與二昭、二穆也。夏后氏立五廟，不立太祖，唯禹與二昭、二穆而已。'據《王制》鄭玄所釋，即殷、周以稷、契爲太祖，夏后氏無太祖，亦無追諡之廟。自殷、周已來，時更十代，皆於親廟之中，以有功者爲太祖，無追崇始祖之例。具引今古，即恐詞繁，事要證明，須陳梗概。漢以高祖父太上皇無社稷功，不立廟號，高帝自爲高祖。魏以曹公相漢，垂三十年，始封於魏，故爲太祖。晉以宣王輔魏有功，立爲高祖，以景帝始封於晉，故爲太祖。宋氏先世，官閥卑微，雖追崇帝號，劉裕自爲高祖。南齊高帝之父，位至右將軍，生無封爵，不復爲太祖，高帝自爲太祖。梁武帝父順之，佐佑齊室，封侯，位至領軍、丹陽尹，雖不受封於梁，亦爲太祖。陳武帝父文贊，生無名位，以武帝有功梁室，贈侍中，封義興公，及武帝即位，亦追爲太祖。周閔帝以父泰相西魏，經營王業，始封於周，故爲太祖。隋文帝輔周室有大功，始封於隋，故爲太祖。唐高祖神堯祖父虎爲周八柱國，隋代追封唐公，故爲太祖。唐末梁室朱氏有帝位，亦立四廟，朱氏先世無名位，雖追册四廟，不立太祖，朱公自爲太祖。此則前代追册太祖不出親廟之成例也。王者祖有功而宗有德，漢、魏之制，非有功德不得立爲祖宗，殷、周受命，以稷、契有大功於唐、虞之際，故追尊爲太祖。自秦、漢之後，其禮不然，雖祖有功，仍須親廟。今亦粗言往例，以取證明。秦稱造父之後，不以造父爲始祖。漢稱唐堯、劉累之後，不以堯、累爲始祖。魏稱曹參之後，不以參爲始祖。晉稱趙將司馬卬之後，不以卬爲始祖。宋稱漢楚元王之後，不以元王爲始祖。齊、梁皆稱蕭何之後，不以蕭何爲始祖。陳稱太邱長陳寔之後，不以寔爲始祖。元魏稱李陵之後，不以陵爲始祖。後周稱神農之後，不以神農爲始祖。隋稱楊震之後，不以震爲始祖。唐稱皋陶、老子之後，不以皋陶、老子爲始祖。唯唐高宗則天武后臨朝，革唐稱周，便立七廟，仍追册周文王姬昌爲始祖，此蓋當時附麗之徒不諳故實，武立姬廟，乖越已甚，曲臺之人，到今嗤誚。臣遠觀秦、漢，下至周、隋，禮樂衣冠，聲明文物，未有如唐室之盛。武德議廟之初，英才間出，如溫、魏、顏、虞通今古，封、蕭、薛、杜達禮儀，制度憲章，必有師法。夫追先王、先母之儀，起於周代，據《史記》及禮經云：‘武王纘太王、王季，文王之緒，一戎衣而有天下，尊爲天子，宗廟享之。周公成文、武之德，追王太王、王季，祀先公以天子之禮’。又曰：‘郊祀后稷以配天。’據此言之，周武雖祀七世，追爲王號者，但四世而已。故自東漢以來，有國之初，多崇四廟，從周制也。況殷因夏禮，漢習秦儀，無勞博訪之文，宜約已成之制。請依隋、唐有國之初，創立四廟，推四世之中名位高者爲太祖。謹議以聞。”敕：“宜令尚書省集議聞奏。”乃仿唐朝舊例，追尊四廟。

（元）馬端臨：《文獻通考》卷九三《宗廟考三》

（天福）三年二月辛丑，中書奏：“《禮經》云：‘禮不諱嫌名，二名不偏諱。’注云：‘嫌名，謂音相近，若禹與雨、丘與區也。二名不偏諱，謂孔子之母名徵在，言在不稱徵，言徵不稱在。’此古禮也。唐太宗二名並諱，玄宗二名亦同，人姓與國諱音聲相近是嫌名者，亦改姓氏，與古禮有異。廟諱平聲字，即不諱餘三聲；諱側聲，不諱平聲字。所諱字正文及偏旁闕點畫，望依令式施行。”敕：“朝廷之制，今古相沿，道在人弘，禮非天降。況以方開曆數，虔奉祖宗，雖喻孔子之文，未爽周公之訓。冀崇孝行，永載簡編。取爲二名及嫌名，事宜依唐禮施行。”乃付所司。五月丁巳，敕：“應諸州縣名犯廟諱等，相南管内資興縣。本州名犯肅祖孝簡皇帝廟諱，宜改爲敦州。州管縣名與州名同，改爲敦化縣；義縣上一字亦與本州名同，改爲敦和縣、武岡縣。本州名與憲祖孝元皇帝廟諱上一字音同，宜改爲敏州；州管陽縣上一字與州名同，改爲敏政縣；嶺南晉興縣。本州名與孝元皇帝廟諱下一字音同，改爲鍼州；建州管武縣上一字亦與憲祖孝皇帝廟諱上一字音同，改爲昭武縣。其已前州府縣上中下仍準舊制爲定。”

（宋）王欽若等編纂：《册府元龜》卷三一《帝王部》

（天福）三年二月，中書門下奏：“按《禮》：‘不諱嫌名，二名不偏諱。’注云：‘嫌名，謂音聲相近，若禹與雨、丘與區也。二名不偏諱，孔子之母名徵在，言在不言徵，言徵不言在。’此古禮也。唐太宗、玄宗二名皆諱。人姓與國諱音聲相近，是嫌名者，亦改姓氏，與古禮有異。廟諱平聲字，則不諱側聲。若諱側聲字，即不諱平聲。所諱字正文及偏旁，皆闕點畫。望令依令式施行。”敕：“朝廷之制，今古相沿，道在人弘，禮非天降。況以方關曆數，虔奉祖宗，雖逾孔子之文，未爽周公之訓，冀崇孝行，永載簡編。所爲二名及嫌名事，宜依唐朝行。”

（宋）王欽若等編纂：《册府元龜》卷五九四《掌禮部》

晉高祖天福三年三月，詔巡幸汴州。中書奏：“車駕經過河南府、河陽、鄭州、汴州管界，所有帝王陵廟，車駕經過日，以酒醴祭告。”從之。

（宋）王欽若等編纂：《册府元龜》卷一七四《帝王部》

（天福三年）四月，詳定院奏太常博士段顒進封事云：“臣竊見洛京四面所有祠祭諸壇等，自近年以來，相次官員祭告，不住芟薙掃除，漸似低平，久虧增飾。今乞下太常寺牒河南、洛陽兩縣，應有管係壇所，方以農務未興之時，各勒逐近，量差三十人功，添補修泥，須及元格尺寸高闊。其齋宮慮有經費，遽難修營，稍候秋登，亦望條理。自然百靈允集，萬福攸歸。臣等參詳，大凡祀祭，事在敬恭，惟於齋壇，最宜崇飾。”從之。

（宋）王欽若等編纂：《册府元龜》卷五九四《掌禮部》

晉天福三年六月，中書門下奏：“准敕制皇帝受命寶。今按唐貞觀十六年，太宗文皇帝刻之玄璽，白玉爲螭首，其文曰‘皇帝景命，有德者昌’。敕：“宜以‘受天明命，惟德允昌’爲文，刻之。”

（元）馬端臨：《文獻通考》卷一一五《王禮考十》

（天福三年）十一月，河陽侯益奏：“伏自收復氾水關日，以逆賊張從賓於莊宗舊蓋亭子上與官軍鬥敵，臣以爲莊皇曆數雖謝，精爽猶存，願靜妖氛，特立祠廟，果應虔禱，尋獲關防。臣欲排此瓦木，往就修營。”從之。

（宋）王欽若等編纂：《册府元龜》卷一七四《帝王部》

（天福）四年六月，司天臺奏：“七月一日，太陽有虧，缺於北，極於東，復於南，未盈而没。太常禮官詳舊制：日有變，天子素服避殿，太史以所司救日於社。陳五兵、五鼓、麾，東戟，南矛，西弩，北盾，中央置鼓，服從其位。百職廢務，素服守司，重列於庭，每等異位，嚮日而立，明復而罷。今所司法物，咸不能具。去歲正旦，日有蝕之，唯謹藏兵仗，皇帝避正殿尚素食，百官守司而已。中書奏欲行近禮。”從之。

（宋）王欽若等編纂：《册府元龜》卷五九四《掌禮部》

（天福四年）八月乙巳，中書奏：“太常禮院定來歲長安公主出降儀，太僕寺供厭翟二馬車，殿中省備團方偏扇各十六、行障三、坐障二、傘一、大扇一、團大扇二。今車障傘扇，是同光年皇后法物，欲雅飾互使。厭翟之車，後以四馬，權去二馬用之。”詔從其議。

（宋）王欽若等編纂：《册府元龜》卷五九四《掌禮部》

（天福）四年九月癸未，敕：“周受龍圖，立夏、殷之祀；唐膺鳳曆，開酇、介之封。歷代相沿，百王不易。朕顯符景運，肇啓丕基，乃睠前朝，載稽舊典，宜開土宇，俾奉宗祧，用推繼絶之仁，以示惟新之德。宜以郇國三千户封唐許王李從益爲郇國公，奉唐之祀，服色旌旗，一依舊制。以西京至德宫爲廟，牲帛器服，悉從官給。”

（宋）王欽若等編纂：《册府元龜》卷一七三《帝王部》

（天福）四年十一月乙亥，太常禮官議立唐廟，按武德故事，祀隋之三帝,請立近朝莊宗、明宗、閔帝三代,庶合前規。詔曰:"德莫盛於繼絕,禮莫大於敬先。莊宗立興復之功,明宗垂光大之業,逮乎閔帝,實纂本枝,然則丕緒洪源,皆尊唐氏。繼周者,須崇后稷;嗣漢者,必奉高皇。將啓嚴祠,當從茂典。宜立高祖、太宗及莊宗、明宗、閔帝五廟。"

(宋)王欽若等編纂:《册府元龜》卷一七四《帝王部》

(天福四年)十一月,禮官奉詔,約《開元禮》,重定正冬朝會,其略曰:"《開元禮》,三品以上昇殿,群臣在庭。竊以九品分官,隨時有異,或以卑高定分,或以清濁爲資,積習是常,造次難議。請沿近禮,依内宴列坐。《開元禮》,稱賀之後,皇帝戴通天冠,服絳紗袍,百官朝服以侍坐,解劍履於樂懸之西北。竊以開元舊制,長安廣庭,故可以究皇儀而展帝容,陳百辟而贊群後。今京邑新造,殿廡未更,若用前規,慮爲隘狹。議請皇帝冠烏紗巾,服赭黄袍,百寮具公服。伺朝堂弘敞,即舉舊儀。二舞鼓吹熊羆之案,工師樂器等事,由久廢,無次頗甚,歲月之間,未可補備。請且設九部之樂,權用教坊伶人。"詔曰:"三品之官,尚書方得昇殿。其餘所議,宜悉從之。"

(宋)王欽若等編纂:《册府元龜》卷五九四《掌禮部》

(天福四年十一月)是月,太常禮院奏:"唐廟制度,請以至德宮正殿隔爲五室,室三分之,南去地四尺,以石爲埳中容二主。廟之南一屋三門,門戟二十四。東西一屋一門,門無榮戟。四仲之祭,一羊一豕,如其中祠,幣帛牲牢之類,光禄主之。祠祝之文,不進不署,神厨之具,鴻臚督之。五帝五后,凡十主,未遷者六,未立者四,未謚者三。高祖、太宗與其後,暨莊宗,凡六主,在清化里之寢宮。祭前一日,以殿中傘扇二十,迎置新廟,以行饗禮。閔帝、莊宗、明宗二後及魯國孔夫人神主四座,請修制祔廟,及三後請定謚法。"從之。

(宋)王欽若等編纂:《册府元龜》卷五九四《掌禮部》

後晉高祖天福四年,始詔定朝會樂章、二舞,鼓吹十二。案:太常禮院奏:"正、至,王公上壽,皇帝舉酒,奏《玄同》之樂。飲訖,殿中監受虛爵,群臣就坐,再拜受酒,皇帝三飲,皆奏《文同》之樂。上舉食,文舞奏《昭德》之舞,武舞奏《成功》之舞。三飲訖,虛爵復於坫,侍中奏禮畢,群臣再拜,奏《大同》蕤賓之鐘。皇帝降坐,百僚旅退其月,又奏:'宮懸歌舞未全,請雜用九部雅東,教坊法曲。'從之。"

晉天福四年八月,司天監馬重績奏《調元曆》二十一卷,《崇文目》二十卷。三年重績言:宣明氣朔正而星度不驗崇,五星得而歲差一日二時,相參然後符合。自前世諸曆皆起天正十一月爲歲首,用太古甲子爲上元。臣創爲新法,以唐天寶十四載乙未爲上元雨水,正月中氣爲氣首。詔趙仁錡等考核,仁錡言:明年庚子正月朔,考之皆合,詔行之。和歲序。行之五年,輒差遂不用。周廣順中,國子博士王處訥私撰《明元曆》《崇文目》一卷,民間又有《萬分曆》一卷,蜀有《永昌》二卷、《正象曆》一卷,南唐有《齊政曆》十九卷。世宗即位,端明殿學士王朴通曆數,乃詔朴撰定。與司天少監王處訥撰,在顯德二年。顯德三年八月戊辰,朴上奏曰:天道之動當以數知之。聖人受命必治曆數,包萬象以爲法,齊七政以立元,測圭箭以候氣,審胐朒以定朔,明九道以步月,校遲速以推星。考黄道之斜,正辨天勢之昇降。赤道者,天之紘帶也。其勢圜而平,記宿度之常數焉。黄道者,日軌也,其半在赤道外,去極二十四度。當與赤道近,則其勢斜。當與赤道遠,則其勢直當斜,則日行宜遲。當直則日行宜速。故二分前後加其度二,至前後減其度九。道者,月軌也。其半在黄道內,半在黄道外,遠極六度。出黄道謂之正,交入黄道謂之中。交若正,交在秋分之宿中,交在春分之宿,則比黄道益斜。若正交在春分之宿中,交在秋分之宿,則比黄道反直。若正交中交在二至之宿,則其勢差斜。故校去二至二分遠近,以考斜正乃得加減之數,謹以《步月》《步日》《步星》《步發斂》爲四篇,合爲《曆經》一卷舊史亡其《步發斂》一篇,在者三篇,劉羲叟求得其本經,然後大備。曆一十卷,草三卷《崇文目》十五卷。顯德三年,《七政細行曆》一卷以爲《欽天曆》世宗親制序,詔來歲行之。按《調元》起唐天寶十四載乙未爲上元，用正月雨水爲氣首。蓋仿曹士蒍《小曆》之舊，失之矣。《欽天》於朔分之，下立小分，謂之秒説者，謂前代諸曆，朔餘未有秒者？若可用秒，何待求日法以齊朔分也？劉羲叟謂：朴能自爲一家朔望，正二曜協交防密晷漏實五緯齊。然不能宏深簡易而徑急，是取至其所長，聖人不能廢也。王朴傳：顯德二年詔朴校定大曆，乃削去近世符天流俗不經之學。設通經統三法以歲軌離交朔望，周變率策之，數步日月五星爲《欽天曆》。《崇文目》：《七曜符天曆》一卷，《符天人元曆》三卷，《符天九曜通元立成法》二卷，《符天行宮》一卷，《晁氏志合元萬分曆》一卷。

（宋）王應麟：《玉海》卷一〇《律曆》

（天福）五年正月庚寅，以二王後、前太子右贊善大夫、襲封鄼國公、食邑三千户楊延壽爲太子左諭德；三恪後、汝州襄城縣令、襲介國公宇文頡加食邑三千户。

（宋）王欽若等編纂：《册府元龜》卷一七三《帝王部》

（天福）五年二月乙巳，御史中丞竇貞固奏：“國忌日，宰臣跪爐焚香，僧人表贊孝思，述祖先違世之事，而文武百辟儼然列坐。竊惟禮非天降，酌在人情，今古通規，君親至敬。對佛像行香之日，實帝王不樂之辰。豈有聽烈祖之舊勛，悉安所坐？聞明君之至德，曾不暫興！考《經》，雖謂其相承；度《禮》深疑其有失。欲請跪爐仍舊，餘依常位立班。”詔可其言，仍令行香之後飯僧百人，永爲定制。

（宋）王欽若等編纂：《册府元龜》卷三一《帝王部》

（天福五年）二月，太常禮院奏：“長安公主以三月出降，按唐德宗朝禮儀使顔真卿議，婚用駙馬，在禮無文。《周禮》諸侯以璋聘女，《禮》云‘玉以比德’。今請駙馬加以璋，郡主之婿加玄纁，以代用馬，函書之禮，出自近代，事無正經，請廢之勿用。”詔曰：“納采之時，主人再拜，使者不答。雖《開元禮》具載其儀，宜令答拜。仍令鄭王重貴主其婚禮，其婚禮中外不賀。餘依太常禮院所奏。”

（宋）王欽若等編纂：《册府元龜》卷五九四《掌禮部》

（天福）五年正月，宰臣馮道奏：“宰臣朝見辭謝，在朝堂橫街之南，及至餘官，即悉於崇元門内，此蓋事因偶爾，習以爲常。又入閣禮畢之時，群官退於門外，定班如初，俟宣放仗，唯翰林學士、前任郡守等不隨百辟，即時直出。惟此二者，禮僭序失，乞改正。”敕：“官爵之班，即分高下，見謝之位，豈有異同。宜立通規，以爲定制。今後宰臣、使相朝見辭謝，並於崇元門外，與諸官崇行異位，一時列拜，假滿橫行，即從舊例。又入閣之儀，其翰林學士、前任郡守等，今後入閣，宜依百官班例，不得先出。”

（宋）王欽若等編纂：《册府元龜》卷五九四《掌禮部》

（天福）五年八月，詳定院奏：“先奉詔：‘正冬二節，朝會舊儀，廢於亂離之時，興自和平之代。將期備物，全繫用心，須議擇人，同爲定制。其正冬朝會禮節、樂章、二舞行列等事宜，差太常卿崔梲、御史中丞竇貞固、刑部侍郎吕琦、禮部侍郎張允，與太常寺官一一詳定。禮從新意，道在舊章，庶知治世之和，漸見移風之善。’今衆官檢討典禮，具述制度。按《禮》云：‘天子以德爲車，以樂爲御。’‘大樂與天地同和，大禮與天地同節。’又曰：‘安上治人，莫善於禮；移風易俗，莫善於樂。’故《樂書》議舞曰：‘夫樂在耳曰聲，在目曰容。’聲應乎耳，可以聽知；容藏於心，難以貌睹。故聖人假干戚羽旄以表其容，發揚蹈屬以見其意。聲和合，則大樂備矣。又按《義鏡》問鼓吹十二案合於何所？答云：《周禮》鼓人掌六鼓四金，漢朝乃有黃門鼓吹。崔豹《古今注》云：因張騫使西域，得《摩訶兜勒》一曲，李延年增之，分爲二十八曲。梁置鼓吹清商令二人。唐又有棡鼓、金鉦、大鼓、長鳴、歌簫、笳、笛，合爲鼓吹十二按，大享會則設於懸外。此乃是設二舞及鼓吹十二按之由也。今議一從令式，排列教習。文舞郎六十四人，分爲八佾，每八佾人。左手執籥。《禮》云：‘葦籥，伊耆氏之樂也。’《周禮》有籥師，教國子。《爾雅》曰：‘籥如笛，三孔而短，大者七孔，謂之籈。’歷代以來，文舞所用，凡用籥六十有四。右手執翟，《周禮》所謂羽舞也。《書》云：‘舞干羽於兩階。’翟，山雉羽，分析連攢而爲之。二人執纛前引，數於舞人之外。舞人冠進賢冠，服黃紗袍，白紗中單，白領褾，白練襈襦，白布大口褲，革帶，烏皮履，白布襪。武舞郎六十四人，分爲八佾。左手執干。干，楯也，今之防牌，所以翳身也。其色赤，中畫獸形，故謂之朱干。《周禮》所謂兵舞，取其武象。周楯六十有四。右手執戚。戚，斧也，上飾以玉，故謂之玉戚。二人執旌前引，旌似旗而小，絳色，畫昇龍。二人執鼗鼓，二人執鐸。《周禮》有四金之奏，其三曰金鐸，以通鼓，形如大鈴，仰而振之。金錞二，每錞二人舉之，一人奏之。《周禮》四金之奏，一曰金錞，以和鼓，銅鑄爲之，其色玄，其形圓，若椎，上大下小，高三尺六寸有六分，圓二尺四寸，上有伏虎之狀，旁有耳，獸形銜環。二人執鐃以次之。《周禮》四金之奏，二曰金鐃，以止鼓，如鈴無舌，搖柄以鳴之。二人掌相在左。《禮》云：‘理亂以相。’制如小鼓，用皮爲表，實之以糠，撫之以節樂。二人掌雅在右。《禮》云：‘訊疾以雅。’以木爲之，狀如漆角而捲口，大二圍，長五尺六寸，以羖皮鞔之，旁有二紐，髹畫，賓醉而出，以器築地，明行不失節。武舞人服弁，手尚幘，金支緋絲布大袖，緋絲竹布褠襦，甲金飾，白練襈襦，錦騰蛇起梁帶，豹文大口布褲，烏皮靴。工人二十，數於舞人之外。武弁朱褠，革帶，烏皮履，白練襈襦，白布韈。殿庭仍如鼓吹十二按。《義鏡》云：‘帝設氈按，以氈爲床也。’今請制大床，容九人，振作歌樂，其床爲熊羆貙豹騰倚之狀以承之，象百獸率舞之意。分置於建鼓之外，各三按，每按羽葆鼓一，大鼓一，金錞一，歌二人，簫二人，笳二人。十二按，樂工一百有八人，舞助一百三十有二人，取年十五已上，弱冠已下，容止端正者。其歌曲名號、樂章詞句，中書條奏，差官修撰。”從之。

（宋）王欽若等編纂：《冊府元龜》卷五七〇《掌禮部》

（天福五年五月）是月，御史中丞竇貞固奏：“每遇國忌行香，宰臣跪爐，僧人表贊，文武百官儼然列坐。今後復請宰臣跪爐，百官依常位立班。"從之。仍令行香之後齋僧一百人，永爲定制。

（宋）王欽若等編纂：《册府元龜》卷五九四《掌禮部》

（天福）六年正月戊寅，詔曰："全晉奧區，興王重鎮，唐叔之英靈未泯，臺駘之古廟猶存。朕頃在并門，長承陰助，永言正直，宜用封崇。唐叔虞宜封興安王，臺駘宜封昌寧公。"又詔曰："岳鎮司方，海瀆紀地，載諸祀典，咸福蒸民，將保豐穰，宜申虔敬，俾加崇飾，以奉神明。其岳鎮海瀆廟宇等，宜令各修葺，仍禁樵采。"

（宋）王欽若等編纂：《册府元龜》卷三四《帝王部》

（天福）六年二月，以三恪後、汝州襄城縣令、襲封介國公、食邑三千户宇文頡爲太子率更令。

（宋）王欽若等編纂：《册府元龜》卷一七三《帝王部》

（天福）七年二月，敕唐州湖陽縣蓼山神祠，宜賜名爲蓼山顯聖之神，仍下本州修葺廟宇。元襄州安從進作逆，舉軍北來，東京教坊使、充南面先鋒、都監陳思讓進軍南行，與從進相遇，接蓼山列陣。俗以蓼與了字同音，遂傳爲不祥，後祈戰勝，奏立廟額。從進既敗，行營都部署高行周以狀奏，聞因有是敕。

（宋）王欽若等編纂：《册府元龜》卷三四《帝王部》

少帝以天福七年六月即位，上高祖尊謚曰聖文章武孝皇帝。十月，中書奏："太常禮院狀申：高祖十二月二十日祔饗於太廟，禮畢，合定逐年四季郊壇配坐。準禮例，逐年勘造祠祭晝日及編附令式。伏請奏聞宣下者：靖祖孝安皇帝配冬至，祀昊天上帝；夏至祭皇地祇。肅祖孝簡皇帝配上辛，祀昊天上帝；孟冬祭神州地祇。睿祖孝平皇帝配孟夏雩，祀昊天上帝。憲祖孝元皇帝配季秋大饗，祀昊天上帝。以前天福二年七月敕配座。伏緣高祖祔廟，請憲祖配孟，冬祭神州地祇；高祖配季秋大饗，祀昊天上帝。"從之。

（宋）王欽若等編纂：《冊府元龜》卷三一《帝王部》

少帝以天福七年即位。是年，太常禮院奏："國朝見饗四廟，靖祖、肅祖、睿祖、憲祖。今高祖將行升祔。按《會要》，唐武德元年立四廟於長安，至貞觀九年，有司詳議廟制，以高祖神堯皇帝神主並舊四室祔廟。今高祖神主，請同唐高祖神主升祔。"從之。

（宋）王欽若等編纂：《冊府元龜》卷五九四《掌禮部》

少帝以天福七年六月即位，十月，封襄州利市廟爲順正王。

（宋）王欽若等編纂：《冊府元龜》卷三四《帝王部》

（天福七年）十一月，敕："天地宗廟社稷及諸祠祭等，訪聞自前所司承管，多不精潔。宜令三司豫支一年諸司合請祠祭禮料物色等，於太廟置庫，仍差宗正丞石載仁專主掌，監察御史宋彥昇監庫，兼差供奉官陳審璘往洛京，於太廟內穩便處擘畫，修庫屋五間候奉。修畢，催促所支禮料物色，監送到庫，交付宋彥昇、石載仁，並同點檢。入庫交付訖，供奉官陳審璘賫交，領文狀歸闕。每有祠祭，諸司各請禮料。至時委監庫御史宋彥昇、宗正丞石載仁旋給付逐司。其大祠、中祠兼令監察使點檢饌造，一一須得精潔，如或更致慢易，本司當準格律科罪。其祭服祭器未有者修制，已有者更仰雅飾。"

（宋）王欽若等編纂：《冊府元龜》卷三四《帝王部》

（天福）八年二月，以寒食節，帝幸南莊，遙奠顯陵，焚御衣，衣著紙錢。至暮還宮。

（宋）王欽若等編纂：《冊府元龜》卷三一《帝王部》

晉高祖天福初詔："國朝文物制度，起居入閣，宜依唐明宗朝事例施行。"臣欽若等曰:《五代禮志》所述五禮,皆沿前代,無所改易,故不編録。

(宋)王欽若等編纂:《册府元龜》卷五六四《掌禮部》

晉開運元年十一月,尚書吏部侍郎張昭遠奏:"文武常參官日於正衙立班,閣門使宣'不坐'後,百僚俱拜。舊制唯押班宰相、押樓御史、通事舍人,各緣提舉贊揚,所以不隨庶官俱拜。自唐天成末,議者不悉朝儀,遽違舊典,遂令押班之職,一例折腰,此則深忽禮文,殊乖故實。且宰相居庶僚之首,御史持百職之綱,嚴肅禁庭,糾繩班列,慮於拜揖之際,或爽進退之宜,於是凝立静觀,檢其去就。若令旅拜旅揖,實恐非儀。況事要酌中,恭須近禮。人臣愛主,不在於斯。其通事舍人,職司贊道,比者兩班進退,皆相其儀,今則在文班、武班之前,居一品、二品之上,端笏齊拜,禮實未聞。其押班宰相、押樓御史、通事舍人,並請依天成三年已前禮例施行。"殿中侍御史賈玄珪奏:"除押樓御史、通事舍人,請依張昭遠奏,其宰臣押班,請依舊設拜。"從之。

(元)馬端臨:《文獻通考》卷一〇七《王禮考二》

開運二年正月,宗正卿石光贊上言:"園陵宗廟,請依古義,時節薦新。"從之。

(宋)王欽若等編纂:《册府元龜》卷三一《帝王部》

開運二年二月,右補闕盧夐奏曰:"臣聞國之大事,在祀與戎。祀則必盡其誠,戎則不加無罪。伏見以時祭嶽瀆,皆是本道觀察使親賫御降祝文,祠所行禮。唯中岳頃自故河南尹張全義年德俱高,遂請少尹或上廳賓席攝祭,近歲多差文參府掾,習以爲常。不唯有瀆於靈只,兼慮漸隳於祀典。臣欲請河南尹却於華州、兗州、定州、孟州觀察使例,親行獻禮,仍令本縣令讀祝文者。"敕曰:"盧夐請河南尹親及廟貌,冀表精虔。在禱祝山川,誠爲重事。且浩穰都邑,豈可闕人?今後祭中岳,宜令河南少尹往彼行禮。"

(宋)王欽若等編纂:《册府元龜》卷五九四《掌禮部》

開運二年，太常丞劉涣上表曰："伏以古今所重，禮樂爲先。禮者，安上治民；樂者，祭天祀地。禮樂和則陰陽順，陰陽順則災禍銷。故《禮》云：'天下大定，然後正六律，和五聲。'又云：'功成作樂，治定制禮。'乃知禮不可不興，樂不可不正。臣伏自忝昇禮寺，竊見全少樂工，或冬正御殿，或郊廟陳儀，則旋差京府衙前樂官權充。每差到，雖曾按習，且臨時未免生疏，兼又各業胡部音聲，不閑太常歌曲。有期參雜，慮失恭虔。伏乞聖慈，宣下所司，量支請給據數，見闕樂師添召，便令在寺舊人依古制教習，並須精研。方可備於宮懸，稱爲樂府，薦於天地，和其神人，使八音以克諧，期百獸而率舞。冀獲昭感，永福生靈。"敕："宜令太常寺除見管兩京雅樂節級樂官四十人外，更添六十人，内三十八人宜抽教坊貼部樂官兼充，餘二十二人宜令本寺招召，充填教習。仍令三司定支春、冬衣及月糧聞奏。其舊管四十人，亦令量支添請給。"其年，中書舍人陶穀奏曰："臣前任太常少卿，伏見本寺見管二舞郎，皆坊市大户、州縣居民，若不盡免差徭，無緣投名鼓舞。竊以制禮作樂，國家大事，非造次可爲也。古者，百獸率舞，鳳凰來儀，非他也，樂之至和所致。今宮懸之内，有琴、瑟、簫、竽之屬，豈惟樂器不堪，兼且樂工不曉，每至御殿，但執之而已。樂既無聲，舞將奚用，非擊石拊石手舞足蹈之義也。進作象功之事，且僅厚誣；退思治世之音，不應如是。方今戎車尚駕，武備猶嚴，士農工商，咸供力役，獨此舞者，無所取裁。況正殿會朝，已久停罷，其見管見數等，每有身亡，皆是旋填補，既不曾教習，但虛免差徭。伏乞聖明，且議停廢。俟三邊寧静，五稼豐登，然後集會禮官，參酌故事。先調律吕，俾無恣濊之音；次授干旄，盡去婆娑之態。庶於昭代，不爽中和。"敕曰："樂工且令教習，舞郎權且停廢。"議者曰："高祖以雅樂久隳而興之，嗣主以舞人爲病而輟之，降神和人，其制既亡，羊亡禮廢，於義何在？教習可也，寢停非也。

（宋）王欽若等編纂：《册府元龜》卷五七〇《掌禮部》

（開運）三年六月，西京留司監察使奏："以祠祭所定行事官，臨日多遇疾病,或奉詔赴闕,留司稟敕已遲。乞以留司吏部郎中一人主判,有闕便依次第定名,庶無闕事。"從之。

(宋)王欽若等編纂:《册府元龜》卷五九四《掌禮部》

《晉史》曰:高祖令制誥之辭不得虛飾冗長,必須陳其實行,以正王言。

(宋)李昉:《太平御覽》卷五九三《文部九·誥》

晉高祖弟曹州防禦使暉卒,中書奏:"天子爲五服之内親本服周者,三朝,哭而止。"帝俯而從之,輟視朝三日。

(宋)王欽若等編纂:《册府元龜》卷四七《帝王部》

晉高祖崩,葬顯陵,在洛京壽安縣。六月十三日崩,十一月十日葬。

漢高祖崩,葬睿陵,在洛京都城縣。正月二十七日崩,十一月二十七日葬。

隱帝崩,葬潁陵,在許州陽翟縣。十一月二十一日崩,周廣順元年八月十二日葬。

(元)馬端臨:《文獻通考》卷一二五《王禮考二十》

冬十月辛酉朔,詔太常寺,自今大朝會復用二舞。先是,晉天福末,中原多故,禮樂之器浸以淪廢。上始命判太常寺和峴講求修復之,别造宫懸三十六虡設於庭,登歌兩架設於殿上,又置鼓吹十二案,及舞人所執旌纛、干戚、鑰翟等與其服,皆如舊制云。

(宋)李燾:《續資治通鑒長編》卷七,太祖乾德四年(966)

漢高祖即位,稱天福十二年,是年閏七月,追立六廟,制定太廟六室奠獻樂章舞名。吏部侍郎、權判太常卿張昭議曰:"臣聞先王作樂崇德,所以殷薦上帝,嚴配祖宗。是明《大夏》、《雲門》,本匪自娱而至;《空桑》、《雷鼓》,爰因孝享而興。自邃古以來,施於郊廟,至我太祖高皇帝始定天下，詔叔孫通定禮樂，通始爲廟樂，有降神、納俎、登歌、薦裸等曲。孝景皇帝以高皇帝有創業大功，及神主祔廟，帝親奠獻，乃作《武德》之舞，以歌咏高帝之功。自是繼文之君，祔廟之時，特爲舞曲。前朝祭祀，降神用文舞，送神用武舞。其登歌入俎，又即奏十二和之樂，唯酌獻一曲，每室別立舞名。今六祖在天，四懸將奏，合陳酌獻之舞，仰咏積累之功。臣實蒭蕘，不置鐘律，獲備擬倫之職，敢竭愚鄙之誠。恭以太祖皇帝創業垂統，翼子貽孫，洪爲藝祖神宗，平揖放勛、文命。按孝景皇帝詔曰：‘祖有功而宗有德，制禮作樂，各有其由。歌者所以發德，舞者所以明功。高廟酌獻，可奏《武德》之舞。’太祖高皇帝室酌獻，請依舊奏《武德》之舞，歌用無射宮調。世祖光武皇帝力攘大憝，再造丕基，軒臺未泯於餘威，衢室仍歌於盛德。按東平王蒼奏議曰：‘漢制，宗廟樂名皆不相襲，以明功德。光武皇帝受命中興，撥亂返正，武暢方外，震服百蠻，功德巍巍，比隆前代。夫歌以咏德，舞以象功，世祖廟樂宜曰《大武》之舞，時有制可之。今世祖光武皇帝廟室酌獻，請依舊奏《大武》之舞，歌用黃鐘宮調。恭以文祖明元皇帝濬發遙源，肇興洪業，再啓斬蛇之運，諒繄吞燕之祥，因斯勤斯，至矣美矣。遺德已喧於弦誦，展誠復播於聲詩。文祖明元皇帝室酌獻，請奏《靈長》之舞，歌用黃鐘宮調。恭以德祖恭僖皇帝若木分暉，春山寫潤，家門忠厚，早彰墟革之仁，邦族顧瞻，共仰籬桑之末。即時遍咏，猶在管弦，虔奉几筵，宜光綴兆。德祖恭僖皇帝室酌獻，請奏《即善》之舞，歌用黃鐘宮調。恭以翼祖昭獻皇帝胙土開家，分圭戀寵，贊豪改觀，咸驚白水之圖書，曆數將歸，共指黃星之分野，業勤昧旦，義感殊鄰。魯戈之却日如存，幽籥之舊風安在。式崇明祀，用廣德音。翼祖昭獻皇帝室酌獻，請奏《顯仁》之舞，歌用太簇宮調。恭以顯祖章聖皇帝當璧象賢，藏符繼業，借累葉之繁祉，構興邦之永圖。道濟纘隆，恩深顧復，既只見於天地，將對越於靈只，式咏休勛，茂昭玄貺。顯祖章聖皇帝室酌獻，請奏《章慶》之舞，歌用姑洗宮調。”

（宋）王欽若等編纂：《冊府元龜》卷五七〇《掌禮部》

漢高祖即位，稱天福十二年。是年，太常博士段顒奏曰："伏以宗廟之制，歷代爲難，須按禮經，旁求故實。又緣禮貴隨時，損益不定。今參詳歷代故事，立高、曾、祖、禰四廟，更上追遠祖光武皇帝爲始祖百代不遷之廟，居東向之位，共爲五廟，庶符往例，又合禮經。"詔尚書省集百官詳議。吏部尚書竇貞固等議曰："按《禮記·王制》云：'天子七廟，諸侯五廟，大夫三廟。'疏云：'周制七廟者，太祖及文王、武王之祧，與親廟四。太祖，后稷也。'又云：'天子七廟，皆據周也。有其人則七，無其人則五。'至於光武中興，及歷代多立六廟或四廟。蓋建國之始，未盈七廟之數。又按《郊祀録》王肅云：'德厚者流澤廣，天子可以事六代之義也。'今欲請立高祖以下四親廟。又自古聖王，祖有功，宗有德，即於四親廟之外，祖功宗德，不拘定數。今除四親廟外，更請上追高皇帝、光武皇帝，共六廟。"從之。

（宋）王欽若等編纂：《冊府元龜》卷五九四《掌禮部》

漢高祖初即位，追尊太祖高皇帝、世祖光武皇帝爲不祧廟。以親廟高祖司徒府君諱上謚曰明元皇帝，廟號文祖；高祖母隴西郡夫人李氏謚曰明貞皇后。曾祖太保府君諱上謚曰恭僖皇帝，廟號德祖；曾祖母虢國太夫人楊氏謚曰恭惠皇后。烈祖太傅府君諱上謚曰昭獻皇帝，廟號翼祖；烈祖母曾國太夫人李氏謚曰昭穆皇后。烈考太師府君諱上謚曰章聖皇帝，廟號顯祖；烈妣吳國太夫人安氏謚曰章懿皇后。

（宋）王欽若等編纂：《冊府元龜》卷三一《帝王部》

漢高祖初即位，追尊太祖高皇帝、世祖光武皇帝爲不祧廟。以親廟高祖司徒府君諱上謚曰明元皇帝，廟號文祖；高祖母隴西郡夫人李氏謚曰明貞皇后。曾祖太保府君諱上謚曰恭僖皇帝，廟號德祖；曾祖母虢國太夫人楊氏謚曰恭惠皇后。烈祖太傅府君諱上謚曰昭獻皇帝，廟號翼祖；烈祖母曾國太夫人李氏謚曰昭穆皇后。烈考太師府君諱上謚曰章聖皇帝，廟號顯祖；烈妣吳國太夫人安氏謚曰章懿皇后。

（宋）王欽若等編纂：《冊府元龜》卷三一《帝王部》

天福十二年，時漢高祖已即位，尚仍天福之號。太常博士段顗
奏：“請立高、曾、祖、禰四廟，更上追遠祖光武皇帝爲百代不遷之廟，
居東向之位。”吏部尚書竇正固等議：“古者，四親廟之外，祖功宗德不
拘定數。今除四親廟外，更請追尊高皇帝、光武皇帝，共立六廟。”
從之。

按：後唐、晉、漢皆出於夷狄者也，莊宗、明宗既捨其祖而祖唐之
祖矣，及敬塘、知遠崛起而登帝位，俱欲以華胄自詭，故於四親之外，
必求所謂始祖者而祖之。張昭之言，議正而詞偉矣。至漢初，則段
顗、竇正固之徒，曲爲諂附，乃至上祖高、光，以爲六廟。然史所載出
自沙陀部之説，固不可掩也，竟何益哉？

（元）馬端臨：《文獻通考》卷九三《宗廟考三》

乾祐元年正月，吏部奏：“鄧州臨湍縣下一字犯文祖明元皇帝廟
諱。”敕改爲臨瀨縣，仍付所司。

（宋）王欽若等編纂：《册府元龜》卷三一《帝王部》

漢高祖乾祐元年正月，詔曰：“天下名山大川聖帝明王、忠臣烈士
祠廟墳墓。委所在量加修葺。”又詔曰：“恭惟列祖園陵，諸聖祠廟，桑
田變海，當時之弓劍猶存；精爽在天，終古之威靈不泯。載惟追感，誠
切永懷。其雍州、西京及諸州府，應有諸帝陵廟，仰所在修奉，務令
完葺。”

（宋）王欽若等編纂：《册府元龜》卷一七四《帝王部》

隱帝以乾祐元年二月即位，上高祖尊謚曰睿文聖武昭肅孝皇帝。

（宋）王欽若等編纂：《册府元龜》卷三一《帝王部》

漢隱帝即位，詔唐、晉兩朝，求訪子孫，立爲二王後。

（宋）王欽若等編纂：《册府元龜》卷一七三《帝王部》

隱帝乾祐元年六月，太常禮院奏：“准天福十二年六月中敕，追尊六廟，當司尋各牒所司，請排比法物，修制册寶，並袞龍服、通天冠、絳紗袍、鎮圭等，所司修制，並無次第者，伏緣當司勘造逐年。四季祠祭畫日内，正月上辛祈穀，四月孟夏雩祭及夏至，九月季秋大享明堂，十一月冬至，皆祀昊天上帝，夏至祀皇地祇，十月孟冬神州地祇，皆以祀前二日準禮例奏告太廟，一室配座，並四孟月及臘饗於太廟。伏以國之大事，在祀與戎。畫日無配座之儀，宗廟闕薦饗之禮。今詳典墳，有虧禮敬。伏乞再下所司，申請修制。”從之。

（宋）王欽若等編纂：《册府元龜》卷五九四《掌禮部》

（乾祐元年）九月，高祖神主將昇祔太廟，有司奏議：“文祖明元皇帝室神主，祧之置於夾室，祫享即出之。”

（宋）王欽若等編纂：《册府元龜》卷五九四《掌禮部》

（乾祐元年）十二月，奉六廟神主於洛陽，命宰臣蘇禹珪使副，太府卿劉皞册焉。

（宋）王欽若等編纂：《册府元龜》卷三一《帝王部》

隱帝乾祐二年，敕：“我國家肇基豐沛，膺籙并汾，蓋承積德之靈，再享配天之業；四百年之洪緒，一千載之遺風。乃祖陵園，先時廟貌，屬累朝之隔越，諒如在之因循；將明追孝之心，當盡奉先之敬。天下州府，應有兩漢諸帝王陵園廟宇，宜令所屬長吏檢討，量加修飾。其陵園側近，禁止芻牧樵采。”時劉皞爲宗正卿，謂宰相曰：“國家稱漢，廟有高祖、世祖室。而兩都陵園，諸國王子墳墓，并合略加檢飾，以光聖運也。”雖下此敕，並無檢行。

（宋）王欽若等編纂：《册府元龜》卷一七四《帝王部》

（乾祐）二年，兵部員外郎盧瓊上言：“恭以高祖皇帝驅除戎虜，救解倒懸，德被生民，功高邁古。請依西漢祖宗故事，於三京陝府許宋等州舊邸,立別廟塑像,以時禋祀,以表遺愛。"從之。

(宋)王欽若等編纂:《冊府元龜》卷三一《帝王部》

(乾祐)二年,司封郎中裴巽上言:"國家郊廟社稷,百神祀祭,皆在洛陽。臣每見差官行事諸神壇埠,多無齋宿之所,以三公之職衣冠於旅舍田家,狼籍凶穢,無所不有,恐非精誠蠲潔展敬之道也。臣請下河南府,於京城四郊聊葺屋宇,充齋宿神廚之所。"從之。

(宋)王欽若等編纂:《冊府元龜》卷五九四《掌禮部》

漢隱帝乾祐三年八月,以蒙州城隍神爲靈感王,從湖南請也。時海賊攻州城,州人禱於神,城得不陷,故有是請。希廣又言:"永州有杏將軍祠,郡人水旱,祈禱有應,乞賜封崇。"敕宜賜太保。

(宋)王欽若等編纂:《冊府元龜》卷三四《帝王部》

(乾祐)三年,河南府京兆尹言:"差官檢校高祖長陵、世祖原陵高下步數,言並無祠廟。初,國家議立宗廟,議官不詳舊事,乃以前漢高祖、後漢光武係六廟,乃修緣廟寶冊。太常卿謂臣曰,高祖、世祖寶冊,已在陵內,不勞復製,但告之而已。爲興言所惑,竟爲之。"宗正卿上言:"諸帝陵園,所司時享,須有寢殿祠官。今高祖、世祖二陵,並無祠祭之所,請各下本處,令於陵側粗修齋宮,以當寢廟。"下所司計度。所司引唐朝奉陵故事,所費鉅萬,遂寢其事,以至國亡,二祖之陵不沾一奠。

(宋)王欽若等編纂:《冊府元龜》卷五九四《掌禮部》

周太祖廣順元年正月即位,制曰:"國之大事,在祠爲先,苟不潔蠲,深爲瀆慢。如聞自前祠祭牢饌,頗虧肅敬,今後委監察御史嚴加覺察,必須豐潔,庶達精誠,稍或不恭,國有常典。"

(宋)王欽若等編纂:《冊府元龜》卷三四《帝王部》

周太祖廣順元年正月五日,制以晉、漢之裔爲二王後,委中書門下處分。

(宋)王欽若等編纂:《册府元龜》卷一七三《帝王部》

周太祖廣順元年正月,制曰:"近代帝王,所在陵寢,合禁樵采,俾奉神靈。唐莊宗、明宗、晉高祖各置守陵十户,以近陵人户,充漢高祖皇帝陵置職員及守宫人。時月薦享、並守陵人户等,一切如故。仍以晉、漢之裔爲二王後,委中書門下處分。"是月,宗正寺上言:"唐晉兩廟,四仲行享禮,今準赦書以晉漢之裔爲二王後,其唐五廟合廢。"從之。

(宋)王欽若等編纂:《册府元龜》卷一七四《帝王部》

(廣順元年正月)是月,宗正寺言:"漢朝諸陵,二仲差官朝拜,今鼎命歸周,不合管繫。伏準赦書睿陵宫人職員,時日薦享如舊,二仲合差官朝拜。"敕:"睿陵如舊,餘準令式處分。"

(宋)王欽若等編纂:《册府元龜》卷一七四《帝王部》

周太祖廣順元年正月,中書門下奏:"太常禮院議合立太廟室數,若守文繼體,則魏晉有七廟之文,若創業開基,則隋唐有四廟之議。聖朝請依近禮,追諡四廟。伏恐所議未同,請下百官集議。"從之。

(宋)王欽若等編纂:《册府元龜》卷五九四《掌禮部》

周太祖廣順元年二月癸丑寒食節,帝出玄化門,至蒲池設御幄,遥拜諸陵,用家人之禮也。

(宋)王欽若等編纂:《册府元龜》卷三一《帝王部》

(廣順元年)二月,中書門下以太常禮院言,準敕遷漢廟入昇平宫,其唐晉兩朝,皆五廟遷移。今漢七廟,未審總移,只移五廟。敕:"宜依前敕,並移於昇平宫。其法物、神厨、齋院、祭器、祭物、饌料,皆依中祠例,用少牢。光禄等寺給其讀文,太祝及奉禮郎、太常寺差仲享,以漢宗子爲三獻。"從之。

（宋）王欽若等編纂：《册府元龜》卷一七四《帝王部》

（廣順元年）二月,太子太傅和凝等議："恭以肇啓洪圖,惟新黃屋。左宗廟而右社稷,率由舊章;崇祖禰而辨尊卑,載於前史。雖文質互變,義趣各殊,式觀損益之規,咸繫興隆之始。伏惟皇帝陛下體元立極,本義祖仁,開變家成國之基,尊奉先思孝之道,言爲軌範,動合典墳,超百代之哲王,總一時之盛業。據禮議立四親廟,允叶前文。"從之。

（宋）王欽若等編纂：《册府元龜》卷五九四《掌禮部》

（廣順元年）四月,中書門下奏："太常禮院申,七月一日皇帝御崇元殿,命使奉册四廟。以舊儀,服衮冕即座,太尉引册案入,皇帝降座,引立於御座前南向,中書令奉册案進,皇帝擂珪捧授册使,使跪受,轉授舁册官,其進寶授寶儀如册案。恭以興王之始,稽古爲先,四方見尊祖之心,萬代傳敬親之道。臣等參詳,至時請皇帝降階。"從之。

（宋）王欽若等編纂：《册府元龜》卷五九四《掌禮部》

（廣順元年）五月辛未,太常卿邊蔚上追尊四廟謚議:皇高祖諱璟,請上尊謚曰睿和皇帝,廟號信祖,陵曰溫陵;皇高祖妣夫人張氏請上尊謚曰睿恭皇后。皇曾祖太保諱諶,請上尊謚曰明憲,皇帝廟號僖祖,陵曰齊陵;皇曾祖妣鄭國夫人申氏請上尊謚曰明孝皇后。皇祖太傅諱蘊,請上尊謚曰翼順,皇帝廟號義祖,陵曰節陵;皇祖妣陳國夫人韓氏請上尊謚曰翼敬皇后。聖考太師諱簡,請上尊謚曰章肅,皇帝廟號慶祖,陵曰欽陵;聖妣燕國夫人王氏請上尊謚曰章德皇后。又內出忌辰:信祖四月七日,睿恭皇后十月二十七日,僖祖十二月七日,明孝皇后正月十二日,義祖五月元日,翼敬皇后十一月十四日。其三祖忌辰,皇帝不視事,宰臣百官赴佛寺行香。慶祖九月十四日,章德皇后三月十八日忌辰,皇帝不視事一日,宰臣百官西上閤門進名奉慰,後赴佛寺行香。敕:"敬依典禮。"

(宋)王欽若等編纂:《册府元龜》卷三一《帝王部》

　　周太祖廣順元年五月丙子,太常卿邊蔚上太廟四室奠獻舞詞表曰:"臣聞禮莫尊於明祀,孝莫重於奉先。歷觀哲王,必嚴清廟。所以二篇可用,陳於義《易》之中;百世不遷,著在周《詩》之內。既修祀典,爰奏樂章。忨懘之音,不可以致來格;蹁躚之貌,不可以達至誠。是宜詳按舊規,發揚新號,庶正動容之列,永符觀德之文。自西漢之初,詔叔孫通重定禮樂,始有廟樂及降祖、納俎、登歌、薦祼等曲。迨至唐朝,降神用文舞,送神用武舞,其餘即奏十二和之樂,每室酌獻一曲,則別立舞名。降及前朝,亦詢此制。今者,將新郊廟,嚴配祖宗,合更率舞之名,仰咏累功之盛。恭惟信祖睿和皇帝,天輔其德,嶽降其神。源發昆丘,九曲遐通於溟渤;日騰陽谷,四方咸仰於貞明。大志克伸,嘉猷永播,肇屬登三之運,爰尊得一之名。蒸嘗既達於孝誠,綴兆難從於舊式。信祖睿和皇帝室酌獻,請奏《肅雍》之舞。恭惟僖祖明憲皇帝,茂著王公,善修世德。龍蟠大澤,動施雷雨之恩;鳳舞高岡,上絕雲霓之勢。爰符廣運,式薦鴻名。豆邊方備於祭儀,干戚須陳於舞位。僖祖明憲皇帝室酌獻,請奏《章德》之舞。恭惟義祖冀順皇帝,善馭英豪,允兼文武。雄心莫測,吞七澤於胸中;戎略素深,運三宮於掌內。蓋有貽孫之慶,遂資啓帝之祥。遺音廣備於咏歌,盛禮克昭於禋祀。義祖翼順皇帝室酌獻,請奏《善慶》之舞。恭惟慶祖章肅皇帝,英華發外,清明在躬。龍德終潛,莫契飛天之義;龜書不出,孰爲受命之符。大功昔啓於霸圖,景命今鍾於聖緒。遂正居尊之號,以伸念始之情。仍舉象功,更符章德。慶祖章肅皇帝室酌獻,請奏《觀成》之舞。"

(宋)王欽若等編纂:《册府元龜》卷五七〇《掌禮部》

　　(廣順元年)七月癸酉,太廟册禮使馮道等至西京廟,每室讀寶册,行祔饗之禮,從西第一室信祖睿和皇帝,睿恭皇后張氏祔饗;第二僖祖明憲皇帝,明孝皇后申氏祔饗;第三義祖翼順皇帝,翼敬皇后韓氏祔饗;第四慶祖章肅皇帝,章德皇后王氏祔饗。宰臣百官進名奉慰。辛酉,帝被衮冕,御崇元殿,授四廟四室寶册於册禮使、中書令馮道等。是日,侍中進册,中書令進寶,太祖降階授之于使,悽然感慟。

(宋)王欽若等編纂:《册府元龜》卷三一《帝王部》

(廣順元年)八月庚子,賜册太廟使及行事官彩帛銀器有差。

(宋)王欽若等編纂:《册府元龜》卷三一《帝王部》

(廣順元年)其年十月,以李重玉爲右監門衛將軍。重玉,明宗之孫也。父從璟,莊宗末遇害,至太祖授重玉官秩,令主祭,念諸孤恤王者之後也。

(宋)王欽若等編纂:《册府元龜》卷一七三《帝王部》

(廣順元年)十月,禮儀使言:"奉迎太廟社稷神主到東宮日,未審皇帝親出郊外迎奉否? 當使,比無禮例故實檢詳。請三省官集議。"敕:"宜令尚書省四品以上,中書、門下兩省五品以上同參議聞奏。"時議者以人君謁廟有時,又祭服行事,若迎郊謁見,難行饗獻之禮,常服又恐非宜,是以集議。及兩省集議,司徒竇貞固、司空蘇禹珪主議。或言:"吳主孫休即位,迎其祖父於吳郡,入祔太廟,休前一日出城野次,明日常服奉迎,此其例也。禮酌人情,假令齋車載主以從行,未必皆須祭服行事,迎之宜也。"司徒竇貞固等獻議曰:"陛下方只見於祖宗,展孝思於迎奉,酌人情而制禮,迎廟主以爲宜。臣等未見舊章,止依情理,以車駕出城爲是。其迎奉之儀,請下禮儀使酌量草定。"從之。禮儀使言:"來年正月一日,皇帝有事於南郊,合祭天地於圓丘。準禮,以祖廟配祭。依祠令,以高祖睿和皇帝配。"敕:"敬依典禮。"

(宋)王欽若等編纂:《册府元龜》卷五九四《掌禮部》

（廣順元年）十一月，敕：“唐明宗五廟，在至德宮安置。其徽陵上下宮所管土田、舍宇，宜令新除右監門衛將軍李重玉爲主；其徽陵下宮及至德宮，緣廟合留物外，宜令内養劉延韜於金銀器物數内，量事給李重玉遷葬。故淑妃王氏及許王外，餘並付李重玉並尼惠能、惠燈、惠嚴等，令重玉以時祀陵廟，務在豐潔。”重玉，即故皇城使李從璨之子，明宗之孫也。

（宋）王欽若等編纂：《册府元龜》卷一七四《帝王部》

周太祖廣順元年，有司議立四親廟。從之。

（元）馬端臨：《文獻通考》卷九三《宗廟考三》

（廣順）二年三月丁巳寒食節，太祖幸城南園，申遥奠之敬，用家人之禮也。

（宋）王欽若等編纂：《册府元龜》卷三一《帝王部》

（廣順）二年五月，親征兗州，遣樞密院直學士陳觀祭堯廟，翰林學士竇儀祭東嶽廟。

（宋）王欽若等編纂：《册府元龜》卷三四《帝王部》

（廣順二年）十二月，南郊大禮，使中書令馮道自西京奉太廟神主至，群臣班於西御園之東，帝郊迎，望輿再拜。有司相禮廟主，就行廟幄親行奠饗。禮畢，帝移蹕太廟門，俟神輿至，再拜，百官陪位皆再拜。宮闈令奉神主於四室，帝設奠，行祔饗。禮畢還宮。

（宋）王欽若等編纂：《册府元龜》卷三一《帝王部》

周廣順三年二月，内司制國寶兩坐。詔太常具制度以聞。有司奏：“按《唐六典》，符寶郎掌天子八寶，其一曰神寶，其二曰受命寶。其神寶方六寸，高四寸六分，厚一寸七分，蟠龍鈕文，與傳國寶同。傳國寶，秦始皇帝以藍田玉刻之，李斯篆文，方四寸，面文曰‘受命於天，既壽永昌'。鈕蟠五龍。二寶歷代相傳，以爲神器。又別有六寶：一曰皇帝行璽，二曰皇帝之璽，三曰皇帝信璽，四曰天子行璽，五曰天子之璽，六曰天子信璽。此六寶因文爲名，並白玉螭、虎鈕。歷代相傳，亡則補之。北朝鑄之以金。至則天朝，以'璽'字涉嫌，改爲寶。貞觀十六年，別制玄璽一坐，其文曰'皇天景命，有德者昌'。白玉螭，虎鈕。同光中，制寶一坐，文曰"皇帝受命之寶"。晉天福四年，制寶一坐，文曰'皇帝神寶'。其同光、天福二寶，內司製造，不見鈕象並尺寸制度。敕："今製國寶兩坐，宜用白玉，方六寸，螭虎鈕。"詔馮道書寶文，其一以"皇帝承天受命之寶"爲文，其一以"皇帝神寶"爲文。

按：傳國寶，自秦始皇后，歷代傳授，至唐末帝自燔之際，以寶隨身焚焉。晉高祖受命，特製寶一座。開運末，北戎犯闕，少帝遣其子延煦送於戎主。戎主訝其非真，少帝上表具述其事。及戎主北歸，賫以入蕃。漢朝二帝，未暇別制，至是始刻之。

（元）馬端臨：《文獻通考》卷一一五《王禮考十》

（廣順）三年二月，內司製國寶兩坐。詔太常具制度以聞。有司言："《唐六典》，符寶郎掌天子八寶，其一曰神寶，其二曰受命寶。其神寶方六寸，高四寸六分，厚一寸七分，蟠龍紐，文與傳國璽同。傳國寶，秦皇以藍田玉刻之，李斯篆，方四寸，面文曰'受命於天，既壽永昌'，紐盤五龍。二寶歷代相傳，以爲神器。別有六寶，一曰皇帝行璽，二曰皇帝之璽，三曰皇帝信璽，四曰天子行璽，五曰天子之璽，六曰天子信璽。此六寶因文爲名，並白玉螭虎紐，歷代相傳，或亡失，則補之。北朝鑄之以金，至則天太后，以璽字涉嫌，改之爲寶。八寶，唐代符寶郎典之。貞觀十六年，別製玄璽一坐，其文曰'皇天景命，有德者昌'，白玉螭虎紐。同光中，制寶一坐，文曰'皇天受命之寶'。天福四年，制寶一坐，文曰'皇帝神寶'。其同光、天福二寶，內司製造，不見紐象分寸制度。"敕："今製國寶兩坐，宜用白玉，方四寸，螭虎紐。其一宜以'皇帝承天受命之寶'爲文，其一宜以'皇帝神寶'爲文。命中書令馮道書寶。"史臣曰:"國以玉璽爲傳授神器,邃古無聞。"《運斗樞》曰:"舜爲天子,黃龍負璽。"《世本》曰:"魯昭公始作璽。"秦兼七國,稱皇帝,李斯取藍田之玉,玉工孫壽刻之,方四寸,斯爲大篆書,文之形制爲魚龍鳳鳥之狀,希世之至寶也。秦亡,子嬰以璽降於軹道,漢高祖得之,與斬白蛇劍,世世傳寶之。王莽之篡,使王舜求璽於元后,后怒,投之於階,一角微缺。莽誅,公孫賓以璽送更始。劉玄敗,以授盆子。及熊耳之敗,盆子以璽降光武。漢末,黃門亂,張讓投璽於井。孫堅討董卓入洛,見井有五色氣,乃杅得之,持歸以授袁術。術敗,荊州刺史徐璆得之,詣許授獻帝。漢禪魏,文帝得之。魏禪晉,武帝得之。劉聰陷洛陽,得之。聰死,歸劉曜,曜爲石勒所擒,璽歸於鄴。石季龍傳冉閔,閔敗,東晉濮陽太守戴施入鄴,得之,送江東,授穆帝。晉禪宋,劉裕得之。宋禪齊,蕭道成得之。齊禪梁,蕭衍得之。臺城之陷,侯景得之。景敗,其將侯子鑒欲以璽走江北,爲追兵所迫,乃投於栖霞寺井中,寺僧永杅得,匿之。陳永定三年,永弟子普智以璽上陳文帝。隋平陳,隨叔寶入長安,隋之始得秦真傳國寶。煬帝在江都,宇文化及篡逆,以璽北度,至韋縣,爲寶建德所敗,寶入建德。建德擒於武牢,其妻曹氏以寶獻唐高祖。本傳:曹氏以八寶降於長安。禄山之亂,肅宗即位於靈武,上皇遣崔圓送璽於鳳翔。代宗之避狄分陝,德宗之移幸山南,皆以八寶從。黃巢之亂,僖宗再幸山南,昭宗播越石門,神器俱在。天祐四年,輝王禪位於梁,命宰臣楊涉送寶於大梁。梁亡,莊宗入汴,得之。同光末,内難作,亂兵犯蹕,寶爲火所灼,文字訛缺。明宗清泰復傳之,清泰敗,以傳國寶隨身,自焚而死,其寶遂亡失。其神寶者,方六寸,厚一寸七分,高四寸六分,蟠龍隱起,文與秦璽同,但玉色不及,形制高大耳,不知何代造。東晉孝武十九年,南雍州刺史郗恢於慕容永部得之,送於金陵。東晉末,傳於宋高祖。宋亡,入齊,蕭道成得之。齊亡,入梁,蕭衍得之。臺城之陷,侯景得之。景敗,侍中趙思齊携走江北,獻齊文宣帝。宇文氏滅齊,武帝得之,歸長安。宇文亡,入隋,文帝改號傳國璽,又改爲受命璽。開皇九年平陳,始得秦氏真傳國璽。仍以秦璽後出,得於亡陳,以北朝所傳

神璽爲第一，秦璽次之。隋亡，竇建德妻與秦璽俱獻長安，唐高祖得
之。唐末不知所在。秦初制受命寶時，別制六璽：一曰皇帝行璽，封
册諸王公用之；二曰皇帝之璽，與王公書用之；三曰皇帝信璽，諸夏發
兵用之；四曰天子行璽，封册蕃國用之；五曰天子之璽，賜蕃國書用
之；六曰天子信璽，徵蕃國兵用之。六璽皆白玉刻，螭虎紐，方一寸五
分，高二寸。傳之歷代，或有亡失，北朝鑄之以金，所謂乘輿八寶也。
太宗貞觀中，別刻玄璽。莊宗時，或引玄璽，又別刻受命寶。天福初，
晉高祖以傳國寶爲清泰所焚，特製寶一坐。開運末，契丹陷中原，張
彥澤入京城，晉主奉表，歸命於虜主，遣皇子延煦等奉國寶並命印三
面，送於虜主。其國寶即天福初所造者也。延煦等回，虜主與晉帝詔
曰："所進國寶，驗來非真傳國寶。其真寶速進來。"晉主奏曰："真傳
國寶，因清泰末僞主從珂以寶自焚，自此亡失。先帝登極之初，特製
此寶，左右臣僚備知，固不敢別有藏匿也。"漢朝二帝，未暇修制。故
太祖命有司特製此二寶焉。

（宋）王欽若等編纂：《册府元龜》卷五九四《掌禮部》

（廣順）三年三月，西京留司、太子少師楊凝式言諸祠祀之所，並
無齋宮。遣前染院使周重興監造，與留司計會具料，度事件以聞。其
太廟郊社要補葺處，仍便檢計。十月戊申，内出御劄曰："王者應運開
基，子民育物，罔不承天事地，尊祖敬宗。燔柴於泰壇，用昭乾德；瘞
玉於方澤，以答坤靈。朕受命上玄，宅心下土，時已歷於三載，漸至小
康，禮未展於二儀，深虧大典。夙宵愧畏，不敢遑寧，宜叶蓍龜，式陳
籩豆，庶展吉蠲之禮，用傾昭事之誠。朕以來年正月一日於東京有事
於南郊，宜令所司各備儀注。務從省約，無致勞煩，凡有供需並用官
物，府縣不得因便差配，諸道州府不得以進奉南郊爲名，輒有率斂。
庶俾嚴静，以奉郊禋，中外臣僚，當體予意。"

（宋）王欽若等編纂：《册府元龜》卷三四《帝王部》

志舊制乘輿六璽，又有傳國璽。唐改爲寶有八。周廣順三年二

月,始造二寶,其文曰"皇帝承天受命寶""皇帝神寶"一本云更作二寶
方六寸螭虎紐。

(宋)王應麟:《玉海》卷八四《車服》

(廣順)三年七月,太常上言:"祭禮宗廟之祀,三年一祫以孟冬,
五年一禘以孟夏。恭惟追尊四廟,經今三年,準禮合改十月孟冬薦享
爲祫。"從之。是月,命兵部侍郎邊歸讜朝拜漢睿陵、潁陵。

(宋)王欽若等編纂:《册府元龜》卷三一《帝王部》

(廣順)三年八月辛亥,敕漢睿陵、潁陵,今後宜繫鴻臚寺。

(宋)王欽若等編纂:《册府元龜》卷一七四《帝王部》

(廣順三年)八月,太常上言:"祭禮,宗廟之祀,三年一祫以孟
冬,五年一禘以孟夏,所以別尊卑,審昭穆也。四時之祭,薦其常事,
故禘祫之月則不行時饗。恭惟追尊四廟,經今三年。準禮,合改十月
孟冬薦饗爲祫,並遍祭七祠。"從之。史臣曰:禮官謬舉也。禘祫之
祭,比以祧廟之主無常饗,故有三年五年合食於太祖之禮。今太廟四
室,聯棟而承五饗,何合之有。言審昭穆者,禮:"天子七廟,三昭三
穆,與太祖之廟七",今但二昭三穆而已,無勞審也。

(宋)王欽若等編纂:《册府元龜》卷五九四《掌禮部》

(廣順三年)九月,將有事於南郊,議於東京別建太廟。時太常禮
院言:"准洛京廟室一十五間,分爲四室,兩頭有夾室,四神門,每門屋
三間,每間一門,載二十四,別有齋宮神廚屋宇。准禮,左宗廟,右社
稷,在國城內。請下所司修奉。"從之。

(宋)王欽若等編纂:《册府元龜》卷五九四《掌禮部》

(廣順三年九月)是月,南郊禮儀使奏:"郊祀所用珪璧制度,準
禮,祀上帝以蒼璧,祀地祇以璜琮,祀五帝以珪璋琥璜,其玉各依本方

正色。祀日月以珪璋,祀神州以兩珪有邸。其用璧,天以蒼色,地以黃色,配帝以白色,日月五帝各從本方之色,皆長一丈八尺。其珪璧之狀,璧圓而琮八方,珪上銳而下方,半珪曰璋,琥爲虎形,半璧曰璜,其珪璧琮璜皆長一尺二寸。四珪有邸,邸,本也,珪著於璧而四出也。日月星辰以珪璧五寸,前件珪璧雖有圖樣,而長短之説或殊。按唐開元中,玄宗詔曰:'禮神以玉,取其精潔,比來用瑉,不可行也。如或以玉難辨,寧小其制度,以取其真。'今郊廟所修珪璧,量玉大小,不必皆從古制。伏請下所司修制。"從之。

(宋)王欽若等編纂:《册府元龜》卷五九四《掌禮部》

(廣順三年九月)是月,禮儀使奏:"郊廟祝文,禮例云:'古者文字皆書於册,而有長短之差。'魏、晉郊廟祝文書於册。唐初,悉用祝板,惟陵廟用玉爲册。玄宗親祭郊廟,用玉爲册。德宗朝,博士陸淳議,准禮用祝板,祭已燔之。可其議。貞元六年親祭,又用竹册,當司准《開元禮》,並用祝板。梁朝依禮行之。至明宗郊天,又用竹册。今詳酌禮例,祝板爲宜。"從之。

(宋)王欽若等編纂:《册府元龜》卷五九四《掌禮部》

周太祖親饗廟一。廣順三年十二月二十九日。

(元)馬端臨:《文獻通考》卷九七《宗廟考七》

周太祖南郊一。顯德元年正月一。

周太祖廣順三年九月,太常禮院奏:"準敕定郊廟制度,洛陽郊壇在城南七里丙巳之地,圜丘四成,各高八尺一寸,下廣二十丈,再成廣十五丈,三成廣十丈,四成廣五丈。十有二陛,每節十二等。燎壇在泰壇之丙地,方一丈,高一丈二尺,開上南出户,方六尺。請下所司修奉。"從之。時周太祖將拜南郊,故修奉之。

(元)馬端臨:《文獻通考》卷七一《郊社考四》

顯德元年正月丙子朔,太祖親祀圓丘。

(宋)王欽若等編纂:《册府元龜》卷三四《帝王部》

世宗以顯德元年正月丙申即位,八月丁未,以風雨時若,遣官分祭群祠。

(宋)王欽若等編纂:《册府元龜》卷三四《帝王部》

世宗顯德元年正月即位,三月,上太祖尊謚曰聖神恭肅文武孝皇帝。

(宋)王欽若等編纂:《册府元龜》卷三一《帝王部》

顯德元年(正月),敕文:"前代帝王陵廟及名臣墳墓無後者,所在官吏檢校,勿令樵采耕犁。"

(宋)王欽若等編纂:《册府元龜》卷一七四《帝王部》

世宗顯德元年即位,有司上太祖廟室酌獻,奏《明德》之舞。

(宋)王欽若等編纂:《册府元龜》卷五七〇《掌禮部》

(顯德元年)六月,親征河東,回至新鄭縣,丙寅,親拜嵩陵。望陵號慟,至陵,俯伏悲泣,哀感左右。拜跪祭奠而退,賜奉陵將吏及近郊人户帛有差。

(宋)王欽若等編纂:《册府元龜》卷三一《帝王部》

周世宗顯德元年十月,太常禮院上言:"去冬遷宗社於浚都,其諸祠郊壇,奉敕依四京制度修築。伏緣司寒神元在兩京後園水井所祠祭,未審且在彼祭,爲復於此?"敕曰:"據《月令》,孟冬祭司寒於北郊。其司寒一祠,宜且準《月令》施行。藏冰開冰,祭司寒之神,事屬別祭,候有冰室,當取指揮。"時田敏以鴻儒爲太常卿,朝廷之内,禮義差失,謂可質正。而司寒小祀,不能按故實舉行,翻以水井爲請,中書止引《月令》命正之,大爲士子所笑。

(宋)王欽若等編纂:《册府元龜》卷五九六《掌禮部》

周顯德元年,詔築壇北郊,以孟冬祭司寒。其藏冰、開冰之祭,俟冰室成即行之。

(元)馬端臨:《文獻通考》卷八一《郊社考十四》

(顯德)二年七月丙子,帝謂侍臣曰:"朕聞國之大事,在祀與戎,近代以來,急於戎事,祭祀之禮,幾如墜地。且牲牢之具,簠簋之數,蓋主誠信,誠信不至,神何享焉? 今後宜令所司,各舉其職,務在豐潔。"

(宋)王欽若等編纂:《册府元龜》卷三四《帝王部》

(顯德二年)八月乙丑,詔曰:"今後諸處祠祭應有牲牢香幣饌料供具等,仰委本司官吏躬親檢校,務在精至。行事儀式,依《禮經》。大祠祭合用樂者,仍須祀前教習。凡關祀事,宜令太常博士及監察御史用心點檢,稍或因循,必行朝典。"先是,以太常禮院上言郊壇宗廟禮物多闕,故有是命。

(宋)王欽若等編纂:《册府元龜》卷三四《帝王部》

世宗顯德二年八月癸卯,兵部尚書張昭上言:"今月十二日,伏蒙宸慈召對,面奉聖旨,以每年祀祭多用太牢,念其耕稼之勤,更備犧牲之用,比諸豢養,特可愍傷,令臣尋討故事,可以他牲代否。臣仰禀綸言,退尋禮籍,三牲八簋之制,五典六樂之文,著在典彝,迭相沿襲,累經朝代,無所改更。臣聞古者燔黍捭豚,尚多質略,近則梁武面牲筍脯,不可宗師,雖好生之德則然,於奉先之義太劣。蓋禮主於信,孝本因心,黍稷非馨,鬼神饗德,不必牲牢之巨細,籩豆之方圓,苟血祀長保於宗祧,而牲俎何須於蠠粟。但以國之大事,儒者久行,易以他牢,恐未爲便。以臣愚管,其南北郊、宗廟社稷、朝日夕月等大祠，如皇帝親行事，備用三牲，如有司攝行事，則用少牢以下。雖非舊典，貴減犧牛。”是時，太常卿田敏又奏云：“臣奉聖旨爲祠祭用犢事。今太僕寺供犢，一年四季都用犢二十二頭。《唐會要》：武德九年十月九日詔：‘祭祀之意，本以爲民，窮民事神，有乖正直。殺牛不如禴祭，明德即是馨香，望古推今，民神一揆。其祭圓丘、方澤、宗廟已外，並可止用少牢者用特。待時和年豐，然後克修常禮。’又按《會要》，天寶六載正月十六日赦文：‘祭祀之典，犧牲所備，將有達於虔誠，蓋不資於廣殺。自今後每大祭祀，應用騂犢，宜令所司量減其數，仍永爲常式。其年起請以舊料每年用犢二百一十二頭，今請減一百六十三頭，止用三十九頭，餘祠饗宜並停用犢。’至上元二年九月二十一日赦文：‘國之大事，郊祀爲先，貴其至誠，不美多品。黍稷雖設，猶或非馨；牲牢空多，未爲能饗。圓丘方澤，仍依常式。宗廟諸祠，臨時獻熟。用懷明德之馨，庶合西鄰之祭。其年起請昊天上帝、太廟各太牢一，餘祭並隨事市供。’若據天寶六載，自二百一十二頭減用三十九頭；據武德九年，每年用犢十頭，圓丘、方澤一，宗廟五；據上元二年起請祇昊天上帝、太廟，又無方澤，則九頭矣。今國家用牛，比開元、天寶則不多，比武德、上元，則過其大半。按《會要》，太僕寺有牧監，掌孳課之事。乞今後太僕寺養孳課牛，其犢遇祭昊天、太廟前三月養之滌宮，取其蕩滌清潔，餘祭則不養滌宮。若臨時買牛，恐非典故。謹具奏聞。”奉敕：“祭祀尚誠，祝史貴信，非誠與信，何以事神！禴祭重於殺牛，黍稷輕於明德。犧牲之數，具載典經，前代以來，或有增損。宜采酌中之禮，且從貴少之文。起今後祭圓丘、方澤、社稷，並依舊用犢。其太廟及諸祠，宜準上元二年九月二十一日制，並不用犢。如皇帝親行事，則依常式。”

（宋）王欽若等編纂：《册府元龜》卷五九四《掌禮部》

（顯德）四年二月庚午，詔有司添修祭器法物等。先是，帝以郊廟祭器皆由所司相承製造，年代寖遠，式樣訛舛，乃令國子博士聶崇義檢閱禮書,模畫其樣以聞。至是,故有是命。

(宋)王欽若等編纂:《册府元龜》卷三四《帝王部》

(顯德)四年四月乙酉,禮官博士等準詔,議祭器祭玉制度以聞。時國子祭酒尹拙引崔靈恩《三禮義宗》云:"蒼璧所以禮天,其長十有二寸,蓋法天之十二時。"又引《江都集》《白虎通》等諸書所説云:"璧皆内方外圓。"又云:"璜琮所以禮地,其長十寸,以法地之數。其琮外方内圓,八角而有好。"國子博士聶崇義以爲璧内外皆圓,其徑九寸。又按阮氏、鄭玄圖皆云九寸,《周禮·玉人職》又有九寸之璧。及引《爾雅》云:"肉倍好,謂之璧。好倍肉,謂之瑗。肉好若一,謂之環。"郭璞注云:"好,孔也。肉,邊也。"而不載尺寸之數。崇義又引《冬官·玉人》云:"璧好三寸。"《爾雅》云:"肉倍好,謂之璧。"蓋兩邊肉各三寸,通好共九寸,則其璧九寸明矣。聶崇義又云:"璜琮八方以象地,每角各剡出一寸六分,共長八寸,厚一寸。按《周禮疏》及阮氏圖並無好。"又引《冬官·玉人》云:"琮八角而無好。"崇義又云:"琮璜珪璧,俱是禮天地之器。而《爾雅》惟言璧瑗環三者有好,其餘琮璜諸器,並不言之,則璜琮八角而無好,明矣。"時太常卿田敏已下議,以爲尹拙所説雖有所據,而崇義援引《周禮》正文,其理稍優,請從之。其諸祭品制度,亦多以崇義所議爲定。

(宋)王欽若等編纂:《册府元龜》卷五九四《掌禮部》

宋朝山川祠 ……周顯德四年後,止祭沂山其諸鎮不祭。……禮官言:顯德中祭江瀆於揚請,如故事祭於益。

(宋)王應麟:《玉海》卷一〇二《郊祭》

(顯德)五年四月,遷五廟神主入於新廟。先是,以舊太廟在天街之側,患其囂塵所及,故改創今廟。制度宏壯,不日而成。時帝征淮南,車駕在行,權東京留守王朴率留司百官奉迎神主,以安于室。

(宋)王欽若等編纂:《册府元龜》卷三一《帝王部》

（顯德五年）六月，祔於太廟。

（宋）王欽若等編纂：《冊府元龜》卷三一《帝王部》

（顯德）五年六月癸酉，祔於太廟。先是，言事者以皇家宗廟無祧廟之主，不當行祔祫之禮。國子司業兼太常博士聶崇義以爲，前代備廟累遷及追尊未毀，皆有祔祫，及引故事凡九條，以爲其證。其略曰："魏明帝以景初三年神主入廟，至五年二月祫祭，明年又祔，自茲已後，五年爲常。且魏以武帝爲太祖，至明帝始三帝而已，未有毀主，而行祔祫，其證一也。宋文帝元嘉六年，祠部定十月三日大祠，其太學博士議云：'按祔祫之禮，三年一，五年再。'宋自高祖至文帝，才亦三帝，未有毀主，而行祔祫，其證二也。梁武帝用謝廣議，三年一祫，五年一祔，謂之大祭。祔祭以夏，祫祭以冬。且梁武乃受命之君，才追尊四廟，而行祔祫。則知祭者是追養之道，以時移節變，孝子感而思親，故薦以首時，祭以仲月，間以祔祫，序以昭穆，乃禮之經也，非關宗廟備與不備，其證三也。"文多不載。至是，終從崇義之議。

（宋）王欽若等編纂：《冊府元龜》卷五九四《掌禮部》

（顯德）五年六月，命中書舍人竇儼參詳太常雅樂。十一月，翰林學士竇儼上疏，論禮樂刑政之源。其一曰："請依《唐會要》所分門類，上自五帝，迄於聖朝，凡所施爲，悉命編次，凡關禮樂，無有闕漏，名之曰《大周通禮》，禆禮院掌之。"其二曰："伏請命博通之士，上自五帝，迄於聖朝，凡樂章沿革，總次編録，係於歷代樂録之後，永爲定式，名之曰《大周正樂》，俾樂寺掌之。依文教習，務在齊肅。"詔曰："竇儼所上封章，陳備政要，舉當今之急務，疾近世之因循，器識可嘉，辭理甚當，故能立事，無愧苟官。所請編集《大周通禮》、《大周正樂》，宜依。仍令於內外職官前資前名中，選擇文學之士，同共編集，具名以聞。委儼總領其事，所須紙筆，下有司供給。"

（宋）王欽若等編纂：《冊府元龜》卷五七〇《掌禮部》

周通禮

世宗顯德五年十一月庚戌，敕竇儼集通禮。儼上言：禮者，太一之紀，品物之宗。自五帝之後，三代以來，損益因革，咸有憲章。越在唐室，程軌量、昭采物，則有《開元禮》在。紀先後明得失，則有《通典》在。錄一代之事，包五禮之儀，比類相從，討尋不紊，則有《會要》在。三者經國之大典也。梁朝之後，戎祀朝防多於市廛草定儀注，前代矛盾率多，粃稗請依《唐會要》門類。上自五帝，迄於聖朝，悉命編次。《開元禮》《通典》之書包綜於內，名曰《大周通禮》，俾禮院掌之。

（宋）王應麟：《玉海》卷六九《禮儀》

恭帝以顯德六年六月即位，八月，上世宗尊謚曰睿武孝文皇帝。

（宋）王欽若等編纂：《冊府元龜》卷三一《帝王部》

恭帝以顯德六年六月即位，有司奏世宗廟酌獻，舞《定功》之舞。

（宋）王欽若等編纂：《冊府元龜》卷五七〇《掌禮部》

開寶龍旗……顯德中，有狂僧呼於宋城曰：“不數年天下當太平矣。”俄而太祖受命，因爲天下太平旗。

（宋）王應麟：《玉海》卷八三《車服》

周太祖崩，葬嵩陵，在鄭州新鄭縣。正月十七日崩，四月十二日葬。

先時，帝屢戒晉王曰：“昔吾西征，見唐十八陵無不發掘者，此無他，惟多藏金玉故也。我死當衣以紙衣，斂以瓦棺，速營葬，勿久留宮中。壙中無用石，以甓代之。工人徒役皆和雇，勿以煩民。葬畢，募近陵民三十戶，蠲其雜徭，使之守視，勿修下宮，勿置守陵宮人，勿作石羊、虎、人、馬，惟刻石至陵前。云周天子平生好儉約，遺令用紙衣瓦棺，嗣天子不敢違也。汝或違吾，吾不福汝。”

世宗顯德元年六月，車駕征太原回，拜嵩陵，至陵所，哀泣感左右，祭奠而退，賜奉陵將吏及近郊人金帛有差。

世宗崩，葬慶陵，在鄭州管城縣。六月十九日崩，十一月一日葬。

恭帝崩，葬順陵，在慶陵之側。

（元）馬端臨：《文獻通考》卷一二五《王禮考二十》

初，周世宗命國子司業、兼太常博士洛陽聶崇義崇義，初見顯德四年。詳定郊廟器玉，崇義因取《三禮》舊圖，考正同異，別爲《新圖》二十卷，丙寅來上，詔加褒賞，仍命太子詹事汝陰尹拙集儒臣參議。拙多所駁難，崇義復引經解釋，乃悉以下工部尚書竇儀，裁處至當，然後頒行。

（宋）李燾：《續資治通鑒長編》卷二，太祖建隆二年（961）

乾德四年冬十月辛酉朔，詔太常寺自今大朝會復用二舞。先是晉天福中廢，至是始復。十一月癸巳日，南至御乾元殿受朝賀，始用雅樂。登歌禮畢，群臣詣大明殿上壽。初，周世宗顯德六年正月樞密使王朴依周法以秬黍校定尺。度長九寸虛徑三分，爲黃鍾之管黃鍾之律長九寸，物以三生三，三九，以上下相生之法推之得十二律管，乃作律準十三弦。用七聲爲均，均有七調。聲有十二均，合八十四調。張昭等議：朴采京房之準法，練梁武之通音，考鄭譯、竇常之七均，校孝孫、文收之九變。積絫黍以審其度，聽聲詩以測其情，音律和諧，不相綾越。學士竇儼編古今樂事爲正樂。皇朝受命，儼仍兼太常。建隆元年詔儼專其事。儼乃改周樂文舞《崇德》之舞爲《文德》之舞，武舞《象德》之舞爲《武功》之舞，改樂章十二順爲十二安。蓋取治世之音安以樂之義。

（宋）王應麟：《玉海》卷七《律曆》

後周王朴尺 《五代會要》：王朴依周法，以秬黍校定尺度。長九寸，虛徑三分，爲黃鐘之管。與見在黃鐘之聲相應，以上下相生之法推之，得十二律管。進所定尺所吹黃鐘管。顯德六年正月。

（宋）王應麟：《玉海》卷八《律曆》

《五代會要》：張昭等議月律有旋宮之法，備於太師之職。

（宋）王應麟：《玉海》卷六《律曆》

總歷代曆名 《五代史·曆志》薛居正修，《會要》同。“自古曆元及名自黃帝始用。”……五代梁用宣明、崇元二法，晉用調元，周用欽天，凡四十六家。景初壬辰、元嘉庚辰。

（宋）王應麟：《玉海》卷一〇《律曆》

有司請立宗廟，詔百官集議尚書省。己巳，兵部尚書濮人張昭昭，初見乾祐二年。等上奏曰：“謹按堯、舜及禹皆立五廟，蓋二昭二穆與其始祖也。有商建國，改立六廟，蓋昭穆之外，祀契與湯也。周立七廟，蓋親廟之外，祀太祖及文王、武王也。漢初立廟，悉不如禮。魏、晉始復七廟之制，江左相承不改，然七廟之中，猶虛太祖之室。隋文但立高、曾、祖、禰四廟而已。唐因隋制，立四親廟，梁氏而下，不易其法，稽古之道，斯爲折衷。伏請追尊高、曾四代號諡，崇建廟室。”制可。

（宋）李燾：《續資治通鑒長編》卷一，太祖建隆元年（960）

癸未，司徒、兼侍中范質爲南郊大禮使，翰林學士承旨、禮部尚書陶穀爲禮儀使，吏部尚書張昭爲鹵簿使，御史中丞劉溫叟爲儀仗使，皇弟開封尹光義爲橋道頓遞使。南郊五使，唐自元和以前，史籍不載。長慶後，禮儀使太常卿爲之，大禮使御史中丞爲之。哀帝時，中丞爲儀仗使，而不載大禮使。梁以河南尹爲大禮使，餘二使如故，又有儀仗、法物二使，以武將爲之。後唐以宰相爲大禮使，兵部尚書爲禮儀使，御史中丞爲儀仗使，兵部侍郎爲鹵簿使，開封尹爲頓遞使。周唯以禮儀歸太常，餘如故。今依唐制，大禮、儀仗、頓遞用宰相及臺丞、京尹，餘使則以學士及他尚書爲之，而頓遞使又增橋道之名。唐復有禮儀判官，五代有大禮副使判官、修裝法物使，今皆不置，而命內臣與諸司同修飾法物云。

（宋）李燾：《續資治通鑒長編》卷四，太祖乾德元年（963）

國初緣舊制，祭東嶽泰山於兗州，西岳華山於華州，北岳恒山於定州，中岳嵩山於河南府。於是，有司言：“祠官所奉止四岳，今按祭典，請祭南岳衡山於衡州，東鎮沂山於沂州，南鎮稽山於越州，西鎮吳山於隴州，中鎮霍山於晉州；東海於萊州，南海於廣州，西海、河瀆並於河中府，北海濟瀆並於孟州，淮瀆於唐州。其江瀆，準顯德五年敕，祭於揚州揚子江口，今請祭於成都府。北鎮醫巫閭山在營州界，未行祭享。”從之。其後望祭北鎮於定州岳祠，既而五鎮之祭復闕。此據本志，不得其時。檢《會要》，則關連四月、五月、七月，悉附見秋末。

（宋）李燾：《續資治通鑒長編》卷九，太祖開寶元年（968）

先是，上入太廟，見其所陳籩豆簠簋，問曰：“此何等物也？”左右以禮器對。上曰：“吾祖宗寧識此？”亟命撤去，進常膳如平生。既而曰：“古禮亦不可廢也。”命復設之。於是，判太常寺和峴言：“案唐天寶中享太廟，禮料外，每室加常食一牙盤。五代以來，遂廢其禮。今請如唐故事。”詔自今親享太廟，別設牙盤食，禘祫、時享皆同之。《邵氏見聞錄》云：太祖初即位，朝太廟，見其所陳籩豆簠簋，則曰：“此何等物也？”侍臣以禮器爲對。上曰：“我之祖宗寧識此？”命撤去，亟令進常膳，親享畢，顧左右曰：“却設向來禮器，俾儒士行禮。”至今太廟先進牙盤食，後行禮。康節先生曰：“太祖之於禮也，可謂達古今之宜矣。”若據本志，則牙盤食乃和峴所請，且唐故事，非太祖特行，當時峴揣知聖意，因獻此議。而《國史》所載不詳，《見聞錄》又偶不及唐故事，今並增益之。《朔記》云：上親享四室，見牲體皆用生肉，曰：“我祖考豈能食此耶？”命設牙盤食，哭而祭之。乃繫其事於乾德元年，亦誤矣。今不取。

峴又言：“乾德初，郊祀上帝，就望燎位，而燎壇稍遠，有司不聞告柴燎之聲。臣時爲禮官，職當贊道，親聞德音，令舉燭相應。案《史記·封禪書》，秦常以十月郊見，通權火，狀若桔橰，欲令光明遠照，通於祀所。望敕有司率循前制。”從之。

舊制，太廟每室用一犢，郊壇用犢十一。周顯德初，太廟四室共用一犢。乾德初，從禮儀使之請，增太廟用三，郊壇用五，羊豕如令。

是歲，復減犧數如周制。壬寅，親享太廟。

（宋）李燾：《續資治通鑑長編》卷九，太祖開寶元年（968）

丙申，合祭天地於南郊。御丹鳳樓，大赦。受册尊號於乾元殿。國初以來，南郊四祭及感生帝、皇地祇、神州，凡七祭，並以四祖迭配。上即位，但以宣祖、太祖更配。於是合祭天地，始奉太祖升侑焉。殿直王操獻《南郊頌》，上悅之，召問曰："汝在江南與誰等?"操曰："與張洎同。"上問："洎今爲何官?"左右對曰："太子中允。"己酉，即以操爲太子中允。

（宋）李燾：《續資治通鑑長編》卷一九，太宗太平興國三年（978）

郊祀既畢，侍御史知雜事呂誨復申前議，乞早正濮安懿王崇奉之禮，且言："國家承五代餘弊，文武之政，二府分領，然而軍國大計，皆得合議。今議崇奉濮安懿王，此事體至大者，而終不謀於樞府，臣所未喻。兩制及臺諫論列者半年，外臣抗疏言者不一，而樞府大臣恬然自安，如不聞知，以道事君者固如是耶? 今佞人進說，惑亂宸聽，中書遂非，執政邪論，當有以發明經義，解釋群疑。臣欲乞中旨下樞密院及後來進任兩制臣僚，同共詳定典禮，以正是非。久而不決，非所以示至公於天下也。"

（宋）李燾：《續資治通鑑長編》卷二〇六，英宗治平二年（1065）

總論改元 ……梁末帝追承乾化，晉少帝襲天福至九年，孟昶仍父明德，漢高祖追用晉天福，隱帝仍父乾祐，周世宗仍太祖顯德，皆非禮之正。唐哀帝仍昭宗天祐，蓋畏朱溫而不敢云。

（宋）王應麟：《玉海》卷一三《律曆》

宋太祖皇帝，始因五代之制，置司簿掌宮中簿書出納之事，又置司賓，并封縣君；又置樂使，主宮中聲伎，並賜裙帔。

（元）馬端臨：《文獻通考》卷二五六《帝系考七》

乾德四年詔曰："……梁太祖宣陵,在河南伊闕縣東北,後唐莊宗雍陵,在河南新安縣東、明宗徽陵,在河南洛陽縣東北,晉高祖顯陵,在河南壽安縣西北。十五帝,各給二戶,三年一祭。

梁少帝,葬河南伊闕縣;後唐末帝,葬河南洛陽縣東北。三十八帝陵,州縣常禁樵采。"仍詔吳越國王錢俶修奉禹墓。

(元)馬端臨:《文獻通考》卷一○三《宗廟考十三》

(開寶)四年,詔西京修後唐河南尹張全義祠堂。

(大中祥符)三年,令西京葺後唐莊宗廟。

徽宗政和三年,禮儀局上《五禮新儀》,仲春、仲秋享歷代帝王:……後唐莊宗皇帝,以侍中兼樞密使郭崇韜,中書令、太師、隴西郡王李嗣昭,開府儀同三司、贈尚書令符存審配;明宗皇帝,以中書令、贈太師、晉國忠武公霍彥威,工部尚書、平章事、贈太傅任圜配。晉高祖皇帝,以中書令、魏公桑維翰,中書令趙瑩配。漢高祖皇帝無配。自後唐莊宗至漢高祖皇帝並於河南府周嵩陵,太祖皇帝慶陵,世宗皇帝於鄭州。

(元)馬端臨:《文獻通考》卷一○三《宗廟考十三》

紹聖五年三月,翰林承旨蔡京及講義玉璽官十三員奏:"臣等以歷代正史考之,璽之文曰'皇帝壽昌'者,晉璽也;曰'受命於天'者,後魏璽也;'有德者昌',唐璽也:'惟德允昌',石晉璽也;則'既壽永昌'者,秦璽可知。"

(元)馬端臨:《文獻通考》卷一一五《王禮考十》

歐史《梁紀》二:開平三年正月辛卯,有事於南郊。徐注:祀天於南郊,書曰有事,錄當時語。案,此爲篡唐之三年始郊,見上帝何其緩也?豈溫清夜捫心,亦有所懼,不敢遽行此大禮乎!然唐明宗即位五年乃郊,周世宗在位六年未一郊,則此不足異。其下文十一月甲午,日南至,告謝於南郊。徐注:南至不必書,因其以至日告謝而書,告謝主用至日，故書之，不曰有事於南郊，亦從其本語。蓋比南郊禮差簡。案尹洙《五代春秋》書此事則云：正月辛卯，帝祀上帝於圜丘。十一月甲午，帝告謝於圜丘。考之薛史第四卷，所書與尹正同，則此爲歐公所改。正月祀感生帝於南郊，冬至祀昊天上帝於圜丘，一年兩次祀天，此三代以上則然。漢唐以下，無郊、丘之別，何必改丘爲郊？即此見歐公之好改《舊》。據薛史爲北征犬羊，西下鄜、翟，掃蕩左馮，討除峴首，而行告謝，非行夏正南郊，冬至圜丘之禮而有一歲兩祀。所異者，正郊不在冬至而在正月，與漢唐以來大不同。又有事云云者，《春秋》宣八年：有事於太廟。昭十五年：有事於武宮。歐欲摹仿聖經筆法，故特改薛史舊文。此正歐公之病，徐無黨乃以爲録當時語，不知五代本無此語也，無黨空疏，並《春秋》亦未讀乎？

《五代會要》載五代行郊禮共只五次。梁祖二郊之外，則唐莊宗同光二年二月一日，明宗長興元年二月二十一日，周太祖顯德元年正月一日也，皆以春行之。

（清）王鳴盛：《十七史商榷》卷九四

乾化元年九月辛巳朔，御文明殿入閣。蓋文明是當時正衙，朔望御此見群臣，名爲入閣，詳第五十四卷雜《李琪傳》。又《唐家人傳》：同光二年四月己卯，皇帝御文明殿，册皇后劉氏，則爲正衙無疑。又考《新唐書·楊嗣復傳》：故事，正衙，起居注在前：便坐，無所紀録。今觀《琪傳》，唐制，本每日御殿見群臣，朔望御便殿，曰入閣。唐末不能日見群臣，以入閣爲重，故御殿猶謂之入閣。愚謂不能日見，惟有便坐，則政事廢，而記注亦廢，故以二者爲一，使得紀録，非必以入閣爲重。觀《舊唐》昭、哀兩本紀，極亂之世，紀録猶詳贍乃爾，則可見記注之益。

（清）王鳴盛：《十七史商榷》卷九四

後唐莊宗同光元年三月，詔隨駕收復汴州，並扈從到洛及南郊立仗都將已下、至節級長行軍將等：朕自削平中夏，掃蕩群凶，被介胄以

征行,歷星霜而扈從,凡經百戰,盡立殊功,永念丹心,真同赤子,若無
旌賞,豈表恩榮? 其都將官員司,並賜"協謀定亂佐國功臣",自僕射、
尚書、常侍至大夫、中丞,宜並賜"忠勇拱衛功臣"。其初帶銜,宜並賜
"忠烈功臣"。已有功臣名者,不在此限。其節級長行軍將,並賜"扈
蹕功臣"。

(宋)王欽若等編纂:《冊府元龜》卷一三三《帝王部》

後唐莊宗同光元年四月即位,改元,大赦。應六軍及行營馬步蕃
漢諸道將校并賜功臣,未有官者超一資與檢校官,已有官者亦超一
資,如官已高者與加爵邑,如曾封爵者即給一子六品正員官。其長行
兵士並賜功臣。應將士等並勒逐處各等第優賞。

(宋)王欽若等編纂:《冊府元龜》卷八一《帝王部》

同光元年四月,即位制曰:"應六軍及行營馬部蕃漢諸道將校兵
士等,皆以身先冒刃,志切勤王,或竭節於忠勞,或連年而征戍,須加
恩獎,倍撫苦辛。其將校並賜功臣名,仍未有官者,即超一資與檢校
官。已官者,亦超資加官。已官者,與加爵邑,如曾封爵者,即給一子
六品正員官。其長行兵士,並賜功臣名。應將士等,並勒逐處,各定
等第優賞。"

(宋)王欽若等編纂:《冊府元龜》卷一二八《帝王部》

(同光二年)三月辛亥,詔:"隨駕收復汴州,及扈從到洛,及南郊
立仗都將已下至節級長行軍將等,朕自削平中夏,掃蕩群凶,被介胄
以征行,歷星霜而扈從,凡經百戰,盡立殊功,永念丹心,真同赤子,若
無旌賞,豈表恩榮? 其都將官自司空已下者,宜並賜協謀定亂佐國功
臣。自僕射、尚書、常侍至大夫、中丞,宜並賜忠勇拱衛功臣。其初帶
憲銜,宜並賜忠烈功臣。已有功臣名者,不在此限。其節級長行軍
將,並宜賜扈蹕功臣。"又詔:"昨皇太后爰自北京歸於大內,旋膺典
冊,正位宮闈。載詳邦國舊規,合有命婦貢表,宜稽邃古,以示新恩。

應內外文武官妻,可據品秩高卑,各封邑號。"

(宋)王欽若等編纂:《册府元龜》卷八一《帝王部》

(同光二年)三月,詔:"隨駕收復汴州,並扈從到洛及南郊立仗都將已下至節級長行軍將等,朕自削平諸夏,掃蕩群凶,被介胄以征行,歷星霜而扈從,凡經百戰,盡立殊功,永念丹心,真同赤子,若無旌賞,豈表恩榮。其都將官員司空已下者,宜並賜協謀定亂輔國功臣。自僕射尚書常侍至大夫中丞,宜並賜忠勇拱衛功臣。其初帶憲銜,宜並賜忠烈功臣。已有功臣名者,不在此限。其節級長行軍將,並宜賜扈蹕功臣。"

(宋)王欽若等編纂:《册府元龜》卷一二八《帝王部》

周太祖廣順元年正月丁卯即位,改元。詔:"馬步諸軍將士等,各與等第超加恩命。仍賜功臣名號,已有功臣者別與改賜。內外文武臣僚、致仕官、諸軍將校、隨使職員及前任藩侯郡守文武朝列、前內諸司使副使、前禁軍指揮使、前資行軍副使等,各與等第加恩。"

(宋)王欽若等編纂:《册府元龜》卷八一《帝王部》

廣順元年正月,即位制曰:"馬步諸軍將士等,戮力推誠,輸忠效義,先則平持內難,後乃推戴朕躬,言念勛勞,所宜旌賞。其員僚將士等,各與等第,超加恩命,仍賜功臣名號;已有功臣名號者,別與改賜。"

(宋)王欽若等編纂:《册府元龜》卷一二八《帝王部》

6. 朝會

梁太祖開平元年十月癸酉,御史司憲薛廷珪奏請文武百官仍舊朝參。先是,帝欲親征北虜,命朝臣先赴洛都,至是緩其期,乃允所奏。宰臣請每月初八閣望日延英聽政,永爲常式。

(宋)王欽若等編纂:《册府元龜》卷一九七《閏位部》

(開平)二年正月癸酉,帝御金祥殿,受宰臣文武百官及諸藩屏陪臣稱賀。諸道貢舉一百五十七人,見於崇元門。

(宋)王欽若等編纂:《册府元龜》卷一九七《閏位部》

(開平)三年正月戊辰朔,帝御金祥殿,受宰臣、翰林學士稱賀,文武百官拜表於東上閣門。

(宋)王欽若等編纂:《册府元龜》卷一九七《閏位部》

(開平三年)八月甲午,敕:"朕以干戈尚熾,華夏未寧,宜循卑菲之言,用致雍熙之化。起八月一日,常朝不御金鸞、崇勛兩殿,只於便殿聽政。"

(宋)王欽若等編纂:《册府元龜》卷一九七《閏位部》

(開平)四年正月壬辰朔,帝御朝元殿,受百官稱賀,用禮樂也。

(宋)王欽若等編纂:《册府元龜》卷一九七《閏位部》

(開平四年)十一月己亥,日南至,帝被袞冕,御朝元殿,列細仗奏樂於庭,群臣稱賀。

(宋)王欽若等編纂:《册府元龜》卷一九七《閏位部》

(開平)五年二月丙辰朔,帝御文明殿,群臣入閣。

(宋)王欽若等編纂:《册府元龜》卷一九七《閏位部》

乾化元年九月辛巳朔,帝御文明殿,群臣入閣,刑法待制官各奏事。

(宋)王欽若等編纂:《册府元龜》卷一九七《閏位部》

（乾化元年）十月乙未，帝御朝元門，以回鶻、吐蕃二大國首領入覲故也。

（宋）王欽若等編纂：《册府元龜》卷一九七《閏位部》

（同光）二年，正月庚子朔，帝衮冕御明堂殿受朝賀。太常樂、左右金吾仗六軍諸衛如常儀。是月庚申，四方館奏：“常朝諸職員多有參雜，今後除隨駕將校、外方進奉專使、文武兩班三品以上官可於内殿對見，其餘並詣正衙，以申常禮。”從之。七月戊戌朔，帝御文明殿視朝。八月癸巳，宣旨放三日朝參，以霖雨甚故也。十一月乙未朔，帝御文明殿視朝。

（宋）王欽若等編纂：《册府元龜》卷一〇八《帝王部》

（天成）二年，正月癸丑朔，帝被衮冕法服御明堂殿，百寮稱賀，文物仗衛禮樂如常儀。丙申，詔曰：“君使臣以禮，臣事君以忠，禮不可一日不修，忠不可一夕不念，二者全則上下順，一途廢則出入差，須振綱維，以嚴規矩。凡在策名之列，皆知辨色之朝，儻不夙興，是虧匪懈。君上思政，猶自求衣未明；爲下服勤，固合假寐待旦。宜令御史臺遍示文武兩班，自此每日早赴朝參，職司既得整齊，公事的無壅滯。如或尚兹懈怠，具録奏聞。”三月壬子朔，帝御文明殿視朝。四月乙未，帝御文明殿視朝。五月辛亥朔，帝御文明殿視朝。戊辰，帝御文明殿視朝。六月庚辰朔，帝御文明殿視朝。甲午，帝御文明殿受朝。七月庚戌朔，帝御文明殿視朝。戊辰，帝御文明殿受朝。甲戌，百官朝於中興殿。八月庚辰，百官朝於中興殿。癸巳，帝御文明殿視朝。九月庚戌，帝御文明殿視朝。庚申，百官朝於中興殿。癸亥，帝御文明殿視朝。丙子，百官朝於中興殿。十月己卯朔，帝御文明殿視朝乙酉，帝幸汴州。甲午，車駕在汴，御崇元殿視朝。十一月戊申朔，帝御崇元殿視朝。壬戌，帝御崇元殿視朝。戊辰日南至，百官詣閣門拜表稱賀。十二月戊寅朔，帝御崇元殿視朝。戊子，百官朝於玄德殿。壬辰，帝御崇元殿視朝。

（宋）王欽若等編纂：《册府元龜》卷一〇八《帝王部》

（天成）三年春，正月戊申朔，帝御崇元殿受朝賀，禮樂仗衛如常儀。甲子，帝御崇元殿視朝。二月戊寅，帝御崇元殿視朝。丁酉，百官朝於玄德殿。三月丁未朔，帝御崇元殿視朝。四月丁丑，帝御崇元殿視朝。五月乙巳朔，帝御崇元殿視朝。己未，帝御崇元殿視朝。六月甲戌朔，帝御崇元殿視朝。戊子，帝御崇元殿視朝。七月甲辰，帝御崇元殿視朝。八月癸酉，帝御崇元殿視朝。閏八月癸卯朔，帝御崇元殿視朝。九月甲戌，帝御崇元殿受朝。十月壬寅朔，帝御崇元殿視朝。丁未，帝御崇元殿視朝。壬戌，中書奏："按貞元四年，中書侍郎李泌奏，冬至日受朝賀，請準元日。"從之。十一月癸酉冬至，帝御崇元殿受朝賀，仗衛如式。是月，中書舍人劉贊奏："往例，應諸道節度使及兩班大僚凡對，朝廷例合通喚，近日全廢此儀。伏乞持詔所司重定向來格品，若合通喚準日施行。"尋準四方館狀稱："舊例，節度使新除、中謝及罷任，赴闕朝見，合得通喚文班三品以上、武官二品以上，官新除、中謝及使回朝見，亦合得通喚。"從之。丙戌，帝御崇元殿視朝。十二月丙午，帝御崇元殿視朝。癸丑，中書以常朝宣奉敕不坐，兩省官與東西班並拜，宰臣不拜，或聞班行所論承前日有廊飧，百官謝食，兩省即各有常厨，從來不拜。或曰："以侍臣不拜，檢尋故實，不見明規。百官拜爲廊飧，即承旨合宣，有敕賜食，供奉官不拜，亦恐非儀，且左右前後之臣，日面天顏，豈可不拜？況庶官見宰臣，隔宿並拜，實以赴朝不拜非禮也。聞敕不拜亦非禮也，所宜盡敬，以奉君親。臣等商量，今後常朝宰臣亦拜，通事舍人亦拜，閣外放仗亦拜。"從之。壬戌，帝御崇元殿視朝。

（宋）王欽若等編纂：《册府元龜》卷一〇八《帝王部》

（天成）四年，正月壬申朔，帝御崇元殿受朝賀，仗衛如常儀。二月壬寅，帝御崇元殿視朝。是月庚午，車駕還洛。三月己酉，帝御文明殿視朝。四月，中書門下奏："五月一日入閣起居，準貞元七年四月二十八日敕。昔者聖賢觀象，因天地交會之次，爲父子相見之儀，沿習成風，古今不易。王者制事，在於因人酌其情，而使中順其俗以爲禮，咸覿之義，既行父子之間，資事之情，豈隔君臣之際？自今後，每年五月一日,御宣政殿與文武百僚相見,京官九品以上,外官因朝奏在京者,並聽就列。宜令所司量定儀注,頒示天下,仍編禮式,永著常規者。伏以本朝舊制,近代不行,方當開泰之期,難曠會同之禮,宜興墜典,以耀明庭。五月一日,應在京九品以上官及諸進奉使並準貞元七年敕,就位起居,自此每年永爲常式者。"奉敕:"宜依。"五月己卯朔,帝御文明殿視朝。癸未,帝御文明殿視朝。六月戊戌朔,帝御文明殿視朝。壬子,帝御文明殿視朝。七月戊辰朔,帝御文明殿視朝。八月丁酉,朔帝御文明殿視朝。辛亥,以霖雨甚,宣旨放入閤。九月戊辰,帝御文明殿視朝。辛巳,帝御文明殿見百僚。十月丙申朔,帝御文明殿視朝。十一月丙寅朔,帝御文明殿視朝。己卯日長至,帝御文明殿受朝賀,樂懸仗衛如嘗儀。十二月丙申朔,帝御文明殿視朝。

(宋)王欽若等編纂:《冊府元龜》卷一〇八《帝王部》

長興元年,正月丙寅朔,帝御明堂殿受朝賀,懸樂仗衛如常儀。二月乙未朔,帝御文明殿視朝。是月,郊祀畢。丙辰,敕:"宜放兩日朝參。"以百官行事之勞故也。四月丙午朔,帝御文明殿視朝。五月甲子朔,帝御文明殿視朝。七月壬戌朔,帝御文明殿視朝。庚寅,詔諸州得替防禦團練使、刺史並宜於班行比擬,如未有員闕,可隨常參官逐日立班,新例也。八月壬辰朔,帝御文明殿視朝。十月辛卯,帝御文明殿視朝。十一月庚申日長至,帝御文明殿受朝賀,樂懸仗衛如常儀。

(宋)王欽若等編纂:《冊府元龜》卷一〇八《帝王部》

(長興)二年,正月庚寅朔,帝御文明殿受朝賀,如常儀。四月庚寅,帝御文明殿視朝。癸卯,帝御文明殿視朝,五月戊午朔,帝御文明殿視朝。閏五月戊子朔,帝御文明殿視朝。壬寅,帝御文明殿視朝。六月丁巳朔,帝御文明殿視朝。七月丙戌朔,帝御文明殿視朝。八月丙辰朔,帝御文明殿視朝。庚午,帝御文明殿視朝。癸酉,詔:"文武百官五日内殿起居仍舊,其輪次對宜停,若有封事,許非時上表朔望入閤，待制候對一依舊制。"九月己亥，帝御文明殿視朝。十月乙卯朔，帝御文明殿視朝。十一月甲申朔，帝不視朝。先是，司天奏："朔日合日蝕二分，伏緣所蝕之分數微少，太陽光影相爍，不辨虧缺。伏請十一月一日不入閤，百官不守司。"故不視朝。己丑日長至，帝御文明殿，百僚稱賀。十二月庚申，左諫議大夫盧損上言："前任節度、刺史、防禦等使，請五日隨例起居。"並從之。

（宋）王欽若等編纂：《册府元龜》卷一〇八《帝王部》

（長興）三年正月癸未朔，帝御明堂殿朝賀，禮樂仗衞如式。庚子，帝御文明殿視朝。二月甲寅，帝御文明殿視朝。戊申，帝御文明殿視朝。三月癸未朔，帝御文明殿視朝，群臣入門遇雨而罷。乙酉，敕："文武兩班，每遇入閤，從官並賜酒食。從前，臺官及諸朝官，皆在敷政門外兩廊下就食，唯北省官於敷政門内，既爲隔門，各不相見，致行坐不齊，難於整肅。起今後每遇入閤賜食，北省官亦宜令於敷政門外東廊下設席，以北爲首，待班齊一時就坐。"四月甲寅朔，帝御文明殿視朝。五月壬午朔，帝御文明殿視朝。六月己未，敕："以霖雨經旬，街衢泥濘，文武兩班，宜放今月八日朝參。"甲子朔，敕："放三日朝參。"大雨故也。八月庚戌，帝御文明殿視朝。九月己丑，帝見群臣於端明殿。十一月己卯朔，帝御文明殿視朝。甲子日長至，帝御文明殿，百僚稱賀。十二月戊申朔，帝御文明殿視朝。

（宋）王欽若等編纂：《册府元龜》卷一〇八《帝王部》

（長興）四年，正月戊寅朔，帝御文明殿，百僚稱賀。乙未，帝見百僚於中興殿。五月丙子朔，帝法服御文明殿，百僚具朝服稱賀。庚寅，帝見百僚於文明殿。六月丙申朔，帝御文明殿視朝。丙寅，帝見百僚於廣壽殿。時帝不豫旬日，至是稱平。帝勤於聽政，接臣下無倦。九月甲戌朔，帝御文明殿視朝。十月甲辰朔，雨，不視朝。十一月癸酉，帝御文明殿視朝。

（宋）王欽若等編纂：《册府元龜》卷一〇八《帝王部》

（長興四年）八月丁未，帝齋宿於明堂殿之寢室。戊申，被袞冕、法服御明堂殿，百僚朝服班於位，攝太尉馮道進玉冊，攝中書令劉昫讀冊。戊申，宣敕畢，帝移御榻臨殿檻，親慰勞百姓。先是，積陰旬月。是日，景物廓清，帝甚悅，謂范延光等曰："予之不德，兩增徽號，卿輩輔相之效也。"

（宋）王欽若等編纂：《冊府元龜》卷一七《帝王部》

閔帝長興四年十二月癸丑朔即位，其月辛未，御中興殿，群臣列位。時馮道昇階進酒。帝曰："比於此物無愛，除賓友之會，不近樽罍，況在沉痛之中，安事飲啜？"命撤之。

（宋）王欽若等編纂：《冊府元龜》卷一〇八《帝王部》

應順元年春正月壬申，帝御廣壽殿視朝。其月戊寅，帝御明堂殿，仗衛如常儀，宮懸樂作，群臣朝服，就坐宣制，大赦改元。閏正月癸卯朔，帝御文明殿入閣。

（宋）王欽若等編纂：《冊府元龜》卷一〇八《帝王部》

末帝清泰元年四月乙酉，帝服袞冕御明堂殿，文武百官朝服就列，改順應爲清泰。是月庚寅，中書門下上言："太常以五月朔御明堂受朝，三日夏至，祀皇地祇，前二日奏告獻祖室，不坐。比正旦冬至，是日有祀事，則次日受朝。今祀在五鼓前，質明行禮畢，御殿在始旦。後請比例行之。"詔曰："日出御殿，與祀事無妨，宜依常年例。"五月庚子朔，帝御文明殿視朝。六月辛卯，御史中丞張鵬奏："文武常參官入閣日，廊下設食，每宣放仗，拜後就食，相承以爲謝食拜。臣以每日常朝宣不坐後拜退，豈謝食之謂乎？如臣所見，自今宣放仗，拜後且就次候，將設食，別降使於敷政門外宣賜酒食，群臣謝恩後食。"從之。十月庚子，太常言："冬至不視朝，百僚表賀。"是日，太府設表案席褥，禮部進表至閣門，班首一員跪表受閣門，使群臣俱拜舞蹈訖。表入，久之，閣門使出宣曰："履長之慶，與卿等同之。"群臣復拜舞訖而退。

十一月己巳,御史臺奏:"前任節度、防禦、團練使等、刺史、行軍付使,近儀五日一度內殿起居,皆綴班叙立,元係班簿,雖曰便殿起居,其遇全班起居時亦合綴班。"從之。

(宋)王欽若等編纂:《冊府元龜》卷一〇八《帝王部》

(清泰)二年三月庚戌,御文明殿,群臣入閤,刑法官劇可久、待制官李慎儀次對。十二月戊寅,太常言:"來年正月元日,合御明堂受朝賀。其日上辛,祀昊天上帝於南郊,以禮大祀,不坐。"詔曰:"其祀事在質明前,儀仗在日出後,事不相妨,宜依常年受朝。"

(宋)王欽若等編纂:《冊府元龜》卷一〇八《帝王部》

(清泰)三年春,正月辛卯,始御文明殿,陳樂懸仗衛受朝賀,班退進名賀皇太后。三月庚子,詔:"閤門陳內外官吏對見,例應諸州差判官軍將貢奉到闕,無例朝見,以名御奏放門見賜酒食得回。詔進榜子放門辭臣,今後欲只令朝見,餘依舊規。應除諸道兩使、判官、推巡無例中謝,奏過放謝放辭。如得替歸京,無例見臣。欲今後除兩使判官許中謝門辭,其書記以下除替請依舊規。應文武朝官除受文五品、武四品以上,並中謝以下,無例對謝。以天成四年正月敕,凡昇朝官新授並中謝,欲以此例。諸道節度、使差判官軍將進奉到闕朝見,候得回話,下榜子奏過,令門辭。應諸道都押牙馬步都虞候、鎮將替到京,無例見。或在京受任,無例中謝,進榜子放謝放辭。應諸道商稅鹽麴諸色務官,或在京差補,亦放謝放,辭得替歸京亦無見例。在京商稅鹽麴兩軍巡即許中謝。應新除令錄並中謝,次日放門辭,兼有口宣誡勵。應文武兩班差吊祭使及告廟祠祭,只於正衙辭見,不赴內殿。諸道差進奏官到闕,得見以後,請假得替,進榜子放門辭。已前六件,望依舊例行。"從之。

(宋)王欽若等編纂:《冊府元龜》卷一〇八《帝王部》

晉高祖天福元年十一月，御北京崇元殿改元。

（宋）王欽若等編纂：《冊府元龜》卷一〇八《帝王部》

（天福）二年正月甲寅朔，帝御文明殿，受文武百僚朝賀。三月己未，御史臺奏："唐朝定令式，南衙常參文武百僚，每日朝退，於廊下賜食，謂之堂食。自唐末亂離，堂食漸廢，仍於入閣起居日賜食。每入閣禮畢，閤門宣放仗，群官俱拜，謂之謝食。至僞主清泰元年中，入閣禮畢，更差中使至正衙門口宣賜食，百僚立班重謝。此則交失有唐堂食之意，於禮實爲太煩。臣恐因循，漸失根本。起今後入閣賜食，望不差中使口宣，請準唐明宗朝事例處分。"從之。四月丙午，御史臺奏："文武百僚，每五日一度內殿起居。在京城時百官於朝堂幕次，自文明殿門入穿文明殿庭，入東上閤門至天福殿序班，令隨駕百官自到行朝，每遇起居日於幕次，東出昇龍門，與諸色人排肩雜進，自外繚繞，方入內門。臣竊見昇龍門外庭宇不寬，人徒大集，或是諸司掌事，或是諸道使臣方集，貢輸不可止約。若令與衣冠雜進，朝士並趨，則恐有壞天官，見輕朝序。權時之義，事理難安。起今後，每遇百官赴內殿起居日，請依在京事體，百官於幕次自正衙門入，東出橫門，既協京國常儀，兼在行朝便穩。"從之。庚戌，御史臺奏："文武百僚每月朔望入閣，禮畢賜廊下食。在京時秖於朝堂幕次兩廊下。今在行朝於正衙門外，權爲幕次，房廊湫隘，間架絕少。伏恐五月一日朝會禮畢，準例賜食，即與幕次難爲排比。伏見唐明宗時兩省官於文明殿前廊下賜食，今未審，每遇入閣日，權與正衙門內兩廊下排比賜食，爲復別有處分者。"敕旨："宜依明宗時舊規。"五月壬子朔，帝御崇元殿，備太常樂，受文武百官朝賀。六月甲午，太妃將至行，闕放文武朝一日。十一月，中書奏："準唐貞元二年九月五日敕，文官充翰林學士及皇太子諸王侍讀，武官充禁軍職事，並不常朝參，其在三館等諸職事者，並朝參訖，各歸所務者。自累朝以來，文武在內廷充職兼判三司，或帶職額及六軍判官等，例不赴常朝，元無正敕。準近敕，文武職事官未昇朝者，按舊制並赴朔望朝參，其翰林學士、侍讀、三館諸執事，望準元敕處分。其在内廷諸司使等，每受正官之時，來赴正衙，謝後不赴常朝，大會不離禁廷位次。三次職官免常朝，唯赴大朝會。其京司未昇朝官員祇赴朔望朝參，帶諸司職掌者不在此例。文官除端明殿翰林學士、樞密院學士，中書省知制誥外，有兼官兼職者，仍各發遣本司供事。"可之。

（宋）王欽若等編纂：《册府元龜》卷一〇八《帝王部》

（天福）三年正月戊申朔，帝御崇元殿受朝，仗衛如式。五月丁未朔，帝御崇元殿，奏太常樂，受文武百官、二王後、三恪皇親、蕃客等朝賀。十一月丙寅冬至，帝御崇元殿受朝賀。

（宋）王欽若等編纂：《册府元龜》卷一〇八《帝王部》

（天福）四年正月癸卯朔，帝御崇元殿受朝賀，仗衛如式。五月壬寅朔，帝受朝於崇元殿。七月壬寅朔，帝御崇元殿，百官入閣如常禮。朔不入閣，日蝕故也。閏七月庚子朔，百官不入閣，雨沾服也。十二月丁酉朔，百官不入閣，大雪故也。

（宋）王欽若等編纂：《册府元龜》卷一〇八《帝王部》

（天福）五年正月丁卯朔，帝御崇元殿朝賀，仗衛如式。壬辰，馮道奏曰："宰臣朝見辭謝在朝堂横街之南，逮至餘官，則悉於崇元門内，夫表著之列豈可逾之？故古先明王必正其位，服此實，事因偶爾，習以爲常。又入閣禮畢之時，群官退於門外，定班如初，俟宣放仗，唯翰林學士、前任郡守等不隨百辟，即時直出。二者禮僭序失，其使正之。"帝深然其言，於是下詔曰："官爵之班，即分高下，見謝之位，豈有異同？宜格通規，以爲定制。今後宰臣使相朝見辭謝，並於崇元門内，與諸官重行異位，一時列拜，假開横行，即從舊例。又入閣之儀，序班爲重，宣唤則齊趨正殿，放仗則各出朝門，何起居之禮即同，而進退之規有異？其翰林學士及前任郡守等，今後入閣退朝，宜依百官班制。"十一月冬至，帝受朝於崇元殿，王公上壽。

（宋）王欽若等編纂：《册府元龜》卷一〇八《帝王部》

（天福）六年春正月辛酉朔，帝受朝於崇元殿。七月己未朔，帝御崇元殿視朝。

（宋）王欽若等編纂：《冊府元龜》卷一〇八《帝王部》

（天福）六年正月辛酉朔，上受朝於崇元殿。刑部員外郎李象進《二舞賦》一首，帝覽而嘉賞，令編諸史冊。

（宋）王欽若等編纂：《冊府元龜》卷九七《帝王部》

（天福）七年春正月丙辰朔，帝不受朝賀，用兵故也。五月己亥，中書門下奏："時屬炎蒸，事宜簡省，應五日百官起居，即令押班宰臣一員押百官班，其轉對官兩員，封事付閤門使引進，本官起居後，隨百僚退，不用別出謝恩。其文武內外官僚乞假、寧親、般家及婚、葬、病損，并門見辭。諸道進奉物等，不用殿前排列，引進使引至殿前，奏云某等進奉，奏訖，其進奉物便出。其進奉專使朝見日，班首一人致詞都附起居。州刺史並行軍副使、諸道馬步軍都指揮使以下，差人到闕并門見門辭，州縣官謝恩日，甲頭一人都致詞，不用逐人告官。其供奉官殿直等如是。當直及於合殿前排立者，即入起居，如不當直排立者，不用每日起居。委宣徽院專切點檢，常須整齊。"從之。

（宋）王欽若等編纂：《冊府元龜》卷一〇八《帝王部》

少帝開運元年七月辛未朔，帝御崇元殿。八月癸卯，倉部郎中、知制誥陶穀奏："內外臣僚，正衙辭謝，內則諸司小吏與宰相差肩，外則屬郡末僚共元戎接武，欲望宰臣使相依舊押班，其郡牧、藩侯、臺省、少監、長吏等不得令部內本司卑冗官員同班辭謝。"敕從其奏。十一月乙亥，吏部侍郎張昭遠奏："文武常參官每日於正衙立班，閤門使宣不坐，後百僚俱拜。舊制，唯押班宰相、押樓御史、通事舍人、各緣提舉贊揚，所以不隨庶官俱拜。自唐天成末，議者不悉朝儀，遽違舊典，遂令押班之職一例折腰。此則深忽禮文，殊乖故實，且宰相居庶寮之首，御史持百職之綱，嚴肅禁庭，糾繩班列，慮於拜揖之際，或爽進退之宜，於是凝立静觀，檢其去就。若令旅拜旅揖，實恐非宜、況事要酌中，恭須近禮，人臣愛主，不在於斯。其通事舍人職司贊道，比者兩班進退皆相其儀。今則在文班武班之前，居一品二品之上，端笏齊拜，禮實未聞。其押班宰相、押樓御史、通事舍人並請依天成三年以前禮例施行，無至差忒。"殿中侍御史賈玄珪奏："是非既異，沿革不同。舉之則雖有舊規，考之則全無故實。且夫酌人心而致禮，依神道而設教，此乃經國之大端也。況通事舍人居贊道之職，押樓御史當糾察之司，一則示於紀綱，一則防於謬誤，所以静觀進退、詳視等威，實非抗禮於庭，所謂各司其局，俾令不拜，雅合其宜。伏以宰相押班率千官而設拜，起居内殿統百辟以致詞，儀刑文武之班，表式鵷鷺之列，不得比贊道之職，詎可同糾察之司，統冠群僚，所宜列拜。臣位居憲府，迹厠同班言，或庶其得中，罪難逃於多上。"帝從之。二年春，正月戊戌朔，帝不受朝賀，不豫故也。六月乙丑朔，帝御崇元殿，百官入閣。

（宋）王欽若等編纂：《册府元龜》卷一〇八《帝王部》

漢高祖乾祐元年，正月辛亥朔，帝不受朝賀。

（宋）王欽若等編纂：《册府元龜》卷一〇八《帝王部》

（乾祐）二年五月，中書舍人艾潁上言："近制一月兩度入閣，五日一度起居。近年以來入閣多廢，每遇朔望不面天顔，臣請今後朔望入閣，即從常禮。如不入閣，即請朔望日起居，冀面聖顔，以伸誠敬。史臣曰：天子居再期服内，雖終一月之制，而獨宴不舉樂，朔不視朝，近古禮也。艾潁請朔望相見，於禮非宜。

（宋）王欽若等編纂：《册府元龜》卷一〇八《帝王部》

周太祖廣順元年四月壬辰朔，帝御廣政殿，群臣起居。十月壬寅，雪尺餘，放朝。

（宋）王欽若等編纂：《册府元龜》卷一〇八《帝王部》

（廣順）二年五月丙辰朔,帝御崇元殿受朝,仗衛如儀。十一月癸丑朔,入閣。己卯日南至,帝御崇元殿,群臣服朝服,稱賀退班,於永福殿庭上壽,賜群臣酒三爵而罷。

（宋）王欽若等編纂:《冊府元龜》卷一〇八《帝王部》

（廣順）三年正月壬子朔,帝御崇元殿,群臣朝賀,樂懸仗衛如常儀。班退,太祖御永福殿。群臣百僚稱觴獻壽,舉教坊樂,旋幸太平宮起居漢太后。五月己卯朔,帝服衮冕御崇元殿,受群臣朝服班於位,陪位官樂懸仗衛如常儀。十一月乙酉日南至,帝不受朝賀,群臣閣門拜表,班退賜茶酒。

（宋）王欽若等編纂:《冊府元龜》卷一〇八《帝王部》

世宗顯德元年八月壬寅朔,帝御崇元殿,文武百寮入閣,仗衛如儀。十一月辛未朔,帝御崇元殿,文武百官入閣,仗衛如儀。庚寅日南至,帝不御殿,文武百僚詣閣拜表稱賀。

（宋）王欽若等編纂:《冊府元龜》卷一〇八《帝王部》

（顯德）二年春正月辛未朔,帝不御殿,宰臣率百官拜表稱賀。四月己亥,帝御崇元殿,文武百官入閣,仗衛如儀。八月丁酉朔,帝御崇元殿,百官入閣如儀。

（宋）王欽若等編纂:《冊府元龜》卷一〇八《帝王部》

（顯德）三年春正月乙未朔,帝不御殿,文武百官詣閣進名稱賀。六月壬戌朔,帝御崇元殿文武百官入閣,仗衛如儀。十一月庚子日南至,帝不御殿,以宣懿皇后之喪在近故也,宰臣率百官詣閣門拜表稱賀。

（宋）王欽若等編纂:《冊府元龜》卷一〇八《帝王部》

（顯德）四年正月己丑朔,帝御崇元殿,受朝賀禮畢,御廣政殿,群官上壽並如常儀。二月辛酉,詔曰:"文武百僚起今後每遇入閤日,宜賜廊食,此有唐之舊制也。自晉氏多故,寢而不行,上以寵待廷臣,故復有是命。"五月丁亥朔,帝御崇元殿視朝,太常樂懸,金吾仗衛如儀。八月乙卯朔,帝御崇元殿,文武百官入閤如儀,既罷,賜百官廊飱,時帝御廣德殿西樓以觀焉。命中黃門閱視,酒饌無不腆。

(宋)王欽若等編纂:《冊府元龜》卷一〇八《帝王部》

(顯德)五年春正月癸未朔,帝在楚州西北,衣戎服御帳殿,受宰臣以下稱賀。五月辛巳朔,帝御崇元殿,金吾仗衛、太常樂如儀。十一月辛亥日南至,帝御崇元殿受朝賀,金吾仗衛、太常樂懸如儀。禮畢,宰臣率百僚常服詣永德殿上壽而退。

(宋)王欽若等編纂:《冊府元龜》卷一〇八《帝王部》

(顯德)六年春正月丁未朔,帝御崇元殿受朝賀,金吾仗衛、太常樂懸如儀。

(宋)王欽若等編纂:《冊府元龜》卷一〇八《帝王部》

7. 巡幸

(開平)二年二月,帝以上黨未收,因議撫巡,便住西都,赴郊禋之禮。乃下令曉告中外,取三月一日離東京,以宰臣韓建權判建昌宮事,兵部侍郎姚泊爲鹵簿使,開封尹博王友文爲東都留守。三月壬申,帝親統六軍,巡幸澤潞。是日寅時,車駕西幸。宰臣並要切司局皆扈從,晚次中牟。丙申,招討使劉知俊上章,請車駕還東京。蓋小郡湫隘,非久駐蹕之所達覽。帝俞其請。四月丙午,車駕離澤州。丁未,駐蹕於懷州,宴宰臣文武百官。辛亥,至鄭州。壬子,幸東京。丙寅,車駕幸繁臺觀稼。

(宋)王欽若等編纂:《冊府元龜》卷二〇五《閏位部》

（開平二年）七月甲戌，大霖雨，陂澤泛溢，頗傷稼穡。帝幸右天武軍河亭觀水。

（宋）王欽若等編纂：《册府元龜》卷二〇五《閏位部》

（開平二年）九月丙子，太原軍臣欽若等曰：即後唐太宗也出陰地關南牧，寇掠郡縣。晉絳有備。帝慮諸將玩寇，乃下詔親議巡幸，命有司備行。丁丑，翠華西狩，宰臣、翰林學士、崇政院使、金吾仗，及諸司要切官皆扈從，餘文武百官並在東京。壬午，達洛陽。

（宋）王欽若等編纂：《册府元龜》卷二〇五《閏位部》

（開平）三年，以蒲州肇迹之地，且因經略鄜、延，於是巡幸數月。暇日游豫至焦梨店，頗述前事，念王重榮舊功，下詔褒獎而封崇之。

（宋）王欽若等編纂：《册府元龜》卷二一一《閏位部》

（梁太祖）帝御文思殿，受朝參。許、汝、孟、懷牧守來朝，澤州刺史劉重霸面陳破敵之策。癸未，西幸，宿新安。丙戌，至陝州駐蹕，蒲、雍、同、華牧守皆進鎧甲、騎馬、戈戟、食味、方物。丁亥，錫宴扈從官。戊子，延州賊軍臣欽若等曰：即祖跋思恭也寇上平關，又太原軍攻平陽，烽火羽書晝夜繼至。乙丑，六軍統軍牛存節、黃文靖各領所部將士赴行在。甲午，太原步騎數萬攻逼晉、絳，逾旬不克，知天軍至，乃自焚其寨，至夜而遁。十月庚戌至西都，丁巳至東都。

（宋）王欽若等編纂：《册府元龜》卷二〇五《閏位部》

（開平）三年正月甲戌，發東都，百官扈從，次中牟縣。乙亥，次鄭州。丙子，次氾水縣，河南尹張宗奭、河陽節度使張歸霸並來朝。戊寅，次偃師縣。己卯，備法駕、六軍儀仗入西都。是日，御文明殿受朝賀。三月辛未，詔曰：“同州邊隅，繼有士衆歸化，暫思巡撫，兼要指揮。今幸蒲、陝，取九日進發。”甲戌，車駕發西都，百官奉辭於師子門外。丁丑，次陝州。己卯，次解縣，河中節度使冀王友謙來奉迎。庚辰,至河中府。四月丙申朔,駐蹕河中。壬寅辰時,駕巡於朝邑縣界焦黎店,冀王友謙及崇政内諸司使扈從,至申時回。五月癸酉,駕三更一點發河中。己卯,至西京。庚戌,同州節度使劉知俊據本郡反。辛亥,駕幸蒲、陝,夜半發大内。七月癸酉,駕幸陝。乙亥,至自陝,文武百官於新安縣奉迎。

(宋)王欽若等編纂:《册府元龜》卷二〇五《閏位部》

(開平三年)閏八月己卯,幸西苑觀稼。

(宋)王欽若等編纂:《册府元龜》卷二〇五《閏位部》

(開平三年)十一月辛丑,幸穀水。

(宋)王欽若等編纂:《册府元龜》卷二〇五《閏位部》

(開平)四年二月乙丑,幸甘水亭。己丑,出光政門至穀水觀麥。

(宋)王欽若等編纂:《册府元龜》卷二〇五《閏位部》

(開平四年)四月丙戌,幸建春門閱新樓,至七里屯觀麥,召從官食于樓。河南張昌孫及蒲同主事吏賜物各有差。

(宋)王欽若等編纂:《册府元龜》卷二〇五《閏位部》

(開平四年)十一月丁亥朔,幸廣王第作樂。

(宋)王欽若等編纂:《册府元龜》卷二〇五《閏位部》

(開平)五年二月壬戌,詔曰:"東京舊邦,久不巡幸,宜以今月九日幸東都。扈從文武官委中書門下量閑劇處分。"宰臣上言曰:"龍興天府,久望法駕,但陛下始康愈,未宜涉寒,願少留清蹕。"從之。甲子,幸曜村民舍閱農事。庚午,幸白馬坡。

(宋)王欽若等編纂:《册府元龜》卷二〇五《閏位部》

（開平五年）四月丁卯，幸龍門，召宰臣、學士、金吾上將軍侍宴於廣化寺。

（宋）王欽若等編纂：《册府元龜》卷二〇五《閏位部》

（乾化）二年二月壬戌，帝將巡按北境，中外戒嚴。詔以河南尹守中書令判六軍事張宗奭爲大内留守，中書門下奏差定文武官領務尤切，宜扈駕者三十八人。詔工部尚書李皎、左散騎常侍孫騭、左諫議大夫張衍、兵部侍郎劉邈、兵部郎中張雋、光禄少卿盧秉彝並令扈蹕。甲子，發自洛師，夕次河陽，乙丑次溫縣，丙寅次武陟。懷州刺史段明遠迎拜於境上，其内外所備咸豐需焉。丁卯，次獲嘉。戊辰，次衞州之新鄉。己巳晨，發衞州，夕止淇門。内衙十將使以十指揮兵士至於行在。辛未，駐蹕黎陽。癸酉，發自黎陽，夕次内黃縣。甲戌，次昌樂縣。丁丑，次於永濟縣。青州節度使賀德倫，奏統領兵士赴歷亭軍前。戊寅，至貝州，命四丞相及學士李琪、盧文度、知制誥寶賞等十五人扈從。其左常侍韋戩等二十三人止焉。己卯，發自貝州，夕駐於野落。三月庚辰朔，次於棗彊縣之西縣。丙戌，鎮定諸軍招討使楊師厚奏下棗彊縣。車駕即日疾馳，南還。丁亥復至貝州。庚寅，楊師厚與副招討使李周彝等準詔來朝。乙巳發貝州，夕次臨清縣。丙午，次永濟縣。丁未，至魏州。四月己酉幸魏州之金波亭，賜宴宰臣文武官及六學士。丁巳，發魏州，夕次昌樂。戊午，次内黃縣，己未，次黎陽駐馬。乙丑，發自黎陽，夕次滑州，將吏耆老並於州之南津歡噪迎拜，本州節度使進馬十匹、銀器一千兩、備宴錢二千貫。丙寅，離滑州，夕次常樂頓。丁卯，次長垣縣。戊辰，次封丘縣。己巳，至東京。開封尹博王友文總留都文武奉迎於北郊。帝入自含耀門，彩繡連延，照耀阡陌，都人士女，闐咽歡呼，是月戊寅，車駕發自東京，夕次中牟縣。五月己卯朔，從官文武自丞相而下並詣行殿起居，親王及諸道藩帥咸奉表來上。庚辰，發自鄭州，至滎陽縣。河南尹魏王宗奭望塵迎拜。河陽留後邵贊、懷州刺史段明遠等邐迤來迎。夕次汜水縣，帝召魏王宗奭入對，便於御前賜食，數刻乃退。壬午，駐蹕於汜水，宰臣、河南尹、六學士並於內殿起居。敕以建昌宮事委宰臣于兢領之。癸未,帝發自汜水,宣令邵贊、段明遠各歸所理。午憩任村頓,夕次孝義宮。留都文武、禮部尚書孔續而下,道左迎拜。次偃師,甲申至都,文武官奉迎於東郊。

　　　　　　(宋)王欽若等編纂:《册府元龜》卷二〇五《閏位部》

　　乾化五年五月癸巳,觀稼於伊水,登建春門,幸會節坊張宗奭私第,臨亭皋,視物色,賞賜甚厚。

　　　　　　(宋)王欽若等編纂:《册府元龜》卷二〇五《閏位部》

　　(乾化五年)七月,帝不豫,稍厭秋暑,自辛丑幸會節坊張宗奭私第,宰臣視事於歸仁亭子,崇政使內諸司及翰林院並止於河南令廨署。至甲辰復歸大內。

　　　　　　(宋)王欽若等編纂:《册府元龜》卷二〇五《閏位部》

　　(乾化五年)八月戊辰,幸故上陽宮,至於榆林觀稼。

　　　　　　(宋)王欽若等編纂:《册府元龜》卷二〇五《閏位部》

　　(乾化五年)九月庚子,親御六師,次於河陽。臣欽若等曰:事具《閏位·親征門》。甲辰,至於衛州。乙巳,至於宜溝,幸民劉達墅。丙午,至湘州。十月辛亥朔,駐蹕於湘州。宰臣洎文武從官並詣行宮起居,戶部郎中孔昌序賫留都百官冬朔起居表至自西京,諸道節度使、刺史、諸藩府留後各以冬朔起居表來上。制以郢王友珪充控鶴指揮使,諸軍都虞候閻寶為御營使。甲寅,將以其夕幸魏縣,命閤門使李鬱報宰臣兼敕內外。丙寅夜,車駕發軔於都署。乙卯,次洹水。丙辰,至魏縣。戊辰,幸邑西之白龍潭。潭水亘千尺許,涉南北五之一焉。風瀾岸卉,遼然有江湖之狀。潭之北立神祠,前亭弘敞,下植波際。帝登臨凝覽,宸旨舒悦,即命丞相與翰林六學士侍膳於左右,又命漁艋數十以釣網進,觀其漁焉。俄頃間,洪纖尾鬣,所得無算。復有得大白魚長六七尺者來獻，珠眸雪鱗，厥狀甚異。帝諦視已，乃命近貴復之中流。名其潭曰"萬歲"，漁人等咸優錫遣之。

（宋）王欽若等編纂：《冊府元龜》卷二〇五《閏位部》

（乾化五年）十一月辛巳朔，上駐蹕魏縣，從官自丞相而下並詣行宮起居，留都文武百官及諸道節度使、防禦使、刺史、諸藩府留後，各奉表起居。壬午，帝以邊事稍息，宣命還京師。車駕發自行闕，夕次洹水縣。癸未，次内黃縣。甲申，至黎陽縣。乙酉，命從官丞相而下宴於行次。丁亥，次衛州。戊子晨，次新卿，夕止獲嘉。己丑，次武陟。庚寅，次溫縣。辛卯，次孟州，留都文武官左僕射楊涉泪孟州守李周彝等皆匍匐東郊迎拜。其文武官並令先還。壬辰詰旦，離孟州，晚至都，六軍以天兵御仗分列前道。煌煌焉，濟濟焉，昔所未睹也。都人士女洎耆老等歡噪阡陌，太祖御五鳳樓，受百辟稱賀，畢，還宮。

（宋）王欽若等編纂：《冊府元龜》卷二〇五《閏位部》

後唐莊宗同光元年十一月，詔將自汴歸洛，有事於南郊。河南尹張全義進迎駕法物儀仗。甲子，帝發汴州。十二月庚午朔，車駕寅時發自石橋。御史中丞李德林率文武百官班於積潤驛，六軍諸衛、金吾儀仗、太常法物，畢陳於路。自上東門歸大内，百官稱賀。辛未，以百官初至洛，放三日朝參。壬辰，幸伊闕。

（宋）王欽若等編纂：《冊府元龜》卷一一四《帝王部》

（同光）二年二月戊寅，幸李諤明宗也宅，宣教坊樂，盡歡而罷。己卯，幸左龍武軍。辛卯，寒食假，帝出宣仁門，幸東宅。皇太后、皇后幸水陸院尋勝。教坊内弟子作樂，晡晚還宮。三月甲子，幸東宅。皇太后幸水陸院，召李諤侍宴。五月辛丑，幸内園觀親殿上梁，又幸郭崇韜之私第，置酒作樂。七月乙酉，幸龍門之雷山，祭天神從北俗之舊事也。八月，幸皇太子繼岌院，奏教坊院樂，縱酒而罷。九月甲寅，幸郭崇韜之私第，宣教坊樂，置酒會從官，至一更還宮。十月甲申，幸小馬坊閱馬。十一月己亥，幸六宅，作教坊樂，宴諸皇弟。戊午，幸明宗第。又至宋州節度使元行欽之第，縱酒作樂，一鼓三籌歸宮。十二月戊辰，幸西苑。庚午，車駕幸張全義之第。丙子，敕：“大名重地，全魏奥區，成予定霸之基，致我興王之業。蓋以土田沃衍，庶士忠勤，載想貪緣，得無眷矚。近者頻令按察，頗樂和平，既堅望幸之誠，宜舉省方之典。取來年正月七日，朕當巡幸東京。”丁丑，敕中書門下省、御史臺、尚書省、諸寺監、大卿監各差有公事官三十員從行。乙酉，幸廣化寺祈雪。乙丑，又幸龍門。

（宋）王欽若等編纂：《册府元龜》卷一一四《帝王部》

（同光）三年正月乙未，御史中丞崔協率從駕官屬先發東京，留中書省印，宰臣趙光裔洛中行事。丙申，敕翰林學士、中書舍人、金吾將軍、兵、吏部郎官扈從餘官，並取三日先程赴鄴。庚子，車駕幸鄴京。扈從軍三萬，陳於上東門外。帝御城樓慰撫而遣之。宰臣趙光裔率留守司官屬辭至白坡。河陽張繼業遣人上章云病甚。既次河陽，帝遣御醫視之。癸卯，駕次新鄉。鄴都留守李岌進御衣縑銀，謝巡幸。副留守張憲遣少尹龍敏奉表謁於路。戊戌，至鄴。皇后先歸大内，帝自千秋亭乘輦，備法駕，晡晚歸宮。

（宋）王欽若等編纂：《册府元龜》卷一一四《帝王部》

（同光三年）三月庚子，詔曰：“朕以削平僭亂，底定寰區，爰宅洛都，再逾星歲，乃眷興王之地，頗聆望幸之辭。暫議省巡以慰群品，因兹駐蹕。俄已經春，優恩既洽於大名，車駕宜還於中土。俾宣遐邇，咸暢昇平，可定此月十七日發程，取河陽舊路歸洛。”甲辰，宰臣竇盧革、御史中丞崔協率文武從官，先赴洛京。帝詔郭崇韜謂曰：“朕思在德勝寨時，霍彥威、段凝皆予之勍敵，終日革鬥，戰聲相聞。安知二年之間在吾廡下？吾無少康、光武之才，一旦重興基構者，緜二三勛德，卿等同心輔翼故也。朕有時夢寐如在戚城，因念曩時挑戰鏖兵，勞則勞矣，然而揚旌伐鼓，差慰人心。殘壘荒溝依然在目，予欲按德勝故寨與卿再陳舊事。"崇韜曰:"此去澶州不遠,陛下再觀戰地,益知王業之艱難,可不偉哉!"己酉,發自鄴宫,副留守張憲率東京官吏辭於千秋亭。是夜,次南樂行宫。庚戌,次澶州。辛亥,至德勝寨地。帝登城四望,指戰陣之處以喻宰臣。渡河而南,沿岸西上,所至指示廢栅,陳曩時勝負。至汴軍所據楊村寨,因召龍驤、神威諸校,問當時諸將勇怯,以爲笑樂。及至戚城先鋒寨,置酒作樂,日晏而旋。丙辰,次獲嘉,懷州刺史李建鄩謁於路。戊午,次溫縣,前華州刺史高允奇自鞏縣修倉所來見。乙未,次河陽。庚辰,早發至白坡。邢州節度李存紀、振武節度朱守殷、河南尹張全義謁於路。宰臣竇盧革、趙光裔、文武百官班於路,左右金吾六軍儀仗畢陳,道從還宫。

(宋)王欽若等編纂:《册府元龜》卷一一四《帝王部》

(同光三年)四月壬申,幸甘泉亭,際晚還宫。乙亥,帝與皇后幸樞密使郭崇韜私第。崇韜進銀鞍馬六匹、御衣着五百段、銀器副之。皇后衣二百段、金合副之,絹百匹。從官李從霸下至供奉教坊伶官,優給有差。又幸左龍武統軍朱漢賓之第,夜漏三刻還宫。庚辰,帝侍皇太后幸會節園,遂幸李紹榮之第。五月戊辰,幸龍門廣化寺祈雨。己未,幸玄元廟禱雨。九月丁巳,出師子門,射雁於尖山,至晚還宫。

(宋)王欽若等編纂:《册府元龜》卷一一四《帝王部》

明宗天成元年八月,出上陽門,幸冷泉宫觀稼,至晚還宫。九月乙未,幸至德宫,因幸前隰州刺史袁建豐之第。甲戌,幸冷泉宫觀稼,至晚還宫。

(宋)王欽若等編纂:《册府元龜》卷一一四《帝王部》

(天成)二年三月壬子朔,幸會節園。宰相、樞密使及節度使在京者共進錢絹請宴。壬戌,車駕幸甘泉亭。四月戊子,幸會節園,召宰臣學士在京勛臣赴宴。甲辰,出左掖門,觀修堤,部署首領及力役軍人百姓,賜物有差。幸駙馬石敬瑭晉高祖也宅,又幸安重誨第,進酒奏樂,例加賜賚。六月庚子,幸白坡,祭突厥神,至晚歸内。七月,幸冷泉宫,至暮歸内。

(宋)王欽若等編纂:《册府元龜》卷一一四《帝王部》

（天成二年）八月,秦王從榮自鄴中至,泊於至德宫。帝幸其第,宣禁中女伎及教坊樂,飲宴至晚。從榮進馬及銀器錢絹,帝賜諸伎樂及行從人等,乘輿歸内。己未,御札就中書示諭曰:"歷代帝王以時巡狩,一則遵行典禮,一則按察方區。矧彼夷門,控兹東夏。當先帝戡平之始,爲眇躬殿守之邦,俗尚貞純,兵懷忠勇。自元臣鎮靖,庶事康和。兆民咸樂於有年,闔境彌堅於望幸。事難違衆,議在省方。朕取十月七日親幸汴州,其沿路一行宿食頓遞,可下三司排當,務從簡儉,不得勞擾人户。至於扈從兵師,亦已嚴行誡約。兼告諭東北道諸侯不得迎駕朝覲。"庚午,敕應兩省及諸司有公事朝臣並隨駕西班,差左右金吾大將軍及諸司衛將軍等十餘人扈從。十月甲辰,敕少府監聶延祚等以大駕巡幸,告祭神祠。帝御興教門慰諭樓前兵士。乙酉,幸汴州,馬步軍士數萬人,自級節以上各賜錦衣。鎧甲光明,組練鮮潔,法令如一,行伍日嚴,師徒雄盛,近代罕比。憩於積潤驛,宰臣崔協引百官辭於行宫前。辛丑,詔曰:"禁暴戢兵,實繇武德,安人和衆,乃契天心。車駕自離洛京,戒嚴兵士,不犯一物,不役一夫,河流井泉,此外無取。尚恐州縣以迎駕爲名,妄有配率,或加察知,必不容恕。"車駕至汴,帝出咸安門封禪寺游幸,至晚歸内。十二月壬午,幸西郊,食於釋氏,知庖司取樵蘇於僧舍,命遠買以償之。庚子,幸石敬瑭公署及康義誠私第。

(宋)王欽若等編纂:《册府元龜》卷一一四《帝王部》

（天成）三年正月壬子,延宰臣於玄德殿。帝欲巡幸鄴都,鄭珏等贊美其事。癸丑,内出御札曰:"王者以六合爲家,萬幾是務。動必從於人欲,道貴表於君臨。矧以大業名都,先皇舊地,干戈近息,井邑初完。去春特命親賢出分攸寄,一載之化條方闓,六州之生聚咸蘇。朕又竊念并汾有同豐沛，欲和鑾之親撫，慮致勞煩。移嗣子之總臨，冀諧委注。今則以令赴鎮，兼報行期，而鄴都士庶馳誠，表章繼至。思朕車御暫到，庶彼內外永康，疊興徯後之詞，何爽省方之便？朕今月七日巡幸鄴都，逾月之內，却駐梁苑，其沿路宿食頓遞，並仰三司，預專排比，不得輒擾人户，付中書門下準此。"辛酉，宰臣與百官詣閤進表，請辛未幸鄴都，及且住般糧。尋降御札曰："朕以鄴都望幸，暫議省巡，雖宣命已行，而憂勤是屬。切緣禁軍家口，元住洛京，般取或在道塗，已到未經信宿，念其辛苦，動係憂勞，所宜別選良辰，以副朕意。今改三月十三日，故茲札示。"壬戌，追朝宣御札於閤門曰："朕每念聆躬，嗣承丕構，屬憂勤於庶政，持兢業於厥心。罔敢怠荒，冀符禋益。去歲以五兵偃息，九穀豐登，指內外以省方，慰群情之望幸。迨於駐蹕，允協來蘇，迺睠鄴城，匪遥梁苑。復念興王之地，思從徯後之詞。將命和鑾，指期屆路。卿等情深許國，道在弼予，旋貢表章，罄輸丹赤。備閱傾虔之懇，深詳啓沃之規。已諭淹延，禋從俞允。其六軍經費，諸道轉輸，國計所先，兵食斯衆，將致贍豐之備，難矜運挽之勞。既念疲羸粗，宜蠲减其百姓般糧。至洛京並却停罷。只今近東州府，般至汴州。時將幸大名也。六卿家口才自洛陽遷於汴水頗亟，聞順動初有難色。及至百官上表，聖慮未回，頗有狂説。定州王都正多疑慮，人情相恐，軍士惶惑，在位咸不敢言。趙鳳手疏於安重誨直諭其事，重誨自驚，具白於帝。翌日，詔罷行期，內外謐然安帖。

（宋）王欽若等編纂：《册府元龜》卷一一四《帝王部》

（天成三年）二月，帝在汴。丁酉，出御札於中書曰："朕聞王者握圖御宇，應天順人，必從億兆之心，以副寰瀛之望。朕恭承大寶，漸致小康。當時和歲豐之辰，叶海晏河清之道。思從望幸，爰議省方。昨者以全魏名邦，興唐霸國，當去弊除奸之後，是安民撫衆之時。思暫議於巡游，庶躬親於勞慰。尋頒詔旨，已定行期，而聞衛士連營，方諧聚族，農功務穡，始在承春。雖無供億之勞，寧免差徭之患。而又勛賢拱北，藩翰勤王，儻萬乘之少留，煩諸侯之入覲。況復大臣抗表，多士輸忠，睹瀝懇以再三，閱封章而數四。諒爲裨益，深可嘆嘉。宜罷鳴鑾，且謀駐蹕。凡在中外，當體朕懷。先取今月十三日巡幸鄴都權停。"四月癸巳，駕出北門觀麥。翌日，謂侍臣曰："昨日出城，詢諸父老，苗稼滋潤，牛驢皆肥，喜形於色，朕亦樂之。"左右皆賀。五月，帝幸西莊，宴回鶻，召前節度使赴之。六月乙卯，幸南莊。八月戊戌，幸西莊。閏八月戊辰，右散騎常侍李光憲上言，請車駕歸洛陽，修大禮於南郊。九月壬午，幸南莊。翌日，謂侍臣曰："朕見西郊種麥，已知生民之苦辛，深可憫念。"十二月甲寅，帝幸開封府，六宮從行，宴樂頒賜。至晚，幸康義誠楊漢章私第，賜捧聖三指揮絹千匹。翌日，顧侍臣曰："行幸飲六十餘杯，亦覺太甚。"左右無對者。

（宋）王欽若等編纂：《冊府元龜》卷一一四《帝王部》

（天成）四年二月丁卯，東京留守孔循請車駕還京師。己酉，出御札宣示中書曰："朕紹續鴻圖，撫寧諸夏，爰從洛邑，來幸浚郊。屬中山興悖逆之心，外寇恣朋連之勢。致煩征討，方見蕩除，皆宗社之威靈，盡忠良之裨贊。自此遐邇，永遂隆平。蓋以久別三川，常懷九廟。既剗清於氛祲，宜便復於京師。取今月十三日歸洛都。"庚戌，差內臣沿路排頓。辛亥，幸西莊。丙辰，車駕將自汴歸洛，文武百官先赴洛京辭。丁巳，帝取二十四日歸京，駕出厚載門，觀步兵先發。甲子，車駕歸京，宿於中牟縣，百官詣行宮起居，各賜酒食。帝謂侍臣曰："麥田稍旱，朕已暗申禱祈。"乙亥，屆鄭州，雨三日，百辟稱賀。丙寅，以未晴駐蹕鄭州，宴從官於行宮。庚午，自石橋排儀仗，列太常鹵簿、鼓吹，車輅法駕道引。至未時，入上東門。

（宋）王欽若等編纂：《冊府元龜》卷一一四《帝王部》

（天成四年）三月壬辰，幸延慶莊。戊戌，幸會節園，召從臣赴宴。四月，幸西莊。五月，幸龍門諸寺。六月，幸至德宮。八月十五日，幸金貞觀，至東午橋還宮。九月辛卯，幸延慶莊，至晚還宮。十月壬子，幸七星亭，至晚還宮。庚申，幸龍門，至晚還宮。甲戌，出徽安門，按夏州所進白鷹。十一月壬辰,幸鎮國橋,慰勞工徒而還。戊子,出上陽門,幸苑內亭子閱馬,至晚還宮。

(宋)王欽若等編纂:《冊府元龜》卷一一四《帝王部》

長興元年正月丁卯,閱馬於苑內,至晚還宮。癸未,幸至德宮。二月戊戌,幸長夏門稻田莊,至晚還宮。三月丁卯,幸會節園,宴宰臣及諸道入觀,節度使賜物有差。因幸河南府,至夜歸宮。壬午,幸河南工役所。丁亥,出上陽門觀稼,至晚歸宮。四月丁酉,幸長夏門稻田莊。己亥,幸會節園宴大臣,至暮歸宮。八月,出定鼎門觀秋稼。九月壬午,幸至德宮。十月,幸龍門,至晚還宮。十二月辛亥,出歸子門,幸苑中新修亭子,至晚還宮。

(宋)王欽若等編纂:《冊府元龜》卷一一四《帝王部》

(長興)二年二月丁酉,幸至德宮。因幸前襄州節度使安元信、東州王突欲之第,賜突欲絹三百匹,至晚還宮。三月庚申,幸左藏庫,給將士金帛,仍親視之。四月丁酉,幸會節園,宴宰臣、親王、內臣及在京侯伯。因幸河南府,秦王從榮進馬,請賜侍臣宴群僚,至晚還宮。乙巳,帝幸龍門佛寺祈雨,至晚還宮。

(宋)王欽若等編纂:《冊府元龜》卷一一四《帝王部》

(長興)三年正月辛丑,白坡新修軍營,駕幸觀之,稱旨,賜部署軍吏等物有差。癸卯,御中興殿,顧謂侍臣曰:"朕幸白坡,登邙山,忽於山谷荒榛之中,見有百姓興築房舍,甚嘉嘆之。"三月丙辰,幸龍門永定莊。甲子,幸至德宮,至晚歸內。五月甲子,觀洛水漲溢,是日水落三尺,至午還宮。賜控鶴官錢各一千、油衣一事。己丑,帝觀穀水,至午還宮。十月庚申,幸至德宮。因幸石敬瑭、李從敏之私第。十二月癸丑,幸龍門,觀工徒修伊河石堰,以羊酒賜役夫如洛堤例。伊水中流,榜夫墮水,遣人拯之,以包錦賜之。

(宋)王欽若等編纂:《冊府元龜》卷一一四《帝王部》

（長興）四年三月，幸龍門七星亭。農事方春，田民遍野。上見其刿音洛桑稼樹，枉駕勞問，親自勸課。八月壬申，幸至德宮，自聖躬不豫未嘗宴游，至是始幸。都民瞻望輿輦，夾道歡呼，所至如堵。九月丙子，幸至德宮。士庶夾道歡呼，以帝初不豫，至是喜帝復能騎乘也。十月辛未，幸宮西土和亭，至晚還宮。

（宋）王欽若等編纂：《冊府元龜》卷一一四《帝王部》

末帝清泰元年六月庚辰，幸至德宮，又幸房知溫、安元信、范延光、索自通、李從敏居第，各賜繒帛銀器，至夕還宮。七月甲辰，幸龍門佛寺禱雨。十二月庚寅，幸龍門禱雪。

（宋）王欽若等編纂：《冊府元龜》卷一一四《帝王部》

（清泰）二年十月丁卯，幸崇道宮，拜老子祠。出定鼎門，幸甘泉水亭，賜從官酒食，日夕還宮。甲戌，幸樞密使趙延壽之第，河南尹重美從獻金酒器四十事、繒帛三千匹，供御馬八匹、金綫袍玉帶。樞密、宣徽、内諸司使皆贄幣馬，賜公主及諸子金帶、金器、幣馬有差。移幸三司張延朗第，昏暝還宮。

（宋）王欽若等編纂：《冊府元龜》卷一一四《帝王部》

（清泰）三年正月戊戌，幸龍門祈雪。

（宋）王欽若等編纂：《冊府元龜》卷一一四《帝王部》

晉高祖天福元年十二月乙酉朔，幸河陽，餞送大相溫蕃部兵士歸國。

（宋）王欽若等編纂：《冊府元龜》卷一一四《帝王部》

（天福）二年三月，敕曰："王者省方設教，靡憚於勤勞。養士撫民，必從於宜便。顧惟涼德，肇啓丕圖，常務去乎煩苛，冀漸臻於富庶，而念京城俶擾之後，舟船焚爇之餘，饋餉有虧，支費殊闕，將別謀於飛挽。慮轉困於生靈，以此咎心，未嘗安席。今以夷門重地，梁苑雄藩，水陸交通，舟車必集。爰資經度，須議按巡，寧免暫勞，所期克濟。宜取今月二十七日巡幸汴州。諸道州府、節度防禦團練使、刺史不計遠近，並不得輒離州城來赴朝覲。文武兩班，委宰臣酌量，逐司量差官員隨所應奉公事外，餘並留守司。所在行宮，一聽仍舊，不得修葺。經過量事，通得車馬外，方當農時，不得勞役人戶修治。沿路食頓，並委所司。破省錢物，預前排備。所在州縣，並不得輒有科斂。布告中外，咸使聞知。凡百臣僚，宜體朕旨。"中書奏："車駕經過河南府、河陽、鄭州、汴州管界，所有名山大川、帝王陵廟、名臣等，去路十里內者，伏請下本州府，各排比祗候，俟車駕經過，日以酒脯醢祭告。"從之。庚辰，帝卯時離京，至積潤驛，下馬留司官等班辭。辛巳，帝寅時離偃師，至孝義食。已時，至鞏縣。壬午，帝丑時離鞏縣，氾水食，上馬至滎陽。四月癸未朔，帝丑時離滎陽，至須水食。鄭州防禦自景友進牲餼器皿，帝曰："不出民力否？"景友奏曰："臣畏陛下，皆辦於己俸。"乃令收之。甲申，帝至中牟。丙戌，帝巳時入汴州，至鞠場，宣諭隨駕馬步兵入內。

　　（宋）王欽若等編纂：《册府元龜》卷一一四《帝王部》

　　（天福）三年正月壬戌，夜放燈，都人夜游，帝御大寧宮門樓觀之。

　　（宋）王欽若等編纂：《册府元龜》卷一一四《帝王部》

　　（天福）五年八月丁酉，觀稼於西郊。辛巳，觀稼於沙臺。

　　（宋）王欽若等編纂：《册府元龜》卷一一四《帝王部》

　　（天福）六年七月甲申，降御札曰："朕自承天命，肇啓帝圖。期四海之混同，法五載之巡狩。睠惟全魏，實曰奧區。人物殷繁，山河雄壯。地雖昇於都邑，民未識於乘輿。皆傾望幸之情，宜展省方之義。取今月五日暫幸洛都，沿路供頓，並委所司。以官物排比，州縣官不得科率人戶，其隨駕內外官員並馬步兵士等，不得擾人，踐踏苗稼。中外遐邇，宜體朕心。前均州刺史劉禧爲隨駕橋道使，鄆州節度使杜威爲隨駕御營使，遣護聖右廂都指揮使梁漢璋等領兵士八指揮往鄴都，賜衣服錢絹茶有差。宣放文武百官朝參兩日，取便進發。壬辰，離東京，宿封丘。己亥，至鄴。左右金吾六軍儀仗排列如儀，迎引入內。

（宋）王欽若等編纂：《冊府元龜》卷一一四《帝王部》

（天福）七年正月庚午上元節燒燈，帝御乾元門觀之，夜半還宮。

（宋）王欽若等編纂：《冊府元龜》卷一一四《帝王部》

少帝以天福七年六月即位。八年二月庚戌，御札宣示曰："控制寰中，梁苑得舟車之要；撫寧河朔，鄴臺有粟帛之饒。先皇帝肇啓其扃，咸昇都邑，南北非遠，來往是常。今則時正晏清，候當和煦，宜回金輅，往幸夷門。宜取今月十一日還幸東京。應沿路州府並不用修飾行宮、開治道路，食宿頓遞並以官物供給，勿令科斂人户。側近州府長吏，勿來朝覲。凡在遐邇，宜體朕懷。"己未，登鄴都。辛酉，至澶州。甲子，次封丘，文武百官見於行宮。乙丑，至東京。庚午，幸南莊。七月丁酉，幸南莊，召從駕臣僚習射路左，農人賜布衫、麻屨。

（宋）王欽若等編纂：《冊府元龜》卷一一四《帝王部》

開運元年十二月己亥朔，幸高門臺。

（宋）王欽若等編纂：《冊府元龜》卷一一四《帝王部》

（開運）二年四月丙寅，在澶淵。是日，帝出北門巡幸，至戚城東，宣隨駕臣僚習射，晚際還宮。十月，幸硯臺，回幸魯國大長公主第，至暮還宮。

（宋）王欽若等編纂：《冊府元龜》卷一一四《帝王部》

（開運）三年二月壬午，帝辰時乘馬幸南莊，沿河射鴨子，向西至板橋沙灘，下馬召隨駕節度、統軍、皇帝眷賜茶酒。巳時，回至南莊。臣僚賜食畢，唱蕃歌赴行宮射弓。復命臣僚上船飲酒。至東莊，次入鄴都留守杜威園，醉方入内。四月丁未，幸大年莊，游船，召近臣、前任節度使開宴射弓，酣甚，賜群官器帛物等。又召彈獨弦琴瞽者、昭陽人數十輩，皆賜物有差，及夜歸内。

（宋）王欽若等編纂：《册府元龜》卷一一四《帝王部》

漢高帝以晉開運四年二月辛未即位，改開運四年爲天福十二年。九月，御札："取今月二十九日暫幸澶魏。"十月壬午，次長垣。癸未，幸蘧伯玉廟，駐蹕，賜臣僚酒。丙戌，次澶淵。戊戌，至鄴城院中駐蹕。因幸節度使高行周本營，賜群臣酒食。十一月，帝乘馬幸御營東金堤臺，父老張進等數十人進茶湯。帝曰："朕之北來，都爲百姓，勿以暫時駐軍而爲煩也。"衆皆歡呼，因賜物有差。

（宋）王欽若等編纂：《册府元龜》卷一一四《帝王部》

漢高祖天福十二年十月，帝北巡，幸蘧伯玉廟，駐蹕，賜臣僚酒。帝曰："朕早聞伯玉知非之名，何以立廟於此？"宰臣對曰："此地古衛國蒲城，伯玉則蒲人也，少有名德，爲鄉里所稱。其君靈公惑於夫人南子，蔽於宦官雍渠，賢者罕獲其用。大夫史鰌疾，亟戒其子曰：'我知蘧伯玉賢而不能舉於國，爲罪人也，若死，君必親吊，當爲我陳尸於庭，具而言之，冀其信我而用伯玉也。'靈公尋擢爲大夫，國由是理。故魯仲尼兩入衛，以伯玉爲主人。伯玉死，里人思之，故爲設祠。其後載於祀典，因而不絶。"帝聞之，感嘆者久之。

（宋）王欽若等編纂：《册府元龜》卷一〇四《帝王部》

周太祖廣順元年正月丙戌，幸城西御園，午後還宮。二月己未，幸城南園，賜從官酒食，申時還宮。三月辛未，幸城西、城南御園及史弘肇園。太祖嘗與弘肇游宴其間，臨觴嗟吒久之，至晚還宮。己丑，幸城南園，賜從官酒食，申時還宮。四月戊申，幸城南園，賜從官酒食,申時還宮。五月壬午巳時,幸城南園賜從官酒食。六月壬子巳時,出金義門,幸城西園,申時還宮。八月乙未辰時,車駕幸班荆館,賜從官酒食。乙巳,幸城西園内,閲新城戰棹。十二月乙未辰時,幸城西園,賜從官酒食,申時還宮。丙辰,幸城南園,賜從官酒食,申時還宮。

(宋)王欽若等編纂:《冊府元龜》卷一一四《帝王部》

(廣順)二年三月,幸城南園,召宰臣、諸統軍射。十一月丙戌,車駕辰時幸南園,賜從官酒食,申時還宮。庚子,幸樞密院,王峻請之也。時峻於本院東别修廨署,大興屋宇。及成,欲太祖幸後,即於中視事。太祖從之,即召近臣賜酒食,賜峻繒絹十匹、銀器三千兩。宰臣馮道已下及宣徽使、翰林學士、樞密直學士,賜物有差。午際,復召宰臣、樞密使、前節度使、諸統軍後園射,賜物有差。十二月壬寅,幸城西園,召從官射,申時還宮。

(宋)王欽若等編纂:《冊府元龜》卷一一四《帝王部》

(廣順)三年正月辛巳,幸城南,賜從官酒食,申時還宮。三月戊申,幸城南園,賜從官酒食,申時還宮。五月壬寅,幸城南園,賜從官酒食,申時還宮。十月丙辰辰時,幸城南園。又幸城西園,賜從官酒食,申時還宮。

(宋)王欽若等編纂:《冊府元龜》卷一一四《帝王部》

世宗顯德元年七月庚辰出薰風門,幸南御莊觀稼,至晚還宮。八月甲辰,出金義門,幸南御莊召武臣觀射,至晚還宮。

(宋)王欽若等編纂:《冊府元龜》卷一一四《帝王部》

(顯德)二年十月癸酉,幸禮賓院,既而薄狩於近郊。帝親射兔,中之。

(宋)王欽若等編纂:《冊府元龜》卷一一四《帝王部》

（顯德）五年五月辛丑,幸懷信驛。癸卯,幸造船務。九月丙子,幸造船務及玉津園。己酉,幸東水門,命水工修利堤岸。

（宋）王欽若等編纂:《冊府元龜》卷一一四《帝王部》

（顯德）六年二月辛丑,幸迎春苑及新蔡河,因就陶家觀其陶器,既而賜陶人物有差。三月丙午朔丁未,幸造船務。辛未,幸造船務。壬申,宴於廣政殿。

（宋）王欽若等編纂:《冊府元龜》卷一一四《帝王部》

8. 誕節

開平元年五月辛巳,有司奏以降誕之日爲大明節,休假前後各一日。十月庚午大明節,內外臣僚各以奇貨良馬上壽。故事:內殿開宴,召釋道二教對御談論。宣旨罷之,命閤門使以香合,賜宰臣佛寺行香。

（宋）王欽若等編纂:《冊府元龜》卷一八二《閏位部》

末帝以唐文德元年戊申歲九月十二日生於東京。乾化二年三月,文武百官上言請以九月十二日帝降誕日爲明聖節,休假三日,從之。

（宋）王欽若等編纂:《冊府元龜》卷一八二《閏位部》

後唐莊宗以光啓元年十月癸亥生於晉陽宮,在妊時,太后嘗夢神人,黑衣擁扇,夾侍左右。載誕之辰,紫氣出於窗户。同光元年十月壬辰萬壽節,百官齊會於開封府。

（宋）王欽若等編纂:《冊府元龜》卷二《帝王部》

（同光）二年十月丁亥萬壽節,宴群臣於長春殿。

（宋）王欽若等編纂:《冊府元龜》卷二《帝王部》

（同光）三年十月辛巳萬壽節，宴長春殿，賜百官分物。

（宋）王欽若等編纂：《册府元龜》卷二《帝王部》

明宗以咸通八年九月生於代北之金鳳城。

（宋）王欽若等編纂：《册府元龜》卷二《帝王部》

天成元年六月中書奏："九月九日皇帝降誕之辰，舊例特置節名，以其日爲應聖節，休假三日，仍令京都天下設樂，以申祝壽。"從之。

（宋）王欽若等編纂：《册府元龜》卷二《帝王部》

（天成元年）九月九日應聖節，百僚於敬愛寺設僧齋，召緇黄衆於中興殿論難經義。

（宋）王欽若等編纂：《册府元龜》卷二《帝王部》

（天成）二年九月九日應聖節，四方諸侯並有進獻。丁巳，百官奉爲應聖節，於敬愛寺行香設齋，宣教坊伎宴樂之。宰臣、樞密使以下咸進壽酒，各賜錦衣。召兩街僧道於中興殿講論。

（宋）王欽若等編纂：《册府元龜》卷二《帝王部》

（天成）三年九月九日應聖節，召兩街僧道談經於崇元殿。宰相進壽酒，百官行香修齋於相國寺。宣教坊樂及左右厢百戲以宴樂之。又僧道虚受等賜紫衣、師號，共六十人。

（宋）王欽若等編纂：《册府元龜》卷二《帝王部》

（天成）四年九月九日應聖節，百官於敬愛寺齋設，賜宰臣錦袍、香囊、手帕、酒樂。帝御廣壽殿，近臣獻壽，各頒錦袍，復御中興殿，聽僧道講論。

（宋）王欽若等編纂：《册府元龜》卷二《帝王部》

長興元年九月九日應聖節，百官於敬愛寺齋設，帝御廣壽殿，聽僧道講論。

（宋）王欽若等編纂：《冊府元龜》卷二《帝王部》

（長興）二年九月九日應聖節，帝御中興殿，觀僧道講論，賜物有差。

（宋）王欽若等編纂：《冊府元龜》卷二《帝王部》

閔帝以天祐十一年十一月二十八日庚申生於晉陽舊第。

（宋）王欽若等編纂：《冊府元龜》卷二《帝王部》

末帝以光啓元年正月二十三日己卯生於平山。

（宋）王欽若等編纂：《冊府元龜》卷二《帝王部》

清泰元年九月壬申，宰臣李愚等奏：“臣覽國史，開元十七年，宰臣張説、源乾曜奏：‘改朔體元，固聖主之能事；良辰嘉會，亦俗化之大端。蓋周人有合宴之儀，漢代有賜酺之律，所以歌咏皇德，啓迪人情。至若泛菊高臺，遂號重陽之節；流杯曲水，永爲上巳之游。在昔偶行，於今不改。豈足比君臨四海，運應千年，畫璿圖而敬授民時，秉玉燭而節宣和氣，身爲律度，德合乾坤。仰惟樞電之祥，最是寰區之樂，願從人欲，特創節名，封函尋示於允俞，自此永編於令式。’舊章斯在，列聖常行，將有擬倫，預慚膚淺。伏惟皇帝陛下動遵典法，克叶祖宗，方今玉鏡高懸，璿樞廣運，告成功於朝社，正大禮於宮闈。是以舞干率服於三苗，班瑞雍熙於萬國。臣等以獻歲元正之月，是猗蘭降聖之辰，梅花映雪於上林，椒酒迎春於秘殿。江邊野老，願變輅之時巡；陌上游童，醉堯樽而獻祝。謂於是月，特舉節名，副與人共樂之言，致率土交歡之義。臣等謹案，玄宗皇帝以八月五日載誕，張説等請以其日爲千秋節，臣等不揆庸暗，輒體憲章，請以來年正月降聖日爲千春節。”從之。

（宋）王欽若等編纂：《冊府元龜》卷二《帝王部》

（清泰）二年正月乙巳，中書門下奏：“遇千春節，凡刑獄公事奏覆，候次月施行。今後請重繫者即俟次月，輕繫者即誕聖節前奏覆決遣。”從之。戊戌，於佛寺供僧張樂。甲子，宴群臣於長春殿。

（宋）王欽若等編纂：《冊府元龜》卷二《帝王部》

晉高祖以唐景福元年二月二十八日生於太原汾陽裏，時有白氣充庭。

（宋）王欽若等編纂：《冊府元龜》卷二《帝王部》

天福元年十二月，宰臣馮道等奏曰：“臣聞惟睿作聖，千年乃契於貞期；大德曰生，萬國咸思於令節。將詮懿號，仰慶休辰，傾心未出於常名，近意有塵於嘉會。伏惟皇帝陛下應天順人，握圖御宇，拯寰瀛於否極，俾動植以泰來。允符鳴社之祥，方顯繞樞之瑞，而況斗柄正卯，律吹仲春，當帝王出震之方，是天地同和之月。斯辰誕聖，衆靈咸歸，顧前代而罕同，在舊章而宜舉。垂諸不朽，簡編既溢於徽猷；必也正名，稱謂須符於景貺。伏願以來年二月二十八日爲天和節，庶夫觴稱萬壽，稍申將順之心；節配四時，永洽好生之德。”從之。

（宋）王欽若等編纂：《冊府元龜》卷二《帝王部》

（天福）二年二月辛亥天和節，帝御長春殿，召左右街僧録威儀入內談經。

（宋）王欽若等編纂：《冊府元龜》卷二《帝王部》

（天福二年）十月，兩浙錢元瓘進天和節大排方龍座、金腰帶一，御衣十二事。

（宋）王欽若等編纂：《冊府元龜》卷二《帝王部》

（天福）三年二月乙巳天和節，岳牧玉帛皆至。是日宴近臣於廣政殿。召僧道講論,各賜有差。

(宋)王欽若等編纂:《册府元龜》卷二《帝王部》

(天福)四年二月庚子,以天和節宴群臣於廣政殿,賜物有差。臣欽若等曰:五年事,史臣不書。

(宋)王欽若等編纂:《册府元龜》卷二《帝王部》

(天福)六年二月戊午天和節,宴群臣於廣政殿,賜道釋紫衣、師號並寺額。

(宋)王欽若等編纂:《册府元龜》卷二《帝王部》

(天福六年)十月,福州進天和節銀一千兩。

(宋)王欽若等編纂:《册府元龜》卷二《帝王部》

(天福)七年二月壬子天和節,帝御武德殿,宰臣率文武百官上壽如儀。退就佛寺行香,宴樂而罷。其年詔天下郡縣不得以天和節禁屠宰、輟滯刑獄。

(宋)王欽若等編纂:《册府元龜》卷二《帝王部》

少帝以天祐十一年六月二十七日生於太原汾陽里。天福七年六月即位。八年六月,宰臣馮道以誕辰率文武百官上表曰:"臣等聞:大電繞樞,哲後繼犧農之運;五星聚井,真人啓文景之基。昌圖允洽於千年,嘉號宜光於載誕,不有稱述,曷顯休明?伏惟皇帝陛下玉律調元,金華啓旦,上帝錫九齡之夢,逌人問《下武》之詩,德協無爲,民知有慶。當大雨時行之日,乃常星不見之辰,將歡寅縣之心,竊效華封之祝。臣等不勝大願,望以六月二十七日爲啓聖節,著於甲令,告彼萬方。使地角天涯,望南山而祝壽;九州四海,仰北極以傾心。誠乖致主之功,輒敢稱君之美。"從之。

(宋)王欽若等編纂:《册府元龜》卷二《帝王部》

漢高祖以唐乾寧二年二月四日生於太原,以晉開運四年即位於太原宮,復稱天福十二年。是年八月,文武百僚上表,請以二月四日降誕日爲聖壽節,從之。

(宋)王欽若等編纂:《冊府元龜》卷二《帝王部》

隱帝以唐長興二年三月九日生於鄴都之舊第。乾祐元年十二月辛卯,百僚上表曰:"色變長瀾,肇皇靈之寶構;光流華渚,開聖緒於瑶圖。莫不慶洽同文,光昭大象,刻玉波沿於鳳紀,鳴金飈振於洪猷。所以顯氣凝空,編爲令典;神光燭夜,允叶昌期。皇帝陛下守位以仁,繼明以德,化敷有感,慶洽無疆。當九龍洽聖之辰,是五緯聯光之夕,凡蒙地載,共祝天長,皇帝三月九日誕聖,請以其日爲嘉慶節,休假三日,群臣宴樂上壽。"從之。

(宋)王欽若等編纂:《冊府元龜》卷二《帝王部》

(乾祐)二年三月壬子嘉慶節,群臣詣佛寺齋設祝壽。

(宋)王欽若等編纂:《冊府元龜》卷二《帝王部》

(乾祐)三年三月丙子嘉慶節,御廣政殿,文武百僚上壽酒。初舉樂,將相大臣獻金寶鞍馬爲壽。禮畢,群臣入相國寺齋設,賜教坊樂。

(宋)王欽若等編纂:《冊府元龜》卷二《帝王部》

周太祖以唐天祐甲子歲七月二十八日庚寅之夕生於堯山之舊宅,載誕之夕,赤光照室,初有聲如爐炭之裂,星火四迸。母王氏懼,戒使者曰:"勿外言。"

(宋)王欽若等編纂:《冊府元龜》卷二《帝王部》

廣順元年六月甲午,宰臣率百官上表曰:"恭以少昊乘乾,曳祥虹於華渚;軒轅出震,流瑞電於樞星。所以玉牒表天地之禎,金策纂皇王之異，仰惟聖德，允叶昌期。伏惟聖帝陛下德輝三五，道焕古今，開階成周室之昌，啓運得堯基之典。豈可使方濁澄明之狀，未顯洪名；圖清燦爛之文，不章懿號？臣等傾誠紫禁，都慶丹丘，願隆百代之基，冀正萬年之祚。臣等請以七月二十八日皇帝降聖日爲永壽節，群臣上壽，內外宴樂。"從之。

（宋）王欽若等編纂:《册府元龜》卷二《帝王部》

（廣順元年）七月戊子永壽節，帝御廣政殿，百僚進酒上壽。班退，賜衣服分物有差，群臣赴相國寺齋設。

（宋）王欽若等編纂:《册府元龜》卷二《帝王部》

（廣順元年七月）壬午永壽節，群臣詣廣政殿上壽畢，赴相國寺齋設。宰臣、學士、內諸司使、前任節度使、防禦團練等使，侍御諸軍都將、刺史等，賜衣各一襲。

（宋）王欽若等編纂:《册府元龜》卷二《帝王部》

（廣順）二年四月癸丑，敕："永壽節每年諸道節度防禦團練等使、刺史奏薦僧尼、道士紫衣、師號等，今後見任節度使帶使相，僧尼、道士紫衣、師號可共奏三人；見任節度使不帶使相，共二人；見任防禦團練、刺史等，祇奏一人，在朝文武臣僚及前任官，今後更不得奏薦。"

（宋）王欽若等編纂:《册府元龜》卷二《帝王部》

（廣順二年）七月丙辰，敕："內外文武臣僚遇永壽節辰，皆於寺觀起置道場，便爲齋供。訪聞皆是率斂，不唯牽費，兼且勞煩。念忠節以可嘉，在誠抱而增愧，所宜減損，以便公私。今後中書門下與文武百僚共設一齋，樞密使與內諸司使、副使等共設一齋，侍衛親軍、馬步都指揮使已下共設一齋。其餘前任官員及諸司職掌，並不得更請置道場及設齋。"

（宋）王欽若等編纂:《册府元龜》卷二《帝王部》

（廣順）三年七月，京城居民晁緒等言，以永壽節各於門首齋，燃燈三晝夜。從之。乙巳永壽節，太祖御永福殿，群臣上壽。賜將相大臣、禁軍大將等衣有差，群臣赴僧寺齋會。

（宋）王欽若等編纂：《册府元龜》卷二《帝王部》

世宗以唐天祐十八年九月二十四日丙午生於邢臺之別墅。

（宋）王欽若等編纂：《册府元龜》卷二《帝王部》

顯德元年七月壬辰，文武百僚上表曰：“伏以壽丘降迹，爰符出震之期；里社應祥，式契乘乾之運。頃觀舊史，抑有彝章，幸當載誕之辰，仰奉延洪之稱，伏惟皇帝陛下道超九聖，祚啓千齡，紹文武之耿光，比成康之迪哲，自登天寶，益顯聖功。運龍韜而親御戎車，仗金鉞而立平賊寇。破幽并之妖孽，救澤潞之生靈，觀兵而直抵晉陽，奮武而遠臨代北。元凶假息，雜虜摧鋒。還京闕而契人心，謁園陵而伸孝道，飲至才逾於旬日，覃恩已被於八方。四塞關山，漸息烟塵之警；萬邦臣妾，咸登仁壽之鄉。今則候屬澄河，時當降聖，是甲觀懸弧之日，乃銅律御户之時，鰈水鶼林，望堯雲而獻祝；桓圭穀璧，趨禹會以駿奔。臣等叨遇休明，俱塵禄位，荷君父巍巍之德，伸臣子慺慺之誠，祇率典謨，尊奉宸極。臣等不勝大願，謹以九月二十四日降誕日，奉上節名爲天清節。所冀金相玉振，貞寶曆以彌新；地久天長，焕青編而不朽。”從之。

（宋）王欽若等編纂：《册府元龜》卷二《帝王部》

（顯德元年）九月乙未天清節，帝御廣政殿，宰臣率文武百僚上壽如儀，頒賚有差。

（宋）王欽若等編纂：《册府元龜》卷二《帝王部》

（顯德）二年九月己丑天清節，帝御廣政殿，文武百僚上壽。

（宋）王欽若等編纂：《册府元龜》卷二《帝王部》

（顯德）三年九月癸丑天清節，賜文武臣僚衣有差。宰臣率百官詣廣政殿上壽如儀。

（宋）王欽若等編纂：《冊府元龜》卷二《帝王部》

（顯德）四年九月丁未天清節，百辟上壽如儀，賜內外臣僚衣有差。

（宋）王欽若等編纂：《冊府元龜》卷二《帝王部》

（顯德）五年九月壬子天清節，賜文武臣僚衣有差。既而詣廣德殿上壽，江南進奉使商崇義代李景捧壽觴以獻。既罷，百官詣相國寺修齋。

（宋）王欽若等編纂：《冊府元龜》卷二《帝王部》

恭帝以廣順三年八月四日生於澶州之府第，顯德六年即位。其年文武臣僚上表，請以八月四日爲天壽節，從之。

（宋）王欽若等編纂：《冊府元龜》卷二《帝王部》

9. 宴樂

梁太祖開平元年五月丙申，御玄德殿，宴犒諸軍使劉捍、符道昭已下，賜物有差。是月，青州、許州、定州三鎮節度使請開內宴，各賜方物。

（宋）王欽若等編纂：《冊府元龜》卷一九七《閏位部》

（開平元年）六月戊寅，幸乾元院宴，召宰臣、學士及諸道入貢陪臣。

（宋）王欽若等編纂：《冊府元龜》卷一九七《閏位部》

（開平）二月丁酉，宴群臣於崇勛殿。甲辰，又宴群臣於崇勛殿，蓋藩臣進賀,勉而從之。

（宋）王欽若等編纂:《册府元龜》卷一九七《閏位部》

（開平）二年三月,幸澤州。辛巳,以同州節度使劉知俊爲潞州行營招討使。壬午,宴扈駕群臣並勞知俊,賜以金帶、戰袍、寶劍、茶藥。

（宋）王欽若等編纂:《册府元龜》卷一九七《閏位部》

（開平二年）四月丁未,自澤州還。至懷州,宴宰臣文武百官。

（宋）王欽若等編纂:《册府元龜》卷一九七《閏位部》

（開平二年）九月丁亥,西幸至陳州,錫宴扈從官。

（宋）王欽若等編纂:《册府元龜》卷一九七《閏位部》

（開平二年）十月乙巳,御內殿,宴宰臣、扈從官共四十五人。丙午,御毬場殿,宣夾馬都指揮使尹皓、韓瑭以下將士五百人,賜酒食。庚戌,至西都,御文思殿。辛亥,宰臣百僚起居於殿前,遂宣赴內宴,賜方物有差。丁巳,至東都。壬戌,御宣和殿,宴宰臣、文武百官。

（宋）王欽若等編纂:《册府元龜》卷一九七《閏位部》

（開平二年）十一月辛亥,御宣和殿,宴宰臣、文武百官,以大駕還京故也。庚辰,御宣和殿,宴宰臣、文武百官。乙未,又宴宰臣、百官於宣和殿。

（宋）王欽若等編纂:《册府元龜》卷一九七《閏位部》

（開平）三年正月甲午。御文思殿。宴群臣。賜金帛有差。

（宋）王欽若等編纂:《册府元龜》卷一九七《閏位部》

（開平三年）三月丙辰朔，御崇勛殿視朝，遂宴群臣。

    （宋）王欽若等編纂：《册府元龜》卷一九七《閏位部》

（開平三年）四月，車駕在河中府。己亥，御前殿，宴宰臣及冀王友謙扈從官。甲寅，宴宰臣及扈從官於内殿。

    （宋）王欽若等編纂：《册府元龜》卷一九七《閏位部》

（開平三年）五月乙丑朔，視朝，遂命宰臣及文武百官宴於内殿。己卯，車駕至西京。癸未，御崇勛殿，宴宰臣及文武百官四品已上。己丑，復御崇勛殿，宴宰臣、文武百官四品已上。

    （宋）王欽若等編纂：《册府元龜》卷一九七《閏位部》

（開平三年）九月甲午，宴百官於崇勛殿。丙辰，御崇勛殿，召韓建、楊涉、薛貽矩、趙光逢、杜曉、河南尹張宗奭、襄州節度使楊師厚、宣州節度使王景仁等賜食，賜宰臣銀鞍轡馬、方物、銀器、細茶等。庚辰，御崇勛殿，宴宰臣及文武百官。

    （宋）王欽若等編纂：《册府元龜》卷一九七《閏位部》

（開平三年）九月，御崇勛殿，宴群臣文武百官，賜張宗奭、楊師厚白綾各三百匹、銀鞍轡馬。丁酉，上幸崇政院，宴内臣，賜院使敬翔、直學士李班等繒綵有差。

    （宋）王欽若等編纂：《册府元龜》卷一九七《閏位部》

（開平）四年正月壬寅，幸保寧毬場，賜宴宰臣及文武百官。

    （宋）王欽若等編纂：《册府元龜》卷一九七《閏位部》

（開平四年）二月戊辰，宴於金鑾殿。甲戌，以春時無事，頻命宰臣及勛烈宴於河南府池亭。辛巳，楊師厚赴鎮於陝。寒食假，諸道節度使、郡守、勛臣競以春服賀。又連清明宴，以鞍轡、馬及金銀器、羅錦進者迨千萬。乃御宣威殿,宴宰臣及文武官四品已上。

(宋)王欽若等編纂:《册府元龜》卷一九七《閏位部》

(開平四年)三月壬辰,幸崇政院,宴勳臣。己亥,幸天驥院,宴侍臣。壬寅,幸甘水亭,宴宰臣、勳烈、翰林學士。辛亥,宴宰臣於內殿。丙辰,於興安毬場大饗六軍,樂春時也。

(宋)王欽若等編纂:《册府元龜》卷一九七《閏位部》

(開平四年)四月乙丑,宴崇政院。帝在藩及踐祚,勵精求理,深戒逸樂,未嘗命堂上歌舞。是日,止令內妓昇階擊鼓弄曲,甚歡,至午而罷。

(宋)王欽若等編纂:《册府元龜》卷一九七《閏位部》

(開平四年)七月壬子,宴宰臣、河南尹、翰林學士、兩街使於甘水亭。丙辰、宴群臣於宣威殿。

(宋)王欽若等編纂:《册府元龜》卷一九七《閏位部》

(開平四年)八月,西征。庚午,次陝府。辛未,宴本府節度使楊師厚及扈從官於行宮,賜師厚帛千匹,仍授西路行營招討使。丙子,宴文武從官軍使已下,設龜兹樂。

(宋)王欽若等編纂:《册府元龜》卷一九七《閏位部》

(開平四年)九月甲午,至西京。乙卯,宴會群臣於宣威殿。

(宋)王欽若等編纂:《册府元龜》卷一九七《閏位部》

(開平四年)十月己卯,以新修天驥院開宴落成,內外並獻馬,而魏博進絹四萬匹爲駔價。

(宋)王欽若等編纂:《册府元龜》卷一九七《閏位部》

（開平四年十月）壬午，以冬設禁軍，幸興安鞠場，召文武百官宴。

（宋）王欽若等編纂：《册府元龜》卷一九七《閏位部》

（開平四年）十一月辛卯，宴文武四品已上於宣威殿。庚戌，幸左龍虎軍，宴群臣。甲寅，幸右龍虎軍，宴群臣。

（宋）王欽若等編纂：《册府元龜》卷一九七《閏位部》

（開平四年）十二月辛酉，宴文武四品已上於宣威殿。

（宋）王欽若等編纂：《册府元龜》卷一九七《閏位部》

（開平）五年三月丙申，幸甘水亭，召宰臣、翰林學士、尚書侍郎孔績已下八人扈從，宴樂甚歡。戊戌，幸右龍虎軍，召文武官四品已上宴於新殿。甲辰，幸左龍虎軍新殿，宴文武官四品已上。

（宋）王欽若等編纂：《册府元龜》卷一九七《閏位部》

（開平五年）四月丁卯，幸龍虎門，召宰臣、學士、金吾上將軍、大將軍侍宴廣化寺。丁丑，幸宣威殿，宴文武官四品已上及軍使、蕃客。己卯，又幸左龍虎軍，宴群臣。

（宋）王欽若等編纂：《册府元龜》卷一九七《閏位部》

乾化元年五月甲申朔，大赦，改元，宴於宣威殿。壬辰，宴河南尹、翰林學士、軍使於宣威殿。

（宋）王欽若等編纂：《册府元龜》卷一九七《閏位部》

（乾化元年）八月癸亥，詔宰臣文武百僚宴於河南府。

（宋）王欽若等編纂：《册府元龜》卷一九七《閏位部》

（乾化元年）九月己丑，宴群臣於興安殿。

（宋）王欽若等編纂：《册府元龜》卷一九七《閏位部》

（乾化元年）十月，幸相州。癸亥，令諸軍指揮使及四番將軍賜食於行宮之外廡。戊辰，幸邑西之白龍潭。潭水亙千許步，南北五之一焉。風瀾折岸，遼然有江湖之狀。潭之北立神祠，前亭宇弘敞，下植波際。帝登臨凝覽，宸旨舒悅，即命丞相與翰林大學士侍膳於左右。又命魚艋數十以釣網進觀獻焉。

（宋）王欽若等編纂：《册府元龜》卷一九七《閏位部》

（乾化元年）十一月甲申，至黎陽縣。乙酉，命從官丞相已下宴於行次。

（宋）王欽若等編纂：《册府元龜》卷一九七《閏位部》

（乾化）二年二月庚戌，中和節，御崇勛殿，召丞相、大學士、河南尹略封訖於萬春門外廡，賜以酒食。

（宋）王欽若等編纂：《册府元龜》卷一九七《閏位部》

（乾化二年二月）是月庚申，御宣威殿開宴，丞相洎文武官屬咸被召列侍，竟日而罷。

（宋）王欽若等編纂：《册府元龜》卷一九七《閏位部》

（乾化二年）三月，北巡還至貝州。辛卯，詔丞相、翰林大學士、文武從官、都招討使及諸軍統軍指揮使等，賜食於行殿。壬辰，命以羊酒等各賜從官。己未，次黎陽縣，東都留守官吏奉表起居，賜丞相從官酒食有差。己巳，至東都。博王友文以新創食殿上言，並進準備內安錢三千貫、銀器一千五百兩。辛未，宴於食殿，召丞相及文武從官等侍焉。

（宋）王欽若等編纂：《册府元龜》卷一九七《閏位部》

後唐莊宗以天祐八年秋七月，會王鎔於承天軍。鎔，武皇之友也。帝奉之盡敬，捧卮酒爲壽。鎔亦奉酒酬帝。

（宋）王欽若等編纂：《册府元龜》卷一一一《帝王部》

同光元年六月,帝幸保寧鞠場,宴洎行營將士,賜物有差。八月
癸卯,以內園新殿成,名曰"長春殿",宴大臣,賜分物有差。十月辛巳
萬壽節,宴長春殿,賜百官分物。己亥,宴於崇元殿。十二月丁亥,宴
群臣於嘉慶殿。

(宋)王欽若等編纂:《冊府元龜》卷一一一《帝王部》

同光元年,帝入洛,宴於崇元殿,明宗及僞庭大將軍預焉。帝酒
酣,顧明宗曰:"今辰宴客,皆吾前日之勍敵也。一旦與吾同筵,蓋卿
前鋒之功也。"僞將霍彥威、戴思遠伏階叩頭,帝曰:"與卿話舊,無足
畏也。"因賜御衣酒器,盡歡而罷。帝之營德勝也,彥威、思遠皆爲軍
帥,屯楊村寨,日與帝挑戰交兵,故有是言。

(宋)王欽若等編纂:《冊府元龜》卷九九《帝王部》

(同光)二年四月庚辰,宴武臣於嘉慶殿。六月甲申,幸保寧鞠
場,宴洎行營將士。八月壬申,幸皇子繼岌院,奏教坊樂,縱酒而罷。
九月癸卯,宴大臣於長春殿。丁未,又宴群臣於嘉慶殿。辛亥,宴吳
使盧蘋於嘉慶殿,大臣畢預。甲寅,帝幸樞密使郭崇韜之私第,宣教
坊樂,置酒會從臣,至初夜一更還宮。十月丙寅朔,宴大臣於嘉慶殿。
丁亥,宴群臣於長春殿。壬辰,嘉慶殿宴近臣。十一月丙寅朔,宴大
臣於嘉慶殿。戊子,宴群臣於嘉慶殿。壬辰,宴近臣於嘉慶殿。甲
午,命皇子興慶宮使繼岌於會節園,宴蜀使許確、吳越國使錢珣,各賜
分物。己亥,帝幸六宅,教坊樂宴會諸皇弟。戊午,幸明宗之第。又
至宋州節度使元行欽之第,縱酒作樂,一鼓三籌歸宮。

(宋)王欽若等編纂:《冊府元龜》卷一一一《帝王部》

(同光)三年正月甲午朔,皇太后生辰,帝御嘉慶殿,召諸王家宴,
極歡而罷。

(宋)王欽若等編纂:《冊府元龜》卷三八《帝王部》

（同光）三年正月甲午，皇太后生辰，御嘉慶殿，召諸王家宴，極歡而罷。丙午，宴大臣於中興殿。是月，帝幸鄴都。戊申，宴從官於黎陽行宮。二月，帝在鄴。己巳，擊毬於行宮之鞠場，諸皇弟從臣等供奉，賜定州王都金鞍御馬。鞠罷，宴王都於武德殿之山亭，宣教坊樂，陳百戲俳優角觝。夜漏一鼓方罷。甲戌，文思殿宴王都，頒賜有異，夜久方罷。戊子，宴於思政殿。

（宋）王欽若等編纂：《册府元龜》卷一一一《帝王部》

（同光）三年三月丁酉，帝宴皇親於復宮之山亭，皇子弟如家人之禮，内弟子作樂。

（宋）王欽若等編纂：《册府元龜》卷三九《帝王部》

（同光三年）三月，帝在鄴。戊戌，宴於内殿。丙午，帝擊毬於行宮之鞠場，皇弟存霸、皇子繼岌、河中偏將王景、高行安等預焉。毬罷，宴於迎春殿。

（宋）王欽若等編纂：《册府元龜》卷一一一《帝王部》

（同光三年）四月丁丑，宴淮南使魯思鄴於嘉慶殿。九月丙午，帝於嘉慶殿宴西征都統魏王繼岌、招討使郭崇韜、客省使李儼、諸偏裨將校。閏十二月己丑朔，新授西川節度使孟知祥自太原至正衙，見畢，帝以知祥外戚之重，預戒所司出内府供帳珍玩奇絶者，別飭宫居以宴之。庚午，宴諸王武臣於長春殿，始聽樂。先是，七月有恭簡皇太后之喪，至是始聽樂。

（宋）王欽若等編纂：《册府元龜》卷一一一《帝王部》

（同光）四年二月戊子朔，宴武臣於嘉慶殿。

（宋）王欽若等編纂：《册府元龜》卷一一一《帝王部》

明宗天成元年五月甲戌，宴文武百僚於長春殿。八月乙未，始奏樂,宴軍將校於長春殿。乙巳,宴將校於長春殿。

(宋)王欽若等編纂:《冊府元龜》卷一一一《帝王部》

(天成元年)十一月庚寅,宴契丹降將盧文進及其將佐於長春,殿賜分物有差。

(宋)王欽若等編纂:《冊府元龜》卷一一一《帝王部》

(天成)二年二月癸未,宴武臣於長春殿。三月壬子朔,幸奉節園,宰相、樞密使及節度使在京者共進錢絹請宴。四月戊子,幸會節園,召宰臣學士在京勛臣赴宴。五月乙丑,宴淮南使車雷峴等於長春殿。七月戊辰,宴在京藩侯郡守統軍諸將校於長春殿。八月癸巳,秦王從榮自鄴中至,泊於至德宮。帝幸其第,宣禁中女伎及教坊樂,歡宴至晚。從榮進馬及銀器錢絹,帝賜諸伎樂及行從人等,乘輿歸內。戊戌,宴宰相學士及勛臣於長春殿。九月己未,宴在京蕃侯郡守於長春殿,各有頒賜。甲子,宴群臣於長春殿,賜物有差。乙丑,宴樞密使及在京節度使、內諸司使等於長春殿。十月乙未,帝在汴,宴宰臣學士諸將校等於玉華殿。丁酉,宴群臣於玉華殿。乙巳,宴於玄德殿。十一月乙卯,徐州霍彥威、青州符習入覲,召昇殿,命樂舉酒,語及佐命決策之事,歡話移時。己巳,宴宰臣學士在京侯伯、親衛將校於玉華殿,勞霍彥威、符習、房知溫三帥。壬申,宴玄德殿,彥威等辭也。十二月乙丑,宴於玄德殿,兗州節度使趙在禮入覲,使召赴宴。戊戌,以夏魯奇、趙在禮入覲,宴於玄德殿。

(宋)王欽若等編纂:《冊府元龜》卷一一一《帝王部》

(天成)三年二月辛巳,宴從臣於玉華殿。戊戌,開社宴於玉華殿。三月戊申,宴百僚於玉華殿。丁卯,宴從臣於南莊。五月辛酉,南莊宴諸蕃客,入幸西莊,宴回鶻使,召前節度使赴之。八月戊戌,侍臣宴於玉華殿。九月乙丑,帝在汴,宴百辟於玉華殿。十月戊午,契丹署平州刺史張希崇將麾下八十餘人歸闕,見於玄德殿,便召赴宴。

十一月壬午,宴宰臣學士及東都留守孔循於麟趾殿。十二月甲寅,幸開封府,六宮從行,宴樂頒賜。

(宋)王欽若等編纂:《冊府元龜》卷一一一《帝王部》

(天成)四年二月乙巳,北面馳報王都平,收復定州。帝大悦,舉酒遍賜侍臣,喜除腹心之疾。賜教坊絹五百匹,内臣進馬稱賀。戊申,宴群臣於玉華殿,樂作,王晏球馳報已獲王都首級,生擒契丹秃餒等二十餘人,百官就班稱賀。甲子,帝歸京。丙寅,駐蹕鄭州,宴從臣於行宫。三月丙子,内外輔臣、在京蕃侯共進鞍馬錢帛,以車駕還京,請開内宴。時潞王自河中入覲,進金銀錢絹開内宴。壬午,宴於長春殿。乙酉,宴宰相、在京節度使於中興殿。辛卯,宴百辟於長春殿。丙申,幸會節園,召從臣赴宴。四月丙午,宴於中興殿。八月戊戌,宴勛臣於廣壽殿。丁巳,宴大臣於長春殿。九月乙酉,宴群臣於長春殿。十一月戊辰,宴勛臣於廣壽殿。

(宋)王欽若等編纂:《冊府元龜》卷一一一《帝王部》

朱守殷,天成中爲河南尹,判六軍諸衛事。與諸貴要、近臣、宰執交歡宴會。時集於府第,復妓侍盈室。

(宋)王欽若等編纂:《冊府元龜》卷四五四《將帥部》

長興元年二月乙未,宴群臣於長春殿,酬郊祀行事也。三月丁卯,幸會節園,宴宰相及諸道入覲節度使,賜物有差。因幸河南府,至夜歸宫。辛未,宴入覲節度使於長春殿。四月己,亥幸會節園,宴大臣,至暮歸宫。六月,宴群臣於長春殿。八月戊申,宴群臣於長春殿。九月壬申,宴百官於長春殿。

(宋)王欽若等編纂:《冊府元龜》卷一一一《帝王部》

(長興)二年三月己亥,宴群臣於長春殿,賜物有差。四月丁酉,幸會節園,宴宰臣、親王、内臣及在京侯伯,因幸河南府,秦王從榮進

馬請物,賜侍宴臣僚,至晚還京。五月癸酉,宴群臣於長春殿。九月
丁酉,宴百僚於長春殿。十二月己巳,宴近臣於長春殿。

(宋)王欽若等編纂:《冊府元龜》卷一一一《帝王部》

(長興)三年二月戊午,宴群臣於長春殿。四月,宴群臣於長春
殿。九月壬辰,宴群臣於長春殿,教坊進新曲,奏畢,賜名長興殿。

(宋)王欽若等編纂:《冊府元龜》卷一一一《帝王部》

(長興)四年三月辛卯,宴百僚於長春殿。十月壬子,新授汴州節
度使趙延壽赴鎮,宴於廣壽殿,餞之。十一月甲戌,宴餞鎮州節度使
范延光。癸未,宴近臣及諸軍將校於中興殿。

(宋)王欽若等編纂:《冊府元龜》卷一一一《帝王部》

愍帝應順元年正月戊子,宴將相百僚於廣壽殿。三月丁巳,宴群
臣於長春殿。

(宋)王欽若等編纂:《冊府元龜》卷一一一《帝王部》

末帝清泰元年四月戊寅,宴文武百僚於廣壽殿,賜鞍勒金帛有
差。五月甲寅,宴群臣於長春殿。壬午,平盧節度使房知溫來朝,及
與諸將歸鎮宴於長春殿,始奏樂。知溫獻奉數萬計。十月戊寅,判六
軍、河南尹皇子從美進縑銀請開宴近例也。

(宋)王欽若等編纂:《冊府元龜》卷一一一《帝王部》

(清泰)二年三月丙午,宴群臣於長春殿。宰臣、樞密使、前任
節度使、六統軍進奉捧觴獻壽,日之夕而罷。辛酉,宰臣、學士、皇
子、樞密、宣徽使、侍衛馬部都指揮使共進錢五十萬、絹五百匹,請
開宴。六月己卯,鎮州董溫其獻絹千匹、銀五百兩、金酒器、供御
馬,請開宴。

(宋)王欽若等編纂:《冊府元龜》卷一一一《帝王部》

晉高祖天福元年七月,宴群臣於廣政殿,賜物有差。八月乙丑,宴契丹册禮使於廣政殿,賜物有差。

（宋）王欽若等編纂:《册府元龜》卷一一一《帝王部》

（天福）四年三月乙巳,宴馮道等於廣政殿,使回故也。丁巳,宴群臣於永福殿,賜物有差。閏七月甲戌,宴群臣於廣政殿。壬辰,宴群臣於永福殿,賜物有差。八月丁丑,宴群臣於永福殿。十二月己酉,宴群臣於永福殿。庚寅,御明德樓,餞送昭義軍節度使王建立,賜玉斧、蜀馬。

（宋）王欽若等編纂:《册府元龜》卷一一一《帝王部》

（天福）五年四月丙申朔,宴群臣於永福殿。八月甲午朔,宴群臣於永福殿。十月辛亥,宴東平王楊光遠於萬歲殿,禮賓使王彦章護聖指揮使何神通以蕃歌唱和,各賜物百端。己酉,宴群臣於永福殿,賜物有差。

（宋）王欽若等編纂:《册府元龜》卷一一一《帝王部》

（天福）六年五月甲戌,宴群臣於永福殿。七月甲戌,宴宰臣、前任、見任節度、刺史、統軍、行軍副使於永福殿。八月戊申,宴文武百官於武德殿。九月庚辰,宴文武百官於武德殿,諸道進奉使、夷狄來朝者,亦與焉。十月壬寅,宴宰臣、節度、防禦、團練使、刺史、統軍、行軍副使於畫堂。十一月乙亥,宴宰臣、節度、防禦、團練使、刺史、統軍、行軍副使、諸軍指揮使於文思殿,諸道進奉使亦與焉。十二月己巳,習射於後苑,諸軍都指揮使已上悉豫。

（宋）王欽若等編纂:《册府元龜》卷一一一《帝王部》

（天福）七年二月己丑,御武德殿開宴,召新鎮州杜威、新涇州王周並應鎮州行營轉運使副使、諸軍都指揮使至副兵馬使悉赴焉,賜物有差。乙未,御文思殿開宴。三月丙子,御文思殿宴宰臣、前任見任節度使、刺史、行軍副使、統軍諸軍都指揮使。閏三月丁未，御崇德殿宴宰臣、前任見任節度、防禦、團練、刺史、統軍行軍副使、都指揮使。四月丙辰，宴宰臣、節度、防禦、團練、刺史、行軍副使、統軍諸軍都指揮使於崇德殿。丙子，宣廣晉尹齊王就前河中府節度使康福弟，以御廚、教坊樂宴召見任、前任節度使。

（宋）王欽若等編纂：《册府元龜》卷一一一《帝王部》

少帝以天福七年六月即位。九月甲申，宴班帥將校於崇德殿。

（宋）王欽若等編纂：《册府元龜》卷一一一《帝王部》

開運三年二月壬午，幸南莊，命臣僚泛舟飲酒，因幸杜威園，醉方歸內。

（宋）王欽若等編纂：《册府元龜》卷一一一《帝王部》

五年辛未，幸大年莊，游船習射，夜分方歸內。八月辛酉，南莊召從臣宴樂，至暮還宮。

（宋）王欽若等編纂：《册府元龜》卷一一一《帝王部》

漢高帝即位，稱天福十二年。是年十月庚申，帝幸鄴，在御營開宴召從官等。十二月丙戌，召文武從官張宴。

（宋）王欽若等編纂：《册府元龜》卷一一一《帝王部》

隱帝乾祐三年三月丙午嘉慶節，群臣入相國寺，齊賜教坊樂。甲寅，入朝侯伯高行周已下，以皇帝初舉樂，獻銀縑千計，請開御筵，謂之“買宴”。戊午，宴群臣於永福殿，入觀諸侯貢獻上壽，內樂百戲，日晏而罷。

（宋）王欽若等編纂：《册府元龜》卷一一一《帝王部》

周太祖廣順元年三月壬午，宴群臣於廣政殿。四月戊申，幸城南園,賜從官酒食,未時還宮。五月壬午,幸城南園,賜從官酒食。八月乙未,幸班荊館,賜官酒食。丙午,宴群臣於永福殿,始舉樂。

(宋)王欽若等編纂:《冊府元龜》卷一一一《帝王部》

(廣順元年)十月壬辰,太祖幸城南園,賜從官王饒、王彥超等酒食,午後還宮。十二月乙未,帝幸城西園,賜從官酒食,申時還宮。丙辰,幸城南園,賜從官酒食,申時還宮。

(宋)王欽若等編纂:《冊府元龜》卷一一一《帝王部》

(廣順)二年正月甲子,宴宰相、勳臣於廣政殿。三月庚申,幸城南園,召宰臣、近臣、諸統軍射。己卯,宴群臣於永福殿。五月,帝親征兗州。庚申,至班荊館,賜從官酒食。甲子,次成武,宴從官、朝覲藩帥於行宮。戊辰,至兗州城下。庚午,宴從官、將校於行宮。丙子,以兗州平,從臣詣行宮稱賀,賜宴而罷。六月丁亥,平兗州回,次鄆州,高行周進錢絹請開宴。戊子,宴從臣將校於行宮。壬辰,次澶州。癸巳,世宗進奉請開宴。帝召從官將校奏樂,午時宴罷。甲午,帝在澶州,宴從官將校。八月丙申,宴群臣於永福殿。九月甲寅朔,宴宰臣、前任藩侯、郡守、諸軍將校於廣政殿。十月丙戌,幸南園,賜從官酒食。庚子,幸樞密院,召近臣賜酒食,又射於後園。十一月庚申,內園賜諸軍將校射。十二月己亥,宴於廣政殿。壬寅,幸西園,召從臣射,申時還宮。

(宋)王欽若等編纂:《冊府元龜》卷一一一《帝王部》

(廣順)三年正月壬子朔,朝賀畢,御永福殿,百僚稱觴獻壽,舉教坊樂。甲寅,召宰相、大將射於內毬場,帝先中的,臣僚獻馬上壽。射罷,各賜物有差。辛巳,幸城南園,賜從官酒食,申時還宮。閏正月癸未,宴見任、前任節度、防禦等使、諸軍大將於廣政殿。戊戌,宴宰臣見任前任藩臣、諸軍將校於廣政殿。壬寅,幸城南園,賜從官酒食,申時還宮。二月丁丑,幸城南園,詔從官射,申時還宮。壬午,宴宰臣、前任藩帥、禁衛大將於廣政殿。三月甲午,宴宰臣、前任藩帥、禁衛大將於廣政殿。丙午,宴群臣於永福殿。戊申,幸城南園,賜從官酒食,申時還宮。四月甲寅,宴入朝藩使、郡守、禁軍大將於廣政殿。趙暉獻上壽馬十匹、金酒器百兩。乙丑,幸城南園,賜酒食,申時還宮。五月甲申,宴宰相於廣政殿。乙丑,宴在京文武將相於廣政殿。壬寅,幸城南園,賜從官酒食,申時還宮。七月丙午,幸城南園,賜從官酒食,申時還宮。八月甲寅,宴文武將相於廣政殿。丙寅,宴群臣於永福殿。十月丙辰,幸城南園,又幸城西園,賜從官酒食,申時還宮。

（宋）王欽若等編纂:《冊府元龜》卷一一一一《帝王部》

世宗顯德元年三月,親征河東。己亥,宴從官於潞州之衙署。四月丙午,帝在潞州,宴從官於行宮。己未,復宴從官於行宮。六月庚午,帝在潞州,宴從官於行宮。七月,征河東還。甲戌,宴文武百僚於永福殿。八月甲辰,幸南御莊,召武臣觀射,至暮還宮。癸丑,宴文武百僚於永福殿。九月戊戌,御永福殿宴文武臣僚。

（宋）王欽若等編纂:《冊府元龜》卷一一一一《帝王部》

（顯德）二年八月甲寅,內庫法酒初熟,帝面賜宰臣、樞密使已下,數爵而止。帝因曰:"朕在位以來,不聞臣下有醉者,豈朕之防嚴?抑臣下畏慎耶?"九月甲子,宴宰臣、樞密使、侍衛諸將已下食於萬歲殿。帝因曰:"兩日以來,至甚寒沍。朕於宮闈之中,食珍美之膳,但以無功及民,何以仰答天貺,雖躬親庶政,日覽萬機,亦恐無以勝任。當須手執耒耜,與民同力,不然親當矢石,為人除害,稍可安心耳!"又曰:"朕不為賜卿等食,因事興言,實自責也。"十月庚午,召宰臣、樞密使、節將已下觀射於苑中。

（宋）王欽若等編纂:《冊府元龜》卷一一一一《帝王部》

（顯德）三年正月乙亥,宴於金祥殿,賞西征之功也。丁未,帝伐至陳州,宴從官於行宮。三月,親征淮南。辛亥,宴於行宮,文武從官及江南進奉使等悉皆預焉。五月辛丑，自淮上還，次宿州，宴從官於行宮。丁未，次宋州，東京文武百僚來見於路左。是日，宴於行宮。十一月辛卯，宴於廣政殿。

（宋）王欽若等編纂：《冊府元龜》卷一一一《帝王部》

（顯德）四年二月辛酉，詔文武百官，今後凡遇入閣日，宜賜廊餐。庚辰，帝南征次陳州，宴從官於行宮。三月戊子朔，宴文武從官於行宮。四月，南征還，次潁州，宴從官於行宮。丁卯，次圉鎮，宣文武從官及迎駕百僚置酒行宮。五月乙巳，宴文武百僚於廣政殿。八月乙卯朔，御崇元殿，文武百官入閣既罷，賜百官廊餐。時帝御廣德殿西樓以觀焉，命中黃門閱視，酒饌無不精腆。九月庚戌，宴百僚於廣德殿。十月丙子，南征至宋州，宴從官於行宮。十一月乙巳，次泗州城。丙午冬至，宣宰臣及從官已下就城樓各飲以酒。十二月丙辰，宴從官於行宮。戊辰，攻下楚州。庚午，宴從官於行宮。甲戌，又宴從官於行宮。

（宋）王欽若等編纂：《冊府元龜》卷一一一《帝王部》

（顯德）五年正月丁亥，宴於行宮。壬申，帝以楚州平，受宰臣已下稱賀畢，宴於行宮。二月癸丑朔，又宴於行宮。庚申，至高郵縣。癸亥，宴於行宮。庚午，在楊州，宴於行宮。三月庚子，以江南內附，文武從官稱賀，宴於行宮。辛丑，宴於瓜步行宮，江南、兩浙朝貢使皆預焉。庚戌，宴從官及江南進奉使已下於行宮。四月壬子朔，駐蹕揚州，江南遣使進買宴錢二百萬，仍遣伶官五十人俱來。癸丑，召從官及江南進奉使馮延巳以下，宴於行宮。江南偽臨汝郡公徐遼代李景捧壽觴以獻，仍進金酒器、御衣等。甲寅，駐蹕楊州，宴從官及江南吳越進奉使於行宮。己未，次泗州，宴從官於行宮。甲子，至宿州，宴從官於行宮。戊辰，至宋州，東京文武百官來迎。翌日，宴百官於行宮。丙子，幸迎春苑玉津園，宣教坊樂，至暮還宮。五月丁亥，宴文武於廣政殿。回鶻、達靼進奉使亦預之。是月壬辰，帝謂侍臣曰："向來御廚造食，各分等差。今後賜宴群臣食物並須類從，所食不得更有分別。"閏七月庚申，宴文武百官於廣德殿。九月乙丑，賜宰臣、樞密使、三司使、翰林學士、中書舍人宴於玉津園，張教坊樂。先是，帝以前代有賜百官觀稼之事，復以是歲秋成，又念内臣之勞，故有是命。十月庚辰，宴文武百僚及諸道進奉使於廣德殿。丙申，宴於廣政殿。十二月乙酉，宴於廣政殿。

（宋）王欽若等編纂：《冊府元龜》卷一一一《帝王部》

（顯德）六年正月壬子，宴於廣政殿。庚申，帝命諸將大射於鞠場，既而宴於講武殿。乙丑，命諸將大射於鞠場。二月庚申，宴於廣政殿。三月甲子，宴於廣政殿。壬申，復宴於廣政殿。四月，帝北伐。戊寅，至澶州，宴從官於行宮。癸未，賜博州天平節度使李仲進見於路左。是日，宴於行宮。辛卯，至滄州，宴從官於行宮。五月丙午，至瓦橋關，宴從官於行宮。乙酉，還京，賜百官及諸道進奉使，宴於迎春苑。

（宋）王欽若等編纂：《冊府元龜》卷一一一《帝王部》

10. 諸司禮錢

（同光）三年正月戊戌，敕：“兵、吏部以臺省禮錢爲名，所司妄有留滯，在京者遽難應付，外來者固是淹延，須至條流，冀絶訛弊。自此後，特恩授官、侍衛軍功、改轉内廷、諸司帶職、外來進奉，闕廷綾紙，並宜官給，無令收買。舊例朱膠，一切停廢，禮錢亦不征取。又慮所司困闕人吏，不辦食直糧課，逐月兩司各支與錢四十貫文。至於臺省禮錢，宜特蠲減，比舊數五分許徵一分。其特恩已下並不得徵納禮錢，仍令中書門下條流敕畫，經過諸司，無至停滯其官告。如是宣旨除授及品秩合進呈者，準例送回，餘並送納中書門下點簡，給付敕書。到本司十通已上官，限三日内印署了；三十通已上，限五日；五十通已上，中書門下與催促。如臨時緩急，宣賜不拘此限。少府監鑄造印文，元屬禮部，兩司無有推注停滯。諸道使臣廣徵銅炭價錢，納後別須邀索。自此凡鑄印，宜令本司限敕到五日内進呈，不計諸道在京，並不得徵納銅炭價錢，所破料物並計數於租庸院請領，仍預嘗給付價錢,使盡計帳於租庸院更請,或有故違,必行典憲。

(宋)王欽若等編纂:《册府元龜》卷六一《帝王部》

（同光）二年三月三十日,御史臺奏:"新除諸道節度、觀察、防禦、經略等使、刺史、縣令及諸道幕府,兼諸司帶憲銜兼官,合納光臺錢。謹具本朝元納,及後減落錢數如後:兼御史大夫元納三十貫,減落外今納一十五貫;兼御史中丞元納二十貫,減落外今納一十貫文;兼侍御使元納八貫三百,減落外今納四貫一百五十文;兼殿中侍御使元納一十一貫三百,減落外今納五貫六百五十文;兼監察御史元納一十三貫三百,減落外今納六貫六百五十文。以前臺司,準本朝例。及減落外後徵錢數,分析如前。應有諸道節度、觀察使、刺史、經略、防禦等使及諸道幕府上佐官,並諸司班行新授兼官者,并合送納前件光臺憲銜禮錢。今欲準例,勒辭謝驅使官申報,牒兵部,勒告身案除準宣取外,準例須候送納光臺禮錢了,朱鈔到,方可給付。轉帖諸道進奏,及知後院等,準從前事例申報催徵,無致有隳舊規。"從之。至周顯德五年閏七月一日,御史臺申臺司見行事件:"應新除節度、防禦、團練使、科史、賓幕、州縣官兼帶五院憲銜,合徵光臺禮錢。如是已曾納過,準舊例不徵;兼御史大夫元徵三十貫,今徵六貫文;兼御史中丞元徵二十貫,今徵四貫文;兼侍御史元徵八貫三百,今徵一貫六百六十文;兼殿中侍御史元徵一十二貫三百,今徵二貫二百二十文;兼監察御史元徵一十三貫三百,今徵二貫六百六十文。"

(宋)王欽若等編纂:《册府元龜》卷五一七《憲官部》

按:朝廷視官制禄,所以養賢。官莫崇於相,則禄賜宜優於百僚,今於上日反徵其錢,以充公用,可乎?今考《五代會要》,後唐天成元年,門下、中書兩省狀:"準舊例,檢校官合納光省禮錢。近降敕命,除翊衛勳庸、藩垣將佐外,其餘不帶平章事節度使,及防禦、團練、刺史、諸道副使、郎中以下,並三司職掌監院官、縣令、録事參軍、判官等,凡關此例,並可徵收。伏緣省司舊例,別無錢物,祇徵禮錢,以充公廨破使。遭值離亂,致失規繩,乞依元行依例徵理,自防禦、團練、刺史至諸道將校、押衙,各納錢有差。"則爲例已久,且不止於使相而已。又考是年十二月中書奏:"準故事,應諸道藩鎮帶平章事處,各納禮錢五百千,充中書修建公署及添置都堂內鋪陳什物。敕從之。則納此錢者,似是唐末以來,方鎮據土地,修貢獻,求爲使相之人,恐非盛唐之制。然觀建隆之詔,則在廟堂爲相者皆納矣。又考梁開平五年敕:"食人之食者憂人之事,況丞相位尊,參決大政,而堂封未給,且無餐錢,朕甚愧之。宜令日食萬錢之半。"則當時爲相者,俸廩尚無之,況修公署置什物乎!此所以反有無藝之橫取也。

又按:所謂修公署、備什物之類,唐時有諸司捉錢户,捉官本錢,營運納息,以供此費。至五代之時,則不復有之,而令居職者履任之初,自出此錢。國初承五代之法,遂亦有之,故併附於捉錢之後。

(元)馬端臨:《文獻通考》卷一九《征榷考六》

11. 藩鎮

按:唐末五代以來八國,其初亦皆世襲節鎮也,故叙其興滅之歲月、傳授之世次,附於唐方鎮之後。或曰《五代史》之十國世家,即《晉書》十六國載記之流也,何十六國獨無述乎?曰十六國乃夷狄之據地而欲自爲帝王者也,未嘗受命於晉,難以藩方目之,故除張、李二凉之外不復録。若此八國,則雖出於卒伍盜賊,然其竊地之初,皆常請命於天子而畀以旌節矣,後雖僭號,而其源則藩侯也,故叙之。若南唐受禪於楊氏,北漢繼世於河東,則其初即稱帝,是以亦不復録云。

(元)馬端臨:《文獻通考》卷二七六《封建考十七》

李全忠,范陽人,爲牙將,攻可舉,殺之,爲留後,拜節度使。卒,子匡威領留後,進爲使。後爲弟匡籌所逐,奔趙,謀取王鎔,趙人殺之。匡籌,既逐兄匡威,自爲留後,詔授節度使。後爲李克用所攻,兵敗,挈其族奔京師,次景城,爲盧彥威所殺。克用遂取幽州,以劉仁恭爲帥。

(元)馬端臨:《文獻通考》卷二七六《封建考十七》

五代,諸侯跋扈,枉法殺人,主家得自殺其奴僕。

(明)陶宗儀:《說郭》卷九六《燕翼詒謀錄》

按:唐末宇内皆爲節鎮,而所謂節鎮者,非士卒殺主帥,則盜賊逐牧守,朝廷不能討,因而命之。大概皆欲互相噬吞,廣自封殖,以爲子孫傳襲之計。江淮以南之蜂起者,其地非英雄所必爭。又值中州多故,無暇遠略,故皆能傳世。而北方節鎮,其驟興忽敗,不能以一世,多爲宣武、河東所併,獨鳳翔之初起也,據地最多,故能崛强汴、晉之間,相爲長雄,後雖日削,而傳襲亦及再世。靈夏僻在一隅,據五州之地,世事中朝。

(元)馬端臨:《文獻通考》卷二七六《封建考十七》

容齋洪氏《隨筆》曰:⋯⋯至於藩鎮擅地,所謂范陽、盧龍固常受制於天雄、成德也。劉仁恭、守光父子,僭竊一方,唐莊宗遣周德威攻之,克取巡屬十餘州如拾地芥。石晉割賂契丹,仍其舊國,恃以爲强,然晉開運陽城之戰,德光幾不免。周世宗小振之,立下三關。

(元)馬端臨:《文獻通考》卷二六二《封建考三》

梁王師範,自昭宗龍紀中爲青州節度使十五年,甚有殊政。縣令、刺史,皆奏儒雅之士爲之,野無閒田,路無拾遺。

(宋)王欽若等編纂:《册府元龜》卷六七七《牧守部》

梁王師範,初仕唐。天復元年,爲青州節度使。其年冬,李茂貞劫遷車駕幸鳳翔,韓全誨矯詔加罪於太祖,令方鎮出師赴難。詔至青州,師範承詔泣下曰:"吾輩天子藩籬,君父有難,略無奮力者。强兵自衛,縱賊如此,使上失守,宗祧危而不持,是誰之過? 吾今日成敗以之。"乃發使通楊行密,遣將劉鄩襲兗州,別將襲齊埭。時太祖方圍鳳翔,師範遣將張居厚部輿夫二百,言有獻於太祖。至華州東城,守將妻敬思疑其有異,剖輿視之,乃兵仗也。居厚等因大呼,殺敬思,聚衆攻西城。時崔裔在華州,遣部下閉關距之,遂遁去。是日,劉鄩下兗州、河南數十郡,同日發,太祖遣朱友寧討之。

(宋)王欽若等編纂:《册府元龜》卷三七四《將帥部》

孫揆大順元年除昭義軍節度使,以本軍取刁黃嶺路赴任。太原將李存孝偵知之,引騎三百伏於長子縣崖谷間。揆建衙持節,褒衣大蓋,擁衆而行。存孝突出谷口,遂擒揆及中使韓師範並將校五百人。存孝械揆等,以組練係之,環於潞州,遂獻於武皇。武皇謂揆曰:"公縉紳之士,安然徐步,可至達官。何用如是?"揆無以對。令係於晉陽獄。武皇將用爲副使,使人誘之,揆言不遜,遂殺之。

(宋)王欽若等編纂:《册府元龜》卷三七四《將帥部》

王罕之爲河陽節度。唐昭宗乾寧二年,李克用爲邠州行營四面都統,克用表罕之爲副。及誅王行瑜,罕之以功授檢校太尉,食邑千户。

(宋)王欽若等編纂:《册府元龜》卷三八六《將帥部》

梁太祖開平元年十二月,詔故荆南節度使、守中書令、上谷王周泒贈太師,故武昌軍節度使、兼中書令、西平王杜洪贈太傅。先是,鄂、渚再爲淮夷所侵,攻圍甚急,杜洪以兵食將盡,繼來乞師。帝料其隔越大江,難以赴援,兼以荆州據上游,多戰艦,去江夏甚邇,因命周泒舉舟師沿流以救之。泒於是引兵東下,才及鄂界,遇朗州背盟作亂,乘江陵之虛,縱兵襲破之,俘掠且盡。既而泒士卒知之,皆顧其家,咸無鬬志,遂爲淮寇所敗,將卒潰散,泒忿恚自投於江。泒之本姓犯文穆皇帝廟諱臣欽若等曰:泒本姓成,至是,因追贈,以其係出周文,故賜姓周氏。及沕兵敗之後，武昌以重圍經年，糧盡力困，救援不至，訖爲淮寇所陷，載洪以送淮師，遂殺之。此二鎮也，皆以忠節殁於王事，帝每言諸藩屛翰經綸之業，必有首痛沕、洪之薨，至是追贈之。仍深加軫悼，各以其子孫宗屬録用焉。

（宋）王欽若等編纂：《册府元龜》卷二一〇《閏位部》

成沕爲荆南節度使。是時荆州經巨盗之後，居民才一十七家，沕撫緝凋殘，勵精爲理，通商務農，勤於惠養，比及末年，僅及萬户。時韓建披荆棘以緝華州，亦善於綏撫，故其時號“北韓南郭”。郭即沕舊冒之姓也。

（宋）王欽若等編纂：《册府元龜》卷六九二《牧守部》

梁成沕爲荆南節度使。初，澧、朗二州本屬荆南，乾寧中爲土豪雷滿所據。沕奏請割隸，宰相徐彦若執而不行，沕由是銜之。及彦若出鎮南海，路過江陵，沕雖加延接，而猶怏怏。嘗因對酒，語及其事，彦若曰：“今公位尊方面，自比桓文；雷滿者，偏州一草賊爾。今公何不加兵，而反怨朝廷乎！”沕赧然而屈。因思嶺外有黄茅瘴，患者皆落髮，乃謂彦若曰：“黄茅瘴望相公保重。”彦若應聲答曰：“南海黄茅瘴，不死成和尚。”蓋譏沕曾爲僧也，沕終席慚恥。

（宋）王欽若等編纂：《册府元龜》卷九三九《總録部》

梁成沕，唐末爲荆南節度使。時鄂州杜洪爲淮南楊行密所襲，沕出師援之，造一巨艦，三年而成，號曰“和州載”艦上列廳所司局，有若府署之制；又有齊山截海之名，其宏廓可知矣。及沿流東下，未及鄂渚而澧、朗之軍突入江陵，俘掠殆盡。沕之兵士咸顧其家，皆無鬥志，而淮寇乘之，縱火以燔其艦，沕投江而死。又澧朗之軍既襲江陵，一城士女、僧道、工巧皆俘載而去，則“和州載”之名亦前定也。

（宋）王欽若等編纂：《册府元龜》卷九五一《總録部》

成汭鎮荆門，久之，累官至檢校太尉，守中書令，封上谷郡王。然性本豪暴，事皆臆斷。又好自矜伐，騁辯凌人，深爲識者所鄙。

（宋）王欽若等編纂：《册府元龜》卷四五四《將帥部》

梁成汭爲荆南節度使，汭長子嘗有微過，汭手刃之，竟絶嗣焉。

（宋）王欽若等編纂：《册府元龜》卷九四一《總録部》

趙凝唐末爲襄州節度使，弟明爲荆南留後。是時，唐室微弱，諸道常賦多不上供，惟凝昆仲雖强據江山，然盡忠唐室，貢賦不絶。太祖將期受禪，以凝弟兄並據藩鎮，乃遣使先諭旨焉。凝對使者流涕，答以受國恩深，豈敢隨時妄有佗志。使者復命，太祖大怒。天祐二年秋七月，遣楊師厚率師討之。凝以兵數萬逆戰，大爲師厚所敗，乃燔其舟，單舸沿漢遁於金陵。後卒於淮南。

（宋）王欽若等編纂：《册府元龜》卷三七四《將帥部》

王重榮，開平二年爲河中節度使、贈太師。晉王仍立廟，差右僕射張褘撰碑文，委河中尹選擇穩便處立碑，奏聞。

（宋）王欽若等編纂：《册府元龜》卷八二〇《總録部》

梁王珂，河中人。祖縱，鹽州刺史。父重榮，河中節度使，破黄巢有大功，封瑯琊郡王。珂本重榮兄重簡之子，出繼重榮。

（宋）王欽若等編纂：《册府元龜》卷八六三《總録部》

王珂，河中人。父重榮，河中節度使。唐僖宗光啓三年，重榮爲部將常行儒所害，推重榮弟重盈爲蒲帥，以珂爲行軍司馬。及重盈卒，軍府推珂爲留後。時重盈子珙爲陝州節度使，瑶爲絳州刺史，由是爭爲蒲帥。瑶、珙連上章論列，又與太祖書云："珂非吾兄弟，蓋餘家之蒼頭也。小字忠兒，安得繼嗣？"珂亦上章云："亡父有興復之功。"又遣使求援於太原，李克用爲保薦於朝，昭宗可之。既而珙厚結王行瑜、李茂貞、韓建爲援，三鎮互相表薦。昭宗詔諭之曰："吾以太原與重榮有再造之功，已俞其奏矣。"乾寧二年五月，三鎮率兵入覲，賊害時政，請以河中授珙、瑤，又連兵以攻河中。克用聞之，出師以討三鎮，瑤、珙兵退，晉師拔絳州，擒瑤斬之。及克用駐軍於渭北，昭宗以珂爲河中節度使，正授旄鉞，克用因以女妻珂。珂至太原謝婚成禮，克用令李嗣昭將兵助珂，攻珙於陝焉。

（宋）王欽若等編纂：《册府元龜》卷九四三《總録部》

（開平）三年八月，贈故山東道節度使留後王班太保，贈故同州觀察判官盧匡躬工部尚書。班，故河陽將，累以軍功爲郡守，主留事於襄陽，爲小將王求所殺。匡躬嘗爲劉知俊判官，知俊反，不偕行，爲亂兵所害。

（宋）王欽若等編纂：《册府元龜》卷二一〇《閏位部》

牛存節開平四年爲鄆州節度使，夏中病渴至痟。屬河北用軍，末帝令率軍屯陽留，以張大劉鄩之勢。存節忠憤彌篤，未嘗言病，料敵治戎，且夕愈勵。病革，詔歸汶陽，翌日而卒。將終，屬其子知業、知讓等以忠孝，言不及他，深爲時所重，而木强忠厚，有賈復之風。

（宋）王欽若等編纂：《册府元龜》卷三七四《將帥部》

韓遜爲靈州節度使，開平中，劉知俊自同州叛歸鳳翔，李茂貞茂貞以地褊不能容，乃借兵以窺靈武，且圖牧圉之地。知俊乃帥邠岐秦涇之師數萬攻遜於靈州，遜極力以拒之，久之，知俊遁去。

（宋）王欽若等編纂：《册府元龜》卷四〇〇《將帥部》

韓遜爲靈武節度，梁貞明初卒。三軍推其子洙爲留後，末帝聞之，起復正授靈武節度使。天成四年卒，朝廷以其弟澄爲朔方軍節度觀察留後。

（宋）王欽若等編纂：《册府元龜》卷四三六《將帥部》

韓遜嗣襲靈州節度使,善於爲理,部民請立生祠堂於其地,太祖許之,仍詔禮部侍郎薛廷珪撰碑文以賜之,其廟至今在焉。

（宋）王欽若等編纂:《册府元龜》卷八二〇《總録部》

梁高方興以太祖乾元元年爲延州節度使,上言當軍都指揮使高萬金統領兵士,收鹽州。其僞刺使高行存泥首來降。先是,鹽州與吐蕃、党項、諸羌牙接,爲二境咽喉之地。又有烏池鹽齷之利,戎征延貽,意未嘗息。唐建中初,爲吐蕃所陷,砥其墟而去。繇是銀、夏、寧、延洎於靈武,歲以河南東、山南、淮南、青、徐、江、浙等道軍士,不啻四五萬,分護其地,謂之防秋。貞元九年,報政稍暇,乃命副元帥渾瑊總兵三萬,復取其地,建百雉焉。自是,虜塵乃清,邊患遂止。唐代革命,又復失之。今才動偏師,遽收襟要,國之右臂,瘡疣其息哉?

（宋）王欽若等編纂:《册府元龜》卷四二九《將帥部》

尹皓爲華州節度使。末帝貞明六年,河東道招討使劉鄩與皓攻取同州。先,是河東朱友謙襲取同州,以其子令德爲留後,表請旄鉞。末帝怒,命鄩討之。晉將李嗣昭率師來援,戰於城下,王師不利。先是,鄩與河中朱友珪爲婚家,及王師西討,行次陝州,鄩遣使賫檄諭友謙以禍福大計,誘令歸國。友謙不從,如是停留月餘。尹皓、段凝輩素忌鄩,遂構其罪,言鄩逗留養寇,俾候援兵。末帝以爲然。及兵敗,詔河南尹張宗、奭承朝廷密旨,逼令飲酖而卒。

（宋）王欽若等編纂:《册府元龜》卷四四〇《將帥部》

梁雷彦恭,爲朗州節度使。時周汭在荆南暴狠,與鄰境皆樹讎怨。蜀淮賊圍迫杜洪於鄂州,洪求救於汭,汭乃悉境内兵,登舟從江而下。彦恭嘗有窺圖意,聞汭東去喜甚,即率兵上襲,荆人拱手而歸之。於是廩藏金帛,市里人民,悉爲彦恭舟徙而去。

（宋）王欽若等編纂:《册府元龜》卷四二〇《將帥部》

梁氏叔琮爲將帥。養士愛民，甚有能政。後爲鄜州留後，尋真領保大軍節度使。

（宋）王欽若等編纂：《册府元龜》卷三九八《將帥部》

雷滿，唐末爲澧、朗節度使，貪穢慘毒，蓋非人類。及死，子彥恭繼之，蠻蜑狡獪，深有父風。燼墟落榜，舟楫上下於南郡武昌之間，殆無人矣。

（宋）王欽若等編纂：《册府元龜》卷四四八《將帥部》

楊師厚爲襄州節度使。先是，漢南無羅城，師厚始興版築，周十餘里，郛郭完壯。

（宋）王欽若等編纂：《册府元龜》卷四一〇《將帥部》

楊師厚爲魏博節度使。時庶人友珪篡逆，末帝將圖之，遣使謀於師厚。師厚深陳款效，且托書於侍衛軍使袁象先及主軍大將，又遣都指揮使朱漢賓率兵至滑州，以應禁旅。友珪既誅，末帝即位於東京，首封師厚爲鄴王，加檢校太師、中書令。

（宋）王欽若等編纂：《册府元龜》卷三七四《將帥部》

李仁福，爲夏州蕃部指揮使。會節度使李彝昌遇害，本州軍吏迎立仁福爲帥，朝廷因授定難軍節度使。未幾，後唐武皇遣大將周德威會邠鳳之師五萬，同攻夏州，仁福固守月餘，梁援軍至，德威遁去。

（宋）王欽若等編纂：《册府元龜》卷四〇〇《將帥部》

後唐李仁福世爲夏州牙將，本拓跋氏之族。拓跋思恭，唐僖宗時爲夏州節度使，破黃巢有功，賜姓李氏。思恭卒，弟思諫繼之。開平三年，思諫卒。三軍立其子彝昌爲留後，尋起復，正授旄鉞。三年，彝昌遇害，時仁福爲蕃部都指揮使，本州軍吏迎立爲帥。梁祖降制，授定難軍節度使。長興四年卒，子彝超嗣，明宗制授定難軍節度使。清泰二年卒,弟彝興時爲夏州行軍司馬,三軍推爲留後。末帝聞之,正授定難軍節度使。彝興乾德五年卒,子光叡繼其位。

(宋)王欽若等編纂:《册府元龜》卷四三六《將帥部》

周李仁福爲夏州節度使,後唐明宗長慶四年三月,遣押衙賈師温奏事,稱疾甚,以次子彝超權知軍州事,乞降正命。乃遣供奉官賫延州留後官,告賜彝超,促令赴任。仍以其叔思瑤爲夏州行軍司馬,兄彝殷爲節度副使,彝超爲延州留後。長興四年五月丁丑,供奉官崔處訥自夏州回,彝超附表:"臣奉詔受延州留後,尋欲赴任,而軍民留連,未容進發,伏乞更容臣周歲。"

(宋)王欽若等編纂:《册府元龜》卷四三九《將帥部》

李仁福,不知其世家。當唐僖宗時,有拓跋思敬者爲夏州偏將,後以預破黄巢功,賜姓李氏,拜夏州節度使。思敬卒,以弟思諫爲節度使。自唐末天下大亂,興元、鳳翔、邠寧、鄜坊、河中、同華諸鎮之兵,四面並起而交争,獨靈夏未嘗爲唐患,亦無大功,故其世次功過不顯而無傳。梁開平初,思諫卒,軍中立其子彝昌爲留後,拜節度使。明年,其將高宗益作亂,殺彝昌,時仁福爲蕃部指揮使,軍中乃迎仁福立之,不知其於思諫爲親疏也。奉梁正朔,拜節度使、中書令,封朔方王。卒,子彝超,自爲留後。唐明宗徙彝超延州刺史,以安從進爲夏州節度使。彝超拒命,唐遣兵圍夏州不克,乃釋之,以彝超爲節度使。卒,弟彝興嗣,周封西平王,加太傅。

(元)馬端臨:《文獻通考》卷二七六《封建考十七》

梁王珙爲陝州節度使,奢縱聚歛,民不堪命。

(宋)王欽若等編纂:《册府元龜》卷四五五《將帥部》

梁王珙,唐末爲陝州節度使。爲政苛暴,且多猜忌。殘忍好殺,不以生命爲意。内至妻孥、宗屬,外則賓幕、將吏,一言不合,則五毒將施，鞭笞刳斲，無日無之。奢縱聚斂，民不堪命。由是左右惕懼，憂在不測。光化二年六月，爲部將李璠所殺。

（宋）王欽若等編纂：《册府元龜》卷四四八《將帥部》

趙克裕，唐末領亳、鄭二州刺史。時關東藩鎮，方爲蔡寇所毒，黎元流散，不能相保。克裕妙有農戰之備，復善於綏懷，民賴而獲安者衆。太祖表爲河陽節度使。

（宋）王欽若等編纂：《册府元龜》卷六九二《牧守部》

梁葛從周仕唐，爲兖州節度使。昭宗天復三年，青帥王師範遣將劉鄩陷兖州。初，從周方統州兵在外，青人知其虚，來攻逐之。

（宋）王欽若等編纂：《册府元龜》卷四五〇《將帥部》

後唐劉守文爲滄州節度。唐天祐六年五月，守文爲其弟守光敗於薊州之雞蘇，守文爲弟所擒，歸幽州。初，劉仁恭輦幽府積實，營大安山以自固。會汴人攻其城，守光堅守之，因自爲幽帥，囚仁恭於大安別室。守文素蓄奸謀，志大才短，利燕薊之土疆，乃令子延祐質於汴，自將兵討守光，以迎父爲名。頻年出軍不利，至是大舉，以重賂誘契丹、吐渾之衆，合四萬，屯薊州，運滄景芻粟，海船而下，以給軍費。及大戰，守光之兵敗也，守文詐慈，單馬立於陣場，泣諭於衆曰：“勿殺吾弟！”爲守光將元行欽識之，見擒，滄州失帥自潰。守光復繫兄於別室，援以叢棘。滄州兵敗，守光乃進攻滄州。滄州賓佐孫鶴、吕兖以推守文之子延祚爲滄州帥。守光携守文於城下，攻圍累月，城中乏食，人餓殍，軍士食人，百姓食壪土，驢馬相遇食其鬃，士人出入，多爲强者屠殺。吕兖率城中饑羸丁口以数麵飼之，團爲宰殺，務旋烹以充軍食，危酷之狀，遠古未聞。延祚力窮，以城降守光。守光以其子繼威爲滄帥，大將張邁進佐之。守光既得志，父兄雖結托於我，而以狀告梁祖曰：“臣守光謬叨戎寄，向受國恩，既有血誠，合宜披訴。伏自陛下初登寶位，才建皇基，四方尚擾於干戈，諸道未賓於聲教，唯臣不勞兵刃，不俟詔書，便貢表章，率先歸款，致令河北一面晏然無虞。其後又以河東結構，邠岐朋附，淮蜀久稽天討，屢軫宸襟，臣又密設機謀，指揮夏侯敬受巳下，令翻賊寨，遣向朝廷。鑾輿才至於陝郊，兵騎悉歸於行在。使凶渠北遁，致翠輦東歸，獲立微勞，稍寬聖慮，其於向國，粗竭丹誠。昨者，兄守文邅於明時，擅興兵革，堅貯吞并之志，全無友愛之情，詿惑宸聰，即言迎侍，勾牽戎虜，元逞他圖。兄之行藏，臣實所諳悉，當於此際，備見狡謀，必知要當道之土疆，爲朝廷之患害，累曾申奏，莫不丁寧。今者既破賊軍，足以細驗前事。昨於陣上所殺契丹兵馬絕多，及寨內收得契丹與往來文字不少。今又捉得自來與臣兄謀事人道士褚玄嗣、學院使鄭緒等，皆言兄本計謀極大，妄動絕深，不唯窺取其一方，實亦將圖於大事。苟非臣親當戰陣，手執干戈，大掃群凶，生擒戎首，則滄州得志，蕃眾轉狂，合勢連衡，爲患非細。固不是臣自矜小捷，妄有飾詞，其褚方嗣等分析文狀，謹同封進。其褚玄嗣文狀，多述守文結構、說誘幽州將士，及會契丹窺算幽州城池，皆是自相魚肉。又言如守文得志，必謀亂中原，以迎侍爲名，實欲并吞燕薊。又滄州鼓角門東有誓眾碑一所，其辭‘願破梁國，却興唐朝’。及見幽州歸向朝廷，遂拆却碑樓，其碑坑於樓下，文字見在。又，守文所遣男延祚人質不是親兒。又，守文令褚玄嗣將琉璃、水精、金銀等器，錦彩與契丹將領，約取幽州後別圖富貴。其契丹少君遂差使還書，願與守文敕命，守文乃言得契丹下大夫所贊也。”梁祖覽之大噱。守光復置書於莊宗，言同破僞梁事。

（宋）王欽若等編纂：《冊府元龜》卷九四三《總錄部》

　　李存審爲橫海軍節度使。天祐十三年冬，存審破楊劉，進營麻口，爲都營使，築壘以拒汴人。時莊宗勇於接戰，每以輕騎嘗賊，遇寇數四。存審凌旦俟其出，必叩馬泣諫曰：“王將復唐宗社，宜爲天下自愛。搴旗挑戰，一劍之任，無益聖德，請責效於臣。昔耿弇不以賊遺君父，臣雖不武，敢不代君之憂？”帝即時回駕。

（宋）王欽若等編纂：《冊府元龜》卷三七四《將帥部》

後唐莊宗同光元年,賜陰山府都督白承福於中山北石門爲柵,號寧朔、奉化兩府,以都督爲節度使,賜姓李,名紹魯。

(宋)王欽若等編纂:《册府元龜》卷九六五《外臣部》

裴約爲潞州節度使。李嗣昭卒,子繼韜據昭義叛。同光元年,莊宗遣李紹斌以甲士五千援澤州。初,繼韜叛歸賊庭也,約以兵成澤州,召州民泣而喻之曰:"予事先君,已餘二紀。每見分財享士,志在平仇,不幸薨没,壯心不遂。今郎君不臣,定覆家族。父喪未葬,違背君親,縱然賊首開懷,久遠終被誅滅。予可剚刃自殺,不能送死與人。"衆皆感泣,伏其忠義。僞梁以董璋爲澤州刺史,率衆攻城。約拒守,間道告急。帝知其言善,謂諸將曰:"朕與繼韜何薄,裴約何厚。裴約能分逆順,不附賊黨,昭嗣一何不幸,生此梟。"乃顧謂李紹斌曰:"爾識機便,爲我取裴約來。朕不藉澤州彈丸之地。"紹斌自遼州進軍,未至,城陷,約被害。帝聞嗟痛久之。

(宋)王欽若等編纂:《册府元龜》卷三七四《將帥部》

後唐莊宗同光二年四月,中書奏:"諸道節度防禦刺史各著功名,並全忠孝,泊蒙昇獎,皆荷渥恩,雖萌爲治之心,未展分憂之效。况聞藩府不可以久虛,侯伯不可以久闕,蕃府虛則兵不輯,侯伯闕則化不行,由此觀之,爲務甚急。請令歸本任,不奉詔旨,不得輒離治所。"從之。是時,諸藩府連帥或屯師於邊,或在闕下,皆遣人權典後事。人望既卑,法多聚斂,時議甚危之,宰相故有是奏。帝雖依允,終却遲留。及王室危難,釁起鄴都,皆由此也。

(宋)王欽若等編纂:《册府元龜》卷三一四《宰輔部》

後唐莊宗同光二年五月,以權知歸義軍節度兵馬留後、金紫光禄大夫、檢校尚書、左僕射、守沙州長史兼御史大夫、上柱國曹義金爲檢校司空、守沙州刺史、充歸義軍節度、瓜沙等觀察處置管内營田押蕃落等使。瓜、沙與吐蕃雜居,自帝行郊禮,義金間道貢方物,乞受西邊都護。故有是命。

（宋）王欽若等編纂：《冊府元龜》卷一七〇《帝王部》

後唐莊宗同光二年，中書奏曰："諸道節度防禦刺史，各著功名，並全忠孝，洎蒙昇獎，皆荷渥恩，雖萌爲治之心，未展分憂之效。況聞藩府不可以久虛，侯伯不可以久缺。藩府虛，則兵不輯；侯伯闕，則化不行。由此觀之，爲務甚急！請令歸本任，不奉詔旨不得輒離治使。"從之。是時，諸藩府連帥，或屯師於邊，或在闕下，皆遣人權典後事，人望既卑，法多掊歛，時議甚危之，宰相故有是奏。帝雖依允，終却遲留。及後王室危難，釁起鄴都，率繇此也。

（宋）王欽若等編纂：《冊府元龜》卷一八一《帝王部》

後唐張繼業爲河陽兩使留後，莊宗同光三年六月，繼業上疏，稱："弟繼孫本姓郝，有母尚在，父全義養爲假子，令官衙內兵士。自皇帝到京，繼孫私藏兵甲，招置部曲，欲圖不軌。兼私家淫縱，無別無義，臣若不自陳，恐累家族。"敕："有善必賞，所以勸忠孝之方；有惡必誅，所以絶奸邪之迹。其或罪狀騰於衆口，醜行布於近親，須舉朝章，冀明國法。汝州防禦使張繼孫，本非張氏子孫，自小丐養，以至成立，備極顯榮，而不能酬撫育之恩；履謙恭之道，擅行威福，常恣奸凶，侵奪父權，惑亂家事。從鳥獸之行，畜梟獍之心，有識者所不忍言，無賴者實爲其黨。而又橫征暴斂，虐法峻刑，藏兵器於私家，殺平人於廣陌，罔思悛改，難議矜容。宜竄逐於遐方，仍歸還於姓氏。俾我勛賢之族，永除污穢之風。凡百臣僚，宜體朕命。可貶房州司户參軍同正，兼勒復本姓。"尋賜自盡，仍籍没資産。

（宋）王欽若等編纂：《冊府元龜》卷九三四《總録部》

高萬興爲彰武、保大兩鎮節度使。同光三年十二月卒於位，以其子保大軍馬步軍都指揮使允韜權典留後。天成初，起復檢校太傅，充延州節度使。長興初，允韜移鎮邢州，堂弟允權以膚施令罷歸延州。漢高祖即位初,郡兵逐其帥周密,以允權知留後事,尋拜節度使。

(宋)王欽若等編纂:《册府元龜》卷四三六《將帥部》

孔勍爲昭義節度使。莊宗同光中,監軍楊繼源與都將謀據潞州,事泄,勍誅之。

(宋)王欽若等編纂:《册府元龜》卷四二三《將帥部》

范延策,幽州人。少習兵書,累居賓職。同光時,爲段凝掌書記。大成初,擢爲安州副使節度使。高行珪爲政貪狠,延策强制之,既不能止,嘗因入奏,獻策條於闕下,皆述藩侯之弊,請敕從事當筵明諫。諫之不從,又令諸校列班庭諍,行珪見敕,銜之轉深。及罷歸,又慮遺言,故因懷順兵叛,奏延策爲同謀,父子俱戮。

(宋)王欽若等編纂:《册府元龜》卷九三一《總録部》

(天成二年)十月,青州節度使霍彥威差人走馬進箭一對,稱賀殺逆黨。帝却,賜彥威箭一對。傳箭者,蕃家之符信也,起兵令衆即傳之。今霍彥威以蕃將爲人臣,下而傳箭於君上,不典之甚也。

(宋)王欽若等編纂:《册府元龜》卷一七八《帝王部》

(天成二年)十一月乙卯,平盧軍節度霍彥威、天平軍節度符習入覲,召昇殿,命樂舉酒,語及佐命決策之事,歡話移時。

(宋)王欽若等編纂:《册府元龜》卷一七二《帝王部》

符習爲義寧軍節度使,有器度,性忠壯。自莊宗十年沿河戰守,習常以本軍從,心無顧望,諸將服其爲人。

(宋)王欽若等編纂:《册府元龜》卷三七四《將帥部》

明宗天成二年二月,敕:"朕以握圖御宇,應運承祧,副億兆之歡心,賴英雄之叶力,雖疇庸之命已遍及於勛賢,而延賞之恩宜更加於骨肉。應諸道節度使男及親嫡骨肉未沾恩命者,特許上聞。"

（宋）王欽若等編纂:《冊府元龜》卷一三一《帝王部》

（天成二年）十一月,新授鄜州節度使米君立,辭,帝誨之曰:"擢汝於行伍,令理吾民,勿以左右小輩妄裁政事,須與賓佐官吏商量。吾賞罰無私,汝宜聽之。"

（宋）王欽若等編纂:《冊府元龜》卷一五八《帝王部》

李從璋初仕後唐,爲彰國軍節度使。天成二年,達怛諸部入寇,從璋率麾下出討,一鼓而破之。

（宋）王欽若等編纂:《冊府元龜》卷三六〇《將帥部》

李從璋爲彰國軍節度使,明宗天成中,以璋昧於政理,詔歸闕。

（宋）王欽若等編纂:《冊府元龜》卷六九八《牧守部》

李從璋,後唐明宗之猶子也,性黷,懼明宗嚴正,以自滑師入居宿衛,除拜跌心。稍悛悟,後歷數鎮,與故時幕客不足相遇,無所憾焉。蒲陝之日,政有善譽,改賜"勤靜理功臣"之號。及晉高祖即位,愈畏其故,終爲鄧州節度使,人甚惜之。

（宋）王欽若等編纂:《冊府元龜》卷八九七《總錄部》

（天成）四年正月,幽州節度使趙德鈞奏:"臣孫美,年五歲,默念何論《孝經》,今於汴州叙解就試。"敕:"都尉之子,太尉之孫,能念儒書,備彰家訓,不勞就試,特與成名,宜賜別敕及第,仍附今年春榜。"

（宋）王欽若等編纂:《冊府元龜》卷一三一《帝王部》

趙德鈞爲幽州節度。清泰末,太原兵亂。乃以德鈞爲諸道行營都統,其子延壽爲河東道南面行營招討使,以劉延朗副之。又以范延光爲河東道南面行營招討使,以李周副之。帝以吕琦嘗佐幽州幕,乃命賫都統官誥,以賜德鈞,兼犒軍士。琦至,從容宣帝委任之意。德鈞曰:"既以兵相委,焉敢惜死?"德鈞志在並范延光軍,奏請與延光會合。帝以詔諭,延光不從。大軍既至,圍柏谷。前鋒殺蕃軍五百騎,范延光軍又至榆次,蕃軍退入河東川界。時德鈞累奏,乞與延壽鎮州節度。帝怒曰:"德鈞父子堅要鎮州,苟能逐退蕃戎,要代子位,亦甘心矣! 若玩寇要君,但恐犬兔俱斃!"德鈞聞之,不悦。

(宋)王欽若等編纂:《册府元龜》卷四四六《將帥部》

而唐僖、昭之時,方鎮擅地,王氏有趙百年,羅洪信在魏,劉仁恭在燕,李克用在河東,王重榮在蒲,朱宣、朱瑾在兗、鄆,時溥在徐,王敬武在淄、青,楊行密在淮南,王建在蜀,天子都長安,鳳翔、邠、華三鎮鼎立爲便,李茂貞、韓建皆嘗劫遷乘輿。而朱温區區以汴、宋、亳、潁截然中居,及其得志,乃與操等。以在德不在險爲言,則操、温之德又可見矣。

(宋)洪邁:《容齋隨筆》卷一

魏博富雄,列侯專地,唐朝三百年,唯姑息之。羅紹威憤衙軍制己,密聞梁祖,表裏應接算殺之。楊師厚後入魏城,揖出羅周翰,因而代之。師厚卒,梁以賀德倫領鎮,分其土宇,創立相貝爲節鎮。减其力用。三軍作亂,脅持德倫,背梁歸晉。其狀詞云:"屈原哀郢,本非怨望之人;樂毅辭燕,且異傾邪之行。"晉王覽狀,擁兵親臨,先數張彦脅主虐民罪而斬之,便以張彦親軍五百人帶甲持仗,環馬而行。晉王寬衣緩帶,略無猜間,衆心大服。它日資魏博兵力稱健,竟平河南也。衙軍自羅紹威殺戮後,又迫脅賀德倫,復擁兵持趙在禮。天成初,赴行在,於時又殺三千家,乃世襲凶惡也。

(五代)孫光憲:《北夢瑣言》卷一七

《蘇禹珪傳》開化瑶嚴閣記,蓋劉知遠爲河東節度使、北平王時,所舍俸重修者。其書北平王,跳行超一格,與書後唐諸帝同式。僧知常書閔忠寺重藏舍利碑,所云隨西令公者,李可舉也。旌麾清河公者,張仲武也。碑文中於大唐文宗、宣宗及上書,皆空二格,於清河公亦空二格,於隴西令公,則跳行書。蓋當時河朔之俗,知有節使,不知有天子也。

(清)袁枚:《隨園隨筆》卷五

　　五代以來,節帥牧專多遣親吏往諸道往來販易,所過不收算,率以致富,養馬至千匹,僕厮至一千餘人。國初大功臣十數人,猶襲舊風,太祖患之,未革其弊。太平興國初,遂下詔禁之,侯伯但給其俸及鹽酒商稅課利分數錢,後又罷之,定歲給公用自三萬貫及千貫。自此藩鎮量入爲用,無復向之毫侈。太平興國初,右拾遺李幹上言:諸道藩鎮所管支郡,多遣親吏掌其市徵,留滯商賈不便。詔邠、寧、涇、原、渭、鄜、坊、延、丹、陝、虢、襄、均、房、復、鄧、唐、澶、濮、宋、亳、鄆、濟、曹、單、青、淄、兗、沂、貝、冀、滑、衛、鎮、深、趙、定、祁等支郡,並直屬京師,不隸節鎮。

(宋)楊億:《楊文公談苑》

　　五代以來,官市木關中,州歲出緡錢數十萬以假民,長吏十取其一,謂之率分錢。美至鎮,有所謂率分錢者,一無所受,由是始革其弊。

(宋)王稱:《東都事略》卷二一

　　五代以來,官給錢民間,長吏十取其一,謂之率分錢。(張)美至同州,官市木,美不受率分錢。宋興,始革其弊,諸郡尚或未悛,既而有訴其事者,皆坐責,而美獨免。

(宋)曾鞏:《隆平集》卷一一

　　唐末,藩鎮諸州聽命帥府,如臣之事君,雖或因朝命除授,而事無巨細皆取決於帥,與朝廷幾於相忘。太平興國二年三月,右拾遺李翰極言其弊,太宗皇帝始詔藩鎮諸州直隸京師,長吏自得奏事。而後天下大權盡歸人主,潛消藩鎮跋扈之心。今長吏初除,替滿奏事自此始也。

（宋）王栐:《燕翼詒謀録》卷一

自唐天寶以來,方鎮屯重兵多,以賦入自贍,名曰留使、留州,其上供殊鮮。五代方鎮益强,率令部曲主場院,厚斂以自利,其屬三司者,補大吏臨之,輸額之外,輒入已,或私名曰奉貢,用冀恩賞。太祖即位,猶循前制,牧守來朝,皆有貢奉。及趙普爲相,勸上革去其弊。

（宋）彭百川:《太平治迹統類》卷二八

至於五代其弊極矣,天下之所以四分五裂者,方鎮之專地也;干戈之所以交爭互戰者,方鎮之專兵也;民之所以苦於賦繁役重者,方鎮之專利也;民之所以苦於刑苛法峻者,方鎮之專殺也;朝廷命令不得行於天下者,方鎮之繼襲也。

（宋）呂中:《宋大事記講義》卷二

五代諸侯跋扈,枉法殺人,主家得自殺其奴僕。太祖建國,首禁臣下不得專殺。

（宋）王栐:《燕翼詒謀録》卷三

建隆二年,太祖謂宰臣曰:"五代以來,諸侯跋扈,有枉法殺人,朝廷置而不問,刑部之職幾廢。且人命之至重,姑息藩鎮,當若是耶令諸州決大辟訖,録案聞奏,委刑部覆視之。"奏案自此始。

（宋）李攸:《宋朝事實》卷一六

自唐天寶後,歷肅、代,藩鎮不復制,以及五代之亂。太祖即位,罷藩鎮權,擇文臣使治州郡,至今百餘年,生民受賜。每一詔下,雖擁重兵，臨大衆，莫不即時聽命。

（宋）李攸：《宋朝事實》卷一六

自唐天寶後，歷肅、代，藩鎮遂不復制，以及五代之亂。太祖即位，罷藩權，擇文臣使治州郡，至今百餘年，生民受賜。每一詔下，雖擁重兵，臨大衆，莫不即時聽命。

（宋）江少虞：《宋朝事實類苑》卷一

五代時，鼎、澧、辰、沅、邵陽五州之境，各有蠻猺保聚，依山阻江，殆十餘萬。馬希範、周行逢時數出寇邊，以至圍迫辰、沅二州，殺掠民畜，歲歲不寧。

（宋）李攸：《宋朝事實》卷一六

武陵、辰陽、澧陽、清湘、邵陽五州，各有蠻猺保聚，依山阻江，迨十餘萬。在馬希範、周行逢時，數出寇邊，以至圍逼辰、永二州，殺掠民畜，歲歲不寧。

（宋）江少虞：《宋朝事實類苑》卷五六

劉平爲鄜延路副總管，上言：“五代之末，中國多事，唯制西戎爲得之。中國未嘗遣一騎一卒遠屯塞上，但任土豪爲衆所服者，封以州邑，征賦所入，足以贍兵養士。由是無邊鄙之虞。太祖定天下，懲唐末藩鎮之盛，削其兵柄，收其賦入，自節度以下，第坐給俸祿。或方面有警，則總師出討。事已，則兵歸宿衛，將還本鎮。彼邊方世襲，宜異於此。而誤以朔方李彝興、靈武馮繼業一切亦徙内地。自此靈夏仰中國戍守，千里饋糧，兵民並困矣。宋初之事，折氏襲而府州存，繼捧朝而夏州失。一得一失，足以爲後人之鑒也。”

（清）顧炎武著，黄汝成集釋：《日知録集釋》卷九

折、李二姓，自五代來世有其地，二寇畏之。太祖於是俾其世

襲，每謂邊寇內入，非世襲不克守。守世襲，則其子孫久遠家物，勢必愛吝，分外爲防。設或叛渙，自可理討。縱其反噬，原陝一帥御之足矣。

（清）顧炎武著，黃汝成集釋：《日知錄集釋》卷九

五代以來，領節旄者多武夫悍卒，所至必補親吏代判，緣是爲奸，民被其患。

（宋）曾鞏：《隆平集》卷二

宋葉適言："五代之患，專在於藩鎮。藝祖思靖天下，以爲不削節度，則其禍不息。於是始置通判，以監統刺史，而分其柄。命文臣權知州事。使名若不正，任若不久者，以輕其權。"

（清）顧炎武著，黃汝成集釋：《日知錄集釋》卷九

五代以來，支郡不隸藩鎮補人爲者，聽其置邸。隸藩鎮者，兼掌焉。國初，緣舊制，皆本州鎮補人爲進奏官。

（宋）佚名：《翰苑新書》前集卷三一

祖宗承五代之亂，法制明具，州郡無藩鎮之强，公卿無世官之弊，古者大邦巨室之害，不見於今矣。惟州縣之間，隨其大小，皆有富民，此理勢之所必至。

（宋）蘇轍：《欒城第三集》卷八

五代間，凡爲節度使皆補親隨爲鎮將。鎮將者，如兩京軍巡、諸州馬步軍判官是也。此等既是武人，又皆有所憑恃，得以肆爲非法，民間甚苦之。

（宋）程大昌：《續演繁露》卷一

五代以來，節度使補署親隨爲鎮將，與縣令抗禮。凡公事專達於

鎮將,州縣吏失職。自是還統於縣,鎮將所主不及鄉村,但市郭而已。

(宋)彭百川:《太平治迹統類》卷二九

宋初懲五代藩鎮之弊,置通判以分知州之權,謂之監州。

(清)潘永因:《宋稗類鈔》卷二五

明宗天成四年三月辛巳,王晏球至自定州,帝曰:"中山悖逆,勞卿攻討,今已掃蕩,兼敗鮮卑,中興已來,未有立功如卿者。"晏球曰:"臣謬主兵權,不能尋振皇威,久煩饋運,上賴睿算,薄有所成,失律是懼,臣有何功?"命樂舉酒,錫賚殊異,移授天平軍節度。

(宋)王欽若等編纂:《冊府元龜》卷一三三《帝王部》

(天成四年十月)乙丑,新授閬州節度使李仁矩,辭,帝謂之曰:"卿今爲節度使,人臣之貴,不此過矣。勿作苛政以害生民,便孤朝寄也。"

(宋)王欽若等編纂:《冊府元龜》卷一五八《帝王部》

後唐李仁矩爲閬州節度使。長興元年十月,供奉官張仁暉自利州回,奏董璋自率凶黨,攻陷閬州。仁矩舉家擒戮。仁矩始爲客將,預逢興運,録趨走之勞。擢居蕃任,才疏謀淺,卒以此敗。初,朝廷昇閬州爲節度,制以仁矩代孫岳,物議不可。及仁矩至鎮,偵璋所爲,曲形奏報。地里迢邇,朝廷莫知事實,激成璋反狀,繇仁矩也。

(宋)王欽若等編纂:《冊府元龜》卷四四六《將帥部》

李仁矩,明宗長興初,爲閬州節度使,俾伺董璋之反狀。時物議以爲不可。及仁矩之鎮,偵璋所爲,曲形奏報,地里迢僻,朝廷莫知事實,激成璋之逆節,繇仁矩也。長興元年十月,璋自率凶黨以攻其城。仁矩召軍校,謀守戰利害,皆曰:"璋久圖反計,以賂誘士心。凶氣方盛,未可與戰。宜堅壁以老之。儻旬浹之間,大軍東至,即賊必自退。"仁矩曰:"蜀兵懦,安能當我精甲?"即驅之出戰。兵未交,爲賊所敗。既而城陷,仁矩被擒,舉族爲璋所害。

(宋)王欽若等編纂:《冊府元龜》卷四四七《將帥部》

霍彥威,初仕梁,爲邠州節度使。鳳翔李茂貞攻圍半年,竟不能下。或得俘掠,悉放之歸,秦人懷之,遂無侵擾。

(宋)王欽若等編纂:《冊府元龜》卷三九七《將帥部》

霍彥威,明宗天成初爲鄆州節度使。值青州王公儼拒命,改平盧軍節度。至鎮,擒公儼斬之。

(宋)王欽若等編纂:《冊府元龜》卷四二三《將帥部》

霍彥威,爲平盧節度使。天成末,上言中山作叛,故是小瑕,不足有煩聖慮。請北面不在急攻,破之非久。明宗然之。

(宋)王欽若等編纂:《冊府元龜》卷四〇五《將帥部》

(天成四年十一月)是月壬辰,刑部郎中周知微奏請藩方州郡,皆令鈔寫法書。每遇詳刑,須憑條格。既無失入,自絶銜冤。

(宋)王欽若等編纂:《冊府元龜》卷四七五《臺省部》

李從敏初仕後唐,爲陝府節度使。天成中,王都據定州叛,命宋州王晏球爲招討,命率師北伐,以從敏爲副,領滄州節度使。王都平,移授定州節度。

(宋)王欽若等編纂:《冊府元龜》卷三六〇《將帥部》

長興元年二月,郊祀畢,下制曰:"其朝臣及藩侯郡守等,亡父母、祖父母及父母在並妻室未沾恩命者,與追贈及叙封。"又以故汴州馬步軍都指揮使馬彥超男壽哥爲洛州長史,仍改名承祚。彥超天成初爲汴州都指揮使,朱守殷將謀叛,逆引彥超計事,彥超不從,爲守殷所害。及誅守殷，帝念彥超能執節守義而延賞其子。

（宋）王欽若等編纂：《冊府元龜》卷一三一《帝王部》

（長興）二年正月，以權知興元軍府事王思同爲山南西道節度使，充西面行營馬步軍都虞候。

（宋）王欽若等編纂：《冊府元龜》卷一二三《帝王部》

（長興二年）閏五月，誅河中節度、新除太子太師致仕安重誨。詔曰："朕猥以眇躬，纘承丕構，欲華夷之共泰，於刑賞以無私。其有位極人臣，寵逾涯分，擅威權而積惡，詢物議以難容，苟緩刑章，是滋凶慝。安重誨始從幼稚獲備指揮，既倚注以漸深，亦旌酬而益甚。自朕紹興王業，委掌樞機，官列三公，望崇四輔，謂勤劬之可恃，每率暴以居懷。且孟知祥、董璋自守藩維，素堅臣節，輒從間諜，令負憂疑；擢任姻親，往分符竹，潛設猜防之計，擅興割據之；言兩川飲恨以俱深，一旦飛章而頓絕。又錢鏐位冠王公，常輸愛戴，朕方禮優元老，恩遇遠人，而重誨采掇瑕疵，遽行止絕。且去年郊天禮畢，率土乂康，重誨既縮國權，復希兵柄，輒出渡淮之語，貴邀統衆之名。事雖不行，謀實可懼。其後終興戈甲，遽討巴邛，將士疲勞，梯船阻絕。又遣專臨寨所，俾料軍儲，恣威虐以復多，致民兵之共怨。朕尚存大體，特示優恩，爰自禁庭，委之藩翰，方冀共理，旋乃貢章，豈謂別有動搖，潛懷怨望。長子崇緒親居內職，次子崇贊顯列朝行，遣彼元隨，偷歸本道。據茲悖逆，須究端由，勞千里以興師，致四方之駭聽。果明罪釁，難逭誅夷。其安重誨宜削奪自身官爵，仍並男崇贊、崇緒及重誨妻、向張等四人，宜並賜死。"

（宋）王欽若等編纂：《冊府元龜》卷一五四《帝王部》

唐自失河北後，河朔三鎮，朝命不行，已同化外羈縻。至末季，天子益弱，諸侯益强，朝廷尤以姑息爲事，卒至尾大不掉，區宇分裂，鼎祚遷移。梁祖以梟桀之資，驅策群下，動以誅戮從事，如氏叔琮、朱友恭、王重師、朱珍、鄧季筠、胡規、黄文靜、李讜、李重胤、范居實等，皆披堅執銳，爲開國功臣，一有疑忌，輒斬艾隨之，固未嘗稍事含忍也。及末帝即位，漸不能制其下。楊師厚在魏博，朝廷常有隱憂，而不敢過問，師厚死，乃私賀於宮中。華溫琪爲定昌節度使，奪人妻，爲其夫所告。帝下詔曰："若便行峻典，謂予不念功勛。若全廢舊章，謂予不念黎庶。爲人君者，不亦難乎！"乃召溫琪入爲金吾大將軍。此可以見其曲事調停，略無威斷矣。莊宗登極，歷年未久。明宗嘗因諸侯邸吏驕恣，杖遣示懲，可謂能整飭紀綱者。自唐末諸藩之邸吏在京者，每御史上事，皆至客次通名，勞以茶酒，而不相見。至是盧文紀爲中丞，邸吏入見，文紀據床端笏，臺吏通名贊拜而出，皆愧怒。明宗聞之，問趙鳳邸吏何官，曰知縣、發遞、知後之流也，明宗曰，然則吏卒耳，安得慢吾法官，皆杖而遣之。見《文紀傳》。然姑息之弊，實起於是時。高季興擅竊夔州，帝遣西方鄴討之，以霖潦班師。李彝超據夏州不受代，帝遣安從進討之，以芻糧不繼班師。安重誨慮孟知祥據蜀，遣李嚴往監軍，知祥即斬嚴以叛。《嚴傳》董璋與知祥分據兩川，攻陷遂、閬二州，帝遣石敬瑭討之，又以饋餉不給引還。帝遣人往諭璋改過，璋不聽。《璋傳》知祥抗命既久，范延光奏曰："陛下若不屈意招撫，彼亦無由自新。"帝曰："知祥吾故人也，撫之何屈意之有。"乃以詔賜知祥，知祥始上表謝。《明宗紀》及《知祥傳》是明宗之於强藩，已多所包容，不能制馭矣。至石晉尤甚，幾有冠履倒置之勢。楊光遠奉命討范延光，兵柄在手，以爲晉祖畏己，輒干預朝政，或抗有所奏，晉祖亦曲意從之。《光遠傳》張彦澤爲節度使，所爲不法，從事張式諫，不聽，出奔。彦澤使人面奏，謂彦澤不得張式，恐致不測，晉祖亦不得已與之。《彦澤傳》朝廷之尊，反爲臣下所脅制。然此猶事之小者也。安重榮在鎮州，以晉祖厚事契丹，數加非笑，謂詘中國以事外蕃，上表欲興兵攻契丹，並執契丹使者，馳書各鎮，謂契丹貪傲無厭，將與之決戰，帝諭止之，不從。重榮謂帝無如之何，遂與襄州安從進謀反。《重榮傳》從進在襄州，南方貢輸道襄者輒留之，帝欲徙之青州，使人告以虛青州以待，從進曰："移青州在漢江南，即赴任。"帝亦優容之。《從進傳》威令不行，武夫悍將桀傲至此，固由於兵力不足以相制。然周世宗登極後，諸鎮咸惕息受驅策，則又不係乎兵力之强弱，而制馭天下自有道矣。

(清)趙翼撰，王樹民校證：《廿二史劄記校證》卷二二

五代諸鎮節度使，未有不用勛臣武將者，遍檢薛、歐二史，文臣爲節度使者，惟馮道暫鎮同州，桑維翰暫鎮相州及泰寧而已。兜鍪積功，恃勛驕恣，酷刑暴斂，荼毒生民，固已比比皆是。乃至不隸藩鎮之州郡，自朝廷除刺史者，亦多以武人爲之。歐史《郭延魯傳》謂，刺史皆以軍功拜，論者謂天下多事，民力困敝之時，不宜以刺史任武夫，恃功縱下，爲害不細。薛史《安重榮傳》亦云，自梁、唐以來，郡牧多以勛授，不明治道，例爲左右群小所惑，賣官鬻獄，割剝烝民。誠有慨乎其言之也！故雖以唐明宗之留心吏治，懲貪獎廉，吏有犯贓，輒置之死，曰："貪吏者，民之蠹也。"鄧州陶玘，亳州李鄩，皆以贓污論死。又嘗下詔褒廉吏石敬瑭、安從阮、張萬進、孫岳等，以風厲天下。然出身軍伍，本不知撫循，風氣已成，淪胥莫挽。《相里金傳》云，是時諸州刺史，皆用武人，多以部曲主場務，漁蠹公私，以利自入。金爲沂州刺史，獨禁部曲，不與民事，厚加給養，使主家務而已。此亦非有循績可紀，而當時已以金爲治行之最，則民之罹於塗炭可知也。自宋太祖易以文臣牧民，而後天下漸得蘇息，歷代因之，皆享國久長，民不思亂。豈非設官立法之善，有以出水火而登之衽席哉？

(清)趙翼撰，王樹民校證：《廿二史劄記校證》卷二二

五代之亂，朝廷威令不行，藩帥劫財之風，甚於盜賊，强奪枉殺，無復人理。李匡儔爲晉軍所敗，遁滄州，隨行輜重妓妾奴僕甚衆，滄帥盧彦威殺之於景州，盡取其貲。《晉紀》。張筠代康懷英爲永平節度使，懷英死，筠即掠其家貲。有侯莫陳威者，嘗與温韜發唐諸陵，多得珍寶，筠又殺威而取之。筠弟籛守京兆，值魏王繼岌滅蜀歸，而明宗兵起，籛即斷咸陽橋，繼岌不得還，自縊死，遂悉取其行囊。先是王衍自蜀入京，莊宗遣宦者向延嗣殺之於途，延嗣盡得衍貲。至是明宗即

位,誅宦者,延嗣亡命,鐇又盡得其貲。由是筠、鐇兄弟皆擁貲鉅萬。《筠傳》。馬全節敗南唐將(史)[李]承裕,擒以獻闕下,承裕曰:"吾掠城中,所得百萬,將軍取之矣。吾見天子,必訴而後就刑。"全節懼,遂殺之。《全節傳》。高允權爲延州令,其妻劉景岩孫女也,景岩家於延,良田甲第甚富,允權心利之,乃誣景岩反而殺之。《允權傳》。李金全討安州,至則亂首王暉已伏誅,金全聞其黨武彥和等爲亂時劫貲無算,乃又殺而奪之。《金全傳》。張彥澤降契丹,奉德光命先入京,乃縱軍大掠,又縊死桑維翰,悉取其貲。《彥澤傳》。成德節度使董溫其爲契丹所擄,其牙將秘瓊殺其家而取其貲。瓊爲齊州防禦使,道出於魏,范延光伏兵殺之,以戍卒誤殺聞。後延光叛而又降,挈其帑歸河陽,楊光遠使子承勛推之墮水死,盡取其貲。《延光傳》。楊光遠後亦叛而復降,其故吏悉取其寶貨名姬善馬,獻李守貞。《光遠傳》。歐史謂瓊殺溫其取其貲,延光殺瓊而取之,延光又以資爲光遠所殺,而光遠亦不能有也。可見天道報施,雖亂世亦不爽。且多財爲害,亂世尤易召禍。白再榮在鎮州,劫奪從契丹之官吏,鎮人謂之白麻荅。及歸京師,遇周祖兵入,軍士至其家,悉取其財。已而前啓曰:"我輩嘗事公,一旦無禮至此,何面目見公乎。"乃斬之而去。《再榮傳》。則以人事言之,非分取財,更殺身之道也。

(清)趙翼撰,王樹民校證:《廿二史劄記校證》卷二二

　　五代之初,各方鎮猶重掌書記之官。蓋群雄割據,各務爭勝,雖書檄往來,亦恥居人下,覘國者並於此觀其國之能得士與否,一時遂各延致名士,以光幕府。如李襲吉爲李克用書記,克用討王行瑜而不得入覲,襲吉爲作表云:"穴禽有羽,聽舜樂以猶來。天路無梯,望堯雲而不到。"昭宗大嘆賞之。又爲克用修好於朱溫,中有句云:"毒手尊拳,交相於暮夜。金戈鐵馬,蹂踐於明時。"溫謂敬翔曰:"李公斗絕一隅,乃得此名士。若吾之智算,得襲吉之筆才,虎傅翼矣。"由是襲吉之名大著。是時梁有敬翔,燕有馬鬱,華州有李巨川,荊南有鄭準,鳳翔有王超,錢塘有羅隱,魏博有李山甫,皆有文稱。《襲吉傳》。其後

馮道由書記入相，桑維翰由書記爲樞密使，固華要之極選也。然藩鎮皆武夫，恃權任氣，又往往凌蔑文人，或至非理戕害。鄭準爲荆南成汭書記，以語不合解職去，汭怒，潛使人殺之於途。《五代史補》。是時諸侯方重書記，已肆虐如此，此外副使判官之類，更何論矣。今見於薛、歐二史者，西方鄴爲節度使，所爲非法，判官譚善達數諫之，鄴怒，誣以事，下獄死。《鄴傳》。襄州節度使劉訓以私忿族副使胡（裴）[裝]，誣以欲謀亂也，人士冤之。《訓傳》。房知温爲節度使，多縱其左右排辱賓僚。《知温傳》。高行珪爲節度使，性貪鄙，副使范延策諫之，乃誣奏延策謀叛，並其子殺之。《行珪傳》。高行周鎮鄴城，其副使張鵬，一言不合，爲行周所奏，詔即處斬。《行周傳》。王繼弘鎮相州，殺判官張易，以訛言聞。是時藩郡凡奏刑殺，皆順其命，故當時從事，鮮賓客之禮，重足[累]迹事之，猶不能免禍。《漢隱帝紀》。而尤慘者，張彥澤鎮彰義，爲政苛暴，掌書記張式諫之，彥澤怒，引弓射之，式走而免，遂出奔。彥澤使二十騎追之，曰："不來，即取其頭來。"式至邠州，節度使李周爲奏留之，詔流式商州。彥澤奏以必得式爲期，晉祖不得已與之。彥澤乃剖心決口，斷手足而斬之。《彥澤傳》。此幕僚之禍最酷者也。惟史匡翰鎮義成，好讀書，接下以禮。幕客有關徹者，使酒，怒目謂匡翰曰："近聞張彥澤臠張式，未聞史匡翰斬關徹，恐天下談者，未有比類。"匡翰不怒，引滿自罰而慰之，時稱其寬厚。由是觀之，士之生於是時者，縶手絆足，動觸羅網，不知何以全生也。

　　（清）趙翼撰，王樹民校證：《廿二史劄記校證》卷二二

　　梁紀，開平二年，大明節，内外臣僚各以奇貨良馬上壽。清明宴，以鞍轡馬及金銀器爲獻者殆千萬。午日，獻者巨萬，馬三千蹄。已又詔諸道進獻，不得以金寶裝飾戈甲劍戟，至於鞍勒亦不用塗金及雕刻龍鳳。可見是時貢獻專以戎備爲重也。歐史云，自唐莊宗以來，方鎮進獻之事稍作。至於晉，而添都助國之物動以千計，其來朝奉使，買宴贖罪，無不出於貢獻云。今按莊宗甫滅梁，河南尹張全義即進暖殿物，後遂寵冠群臣，命劉皇后拜之爲父。自是貢獻賞財之風大起。明

宗南郊,詔兩川進助郊禮物五十萬,則並有明下詔徵者矣。《明宗紀》。
(開)〔天〕成中,任圜奏,故事貢獻雖以進馬爲名,却將綾絹金銀折充
馬價,今乞從之。《五代會要》。則並明令折價矣。晉天福三年,諸鎮
皆進物以助國。及高祖崩,節度使景延廣、李守貞、郭謹等皆進錢粟,
助作山陵。《晉紀》。蓋後唐以後,又無不用財物也,然進戎備之例亦
未停止。周太祖詔諸州不得以器械進貢,先是諸道州府各有作院,課
造軍器,逐季搬送入京,既留上供錢帛應用,又於部内廣配土產物,民
甚苦之,除上供軍器外,節度使、刺史又多私造,以進貢爲名,悉取之
於民,至是始罷之。《周本紀》。貢獻專以戎器馬匹,似亦適於時用,而
非無名,乃其害已如此,何況唐、晉之竭民財以充進奉也。

　　按是時又有以進獻而免禍得官者。袁象先在梁時鎮宋州,積貲
千萬,入唐,輦其貲賂將相,奉宫闈,遂有寵。其卒也,長子正辭,當唐
廢帝時,進其父錢五萬緡,領衢州刺史。晉祖時,又獻五萬緡,求爲眞
刺史,乃拜雄州。雄州在靈武西,正辭不欲行,復獻數萬緡,乃得免。
出帝時,又獻三萬緡,帝欲與内郡,未授而卒。《象先傳》。李嗣昭鎮昭
義,妻楊氏善積財,嗣昭夾城之圍,多賴以濟。嗣昭殁,子繼韜謀反,
遇赦,入朝,楊氏以銀數十萬隨之行,厚賂皇后及伶人、宦官,遂得解,
莊宗轉寵繼韜。又一子繼忠,家於晉陽,貲尚鉅萬,晉祖起兵時,貸以
充用。既入立,甚德之,以繼忠爲沂、棣、單三州刺史。楊氏平生積
財,嗣昭父子三人皆賴之。《嗣昭傳》。房知温歷諸鎮節度,積貲鉅萬,
其卒也,子彦儒獻其父錢三萬緡,絹布三萬匹,金百兩,銀千兩,遂拜
沂州刺史。《知温傳》。歐史所謂功臣大將死,子孫率以家財求刺史,
物多者得大州善地,蓋是時風氣如此。

　　　　　(清)趙翼撰,王樹民校證:《廿二史劄記校證》卷二二

　　魏、博六州號天雄軍,自田承嗣盜據後,召募牙兵,皆豐給厚賜,
年代既久,父子相襲,姻黨膠固,變易主帥如兒戲。自田氏後百五十
年,主帥廢置出於其手,如史憲誠、何全皞、韓君雄、樂彦禎皆其所立,
小不如意,則舉族被誅。唐天德元年,樂彦禎爲牙兵所囚,彦禎子從

訓乞兵於梁以攻之，彥禎遂被殺，從訓亦戰死，牙兵因立羅弘信。弘信雖爲主帥，而兵愈驕橫。迨其子紹威嗣襲，心益懼，欲盡誅之，而畏其強，不敢發，乃遣親吏臧延範密告梁祖。會梁女之適羅氏者死，梁祖乃遣馬嗣勛以千人入魏，聲言助葬，實兵仗於橐中，肩橐而入，夜半與紹威親軍攻牙兵，盡殺之，死者七千餘人，嬰孺亦不留，此魏兵第一次誅戮也。其後梁祖令楊師厚屯魏州，梁祖崩，師厚逐節度使羅周翰紹威子襲位者。而據其地，梁主友珪即命爲天雄軍節度使。師厚復置銀槍效節軍，皆選驍鋭，恣犒養，復故時牙兵之態，又將爲梁患。會師厚死，趙岩與邵贊爲末帝畫策，分相、魏爲兩鎮，以相、澶、衛爲昭德軍，張筠爲節使；魏、博、貝仍爲天雄軍，賀德倫爲節度使。分魏兵之半入昭德，德倫促之就道，親戚相訣別，效節軍將張彥曰：“朝廷以我軍府強盛，設法殘破之。”乃與衆執德倫，置之樓上。末帝遣使宣諭，彥不聽，使者再往，彥裂詔書於地曰：“梁主聽人穿鼻。”遂逼德倫降於唐，莊宗時方爲晉王，梁由是失河北。德倫既降，陰遣人訴彥於莊宗，莊宗斬彥而後入，即以魏軍自衛，號帳前銀槍軍。自是與梁戰河上，數有功，胡柳之役，逐梁兵下土山，皆其力也。許滅梁而重賞，及梁亡，雖數賜予，猶懷怨望。莊宗令楊仁晸率之戍瓦橋關，同光四年代歸，又有詔令駐貝州。軍士以貝、魏相去一舍而不得歸，咸怨。皇甫暉因倡亂，殺楊仁晸等，而逼趙在禮爲帥，入魏州。莊宗遣李嗣源討之，會軍變，與魏軍合，嗣源犯闕，莊宗遂至弒亡，皆此軍肇禍也。明宗即嗣源既即位，在禮懼禍，求解去。明宗乃遣房知溫率魏效節九指揮使戍盧臺，不給兵甲，惟長竿係幟，以束隊伍。明年，遣烏震往代知溫，戍軍夾水東西爲兩寨，震至，與知溫會東寨，效節軍爲變，知溫亟乘馬出，亂軍擊殺震，執彎留知溫。知溫紿以馬兵皆在西，今獨步軍，何能爲也，即登舟渡入西寨，以騎兵盡殺亂者。明宗詔悉誅其家屬於魏州，凡三千餘家，驅至漳河上殺之，漳水爲之變色。魏之驕兵至是而盡，此第二次誅戮也。見梁、唐各《本紀》及《羅紹威》、《符道昭》、《馬嗣勛》、《楊師厚》、《賀德倫》、《趙在禮》、《皇甫暉》、《烏震》、《房知溫》等傳。

（清）趙翼撰，王樹民校證：《廿二史劄記校證》卷二二

（長興二年）十月，西涼府蕃官撥心等朝貢。

（宋）王欽若等編纂：《冊府元龜》卷九七二《外臣部》

（長興二年）十二月，西涼府及回鶻使安末思，渤海使文成角並來朝貢，党項首領來進所奪得契丹旗並馬。

（宋）王欽若等編纂：《冊府元龜》卷九七二《外臣部》

（長興）三年正月，以前彰國軍留後孫漢韶爲相州節度使，充西面行營副都部署。六月，董璋爲孟知祥所敗，知祥遂入梓州，因而罷兵。

（宋）王欽若等編纂：《冊府元龜》卷一二三《帝王部》

（長興三年）四月，李贊華赴鎮滑州。帝誡之曰："吾命藩侯郡守，蓋爲養治軍民，恐卿久在戎行，未諳民事。吾今慎擇參佐，卿於公事宜與之參決，勿自執所見也。"

（宋）王欽若等編纂：《冊府元龜》卷一五八《帝王部》

（長興三年）十月丁巳，前涇原節度使李金全再進馬十五匹。帝不納，召而諭之曰："公患馬多耶？頗有所貢。"金全曰："臣馬非多也，非敢有所覦，以妄陳奏。第愚陋無遠識，頃在西邊，地無異產，得此鹿馬，在京無所使，願進以益邊軍。"帝曰："卿在鎮爲治如何？莫專以馬爲事。"金全謝之。帝雖黽勉受之而心不懌，金全邊人，累更名郡，藩鎮所在，掊斂聚財，賂結權要，而掩其弊政之迹。帝頗聞其不廉，故以言譏之。

（宋）王欽若等編纂：《冊府元龜》卷一五八《帝王部》

李贊華爲滑州節度使。長興四年七月壬辰，明宗御廣壽殿，顧謂贊華曰："卿離鎮累月，往來申報，勞擾民吏，宜早歸鎮。"贊華曰："臣本武夫，不樂內職，願留宿衛京師。"帝曰："卿既厭藩方，則從所欲。其元支俸料，依舊全給。鎮守不可闕帥，吾別命鎮將可乎？"贊華拜抃稱謝曰:"臣之願也。"

(宋)王欽若等編纂:《册府元龜》卷四八《帝王部》

(長興)四年七月辛巳,帝御廣壽殿,新滄州節度使李金全赴鎮辭。帝戒之曰:"聞爾爲治愛擾人,長吏當以恤民爲務,爾事予爲小校,今仗旄秉鉞爲節度使,當改故態,分吾憂,寄吾民,慎勿擾也!"帝素知金全爲人,故面自戒勵之。

(宋)王欽若等編纂:《册府元龜》卷一五八《帝王部》

安從進爲延州節度使。長興四年秋,進攻夏州。初,王師既攻夏州州城,即赫連勃勃之故城也,父老相傳云勃勃蒸土築之。王師數道攻擊,爲地道至其城,基如鐵石,攻鑿不能入。李彝超昆仲登城,謂從進曰:"孤弱小鎮,不勞王師攻取,虛煩國家餉運,得之不武。爲僕聞天,乞容改圖。"而又党項部族萬餘騎,薄我糧運,而野無芻牧,關輔之人,運斗粟束藁,動計數千。窮民泣血,無所控訴,復爲蕃部殺掠。明宗聞其若此,乃命班師。

(宋)王欽若等編纂:《册府元龜》卷四三八《將帥部》

李彝超爲夏州節度使,明宗長興中,彝超奏:"奉詔除延州留後,已授恩命訖。三軍百姓擁隔,未遂赴任。"帝遣閤門使蘇繼顔賫詔,促彝超赴任。

(宋)王欽若等編纂:《册府元龜》卷四三九《將帥部》

應順元年正月,以前洺州團練使皇甫立爲保大軍節度。立,明宗微時舊人也,性不趨競,同時數輩皆秉節鉞,唯立才及二千石。朱、馮舉勞其舊,故有是命。臣欽若等曰:朱弘昭、馮贇,皆當時宰相。

(宋)王欽若等編纂:《册府元龜》卷一七二《帝王部》

末帝清泰元年七月癸丑,檢校刑部尚書瓜州刺史慕容歸盈轉檢校尚書左僕射。時瓜州附回鶻來朝貢,令使歸,故有斯命。

(宋)王欽若等編纂:《冊府元龜》卷九六五《外臣部》

末帝清泰元年十一月辛丑,詔諭涇原、頒寧、岐隴戍兵常選練,備秦州邊事。

(宋)王欽若等編纂:《冊府元龜》卷九九四《外臣部》

(清泰)二年六月,樞密宣徽使劉延皓進漆都馬二十匹、河南馬百匹。時偵知北虜寇邊,日促騎軍,故有此獻,欲表率藩鎮也。

(宋)王欽若等編纂:《冊府元龜》卷九九四《外臣部》

末帝清泰二年九月,振武楊光遠言:“河口蕃部來奔,界上安置。”

(宋)王欽若等編纂:《冊府元龜》卷九七七《外臣部》

末帝清泰二年,以安元信爲大同軍節度使。元信初從莊宗定魏博,元城之戰,克捷居多,移爲博州刺史,與梁軍對壘德勝渡。元信爲右廂排陣,使王處直引契丹背盟,北邊俶擾,以元信久在邊,故有是命。

(宋)王欽若等編纂:《冊府元龜》卷一二〇《帝王部》

末帝清泰三年五月,鄴都屯駐捧聖都虞候張令昭逐節度使劉延皓,據城叛。以汴州節度使范延光爲天雄軍四面招討使,知行府事;以西京留守李周爲天雄軍四面副招討使,兼兵馬都監。七月,收復鄴都。

(宋)王欽若等編纂:《冊府元龜》卷一二三《帝王部》

(清泰三年)十二月,以前坊州刺史劉景岩爲彰武軍節度留後。景岩,故河西鄜延帥高萬全之將校,累任至坊州刺史,家在延州,父子豪右,私家有丁夫兵仗,執傾郡邑,邑人憚其強,多推服之。會楊漢章

帥延州無政，失蕃漢之私，是時有詔借括戰馬及壯丁，漢章以數千人
將赴軍期，其兵仗鞍馬閲之於野，而便成行。景巖密令人撓之，言契
丹在河東，丁壯有去無歸，衆心懼，殺漢章，乃以其衆至景巖墅，推爲
留後。朝廷不獲已而命之。

（宋）王欽若等編纂：《册府元龜》卷一七九《帝王部》

後唐魏琢，自莊宗爲晉王時，琢爲安義軍留後李繼韜幕客，與牙
將申蒙入奏公事，每摭陰事報繼韜云："朝廷無人，終爲河南吞噬，遲
速間耳。"由是陰謀叛計。内官張居翰時爲昭義監軍，莊宗將即尊位，
詔赴鄴都，潞州節度判官任圜時在鎮州，亦奉詔赴鄴矣。琢、蒙謂繼
韜曰："國家急召此二人，情可知也。"

（宋）王欽若等編纂：《册府元龜》卷七三〇《幕府部》

周劉皞，初仕後唐爲駕部員外郎，知雜事。上言曰："藩侯郡牧，
仗鉞分符，係千里之慘舒，行一方之威福。自古選任，須擇賢明。近
代統臨，爲酬勛績。將邦域之生聚，展將領之人情。識分者附正營
私，黷貨者嚴刑廣取，諸頭剥削，多贍牙爪。自黄巢已來，僞梁之後，
公署例皆隳壞，編户悉是凋殘。若或不近邊陲，不屯師旅，無城郭郡
邑，非控扼藩垣。試任廉能，且權茸理。逐年屬州錢物，每里申省區
分。支遣有餘，罄竭供追。府軍漸足，黎庶稍蘇，縱有過愆，亦可懲
責。言雖鄙近，望賜施行。"疏留中不出。

（宋）王欽若等編纂：《册府元龜》卷五四七《諫諍部》

王鎔，爲鎮州節度使。幽州李正威赴援于鎮，鎔謁威於其館，威
陰遣部下伏甲劫鎔，抱持之。鎔曰："公戒部人勿造次，吾國爲晉人所
侵，垂將覆滅，賴公濟援之力，幸而獲存。今日之事，本所甘心。"即並
轡歸府舍。鎔軍拒之，遂殺威。鎔本疏瘦，時年始十七。當威並轡之
時，雷雨驟作，屋瓦皆飛，有一人於缺垣中望見鎔，識之，遽挾於馬上，
肩之而去。翼日，鎔但覺項痛頭偏，乃因有力者所挾，不勝其苦故也。

及訪之，則曰："墨君和，鼓刀之士也。"遂厚賞之。

（宋）王欽若等編纂：《冊府元龜》卷三九八《將帥部》

　　後唐王鎔，爲鎮州節度。莊宗爲晉王時，梁將杜廷隱之襲深、冀也，聲言分兵就食。汴人奔鎮州者，或以奸謀事告。鎔懼爲始禍，猶豫未敢拒絕。鎔偏將石公立戍深州，欲杜關不納，請命於府。鎔遽令啓關，移兵於外。公立稟鎔命，廷隱遂盜有州城。公立既出，指城闉而言曰："朱氏狡惡不仁，篡唐宗社。五尺童子亦知彼爲人，我公尚顧舊盟，猶豫不斷，開門納盜，後悔何追！此城數萬生靈，坐爲俘馘。"因投刀，泣下數日。廷隱閉城門，殺留鎮兵士，登陴拒守。鎔方命公立攻之，即有備矣。及柏鄉陣敗，兩州之人，悉爲奴虜，老弱者坑之。

（宋）王欽若等編纂：《冊府元龜》卷四四五《將帥部》

　　後唐王鎔，爲鎮州節度，專制四州，高屏塵務，不親軍政，多以閹人秉權，出納決斷，聽其所爲。皆雕廳第舍，崇飾園池。種奇花異木，遞相夸尚。人士褒衣博帶，高車大蓋，以事嬉游，藩府之中，當時爲盛。

（宋）王欽若等編纂：《冊府元龜》卷四五四《將帥部》

　　王鎔，唐末爲鎮州節度。莊宗征劉守光回，鎔至承天軍與莊宗合宴同盟，奉觴獻壽，以申感慨。莊宗以鎔父友，曲加敬異，爲之聲歌。鎔亦報之，謂莊宗爲四十六舅。中飲，莊宗抽佩刀，斷衿爲盟，許以女妻鎔子昭誨，因兹堅附於莊宗矣。

（宋）王欽若等編纂：《冊府元龜》卷七六六《總録部》

　　王鎔爲鎮州節度使，令其子昭祚與張文禮以兵圍李弘規及軍司馬李藹宅，並族誅之，詿誤者凡數十家。又殺蘇漢衡，收部下偏將下獄，窮其反狀，親軍大恐。時諸軍皆有給賜，唯親軍不時與之，衆心益懼。張文禮因其反側，密諭之曰："王此夕將坑爾曹，宜自圖之。"衆皆掩泣,相謂曰:"王待我如是,我等焉能效忠!"是夜,親事十餘人自子城西門尋垣而入。鎔方焚香授籙,軍士二人突入,斷其首,袖之而出,遂焚府第,烟焰亘天,兵士大亂。鎔姬妾數百,皆赴水投火而死。軍校有張支順者,率軍人至張文禮第,請爲留後,遂盡殺王氏之族。

(宋)王欽若等編纂:《册府元龜》卷九四二《總録部》

張文禮爲鎮州大將,既殺王鎔,請旄節於朝廷。莊宗曰:"文禮之罪,期於不赦,適當斬首,以謝冤魂,輒敢邀予旄節?"賓友賀曰:"王氏之冤,實在文禮。方事之殷,且須含垢,不欲與人生事,但假之以告命,徐爲後圖。"帝不得已而從之。

(宋)王欽若等編纂:《册府元龜》卷四三九《將帥部》

張文禮爲鎮州大將,殺節度使王鎔,盜其州。比厮役小人,驟居人上,行步動息,皆不自安。出則千餘人露刃相隨,日殺不辜,道路以目。常慮我師問罪,奸心百變。南通朱氏,北結契丹,往往擒獲其使。莊宗遣人送還,文禮由是愈恐。是歲八月,莊宗遣閻寶、史建瑭及趙將符習等率王鎔本軍進討。師興,文禮病疽於腹,及聞史建瑭攻下趙州,驚悸而卒。子處瑾據鎮州,李存審爲北面招討使以攻鎮州。是時,處瑾危蹙日甚,昭義軍節度判官任圜馳至城下,諭以禍福,處瑾登陴以誠告,乃遣牙將張彭送款於行臺,俄而李存審師至城下。是夜,趙將李再豐之子冲投縋以接王師,諸軍登城,遲明畢入,獲處瑾、處球、處琪並其母及同惡人等,皆折足送行臺,鎮人請醢而食之。又發文禮之尸,磔之於市。

(宋)王欽若等編纂:《册府元龜》卷九四二《總録部》

張文禮,初鎮州大將也。自燕歸於王鎔,察鎔不親政事,遂曲事當權者,以求衒達。每對鎔自言有將才,孫、吳、韓、白莫己匹也。鎔賞其言,大悦,爲小校,給遺甚厚,與姓爲義男,改名德明。自是調發兵馬,每將軍令。

(宋)王欽若等編纂:《册府元龜》卷九三八《總録部》

後唐張文禮爲鎮州牙將,害其帥王鎔而自爲留後。未幾,舉家咸見鬼物,昏暝之後,或歌或哭;又野河色變如血,游魚多死,浮於水上,識者知其必敗。尋而疽發背死。

(宋)王欽若等編纂:《册府元龜》卷九五一《總録部》

後唐張文禮,初爲鎮州大將,從莊宗行營。素不知書,亦無兵家方略,唯於懦卒中妄菲上將,自言甲不知進退,乙不識兵機,以此軍人推爲良將。

(宋)王欽若等編纂:《册府元龜》卷九五四《總録部》

張文禮者,鎮州之大將,大爲趙王王鎔倚任。文禮見鎔之政荒僻,常蓄異圖。酒酣之後,對左右每惡言,聞者莫不寒心。唯鎔待之如初,略無猜間。及獻言者漸爲腹心,乃以符習代其行營,以文禮爲防城使,自此專其間隙。及鎔殺李弘規,委政於其子昭祚。昭祚性偏戾,未識人間情僞,素養名持重,坐作貴人,既事權在手,朝夕欲代其父,向來附勢之徒,無不族滅。初,李弘規、李藹持權使事,樹立兄弟子侄及諸親舊,分董要職,故奸宄之心不能搖動,文禮頗深畏憚。及弘規見殺,其部下五百人懼罪,將欲奔竄,聚泣偶語,未有所之。文禮因其離心,密以奸詞激之曰:“令公命我盡坑爾曹,我念爾曹十餘年荷戈,隨我爲國爲家,不忍一朝並膏鋒刃。我若不即殺汝,則得罪於令公;我若不言,又負爾輩。事既如斯,其將奈何?”衆軍感泣。是夜作亂,殺王鎔父子,舉族灰滅,唯留王昭祚妻朱氏以通汴人。尋間道告曰:“王氏喪於亂軍,普寧公主無恙。”文禮徇賊帥張友順所請,因爲留後,於潭城視事。以事上聞,兼要旄節,亦奉箋勸進。上含容之,可其請。文禮比厮役小人,偶居重任,行步動息,皆不自安,出則千餘人露刃相隨,賊殺不辜,莫可勝載。自度罪逆難容,常慮王師問罪,奸心百變，或陳情梁汴，托援契丹，多修絹書，藏於蠟彈。塞上烽鋪，黃河渡口，往往擒獲其使，莊宗遣人送還，由是愈切慚恐。先是腹上患疽，醫藥無效，聞史建瑭下趙州，驚悸而卒。其子處瑾秘喪，軍府內外，皆不之知，每日於寢室前問安如生。處瑾與其腹心韓正時參決大事，同謀奸惡。

（宋）王欽若等編纂：《冊府元龜》卷九四三《總錄部》

楊思權爲邠州節度使，進新修佛寺圖。思權前帥禁軍倒戈入岐州，違負朝廷，獲節旄之賞，心常愧畏。邠即思權故里，遂率民修寺，冀銷陰禍故也。

（宋）王欽若等編纂：《冊府元龜》卷六九七《牧守部》

康延孝爲保義軍節度使、四川行營先鋒使。延孝既收綿州，蜀主王衍斷綿江浮梁而去，水深無舟楫可渡。延孝謂招撫使李嚴曰：“吾懸軍深入，利在急兵，乘王衍破膽之時，人心離沮，但得百騎過鹿頭關，彼即迎降不暇。如俟修繕津梁，便留數日。若王衍堅閉近關，折吾兵勢，儻延旬浹，則勝負莫可知也。宜促騎渡江。”因與李嚴乘馬浮江，於時得濟者僅千人，步軍溺死者亦千餘人。延孝既濟，長驅過鹿頭，進據漢州，居三日，部下後軍方至。僞蜀六軍使王宗弼令人持牛酒幣馬歸款。旬日間，兩川平定。

（宋）王欽若等編纂：《冊府元龜》卷三六七《將帥部》

水草大王

李儼爲鳳翔節度，因生辰，秦鳳持禮使陋而多髯，魏博使少年如美婦人。魏博使戲曰：“今日與水草大王接席。”秦鳳曰：“夫人無多言。”四座皆笑。

（宋）曾慥：《類說》卷二六《五代史補》

後唐李岩爲澶州節度使，會賊將賀環來寇，岩怠於守備，城遂陷賊。

（宋）王欽若等編纂：《冊府元龜》卷四五〇《將帥部》

王處直，爲定州節度使。處直爲人精簡，好求吏理。雖地處一隅，介於大國，招懷撫納，甚得人和。

（宋）王欽若等編纂：《册府元龜》卷三九七《將帥部》

張敬詢，爲大同軍節度使。至鎮，招撫室韋曷剌鉢于越萬餘帳，以捍北邊。

（宋）王欽若等編纂：《册府元龜》卷三九七《將帥部》

楊漢賓爲黔南節度使，會東川節度使董卓叛，攻城。漢賓弃城走，投忠州。

（宋）王欽若等編纂：《册府元龜》卷四五〇《將帥部》

戴思遠初仕梁，爲邢州節度使。屬燕將張方進殺滄州留後劉繼威，以城歸梁。梁末帝命思遠鎮之，莊宗平定魏博，以兵臨滄德。思遠弃鎮，渡河歸汴。

（宋）王欽若等編纂：《册府元龜》卷四五〇《將帥部》

後唐李克恭爲昭義節度使，人士離心。時武皇初定邢、洛三州，將有事於河朔，大蒐軍實。潞州有後院軍馬之雄勁者，克恭選其五百人，獻於武皇。軍使安建惜其兵，不悦。克恭令裨校李元審、安建，紀綱馮霸部送太原，行次銅鞮縣，馮霸劫衆謀叛，殺都將劉果、縣令戴勞謙，循山而南，北及沁水，有衆三千。

（宋）王欽若等編纂：《册府元龜》卷四三七《將帥部》

後唐李克寧爲奉誠軍節度使，赫連鐸之攻黄花城也，克寧奉武皇及諸弟登城，血戰三日，矢盡備竭，殺賊萬計。燕軍之攻蔚州，克寧昆仲嬰城拒敵，晝夜輟寢食者旬日。

（宋）王欽若等編纂：《册府元龜》卷四〇〇《將帥部》

温韜初事梁，爲許州節度使，累官至檢校太尉、平章事。韜素善
趙巖，每依附之。莊宗入汴，巖恃韜與己素厚，遂奔許州。韜延之於
第，斬首傳送闕下。

（宋）王欽若等編纂：《册府元龜》卷九四三《總録部》

李繼儔，潞州節度嗣昭之子也。初，嗣昭死，其子繼韜以州叛。
及繼韜伏誅之後，詔其兄繼儔赴闕。時繼儔權知軍府，繼韜房中所畜
婢僕玩好之類，悉爲己有，每日於其房中料選妓妾，算較財物，遷延不
時上路。其弟繼達怒謂人曰：“吾仲兄被罪，父子誅死，骨肉之情，自
然傷痛。大兄不仁樂禍，略無慚懷。二弟並命，言音尚在。而便烝淫
妻妾，詰責貨財，慚恥見人，生不如死！”繼達服縗麻，引數百騎坐於戟
門呼曰：“爲我反乎！”即令人斬繼儔首，投於戟門之内。繼達弟繼珂
聞其亂也，募市人千餘攻於城門。繼達登城樓，知事不濟，啓子城東
門，至其私第，盡殺其孥，得百餘騎，出潞城門，將奔契丹。行不十里，
麾下奔潰，自到於路隅。其下小校薛萬金率衆歸於闕下。

（宋）王欽若等編纂：《册府元龜》卷九四三《總録部》

趙鳳爲荆州節度使。明宗厭代，潞鄴構難。俄聞鄂王出奔，鳳流
涕，集賓佐軍校曰：“主上播遷，渡河而北，吾輩安坐，不赴奔問，於理
可乎？”軍校曰：“惟公所使。”尋聞王弘贄殺鄂王左右，留王衛州，又
得清泰檄書而止。

（宋）王欽若等編纂：《册府元龜》卷三七四《將帥部》

李從曮爲鳳翔節度、管内觀察處置等使，蜀平，繼岌命部署王衍
一行東下。至岐，監軍使柴重厚不與符節，促令赴闕。從曮至華下，
聞内難，歸。領明宗詔誅重厚。從曮以軍民不擾，重厚之力也。不以
前事爲隙，上表論救，事雖不允，時議嘉之。

（宋）王欽若等編纂：《册府元龜》卷四三一《將帥部》

朱友謙初仕梁爲河東節度使，莊宗誅汴孽，自河中來朝，以其子同州節度使令德爲遂州節度使，令錫爲許州節度使，諸子二千石者六七，將校割符者五六，恩寵之盛，時無比隆。

　　　　　　　（宋）王欽若等編纂：《册府元龜》卷一三一《帝王部》

周李從敏爲定州節度使，其政靜而不煩。易、定征賦，舊典三鎮同風，賦斂出自藩侯，朝法不能拘制。至是，從敏削除舊弊，載振朝綱，不取兵於民，不橫賦於境，部內便之。

　　　　　　　（宋）王欽若等編纂：《册府元龜》卷六八九《牧守部》

周李從敏，唐明宗之諸子也。沉厚寡言，善騎射，多計數。初，莊宗召見，試弓馬，用爲衛內馬軍指揮使。

　　　　　　　（宋）王欽若等編纂：《册府元龜》卷八四六《總録部》

張筠爲永興軍節度，奉詔殺僞蜀主王衍。衍之妓樂、寶貨，悉私藏於家。及罷歸之後，第宅宏敞，花竹深邃，聲樂飲膳，恣其所欲。十年之內，人謂爲地仙。

　　　　　　　（宋）王欽若等編纂：《册府元龜》卷四五四《將帥部》

張筠，前任興元節度使，請歸私第。筠昔在山南，繫其副使判官都校，輒加楚掠，誣其反狀，按之無驗，帝俱釋之。筠知其非，故乞歸私第。

　　　　　　　（宋）王欽若等編纂：《册府元龜》卷九二六《總録部》

張筠，初仕後唐爲永平節度使，性好施。每出，值貧民於路，則給以口糧衣物。境內除省賦之外，未嘗聚斂，遂至百姓不擾，十年小康。秦民懷惠，呼爲佛子。後權領河南尹，俄鎮興元，所治之地，咸用前政，上下安之。

　　　　　　　（宋）王欽若等編纂：《册府元龜》卷六七五《牧守部》

晉張筠爲興元節度，罷居洛下，表乞歸咸陽。俄而洛下有張從賓之亂，獨免其難，人咸謂筠有五福之具焉。

（宋）王欽若等編纂：《册府元龜》卷七九〇《總録部》

後唐李茂勛，唐末爲鄜州節度使。梁太祖襲鄜州，茂勛遂歸於梁，改名周彝，署元帥府行軍司馬。

（宋）王欽若等編纂：《册府元龜》卷八二五《總録部》

劉玘初仕梁，爲晉州觀察使留後。莊宗復收汴州，玘來朝。玘在平陽八年，日與上黨、太原之師交鬥境上，莊宗見而勞之曰：“劉侯無恙，爾控吾晉陽之南鄙，歲時久矣，不早相聞，今日見訪，不其晏歟！”玘頓首謝之。郊天後，令歸鎮正授旌節，尋有詔授封安遠軍。

（宋）王欽若等編纂：《册府元龜》卷九九《帝王部》

晉安重榮爲成德軍節度使，天福二年，副使朱崇節奏鎮州軍府，將吏、僧道、父老詣闕請立重榮德政碑，高祖敕曰：“安重榮功宣締構，寄重藩維，善布詔條，克除民瘼，遂致僚吏、僧道詣闕上章，求勒貞瑉，以揚異政。既觀勤功，宜示允愈。其碑文仍令太子賓客任贊撰進。”

（宋）王欽若等編纂：《册府元龜》卷八二〇《總録部》

（天福）三年五月，賜汴州節度使楊承祚衣一襲、通犀帶、靴、笏、銀鞍轡馬等物，又太妃、皇后各有所賜。帝以鄆城將下，光遠方縮兵柄，故通姻好以固之。所賜，汴俗謂之係女婿。

（宋）王欽若等編纂：《册府元龜》卷一七九《帝王部》

晉曹議金爲歸義軍節度瓜、沙等州觀察等使，天福五年二月卒，以其子元德襲其位。

（宋）王欽若等編纂：《册府元龜》卷四三六《將帥部》

（天福六年）七月壬戌，涇州奏：西涼府留後李文謙今年二月四日閉宅門自焚，遣元入西涼府譯語官楊行實與來人賫三部族蕃書進之。

（宋）王欽若等編纂：《冊府元龜》卷九七七《外臣部》

晉少帝開運三年，詔宋州節度使李守貞，近以援送軍儲，殺戮蕃賊，繼聞克捷，宜示頒宣護聖、奉國、興順、宗順、興國諸軍都指揮使，各絹十匹。余自都虞候至散卒七匹至十匹，其隨行人員與諸州本城將士，亦有等第賜賫。史官曰：昔衛青、霍去病深入虜磧，以斬首加級，用爲定規，故謂首級，此其義也。守貞前引大軍往取瀛州境，獲一刺史以退。此時言攻幽薊，賴張彥澤剿蕃校而回，徵師五萬，運糧千里，行厦所過，券圍一空，將吏醉飽，百草皆除，遂使河北生民無措足之所。而又軍去有賜，謂之挂甲錢；來則賞之，謂之卸甲錢。或微有功名目，皆次第優給縜帛，動計三十萬數，田力其何以濟，良可痛矣！良可駭矣！

（宋）王欽若等編纂：《冊府元龜》卷一八〇《帝王部》

李彝殷爲夏州節度使。天福末，奏衛内指揮拓拔崇斌等五人作亂，當時收擒，處斬訖。相次綏州刺史李彝敏擅將兵士，直抵城門，尋差人掩殺。彝敏知事不濟，與弟五人將家南走。詔："李彝敏潛結凶黨，顯恣逆謀，骨肉之間，尚興屠害，照臨之内，難以含容，送夏州處斬。"

（宋）王欽若等編纂：《冊府元龜》卷九四三《總録部》

李彝殷鎮夏州，傲視中原，凡賊臣不逞，必陰相締結，冀其輸貨應接。李守貞出兵境上，以酬其覗。朝廷知其心，羈縻之。

（宋）王欽若等編纂：《冊府元龜》卷四四六《將帥部》

晉楊彥詢爲邢州節度使。時鎮州安重榮有不臣之狀，彥詢憂其窺伺。會車駕幸鄴，表求入覲。高祖慮契丹怒安重榮之殺行人也，移兵犯境，復命彥詢使焉。臣欽若等曰：彥詢爲宣徽使時，曾使契丹，至是復命之。仍恐重榮要之，由滄州路以入蕃。戎王果怒重榮，彥詢具言非高祖本意，蓋如人家惡子，無如之何。尋聞重榮犯闕，乃放還。

（宋）王欽若等編纂：《册府元龜》卷六五二《奉使部》

周英，爲成德軍節度使，性沉厚，謙恭有禮，雖衽金革之際，接對賓客，亦未嘗造次。將帥之中如者鮮矣。

（宋）王欽若等編纂：《册府元龜》卷三八八《將帥部》

張萬進，高祖有天下，命爲彰義軍節度使。所至不治，政由群下。洎至涇原，凶恣彌甚。每日於公庭列大鼎，烹肥羜，割藏方寸以噉，賓佐皆流泪，不能大嚼。俟其他顧，則致於袪中。又命巨觶行酒，訴則辱之。乃有持杯偶飲，搴領裱而納之。既沈湎無節，惟婦言是用。其妻與幕吏張光載干預公政，納錢數萬，補一豪民爲捕賊將。後領兵數百，入新平郡境。邠帥以其事上奏，有詔詰之。光載坐流罪，配於登州。天福四年三月，萬進疾篤。月餘，州兵將亂，乃召副使萬廷珪，委其符印。記室李昇，素憾凌虐，知其將亡，謂廷珪曰："氣息奄奄，不保晨暮。促移就第，豈不宜乎？"廷珪從之。萬進尋卒。遂以籃輿秘尸而出，即馳驅而奏之。詔命既至，而後發喪。其妻素狠戾，謂長子球曰："萬廷珪逼迫危病，驚擾而死，不手戮之，奚爲生也。"廷珪聞之，不敢往吊萬進，假殯於精舍之下。至轜車東轅，凡數月之間，郡民數萬，無一饋奠者。

（宋）王欽若等編纂：《册府元龜》卷四五四《將帥部》

張萬進，白皙美鬚，後至彰義軍節度使。

（宋）王欽若等編纂：《册府元龜》卷八八三《總録部》

張萬進，歷威勝、保大、彰義三軍節度使。所臨之地，士民慘懍。及疾羸，綿目州兵將亂，乃召副使萬廷圭，委其符印。記室李升，素憾萬進之凌虐，知其將亡，謂廷圭曰："氣息奄奄，不保晨暮，促移就弟，

豈不宜乎。”廷圭從之，遂以籃轝秘尸而出，浹旬不舉，馳騎而奏，慮其
有變。詔命既至，而後發喪。其妻素狠戾，謂長子彥球曰：“萬廷圭逼
迫危命，驚擾而死，不手戮之，奚爲生也。”廷圭聞之，不敢吊助。萬進
自假殯精舍之下，至轊車東轅，凡數月之間，郡民百萬，無涕洟饋
奠者。

（宋）王欽若等編纂：《册府元龜》卷四四八《將帥部》

後唐張萬進爲滄州都督。萬進殺留後劉繼威，自爲滄州，納款於
朱梁，亦遣使乞降於莊宗。莊宗馳書慰勞。繼威，守光之宗也，或謂
萬進曰：“河東已許守光自新。”萬進懼，繇是堅附於朱梁。

（宋）王欽若等編纂：《册府元龜》卷四四六《將帥部》

張彥澤爲涇州節度使。從事張式，以彥澤所行事多不軌，數勸止
之。彥澤不從，因酒酣，發矢向式，式偶免。因告病，不復請謁。彥澤
愈怒，將加害焉。式乃避竄衍州，刺史送至邠州，邠州連帥李周，具奏
其事。朝廷姑息彥澤，流式商州。彥澤堅飛奏請式，朝廷允之。式既
至，決口、剖心、斷手足而死之。後爲相州節度使，領軍北屯鎮定。後
送款於虜，虜主遣彥澤先至京師，數日之内，恣行殺害。或軍士擒獲
罪人至前，彥澤不問所犯，但瞑目，出一手，豎三指而已。軍士承其
意，即出外，斷其頭腰領焉。彥澤與偽閣門使高勛不協，因乘醉至其
門，害其仲父孝悌，暴死於門外。

（宋）王欽若等編纂：《册府元龜》卷四四八《將帥部》

張彥澤爲涇州節度使，有從事張式者，以宗人之分，受其知遇。
時彥澤有子，爲内職，素不叶父意，數行笞撻，懼其楚毒，逃竄外地。
齊州捕送到闕，敕旨釋罪，放歸父所。彥澤上章，請行朝典。式以有
傷名教，屢諫止之。彥澤怒，引弓欲射之，式懼而獲免。尋令人逐式
出衙。式自爲賓從，彥澤委以庶務，左右群小惡之久矣。因此讒構，
互來迫脅，云：“書記若不便出斷定，必遭屠害。”式乃告病尋醫，携其

妻子,將奔衍州。彥澤遣指揮李興,領二十餘騎追之,戒曰:"張式如不從命,即斬取頭來。"式懇告刺史,遂差人援送到邠州。節度使李周,驛騎以聞。朝廷以姑息彥澤之故,有敕流式於商州。彥澤遣行軍司馬鄭元昭詣闕,論請面奏,云:"彥澤若不得張式,恐致不測。"高祖不得已而從之。既至,決口、剖心、斷手足而死之。式父驛詣闕訴冤,朝廷命王周代之。

　　(宋)王欽若等編纂:《冊府元龜》卷四四九《將帥部》

　　張彥澤初爲涇原節度使,其政苛刻。交代王周奏弊事二十件,後爲相州節度使,頓悛舊迹,凡正俸公府常入之外,一無所取,民吏愛之。少帝開運三年,父老僧道詣闕舉留焉。

　　(宋)王欽若等編纂:《冊府元龜》卷八九七《總錄部》

　　王廷裔,爲晉陽軍校。以攻城野戰爲務,暑不息嘉樹之陰,寒不處密室之下,與軍伍食不異味,居不異適,故莊宗於親族之中獨加禮遇。

　　(宋)王欽若等編纂:《冊府元龜》卷三九八《將帥部》

　　晉趙杜禮,爲晉昌節度使。或賑人之急,時論賞之。

　　(宋)王欽若等編纂:《冊府元龜》卷四一二《將帥部》

　　張敬達爲雲州節度使。時契丹率族帳自黑榆林撨制泊,移至没越泊,云借漢界水草。敬達每聚兵塞下,以遏其衝。虜竟不敢南牧,邊人賴之。

　　(宋)王欽若等編纂:《冊府元龜》卷四二九《將帥部》

　　漢劉銖爲青州節度使。乾祐中,淄青大蝗,銖下令捕蝗,略無遺漏,田苗無害。先是,濱海郡邑,皆有兩浙回易,務取民利,如有所負。回易吏自置刑禁,追攝士民,前後長吏利其厚賂,不能禁止。銖即告所部,不得與吳越徵償及擅行追攝。浙人惕息,莫敢干命。

(宋)王欽若等編纂:《册府元龜》卷六九○《牧守部》

劉銖爲青州節度使。銖受代之日,有私鹽數屋,雜以糞穢填塞諸井,以土平之。節度使符彥卿發其事以聞,銖奉朝請久之。

(宋)王欽若等編纂:《册府元龜》卷四五五《將帥部》

李洪信爲陝州節度使。乾祐末,洪信奏馬步都指揮使聶召、秦國指揮使楊德、護聖指揮使康審澄等,與節度判官路濤、掌書記張洞、都押牙楊紹勛等,同謀叛,併殺之。唯康審澄夜中放火,奪關奔歸。初,朝議以諸道方鎮,皆是勛臣,不諳政理。其都押牙、孔目官令、三司軍將,内選才補之,藩帥皆不悦。故洪信因朝廷多故,誣奏加害焉。

(宋)王欽若等編纂:《册府元龜》卷四四九《將帥部》

(廣順二年)九月丁丑,河西節度使申師厚奏薦蕃州將吏,請加恩命。從之。左廂押蕃副使折逋支、右廂崔亮心並授銀青光禄大夫、檢校工部。禮部尚書楊妃谷、大首領沈念般授懷化大將軍。左廂大首領籛於必篤爲歸德大將軍。没林葛於凝、盧伴氈、折逋窮羅,並爲懷化大將軍。右廂大首領鹿悉迦、阿羅岳、騷奴並爲歸德大將軍。劉念般粃與龍温光積並爲懷化大將軍、攝節度掌書記、守涼州。姑臧令王庭瀚授監察御史裏行、充河西軍節度掌書記。攝節度推官温崇業試秘書省校書郎,充河西節度推官。攝録事參軍劉少英爲涼州録事參軍。師厚又言:「自安國鎮至西涼州沿路三處扼控,各立州名,欲補大首領爲刺史。又官界部落大首領三十餘人各望賜空名告身。」並從之。

(宋)王欽若等編纂:《册府元龜》卷一七○《帝王部》

(廣順二年十二月)是月丙戌,武平軍兵馬留後劉言上表曰:「臣聞域中至大,須歸正統之君;海内稱尊,合奉真明之主。事既緣其道阻，機且務於從權，關河之信使不通，戎鎮之箋章未達，寔爲睽越，罪屬稽留。臣前年以馬氏弟兄交相魚肉，是希崇之失御，致邊鎬之侵疆。當道節度使馬光惠，早副群情，方施庶政，遽多耽惑，將亂紀綱，三軍商量，乃行廢黜。臣謬居上將，忽被衆推，尋且奉表東吳，所冀且安西土。不謂湖南節度使邊鎬多行間諜，常畜陰謀，致半年未降於新恩，而中使遽來於急詔。而又縱横肆意，説誘五溪，暗行文書，廣賚金帛，將謀會合，欲舉攻狀。臣請節度副使王進逵、行軍司馬何敬真、別差指揮使周行逢、朱全琇、張仿等，慮其奸計，恐致危亡，乃舉兵師，去平凶寇。自十月三日水陸發兵順水，至五日收下沅江，九日又下益陽，十四日克復湖南城池。邊鎬見其危迫，陸路奔逃，見發奇兵，掩後追逐，料行狼狽，必恐收擒。臣素昧兵鈐，曾無將略，幸處軍中之長，叨司閫外之權，念臣節以徒堅，望堯階而尚复，既復瀟湘之土，宇永依日月之照臨。幸成破竹之功，敢慢傾葵之懇。且馳單介，徑達皇都，謹差節度押牙張崇嗣奉表以聞。”是年十月，内言收湖湘，尋差人上章至荆南，高保融留之，自先奏其事。言聞其未達，乃復令張崇嗣奉表，兼別具奏狀，縷述其事曰：“當道去年以湖南馬希萼弟兄傷寒家國，陵夷淮南，差邊鎬潛入長沙，便爲據守，扶風一族，楚水萬家，並押送東吳，固無留者。當道有兵士二千來衆，亦被括將，累乞放回，意未允許。今春前節度使馬光惠耽荒稍甚，僭侈非常，三軍商量，乃行廢黜。臣以位居籧貳，衆意推崇，辭讓既難，藩方無主，此際以馬光惠早歸東國，累降頒宣，臣等例奉甄昇，未遑回變，方思述職，鄰道可明。不謂湖南頻行間鬥，彼衆將行討伐，當軍須舉兵師，冀先定於熊湘，復歸明於象闕。東吳早以臣權知戎閫，未降明恩，尋有急徵，並令歸國。其邊鎬唯懷詭詐，多畜奸謀，況五溪八州，是武陵管屬，邊鎬暗賚金帛，密與鈎連，計料加兵，欲謀攻逼，於界首、益陽縣下砦，聚食屯師，自謂士卒精强，濠塹牢固。當道節度副使王進逵、行軍司馬何敬真、指揮使周行逢、朱全琇、蒲公益等，去十月三日部署大齊雲截波魚龍戰棹等三百餘艘，計三萬人，並陸路指揮使張仿、董從德等押馬步兵士二萬餘人，同日進發，五日收下沅江縣，獲賊都監劉承遇。其賊將李師德等五百餘人,並束甲歸降。至九日,到益陽寨,賊衆一萬餘人堅守,抵扞攻擊,自辰至未,其砦自潰,殺戮八千餘人,捉得都指揮使夏昌,活擒八百餘人。至十一月,橋口、湘陰數處,相次歸降。至十三日,當軍水陸俱上,經長沙城下,邊鎬見其兵勢,不敢拒張,當夜取東路奔逃。至十四日,進逵、敬真差發五千餘人追襲,除鎬先次奔竄外,掩殺賊衆五百餘人。即日,進逵、敬真入湖南城,安撫軍民訖。其東吳岳州刺史宋德權尚倚孤壘,亦聚强兵,探知搬下舟船,亦無鬥志。十月十八日,差指揮使蒲公益押戰船五十只,兵士三千人到岳州城下,其宋德權即時爇城而竄,便令蒲公益權主岳州,招撫生聚。其潭州、上江諸郡邑,見差守宰招安,次且言潭州兵戈之後,焚燒殆盡,乞移使府於朗州。"帝從之,詔昇朗州爲都督府,在潭州之上。

(宋)王欽若等編纂:《冊府元龜》卷一七九《帝王部》

(廣順)三年正月丙辰,制:武平軍節度留後、檢校太尉、彭城郡侯、食邑一千户劉言,可檢校太師、同中書門下平章事、行朗州大都督、充武平軍節度管内觀察處置兼三司水陸發運等、使制置武安靜江等軍事,進封公,邑一千户,實封三百户,賜推誠定難忠義功臣。又以武平軍節度副使、權知潭州軍州事、檢校太傅、新泰縣子、邑五百户王進逵,可檢校太尉、潭州刺史、充武平軍節度使,改郡侯,加邑五百户,賜協謀宣力功臣。武安軍節度行軍司馬兼衙内步軍都指揮使、檢校太傅、盧江縣子、邑五百户何敬真,可檢校太尉、行桂州刺史靜江軍節度使、進封侯,加邑五百户,賜協謀宣力功臣。皆劉言之請也。又以張仿領眉州刺史,充武平軍節度副使;朱元琇領黄州刺史,充靜江軍節度副使;宇文瓊領海州刺史,充武安軍節度副使;周行逢領集州刺史,充武安軍節度行軍司馬。自仿以下,皆劉言同起之將校也。言又遣崇嗣入朝,知進奏院,賜靴、衫、銀帶。又賜劉言詔曰:"卿卓立功勛,明彰臣節,復馬氏所亡之地,安楚人仍舊之邦,一境土疆,方資節制,大朝藩屏,殊切倚毗。凡於錫賜之恩,皆獎削平之效。惟卿敏達,知朕睠懷,今賜卿舊屬湖南在京及諸處莊宅、樓店、邸務、舍屋等。"又以檢校太保、屯衛將軍楊琛檢校太傅,領涪州刺史、武平軍節度行軍司馬。從劉言奏也。

（宋）王欽若等編纂:《册府元龜》卷一七九《帝王部》

（廣順四年）是月,隴州防禦使石公霸上言:"元管三縣五鎮,自秦州阻隔,廢定戎、新關兩鎮,唯汧源皆稱直屬本府,及官吏批書歷子,考校課最,賊盜寇攘,户民減損,又責州司職分,何以檢校?昨汧陽令李玉上府,主簿林莩下鄉,州司不曾指揮,本縣亦無申報,每有提舉,皆稱本府,追呼無以指縱,何能致理其間?户口多有逃亡,預虞大比之時,恐速小臣之罪。伏睹近敕,凡有訴訟,尚委逐處區分,不得驀越,豈可本屬縣鎮,每事直詣鳳翔?望降新規,以滌舊弊。"敕:"鳳翔屬郡宜令依諸道體例指揮。今後凡諸縣公事徵科訴訟,並委逐州官員區分。於事或有疑誤須禀使府者,則縣申州,州申使府,不得驀越。其李玉、林莩專擅上府下鄉,本州勘罪奏聞。"

（宋）王欽若等編纂:《册府元龜》卷六六《帝王部》

李暉,廣順初爲滄州節度使。州民張鑒明等於黎陽山采石,欲爲暉立德政碑。暉出於軍校,前鎮河陽,部人已刊碑頌。及茌浮陽,又聞其政,不亦善乎。

（宋）王欽若等編纂:《册府元龜》卷八二〇《總録部》

薛瓊,廣順中爲宿州團練使。宿州民吏詣闕上言,請爲瓊立碑頌美,太祖從之。後爲萊州團練使,及卒,萊州官吏、僧道、百姓等列狀上請,以瓊有善政在人,乞立祠堂及樹碑以述其遺愛,世宗從之。

（宋）王欽若等編纂:《册府元龜》卷八二〇《總録部》

世宗顯德元年三月,親征河東。庚子,制:"以侍衛馬步都虞候李重進兼忠武軍節度使,宣徽南院使向訓兼義成軍節度使,殿前都指揮使張永德兼武信軍節度使,以義成軍節度使白重贊爲保大軍節度使,以鄭州防禦使史彦超爲鎮國軍節度使，賞高平之功也。又以建雄軍節度使藥元福爲同州節度使，以宣徽北院使楊廷璋爲建雄軍節度使，以同州節度使張鐸爲彰義軍節度使，以内客省使吳延祚爲宣徽北院使，以龍捷左厢都指揮使李千爲遼州防禦使，以龍捷右厢都指揮使康延治爲萊州防禦使，以虎捷左厢都指揮使田瓊爲密州防禦使，以虎捷右厢都指揮使張順爲登州防禦使，以龍捷第三都指揮使孫延進爲鄭州防禦使，以前耀州團練使符彦能爲澤州防禦使，又以散員都指揮使李繼勛爲殿前都虞候，以殿前都虞候韓令坤爲龍捷右厢都指揮使，以鐵騎第一軍都指揮使趙宣祖廟諱爲龍捷右厢都指揮使，以散員都指揮使慕容延釗爲虎捷左厢都指揮使，以控鶴第一軍都指揮使趙晃爲虎捷右厢都指揮使。五人並遥授團練使，其餘轉改有差。

　　（宋）王欽若等編纂：《册府元龜》卷一二八《帝王部》

　　王晏爲徐州節度使，顯德元年九月，官吏、緇黄、耆老以晏有善政及民，乞立碑以紀之，詔可之。尋命中書舍人張正撰文以賜焉。

　　（宋）王欽若等編纂：《册府元龜》卷八二〇《總録部》

　　王晏爲徐州節度使。晏，滕人。少以無賴攻剽，爲吏所搜索，乃從軍，洎爲節將於故里。徐方多盗，前後帥守不能禁詰。晏下車，悉召故時僚友，與之衣服、鞍馬，謂之曰：“吾鄉有多盗之名，後來者應出諸君之下。爲我召集遍諭之，當我鎮撫時，各宜禁戢。”由是自晏撫封，閭井晏然，枹鼓之音頓息。

　　（宋）王欽若等編纂：《册府元龜》卷六九五《牧守部》

　　世宗顯德二年正月，沙州留後曹元忠、知瓜州軍州事曹元恭各遣使進方物。以元忠爲歸義軍節度使、檢校太保、同平章。以元恭爲瓜州團練使。仍各鑄印以賜之，皆旌其來王之意也。

　　（宋）王欽若等編纂：《册府元龜》卷一七〇《帝王部》

（顯德三年）六月甲子，以鳳翔節度使王景爲雄武軍節度使，兼西面緣邊都部署。以宣徽南院使、鎮安軍節度使向訓爲檢校太尉，依前宣徽南院使，充淮南節度使。以彰信軍節度使韓通爲檢校太尉，忠武軍節度使。以賞秦鳳之功也。

　　（宋）王欽若等編纂：《册府元龜》卷一二八《帝王部》

（廣順二年）十月，沙州僧興賓表，訴回紇阻隔。回紇世世以中國主爲舅，朝廷亦以甥呼之，沙州陷蕃後，有張氏世爲州將。後唐同光中，長史曹義金者，遣使朝貢。靈武韓洙保薦之，乃授沙州刺史，充歸義軍節度使、瓜沙等州處置使，其後久無貢奉，至是遣僧訴其事。

　　（宋）王欽若等編纂：《册府元龜》卷九七七《外臣部》

折從阮爲邠州節度使。從阮自晉、漢已來，獨據府州，控扼西北，朝廷賴之。

　　（宋）王欽若等編纂：《册府元龜》卷四二九《將帥部》

折從阮爲永安軍節度武勝等州觀察等使，乾祐二年，舉族入覲。少帝命其子德扆爲府州團練使，授從阮武勝軍節度使。

　　（宋）王欽若等編纂：《册府元龜》卷四三六《將帥部》

周常思爲昭義節度使，思性鄙悋，未嘗與賓佐有酒肴之會。

　　（宋）王欽若等編纂：《册府元龜》卷九三六《總録部》

高紹基，延州節度使高允權子也。允權卒，紹基匿喪久之，屢奏邊事，以要承襲。朝廷初聞其喪，即令六宅使張仁謙往巡檢。紹基不能匿，以十五日卒聞。

　　（宋）王欽若等編纂：《册府元龜》卷九二四《總録部》

癸酉,以沙州節度使、同平章事曹元忠及其子瓜州團練使延敬,按《宋史》作延繼。皆遣使來修貢。元忠,義金之子也。義金事,初見大中五年,後見咸通十三年及同光二年。元忠嗣爲節度使,據《會要》在顯德二年後,據薛居正《五代史》則義金卒於天福五年二月,子元德襲其位。而天福八年正月,又載沙州留後曹元深除歸義節度使。開運三年乃書以瓜州刺史曹元忠爲沙州留後。而《國史》及《會要》並無元德、元深二名,不知何也。

　　(宋)李燾:《續資治通鑒長編》卷二,太祖建隆二年(961)

歸義軍節度使曹元忠卒,其子延禄自稱權節度兵馬留後,遣使修貢。夏四月丁丑,詔贈元忠燉煌郡王,授延禄歸義節度使,又以其弟延晟爲瓜州刺史,延瑞爲牙内都虞候,母封秦國太夫人,妻封隴西郡夫人。

　　(宋)李燾:《續資治通鑒長編》卷二一,太宗太平興國五年(980)

太子太傅、魯國公范質寢疾,上數幸其第臨視,恐益爲勞,乃令内夫人問訊。質家迎奉器皿不具,内夫人奏之,上即命翰林司賜以果床、酒器,復幸其第,謂曰:"卿爲宰相,何自苦如此?"質對曰:"臣曩在中書,門無私謁,所與飲酌,皆貧賤時親戚,安用器皿! 因循不置,非力不及也。"質性卞急,以廉介自持,好面折人,不能容人之短。嘗謂同列曰:"人能鼻吸三斗醋,斯可爲宰相矣。"五代以來,宰相多取給於方鎮,質始絶之。所得禄賜,遍及孤遺,食未嘗有異品。疾革,戒其子旻以毋請謚,毋刻墓碑。辛丑,卒。上甚悼惜之,贈中書令,賻絹五百匹,粟麥各百石。後因講求輔弼,謂左右曰:"朕聞范質居第之外,不植資産,真宰相也。"太宗亦素重質,嘗對近臣稱累朝宰相,以爲循規矩、重名器、持廉節,無出質之右者,其所不足,但欠世宗一死耳。

　　(宋)李燾:《續資治通鑒長編》卷五,太祖乾德二年(964)

五代以來,領節旄爲郡守者,大抵武夫悍卒,皆不知書,必自署親吏代判,郡政一以委之,多擅權不法。戊戌,詔諸州長吏或須代判,許任賓席公幹者,勿得使用元從人。

(宋)李燾:《續資治通鑑長編》卷六,太祖乾德三年(965)

自唐天寶以來,方鎮屯重兵,多以賦入自贍,名曰留使、留州,其上供殊鮮。五代方鎮益彊,率令部曲主場院,厚斂以自利。其屬三司者,補大吏臨之,輸額之外輒入己,或私納貨賂,名曰貢奉,用冀恩賞。上始即位,猶循常制,牧守來朝,皆有貢奉。及趙普爲相,勸上革去其弊。是月,申命諸州,度支經費外,凡金帛以助軍實,悉送都下,無得占留。去年已有此詔,故此云申命。時方鎮闕守帥,稍命文臣權知,所在場院,間遣京朝官廷臣監臨,又置轉運使通判,爲之條禁,文簿漸爲精密,由是利歸公上而外權削矣。

(宋)李燾:《續資治通鑑長編》卷六,太祖乾德三年(965)

己酉,以忠正節度使王審琦爲忠武節度使。審琦鎮壽春凡八年,歲得租課,量入爲用,未嘗有所誅求,民頗安之。所部邑令以罪停其錄事史,幕僚白令不先諮府,請按之。審琦曰:"五代以來,諸侯强橫,令宰不能專縣事。今天下治平,我忝守藩,而部內宰能斥去黠吏,誠可賞也,何按之有!"聞者嘆服。

(宋)李燾:《續資治通鑑長編》卷一一,太祖開寶三年(970)

初,上問宰相趙普曰:"儒臣有武幹者何人?"普以知彭州、左補闕辛仲甫對。乃徙仲甫爲西川兵馬都監。於是召見,面試射,且問:"能擐甲否?"仲甫曰:"臣在郭崇幕府,屢從征討,固嘗被介胄矣。"上曰:"汝見王明乎? 朕已用爲刺史。汝頗忠淳,若公勤不懈,不日亦當爲牧伯也。"仲甫頓首謝。上因謂普曰:"五代方鎮殘虐,民受其禍,朕令選儒臣幹事者百餘,分治大藩,縱皆貪濁,亦未及武臣一人也。"既而有司命仲甫檢視民田,上曰:"此縣令職爾。"即令吏部銓擇官代之。

(宋)李燾:《續資治通鑑長編》卷一三,太祖開寶五年(972)

五代藩鎮多遣親吏往諸道回圖販易，所過皆免其算，既多財則務爲奢僭，養馬至千餘匹，童僕亦千餘人。國初，大功臣數十人，猶襲舊風，太祖患之，未能止絶。於是詔中外臣僚，自今不得因乘傳出入，齎輕貨，邀厚利，並不得令人於諸處回圖，與民争利，有不如詔者，州縣長吏以名奏聞。

（宋）李燾：《續資治通鑑長編》卷一八，太宗太平興國二年（977）

又申禁藩鎮補親吏爲鎮將。自此，但以牙校爲之，亦有宣補者。禁藩侯不得補親吏爲鎮將，本志及《會要》並載於此年，《實録》乃無之。今因禁臣僚與民争利，附見。其實開寶三年五月已禁矣。

（宋）李燾：《續資治通鑑長編》卷一八，太宗太平興國二年（977）

五代以來，諸方割據，罪人率配隸西北邊，然多亡投塞外，誘羌戎爲寇。己丑，詔自今當徙者皆配廣南，勿復隸秦州、靈州、通遠軍及沿邊諸州。

（宋）李燾：《續資治通鑑長編》卷一八，太宗太平興國二年（977）

上初即位，以少府監高保寅知懷州。懷州故隸河陽，時趙普爲節度使，保寅素與普有隙，事頗爲普所抑，保寅心不能平，手疏乞罷節鎮領支郡之制。乃詔懷州直屬京，長吏得自奏事。

於是虢州刺史許昌裔昌裔，未見。訴保平節度使杜審進關失事，詔右拾遺李瀚瀚，未見。往察之。瀚因言：“節鎮領支郡，多俾親吏掌其關市，頗不便於商賈，滯天下之貨。望不令有所統攝，以分方面之權，尊獎王室，亦强干弱枝之術也。”始，唐及五代節鎮皆有支郡。太祖平湖南，始令潭、朗等州直屬京，長吏得自奏事，其後大縣屯兵，亦有直屬京者，興元之三泉是也。戊辰，上納瀚言，詔邠、寧、涇、原、鄜、坊、延、丹、陝、虢、襄、均、房、復、鄧、唐、澶、濮、宋、亳、鄆、濟、滄、德、曹、單、青、淄、兗、沂、貝、冀、滑、衛、鎮、深、趙、定、祁等州並直屬京，天下節鎮無復領支郡者矣。按此時已盡罷節鎮所領支郡矣，而《實録》興國七年五月辛亥又書詔以涇州直屬京,不知何也? 今削去不著,然更須考之。

（宋）李燾:《續資治通鑑長編》卷一八,太宗太平興國二年(977)

唐藩鎮皆置邸京師,以大將領之,謂之"上都留後",後改爲"上都知進奏院"。五代以來,支郡不隸藩鎮者,聽自置邸,隸藩鎮者,則兼領焉。國初緣舊制,皆本州島鎮署人爲進奏官;其軍監場務,轉運使則差知後官或副知掌之。及支郡不復隸藩鎮,遂各置邸。而外州將吏多不願久住京師,故長吏募京師人或以親信爲之,晨集右掖門外廊,受制敕及諸司符牒,將午,則各還私居,事頗稽緩泄漏。是月,始令供奉官張文璨等簡閲進奏官、知後官、副知等,凡二百餘人,得一百五十人,並補進奏官,每人掌二州或三州軍監事,其不中選者爲私名副知,去知後之名。置都進奏院於大内側近,文璨等領之。

（宋）李燾:《續資治通鑑長編》卷二三,太宗太平興國七年(982)

上嘗謂宰相曰:"國之興衰,視其威柄可知矣。五代承唐季喪亂之後,權在方鎮,征伐不由朝廷,怙勢内侮。故王室微弱,享國不久。太祖光宅天下,深救斯弊。暨朕纂位,亦徐圖其事,思與卿等謹守法制,務振綱紀,以致太平。"上又曰:"至公之道,無黨無偏。有國者能行之,太平果不難致。"趙普曰:"天發生於春夏,肅殺於秋冬,不私一物,此所以能長久,王者所宜法也。"

（宋）李燾:《續資治通鑑長編》卷二九,太宗端拱元年(988)

癸未,洛苑使李繼和言鎮戎軍控扼邊要,望擇防禦、團練使莅之。上曰:"屢有人言緣邊州軍,宜如往制,止除牧守。朕熟思之,但得其人,斯可也。前代兵權民政,悉付方伯,其利害亦見矣。"

（宋）李燾:《續資治通鑑長編》卷五三,真宗咸平五年(1002)

辛酉,上與輔臣言及尚書省制度,因曰:"今惟銓選,典故稍存,而幕職、州縣官中亦有才俊,不宜輕之。"王旦曰:"吏部與諸司不同,但不能舉職爾。"上曰:"言事者屢請復二十四司之制,楊礪嘗言行之不難,但以郎中、諸司使同領一職,則漸可改作。"且曰:"唐設内諸司使,悉擬尚書省,如京,倉部也;皇城,司門也;禮賓,主客也。雖名品可效,而事任不同。當時諸司所行,惟京邑内外爾。諸道兵賦,各歸藩鎮,非南宮一郎中、員外郎所能制也。朝廷所得,才三分之一,名曰上供,其它留州、送使之名,皆藩鎮所有。其後諸帥跋扈,由藩鎮彊大也。今之三司即尚書省,故事盡在,但一毫所賦皆歸於縣官而仰給焉,故蠲放則澤及下,賜與則恩歸上,此國家不易之制也。"上曰:"何承矩嘗請以五等封爵,給其户賦。"且曰:"唐藩鎮富貴驕蹇,往往陷於不道者,良由姑息之過也。每易一帥,罕有帖然奉命者。周世宗召襄州節度使安審琦,即馳驛至,世宗大喜,寵以厚禮。國家自太祖變革制度迄今,藩鎮提兵在邊防兼相位者,每被召則奔命而至,此制御之大要也,好談古者,恐思之未至。"上然之。

(宋)李燾:《續資治通鑒長編》卷八六,真宗大中祥符九年(1016)

陛下患西陲御備,天下驛騷,趣募兵士,急調軍食,雖常賦有增,而經用不給。臣以謂唐季及五代,强臣專地,中國所制,疆域非廣。及祖宗有天下,俘吳、楚、蜀、晉,北捍獯鬻,西服羌戎,所用甲兵,所入租賦,比之於今,其數尚寡。然而摧堅震敵,府庫無空虚之弊,縣官無煩費之勞,蓋賞信罰必,將選兵精之效也。

(宋)李燾:《續資治通鑒長編》卷一六三,仁宗慶曆八年(1048)

己酉,知諫院吳奎言:"太祖革唐末、五代之弊,削外諸侯威權,專用文臣假守列郡,名品雖下,而眷待之意,固異常僚,故才者得以設施,不才者難乎冒進。太宗、真宗欽承前憲,遴選守臣,責效既嚴,敗官亦鮮,故能措世於盛平。陛下求治之意,固祖宗所同也,其如知州之選,泛濫太甚。京朝官爲通判兩任,例皆除授,不計人才,雖於中書呈驗,而卒無可否之意。其顧待禄賜與通判、知縣、監押殊無所異,又往往待闕至一二年,故士人厭薄,有辭知州而求監當者。請以天下州、府、軍、監地望，分爲等數，其推擇叙遷、顧待禄賜，考校沮勸誅賞之法，更爲條令而必行之。"

（宋）李燾：《續資治通鑑長編》卷一七〇，仁宗皇祐三年（1051）

辛亥，詔："諸道押即位進奉人各與官，有官者與推恩，勿試。"以幹興押進奉人皆試詩於學士院，已而不合格者，例與官，故有是詔。

知諫院司馬光奏："竊見諸路轉運使、提點刑獄、知州軍等，各遣親屬進奉賀登極表至京師，朝廷不問官職高下、親屬遠近，一例推恩，乃至班行幕職、權知州軍，或所遣之人非親屬者，亦除齋郎及差使、殿侍。此蓋國初承五代姑息藩鎮之弊，故有此例。後來人主嗣位之初，大臣因循故事，不能革正。國家爵禄，本待天下賢才及有功效之人，今使此等無故受官，誠爲太濫。況近年官吏繁冗，十倍於國初之時，朝廷深知其弊，所以數年前別定制條，減省諸色奏蔭之數。若進表之人皆得一官，則又並增數百入仕之人，自鄉來減省悉爲虛設。今縱不能盡罷此等恩澤，其進表人若五服內親者，或乞等第受一官，其無服非親屬者，並量賜金帛罷去，庶幾少救濫官之失。"

（宋）李燾：《續資治通鑑長編》卷一九九，仁宗嘉祐八年（1063）

五代方鎮益强，率令部曲主場院，厚斂以自利；其屬三司者，補大吏臨之，輸額之外輒入己，或私納貨賂，名曰"貢奉"，用冀恩賞。

（元）馬端臨：《文獻通考》卷二二《土貢考一》

五代疆境迫蹙，藩鎮益强，率令部曲主場、院，厚斂以自奉。太祖周知其弊，後藩郡有闕，稍命文臣權知所在場務，或以京朝官廷臣監臨，於是外權削而利歸公上，條禁文簿，漸爲精密。

（元）馬端臨：《文獻通考》卷二三《國用考一》

葉適《應詔條奏財總論》又曰："唐末藩鎮自擅，財賦散失，更五代而不能收，加以非常之變屢作，排門空肆以受科斂之害，而財之匱甚矣,故太祖之制諸鎮,以執其財用之權爲最急。既而僭僞次第平一,諸節度伸縮惟命,遂强主威,以去其尾大不掉之患者,財在上也。

(元)馬端臨:《文獻通考》卷二四《國用考二》

12. 司法

國初用唐律、令、格、式外,又有元和《删定格後敕》、太和《新編後敕》、開成《詳定刑法總要格敕》、後唐同光《刑律統類》、清泰《編敕》、天福《編敕》、周廣順《續編敕》、顯德《刑統》。皆參用焉。

(清)徐松輯:《宋會要輯稿》刑法一之一

太祖建隆四年二月五日,工部尚書、判大理寺竇儀言:“周《刑統》科條繁浩,或有未明,請別加詳定。”乃命儀與權大理少卿蘇曉、正奚嶼、[丞]張希讓及刑部、大理寺法直官[陳光乂]、馮叔向等同撰集。凡削出令(或)[式]宣敕一百九條,增入制十五條,又録律内“餘條准此”者凡四十四條,附於《名例》之次,並《目録》成三十卷。別取舊削出格令宣敕及後來續降要用者凡一百六條,爲《編敕》四卷。其釐革一司、一務、一州、一縣之類不在焉。至八月二日上之。詔並模印頒行。

(清)徐松輯:《宋會要輯稿》刑法一之一

乾德四年三月十八日,大理正高繼申言:“《刑統・敕律》有錯誤、條貫未周者,凡三事云。《刑統・職制律》,準周顯德五年敕:受所監臨財,及乞取贓過百匹,奏取敕裁。伏緣准律:若是頻犯,及二人以上之物,仍合累並倍論。元敕無累倍之文,致斷案有取裁之語。今後犯者望依律累倍過百匹,奏取敕裁;如累倍不過百匹,依律文處分。又《刑統・斷獄律》有‘八十’字誤作‘十八’字,伏請下諸處,令法官檢尋刊正,仍修改大理寺印板。又《刑統・名例律》:三品、五品、七品以上官親屬犯罪,各有等第减贖。伏恐年代已深,不肖自恃先蔭,不畏刑章。今後犯罪之人身無官者,或使已亡祖父親屬之蔭减贖其罪,即須是已亡人曾皇朝官,據品秩得使。如有不曾任皇朝官者,須是前代有功惠,爲時所推,歷官至三品以上者,亦得上請。伏乞永爲定制。"從之。

(清)徐松輯:《宋會要輯稿》刑法一之一

至道元年十二月十五日,權大理寺陳彭年言:"法寺於刑部寫到令式,皆題僞蜀廣政中校勘,兼列僞國官名銜,云'奉敕付刑部'。其帝號、國諱、假日、府縣陵廟名悉是當時事。伏望重加校定改正,削去僞制。"詔直昭文館勾中正、直集賢院胡昭賜、直史館張復、秘閣校理吳淑、舒雅、崇文院檢討杜鎬於史館校勘,翰林學士承旨宋白、禮部侍郎兼秘書監賈黃中、史館修撰張佖詳定。

(清)徐松輯:《宋會要輯稿》刑法一之一

真宗咸平元年十二月二十三日,給事中……(柴)成務等上言:"自唐開元至周顯德,咸有格敕,並著簡編。國初重定《刑統》,止行《編敕》四卷。太宗朝遂增後敕,爲《太平興國編敕》三十卷。淳化中又增後敕,爲《淳化編敕》三十卷。自淳化以後,宣敕至多,乃命有司別加刪定,取刑部、大理寺、在京百司、諸路轉運司所受淳化編敕及續降宣敕萬八十五百五十道,遍共披閱,凡敕文與《刑統》令式舊條重出者,及一時權宜非永制者,並刪去之。"

(清)徐松輯:《宋會要輯稿》刑法一之一、二

(景德)四年七月五日,帝謂宰臣等曰:"王濟上《刑名敕》五道,煩簡不等。朕嘗覽顯德中敕語甚煩碎,蓋世宗嚴急,出於一時之意,既以頒下,群臣無敢諫者。"

(清)徐松輯:《宋會要輯稿》刑法一之三

唐天成元年十月三日敕節文,京城諸道,若不是正口,不得私書
契券,輒賣良人。

(宋)竇儀:《宋刑統》卷二〇

後唐明宗天成二年正月詔:長史逐旬問罪人,以杜枉濫也。

(宋)李上交:《近事會元》卷五

唐天成二年二月二日敕:自此以後,録事參軍、縣令,若是分明有
贓犯,及因喜怒,無名行刑,致有論訟,即仰所在長史禁身勘責。若爲
公事科刑,致來論理,不得妄有禁繫。

(宋)竇儀:《宋刑統》卷二九

唐天成二年六月七日敕節文:或僧俗不辯,或男女混居,合黨連
群,夜聚明散,托宣傳於法會,潛恣縱於淫風,若不去除,實爲弊惡。
此後委所在州府縣鎮及地界所由巡司,節級嚴加壁刺,有此色之人,
便仰收捉勘尋,據關連徒黨,並決重杖處死。

(宋)竇儀:《宋刑統》卷一八

《册府元龜》:"後唐明宗天成二年九月,敕原州司馬聶嶼,擢從
班列,委佐親賢,不守條章,强買店宅。細詢行止,頗駭聽聞。喪妻未
及於半年,別成姻媾;弃母動逾於千里,不奉晨昏。令本處賜死。"唐
季、五代之時,其法猶重。

(清)顧炎武著,黄汝成集釋:《日知録集釋》卷一五

五代之際,時君以殺爲嬉,視人命如草芥。唐明宗頗有仁心,獨
能斟酌悛救。天成三年,京師巡檢軍使渾公兒口奏,有百姓二人,以
竹竿習戰鬥之事。帝即傳宣令付石敬瑭處置,敬瑭殺之。次日,樞密
使安重誨敷奏,方知悉是幼童爲戲。下詔自咎,以爲失刑,減常膳十
日,以謝幽冤,罰敬瑭一月俸,渾公兒削官杖脊,配流登州;小兒骨肉

賜絹五十匹、粟麥各百碩,便令如法埋葬。仍戒諸道州府,凡有極刑,並須子細裁遣。此事見《舊五代史》,《新書》去之。

(宋)洪邁:《容齋三筆》卷七

唐天成三年七月十七日敕節文,諸道州府凡有推鞠囚獄,案成後,逐處委觀察、防禦、團練軍事判官,引所勘囚人面前錄問,如有異同,即移司別勘。若見本情,其前推勘官吏,量罪科責。如無異同,即於案後別連一狀,云所錄問囚人與案款同,轉上本處觀察團練使、刺史,如有案牘未經錄問過,不得便令詳斷。

(宋)竇儀:《宋刑統》卷二九

唐天成三年閏八月二十三日敕,在京或遇行極法日,宜不舉樂,朕減常膳。天下諸州府或遇行極法日,宜逐處不舉聲樂。

(宋)竇儀:《宋刑統》卷三〇

後唐明宗天成三年,中書奏:"吏部南曹關,今年及第進士內《三禮》劉瑩等五人,所試判語皆同。勘狀稱:晚逼試期,偶拾得判草寫净,實不知判語不合一般者。"敕:"貢院擢科,考詳所業,南曹試判,激勸爲官。劉瑩等既不攻文,只合直書其事。豈得相傳稿草,侮瀆公場?宜令所司落下放罪。"夫以五代偏安喪亂之餘,尚令科罪。

(清)顧炎武著,黃汝成集釋:《日知錄集釋》卷一六

《册府元龜》載:天成四年十二月,蔡州西平縣令李商,爲百姓告陳不公。大理寺斷止贖銅。敕旨:"李商招愆,俱在案款。大理定罪,備引格條,然亦事有所未圖,理有所未盡。古之立法,意在惜人;況自列聖相承,溥天無事,人皆知禁,刑遂從輕。喪亂以來,廉恥者少。朕一臨寰海,四換星灰。常宣無外之風,每革從前之弊,惟期不濫,皆守無私。李商不務養民,專謀潤己。初聞告不公之事件,決彼狀頭;又爲奪有主之莊田,撻其本户。國家給州縣篆印,只爲行遣公文,而乃

將印歷下鄉，從人户取物。據兹行事，何以當官？宜奪歷任官，杖殺。"讀此敕文，明宗可謂得輕重之權者矣。

（清）顧炎武著，黄汝成集釋：《日知録集釋》卷一三

後唐孔循以邦計貳職，權領夷門軍府事。長垣縣有四盜，鉅富，及敗而捕係者，乃四貧民也。蓋都虞候者，郭從韜之僚婿，與推吏、獄典同謀，鍛成此獄，法當弃市。循親慮之囚，無一言，領過蕭墙，而乃屢顧，因召問之，云："適以獄吏高其枷尾，故不得言，請退左右，細述其事。"即令移於州獄，俾郡主簿鞠之。受賂者數十人，與四盜俱伏法，四貧民獲雪。

（宋）鄭克：《折獄龜鑒》卷二

後唐孔相循，以邦計貳職權莅夷門軍府事。長垣縣有四巨盜，富有資產，及敗所牽挽，則四貧民耳。時都虞候姓韓者，則密使郭崇韜之僚婿也。與推吏獄典同鍛其款，都不訊鞠，款成而上，斷令弃市。及親慮之，則又無言。就法之際，囚屢回首，公疑其情未究，即召問之，乃曰："實枉。"且言適爲獄吏高其枷尾，遂不得言。即命移於州獄，俾郡主簿鞠之，自韓已下凡數十人受賂，約七千緡，並以伏法。

（宋）桂萬榮：《棠陰比事》卷下

唐長興二年三月十八日敕節文，先降指揮，諸道州府不得使鐵鑞錢，或陌内捉到一兩文，所使錢數不計多少，並納入官。如有衷私鑄寫鐵鑞錢，及將銅錢銷鑄，別造物色，捉獲勘鞠不虛，並依格敕處斷。

（宋）竇儀：《宋刑統》卷二六

唐長興二年四月二日敕節文，諸道州府各置病囚院，或有病囚，當時差人診候治療，瘥後據所犯輕重決斷。如敢故違，致病囚負屈身亡，本官吏並加嚴斷。兼每年自夏初至八月末以來，五日一度，差人

洗刷枷匣。

（宋）竇儀：《宋刑統》卷二九

唐長興二年閏五月十八日敕節文，凡所爭論，如是悼耄篤疾，不勝刑責者，不得身自論對。

（宋）竇儀：《宋刑統》卷二九

唐長興二年八月十一日敕節文，今後凡有刑獄，宜據所犯罪名，須具引律、令、格、式，逐色有無正文，然後檢詳後敕，須是名目條件同，即以後敕定罪。後敕内無正條，即以格文定罪。格内又無正條，即以律文定罪。律、格及後敕内並無正條，即比附定刑，亦先自後敕爲比。事實無疑，方得定罪。慮恐不中，録奏取裁。

（宋）竇儀：《宋刑統》卷三〇

長興三年，邢州、汝州戍兵還，見訖於殿庭，遺下匿名書，論本指揮元霸率斂人錢物。帝令張從賓按問。樞密使范延光奏曰："匿名文字，準格不治，禁訟端也，不宜按問。"乃止。

（元）富大用：《古今事文類聚新集》卷一七

唐長興四年六月十四日敕節文：起今後贓名條内有以准加減及同字者，並陪贓累贓，並宜准律令格式處分。

（宋）竇儀：《宋刑統》卷一一

後唐長興四年，私鹽三斤以上，買賣人各杖四十。見《會要》。

（清）袁枚：《隨園隨筆》卷二七

明宗皇帝尤惡貪貨，鄧州留後陶玘爲内鄉縣令成歸仁所論税外科配，貶嵐州司馬；掌書記王惟吉奪歷任告敕，配綏州長流百姓；亳州刺史李鄴以贓穢賜自盡；面戒汝州刺史萇藺，爲其貪暴；汴州倉吏犯臟，内有史彦珣，舊將之子，又是駙馬石敬瑭親戚，王建立奏之，希免死。上曰：“王法無私，豈可徇親。”由是皆就戮。

（五代）孫光憲：《北夢瑣言》卷一八

緱氏縣令裴彦文，事母不謹，誅之。襄邑人周威，父爲人所殺，不雪父冤，有狀和解，明宗降敕賜死。

（五代）孫光憲：《北夢瑣言》卷一八

供奉官丁延徽，巧事權貴，人多擁護，監倉犯贓，合處極法。侍衛使張從賓方便救之。上曰：“食我厚禄，偷我倉儲，期於决死。蘇秦説吾不得，非但卿言。”竟處死。

（五代）孫光憲：《北夢瑣言》卷一九

鎮州士人劉方遇，家財數十萬。方遇妻田氏早卒，田之妹爲尼，常出入方遇家，方遇使尼長髮爲繼室。有田令遵者，方遇之妻弟也，善貨殖，方遇以所積財，令令遵興殖也。方遇有子年幼，二女皆嫁。方遇疾卒，子幼不能督家業，方遇妻及二女以家財素爲令遵興殖，乃聚族合謀，請以令遵姓劉，爲方遇繼嗣。即令鬻券人安美爲親族請嗣，券書既定，乃遣令遵服斬衰居喪。而二女初立令遵時，先邀每月供財二萬，及後求取無厭。而石、李二女夫教二女詣本府論訴，云令遵冒姓，奪父家財。令遵下獄，石、李二夫族與本府要吏親黨，上至府帥、判官、行軍司馬、隨使都押衙，各受方遇二女賂錢數千緡。而以令遵與姊及書券安美，同情共盜，俱弃市。人知其冤。府帥李從敏令妻來朝，懼事發，令内地彌縫。侍御史趙都嫉惡論奏，明宗驚怒，下鎮州，委副使符蒙按問，果得事實。自親吏高知柔及判官、行軍司馬、及通貨僧人、婦人皆弃市。惟從敏初欲削官停任，中宫哀祈，竟罰一季俸。議者以受賂曲法殺人，而八議之所不及，失刑也。安重誨誅後，王貴妃用事故也。

（五代）孫光憲：《北夢瑣言》卷二〇

《北夢瑣言》：後唐明宗尤惡墨吏。鄧州留後陶玘，爲内鄉令成歸仁所論，税外科配，貶嵐州司馬。掌書記王惟吉，奪歷任告敕，長流綏州。亳州刺史李鄴，以贓穢賜自盡。汴州倉吏犯贓，内有史彥珣舊將之子，又是駙馬石敬瑭親戚，王建立奏之，希免死。上曰：“王法無私，豈可徇親？”供奉官於延徽，巧事權貴，監倉犯贓，侍衛使張從賓方便救之。上曰：“食我厚禄，盜我倉儲，蘇秦復生，説我不得。”並戮之。以是在五代中號爲小康之世。

（清）顧炎武著，黃汝成集釋：《日知録集釋》卷一三

唐應順元年三月二十日敕節文，刺史、縣令、丞尉得替，自今後如是見任官將已分錢物資送得替人，即請勿論。其或率斂吏民，以受所監臨財物論，加一等。如以威刑率斂，以枉法論。其去任受財人請減二等。

（宋）竇儀：《宋刑統》卷一一

唐應順元年三月二十日敕節文，如有賣官、買官人等，並準長興四年三月二十七日斷魏欽緒犯買官罪，決重杖一頓處死敕處分。其詐假官及冒名接脚等罪，並准律文及天寶九載九月十六日敕指揮。

（宋）竇儀：《宋刑統》卷二五

唐應順元年三月二十日，御史中丞龍敏等詳定敕節文，伏以長興二年四月二十六日敕，大理正劇可久奏，盜賊未見本贓，推勘因而致死者，有故以故殺論，無故者減一等。

（宋）竇儀：《宋刑統》卷二九

和嶸載《玉堂閒話》云：近代有人因行商回，見妻爲人所殺，而失其首，既悲且懼，以告妻族，乃執婿送官，不勝捶楚，自誣殺妻。獄既具，府從事獨疑之，請更加窮治，太守聽許。乃追封内仵作、行人，令供近日與人家安厝去處，又問頗有舉事可疑者乎。一人對曰：“某處

豪家舉事，只言殂却嬭子，五更初，墻頭舁過，凶器極輕，似無物，見瘞某處。"巫遣發之，乃一女子首。令囚驗認，云非妻也。遂收豪家鞫問，具服殺嬭子，函首埋瘞，以尸易囚之妻，畜於私室，婿乃獲免。

（宋）鄭克：《折獄龜鑒》卷二

晉張希崇鎮邠州，有民與郭氏爲義子，自孩提以至成人，後因戾不受訓，遣之。郭氏夫婦相繼俱死，有嫡子已長，郭氏諸親教義子訟，云是真子，欲分其財，前後數政不能決。希崇判曰："父在已離，母死不至，雖云假子，辜二十年養育之恩，儻是親兒，犯三千條悖逆之罪，甚爲傷害名教，豈敢理認田園！"其生涯盡付嫡子所有。訟者與其朋黨，委法官以律定刑。聞者皆服其斷。

原按：張希崇鎮邠寧，在後唐明宗時，書中作晉，當作後唐爲是。

（宋）鄭克：《折獄龜鑒》卷八

晉張希崇鎮汾州日，有民與郭氏爲義子，自孩提以至成人，因戾不受訓，遣之。郭氏夫婦相次俱死，有嫡子已長。時郭氏諸親與義子相約，云是親子，欲分其財，助而訟之。前後數政不能理，遂成疑獄。希崇覽其訴狀，斷云："父在已離，母死不至，雖假稱義子，辜二十年撫養之恩；儻曰親兒，犯三千條悖逆之罪，大爲傷害名教，安敢理認田園！"其生涯並付親子，所訟人與朋黨者，委法官以律定刑。聞者服其明斷。

（五代）和凝：《疑獄集》卷三

晉高祖鎮鄴時，魏州冠氏縣華村僧院，有鐵佛一軀，高丈餘，忽云："佛能語以垂教，戒徒衆，稱贊聞乎！"鄉縣士庶雲集，施利填委。高祖命衙將賚香設供，且驗其事虛實。張輅請與偕行，至則盡遣僧出，乃開其房，搜得一穴，通佛座下，即由穴入佛身，厲聲以説諸僧過惡。衙將遂擒其魁。高祖命就彼戮之。

（宋）鄭克：《折獄龜鑒》卷五

晉安重榮鎮常山,有夫婦共訟其子不孝者。重榮面加詰責,抽劍令自殺之。其父泣言不忍,其母詬罵逐之,乃繼母也。重榮咄出一箭斃之,聞者稱快。

(宋)鄭克:《折獄龜鑒》卷五

石晉時,魏州冠氏縣畫林僧院有鐵佛,可長丈餘,中心且空。一日或云,鐵佛能語。其徒衆稱贊,聞於鄉縣,士衆雲集,施利填委,或聞佛語以垂教誡。縣鎮申府。時高祖鎮鄴,莫測其事,命衙將尚謙齎香供養設齋,且驗其事。復命言,疑其妖偽。有三傳張輅,請與尚謙偕行,詰其妖狀。暗與縣鎮率人力圍其僧院,盡遣院僧赴道場,張輅潛開僧房,見地穴引至佛座下,回謂尚謙,曰:"果犯法款矣!"乃令謙立於佛前,輅却由穴入佛空身中,屬聲具說僧過,便呵擒治,取其魁首數人上聞。就彼戮之。張輅奏授長河縣主簿,以酬獎之。

(五代)和凝:《疑獄集》卷三

晉天福七年十一月二十九日敕節文,兩京諸道州府應決大辟罪,起今後,遇大祭祀、正冬、寒食、立春、立夏、雨雪未晴,以上日並不得行極刑。如有已斷下文案,可取次日及雨雪定後施行。

(宋)竇儀:《宋刑統》卷三〇

《五代史》:晉天福八年,寒食望祭,焚御衣紙錢,史譏其不經也。上之化下,速於影響,道之失宜,久則難革。人君一舉錯,其可輕耶?

(宋)王觀國:《學林》卷五

寒食野祭而焚紙錢,則禮樂刑政幾何其不壞矣!

(唐)白居易、(宋)孔傳:《白孔六帖》卷四

五代後周序,寒食野祭而焚紙錢。

(明)彭大翼:《山堂肆考》卷九

《漢官儀》：古不墓祭，秦始皇起寢廟於墓側，漢因不改，四時上飯。唐明皇詔：寒食上墓，禮經無文，近代相承，寢以成俗，士庶有不合廟祭者，何以用展孝思，宜許上墓，同拜掃禮。《五代會要》：奉先之禮，無寒食野祭之儀，近代莊宗每年寒食出祭，謂之破散。

（明）彭大翼：《山堂肆考》卷三〇

歐陽公謂五代禮廢寒食野祭而焚紙錢，以爲紙錢自五代始。其實非起於五代也。

（清）趙翼：《陔餘叢考》卷三〇

《五代·周本紀》後序：寒食野祭而焚紙錢，則禮樂刑政幾何其不壞矣？

（清）陳元龍：《格致鏡原》卷三五

（熙寧三年）十一月二十一日，樞密院文彥博言：“臣聞刑平國用中典。自唐末至周，五代離亂，刑用重典，以救一時，故法律之外，輕罪或加於重，徒流或至於死。權宜從之以定國可也，然非律之意，不可以爲平世常法。國家承平百年，當用中典，然因循用法，猶有重於舊律者。”

（清）徐松輯：《宋會要輯稿》刑法一之八

太祖建隆二年二月二十五日，詔：“自今犯竊盜，贓滿三貫文坐死，不滿者節級科罪。其錢八十爲陌。”先是，周廣順中，敕竊盜計贓絹三匹以上者死，絹以本處上估爲定，不滿者等第決斷。至是以絹價不等，故有是詔。

（清）徐松輯：《宋會要輯稿》刑法三之一

（建隆）三年二月十三日，詔曰：“竊盜之徒，本非巨蠹，姧生不足，罪抵嚴科。今條法重於律文，財賄輕於人命，俾寬憲綱，用副哀矜。令後犯竊盜，贓滿五貫處死，以百錢足爲陌；不滿者決杖、徒、役，各從降殺。"先是，漢法一錢之罪必加重法，周初以所犯贓滿絹三匹坐死，帝以死者不可復生，以錢代絹，滿三千［文］處死，及是又改。

（清）徐松輯：《宋會要輯稿》刑法三之一

太祖建隆二年九月，詔："幕職、州縣官、檢法官因引問檢法雪活得人命乞酬獎者，自今須躬親覆推，方得叙爲功勞。餘準唐長興四年、晉開運二年敕施行。"

（清）徐松輯：《宋會要輯稿》刑法四之九三

王渙爲青州壽光令，黷貨聚斂，强奪下民資糧材木，修建私第。百姓苦之，乃訴於廉使者，因鞫劾，計贓十餘萬。有司以聞，帝怒，開平二年三月，委本郡長吏准格處分。

（宋）王欽若等編纂：《册府元龜》卷七〇七《令長部》

開元二十年，敕寒食上墓，宜編入五禮，永爲恒式。胡三省曰："唐開元敕：寒食上墓，禮經無文，近代相傳，寖以成俗。宜許上墓，同拜掃禮。蓋但許士庶之家行之，而人君無此禮也。"《五代會要》言："後唐莊宗，每年寒食出祭，謂之破散。"其後襲而行之。歐陽公《五代史》所謂"寒食野祭而焚紙錢"，即謂此也。

（清）顧炎武著，黃汝成集釋：《日知錄集釋》卷一五

晉天福□□□十五日敕節文，應内外帶職廷臣、賓從、有功將校等，並請同九品官例。其京都軍巡使及諸道州府衙前職員、内外雜任、鎮將等，並請准律不得上請當贖。其巡司、馬步司、判官雖有曾歷品官者，亦請同流外職，准律杖罪以下依決罰例，徒罪以上仍依當贖法。

（宋）竇儀：《宋刑統》卷二

漢慕容彦超善捕盜，爲鄆帥日，有州息庫，遣吏主之。有人以白金二錠質錢十萬，與之，既去而驗之，乃假銀也。彦超知其事，召主庫吏，密令出榜，虛稱被盜竊所質白銀等財物，今備賞錢一萬，召知情收捉元賊。不數日間，果有人來贖銀者，執之，伏罪，人服其智。

（五代）和凝：《疑獄集》卷三

尹崇規爲青州北海令，殘虐於民，賄賂彰顯。開平二年七月，委本道長吏斃之。

（宋）王欽若等編纂：《冊府元龜》卷七〇七《令長部》

梁太祖開平三年十一月，詔太常卿李燕、御史憲蕭頃、中書舍人張袞、户部侍郎崔沂、大理卿王鄯、刑部郎中崔誥，共删定律令格式。

（宋）王欽若等編纂：《冊府元龜》卷六一三《刑法部》

梁蕭頃爲御史司憲，太祖開平三年，鄆州百姓劉鬱於駕前陳狀，論金吾大將軍石彦辭賣宅不肯交割，經御史臺論理，不爲推窮事。頃與侍御史盧庶各罰兩月俸。

（宋）王欽若等編纂：《冊府元龜》卷五二二《憲官部》

梁太祖開平四年，中書門下奏："新删定《令》三十卷，《式》二十卷，《格》一十卷，《律》並《目録》十三卷，《律疏》三十卷，共一百三卷，請目爲《大梁新定格式律令》頒下施行。"從之。

（元）馬端臨：《文獻通考》卷一六六《刑考五》

（開平）四年十二月，宰臣薛貽矩奏："太常卿李燕等重刊定律《令》三十卷，《式》二十卷，《格》一十卷，《律》並《目録》一十三卷，《律疏》三十卷，凡五部十一帙，共一百三卷，勒中書舍人李仁儉詣閤門奉進。伏請目爲《大梁新定格式律令》，仍頒天下施行。"從之。是時，大理卿李保撰《刑律總要》十二卷。

（宋）王欽若等編纂：《册府元龜》卷六一三《刑法部》

乾化元年五月，詔左右銀臺門，朝參諸司使、庫使已下，不得帶從人出入。親王許一二人執條版手簡，餘悉止門外，闌入者抵律。閽守不禁，與所犯同。先時，門通内無門籍，且多勛戚，車騎衆者，尤不敢呵察。至是，有以客星凌犯上言者，遂令止隔。

（宋）王欽若等編纂：《册府元龜》卷一九一《閏位部》

梁太祖乾化二年五月，詔曰："共理庶民，是資牧宰。克勤厥職，必選端良。倘徇私以滅公，則興災而歛怨。豈遵條教，實蠹風猷。其所在長吏，不得因緣差役，分外誅求。律令所施，典刑具在，寧容殘忍，合務哀矜。宜令所在長吏，不得淫刑酷法，須臻有道，免致無辜。"

（宋）王欽若等編纂：《册府元龜》卷一九六《閏位部》

梁太祖開平元年即位，大赦，改元。開平三年正月，祀圜丘，大赦。十一月，告謝圜丘，大赦。乾化元年，大赦。郢王友珪即位，大赦。

均王乾化三年，祀圜丘，大赦。

（元）馬端臨：《文獻通考》卷一六六《刑考十二》

末帝龍德元年春正月癸巳，詔諸道入奏判官，宜令御史臺點檢，各從正衙退後，便於中書門下公參辭謝。如有違越，具名銜聞奏。應面賜章服，仍令各門使取本官狀申中書門下，受敕後方可結入新銜。

（宋）王欽若等編纂：《册府元龜》卷一九一《閏位部》

庶人友珪之篡位也，以敬翔天下之望，命翔爲宰相，友貫請宣學士，兼召諫臣，言陰陽序理之端，人事調和之本，又嚴修祀典，精事神祇，宜令有司依奏處潔所，云："進忠良而退不肖，除寇盜而恤孱娄，雖責在朕躬，亦資於調燮，刑法舒慘，宜令大理寺、御史臺明慎詳讞，勿至冤誣，選賢退愚，宜令三銓選部，精核慎選，所冀得人，新舊制敕令御史臺與三司官員詳擇以聞。"

（宋）王欽若等編纂：《冊府元龜》卷二一八《閏位部》

後唐李愚仕梁，爲左拾遺。晉州節度使華温琪在任違法，籍民家財入己。其家訟於朝，制使劾之，伏罪。梁主以先朝草昧之臣，不忍加法，愚按其罪。

（宋）王欽若等編纂：《冊府元龜》卷六一七《刑法部》

又有獻新櫻，彦超令主者收之。俄而爲給役人盜食之。主者白於彦超，彦超呼給役人，僞安慰之曰："汝等豈敢盜吾所食之物，蓋主者誣執耳，勿懷憂懼。"可各賜以酒。彦超潛令左右入黎蘆，散既飲之，立皆嘔吐，則新櫻桃在焉，於是伏罪。

（五代）和凝：《疑獄集》卷三

按薛居正丞相漢乾祐中，爲開封府判官。時吏有告民以鹽冒法者。獄具，當死。居正疑之，召詰其狀，乃是有憾以鹽誣之也。逮捕具服，即抵吏法，與行德事頗相類矣。彼以希賞而然此，以釋憾而然，皆能辨明其誣者，唯在深察其事也。

（宋）鄭克：《折獄龜鑒》卷三

武行德之守洛京也，國家方設鹽法，有能捉獲一斤以上者，必加厚賞。時不逞之徒，往往以私鹽中人者。常有村童負菜入城，途中值一尼自河陽來，與之偕行，去城近，尼輒先入。既而，門司搜閱，於菜籃中獲鹽數斤，遂係之以詣府。行德取其鹽視之，裹以白綃手帕子，而龍麝之氣襲人，驚曰："吾視村童弊衣百結，蓋窶之甚者也，豈有薰香帕子，必是奸人爲之耳。"因問曰："汝離家以來與何人同途？"村童以實對。行德聞之，喜曰："吾知之矣，此必天女寺尼與門司冀幸以求賞也。"遂問其狀，命親信捕之。即日而獲，其事果連門司，而村童獲免。自是官吏畏服而不敢欺，京師肅然。先是，行德以采薪爲業，氣雄力壯，一谷之薪，可以盡負，置麾下攀鱗附翼，遂至富貴，然聽訟甚非所長，至是明辨如此，論者異之。

（宋）鄭克：《折獄龜鑒》卷三

　　武節使行德，遷河南尹、西京留守。時官禁鹽入城，犯者法至死，募告者賞錢十萬。洛陽縣民家嫗持菜入城中賣，有桑門從嫗買，少佔其直，取菜反覆，顧視不買而去。嫗既不售，持入城門，抱關者搜筥中，得鹽，擒以詣府。行德詰嫗，嫗言桑門嘗買菜，顧視良久而去。即令捕桑門，具伏與抱關吏相結，以鹽誣嫗，欲希其賞。行德釋嫗，治桑門及抱關吏數輩，人皆畏之若神明，都下清肅。

（明）張景：《補疑獄集》卷六

　　周廣順元年正月五日敕節文：今後應諸色犯罪人，除反逆罪外，並不得籍没家資，誅及骨肉，一依格令處分。

（宋）竇儀：《宋刑統》卷一七

　　五代後周太祖廣順二年敕：民有訴訟，必先歷縣州及觀察使，處決不直，乃聽詣臺省，或自不能書牒，倩人書者，必書所倩姓名、居處，若無可倩，聽執素紙所訴，必須己事，毋得挾私妄訴。

（宋）謝維新：《古今合璧事類備要》外集卷二六

　　周顯德二年四月五日敕節文：應諸道見禁罪人，無家人供備吃食者，每日逐人破官米二升，不得信任獄子節級減削罪人口食。仍令不住供給水漿，掃灑獄内，每五日一度洗滌枷杻。如有疾病者，畫時差人看承醫療。

（宋）竇儀:《宋刑統》卷二九

周廣順三年二月三日敕節文:應有夫婦人被強奸者,男子決殺,婦人不坐罪。其犯和奸及諸色犯奸,並准律處分。

（宋）竇儀:《宋刑統》卷二六

周顯德二年五月七日敕節文:今後僧尼中有犯盜竊、奸私、賭錢物、醉及蠱害、欺詐等罪,並依法科刑,仍勒還俗。罪至死者,准法處分。本寺三綱、知事僧尼知而不糾舉者,等第科斷。

（宋）竇儀:《宋刑統》卷二六

周廣順三年九月五日敕節文:今後所有玄象器物、天文圖書、讖書、七曜曆、太一雷公式,私家不得有及衷私傳習,如有者並須焚毀。其司天監、翰林院人員並不得將前件圖書等,於外邊令人看覽。其諸陰陽、卜筮、占算之書不在禁限。所有每年曆日,候朝廷頒行後,方許私雕印傳寫,所司不得預前流佈於外,違者並準法科罪。

（宋）竇儀:《宋刑統》卷九

周顯德四年二月六日敕節文:諸處頗有閒人、游客,干投縣鎮乞索,或執持州府職員書題,干求財帛,縣鎮承意分配,節級所由,其所由節級,又須轉於人户處乞覓,頗是煩擾者,宜令今後止絕。如有此輩,並許諸色人論告,勘當不虛,其發書題人并縣鎮官吏、並游索人等,並當重斷。

（宋）竇儀:《宋刑統》卷一一

周世宗顯德五年七月,中書進新刪定《大周刑統》。

（宋）李上交:《近事會元》卷五

《刑統》皆漢唐舊文,法家之五經也。國初,嘗修之,頗存南北朝之法及五代一時旨揮,如"奴婢不得與齊民伍",有"奴婢賤人,類同畜産"之語,及五代"私酒犯者處死"之類,不可爲訓,皆當删去。

(宋)趙彦衛:《雲麓漫鈔》卷四

周顯德五年七月七日敕條:州縣自長官以下,因公事行責情杖,量情狀輕重,用今時杖,不得過臀杖十五。因責情杖至死者,具事由聞奏。

(宋)竇儀:《宋刑統》卷一

周顯德五年七月七日敕條:今後定罪,諸道行軍司馬、節度副使、副留守欲準從五品官例,諸道兩使判官、防團副使欲準從六品例,諸道節度掌書記、支使、防團判官、兩蕃營田等使判官準從七品例,諸道推巡及軍事判官準從八品官例,諸軍將校、内諸司使、使副、供奉、殿直官臨時奏聽敕旨。

(宋)竇儀:《宋刑統》卷二

周顯德五年七月七日敕條:其諸道州府若所推刑獄贓狀露驗,及已經本判官斷訖未決者,並爲獄成。

(宋)竇儀:《宋刑統》卷二

周顯德五年七月七日敕條:今後無禄人犯枉法贓者,特加至二十五匹絞。

(宋)竇儀:《宋刑統》卷一一

周顯德五年七月七日敕條:不枉法贓今後過五十匹者,奏取敕裁。

(宋)竇儀:《宋刑統》卷一一

周顯德五年七月七日敕條:起今後受所監臨贓及乞取贓過一百

匹者,奏取敕裁。

（宋）竇儀:《宋刑統》卷一一

周顯德五年七月七日敕條:死商財物如有父母、祖父母、妻,不問
有子無子,及親子孫男女,並同居大功以上親幼小者,亦同成人,不問
隨行與不隨行,並可給付。如無以上親,其同居小功親,釋曰:大功、小
功親具在《假寧令》後《五服制度令》內。及出嫁親女,三分財物內取一分,
均給之。餘親及別居骨肉不在給付之限。其蕃人、波斯身死財物,如
灼然有同居親的骨肉在中國者,並可給付。其在本土者,雖來識認,
不在給付。

（宋）竇儀:《宋刑統》卷一二

周顯德五年七月七日敕條:妻擅去者徒三年,因而改嫁者流三千
里,妾各減一等。娶者並與同罪。如不知其有夫者不坐,娶而後知者
減一等。並離之。父母主婚者,獨坐父母,妻妾唯得擅去之罪。周親
等主婚,分首從。

（宋）竇儀:《宋刑統》卷一四

周顯德五年七月七日敕條:若有人或因鬥爭,或是酒醉,輒高聲
唱反者,決臀杖七十。

（宋）竇儀:《宋刑統》卷一七

周顯德五年七月七日敕條:今後捉獲此色人,其頭首及徒黨中豪
強者,並決殺,餘者減等科罪。如是情涉不順者,準前敕處分。其有
祆書者,所在焚燒。

（宋）竇儀:《宋刑統》卷一八

周顯德五年七月七日敕條:今後應持杖行劫,不問有贓無贓,並
處死。其同行劫賊,內有不持杖者,亦與同罪。其餘稱強盜者,准律

文處分。

（宋）竇儀:《宋刑統》卷一九

　　周顯德五年七月七日敕條:劫盜及殺人賊同情、知情者,若是未行劫之前,曾與同居骨肉和同商量,或更教唆使去,事過之後,同受贓物,如此者謂之同情。若是擬行劫殺之時,骨肉雖知,止遏不得,或是劫殺之後,方始告知,或將到贓物,收藏在家,如此者謂之知情。應同情者,與賊同罪。若一家之內,同情者衆,只取一人爲首處死,餘人爲從,減死罪。其婦女同情者,量罪科斷。如知情者,既誡勸不及,又言告無文,望准律處分。如累行劫殺,骨肉皆曾知情,亦可量情罪科斷。

（宋）竇儀:《宋刑統》卷一九

　　周顯德五年七月七日敕條:今欲改諸恐嚇人取財物者,若被官司形勢,不因公事,非理臨迫,或被所由節級因事動搖,或偶有違犯,被人稱欲發舉論告,及紀拾州縣並諸職司,以求裨補,或受雇論事,以此取財物等,贓滿二十匹,頭首處死,同情者減一等,贓不滿者,等第科斷。諸本以他故毆擊人,因而奪其財物者,計贓以強盜論,至死者加役流。因而竊取者,以竊盜論,加一等。若有殺傷者,各從故鬥法。

（宋）竇儀:《宋刑統》卷一九

　　周顯德五年七月七日敕條:如有因依讎嫌,心生蠱害,剝人桑樹,致枯死者,至三功絞。不滿三功及不致枯死者,等第科斷。

（宋）竇儀:《宋刑統》卷二七

　　周顯德五年七月七日敕條:若主守監當不覺失囚,自捕得及親屬捕得者,即請免失囚之罪。即他人捕得,若囚已死,及囚自首者,亦請坐主守監當失囚之罪,減二等。

（宋）竇儀:《宋刑統》卷二八

范魯公質舉進士，和凝相主文，愛其私試，因以登第。凝舊在第十三人，謂公曰：“君之辭業合在甲選，暫屈爲第十三人，傳老夫衣鉢可乎？”魯公榮謝之。後至作相，亦復相繼。時門生獻詩，有“從此廟堂添故事，登庸衣鉢亦相傳”之句。初，周祖自鄴起師向闕，京國罹亂，魯公遁迹民間。一旦，坐對正巷茶肆中，忽一形貌怪陋者前揖云：“相公相公，無慮無慮。”時暑中，公執一葉素扇，偶寫“大暑去酷吏，清風來故人”一聯在上，陋狀者奪其扇曰：“今之典刑，輕重無準，吏得以侮，何啻大暑耶？公當深究獄弊。”持扇急去。一日，於袄廟後門，一短鬼手中執其扇，乃茶邸中見者。未幾，周祖果以物色聘之，得公於民間，遂用焉。憶昔陋鬼之語，首議刑典，疏曰：“先王所恤，莫重於刑。今繁苛失中，輕重無準，民罹橫刑，吏得侮法，願陛下留神刑典，深軫無告。”世宗命公與臺官劇可久、知雜張湜聚都省詳修刊定，惟務裁減，太官供膳。殆五年書成，目曰《刑統》。

（宋）文瑩：《玉壺清話》卷六

范魯公質舉進士，和凝爲主文，愛其文賦。凝自以第十三登第，謂魯公曰：“君之文宜冠多士，屈居第十三者，欲君傳老夫衣鉢耳。”魯公以爲榮至。先後爲相，有獻詩者云：“從此廟堂添故事，登庸衣鉢亦相傳。”周祖自鄴舉兵向闕，京師亂，魯公隱於民間。一日坐封丘巷茶肆中，有人貌怪陋，前揖曰：“相公無慮。”時暑中，公所執扇偶書“大暑去酷吏，清風來故人”詩二句。其人曰：“世之酷吏冤獄，何止如大暑也，公他日當深究此弊。”因攜其扇去。公惘然久之，後至袄廟後門，見一土偶短鬼，其貌肖茶肆中見者，扇亦在其手中，公心異焉。亂定，周祖物色得公，遂至大用。公見周祖首建議律條繁廣，輕重無據，吏得以因緣爲奸，周祖特詔詳定，是爲《刑統》。

（宋）邵伯温：《邵氏聞見録》卷七

周世宗用法太嚴。群臣職事小有不舉，往往置之極刑，雖素有才幹聲名,無所開宥,尋亦悔之,末年浸寬,登遐之日,遠近哀慕焉。

(宋)孔平仲:《續世說》卷七

史稱周世宗用法太嚴,群臣職事,小有不舉,往往寘之極刑。予
既書於《續筆》矣。薛居正《舊史》記載其事甚備,而歐陽公多芟去,
今略記於此。樊愛能、何徽以用兵先潰,軍法當誅,無可言者。其他
如宋州巡檢供奉官竹奉鄰以捕盜不獲,左羽林大將軍孟漢卿以監納
取耗,刑部員外郎陳渥以檢田失實,濟州馬軍都指揮使康儼以橋道不
謹,內供奉官孫延希以督修永福殿而役夫有就瓦中噉飯者,密州防禦
副使侯希進以不奉使者命檢視夏苗,左藏庫使符令光以造軍士複襦
不辦,楚州防禦使張順以隱落稅錢,皆抵極刑,而其罪有不至死者。

(宋)洪邁:《容齋三筆》卷九

周世宗英毅雄傑,以衰亂之世,區區五六年間,威武之聲,震懾夷
夏,可謂一時賢主,而享年不及四十,身沒半歲,國隨以亡。固天方授
宋,使之驅除。然考其行事,失於好殺,用法太嚴,群臣職事,小有不
舉,往往置之極刑,雖素有才幹聲名,無所開宥,此其所短也。薛居
正《舊史》紀載翰林醫官馬道元進狀,訴壽州界被賊殺其子,獲正賊
見在宿州,本州不爲勘斷。帝大怒,遣竇儀乘馹往按之。及獄成,
坐族死者二十四人。儀奉辭之日,帝旨甚峻,故儀之用刑,傷於深
刻,知州趙礪坐除名。此事本只馬氏子一人遭殺,何至於族誅二十
四家,其它可以類推矣。《太祖實錄·竇儀傳》有此事,史臣但歸咎於
儀云。

(宋)洪邁:《容齋續筆》卷四

高防初事周世宗,知蔡州。時部民王乂爲賊所劫,捕得五人,繫
獄窮治,贓狀已具,將加極典,防疑其枉,取贓閱之,召乂問所失衫褲,
是一端布否?曰:"然。"防令校其幅尺,廣狹不同,疏密有異,囚乃稱
冤。問何故服罪,曰:"不任捶楚,求速死耳!"居數日,獲其本贓,而五

人得釋。防後事本朝,終於尚書左丞。

(宋)鄭克:《折獄龜鑒》卷二

高防初事周,爲刑部郎中。宿州有民剚刃其妻,而妻族受略,給州言病風狂不語,並不考掠,以具獄上請大理斷,令決杖。防覆之云:"某人病風不語,醫工未有驗狀,憑何取證,便坐杖刑。況禁係旬月,豈不呼索飲食,再劾其事,必見本情。"周祖深以爲然,終實於法。

(宋)鄭克:《折獄龜鑒》卷四

周世宗既定軍制,左右有以刑名相犯,取旨,世宗曰:"一階一級,全歸伏事之宜議。"迄今行之。

(宋)龔鼎臣:《東原録》

周世宗時,王祚爲隨州刺史。漢法禁牛革,輂送京師,遇暑雨,多腐壞。祚請班鎧甲之式於諸州,令裁之以輸,民甚便之。

(元)楊瑀:《山居新語》卷一

後唐莊宗初爲晉王,天祐五年四月,下令曰:"兵亂以來,生靈凋耗,豈止賦租煩重,加之寇盜侵漁。又聞市井之中,多有凶豪之輩,晝則聚徒蒲博,夜則結黨穿窬。若不示以嚴科,何以懲其巨蠹?仰法司顯行條令,峻設堤防。"

(宋)王欽若等編纂:《册府元龜》卷六五《帝王部》

後唐莊宗天祐五年四月,下令曰:"議獄恤刑,比求冤濫,頑民下輩,輕侮憲章。苟非五聽之通明,何辨二門之邪正?自今後法司如有疑獄,予自據格令以決之。此法既行,雖親無赦。"

(宋)王欽若等編纂:《册府元龜》卷一五一《帝王部》

(天祐)十二年六月,平魏博,令軍中曰:"我國家列爵疏封,皆循舊制。建藩維而命宗子,錫茅社以報功臣。惟兹魏邦,纘乃舊服。自逆溫肇亂,天下分離,謀害忠良,窺覦藩翰,遂使公侯之國,鞠爲蛇虺之場。朱友貞蕞陋餘妖,人神共弃,不量其力,謂秦無人,尚爲貽厥之謀,巧設兼并之計,改張節制,分割山河,連薨皆弊於誅求,編户不安於閭井。且人爲邦本,君乃民天,既興虐我之謀,須起徯予之嘆。遂至桓桓列校,擾擾齊甿,奮白梃以捐生,潔壺漿而望主。予叨居閫政,誓復聖唐,永念生靈,常生軫惻,睹兹殘弊,尤切疢懷。昨百姓三軍請予兼領,奸凶在近,鎮撫尤難,賴爾衆多,共宣忠力。切以軍府變更之後,人情易動難安,將務輯寧,須嚴法令。凡訛言謗議,殘物害人,結黨連朋,抵刑犯禁,如當糾告,法固難容。凡爾蒸人,勉其自勵,布告中外,咸使聞知。”令下,於是中外肅然,浹辰之間,郡里完集,人無異議,市無忿爭。一錢强怙,必處極法,由是奸豪屏息,靡然向風。時有帳下將李存進質性勤恪,當官無避,爲軍城使,法令必行,人皆畏憚,帝亦推心示物,無所阿私。鄴人由是大伏,所以克成霸業。

　　(宋)王欽若等編纂:《册府元龜》卷六五《帝王部》

　　唐莊宗同光元年即位,大赦。二年,祀南郊,大赦。

　　容齋洪氏《隨筆》曰:“赦過宥罪,自古不廢,然行之太頻,則惠奸長惡,引小人於大譴之域,其爲害固不勝言矣。唐莊宗同光二年大赦,前云:‘罪無輕重,常赦所不原者,咸赦除之。’而又曰:‘十惡、五逆、屠牛、鑄錢、故殺人、合造毒藥、持杖行劫、官典犯贓,不在此限。’此制正得其中。當亂離之朝,乃能如此,亦可取也,而今時或不然。”

　　(元)馬端臨:《文獻通考》卷一七三《刑考十二》

　　後唐莊宗同光元年十二月,御史臺奏:“當司刑部、大理寺本朝法書,自朱溫僭逆,删改事條,或重貨財輕入人命,或自徇枉過濫加刑罰。今見在三司收貯刑書,並是僞廷删改者。兼僞廷先下諸道追取本朝法書焚毁,或經兵火,所遺皆無舊本節目。只定州敕庫有本朝法書具在,請敕定州節度使速寫副本進納,庶刑法令式,并合本朝舊制。"從之。未幾,定州王都進納唐朝格式律令,凡二百八十六卷。

(宋)王欽若等編纂:《册府元龜》卷六一三《刑法部》

(同光元年)十二月己卯,敕:"聞諸軍無良之輩,多盗牛宰殺,公然貨賣,累行止約,尚未斷除。宜令總管司及毛璋、李存義、河南府兩街巡使嚴加捉搦。"

(宋)王欽若等編纂:《册府元龜》卷六五《帝王部》

後唐莊宗同光元年十二月庚辰,御史中丞李德休奏:"當司刑部、大理寺,本朝法書,自朱温僭逆,删改事條,或重貨財,輕人生命;或自徇枉過,濫加刑罰。今見在三司收貯刑書,並是偽廷删改者,兼偽廷先下諸道,追取本朝法書焚毁,或經兵火所遺,皆無舊本,即目只定州敕庫有本朝法書具在,請敕定州節度使速寫副本進納,庶刑法并合本朝式令。"敕:"李德休譽洽朝端,任隆臺憲,將舉行於舊典,請删定其法書,載閱申陳,備見公切。"從之。

(宋)王欽若等編纂:《册府元龜》卷五一七《憲官部》

(同光)二年二月,刑部尚書盧質奏纂集《同光刑律統類》凡一十三卷,上之。

(宋)王欽若等編纂:《册府元龜》卷六一三《刑法部》

(同光二年)六月,詔曰:"刑以秋冬,雖關惻隱。罪多連累,翻慮淹滯。若或十人之中,止爲一夫抵死。豈可以輕附重,禁錮逾時。言念哀矜,又難全廢。其諸司囚徒,罪無輕重,委本司據罪詳斷申奏。輕者即時疏理,重者候過立春至秋分,然後行法。如是事係軍機,須行嚴令,或謀逆惡,或畜奸邪,或行劫殺人,難於留滯,並不在此限。"

(宋)王欽若等編纂:《册府元龜》卷六一三《刑法部》

同光二年六月己巳,敕:"應御史臺、河南府行臺、馬步司左右軍巡院見禁囚徒，據罪輕重，限十日内並悉決遣申奏。仍委西京諸道州府見禁囚徒速宜疏決，不得淹停。兼恐内外刑勢官員私事寄禁，切要止絶，俾無冤滯。"

（宋）王欽若等編纂：《册府元龜》卷一五一《帝王部》

後唐同光二年，敕："應百姓婦女俘虜他處爲婢妾者，不得占留，一任骨肉識認。"

（元）馬端臨：《文獻通考》卷一一《户口考二》

後唐莊宗同光二年，刑部及御史臺奏廢僞梁《新格》，行本朝舊章。今集衆商量，《開元格》多是條流公事，《開成格》關於刑獄，今欲且請行《開成格》。從之。

（同光）三年五月己未，在京及諸道州府所禁罪人，如無大過，速令疏決，不得淹滯。

（宋）王欽若等編纂：《册府元龜》卷一五一《帝王部》

（同光三年）六月甲寅，敕："刑以秋冬，雖開惻隱，罪多連累，翻慮淹滯。若或十人之中，止爲一夫抵死，豈可以輕附重，禁錮逾時？言念哀矜，又難全廢。其諸司囚徒罪無輕重，並宜各委本司據罪詳斷申奏。輕者即時疏理，重者候過立春至秋分，然後行法。如是事係軍機，須行嚴令，或謀惡逆，或畜奸邪，或行劫殺人，難於留滯，並不在此限。"

（宋）王欽若等編纂：《册府元龜》卷一五一《帝王部》

三年（同光三年），大理寺奏："準《斷獄律》，諸立春後秋分以前，不得奏決死刑，違者徒一年。今寺司相次有案牘，若准律文，候秋分後申奏，必慮刑獄遲滯者。"詔曰："刑以秋冬，雖關惻隱；罪多連累，翻慮淹延。若或十人之中止於一夫抵罪，豈可以輕附重，禁錮逾時！言念哀矜，又難全廢。其諸司囚徒，罪無輕重，並宜各委本司據罪詳斷，輕者即時疏理,重者候過立春,至秋分然後行法。如是事係軍機,須行嚴令,或謀爲逆惡,或蘊蓄奸邪,或行劫殺人,難於留滯,並不在此限。"

(元)馬端臨:《文獻通考》卷一六六《刑考五》

後唐史武者,朱友謙之舊將也。莊宗同光四年正月,敕:"朱友謙同惡人史武、薛敬容、周唐殷、楊師太、王景來、景仁、白奉國等,已當國法,其家資並籍没。"史武等時皆爲刺史,以友謙死,從坐,無罪族滅,人士冤之。

(宋)王欽若等編纂:《册府元龜》卷九二五《總録部》

後唐莊宗以同光四年四月即位,下詔曰:朕臨御寰區,當明賞罰。刑既加於有罪,道貴洽於無私。況據親疏,宜分皂白,特行寬宥,俾釋憂疑。罪人元行欽、孔謙及應犯法人,田宅已從籍没。其門人使下任從穩便,不詰罪尤。灼然有才能者,仍許所司録任。"

(宋)王欽若等編纂:《册府元龜》卷一五〇《帝王部》

明宗天成元年九月,御史大夫李琪奏:"奉八月二十八日敕,以大理寺所奏見管四部法書内有《開元格》一十卷,《開成格》一十一卷。故大理卿楊遘所奏行《僞梁格》並目録一十一卷,與《開成格》微有差舛。未審只依楊遘先奏施行,爲復别頒聖旨,令臣等重加商較刊定奏聞者。今未若廢僞梁之新格,行本朝之舊章,遵而守之,違者抵罪。"至其年十月二十一日,御史臺、刑部、大理寺奏:"奉九月二十八日敕:'宜依李琪所奏,廢僞梁格,施行本朝格式'者。伏詳敕命,未該律式。伏以開元朝與開成隔越七帝,年代既深,法制多異,且律重輕,格無二等。若將兩朝格文允行,伏慮重疊差舛。況法者,天下之大信,非一人之法,天下人之法也,故謂一成不變之制。又準《格文後敕》,合破前格,若將《開元》與《開成格》之行,實難檢舉。又有《太和格》五十一卷,《刑法要録》五十卷,《格式律令事類》四十卷,《大中刑法格後敕》六十卷,共一百六十一卷,久不檢舉,伏請定其與奪。奉敕:‘宜令御史臺、刑部、大理寺同詳定一件格施行’者,今衆集商量,《開元格》多是條流公事,《開成格》關於刑獄,今且請使《開成格》。”從之。

(宋)王欽若等編纂:《冊府元龜》卷六一三《刑法部》

(天成元年)是年十一月庚申,敕:“應天下州使繫囚,除大辟罪已下,委所在長吏速推勘決斷,不得旁追證對經過宿食之地,除當死刑外,並仰釋放。兼不許徵理天成元年四月一日已前私債。所降德音節文,仰王京諸道分明宣佈於要害道路榜壁,不得漏落。今則上聞違犯,其後來相次條理諸道事件,皆關念及生聚,布以優恩,多因州使幸門淹留敕命,或公然隱匿,全不施行,官吏但習舊風,百姓罔知親命。宜令遍加告諭。”

(宋)王欽若等編纂:《冊府元龜》卷九二《帝王部》

明宗天成元年十一月庚申,敕:“應天下州使繫囚,除大辟罪已上,委所在長吏速推勘決斷,不得傍追證對;經過食宿之地,除當死刑外,並仰釋放,兼不許懲治。”

(宋)王欽若等編纂:《冊府元龜》卷一五一《帝王部》

蕭希甫,爲左諫議大夫,知匭院。天成元年十一月戊午,奏:“臣切蒙擢任,官忝諫司,所職重難,兼知匭院。但有關於至理,即欲合於無私。冀竭丹誠,仰裨玄造。臣伏見自同光元年十月九日,先朝收下汴州後,至今年四月一日已前,兵革盛興,亂離斯極。典章幾壞,刑政莫施。每於紛擾之間,甚有殺傷之苦。非惟州縣長吏,或濫誅夷,直至鄉里居民,互爲殘戮。挾私怨公者,公行白刃;將快忿心、怙强恃力者,豈聞丹書?唯欣得志,掠妻女以轉賣,劫財貨以平分,如此之流,應遍天下。伏惟皇帝陛下,薦恢帝載,光啓鴻圖。伏思自陛下臨御以來,皇綱漸正。有功者盡賞,有罪者咸誅。闤外將清,朝中無事。今則匭函已再修整,欲具進呈,必恐抬出外邊,施行已後,遠近披訴,受狀至多。但慮京國諸司囚禁，便憂填委則至。上虧皇化，有玷國風。其次更慮勛貴親賢，或關對訟，便煩讞議，或礙刑書。若今事有否臧，即便政移曲直。以臣愚見，欲自元年四月二十八日昧爽已前，罪無輕重，應大辟已下罪，一切釋而不問。庶得刑清俗泰，國富民康，咸欽不宰之功，永奉維新之化。”敕旨：“喪亂之際，不可以法行；致理之初，漸宜於刑措。蕭希甫官居諫省，職本匭函，慮黎民年有儔嫌，致法寺愈煩讞議，特塞紛爭之路，請申昧爽之朝。言出忠誠，事關理本。載許論奏，合議施行。宜自天成元年四月二十八日已前，罪無輕重，一切不問。其間已經勘窮推鞫者，須見罪狀。其餘即依所奏。”

（宋）王欽若等編纂：《冊府元龜》卷四七五《臺省部》

（天成元年十二月）是月庚戌，御史臺奏：“京城坊市士、庶、工、商之家，有婢僕自經投井、非理物故者，近年已來，凡是死亡，皆是臺司左右巡舉勘檢驗，施行已久，仍恐所差人吏及街市胥卒，同於民家因事邀頡取索。臣詢訪故事，當司今有舊京往例：凡京城臣、庶之家死喪，委府縣檢舉；軍家委軍巡；商旅委戶部。然諸司檢舉後，具事由申臺，其間或枉濫情。故臺司訪聞，即行舉勘。如是文、武兩班官吏之家，即是臺司檢舉。臣自今已後，欲準故事以施行者，兼左右巡使，錄到喪葬車輿格例，比緣官品等差。無官秩之家，過爲僭侈，供應者固當刑責。今則凡是葬儀，動逾敕格。但官中只行檢察，在人情各盡孝思。徇彼稱家之心，許便送終之禮。又難將孝子盡決嚴刑，遂以供人，例行書罰，以助本司支費，兼緣設此防禁，比爲權豪之家，違禮厚葬，若貧民薄斂，不充無憂，替禮書罰，兩京即是。臺司州府，元無條例者。”敕旨：“今後文武兩班及諸司官吏、諸道商旅，凡有喪亡，即準臺司所奏施行。其坊市民庶、軍士之家，凡死喪，及婢僕非理物故，依臺司奏，委府縣軍巡同檢舉。仍不得縱其吏卒，於物故之家，妄有邀頡。或恐暑月尸柩難停。若待申聞檢舉，縱無邀頡，亦須經時日。今後仰其家喚四鄰檢察，無他故，遂便葬埋，具結罪文狀報官。或後別聞枉濫，妄有保證，官中訪知，勘詰不實，本戶鄰保，量事科罪。如聞諸道州府、坊市死喪，取分巡院檢舉，頗致淹停，人多流怨，亦仰約京城事例處分。所奏喪葬車輿格例，今後據品秩之外，如庶人喪葬。宜令御史臺差御史一員，點檢其實，行人如有違越，據所犯科罪。臺司不得書罰，徵擾行人，交非憲綱事體。」

（宋）王欽若等編纂：《冊府元龜》卷四七五《臺省部》

天成元年，敕：「京城諸道，若不是正口，不得私書契券，輒賣良人。」

（元）馬端臨：《文獻通考》卷一一《戶口考二》

李同，爲左拾遺。天成二年正月，奏：「三尺之法，天下共之。法一動搖，民無所措，是知愛育黎庶，信及豚魚。既禮樂之中興，在刑罰之必中，陛下初當治亂，合肅化條。請處分天下州使繫囚，逐旬委長吏親自引慮，使知罪狀真虛，然後論之以法，則獄無冤滯，政治和平。」

（宋）王欽若等編纂：《冊府元龜》卷四七五《臺省部》

（天成）二年二月丙午，以從馬直指揮使郭從謙爲景州刺史。尋令中使誅於郡，夷其族，以其首謀大逆，弑莊宗也。

（宋）王欽若等編纂：《冊府元龜》卷一五四《帝王部》

（天成二年）三月，敕：「訪聞京城坊市軍營有故犯條流殺牛賣肉者，仰府縣軍巡嚴加糾察。如得所犯人，準條科斷；如自死牛，即令貨賣其肉，斤不得過五文。鄉村死牛但報本村節級，然後準例納皮。曉示天下，州府准此處分。」

（宋）王欽若等編纂：《冊府元龜》卷六五《帝王部》

周知微，爲吏部員外郎。天成二年四月戊子，上言：「竊睹近敕，慮有官吏割剝下人，許百姓陳告。民之愚下，罔認宸衷。或捃摭纖微，或受人驅駕，事多憑虛，適足爲亂。有過者固合當辜，誣罔者請議刑憲,庶或知止,免瀆風化。"從之。

（宋）王欽若等編纂：《册府元龜》卷四七五《臺省部》

（天成）二年春,左拾遺李同上言："天下繫囚請委長吏逐旬親自引問,質其罪狀真虛,然後論之以法,庶無枉濫。"從之。

（宋）王欽若等編纂：《册府元龜》卷一五一《帝王部》

（天成二年）六月,大理少卿王鬱上言："凡決極刑,合三覆奏。近年已來,全不守此,伏乞今後前一日,令各一覆奏。"奉敕宜依。

（宋）王欽若等編纂：《册府元龜》卷一五一《帝王部》

（天成）二年六月,大理少卿王鬱奏："準貞觀五年八月二十一日敕：'極刑雖令即決,仍三覆奏,在京五覆奏,決前三奏,決日兩奏。惟犯惡逆者一覆奏。著於格令。'又準建中三年十一月十四日敕：'應決大辟罪在京者,宜令行決之司三覆奏,決前兩奏,決日一奏。'又謹按《斷獄律》：'諸死罪囚不得覆奏報下而決者,流二千里。即奏報應決者,聽三日乃行刑,若限未滿而行刑者,徒一年。'伏以人命至重,死不再生。近年以來。全不覆奏,或蒙赦宥,已被誅夷。伏乞敕下所司,應在京有犯極刑者,令決前、決日各一覆奏,聽進止。有凶逆犯軍令者,亦許臨時一覆奏。應諸州府,乞別降敕指揮。"奉敕宜依。是時,少府少監申屠奏請禁責情狀,皆從之。

（宋）王欽若等編纂：《册府元龜》卷六一三《刑法部》

李殷夢爲刑部員外郎,天成二年七月,洺州平恩縣百姓高弘超,其父暉爲鄉人王感所殺,後挾刃以報之,遂携其首自陳,大理寺以故殺論。殷夢覆曰："伏以挾刃殺人,案律處死,投獄自首,降罪垂文。高弘超既遂復讎,固不逃法,戴天罔愧,視死如歸,歷代已來,事多貸命。長慶二年,有康買德父憲爲力人張莅乘醉拉憲,氣息將絶,買德年十四,以木鍤擊莅,後三日致死。敕旨：康買德尚在童年,能知子道,雖殺人當死,而爲父可哀。若從沉命之科,恐失度情之義,宜減死處分。又元和六年,富平人梁悦殺父之讎,投縣請罪。救旨:復讎殺人,固有彝典,以其申冤請罪,自詣公門,發於天性,本無求生,寧失不經,特從減死。方今明時,有此孝子,其高弘超若使須歸極法,實慮未契鴻慈。"奉救:"忠孝之道,乃治國之大柄,典刑之要在,誅意之深文。差若毫釐,係之理道。昔紀信替主赴難,何青史之永刊。今高弘超爲報父冤,即丹書之不尚,人倫至孝,法網宜矜,減死一等。"

(宋)王欽若等編纂:《册府元龜》卷六一六《刑法部》

(天成二年)八月,以鄧州連帥陶玘黷貨得罪,降詔諭天下云:"夫有功不賞,何以激盡忠? 有罪不刑,何以戒爲惡? 二者不失,庶務有成。朕自統華夷,不求奢侈,臨食念兵師之餒,授衣思黎庶之寒。仗中外勛賢,爲國家基址。邇者熒惑應犯而自退,太陽暫蝕而還圓,百果無不熟之方,五穀無不豐之處,顧兹寡德、何稱嘉祥? 惟陝府石敬瑭、晉州安崇阮、洺州張萬進、耀州孫岳等,杜絕誅求,尋加獎賞。今陶玘與亳州李鄴輒爲聚斂,自掇悔尤,功過既分,黜陟斯在。玘、鄴尋實於法書。"

(宋)王欽若等編纂:《册府元龜》卷一五八《帝王部》

(天成二年)八月,西京奏:"奉近救,在京犯極刑者,令決前一日各一覆奏。伏緣當府地遠,此後凡有極刑不審,準條疏奏覆。"奉救旨:"昨六月二十日所降救文,祇爲應在洛京有犯極刑者覆奏。其諸道已降旨,命準舊例施行。今詳西京所奏,尚未明近救,兼慮諸道有此疑惑,故令曉諭。"

(宋)王欽若等編纂:《册府元龜》卷一五一《帝王部》

(天成二年)八月,救旨:"刑故無小,義絕惠奸;罪疑惟輕,事全誅意。聖賢明訓,今古通規。非法無以振其威,非恩無以流其澤,故有功不獎，何以激盡忠？有罪不刑，何以戒爲惡？二者無失，庶務有成。朕統華夷，不求奢侈，臨食慮兵師之餒，授衣思黎庶之寒，仗中外勛賢，壯國家基址，熒惑應犯而自退，太陽薄蝕而復圓，百果無不熟之方，五穀無不豐之處。顧惟寡德，何稱嘉祥？況保義軍節度使石敬瑭、晉州留後安崇阮、洺州刺史張進、耀州團練使孫岳、寧州刺史高允瓌等杜絕誅求，尋加獎諭。陶玘輒爲聚歛，自掇愆尤。功過既分，黜陟有異，在朝備見，列國皆知，不貪者轉更無私，有過者必應自省。四方侯伯，皆朕忠臣；萬國人民，皆朕愛子。慘舒是繫，賞罰齊行，務德者雅合古賢，效尤者自干朝典。除鄧州見取責情罪諸色官員及豪州李鄴外，其諸道州府如八月已前或有偶違條制、干於國章者，諸色人並不得更有托訴；若或此後有違，許人上告，當勘情罪，必舉刑書。"

（宋）王欽若等編纂：《冊府元龜》卷六五《帝王部》

（天成二年）九月，敕諸司官僚職員、軍將出使，嚴加指揮，不得帶挾逃走軍人，如失於覺察，官員等必行朝典。

（宋）王欽若等編纂：《冊府元龜》卷六五《帝王部》

（天成二年）十月辛丑，德音："爲政之要，切在無私；聽訟之方，惟期不濫。天下諸州府官員如有善推疑獄及曾雪冤濫兼有異政者，當具姓名聞奏，別加甄獎。"

（宋）王欽若等編纂：《冊府元龜》卷一五一《帝王部》

後唐明宗天成二年，御史臺、刑部、大理等奏："准《名例律》：'諸斷罪而無正條者，其應出罪者，則舉重以明輕；其應入罪者，則舉輕以明重。'疏云：'斷罪無正條，謂一部律內，犯無罪名者。'准《雜律》：'不應得爲而爲者，笞四十；謂律令無條，理不可爲者，事理重者杖八十。'疏云：'雜犯輕罪，觸類弘多，金科玉條，包羅難盡。其有在律在令無有正條，若不輕重相明，無文可以比附，臨時處斷，量情爲罪，庶補遺闕,故立此條。其情輕者笞四十,事理重者杖八十。'"奉敕宜依。

其年(天成二年)七月,洺州平恩縣百姓高弘超,其父暉爲鄉人王感所殺,弘超挾刃殺感,携其首自陳,大理寺以故殺論。尚書刑部員外郎李殷夢覆曰:"伏以挾刃殺人,按律處死;投獄自首,降罪垂文。高弘超既遂報讎,固不逃法,戴天罔愧,視死如歸。歷代以來,事多貸命。長慶二年,有康買得父憲爲力人張涊乘醉拉憲氣息將絶,買得年十四,以木鍤擊涊,後三日致死。敕旨:'康買得尚在童年,能知子道,雖殺人當死,而爲父可哀。若從沈命之科,恐失度情之義,宜減死處分。'又元和六年,富平人梁悦殺父之讎,投縣請罪。敕旨:'復讎殺人,固有彞典,以其伸冤請罪,自詣公門,發於天性,本無求生,寧失不經,特宜減死。'方今明時,有此孝子。其高弘超若使須歸極法,實慮未契鴻慈。"奉敕:"可減死一等。"

(元)馬端臨:《文獻通考》卷一七〇《刑考九》

明宗天成二年,大理寺奏:"按《斷獄律》,諸死罪不待覆奏報而決者,流二千里;即奏報應決者,聽三日乃行刑,若限未滿而行刑者,徒一年。伏以人命至重,死不再生。近年以來,全不覆奏,或蒙赦宥,已被誅夷。乞敕所司,應在京有犯極刑者,令決前、決日各一覆奏,聽進止;有凶逆犯軍令者,亦許臨時一覆奏。"奉敕依。

容齋洪氏《隨筆》曰:"五代之際,時君以殺爲嬉,視人命如草芥,唐明宗頗有仁心,獨能斟酌惨救。天成三年,京師巡檢軍使渾公兒口奏,有百姓二人,以竹竿習戰鬥之事。帝即傳宣令付石敬塘處置,敬塘殺之。次日,樞密使安重誨敷奏,方知悉是幼童爲戲。下詔自咎,以爲失刑,減常膳十日,以謝幽冤;罰敬塘一月俸;渾公兒削官,杖脊、配流登州;小兒骨肉,賜絹五十匹,粟麥各百石,便令如法埋葬。仍戒諸道州府,凡有極刑,並須子細裁遣。此事見《舊五代史》,《新書》去之。"

(元)馬端臨:《文獻通考》卷一六六《刑考五》

(天成)三年正月丁巳,内出御札曰:"朕聞堯、舜有恤刑之典,貴務好生;禹、湯申罪己之言,庶明知過。今月七日,據巡檢軍使渾公兒口奏,稱有百姓二人,以竹竿習戰鬥之事。朕昨初聞奏報,實所不容,率爾傳宣,令付石敬瑭處置。今旦安重誨敷奏,方知悉是幼童爲戲。既載聆讜議,方覺失刑,循揣再三,愧惕非一。亦以渾公兒誑誣頗甚,敬瑭詳覆稍乖,致人當枉法而殂,處朕於有過之地。今減常膳十日,以謝幽枉。其石諱敬瑭,是朕懿親,合施規諫,既茲錯誤,宜示省循,可罰一月俸。渾公兒決脊杖二十,仍削在身職銜,配流登州,常知所在。其小兒骨肉,各賜絹五十匹、粟麥各百石,便令如法埋葬。兼此後在朝及諸道州府,凡有極刑,須子細裁遣,不得因循,付中書門下。"百僚進表稱賀。

(宋)王欽若等編纂:《册府元龜》卷一五一《帝王部》

明宗天成三年正月丁巳,内出御札曰:"朕聞堯、舜有恤刑之典,貴務好生;禹、湯申罪己之言,庶明知過。今月七日,據巡檢軍使渾公兒口奏,稱有百姓二人以竹竿習戰鬥之事,昨朕初聞奏報,實所不容,率爾傳宣,令付石敬瑭處置。今旦,安重誨敷奏,方知悉是幼童爲戲,載聆讜議,方覺失刑,循揣再三,愧惕非一。亦以渾公兒誑誣頗甚,石敬瑭詳覆稍乖,致人當枉法而殂,處朕於有過之地。今減常膳十日,以謝幽冤。其石敬瑭是朕懿親,合施規諫,既茲錯誤,宜示省循,可罰一月俸。渾公兒決脊杖二十,仍削其在身職銜,配流登州,常知所在。其小兒骨肉,各賜絹五十匹,粟麥各百石,便令如法埋葬。兼此後在朝及諸道州府,凡有極刑,並須仔細裁遣,不得因循。"付中書門下,百僚進表稱賀。

(宋)王欽若等編纂:《册府元龜》卷一七五《帝王部》

明宗天成三年五月,有軍人於軍器庫内盜銀鎗一條,帝舍其罪。侍臣以盜軍器於宫内,其罪難恕。帝竟釋放。

(宋)王欽若等編纂:《册府元龜》卷四一《帝王部》

（天成三年）六月戊子，散騎常侍蕭希甫，奏以府州官吏不務守官，咸思避事，每睹微小，刑獄皆以聞奏。不惟有紊朝綱，實恐淹延刑獄。奉敕："昔虞、舜以恤刑安萬國，賴十六相熙帝圖。漢高以約法定八方，致四百年享天祿。故法無常則官有幸，刑不濫則民無冤。千古同風，百王齊致。況今朝廷致理，中外同心，近者無偏，遠者不問。慮於聽訟，或有惠奸。其頻具奏聞，所在不勤決斷，則諸道侯伯，未至盡心；兩使賓僚，亦非稱職。蕭希甫位兼三事，務贊萬機，更激藩方，共裨庶政。自此凡有爭訟，委隨處官吏，據罪詳斷。如事有不可裁斷者，則結案聞奏。"

（宋）王欽若等編纂：《冊府元龜》卷四七五《臺省部》

後唐明宗天成三年七月，汴州倉吏七十二人定贓至死，分戮於三市。史彥弼爲汴州衙校舊將之子，石敬瑭之戚屬，王建立奏希免死。帝曰："王法無親，豈可私徇。"乃皆就戮。

（宋）王欽若等編纂：《冊府元龜》卷五八《帝王部》

呂夢舒，爲諫議大夫。天成三年七月上言，近制令州使判官，逐司引問獄囚，恐屢變其情狀，請便案成慮之。奉敕宜依。

（宋）王欽若等編纂：《冊府元龜》卷四七五《臺省部》

（天成三年）七月，齊州防禦使曹廷隱、曹州刺史成景弘、弓高縣令王廷果、金鄉縣令夏侯景坐贓伏法之後，恐論告不止，敕八月一日已前罪犯一切不問。

（宋）王欽若等編纂：《冊府元龜》卷六五《帝王部》

（天成三年）閏八月，敕："古之治民者，勸賞而畏刑，恤民而不倦，賞以春夏，刑以秋冬。是以將賞爲之加膳，此以知其勸賞也；將刑爲之不舉，此以知其畏刑也。唯賞以春夏，刑以秋冬，見聖哲之用心，合天地而行事。今朕以切於禁暴，樂在勸能，其或秋後有功，不可待冰泮而行賞，春時有罪，不可俟霜降而加刑。漸向太平，方行古道，況賞不僭與，則立功者轉多；刑不濫施，則犯法者漸少。其在京或遇行極法日，宜不舉樂，朕減常膳。諸州使遇行極法日，示禁聲樂。"

（宋）王欽若等編纂：《册府元龜》卷四二《帝王部》

（天成）三年閏八月，滑州掌書記孟昇匿母憂，大理寺斷流。奉敕："朕以允從人望，嗣守帝圖，政必究於化源，道每從於德本。貴全國法，以正人倫。孟昇身被儒冠，職居賓幕，比資籌畫，以贊盤維，而乃都昧操修，但貪榮禄，匿母喪而不舉，爲人子以何堪？瀆污時風，敗傷名教，五刑是重，十惡難寬，雖遣投荒，無如去世。"孟昇賜自盡，觀察使、觀察判官、録事參軍失其糾察，各有殿罰。襄邑縣民周威，父爲人所殺，不雪父冤，有狀和解，奉敕處死。

（宋）王欽若等編纂：《册府元龜》卷一五四《帝王部》

（天成三年）九月，敕："先監送諸州罪人温韜等，流言亂政，在憲典以難容；稔惡幸災，固人只之共怒。温韜生爲黔首，起自緑林，依憑中夏干戈，劫盜本朝陵寢。段凝豺狼，類性梟獍，爲謀無辜，而幾害平人，得便而常懷逆節。陶記曾司藩翰，恣顯貨財，自處竄流，彌興怨望。石如納比居賓佐，合務贊裨，當守殷門，據發文字，扇搖戎帥。聶嶼擢從班列，委佐親賢，不守條章，強買店宅，其後細詢行止，頗駭聽聞，喪妻未及於半年，別成姻媾；弃母動逾於千里，不奉晨昏。而皆自抵刑章，各居竄逐，都無省過，但出怨詞。在朕意雖欲含弘，於物論固難容赦，尚全大體，只罪一身。並令本處賜死。"

（宋）王欽若等編纂：《册府元龜》卷一五四《帝王部》

（天成三年九月）是月丁酉，吏部員外郎周知微上言曰："竊以唐有天下，垂三百年。聖帝明君，覽宏綱而御極；忠臣賢佐，法古道以贊時。兩漢以還，歷代罕比。雖國有中否之數，人無厭德之言。果致陛下，紹開中興，纘承大業，將欲永光帝載，而猶動守典刑。伏見州縣官僚,被人論訟,始行追取,未辨是非。稱呼不去其官曹,枷鎖已拘於道路。所以上無恥格,下絕恭敬,有玷盛明,實駭觀聽。此後凡有官緒可稱,所訟罪名未正,伏請秖令監守,皆在法司,俟典直銷,分即荷較,無憚所貴。坐法者知國章有節,司刑者表守律無逾。"

(宋)王欽若等編纂:《册府元龜》卷四七五《臺省部》

(天成三年)十一月,宗正卿李紓先補虛稱,試御史權公裔攝陵臺令,紓款稱公裔請假,與公裔狀不同。大理少卿張仁願詳斷,以報上不實者,徒一年。李紓前犯詐假是重,今犯報上不實是輕,准律雖寬,酌情尤重。請降特敕指揮。奉敕:"李紓縱橫詐偽,重疊欺君,雖奪一任告身,尚屈大朝憲法,玷予宗籍。時乃奸訛,宜奪歷任告身,仍配隴州徒一年。"

(宋)王欽若等編纂:《册府元龜》卷一五四《帝王部》

(天成三年)十二月癸丑,諸州使數奏因人死於獄中。奉敕:"朕以握圖纘位,端己臨民,每於刑獄之間,倍軫憂勤之念,慮多淹滯,累降指揮,儻一物以銜冤,撫萬機而是愧。近聆數處申奏,因人獄內身殂,事既不明,理難取證,將絕欺罔之弊,須頒條理之文。宜令今後凡有刑獄,切依前準敕命施行斷遣,不宜淹停。如有賊徒推尋反證,斷遣未聞,在獄疾病者,委隨處官吏當面錄問,令醫人看候,無致推司官吏別啓倖門。"

(宋)王欽若等編纂:《册府元龜》卷一五一《帝王部》

(天成)四年五月,敕:"以諸州典史與縣官同謀聚斂,發覺之後,便各逃竄。宜令嚴加捕捉。如不獲,罪在長吏及同居親切骨肉。"又敕:"大壯之規,標於《易》象;不莊之戒,著在《禮》經。況乎地列山河,貴爲侯伯;至於邑宰,皆肅公庭。須整臣之威儀,以重民之父母。頃當世亂,固無暇於修新;今既時安,誰不思於補故。況一日畢葺,三年有成。凡居祿位之流,聞此聖賢之語。今後諸州諸吏凡於廨宇,並須專切增修,不得信令推毀。凡所置辦,亦令勒其年月,編於帳籍,受代之際,各明交領,亦不得托於廨署接便擾人。"

(宋)王欽若等編纂:《册府元龜》卷六五《帝王部》

(天成四年)六月,有内班石重千等六人、控鶴官三人,矯傳聖旨,宣諭臣僚,多受其遺賂。是日發覺,殺四人,鞭五人背。

(宋)王欽若等編纂:《册府元龜》卷一五四《帝王部》

(天成四年六月)是月,左散騎常侍蕭希甫以四方刑獄,動皆上聞,不獨有紊於公朝,兼且淹延其獄訟,伏乞條流,縣令凡死罪以下得專之,刺史部内有一吏一民犯罪得專之,觀察使部内有犯罪五人已下得專之。如此則朝廷事簡,見萬乘之尊矣。奉敕:"刺史既爲屬郡,不可自專;按牘既成,須申廉使。餘依所奏。"

(宋)王欽若等編纂:《册府元龜》卷六五《帝王部》

任贊爲左散騎常侍,天成四年十月奏於郊天前,有犯重罪合當極法者,並令推鞫斷遣,無容開啓倖門。從之。

(宋)王欽若等編纂:《册府元龜》卷四七五《臺省部》

(天成四年)十二月,蔡州西平縣令李商爲百姓告陳不公。大理寺斷止贖銅,以官當罪。敕旨:"李商招愆,俱在案款。大理定罪,備引格條。然亦事有所未圖,理有所未盡。古之立法,意在惜人,況自列聖相承,溥天無事,人皆知禁,刑遂從輕。喪亂已來,廉耻者少。朕一臨寰海,四换星灰,常宜無外之風,每革從前之弊。勤修一德,深念五刑,寬則不威,暴則不惠,唯期不濫,皆守無私。李商不務養民,專謀潤己,初聞告不公之事件,決彼狀頭;又爲奪有主之莊田,撻其本户。國家給州縣篆印,只爲行遣公文,而乃將印曆下鄉,從人户取物,據兹行事,何以當官?今王饒所告,李商並招實,罪宜奪歷任官,重杖一頓處死。元論人王饒四人並宜放。仍令所在長吏遍示衆多居高者,不得貪以陵卑;在下者,不得驕而訕上。體泣罪之意,聽祝網之言,各守公途,共資王道。"

（宋）王欽若等編纂:《冊府元龜》卷一五四《帝王部》

長興元年正月乙亥,御史臺奏:"京兆府牒送到爭論莊田人詳牒內,本府元未曾推勘便送赴臺。伏準舊例,諸道州府責勘尋常公事,如曾經斷遣不了,方具奏聞,候敕下付臺,始行追勘。且無州縣直牒送臺請行推勘,兼夾府尹判語指揮臺司。"敕旨:"爲官未可避事,夾判不合申臺,既有舉明,須行責罰。府司官吏已下,等第書罰。"

（宋）王欽若等編纂:《冊府元龜》卷一五四《帝王部》

長興元年二月,郊祀畢,下制曰:"欲通和氣,必在申冤;將設公方,實資獎善。州縣官僚能雪冤獄活人生命者,許非時選,仍加階超資注官與轉服色。已著緋者,與轉兼官。"

（宋）王欽若等編纂:《冊府元龜》卷一五一《帝王部》

盧嵩爲獲嘉令,長興元年五月,坐户民關延韜不伏責問喧悖,令從人曳撲,良久致死。大理寺斷配流大德。敕旨:盧嵩容易宰邑,造次怒人,不如法以行刑,遂尋時而致死。原情則本非故殺,據律則當處極刑。小不忍而難追,内自訟而何及? 法不可墜,義亦須明。但究彼根由,似緣公事,罪雖甚重,理稍可疑。峻刑則慮致民驕,輕恕則恐滋吏酷。永從遠竄,特貸餘生。聊以慰往者之魂,兼可戒爲官之屬。嵩宜配蔚州,長流百姓,縱逢恩赦,不在放歸之限。其出身、歷任告敕,付所司焚毁,餘依省寺詳斷。

（宋）王欽若等編纂:《冊府元龜》卷七〇七《令長部》

（長興元年）九月庚午,濟州僞造嘉禾七莖共兩穗,本州長史皆罰直。

（宋）王欽若等編纂:《冊府元龜》卷一五四《帝王部》

鄭延郎爲衛縣令，長興元年九月，魏博奏：延郎自於獄中推劾盜賊，妄引平人孫厚，延郎自行拷決孫厚致死。敕旨：付大理詳覆以聞。

（宋）王欽若等編纂：《册府元龜》卷七〇七《令長部》

薛文玉爲武功縣令，長興元年九月，西京奏武功縣百姓三千餘人，持白棒入縣，亂擊人吏，分劫縣庫稅錢公廨什物。尋差兵士捉到結集首領武功鎮將跌跌琉等三十二人，各招本罪，稱縣令以大竿尺檢田，所以衆心難抑。其跌跌琉準法科斷，文玉罰七十直，主簿李彦柔罰五十直，並勒停。

（宋）王欽若等編纂：《册府元龜》卷七〇七《令長部》

（長興元年）十月，吏部侍郎王權、將作監王澄、太僕少卿魏仁鍔、庫部郎中孔崇弼、司門郎中李殷夢、河南縣令郭正封等六人妻叙封郡君、縣君者，敕旨：“叙封之例，敕格甚明，況在所司，備經其事。既成差誤，蓋是因循，顯有糾彈，實爲允當。欺即難恕，錯即可矜。然欲示戒懲，須行責罰。本行令史馬仁珪決臀杖七十，勒停。本部判郎中裴坦，罰兩月俸。王權等六人妻進封叙封郡縣邑號官誥，宜令所司追納毀廢。”初，郊天後赦書節文云：“朝臣並與追封贈及叙封制，不在此限。”其年七月十二日，中書以前赦書節文不該據品秩依格例施行。又奏覆：“在朝臣僚，限兩月内一齊聞奏，並據品秩，依格例施行。”河南縣令郭正封制前任考功員外郎、朝議郎，階俱是六品；後遷河南縣令、加朝請大夫，正五品。其妻乃叙封縣君。内彈侍御史吕琦舉劾，乃招偏濫，有涉情故。

（宋）王欽若等編纂：《册府元龜》卷一五四《帝王部》

張紹業爲湘州臨漳令，長興元年，縣人劉暉訟紹業贓賄不公及借便官物。敕旨張紹業勒停見任。

（宋）王欽若等編纂：《册府元龜》卷七〇七《令長部》

（長興）二年正月，詔曰："要道才行，則千岐共貫；宏綱一舉，則萬目皆張。前王之法制罔殊，百代之科條悉在，無煩改作，各有定規。守度程者，心逸日休；率胸臆者，心勞日拙。天垂萬象，星辰之分野靡差；地載群倫，嶽瀆之方隅不易。儻各司其局，則皆盡其心。其律令格式六典，凡關庶政，互有區分，久不舉行，遂至墮索。宜準舊制，令百司各於其間録出本局公事，巨細一一鈔寫，不得漏落纖毫，集成卷軸，兼粉壁書在公廳。若未有廨署者，其文書委官司主掌。仍每有新授官到，令自寫録一本披尋，或因顧問之時，應對須知次第，無容曠闕，每在執行。使庶僚則守法奉公，宰臣則提綱振領，必當彝倫攸叙，所謂至道不繁，何必期年，然後報政。宜令御史臺遍加告諭催促，限兩月内鈔録及粉壁書寫須畢。其間或有未可便行及曾釐革事件，委逐司旋申中書門下，當更參酌，奏覆施行。"

（宋）王欽若等編纂：《冊府元龜》卷六六《帝王部》

（長興）二年三月辛亥，敕："朕猥以眇躬，薦承鴻業，念彼疲瘵，勞於寢興。或慮官不得人，因成紊亂；或慮刑非其罪，遂致怨嗟。王化所興，獄訟爲本，苟無訓勵，必有滯淹。近日諸道百姓或諸多違犯，或小可鬥争，官吏曲縱，吏人巧求瑕釁。初則滋張節目，作法拘囚；終則誅剥貨財，爲恩出拔。外憑公道，内徇私情，無理者轉務遷延，有理者却思退縮，積成訛弊，漸失紀綱。自今後切委逐處官吏、州牧、縣宰等深體予懷，各舉爾職，凡關推究，速與剗裁。如敢苟縱依違，遂成枉濫，或經臺訴屈，或投匭申冤，勘問不虛，其元推官典並當責罰。其逐處觀察使、刺史別議朝典，宜令諸道州府各依此處分，所管屬郡委本道嚴切指揮。"

（宋）王欽若等編纂：《冊府元龜》卷一五一《帝王部》

（長興）二年三月，禮部令史吳知己揩改太廟齋郎李誼敕甲及堂判姓名爲張昭，因僞出給優牒與張昭。齋郎吕圖陳告其僞，捕訊於御史臺。張昭、吕圖、李誼是諫議大夫張延雍、將作少監吕道昭、宗正卿李玩之子也，以蔭當補。獄成，吳知己款伏。緣張延雍習爲當省郎官，令知己專主張其子齋郎文書，緣奏覆未成，延雍累遣人催促，及召至面前苛克，以此怕懼，遂揩改李誼救書張昭姓名，兼蒙昧本司官人出給優牒，僞使符印有實，詔付大理寺定罪。少卿路阮詳斷，準格詐僞。制救：“僞行符印，罪當絞。其令史吳知己準格重杖一頓處死。本司官祠部郎中王承弁初不精詳，致彼罔冒，準詐僞律合杖九十；如已去官，則減等。今王承弁已別除官，據格放罪。門下令史陳延祐雖不與吳知己同情，有涉屬托，准律杖一百放。堂後官何康初言屬托，不至瑕疵，准律杖罪。呂道昭、李玩、呂圖事雖關連，別無深罪，準格并合釋放。諫議大夫張延雍補蔭自有格文，催促失於事體，言苛克之語，雖無見人據引驗之詞，蓋亦虛指，伏候救處分。”救旨曰：“張延雍中官，舊居省署，蔭子合補齋郎，爲優牒稽遲於本司，催促苛克，縱實已該肆赦之恩，引驗無聞，自掇兩詞之詰，致淹折獄。宜示罰金，宜罰一季俸，餘依法寺詳斷。”

（宋）王欽若等編纂：《冊府元龜》卷一五四《帝王部》

長興二年四月，大理正劇可久奏：“准《開成格》，應盜賊須得本贓，然後科決；如有推勘因而致死者，以故殺論。臣請起今已後，若因而致死，無故，即請減一等。別增病患而死者，從辜限，正賊，減本罪五等。”中書門下覆奏：“今後凡關賊徒，若推勘因而致死者，有故，以故殺論；無故，減一等。如拷次因增疾患，候驗分明，如無他故，雖辜內致死，亦以減等論。”從之。至晉天福六年五月十五日，尚書刑部員外郎李象奏：“據《刑法統類》節文云：‘盜賊未見本贓，推勘因而致死者，有故者，以故殺論；無故者，減一等。’又云：‘今後或有故者，以故殺論；無故者，或景迹顯然，支證不謬，堅恃奸惡，不招本情，以此致死，請減故殺罪三等；其或妄被攀引，終是平人，以此致死，請減故殺罪一等。’臣按上文云‘有故者，以故殺論，’此即是矣。其無者，亦坐減一等罪，即恐未當。假如官司或有刑獄，未見本情，不可全不詰問。據言有故者，則是曾行拷捶及違令式，或粗枷大棒，彊相抑壓，以此致死者,並屬有故;無故者,則是推勘之司不曾拷掠,又不違法律,亦不堅有抑壓,此則並屬無故,不可坐刑。假若有犯事人舊患疾病。推勘之際,卒暴身亡,不可亦坐推司減等之罪。又據《斷獄律》云:'若依法使杖,依數拷決,而邂逅致死者,勿論。'邂逅,謂不期致死而死。且彼言拷決,尚許勿論,此云無故,却令坐罪,事實相背,理有未通。請今後推勘之時致死者,若實無故,請依邂逅勿論之義。"詳定院奏:"臣等參詳,若違法拷掠及托法挾情以致其死,但有情故者,依故殺論。若雖不依法拷掠,却非托法挾情以致其死,而無情故者,請減故殺一等。若本無情故,又依法拷掠,或未拷掠,或詰問未詰問,及不抑壓,因他故致死,並屬邂逅勿論之義。"從之。

按:有罪者拘滯圄圉,官不時科決而令其瘐死,此誠有國者之所宜矜憫。然既曰盜賊,則大者可殺,小者可刑,其推勘淹時而不即引伏者,皆大猾巨蠹也。邂逅致死而以故殺論,過矣!

(元)馬端臨:《文獻通考》卷一七〇《刑考九》

長興二年四月丙申,前濮州錄事參軍崔琮獻時務:"諸道獄囚,恐不依法考掠,或不勝致斃,翻以病聞。請置病囚院,兼加醫藥。"中書覆云:"有罪當刑,仰天無恨,無病致斃,没地有冤。燃死灰而必在致仁,照覆盆而須資異鑒,《書》著欽哉之旨,《禮》標例也之文,固彰善於泣辜,更推恩於扇喝。所請致病囚院望依,仍委隨處長吏專切經心,或有病囚,當時差醫人診候,治療後據所犯輕重決斷。如敢固違,致病負屈身亡,本屬官吏,並加嚴斷。兼每及夏,至五日一度差人洗刷枷匣。"

(宋)王欽若等編纂:《册府元龜》卷四二《帝王部》

長興二年四月,大理正劇可久奏:"引《開成格》:'應盜賊須得本贓,然後科決。如有推勘因而致死者,以故殺罪論。'臣詳此理未便。且云無持贓待捕之賊,或偷生隱諱,所司又須訊拷,死反償命,實恐惠奸。起今後,如因而致死者,如無故則請減一等。別增患病而死者,從辜限正賊減本罪五等。"中書覆云:"今後凡關賊徒,若推勘因而致死者,有故以故殺論,無故減一等。如拷決因增疾患,候驗分明,如無他故,雖辜內致死,亦以減一等論。"

(宋)王欽若等編纂:《册府元龜》卷六一三《刑法部》

(長興二年四月)是月,刑部郎中周知微奏:"臣每詳覆案文,静究贓罪條件,或有因緣勘鞫,滋漫告陳,雖廣訟論,漸異根本。其間有物關獻遺,事同情異,或果實紙筆之徒,或絲履茶藥之類,逐色目計錢不及三二百,聚都數不過四五千,爲案牘之微贓,傷朝廷之大體。引律,二罪俱發,以重者論,不累輕以加重。請非正論事條外,定贓之時,並許除落。"中書覆奏云:"周知微踐揚華省,獻納明廷,所貢讜言,深符治道。蓋慮細微之物,便爲贓賄之名,遂致刑章過行深刻。須知撙節,務守廉隅,或是監臨之司,或因公事之際,凡關取與,便涉阿私。物若顯屬貨財,並宜爲贓罪,其餘不是監臨,不因公事,不在此限。應推斷科條,不得有違格律。"

(宋)王欽若等編纂:《册府元龜》卷六一三《刑法部》

(長興二年)五月丙子,國子勒停官張崇遠受賂補人,法寺定罪爲無禄者,減死一等。又引四月二十六日恩赦,俾從釋放。帝問張崇遠,本官久無錢料,今有春冬逐月糧者。敕旨:"設禄任能,立法懲惡,苟有違犯,須舉憲刑。崇遠流外授官。監中守職,雖官不請於俸禄,而職見請於依糧。贓罪既彰,死刑難貸,宜決重杖一頓處死。"

(宋)王欽若等編纂:《册府元龜》卷一五四《帝王部》

明宗長興二年閏五月,敕曰:"要道才行,則千岐共貫;宏綱一舉,則萬目皆張。前王之法制罔殊,百代之科條悉在,無煩改作,各有定規。守度程,者心逸日休;率胸臆者,心勞日拙。天垂萬象,星辰之分野靡差;地載群倫,嶽瀆之方隅不易。儻各司其局,則皆盡其心。且律令格式六典,凡關庶政,互有區分。久不舉行,遂至隳紊。宜準舊制,令百司各於其間録出本局公事,巨細鈔寫,不得漏落纖毫,集成卷軸,兼粉壁書在公廳。若未有廨署,者其文書委官司主掌,仍每有新授官到,令自寫録一本披尋。或因顧問之時,應對須知次第,無容曠廢。每在執行,使庶僚則守法奉公,宰臣則提綱振領,必當彝倫攸叙。所謂至道不繁,何必期年? 告諭催促,限兩月內鈔録及粉壁書寫須畢,其間或有未可便行及曾釐革事件,委逐司旋申,中書門下當更參酌,奏覆施行。"

（宋）王欽若等編纂：《册府元龜》卷一五五《帝王部》

（長興二年）六月,敕："諸道州府推斷刑獄,或慮有司因循,仍以赦令前事,輒有申理,紊亂刑罰。宜令盡舉中興以來所降赦書德音釐革恩敕曉示。王者應天順人,發號施令,布絲綸於遠邇,示恩信於華夷。儻隱而不行,則主者有罪,須重提舉,無致因循。宜令御史臺兼三京及諸道州府應受詞狀及推勘詳斷之所,須具此令文榜壁,各令詳審,無致逾違。如或公然以赦書德音及恩敕前事,輒敢受而爲理者,應狀案經過之處,并當勘責,以故違敕命律格科罪。兼自此後,凡有詳斷刑獄,並須依坐律令格式條件及新敕釐革,次第施行。"又敕:"無厭之求,既虧廉恥;不義而富,終取悔尤。應諸道係省店宅莊園,或抵犯刑章,納來家業,或主持敗闕,收致抵當,姓名才係簿書,諸利未經收管。諸色人等不度勛庸高下,不量事分淺深,相尚貪饕,競謀請射,惟利是視,以得爲期。諸色人朝廷稍立微功,必加懋賞。大都大邑,尚以委人;廢宅荒田,豈留潤國? 自可特恩頒賜,奚容越分希求? 遂使畏懼者但處栖遲,僭逾者更滋積聚,失懲惡勸善之道,啓幸灾樂禍之門,頗污風教,須行止絕。"

（宋）王欽若等編纂：《册府元龜》卷六六《帝王部》

（長興二年六月）是月戊寅,左散騎常侍鄭韜光奏:"臣聞《春秋傳》曰:'將賞爲之加膳,將刑爲之徹樂。'此明君之愛人也。伏乞下大理、刑部兩司,凡經定罪之時,結正之際,遍覽格律,檢驗盡舉,敕文討尋，俾獲罪者甘心，受罰者無怨。人知法有畫一之義，律無再易之門。”

（宋）王欽若等編纂：《册府元龜》卷四七五《臺省部》

（長興二年）六月，敕：“諸道州府推斷刑獄，或慮所司因循，仍以赦令前事，輒有申治，紊亂刑罰。宜令盡舉中興以來所降赦書德音、釐革恩敕曉示。王者應天順人，發號施令，布絲綸於遠邇，示恩信於華夷。儻隱而不行，則主者有罪，須重提舉，免致因循。宜令御史臺兼三京及諸道州府應受詞狀，及推勘詳斷之所，須將此令文榜壁，各令詳審，無致逾違。如或公然以赦書德音及恩敕前事，輒敢受而違理者，應狀案經過處，並當勘責以故違赦令律格科罪。兼自此後，凡有詳斷斷刑獄，並須先編坐律令格式條件及新敕釐革，次第施行。”

（宋）王欽若等編纂：《册府元龜》卷六一三《刑法部》

（長興二年）七月，澤州沁水縣令李照、主簿樂鈞兩相鬥毆，及追至本州，不肯交割牌印。大理刑部詳斷其罪，准律罪當徒及罰銅，緣並該今年四月二十六日恩宥。敕旨：“同官相毆，據法當徒，大理寺以所犯罪名，合該恩赦，雖備陳格律，而合議矜寬。但李照、樂鈞等處令佐之資，縱屠沽之行，既罵且鬥，自晝經宵，加以抗拒使符，執留縣印，全乖事體，大紊紀綱。至於偶在赦前，合從赦限，豈可遣兹凶輩親我疲民，免刑已是優弘，復職實非允當。其李照、樂鈞並勒停見任，餘依所奏。”

（宋）王欽若等編纂：《册府元龜》卷一五四《帝王部》

周知微，爲刑部郎中。長興二年七月，奏：“開元刑法格，有後格破前格之載，無後敕破前律之文。今雖以律定罪，以格禁違，復有八議之條，廢來斯久。請準舊制，令居八議之條。有犯死罪者，令所司準法先奏，請行議典。”敕旨：“周知微官在郎曹，職參拜憲。慮有亂名之弊，舉無破律之規。法雖重於一成，恩亦存於八議。蓋前王之定制,固當代以常行,今睹敷揚,可嘉勤蓋,從之。"

（宋）王欽若等編纂:《册府元龜》卷四六七《臺省部》

（長興二年）八月丁卯,敕:"三京諸道州府刑獄,近日訪問,依前禁係人多不旋決。諸道宜令所在各委長吏專切推窮,不得滯淹。"

（宋）王欽若等編纂:《册府元龜》卷一五一《帝王部》

（長興二年）十二月,敕:"國祚中興,皇綱再整,合頒公事,遍委群臣。先敕抄録《六典》《法書》,分爲二百四十卷,從朝至夕,自夏徂冬,御史臺官員等,或同切催驅,或遞專勘讀,校前王之舊制,布當代之明規,宜有獎酬,以勵勤恪。御史中丞劉贊近別除官,今加階爵,宜從別敕處分。吕琦、姚遄致,宜加朝散大夫。李凝吉,朝議大夫。馬義朝,朝散大夫,仍賜柱國勛。于遼、李濤,並朝散大夫。徐禹卿、張可復、王曉,並賜緋魚袋。"

（宋）王欽若等編纂:《册府元龜》卷六一三《刑法部》

（長興）三年正月,北京大將等辭歸本道,賜物有差。時有鐵林都長行一人,退及南廊,有言聞於殿上,乃有宣問。其稱爲量減下秋衣錢一千文,別添逐月料錢五百文,而不知所減少而益多。帝責其退有後言,笞歸田里。

（宋）王欽若等編纂:《册府元龜》卷一五四《帝王部》

長興三年三月,殿直張紹謙奏:"父靈武節度使希崇先借官馬十五匹,遣軍將裴昭隱等二人進納,其人與進奏官范順之隱留一匹,合抵極法。"帝曰:"不可以一馬而戮三人。"笞而釋之。

（宋）王欽若等編纂:《册府元龜》卷一五○《帝王部》

（長興）三年五月癸未,敕:"春夏之交,長育是務,眷彼含靈之類,方資亭育之功。先有條流解放彈鷹隼,自此凡羅網彈弋並諸弋獵

之具。比至冬初,并(宜止)絕。如有違犯,仰隨處官吏便科違詔之
罪。起今後每年至於二月初,便依此敕,曉示中外。蓋循舊制,重布
新規,宣諭萬邦,永爲常式。"

(宋)王欽若等編纂:《册府元龜》卷四二《帝王部》

長興三年七月,邠州奏丹山縣令張浩爲新平縣令,昨進奏院遞到
正授告身。欲給之時,再問行止,乃稱丹山縣令,名銜是亡兄承禮。
浩即曾有三處攝牒,恐礙格條,不敢給授。其告身却進納中書引驗,
其前告身名承禮。敕旨並令焚毀,赦浩冒名之罪。凡中書除官堂吏,
必依格條,追前任名銜,而將承禮爲浩,僞濫顯然,蓋藏其奸,有此除
授;而又特赦,冒名不罪,堂吏則賄賂囊橐之弊,無時能革。時有田審
回者,論冒名得官人遂城縣令魏欽緒事,下御史臺推勘,欽緒弃市。
今赦承禮而罪欽緒,法令如此,可謂大衰矣!

(宋)王欽若等編纂:《册府元龜》卷一八〇《帝王部》

(長興三年)十一月甲辰,敕:龍驤毛璋、陶玘、曹廷隱、成景弘等,
或子或弟,本無相及之刑,尋示寬恩,各免連坐,止令州府別係職官。
而聞收管已來,縻係之後,頗極窮困,宜放營生,仰逐處開落姓名,乃
給公憑,放逐穩便。

(宋)王欽若等編纂:《册府元龜》卷一五〇《帝王部》

(長興三年)十二月,敕曰:"國計之重,軍食爲先,比防主守之隱
欺,遂致監臨之斡轄。丁延徽選從禁職,委以倉儲,蓋借忠勤,特添俸
給,所宜廉慎,以副指揮。而敢與專知官田繼勖、杜延德,副知趙德
遵、楊仁祚等,相徇私情,擅出官物,脚夫論告,贓狀分明。及遣推窮,
即稱貸借,按正律則罪加於凡盜,準後敕則名犯於極刑。況兩司檢
詳,再經議讞,定法既當於不濫,懲奸斷在於必行。又據宰臣所問五
條,康澄繼陳兩表,雖爲滯獄,且貴盡心,但丁延徽所出軍須已離當
處,本無文紀,豈是公官,宜同入己而論,難逭滅身之罪,宜依兩司詳

議斷遣處分。其丁延徽、田繼勛贓滿二十匹,並決重杖一頓處死。杜
延德已下,各依本罪,決杖配流。賞元告人絹二十匹。"丁延徽爲供奉
官監倉,與倉官田繼勛、杜延德共盜倉粟三百五十石。腳夫論告,左
軍巡禁詰稱官米爛,折借粟變米填官數。及勘變米粟,不曾至磑,乃
是糴貸錢,亦破使訖。刑部引統類監臨官典,犯一匹已上入己者,不
在赦限,同入己之贓。今約丁延徽粟價計贓絹六十五匹二丈,合犯絞
二人。專知官田繼勛等計贓絹三十七匹二丈,爲首合犯絞。副知趙
德遵合流二千里,其次決流有差。刑部據法律定罪,而大理少卿澄上
表論,以爲借粟有還,意合減等。

(宋)王欽若等編纂:《册府元龜》卷一五四《帝王部》

(長興)四年四月,大理寺奏:"滑州人程洪與鄰人不協,自焚其
屋,延及鄰人屋,燒家財蕩盡。伏緣三經赦恩,例合杖罪,令償所燒家
財。"敕旨:"程洪宜配流德州,常知所在。餘依奏。"

(宋)王欽若等編纂:《册府元龜》卷一五四《帝王部》

(長興)四年五月,獲嘉縣令盧嵩拖曳户民致死,其盧嵩減死配
流。今據所司引減死配天德五城流人格文内,只言兩京、關内、河南、
河東北、淮南、山南東西等道州府繫囚,並不言荆南、湖南、江南、嶺
南、浙江東西、福建等道,亦不言劍南、黔南、隴右、河西等道。又云:
"京兆府界内持杖強盜,不論有贓無贓,及竊盜贓三匹以上,並依前後
格敕處分。"此又酷秦中之人資。海内之盜,既兹有二,豈曰大同? 況
天下府州,凡竊盜贓滿三匹,皆處極法,並不以律内十五匹加役流定
罪,亦不減死配流。據所司斷盧嵩以故殺定罪,又不該此條。今或却
將此條旋舉定刑憲,以愛惡於人,教之上下其手。今日已後,所司凡
有刑獄,據罪款準後敕文,案律令格式條法詳斷,不得引此減死條格
惑人。其間或有情非巨蠹,繫敕命處分。

(宋)王欽若等編纂:《册府元龜》卷六一三《刑法部》

（長興四年）五月，獲嘉縣令盧嵩以户民關延韜不伏責問，喧悖，令從人曳撲良久，致死。大理寺斷：“既關威力之條，合處殺人之罪；但以情非巨蠹，事準格文，爰該免死之科，式表好生之德。盧嵩準格配流天德；曳撲人王光祚配流登州。”敕旨：“盧嵩容易宰邑，造次怒人，不恕法以行刑，遂尋時而致死。原情則本非故殺，據律則當處極刑。小不忍而難追，内自訟而何及？法不可墜，義亦須明，但究彼根由，以緣公事，罪雖甚重，理稍可疑。峻行則慮致民驕，輕恕則恐滋吏酷。永從遠竄，特貸餘生，聊以慰往者之魂，兼可戒爲官之屬。嵩宜配蔚州長流百姓，縱逢恩赦，不在於歸之限。其出身歷任告敕付所司焚毁，餘依省寺詳斷。”

（宋）王欽若等編纂：《册府元龜》卷一五四《帝王部》

（長興四年）六月，大理正張仁琢奏：“臣嘗歷外任，見州府刑殺罪人，雖有骨肉，尋時不容收瘞，皆令給喪葬行人載於城外，殘害尸髮，多致邀求。實越彝章，頗傷仁化。準《獄官令》：‘諸大辟罪，並官給酒食，聽親故辭訣。宣告犯狀日，末後乃行刑。’注云：‘決之經宿，所司即爲埋瘞。若有親故，亦任收葬。’又條：‘諸囚死無親戚者，官給棺，於官地埋瘞，置磚銘，於壙内立牌，於冢上書姓名。’請依令指揮。”從之。其月，敕御史中丞龍敏、給事中張鵬、中書舍人盧導、刑部侍郎任贊、大理卿李延範等，詳定《大中刑法統類》。

（宋）王欽若等編纂：《册府元龜》卷六一三《刑法部》

（長興四年）七月，户部奏：“諸州所貢物，舊例每年冬至後到京，準備正仗於殿前陳列。據房州常貢物，至今年三月方至京，有違常式。”敕旨：“方州所尚，土貢爲先，苟有稽遲，誠爲怠易，須加懲罰，俾效恭勤。其録事參軍孔霸文宜罰一季俸，刺史尹暉緣元敕不該宜放本典以下，宜令本道觀察使量罪科責訖以聞。”

（宋）王欽若等編纂：《册府元龜》卷一五四《帝王部》

長興四年，大理正張仁璲奏："伏見諸道州府刑殺罪人，雖有骨肉尋時，不容收瘞，皆給喪葬行人載於城外，或殘害尸髮，多致邀求。準《獄官令》：'諸大辟罪，並官給酒食，聽親故辭訣，宣告犯狀，日未後行刑。'注云：'決之經宿，所司即爲埋瘞；若有親故，亦任收葬。又條，諸囚死無親戚者，官給棺，於官地埋瘞，置磚銘於壙內，立牌於冢上，書其姓名。請依令指揮。"從之。

（元）馬端臨：《文獻通考》卷一六六《刑考五》

愍帝應順元年三月戊午，詔曰："刑柄爲制禮之先，獄訟乃有國之重。一成共守，四海同文，咸符欽恤之言，乃致太平之道。以近及遠，列職分司，申明皆有其舊規，決斷各由其所屬。惟理，則罪疑可定；惟正，則刑措可期。諒在舉行，方無壅滯。應三京諸道州府繫囚，據罪輕重，疾速斷遣。比來停滯須奏，取裁不便區分，故爲留滯。今後凡有刑獄，據理斷遣，如有敕推按，理合奏聞，不在此限。"

（宋）王欽若等編纂：《冊府元龜》卷一五一《帝王部》

末帝清泰元年五月丁丑，詔："在京諸獄及天下州府見係罪人，正當暑毒之時，未免拘囚之苦，誠知負罪，特軫予懷。恐法吏生情，滯於決斷，詔至所在，長吏親自慮問，據輕重疾速斷遣，無令淹滯。"

（宋）王欽若等編纂：《冊府元龜》卷一五一《帝王部》

末帝清泰元年閏五月，敕："律令格式，《六典》凡關庶政，盡有區分，久不舉明，遂至隳紊。宜令京百司各於其間錄出本司事，裁成卷軸，或粉壁寫在廨署，本司官常宜省覽，以備顧問。自敕下至今累年，如聞諸司或以無廨宇處，並未書寫施行。令御史臺差兩巡使分巡百司，取已寫未寫司局以聞。如因事未辦處，與限五日，須鈔錄，依元敕指揮。其諸道州縣，亦有《六典》內合行公事，條件鈔錄粉壁，官吏長宜觀省。其律令格式事繁，昨已撮成四卷，州縣差人鈔錄，以備檢尋。今後宜令御史臺，每至正初，具錄前後敕文，告示百司及諸州府，永爲常式。"

（宋）王欽若等編纂：《冊府元龜》卷六一三《刑法部》

（清泰元年）六月，大理正劇可久上疏："臣曾披法律，深究臧否。州縣令律之中，具存條格，軍鎮按推之吏，未載明文。事若不均，何以示勸。其三京軍巡使諸州府馬步都虞候，有精於推劾，雪活冤濫者，請量事超擢。如按鞫偏私故入人罪者，亦刑之無赦。"詔曰："義存兩造，善推鞫者，故合獎酬；法貴一成，務欽守者，豈煩更改。劇可久所陳章奏，備驗忠勤，然於取舍之間，未盡諮詢之理。其軍巡使、都虞候能覆推刑獄雪活人命，及推按不平致人負屈者，起今後宜以長興四年五月二十三日敕條施行，合有獎酬，亦等第比附行遣。其故入人罪，律有本條，何煩別定。"

（宋）王欽若等編纂：《冊府元龜》卷六一三《刑法部》

清泰元年七月丙午，詔曰："長興二年閏五月敕：律令格式六典，凡關庶政，盡有區分，久不舉明，遂致隳紊，宜令京百司各於其間錄出本司事，裁成卷軸，或粉壁寫在廨署，本司官常宜省覽，以備顧問。自敕下至今累年，如聞諸司或以無廨宇處，並未書寫施行，宜令御史臺差兩巡使分巡百司局以聞。如因事未辦處，與限五日，須鈔錄依元敕指揮。其諸道州縣亦有六典，內合行公事條件，鈔錄粉壁，官吏長宜觀省。其律令格式事繁，昨以撮成四卷，州縣差人鈔錄，以備檢尋。今後宜令御史臺每至正初，具錄前後敕文，告示諸司及諸州府，永爲常式。"

（宋）王欽若等編纂：《冊府元龜》卷六六《帝王部》

末帝清泰元年七月，詔曰："朕自中春纘生家國，長子重吉遽陷無辜，其供奉官楚祚乘幼主之猜嫌，徇賊臣之指使，才聞差使，遽自請行，坐情過甚於仇讎，臨法不依於制度，恣加凌辱，隱奪資財，縱便致於族誅，亦未平於深恥。朕再惟大體，不欲極刑，抑沉痛於恩情，示好生於天道。且令遠斥,粗釋幽冤,宜配登州長流百姓,常知所在。其父西京副指揮使處章放令自便,縱逢恩赦,不在齒録之限。"重吉,明宗時爲控鶴指揮使,鄂王時,朱馮忌嫉,出爲亳州團練使。重吉初不奉詔,弘昭令宋州節度使召赴州令楚祚往害之。帝息嗣不多,並罹非禍,言發涕零。後知祚殺重吉時,詬辱笞掠,以責家財。時祚在外位,立令追攝,將加極刑,韓昭裔曰:"帝王天下君父,臣下皆爲赤子,論刑定罪,須合人心。楚祚承命,檢校家財,理須窮詰,若以此加法,懼失物情。今便族楚祚之門,已逝者何救?臣受恩殊等,安敢惜言。"帝曰:"吾兒不可復得,殺一楚祚,何足與言!"帝性仁恕,終爲韓開釋,而祚免死。是年,詔陝州放左龍武統軍王景勘、絳州刺史張從諫。先是,二人從康義誠出軍,皆爲部下所執歸。帝初欲誅之,從諫大言曰:"臣從殿下千征萬戰,臣之材力,殿下所知,豈童豎輩所能制臣誘臣歸首,翻以爲擒,面欺也。"帝惜其才用,令拘於陝獄,至是釋之。

　　(宋)王欽若等編纂:《册府元龜》卷一五〇《帝王部》

　　(清泰元年)九年,大理寺奏:"所用《法書》竊盜條:'建中年贓三匹已上,決殺;數不充,量情決杖。'先朝以量情法不定,命御史中丞龍敏等議,贓滿三匹,準舊法;一匹已上,決杖十八;一匹已下,量罪決杖。大理又以量罪之文不定,乞定奪。下寺,詔集寺官議,議云:'贓一匹杖脊十八,不滿一匹杖十五,不得財,杖臀十五。'"從之。

　　(宋)王欽若等編纂:《册府元龜》卷六一三《刑法部》

　　(清泰元年九月)是月,天雄軍節度使范廷光上言:"副使王欽祚報管内頻有盜賊剽劫坊市鄉村,差兵巡捕,嚴加提防。緣此歲蠶麥不熟,游惰之徒結集爲惡,或傷殺攘奪。及捕獲處斷,又前後法條不一。以天成二年敕,應山林群盜害物殘人,若捕捉勘結不虛,全家處置。有偶然劫盜者,正身準法,知情者同罪。又以長興四年敕,據天成敕,只爲界内連結黨惡,害物殘人,所以族誅。此中興之初,權行之法,若斷獄只坐此條,恐違於律令。今後結黨連群爲害者,並男十五已上,並準元敕處斷。其父母兄弟,妻女小兒,一切不罪。有骨肉中與賊同惡者,亦同罪。如同謀不行,或受贓不受贓,則准律科斷。臣當管賊盜屢發,蓋見用法太寬,只罪一身,又不籍没家產,又不連累家屬,得以恣行凶惡。今後捕盜,權行重條,俾其知懼,易爲禁止。"詔曰:"應劫掠鄉村,宜依長興四年敕條斷處,攻劫城鎮,宜依天成二年敕處斷。"

(宋)王欽若等編纂:《册府元龜》卷六一三《刑法部》

(清泰元年)十月甲午,詔曰:"官吏通衢陳訴,比來時亦有之。若抱屈難伸,或有理未雪,固難抗節,須至望塵。至於方潔之人,猶以爲恥。近則無知之輩,遞相仿例,寖以成風,頻至於列肆長街遮闌,宰臣陳訴及其處理多礙格式。或敕命已行,確祈追改,亦於赦條之外,妄有披論,不惟紊亂於綱紀,抑亦有同於輕侮。此後州縣官或有所陳,並於中書門下據事理陳訴,如實有屈塞,登時即與勘窮。如是僭越虧公,付銓量與殿選;如不關銓量陳訴者,即下法司推詰。所冀群官奉法,勉令進取以僥訛;萬國來王,復睹朝廷之整肅。"

(宋)王欽若等編纂:《册府元龜》卷六六《帝王部》

(清泰)二年四月辛卯,詔曰:"運當昭泰,時屬樂康,思欲道和氣於雍熙,布休光於幽隱。將期恤物,必軫深仁。今以甫及蕤賓,適兹炎毒,宜茂好生之德,俾敷在宥之文,足以寬肺石之冤辭,叶薰風之解慍,庶遵時令,獲奉天心。宜令御史臺、河南府、軍巡諸道州府自五月一日已前見繫罪人,常赦不原及已見情狀之外,悉令疾速斷遣,勿至淹停。"

(宋)王欽若等編纂:《册府元龜》卷一五一《帝王部》

于遘爲刑部郎中,清泰二年上言:"臣忝掌刑名,合論法律。臣見比年已來,有前州縣官,或假侵官,不量事體,皆投匭乞官。况大朝取士之門,有舉有選。苟有長才茂器,舉選安敢滯留? 國家置匭之意,本爲訴冤。士人乞官,安得造次。又閭里淺識,濫緣官路,妄有求請,不顧格律條章。所司以陛下方開言路,不敢是非典法,是國家大經,誰可析言輕議? 此後凡投匭上言,乞官亂法者,望下所繇法司,勘驗可否。"從之。

(宋)王欽若等編纂:《册府元龜》卷四七六《臺省部》

勾龍階爲陝州觀察判官。清泰二年,勒停追毁見任官牒,以斷獄謬誤故也。

(宋)王欽若等編纂:《册府元龜》卷七三〇《幕府部》

王昶者,宿州符離縣民也。清泰二年,昶訴縣令張洙業因檢民田受贓。法司推劾,乃是縣典韓師練取贓,誣洙業以失檢轄。遇赦放,師練杖殺之。

(宋)王欽若等編纂:《册府元龜》卷九三三《總録部》

(清泰)三年四月,御史中丞盧損等進清泰元年已前十一年内制敕可久遠施行者,凡三百九十四道,編爲三十卷。其不中選者,各令本司封閉,不得行用。詔付御史臺頒行。

(宋)王欽若等編纂:《册府元龜》卷六一三《刑法部》

(清泰三年)五月,中書門下奏:"刺史位列公侯,縣令爲人父母,只合倍加乳哺,豈合自至瘡痍。一昨張宗奭胥吏訟論,合當極典,法司據律,罪止徒流。向來此法極嚴,纔可存其軀命,即一二十年不復還鄉。却緣近日赦宥,稍頻遷易,頗數致其凶物,不顧嚴刑。臣竊惟立法稍嚴,則人不敢犯。其見行法律,望下所司更加詳酌。"及下御史臺、刑部、大理議云:"舊律,枉法贓十五匹,絞。天寶元年,加至二十匹。請今後犯枉法贓十五匹,准律絞。不枉法贓,舊律三十匹加役流。受所監臨五十匹,流二千里。今請依《統類》,不枉法贓過三十匹,受所監臨贓過五十匹。"從之。

(宋)王欽若等編纂:《册府元龜》卷六一三《刑法部》

張守吉，爲吏部員外郎。清泰三年上封事：“伏睹兩道興兵，所宜備慮。臣恐京師、天下州府所禁囚徒，獄户不完，凶徒多庝。或逾垣破械，結黨連群。或聚綠林，或奔逆壘，以此爲患，事狀非輕。臣望所禁重囚，除惡逆、放火、殺人外，可恕者量減本罪一等，斷遣兼州縣近山澤人烟闊遠處，量令州縣置鋪警巡，以防聚集。”詔曰：“所奏除惡逆外，降罪一等，下大理寺詳檢，疾速施行。”

　　　　（宋）王欽若等編纂：《册府元龜》卷四七六《臺省部》

　　後唐高弘超，洺州平息人。父暉，爲鄉人王感所殺。弘超挾刃以報之，遂携其首自陳。大理寺以故殺傷論。刑部員外郎李殷夢覆曰：“伏以挾刃殺人，按律處死。投獄自首，降罪垂文。高弘超既遂復讎，固不逃法，戴天罔愧，視死如歸。歷代已來，事多貸命。長慶三年，有康買德父憲爲力人張莅乘醉拉，憲氣息將絶，買德年十四，以木鍤擊莅。後三日致死，敕旨宜減死處分。又元和六年，富平人梁悦殺父之讎，投縣請罪，敕旨特從減死。方今時時有此孝子，其高弘超若使須歸極法，實慮未契鴻慈奉敕。忠孝之道，乃治國之大柄。典刑之要，在誅意之深。文差若毫釐，係之理道。昔紀信替主赴難，何青史之永刊。今高弘超爲父報冤，即丹書之不尚，人倫至孝，法網宜矜。減死罪一等處分。”

　　　　（宋）王欽若等編纂：《册府元龜》卷八九六《總録部》

　　後唐清泰三年，尚書刑部郎中李元龜奏：“准《開成格》，應斷天下徒流人到所流處，本管畫時申御史臺，候年月滿日申奏，方得放還本貫。近年凡徒流人，所管雖奏，不申御史臺，報大理寺，所以不知放還年月。望依律格處分。”從之。

　　　　（元）馬端臨：《文獻通考》卷一六八《刑考七》

　　丁延徽爲供奉官監倉，與倉官共盜倉米三百五十石。延徽性纖巧，權貴多庇護之。禁繫經年，比望至應聖節則釋放，乃至節前取旨

放繫囚。帝曰："除盜倉粟官典外,餘可疏放。"時侍衛指揮使張從賓
言事,帝多容之,因奏他事,從賓言及延徽,情非盜粟,意本賠填。帝
曰："食我厚禄,偷我倉儲,期與決死,蘇秦説予不得,非但卿言。"衆於
是不敢言。翌日,帝御中興殿,謂近臣曰："丁延徽禁繫經年,竊盜倉
儲,何須擁護? 不然則合原則原,淹滯如此,復何計較耶?"既知擁護
不及,仍據法寺具獄斷決。

(宋)王欽若等編纂:《冊府元龜》卷五八《帝王部》

明宗天成元年即位,大赦。長興元年,祀圜丘,大赦。
閔帝即位,大赦。
潞王清泰元年即位,大赦。

(元)馬端臨:《文獻通考》卷一六六《刑考十二》

涇王從敏,明宗子也,爲成德軍節度使。鎮州有市人劉方遇,家
富。方遇卒,無子。妻弟田令遵者,幼爲方遇治財,善殖貨,劉族乃同
推令遵爲方遇子,親族共立券書以爲信誓。累年後,方遇二女取資金
於令遵,不如意,乃訟令遵冒姓奪父家財。劉氏二女以錢賂從敏之親
吏,又奸通判官陸浣。從敏令浣鞫劉氏獄,而殺令遵。令遵父詣臺
訴。又以成德軍節度副使符蒙掌書記,徐臺符鞫之。蒙本鎮人,備知
奸狀。及詰,二女復行賂於節度副使趙環、代判高知柔、觀察判官陸
浣,並捕下獄,具服贓污,事連從敏,從敏甚懼,乃令其妻趨洛陽入宮
告王淑妃。明宗知之,不令入,謂從敏婦曰："朕用從敏爲節度,使而
枉法殺人取錢,我羞見百官。又令新婦奔走,不須見吾面。依法裁
斷。"然王妃頗庇之。趙環等三人弃市,從敏罰俸釋之。

(宋)王欽若等編纂:《冊府元龜》卷五八《帝王部》

後唐楊漢賓,前任爲黔南節度使。毆故開州刺史陵約男彥徽致
損,兼加拘縛,令人點檢彥徽家業、錢穀。法司勘鞫漢賓,款招情罪。
大理少卿康澄詳斷曰："楊漢賓早列偏裨,曾分茅土。事若先於恕己,

理不在於尤人。豈可忘姻婭之舊情，憑官資之威力，遽因毆擊，顯致訟論。自歸有過之門，須舉無偏之道。合該議減，亦舉律文。其漢賓前任黔南節度使，是三品使。關八議準，律減一等。杖九十，準名例律。官少不盡其罪，餘罪收贖。罪少，不盡其官，留官收贖。其楊漢賓所犯罪，杖九十，准律贖銅九斤，準格每斤納錢一百二十文。"從之。

　　　　（宋）王欽若等編纂：《冊府元龜》卷四五四《將帥部》

　　薛冲，爲刑部員外郎。奏請召諭州府節度刺史，每六衙日，親慮問繫囚，免至冤滯。

　　　　（宋）王欽若等編纂：《冊府元龜》卷四六七《臺省部》

　　王延，末帝清泰末爲御史中丞，臺中經年處決平允，轉尚書右丞。

　　　　（宋）王欽若等編纂：《冊府元龜》卷六一八《刑法部》

　　後唐韋寂，唐末爲鹽鐵巡官。韓建留守西都，擢爲司法參軍。推鞫平允，建頗重之。

　　　　（宋）王欽若等編纂：《冊府元龜》卷六一八《刑法部》

　　後唐李殷夢爲刑部員外郎。時徐州奏沛縣令鄭瞳下鄉將縣印隨身，誤有亡失。大理正宋昇以誤失定罪，合除一任官。殷夢詳覆，以爲置印在懷，輒稱亡失，請以毀弃論，其累任告示，並請追赴都省焚之。

　　　　（宋）王欽若等編纂：《冊府元龜》卷六一九《刑法部》

　　後唐韋堅知徐州事，百姓楊知元詣闕訟堅。知元割耳稱冤，堅賂權勢，請知元歸本道推劾。洎至，枉殺之，憤痛之聲，聞於遠邇。

　　　　（宋）王欽若等編纂：《冊府元龜》卷六九九《牧守部》

　　後唐李愚，仕梁爲崇政院學士。貞明中，通事舍人李霄備夫毆俅舍人致死。法司案律,罪在李霄。愚曰:"李霄手不鬥毆,傭夫毆之致死,安得坐其主耶?"以是忤旨。

(宋)王欽若等編纂:《冊府元龜》卷六一六《刑法部》

後唐柳膺,明宗時爲鴻臚卿。將齊郎文書兩件賣與同姓人柳居則,其婢母論訴伏罪。大理寺斷罪當大辟,緣遇恩赦,令與減死,奪見任官,罰銅,終身不齒。

(宋)王欽若等編纂:《冊府元龜》卷六二五《卿監部》

晉高祖天福元年十一月即位,大赦。十二月,入洛陽,大赦。二年,至汴州,大赦。三年,大赦。

左散騎常侍張允進《駁赦論》,曰:"竊觀自古帝王,皆以水旱,則降德音而宥過,開狴牢而放囚,冀感天心,以救其災者,非也。假有二人訟,一人有罪,一人無罪,遇赦則有罪者幸免,無罪者銜冤。銜冤者何疏,見赦者何親,冤氣昇聞,乃所以致災,非弭災也。小民遇天災則喜,皆勸爲惡,曰:'國家好行赦,必赦我以救災。'如此,則赦者教民爲惡也。且天道福善禍淫,若以赦爲惡之人而變災爲福,是則天助惡民也。故曰天降之災,警誡人主,豈以濫捨有罪而能救其災乎!"上嘉納之。中書舍人李詳上疏,以爲:"十年以來,赦令屢降,諸道職掌,皆許推恩,而藩方薦論,動逾數百,乃至藏典書吏,優伶奴僕,初命則至銀青階,被服皆紫袍象笏,名器僭濫,貴賤貴賤不分。請自今諸道主兵將校之外,節度州聽奏朱記大將軍以上十人,他州止聽奏都押牙、都虞候、孔目官,自餘但委本道量遷職名而已。"

按:赦之爲言,宥有罪之謂也。後來之赦,非獨宥罪而已,又從而推恩焉。於是有罪者幸免,無功者超遷,刑賞俱失,皆由於赦,其無益而有害也明矣。

(元)馬端臨:《文獻通考》卷一七三《刑考十二》

晉高祖天福二年三月,敕:"大理寺奏見管《統類》一十二卷,編敕三卷,散敕七十六道,宜差侍御史李遹、刑部郎中鄭觀,與本寺官員同爲參詳。今踏逐到静僧坊,便欲删定再候進止者,敕李遹改官,鄭觀去世,更候差遣,轉慮稽延。宜令大理寺,其合改正國號廟諱等文字,如是不動格條,不礙理義,便可集本寺官員檢尋改正。如或顯係重輕,須要商議,别具奏聞。其御史臺、刑部所有法書合改正文字者,亦宜准此。”

(宋)王欽若等編纂:《册府元龜》卷六一三《刑法部》

(天福二年)四月,敕:“應在京及諸道監臨主當倉庫官吏等,當受納時,例破加耗,及交替日,豈合虧懸。自今後如得替交割,及非時點檢,無故妄稱欠少者,並準唐長興二年敕條,計贓絹五十匹,決重杖一頓處死,所有錢物家業,盡底通納,餘外不徵。其有自盜及私專用擅借,各依格律本條處分。”

(宋)王欽若等編纂:《册府元龜》卷六一三《刑法部》

晉高祖天福二年七月,諸衛將軍婁繼英坐張從賓叛,梟首闕下。敕河府奏收到婁繼英男萬泉令懷德,據婁繼英已行處斬,家業投官,其婁懷德令河府追取舊受,告身毁抹,特從釋放。

(宋)王欽若等編纂:《册府元龜》卷一五〇《帝王部》

(天福二年)八月,詔:“兵興以來,邊疆多事,或因虜掠,或偶滯留,歲序遷移,家鄉迢遞,宜令收贖,俾遂歸還。應自梁朝、後唐以來,前後奉使及北京沿邊管界虜掠往向北人口,宜令官給錢物,差使齎持,任彼一一收贖,放歸本家。”是月,大理正韓保裔上言,其略云:“伏請天下狴牢,特頒惻憫,抱沉疴者,宜加藥餌,無骨肉者,勿使飢寒。庶禆解網之仁,用補泣辜之德也。”敕:“方枉狴牢,又縈疾疹,在典刑之自别,顧醫藥以何妨,實可施行,足彰仁憫。宜下刑部大理寺御史臺及三京諸道州府,或有繫囚染患者,並令逐處醫博士及軍醫看候,於公廨錢内量支藥價。或事輕者,仍許人看候。所有罪犯,合據杖責,仍候痊損日科決。"

(宋)王欽若等編纂:《冊府元龜》卷四二《帝王部》

晉高祖天福三年正月,敕:"應諸道州府刑獄,慮有淹延,宜令逐處應用禁係人等,並仰各據罪戾詳事理疾速斷遣,不得停滯,仍付所司。"

(宋)王欽若等編纂:《冊府元龜》卷一五一《帝王部》

(天福三年)三月庚午,詳定院奏:"前守洪洞縣主簿盧璨進策云:'伏以刑獄至重,朝廷所難,尚書省分職六司,天下謂之會府。且諸道決獄,若關人命,即刑部不合不知,欲請州府凡決大辟罪人訖,逐季具有無申報刑部,仍具錄案款事節並本判官馬部都虞候、司法參軍法直官、馬部司判官名銜,申聞所貴。或有案內情由不圓,刑部可行覆勘。如此,則天下遵守法律,不敢輕議刑書,非唯免有銜冤,抑亦勸其立政者。'臣等參詳,伏以人命至重,而國法須精,雖載舊章,更宜條理,誠爲允當,望賜施行。"從之。

(宋)王欽若等編纂:《冊府元龜》卷一五一《帝王部》

(天福三年)五月,詔曰:"刑獄之難,古今所重,但關人命,實動天心。或有冤魂,則傷和氣,應諸道州府凡有囚徒,據推勘到案款一一盡理,子細檢律,令合格敕,其間或有疑者,準令文讞。大理寺亦疑,申尚書省省寺,明有指歸,州府然可決遣。"

(宋)王欽若等編纂:《冊府元龜》卷一五一《帝王部》

(天福)三年六月,中書門下奏:"伏讀天福元年十月敕節文,唐明宗朝敕命法制,仰所在遵行,不得更易。今諸司每有公事,見執清泰元年十月十四日編敕施行,稱唐明宗朝敕除編集外,盡已封鏁不行。臣等商量,望差官將編集及封鏁前後敕文,並再詳定其經久可行條件,別錄聞奏施行。"從之。遂差右諫議大夫薛融、秘書監呂琦、尚書駕部員外郎知雜事劉皞、尚書刑部郎中司徒詡、大理正張仁琢同參詳。

(宋)王欽若等編纂:《冊府元龜》卷六一三《刑法部》

晉天福三年七月,晉州民曹繼勖訴男滿籍與王興哥,因里俗戲擲磚子,誤觸破頭,上辜限內,因風致卒。准律合決重杖處死者。刑部詳奏云:“王興哥情非巨蠹,年乃童蒙,滿籍死既因風,本州勘須有據。雖執毆傷之律,自有常刑。當逢欽恤之朝,寧無宥過。”尋有敕減死一等,徵銅一百斤。

(宋)王欽若等編纂:《冊府元龜》卷六一六《刑法部》

(天福)三年八月,大理寺以左街使從人韓延嗣招爲百姓李延暉沖省街,使連喝不往,遂驅趁毆擊,致延暉身死。准律:鬥毆人者,元無殺心,因相鬥毆而殺人者,絞;故殺人者,斬。其韓延嗣准律皆斬。準刑法絞類節文,絞、斬、刑決、重杖一頓處死。敕曰:“韓延嗣因叫喝見不避路者,輒行毆擊,致傷人命,法寺定刑,比不因鬥故毆傷人辜內死者,依殺人論,蓋徵相類,且非本條,罪有所疑,法當在宥,宜決脊杖十八,黥面配華州,發運務收管。”

(宋)王欽若等編纂:《冊府元龜》卷一五〇《帝王部》

(天福三年)十二月,尚書刑部郎中馬承翰奏:“伏見都下衢街窄狹,人物殷繁,其有步履艱難,眼目昏暗,老者幼者,悉在其間,車馬若縱於奔馳,生性必見於傷害。況律禁無故走馬傷人殺人,素有嚴典,臣切恐功勳之子、軍伍之人,向來偶昧於憲章,此際忽思於馳騁,害人者死,是殺二人,殺人既多,亦傷至化。臣以爲不若令之在前,使民知禁。臣乞特降明詔,示諭內諸司以下及諸軍巡於街衢坊曲,並不得走馬。兼乞指揮逐界金吾司所由及軍巡所由,常切止約。如有故違走馬者,不問是何色目人,並捉搦申所司,請依律科斷。若所由不切止約,致走馬害人者,逐界分所由,與所犯人同罪科斷。其或自內中急傳宣旨者,即請賜銀牌或牙牌,令以手持之,俾路人及所由辨認,易爲奔避。上行其令而下不敢違,非惟得罪者無同,抑亦所犯者應少。"敕曰:"馬承翰所貢封章,俾人知禁,雖曾條貫,恐未周詳,宜依。餘準近敕處分,仍付所司。"

（宋）王欽若等編纂:《册府元龜》卷六一三《刑法部》

（天福）四年七月,右諫議大夫薛馳等上疏,詳定編敕三百六十八道,分爲十二卷。詔令百司寫録,與格式參用。

（宋）王欽若等編纂:《册府元龜》卷六一三《刑法部》

（天福四年）九月,相州節度使桑維翰上言:"管内獲賊人,從來籍没財産,云是鄴都舊例,格律未見明文。"敕:"桑維翰佐命功全,臨戎寄重,舉一方之往事,合四海之通規。況賊盜之徒,律令俱載,此爲撫萬姓而安萬國,豈忍罪一夫而破一家。聞將相之善言,成國家之美事,既資王道,實契人心。今後凡有賊人,準格律定罪,不得没納家資,天下諸州,皆准此處分。"

（宋）王欽若等編纂:《册府元龜》卷六一三《刑法部》

（天福）四年十月,敕:"李道牧前爲陸渾縣主簿,狠直求官,强詞抗敕,厚誣宰輔,累犯乘輿。措言孰顧於斥尊,構意只謀其撓政,將懲狡蠹,須舉典刑。宜令決杖配流,永不齒録。"

（宋）王欽若等編纂:《册府元龜》卷一五四《帝王部》

又相之湯陰民焦遠詣闕門,伐鼓訟鎮將李柔豪奪二女。詔開封府鞫劾,敕李柔配役作坊。

（宋）王欽若等編纂:《册府元龜》卷一五四《帝王部》

晉曹國珍爲左諫議大夫,天福四年上言,請於内外臣僚之中,選才略之士,聚《唐六典》、前後《會要》、《禮閣新儀》、《大中統類》、律、令、格、式等，精詳纂集，俾無漏略，别爲書一部，目爲《大晉政統》，從之。其詳議官，宜差太子少師梁文矩、散騎常侍張允、大理卿張澄、國子祭酒唐汭、大理少卿高鴻漸、國子司業田敏、禮部郎中吕咸休、司勛員外郎劉濤、刑部員外郎李知損、監察御史郭延升等一十人充。文矩等咸曰改前代禮樂刑憲，爲《大晉政統》，則《堯典》《舜典》，當以晉典革名列狀駁之。曰："作者之謂聖，述者之謂明，苟非聖明，焉能述作。若運因革故，則事乃維新。或改正朔而變犠牲，或易服色而殊徽號。是以五帝殊時不相沿樂，三王異世不相襲禮。至於近代，率繇舊章。比及前朝，是滋其目。多因行事之失，改爲立制之初，或臣奏條章，君行可否，皆表其年月，紀以姓名，聚類分門，成文作則，莫不悉稽前典，垂範後昆，述言聖賢，歷於朝代，得金科玉條之號，設亂言破律之防，守而行之，其來尚矣。皇帝陛下運齊七政，歷契千年，爰從創業開基，莫不積功累德，行宜直筆，具載鴻猷。若備録前代之編年，目作聖朝之政統，此則是名不正也。夫名不正，則言不順。而媚時掠美，非其實矣。若剪截其詞，此則是文不備也。夫文不備，則啓争端。而禮樂刑政於斯亂矣。若改舊條而爲新制，則未審何門可以刊削，何事可以編聯。既當革故從新，又須廢彼行此，則未知國朝能守而不失乎。臣等同其參詳，未見其可。"疏奏，嘉之。其事遂寢。

（宋）王欽若等編纂：《册府元龜》卷六〇七《學校部》

（天福）五年三月丙子，詔曰："自大中六年已來，劓耳稱冤，決杖流配，訴雖有理，不在申明。今後據其所陳，與爲勘斷，劓耳之罪，准律别科。"

（宋）王欽若等編纂：《册府元龜》卷一五一《帝王部》

（天福）五年八月，李崧因帝顧問，遂言諸州倉糧，皆於帳計之外，所剩頗多。帝曰："多納害民，罪同枉法。其倉督等，特貸其命，各宜懲斷。"

（宋）王欽若等編纂：《册府元龜》卷五七《帝王部》

（天福）五年十月癸丑，詔曰："朕自臨區夏，每念生靈，惡殺爲心，實慈是務，凡於獄訟，常切哀矜。況時漸興文，民皆知禁，宜伸輕典，用緩峻刑。今後竊盜贓滿五匹處死，三匹以上，決杖配流，以盜論者，依律文處分。"

（宋）王欽若等編纂：《册府元龜》卷六一三《刑法部》

晉李彥珣爲坊州刺史，高祖天福五年十二月，犯枉法贓，特敕免官。彥珣久臨翟道，苛暴不法，結怨所部。宜君縣民唐璘與李婦爭田，彥珣納賄數十萬，曲斷其事。故李婦詣御史府上訴，按詰伏罪，法寺詳斷以上奏。敕曰："李彥珣頃委分符，不能求瘼，既受贓而枉法，合准律以定刑。特與含弘，聊示懲戒，宜奪一任官，送虢州收管。"

（宋）王欽若等編纂：《册府元龜》卷七〇〇《牧守部》

（天福）六年五月，尚書刑部員外郎李象奏："請今後凡是散官，不計高低，若犯罪，不得當贖，亦不得上請詳定院覆奏。應內外文武官有品官者，自依品官法，有散試官者，應內外帶職。廷臣賓從、有功將校等，並請同九品官例。其京都軍巡使及諸道州府衙前職員，內外雜任鎮將等，並請准律，不得上請當贖。其巡司、馬步司判官，雖有曾歷品官者，亦請同流外職。准律，杖罪已下，依決罰例；徒罪已上，仍依當贖法。"

（宋）王欽若等編纂：《册府元龜》卷六一三《刑法部》

（天福）六年秋七月庚辰，詔曰："政刑所切，獄訟惟先，推窮須察於事情，斷遣必遵於條法。用弘欽恤，以致和平。應三京、鄴都及諸道州府縣見禁諸色人等，宜令逐處長吏常切提撕，疾速決遣，每務公當，勿使滯淹。"

（宋）王欽若等編纂：《册府元龜》卷一五一《帝王部》

晉天福六年，尚書刑部員外郎李象奏："請今後凡是散官，不計高低,若犯罪不得當贖,亦不得上請詳定院覆奏。應內外文武官,有品官者自依品官法,無品官有散試官者,應內外帶職廷臣賓從、有功將校等,並請同九品官例。其京都軍巡使及諸道州府衙前職員、內外雜任鎮將等,並請准律,不得上請當贖。其巡司、馬步司判官,雖有曾歷品官者,亦請同流外職。准律,杖罪已下,依決罰例,徒罪已上,仍依當贖法。”

(元)馬端臨:《文獻通考》卷一七一上《刑考十上》

少帝天福七年十二月,詔:“四京諸道州府決大辟罪,起今後,宜令遇大祭祀、正冬、寒食、立春、夏、雨、雪未晴已上,並不得行極刑。如有已斷案,可取次日及雨雪定後施行。仍付所司。”

(宋)王欽若等編纂:《册府元龜》卷六一三《刑法部》

少帝天福八年四月壬申,敕詔:“自臨寰宇,思致和平,以四海爲家,慮一物失所,每念狴牢之內,或多枉撓之人,屬此炎蒸,倍加軫憫。冀絕滯淹之嘆,用資欽恤之仁。應三京、鄴都及諸道州府見禁罪人等,宜令逐處長吏嚴切指揮,本推司及委本所判官疾速結絕斷遣,不得淹延,及致冤濫,仍付所司。”

(宋)王欽若等編纂:《册府元龜》卷一五一《帝王部》

晉天福十二年,敕:“應天下凡關强盜捉獲,不計贓物多少,按驗不虛,並宜處死。”

時四方盜賊多,朝廷患之,故重其法,仍分命使者逐捕。逐蘇逢吉自草詔意云:“應賊盜及四鄰同保,皆全族處斬。”衆以爲:“盜猶不可族,況鄰保乎?”逢吉固爭,不得已,但省去“全族”字。由是捕賊使者張令柔殺平陰十七村民。逢吉爲人,文深好殺,在河東幕府,帝嘗令靜獄祈福,逢吉盡殺獄囚還報。

(元)馬端臨:《文獻通考》卷一六六《刑考五》

漢張允，初仕晉爲左散騎常侍。天福初，允以國朝頻有肆赦，乃進《駁赦論》曰："管子云：'凡赦者小利而大害，久而不勝其禍；無赦者小害而大利，久而不勝其福。'又，《漢紀》云：'吳漢疾篤，帝問所欲言。對曰：唯願陛下無爲赦耳。'如是者何？蓋行赦不以爲恩，不行赦亦不以爲無恩，爲罰有罪故也。切觀自古帝王，皆以水旱則降德音而宥過，開狴牢以放囚，冀感天地以救其災者，非也。假有二人訟，一有罪，一無罪，若有罪者見舍，則無罪者銜冤。銜冤者彼何疏，見舍者此何親乎？如此則是致災之道，非救災之術也。自此小民遇天災則喜，皆相勸爲惡，曰國家好行舍，必舍我以救災，如此則是國家教民爲惡也。且天道福善禍淫，若以舍爲惡之人，而便變災爲福，則又是天助其惡民也。細而究之，必不然矣。儻或天降之災，蓋欲警戒人主，節嗜欲，務勤儉，恤鰥寡，正刑罰，不濫舍有罪，不僭殺無辜，使美化行於天下，聖德聞於上，則雖有水旱，亦不爲沴矣。豈以濫舍有罪，而反能救其災乎？彰其德乎？是知赦之不可行也。明哉！明哉！"帝覽而嘉之，降詔獎飾云："張允位居近侍，志奉遠圖。屬將來之助致小康，睹已往之頻行大赦。若惠奸稍甚，則蠹政亦多。推恩務洽於華夷，作解憤調於疏數。所貢論宜付史館。"

（宋）王欽若等編纂：《册府元龜》卷五二三《諫諍部》

晉董遇，高祖天福中爲三司副使，阿附人吏，滯於部斷。有王景遇者，累掌銅鹽雜務，善以賂事人，朝廷之間，多有受其媚。爲之左右者，因以貨數千萬賂遇，求爲解縣榷鹽使。數年敗負下獄，景遇蔓引數十人，而遇以受賂聞。

（宋）王欽若等編纂：《册府元龜》卷五一一《邦計部》

鄭受益，爲右諫議大夫。高祖天福中，涇州節度使張彥澤在涇州違法虐民，殺其掌書記張式、軍將楊洪朝，廷優容之。受益兩疏，論云請下有司，明申其罪。

（宋）王欽若等編纂：《册府元龜》卷四六〇《臺省部》

齊王即位，大赦。開運元年，大赦，改元。二年，大赦。四年，契丹主入汴，大赦。

（元）馬端臨：《文獻通考》卷一七三《刑考十二》

少帝開運二年正月，太常少卿陶穀奏："臣任監察御史日，留臺西京，竊見臺司詳斷者，至於夫婦之間小小爭訟，動引支證，淹滯積時。及坊市死亡喪葬，又須臺司判狀。奴婢病亡，又須檢驗。人吏貪狡，因此邀求，動經旬時，不遂埋瘞。是臣目擊，常嫉弊訛者。"敕旨："淹延刑獄，實啓幸門。稽滯瘞埋，尤傷和氣。追呼既廣，勞擾斯煩。檢驗取裁，停駐爲弊。宜令凡有禁係，不得分外追人；百姓死亡，亦仰及時葬送。既無重擾，式叶化風。仍付所司。"

（宋）王欽若等編纂：《册府元龜》卷六六《帝王部》

開運二年五月壬戌，殿中丞桑簡能上封事曰："伏以天地育萬物，廣博厚之恩；帝王牧黎元，行寬大之令。是知恤刑緩獄，乃爲政之先；布德行惠，實愛民之本。今盛夏之月，農事方殷，是雷風長養之時，乃動植蕃廡之際，宜順時令，以弘至仁。竊以諸道州府都郡縣應見禁罪人，或有久在圄圉，稍滯區分，胥吏舞文，枝蔓及衆；捶楚之下，或陷無辜；縲絏之中，莫能自理。苟一人拘繫，則數人營財；物用既殫，功業亦罷。若此之類，實繁有徒，切恐官吏因循，寖成斯弊。伏乞降詔旨，令所在刑獄委長吏親自録問，量罪疾速斷遣，務絶冤濫，勿得淹留；庶免虛禁平人，妨奪農力，冀召和氣，以慶明時。"敕曰："圄圉之中，縲絏之苦，奸吏苟窮於枝蔓，平人用費於貨財。由兹滯淹，兼致屈塞。桑簡能體兹軫憫，專有敷陳，請長吏躬親，免獄官抑逼，深爲允當，宜在頒行。"

（宋）王欽若等編纂：《册府元龜》卷一五一《帝王部》

（開運二年）十月甲子，秘書省著作郎邊玕上封事曰："臣聞從諫如流，人君之令範；極言無隱，臣子之常規。蓋欲表大國之任人，致萬邦之無事,前文備載,可舉而行。伏以皇帝陛下,德合上玄,運膺下武,旰食宵衣,而軫念好生惡殺以推仁,凡措典刑,固無冤枉。然以照臨之內,州郡尤多,若不再具舉明,伏恐漸成奸弊。臣竊見諸道刑獄,前朝曾降敕文,凡是禁繫罪人,五日一度錄問,但以年月稍遠,漸致因循。或長吏事煩,不及躬親點檢;或胥徒啓幸,妄要追領證明。慮有涉於淫刑,即恐傷於和氣。伏乞特降詔敕,自今後諸道並委長吏五日一度,當面同共錄問,所冀處法者無恨,銜冤者獲伸。俾令四海九州,咸歌聖德;五風十雨,永致昌期。"敕曰:"人之命無以復生,國之刑不可濫舉,雖一成之典,務在公平;而三覆其詞,所宜詳審。凡居法吏,合究獄情。邊玗近陛周行,俄陳讜議,更彰欽恤,宜允申明。"

(宋)王欽若等編纂:《册府元龜》卷一五一《帝王部》

趙遠,少帝時爲刑部侍郎。開運二年奏:"臣伏睹長興四年五月二十三日敕,州縣官在任,日有覆推刑獄公事,雪得冤獄,活人性命者,準長興元年二月二十一日南郊赦書節文,便許非時參選,特與超資注官,仍賜章服者,宜令諸道州府,凡有雪活冤獄,州縣官等依元敕點簡,給付公憑。本官自齎赴刑部投狀,委刑部據狀,追取本道雪活公案參驗,如事理合得元敕,便仰給付優牒。此蓋道弘激勸,務絕罔欺。在酬獎以甚優,期刑殺而無濫。臣詳元敕,只言州縣官員所許加恩,未該內外職掌。臣又詳前後請給優牒人等文案,若繫雪冤屈,本道尋合奏開例。過五年十月,本人方來論請,須却尋追文案,勞擾公方,於事難明,於理未當。伏惟皇帝陛下,體堯仁而御宇,敷舜德以臨民。大闡化條,克修刑政。旁詢闕典,用整弘綱。功必賞而罪必誅,善者進而能者勸。起今後但能雪活冤獄,不限在朝職司,亦乞量加旌賞。應關諸道州縣官員,雪活冤獄不虛,委逐處長吏抄略,詣實案節,先具奏聞。所付本人,憑由官滿到京,便於刑部投狀。不得隔越年歲,方可論訴功勞。庶內外以皆同,使期程而有守,廣亭毒好生之道,盡高低察獄之明者。"敕旨:"理冤申屈,勞績可加,內職外官,課最無異。苟能雪活,何吝甄酬?宜先錄公文,直具奏聞。或官滿到闕投狀。無到隔年,庶絶濫訛,用分真僞,宜依,仍付所司。”

(宋)王欽若等編纂:《册府元龜》卷四七六《臺省部》

晉李鍇,少帝時爲少府監。開運二年,坐冒請逃死人衣糧入己,貶坊州司户。

(宋)王欽若等編纂:《册府元龜》卷六二五《卿監部》

晉郭縮爲絳州翼城令,少帝開運二年,法寺奏:“縮乞門户人粟八百一十五碩五斗,計贓絹八十匹。准律徒四年,以官當,注毁四任告敕,流三千里。”從之。

(宋)王欽若等編纂:《册府元龜》卷七〇七《令長部》

(開運)三年十一月丁未,左拾遺竇儼上疏曰:“臣伏睹名律例疏云:‘死刑者,古先哲王則天垂象,本欲生之,義期止殺。絞斬之坐,皆刑之極也。’又準天成三年閏八月二十三日敕,行極法日,宜不舉樂、減常膳。又刑部式決重杖一頓處死,以代極法。斯皆仁君哀矜不舍之道也。竊以蚩尤爲五虐之科,尚行鞭撲;漢祖約三章之法,止有死刑。絞者箸骨相連,斬者頭項異處,大辟之目,不出兩端,淫刑所興,近聞數等,蓋緣外地不守通規,肆率情性。或以長釘貫簽人手足,或以短刀臠割人肌膚,乃至累朝半生半死,俾冤聲而上達。致和氣以有傷。將弘守位之仁,在峻惟刑之令。欲乞特下明敕,嚴加禁斷者。”敕曰:“文物方興,刑罰須當,有罪宜從於正法,去邪漸契於古風。竇儼所貢奏章,實裨理道。宜依所奏,准律令施行。”

(宋)王欽若等編纂:《册府元龜》卷一五一《帝王部》

楊延壽,少帝時爲太僕少卿,襲鄅國公。開運三年,奉命於磁州檢苗,受贓二百餘匹,準律當絞。有司以二王後入議,故貰其死,除名配威州,終身勿齒。

(宋)王欽若等編纂:《册府元龜》卷六二五《卿監部》

晉張仁願，開運初再爲大理卿。嘗以隰州刺史王澈犯贓，朝廷以澈功臣之子，欲宥之。仁願累執奏不移，竟遣伏法。議者賞之。

(宋)王欽若等編纂：《册府元龜》卷六一七《刑法部》

周李濤，初仕晉爲刑部郎中。少帝開運中，抗表請理涇帥張彥澤殺掌書記張式事，忤旨，左遷洛陽令。

(宋)王欽若等編纂：《册府元龜》卷六一七《刑法部》

李濤，爲刑部郎中。張彥澤殺張式、楊洪等，濤乃與員外郎張麟、麻麟、王禧等，同詣閣門進疏，論彥澤之罪，請下有司，詞甚切至。

(宋)王欽若等編纂：《册府元龜》卷四六〇《臺省部》

李濤，爲刑部郎中。張彥澤殺張式、楊洪等，濤乃與員外郎張麟、麻麟、王禧等，同詣閣門進疏，論彥澤之罪，請下有司，詞甚切至。

(宋)王欽若等編纂：《册府元龜》卷四六〇《臺省部》

晉韓顒，鄴人。少帝開運中，爲父報讎，殺經赦賊平興。刑部員外郎古昭裔斷曰："伏以韓顒稱爲父報讎，准律，謀殺人者死。情雖可矜，法且不容。請依大理寺斷遣。"從之。

(宋)王欽若等編纂：《册府元龜》卷八九六《總録部》

晉呂琦爲駕部員外郎，兼侍御史知雜事。會河陽牙吏竊財事發，詔軍巡院鞫之。時軍巡使尹訓怙勢納賂，枉直相反。俄有訴冤於闕下者，詔琦按之。既驗其奸，乃上言請送尹訓之臺。時權臣庇訓，阻而不行。琦連奏不已，訓知其不免，自殺於家，其獄遂明，蒙活者甚衆。自是，朝廷多琦之公直。

(宋)王欽若等編纂：《册府元龜》卷六一七《刑法部》

李象遷文昌外郎，詳刑定罪，每不畏豪强，人甚重之。

（宋）王欽若等編纂：《册府元龜》卷六一七《刑法部》

晉張希崇鎮邠州日，有民與郭氏爲義子。自孩提以至成人，因愎戾不受訓，遣之。郭氏夫婦相次俱死。郭氏有嫡子，已長，時郭氏諸親與義子相約，云親子，欲分其財，助而訟之。前後數政不能理，遂成疑獄。希崇覽其訴，斷云：“父在已離，母死不至。止稱假子，孤二十年撫養之恩；倘曰親兒，犯三千條悖逆之罪。頗爲傷害名教，復敢理認田園！其生涯並付血裔，所訟人與朋奸者，委法官以律定刑。”聞者服其明。

（宋）王欽若等編纂：《册府元龜》卷六九五《牧守部》

晉張從朏爲晉昌府節度行軍司馬，以僞蜀故變王滕李氏富於妝奩，從朏略娶爲妻，李氏訴之。天福七年四月，敕以曾該赦宥，止配靈武收管，永不任用。

（宋）王欽若等編纂：《册府元龜》卷七三〇《幕府部》

漢任廷浩初仕晉高祖鎮太原，廷浩多言外事，出入無間，高祖左右皆憚之。初爲太原掾，後改文水令。在文水聚斂貨財，民欲陳訴，廷浩知之。一日，先誣告縣吏結集百姓，欲劫縣庫。高祖怒，遣騎軍併擒縣民十數家，族誅之。冤枉之聲，聞於行路。

（宋）王欽若等編纂：《册府元龜》卷九三三《總録部》

楊仁澤，前爲鄜州三川縣主簿。仁澤在父憂制内求官，爲大理寺所奏。詳斷官，大理正韓保裔與詳覆官，刑部員外郎李知損斷曰：“伏以楊仁澤父喪未滿，釋服求官，人子何堪？違律如此，宜從追毀，以贖典刑。餘望依大理寺斷可之。”

（宋）王欽若等編纂：《册府元龜》卷九二三《總録部》

漢高祖即位，稱天福十二年八月敕，應天下凡關盜賊捕獲，不計贓物多少，按驗不虛，並宜處死。俾其重法，斯爲愛民。又，《五代史志》云：漢之濫刑也如是。

（宋）王欽若等編纂：《册府元龜》卷六一三《刑法部》

漢高祖即位，大赦。乾祐元年，大赦，改元。

隱帝即位，大赦。二年，大赦。

（元）馬端臨：《文獻通考》卷一七三《刑考十二》

漢隱帝乾祐二年正月，敕："政貴寬易，刑尚哀矜，慮滋蔓之生奸，實軫傷而是念。今屬三元，改候四序，履端將冀和平，無如獄訟。應三京、鄴都、諸道州府見係罪人，委逐處長吏躬親慮問。其於決斷，務在公平，但見其情，即爲具獄，勿令牽引，遂致淹滯。無縱舞文，有傷和氣。"

（宋）王欽若等編纂：《册府元龜》卷一五一《帝王部》

（乾祐二年）四月甲午，敕曰："月届正陽，候當小暑，乃挺重出輕之日，是恤刑議獄之辰。有罪者，速就勘窮；薄刑者，畫時疏決。用符時令，勿縱滯淹。三京、鄴都、諸道州府在獄見係罪人，宜令所司疾速斷遣，無致淹滯、枉濫。"

（宋）王欽若等編纂：《册府元龜》卷一五一《帝王部》

（乾祐二年）五月辛未，敕："王化所先，獄訟攸切，不唯枉撓，兼慮滯淹。適當長養之時，正屬燠蒸之候，累行條貫，俾速施行，靡不丁寧，未曾奏報，再頒告諭，無或因循。應三京、鄴都、諸道州府，詔至宜具疏放，已行未行申奏，無致逗留。"

（宋）王欽若等編纂：《册府元龜》卷一五一《帝王部》

漢張仁琢爲左庶子，乾祐二年十二月，鄧州節度判官史在德弃市。以其誤斷民崔彥等八人犯牛皮禁罪，皆至死刑故也。時朝廷方務積甲，故牛革之禁甚峻。先是，潞州長子縣民犯鞋底二，殺數人，在德援例以斷之。節度使劉重進以崔彥將牛皮於漢高廟冒鼓，曾於本鎮申明，其與故犯不同，改杖放之。在德固爭，因而上言。朝廷命使案覆，在德以失入伏辜。時樞密使楊邠以法寺覺縱，乃召仁琭讞之。仁琭讞：“上以大理寺所斷，即依律文。凡斷罪，合取最後敕爲定。詳編敕云：‘官典鞫獄枉濫，或經臺投軌，勘問不虛，元推官典，併當誅罰。’又嘗有忻州法掾郭業，故入張仁安一人死，罪合當誅罰處分。今在德故入八人罪，法寺不援後敕，準據律文。今以郭業比附在德，合處極典。”大理聞是讞，又引晉朝後敕云：“今後不得以斷郭業敕内誅罰二字爲用，並須依格律斷獄。”時宰臣蘇逢吉見之，言於楊邠，不能正，竟決杖死之。

（宋）王欽若等編纂：《册府元龜》卷六一六《刑法部》

漢法既嚴，而侍衛都指揮使史弘肇尤殘忍，寵任孔目官解暉，凡入軍獄者，使之隨意鍛鍊，無不自誣。及三叛連兵，民間震動驚訛，弘肇掌部禁兵，巡邏京城，得罪人，不問情輕重，於法如何，皆專殺不請，或決口、斷舌、斮箸、折脛，無虛日，雖奸盜屏息，而冤死者甚衆。

（元）馬端臨：《文獻通考》卷一六六《刑考五》

漢唐景思，乾祐中爲沿淮巡檢指揮使，屢挫淮賊。而性忠恕，所至能撫養民心。歸之時，史弘肇黷貨，多羅織南北富商殺之，以取其財，大開告密之門。景思部下有僕夫承京都薦托，恃其有主，希求無厭，委曲待之，不滿其心，一日拂衣而去。見弘肇言，景思受淮南厚賂，私貯器械，欲爲内應。弘肇即令親吏殿三百騎往收之。告者謂收吏曰：“景思多力，十夫之敵，見便殺之，不然則無及矣。”收騎至，景思迎接，騎皆下馬。有欲擒之者，景思以兩手抱之，大呼曰：“冤哉，景思何罪？設若有罪，死亦非晚，何不容披雪？公等皆丈夫，安忍如此？”都將命釋之，引告者面證景思，言受淮南賂。景思曰：“我從人家人並

在,若有十緡貯積,亦是受賂。言我貯甲仗,除官賜外,有一事亦是私
貯。"使者搜索箱笥,索然,惟衣一笥、軍籍、糧簿而已,乃寬之。景思
曰:"使者但械繫送我入京。"先時,景思別有從者在京,聞景思被
誣,乃見弘肇曰:"唐景思赤心爲國,其服事三十年,孝於父母,義於
朋友。被此誣罔,何以伸陳?某請先下獄,願公追劾景思,免至冤
橫。"弘肇愍之,令在獄,日與酒食。景思既桎梏就路,潁、亳之人隨
至京師,衆保證之。弘肇乃令鞫告事者,具伏誣陷,即斬之,乃奏釋
景思。

(宋)王欽若等編纂:《册府元龜》卷八七五《總録部》

李全暉,乾祐中爲禮賓使,與副使高行進減刻蕃部買馬錢。下開
封府勘問,皆伏罪,並決杖,流房州。

(宋)王欽若等編纂:《册府元龜》卷九四二《總録部》

李希用爲平山縣令,罷官,表訴。從人諸葛知遇、李澄,乾祐中,
誣告殺弟太子太傅崧一家,其二人見存,乞推劾冤。敕付府司勘鞫,
諸葛知遇、李澄尋斃死。

(宋)王欽若等編纂:《册府元龜》卷八七五《總録部》

漢聶文進爲樞密院承旨、右領軍大將軍,遇周太祖出征,稍至驕
橫,久未遷改,深所怨望,與李業輩構成變亂。史弘肇等遇害之前夕,
文進與同黨預作宣詔,制置朝廷之事,凡關文字,並出文進之手。明
日難作,文進點閱兵籍,徵發軍衆,指揮取舍,以爲己任,内外咨稟,前
後填咽。太祖在鄴被構,初謂文進不預其事,驗其事迹,方知文進亂
階之首也,大詬詈之。太祖過封丘,帝次於北郊,文進告太后曰:"臣
在此,請宫中勿憂。"兵散之後,文進召同黨痛飲,歌笑自若。遲明,帝
遇禍,文進奔竄,爲軍士所追,梟其首。

(宋)王欽若等編纂:《册府元龜》卷九三五《總録部》

漢初,犯私麴者並弃市,周祖始令至五斤死。

(元)馬端臨:《文獻通考》卷一七《征榷考四》

漢史德珫,侍衛親軍、馬步軍都指揮使弘肇之子也。粗讀書,親儒者,常不悦父之所爲貢院,常録一學科於省門叫噪,蘇逢吉令送侍衛司,請痛笞刺面。德珫聞之,白父曰:"書生無禮,有府縣御史臺,非軍務治也。公卿如此,蓋欲彰大人之過也。"弘肇大然之,破械放之。德珫爲忠州刺史。

(宋)王欽若等編纂:《册府元龜》卷八四九《總録部》

周太祖廣順元年正月即位,制曰:"古者用刑,本期止辟,今兹作法,義切禁非。蓋承弊之時,非猛則奸凶難制,及知勸之後或寬,則典憲得宜,相時而行,庶臻中道。今後應犯竊盜贓及和奸者,並依晉天福元年已前條制施行。應諸處犯罪人等,除反逆罪外,其餘罪並不得籍没家産,誅及骨肉,一依格令處分。"

(宋)王欽若等編纂:《册府元龜》卷六一三《刑法部》

周太祖廣順元年五月壬戌朔,敕:"朕肇啓丕基,躬臨庶政,深慕泣辜之道,以弘恕物之心。今則方屬炎蒸,正當長養,黄沙係縶,宜矜非罪之人;丹筆重輕,切戒舞文之吏。凡有獄訟,不得淹延,務令囚絶拘留,刑無枉濫。冀叶雍熙之化,用符欽恤之情。應京都、諸道州府見禁人等,宜令逐處長吏限敕到應有獄囚當面録問,事小者,便須遣決;案未成者,即嚴切指揮,疾速勘決,據罪詳斷疏放,勿令停滯及致冤抑。庶召和氣,俾悦群心。"

(宋)王欽若等編纂:《册府元龜》卷一五一《帝王部》

周太祖廣順元年五月甲申,敕考城縣巡檢供奉官馬彦勛處死,以在巡檢所停匿赦書、殺獄囚故也。

(宋)王欽若等編纂:《册府元龜》卷一五四《帝王部》

（廣順元年）六月，敕侍御史盧億、刑部員外郎曹匪躬、大理正段濤同議定，重寫法書一百四十八卷。先是，漢隱帝末，因兵亂法書亡失。至是，大理奏重寫律令格式統類編敕。凡改點畫及義理之誤字，凡二百一十四。以晉、漢及國初事關刑法敕條，凡二十六件，分爲二卷，附於編敕，目爲《大周續編敕》，命省、寺行用焉。

  （宋）王欽若等編纂：《冊府元龜》卷六一三《刑法部》

  周陸憲爲曹州冤句令，太祖廣順元年十月，坐贓絲五萬兩。先是，本部民楊文投匭論憲，下開封府推鞫。憲以本部內放絲，伏罪。獄成，追毀入任官牒。

  （宋）王欽若等編纂：《冊府元龜》卷七〇七《令長部》

  （廣順）二年二月，中書門下奏："準元年正月五日赦書節文，今後應犯竊盜贓及和奸者，並依晉天福元年已前條制施行。諸處犯罪人等，除反逆罪外，其餘罪並不得籍沒家產，誅及骨肉。一依格令處分者，請再下明敕頒示天下。"乃下詔曰："赦書節文，明有釐革，切慮邊城遠郡，未得審詳，宜更申明，免至差誤。其盜賊若是強盜，並準自來格條斷遣。其犯竊盜者，計贓滿絹三匹已上者，並集衆決殺，其絹以本處上估價爲定。不滿三匹者，等第決斷。應有夫婦人被強奸者，男子決殺，婦人不坐。其犯和奸者，並准律科斷，罪不至死。其餘奸私罪犯，準格律處分。應諸色罪人，除謀反大逆外，其餘並不得誅殺骨肉，籍沒家產。"先是晉天福中敕，凡和奸者，男子、婦人並極法。至是，始改從律文焉。

  （宋）王欽若等編纂：《冊府元龜》卷六一三《刑法部》

  （廣順）二年四月壬辰，敕："朕以寡昧，獲主黎元，將以召天地之和，每思去刑政之弊。寅恭於此，宵旰爲勞。今以節及長贏，時臨暑熱，耕農之戶，蠶麥將忙，宜於獄訟之間特示憂勤之旨。應有刑獄，切慮淹滯，詔至所有重輕繫囚，疾速勘鞫斷遣，無令冤抑。慮有淹延，若輕罪畫時決遣,其婚田争訟,務内勿治。若事要定奪,即須疾速區分;若斷遣不平,許人糾告,官典必議徵斷。"

（宋）王欽若等編纂:《册府元龜》卷一五一《帝王部》

（廣順二年）八月,敕:"承前所立鹽麴條法,每犯至少盡處極刑。近年以來,抵罪甚重,兼以邑居人户,隨税請鹽,既不許將入城隍,又不容向外販賣。立法之弊,一至於斯。爰自新朝,尚沿舊制。昨因鄭州按獄,備見百姓銜冤。既詳斷之逾違,亦條令之疑誤。睹兹深刻,須議改更。庶令輕重得中,兼復上下知禁。國計之重,立法爲先。貴在必行,何須過當。凡鹽麴犯,一斤以下至一兩,杖臀十七,配役一年。五斤以下一斤已上,杖脊二十,役三年。五斤以上,杖死之。煎鹻鹽犯,一斤已下,杖脊二十,役三年。一斤已上,杖死之。若捉獲鹻土及水煎成鹽了,秤之定罪。顆鹽末鹽,各有界分,如界分相侵,同犯鹽罪論。鄉村所請蠶鹽,只自充用,不得將入城邑。村坊郭博易貨賣如違,同犯鹽論。所請蠶鹽處,道路津鎮,須驗公憑。凡賣鹽麴,並須官場官務,若衷私興販,同犯鹽麴例論。官場官務有羨餘鹽麴,並盡底納官。如輒將貨賣,同犯鹽麴論。凡鹽户酒户衷私,與場官院官買賣,同犯例論。凡鹽麴同情共犯,若是卑幼骨肉奴婢同犯,只罪家長。主者不知情,只罪造意者,其餘減等。凡城郭人户係屋税鹽,並於城内請給。若外縣鎮郭下人户,亦許將所請鹽歸家供食。即本部官據人户合請數,都計於俵場請數點檢入城,不得因便帶入。其郭下户或城外有莊田合並户税者,亦本處官預前分説,勿令逐處都請。凡鹽麴鹽鹻,隨處地分節級,專切捉搦,如透漏,必重科斷。其告犯鹽麴人死罪者,賞錢五十千文;不死罪,賞三十千文,以本處係省錢充。故斟酌輕重,立此科條,宜令三司施行。其中有合指揮件目,隨事處分以聞。"

（宋）王欽若等編纂:《册府元龜》卷六一三《刑法部》

（廣順）二年八月,敕前明經劉繼倫決,杖仍追奪出身文書。先是，繼倫醉酒於臨街民家，踞床而坐，權知開封府袁義前驅驟道，叱之不起，又加慢罵所司，詰之以聞，遂有是責。

（宋）王欽若等編纂：《册府元龜》卷一五四《帝王部》

周太祖廣順二年九月，同州節度使薛懷讓并了有光受夏陽縣民張延徽獻送，迫促判官劉震斷殺里人康重等。其親屬訴冤。臺司奏："薛懷讓并子有光及隨幕判官軍將等，並令追攝勘問。"帝以懷讓武臣，位兼使相，不欲責辱，只令臺司據見勘到款占結案，獄成上付大理寺詳斷。劉震、王延誨並處死刑，部郎中劉延詳覆稱。

（宋）王欽若等編纂：《册府元龜》卷一五〇《帝王部》

（廣順二年十月）辛亥，敕："致理安邦，必先刑政；分争辨訟，各有職司。内則臺省官僚，外則州縣曹局，共承寄任，同體憂勤，苟衆務之有條，則蒸民之無怨。比來百姓訴訟，不得越次訴論，近日繼有便詣朝廷，不經州縣，宜再止絶，免致逾違。今後百姓凡有訴論及言灾彌，先訴於縣；縣如不治，即訴於州；州治不平，訴於觀察使；或斷遣不當，即可詣臺省。如或越次訴論，所司不得承接。如有抵犯，准律科懲。其訴事文狀，或自手寫，或是倩人並於狀後書其名姓並住止處所；如無人寫狀，許過白紙事條並須爲己。如或容訴，是挾阿私，鞫得其情，必議嚴斷。若所經處所，斷遣不平，致詣朝廷，長史推司，當行謫罰。"

（宋）王欽若等編纂：《册府元龜》卷六六《帝王部》

（廣順二年）十二月，開封府言："商賈及諸色人等訴稱，被牙人店主人引領百姓賒買財貨，違限不還其價，亦有將物去，便與牙人設計，公然隱没。又莊宅牙人，亦多與有物業人通情重叠，將店宅立契典當；或虛指别人產業；或浮造屋舍，僞稱祖父所置；更有卑幼骨肉，不問家長衷私，典賣及將，倚當取債；或是骨肉物業，自己不合有分，倚强凌弱，公行典賣。牙人錢主，通同蒙昧，致有争訟。起今後，欲乞明降指揮，應有諸色牙人、店主引致買賣，並須錢物交相分付。或還錢未足，仰牙人店主明立期限，勒定文字，遞相委保。如數內有人前却及違限，別無抵當，便仰連署契人同力填還。如諸色牙行人內有貧窮無信行者，恐已後誤索，即許衆狀集出。如是客旅自與人商量交易，其店主牙行人並不得邀難遮占，稱須依行店事例引致，如有此色人，亦加深罪。其有典質倚當物業，仰官牙人、業主及四鄰人同署文契，委不是曾將物業已經別處重疊倚當，及虛指他人物業，印稅之時，於稅務內納契日，一本務司點檢，須有官牙人、鄰人押署處，及委不是重疊倚當錢物，方得與印。如違犯，應關連人並行科斷，仍徵還錢物。如業主別無抵當，只仰同署契，牙保、鄰人均分代納。如是卑幼，不問家長，便將物業典賣倚當，或雖是骨肉物業，自己不合有，輒敢典賣倚當者，所犯人重行科斷。其牙人、錢主，並當深罪，所有物業，請準格律指揮。如有典賣莊宅，準例房親鄰人合得承當，若是親鄰不要及著價不及，方得別處商量和合交易，只不得虛抬價例，蒙昧公私。如有發覺，一任親鄰論理，勘責不虛，業主、牙保人並當科斷，仍改正物業。或親戚實自不便承買，妄有遮吝阻滯交易者，亦當深罪。"從之。

（宋）王欽若等編纂：《冊府元龜》卷六一三《刑法部》

丘珣，稱前邢州觀察推官。廣順二年，珣經中書，乞官宰臣，以此來除，任邢州職事。無此姓名，面訊之，占對失次，送開封府鞫問，所稱職名及緋魚，並虛謬。敕杖脊二十，長流沙門島，歷任官牒，並毀之。

（宋）王欽若等編纂：《冊府元龜》卷九二四《總録部》

陳權，前為泰州清水縣令。廣順二年，追奪官牒，仍長流房州。以權居許州舞陽縣，與鄰里署爭地，詐埋石為記。及揩改契內文字，既伏其罪，故有是責。

（宋）王欽若等編纂：《冊府元龜》卷九二四《總録部》

（廣順）三年正月庚午，萊州刺史葉仁魯犯贓法等斷處死，賜自盡。將死，太祖遣中使賜酒食，宣曰："汝自抵刑憲，國法如此。爾有老母，當遣存恤耳。"仁魯感恩泣下，尋死之。

（宋）王欽若等編纂：《册府元龜》卷一四七《帝王部》

（廣順）三年正月，責教坊樂人張錦綉等四人各杖脊十七，除籍。控鶴官將虞候賈超等二人，各決杖二十，配流商州坑冶務收管。時安州節度使王令温受代入朝，樂人與控鶴官詣令温求丐，太祖知之，故有是責。

（宋）王欽若等編纂：《册府元龜》卷一五四《帝王部》

周陳正者，潁州鄉兵也。廣順三年正月，正告指揮使王懷殷謀逆。鞫之，誣告，詔本州決杖。

（宋）王欽若等編纂：《册府元龜》卷九三四《總録部》

陳守愚爲唐州方城令，廣順二年二月，在任克留人户鹽一千五百斤貨之，兼丐率資金，爲民所訟。守愚携牌印自訴於闕下，御史臺推劾，伏罪杖死之。

（宋）王欽若等編纂：《册府元龜》卷七〇七《令長部》

（廣順）三年四月乙亥，敕："朕以時當化育，氣屬炎蒸，乃思縲絏之人，是軫哀矜之念。慮其非所，案鞫淹延，或枉濫窮屈，而未得伸宣；或飢渴疾病，而無所控告。以罪當刑者，唯彼自召，法不可移；非理受苦者，爲上不明，安得無慮欽恤之道！夙宵靡寧，應諸道州府見係罪人，宜令官吏疾速推鞫，據經遣斷，不得淹滯。仍令獄吏灑掃牢獄，常令虚歇；滌洗枷械，無令蚤虱；供給水漿，無令飢渴。如有疾患，令其家人看承；囚人無主，官差醫工診候，勿致病亡。循典法之成規，順長羸之時令，俾無滯淹，以致和平。"又賜諸州詔曰："朕以敷政之勤，惟刑是重。既未能化人於無罪，則不可爲上而失刑。况時當長羸,事貴清適,念圄圄之閉固,復桎梏之拘縻,處於炎蒸,何異焚灼。在州及所屬刑獄見繫罪人,卿可躬親録問,省略區分。於入務不行者,令俟開係;有理須伸者,速期疏決。俾皆平允,無至滯淹。又以獄吏逞任情之奸,因人被非法之苦,宜令加檢察,勿縱侵欺。常令靜掃獄房,洗刷枷匣,知其飢渴,供與水漿,有病者,聽其骨肉看承;無主者,遣醫工救療,勿令非理致斃,以至和氣有傷。卿忠干分憂,仁明莅事,必能奉詔,體我用心,睠委於兹,興寐無已。餘從敕命處分。"

(宋)王欽若等編纂:《册府元龜》卷一五一《帝王部》

(廣順)三年九月,敕:"辰象玄遠,罕克精研;術數幽深,驟難窮究。則有閭閻之內,卜祝之流,粗學陰陽,務求衣食,妄談休咎,以誑民氓。比設律條,止兹誕妄,久疏法網,是啓妖訛。自今後玄象品物,天文圖書,讖記、七曜曆、太一、雷公、式法等,私家不合有及衰私傳習,見有者,並須焚毀。司天臺、翰林院本司職員,不得以前件所禁文書出外借人傳寫。其諸時日五行占筮之書,不得禁限。其年曆日,須候本司算造奏定,方得雕印,所司不得衰私示外,如違,准律科斷。遍下諸道州府,各令告示。"先是,本司術數人以其術私教廛里富民好事者,而市兒有解算七曜曆經者,每年算造供御,及賜藩鎮曆日,而富民之室皆有之。今歲水,而星文差度,街市大扇妖言,故有是命。

(宋)王欽若等編纂:《册府元龜》卷六一三《刑法部》

劉延爲刑部郎中,廣順三年九月,同州節度使薛懷讓并子有光,受夏陽縣民張廷徽獻送,迫促判官劉震斷殺里人康重等,其親屬訴冤,臺司奏薛懷讓并子有光及隨幕判官軍將等,并合追攝勘問。太祖以懷讓武臣,位兼使相,不欲責辱,只令臺司據見勘到款占結案。獄成,上付大理寺詳斷,劉震、王廷誨並處死。延詳覆稱:"節度使薛懷讓已下,未曾勘對,劉震等各是偏詞,伏候敕裁。"太祖覽之,謂侍臣曰:"劉延所奏,甚是公正。懷讓既然不問,劉震等宜與減等。"故劉震、王廷誨得以不死，但決配焉。

（宋）王欽若等編纂：《冊府元龜》卷六一七《刑法部》

李圖，廣順三年僞稱萊州別駕，配北海縣重役。

（宋）王欽若等編纂：《冊府元龜》卷九二四《總錄部》

周楊瑛，廣順中爲鄭州防禦判官。瑛斷犯鹽人李思美處死，思美妻王氏詣御史臺訴冤。臺司追瑛鞫訊，伏失人之罪。省寺詳斷，追奪見任官牒，官當不盡餘，徵銅。初，李思美請屋稅鹽，於本州關城內經過，爲官所擒，詰之，伏罪。獄成，瑛斷之弃市。王氏以夫所請官鹽，不入州郭門，與私鹽所犯有異，訴夫之冤死。瑛既伏罪，法寺據律以減等，論合徒二年半，以官當贖。

（宋）王欽若等編纂：《冊府元龜》卷八七五《總錄部》

世宗顯德元年九月辛丑，斬供奉官副都知竹春璘於寧陵縣，以其先奉命在彼巡檢，有群盜掠其客船，而不能登時擒殺故也。十月，杖死供奉官郝光庭於府門，以其在葉縣巡檢日，挾私斷殺平人故也。

（宋）王欽若等編纂：《冊府元龜》卷一五四《帝王部》

趙礪，顯德元年十月爲侍御史，知雜事。上言曰：“竊見潁州爲天清節放見禁罪人，伏以祝萬壽之延洪，但要齋心潔懇，臨一州之生聚，當思共理分憂。且見禁罪人，或干格法，或因劫盜，或是争論，各有科條，須分曲直。若負罪者獲免，即銜冤者莫伸。此時不有發明，諸處便成流例，直恐每逢慶節，擅放縲徒。豈止惠奸，深爲長惡。望行止絕，免紊章程。”從之。

（宋）王欽若等編纂：《冊府元龜》卷五四七《諫諍部》

世宗顯德元年十一月，帝謂侍臣曰：“天下所奏獄訟多追引文證，甚致淹延，有及百餘日而未決者。其中有徒黨反告者、却主陳訴者及妄遭牽引者,慮獄吏作幸遲留,致生人休廢活業。朕每念此,彌切疚懷。此後宜條貫所在藩,郡令選明干僚吏掌其訴訟。如有獄不滯留,人無枉撓,明具聞奏,量與甄獎。"

（宋）王欽若等編纂:《冊府元龜》卷一五一《帝王部》

（顯德二年）六月,親録囚於内苑。先是,汝州潁橋鎮百姓馬遇詣闕上訴,以其父温與其弟福超具爲本鎮鎮將史彦鐸所誣,冤死於獄中。及令所司按鞫,終不能辨之。帝遂召入内園,親自録問,果得其事實,以馬氏無辜冤死,賜其家粟麥各五十石、絹三十匹。議者咸以爲神,是時,諸侯聞者無不躬親於獄訟焉。

（宋）王欽若等編纂:《冊府元龜》卷五七《帝王部》

（顯德）四年二月癸亥,禁内外職官薦游客於縣鎮干求財帛者。

（宋）王欽若等編纂:《冊府元龜》卷六六《帝王部》

（顯德）四年三月,追奪前許州行軍司馬韓倫在身官爵,仍配沙門島,縱逢恩赦,不在放還之限。倫,侍衛馬軍都指揮使令坤之父也。令坤兼鎮陳州,倫罷職於許而居於陳,軍州政事多所干預。及自於衙署開壚以鬻酒,掊斂之暴,公私患之,爲項城民武鬱等所訟。帝命殿中侍御史率汀按之,倫詐報汀云:準詔赴闕。汀即奏之,帝愈怒,遽令追劾,盡得事實。令坤數於帝前泣請父命,故罪止於追削、配流而已。

（宋）王欽若等編纂:《冊府元龜》卷一五四《帝王部》

世宗顯德四年五月,中書門下奏:"準宣法書,行用多時。文意古質,條目繁細。使人難會,兼前後敕格互換重疊,亦難詳定。宜令中書門下並重删定,務從節要,所貴天下易爲詳究者。伏以刑法者,御人之御勒,救弊之斧斤,故鞭撲不可一日弛之於家,刑法不可一日廢之於國。雖堯舜淳古之代,亦不能舍此而致理矣。今奉制旨删定律令,有以見聖君欽恤明罰救法之意也。竊以律令之書,政理之本,經聖賢之損益，爲古今之章程，歷代以來，謂之彝典。今朝廷之所行用者律一十二卷，律疏三十卷，式二十卷，令三十卷，《開成格》一十卷，《大中統類》一十二卷，後唐以來至漢末編敕三十二卷，及皇朝制敕等，折獄定刑，無出於此。律令則文辭古質，看覽者難以詳明；格敕則條目繁多，檢閱者或有疑誤。加以邊遠之地，貪猾之徒，緣此爲奸，寖以成弊。方屬盛明之運，宜伸畫一之規。所冀民不陷刑，吏知所守。臣等商量，望準聖旨施行。仍差侍御史知雜事張湜、太子右庶子劇可久、殿中侍御史率汀、職方郎中鄧守中、倉部郎中王瑩、司封員外郎賈玭、太常博士趙礪、國子博士李光贊、大理正蘇曉、太子中允王伸等一十人，編集新格，勒成部帙。律令之有難解者，就文訓釋；格敕之有繁雜者，隨事刪除。止要詣理省文，兼且直書易會。其中有輕重未當，便於古而不便於今，矛盾相違；可於此而不可於彼，盡宜改正，無或率拘。候編集畢日，委御史臺、尚書省四品以上及兩省五品以上官參詳可否，送中書門下議定，奏取進止。"詔從之。自是，湜等於都省集議刪定，仍令大官供膳。

（宋）王欽若等編纂：《册府元龜》卷六一三《刑法部》

世宗顯德四年七月甲辰，詔曰："準令，諸田宅婚姻，起十一月一日至三月三十日。州縣爭論，舊有釐革，每至農月，貴塞訟端。近聞官吏因循，由此成弊，凡有訴競，故作逗留，至時而不與盡詞，入務而即便停罷，強猾者因此得志，孤弱者無以自伸。起今後，應有人論訴物業婚姻，取十一月一日後許陳詞狀，至二月三十日權停，自三月三十日已前如已有陳詞，至權停日公事未了絕者，仰本處州縣，亦與盡理勘逐，須見定奪了絕。其本處官吏如敢違慢，併當重責。其三月一日後至十月三十日前，如有婚田詞訟者，州縣不得與理。若是交相侵奪、情理妨害、不可停滯者，不拘此限。"

（宋）王欽若等編纂：《册府元龜》卷六一《帝王部》

（顯德四年）七月，詔曰："準令，諸田宅婚姻，起十一月一日，至三月三十日。州縣爭論，舊有釐革，每至農月，貴塞訟端。近聞官吏因循，由此成弊。凡有訴競，故作逗遛，至時而不與盡辭入務，而即便停罷，强猾者因兹得地，孤弱者無以自伸。起今後應有人論訴物業婚姻，取十一月一日後許陳詞狀，至二月三十日權停。如有未了絶者，仰本處州縣亦與盡理勘逐，須見定奪了絶。其本處官吏如輒違慢，並當重責。其三月一日後，至十月三十日前，如有婚田辭訟者，州縣不得與理。若交相侵奪，情理妨害，不可停滯者，不拘此限。"

（宋）王欽若等編纂：《册府元龜》卷六一三《刑法部》

周寶儀爲端明殿學士。顯德五年四月，世宗征淮南至泗州，奉命決留獄於宿州。凡生磔正賊一人，妻孥及連坐者二十有三人，內有孩提輩，皆斬之。先是，翰林醫官馬道玄詣行闕上訴云："年前十二月中，於壽州界內被賊殺却男繼嵩及款人李延進等，今捉獲賊，在宿州禁繫，本州不爲勘斷。"帝覽之發怒，謂宿州知事趙礪不能斷獄，遂命儀乘驛就案之。奉辭之日，帝旨甚峻，故儀之用刑，傷於深克。論者冤之。

（宋）王欽若等編纂：《册府元龜》卷六一九《刑法部》

（顯德）五年七月，中書門下奏："侍御史知雜事張湜等九人奉詔編集刑書，悉有條貫，兵部尚書張昭遠等一十人參詳旨要，更加損益，臣質、臣溥據文評議，備見精審。其所編集者，用律爲主；辭旨之有難解者，釋以疏意；義理之有易了者，略其疏文；式令之有附近者，次之；格敕之有廢置者，又次之；事有不便於今，該説未盡者，別立新條於本條之下；其有文理深古，慮人疑惑者，別以朱字訓釋；至於朝廷之禁令，州縣之常科，各以類分，悉令編附。所冀發函展卷綱目無遺；究本討源，刑政咸在。其所編集，勒成一部，別有目録，凡二十一卷，刑名之要，盡統於兹，目之爲《大周刑統》，伏請頒行天下，與律疏令式通行。其《刑法統類》《開成格》《編敕》等，采掇既盡，不在法司行使之限。自來有宣命指揮公事及三司臨時條法,州縣見今施行,不在編集之數。應該京百司公事,逐司各有見行條件,望令本司刪集送中書門下詳議聞奏。"敕宜依,仍頒行天下。乃賜侍御史知雜事張湜等九人各銀器二十兩,雜彩三十匹,賞刪定《刑統》之勞也。

(宋)王欽若等編纂:《册府元龜》卷六一三《刑法部》

(顯德)五年十二月,楚州兵馬都監武懷恩弃市,以其擅殺降卒廖約等四人故也。

(宋)王欽若等編纂:《册府元龜》卷一五四《帝王部》

張順為楚州刺史,顯德五年十二月己丑,賜死於都城外。順發身戎伍,累遷虎捷厢主,歷登、汝、楚三州防禦使。在楚州日,嘗隱落下榷稅錢五十餘萬,官庫絲綿二千餘兩,及縱其部下侵民,民甚苦之。為轉運判官馮瓚所奏,下御史府。訊之得實,故寘於法焉。

(宋)王欽若等編纂:《册府元龜》卷七〇〇《牧守部》

(顯德)六年二月,杖落第舉人趙贊、朱夢葉、竇浚等於省門外,仍配邊郡。先是,禮部貢院上言贊等酗酒,屬聲訴其考試官,下御史府訊之,伏罪,故杖之。

(宋)王欽若等編纂:《册府元龜》卷一五四《帝王部》

周馬從斌,世宗顯德中為殿中監。初,從斌有女適故晉國公霍彥成之子承諲,後數歲俱亡,有息女一人,年五六歲,從斌收而養之,霍氏資業並為從斌所據。既而從斌令其女弟尼德堅私度霍氏為尼,未幾而卒,乃盡收其邸第。復貿其資產,干没其直。至是為霍氏近親所訟,下御史府,按之得實,免官。

(宋)王欽若等編纂:《册府元龜》卷九四二《總錄部》

周太祖廣順二年,敕:"民有訴訟,必先歷縣州及觀察使處決,不直，乃聽詣臺省。或自不能書牒，倩人書者，必書所倩姓名、居處；若無可倩，聽執素紙。所訴必須己事，無得挾私妄訴。"

世宗顯德四年，中書門下奏："准宣，法書行用多時，文意古質，條目繁細，使人難會，兼前後敕格，差繆重叠，亦難詳究。宜令中書門下並行刪定，務從簡要，所貴天下易爲頒行者。伏以今奉制旨，删律令之書，求政理之本，經聖賢之損益，爲今古之章程，歷代以來謂之彝典。朝廷之所行用者，《律》一十二卷、《律疏》三十卷、《式》二十卷、《令》三十卷、《開成格》一十卷、《大中統類》一十二卷，及皇朝制敕等。折獄定刑，無出於此。律令則文辭古質，看覽者難以詳明；格敕則條目繁多，檢閲者或有疑誤。加以邊遠之地，貪猾之徒，緣此爲奸，寖以成弊。方屬盛明之運，宜伸畫一之規，所冀民不陷刑，吏知所守。臣等商量，望準聖旨施行，仍差侍御史知雜事張湜等十人編集新格，勒成部帙。律令之有難解者，就文訓釋；格敕之有繁雜者，隨事删除。止要諧理省文，兼且直書易會。其中有重輕未當，便於古而不便於今，矛楯相攻，可於此而不可於彼，盡宜改正，無或牽拘。候編集畢日，委御史臺、尚書省四品以上官及兩省五品以上官參詳可否，送中書門下議定，奏取進止。"從之。至五年七月七日，中書門下及兵部尚書張昭遠等奏："其所編集，勒成一部，別有目録，凡二十一卷，目之爲《大周刑統》，伏請頒行天下，與律疏令式通行。其《刑法統類》《開成格》編敕等，采掇既盡，不在法司行使之限，自來有宣命指揮公事及三司臨時條法，州縣見今施行，不在編集之數。應該京百司公事，逐司各有見行條件，望令本司删集，送中書門下詳議聞奏者。"奉敕宜依。

（元）馬端臨：《文獻通考》卷一六六《刑考五》

五年（顯德五年），敕："州縣自長官以下，因公事行責情杖，量情狀輕重，用不得過臀杖十五；因責情杖致死者，具事由聞奏。"又敕："諸盜經斷後仍更行盜，前後三犯，並曾經官司推問伏罪者，不問赦前後、贓少多，並決殺。"

容齋洪氏《隨筆》曰："周世宗英毅雄傑，以衰亂之世，區區五六年間，威武之聲，震懾夷夏，可謂一時賢主，而享年不及四十，身没半歲，國隨以亡。固天方授宋，使之驅除。然考其行事，失於好殺，用法太嚴，群臣職事，小有不舉，往往置之極刑，雖素有才幹聲名，無所開宥，此其所短也。薛居正《舊史》紀載翰林醫官馬道元進狀，訴壽州界被賊殺其子，獲正賊見在宿州，本州不爲勘斷。帝大怒，遣竇儀乘驛往按之。及獄成，坐族死者二十四人。竇儀奉辭之日，帝旨甚峻，故儀之用刑，傷於深刻，知州趙礪坐除名。此事本只馬氏子一人遭殺，何至於族誅二十四家，其他可以類推矣。見《竇儀傳》。

又曰：“周世宗用法太嚴，予既書於《續筆》矣。薛居正《舊史》記載其事甚備，而歐陽公多芟去。今略記於此。樊愛能、何徽以用兵先潰，軍法當誅，無可言者。其他如宋州巡檢供奉官竹奉璘以捕盜不獲，左羽林大將軍孟漢卿以監納取耗，刑部員外郎陳渥以檢田失實，濟州馬軍都指揮使康儼以橋道不謹，內供奉官孫延希以督修永福殿而役夫有就瓦中啖飯者，密州防禦副使侯希進以不奉使者命檢視夏苗，左藏庫使符令光以造軍士袍襦不辦，楚州防禦使張順以隱落稅錢，皆抵極刑，而其罪有不至死者。”

（元）馬端臨：《文獻通考》卷一六六《刑考五》

周太祖廣順元年即位，大赦。顯德元年，祀圜丘，大赦。

世宗即位，大赦。二年克鳳州，曲赦秦、鳳、階、成境內。三年，赦淮南諸州繫囚。

恭帝即位，大赦。

（元）馬端臨：《文獻通考》卷一七三《刑考十二》

周顯德四年敕：“停罷先置賣麴都務。應鄉村人户今後並許自造米醋，及買糟造醋供食，仍許於本州縣界就精美處酤賣。其酒麴條法依舊施行。”先是，晉、漢以來，諸道州府皆榷計麴額，置都務以沽酒，民間酒醋例皆漓薄。上知其弊，故命改法。

吳氏《能改齋漫錄》曰：“《魏名臣傳》，中書監劉放曰：‘官販苦酒,與百姓争錐刀之末。請停之。'苦酒,蓋醋也。醋之有権,自魏已然,乃知不特近世也。"

(元)馬端臨:《文獻通考》卷一七《征榷考四》

周顯德五年,新定《刑統》:"訞誘良口、勾引逃亡奴婢與貨賣所盗資裝者,其訞誘勾引之人,伏請處死,良口奴婢准律處分,居停主人重斷,或分受贓物至三匹以上處死;將良口於蕃界貨賣,居停主人知而不告官者,亦處死。"

(元)馬端臨:《文獻通考》卷一一一《户口考二》

周世宗在漢,爲諸衛將軍,嘗游畿甸謁縣令忘其姓名。令方聚邑客蒱博,弗得見,世宗頗銜之。及即位,令因部夫犯贓數百匹,宰相范質以具獄上奏,世宗曰:"親民之官,贓狀狼籍,法當處死。"質奏曰:"受所監臨財物有罪,止贓雖多,法不至死。"世宗怒,厲聲曰:"法者,自古帝王之所制,本以防奸。朕立法殺二贓吏,非酷刑也。"質曰:"陛下殺之即可。若付有司,臣不敢署敕。"遂貸其命,因令今後犯者並以枉法論,質乃奉詔令。《刑統》中强率斂入已並同枉法者是也。質之守正不回,大率如是。

(明)陶宗儀:《説郛》卷九三《國老談苑》

周趙鳳爲單州刺史。鳳既剛忿不仁,得位逾熾。刑獄之間,猶爲不道。嘗斷殺賊丁鸞,而納其室。又民家女趙哥者,許嫁李誨,未成婚,鳳逼納之,母楊辭以女許嫁,不可。鳳叱之,與三縑,携之入第。楊號泣告訴,鳳怒,召李誨及行媒崔氏并楊氏三人,俱決杖五十。經兩月餘,楊氏又號於州門。鳳出趙哥見楊,子母俱鞭臀十七,仍配趙哥爲州妓。又鳳妻兄劉遷納州民馮氏女爲妾,馮氏母詣州訟遷,鳳召遷與馮氏母俱杖之。馮氏訴有娠,鳳鞭背十七,遞之外鎮。又成武縣僧智源弟子智佺竊智源錢十八千,告官勘鞫,伏罪。其弟子誣師與尼奸,械繫智源六十餘日,須令伏奸,鞭脊十七,盡没其資財。又單州民張翰、張珪、姚誨等訴男張弘滋等被趙鳳巡捕時拷捶，令伏與賊通，納賂方免。

（宋）王欽若等編纂：《册府元龜》卷六九九《牧守部》

蜀之將帥，鮮不好貨。有許宗裔者，分符仗鉞，獨守廉隅。嘗典劍州，民有致寇者，燈下認識暴客，待曉告巡，其賊不禁拷捶，遠首其罪，因而送州。宗裔引慮，縲囚紛訴，且言絲鈎紉乃是家物，與被劫主遞有詞説。宗裔促命兩繰絲車，又各賣紬紉卷時胎心，復用何物？一云杏核，一云瓦子，因令相退下紬綫，見杏核，與囚款同。仍以絲鈎安車，量其輕重大小，亦是囚家本物。即被劫者有妄認之過，巡捕吏伏拷決之辜，指顧之間，爲雪冤枉，乃良吏也。

（宋）李昉：《太平廣記》卷一七二《許宗裔》

鮮于判狀

僞蜀鮮于操知華陽縣。有婦人姓唐，夫亡，詣縣自陳，乞爲夫守墳。操判狀曰：“夫婦雖親，男女貴別。生而執禮，晝無居寢之文；死則避嫌，夜禁出聲之哭。倚廬獨處，寧無强暴之流；同穴偕歸，方表始終之操。實宜禁止，用息澆浮。”孟主轉操一官，賞其知禮。

（宋）曾慥：《類説》卷一九《駭聞録》

閩主曦欲杖御史中丞，諫議大夫鄭元弼諫曰：“古者刑不上大夫，中丞，儀刑百辟，豈宜加之棰楚！”乃釋之。

致堂胡氏曰：“庶人貧賤，不能備禮，故不責以行禮；大夫尊貴，不可加刑，故不使之受刑。非固欲然，因其勢也。賈誼得聖人之意，故引投鼠忌器之喻，二世見當以重法之禍以警文帝。自是漢不加刑於大臣，大臣有罪，皆自殺。而臨川王氏反此義爲之説曰：‘禮不可以庶人爲下而不用，刑不可以大夫爲上而不施。’其意非爲化民成俗而興禮教也，直欲殺戮故老以制異己耳，豈非邪説害義之大乎！以區區之閩，無道之曦，猶能爲鄭元弼正論而自屈；談經佐王，乃祖韓非、商鞅之術,曾元弼之不若,而世猶尊信之。何哉!"

(元)馬端臨:《文獻通考》卷一六六《刑考五》

打草蛇驚

王魯爲當塗宰,瀆貨爲務,會部民連狀訴主簿貪賄,魯乃判曰:"汝雖打草,吾已蛇驚。"

(宋)曾慥:《類説》卷二一《南唐近事》

五代用兵以來,藩侯跋扈,率多枉法殺人,朝廷務行姑息之政,多置不問,刑部按覆之制遂廢。

(元)馬端臨:《文獻通考》卷一七〇《刑考九》

舊制,竊盜贓滿絹三匹者,弃市。己丑,改爲錢三千,其陌八十。

(宋)李燾:《續資治通鑒長編》卷二,太祖建隆二年(961)

五代以來,典刑弛廢,州郡掌獄吏不明習律令,守牧多武人,率恣意用法。金州民馬從玘子漢惠無賴,嘗害其從弟,又好爲敲戲,閭里患之。從玘與妻及次子共殺漢惠,防禦使仇超、判官左扶,悉按誅從玘妻及次子。上怒超等故入死罪,令有司劾之,並除名,杖流海島。自是,人知奉法矣。此事《新》、《舊録》皆不載,今從《本紀》載于此月,其日則闕之。

(宋)李燾:《續資治通鑒長編》卷二,太祖建隆二年(961)

上謂宰臣曰:"五代諸侯跋扈,多枉法殺人,朝廷置而不問,刑部之職幾廢,且人命至重,姑息藩鎮,當如此耶!"乃令諸州自今決大辟訖,録案聞奏,委刑部詳覆之。

(宋)李燾:《續資治通鑒長編》卷三,太祖建隆三年(962)

甲辰,詔曰:"廷尉斷獄,秋曹詳刑,斯舊典也。唐長興初,始立大中小事之限，而周廣順之制，不許中書專決，品式具在，固可遵行。比年以來，有司廢職，具獄來上，煩於親覽。自今諸道奏案，並下大理寺檢斷，刑部詳覆，如舊制焉。其兩司官屬善於其職者，滿歲增秩，稽違差失者，重寘其罪。”

（宋）李燾：《續資治通鑑長編》卷五，太祖乾德二年（964）

是月，唐主校獵於青龍山，還至大理寺，親錄囚繫，多所原宥。中書侍郎韓熙載劾奏：“獄必由有司，囹圄之中非車駕所宜至，請省司罰內帑錢三百萬充軍儲。”

（宋）李燾：《續資治通鑑長編》卷一〇，太祖開寶二年（969）

初，江南未平，私渡江者及舟人並弃市。戊寅，始除其禁。

（宋）李燾：《續資治通鑑長編》卷一八，太宗太平興國二年（977）

十二月，先是，詔給事中柴成務等重詳定新編敕。丙午，成務等上言曰：“自唐開元至周顯德，咸有格敕，並著簡編。國初重定《刑統》，止行《編敕》四卷。洎方隅平定，文軌大同，太宗臨朝，聲教彌遠，遂增後敕爲《太平編敕》十五卷，淳化中又增後敕爲《淳化編敕》三十卷。編輯之始，先帝親戒有司，務存體要。當時臣下，不能申明聖意，以去繁文。今景運重熙，孝心善繼。自淳化以後，宣敕至多。命有司別加刪定，取刑部、大理寺、京百司、諸路轉運使所受《淳化編敕》及續降宣敕萬八千五百五十五道，遍共披閱。凡敕文與《刑統》令式舊條重出者及一時機宜非永制者，並刪去之；其條貫禁法當與三司參酌者，委本部編次之，凡取八百五十六道，爲《新刪定編敕》。其有止爲一事前後累敕者，合而爲一；本是一敕，條理數事者，各以類分取。其條目相因，不以年代爲次，其閒文繁意局者，量經制事理增損之；情輕法重者，取約束刑名削去之。凡成二百八十六道，准律分十二門，並目錄爲十一卷。又以儀制、車服等十六道別爲一卷，附儀制令，違者如違令法，本條自有刑名者依本條。又以續降赦書、德音九道别爲一卷，附淳化赦書合爲一卷。其釐革一州、一縣、一司、一務者，各還本司，令敕稱依法及行朝典勘斷，不定刑名者，並准律、令、格、式；無本條者，準違制敕，分故失及不躬親被受條區分。臣等重加詳定，衆議無殊，伏請鏤板頒下，與律令格式、《刑統》同行。”優詔褒答之。

　　（宋）李燾：《續資治通鑒長編》卷四三，真宗咸平元年（998）

　　自唐氏失馭，政事多隳。今《刑統》内惟存“晉天福七年敕：立春、立夏兩日不决死罪”，蓋以天福之間，方爲戰國，天下生靈，犯罪戾、抵淫刑者，不可勝紀，殺戮之刑，僅無虚日，故不可全避春夏盛德之月，止取其兩日以代兩季。今天下每歲所决，大辟至鮮。一歲之中，凡有二十四氣，各主十五日。臣以爲天下列郡，每歲所决死罪，雖不可禁，春夏兩季，亦可於立春立夏氣至之時，各禁十五日，以應一孟之節，全發生之陽氣。若罪在十惡，决不待時者，亦可改斬爲絞，以免流血之刑。自餘雜犯死罪，若有已斷具獄，可取半月外行决。其邊防屯兵之地，以軍法從事者，不在此限。

　　（宋）李燾：《續資治通鑒長編》卷五三，真宗咸平五年（1002）

　　内殿崇班張繼恩遭父喪，請給假，下太常禮院，言：“斬齊三年並解官。後唐應順元年敕内諸司使副帶東西班正官及供奉官、殿直、承旨，卒哭舉追。今武臣例不解官，又無給假日限。”乙亥，詔武臣父母喪，卒哭，聽朝參。

　　（宋）李燾：《續資治通鑒長編》卷一〇九，仁宗天聖八年（1030）

　　樞密使文彦博言：“臣聞刑平國用中典。自唐末至周，五代亂離，刑用重典，以救一時，故法律之外，輕罪或加至於重，徒流或加至於死。權宜行之以定國亂，可也，然非律之本意，不可以爲平世常法。國家承平百年，當用中典，然因循用法，猶有重於舊律者。若僞造官文書，即律止於流二千里，今斷從絞；又其甚者，因近年臣僚一時起請，凡僞造印記再犯皆不至死者,亦從絞刑,是不應死而死也。若以其累犯,責其不悛,即持仗强盗、贓滿五匹者死,若止四匹,雖五七犯不至於絞,况持仗强盗,本法重於造印,今之用法甚異律文。陛下仁覆萬邦,惟刑是恤,方詔法官講議刑典,欲乞檢詳自五代以來,於朝廷見用刑名,重於舊律,如僞造印之比者,以敕律參詳,裁用其當。"詔送編敕所。

(宋)李燾:《續資治通鑑長編》卷二一七,神宗熙寧三年(1070)

癸卯,國家宗社所以延長萬世,德澤及人,淪浹骨髓者,蓋懲秦、漢以來至於五代之弊,無族誅,有貸法故也。天聖中,詔天下刑名疑慮,情理可憫者,皆許上請,例蒙寬貸,州郡應有不應奏之罪,則與免駁勘。自昔至今,由死得生者不知幾萬人矣。近歲刪去此條,於是天下之獄,在可疑可不疑、可憫可不憫之閒者,皆畏駁勘,吏不奏請,率皆文致其罪,處之死地。臣恐刑獄益密,而濫死者衆,則與免駁勘之條不可不復,此願陛下知之者五也。

(宋)李燾:《續資治通鑑長編》卷四〇四,哲宗元祐二年(1087)

鎮州士人劉方遇家財數十萬。方遇妻田氏早卒,田之妹爲尼,常出入方遇家。方遇使尼髮長,爲繼室。田有令遵者,方遇之妻弟也。善貨殖,方遇以所積財,令令遵興殖。方遇有子年幼,二女皆嫁。方遇疾卒,子幼,不能督家業。方遇妻及二女,以家財素爲令遵興殖,乃舉族合謀,請以令遵姓劉,爲方遇繼嗣。即令鬻券人安美,爲親族請嗣券書。即定,乃遣令遵服斬衰居喪。而二女初立令遵時,先邀每月供財二萬。及後求取無厭,而石、李二夫,教二女詣本府論訴云:令遵冒姓,奪父家財。令遵下獄。石、李二夫族與本府要吏親黨上在府帥判官、行軍司馬,隨使都押衙,各受方遇二女賂錢數千緡,而以令遵與姊及書券安美同情共盜,俱弃市。人知其冤。府帥李從敏,令妻來朝,懼事發,令內弟彌縫。侍御史趙都嫉惡論奏,明宗驚怒,下鎮州,委副使符蒙按問,果得事實。自親吏高知柔,及判官行軍司馬,並通貨僧人、婦人,皆弃市。唯從敏初削官停任,中宮祈哀,竟罰一季俸。

議者以受賂曲法殺人，而八議之所不及，失刑也。安重誨誅後，王貴妃用事故也。

（宋）李昉：《太平廣記》卷一七二《劉方遇》

知欽州林千之坐食人肉，削籍，隸海南，天下傳以爲異，謂載籍以來未之見。余記《盧氏雜説》：唐張茂昭爲節鎮，頻吃人肉，及除統軍到京。班中有人問曰聞尚書在鎮好人肉虛實。笑曰："人肉腥而且腍，爭堪吃。"《五代史》：萇從簡家世屠羊，從簡仕至左金吾衛上將軍，嘗歷河陽、忠武、武寧諸鎮，好食人肉，所至多潛捕民間小兒以食。《九國志》：吳將高澧好使酒，嗜殺人，而飲其血，日暮必於宅前後掠行人而食之。又本朝王繼勳，孝明皇後母弟，太祖時屢以罪貶，後以右監門衛率府副率，分司西京，殘暴愈甚，强市民家子女以備給使，小不如意即殺而食之，以槽櫝貯其骨，弃之野外，女儈及鬻棺者出入其門不絶。太宗即位，會有訴者，斬於洛陽市。則知近世亦有之。若盜跖及唐之朱粲，則在所不足論也。

（明）陶宗儀：《説郛》卷二三《賓退録》

張藏英，涿州范陽人。自言唐相嘉正之後。唐末之亂也，藏英舉族數十口悉爲賊孫居道所害，時藏英年十六，僅以身免。後逢孫居道於幽州市，引佩刀刺之不死，爲吏所執。節帥趙德鈞壯之，舍而不問，以備牙職。藏英後聞居道避地關南，乃求爲關南都巡檢使，使至則微服携鐵撾匿孫居道舍側，伺其出擊之，僕於地，齧其耳噉之，遂擒歸。設父母位，陳酒肴，縛孫居道於前，數其罪，號泣以鞭之，臠其肉。經三日，剖取其心肝以祭。詣官首服，官爲上請而釋之，燕薊間目爲報仇張孝子。《張藏英傳》。

（明）陶宗儀：《説郛》卷一二《悦生隨抄》

王蜀時，有許宗裔守劍州。部民被盗，燈下識之，迨曉告官。捕獲一人，所收贓物，唯絲絢細綫而已。宗裔引問，縲囚訴冤，稱是本家

物,與被盜人互有詞説,乃命取兩家繰車,以絲約量其大小,與囚家車
□同,又問紬綫胎心用何物,一云杏核,一云瓦子,因令相對開之,見
杏核與囚款同。於是被盜人服妄認之罪,巡捕吏當考決之辜,指顧之
間,便雪冤枉。

(宋)鄭克:《折獄龜鑒》卷二

王蜀時,其下將帥鮮不好貨。有宗裔者,分符仗節,獨守廉隅,嘗
典劍州。民有致寇者,燈下識認暴客,迨曉告巡捕吏,掩而獲之,所收
贓惟絲鈎紬綫,贓主言是本物。其囚不禁拷捶,遂伏其罪。乃送州,
宗裔引慮縲,囚訴絲鈎紬綫乃是家物,與被盜主,遞相辭説。宗裔促
命取囚家繰車,又各責紬綫卷時心有何物?一云杏梜,一云瓦子,因
令相對開紬綫,見杏梜,與囚款同。仍以絲鈎安於車上,量車大小,亦
是囚家本物。即被劫主伏妄認之罪,巡捕吏伏拷決之,辜指顧之間,
乃雪冤枉。

(五代)和凝:《疑獄集》卷三

乾德中,僞蜀御史李龜禎,久居憲職。嘗一日出,至三井橋,忽睹
十餘人攏頭,及被髮者叫屈稱冤,漸來相逼。龜禎慴懼,回馬徑歸,説
與妻子,仍誡其子曰:"爾等成長,籤仕慎勿爲刑獄官。以吾清慎畏
懼,猶有冤枉,今欲悔之何及。"自此得疾而亡。

(明)曹學佺:《蜀中廣記》卷九〇

僞蜀御史陳潔,性慘毒,讞刑定獄,嘗以深刻爲務,十年内斷死
千人。因避暑行亭,見蟢子懸絲面前,公引手接之,成大蜘蛛,銜中
指拂落階下,化爲厲鬼,云來索命,驚訝不已,指漸成瘡,痛苦十日
而死。

(明)曹學佺:《蜀中廣記》卷九〇

王蜀時,有蕭懷武者,主尋事團,乃軍巡之職也。所管百餘人,每

人各養私名十餘輩,呼之曰“狗”。深坊曲巷,馬醫酒保,乞丐傭作,販賣童兒,皆有其徒。民間偶語,公私動靜,即時聞達。於是人心恐懼,自疑肘腋悉其狗也。懷武殺人不可勝數。郭崇韜入蜀,乃族誅之。是使察奸慝而反爲奸慝者也。見《成都古今記》。

(宋)桂萬榮:《棠陰比事》卷下

偽蜀有尋事團,亦曰中團,小院使蕭懷武主之,蓋軍巡之職也。懷武自入內捕捉賊盜,年多,官位甚隆,積金巨萬,第宅亞於王侯,聲色妓樂,爲一時之冠。所管中團百餘人,每人各養私名十餘輩,或聚或散,人莫能別,呼之曰“狗”。至於深坊僻巷,馬醫酒保,乞丐傭作,及販賣童兒輩,並是其狗。民間有偶語者,官中罔不知。又有散在州郡,及勳貴客當庖、看厩、御車、執樂者,皆是其狗。公私動靜,無不立達於懷武,是以人懷恐懼。蜀破之初,有與己不相叶及積金藏鏹之夫,日夜捕逐,入院盡殺之,冤枉之聲,聞於街巷。後郭崇韜入蜀,人有告懷武欲謀變者,一家百餘口,無少長戮於市。

(明)曹學佺:《蜀中廣記》卷九〇

忠懿王在錢塘,顯德中,有民沈超者,負罪逃匿。禁其母,凡百日不出。及追妻鞫之,當日來首。判之曰:“母禁十旬,屢追不到,妻繫半日,不召自來。倚門之義稍輕,結髮之情太重。領於市心,軍令處分。”又大貔曹公鎮青海,有盜魁累犯當死,皆會赦。至公在任又犯,有司以赦文舉之,公判曰:“三遇赦文,天子之恩合免。屢爲民患,將軍之令必行。”乃從極典。

(宋)錢易:《南部新書》癸

南唐《昇元格》:盜物及五緡者死。廬陵豪民曝衣,失新潔裘服,直數十千,村落僻遠,人罕經行,以爲其鄰盜之。鄰人不勝楚掠,遂自誣服,詰其贓物,即云散鬻於市,無從追究。赴法之日,冤聲動天,長吏以聞,先主命員外郎蕭儼覆之。儼齋戒禱神,佇雪冤枉。至郡之日，天氣晴和，忽有雷聲自西北起，至失物家，震死一牛，剖其腹，而得所失物，乃是爲所噉，猶未消潰也。

（宋）鄭克：《折獄龜鑒》卷二

　　杜鎬侍郎兄仕江南爲法官。嘗有子毀父畫像爲近親所訟者，疑其法未能決，形於顏色。鎬尚幼，問知其故，輒曰："僧道毀天尊佛像，可以比也。"兄甚奇之。

（宋）鄭克：《折獄龜鑒》卷四

　　江南大理寺，嘗鞫殺人獄，未能得其實，獄史日夜憂懼，乃焚香懇禱，以求神助。因夢過枯河，上高山，寤而思之曰："河無水，可字；山而高，嵩字也。"或言崇孝寺有僧名可嵩，乃白長官，下符攝之。既至訊問，亦無奸狀，忽見履上墨污，因問其由，云墨所濺，使脫視之，乃墨塗也。復詰之，僧色動，滌去其墨，即是血痕，以此鞫之，僧乃服罪。

（宋）鄭克：《折獄龜鑒》卷六

　　國朝削並僭僞，救民水火之中，然亦有因仍舊弊，未暇更張者，故須賴於賢士大夫昌言之。江左初平，太宗選張齊賢爲江南西路轉運使，諭以民間不便事，令一一條奏。先是諸州罪人，多錮送闕下，緣路非理而死者，常十五六。齊賢至蘄州，見南劍州吏送罪人者，索得州帖視之。二人皆逢販私鹽者，爲荷鹽籠得鹽二斤，又六人皆嘗見販鹽而不告者，並黥決傳送，而五人已死於路。江州司理院自正月至二月，經過寄禁罪人，計三百二十四人，建州民二人，本田家客户，嘗於主家塘内，以錐刺得魚一斤半，並杖脊、黥面，送闕下。齊賢上言："乞俟至京，擇官慮問，如顯有負屈者，本州官吏量加懲罰，自今只令發遣正身。"及虔州，送三囚，嘗市得牛肉，並家屬十二人悉詣闕，而殺牛賊不獲。齊賢憫之，即遣其妻子還。自是江南送罪人者減大半。是皆相循習所致也。齊賢改爲，其利民如此。齊賢以太平興國二年方登科,六年爲使者,八年還朝。由密學拜執政,可謂迅用也。

(宋)洪邁:《容齋四筆》卷一三

五代時官吏所在貪污不法。王明爲郢陵縣令,獨以廉律身,百姓沿故例行賕賂,明皆不受,曰:"但爲我置薪芻積於某處,他不須也。"久之積如丘山,民間莫曉。明因築堤,以備水患。太祖聞之,擢明權知廣州。

(宋)朱弁:《曲洧舊聞》卷七

五代以來,諸州皆有馬步獄,以牙校充馬步都虞候,掌刑,謂之馬步院。太祖慮其任私,高下其手,開寶六年始置諸州司寇參軍,以進士及選人爲之。後改爲司理,掌獄訟勘鞫之事,不兼他職。

(元)富大用:《古今事文類聚外集》卷一三

五代以來,諸州皆有馬步獄,以牙校充馬步都虞候,掌刑法,謂之馬步院。

(宋)潘自牧:《記纂淵海》卷三五

五代以來諸州,皆有馬步獄,以牙校充馬步都虞候,掌刑法,謂之馬步院。

(宋)佚名:《翰苑新書》前集卷五七

宋葉適言:"國家因唐五代之弊,收斂藩鎮之權,盡歸於上,一兵之籍,一財之源,一地之守,皆人主自爲之也。欲專大利,而無受其大害,遂廢人而用法,廢官而用吏。禁防纖悉,特與古異,而威柄最爲不分。雖然,豈有是哉!故人才衰乏,外削中弱,以天下之大而畏人,是一代之法度,又有以使之矣。"又曰:"今内外上下,一事之小,一罪之微,皆先有法以待之。極一世之人,志慮之所周浹,忽得一智,自以爲甚奇,而法固已備之矣。是法之密也。然而人之才不獲盡,人之志不獲伸，昏然俛首，一聽於法度，而事功日隳，風俗日壞，貧民愈無告，奸人愈得志。此上下之所同患，而臣不敢誣也。”又曰：“萬里之遠，顰呻動息，上皆知之。雖然，無所寄任，天下泛泛焉而已。百年之憂，一朝之患，皆上所獨當，而群臣不與也。夫萬里之遠，皆上所制命，則上誠利矣。百年之憂，一朝之患，皆上所獨當，而其害如之何？此夷狄所以憑陵而莫御，仇耻所以最甚而莫報也。”

陳亮《上孝宗書》曰：“五代之際，兵財之柄，倒持於下，藝祖皇帝束之於上，以定禍亂。後世不原其意，束之不已，故郡縣空虛，而本末俱弱。”

(清)顧炎武著，黄汝成集釋：《日知録集釋》卷六

五代時，華陽縣吏郝溥，因追欠税户街判司勾禮，禮遣婢赴縣，囑溥勿留禁，且寬租期。溥不從，禁其婢，租足而放之。禮繇是恨溥。明年，縣司分擘百姓張瓊家業，郝溥取錢二萬，瓊訴之街判司追勘。勾禮大笑曰：“溥來也莫望生，令司吏汝勗構成其罪，殺之。”不數月，汝勗見溥來索命，遂暴卒。勾禮一旦晨興，忽見溥升堂，羅拽毆擊，因患背瘡而卒。

(明)胡我琨：《錢通》卷一八

僞蜀華陽縣吏郝溥，因追欠税户，街判司勾禮遣婢子阿宜赴縣，且囑溥云：“不用留禁殘税，請延期輸納。”郝溥不允，留阿宜五日，仍納税子放出。明年，縣司分擘百姓張瓊家物業，郝溥取錢二萬，張瓊具狀論訴，街司追勘，勾禮見溥太笑曰：“你今日來也，莫望活，千萬一死。”令司吏汝勗成罪，遂殺之。不數月，汝勗見郝溥來索命，翌日暴卒。勾禮晨興，忽見郝溥升堂，羅拽毆擊，因患背瘡而死。

僞蜀寧江節度使王宗黯生日，部下、屬縣皆率配財貨，以爲賀禮。巫山令裴坦，以編户羇貧，獨無慶獻。宗黯大怒，召裴，至誣以他事，生沈灩澦堆水中，三日尸不流。宗黯遣人撑流而下，經宿逆水復上，卓立波面，正視衙門。宗黯頗不自安，神識煩撓，竟得疾

暴卒。

（明）曹學佺：《蜀中廣記》卷九〇

　　五代亂世，本無刑章，視人命如草芥，動以族誅爲事。梁祖以舊怨，使人族王師範於洛，師範設席與宗族飲，謂使者曰："死者人所不免，然恐少長失序，下愧先人。"酒半，命少長以次就戮。《師範傳》。唐莊宗既滅梁，詔梁臣趙岩等並族於市，除妻兒骨肉外，其疏屬僕隸並釋。《莊宗紀》。又命夏魯奇族誅朱友謙於河中，友謙妻張氏率其家屬二百餘口，見魯奇曰："請別骨肉，無致他人橫死。"《友謙傳》。汴州控鶴指揮使張諫謀叛，既伏誅，又集其黨三千人並族之，並誅滑州長劍等軍士數百人，夷其族。《明宗紀》。漢三司使王章被殺，有女適張貽肅，病已逾年，扶病就戮。《章傳》。是族誅之法，凡罪人之父兄妻姜子孫並女之出嫁者，無一得免。非法之刑，於茲極矣，而尤莫如漢代之濫。史弘肇爲將，麾下稍忤意，即摑殺之。故漢祖起義之初，弘肇統兵先行，所過秋毫無犯，兩京帖然，未嘗非其嚴刑之效。隱帝時，李守貞等反，京師多流言，弘肇督兵巡察，罪無大小，皆死，有白晝仰觀天者，亦腰斬於市。凡民抵罪，弘肇但以三指示吏，吏即腰斬，又爲斷舌決口、斫筋折足之刑。於是無賴之輩望風逃匿，路有遺物，人不敢取，亦未嘗非靖亂之法。然不問罪之輕重，理之是非，但云有犯，即處極刑，枉濫之家莫敢上訴，軍吏因之爲奸，嫁禍脅人，不可勝數。故相李崧之弟嶼，有僕葛延遇，乾没嶼貲，嶼責之，延遇遂告崧、嶼通李守貞謀反，坐是族誅。何福進有玉枕，遣奴賣之江南，奴隱其價，福進笞之，奴即誣告福進通吳，弘肇輒治，福進弃市，帳下分取其妻子而籍其家財。於是前資故將之家，姑息僮奴，無復主僕之分。《弘肇傳》。此京師之濫刑也。蘇逢吉爲相，以天下多盜，自草詔，凡盜所居，本家及鄰保皆族誅。或謂盜無族誅法，況鄰保乎，乃但去族字。由是鄆州捕賊使者張令柔殺平陰縣十七村人皆盡。衛州刺史葉仁魯帥兵捕盜，有村民十數方逐盜入山，仁魯並疑其爲盜，斷其脚箸，宛轉號呼而死。《逢吉傳》。劉銖立法深峻，左右有忤意，即令人倒曳而出，數百步體無完膚。每杖人雙杖對下,謂之"合歡杖"。或杖人如其歲數,謂之"隨年杖",《銖傳》。此又藩郡之濫刑也。毒痛四海,殃及萬方,劉氏父子二帝,享國不及四年,楊、史、蘇、劉諸人亦皆被橫禍,無一善終者。此固天道之報施昭然,而民之生於是時,不知如何措手足也。

(清)趙翼撰,王樹民校證:《廿二史劄記校證》卷二二

且以宋朝論之,今則人不參前代本末,只讀太祖故事,徒見當時如犯酒至一石即死,便以爲太祖行刑之酷。初不曾去考前代,不知祖宗仁寬之意。何則?太祖所承者五代,五代之時,如王章之徒捉酒涓滴處死,自涓滴至於一石,其法甚寬,自不知本末者看之,惟知祖宗之法重。自上面看來,方知仁厚之至,與五代大不相似。自後列聖相承,漸漸蠲減,所以後來酒禁,都無死刑,正如孔子所謂"爲之兆也"。不特酒一事如此,人若不曾看五代事,便看本朝多道太祖尚嚴,殊不知祖宗不嗜殺人,緣前代立法之重,到此已是蠲減,然而不可驟減,減之必以其漸,此又論治體之所當知也。

(宋)呂祖謙:《歷代制度詳說》卷六

13. 氏族

(長興二年)九月,昭義縣主簿張廷詡上言:"應諸道州縣之內有在仕居閑,衣冠不得與編民一例差遣。及有假稱攝試,抗禮公廳,請賜條理。"敕旨:"凡曰士流,州縣盡應饒假;詐稱門族,長吏豈肯延容?應是户人,皆編部籍。如或爲其家富,邀坐公廳,顯從賓主之儀,頗辱朝廷之任,所在必無此事;其中或有如斯,須重衣冠,以敦風俗。州縣官或與富百姓同坐交通者,隨處糾察,使知事若不虛,當行嚴斷。其妄稱士族者,亦議科罪。"

(宋)王欽若等編纂:《冊府元龜》卷六六《帝王部》

天成二年,潘環以軍功授棣牧,素無賓客。或有人薦崔秘者,博

陵之士子也，舉止閒雅，詞翰亦工。潘一見甚喜，上館以待之，經宿不復往，潘訪之不獲。既而辟一書生乃往，後薦主見而詰之，崔曰："潘公雖勤厚，鼻柱之左有瘡，膿血常流，每被薰灼，腥穢難可堪。目之爲白死漢也。"薦主大哈。崔之不顧名實而爲輕薄也。蓋潘常中流矢於面，骨銜其鏃，故負重傷。醫療至經年，其鏃自出，其瘡成漏，終身不痊。

（宋）李昉：《太平廣記》卷二六六《崔秘》

盧程擢進士第，爲莊皇帝河東判官，建國後命相。無他才業，唯以氏族傲物。任圜常以公事入謁，程烏紗隱几，謂圜曰："公是蟲豸，輒來唐突。"圜慚愕，驟告莊宗，大怒，俾殺之，爲盧質救解獲免。自是出中書，時人切齒焉。江陵在唐世，號衣冠藪澤，人言琵琶多於飯甑，措大多於鯽魚。有邑宰盧生，每於枝江縣差船入府，舟子常苦之。一旦王仙芝兵火，盧生爲船人挑其箸，係於船舷，放流而死。大凡無藝子弟，率以門閥輕薄，廣明之亂，遭罹甚多，咸自致也。

（宋）李昉：《太平廣記》卷二六六《盧程》

鄭受益，唐宰相鄭餘慶之曾孫也。餘慶生瀚，瀚生從讜，兩爲太原節度使，再登相位。從讜兄處誨爲汴州節度使，家襲清儉，深有士風。中朝禮法以鄭氏爲甲。處誨生受益，受益亦以文學致身，累歷臺閣。

（宋）王欽若等編纂：《冊府元龜》卷七九四《總錄部》

晉鄭受益，唐宰相餘慶之曾孫也。餘慶生瀚，瀚生從讜，從讜兄處誨，爲汴州節度使，家襲清儉，深有士風，中朝禮法，以鄭氏爲甲。處誨生受益，受益亦以文學，致身累歷臺閣。

（宋）王欽若等編纂：《冊府元龜》卷七八三《總錄部》

晉鄭韜光字龍符，西京河清人也。曾祖綑爲唐相，祖只德，國子祭酒,贈太傅。父顥,河南尹,贈太師。其先世居滎陽,自隋唐三百餘年,公卿輔相蟬聯,一門韜光。

（宋）王欽若等編纂:《册府元龜》卷八六六《總録部》

鄭韜光自襁褓迨於懸車,凡事十一君,逾七十載,所任無官謗,無私過。三持使節,不辱君命,士無賢不肖,皆恭己接納,晚年背傴,時人咸曰鄭傴。不污平生,交友之中無怨隙,親族之間無愛憎,恬和自如,性尚平簡。及爲户部尚書,致政歸洛,甚愜終焉之美。

（宋）王欽若等編纂:《册府元龜》卷八〇六《總録部》

晉鄭韜光,唐宣宗之外孫萬壽公主之所出也。生三日,賜一子出身,銀章朱綬。及長,美容止,神爽氣徹,不妄喜怒,而秉執名節,爲甲族所稱,後爲户部尚書致仕。

（宋）王欽若等編纂:《册府元龜》卷七七七《總録部》

氏族之亂莫甚於五代之時。當日承唐餘風,猶重門蔭,故史言唐、梁之際,仕宦遭亂奔亡,而吏部銓文書不完,因緣以爲奸利,至有私鬻告敕,亂易昭穆,而季父、母舅反拜侄甥者。《豆盧革傳》。《册府元龜》:"長興初,鴻臚卿柳膺將齋郎文書兩件,賣於同姓人柳居,則大理寺斷罪當大辟,以遇恩赦減死,奪見任官,罰銅,終身不齒。"敕曰:"一人告身,三代名諱,傳於同姓,利以私財,上則欺罔人君,下則貨鬻先祖,罪莫大焉。自今以後,如有此弊,傳者、受者並當極法。"今則因無蔭叙,遂弛禁防。五十年來,通譜之俗遍於天下,自非明物察倫之主,亟爲澄別,則滔滔之勢將不可反矣。

（清）顧炎武著,黄汝成集釋:《日知録集釋》卷二三

唐宣宗之外孫,萬壽公主之子也。生三日,賜一子出身銀章朱綬;及長,美容止,神爽清徹,不妄喜怒,秉執名節,爲宗族所稱。

（宋）王欽若等編纂:《册府元龜》卷八六六《總録部》

李敬義，德裕之孫，幼隨父貶連州。後遇赦得還洛陽，居平泉別墅。自言未冠時，爲浙東從事，遇術人卓道士謂之曰："子自此四十三年，方大遇。"由是無心仕進，後至河東留守判官、工部尚書。

（宋）王欽若等編纂：《册府元龜》卷八九五《總録部》

李敬義，衛公德裕孫也，嘗從事浙東，退歸洛南平泉舊業。昭宗遷都洛陽，敬義爲司勛員外郎，辭疾不授，責授衛尉寺主簿。後挈族客居衛州者累年，莊宗定河朔，遣使迎至魏州，署北京留守判官。

（宋）王欽若等編纂：《册府元龜》卷七二九《幕府部》

周蕭願爲太子賓客。願，梁昭明太子後，宋公瑀太師；嵩其祖也。父頊，梁貞明年爲相，唐明宗朝，終太子少保。頊之父廩事僖宗，歷給事中、京兆尹。廩之先曰仿，懿宗之輔相也。世有令名，一門七相。

（宋）王欽若等編纂：《册府元龜》卷八六六《總録部》

是月，以龍圖閣直學士、刑部郎中劉燁知河南府。燁先世代郡人，後魏遷都，因家河南。唐末五代之亂，衣冠舊族多離去鄉里，或爵命中絶，而世系無所考，惟劉氏自十二代祖北齊中書侍郎環雋以下，仕者相繼。環雋生隋大理卿坦，坦生唐渝國公政會，由政會至燁十一世，皆葬河南，而世牒具存。燁嘗權發遣開封府事，獨召見，太后問曰："知卿名族，欲一見卿家譜，恐與吾同宗也。"燁曰："不敢。"他日，數問之，燁無以對，因爲風眩，僕而出，乃免。燁知河南府，《實録》偶脱之，據《河南志》在此月，因附見家譜事。

（宋）李燾：《續資治通鑒長編》卷一〇三，仁宗天聖三年（1025）

所謂旌表門閭者，唐以來有聽事、步欄，前列屏樹、烏頭，正門閥閱一丈二尺，烏頭二柱端，冒以瓦桶，築雙闕一丈，在烏頭門之南三丈七尺，夾植槐柳十有五步。五代多故，不能如故事。晉天福中，乃敕度地之宜，高其外門，門施綽楔，左右築臺，高一丈二尺，廣狹方正稱焉，圬以白而赤其四角。今裴氏蓋用此制。

（宋）施宿：《嘉泰會稽志》卷一三

李自倫六世同居，準式旌表門閭，敕曰："其量地之宜，高其外門，門安綽楔，左右建臺，高一丈二尺，廣狹方正稱焉。圬以白而赤其四角，使不孝不義者見之，可以悛心而易行焉。"

（唐）白居易、（宋）孔傳：《白孔六帖》卷二六

石晉天福二年閏七月壬申，尚書戶部奏："李自倫義居七世，準敕旌表門閭。先有登州義門王仲昭，六代同居，其旌表有廳事、步欄，前列屏樹、烏頭。正門閥閱一丈二尺，二柱相去一丈，柱端安瓦，桶墨染，號爲烏頭。築雙闕一丈，在烏頭之南三丈七尺，夾街十有五步，槐柳成列。今舉此爲例，則令式不該詔王仲昭正廳烏頭門等事，不載令文，又無敕命，既非故事，難黷大倫。宜從令式，只表門閭於李自倫所居之前，量地之宜，高其外門，門安綽楔，門外左右各建一臺，高一丈二尺，廣狹方正，稱臺之形，圬以白泥，四隅染赤。其行列樹植，隨其事力。其同籍課役，一準令式。"

（宋）程大昌：《演繁露》卷一〇

《五代史·李自倫傳》，戶部奏前登州義門王仲昭六世同居，其聽事步欄前列屏樹烏頭，正閥閱一丈二尺，烏頭二柱端冒以瓦桶。築雙闕一丈，在烏頭之南三丈七尺，夾樹槐柳十有五步。今李自倫旌表，請如之。敕曰："此故事也，今式無之。其量地之宜，高其外門，門安綽楔，左右建臺高一丈二尺，廣狹方正稱焉。圬以白而赤其四角，使不孝不悌者，可以悛心而易行焉。"然則旌門之式，舊最繁重，至五代始改從簡易，第安綽楔於門而已。《宋史·孝義傳》，旌郭義家，于其所居前安綽楔，左右建土臺，高一丈二尺，下廣上狹，飾以白，間以赤。蓋亦沿五代之制，皆官爲建造也。今制應旌表者，官給銀三十兩，聽其家自建。其坊制或設於門，或別建他所，或四柱，或二柱，其上亦有

用烏頭者,蓋合唐、宋、五代之制而參用之。

(清)趙翼:《陔餘叢考》卷二七

五代時有姓吕爲侍郎者三人,皆各族,俱有後,仕本朝爲相。吕琦,晉天福爲兵部侍郎,曾孫文惠端相太宗。吕夢奇,後唐長興中爲兵部侍郎,孫文穆蒙正相太宗,曾孫文靖夷簡相仁宗,衣冠最盛,已具前録。吕咸休,周顯德中爲户部侍郎,七世孫正愍大防,相哲宗。異哉!

(宋)王明清:《揮麈後録》卷二

五代安重榮娶二妻,高祖因之並加封爵。

(唐)白居易、(宋)孔傳:《白孔六帖》卷一七

《五代史》:晉高祖於安重榮兩妻并封。陸定國娶柳氏,又娶盧氏,以其均係舊族,遂不分嫡庶。

(清)袁枚:《隨園隨筆》卷一四

僞吳故國五世同居者七家,先主昇爲之旌門閭,免徵役。尤著者江州陳氏,乃唐元和中給事陳京之後,長幼七百口,不畜僕妾,上下雍睦。凡巾櫛椸架及男女授受通問婚葬,悉有規制。食必群坐廣器,未成人者别一席。犬百餘只,一巨船共食,一犬不至,則群犬不食。别墅建家塾,聚書延四方學者,伏臘皆資焉,江南名士皆肄業於其家。

(宋)文瑩:《湘山野録》卷上

臨江蕭氏之祖,五代時仕於湖南,爲將校,坐事當斬,與其妻亡命焉。王捕之甚急。將出境,會夜阻水,不能去,匿於人家溜槽中。湘湖間謂溜爲筧。天將旦,有扣筧語之曰:"君夫婦速去,捕者且至矣。"因亟去,遂得脱。卒不知告者何人,以爲神物,乃世世奉祀,謂之筧頭神。今參政照鄰,乃其後也。

(宋)陸游:《老學庵筆記》卷七

　　姓氏之書，大抵多謬誤。如唐貞觀《氏族志》，今已亡其本。《元和姓纂》，誕妄最多，國朝所修《姓源韻譜》，尤爲可笑。姑以洪氏一項考之，云：“五代時有洪昌、洪杲，皆爲參知政事。”予案二人乃五代南漢僭主劉龑之子，及晟嗣位，用爲知政事，其兄弟本連“弘”字，以本朝國諱，故《五代史》追改之，元非姓洪氏也。此與洪慶善序丹陽弘氏，云：“有弘憲者，元和四年嘗跋《輞川圖》”，不知弘憲乃李吉甫之字耳。其誤正同，《三筆》已載此説。

（宋）洪邁：《容齋四筆》卷九

　　李成，字昭玘，元祐左史，自號樂静居士，五代宰相李濤五世孫。濤至本朝，以兵部尚書、莒國公致仕。尚書，當時階官也。其家自洛徙齊。成季猶子，漢老郎也，中興初，位政府，一時大詔令多出其手。秦少游作《李公擇常行狀》云：“遠祖濤，五代時號稱名臣，仕皇朝爲兵部尚書，封莒國公。莒公少時仕於湖南，有一子留江南，公其裔孫也。所以今爲南康建昌人，世號山房李氏。”成季與公擇，鄉里雖各南北，要是本出一族，子孫皆鼎盛，不知後來兩家曾叙昭穆否耳。

（宋）王明清：《揮麈後録》卷二

　　春秋時最重族姓，至七國時則絶無一語及之者，正猶唐人最重譜牒，而五代以後則蕩然無存，人亦不復問。此百餘年間世變風移，可爲長嘆也已。

（清）顧炎武著，黄汝成集釋：《日知録集釋》卷六

　　修啓：惠借《顔氏譜》，得見一二，大幸前世常多喪亂，而士大夫之世譜未嘗絶也。自五代迄今，家家亡之，由士不自重，禮俗苟簡之使然。

（宋）歐陽修：《文忠集》卷六九

　　《五代史·崔居儉傳》，崔氏自後魏、隋、唐爲甲族，吉凶之事，各

著家禮,至其子孫,猶以門望自高。又唐莊宗以盧程不能草文書,乃用馮道爲掌書記。程故名族也,乃大恨曰:"用人不以門閥,而先田舍兒耶!"則五代時猶有此風矣。

(清)趙翼:《陔餘叢考》卷一七

按鄭樵《通志》譜系凡六種一百七十部,至馬端臨《文獻通考》,所存者不過數家矣。蓋五代以後,不崇門閥,故此學遂不復講,又可以見各朝風尚不同矣。

(清)趙翼:《陔餘叢考》卷一七

賈君云:僖昭之時,長安士族多避寇南山中,雖洊經離亂,而兵難不及,故今衣冠子孫居鄠、杜間,室廬相比。

(宋)張洎:《賈氏譚録》

自五季以來,取士不問家世,婚姻不問閥閱,故其書散佚,而其學不傳。

(宋)魏了翁:《古今考》卷一

14. 政治事件

(1) 通論

梁孫德昭爲右神策軍都指揮使。光化三年,唐昭宗爲閹宦所廢,矯立德王。時中外以權在禁闈,莫能致討,近藩朋附,章表繼有至者。丞相崔裔外與太祖申結輔佐之好,内遣心腹密購忠直。有以事諭德昭者,德昭感慨,乃與本軍孫承誨、董從實二人,奮發應命,誓圖返正。崔又割衣手筆,以通其志。天復元年正月一日未旦,逆豎左軍容劉季述早入,德昭伏甲要路,俟逗其前驅,邀其輿而斬之。孫承誨等擒捕右軍容王仲先黨,立昭宗。於是崔裔奉迎御丹鳳樓,率百辟待罪,且泣。即日議功,以德昭爲静海軍節度使,承誨邕州節度使,從實容州節度使,並同平章事。

(宋)王欽若等編纂:《冊府元龜》卷六二七《環衛部》

後唐周式,在梁時爲鎮州王鎔判官。光化三年秋,梁祖將吞河朔,乃親征鎮定,縱其軍燔鎮之關城。鎔謂賓佐曰:"事急矣,謀其所向。"式有口辯,出見梁祖。梁祖盛怒,逆謂式曰:"王令公朋附并、汾,違盟爽信。弊賦業已及此,期於無舍。"式曰:"明公爲唐室之桓文,當以禮義而成霸業,返欲窮兵黷武,天下其謂公何?"梁祖喜,引式袂而慰之曰:"前言戲之耳。"即送牛酒貨幣以犒軍。式請鎔子昭祚及大將梁公孺、李弘規子各一人,任質于汴梁,祖以女妻昭祚。

(宋)王欽若等編纂:《冊府元龜》卷八九一《總録部》

《五代史·朱梁傳》曰:宰相柳璨奏:"西京舊有凌烟閣圖畫國初功臣,今遷奉東都,比未崇建四鎮,副元帥梁王勛業冠古,請近新凌烟閣別創一合,圖畫梁王,以旌德業。"詔曰:"魏賞彭陽之功,別創紀勛之觀,齊旌泗水之績,乃崇嘉德之樓,式示新規,爰從舊典。宜令所司於皇城内擇吉地別造凌烟閣,圖寫賜名曰'天祐旌功之閣'。"

(宋)李昉:《太平御覽》卷一八四《居處部十二·閣》

後唐史敬容,太原人,事太祖爲帳中綱紀,甚親任之。莊宗之初嗣晉王位,李克寧陰構異圖,將害莊宗,事發有日矣。克寧密引敬容以邪謀諭之,既而敬容白貞簡太后,太后惶駭,召張承業、李存璋等圖之,克寧等伏誅,以功累歷郡守。

(宋)王欽若等編纂:《冊府元龜》卷七五九《總録部》

朱弘昭、馮贇並爲樞密使,時秦王從榮,屢宣忿言,執政大臣皆懼禍。及明宗疾篤,秦王知人情不附己,恐大事乖誤,與將吏謀以兵入侍,先制權臣。謂康義誠曰:"予欲居中侍醫藥,何處宿止爲便?"對曰:"子侍父疾,何向不可?"仍懷疑慮。十一月十九日,令牙將馬延嗣

謂贇曰："秦王明日入侍,公等止於何處?"贇跪對曰："奉詔。"二十日
五鼓,馬延嗣復至贇第曰："秦王言公等處事所宜和允,各有家族,禍
福頃刻。"贇復跪對。是日,遂馳馬守右掖門,至廣壽殿門,見朱、康,
具述延嗣語。又謂義誠曰："秦王言禍福頃刻,事即可知。此事宗社
所繫,侍中勿顧慮也。"義誠未暇對,監門報秦王領兵在端門外。二人
切告義誠,對曰："惟公所使。"孟漢瓊拂衣而言曰："諸君平時惟恨禄
位不大,及危疑之際,便持兩端,非丈夫也。"乃至雍和殿奏曰："從榮
謀大逆,陳兵在端門。"明宗愕然,問義誠,不能游詞,言事實。明宗
曰:"爾圖之,勿驚動京師。"孟漢瓊率控鶴指揮李重吉、馬軍指揮朱洪
實等拒戰,是日誅之,遂令漢瓊自赴魏州迎愍帝。二十六日,明宗晏
駕。月晦,帝至京師主喪。倉卒中,内外制置,皆出贇、弘昭。愍帝即
位,贇、弘昭並典機密,贇與弘昭素猜忌潞王。初,明宗不豫,潞王夫
人繼入省視。及宫車變故,辭疾不來,西使者又伺得潞邸陰事。贇等
不能長轡遠馭以制之,遂出李重吉於外,延比丘於内,又移鎮太原。
是時,不除制書,惟以宣授而已,遂至於稱兵焉。

　　(宋)王欽若等編纂:《册府元龜》卷九三五《總録部》

　　是月,唐清源節度使留從效遣使奉表稱藩,上亦遣使厚賜以撫
之。從效,桃林人,初見開運元年十月。上遣使賜從效,乃二年正月事,今移
入此。

　　(宋)李燾:《續資治通鑒長編》卷一,太祖建隆元年(960)

　　己酉,上御明德門觀燈,宴從臣,江南、吳越使皆與焉。樓前設燈
山火樹,露臺張樂,陳百戲。外國客各獻本國歌舞,遂賜以酒食。

　　(宋)李燾:《續資治通鑒長編》卷二,太祖建隆二年(961)

　　己卯,遣通事舍人王守正使江南,勞唐主之遷都也。守正,未見。

　　(宋)李燾:《續資治通鑒長編》卷二,太祖建隆二年(961)

八月甲辰，唐桂陽郡公徐遼奉其主景遺表來上。遼，未見。

（宋）李燾：《續資治通鑑長編》卷二，太祖建隆二年（961）

九月壬戌，唐主煜遣中書侍郎馮謐來貢。謐，即延魯也。唐主手表自陳本志沖淡，不得已而紹襲，事大國不敢有二，鄰於吳越，恐爲所讒。上優詔以答焉。初，周世宗既取江北，貽書江南，如唐與回鶻可汗之式，但呼國主而已，上因之。於是，始改書稱詔。

（宋）李燾：《續資治通鑑長編》卷二，太祖建隆二年（961）

唐主以南都留守韓王從善爲司徒、兼侍中、諸道兵馬副元帥，鄧王從鎰爲司空、南都留守。令諸司無職事官四品以下至九品，日二員待制於内殿，仍各上封事三兩條。時有才高位下者，私喜其言得達，多所開陳，而迄莫施行，衆始失望。

（宋）李燾：《續資治通鑑長編》卷二，太祖建隆二年（961）

癸丑，遣供奉官李崇贄崇贄，未見。使江南，殿直孫全璋全璋，未見。使吳越，賜以羊馬橐駝等。

（宋）李燾：《續資治通鑑長編》卷二，太祖建隆二年（961）

乙亥，遣使如江南，賜唐主生辰國信物。

（宋）李燾：《續資治通鑑長編》卷三，太祖建隆三年（962）

唐馮謐表求舒州舊宅及田，詔賜之。

（宋）李燾：《續資治通鑑長編》卷三，太祖建隆三年（962）

先是，唐將士降者，其家屬猶在江南。五月丁巳朔，詔唐主尋訪發遣。

（宋）李燾：《續資治通鑑長編》卷三，太祖建隆三年（962）

江南降卒,其弱者不能軍,壬戌,歸數千人於唐。

（宋）李燾:《續資治通鑒長編》卷三,太祖建隆三年(962)

己未,賜江南及吳越戰馬、駝、羊有差。

（宋）李燾:《續資治通鑒長編》卷四,太祖乾德元年(963)

上聞高繼冲托以供億王師,貸民錢帛,下詔止之。

（宋）李燾:《續資治通鑒長編》卷四,太祖乾德元年(963)

高繼冲自以年幼,未知民事,刑政、賦役委節度判官孫光憲,軍旅、調度委衙內指揮使梁延嗣,謂曰:"使事事得中,人無間言,吾何憂也。"

李處耘至襄州,時慕容延釗被病,詔令肩輿即戎事。處耘先遣閤門使臨洺丁德裕諭繼冲以假道之意,請具薪水給軍。繼冲與其僚佐謀,以民庶恐懼爲辭,願供芻餼百里外。處耘又遣德裕往,光憲及延嗣請許之。兵馬副使李景威說繼冲曰:"今王師雖假道以收湖湘,然觀其事勢,恐因而襲我。景威願效犬馬之力,假兵三千,於荊門中道險隘處設伏,候其夜行,發伏攻其上將,王師必自退却,回軍收張文表以獻於朝廷,則公之功業大矣。不然,且有搖尾求食之禍。"繼冲曰:"吾家累歲奉朝廷,必無此事,爾無過慮,況爾又非慕容延釗之敵乎?"景威又曰:"舊傳江陵諸處有九十九洲,若滿百則有王者興。自武信王之初,江心深浪之中,忽生一洲,遂滿百數,昨此洲漂没不存,兹亦可憂也。"光憲謂繼冲曰:"景威,峽江一民爾,安識成敗。且中國自周世宗時,已有混一天下之志。聖宋受命,凡所措置,規模益宏遠。今伐文表,如以山壓卵爾。湖湘既平,豈有復假道而去耶!不若早以疆土歸朝廷,去斥堠,封府庫以待,則荊楚可免禍,而公亦不失富貴。"繼冲以爲然。景威知計不行,出而嘆曰:"大事去矣,何用生爲!"因扼吭而死。景威,歸州人也。繼冲遣延嗣與其叔父掌書記保寅,奉牛酒來犒師,且覘師之所爲。

　　壬辰,師次荆門,處耘見延嗣等,待之有加,諭令翼日先還。延嗣喜,馳使報繼冲以無虞。荆門距江陵百餘里,是夕,延釗召延嗣等宴飲於其帳,處耘將輕騎數千倍道前進。繼冲初但俟保寅、延嗣之還,遽聞大軍奄至,即皇恐出迎,遇處耘於江陵北十五里。處耘揖繼冲,令待延釗,而率親兵先入,登北門。比繼冲與延釗俱還,則王師已分據衝要,布列街巷矣。繼冲大懼,即詣延釗,納牌印,遣客將王昭濟等奉表以三州,十七縣,十四萬二千三百户來歸。

　　　　（宋）李燾:《續資治通鑒長編》卷四,太祖乾德元年(963)

　　清源留後張漢思,年老醇謹,不能治軍旅,事皆決於副使陳洪進。漢思諸子並爲牙將,頗不平,圖害洪進。漢思亦患其專,乃大饗將吏,伏甲於内,將殺洪進。酒數行,地忽大震,棟宇傾側,坐立皆不自持,同謀者懼,以告洪進。洪進亟出,衆驚悸而散。漢思事不成,慮洪進先發,常嚴兵爲備。洪進子文顯、文灏,俱爲指揮使,勒所部欲擊漢思,洪進不許。

　　　　（宋）李燾:《續資治通鑒長編》卷四,太祖乾德元年(963)

　　癸卯,此據《實録》所載賜李煜詔書。洪進袖置大鎖,從二子常服安步入府中,直兵數百人,皆叱去之,漢思方出内合,洪進即自外鎖其門,謂漢思曰:“軍吏以公耄荒,請洪進知留務,衆情不可違,當以印見授。”漢思錯迕,不知所爲,乃自門扇間投印與之。洪進遽召將校吏士告之曰:“漢思不能爲政,授吾印矣。”將吏皆賀。即日,遷漢思外舍,以兵衛送,遣使請命於唐,又遣牙將魏仁濟間道奉表來告。漢思退居數年,以壽終。徐鉉《江南録》並《九國志》,載洪進遣使告李煜,煜即以洪進爲清源節度使,《國史》因之。按煜再上表,乞寢洪進恩命,安得便自除洪進節度使也,今不取。《國史》又稱荆湖平,洪進懼,始遣魏仁濟。按洪進既奪漢思印,即遣仁濟告於朝,不緣平荆湖也。

　　　　（宋）李燾:《續資治通鑒長編》卷四,太祖乾德元年(963)

北漢宿衛殿直行首王隱、劉詔、趙巒等謀叛，事覺被誅，其辭連樞密使段常。北漢主出常爲汾州刺史，尋縊殺之。初，北漢主寵姬郭氏，醫僧之女也。僧嘗與嫠婦通，而生姬，有殊色，北漢主嬖之，將立爲妃，常謂所出非偶，恐貽笑鄰國，北漢主乃止。姬之昆弟姻戚，又多抑而不用，故諸郭咸怨，因譖殺常。常死非其罪，國人憐之。以司徒、兼門下侍郎、平章事趙弘兼樞密使，吏部侍郎、參議中書事郭無爲爲左僕射、兼中書侍郎、平章事。無爲與弘不協，北漢主出弘爲汾州刺史，無爲兼樞密使，軍國之務，一以委焉。無爲又譖弘在汾州不治，徙嵐州。按《國史》趙文度傳：天會四年，文度自翰林學士承旨、兵部尚書爲中書侍郎、平章事，轉門下侍郎、兼樞密使，加司徒。久之，與郭無爲不協，乃出知汾州。而《九國志》文度傳，云劉崇建國，即拜中書侍郎、平章事。又不載其後所遷門下、司徒等官，止於《世家》載文度以學士爲兵部尚書、平章事、兼樞密使，郭無爲同執政。而無爲傳又稱文度與無爲不協，既出知汾州，段常乃被殺。《國史》亦同。按崇初建國，鄭琪、趙華爲相，非文度也。出知汾州亦不在段常被殺之前，《國史》及《九國志》皆誤。《五代史》及《九國志》又以常被殺在天會五年七月，亦誤也。今並從《十國紀年》。

　　　　　　　（宋）李燾：《續資治通鑑長編》卷四，太祖乾德元年（963）

以泰州團練使潘美爲潭州防禦使。南漢人數寇桂陽及江華，美擊走之。溪峒蠻獠，自唐末之亂，不供王賦，頗恣侵掠，爲居民患。美帥兵深入，窮其巢穴，斬首百餘級，餘黨散潰。美悉令招誘，貸其罪，以己俸市牛酒宴犒，賜金帛慰撫之，夷落遂定。潘美以甲申除防禦使，此事當在後，今附見。

　　　　　　　（宋）李燾：《續資治通鑑長編》卷四，太祖乾德元年（963）

魏仁濟以陳洪進表至。洪進自稱清源節度副使、權知泉、南等州，聽命於朝。上先遣通事舍人王班賷詔撫諭。

　　　　　　　（宋）李燾：《續資治通鑑長編》卷四，太祖乾德元年（963）

十一月丁巳，賜唐主詔，具言所以納洪進之意，且將授旄鉞也。
王班，未見。

（宋）李燾：《續資治通鑑長編》卷四，太祖乾德元年（963）

癸卯，唐主上表，言陳洪進首鼠兩端，不可聽，乞寢其旄鉞。上復
以詔諭之，唐主乃聽命。李煜乞寢陳洪進恩命，止此一表耳。《國史》乃有二
表，先在建隆三年，後在建隆四年。其稱三年者誤也，今不取。大抵《國史》洪進
傳誤特甚。

（宋）李燾：《續資治通鑑長編》卷四，太祖乾德元年（963）

乙巳，唐主上表乞呼名，詔不允。

（宋）李燾：《續資治通鑑長編》卷四，太祖乾德元年（963）

庚子，改清源軍爲平海軍，命陳洪進爲節度使，其子文顥爲副使，
文顥爲南州刺史。洪進每歲貢奉，多厚斂於民，又籍民貲百萬以上
者，令入錢補協律、奉禮郎，而蠲其丁役。子弟親戚，交通賄賂，二州
之民甚苦之。案薛應旂《續通鑑》作“一州之民甚苦之”。

（宋）李燾：《續資治通鑑長編》卷五，太祖乾德二年（964）

始於江北置折博務，禁商旅過江。詔諭唐主，恐其挾中國之勢，
有所侵擾也。《國史》李煜傳乃云今年以江南洊饑，始開過江折博樵采之禁。
與《實錄》異，蓋誤也。

（宋）李燾：《續資治通鑑長編》卷五，太祖乾德二年（964）

陪臣諫諸侯之臣曰陪臣

王蜀咸康年，後主將幸天水，群臣列疏懇諫，上意不從。前秦州
節度掌書記蒲禹卿獨上一表云：“秦皇之鑾駕不回，煬帝之龍舟不
返。”至今傳爲忠臣。及後主降唐，至雍州受死。蒲君隨例赴洛，亦在
長安，痛後主遭誅，朝廷失信，於驛門大慟，仍書五十六字而歸。雍守

捕之。蒲已還蜀。其詩曰："我王銜璧遠稱臣,何事全家併殺身。漢
舍子嬰名尚在,魏封劉禪事猶新。非干大國渾無識,都是中原未有
人。獨向長安盡惆悵,力微何路報君親。"《直諫後主幸秦州表》云:
"臣某言:"頓首死罪。臣聞堯有敢諫之鼓,舜有誹謗之木,湯有司過
之士,周有戒慎之韶。蓋古者明君克全帝道,欲知己罪,要納讜言。
將引咎而責躬,庶理人而修德。陛下自承祧秉篆,正位當天。愛聞逆
耳之忠言,每許犯顏而直諫。且先皇帝許昌振迹,閬苑興師。歷艱辛
於草昧之時,受危險於虎爭之際。胼胝戈甲,寢寐風霜。申武力而取
中原,立戰功而平多壘。亡軀致命,事主勤王。方得成家,至於開國。
今日鴻基霸盛,大業推崇。地及雍岐,界連荊楚。信通吳越,威定蠻
陬。郡府頗多,關河甚廣。人物秀麗,土產繁華。當四海輻湊之秋,
成萬代龍興之業。陛下生當富貴,坐得乾坤。但好歡娛,不思機變。
臣欲望陛下以名教而自節,以禮樂而自防。修道德之規,受師傅之
訓。知社稷之不易,想稼穡之最難。惜高祖之基模,似太宗之臨御。
賢賢易色,孜孜爲心。無稽之言勿聽,弗詢之謀勿用。聽五音而受
諫,以三鏡而照懷。少止宿於諸處林亭,多歷覽於前王書史。別修上
德,用卜遠圖。莫遣色荒,無令酒惑。常親政事,勿恣閒游。臣竊聞
陛下欲出成都,看於邊壘。且天雄地遠,路惡難行。險棧敧雲,危峰
插漢。稍雨則吹摧閣道,微泥則阻滑山程。豈可鳴鑾,唯堪叱馭。又
復秦州敵境咫尺,塞邑荒涼。人雜羌戎,地多疫瘴。別無風華異境,
不可選勝尋幽,隴水聲清,邊笳韻咽。營中只帶甲之士,城上宿枕戈
之人。看烽火於孤峰,朝朝疑慮;睹望旗於絕嶺,日日堤防。是多山
足雲之鄉,即易動難安之境。麥積崖無可瞻戀,米谷峽何足聞知。縱
過嗟山,須通怨水。秦穆圍馬之地,隗囂僭位之邦。其次一人出行,
百司參從。千群霧擁,萬衆星馳。當路州縣凋殘,所在館驛隘小。止
宿尚猶不易,供須固是極難。縱若宮中指揮,自破屬省錢物。未免因
依擾踐,觸處凌持。以此細論,不合輕動。其類蒼龍出海,雲行雨施。
豈合浪靜風恬,必見傷苗損物。所以鑾輿須止,天步難移。況頃年大
駕只到山南,猶不下關,進發兵士。此時直至天水,未審制置如何。

當初打破梁原城池,虜掠義寧戶口。截腕者非一,斬首者倍多。匪唯生彼人心,而亦損茲聖德。今去洛京不遠,復聞大駕重來。彼則預有計謀,此則便須征討。況鳳州久爲讎敵,必貯奸謀。切慮妄措妖詞,致生釁隙。又陛下與唐國方申歡好,信幣交馳。但慮聞道聖駕親行,別懷疑忌,其或專差使命請陛下境上會盟,未審聖躬去與不去。若去,則須似秦趙爭強,彼此難屈;若不去,則便同魯衞不睦,戰伐茲興。酌彼未萌,料其先見。願陛下思忖。臣伏聞自古帝王省方巡狩,吊民伐罪,展義觀風。然後便歸九重,別安萬姓。陛下累曾游歷,未聞一件教條,止於踐涉山川,驅馳人馬。閬苑則舟船幾溺,青城則嬪婇將沉。自取驚憂,爲何切事。及還京輦,並不說於軍民,迫鬱衆情,莫彰帝德。憶昔先皇帝在日,未省無故巡游。陛下纂承已來,樂意頻離宮闕。此時依前整蹕,又擬遠別宸居。昔秦皇之鑾駕不回,煬帝之龍舟不返。陛下聖逾秦帝,明勝隋皇。且無北築之虞,焉有東游之弊。陛下寬仁大度,廣孝深慈。知稼穡之艱難,識古今之成敗。自防得失,不縱襟懷。豈忍致却宗祧,云言道斷。使蒸民以何托,令慈母以何辜。若不慮於危亡,實恐乖於仁孝。況玉京金闕,寶殿珠樓。内苑上林,瑤池瓊圃。香風滿檻,瑞露盈盤。鈞天之樂奏《九韶》,回雪之舞呈八佾。簇伸仙於紫禁,耀珠翠於皇宮。如論萬乘之居,便是三清之境。人間勝致,天下所無。時或追游,足觀奇趣。何必傾於遠塞,看彼荒山。不惜聖躬,有何裨益。方今中原有人,大事未了。但當國生靈受弊,盜賊橫行。縱邊庭無烽火之虞,而内地有腹心之患。陛下千年膺運,一國稱尊。文德武功,經天緯地。孝逾於舜,仁甚於湯。百行皆全,萬機不撓。聰明博達,識度變通。深負規模,獨懷殷鑒。方居大寶,正是少年。既承社稷之基,復抱山河之險。何不遠聽邇察,居安慮危。辟四門以求賢,總萬機而行事。咸修一德,端坐九重,使恩威並行,賞罰必當。平分雨露,遍療瘡痍。庶表裏寬奢,保子孫昌盛。布臨人之惠化,蓋救物之玄功。選揀雄師,思量大計。振彼鴟張之勢,壯茲虎視之威。秣馬訓兵,豐糧利器。彼若稍有微釁,此則直下平吞。正取時機,大行王道。自然百靈垂祐,四海歸仁。衆志成

城,天下治理。今則蜀都强盛,諸國不如,賢士滿朝,聖人當極。臣願
百姓樂於正觀,萬乘明於太宗。采藥石之言,聽芻蕘之説。愛惜社
稷,醫療軍民。同武王諤諤而昌,鄙主絑唯唯而滅。無飾非拒諫之
事,有面折庭諍之人。固我春朝,保我皇化。陛下莫見居人稠疊,謂
言京輦繁華。蓋是外郡凌殘,住止不得。所以競來臻凑,貴且偷安。
今諸州虐理既多,百姓失業欲盡。荒田不少,盗賊成群。伏乞陛下稍
布腹心,即當聞見。蜀國從來創業,多乏永謀。或德不及於兩朝,或
祚不延於七代。劉禪俄降於鄧艾,李勢遽歸於桓温。皆謂不取直言,
不恤政事,不行王道,不念生民。以至國亡,人心何係山河之險,不足
可憑。陛下至聖至明,如堯似舜,豈後主而相匹,豈子仁而比倫。有
寬慈至孝之名,有遠見長謀之策。不信詔媚,不耽荒淫。出入而所在
防微,動静而無非經久。必致萬年之業,終爲四海之君。願陛下且駐
鑾輿,莫離京國。候中原無事,八表來王。天下人心,咸歸我主。若
群流赴海,衆蟻慕膻。有道自彰,無思不服。非唯要看天水,直可便
坐長安。是微臣之至懇,舉國之深願也。臣聞昔者天子有静臣七人,
雖無道不失其天下。是以輒傾丹懇,仰諫聖明。不藉官榮,不謀名
譽。情非訕上,理切愛君。雖無折檻之能,但有觸鱗之罪。不避誅
殛,輒扣天庭。臣死如萬類之中去一螻蟻。陛下或全無忖度,頻向邊
陲,遺聖母以憂心,令庶僚以懷慮。全迷得失,自取疲勞。倘有不虞,
悔將何益! 臣願陛下稍開諫路,微納臣言。勿違聖後之情,且允國人
之望。俯存大計,莫去邊陲。干犯冕旒,無任憂惕。冒死待罪,激切
屏營之至。謹奉表直諫以聞。臣某誠惶誠恐,頓首頓首,死罪死罪,
謹言。"

(後蜀)何光遠:《鑒誡録》卷七

　　甲戌,命忠武節度使王全斌爲西川行營鳳州路都部署,按《宋史》
作西川行營前軍兵馬都部署。武信節度使、侍衛步軍都指揮使大名崔彦
進副之,樞密副使王仁贍爲都監;寧江案宋史作江寧節度使、侍衛馬軍
都指揮使劉光義爲歸州路副都部署,案《宋史》作西川行營前軍兵馬都部

署。内客省使、樞密承旨曹彬爲都監。合步騎六萬，分路進討。給事中沈義倫爲隨軍轉運使，均州刺史大名曹翰爲西南面轉運使。翰，初見顯德元年。王仁贍以樞密副使爲行營都監，在節度使下，蓋此時西府品秩殊未崇也。上以西川將校多北人，賜詔諭令轉禍爲福，有能鄉道大軍，供餉兵食，率衆歸順，舉城來降者，當議優賞。行營所至，毋得焚蕩廬舍，毆掠吏民，開發邱墳，剪伐桑柘，違者以軍法從事。命八作司度右掖門，南臨汴水，爲蜀主治第，凡五百餘間，供帳什物皆具，以待其至。

乙亥，全斌等辭，宴於崇德殿，賜金玉帶、衣帛、鞍馬、戎器有差。上出畫圖授全斌等，因謂曰："西川可取否？"全斌等對曰："臣等仗天威，遵妙算，克日可定也。"龍捷右廂都指揮使史延德延德，未見。前奏曰："西川若在天上，固不可到，在地上到即平矣。"上嘉其果敢，慰勉之。又謂全斌等曰："凡克城寨，止借其器甲、芻糧，悉以錢帛分給戰士，吾所欲得者，其土地耳。"

　　　（宋）李燾：《續資治通鑑長編》卷五，太祖乾德二年（964）

蜀主聞有北師，以王昭遠爲北面行營都統，左右衛聖馬步軍都指揮使趙崇韜崇韜，初見顯德二年，庭隱子，庭隱見長興二年。爲都監，山南節度使韓保正保正，初見乾祐元年。爲招討使，洋州節度使李進進，初見顯德二年。爲副招討使，帥兵拒戰。蜀主謂昭遠曰："今日之師，卿所召也，勉爲朕立功。"昭遠好讀兵書，頗以方略自任，始發成都，蜀主命宰相李昊等餞之城外。昭遠手執鐵如意指揮軍事，自比諸葛亮，酒酣，攘臂謂昊曰："吾此行何止克敵，當領此二三萬雕面惡小兒，取中原如反掌耳。"

　　　（宋）李燾：《續資治通鑑長編》卷五，太祖乾德二年（964）

仿十在

有唐《十在》著自簡編，爲古今之美談，顯君臣之強盛。林員外屋亦著《前蜀十在》，行自閭閻，明其禍亂之胎，示以君臣之醜。雖爲謗訕,深鑒是非。慮墜斯文,輒編於此。其文曰:"咸康元年,蜀主臨軒,龍顔不悦,群臣失色,罔知所安。時有特進檢校太傅顧在珣越班奏曰:'臣聞主憂臣辱,主辱臣死。今聖慮懷憂,臣等請罪。'帝曰:'北有後唐霸盛,南有蠻蜑强良,朕雖旰食宵衣,納隍軫慮,此不能興師吊伐,彼不能臣子來王,恐社稷不安,爲子孫之患,是以憂爾。'在珣奏曰:'只如興土木於禁中,選驍雄於手下,迥持斧鉞出鎮藩籬。飾宮殿於遐方,命鑾輿而遠幸。爲釁之兆,爲禍之元,有王承休在。摧挫英雄,吹揚佞娸,全無斟酌,謬處腹心,斷性命於戲玩之間,戮仇讎於樞機之下。有功勞而皆弃,非賄賂而不行,有宋光嗣在。受先皇之付囑,爲大國之棟梁。既不輸忠,又不能退。恣一門之奢侈,任數子之驕矜。徒爲饕餮之人,實非社稷之器,有王宗弼在。迥徹烟霄,殊非謇諤。興亂本逞章呈之妙,説奸謀事頰舌之能。立致傾亡,尚居左右,有韓昭在。常加慘毒,每恣貪殘。焚爇軍營,要寬私第。不道喧騰於衆口,非違信任於愚懷,有歐陽晃在。酷毒害民,加刑聚貨。叨爲郡守,實負天恩。瘡痍已遍於陽安,蒙蔽由憑於内密,有田魯儔在,爲君王之元舅,受保傅之尊官。但務奢華,不思輔弼。第宅迥同於上苑,珠珍未滿於貪心,有徐延瓊在。出爲留守,入掌樞機。無謇諤以佐君,但唯唯而徇旨,有景潤澄在。搜求女色,悦暢宸襟。常叨不次之恩,每冒無厭之寵。敷對唯誇於辯博,佐時不籍於經綸。素非忠賢,實爲忝竊,有嚴凝月在。唱亡國之音,銜趨時之伎。每爲巫覡,以玩聖明。致君爲桀紂之行,昧主乏唐虞之化,有臣在。陛下任臣如此,何憂社稷不安。'帝聞所奏,大悦龍顔。於是賜顧在珣絹五百匹,進加右金吾衛將軍、開府儀同三司、檢校太尉,仍令所司編入史記。"

(後蜀)何光遠:《鑒誡録》卷七

以西川用兵,賜歸、陝州民今年秋租已輸者籍之,充來年之數。

(宋)李燾:《續資治通鑒長編》卷五,太祖乾德二年(964)

辛酉，王全斌等攻拔乾渠渡、萬仞、燕子等寨，遂取興州，敗蜀兵七千人，獲軍糧四十餘萬石，刺史藍思綰退保西縣。全斌又攻石圌、魚關、白水閣二十餘寨，皆拔之。

(宋)李燾:《續資治通鑑長編》卷五，太祖乾德二年(964)

蜀招討使韓保正聞興州破，遂弃山南退保西縣。馬軍都指揮使史延德以先鋒至，保正懦，懼不敢出，遣兵數萬人，依山背城，結陣自固。延德擊走之，追擒保正及其副李進，獲糧三十餘萬斛。《九國志》言保正弃興元，保西縣。王師進攻西縣，遂擒保正。《十國紀年》並《實錄》載保正被擒處則三泉也。《國史》保正、進傳與《九國志》同，今從之。崔彥進與馬軍都監康延澤等逐北過三泉，遂至嘉川，殺虜甚衆。蜀主燒絶棧道，退保葭萌。

劉光義等入峽路，連破松木、三會、巫山等寨，殺其將南光海等，死者五千餘人，生擒戰棹都指揮使袁德弘等千二百人，奪戰艦二百餘艘，又斬獲水軍六千餘衆。初，蜀於夔州鎖江爲浮梁，上設敵棚三重，夾江列炮具。光義等行，上出地圖，指其處謂光義曰:"泝江至此，切勿以舟師爭勝，當先遣步騎潛擊之，俟其稍却，乃以戰棹夾攻，可必取也。"光義等未至鎖江三十里許，舍舟，前奪浮梁，復引舟而上，遂頓兵白帝廟西。

蜀寧江節度使太原高彥儔，彥儔，初見顯德二年。謂副使趙崇濟、崇濟，未見。監軍武守謙守謙，未見。曰:"北軍涉險遠來，利在速戰，當堅壁待之。"守謙曰:"寇據吾城下而不擊，又何待也?"戊辰，守謙獨領麾下千餘人以出，光義遣馬軍都指揮使陵川張廷翰等引兵與守謙等戰於猪頭鋪，守謙敗走，廷翰乘勝登其城，彥儔整衆將出鬥，而廷翰等已入其城中矣。彥儔力戰不勝，身被十餘創，左右皆散去。彥儔奔歸府第，判官羅濟濟，未見。勸彥儔單騎歸蜀，彥儔曰:"我昔已失秦川，今復不能守此，縱人主不殺我，我何面目見蜀人乎?"濟又勸其歸降，彥儔曰:"老幼百口，俱在成都，以一身偷生，舉族何負? 今日止有死耳。"即解符印授濟曰:"君自爲計。"乃反拒其户，整衣冠，望西北再拜,登樓,縱火自焚。後數日,光義等得其骨於灰燼中,以禮葬之。《九國志》云:王師壞門而入,彦儔挺劍拒之,殺十餘人,乃登樓,縱火自焚而死。《十國紀年》亦云,今不取。

王全斌以蜀人斷棧,大軍不得進,議取羅川路入蜀。康延澤潛謂崔彦進曰:"羅川路險,衆難並濟,不如分兵修棧,約會大軍於深渡可也。"彦進遣白全斌,全斌許之。不數日,閣道成,遂進擊金山寨,又破小漫天寨,而全斌亦以大軍由羅川至深渡,與彦進會。蜀人依江而陣,彦進遣步軍都指揮使張萬友萬友,未見。等擊之,奪其橋。會暮夜,蜀人退守大漫天寨。明日,彦進、延澤、萬友分兵三道擊之。蜀人悉其精銳來拒,又大破之,乘勝拔其寨,擒寨主義州刺史王審超、監軍趙崇渥及三泉監軍劉延祚。都統王昭遠、都監趙崇韜引兵來戰,三戰三敗,追奔至利州北,昭遠等遁去,渡桔柏津,焚浮梁,退保劍門。壬申晦,全斌等入利州。獲軍糧八十萬斛。《九國志》《十國紀年》《蜀檮杌》皆言蜀人雖燒棧道,而江水淺涸,岸路平闊,王師皆徒步而進,與《國史》不同,事恐不然,今不取。《新錄》載大漫天之戰,全斌禽其寨主王審超、監軍趙崇渥、三泉監軍劉延祚。全斌本傳乃云趙崇渥逃出,復與三泉監軍劉延祚及王昭遠等來戰。按明年正月己丑,《實錄》書軍前部送大漫天寨主王審超、監軍趙崇渥,則似同時執獲也。今從《新錄》。劉延祚又不知究竟,當考。

詔西川行營所克復州縣,僞署將士有竄匿者,限一月於所在陳首,釋其罪。

（宋）李燾:《續資治通鑑長編》卷五,太祖乾德二年(964)

亡國音

王後主咸康年,晝作鬼神,夜爲狼虎,潛入諸宮内,驚動嬪妃。老小奔走,往往致卒。或狂游玉壘,書王一於倡樓;或醉幸青城,溺内家於灌口。數塗脂粉,頻作戎裝。又内臣嚴凝月等競唱《後庭花》《思越人》及搜求名公豔麗絶句隱爲《柳枝詞》。君臣同座,悉去朝衣,以晝連宵,弦管喉舌相應,酒酣則嬪御執卮,后妃填辭,令手相招,醉眼相盼,以至履舃交錯,狼籍杯盤。是時淫風大行,遂亡其國。《後庭花》者，亡陳之曲，故杜牧舍人宿秦淮有詩曰："烟籠寒水月籠沙，夜泊秦淮傍酒家。商女不知亡國恨，隔江猶唱《後庭花》。"又胡曾《咏史》詩曰："鄰國機權未可涯，如何後主恣驕奢。不知即入宮前井，猶自聽歌《玉樹花》。"《思越人》者，亡吳之曲，故胡曾《咏史》詩曰："吳王恃霸弃雄才，貪向姑蘇醉淥醅。不覺錢塘江上月，一宵西送越兵來。"《柳枝》者，亡隋之曲。煬帝將幸江都，開汴河種柳，至今號曰隋堤，有是曲也。胡曾《咏史》詩曰："萬里長江一旦開，岸邊楊柳幾千栽。錦帆未落干戈起，惆悵龍舟更不回。"又韓舍人《咏柳》詩曰："梁苑隋堤事已空，萬條猶舞舊春風。那堪更想千年後，誰見楊花入漢宮。"又賀秘監知章、羅給事隱咏柳，輕巧風豔，無以加焉，賀君詩曰："碧玉妝成一樹高，萬條垂下綠絲條。不知細葉誰裁出，二月春風似剪刀。"羅詩曰："嫋嫋和烟映玉樓，半垂橋上半垂流。今年漸見枝條密，惱亂春風卒未休。"又李博士涉有《題錦浦垂柳》曰："錦池江口柳垂橋，風引蟬聲送寂寥。不必如絲千萬樹，只禁離恨兩三條。"

（後蜀）何光遠：《鑒誡録》卷七

　　蜀主聞王昭遠等敗，甚懼，乃多出金帛，益募兵守劍門，命太子玄喆爲元帥，武信節度使、兼侍中李廷圭廷圭，初見天福十二年。及前武定節度使、同平章事張惠安惠安，未見。副之。帶甲萬餘，旗幟悉用文綉，紬其杠以錦。將發而雨，玄喆慮其沾濕，悉令解去。俄雨止，復斾之，則皆倒縣杠上。玄喆又輦其姬妾及伶人數十以從，見者莫不竊笑。

　　王全斌等自利州趨劍門，次益光，會議曰："劍門天險，古稱一夫荷戈，萬夫莫當，諸軍各宜陳進取之策。"侍衛軍頭向韜曰："得降卒牟進言，益光江東越大山數重，有狹徑，名來蘇，蜀人於江西置柵，對岸可渡。自此出劍門南二十里，至青疆店與官道合。若大軍行此路，則劍門之險不足恃也。"全斌等即欲卷甲赴之，康延澤曰："蜀人數戰數敗，膽氣奪矣，可急攻而下也。且來蘇狹徑，主帥不宜自行，但可遣一偏將往耳。若抵青疆，北與大軍夾擊劍門，昭遠等必成擒矣。"全斌等然之,命史延德分兵趨來蘇,跨江爲浮梁以濟。蜀人見之,弃寨而遁。
延德遂至青疆,王昭遠等引兵退駐漢源坡,以其偏將守劍門,全斌等
以銳兵奮擊,破之。及漢源,趙崇韜布陣,策馬先登,昭遠據胡床,不
能起。崇韜戰敗,猶手斬數人,乃被執,昭遠免胄弃甲而逃。全斌等
遂取劍州,殺蜀軍萬餘人。昭遠投東川,匿民倉舍下,悲嗟流涕,目盡
腫,惟誦羅隱詩曰“運去英雄不自由”,俄亦爲追騎所獲。太子玄喆與
李廷圭等日夜嬉游,不恤軍政,至綿州,聞劍門已破,將退保東川。翌
日,弃軍西還,所過盡焚其廬舍倉廩乃去。

蜀主知劍門已破,太子玄喆亦奔還,惶駭不知所爲,問左右:“計
將安出?”有老將石奉頵者案五代史作石頵,薛應旂《續通鑒》作石斌,與此
互異。對曰:“東兵遠來,勢不能久,請聚兵堅守以敝之。”蜀主嘆曰:
“吾父子以豐衣美食養士四十年,一旦遇敵,不能爲吾東向放一箭,今
雖欲閉壁,誰肯效死者!”司空、兼武信節度使、平章事李昊勸蜀主封
府庫以請降,蜀主從之,因命昊草表。己卯,正月七日也,據孟昶後所上
表云爾。遣通奏使、宣徽北院使太原伊審征審征,初見廣順元年。奉降
表詣軍前。初,前蜀之亡也,降表亦昊所爲,蜀人夜書其門,曰“世
修降表李家。”當時傳以爲笑。熊克《九朝通略》:又王衍降唐日,李昊草
其表。

乙酉,王全斌等次魏城,伊審征以蜀主降表至。全斌受之,遣先
鋒都監、通事舍人田欽祚乘驛奏人。又遣康延澤領百騎趨成都,見蜀
主諭以恩信,慰撫軍民。留三日,乃還。欽祚,汝陰人也。

(宋)李燾:《續資治通鑒長編》卷六,太祖乾德三年(965)

初,劉光義等發夔州,萬、施、開、忠等州刺史皆迎降,及遂州,知
州事、少府少監陳愈亦降。光義入城,盡以府庫錢帛給軍士。諸將所
過,咸欲屠戮以逞,獨曹彬禁之,乃止,故峽路兵始終秋毫不犯。上聞
之,喜曰:“吾任得其人矣。”賜彬詔褒之。

辛卯,王全斌等至升仙橋,蜀主備亡國之禮,見於軍門,全斌承制
釋之。蜀主復遣其弟保寧節度使、雅王仁贄奉表求哀。仁贄,初見乾祐

三年。《九國志》孟昶世家及《蜀檮杌》皆言全斌承制釋昶罪,昶翌日遂舉族歸朝。據《國史》昶傳,昶既見全斌,復遣仁贄奉表,得太祖還詔,乃出蜀。又據全斌傳,全斌等入成都後十餘日,劉光義始自峽路至,昶饋遺光義及犒其師,並如全斌等。若全斌十九日入成都,昶二十日遂行,安能饋光義且犒其師也?然所稱後十餘日,亦恐差誤。按《新錄》光義遂州之奏以二十一日到京師,度其克遂州時,必在中旬初。遂州至成都不遠,無緣滯留兩旬後始到也。當時全斌等於魏城得昶降表後十餘日耳,得降表十餘日,乃二十三、四間,此時昶固未出蜀,猶可以遣饋光義且犒其師也。《錦里耆舊傳》云二月四日,光義入城。《續傳》又云十一日南路大軍始入城。《前傳》差近之,《續傳》比全斌傳又增十餘日矣。今皆不取。昶舉族歸朝,疑在丁酉赦書到後。不然,二月間與偽官同發,恐不能待仁贄還詔矣。《續耆舊傳》云二月十九日離成都,自眉州乘船下峽,《前傳》又云十七日,兩說又不同,莫知孰是。或者全師雄作亂,二月間道路不通,少留眉州,三月上旬末始能下峽乎?仁贄以正月十九日赴闕,二月十九日見。昶復上表謝不名及呼國母,則三月七日也。

丙申,田欽祚至自西川。孟昶降表以其先人墳廟及老母爲請,上優詔答之,並諭西川將吏、百姓等使皆安堵如故。

丁酉,赦蜀管內。蠲乾德二年逋租,賜今年夏稅之半。凡無名科役及增益賦調,令諸州條析以聞,當除之。成都民食鹽斤爲錢百六十,減六十,諸州鹽減三之一。民乏食者賑之。擄獲生口還其主。偽文武官將校奉孟昶來降者,並委王全斌奏其名。亡命群盜,許一月內陳首。有懷才挺操,恥仕偽庭者,所在搜訪。先賢邱壟並禁樵采,前代祠廟咸加營葺。

自全斌等發京師至昶降,才六十六日。凡得州四十六,縣二百四十,戶五十三萬四千二十九。《宋朝大事記》以劍閣之險,太祖取之,兵不過五萬,自發京師至昶降,不過六十六日,何其易也。觀其遣將之日,先爲蜀主治第以待其至,詔有司治昶第一區凡五百餘間,遂以賜之。又命所破郡縣傾府庫以賞戰士,國家所取惟土疆爾,則太祖混一之志,固有以知之也。初,王師之下西蜀也,諸將所過咸欲屠戮,獨曹彬禁止之,上聞之,喜曰:"吾任得其人矣。"賜詔褒之。王仁贍自蜀返,歷詆諸將,獨曰:"清廉畏謹,不負陛下,惟曹彬一人爾!"上嘗問彬以官吏能否,彬惟薦沈義倫可任。初,沈義倫爲隨軍轉運使,入成都,獨居僧寺蔬食,東歸,篋中所有,圖書數卷。上聞清節,故擢用之。人言創業之初，貪可使也，愚可使也，詐可使也，苟可以辦吾事而已。是不知師之上六"開國承家，小人勿用"之義也。漢高祖雖得韓、彭之力，然終受韓、彭之禍。我太祖平蜀之功，賞曹彬而責全斌，任義倫而責仁贍。或告全斌、仁贍等在蜀豪奪子女，隱没貨財。上責之，蓋以曹彬用兵，秋毫無犯，義倫東歸，圖書數卷，而全斌、仁贍之功不足以贖其貪酷之罪。愛民之仁，御衆之術，兩得之矣！

（宋）李燾：《續資治通鑒長編》卷六，太祖乾德三年（965）

全斌等既入成都，後數日劉光義等始至，孟昶饋遺光義等及犒師之禮，並如初。已而詔書頒賞諸軍，亦無差降，兩路將士爭功，始相疾矣。

先是，全斌受詔，每制置必與諸將僉議，因是各爲異同，雖小事亦不能即決。全斌及崔彥進、王仁贍等日夜飲宴，不恤軍務，縱部下掠子女，奪財貨，蜀人苦之。曹彬屢請旋師，全斌等不聽。全斌遣右神武大將軍王繼濤與供奉官王守訥守訥，未見。部送孟昶歸京師。繼濤求宮人及金帛於昶，守訥以白全斌，乃留繼濤不遣。繼濤，河朔人也。仁贍按籍詰所在軍資，將治李廷圭焚蕩之罪，廷圭恐，問計於康延澤，延澤曰："王公志在聲色，苟足其欲，則置不問矣。"廷圭素儉約，不畜妓女，乃求諸姻戚得四人，復假金帛直數百萬以遺仁贍，由是獲免。

（宋）李燾：《續資治通鑒長編》卷六，太祖乾德三年（965）

又詔僞蜀文武官並遣赴闕，賜裝錢有差，治行清白爲衆所知者，所在州府以名聞。發文武官赴闕，《新》《舊録》並無之，此據《本紀》。

（宋）李燾：《續資治通鑒長編》卷六，太祖乾德三年（965）

庚申，孟仁贄至自成都。孟昶所上表有"自量過咎，尚切憂疑"等語，詔答之，其略曰："既自求於多福，當盡滌於前非。朕不食言，爾無過慮。"所答詔仍不名，又呼昶母爲國母。

（宋）李燾：《續資治通鑒長編》卷六，太祖乾德三年（965）

是月，孟昶與其官屬皆挈族歸朝，由峽江而下。據《實録》此月戊寅，孟昶上表謝，詔書不名及呼國母。戊寅，初七日也。昶傳稱昶得太祖還詔乃赴闕，故隱度附見其事於此月。然《續耆舊傳》云：二月十九日離府，自眉州乘船下峽，沿路多值寇盜。蓋二月十九日初發成都，其發眉州，則《續傳》無其日，或少留滯，不可知也。得還詔乃赴闕，疑本傳必不妄，則附其事於此月，差審。

　　（宋）李燾：《續資治通鑑長編》卷六，太祖乾德三年（965）

先是，上遣使以御府供帳迓孟昶於江陵，且命有司爲昶官屬治第，又遣使至江陵，分給鞍馬車乘。乙酉，昶至近郊，皇弟開封尹光義勞之玉津園。丙戌，大陳諸軍於闕前。昶與弟仁贄、子玄喆玄玨、玄玨，初見乾祐三年。宰相李昊等三十三人素服待罪明德門外，詔釋罪，賜昶等襲衣、冠帶。上御崇元殿，備禮見之。禮畢，御明德門，觀諸軍按部還營。遂宴昶等於大明殿，賜物有差。

　　（宋）李燾：《續資治通鑑長編》卷六，太祖乾德三年（965）

己丑，免孟昶三日朝參。
壬辰，復宴昶及其子弟於大明殿。

　　（宋）李燾：《續資治通鑑長編》卷六，太祖乾德三年（965）

六月甲辰，以孟昶爲開府儀同三司、檢校太師、兼中書令、秦國公。長子玄喆爲泰寧節度使，伊審征爲静難節度使。戊申，以昶弟仁贄爲右神武統軍，仁裕右監門衛上將軍，仁操左監門衛上將軍，次子玄玨爲左千牛衛上將軍，李昊爲工部尚書，歐陽炯爲右散騎常侍。仁裕、仁操，見乾祐三年。

　　（宋）李燾：《續資治通鑑長編》卷六，太祖乾德三年（965）

庚戌，孟昶卒。上爲輟五日朝，贈尚書令，追封楚王，謚恭孝，賻布帛千匹，葬事官給。初，昶母李氏隨昶至京師，上屢命肩輿入宮，謂之曰:"國母善自愛,無戚戚懷鄉土,異日當送母歸。"李氏曰:"使妾安往?"上曰:"歸蜀耳。"李氏曰:"妾家本太原,儻獲歸老并門,妾之願也。"時上已有北征意,聞其言,喜曰:"俟平劉鈞,即如母所願。"因厚加資賜。及昶卒,李氏不哭,舉酒酹地曰:"汝不能死社稷,貪生至今日。吾所以忍死者,爲汝在耳,今汝既死,吾安用生!"因不食,數日亦卒。

(宋)李燾:《續資治通鑒長編》卷六,太祖乾德三年(965)

初,南漢邵廷琄屯於洸口以待王師,會王師退舍,廷琄招輯亡叛,訓士卒,修戰備,國人賴以少安。有投匿名書譖廷琄將圖不軌,南漢主信之,是月,遣使賜廷琄死。士卒排軍門見使者,訴廷琄無反狀,請加考驗,弗許,乃相與立廟洸口祠之。

(宋)李燾:《續資治通鑒長編》卷六,太祖乾德三年(965)

是月,唐光穆聖章后鍾氏殂,江左籠山澤之利,國帑甚富。德昌宮,其外府也,簿籍淆亂,不可稽考。劉承勛掌宮事,盜用無算。后喪,衛士當給服者皆無布,但賦以錢。其後德昌宮中屋壞,得布四十間,殆千萬端,蓋義祖相吳日所貯也。其無政事類此。

(宋)李燾:《續資治通鑒長編》卷六,太祖乾德三年(965)

冬十月戊申,遣染院副使李光嗣如江南吊祭。光嗣,未見。

(宋)李燾:《續資治通鑒長編》卷六,太祖乾德三年(965)

南漢西北面招討使吳懷恩爲部下所殺。先是,南漢主命懷恩治戰艦於桂州,懷恩督役嚴,材有良窳不等及制度疏略者,輒行捶撻,執役者皆怨之。於是,作龍舟成,懷恩躬自臨視,以綿冪其手,遍捫鈎楯,匠區彥希在側,因運斤斫其首墮船中,左右驚散。後數日,乃擒彥希斬於市。懷恩爲將數有功,及被害,國人愈恐。南漢主命潘崇徹代其任。懷恩,初見天福八年。崇徹,見廣順二年,皆宦者也。《九國志》世家言

懷恩被殺,在大寶三年。大寶三年,顯德六年也。據《懷恩傳》稱,王師取郴、連
後,懷恩乃死。又《潘崇徹傳》云崇徹代懷恩歲餘,罷兵柄,而世家載崇徹之罷,
在大寶十二年春,則懷恩被殺,當附此年末也。王師取郴州後六年,乃取連州,
今並言郴、連蓋誤耳。潘崇徹不知以何官代懷恩,當考。司馬光《朔記》載此事
於建隆元年四月,且云懷恩被害,乃是月庚辰,龍舟成之日也。蓋用《十國紀
年》,今不取。

(宋)李燾:《續資治通鑒長編》卷七,太祖乾德四年(966)

　　南漢西北面招討使潘崇徹以飛語見疑,南漢主遣内侍監番禺郭
崇岳來覘其軍,戒之曰:"崇徹果有異志,即就誅之。"崇岳至桂州,崇
徹嚴兵衛以見之,崇岳不敢發,還白南漢主曰:"崇徹日夕領伶官百餘
輩,並衣錦綉,吹玉笛,爲長夜之飲,不恤軍政,非有反謀也。"南漢主
怒。會崇徹單騎來歸,南漢主釋不問,但奪其兵權而已。

(宋)李燾:《續資治通鑒長編》卷九,太祖開寶元年(968)

　　上自即位,數出微行,或過功臣之家,不可測。趙普每退朝,不敢
脫衣冠。一夕大雪,普謂上不復出矣,久之,聞扣門聲異甚,亟出,則
上立雪中。普皇恐迎拜,上曰:"已約吾弟矣。"已而開封尹光義至,即
普堂設重裀地坐,熾炭燒肉,普妻行酒,上以嫂呼之。普從容問曰:
"夜久寒甚,陛下何以出?"上曰:"吾睡不能著,一榻之外,皆他人家
也,故來見卿。"普曰:"陛下小天下耶? 南征北伐,今其時也,願聞成
算所向。"上曰:"吾欲收太原。"普嘿然良久,曰:"非臣所知也。"上問
其故,普曰:"太原當西北二邊,使一舉而下,則邊患我獨當之,何不姑
留以俟削平諸國。彼彈丸黑子之地,將何所逃。"上笑曰:"吾意正爾,
姑試卿耳。"於是用師荆、湖,繼取西川。

　　嘗因北漢界上諜者謂北漢主曰:"君家與周氏世仇,宜不屈。今
我與爾無所間,何爲困此一方之人也? 若有志中國,宜下太行以決勝
負。"北漢主遣諜者復命曰:"河東土地兵甲,不足當中國之十一,區區
守此,蓋懼漢氏之不血食也。"上哀其言,笑謂諜者曰:"爲我語劉鈞,

開爾一路以爲生。”故終孝和之世，不以大軍北伐。按太祖云一榻之外皆他人家，則此時猶未平荆、湖也。太宗以建隆二年秋尹開封，開寶六年乃封晉王。邵伯温《見聞錄》云已約晉王者，蓋誤。今改曰吾弟，庶得其實。又云始定下江南之議，此尤誤。若謂荆、湖、西川則可耳。《十國紀年》北漢天會七年，宋帝使邢州人蓋留來謂帝曰：“君家自與周室有隙，何預我事？胡不改圖，使一方之人困苦兵戰！契丹多詐，終不足恃，君必欲中原，何不下太行，與君匹馬較勝負於懷、洛川。”帝遣留歸，曰：“爲我謝趙君，余家世非叛人，欲存漢氏宗祀耳。土地士馬，不能敵君十一，安敢深入？君欲决勝負，當過團柏谷來，背城一戰。”宋帝笑曰：“存之何害？”終帝世，宋帝不復北伐。天會七年，本朝乾德元年也。今因劉鈞死，附其事於開寶元年，文辭又與《五代史》不同，今從《五代史》。

初，北漢世祖女爲晉護聖營卒薛釗妻，生子繼恩。漢高祖典禁衛，以世祖故，釋釗軍籍，館於門下。釗無材能，高祖衣食之而無所用。其妻常居中，釗罕得見，意怏怏，因醉拔佩刀刺之，傷而不死，釗即自裁。其妻改適何氏，復生繼元，而何與妻皆卒。世祖以孝和帝無子，復養繼恩及繼元，皆冒姓劉氏。繼恩皤腹多髯，長上短下，乘馬即魁梧，徒步即侏儒。事孝和帝盡恭，昏定晨省，禮無違者。及爲太原尹，選軟不治，孝和帝憂之，嘗謂宰相郭無爲曰：“繼恩純孝，然非濟世才，恐不能了我家事，將奈何？”無爲不對。是月，孝和帝卧疾勤政合，召無爲，執其手，以後事付之。繼恩始監國，無爲與侍衛親軍使蔚進不協，因出進守代州，又建議漸斥去公族，命繼恩弟繼忠守忻州。繼忠，亦孝和帝養子也，自稱嘗使契丹，得冷痼病，定襄地寒，願留養晉陽。繼恩責其觀望，趣令就道，繼忠頗出怨語，或以白繼恩，尋縊殺之。孝和帝殂，繼恩遣使告終稱嗣於契丹，契丹許之，然後即位。

　　（宋）李燾：《續資治通鑑長編》卷九，太祖開寶元年（968）

　　丙子，吳越王俶遣其子建武節度使惟濬來朝貢，命知制誥盧多遜迎勞之。

　　（宋）李燾：《續資治通鑑長編》卷九，太祖開寶元年（968）

是月，契丹以兵來援北漢，李繼勛等皆引歸，北漢因入侵，大掠晉、絳二州之境。契丹兵至北漢境上，此據《九國志》。侵掠晉、絳，此據《實錄》明年《親征詔》，皆當十一月也。

初，北漢主繼元妻段氏，嘗以小過爲孝和后郭氏所責，既而病卒，繼元疑后殺之。后方縗服哭孝和帝於樞前，繼元遣其嬖臣范超執而縊殺之，宮中嬪御遭罹逼辱，無復嫌間。世祖十子，鎬、錡、錫獨有賢行，北漢主聽群小之譖，幽囚之，未逾年，皆死，惟銑以佯愚獲存。

(宋)李燾:《續資治通鑑長編》卷九，太祖開寶元年(968)

唐主納后周氏，昭惠后之妹也。美姿容，以姻戚往來，先得幸於唐主。昭惠疾甚，忽見后入，顧問:“妹幾時至宮?”后幼，未有所知，乃以實對，曰:“數日矣。”昭惠怒，遂轉鄉而臥，不復顧。既殂，后常出入禁中，至是，納以爲后。其夕宴群臣，韓熙載等皆賦詩以風，唐主亦不之譴也。

初議婚禮，詔中書舍人徐鉉、知制誥潘佑與禮官參定。婚禮古不用樂，佑以爲古今不相沿襲，固請用樂。又按禮，房中樂無鐘鼓，佑謂鉉曰:“‘窈窕淑女，鐘鼓樂之。’此非房中樂而何?”后初見帝，北齊禮有“后先拜後起，帝後拜先起”之文，蓋冠禮所謂母答子奇拜者也。鉉以爲夫婦人倫之本，所以承祖宗，主祭祀，請答奇拜。佑以爲王者婚禮，不與庶人同，請不答拜。又車服之制，多所駁異，議久不決。唐主命文安郡公徐游詳其是非，時佑方有寵，游希旨，奏用佑議。游尋病殂，鉉戲謂人曰:“周、孔亦能爲祟乎?”佑，廣陵人也。散騎常侍處常子。

唐主既納周后，頗留情樂府，監察御史張憲上疏，其略曰:“大展教坊，廣開第宅，下條制則教人廉隅，處宮苑則多方奇巧。道路皆言以戶部侍郎孟拱辰宅與教坊使袁承進，昔高祖欲拜舞胡安叱奴爲散騎侍郎，舉朝皆笑。今雖不拜承進爲侍郎，而賜以侍郎居宅，事亦相類矣。”唐主批諭再三，賜帛三十段，旌其敢言，然終不能改也。憲，未見。

(宋)李燾:《續資治通鑑長編》卷九，太祖開寶元年(968)

己亥,以錢惟濬爲鎮海、鎮東節度使。惟濬奉其父命來助祭,將還,特詔增秩。上待惟濬特異,嘗召宴苑中,令黃門奏《簫韶》樂,與諸王同席而坐,賜白玉帶、綴珠衣、水晶鞍勒御馬,賜賚巨萬計。辭日,又賜襲衣、玉帶、金鞍勒馬。

　　(宋)李燾:《續資治通鑑長編》卷一〇,太祖開寶二年(969)

壬寅,遣殿中侍御史洛陽李瑩等十八人分往諸州,調發軍儲赴太原。

　　(宋)李燾:《續資治通鑑長編》卷一〇,太祖開寶二年(969)

丙午,又遣使四十九人發諸道兵,屯於潞、晉、磁等州。

　　(宋)李燾:《續資治通鑑長編》卷一〇,太祖開寶二年(969)

乙卯,命宣徽南院使曹彬、侍衛步軍都指揮使黨進等,各領兵先赴太原。

戊午,詔親征。

己未,以皇弟開封尹光義爲東京留守,樞密副使沈義倫爲大内部署;昭義節度使李繼勛爲河東行營前軍都部署,建雄節度使趙贊爲馬步軍都虞候,先赴太原。

甲子,車駕發京師。

丙寅,次滑州。

丁卯,次王橋頓。

彰德節度使韓重贇來朝,上謂之曰:“契丹知我是行,必率衆來援。彼意鎮、定無備,將由此路入。卿可爲朕領兵倍道兼行,出其不意破之。”乃以重贇爲北面都部署,義武節度使洛陽祁廷義。按《宋史》作彰義軍節度使郭延義副之。

己巳,次相州。

庚午,次磁州。

乙亥,次潞州,以霖雨駐蹕。

時諸州饋餉，畢集城中，車乘塞路。上聞之，以爲非理稽留，將罪轉運使。宰相趙普曰："六師方至，而轉運使獲罪，敵人聞之，必謂儲偫不充，非所以威遠之道，但當擇治劇者莅此州耳。"丙子，命戶部員外郎、知制誥王祜權知潞州。祜即發遣車乘，行路無阻。

以樞密直學士趙逢爲隨駕轉運使，仍鑄印賜之。

北漢侍衛都虞候劉繼業、馮進珂屯於團柏谷，遣牙隊指揮使陳廷山領數百騎來偵邏。會李繼勳等前軍至，廷山即以所部降。繼業、進珂知衆寡不敵，亦領兵奔還晉陽，北漢主怒，罷其兵柄。繼勳等遂圍城。時契丹使内侍韓知璠按《遼史》作韓知範。册命北漢主爲帝，北漢主夜開北門以納之。明日，置宴，群臣皆預，宰相郭無爲哭於庭中，拔佩刀自刺，北漢主遽降階持其手，引之升坐。無爲曰："奈何以孤城抗百萬之師乎！"蓋無爲欲以此搖衆心也。《國史》本紀及《陳廷山傳》皆言廷山以佐聖指揮使領所部來降，事迹殊不詳盡。今參取《九國志》修纂。然《劉繼業傳》乃云廷山遇太祖，被禽。按本紀廷山來降，係於三月戊寅之後，甲申之前。時車駕尚留潞州也。今不取。《九國志》又云王師正月圍城，恐亦太早。隱度之，當在二月，《十國紀年》亦在二月。

庚辰，以刑部員外郎滕白知河東諸州轉運事。

壬午，潁州團練使曹翰爲河東行營都壕寨使，王令嵒副之。令嵒，未見。

乙酉，分命近臣祈晴於在城寺廟。

辛卯，秘書丞、知河東轉運事劉儀坐饋餉稽期，免所居官。儀，未見。先是，有詔沿邊和市軍儲，既而慮其擾民，亟遣中使李神祐馳驛止之。時詔已下五日，神祐一夕而反。神祐，開封人也。

上駐蹕潞州凡十有八日，獲北漢諜者，問之，對曰："城中民罹毒久矣，日夜望車駕，惟恨其遲耳。"上笑，給衣服縱之。

壬辰，發潞州。

乙未，次南關。

李繼勳言敗北漢兵於城下，斬首千餘級，獲馬六百匹。

戊戌，次太原。

庚子,觀兵於城南,始命築長連城。

辛丑,幸汾河,作新橋。以兵部員外郎、知制誥盧多遜知太原行府事。

壬寅,遣使發太原諸縣民數萬赴城下。

癸卯,北漢憲州判官史昭文以州城來降,即命昭文爲刺史,仍賜襲衣、玉帶、鞍勒馬。

乙巳,幸城東南,始命築長堤壅汾水。先是,有欲增兵攻城者,左神武統軍陳承昭進曰:"陛下自有數千萬兵在左右,胡不用之?"上未悟,承昭以馬策指汾水,上大笑,因使承昭董其役。築堤壅汾水,本紀在己亥日,今從《實録》及《十國紀年》。

丙午,決晉祠水灌城。

丁未,命李建勛軍於城南,趙贊軍於西,曹彬軍於北,黨進軍於東,爲四寨以逼之。北漢人乘晦突門,潛犯西寨,趙贊率衆與戰,弩矢貫贊足,北漢人未退。時黨進遣東寨都監李謙溥伐木西山以給軍用,謙溥聞鼓聲,即引所部兵赴之,北漢人乃退。上遽至戰所,怪赴援者非精甲,問之,則謙溥也,甚悦。劉繼業復以突騎數百犯東寨,黨進挺身逐繼業,麾下數人隨之,繼業走匿壕中,北漢兵出援之,繼業緣縋入城,獲免。

（宋）李燾:《續資治通鑑長編》卷一〇,太祖開寶二年(969)

夏四月戊申朔,幸城東觀築堤。

辛亥,遣海州刺史孫萬進萬進,未見。領軍數千人圍汾州,以判四方館事任城翟守素監其軍。

壬子,復幸城東,賜群臣及諸軍時服,宴從臣。

初,棣州防禦使何繼筠爲石嶺關部署,屯於陽曲。上聞契丹分道來援北漢,其一自石嶺關入,乃驛召繼筠詣行在所,授以方略,並給精騎數千,使往拒之。且謂繼筠曰:"翌日亭午,俟卿捷奏至也。"時已盛暑,上命太官設麻漿粉賜繼筠,食訖,辭去。戰於陽曲縣北,大敗契丹,擒其武州刺史王彦符,斬首千餘級,獲生口百餘人,馬七百餘匹,鎧甲甚眾。己未，繼筠遣子承睿來獻捷，承睿未至，上登北臺以俟，見一騎自北來，逆問之，果承睿也。北漢陰恃契丹，城久不下，上乃以所獻鎧甲、首級示之，城中人奪氣。繼筠獻捷，《本紀》在壬子，今從《實錄》。《孔守正傳》云：上征太原，守正隸前鋒何繼筠麾下，會契丹南大王沙相公來援，守正接戰於石嶺關，契丹敗退，奔過關北，斬首萬餘級，獲偽排陣使王破得，太祖壯之，召令從駕。按守正從繼筠破敵，當是此役也。其斬獲數皆不同，疑必有一誤，今但從繼筠本傳。繼筠本傳又云生擒契丹刺史二人，據《實錄》止彥符一人，今從《實錄》。

壬戌，幸汾河觀造船。

戊辰，幸城西，賜從臣飲。

乙亥，鎮國節度使羅彥瓌卒。上方親履行陣，故不廢朝，亦闕贈典焉。

丙子，復幸城西。

北漢麟州刺史結齊羅、兵馬都監嘉且舍鄂以城來降。

五月戊寅，命結齊羅爲汾州團練使，嘉且舍鄂爲石州刺史。

契丹兵果分道由定州來援，韓重贇陣於嘉山以待之。契丹見旗幟，大駭，欲遁去。重贇急擊之，大破其眾，獲馬數百匹。癸未，使來告捷，上大喜，手詔褒之。《李漢超傳》云：太祖親征太原，漢超爲北面行營都監，其子守恩從在軍中，會契丹遣兵來援，眾至定州西嘉山，將入土門，守恩領牙兵數千與戰，敗之，斬首三千級，獲戰馬器甲甚眾，擒首領二十七人。隨漢超見於行在，賜戎服、金帶、器幣、緡錢。太祖曰："此子尚幼，明日將帥才也。"按嘉山之捷，韓重贇實爲主帥，祁廷義副之，不著漢超名。且守恩事微，今不復別出矣。

甲申，幸城北，引汾水入新堤，灌其城。

戊子，幸城東南，命水軍乘小舟載強弩進攻其城，內外馬步軍都軍頭、橫州團練使王廷義親鼓之，免冑先登，流矢中其腦而顛。庚寅，廷義卒。辛卯，殿前指揮使都虞候、袁州刺史石漢卿亦中流矢，溺死。癸巳，贈廷義建武節度使，漢卿袁州防禦使。漢卿父萬德落致仕，爲伴食都指揮使、領端州刺史。漢卿性桀黠，善中人主意，多言外事，恃恩橫恣，中外無敢言者，聞其死，無不稱快。其後上亦盡知漢卿諸不法事,復令萬德致仕。

以前蜀州刺史聶章爲沁州兵馬部署,宮苑使聊城梁迴監其軍。聶章事當在庚寅,今移入癸巳之後。章,未見。

丁酉,幸城西,命諸軍攻其西門。遣偏師圍嵐州,趙文度危蹙請降。戊戌,來見,賜襲衣、玉帶、金鞍、勒馬、器幣,州官皆賜物。文度即弘也,避宣祖諱,更賜今名。文度母時在晉陽,君子罪其不能死節。

己亥,以右千牛衛將軍周承瑨爲嵐州團練使。

庚子,宴趙文度於行宮。及還自太原,授文度重國節度使。

辛丑,以潘州團練使周廣爲攻城樓櫓戰棹都部署。廣,未見。

癸卯,以權知府州折御勛爲永安留後。時御勛與建寧留後楊重勛皆不俟詔來詣行在,上善其意,故有是命,仍並加厚賜遣還。

是月,上以暑氣方盛,深念縲繫之苦。乃詔西京諸州,令長吏督掌獄掾五日一檢視,灑掃獄户,洗滌杻械,貧困不能自存者給飲食,病者給藥,輕係小罪即時決遣,無得淹滯。自是每歲仲夏,必申明是詔,以戒官吏焉。此詔以戊子日降,今移見於後。

太原圍急,郭無爲謀出奔,因請自將兵夜擊王師。北漢主信之,選精甲千人,命劉繼業、郭守斌爲之副,北漢主登延夏門自送之,且伺其反。是夕,初甚晴霽,已而風雨晦冥,無爲行至北橋,因駐馬召諸將,而劉繼業以馬傷足,先收所部兵入城矣,守斌迷失道,呼之不獲,無爲不能獨前,乃與麾下數十人亦還。

閏五月戊申,水自延夏門瓮城入,穿外城兩重注城中,城中大驚擾。上幸長堤觀焉。水口漸闊,北漢人緣城設障,爲王師所射,障不得施。俄有積草自城中飄出,直抵水口而止,王師弩矢不能徹,北漢人因得施功,水口遂塞。

郭無爲復勸北漢主出降,北漢主不聽。閹人衛德貴,極言無爲反狀明白,不可赦,北漢主殺之以徇,城中稍定。北漢人俄自西長連城潛出,將焚我攻戰之具,我師擊走之,斬首萬餘級。夜半,忽傳呼壁外,云北漢主降。上令衛士擐甲,開壁門,八作使趙璲曰:“受降如受敵,詎可夜半輕諾乎!”上使伺之,果諜者詐爲也。

己酉，幸城南，命水軍乘輕舟焚其門。

右僕射魏仁浦卒。仁浦嘗侍春宴，上笑謂仁浦曰："何不勸我一杯？"仁浦因前上壽，上密諭曰："朕欲親征太原，如何？"仁浦曰："欲速則不達，惟陛下審思。"上嘉其對。宴罷，就第賜上尊酒十石、御膳羊百口。既而從行，中途遇病，還，卒於梁侯驛。贈侍中，謚曰宣懿。

太原城久不下，東西班都指揮使范陽李懷忠率衆攻之，戰不利，中流矢，幾死。殿前指揮使都虞候趙廷翰率諸班衛士叩頭，願先登急擊，以盡死力，上曰："汝曹皆我所訓練，無不一當百，所以備肘腋，同休感也。我寧不得太原，豈忍驅汝曹冒鋒刃，蹈必死之地乎！"衆皆感泣，再拜呼萬歲。

時大軍頓甘草地中，會暑雨，多破腹病，而契丹亦復遣兵來援。壬子，太常博士李光贊光贊，未見。上言曰："陛下應天順人，體元御極，戰無不勝，謀無不臧，四方恃險之邦，僭竊帝王之號者，昔與中國爲鄰，今與陛下爲臣矣。蕞爾晉陽，豈須親討！重勞飛挽，取怨黔黎，得之未足爲多，失之未足爲辱。國家貴靜，天道惡盈。所慮向來恃險之邦，聞是役也，竭府庫之財，盡生民之力，中心踴躍，各有窺覦。《傳》曰：'鄰之厚，君之薄也。'豈若迴鑾復都，屯兵上黨，使夏取其麥，秋取其禾，既寬力役之征，便是蕩平之策，惟陛下裁之。況時屬炎蒸，候當暑雨，儻或河津氾濫，道路阻難，輦運稽遲，恐勞宸慮。"上覽奏，甚喜，復以問宰相趙普，普亦以爲然，因使普召光贊慰撫之。癸丑，移幸城東罕山之南，始議班師也。

己未，徙太原民萬餘家於山東、河南，給粟。庚申，分命使者十七人，發禁軍護送之，因屯於鎮、潞等州，用絳人薛化光之策也。化光言："凡伐木，先去枝葉，後取根柢。今河東外有契丹之助，内有人户賦輸，竊恐歲月間未能下，宜於太原北石嶺山及河北界西山東靜陽村、樂平鎮、黄澤關、百井社各建城寨，扼契丹援兵；起其部内人户於西京、襄鄧唐汝州，給閒田使自耕種，絕其供饋。如此，不數年間，自可平定。"上嘉納之。此據范鎮《東齋記事》。按歐陽修志薛奎墓云：父化光以策干太宗，不見用。修蓋誤也。太平興國四年，平太原，得户三萬五千二百二十,兵三萬。先是,陳洪進以漳、泉二州降,得戶十五萬一千九百七十八,兵一萬八千七百二十七。繼元所統,凡十一州軍,得戶才及漳、泉五之一。蓋化光之策行,其耕民多南徙,所存無幾,且兵數與民數略同,殆以一戶奉一兵也,欲國不亡,得乎?《本紀》止稱山東,今從《十國紀年》,並書河南。

壬戌,車駕發太原。

我師陷敵者數百人,上遣驍雄副指揮使浚義孔守正領騎軍往救,守正奮擊,盡奪以還。北漢主籍我所弃軍儲,得粟三十萬,茶、絹各數萬,喪敗罄竭,賴此少濟。此據《十國紀年》。

（宋）李燾:《續資治通鑒長編》卷一〇,太祖開寶二年(969)

是月,北漢主斬樞密副使段煦及馬軍都虞候馮超於壞水口,坐水入不救也。決城下水注之臺駘澤,水已落,而城多摧圮。契丹使者韓知璠猶在太原,嘆曰:"王師之引水浸城也,知其一而不知其二。若知先浸而後涸,則並人無噍類矣。"

時契丹遣其將南大王來援,屯於太原城下,劉繼業言於北漢主曰:"契丹貪利弃信,他日必破吾國。今救兵驕而無備,願襲取之,獲馬數萬,因籍河東之地以歸中國,使晉人免於塗炭,陛下長享貴寵,不亦可乎?"北漢主不從。南大王數日北還,贈遺甚厚。

相、深、趙三州丁夫死太原城下者三百三十四人,詔復其家三年。

初,丁德裕、王班、張璵同領兵屯西川,德裕頗自專恣,兵馬都監張延通黨璵,益不悅。會上親征北漢,有使來自太原,具言上當盛暑,躬矢石勞頓狀,延通謂德裕曰:"上暴露若此,吾儕日享甘美,自取逸樂。"延通蓋言己不自安之意,德裕不答。既而璵先歸闕,上賜予甚厚,及延通、德裕繼至,上復召延通顧問,而待德裕稍薄。德裕意其譖己,頗疑懼,遂奏延通嘗對衆言涉指斥及諸不法事,仍指璵爲黨。上怒,收延通、璵及王班等下御史獄按之,延通等皆款伏,冀得見上面證曲直。癸卯,上御便殿引問,延通抗對復不遜,即命斬於市。璵、班及内品王仁吉並杖脊,璵並家屬流沙門島,籍其財,班許州,仁吉西窰務。

（宋）李燾:《續資治通鑒長編》卷一〇,太祖開寶二年(969)

　　唐主復令知制誥潘佑作書數千言諭南漢主以歸款於中國，遣給事中龔慎儀往使。南漢主得書，大怒，遂囚慎儀。驛書答唐主，甚不遜。唐主以其書來上，上始決意伐之。

　　（宋）李燾：《續資治通鑑長編》卷一一，太祖開寶三年（970）

　　九月己亥朔，以潭州防禦使潘美爲賀州道行營兵馬都部署，案《宋史》及《宋史記》皆作賀州，薛應旂《續通鑑》作桂州。考桂州、賀州，皆南漢地，未知孰是。謹識以備考。朗州團練使鄆人尹崇珂副之，道州刺史王繼勛爲行營馬軍都監。仍遣使發諸州兵赴賀州城下。《舊錄》載命潘美等在八月二十二日辛卯，今從《新錄》《本紀》《會要》。

　　（宋）李燾：《續資治通鑑長編》卷一一，太祖開寶三年（970）

　　丁卯，潘美等言大敗南漢萬餘衆，克富州。克富州，《劉鋹傳》及《九國志》皆略之，但書次白霞，不知白霞地屬何州縣，姑從《本紀》《實錄》，先書富州。《十國紀年》載拔富州至白霞，並在九月。
　　先是，南漢舊將多以讒死，宗室剪滅殆盡，掌兵者惟宦者數輩，城壁壕隍，但飾爲宮館池沼，樓艦器甲，輒腐敗不治。及王師次於白霞，賀州刺史陳守忠守忠，未見。遣使告急，內外震恐。南漢主遣龔澄樞馳驛往賀州宣慰，時士卒久在邊，多貧乏，聞澄樞至，以爲必大加賞賚，皆喜，而澄樞出空詔撫諭，衆皆解體。王師拔馮乘，前鋒至芳林，澄樞惶懼，乘輕舸遁歸。是月癸丑，王師遂圍賀州。《九國志》《五代史》及《劉鋹傳》，皆言王師次白霞，鋹即遣龔澄樞往賀州，郭崇岳往貴州，李托往韶州，畫守禦計。今考之，此時所遣但澄樞耳。崇岳爲招討，乃李承渥敗後，而辛延渥勸鋹納款，托猶居中沮其議，則王師次白霞時，托與崇岳決未出也。
　　南漢主詔大臣議，皆請以潘崇徹將兵拒王師。崇徹自罷兵柄，常怏怏，於是辭以目疾，南漢主怒曰："何須崇徹，伍彥柔獨無方略耶！"彥柔，未見。遂使彥柔將兵來援。
　　戊午，王師聞彥柔至，退二十里，潛以奇兵伏南鄉岸。彥柔夜泊南鄉，艤舟岸側，遲明，挾彈登岸，踞胡床指揮，而伏兵卒起，彥柔衆大亂,死者十七八。擒彥柔,斬之,梟其首以示城中,城中人猶堅守弗下。隨軍轉運使王明言於潘美曰:"當急擊之,恐援兵再至,則爲所乘,我師老矣。"諸將頗猶豫,明乃躬擐甲胄率所部護送輜重卒百餘人,丁夫數千,畚鍤皆作,堙其塹,直抵城門。城中人大懼,遂開門以納王師。十月十二日庚辰,克賀州奏始到京,故《本紀》及《實錄》並書於十月。據《劉鋹傳》,王師九月圍賀州,尋克之。十月乃次昭州。又《十國紀年》,克賀州乃九月二十一日己未也。王師督戰艦,聲言順流趨廣州,南漢主憂迫,計無所出,乃加潘崇徹爲内太師、馬步軍都統,領衆三萬屯賀江。會王師徑趨昭州,崇徹但擁衆自保而已。

（宋）李燾:《續資治通鑒長編》卷一一,太祖開寶三年(970)

辛卯,潘美言行營馬軍都監、道州刺史王繼勛卒,詔以郴州刺史浚儀朱憲代之。憲,初見天福三年。

王師破南漢開建寨,殺數千人,擒其將靳暉。昭州刺史田行稠弃城遁,桂州刺史李承進亦奔還,遂取昭州、桂州。十一月初四日壬寅,昭、桂捷奏到,當其克時,必在此月末,但未得其日耳。《本紀》乃於十一月初書克昭、桂二州,月末又書潘美破廣南軍二千於封州開建縣,擒靳暉。據《九國志》《十國紀年》及《劉鋹傳》則先破開建寨斬靳暉,然後克昭、桂,今從志、傳及紀年。

（宋）李燾:《續資治通鑒長編》卷一一,太祖開寶三年(970)

是月,王師克連州,南漢招討使盧收率其衆退保清遠。南漢主聞之,謂左右曰:"昭、桂、連、賀本屬湖南,今北師取之足矣,其不復南也。"十二月初五日連州捷奏到,其克時當在此半月以後,但不得其實日耳。

（宋）李燾:《續資治通鑒長編》卷一一,太祖開寶三年(970)

初,南漢取桂、連二州,皆徙其民毋得居城内。戊子,令長吏招撫,立里閈,給廬舍以處之。

王師長驅至韶州,都統李承渥領兵十餘萬,陣於蓮華峰山下。南漢人教象爲陣，每象載十數人，皆執兵仗，凡戰必置陣前，以壯軍威。王師集勁弩射之，象奔踶，乘者皆墜，反踐承渥軍，軍遂大敗，承渥以身免。《世家》言承渥僅免，《李托傳》言承渥戰死，未知孰是。而《國史》亦云承渥僅免，今從之。承渥，未見。遂取韶州，擒其刺史辛延渥延渥，未見。及諫議大夫鄒文遠。文遠，未見。

延渥間道遣使勸南漢主迎降，六軍觀軍容使李托堅沮其議，國中震恐。南漢主始命塹東壕爲距守計，顧諸將無可使者，宮媼梁鸞真薦其養子郭崇岳可用，乃以爲招討使，與大將植廷曉廷曉，未見。統衆六萬屯馬逕，列柵以抗王師，距番禺才百餘里。十二月二十四日辛卯，韶州捷奏始至，其捷時當在初旬也。據十國紀年，十二月七日乙亥，王師趨韶州。

  （宋）李燾：《續資治通鑒長編》卷一一，太祖開寶三年（970）

春正月，王師克英、雄二州。南漢都統潘崇徹來降。崇徹傳云王師過馬逕，乃降。今從《國史》劉鋹傳及《九國志》鋹世家，十六日癸丑，二州捷奏到。據《十國紀年》，克二州乃去年十二月，今附正月初。

  （宋）李燾：《續資治通鑒長編》卷一二，太祖開寶四年（971）

是月，王師次瀧頭，南漢主遣使請和，且求緩師。瀧頭山水險惡，潘美等疑有伏兵，乃挾其使而速度諸險。甲子，至柵口。乙丑，至馬逕，甲子，正月二十七日。此據露布所言，即郭崇岳列柵處也。傳云去廣州十里，蓋誤。《九國志》言柵口去廣州才百里，王師所次去柵口又十里。露佈言去廣州只一程，又言八十里槍旗競進，當得其實也。屯雙女山，直瞰郭崇岳柵。游騎數出挑戰，崇岳本無將才，所將多韶、英敗卒，鬥志皆盡。植廷曉欲戰，崇岳不從，但堅壁自守，晝夜禱祠鬼神而已。

南漢主取船十餘艘，載金寶、妃嬪欲入海，未及發，宦官樂範與衛兵千餘盜其船以走。南漢主懼，乃遣右僕射蕭漼、漼，未見。案《五代史》作蕭漼，《宋史》作蕭灌。中書舍人卓惟休惟休，未見。奉表詣軍門乞降，潘美即令部送赴闕，漼等既入不反，南漢主益懼，復令崇岳戒嚴。

二月丁卯朔，又遣其弟判六軍十二衛、禎王保興率國內兵來距。此據露佈追書。《五代史》《九國志》言保興率文武官屬來降，王師不納，與露佈異。《國史》銀傳又言保興來降，爲郭崇岳所遏。按崇岳本無鬥志，豈敢更遏保興令不降也？傳又言王師進攻崇岳，保興領眾拒戰。然則保興必不以降出，今止從露佈。《十國紀年》亦云保興先帥百官迎王師，潘美以南漢主不至不納，二月一日，南漢主乃使保興拒戰。植廷曉謂郭崇岳曰："北軍乘席卷之勢，其鋒不可當也。吾士旅雖眾，然皆傷痍之餘，今不驅策而前，亦坐受其斃矣。"庚午，廷曉乃領前鋒據水而陣，令崇岳殿後，御其奔冲。既而王師濟水，廷曉力戰不勝，遂死之，崇岳奔還其柵。潘美謂王明曰："彼編竹木爲柵，若籌火焚之，必擾亂。因其擾亂夾擊之，此萬全策也。"遂分遣丁夫，人持二炬，間道造其柵。會暮夜，萬炬俱發，天大風，烟埃坌起，南漢軍大敗。崇岳死於亂兵，保興逃歸。龔澄樞、李托與內侍中薛崇譽崇譽，未見。等謀曰："北軍之來，利吾國中珍寶爾。今盡焚之，使得空城，必不能久駐，當自還也。"乃縱火焚府庫、宮殿，一夕皆盡。龔澄樞等傳皆云王師至白田，澄樞等乃縱火焚府庫。《世家》及《十國紀年》則云焚府庫之明日，王師始至白田。今從《世家》及《紀年》。

辛未，王師至白田，南漢主素服出降，潘美承制釋之，遂入廣州，俘其宗室、官屬九十七人，與南漢主皆麇於龍德宮。保興初匿民間，後乃獲之。有閹工百餘輩盛服請見，美曰："是琢人多矣，吾奉詔伐罪，正爲此等。"命悉斬之。美以露佈告捷，己丑，至京師。按露佈當是行營所作，而《扈蒙傳》乃云：擒劉鋹，蒙草露佈稱旨，召對滋福殿，賜金紫。則似追爲之矣，當考。庚寅，群臣稱賀，遂賜宴。凡得州六十、縣二百十四、戶十七萬二百六十三。《新》《舊錄》州縣戶數，與《本紀》不同，今從《本紀》。《宋史》全文呂中曰：以汴梁之地，視江南爲近，視嶺南爲遠，何先遠而後近耶？蓋聞劉鋹奢侈，則曰"吾當救此一方之民"，則先取南漢，所以拯民命。江南亦有何罪，但"卧榻之側，豈容鼾睡"，則後收江南，所以一天下。

（宋）李燾：《續資治通鑑長編》卷一二，太祖開寶四年（971）

三月庚子,禁嶺南民買良人黥面爲奴婢庸雇取直。

　　（宋）李燾:《續資治通鑒長編》卷一二,太祖開寶四年(971)

　　詔嶺南諸州長吏察傆政有害於民者以聞,當悉除去。王稱《東都事略》:開寶四年三月乙巳,詔曰:"百越之人,久淪虐政,其令嶺南諸州長吏察傆政有害於民者以聞,當悉除之。"

　　（宋）李燾:《續資治通鑒長編》卷一二,太祖開寶四年(971)

　　潘美遣使部送劉鋹及其宗黨、官屬獻於京師。鋹至公安,邸吏龐師進迎謁,學士黃德昭德昭,未見。侍鋹,鋹因問師進何人,德昭曰:"本國人也。"鋹曰:"何爲在此?"德昭曰:"高皇帝居藩日,歲貢大朝,輜重皆歷荊州,乃令師進置邸於此,造車乘以給饋運耳。"鋹嘆曰:"我在位十四年,未嘗聞此言,今日始知祖宗山河乃大朝境土也。"因泣下久之。

　　既至,舍於玉津園,上遣參知政事呂餘慶劾問翻覆及焚府庫之罪,鋹歸罪於龔澄樞、李托、薛崇譽。上復遣使問澄樞等此誰之謀,皆俛首不對。諫議大夫王圭謂托曰:"昔在廣州,機務並爾輩所專,火又自內中起,今尚欲推過何人?"遂唾而批其頰,澄樞等乃引伏。

　　（宋）李燾:《續資治通鑒長編》卷一二,太祖開寶四年(971)

　　五月乙未朔,有司以帛係鋹及其官屬,先獻太廟、太社。上御明德門,遣攝刑部尚書盧多遜宣詔詰責鋹,鋹對曰:"臣年十六僭傆號,澄樞等皆先臣舊人,每事,臣不得自由。在國時,臣却是臣下,澄樞却是國主。"對訖,伏地待罪。上命攝大理卿高繼申引澄樞、托、崇譽斬於千秋門外。釋鋹罪,並其官屬禎王保興等,各賜以冠帶、器幣、鞍馬。尋以保興爲左監門衛率府率。

　　（宋）李燾:《續資治通鑒長編》卷一二,太祖開寶四年(971)

　　以右補闕王明爲秘書少監,領韶州刺史、廣南諸州轉運使。王師南伐,明知轉運事,嶺道險絕,不通舟車,但以丁夫負荷糗糧,數萬衆仰給無闕。每下郡邑，必先收其版籍，固守倉庫，頗亦參預軍畫。上嘉其功，故擢用焉。

（宋）李燾：《續資治通鑒長編》卷一二，太祖開寶四年（971）

辛丑，宴劉鋹於崇政殿。

（宋）李燾：《續資治通鑒長編》卷一二，太祖開寶四年（971）

壬午，以劉鋹爲右千牛衛大將軍，員外置，封恩赦侯，俸外別給錢五萬，米麥五十斛。鋹體質豐碩，眉目俱竦。有口辯，性絶巧，嘗以真珠結鞍勒馬爲戲龍之狀，尤爲精妙，詔示尚方諸工官，皆駭伏。上給錢百五十萬償其直，因謂左右曰：“鋹好工巧，遂習以成性，儻能移於治國，豈至滅亡哉！”

鋹在國時，多置酖以毒臣下。一日，上乘肩輿，從十數騎幸講武池，從官未集，鋹先至，詔賜鋹巵酒，鋹疑之，奉杯泣曰：“臣承祖父基業，拒違朝廷，勞王師致討，罪固當死，陛下不殺臣，今見太平，爲大梁布衣矣，願延旦夕之命，以全陛下生成之恩，臣未敢飲此酒。”上笑曰：“朕推心置人腹，安有此事！”命取鋹酒自飲之，別酌以賜鋹，鋹大慚，頓首謝。鋹獻鞍轡，《實録》在五年五月，今移入。

（宋）李燾：《續資治通鑒長編》卷一二，太祖開寶四年（971）

十一月癸巳朔，江南國主煜遣其弟鄭王從善來朝貢。於是始去唐號，改印文爲“江南國印”，賜詔乞呼名，從之。先是，國主以銀五萬兩遺宰相趙普，普告於上，上曰：“此不可不受，但以書答謝，少賂其使者可也。”普叩頭辭讓，上曰：“大國之體，不可自爲削弱，當使之不測。”及從善入覲，常賜外，密賚白金如遺普之數。江南君臣聞之，皆震駭，服上偉度。

（宋）李燾：《續資治通鑒長編》卷一二，太祖開寶四年（971）

他日，上因出，忽幸普第。時吳越王俶方遺普書及海物十瓶列廡下,會車駕卒至,普亟出迎,弗及屛也。上顧見,問何物,普以實對。上曰:"此海物必佳。"即命啟之,皆滿貯瓜子金也。普皇恐,頓首謝曰:"臣未發書,實不知此,若知此,當奏聞而却之。"上笑曰:"但受之,無害。彼謂國家事皆由汝書生耳。"固命普謝而受之。二事不知的在何時。《談苑》云開寶中,李煜賂普。記聞載吳越事,不記年歲,與煜事相類。故并書於從善入貢之後。

（宋）李燾:《續資治通鑑長編》卷一二,太祖開寶四年(971)

丙申,吳越王俶遣其子鎮海、鎮東節度使惟濬來朝貢。

（宋）李燾:《續資治通鑑長編》卷一二,太祖開寶四年(971)

甲子,武寧節度使、贈侍中高繼沖卒。繼沖鎮彭門十餘年,有惠政,民請留葬,上不許。

（宋）李燾:《續資治通鑑長編》卷一四,太祖開寶六年(973)

盧多遜既還,江南國主知上有南伐意,遣使願受封策,上不許,於是復遣閤門使梁迥使焉。迥從容問國主曰:"朝廷今冬有柴燎之禮,國主盍來助祭?"國主唯唯不答。迥歸,上始決意伐之。梁迥以此歲夏出使,不知果何日也。今附此。

（宋）李燾:《續資治通鑑長編》卷一五,太祖開寶七年(974)

先是,吳越王俶遣元帥府判官福人黄夷簡入貢,上謂之曰:"汝歸語元帥,當訓練兵甲。江南倔強不朝,我將發師討之。元帥當助我,無惑人言,云皮之不存,毛將安傅也。"特命有司造大第於薰風門外,連亘數坊,棟宇宏麗,儲偫什物,無不悉具。乃召進奉使錢文贄謂之曰:"朕數年前令學士承旨陶穀草詔,比於城南建離宮,今賜名禮賢宅,以待李煜及汝主,先來朝者賜之。"且以詔草示文贄,遂遣文贄賜俶羊馬,諭旨於俶。戊寅,俶遣其行軍司馬孫承祐入貢。丁亥,辭歸,上厚賜俶器幣,且密告以師期。承祐,俶妃之兄,本伶人,以妃故,貴近用事，專其國政，時謂之"孫總監"，言無所不領轄也。《九國志》載錢文贊至自京師在開寶四年。《國史》並黃夷簡入貢，皆載於五年之後。《九國志》恐失之太早，然《國史》月日都不可考。今且因承祐來朝先著之。《十國紀年》亦於開寶五年載夷簡入貢。當考。

（宋）李燾：《續資治通鑒長編》卷一五，太祖開寶七年（974）

上已部分諸將，而未有出師之名，欲先遣使召李煜入朝，擇群臣可遣者。先是，左拾遺、知制誥開封李穆與參知政事盧多遜同門生，上嘗謂多遜曰："穆性仁善，文辭之外無所豫。"多遜曰："穆操行端直，臨事不以生死易節，仁而有勇者也。"上曰："誠如是，吾當試之。"丁卯，遂遣穆使江南。穆至，諭旨，國主將從之，光政使、門下侍郎陳喬曰："臣與陛下俱受元宗顧命，今往，必見留，其若社稷何！臣雖死，無以見元宗於九泉矣。"清輝殿學士、右內史舍人張洎亦勸國主無入朝。時喬與洎俱掌機密，國主委信之，遂稱疾固辭，且言："謹事大國者，蓋望全濟之恩。今若此，有死而已。"穆曰："朝與否，國主自處之。然朝廷兵甲精銳，物力雄富，恐不易當其鋒也，宜熟計慮，無自貽後悔。"使還，具言其狀，上以爲所諭要切，江南亦謂穆言不欺己。使還，當在此月後，今並言之。

（宋）李燾：《續資治通鑒長編》卷一五，太祖開寶七年（974）

江南國主復遣其弟江國公從鎰、水部郎中龔慎修重幣入貢，且買宴，上皆留之，不報。

（宋）李燾：《續資治通鑒長編》卷一五，太祖開寶七年（974）

丁酉，以吳越王俶爲昇州東南面行營招撫制置使，仍賜戰馬二百匹，遣客省使丁德裕以禁兵步騎千人爲俶前鋒，且監其軍。

（宋）李燾：《續資治通鑒長編》卷一五，太祖開寶七年（974）

己未，以恩赦侯劉鋹爲左監門衛上將軍，封彭城郡公，去恩赦侯之號。

（宋）李燾：《續資治通鑑長編》卷一六，太祖開寶八年（974）

先是，上嘗召吳越進奏使任知果，令諭旨於其主俶曰："元帥克毗陵有大功，俟平江南，可暫來與朕相見，以慰延想之意，即當復還，不久留也。朕三執圭幣以見上帝，豈食言乎！"崔仁冀亦告俶曰："主上英武，所向無敵。今天下事勢已可知，保族全民，策之上也。"俶深然之。丁卯，俶請赴長春節朝覲，詔許之。

（宋）李燾：《續資治通鑑長編》卷一六，太祖開寶八年（974）

辛未，曹彬遣翰林副使太原郭守文奉露佈，以江南國主李煜及其子弟、官屬等五十五人來獻。上御明德門受獻，煜等素服待罪，詔並釋之，各賜冠帶、器幣、鞍馬有差。時有司議獻俘之禮如劉鋹，上曰："煜嘗奉正朔，非鋹比也。"寢露佈不宣。煜初以拒命，頗懷憂恚，不欲生見上，守文察知之，因謂煜曰："國家止務恢復疆土，以致太平，豈復有後至之責耶。"煜心始安。徐鉉從煜至京師，上召見鉉，責以不早勸煜歸朝，聲色甚厲。鉉對曰："臣為江南大臣，而國滅亡，罪固當死，不當問其他。"上曰："忠臣也。事我如事李氏。"賜坐，慰撫之。又責張洎曰："汝教李煜不降，使至今日。"因出帛書示之，乃王師圍城，洎所草召江上救兵蠟彈內書也。洎頓首請死，曰："書實臣所為也。犬吠非其主，此其一耳，他尚多。今得死，臣之分也。"辭色不變。上初欲殺洎，及是奇之，謂曰："卿大有膽，朕不罪卿。今事我，無替昔之忠也。"

（宋）李燾：《續資治通鑑長編》卷一七，太祖開寶九年（976）

上聞吳越王俶將入朝，辛亥，遣皇子興元尹德昭至睢陽迎勞之。

（宋）李燾：《續資治通鑑長編》卷一七，太祖開寶九年（976）

初，內客省使丁德裕監吳越兵平江南，德裕恃勢剛很，不恤士卒，黷貨無厭。吳越王俶奏其事,乙卯,出德裕爲房州刺史。

己未,吳越王俶及其子鎮海、鎮東節度使惟濬等入見崇德殿,宴長春殿。先是,車駕幸禮賢宅,案視供帳之具。及至,即詔俶居之。寵賚甚厚,俶所貢奉亦增倍於前也。庚申,大宴大明殿。後四日,召俶、惟濬宴射苑中。又三日,幸禮賢宅。

庚午,命吳越王俶劍履上殿,詔書不名。辛未,以俶妻賢德順穆夫人孫氏爲吳越國王妃。宰相謂異姓諸侯王妻無封妃之典,上曰:"行自我朝,表異恩也。"即令其子惟濬持詔賜之。先是,上數召俶與惟濬宴射苑中,惟諸王預坐,俶拜,輒令内侍掖起,俶感泣。又嘗令俶與晉王光義、京兆尹廷美叙兄弟之禮,俶伏地叩頭固辭,得止。

上將西幸,俶懇請扈從,不許,乃留惟濬侍祠,遣俶歸國。是日,宴講武殿,謂俶曰:"南北風土異宜,漸及炎暑,卿可早發。"俶泣涕,願三歲一朝。上曰:"川途迂遠,俟有詔乃來也。"先是,群臣皆有章疏,乞留俶而取其地,上不從。於是命取一黄袱以賜俶,封識甚固,戒俶曰:"途中宜密觀。"及啓之,則皆群臣乞留俶章疏也,俶益感懼。既歸,每視事功臣堂,一日,命徙坐於東偏,謂左右曰:"西北者,神京在焉,天威不違顔咫尺,俶豈敢寧居乎?"益以乘輿服玩爲獻,製作精巧。每修貢,必列於庭,焚香而後遣之。俶在太祖朝止一入覲。《記聞》及《東軒録》等,或云江南未平俶來朝,太祖遣歸,江南既平復來朝,皆謬也。《五代史》又云:俶還國,益以器服珍奇爲獻,不可勝數。太祖曰:"此吾帑中物,無用獻爲!"按太祖待俶甚寵,當無此語。此語蓋出於魏王繼岌破蜀時,或傳者誤節之。今不取。

(宋)李燾:《續資治通鑒長編》卷一七,太祖開寶九年(976)

癸卯,以崇義留后王全斌爲武寧節度使,昭化留後崔彦進爲彰信節度使。上謂全斌曰:"朕頃以江左未平,慮征南諸將,不持紀律,故抑卿數年,爲朕立法。今已克金陵,還卿旄鉞。"仍加厚賜。

(宋)李燾:《續資治通鑒長編》卷一七,太祖開寶九年(976)

　　初，李煜既降，曹彬令煜作書諭江南諸城守，皆相繼歸順，獨江州軍校胡則與牙校宋德明殺刺史，據城不降，詔先鋒都指揮使曹翰爲招安巡檢使，率兵討焉。江州城險固，翰攻之不克，自冬訖夏，死者甚眾。丁巳，始拔之，眾猶巷鬥，則時病甚，臥床上，翰執縛，責其拒命，對曰：“犬吠非其主，公何怪也。”命腰斬之，并殺德明。

　　先是，上命右補闕張霽知江州，與翰俱入城。翰兵掠民家，民訴於霽，霽按誅翰兵。翰以江州民拒守，又忿民訴誅其兵，發怒屠城。死者數萬人，取其尸投井坎，皆填溢，餘悉弃江中。誣奏霽，徙知饒州。民家貨貲巨萬，皆爲翰所得。霽，未見。上聞江州城垂破，遣使持詔賜翰，禁止殺戮。使者至獨樹浦，值大風不能渡，比至，城已屠矣。翰因請載廬山東林寺五百鐵羅漢像歸，至潁州新造佛舍。遂調發巨艦十餘艘，盡載金帛，置鐵像於其上，時號爲“押綱羅漢”。

　　江南之未平也，左贊善大夫、知漢陽軍李恕，屢率兵渡江破賊。甲子，以恕爲駕部員外郎。

　　（宋）李燾：《續資治通鑒長編》卷一七，太祖開寶九年（976）

　　癸卯，吳越王俶遣使入貢，謝朝覲蒙殊禮及放令歸國也。

　　（宋）李燾：《續資治通鑒長編》卷一七，太祖開寶九年（976）

　　平海節度使陳洪進以江南、吳越入朝，不自安，戊寅，遣其子漳州刺史文顥來貢方物，且乞修覲禮，詔許之。洪進行至南劍州，聞國有喪，乃歸鎮發哀。

　　（宋）李燾：《續資治通鑒長編》卷一七，太祖開寶九年（976）

　　丁未，命伐北漢，以侍衛馬軍都指揮使黨進爲河東道行營馬步軍都部署，宣徽北院使潘美爲都監，虎捷右厢都指揮使楊光義爲都虞候。己酉，進等入辭，各賜戎服、金帶、鞍馬、鎧仗遣之。

　　（宋）李燾：《續資治通鑒長編》卷一七，太祖開寶九年（976）

是月，劉鋹封衛國公，李煜封隴西郡公。煜去違命侯之號。

（宋）李燾：《續資治通鑑長編》卷一七，太祖開寶九年（976）

分命常參官八人知忻、代等州。右贊善大夫臧丙知遼州，秘書丞馬汝士知石州。其後汝士與監軍不協，一夕剚刃於腹而死。丙上疏言汝士之死非自殺，願按其狀。上覽奏驚駭，遽遣使鞠之，召丙赴闕問狀。丙曰："汝士在牧守之任，不聞有大罪，何至自殺？若冤死不明，宿直者又不加譴責，則自今書生不復能治邊郡矣。"上善其言。丙，大名人，汝士同年生也。

丁亥，詔館劉繼元於行在所，優其廩給，命儀鸞使康仁寶監視之。

劉繼元所署節度使蔚進、盧遂以汾州來降。

己丑，以劉繼元爲右衛上將軍、彭城郡公，繼元所署司空、平章事李惲爲殿中監，左僕射致仕馬峰爲少府監，馬軍都指揮使郭萬超爲磁州團練使，客省使李勛爲右衛將軍，餘悉授官有差。

辛卯，宴劉繼元及其官屬。繼元獻其宮人百餘人，上以分賜立功將校。

丁未，次鎮州。初，攻圍太原累月，饋餉且盡，軍士罷乏。會劉繼元降，人人有希賞意，而上將遂伐契丹，取幽薊，諸將皆不願行，然無敢言者，殿前都虞候崔翰獨奏曰："此一事不容再舉，乘此破竹之勢，取之甚易，時不可失也。"上悅，即命樞密使曹彬議調發屯兵。時車載簿籍，阻留在道，兵房吏張質潛計數部分軍馬，及得簿籍校之，悉無差繆。質，高唐人也。王得臣《麈史》云：富鄭公嘗爲予言，永熙討河東劉氏，既下并州，欲領師乘勝復收燕門，始謀於衆，參知政事趙昌言對曰："自此取幽州，猶熱熬翻餅耳。"殿前都指揮使呼延贊爭曰："書生之言不足盡信，此餅難翻。"永熙竟趨幽薊，捲甲而還，卒如贊言。鄭公再三嘆謂予曰："武臣中蓋亦有人矣。"按趙昌言參政在雍熙四年，距此凡九年，得臣誤甚。又按太平興國四年，薛居正、沈倫、盧多遜爲宰相，無參知政事，曹彬、石熙載則爲樞密，此言參政，亦誤。或呼延贊實有此言，亦不可知，然呼延贊此時但爲鐵騎指揮使，白進超實爲殿帥，崔翰爲殿候，所云殿前都指揮使，得臣又誤也。姑存此俟考。

初，議伐北漢，宰相盧多遜言："西蜀遠險多虞，若車駕親征，當先以腹心重臣鎮撫之，則無後憂。"給事中程羽，藩邸舊僚，嘗知新都縣及興州、興元府，有能名，上即命知益州。及上駐太原，郫縣獲群盜送府，獄已具，會有朝旨："强盜未再犯，免死送闕下。"蓋用武之際，急於壯勇之士也。法吏援敕以請，羽曰："人之惡，憚於始爲，奸凶聞是令，皆將輕犯，亂不可制矣。"判曰："鑾輅省巡，江山遐僻，不除凶惡，曷静方隅？"並付本縣處死，磔於市，即論奏其事。於是迄羽去，無盜賊。羽之在新都，州遣牙校至，見羽禮慢，不數歲，羽領州任，人爲校懼，羽至則擢校統戍守寨，蓋其纔可任也。此據程珦所作《程羽祠堂記》，羽知益州在二年五月，今附見車駕還自范陽後。

初，劉繼業爲繼元捍太原城，甚驍勇。及繼元降，繼業猶據城苦戰。上素知其勇，欲生致之，令中使諭繼元俾招繼業。繼元遣所親信往，繼業乃北面再拜，大慟，釋甲來見。上喜，慰撫之甚厚，復姓楊氏，止名業，尋授左領軍衛大將軍。丁巳，以業爲鄭州防禦使。據《國史》楊業傳，乃云孤壘甚危，業勸其主出降以保生聚。繼元既降，上遣中使召業，得之，喜甚，以爲領軍大將軍。師還，乃除鄭州防禦使。制辭云："百戰盡力，一心無渝，疾風靡搖，迅雷罔變。知金湯之不保，慮玉石以俱焚，定策乞降，委質請命，忠於所事，善自爲謀。"與《九國志》大不同。按《五代史》，垂涕勸繼元出降者，但馬峰一人耳，非楊業也。若業勸降，則當與繼元俱出見，何用別遣中使召乎！然當時制辭，不應便失事實，又疑制辭意有所在，故特云爾。今但從《九國志》，更須考之。

以右贊善大夫鉅野夏侯嶠等十五人並爲殿中丞，皆嘗於太原、范陽督飛挽之役，賞其勞故也。

（宋）李燾：《續資治通鑑長編》卷二〇，太宗太平興國四年（979）

贈太師、南越王劉鋹卒，輟三日朝。

（宋）李燾：《續資治通鑑長編》卷二一，太宗太平興國五年（980）

初，劉繼元降，上令殿前都虞候、武泰節度使崔翰先入慰撫，仍禁俘略之物無得出城,時秦王廷美以數十騎將冒禁出城,翰呵止之。廷美怨,遂讒於上,壬辰,翰罷爲感德節度使。

（宋）李燾：《續資治通鑒長編》卷二一,太宗太平興國五年（980）

是月初,以禮賢宅賜錢俶,俶獻白金三百斤爲謝。

（宋）李燾：《續資治通鑒長編》卷二一,太宗太平興國五年（980）

戊戌,幸錢俶第視疾,賜俶銀萬兩、絹萬匹、錢百萬、金器千兩,又賜俶子惟濬、惟治銀各萬兩。

（宋）李燾：《續資治通鑒長編》卷二一,太宗太平興國五年（980）

己未,以淮南節度副使崔仁冀爲衛尉卿,淮海王俶言其纔可用故也。

（宋）李燾：《續資治通鑒長編》卷二二,太宗太平興國六年（981）

夫賞不逾時,國之令典。頃歲王師薄伐,剗平太原,未賞軍功,逮兹二載。今範陽堅壁,竊據疆封,獾鼯薦居,不修朝聘,若煩再駕,固當用兵,雖稟宸謀,必資武力。願陛下因郊禋、耕耤之禮,議平晉之功而賞之,則駕馭戎臣,莫兹爲重,此要機之一也。按:四年十月乙亥已行太原之賞,錫今猶以爲言,或者賞未遍及故也。

（宋）李燾：《續資治通鑒長編》卷二二,太宗太平興國六年（981）

淮海王俶等賀郊祀,貢馬皆駑,爲厩吏所發。辛未,詔釋其罪。

（宋）李燾：《續資治通鑒長編》卷二二,太宗太平興國六年（981）

新作尚書省於孟昶故第。

（宋）李燾：《續資治通鑒長編》卷二三,太宗太平興國七年（982）

先是,陳洪進發漳、泉丁男爲館夫,給負擔之役。洪進既獻地,轉運使猶計傭取直,凡爲銅錢二千一百五十貫,鐵錢三萬一千五百三十貫。民訴其事,壬辰,詔除之。上嘗覽福建版籍,謂宰相曰:"陳洪進止以漳、泉二州贍數萬衆,無名科斂,民亦不堪,比朝廷悉已蠲削,民皆感恩,朕亦不覺自喜。"

（宋）李燾:《續資治通鑑長編》卷二四,太宗太平興國八年(983)

淮海國王錢俶三上表乞解兵馬大元帥、國王、尚書中書令、太師、開府儀同三司等官,詔止罷元帥,餘不許。

（宋）李燾:《續資治通鑑長編》卷二四,太宗太平興國八年(983)

壬申,幸含芳苑宴射,宰相宋琪曰:"陛下控弦發矢,一如十五年前在晉邸時。"上曰:"朕比曩時箸力誠未覺衰,然少喜馬射,今不復爲矣。"且謂琪曰:"此地三數年不一至,固非數出宴游也。"時劉繼元、李繼捧等皆侍坐,琪因贊頌神武,與李昉等各賦詩,上爲和賜之。

（宋）李燾:《續資治通鑑長編》卷二五,太宗雍熙元年(984)

戊寅,武勝節度使、太師、尚書令、兼中書令鄧王錢俶卒,上爲輟視朝七日,追封秦國王,謚忠懿,命中使護喪事,葬洛陽。俶任太師、尚書令、兼中書令四十年,爲元帥三十五年,窮極富貴,福履之盛,近代無比。

（宋）李燾:《續資治通鑑長編》卷二九,太宗端拱元年(988)

癸丑,有司設仗衛、宮懸於朝覲壇下,壇在奉高宮之南,方九丈六尺,高九尺,四出陛,其南兩陛。上服袞冕,御壇上之壽昌殿受朝賀,中書門下文武百官、皇親、諸軍校、四方朝賀使、貢舉人、蕃客、父老、僧道皆在列。大赦天下,常赦所不原者咸赦除之。內外諸軍將士,比南郊例特與加給。文武官並進秩,賜致仕官本品全俸一季,京朝官衣緋、綠十五年者,改賜服色。兗、鄆州免來年夏秋稅及屋稅,仍免二年支移稅賦工役。所過州縣免來年夏屋稅十之五，河北、京東軍州供應東封者免十之四，兩京、河北免十之三，諸路免十之二，屋稅並永免折科。德清，通利軍例外更給復一年。令開封府及車駕所過州軍考送服勤詞學經明行修舉人，其懷材抱器淪於下位及高年不仕德行可稱者，所在以聞。三班使臣經五年者與考課。兩浙錢氏泉州陳氏近親、僞蜀孟氏江南李氏湖南馬氏荆南高氏廣南河東劉氏子孫未食祿者聽用。賜天下酺三日。改乾封縣爲奉符縣。泰山下七里内禁樵采。大宴穆清殿，又宴近臣及泰山父老於殿門，賜父老時服、茶帛。

（宋）李燾：《續資治通鑑長編》卷七〇，真宗大中祥符元年（1008）

癸未，賜故吳王李煜曾孫女絹百匹、錢二百萬，以備聘財，仍遣内臣主其事，恤亡國之後也。

（宋）李燾：《續資治通鑑長編》卷七八，真宗大中祥符五年（1012）

丙戌，令杭州葺故吳越王錢氏廟，從其孫惟演之請也。

（宋）李燾：《續資治通鑑長編》卷九五，真宗天禧四年（1020）

樞密使錢惟演言：“真宗皇帝將祔太廟，有司議以功臣配享，臣先臣尚父秦國忠懿王俶勛隆奕葉，位重累朝。親率王徒，平百年之僭僞，躬持國籍，獻千里之封疆。忠誠格於皇天，茂績昭於惇史，所以太祖、太宗命無下拜，賜以不名。自先聖之篡承，念遺勛而益厚，舉諸殊渥，萃此一門，在乎皇朝，誠居第一。伏望依體降詔，配享祖宗廟庭。”詔兩制與崇文院檢討，禮官同共詳議以聞。翰林學士承旨李維等奏議請錢俶配享太宗廟庭。奏入，不下。此據《會要》。

（宋）李燾：《續資治通鑑長編》卷一〇〇，仁宗天聖元年（1023）

知杭州趙扑言：“吳越國王錢氏有墳廟在錢塘、臨安縣，棟宇頹圮，林木荒穢。欲令兩縣選僧道主管，歲度其徒各一人，以墳廟所收地利修葺。"從之。

（宋）李燾：《續資治通鑑長編》卷二八五，神宗熙寧十年（1077）

乙亥，詔杭州以錢氏臨安縣田產課入，歲賜表忠觀錢五百千，葺吳越王墳廟。《新紀》書：詔杭州歲葺吳越王墳廟。《舊紀》不書。

（宋）李燾：《續資治通鑑長編》卷三二四，神宗元豐五年（1082）

猴部頭，猿父也。衣以俳優服，常在昭宗側。梁祖受禪，張御筵，引至坐側，視梁祖，忽奔走號擲，褫其冠服。全忠怒，叱令殺之。唐之舊臣，無不愧怍。

（宋）江休復：《江鄰幾雜志》

唐昭宗養一猴，衣以俳優服，常在左右，謂之猴部頭。朱全忠篡後，因御筵引至坐側，視梁祖忽奔走號擲，褫其冠服。全忠叱令殺之。唐之臣得不愧怍？

（宋）趙令畤：《侯鯖錄》卷四

唐哀帝天祐二年，獨孤損、裴樞、崔遠，並罷政事。柳璨、李振譖於朱全忠，再貶樞、損、遠爲瀧、瓊、白三州司戶。全忠聚樞等及朝士貶官者三十餘人於白馬驛，一夕盡殺之，投尸於河。初，李振屢舉不中第，故深疾搢紳之士，言於全忠曰："此輩常自謂清流，宜投之黃河，使爲濁流。"全忠笑而從之。

（宋）祝穆：《古今事文類聚》前集卷一六

何謂割燕、薊之利？石晉始以燕、薊之地賂契丹。高祖思援兵之惠，屈體以奉之，雖號爲創業，而日不違給。出帝不勝其詬，未有以待之，而輕犯其怒，遂以亡國。是時割地之害深矣。

（宋）蘇轍：《欒城後集》卷一一

浙帥錢鏐時，宣州叛卒五千餘人送款，錢氏納之，以爲腹心。時羅隱在其幕下，屢諫，以謂敵國之人，不可輕信，浙帥不聽。杭州新治城堞，樓櫓甚盛，浙帥携僚客觀之，隱指却敵，佯不曉曰：“設此何用？”浙帥曰：“君豈不知欲備敵邪！”隱謬曰：“審如是，何不向裏設之？”浙帥大笑曰：“本欲拒敵，設於內何用？”對曰：“以隱所見，正當設於內耳。”蓋指宣卒將爲敵也，後浙帥巡衣錦城，武勇指揮使徐綰、許再思挾宣卒爲亂，火青山鎮，入攻中城。賴城中有備，綰等尋敗，幾於覆國。

（宋）沈括：《夢溪筆談》卷一三

顯德六年，世宗慶陵殯土，發引之日，百司設祭於道。翰林院楮泉大若盞口，餘令雕印字文，文之黃曰泉臺上寶，白曰冥游亞寶。

（宋）陶穀：《清異錄》卷下

建隆元年正月辛丑朔，鎮、定奏契丹與北漢合勢入寇，太祖時爲歸德軍節度使、殿前都點檢，受周恭帝詔，將宿衛諸軍御之。癸卯，發師，宿陳橋，將士陰相與謀曰：“主上幼弱，未能親政。今我輩出死力爲國家破賊，誰則知之？不若先立點檢爲天子，然後北征，未晚也。”甲辰將旦，將士皆擐甲執兵仗，集於驛門，歡噪突入驛中。太祖尚未起，太宗時爲內殿祗候供奉官都知，入白太祖，太祖驚起，出視之。諸將露刃羅立於庭，曰：“諸軍無主，願奉太尉爲天子。”太祖未及答，或以黃袍加太祖之身，眾皆拜於庭下，大呼稱萬歲，聲聞數里。太祖固拒之，眾不聽，扶太祖上馬，擁逼南行。太祖度不能免，乃攬轡駐馬謂將士曰：“汝輩自貪富貴，強立我爲天子，能從我命則可，不然，我不能爲若主也。”眾皆下馬聽命。太祖曰：“主上及太后，我平日北面事之，公卿大臣，皆我比肩之人也，汝曹今毋得輒加不逞。近世帝王初舉兵入京城，皆縱兵大掠，謂之‘夯市’。汝曹今毋得夯市及犯府庫，事定之日當厚賚汝；不然，當誅汝。如此可乎？”眾皆曰：“諾。”乃整飭隊伍而行，入自仁和門，市里皆安堵，無所驚擾，不終日而帝業成焉。

（宋）司馬光：《涑水記聞》卷一

太祖自陳橋驛擁兵入長，入祇候班，陸、喬二卒長率衆拒於南門，乃自北門入，陸、喬義不臣，自縊死。太祖親至直舍嘆曰："忠義孩兒！"賜廟曰忠義，易班曰孩兒。至今孩兒班帽子後垂頭巾兩條，粉青者爲世宗持服，紅者賀太祖登極。直舍正門，護以黃羅，傍穿小門出入，旌忠也。

周勛初主編：《宋人軼事彙編》卷一

太祖至陳橋，爲三軍擁戴。時杜太后眷屬以下盡在定力院，有司將搜捕，主僧悉令登閣，而固其扄鐍。俄而大搜索，主僧曰："皆散走不知所之矣。"甲士入寺昇梯，且發鐍，見蟲網布滿其上，而塵埃凝積，若屢年不曾開者，乃相告曰："是安得有人。"遂去。有頃，太祖已踐祚矣。

周勛初主編：《宋人軼事彙編》卷一

自唐末五代，每至傳禪，部下分擾剽劫，莫能禁止，謂之靖市，雖至王公不免剽劫。太祖陳橋之變，即與衆誓約，不得驚動都人。入城之日，市不改肆，靈長之祐，良以此乎。

（宋）張舜民：《畫墁錄》

太祖將北征，過韓通飲，通子欲弒之，通力止，乃已。明日，陳橋欣戴，入御曹門以待將相之至。時伏弩右掖門外，通出，死矢下。石守信實守右掖，開關以迎王師，至中書立都堂下，召范質、王溥、魏仁浦，與語移刻。將校持刃迫質，帝叱之。質與帝約，賓禮柴氏，保其天年。乃召陶穀草制，詣殿前帝北面立，宣制。制畢，坐朝百官。

（宋）王鞏：《聞見近錄》

宋太祖由陳橋兵變，遂登帝位。查初白詩云："千秋疑案陳橋驛，一著黃袍便罷兵。"蓋以爲世所稀有之異事也。不知五代諸帝多由軍士擁立，相沿爲故事，至宋祖已第四帝矣。宋祖之前有周太祖郭威，

郭威之前有唐廢帝王從珂，從珂之前有唐明宗李嗣源，如一轍也。趙
在禮爲軍士皇甫暉等所逼，據鄴城叛，莊宗遣嗣源討之。方下令攻
城，軍吏張破敗忽縱火噪呼，嗣源叱之，對曰：“城中之人何罪，但思歸
不得耳。今宜與城中合勢，請天子帝河南，令公帝河北。”嗣源涕泣諭
之，亂兵呼曰：“令公不欲，則他人有之。我輩狼虎，豈識尊卑！”安重
誨、霍彥威等勸嗣源許之，乃擁嗣源入城，與在禮合。率兵而南，遂得
爲帝。見《霍彥威》等傳。此唐明宗之由軍士擁立也。潞王從珂爲鳳翔
節度使，因朝命移鎮，心懷疑懼，遂據城拒命。愍帝命王思同等討之，
張虔釗會諸鎮兵皆集，楊思權攻城西，尹暉攻城東。從珂登城呼外兵
曰：“吾從先帝二十年，大小數百戰，士卒固嘗從我矣。今先帝新弃天
下，我實何罪而見伐乎！”因慟哭，外兵聞者皆哀之。思權呼其衆曰：
“潞王真吾主也。”即擁軍士入城。暉聞之，亦解甲降。從珂由是率衆
而東，遂得爲帝。見《王思同》《楊思權》等傳。此廢帝之由軍士擁立也。
郭威以漢隱帝欲誅己，遂起兵犯闕，隱帝遇弑，威請太后臨朝，又迎立
湘陰公。會契丹兵入滑州，威率兵北伐，至澶州，軍校何福進等與軍
士大呼，越屋而入，請威爲天子，或有裂黃旗以加其身者，山呼震地，
擁威南還，遂得爲帝。見漢、周各本紀。此周祖之由軍士擁立也。尚有
擁立而未成者，石敬瑭爲河東節度使時，因出獵，軍中忽有擁之呼萬
歲者，敬瑭惶惑不知所爲，段希堯勸其斬倡亂者李暉等三十餘人，乃
止。《希堯傳》。敬瑭爲帝後，命楊光遠討范延光，至滑州，軍士推光遠
爲主，光遠曰：“天子豈汝等販弄之物。”乃止。《光遠傳》。符彥饒率兵
戍瓦橋關，裨將張諫等迎彥饒爲帥，彥饒僞許之，約明日以軍禮見於
南衙，遂伏甲盡殺亂者。《彥饒傳》。郭威自澶州入京，有步軍校因醉
揚言，昨澶州馬軍扶策，今我步軍亦欲扶策。威聞急擒其人斬之，令
步軍皆納甲仗，始不爲亂。《周本紀》。此皆擁立未成，故其事未甚著，
然亦可見是時軍士策立天子，竟習以爲常。推原其始，蓋由唐中葉以
後，河朔諸鎮，各自分據，每一節度使卒，朝廷必遣中使往察軍情，所
欲立者即授以旄節。見《新》《舊唐書》藩鎮傳。至五代，其風益甚，由是
軍士擅廢立之權，往往害一帥，立一帥，有同兒戲。今就唐末及五代

計之，黃巢之亂，武寧節度使支詳遣時溥率兵赴難，兵大呼反，逐支詳，推溥爲留後，《溥傳》。青州王敬武卒，三軍推其子師範爲留後。《師範傳》。義武王處存卒，軍中推其子郜爲留後。李克用之起也，康君立等推爲大同軍防禦使。朱瑄本鄆州指揮使，軍中推爲本州留後。天雄軍亂，囚其節度使樂彥貞，并殺其子從訓，聚而呼曰：“孰願爲節度使者？”羅弘信出應之，牙軍遂推爲留後。《弘信傳》。夏州李思諫卒，軍中立其子彝昌爲留後。趙在禮之被逼而反也，軍士皇甫暉因戍兵思歸，劫軍將楊仁晸爲帥，仁晸不從，暉殺之。又推一小校，小校不從，亦殺之。乃携二首詣在禮曰：“不從者視此！”在禮不得已從之，遂爲其帥。如此類者，不一而足。計諸鎮由朝命除拜者十之五六，由軍中推戴者十之三四。藩鎮既由兵士擁立，其勢遂及於帝王，亦風會所必至也。乃其所以好爲擁立者亦自有故。擁立藩鎮，則主帥德之畏之，旬犒月宴，若奉驕子，雖有犯法，亦不敢問，如魏博牙兵是也。說見後。擁立天子，則將校皆得超遷，軍士又得賞賜、剽掠。如明宗之立，趙在禮即授滄州節度使，皇甫暉亦擢陳州刺史。楊思權叛降廢帝於鳳翔時，先謂廢帝曰：“望殿下定京師後，與臣一鎮，勿置在防禦、團練之列。”乃懷中出一紙，廢帝即書可邠寧節度使，後果與尹暉皆授節鎮。同時立功之相里金、王建立，亦擢節度使。周祖即位，亦以佐命之王峻爲樞密使，郭崇爲節度使。此將校之所以利於擁立也。至軍士之得重賞，恣劫奪，更無紀極。明宗之入洛也，京師大亂，焚剽不息，明宗亟命止焚掠，百官皆敝衣來見。《本紀》。廢帝之反，愍帝遣兵討之，幸左藏庫，賞軍人各絹二十匹，錢五千。軍士負物揚言於路曰：“到鳳翔更請一分。”《康義誠傳》。王師既降，廢帝許以事成重賞，軍士皆過望。及入立，有司獻庫籍甚少，廢帝大怒。自諸鎮至刺史，皆進錢帛助賞，猶不足，乃率民財佐用，囚繫滿獄，又借民屋課五月。《盧質》《李專美》等傳諸軍猶不滿欲，相與謠曰：“去却生菩薩，扶起一條鐵。”《本紀》。先是帝在鳳翔，許入洛後，人各賞百緡，至是以禁軍在鳳翔降者楊思權等，各賞馬二、駝一，錢七十緡，軍士二十緡，在京者十緡。《通鑑》。周太祖初至滑州時，王峻諭軍士曰：“我得公處分，俟入京,許爾等旬日剽掠。”衆皆踴躍。《本紀》。及至汴,自迎春門入,諸軍大掠,烟火四發。明日,王峻、郭崇曰:“若不禁止,比夜化爲空城矣。”由是命諸將斬其尤甚者,晡時乃定。《本紀》。而前滑州節度使白再榮已爲亂軍所害,侍郎張允墜屋死。《隱帝紀》。安叔千家貲已掠盡,軍士猶意其有所藏,棰掠不已,傷重,歸於洛陽。《叔千傳》。時有趙童子者,善射,憤軍士剽掠,乃大呼曰:“太尉志除君側之惡,鼠輩敢爾,乃賊也。”持弓矢據巷口,來犯者輒殺,由是保全者數十家。後周祖聞民間有趙氏當有天下之謡,疑此童子,遂使人誣告殺之。《五代史補》。又趙鳳見居民無不剽之室,亦獨守里門,軍不敢犯。《鳳傳》。是周祖犯闕時,居民得免劫奪者,惟此二趙之里,其他自公卿以下無不被害也。此軍士之利於擁立也。王政不綱,權反在下,下凌上替,禍亂相尋,藩鎮既蔑視朝廷,軍士亦脅制主帥,古來僭亂之極,未有如五代者,開闢以來一大劫運也。

(清)趙翼撰,王樹民校證:《廿二史劄記校證》卷二一

太祖建隆四年五月,荆南節度使高繼冲之諸父兄高保紳以下九人來朝,各賜宅一區。八月,賜右千牛衛上將軍周保權郎州邸務,葺爲居第。乾德元年十一月,高繼冲自荆南來朝,詔賜都城西官宅二區。三年十月,賜静江軍節度觀察留後郭廷謂宅一區。開寶五年六月,賜江南國主李煜弟兖州節度使從善在京宅一區,煜進銀五千兩、錢五百萬爲謝。

(宋)孟元老:《東京夢華録》卷三

吴越國忠獻王錢佐薨,其弟倧襲位,未幾,爲其大將胡進思所廢。時忠懿王俶爲台州刺史,進思迎立之。

(宋)王明清:《揮麈前録》卷三

崔仁冀事錢俶,首建歸朝之策。吴越丞相沈虎子者,錢氏骨鯁臣也。俶爲朝廷攻拔常州,虎子諫曰:“江南,國之藩蔽。今大王自撤其

藩蔽,將何以衛社稷乎?"俶出虎子爲刺史,以仁冀代爲丞相。仁冀説俶曰:"主上英武,所向無敵,今天下事勢已可知。保族全民,策之上者也。"俶深然之。太祖時,自明州泛海入朝,太祖禮而遣之。太平興國三年,仁冀復從俶入朝,盧多遜説上留之勿遣。俶朝禮畢,數日,欲去,不獲命,又不敢辭,君臣恐懼,莫知所爲。仁冀曰:"今朝廷意可知,大王不速納土,禍將至矣。"俶左右固争,以爲不可,仁冀厲聲曰:"今已在人掌握中,去國千里,唯有羽翼乃能飛去耳。"遂定策納兩浙地圖,請效土爲内臣。上一再辭讓,遂受之。改封俶淮海國王,俶子惟濬淮南道節度使兼侍中,以仁冀爲副。俶辭,不行,更除鄧州。以仁冀爲鴻臚卿,久之卒不遷官,蓋太宗心亦薄之也。

(宋)司馬光:《涑水記聞》卷二

開寶九年,錢忠懿俶來朝,上遣皇子德昭迓於南京,車駕爲幸禮賢宅,撫視館餼什物,充滿庭墀。俶至,詔處之。賜劍履上殿,書詔不名。妻子俱朝封,妻爲吳越國王妃。召父子宴射苑中,諸王預坐。一日,賜俶獨宴,惟太宗、秦王侍坐,上愛俶姿度凝厚,笑曰:"真王公材。"俶拜謝,中人掖起。上遣太宗與俶叙齒爲昆仲,俶循走,叩頭泣謝曰:"臣燕雀微物,與鸞鳳序翼,是驅臣於速死之地也。"獲止。時上將幸西京,乞扈從,不允,曰:"天氣向熱,卿宜歸國。"宴別於廣武殿。後三年來朝,宴於長春殿,劉鋹、李煜二降王預焉。未幾,會陳洪進納土,俶情頗危蹙,乞罷吳越王,詔書願呼名,不允。從征太原,每晨趨雞初鳴,曉與群臣候於行在,嘗假寐於寢廬。上知之,諭曰:"知卿入朝太早,中年宜避霜露。"每日遣二巨燭先領引於前頓候謁而已。駕至并門,繼元降,上御崇臺,戮其拒王師者,流血滿川。上顧俶曰:"朕固不欲爾,蓋跋扈之惡,勢不可已。卿能自惜一方,以圖籍歸朝,不血於刃,乃爲嘉也。"俶但叩頭怖謝。非久,身留於朝,願納圖貢,昆蟲草木,亦無所傷。朝廷遣考功郎范旻知杭州,至則悉以山川土籍管鑰庾廩數敬授於旻,遂起遣兵民投闕。俶最後入覲,知必不還,離杭之日,遍別先王陵廟,泣拜以辭,詞曰:"嗣孫俶不孝,不能守祭祀,又不能死社稷,今去國修覲,還邦未期,萬一不能再掃松檟,願王英德各遂所安,無恤墜緒。"拜訖,慟絶,幾不能起,山川爲之慘然。

(宋)文瑩:《玉壺清話》卷七

余按《會要》,開寶九年二月十九日,召皇弟晉王及吳越國王錢俶,其子惟濬射苑中,俶進御衣、金器、壽星通犀帶以謝,帶之著於前世者,僅此一見耳。

(宋)岳珂:《桯史》卷四

吳越錢王入朝,太祖時謀下江南,許以舉兵援助。歸語其臣沈倫,倫再三嗟嘆,錢王扣之。倫云:"江南是兩浙之藩籬,藩籬若撤,堂奧豈得而安耶? 大王指日納土矣。"宣和年,結女真攻契丹,契丹果滅。隨即二帝北狩,此亦自撤藩籬也。今又以韃兵滅女真,韃兵橫行襄蜀,此又自撤藩籬矣。

(宋)張端義:《貴耳集》卷下

余邸寓於錢氏之舊鄉,蒼山碧樹,想見衣錦風烟。因念余昔家京邑,每過南宮城太學左方禮賢宅,未嘗不欽仰忠懿之賢。雖喬木垂楊,朱門雕砌,宛若猶在。於時子姓貧寒,至有衣食不周者。嘗讀《兩朝供奉録》,太祖、太宗雖所賜金器六萬四千七百餘兩、銀器四千萬八千八百餘兩、玉石器皿一萬七千事、寶玉帶四十二條、錦綺一千六萬六千三百餘匹。然忠懿入貢,如赭黃犀、龍鳳龜魚、仙人鰲山、寶樹等通犀帶凡七十餘條,皆希世之寶也。玉帶二十四、紫金獅子帶一、金九萬五千餘兩、銀一百一十萬二十餘兩、錦綺二十八萬餘匹、色絹七十九萬七十餘匹、金飾玳瑁器一千五百餘事、水晶瑪瑙玉器凡四千餘事、珊瑚十萬三尺五寸、金銀飾陶器一十四萬餘事、金銀飾龍鳳船舫二百艘、銀妝器械七十萬事、白龍腦二百餘斤。及歸國之初,舉朝文武、閹寺皆有餽遺,蓋有國已來,所積一空矣。

(宋)袁褧:《楓窗小牘》卷上

太平興國三年,陳洪進奉表獻漳、泉兩郡,詔授洪進武寧軍節度使,留京師奉朝請。是歲,錢忠懿王俶上表獻十三州之地,錢氏納土蓋在陳氏之後,或説以爲興國二年,非也。

(宋)龔明之:《中吳紀聞》卷三

(2) 改元

梁太祖以唐天祐四年四月受禪,改元開平盡五年四月。

(宋)王欽若等編纂:《册府元龜》卷一八八《閏位部》

乾化元年五月甲申朔,御朝元殿,大赦,改元盡六年六月。

(宋)王欽若等編纂:《册府元龜》卷一八八《閏位部》

末帝以乾化三年二月即位於大梁,五年十一月改元貞明盡七年四月。先是乾化二年六月,庶人友珪弑逆。明年正月,改元鳳曆。是年二月,誅友珪,帝復稱乾化,至是改焉。

(宋)王欽若等編纂:《册府元龜》卷一八八《閏位部》

龍德元年五月丙戌朔,改元盡三年十月,爲後唐所滅。

(宋)王欽若等編纂:《册府元龜》卷一八八《閏位部》

後唐莊宗以天祐二十年四月己巳即位唐自天祐四年禪於梁,至是十八年,帝在太原只稱天祐,改同光二年盡四年。

(宋)王欽若等編纂:《册府元龜》卷一五《帝王部》

明宗以同光四年四月即位,改元天成盡四年。

(宋)王欽若等編纂:《册府元龜》卷一五《帝王部》

長興元年二月乙卯,祀圓丘禮畢,大赦,改元。盡四年。

(宋)王欽若等編纂:《册府元龜》卷一五《帝王部》

閔帝以長興四年十二月即位。明年正月戊寅,御明堂殿,大赦,改元應順盡其年。

（宋）王欽若等編纂:《册府元龜》卷一五《帝王部》

末帝以應順元年四月即位,改元清泰盡三年。

（宋）王欽若等編纂:《册府元龜》卷一五《帝王部》

晉高祖以清泰三年十一月即位,改元天福盡七年。

（宋）王欽若等編纂:《册府元龜》卷一五《帝王部》

少帝以天福七年六月十三日即位。九年七月辛未朔,御崇元殿,大赦,改元開運。盡三年。是日宣敕未畢,會大雨雪,匆遽而罷,都下震死者數百人,明德門内震落石龍之首。識者以爲石乃國姓,蓋不祥之甚。

（宋）王欽若等編纂:《册府元龜》卷一五《帝王部》

漢高祖以開運四年二月即位於晉陽,謂群僚曰:“帝王稱謂,孤已迫於群情而遜避無所。其國號正朔,未忍遽改。”由是降制,以少帝開運四年叙天福十二年行事,蓋以心奉前朝,執至義也盡其年。

（宋）王欽若等編纂:《册府元龜》卷一五《帝王部》

乾祐元年。正月乙卯,大赦,改元。盡其年。

（宋）王欽若等編纂:《册府元龜》卷一五《帝王部》

隱帝諱承祐,以乾祐元年二月即位。初,高祖欲改年號,中書門下進擬“乾和”二字,高祖改爲“乾祐”。至是與帝名相符,帝亦不改。盡三年。

（宋）王欽若等編纂:《册府元龜》卷一五《帝王部》

周太祖以乾祐四年正月即位，改元廣順。盡四年。

　　（宋）王欽若等編纂：《册府元龜》卷一五《帝王部》

顯德元年。春正月乙未，祀圓丘禮畢，御明德殿，大赦，改元。

　　（宋）王欽若等編纂：《册府元龜》卷一五《帝王部》

世宗以顯德元年正月丙申即位，不改元。

　　（宋）王欽若等編纂：《册府元龜》卷一五《帝王部》

恭帝以顯德六年六月甲午即位，不改元。盡其年。

　　（宋）王欽若等編纂：《册府元龜》卷一五《帝王部》

周太祖廣順元年，司天上言：“歷代帝王，以五運相承，前朝紹承水德，今國家建號周朝，合以木德代水。準經法，國以歲暮爲臘，今曆日所行，合以今年十二月二十二日丁未爲臘。”從之。臣欽若等曰：晉承後唐，漢承晉，本文不載承土之德，據周稱木德，即是漢爲水，晉爲金，以繼唐土德也。

　　（宋）王欽若等編纂：《册府元龜》卷四《帝王部》

吳楊渭，淮南節度使、弘農郡王行密次子。行密，唐天祐三年卒，長子渥繼襲。是歲，梁太祖既受唐禪，改元開平，而渥猶稱天祐。至五年，渥爲大將張顥所殺。顥自稱留後，將納款於梁，又爲别將徐溫所殺，以渭爲主。至十六年，溫册渭爲天子，改元武義盡二年。

　　（宋）王欽若等編纂：《册府元龜》卷二一九《僭僞部》

楊浦，渭之弟，浦卒，溥嗣僭位，改元順義盡七年，又改乾貞盡二年，又改太和盡二年，又改天祚盡二年。遜位於李昇。

　　（宋）王欽若等編纂：《册府元龜》卷二一九《僭僞部》

前蜀王建,梁開平三年以劍東南西川節度使蜀王僭即皇帝位於成都,改元武成。三年,改元永平;五年,改元通正。是年冬,改元天漢,又改元光天。

（宋）王欽若等編纂:《册府元龜》卷二一九《僭僞部》

王衍,建之幼子,嗣僞位,改元乾德。六年十二月,改明年爲咸康。

（宋）王欽若等編纂:《册府元龜》卷二一九《僭僞部》

漢劉陟,青海、静海兩軍節度使南海王隱之弟,隱以梁開平四年卒,陟代據其位。貞明三年,僭號於廣州,國號大漢,改元乾亨。九年,白龍見於南海,改元白龍。四年,改元大有。凡僭號三十六年。

（宋）王欽若等編纂:《册府元龜》卷二一九《僭僞部》

劉玢,陟長子,陟卒,玢嗣僞位,改元光天。在位一年,爲弟晟所殺。

（宋）王欽若等編纂:《册府元龜》卷二一九《僭僞部》

劉晟即僞位,改元應乾,又改元乾和。

（宋）王欽若等編纂:《册府元龜》卷二一九《僭僞部》

劉鋹,晟之長子,襲僞位,改元太寶。

（宋）王欽若等編纂:《册府元龜》卷二一九《僭僞部》

閩王延均,福建節度使閩王審知次子,審知卒,長子延翰嗣,爲延均所殺。延均襲位,後唐長興三年,上言吳越國王錢鏐薨,乞封爲吳越王,不報,遂自稱皇帝,國號大閩,改元龍啓。在位十一年。

（宋）王欽若等編纂:《册府元龜》卷二一九《僭僞部》

王昶,延均之子,嗣僞位,改元通文。

(宋)王欽若等編纂:《册府元龜》卷二一九《僭僞部》

王延羲,審知之少子,嗣僞位,改元永隆,在位六年。

(宋)王欽若等編纂:《册府元龜》卷二一九《僭僞部》

後蜀孟知祥,後唐應順六年,以劍東南西川節度使蜀王稱帝於蜀,改元明德,在位一年。

(宋)王欽若等編纂:《册府元龜》卷二一九《僭僞部》

孟昶,知祥第三子,嗣僞位,猶稱明德,至四年冬,改明年爲廣政盡二十八年,歸皇朝。

(宋)王欽若等編纂:《册府元龜》卷二一九《僭僞部》

唐李昇,晉天福二年以僞吳太尉録尚書事,封齊王受吳禪,僭即尊位,國號大齊,改元昇元,建都於金陵,尋改國爲唐,在位七年。

(宋)王欽若等編纂:《册府元龜》卷二一九《僭僞部》

李景,昇之長子,嗣僞位,改元保大。周世宗南伐,遂稱唐國主,行顯德年號。

(宋)王欽若等編纂:《册府元龜》卷二一九《僭僞部》

後漢劉崇,周廣順元年以河東節度使僭號於太原稱漢,改名旻,仍以乾祐爲年號。崇卒,子均襲僞位本紀不書年號。

(宋)王欽若等編纂:《册府元龜》卷二一九《僭僞部》

北漢主改元廣運。天會凡十八年始改廣運,或云十三年即改,蓋誤。今從《資治通鑑考異》,以《劉繼顒神道碑》爲正。

(宋)李燾:《續資治通鑑長編》卷一五,太祖開寶七年(974)

15. 避諱

朱溫祖名茂琳,改戊爲武,至今北人呼戊爲武。又溫父名誠,溫
篡唐居汴州,人爲諱城字,故韋城、考城、胙城、襄城等縣,至今但呼爲
韋縣、考縣、胙縣、襄縣也。李克用父名國昌,克用立州縣名,有昌字
者悉改避之,又人名有昌字者,亦改避之,高季昌改爲季興之類是也。
自秦、漢以下至五代,其酷諱可知也。

(宋)王觀國:《學林》卷三

梁太祖父烈祖名誠,遂改城曰"牆"。晉高祖諱敬塘,析敬字爲文
氏、苟氏,至漢乃復舊。至本朝避翼祖諱,復析爲文、爲苟。

(宋)周密:《齊東野語》卷四

梁朱溫父諱誠,改城曰牆,又改曰州,如東都州南、州北是也。

(明)陳耀文:《天中記》卷二四

梁開平元年,司天監上言:日辰内"戊"字請改爲"武",以"戊"類
"成"字也。

(明)陳耀文:《天中記》卷二四

五代錢鏐有《重修牆隍神廟碑記》,書"大梁開平二年,歲在武
辰"。顧寧人謂"以城爲牆,以戊爲武"。蓋以朱全忠父名誠,曾祖名
茂琳。故避其嫌名而改。

(清)趙翼:《陔餘叢考》卷三五

天成、長興中,以牛者耕之本,殺禁甚嚴,有盜屠私販,不敢顯其
名,婉稱曰格餌,亦猶李甘家號甘子爲金輪藏,楊虞卿家號魚爲水花
羊,陸象仙家號象爲鈍公子,李栖筠家號羊爲獨笋牛,石虎時號虎爲

黃猛，朱全忠時號鐘爲大聖銅，俱以避諱故也。

（宋）陶穀：《清異録》卷上

陶穀本唐彦謙後，避石晉諱改陶，後納唐氏爲婿，亦可怪。

周勛初主編：《宋人軼事彙編》卷四

陶穀本姓唐，詩人彦謙之孫，避石晉諱改陶氏。湯悦本姓殷，名崇義，初仕南唐，入宋避諱改今姓名。金履祥先世姓劉，避吴越諱爲金氏。

（清）錢大昕：《十駕齋養新録餘録》卷下

陶尚書穀，本姓唐，避石晉諱而改焉，小字鐵牛。李相濤出典河中，嘗有書與陶公曰：“每過中流，潛思令德。”陶初不爲意，細思方悟，蓋河中有張燕公鑄係橋鐵牛。

（清）潘永因：《宋稗類鈔》卷二五

陶穀小名鐵牛。李濤嘗有書與之曰：“每至河源，即思令德。”唐彦謙之孫也，以石晉諱，改姓焉。

（宋）錢易：《南部新書》癸

錢武肅王諱鏐，至今吴越間謂石榴爲金櫻，劉家、留家爲金家、田家，留住爲駐住。又楊行密據江淮，至今民間猶謂蜜爲蜂糖。滁人猶謂荇溪爲菱溪，則俗語承諱久，未能頓易故也。

（宋）吴處厚：《青箱雜記》卷二

吴越錢氏諱佐，故以左爲上，凡官名左者，悉改爲上。《吴越備史》所謂上右者，乃左右也。

（元）陸友仁：《硯北雜志》卷下

蜀本石《九經》皆孟昶時所刻，其書“淵”“世”“民”三字皆缺畫，蓋爲唐高祖、太宗諱也。昶父知祥，嘗爲莊宗、明宗臣，然於“存勖”“嗣源”字乃不諱。前蜀王氏已稱帝，而其所立龍興寺碑，言及唐諸帝，亦皆半闕，乃知唐之澤遠矣。

（宋）洪邁：《容齋隨筆》卷四

後蜀石刻詩經殘本，起《召南·鵲巢》至《邶風·二子乘舟》止，經注皆完好。……則承《開成石經》之舊，爲唐諱也。經注中“淵”字、“民”字亦缺筆，孟氏雖竊帝號，猶爲唐高祖、太宗避諱，可見武德、貞觀之澤，久而未亡，而孟氏父子居心忠厚，亦有君人之量焉。碑於察字皆作寀，蓋避知祥祖諱，而於知字却不避，當依古人二名不偏諱，唯避下一字耳。歐公《五代史》云知祥父名道，《蜀檮杌》則云名巘，此刻道字屢見，皆不缺筆，似歐史誤也。册尾有《廣仁義學圖記》，蓋錢唐黃松石家所藏，屬太鴻賦詩，即是此本，流轉它姓，今爲吳中黃蕘圃所得，惜《周南》十一篇，及《鵲巢》序遺失不可問矣。蜀石經刻於開成石經之後，南宋之世，完好無恙，而元明儒從未有寓目者，殆由宋季失蜀之後，兵燹塗炭，靡有孑遺。予訪求五十年，不得隻字。昨歲始見《左傳》殘本僅字，今復見此刻經注，萬有餘言，真衰年樂事也。

（清）錢大昕：《十駕齋養新錄》卷一五

江南呼蜜爲蜂糖，蓋避楊行密名也。行密在時，能以恩信結人，身死之日，國人皆爲之流涕。予里中有僧寺曰南華，藏楊、李二氏稅貼，今尚無恙。予觀行密時所徵産錢，較之李氏輕數倍。故老相傳云，煜在位時縱侈無度，故增賦至是。歐陽謂行密爲盜亦有道，豈非以其寬厚愛人乎。

（宋）曾敏行：《獨醒雜志》卷一

楊行密之據揚州，民呼蜜爲蜂糖。夫蜜、密二音也，呼吸不同，字體各異，亦出茄子、伽子之義。甚哉，南人之好避諱者如此。

（宋）彭乘：《墨客揮犀》卷九

鄂州城北鳳凰山之陰，有佛刹曰興唐寺。其小閣有鐘，題志云：
“大唐天祐二年三月十五日新鑄。”勒官階姓名者兩人，一曰金紫光禄
大、檢校尚書左僕射、兼御史大陳知新；一曰銀青光禄大、檢校尚書右
僕射、兼御史大楊琮。大字之下皆當有夫字，而悉削去，觀者莫能曉。
五代《新》、《舊史》、《九國志》並無其説，唯劉道原《十國紀年》載楊
行密之父名怤，怤與夫同音。是時行密據淮南，方破杜洪於鄂，而有
其地，故將佐爲諱之。行密之子渭，建國之後，改文散諸大夫爲大卿，
御史大夫爲御史大憲，更可證也。

鄱陽浮洲寺有吳武義二年銅鐘，安國寺有順義三年鐘，皆刺史吕
師造，題官稱曰：“光禄大卿、檢校太保、兼御史大卿。”然則亦非大憲
也。王得臣《麈史》嘗辨此事，而云：“行密遣劉存破鄂州，知新、琮不
預。志傳皆略而不書。”予又案楊溥時，劉存以鄂岳觀察使爲都招討
使，知新以岳州刺史爲團練使，同將兵擊楚，爲所執殺，則知新乃存偏
裨，非不預也。

（宋）洪邁：《容齋三筆》卷一〇

楊行密父名怤，與夫同音，改文散諸，大夫爲大卿，御史大夫爲御
史大卿，至有《興唐寺鐘題志》云：金紫光禄大、兼御史大及銀青光禄
大，皆直去夫字。

（明）陳耀文：《天中記》卷二四

錢王鏐，以石榴爲金櫻，改劉氏爲金氏。楊行密據揚州，州人呼
蜜爲蜂糖。……至若後唐，郭崇韜父名弘，改弘文館爲崇文館。……
朱温之父名誠，以其類戊字，司天監上言，請改戊己之戊爲武字，此全
無義理。……後唐天成中，盧文紀爲工部尚書，郎中於鄴參，文紀以
父名嗣業，與同音，竟不見。鄴憂畏太過，一夕，雉經而死。……楊行
密父名怤，與夫同音，改文散諸大夫爲大卿，御史大夫爲御史大卿。
至有興唐寺鐘題志云：“金紫光禄大，兼御史大，及銀青光禄大。”皆直
去夫字，尤爲可怪。……五代有石昂者，讀書好學，不求仕進。節度

使符習高其行,召爲臨淄令。習入朝,監軍楊彦朗知留後。昂以公事上謁,贊者以彦朗家諱石,遂更其姓曰右昂。昂趨於庭,責彦朗曰:"内侍奈何以私害公?昂姓石,非右也。"彦朗大怒,昂即解官去。語其子曰:"吾本不欲仕亂世,果爲刑人所辱。"

(宋)周密:《齊東野語》卷四

南唐李主,諱煜,改鸜鵒爲八哥。

(明)陳耀文:《天中記》卷五九

《古今注》:鸜鵒一名玄鳥。《負暄雜録》:南唐李主諱煜,改鸜鵒爲八哥。

(清)陳元龍:《格致鏡原》卷七八

錢鏐之據錢塘也,子跛,鏐鍾愛之。諺謂"跛"爲"瘸",杭人爲諱之,乃稱"茄"爲"落蘇"。楊行密之據淮陽,淮人避其名,以"密"爲"蜂糖",尤見淮、浙之音誤也。以"瘸"爲"茄",以"蜜"爲"密",良可咍也。

(宋)王闢之:《澠水燕談録》卷九